BUNDESAMT FÜR
SEESCHIFFFAHRT
UND
HYDROGRAPHIE

Gezeitentafeln

2019

Europäische Gewässer

Freiwillige Mitarbeit

Jeder Hinweis zur Vervollständigung oder Berichtigung der nautischen Veröffentlichungen dient der Sicherheit aller Seefahrer. Beiträge erbitten wir an das

Bundesamt für Seeschifffahrt und Hydrographie
Bernhard-Nocht-Straße 78, 20359 Hamburg
Postfach 30 12 20, 20305 Hamburg

Telefon:	+49 (0) 40 31 90 - 0 (Vermittlung)
Telefax:	+49 (0) 40 31 90 - 50 00
E-Mail:	posteingang@bsh.de
Internet:	www.bsh.de

Die Inhalte dieses Werkes sind rechtlich geschützt. Die dadurch begründeten Rechte, insbesondere die der Übersetzung, des Nachdrucks, des Vortrags, der Entnahme von Abbildungen und Tabellen, der Verbreitung, der Mikroverfilmung oder der Vervielfältigung auf anderen Wegen und der Speicherung bleiben, auch bei nur auszugsweiser Verwertung, vorbehalten. Eine Vervielfältigung dieses Werkes oder von Teilen dieses Werkes ist auch im Einzelfall nur in den Grenzen der gesetzlichen Bestimmungen der Bundesrepublik Deutschland zulässig.

© Bundesamt für Seeschifffahrt und Hydrographie (BSH)
Hamburg und Rostock 2018
www.bsh.de

ISBN-Nr. 978-3-86987-839-3
ISSN-Nr. 0084-9774
BSH-Nr. 2115

Inhalt

Einleitung	4*
Zeitzonenkarte	5*
Übersichtskarten	6*, 7*
Erläuterungen und Begriffsbestimmungen aus der Gezeitenkunde	8*
Entstehung der Gezeiten	8*
Abkürzungen und Bezeichnungen	8*
Grafische Darstellung der Begriffsbestimmungen	9*
Erläuterungen und Begriffsbestimmungen	10*
Das Seekartennull in Gezeitengebieten, Schifffahrtspegel	16*
Der Einfluss des Windes und der Luftdruckschwankungen auf die Gezeiten	18*
Anwendung der Hilfstafeln 1 bis 5, Grafik der Jahreswerte deutscher Bezugsorte	19*
Flusspläne, Gezeitenkarten	19*
Anleitung zum Gebrauch der Gezeitentafeln mit Beispielaufgaben	20*
Ausführliche Gezeitenvorausberechnungen für Bezugsorte	20*
Beispiele: 1. Umrechnung der gesetzlichen Zeit	20*
2. Berechnung der Wassertiefe	21*
Geographisches Ortsverzeichnis, Gezeitenunterschiede für Anschlussorte	22*
Beispiele: 3. Anwendung vollständiger Gezeitenunterschiede	23*
4. Verbesserung der Zeitunterschiede wegen halbmonatlicher Ungleichheit	23*
5. Bestimmung der Gezeitengrundwerte von Anschlussorten	24*
Anwendung der Wasserstandsvorhersage	24*
Beispiel: 6. Wasserstandsberechnung	24*
Abschätzung von Höhen und Zeiten zwischen Hoch- und Niedrigwasser	25*
Beispiele: 7. Berechnung einer Höhe zwischen Hoch- und Niedrigwasser	27*
8. Berechnung einer Zeit zwischen Hoch- und Niedrigwasser	28*
Beispiel: 9. Berechnung der Hoch- und Niedrigwasser mittels der Gezeitenkarten	30*
How to use the Tide Tables	32*
Daily Tide Predictions	32*
Examples: 1. Conversion to different zone times	32*
2. Calculation of the water depth	33*
Geographical list of subordinate stations and their tidal differences	34*
Examples: 3. Application of tidal differences	35*
4. Correction of time differences for semi-monthly inequality	35*
5. Finding mean tidal levels at subordinate stations	36*
Finding the height of tide at any time between high and low water	36*
Co-Range Charts	36*
Example: 6. Determination of high and low water using co-tidal and co-range charts	37*
Teil I: Ausführliche Vorausberechnungen für die europäischen Bezugsorte	1
Teil II: Gezeitenunterschiede für die europäischen Anschlussorte	171
Teil III: Mittlere Hoch- und Niedrigwasserwerte der deutschen Orte	199
Teil IV: Hilfs-Tafeln, Grafik und Flusspläne	205
Teil V: Gezeitenkarten	215
Ortsverzeichnis	223

Einleitung

Durch Verwendung eines einheitlichen Bezugsniveaus für die Tiefenangaben in der Seekarte und für die Gezeitenvorausberechnungen der im Kartengebiet gelegenen Bezugs- und Anschlussorte wird erreicht, dass man Kartentiefe und Höhe der Gezeit nur addieren muss, um die vorhandene Wassertiefe zu erhalten.

Die für die deutschen Bezugsorte vorausberechneten Hoch- und Niedrigwasserhöhen beziehen sich auf ein Seekartennull (SKN), das gemäß internationaler Vereinbarung ungefähr dem Niveau des örtlichen, niedrigsten Gezeitenwasserstandes (NGzW, Lowest Astronomical Tide, LAT) entspricht.

Um einen deutlichen Bezug zwischen den mehrmals aktualisierten täglichen Wasserstandsvorhersagen des BSH und den Gezeitenvorausberechnungen herzustellen, wurde in die Gezeitentafeln die Tafel „Mittlere Hoch- und Niedrigwasserwerte der deutschen Orte" im Teil III eingefügt. Weitere Erläuterungen finden sich in „Der Einfluss des Windes und der Luftdruckschwankungen auf die Gezeiten auf Seite 18* und eine Beispielaufgabe (Nr. 6) auf Seite 24*.

Um die Handhabung der Gezeitentafeln zu vereinfachen, sind die Tafeln 2, 3 und 5 zusätzlich auf einer heraustrennbaren Karton-Seite abgedruckt.

Die ausführlichen Vorausberechnungen für die deutschen Bezugsorte und für Ekaterininskaja stammen vom Bundesamt für Seeschifffahrt und Hydrographie. Die Vorausberechnungen für die übrigen Bezugsorte wurden im internationalen Austausch von folgenden Ämtern zur Verfügung gestellt:

Frankreich:
Service Hydrographique et Océanographique de la Marine (SHOM)
Brest
http://www.shom.fr

Großbritannien:
The United Kingdom Hydrographic Office
Taunton Somerset
http://www.admiralty.co.uk

Niederlande:
Rijkswaterstaat
Lelystad
http://www.rijkswaterstaat.nl

Norwegen:
Kartverket
Stavanger
http://www.Kartverket.no

Portugal:
Marinha Instituto Hidrográfico
Lissabon
http://www.hidrografico.pt

Spanien:
Ministerio de Defensa
Instituto Hidrográfico de la Marina
Cadiz
http://www.puertos.es

Deutschland:
Bundesamt für Seeschifffahrt und Hydrographie
Hamburg und Rostock
http://www.bsh.de

Der Austausch entspricht dem Beschluss der 5. Internationalen Hydrographischen Konferenz, dass „im allgemeinen Interesse der Schifffahrt für einen wichtigen Handelshafen nur jene Gezeitenvorausberechnungen veröffentlicht werden sollen, die von der zuständigen Behörde des Landes herausgegeben sind, in dem der Hafen liegt".

An die Benutzer der Gezeitentafeln ergeht die Bitte, Fehler oder Vorschläge zur Verbesserung dem Bundesamt für Seeschifffahrt und Hydrographie mitzuteilen, unter Tel. +49 (0) 40 31 90 31 10 oder posteingang@bsh.de

Hamburg und Rostock, im September 2018

Karte der Zeitzonen und der gesetzlichen Zeiten

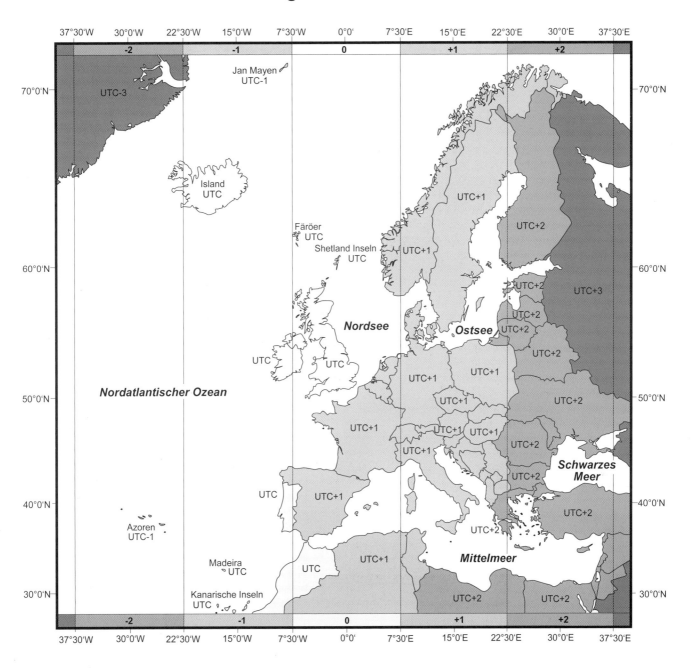

6* Übersichtskarten

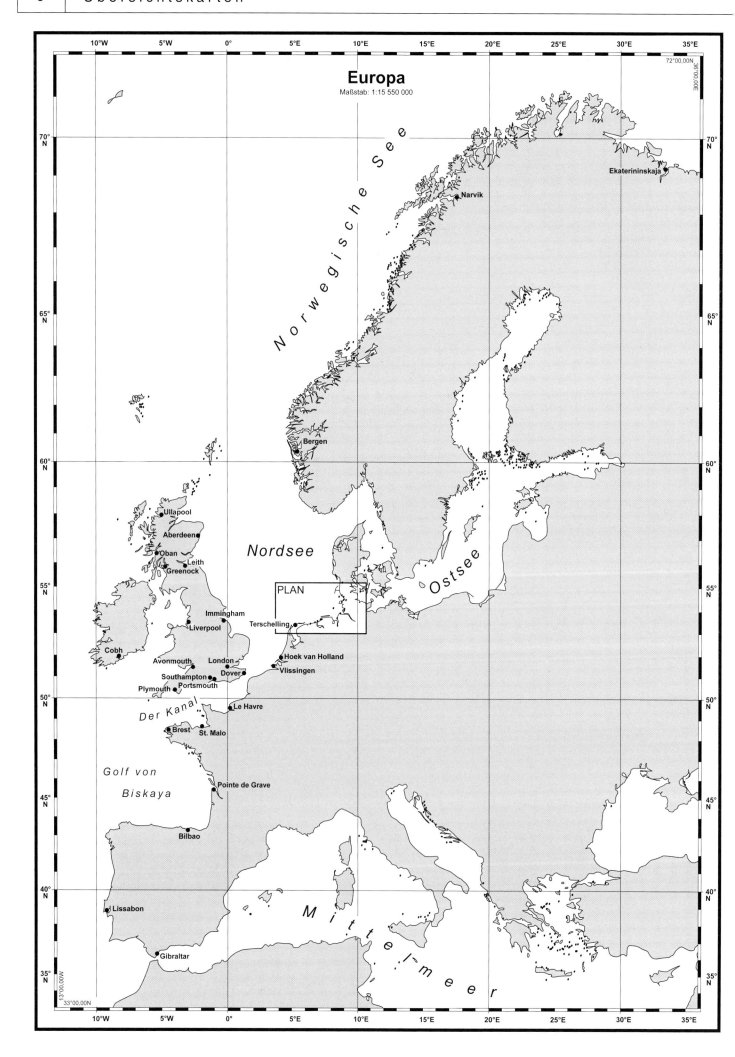

Deutsche Bucht
Maßstab: 1 : 2 550 000

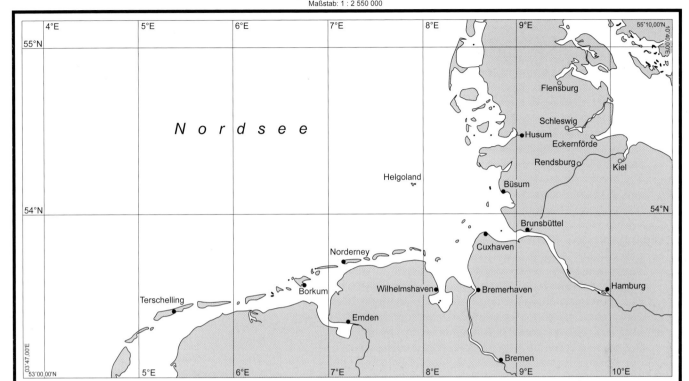

Azoren
Maßstab: 1 : 8 200 000

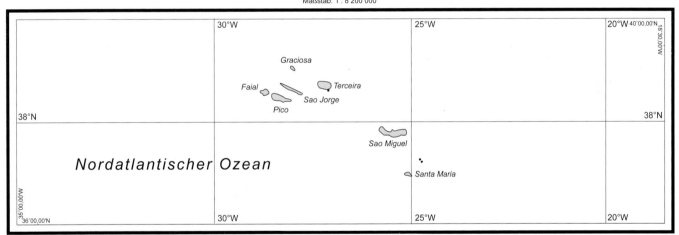

Kanarische Inseln
Maßstab: 1 : 13 250 000

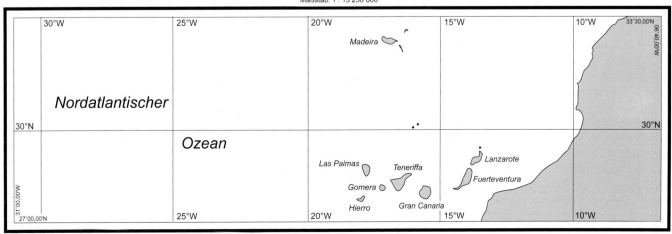

Erläuterungen und Begriffsbestimmungen aus der Gezeitenkunde
Entstehung der Gezeiten

Richtung und Betrag der Schwerkraft weisen an jedem Ort der Erdoberfläche kleine gesetzmäßige Schwankungen auf, die sich durch Beobachtungen mit feinen Instrumenten unmittelbar nachweisen lassen. Diese Störungen der Schwerkraft entstehen dadurch, dass die einzelnen Punkte der Erdoberfläche sich in etwas anderen Richtungen und Entfernungen vom Monde befinden als der Erdmittelpunkt, so dass auch die Massenanziehung durch den Mond etwas verschieden ausfällt, und dass die Punkte der Erdoberfläche infolge der Erdumdrehung fortlaufend in andere Stellungen zum Mond gebracht werden. Gleichartige, aber nur etwa halb so große Störungen der Schwerkraft übt auch die Sonne aus. Da die Wassermassen der Meere bestrebt sind, sich mit ihrer Oberfläche stets senkrecht zur augenblicklichen Richtung der Schwerkraft einzustellen, geraten sie infolge der Schwerkraftstörungen in Schwingungen, bei denen die einzelnen Wasserteilchen langgestreckte, fast völlig waagerechte Bahnen um ihre mittleren Lagen beschreiben. Diese waagerechten Bewegungen werden Gezeitenströme genannt. Die Hebungen und Senkungen der Wasseroberfläche, die durch das Anhäufen und Abziehen der Wassermassen entstehen, heißen Gezeiten.

Die Art, in der sich die Gezeitenschwingungen der Ozeane infolge der allerorts wirksamen Schwerkraftstörungen ausbilden, hängt wesentlich auch von der Gestalt und der Tiefe der Ozeane ab. Die Gezeiten kleinerer Randmeere auf den Schelfen der Kontinente, wie z. B. die Gezeiten der Nordsee, sind fast ausschließlich durch das Mitschwingen mit den angrenzenden Ozeanen und nur zu einem sehr geringen Teil durch die unmittelbare Einwirkung der gezeitenerzeugenden Gestirne verursacht. Die Gezeiten an irgendeiner bestimmten Stelle brauchen daher keineswegs dem Verlauf der örtlichen Schwerkraftstörungen zu ähneln. Da aber diese Störungen überall nur von den scheinbaren Stellungen der gezeitenerzeugenden Gestirne zur Erde abhängen, können die Gezeiten und Gezeitenströme an jedem Ort unmittelbar zu den scheinbaren Bewegungen des Mondes und der Sonne in Beziehung gesetzt werden. Die besondere Form dieser Beziehungen für einen bestimmten Ort wird bisher am genauesten und bequemsten aus örtlichen Beobachtungen der Gezeiten und Gezeitenströme, also aus der Erfahrung, ermittelt; doch ist grundsätzlich auch die theoretische Berechnung schon mit einiger Genauigkeit möglich.

Abkürzungen und Bezeichnungen

FD	Falldauer
Gr.	Greenwich
GU	Gezeitenunterschied
HAT	Highest Astronomical Tide (HGzW)
HDdU	Harmonische Darstellung der Ungleichheiten
HG	Höhe der Gezeit
HGzW	Höchster Gezeitenwasserstand (HAT)
HW	Hochwasser
HWH	Hochwasserhöhe
HWI	Hochwasser-Intervall
HWZ	Hochwasserzeit
LAT	Lowest Astronomical Tide (NGzW)
MEZ	Mitteleuropäische Zeit
MESZ	Mitteleuropäische Sommerzeit
MFD	Mittlere Falldauer
MHW	Mittleres Hochwasser
MNpD	Mittlere Nippsteig- oder Nippfalldauer
MNpHW	Mittleres Nipphochwasser
MNpNW	Mittleres Nippniedrigwasser
MNW	Mittleres Niedrigwasser
MSD	Mittlere Steigdauer
MSpD	Mittlere Springsteig- oder Springfalldauer
MSpHW	Mittleres Springhochwasser
MSpNW	Mittleres Springniedrigwasser
Mt	Mitt
MTH	Mittlerer Tidenhub
MW	Mittelwasser
NGzW	Niedrigster Gezeitenwasserstand (LAT)
NHN	Normalhöhennull
Np	Nipp
NpHW	Nipphochwasser
NpNW	Nippniedrigwasser
NpTH	Nipptidenhub
NW	Niedrigwasser
NWH	Niedrigwasserhöhe
NWI	Niedrigwasser-Intervall
NWZ	Niedrigwasserzeit
PNP	Pegelnullpunkt
SD	Steigdauer
SKN	Seekartennull
Sp	Spring
SpHW	Springhochwasser
SpNW	Springniedrigwasser
SpTH	Springtidenhub
TF	Tidenfall
TH	Tidenhub
TS	Tidenstieg
UTC	Koordinierte Weltzeitskala (Universal Time Coordinated)

Begriffsbestimmungen

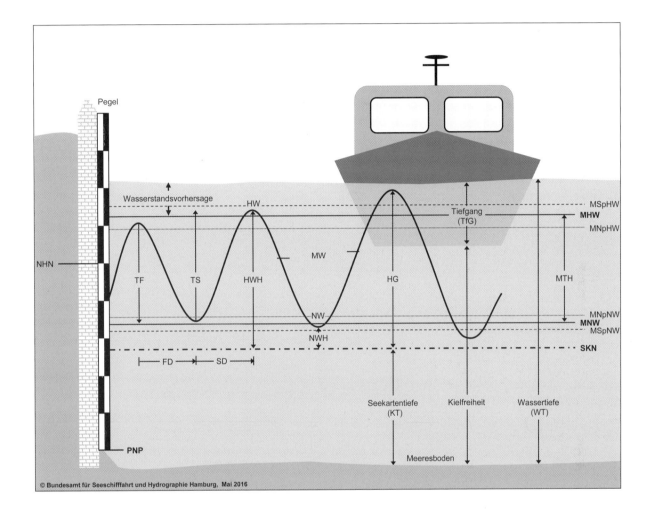

Erläuterungen und Begriffsbestimmungen

1. Bezugsflächen 11*
2. Gezeitengrundwerte 11*
   Zeiten 11*
   Höhen 12*
3. Allgemeine Beschreibung und Begriffe 12*
   Allgemein 12*
   Zeiten 13*
   Höhen 13*
4. Ungleichheiten in Höhe und Zeit 14*
5. Berechnungsmethoden 15*
6. Gezeitenformen 16*

Erläuterungen und Begriffsbestimmungen

1. Bezugsflächen

Seekartennull (SKN)

ist die Nullfläche, auf die sich die Tiefenangaben in einer Seekarte und die Höhe der Gezeit in den Gezeitentafeln beziehen.

Das Seekartennull wird gewöhnlich so tief festgelegt, dass die verfügbaren Wassertiefen nur ausnahmsweise, nämlich bei einem gelegentlich besonders niedrigem Niedrigwasser unterschritten werden.

Nordsee:

Die Festsetzung des Seekartennulls in Gezeitengebieten dient der Sicherheit der Schifffahrt in flachen Gewässern. Auf Grund der unterschiedlichen Größe des Tidenhubs treten die Niedrigwasser an den einzelnen Orten eines Seegebiets verschieden tief ein und somit variiert das SKN von Ort zu Ort, d.h. das Seekartennull ist keine ebene Fläche, sondern eine mannigfach gewellte Fläche (Siehe Jahreswerte deutscher Bezugsorte, Seite 213).

Bis Ende Dezember 2004 orientierte sich das Niveau des SKN im Bereich der deutschen Nordseeküste an der Höhe des örtlichen mittleren Springniedrigwassers (MSpNW). Seit Januar 2005 wird als Grundlage für das SKN das Niveau des niedrigsten Gezeitenwasserstandes NGzW (englisch: Lowest Astronomical Tide, LAT) verwendet. Aus 19 Jahren Vorausberechnungen wird der niedrigste Wert herausgesucht und als NGzW definiert. Das SKN ist ungefähr gleich dem NGzW-Wert, dieses gilt nicht in den Flüssen und Nebenflüssen.

Ostsee:

Das Seekartennull in der Ostsee entspricht dem mittleren Wasserstand.

Pegelnullpunkt (PNP)

ist der Nullpunkt eines Pegels.

Beim erstmaligen Aufstellen eines Pegels wird der Pegelnullpunkt so festgelegt, dass keine negativen Wasserstände auftreten können und liegt in der Regel bei Pegeln im Nordseeküstengebiet und in den tidebeeinflussten Flüssen 5 m unter NHN.

Normalhöhennull (NHN)

ist die Nullfläche, auf die sich die Höhenangaben von Bodenerhebungen in einer Landkarte beziehen.

Im 17. Jahrhundert wurde durch den Magistrat der Stadt Amsterdam ein Ausgangspunkt für die nationale Höhenmessung festgelegt, welcher der durchschnittlichen Sommer-Hochwasserlinie der Zuiderzee entsprach. Im Jahre 1818 wurde dieser Amsterdamer Pegel als Standard für das ganze Land festgelegt und später auch als Bezugspunkt in verschiedene Nachbarländer, unter anderem 1879 in Deutschland übernommen. Hierfür wurde ein Feinnivellement durchgeführt, wobei das Normalhöhennull vom Amsterdamer Pegel zur alten Berliner Sternwarte mit einer Genauigkeit von 1 dm übertragen wurde. Der heutige Höhenfestpunkt des deutschen Haupthöhennetzes ist in Wallenhorst bei Osnabrück zu finden.

2. Gezeitengrundwerte

Ist die Bezeichnung „**Mittlerer...**" einem Gezeitenwert vorangestellt, bedeutet das, dass es sich um den bestbekannten Mittelwert dieser Größe handelt, der im Allgemeinen aus einer längeren Beobachtungsreihe nach besonderen Vorschriften bestimmt wurde.

Zeiten

(HWI) Hochwasser-Intervall ist der Zeitunterschied zwischen einem unteren oder oberen Durchgang des Mondes durch den Nullmeridian und dem nächstfolgenden Hochwasser.

(NWI) Niedrigwasser-Intervall ist der Zeitunterschied zwischen einem unteren oder oberen Durchgang des Mondes durch den Nullmeridian und dem Niedrigwasser, das auf das zunächst folgende Hochwasser folgt. Das Niedrigwasser-Intervall ist also um die Falldauer größer als das Hochwasser-Intervall.

Höhen

Mittleres Hochwasser (MHW) ist eine abgekürzte Bezeichnung für den aus einer hinreichend langen Beobachtungsreihe abgeleiteten mittleren Hochwasserstand oder die entsprechend abgeleitete mittlere Hochwasserhöhe (MHWH).

Mittleres Niedrigwasser (MNW) ist eine abgekürzte Bezeichnung für den aus einer hinreichend langen Beobachtungsreihe abgeleiteten mittleren Niedrigwasserstand oder die entsprechend abgeleitete mittlere Niedrigwasserhöhe (MNWH).

Tidenhub (TH) ist das arithmetische Mittel aus dem Stieg und dem Fall einer Tide.

Springhochwasser (SpHW) ist das Hochwasser, das der Springzeit am nächsten liegt.

Springniedrigwasser (SpNW) ist das Niedrigwasser, das die größte Erniedrigung durch die halbmonatliche Ungleichheit aufweist. Das Springniedrigwasser gehört nicht überall der Springtide an, sondern tritt im oberen Teil des Gezeitengebiets mancher Flüsse sogar zur Nippzeit ein.

Nipphochwasser (NpHW) ist das Hochwasser, das der Nippzeit am nächsten liegt.

Nippniedrigwasser (NpNW) ist das Niedrigwasser, das die größte Erhöhung durch die halbmonatliche Ungleichheit aufweist. Das Nippniedrigwasser gehört nicht überall der Nipptide an, sondern tritt im oberen Teil des Gezeitengebietes mancher Flüsse sogar zur Springzeit ein.

Springtidenhub (SpTH) ist der Hub der Springtide.

Nipptidenhub (NpTH) ist der Hub der Nipptide.

Mittleres Springhochwasser (MSpHW) ist eine abgekürzte Bezeichnung für den mittleren Springhochwasserstand oder die mittlere Springhochwasserhöhe (MSpHWH), die um den größten positiven Wert der halbmonatlichen Ungleichheit in Hochwasserhöhe über der mittleren Hochwasserhöhe liegt.

Mittleres Springniedrigwasser (MSpNW) ist eine abgekürzte Bezeichnung für den mittleren Springniedrigwasserstand oder die mittlere Springniedrigwasserhöhe (MSpNWH), die um den größten negativen Wert der halbmonatlichen Ungleichheit in Niedrigwasserhöhe unter der mittleren Niedrigwasserhöhe liegt.

Mittleres Nipphochwasser (MNpHW) ist eine abgekürzte Bezeichnung für den mittleren Nipphochwasserstand oder die mittlere Nipphochwasserhöhe (MNpHWH).

Mittleres Nippniedrigwasser (MNpNW) ist eine abgekürzte Bezeichnung für den mittleren Nippniedrigwasserstand oder die mittlere Nippniedrigwasserhöhe (MNpNHW).

Mittlerer Springtidenhub (MSpTH) ist gleich dem Unterschied zwischen der mittleren Springhochwasserhöhe (MSpHWH) und der mittleren Springniedrigwasserhöhe (MSpNWH) und nur dort gleich dem Mittel der Springtidenhübe, wo das Springniedrigwasser der Springtide angehört.

Mittlerer Nipptidenhub (MNpTH) ist gleich dem Unterschied zwischen der mittleren Nipphochwasserhöhe (MNpHWH) und der mittleren Nippniedrigwasserhöhe (MNpNWH) und nur dort gleich dem Mittel der Nipptidenhübe, wo das Nippniedrigwasser der Nipptide angehört.

Höchster Gezeitenwasserstand (HGzW) (Highest Astronomical Tide, HAT) ist die Höhe des höchsten Hochwassers, das für einen Pegel allein auf der Grundlage der ermittelten, örtlich herrschenden Gezeitenbedingungen vorausberechnet werden kann.

Niedrigster Gezeitenwasserstand (NGzW) (Lowest Astronomical Tide, LAT) ist die Höhe des niedrigsten Niedrigwassers, das für einen Pegel allein auf der Grundlage der ermittelten, örtlich herrschenden Gezeitenbedingungen vorausberechnet werden kann.

3. Allgemeine Beschreibung und Begriffe

Allgemein

Bezugsort ist ein Ort, für den in den Gezeitentafeln ausführlich berechnete Eintrittszeiten und Höhen der Hoch- und Niedrigwasser angegeben sind.

Anschlussort ist ein Ort, für den in den Gezeitentafeln keine ausführlichen Gezeitenvorausberechnungen, sondern nur mittlere Gezeitenunterschiede gegen einen Bezugsort angegeben sind.

Erläuterungen und Begriffsbestimmungen

Gezeitenunterschiede (GU) sind die Verbesserungen, die man an die Hoch- und Niedrigwasserzeiten und -höhen eines Bezugsortes anzubringen hat, um die Hoch- und Niedrigwasserzeiten und -höhen für einen Anschlussort zu erhalten. In den Gezeitentafeln werden gewöhnlich angegeben:

Mittlere Hochwasser-Zeitunterschiede,
Mittlere Niedrigwasser-Zeitunterschiede,

Mittlere Hochwasser-Höhenunterschiede zur Springzeit,
Mittlere Hochwasser-Höhenunterschiede zur Nippzeit,
Mittlere Niedrigwasser-Höhenunterschiede zur Springzeit,
Mittlere Niedrigwasser-Höhenunterschiede zur Nippzeit.

Tide ist eine einzelne, im Allgemeinen noch näher zu bezeichnende Gezeit, die sich aus einer Flut und der nachfolgenden Ebbe zusammensetzt, also von einem Niedrigwasser bis zum folgenden Niedrigwasser reicht. – Als harmonische (Teil-) Tiden werden die streng periodischen Ausdrücke $A \cdot \cos U$ bezeichnet, in die sich die Gezeiten nach dem harmonischen Verfahren zerlegen und aus denen sie sich auch wieder zusammensetzen lassen.

Wasserstand ist der senkrechte Abstand der Wasseroberfläche von einer festen Nullmarke. Liegt die Wasseroberfläche oberhalb der Nullmarke, so spricht man von positiven Wasserständen; liegt die Wasseroberfläche unterhalb der Nullmarke, so wird das als negativer Wasserstand bezeichnet.

Mittlerer Wasserstand ist der mittlere Stand des Wassers während eines längeren Zeitraums und wird berechnet als arithmetisches Mittel gleichabständiger, meist stündlicher Wasserstände über diesen Zeitraum.

Stillstand der Gezeit ist der Zeitraum im Verlauf einer Tide, während dessen sich der Wasserstand nicht merklich ändert.

Springtide ist die Tide, welche das Springhochwasser enthält.

Nipptide ist die Tide, welche das Nipphochwasser enthält.

Mittzeit ist die zwischen Nipp- und Springzeit liegende Zeit.

Tidenkurve ist die zeichnerische Darstellung einer bestimmten Tide, in der die Zeiten als Abzissen und die zugehörigen Wasserstände oder Höhen als Ordinaten aufgetragen sind.

Gezeitenkurve ist die zeichnerische Darstellung der Wasserstands- oder Höhenänderungen während mehrerer aufeinanderfolgender Tiden.

Zeiten

Hochwasserzeit (HWZ) ist die Zeit, zu der das Hochwasser eintritt.

Niedrigwasserzeit (NWZ) ist die Zeit, zu der das Niedrigwasser eintritt.

Steigdauer (SD) oder Flutdauer ist der Zeitraum von einem Niedrigwasser bis zum folgenden Hochwasser.

Falldauer (FD) oder Ebbdauer ist der Zeitraum von einem Hochwasser bis zum folgenden Niedrigwasser.

Höhen

Höhe der Gezeit (HG) ist ein Wasserstand (Gezeitenwasserstand), der auf das örtliche Seekartennull bezogen ist.

Hochwasserstand ist der Wasserstand beim Hochwasser.

Hochwasser (HW) ist der Eintritt des höchsten Wasserstandes einer Tide beim Übergang vom Steigen zum Fallen.

Hochwasserhöhe (HWH) ist die Höhe der Gezeit beim Hochwasser.

Niedrigwasserstand ist der Wasserstand beim Niedrigwasser.

Niedrigwasser (NW) ist der Eintritt des niedrigsten Wasserstandes zwischen zwei aufeinanderfolgenden Tiden beim Übergang vom Fallen zum Steigen.

Niedrigwasserhöhe (NWH) ist die Höhe der Gezeit beim Niedrigwasser.

Mittelwasser (MW) ist der in der Mitte zwischen einem Hochwasserstand und dem vorhergehenden oder folgenden Niedrigwasserstand gelegene Wasserstand; er liegt im Allgemeinen bei der Ebbe und Flut einer Tide sowie auch von Tide zu Tide verschieden hoch.

Höhe des Mittelwassers (HMW) ist der Abstand des Mittelwassers vom Seekartennull oder das arithmetische Mittel aus einer Hochwasserhöhe und der vorhergehenden oder folgenden Niedrigwasserhöhe.

Tidenstieg (TS) ist der Betrag, um den das Wasser während der Flut steigt, also der Unterschied zwischen einem Niedrigwasserstand und dem folgenden Hochwasserstand oder der Unterschied zwischen einer Niedrigwasserhöhe und der folgenden Hochwasserhöhe.

Tidenfall (TF) ist der Betrag, um den das Wasser während der Ebbe fällt, also der Unterschied zwischen einem Hochwasserstand und dem folgenden Niedrigwasserstand oder der Unterschied zwischen einer Hochwasserhöhe und der folgenden Niedrigwasserhöhe.

Flut ist das Steigen des Wassers von einem Niedrigwasser bis zum folgenden Hochwasser.

Ebbe ist das Fallen des Wassers von einem Hochwasser bis zum folgenden Niedrigwasser.

4. Ungleichheiten in Höhe und Zeit

Ungleichheit ist die astronomisch bedingte Abweichung eines einzelnen, d.h. zu einer einzelnen Tide gehörigen Gezeitenwertes von dem entsprechenden Mittelwert. Man unterscheidet Ungleichheiten in Zeit und Ungleichheiten in der Höhe.

Ungleichheit in Hoch- oder Niedrigwasserzeit (bei halbtägiger Gezeitenform) ist die astronomisch bedingte Abweichung eines einzelnen Hoch- oder Niedrigwasser-Intervalls vom mittleren Hoch- oder Niedrigwasser-Intervall.

Ungleichheit in Hoch- oder Niedrigwasserhöhe ist die astronomisch bedingte Abweichung einer einzelnen Hoch- oder Niedrigwasserhöhe von der mittleren Hoch- oder Niedrigwasserhöhe.

Halbmonatliche Ungleichheit (bei halbtägiger Gezeitenform) ist der Teil der gesamten Ungleichheit in Zeit oder Höhe, der von der Phase des Mondes abhängt, genauer: der mittlere zu jeder einzelnen Meridiandurchgangszeit des Mondes gehörige Wert der betreffenden Ungleichheit. Dabei ist die Meridiandurchgangszeit des Mondes in UTC auszudrücken und zwischen Vormittags- und Nachmittagsstunden nicht zu unterscheiden, also von den nach 11:59 Uhr fallenden Meridiandurchgangszeiten der Betrag von 12 h 00 min abzuziehen. Die halbmonatliche Ungleichheit nimmt jeweils nach Ablauf eines halben synodischen Monats oder von 14,77 Tagen wieder den gleichen Wert an. Dem Voll- oder Neumond entspricht durchschnittlich die Meridiandurchgangszeit 0 Uhr (oder 12 Uhr), dem ersten oder letzten Viertel die Meridiandurchgangszeit 6 Uhr (oder 18 Uhr). – Bei **eintägiger** Gezeitenform hängt die halbmonatliche Ungleichheit von der Deklination des Mondes ab, ihre Periode beträgt 13,61 Tage.

Tägliche Ungleichheit (bei halbtägiger Gezeitenform) ist die Verschiedenheit zwischen den Werten einer Ungleichheit in Zeit oder Höhe bei zwei aufeinanderfolgenden Hoch- oder Niedrigwassern, soweit sie von der Mond- (und Sonnen-)Deklination einschl. der Vorzeichen abhängt. Im engeren Sinne versteht man unter täglicher Ungleichheit den zu jedem einzelnen Wert der Monddeklination gehörigen mittleren halben Unterschied zwischen den Höhen oder Intervallen je zweier aufeinanderfolgender Hoch- oder Niedrigwasser. Eine tägliche Ungleichheit nimmt jeweils nach Ablauf eines tropischen Monats oder nach 27,32 Tagen wieder den gleichen Wert an. Sie nimmt mit wachsender Deklination des Mondes zu und kehrt nach jedem Durchgang des Mondes durch den Äquator ihr Vorzeichen um.

Parallaktische Ungleichheit ist der Teil der gesamten Ungleichheit in Zeit oder Höhe, der von der Entfernung zwischen Erde und Mond abhängt, genauer: der mittlere zu jedem einzelnen Wert der Entfernung oder Horizontalparallaxe des Mondes gehörige Wert der betreffenden Ungleichheit. Bei genaueren Untersuchungen müssen die Werte der parallaktischen Ungleichheit auch noch getrennt für die verschiedenen Transitzeiten des Mondes bestimmt werden. Eine parallaktische Ungleichheit nimmt durchschnittlich nach Ablauf eines anomalistischen Monats von 27,55 Tagen wieder den gleichen Wert an. Die parallaktischen Ungleichheiten in Hoch- und Niedrigwasserhöhe haben eine Zunahme des Tidenhubs mit wachsender Annäherung des Mondes an die Erde zur Folge.

Deklinationsungleichheit ist der Teil der gesamten Ungleichheit in Zeit oder Höhe, der nur vom Betrag der Monddeklination abhängt, genauer: der mittlere zu jedem einzelnen Grad des Deklinationsbetrages gehörige Wert der betreffenden Ungleichheit. Eine Deklinationsungleichheit nimmt jeweils nach Ablauf eines halben tropischen Monats oder nach 13,66 Tagen wieder den gleichen Wert an. Die Deklinationsungleichheiten in Hoch- und Niedrigwasserhöhe haben bei halbtägigen Gezeiten eine Abnahme des Tidenhubs mit wachsender Deklination des Mondes zur Folge.

Springzeit (bei halbtägiger Gezeitenform) ist die Zeit, zu der die halbmonatliche Ungleichheit in Hochwasserhöhe ihren größten positiven Wert annimmt. Wenn die halbmonatliche Ungleichheit alle anderen Ungleichheiten übertrifft, was bei halbtägiger Gezeitenform mit Ausnahme weniger Gebiete auf der Erde der Fall ist, so treten also zur Springzeit durchschnittlich die höchsten Hochwasser ein. Bei **eintägiger** Gezeitenform ist dies kurz nach dem Eintritt der größten nördlichen oder südlichen Deklination des Mondes der Fall.

Springverspätung (bei halbtägiger Gezeitenform) ist der Zeitunterschied zwischen dem Eintritt des Voll- oder Neumondes und der Springzeit. Bei **eintägiger** Gezeitenform ist die Springverspätung der Zeitunterschied zwischen dem Eintritt der größten nördlichen oder südlichen Deklination des Mondes und der Springzeit.

Nippzeit ist die Zeit, zu der die halbmonatliche Ungleichheit in Hochwasserhöhe ihren größten negativen Wert annimmt. Wenn die halbmonatliche Ungleichheit alle anderen Ungleichheiten übertrifft, was bei halbtägiger Gezeitenform mit Ausnahme weniger Gebiete auf der Erde der Fall ist, so treten also zur Nippzeit durchschnittlich die niedrigsten Hochwasser ein. Bei **eintägiger** Gezeitenform ist dies kurz nach dem Äquatordurchgang des Mondes der Fall.

Nippverspätung ist **bei halbtägiger Gezeitenform** der Zeitunterschied zwischen dem Eintritt des ersten oder letzten Mondviertels und der Nippzeit, bei **eintägiger** Gezeitenform der Zeitunterschied zwischen dem Äquatordurchgang des Mondes und der Nippzeit.

5. Berechnungsmethoden

Nonharmonisches Verfahren zur Berechnung der Gezeiten (von halbtägiger Form) ist ein Verfahren, bei dem man die Hoch- und Niedrigwasserzeiten eines Ortes erhält, indem man zu den Meridiandurchgangszeiten des Mondes die mittleren Hoch- und Niedrigwasser-Intervalle sowie die Ungleichheiten in Hoch- und Niedrigwasserzeit hinzufügt; die Hoch- und Niedrigwasserhöhen, indem man zu den mittleren Hoch- und Niedrigwasserhöhen die Ungleichheiten der Hoch- und Niedrigwasserhöhe hinzufügt. Die vier Ungleichheiten in Zeit und Höhe werden ihrerseits aus je einer halbmonatlichen, parallaktischen, Deklinations- und täglichen Ungleichheit sowie gegebenenfalls auch noch weiteren Verbesserungen zusammengesetzt.

Harmonisches Verfahren zur Berechnung der Gezeiten ist ein Verfahren, bei dem die Gezeiten durch Zusammensetzen aus einer Anzahl harmonischer Teiltiden berechnet werden. Als Grundlage dienen dabei die harmonischen Gezeitenkonstanten des Ortes.

Harmonische Analyse der Gezeiten ist ein Verfahren zur Untersuchung der Gezeiten, nach dem diese in eine größere Anzahl streng periodischer harmonischer Teiltiden von der Form $A \cdot \cos U$ zerlegt werden. Die Winkel U der einzelnen harmonischen Tiden nehmen gleichmäßig mit der Uhrzeit t am Ort zu, da sie je gleich einem Ausdruck von der Gestalt $(P+T+i \cdot t)$ mit festen Werten P, T und i sind. Die verschiedenen Perioden der einzelnen Tiden sowie die verschiedenen Werte T ergeben sich aus der Lehre von den Bewegungen des Mondes und der Sonne; sie sind für alle Orte der Erde die gleichen. Die Amplituden A und die Phasen P der einzelnen Tiden sind dagegen im Allgemeinen von Ort zu Ort verschieden und kennzeichnen den verschiedenartigen Verlauf der Gezeiten an den einzelnen Orten. Die harmonische Analyse der Gezeiten beruht auf einer gleichartigen Zerlegung der gezeitenerzeugenden Kräfte in harmonische Glieder.

Harmonische Darstellung der Ungleichheiten (HDdU) ist ein Verfahren zur Berechnung der Gezeiten, das dem nonharmonischen Verfahren ähnelt, bei dem jedoch die Ungleichheiten der Hoch- und Niedrigwasser in Zeit und Höhe ähnlich wie beim harmonischen Verfahren durch Zusammensetzen aus periodischen Gliedern berechnet wird.

Differenzenverfahren zur Berechnung der Gezeiten ist ein Verfahren, bei dem die Eintrittszeiten und Höhen der Hoch- und Niedrigwasser eines Ortes aus den bereits vorhergehenden Eintrittszeiten und Höhen für einen anderen Ort durch Anbringen von Verbesserungen berechnet werden, die aus den Differenzen der mittleren Intervalle und Höhen an den beiden Orten sowie aus den Differenzen der halbmonatlichen Ungleichheiten oder weiterer Ungleichheiten in Zeit und Höhe gebildet sind.

Harmonische Gezeitenkonstanten eines Ortes sind die Höhe des mittleren Wasserstandes Z_0 sowie die Amplituden A und die Phasen P der einzelnen harmonischen Teiltiden, wie sie sich nach der harmonischen Analyse der Gezeiten an diesem Ort ergeben.

6. Gezeitenformen

Halbtägige Gezeiten sind solche, bei denen im Laufe eines Tages (Mondtages) zwei Hochwasser und zwei Niedrigwasser eintreten.

Eintägige Gezeiten sind solche, bei denen im Laufe eines Tages (Mondtages) ein Hochwasser und ein Niedrigwasser eintreten.

Gemischte Gezeiten sind solche, bei denen die beiden im Laufe eines Monats eintretenden Hoch- und Niedrigwasser sich in ihren Höhen oder ihren Intervallen stark voneinander unterscheiden.

Seichtwassertide ist eine harmonische Teiltide der Gezeiten, die in seichterem Wasser durch das Auftreten einer oder mehrerer astronomischer Tiden zusätzlich hervorgerufen wird. Die Winkelgeschwindigkeiten der Seichtwassertiden sind entweder ganzzahlige Vielfache der Winkelgeschwindigkeiten der astronomischen Tiden oder sie setzen sich mit ganzzahligen Beiwerten aus den Winkelgeschwindigkeiten mehrerer astronomischer Tiden zusammen. Die Winkelgeschwindigkeiten mancher Seichtwassertiden stimmen mit der Winkelgeschwindigkeit einer astronomischen Tide überein, so dass eine Trennung der betreffenden Tiden nicht möglich ist; doch kann gewöhnlich entschieden werden, ob eine bestimmte Tide vorwiegend als astronomische oder als Seichtwassertide anzusehen ist.

Astronomische Tide ist eine harmonische Teiltide der Gezeiten, die durch ein harmonisches Glied der gezeitenerzeugenden Kräfte mit der gleichen Winkelgeschwindigkeit verursacht ist. Die Gezeiten tiefer Gewässer sind fast ausschließlich aus astronomischen Tiden zusammengesetzt.

Das Seekartennull in Gezeitengebieten
Schifffahrtspegel

Die Angaben der **Landkarten** über die Höhen der Bodenerhebungen sind auf eine überall waagerecht verlaufende Fläche, eine sog. Niveaufläche, bezogen. In den verschiedenen Staaten sind diese Nullflächen zwar im Allgemeinen nicht genau in der gleichen Höhe festgesetzt, doch weicht eine solche Nullfläche gewöhnlich nur wenig vom mittleren Wasserstand an der Küste des betreffenden Staates ab; eine Ausnahme bildet z. B. Belgien, wo die Nullfläche erheblich tiefer liegt. Die Fläche des mittleren Wasserstandes verläuft entlang der Küste im Allgemeinen nicht genau waagerecht. In **Deutschland** sind die Höhenangaben der Landesvermessung auf das sog. Normalhöhennull (NHN) bezogen, dessen Lage durch eine Anzahl von Höhenfestpunkten in der Nähe von Potsdam festgesetzt ist. An der deutschen Nordseeküste weicht das Normalhöhennull nur um geringe Beträge vom mittleren Wasserstand ab.

Anders als die Landkarten verzeichnen die **Seekarten** von Gezeitengebieten nicht den Abstand des Grundes von einer Nullfläche oder der Fläche des mittleren Wasserstandes, sondern sie geben die Wassertiefen an, die bei einem besonders niedrigen Niedrigwasser noch verbleiben. Je größer der mittlere Tidenhub an einem Ort ist, um so tiefer liegt dieses Niedrigwasser unterhalb des mittleren Wasserstandes oder unterhalb des Landesvermessungsnulls an der Küste, z. B. bei Wilhelmshaven rund 2,7 m, bei Cuxhaven rund 2,0 m, bei List rund 1,45 m (siehe Jahreswerte deutscher Bezugsorte, Seite 213). Dieses besondere Niedrigwasser, auf das die Tiefenangaben der Seekarten bezogen sind, wird als **Seekartennull (SKN)** bezeichnet und ist im Allgemeinen von Staat zu Staat verschieden ausgewählt. Die deutschen Seekarten von ausländischen Gewässern übernehmen jedoch das dort eingeführte Seekartennull, und in den übrigen Staaten wird bei der Herausgabe der Seekarten fast ausnahmslos in der gleichen Weise verfahren, so dass also deutsche und fremde Karten für das gleiche Gebiet auch die gleichen Tiefen angeben. Da die Genauigkeit der Lotungen mit wachsender Tiefe abnimmt, werden größere Wassertiefen nicht mehr auf ein Seekartennull bezogen; dieses spielt also nur im Bereich der Küsten eine Rolle.

Nachfolgend sind kurz die für die Hoheitsgebiete der einzelnen Staaten **Europas** gültigen Festsetzungen des Seekartennulls zusammengestellt.

Island: Seekartennull ist etwa gleich dem örtlichen mittleren Springniedrigwasser.

Russische Föderation (Weißes Meer und Murmanküste): Seekartennull ist gleich dem örtlichen niedrigsten Niedrigwasser, das nach einem bestimmten Verfahren ermittelt wird.

Norwegen: Seekartennull ist etwa gleich dem örtlichen niedrigsten Gezeitenwasserstand, NGzW (Lowest Astronomical Tide, LAT), nur im südlichen Seegebiet wurde ein Seekartennull festgelegt, das etwa 2–3 dm tiefer als das LAT liegt.

Schweden: Seekartennull ist in der Regel gleich dem mittleren Wasserstand.

Dänemark: Seekartennull westlich von Skagen ist etwa gleich dem örtlichen niedrigsten Gezeitenwasserstand, NGzW (Lowest, Astronomical Tide, LAT). Nur für Esbjerg wird ein anderes Seekartennull verwendet. Östlich von Skagen ist das Seekartennull gleich dem mittleren Wasserstand.

Grönland und Färöer: Seekartennull ist gleich dem örtlichen niedrigsten Gezeitenwasserstand, NGzW (Lowest Astronomical Tide, LAT).

Deutschland (Nordseeküste): Für das Seekartennull im Seegebiet vor der deutschen Nordseeküste einschließlich der Watten und Ästuare wird der örtliche niedrigste Gezeitenwasserstand, NGzW (Lowest Astronomical Tide, LAT) zugrunde gelegt. Im Tideflussbereich der Ems, Jade, Weser und Elbe ist das Seekartennull in Anlehnung an den niedrigsten Gezeitenwasserstand unter Berücksichtigung des Oberwassereinflusses stufenweise festgelegt.

Niederlande: Seekartennull an der Küste ist gleich dem örtlichen niedrigsten Gezeitenwasserstand, NGzW (Lowest Astronomical Tide, LAT). Diese Festsetzung gilt auch für die Wester- und Oosterschelde. Auf dem Nieuwe Rotterdamsche Waterweg beginnt an der Mündung ein festgesetztes Niedrigwasser (OLW, overeengekomen lage waterstand) als Seekartennull. Das OLW fällt linear zum LAT von Hoek van Holland ab und bildet einen allmählichen Übergang zu dem OLR (overeengekomen lage rivierstand) im weiter oberhalb gelegenen Teil von Lek und Waal. Dieser OLR wird durchschnittlich nur an etwa zwanzig Tagen im Jahr unterschritten.

Belgien: Seekartennull ist gleich dem örtlichen niedrigsten Gezeitenwasserstand, NGzW (Lowest Astronomical Tide, LAT).

Großbritannien, Nordirland und Irland: Seekartennull ist gleich dem örtlichen niedrigsten Gezeitenwasserstand, NGzW (Lowest Astronomical Tide, LAT).

Frankreich (Nord- und Westküste): Seekartennull ist gleich dem örtlichen niedrigsten Niedrigwasser, NGzW. Auf der Seine bis Roue sind die Tiefen auf eine waagerechte Bezugsfläche (Niveaufläche) bezogen, die mit dem gewöhnlichen Seekartennull bei Le Havre übereinstimmt.

Spanien: Seekartennull ist gleich dem örtlichen niedrigsten Gezeitenwasserstand; NGzW (Lowest Astronomical Tide, LAT).

Portugal: Seekartennull liegt etwa 0–2 dm unter dem örtlichen niedrigsten Gezeitenwasserstand, NGzW (Lowest Astronomical Tide, LAT).

Je tiefer das Seekartennull an einem Ort festgesetzt ist, um so seltener fällt das Wasser unter das Seekartennull. Da bei den Festsetzungen des Seekartennulls jedoch nur die astronomischen Ursachen der Gezeiten berücksichtigt werden, muss besonders in solchen Gebieten, wo auch die meteorologischen Umstände starken Einfluss auf die Wasserstände haben, stets mit der Möglichkeit gerechnet werden, dass einzelne Niedrigwasser tiefer eintreten als das Seekartennull.

An verschiedenen Orten der deutschen Nordseeküste sind für die Zwecke der Schifffahrt besondere Pegel aufgestellt, deren Nullpunkt mit dem örtlichen Seekartennull übereinstimmt, so dass die abgelesenen Wasserstände als Höhen unmittelbar zu den Tiefenangaben der Seekarten hinzugefügt werden können. Diese „**Schifffahrtspegel**" werden in der Seekarte als Wasserstands-Signalstellen, SS (Tide) oder SS (Wss-S.) bezeichnet. Alle übrigen Pegel heißen Betriebs- oder in der Seekarte Schreibpegel; ihre Nullpunkte liegen gewöhnlich 5 m unter dem Normalhöhennull, so dass die Anzeige eines Betriebspegels zu den Tiefenangaben der Seekarten nicht unmittelbar in Beziehung gesetzt werden darf.

Der Einfluss des Windes und der Luftdruckschwankungen auf die Gezeiten

Der Wind und die Luftdruckschwankungen rufen im Meer Strömungen und Wasserstandsänderungen hervor, die zu den Gezeitenströmen und den Gezeiten hinzutreten, so dass die gesamte Wasserbewegung mehr oder minder von den Gezeitenerscheinungen abweicht. Wo diese Abweichungen in der Regel verhältnismäßig klein bleiben, spricht man kurz, wenn auch nicht ganz zutreffend, von einer Beeinflussung der Gezeiten und Gezeitenströme durch den Wind und die Luftdruckänderungen. Diese meist kurzfristig wechselnden Beeinflussungen können in langfristige Gezeitenvorausberechnungen, wie sie die Gezeitentafeln enthalten, nicht mit einbezogen werden. Mit der Möglichkeit, dass die tatsächlichen Eintrittszeiten und Höhen der Hoch- und Niedrigwasser von den vorausberechneten um kleinere und gelegentlich auch um größere Beträge abweichen, muss daher stets gerechnet werden.

Bedingt durch astronomische und meteorologische Ursachen weichen die einzelnen Hoch- und Niedrigwasser gewöhnlich in der Höhe vom **mittleren Hochwasser (MHW)** bzw. **Niedrigwasser (MNW)** ab. Für meteorologische Einflüsse gilt allgemein, dass auflandige Winde also Winde aus südwestlicher bis nördlicher Richtung, eine Erhöhung der Wasserstände hervorrufen, Winde aus den entgegengesetzten Richtungen dagegen eine Erniedrigung.

Wasserstandsvorhersage des Bundesamtes für Seeschifffahrt und Hydrographie

Für die Hoch- und Niedrigwasser wird die Abweichung, welche an der deutschen Nordseeküste und in den Revieren Ems, Jade, Weser und Elbe zu erwarten ist, bis zu 6 Tage voraus und laufend aktualisiert bekannt gegeben (siehe hierzu Beispiel 6).

Bei Gefahr außergewöhnlich hohen Hochwasserständen werden diese Vorhersagen als „Sturmflutwarnungen" angekündigt.

Tägliche Bekanntmachungen:

➢ **Radio:**
Besteht die Gefahr einer Sturmflut, strahlen alle Rundfunksender für die betreffenden Gebiete Warnungen aus.
Der Norddeutsche Rundfunk **NDR 90,3** gibt für Hamburg Mo–Fr 9:30, Sa, So um 9:00 und täglich nach den 22:00-Uhr-Nachrichten die Wasserstandsvorhersage bekannt.
Nachträgliche Änderungen durch die Rundfunksender sind vorbehalten.

➢ **Telefon:**
BSH:
040 / 3190 3190

➢ **Internet-Adressen:**
BSH:
www.bsh.de
Stadt Hamburg:
www.hamburg.de/sturmflut
Land Schleswig-Holstein:
www.umweltdaten.landsh.de/public/hsi/hochwasser.html
Land Niedersachsen:
www.nlwkn.niedersachsen.de/aktuelles/warndienste_messwerte
Radio NDR:
www.ndr.de/nachrichten/wetter/wasserstand101.html

➢ **Fernsehen Teletext:**
Norddeutscher Rundfunk (NDR)
Hamburg, Schleswig-Holstein, Niedersachsen: Tafel 109 und 669

Informationen zu:

➢ **Gewässerkundliches Informationssystem**
Wasser- und Schifffahrtsverwaltung des Bundes
Internet: www.pegelonline.wsv.de

➢ **Aktueller Seewetterbericht**
Deutscher Wetterdienst
Telefon: 069 / 80 62 61 16
Ansagedienst: 069 / 80 62 57 99
Internet: www.dwd.de

Anwendung der Hilfstafeln 1 bis 5

Teil IV enthält verschiedene Tafeln, deren Inhalt und Zweck teilweise bereits in den Erläuterungen zu den Teilen I und II angegeben wurden. Ein Verzeichnis dieser Tafeln befindet sich am Anfang des Teils IV.

Tafel 1 enthält die Grundwerte der Gezeiten für die Bezugsorte, ferner Angaben über die Herkunft der ausführlichen Vorausberechnungen im Teil I sowie über die Verfahren, nach denen diese angefertigt wurden. Die Grundwerte stellen Mittelwerte der Gezeiten dar, nach denen die Verhältnisse an den einzelnen Tagen beurteilt werden können.

Tafel 2 ist der Kalender der Spring-, Mitt- und Nippzeiten.

Tafel 3 gibt die Eintrittszeiten der verschiedenen Mondphasen an. Fügt man zu den Eintrittszeiten des Voll- oder Neumondes die Springverspätung aus Tafel 1 hinzu, erhält man den Mittelpunkt der Springzeit für diesen Bezugsort und seiner Anschlussorte. Von diesem Zeitpunkt beginnend kann die Dauer eines halben Mondumlaufs eingeteilt werden in:

2 Tage Springzeit + 3 Tage Mittzeit + 4 Tage Nippzeit + 3 Tage Mittzeit + 2 Tage Springzeit = 14 Tage (eigentlich durchschnittlich 14,8 Tage). Empfehlenswerter ist der Gebrauch der Tafel 2 oder der Vergleich der für den Bezugsort vorausberechneten HW/NW-Höhen mit seinen mittleren Spring- und Nipp-HW/NW-Höhen.

Tafel 4 gibt die Zeiten an, zu denen der Mond durch den Nullmeridian geht; die Zeiten sind in UTC ausgedrückt. Sie werden hauptsächlich zur überschläglichen Berechnung der Gezeiten im freien Seegebiet mittels der Gezeitenkarten im Teil V der Gezeitentafeln gebraucht (vgl. die Erläuterung zu diesen Karten).

Tafel 5 enthält die Verbesserungen wegen halbmonatlicher Ungleichheit, die an den mittleren Hoch- und Niedrigwasser-Zeitunterschieden gewisser Anschlussorte anzubringen sind (Beispiel 4). Ist der mittlere Hochwasser- oder Niedrigwasser-Zeitunterschied nicht konstant, ändert er sich in 1. Näherung sinusförmig. Tafel 5 liefert für Phasenverschiebungen von 0 bis 11 Stunden und Amplituden von 10 Minuten bis 2 Stunden 20 Minuten Werte zur Verbesserung in Abhängigkeit von der Eintrittszeit des Hoch- und Niedrigwassers am Bezugsort.

Flusspläne:
Diese Pläne enthalten die Zeitintervalle zwischen der Eintrittszeit des Hochwassers und des Niedrigwassers eines Bezugsortes an der Flussmündung und den Orten stromaufwärts. Wie man deutlich aus den Plänen erkennen kann, läuft der Hochwasserscheitel flussaufwärts schneller hinauf als der Niedrigwasserscheitel. Dieses Phänomen kann man nur in Flüssen beobachten.

Grafik der Jahreswerte deutscher Bezugsorte:
Die Grafik dient zur Veranschaulichung der unterschiedlichen mittleren Springtidenhübe bzw. Nipptidenhübe an der deutschen Nordseeküste und deren Flussgebiete. Die Höhen sind auf das Normalhöhennull (NHN) bezogen. Des Weiteren ist das gültige Seekartennull der Bezugsorte eingetragen.

Gezeitenkarten

A. vier Gezeitenkarten der Nordsee südlich von 58° N:

Karte 1 Linien gleichen mittleren Hochwasserzeitunterschiedes gegen den Durchgang des Mondes durch den Nullmeridian,

Karte 2 Linien gleichen mittleren Niedrigwasserzeitunterschiedes gegen den Durchgang des Mondes durch den Nullmeridian,

Karte 3 Linien gleichen mittleren Springtidenhubs,

Karte 4 Linien gleichen mittleren Nipptidenhubs

und

B. zwei Gezeitenkarten der Nordsee, des Kanals und der britischen und irischen Gewässer:

Karte 5 Linien gleichen mittleren Hochwasserzeitunterschiedes gegen den Durchgang des Mondes durch den Nullmeridian,

Karte 6 Linien gleichen mittleren Springtidenhubs.

Vor der niederländischen Küste dauert das Hoch- oder Niedrigwasser stellenweise ungewöhnlich lange. Die Gebiete, in denen dieser Stillstand 1 Stunde oder länger anhält, sind in den Karten 1 und 2 durch gestrichelte Linien abgegrenzt.

Anleitung zum Gebrauch der Gezeitentafeln mit Beispielaufgaben

Ausführliche Gezeitenvorausberechnungen

Teil I enthält die ausführlich vorausberechneten Eintrittszeiten und Höhen der Hoch- und Niedrigwasser an den sog. Bezugsorten. Eine Zusammenstellung dieser Bezugsorte befindet sich auf der zweiten Umschlagseite und am Anfang des Teil I; die Lage der Bezugsorte ist aus den Übersichtskarten auf den Seiten 6* und 7* zu ersehen. Im Ortsverzeichnis am Schluss wird bei den Bezugsorten auf die Seitenzahlen im Teil I verwiesen.

Umrechnung der gesetzlichen Zeit

Die Zeitzone, in der die Hoch- und Niedrigwasserzeiten ausgedrückt sind, ist am Fuß jeder Seite angegeben.

Werden die Hoch- und Niedrigwasserzeiten in einer anderen Zeit verlangt, müssen sie umgerechnet werden.

Beispiel 1:

Wann und wie hoch tritt am 13. Februar 2019 mittags bei Ekaterininskaja das Hochwasser in der Zeitzonenzeit UTC + 1 h 00 min ein?

	Nr.	Ort	HWZ	HWH
Vorausberechnungen Teil I, Seite 2	316	Ekaterininskaja	13:13 Uhr	3,1 m

Die entnommene Hochwasserzeit (HWZ) ist in der Zeitzone UTC + 3 h 00 min ausgedrückt. Die Hochwasserzeit ist nun in die geforderte Zeitzone UTC + 1 h 00 min umzurechnen, dafür ist der Unterschied zwischen der verlangten Zeit und der Zeit aus Teil I für Ekaterininskaja zu bilden.

(UTC +1 h 00 min) − (UTC +3 h 00 min) = −2 h 00 min

Die entnommene Hochwasserzeit (HWZ) ist nun in die geforderte Zeitzone umzurechnen:
HWZ: 13:13 Uhr − 2 h 00 min = 11:13 Uhr

Ergebnis:
Ekaterininskaja HWZ 11:13 Uhr (UTC + 1 h 00 min) HWH 3,1 m (SKN)

Anleitung und Beispiele 21*

Berechnung der Wassertiefe

Die angegebenen Höhen der Hoch- und Niedrigwasser sind auf das Seekartennull an dem betreffenden Bezugsort bezogen. Liegt die Wasseroberfläche oberhalb des Seekartennulls, so wird die Höhe positiv gerechnet; liegt sie unterhalb, so wird die Höhe negativ gerechnet. Um den vorausberechneten Abstand der Wasseroberfläche vom Grund zu erhalten, hat man also nur die vorausberechnete Höhe der Gezeit unter Berücksichtigung ihres Vorzeichens zu der Tiefe hinzuzufügen, die in der Seekarte angegeben ist (siehe Seite 9*). Es ist gleichgültig, ob man dabei eine deutsche oder eine andere Seekarte benutzt.

Beispiel 2:

Wann und welche Wassertiefe ist zum Abend-Hochwasser am 29. Juli 2019 für das Fahrwasser bei Borkum, Fischerbalje (siehe Kreis in der Seekarte) zu erwarten?

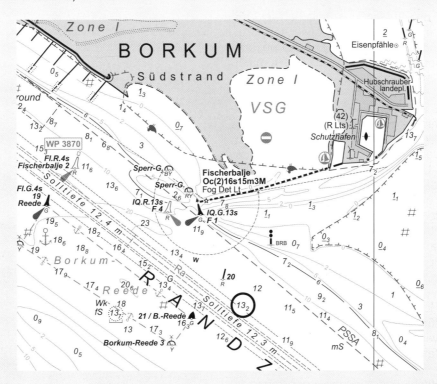

	Nr.	Ort	HWZ	HWH
Vorausberechnungen Teil I, Seite 66	101	Borkum	20:42 Uhr	2,9 m
Tiefenangabe aus der Seekarte				13,2 m
Ergebnisse		**Fahrwasser**	**20:42**	**16,1 m**

Die entnommenen Höhen- und Tiefenangaben sind auf das Seekartennull (SKN) bezogen (siehe Grafik Seite 9*).

In der ermittelten Wassertiefe sind **keine** durch Wettereinflüsse bedingten Wasserstandserhöhungen oder -erniedrigungen enthalten, siehe hierfür Beispiel 6.

Ergebnis:
Die Wassertiefe im Fahrwasser bei Borkum am 29. Juli 2019 um 20:42 (UTC + 1 h 00 min) beträgt etwa 16,1 m.

Geographisches Ortsverzeichnis, Gezeitenunterschiede für Anschlussorte

Allgemeines. Für die Bezugsorte lassen sich die Vorausberechnungen der Hoch- und Niedrigwasser direkt aus dem Teil I der Gezeitentafeln entnehmen. Für alle übrigen Orte muss man die Gezeiten mittels Gezeitenunterschiede gegen einen Bezugsort selbst ausrechnen.

Der Teil II führt die Namen sämtlicher Orte in geographischer Folge auf, für die Gezeitenunterschiede angegeben sind. Eine Gebietsübersicht befindet sich am Anfang des Teils II. Die Orte können auch mit Hilfe des alphabetischen Ortsverzeichnisses am Schluss des Bandes gesucht werden; das Verzeichnis verweist auf die Nummer, unter der die Orte im Teil II und III aufgeführt sind.

Auch bei günstiger Wahl der Bezugsorte sind die Gezeitenunterschiede für die angeschlossenen Orte in der Regel keine festen Größen, sondern mehr oder weniger veränderlich mit ähnlichen periodischen Ungleichheiten wie die Gezeiten selbst. Zur Bestimmung der Hoch- und Niedrigwasserzeiten genügt es jedoch gewöhnlich, mit den Mittelwerten der Zeitunterschiede zu rechnen. Die Veränderlichkeit der Höhenunterschiede muss dagegen im allgemeinen berücksichtigt werden. Im einzelnen gibt daher der Teil II der Gezeitentafeln an:

(1) Mittlere Hoch- und Niedrigwasser-Zeitunterschiede für viele Orte, außerdem Verbesserungen wegen halbmonatlicher Ungleichheit (Teil IV, Tafel 5).

(2) Mittlere Hoch- und Niedrigwasser-Höhenunterschiede zur Springzeit und zur Nippzeit. Zwischen den Werten zur Spring- und Nippzeit ist gegebenenfalls zu interpolieren.

Anwendung der Gezeitenunterschiede. Jeder Anschlussort im Teil II ist durch entsprechende Überschriften einem Bezugsort im Teil I zugeordnet. Addiert man die Gezeitenunterschiede eines Anschlussortes mit den angegebenen Vorzeichen an den ausführlichen Vorausberechnungen für den zugehörigen Bezugsort, so erhält man die vorausberechneten Eintrittszeiten und Höhen des Hoch- und Niedrigwassers am Anschlussort.

Hierfür ist es erforderlich die Spring-, Mitt- oder Nippzeit zu bestimmen.
Es kann zwischen zwei Möglichkeiten gewählt werden.

(1) Die einfachste Möglichkeit besteht darin, die Tafel 2 im Teil IV zu benutzen.

(2) Durch den Vergleich der jeweiligen HW/NW-Höhen der Vorausberechnungen (Teil I) des Bezugsortes und seiner Gezeitengrundwerte lassen sich (Teil II, grau unterlegte Zeile) die Spring-, Mitt- oder Nippzeit bestimmen.

Etwaige Unterschiede in der Zeitzone und des Seekartennulls zwischen Bezugs- und Anschlussort sind bereits in den Gezeitenunterschieden inbegriffen. Man erhält also die Hoch- und Niedrigwasserzeiten für den Anschlussort ausgedrückt in der Zeitzone, wie sie im Teil II für den Anschlussort angegeben ist, ebenso die Höhen bezogen auf das Seekartennull am Anschlussort. Im übrigen gelten bezüglich der Zeiten und Höhen die gleichen Bemerkungen wie zum Teil I.

Für manche Anschlussorte liegen nur teilweise auswertbare Beobachtungen vor, oder das Gebiet fällt bei Niedrigwasser trocken. Für solche Orte können die Gezeitenunterschiede nur unvollständig angegeben werden. Fehlende Daten sind mit „* **Keine Angaben**" gekennzeichnet. Diese Werte können mithilfe benachbarter Orte grob geschätzt werden. Es kann auch die Annahme konstanter Steigdauer (6 Std 12 Min) und Falldauer (6 Std 13 Min) oder die eines Nachbarortes verwendet werden. Hierbei ist jedoch grundsätzlich Vorsicht geboten, besonders in Flüssen.

Anwendung vollständiger Gezeitenunterschiede

Beispiel 3:

Wann und wie hoch treten am 15. Februar 2019 bei Stadersand das Vormittaghochwasser und das folgende Niedrigwasser ein?

Die Spring-, Mitt- oder Nippzeit ist zu entnehmen aus Teil IV, Tafel 2, Seite 207.

Es ist laut Tafel 2 **Nippzeit.** Deshalb sind in der folgenden Tabelle bei den Gezeitenunterschieden (Teil II) die Höhenunterschiede bei Nippzeit zu entnehmen.

	Nr.	Ort	HWZ	HWH	NWZ	NWH
Vorausberechnungen Teil I, Seite 30	506	Cuxhaven	7:51 Uhr	3,3 m	14:43 Uhr	0,7 m
Unterschiede Teil II, Seite 180	709	Stadersand	+2h 40min	+0,2 m	+2h 51min	−0,2 m
Ergebnis	**709**	**Stadersand**	**10:31 Uhr**	**3,5 m**	**17:34 Uhr**	**0,5 m**

Die berechneten Hoch- und Niedrigwasserzeiten sind in der Zeitzone UTC +1h 00min angegeben, die Hoch- und Niedrigwasserhöhen beziehen sich auf Seekartennull (SKN).

Addiert man die Hoch- und Niedrigwasserhöhen (Höhe der Gezeit, HG) zur Seekartentiefe, so ergibt sich die Wassertiefe (siehe Grafik Seite 9*).

Verbesserung der Zeitunterschiede wegen halbmonatlicher Ungleichheit

Wenn es sich empfiehlt, auch die mittleren Zeitunterschiede noch wegen halbmonatlicher Ungleichheit zu verbessern, ist dies im Teil II durch eine Buchstabe-Zahl-Kombination hinter dem mittleren Zeitunterschied angezeigt. Der Buchstabe verweist auf die entsprechende Zeile im oberen Teil der Tafel 5, in die mit der vorausberechneten Hoch- bzw. Niedrigwasserzeit des Bezugsortes einzugehen ist. Die Zahl bezeichnet die Zeile im unteren Teil der Tafel 5, aus deren Spalte unter der oben aufgesuchten Hoch- bzw. Niedrigwasserzeit die Verbesserung des Zeitunterschiedes wegen halbmonatlicher Ungleichheit zu entnehmen ist. In der Praxis reicht es dabei aus, mit der vollen oder halben Stunde der Hoch- bzw. Niedrigwasserzeit des Bezugsortes einzugehen und ohne Interpolation die Verbesserung des Zeitunterschiedes für den Anschlussort zu entnehmen.

Beispiel 4:

Wann und wie hoch treten am 14. April 2019 bei Dundee das Morgenhochwasser und das folgende Niedrigwasser ein?

Die Spring-, Mitt- oder Nippzeit ist zu entnehmen aus Teil IV, Tafel 2, Seite 207.

Es ist laut Tafel 2 **Nippzeit.** Deshalb sind in der folgenden Tabelle bei den Gezeitenunterschieden (Teil II) die Höhenunterschiede bei Nippzeit zu nehmen.

Bei den Zeitunterschieden für Dundee wird auf A1 und H4 der Tafel 5 (Teil IV) verwiesen. Es ist mit der Hoch- bzw. Niedrigwasserzeit des Bezugsortes Aberdeen in die Tafel 5 einzugehen, Seite 209.

	Nr.	Ort	HWZ	HWH	NWZ	NWH
Vorausberechnungen Teil I, Seite 126	1252	Aberdeen	8:24 Uhr	3,4 m	14:52 Uhr	1,3 m
Unterschiede Teil II, Seite 189	1247	Dundee	+1h 27min A1	+1,0 m	+1h 27min H4	+0,5 m
Verbesserungen Teil IV, Tafel 5, Seite 209	1247	Dundee	−0h 03min A1		−0h 13min H4	
Ergebnis	**1247**	**Dundee**	**9:48 Uhr**	**4,4 m**	**16:06 Uhr**	**1,8 m**

Die für Dundee erhaltenen Eintrittszeiten sind nach Angaben im Teil II in der Zeitzone UTC angegeben und die Hoch- und Niedrigwasserhöhen sind auf Seekartennull bezogen.

Bestimmung der Gezeitengrundwerte von Anschlussorten

Beispiel 5:

Wie liegen bei Whitehaven das mittlere Spring-, Nipphochwasser (MSpHW, MNpHW) und das mittlere Spring-, Nippniedrigwasser (MSpNW, MNpNW) zum Seekartennull?

Die Höhenunterschiede des Anschlussortes sind an die Gezeitengrundwerte des Bezugsortes anzubringen. Somit erhält man die Gezeitengrundwerte des Anschlussortes zum Seekartennull.

	Nr.	Ort	MSpHW	MNpHW	MSpNW	MNpNW
Grundwerte Teil II, Seite 192	1509	Liverpool	9,4 m	7,5 m	1,1 m	3,2 m
Unterschiede Teil II, Seite 192	1496	Whitehaven	− 1,4 m	− 1,2 m	− 0,1 m	− 0,8 m
Ergebnis	**1496**	**Whitehaven**	**8,0 m**	**6,3 m**	**1,0 m**	**2,4 m**

Anwendung der Wasserstandsvorhersage des Bundesamtes für Seeschifffahrt und Hydrographie (BSH):

Wettereinflüsse bewirken Wasserstandserhöhungen oder -erniedrigungen gegenüber den Gezeitenvorausberechnungen und werden als **Windstau** bezeichnet. Damit sich die Schifffahrt rechtzeitig darauf einstellen kann, wird die Wasserstandsvorhersage für die Nordseeküste und deren Flussgebiete durch das BSH 4-mal täglich an die Verkehrszentralen verbreitet. Die Wasserstandsvorhersagen beziehen sich auf das mittlere Hochwasser (MHW) bzw. Niedrigwasser (MNW) und werden bis zu 24 Stunden vor der Hochwasser- und Niedrigwasserzeit bekannt gegeben und zwischenzeitlich aktualisiert. Zu den MHW bzw. MNW-Wert ist der Betrag des Wasserstandsvorhersage zu addieren und ergibt den Wasserstand bezogen auf Seekartennull. Die Werte des MHW und MNW für den jeweiligen Ort sind dem Teil III zu entnehmen.

Beispiel 6:

Das BSH gibt bekannt:
Am Montag werden das Nachmittag- bzw. Abend-Hochwasser an der ostfriesischen Küste und im Wesergebiet 1 bis 3 dm höher, sowie im Elbegebiet und an der nordfriesischen Küste 3 bis 5 dm höher als das mittlere Hochwasser eintreten.

Wann und wie hoch wird am 10. Juni 2019 das Abend-Hochwasser bei Stadersand über Seekartennull eintreten?

	Nr.	Ort	HWZ	MHW
Vorausberechnung Teil I, Seite 31	506	Cuxhaven	18:27 Uhr	
Unterschiede Teil II, Seite 180	709	Stadersand	+2 h 40 min	
Mittlere HW und NW Teil III, Seite 201	709	Stadersand		3,68 m
Wasserstandsvorhersage		Revier Hamburg		+0,3 bis 0,5 m
Ergebnisse	709	Stadersand	21:07 Uhr	3,98 bis 4,18 m

Ergebnis:
Es wird ein Wasserstand am Abend des 10. Juni 2019 bei Stadersand um 21:07 Uhr (UTC +1 h 00 min) mit etwa 4,0 bis 4,2 m über Seekartennull erwartet.

Abschätzung von Höhen und Zeiten zwischen Hoch- und Niedrigwasser

Den ausführlichen Vorausberechnungen sind die mittleren Spring- und Nipptidenkurven der Bezugsorte beigegeben. Mittels dieser Kurven kann man die Höhe der Gezeit zu einer beliebigen Uhrzeit zwischen Hoch- und Niedrigwasser oder den Zeitpunkt, an dem eine vorgegebene Höhe eintritt, für Bezugsorte und deren Anschlussorte abschätzen. Dazu bildet man nach den Vorausberechnungen die Steig- und Falldauer, trägt in die Darstellung der Tidenkurven bei 0 Stunden die vorausberechnete Hochwasserhöhe, im Abstand der Steig- und Falldauer die vorausberechnete Niedrigwasserhöhe ein und verbindet die beiden Punkte in Anlehnung an die beiden mittleren Tidenkurven durch eine aktuelle Tidenkurve.

An dieser aktuellen Tidenkurve kann man ablesen, welche Höhe zu einer vorgegebenen Zeit vor oder nach Hochwasser eintritt, oder zu welcher Zeit vor oder nach Hochwasser eine vorgegebene Höhe erreicht wird.

Das Verfahren ist einfach, bietet wenig Fehlermöglichkeiten und liefert beispielsweise auch bei unsicherem ETA (estimated time of arrival) für die praktische Schiffsführung geeignete Ergebnisse. Die dabei erzielte Genauigkeit reicht aus, weil stets zusätzlich mit der Möglichkeit gerechnet werden muss, dass auf Grund von Wettereinflüssen die tatsächlichen Eintrittszeiten und Höhen der Hoch- und Niedrigwasser von den vorausberechneten um kleinere und gelegentlich auch um größere Beträge abweichen.

Eine zweite Methode, für Bezugsorte und deren Anschlussorte die Höhe H zu einer vorgegebenen Zeit Z oder die Zeit Z zu einer vorgegebenen Höhe H abzuschätzen, ist im Folgenden beschrieben. Dazu werden die mittleren Spring- und Nipptidenkurven der Bezugsorte in das Hoch- und das Niedrigwasser, zwischen dem Z liegt, rechnerisch eingespannt. Nur in Fällen, in denen sich der Verlauf (nicht die Höhe!) beider Kurven deutlich unterscheidet, lohnt es sich die Ergebnisse für Spring- und Nippzeit zu mitteln.

Für diese Rechnung sind die Zeiten in dezimal geteilten Stunden auszudrücken. In der Darstellung der Tidenkurven beträgt der Stundenabstand 1 cm, für Dezimalteile kann daher bequem die Zentimetereinteilung eines Lineals benutzt werden.

Die zwei genannten, unterschiedlichen Verfahren liefern nicht exakt gleiche Ergebnisse. Die berechneten Höhen können verfahrensbedingt ohne weiteres um etwa 1 dm voneinander abweichen.

Für den **Anschlussort** gesuchte Höhe H oder Zeit Z:
- HWZ vorausberechnete Hochwasserzeit
- HWH vorausberechnete Hochwasserhöhe
- NWZ vorausberechnete Niedrigwasserzeit
- NWH vorausberechnete Niedrigwasserhöhe
- Z vorgegebene oder gesuchte Zeit
- H vorgegebene oder gesuchte Höhe

Gehören Hoch- und Niedrigwasser nicht dem gleichen Tag an, sind alle Zeiten dem ersten Tag zuzurechnen. Zu den Zeiten des zweiten Tages sind also 24 Stunden hinzuzufügen.

Ferner sind für den **zugehörigen Bezugsort**
- MSpNWH die mittlere Springniedrigwasserhöhe,
- MSpHWH die mittlere Springhochwasserhöhe,
- MSpD die mittlere Springsteigdauer MSpSD oder Springfalldauer MSpFD
- MNpNWH die mittlere Nippniedrigwasserhöhe,
- MNpHWH die mittlere Nipphochwasserhöhe und
- MNpD die mittlere Nippsteigdauer MNpSD oder Nippfalldauer MNpFD.

Die Werte für die Bezugsorte sind in Tabellen unter der Darstellung der Tidenkurven angegeben.

A. Es soll die Höhe H zu einer vorgegebenen Zeit Z abgeschätzt werden.

Der Zeitunterschied HWZ – Z entspricht in der Darstellung der mittleren Tidenkurven dem Zeitunterschied ZU_K zum Hochwasser (angepasst im Verhältnis der Steig- bzw. Falldauer):

für Springzeit **für Nippzeit** (A1)

$$ZU_K = \frac{HWZ - Z}{HWZ - NWZ} \cdot MSpD \qquad ZU_K = \frac{HWZ - Z}{HWZ - NWZ} \cdot MNpD$$

ZU_K Stunden vor bzw. nach Hochwasser liest man an der betreffenden Kurve den Wert H_K ab und berechnet (im Tidenstieg- bzw. Tidenfallverhältnis)

für Springzeit **für Nippzeit** (A2)

$$H = \frac{HWH - NWH}{MSpHWH - MSpNWH} \cdot (H_K - MSpNWH) + NWH \qquad H = \frac{HWH - NWH}{MNpHWH - MNpNWH} \cdot (H_K - MNpNWH) + NWH$$

B. Es soll die Zeit Z, zu der eine vorgegebene Höhe H eintritt, abgeschätzt werden.

Die Höhe H entspricht in der Darstellung der mittleren Tidenkurven der Höhe H_K (im Tidenstieg- bzw. Tidenverhältnis):

für Springzeit **für Nippzeit** (B1)

$$H_K = \frac{MSpHWH - MSpNWH}{HWH - NWH} \cdot (H - NWH) + MSpNWH \qquad H_K = \frac{MNpHWH - MNpNWH}{HWH - NWH} \cdot (H - NWH) + MNpNWH$$

An der betreffenden Kurve liest man ab, zu welchem Zeitpunkt ZU_K vor bzw. nach Hochwasser die Höhe H_K eintritt.

Die gesuchte Zeit Z errechnet sich dann (im Verhältnis der Steig- bzw. Falldauer):

für Springzeit **für Nippzeit** (B2)

$$Z = HWZ - \frac{HWZ - NWZ}{MSpD} \cdot ZU_K \qquad Z = HWZ - \frac{HWZ - NWZ}{MNpD} \cdot ZU_K$$

Dieser Wert ergibt sich als dezimalgeteilte Uhrzeit (Uhr_{dez}), ist daher in Stunden und Minuten umzurechnen.

Beispiel 7:

Wie groß ist am 11. Oktober 2019 um 2:20 Uhr MEZ bei Wangerooge, Hafen die verfügbare Wassertiefe? In der Seekarte an der Position ist eine Tiefe von 5,2 m angegeben.

Die Spring-, Mitt- oder Nippzeit ist zu entnehmen aus Teil IV, Tafel 2, Seite 207.

Es ist laut Tafel 2 **Mittzeit.** Deshalb sind in der folgenden Tabelle bei den Höhenunterschieden (Teil II) das Mittel aus den Spring- und Nippwerten zu entnehmen.

	Nr.	Ort	HWZ 10. Oktober	HWH	NWZ 11. Oktober	NWH
Vorausberechnungen Teil I, Seite 62	111	Norderney	21:52 Uhr	2,9 m	4:02 Uhr	0,9 m
Unterschiede Teil II, Seite 182	777	Wangerooge, Hafen	+0 h 27 min	+0,5 m	+0 h 36 min	+0,1 m
Ergebnis	**777**	**Wangerooge, Hafen**	**22:19 Uhr**	**3,4 m**	**4:38 Uhr**	**1,0 m**

Da Hoch- und Niedrigwasser nicht dem gleichen Tag angehören, ist die Niedrigwasserzeit des zweiten Tages dem ersten Tag zuzurechnen.   NWZ: 4:38 Uhr + 24 h 00 min = 28:38 Uhr

Da Hochwasser und die gesuchte Höhe um 2:20 Uhr nicht dem gleichen Tag angehören, ist die Zeit 2:20 Uhr dem ersten Tag zuzurechnen.   Z: 2:20 Uhr + 24 h 00 min = 26:20 Uhr

Zwischenergebnis:
Der Eintritt des Hochwassers am Abend des 10. Oktober 2019 und das folgende Niedrigwasser ist:
Wangerooge, Hafen HWZ 22:19 Uhr (UTC + 1 h 00 min) HWH 3,4 m (SKN)
NWZ 28:38 Uhr (UTC + 1 h 00 min) NWH 1,0 m (SKN)

a) **Mittlere Springtidenkurve**

Folgende Werte unterhalb der mittleren Tidenkurve von Norderney entnehmen, Seite 63:

MSpFD = 6,33 h

Nach (A 1) berechnet sich

$ZU_K = \frac{22,32 - 26,33}{22,32 - 28,63} \cdot 6,33 \, h = 4,02 \, h$

Mit der Zeit 4,02 h nach Hochwasser an der fallenden Springtidenkurve die Höhe ablesen:
$H_K = 1,16 \, m$

b) **Mittlere Nipptidenkurve**

Nach (A 1) berechnet sich

MNpFD = 6,33 h

$ZU_K = \frac{22,32 - 26,33}{22,32 - 28,63} \cdot 6,33 \, h = 4,02 \, h$

Mit der Zeit 4,02 h nach Hochwasser an der fallenden Nipptidenkurve die Höhe ablesen:
$H_K = 1,34 \, m$

Folgende Werte links an der mittleren Tidenkurve von Norderney entnehmen, Seite 63:

MSpHWH = 3,21 m   MSpNWH = 0,39 m   MNpHWH = 2,87 m   MNpNWH = 0,80 m

Nach (A 2) berechnet sich

$H = \frac{3,4 - 1,0}{3,21 - 0,39} \cdot (1,16 - 0,39) + 1,0 = 1,66 \, m$

Nach (A 2) berechnet sich

$H = \frac{3,4 - 1,0}{2,87 - 0,80} \cdot (1,34 - 0,80) + 1,0 = 1,63 \, m$

c) Für die Mittzeit sind die Höhen für Spring- und Nippzeit zu mitteln

$H = \frac{1,66 + 1,63}{2} = 1,645 \, m$, runden ➔ 1,6 m

Um die Wassertiefe zu erhalten ist die Seekartentiefe und die Höhe der Gezeit zu addieren (siehe Grafik Seite 9*):
5,2 m + 1,6 m = 6,8 m

Die verfügbare Wassertiefe in der Nacht des 11. Oktober 2019 um 2:20 MEZ bei Wangerooge, Hafen beträgt 6,8 m.

Anleitung und Beispiele

Beispiel 8:

Zum Passieren einer Sandbank bei Glückstadt sei einschließlich eines Sicherheitszuschlages eine Gezeitenhöhe von 2,9 m erforderlich. Ab wann kann am 7. Juni 2019 nachmittags die Sandbank passiert werden?

Die Spring-, Mitt- oder Nippzeit ist zu entnehmen aus Teil IV, Tafel 2, Seite 207.

Es ist laut Tafel 2 **Mittzeit**. Deshalb sind in der folgenden Tabelle bei den Höhenunterschieden (Teil II) das Mittel aus den Spring- und Nippwerten zu entnehmen.

	Nr.	Ort	NWZ	NWH	HWZ	HWH
Vorausberechnungen Teil I, Seite 31	506	Cuxhaven	10:14 Uhr	0,5 m	15:48 Uhr	3,8 m
Gezeitenunterschiede Teil II, Seite 180	695	Glückstadt	+2 h 08 min	+0,0 m	+2 h 06 min	+0,1 m
Ergebnis	695	Glückstadt	12:22 Uhr	0,5 m	17:54 Uhr	3,9 m

Zwischenergebnis:
Der Eintritt des Niedrigwassers am Mittag des 7. Juni 2019 und das folgende Hochwasser ist:
Glückstadt NWZ 12:22 Uhr (UTC + 1 h 00 min) NWH 0,5 m (SKN)
HWZ 17:54 Uhr (UTC + 1 h 00 min) HWH 3,9 m (SKN)

a) Mittlere Springtidenkurve

Folgende Werte links an der mittleren Tidenkurve von Cuxhaven entnehmen, Seite 33:
MSpHWH = 3,69 m   MSpNWH = 0,42 m

Nach (B 1) berechnet sich

$$H_K = \frac{3,69 - 0,42}{3,9 - 0,5} \cdot (2,9 - 0,5)\,m + 0,42\,m = 2,73\,m$$

Mit der Höhe von 2,73 m an der steigenden Springtidenkurve die Zeit ablesen:

ZU_K = 2,85 h vor Hochwasser.

b) Mittlere Nipptidenkurve

Folgende Werte links an der mittleren Tidenkurve von Cuxhaven entnehmen, Seite 33:
MNpHWH = 3,28 m   MNpNWH = 0,80 m

Nach (B 1) berechnet sich

$$H_K = \frac{3,28 - 0,80}{3,9 - 0,5} \cdot (2,9 - 0,5)\,m + 0,80\,m = 2,55\,m$$

Mit der Höhe von 2,55 m an der steigenden Nipptidenkurve die Zeit ablesen:

ZU_K = 2,80 h vor Hochwasser.

Folgende Werte unterhalb der mittleren Tidenkurve von Cuxhaven entnehmen, Seite 33:
MSpSD = 5,52 h   MNpSD = 5,92 h

Nach (B 2) ergibt sich

$$Z = 17,90\,Uhr_{dez} - \frac{17,90 - 12,37}{5,52} \cdot 2,85\,h = 15,04\,Uhr_{dez}$$

Nach (B 2) ergibt sich

$$Z = 17,90\,Uhr_{dez} - \frac{17,90 - 12,37}{5,92} \cdot 2,80\,h = 15,28\,Uhr_{dez}$$

c) Für die Mittzeit sind die Höhen für Spring- und Nippzeit zu mitteln

$$Z = \frac{15,04 + 15,28}{2}\,Uhr_{dez} = 15,16\,Uhr_{dez} = 15:10\,Uhr$$

Die Sandbank kann ab 15:10 Uhr MEZ am 7. Juni 2019 bei Glückstadt passiert werden.

Berechnung der Hoch- und Niedrigwasser mittels der Gezeitenkarten

Entnimmt man den Karten 1 oder 5 (Teil V) die Kartenwerte für zwei verschiedene Orte und bildet deren Differenz, so stellt diese Differenz den mittleren Hochwasserzeitunterschied der beiden Orte dar. Entsprechendes gilt für die Niedrigwasserzeitunterschiede der Karte 2. Bildet man die Differenz der Kartenwerte gegen den entsprechenden Tabellenwert eines Bezugsorts, so erhält man den mittleren Hoch- oder Niedrigwasserzeitunterschied des Ortes in See gegen den Bezugsort. Dabei sollte stets der nächstgelegene Bezugsort gewählt werden. Bei der Entnahme von Zeitunterschieden aus den Karten 1 und 2 ist zu beachten, dass nicht die Linien 12 h 00 min und 0 h 00 min, sondern die Linien 12 h 25 min und 0 h 00 min zusammenfallen, da ja die Meridiandurchgänge des Mondes durchschnittlich im Abstand von 12 h 25 min aufeinanderfolgen.

Die Karten 3 und 6 enthalten die Linien gleichen mittleren Springtidenhubs. Nach diesen Mittelwerten lässt sich auch die Größe des Tidenhubs an einem bestimmten Tag abschätzen, am besten, indem man das Verhältnis des Tidenhubs zum mittleren Springtidenhub zunächst für den nächstgelegenen Bezugsort bildet und dann den Springtidenhub am Ort mit dieser Verhältniszahl vervielfältigt (Beispiel 9).

Beispiel 9:

Wann tritt am 23. März 2019 auf 54° 10' N, 8° 00' E morgens das Niedrigwasser und das darauf folgende Hochwasser ein und wie groß ist der Tidenstieg (TS)?

Die Spring-, Mitt- oder Nippzeit ist zu entnehmen aus Teil IV, Tafel 2, Seite 207.

Es ist laut Tafel 2 **Springzeit**. Deshalb ist die Karte 3 für die Entnahme des MSpTH zu verwenden.

9.1 Berechnungen der Eintrittszeiten

Es sind die Karten „Linien gleichen mittleren Zeitunterschiedes gegen den Durchgang des Mondes durch den Nullmeridan" zu verwenden.

Der nächstgelegene Bezugsort in Karte 1 und 2 in der Tabelle ist Helgoland. Es sind aus den jeweiligen Tabellen und den Karten die mittleren Zeitunterschiede zu entnehmen, Seite 216 und 217.

	Nr.	Ort	NW	HW
Unterschiede Teil V, Karte 1 und 2	509a	Helgoland	Tabelle 4h 54min	Tabelle 10h 35min
Unterschiede Teil V, Karte 1 und 2		54° 10' N 8° 00' E	Karte 2 5h 05min	Karte 1 10h 42min

Die Zeitunterschiede zwischen dem angegebenen Ort und Helgland betragen:
NWZ: 5h 05min − 4h 54min = 0h 11min
HWZ: 10h 42min − 10h 35min = 0h 07min

Aus dem ermittelten Zeitunterschieden und den Vorausberechnungen für Helgoland erhält man die Vorausberechnungen des Ortes:

	Nr.	Ort	NWZ	NWH	HWZ	HWH
Vorausberechnung Teil I, Seite 17	509a	Helgoland	8:12 Uhr	0,1 m	13:41 Uhr	3,0 m
Unterschiede		54° 10' N 8° 00' E	+0h 11min		+0h 07min	
Ergebnis		**54° 10' N 8° 00' E**	**8:23 Uhr**		**13:48 Uhr**	

9.2 Berechnungen des Tidenstiegs

Die Karte „Linien gleichen mittleren Springtidenhubs" ist zu verwenden.
Es sind aus der jeweiligen Tabelle und der Karte der mittlere Springtidenhub (MSpTH) zu entnehmen.

	Nr.	Ort	MSpTH
Grundwert Teil V, Karte 3, Seite 218	509a	Helgoland	Tabelle 2,70 m
Grundwert Teil V, Karte 3, Seite 218		54° 10' N 8° 00' E	Karte 3 2,8 m

Der Tidenstieg am Vormittag bei Helgoland beträgt:
TS: 3,0 m – 0,1 m = 2,9 m

Das Verhältnis des Tidenstiegs zum mittleren Springtidenhub am Vormittag bei Helgoland beträgt:
2,9 m / 2,70 m = 1,07

Der Tidenstieg am Vormittag bei 54° 10' N 8° 00' E beträgt:
TS: 2,9 m · 1,07 = 3,10 m, runden: ➔ 3,1 m

Das Niedrigwasser am Vormittag des 23. März 2019, das folgende Hochwasser und der Tidenstieg ist:

54° 10' N 8° 00' E NWZ 8:23 Uhr (UTC + 1 h 00 min)
　　　　　　　　　　HWZ 13:48 Uhr (UTC + 1 h 00 min)
　　　　　　　　　　TS　　3,1 m

How to use the Tide Tables (with example calculations)

Daily tide predictions

Part I comprises daily predictions of the times and heights of high and low water at reference stations. The reference stations are listed on the inner cover page and at the beginning of Part I; the location of the reference stations is shown on the maps on page 6* and 7*. The numbers in the Index to Stations at the end of the book refer to Table II, page numbers behind reference stations refer to the daily predictions in Part I.

Conversion to different zone times

The time used for the predictions at the individual reference stations is indicated at the bottom of each page.

The following example explains how the times of high and low water are converted to any other local or zonal time required.

Example 1:

What is the time and height of aboutnoon hight water at Ekaterininskaja on 13th February 2019 in the time zone UTC + 1 h 00 min?

	No.	Place	HW time	HW height
Prediction Part I, page 2	316	Ekaterininskaja	13 13	3.1 m

The HW time prediction is expressed in UTC + 3 h 00 min. To obtain the HW time for Ekaterininskaja in the time zone UTC + 1 h 00 min as required, you have to determine the difference between the reqired HW time and the time shown in Part I:

(UTC +1 h 00 min) − (UTC +3 h 00 min) = −2 h 00 min

The HW time for Ekaterininskaja is computed as follows:
HW time: 13 13 − 2 h 00 min = 11 13

Result:
Ekaterininskaja HW time 11 13 (UTC + 1 h 00 min) HW height 3.1 m (Chart Datum)

Instructions and Examples | 33*

Calculation of the water depth

The predicted heights of high and low water refer to the chart datum at the reference stations. Heights above chart datum are considered positive, heights below chart datum negative. To obtain the actual water depth, the predicted height of the tide should be added to the charted depth taking into account its sign (see figure on page 9*). It is indifferent whether a German or a foreign nautical chart is used.

Example 2:

At what time and with wich height the evening high water is to be expected on 29th Juli 2019 for the fairway at Borkum, Fischerbalje (indicated by the circle)?

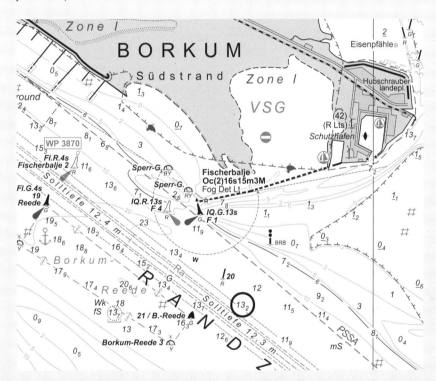

	No.	Place	HW time	
Prediction Part I, page 66	101	Borkum	20 42 Uhr	HW height 2.9 m
Depth indication from seachart		circle		13.2
Result		**Fairway**	**20 42**	**16.1**

The height and Depth indications refer to chartdatum (see figure on page 9*).

Any level elevation or reduction due to weather ifluences are not consided in the calculated water height. For this, see example 6.

Result:
On 29th Juli 2019 at 20 42 (UTC + 1 h 00 min) the water depth in the fairway near Borkum is approx 16.1 m.

Geographical list of subordinate stations and their tidal differences

General remarks. Part I of the tide tables contains complete, independent daily predictions of high and low water for the reference stations. The tide data for other stations are computed by using tidal differences to the predictions for the reference stations.

Part II contains a list of subordinate stations, for which tidal differences are given in geographical order. A region map is shown at the beginning of Part II. The alphabetical index of stations at the end of this volume helps to locate a particular station. The numbers behind the station names listed in the index refer to the numbers of the stations in Part II and Part III.

Even with carefully selected reference stations, the tidal differences computed for the subordinate stations are not constant values but are more or less variable and have similar periodic disparities as the tide itself. To determine the times of high and low water, it is usually sufficient to use an average time difference. However, the variability of the height differences has to be taken into account.

Therefore, to calculate the approximate times and heights of the tide at subordinate stations, Part II of the tide tables provides the:

(1) Mean high and low water time differences and for some places, additional corrections for semimonthly inequality (Part IV, Table 5).

(2) Mean high and low water height differences for spring and neap times. Differences other than those at spring or neap time can be obtained by simple interpolation between the given values.

Application of tidal differences. Every subordinate station in Part II can be associated with its reference station by the corresponding header line. Adding the tidal differences of a subordinate station with the given sign to the appropriate reference station yield the predicted times and heights of the high and low waters at the subordinate station.

In this context it is necessary to determine spring, mean or neap time by applying following methods:

1) The simplest method is to use table 2 in Part IV.

2) By comparison of the predicted high or low water heights of the reference Station (see Part I) with its tidal levels (see Part II, lines highlighted in grey).

Any differences in the time zone and chart datum between reference station and those of the subordinate station are already included in the tidal differences. Thus, one obtains high and low water times for the subordinate station in the time zone of the reference station given in Part II as well as the heights based on the chart datum at the subordinate station. For times and heights the remarks in Part I hold true.

For some subordinate stations only limited evaluable observations are available or the area falls dry during low tide. For those stations the tidal differences can only be partially given. Missing data is marked by "***no data**". The according values can be estimated roughly by using those of the adjacent stations. Other methods are the assumption of a constant duration of rise (6 h 12 min) or duration of fall (6 h 13 min) or the durations at an adjacent station. However, in doing so, caution has to be exercised, especially in river areas.

Application of tidal differences

Example 3:

What are the times and heights of morning high water and of the following low water at Stadersand on 15th February 2019?

The times of spring, mean, and neap tides are given in part IV, Table 2, page 207.

According to Table 2, it is **neap tide**. Therefore, the neap tide values in the table of tidal differences (Part II) are used in the computation.

	No.	Place	HW time	HW height	LW time	LW height
Predictions Part I, page 30	506	Cuxhaven	07 51	3.3 m	14 43	0.7 m
Differences Part II, page 181	709	Stadersand	+2 h 40 min	+0.2 m	+2 h 51 min	−0.2 m
Result	**709**	**Stadersand**	**10 31**	**3.5 m**	**17 34**	**0.5 m**

The computed times of high and low water are expressed in UTC +1 h 00 min, the high and low water heights are referred to Chart Datum.

The water depth is obtained by adding these values to the charted depths (see graph on page 9*).

Correction of time differences for semi-monthly inequality

Where it is advisable to correct the tidal time difference for a subordinate station as well because it is not constant but varies significantly with the changing phase of the moon, a letter/number combination is shown behind the time difference in Part II. The letter refers to the line in the upper part of Table 5, which has to be entered with the predicted time of high or low water at the reference station, rounded to the full or half hour (no interpolation). In the column so found, go down to the line with the number equal to the number of the letter-number combination, found in the lower part of Table 5. There you will find the correction to be added to the time difference for calculating the time of high or low water at the subordinate station.

Example 4:

What are the times and heights of morning high water and of the following low water at Dundee on 14th April 2019?

The times of spring, mean, and neap tides are given in Part IV, Table 2, page 207.

According to Table 2, it is **neap tide**. Therefore, the neap tide values in the table of tidal differences (Part II) have to be used in the computation.

Refer to A1 and H4 in Table 5 for the time differences at Dundee. Seek the HW and LW times at the reference station Aberdeen in Table 5, page 209.

	No.	Place	HW time	HW height	LW time	LW height
Predicitions Part I, page 126	1252	Aberdeen	08 24	3.4 m	14 52	1.3 m
Differences Part II, page 189	1247	Dundee	+1 h 27 min A1	+1.0 m	+1 h 27 min H4	+0.5 m
Math. fine-tuning Part IV, Table 5, page 209	1247	Dundee	−0 h 03 min A1		−0 h 13 min H4	
Result	**1247**	**Dundee**	**09 48**	**4.4 m**	**16 06**	**1.8 m**

The computed times of high and low water for Dundee are expressed in UTC according to Part II, the high and low water heights are referred to Chart Datum.

Finding mean tidal levels at subordinate stations

Example 5:

What are the heights of mean high water springs and neaps (MHWS, MHWN) and of mean low water springs and neaps (MLWS, MLWN) at Whitehaven relative to Chart Datum?

Apply the height differences for the subordinate station to the tidal constants of the reference station. In this way, you obtain the tidal constants for the subordinate station relative to Chart Datum

	No.	Place	MHWS	MHWN	MLWS	MLWN
Tidal Constants Part II, page 192	1509	Liverpool	9.4 m	7.5 m	1.1 m	3.2 m
Differences Part II, page 192	1496	Whitehaven	– 1.4 m	– 1.2 m	– 0.1 m	– 0.8 m
Result	1496	Whitehaven	8.0 m	6.3 m	1.0 m	2.4 m

Finding the height of tide at any time between high and low water

A graph of the mean spring and neap tide curves at each reference station is shown on the page following the daily predictions of high and low water, which can be used to determine the height of tide at any time at the reference station or one of its subordinate stations. For that purpose, the duration of rise and fall of the relevant high water have to be determined from the predictions. Insert the predicted height of the high water at zero hour in the diagram. Enter the height of the predicted low water at a point corresponding to the rate of rise before the high water. Likewise, enter the height of the following low water at a point corresponding to the rate of fall after the high water. Then draw a current tide curve through these points of high and low water in accordance with the given mean spring and neap tide curves. The heights of tide at any time of the day are easily read from the curve.

The method is simple, has few sources of error, and yields appropriate results even in case of, e. g., uncertain ETA. Its accuracy is adequate for practical navigation because there always is a possibility of meteorological conditions causing additional differences between predicted and actually occurring tides.

Co-Range Charts

Determination of high and low water using co-tidal and co-range charts

The mean high water time difference between two positions is computed by taking the mean high water lunitidal intervals for the two positions from Chart 1 or 5 and calculating the difference. The same applies to the mean low water lunitidal intervals in Chart 2. The difference between the mean high or low water lunitidal intervals at a reference station and at a position at sea is the high or low water time difference for that place as a subordinate tide station of the reference station. The mean lunitidal intervals of reference stations are given in hours and minutes on the co-tidal charts. The closest reference station should be used in each case. It should be kept in mind that it is the co-tidal lines 12 h 25 min and 0 h 00 min which overlap, not the co-tidal lines 12 h 00 min and 0 h 00 min, because the mean interval of the moon's transit (upper or lower) over the Greenwich meridian is 12 h 25 min.

Chart 3 and Chart 6 show mean spring co-range lines. Using these mean values, the range for a position at sea on a particular day can be estimated by multiplying the spring tidal range at the particular place with the quotient of the tidal range divided by the spring tidal range of the reference station.

Example 6:

What are the times of low water and of the following high water at 54° 10' N, 8° 00' E on 23th March 2019 in the morning, and what is the tidal rise value (TS)?

The times of spring, mean, and neap tides are given in Part IV, Table 2, page 207.

According to Table 2, it is **spring tide**. Therefore, map 3 has to be used to extract the value of MSpTH.

6.1 Computation of low and high water times

Use the Map "Linien gleichen mittleren Zeitunterschiedes gegen den Durchgang des Mondes durch den Nullmeridan" (charts showing lines of equal mean time difference against meridan transit of the moon) for this computation.
The closest reference station in maps 1 and 2 in the Table is Helgoland. Take the mean time differences from the relevant Table and charts, page 216, 217.

	No.	Place	LW	HW
Differences Part V, map 1 and 2	509a	Helgoland	Table 4h 54min	Table 10h 35min
Differences Part V, map 1 and 2		54° 10' N 8° 00' E	map 2 5h 05min	map 1 10h 42min

The time differences between the example location and Helgoland are:
LW time: 5h 05min − 4h 54min = 0h 11min
HW time: 10h 42min − 10h 35min = 0h 07min

The predictions for the example location are derived from the computed time differences and predictions for Helgoland:

	No.	Place	LW time	LW height	HW time	HW height
Predictions Part I, page 17	509a	Helgoland	08 12	0.1 m	13 41	3.0 m
Differences		54° 10' N 8° 00' E	+0h 11min		+0h 07min	
Result		**54° 10' N 8° 00' E**	**08 23**		**13 48**	

6.2 Computation of tidal rise

Use the map "Linien gleichen mittleren Springtidenhubs" (maps showing lines of equal mean spring range.)
Take the mean spring range (MSR) from the relevant Table and map.

	No.	Place	MSR
Tidal Constants Part V, map 3, page 218	509a	Helgoland	Table 2.70 m
Tidal Constants Part V, map 3, page 218		54° 10' N 8° 00' E	Chart 3 2.8 m

The tidal rise at Helgoland in the morning:
TS: 3.0 m − 0.1 m = 2.9 m

The ration of tidal rise and mean spring range at Helgoland in the morning:
2.9 m / 2.70 m = 1.07

The tidal rise at 54° 10' N 8° 00' E in the morning:
TS: 2.9 m · 1.07 = 3.10 m, rounded to: → 3.1 m

The times of low and high water, and the tidal rise, in the morning of 12th September 2018 are:
54° 10' N 8° 00' E   LW time 08 23 (UTC + 1h 00min)
                        HW time 13 48 (UTC + 1h 00min)
                        TS   3.1 m

Teil I: Ausführliche Vorausberechnungen für die europäischen Bezugsorte

	Seite		Seite
Aberdeen	126	Husum	19
Avonmouth	146	Immingham	118
Bergen	10	Le Havre	86
Bilbao, Santurtzi	158	Leith	122
Borkum, Fischerbalje	64	Lissabon, Marinewerft	162
Bremen, Oslebshausen	49	Liverpool, Gladstone Dock	142
Bremerhaven, Alter Leuchtturm	44	London Bridge	114
Brest	94	Narvik	6
Brunsbüttel, Mole 1	34	Norderney, Riffgat	59
Büsum	24	Oban	134
Cobh	150	Plymouth, Devonport	98
Cuxhaven, Steubenhöft	29	Pointe de Grave	154
Dover	110	Portsmouth	106
Ekaterininskaja	2	Saint-Malo	90
Emden, Große Seeschleuse	69	Southampton	102
Gibraltar	166	Ullapool	130
Greenock	138	Vlissingen	82
Hamburg, St. Pauli	39	West-Terschelling	74
Helgoland, Binnenhafen	14	Wilhelmshaven, Alter Vorhafen	54
Hoek van Holland	78		

Ekaterininskaja 2019

Breite: 69° 12' N, Länge: 33° 28' E

Zeiten (Stunden und Minuten) und Höhen (Meter) der Hoch- und Niedrigwasser

Januar

Tag	Zeit	Höhe	Tag	Zeit	Höhe
1 Di	3 11 / 9 46 / 16 14 / 22 23	3,2 / 0,9 / 3,3 / 1,3	16 Mi	2 14 / 8 41 / 15 16 / 21 29	3,0 / 1,3 / 3,1 / 1,5
2 Mi	4 14 / 10 47 / 17 10 / 23 23	3,2 / 1,0 / 3,3 / 1,2	17 Do	3 16 / 9 44 / 16 14 / 22 34	3,0 / 1,2 / 3,2 / 1,4
3 Do	5 14 / 11 40 / 17 59	3,2 / 1,0 / 3,4	18 Fr	4 18 / 10 45 / 17 08 / 23 31	3,1 / 1,1 / 3,4 / 1,2
4 Fr	0 15 / 6 07 / 12 28 / 18 42	1,1 / 3,2 / 0,9 / 3,5	19 Sa	5 17 / 11 42 / 17 58	3,2 / 0,9 / 3,6
5 Sa	1 01 / 6 54 / 13 12 / 19 21	1,0 / 3,3 / 0,9 / 3,6	20 So	0 23 / 6 12 / 12 36 / 18 45	0,9 / 3,4 / 0,7 / 3,8
6 So ●	1 42 / 7 37 / 13 52 / 19 59	0,9 / 3,3 / 0,9 / 3,6	21 Mo	1 12 / 7 05 / 13 28 / 19 32	0,7 / 3,6 / 0,6 / 4,0
7 Mo	2 21 / 8 18 / 14 31 / 20 36	0,9 / 3,3 / 0,9 / 3,6	22 Di	2 00 / 7 57 / 14 18 / 20 18	0,4 / 3,7 / 0,5 / 4,1
8 Di	2 58 / 8 57 / 15 09 / 21 13	0,8 / 3,3 / 1,0 / 3,6	23 Mi	2 47 / 8 48 / 15 07 / 21 06	0,3 / 3,8 / 0,5 / 4,1
9 Mi	3 33 / 9 35 / 15 45 / 21 48	0,9 / 3,3 / 1,0 / 3,5	24 Do	3 35 / 9 40 / 15 57 / 21 54	0,2 / 3,8 / 0,5 / 4,0
10 Do	4 09 / 10 13 / 16 22 / 22 23	0,9 / 3,2 / 1,1 / 3,5	25 Fr	4 24 / 10 33 / 16 47 / 22 44	0,2 / 3,8 / 0,7 / 3,9
11 Fr	4 45 / 10 51 / 17 00 / 22 59	1,0 / 3,2 / 1,2 / 3,4	26 Sa	5 14 / 11 28 / 17 38 / 23 36	0,3 / 3,6 / 0,8 / 3,7
12 Sa	5 22 / 11 32 / 17 40 / 23 38	1,1 / 3,1 / 1,3 / 3,3	27 So	6 06 / 12 25 / 18 33	0,5 / 3,5 / 1,1
13 So	6 03 / 12 19 / 18 26	1,1 / 3,0 / 1,4	28 Mo ☾	0 32 / 7 02 / 13 27 / 19 33	3,5 / 0,8 / 3,3 / 1,3
14 Mo ☽	0 22 / 6 49 / 13 13 / 19 19	3,2 / 1,2 / 3,0 / 1,5	29 Di	1 32 / 8 04 / 14 31 / 20 42	3,3 / 1,0 / 3,2 / 1,4
15 Di	1 15 / 7 41 / 14 14 / 20 21	3,1 / 1,3 / 3,0 / 1,6	30 Mi	2 38 / 9 12 / 15 42 / 21 54	3,1 / 1,2 / 3,2 / 1,4
			31 Do	3 50 / 10 21 / 16 46 / 23 03	3,0 / 1,2 / 3,2 / 1,4

Februar

Tag	Zeit	Höhe	Tag	Zeit	Höhe
1 Fr	5 01 / 11 23 / 17 40	3,0 / 1,2 / 3,3	16 Sa	3 49 / 10 18 / 16 41 / 23 07	3,0 / 1,2 / 3,3 / 1,2
2 Sa	0 01 / 5 59 / 12 16 / 18 26	1,2 / 3,1 / 1,2 / 3,4	17 So	5 03 / 11 27 / 17 39	3,2 / 1,0 / 3,6
3 So	0 48 / 6 47 / 13 00 / 19 06	1,1 / 3,2 / 1,1 / 3,5	18 Mo	0 07 / 6 04 / 12 27 / 18 30	0,9 / 3,4 / 0,8 / 3,8
4 Mo	1 28 / 7 28 / 13 40 / 19 43	1,0 / 3,3 / 1,0 / 3,6	19 Di ○	0 58 / 6 58 / 13 19 / 19 17	0,6 / 3,7 / 0,6 / 4,0
5 Di	2 05 / 8 05 / 14 17 / 20 18 ●	0,9 / 3,3 / 0,9 / 3,7	20 Mi	1 45 / 7 47 / 14 07 / 20 02	0,3 / 3,9 / 0,4 / 4,1
6 Mi	2 39 / 8 41 / 14 52 / 20 52	0,8 / 3,4 / 0,9 / 3,7	21 Do	2 31 / 8 35 / 14 53 / 20 47	0,1 / 4,0 / 0,4 / 4,2
7 Do	3 12 / 9 15 / 15 26 / 21 23	0,9 / 3,4 / 0,9 / 3,6	22 Fr	3 16 / 9 23 / 15 39 / 21 33	0,0 / 4,0 / 0,4 / 4,1
8 Fr	3 44 / 9 47 / 15 58 / 21 53	0,8 / 3,4 / 1,0 / 3,6	23 Sa	4 02 / 10 11 / 16 24 / 22 20	0,1 / 3,9 / 0,5 / 4,0
9 Sa	4 15 / 10 19 / 16 31 / 22 23	0,9 / 3,3 / 1,1 / 3,5	24 So	4 48 / 11 00 / 17 11 / 23 09	0,2 / 3,7 / 0,7 / 3,7
10 So	4 48 / 10 52 / 17 06 / 22 57	0,9 / 3,3 / 1,2 / 3,4	25 Mo	5 35 / 11 52 / 18 01	0,5 / 3,5 / 1,0
11 Mo	5 24 / 11 30 / 17 46 / 23 37	1,0 / 3,2 / 1,3 / 3,3	26 Di ☾	0 01 / 6 27 / 12 48 / 18 57	3,5 / 0,8 / 3,3 / 1,2
12 Di	6 04 / 12 17 / 18 33	1,1 / 3,1 / 1,4	27 Mi	0 59 / 7 25 / 13 51 / 20 04	3,2 / 1,1 / 3,1 / 1,4
13 Mi ☽	0 25 / 6 52 / 13 13 / 19 31	3,1 / 1,2 / 3,1 / 1,5	28 Do	2 07 / 8 35 / 15 03 / 21 22	2,9 / 1,4 / 3,0 / 1,5
14 Do	1 23 / 7 51 / 14 17 / 20 41	3,0 / 1,3 / 3,1 / 1,5			
15 Fr	2 32 / 9 01 / 15 32 / 21 57	3,0 / 1,3 / 3,2 / 1,4			

März

Tag	Zeit	Höhe	Tag	Zeit	Höhe
1 Fr	3 28 / 9 54 / 16 15 / 22 40	2,8 / 1,4 / 3,1 / 1,4	16 Sa	2 07 / 8 36 / 15 01 / 21 31	2,9 / 1,3 / 3,1 / 1,3
2 Sa	4 45 / 11 04 / 17 14 / 23 41	2,9 / 1,4 / 3,3 / 1,3	17 So	3 36 / 10 02 / 16 18 / 22 48	3,0 / 1,2 / 3,3 / 1,1
3 So	5 45 / 11 59 / 18 03	3,0 / 1,3 / 3,3	18 Mo	4 55 / 11 17 / 17 20 / 23 49	3,2 / 1,0 / 3,5 / 0,7
4 Mo	0 28 / 6 31 / 12 43 / 18 44	1,1 / 3,1 / 1,1 / 3,5	19 Di	5 55 / 12 15 / 18 11	3,4 / 0,8 / 3,7
5 Di	1 07 / 7 10 / 13 22 / 19 21	1,0 / 3,3 / 1,0 / 3,6	20 Mi	0 40 / 6 46 / 13 05 / 18 58	0,4 / 3,7 / 0,6 / 3,9
6 Mi ●	1 42 / 7 46 / 13 57 / 19 55	0,8 / 3,4 / 0,9 / 3,6	21 Do	1 26 / 7 32 / 13 50 / 19 42	0,1 / 3,9 / 0,4 / 4,1
7 Do	2 15 / 8 19 / 14 30 / 20 26	0,7 / 3,5 / 0,8 / 3,6	22 Fr	2 11 / 8 17 / 14 34 / 20 26	0,0 / 4,0 / 0,3 / 4,1
8 Fr	2 45 / 8 50 / 15 02 / 20 54	0,7 / 3,5 / 0,9 / 3,6	23 Sa	2 54 / 9 01 / 15 17 / 21 10	-0,1 / 4,0 / 0,3 / 4,0
9 Sa	3 15 / 9 18 / 15 32 / 21 21	0,6 / 3,5 / 0,8 / 3,6	24 So	3 36 / 9 45 / 16 00 / 21 55	0,0 / 3,9 / 0,4 / 3,8
10 So	3 44 / 9 46 / 16 03 / 21 50	0,7 / 3,4 / 0,9 / 3,5	25 Mo	4 19 / 10 31 / 16 44 / 22 42	0,3 / 3,7 / 0,6 / 3,6
11 Mo	4 15 / 10 17 / 16 36 / 22 24	0,7 / 3,4 / 1,0 / 3,4	26 Di	5 04 / 11 19 / 17 31 / 23 32	0,6 / 3,4 / 0,9 / 3,3
12 Di	4 49 / 10 54 / 17 14 / 23 04	0,7 / 3,3 / 1,1 / 3,3	27 Mi	5 51 / 12 11 / 18 23	0,9 / 3,2 / 1,1
13 Mi	5 28 / 11 39 / 17 59 / 23 53	0,9 / 3,2 / 1,2 / 3,2	28 Do	0 29 / 6 47 / 13 11 / 19 28	3,0 / 1,2 / 3,0 / 1,3
14 Do ☽	6 16 / 12 34 / 18 56	1,1 / 3,1 / 1,3	29 Fr	1 38 / 7 57 / 14 21 / 20 45	2,8 / 1,5 / 2,9 / 1,4
15 Fr	0 53 / 7 17 / 13 40 / 20 09	3,0 / 1,2 / 3,1 / 1,4	30 Sa	3 00 / 9 19 / 15 34 / 22 06	2,7 / 1,5 / 2,9 / 1,4
			31 So	4 17 / 10 35 / 16 38 / 23 10	2,8 / 1,5 / 3,0 / 1,3

April

Tag	Zeit	Höhe	Tag	Zeit	Höhe
1 Mo	5 17 / 11 32 / 17 30 / 23 58	2,9 / 1,3 / 3,2 / 1,1	16 Di	4 43 / 11 02 / 16 56 / 23 28	3,2 / 1,0 / 3,4 / 0,6
2 Di	6 04 / 12 18 / 18 14	3,1 / 1,1 / 3,3	17 Mi	5 40 / 11 58 / 17 48	3,4 / 0,8 / 3,6
3 Mi	0 37 / 6 44 / 12 56 / 18 52	0,9 / 3,2 / 1,0 / 3,4	18 Do	0 19 / 6 28 / 12 46 / 18 35	0,3 / 3,7 / 0,6 / 3,8
4 Do	1 12 / 7 19 / 13 31 / 19 25	0,8 / 3,4 / 0,9 / 3,5	19 Fr ○	1 04 / 7 13 / 13 30 / 19 19	0,1 / 3,8 / 0,4 / 3,8
5 Fr ●	1 44 / 7 51 / 14 04 / 19 54	0,7 / 3,5 / 0,8 / 3,5	20 Sa	1 48 / 7 56 / 14 13 / 20 03	0,0 / 3,9 / 0,3 / 3,8
6 Sa	2 14 / 8 20 / 14 34 / 20 22	0,6 / 3,5 / 0,7 / 3,5	21 So	2 30 / 8 38 / 14 55 / 20 47	0,0 / 3,8 / 0,3 / 3,8
7 So	2 43 / 8 47 / 15 04 / 20 49	0,5 / 3,5 / 0,7 / 3,5	22 Mo	3 11 / 9 20 / 15 36 / 21 31	0,2 / 3,7 / 0,4 / 3,6
8 Mo	3 13 / 9 15 / 15 35 / 21 21	0,5 / 3,5 / 0,7 / 3,5	23 Di	3 52 / 10 03 / 16 19 / 22 18	0,4 / 3,6 / 0,6 / 3,4
9 Di	3 45 / 9 48 / 16 10 / 21 58	0,6 / 3,5 / 0,8 / 3,4	24 Mi	4 35 / 10 48 / 17 04 / 23 07	0,7 / 3,4 / 0,8 / 3,1
10 Mi	4 21 / 10 27 / 16 50 / 22 42	0,7 / 3,4 / 0,9 / 3,3	25 Do	5 20 / 11 37 / 17 54	1,0 / 3,2 / 1,0
11 Do	5 03 / 11 14 / 17 37 / 23 34	0,8 / 3,3 / 1,0 / 3,1	26 Fr	0 03 / 6 12 / 12 34 / 18 52	2,9 / 1,2 / 3,0 / 1,2
12 Fr ☾	5 54 / 12 10 / 18 37	1,0 / 3,2 / 1,1	27 Sa	1 09 / 7 17 / 13 39 / 20 02	2,7 / 1,4 / 2,9 / 1,4
13 Sa	0 38 / 7 01 / 13 18 / 19 50	3,0 / 1,2 / 3,1 / 1,2	28 So	2 24 / 8 35 / 14 49 / 21 18	2,7 / 1,5 / 2,9 / 1,4
14 So	1 59 / 8 24 / 14 39 / 21 11	2,9 / 1,3 / 3,1 / 1,1	29 Mo	3 36 / 9 52 / 15 53 / 22 25	2,7 / 1,5 / 2,9 / 1,3
15 Mo	3 30 / 9 50 / 15 55 / 22 27	3,0 / 1,2 / 3,2 / 0,9	30 Di	4 37 / 10 54 / 16 48 / 23 17	2,8 / 1,4 / 3,0 / 1,1

● Neumond   ☽ erstes Viertel   ○ Vollmond   ☾ letztes Viertel

UTC+ 3h00min   Höhen sind auf SKN bezogen

Gezeitenvorausberechnungen

Ekaterininskaja 2019

Breite: 69° 12' N, Länge: 33° 28' E

Zeiten (Stunden und Minuten) und Höhen (Meter) der Hoch- und Niedrigwasser

Mai

Tag	Zeit	Höhe	Tag	Zeit	Höhe
1 Mi	5 28 / 11 43 / 17 35	3,0 / 1,2 / 3,1	16 Do	5 20 / 11 35 / 17 23 / 23 55	3,4 / 0,8 / 3,4 / 0,4
2 Do	0 00 / 6 10 / 12 24 / 18 15	1,0 / 3,2 / 1,0 / 3,2	17 Fr	6 08 / 12 24 / 18 12	3,5 / 0,7 / 3,5
3 Fr	0 36 / 6 47 / 13 00 / 18 49	0,8 / 3,3 / 0,9 / 3,3	18 Sa	0 42 / 6 53 / 13 10 / 18 58	0,3 / 3,7 / 0,5 / 3,6
4 Sa	1 09 / 7 19 / 13 33 / 19 19	0,7 / 3,4 / 0,8 / 3,3	19 So ○	1 25 / 7 35 / 13 53 / 19 43	0,2 / 3,7 / 0,5 / 3,6
5 So ●	1 40 / 7 47 / 14 05 / 19 49	0,6 / 3,5 / 0,7 / 3,4	20 Mo	2 08 / 8 17 / 14 35 / 20 28	0,3 / 3,7 / 0,5 / 3,5
6 Mo	2 11 / 8 16 / 14 37 / 20 21	0,5 / 3,5 / 0,6 / 3,4	21 Di	2 49 / 8 58 / 15 17 / 21 12	0,4 / 3,6 / 0,5 / 3,3
7 Di	2 44 / 8 48 / 15 11 / 20 58	0,5 / 3,5 / 0,6 / 3,4	22 Mi	3 30 / 9 40 / 15 59 / 21 58	0,6 / 3,5 / 0,6 / 3,2
8 Mi	3 20 / 9 25 / 15 50 / 21 40	0,5 / 3,5 / 0,6 / 3,3	23 Do	4 12 / 10 23 / 16 42 / 22 46	0,8 / 3,4 / 0,8 / 3,0
9 Do	4 01 / 10 09 / 16 34 / 22 30	0,6 / 3,5 / 0,7 / 3,2	24 Fr	4 56 / 11 09 / 17 28 / 23 38	1,0 / 3,2 / 1,0 / 2,9
10 Fr	4 49 / 10 59 / 17 26 / 23 27	0,8 / 3,4 / 0,8 / 3,1	25 Sa	5 43 / 12 00 / 18 19	1,2 / 3,1 / 1,1
11 Sa	5 46 / 11 57 / 18 28	1,0 / 3,2 / 0,9	26 So ☾	0 37 / 6 39 / 12 57 / 19 16	2,8 / 1,4 / 3,0 / 1,2
12 So ☽	0 35 / 6 56 / 13 04 / 19 38	3,0 / 1,1 / 3,1 / 0,9	27 Mo	1 42 / 7 43 / 13 59 / 20 21	2,7 / 1,5 / 2,9 / 1,3
13 Mo	1 56 / 8 13 / 14 18 / 20 51	3,0 / 1,2 / 3,1 / 0,9	28 Di	2 48 / 8 54 / 15 01 / 21 27	2,7 / 1,5 / 2,9 / 1,3
14 Di	3 17 / 9 30 / 15 28 / 22 02	3,1 / 1,2 / 3,2 / 0,7	29 Mi	3 49 / 10 02 / 15 57 / 22 25	2,8 / 1,4 / 2,9 / 1,2
15 Mi	4 24 / 10 39 / 16 29 / 23 03	3,2 / 1,0 / 3,3 / 0,5	30 Do	4 43 / 10 58 / 16 47 / 23 13	2,9 / 1,3 / 3,0 / 1,0
			31 Fr	5 30 / 11 44 / 17 30 / 23 54	3,1 / 1,1 / 3,1 / 0,9

Juni

Tag	Zeit	Höhe	Tag	Zeit	Höhe
1 Sa	6 09 / 12 24 / 18 08	3,2 / 1,0 / 3,1	16 So	0 21 / 6 36 / 12 53 / 18 42	0,5 / 3,5 / 0,7 / 3,3
2 So	0 31 / 6 44 / 13 00 / 18 43	0,7 / 3,3 / 0,9 / 3,2	17 Mo	1 07 / 7 19 / 13 38 / 19 29	0,5 / 3,5 / 0,7 / 3,3
3 Mo ●	1 06 / 7 16 / 13 36 / 19 19	0,6 / 3,5 / 0,7 / 3,3	18 Di	1 51 / 8 00 / 14 20 / 20 14	0,6 / 3,6 / 0,6 / 3,3
4 Di	1 42 / 7 50 / 14 13 / 19 58	0,5 / 3,6 / 0,6 / 3,4	19 Mi	2 33 / 8 40 / 15 02 / 20 59	0,6 / 3,6 / 0,6 / 3,2
5 Mi	2 21 / 8 28 / 14 53 / 20 42	0,5 / 3,6 / 0,5 / 3,4	20 Do	3 14 / 9 21 / 15 42 / 21 42	0,7 / 3,5 / 0,7 / 3,2
6 Do	3 04 / 9 10 / 15 37 / 21 31	0,5 / 3,6 / 0,5 / 3,4	21 Fr	3 54 / 10 02 / 16 22 / 22 26	0,9 / 3,4 / 0,8 / 3,1
7 Fr	3 52 / 9 57 / 16 25 / 22 25	0,6 / 3,6 / 0,5 / 3,3	22 Sa	4 35 / 10 43 / 17 03 / 23 12	1,0 / 3,3 / 0,9 / 3,0
8 Sa	4 44 / 10 49 / 17 19 / 23 25	0,7 / 3,5 / 0,6 / 3,2	23 So	5 17 / 11 27 / 17 46	1,1 / 3,2 / 1,0
9 So	5 43 / 11 47 / 18 18	0,9 / 3,4 / 0,6	24 Mo ☾	0 01 / 6 02 / 12 14 / 18 32	2,9 / 1,3 / 3,1 / 1,1
10 Mo ☽	0 31 / 6 46 / 12 49 / 19 21	3,2 / 1,0 / 3,3 / 0,7	25 Di	0 55 / 6 53 / 13 05 / 19 23	2,8 / 1,4 / 3,0 / 1,2
11 Di	1 43 / 7 54 / 13 54 / 20 28	3,1 / 1,1 / 3,3 / 0,7	26 Mi	1 54 / 7 50 / 14 00 / 20 19	2,8 / 1,4 / 2,9 / 1,2
12 Mi	2 54 / 9 04 / 14 59 / 21 34	3,1 / 1,1 / 3,2 / 0,7	27 Do	2 54 / 8 55 / 14 56 / 21 19	2,8 / 1,5 / 2,9 / 1,2
13 Do	3 59 / 10 11 / 16 01 / 22 36	3,2 / 1,1 / 3,2 / 0,6	28 Fr	3 51 / 10 00 / 15 51 / 22 16	2,9 / 1,4 / 2,9 / 1,1
14 Fr	4 58 / 11 11 / 16 59 / 23 31	3,3 / 1,0 / 3,3 / 0,6	29 Sa	4 43 / 10 56 / 16 41 / 23 06	3,0 / 1,3 / 3,0 / 1,0
15 Sa	5 49 / 12 04 / 17 52	3,4 / 0,9 / 3,3	30 So	5 28 / 11 45 / 17 27 / 23 52	3,2 / 1,2 / 3,0 / 0,9

Juli

Tag	Zeit	Höhe	Tag	Zeit	Höhe
1 Mo	6 09 / 12 29 / 18 12	3,3 / 1,0 / 3,2	16 Di	0 55 / 7 05 / 13 26 / 19 22	0,8 / 3,5 / 0,8 / 3,2
2 Di ●	0 37 / 6 48 / 13 11 / 18 57	0,6 / 3,5 / 0,8 / 3,3	17 Mi ○	1 39 / 7 45 / 14 07 / 20 05	0,8 / 3,5 / 0,8 / 3,2
3 Mi	1 21 / 7 29 / 13 54 / 19 44	0,6 / 3,6 / 0,6 / 3,4	18 Do	2 20 / 8 24 / 14 46 / 20 45	0,8 / 3,6 / 0,7 / 3,3
4 Do	2 07 / 8 12 / 14 39 / 20 33	0,5 / 3,7 / 0,5 / 3,5	19 Fr	2 59 / 9 02 / 15 23 / 21 25	0,8 / 3,6 / 0,7 / 3,3
5 Fr	2 55 / 8 58 / 15 26 / 21 25	0,5 / 3,8 / 0,4 / 3,5	20 Sa	3 36 / 9 39 / 15 59 / 22 03	0,9 / 3,5 / 0,8 / 3,2
6 Sa	3 45 / 9 46 / 16 15 / 22 19	0,5 / 3,8 / 0,3 / 3,5	21 So	4 13 / 10 15 / 16 35 / 22 42	1,0 / 3,5 / 0,8 / 3,2
7 So	4 37 / 10 37 / 17 07 / 23 16	0,6 / 3,7 / 0,4 / 3,5	22 Mo	4 50 / 10 52 / 17 12 / 23 22	1,1 / 3,4 / 0,9 / 3,1
8 Mo	5 31 / 11 31 / 18 01	0,7 / 3,6 / 0,4	23 Di	5 28 / 11 30 / 17 50	1,2 / 3,3 / 1,0
9 Di ☽	0 16 / 6 27 / 12 27 / 18 58	3,4 / 0,9 / 3,5 / 0,6	24 Mi	0 05 / 6 09 / 12 10 / 18 32	3,0 / 1,3 / 3,2 / 1,1
10 Mi	1 20 / 7 28 / 13 27 / 20 00	3,3 / 1,1 / 3,4 / 0,7	25 Do ☾	0 53 / 6 56 / 12 56 / 19 19	3,0 / 1,4 / 3,1 / 1,2
11 Do	2 26 / 8 34 / 14 30 / 21 05	3,2 / 1,2 / 3,2 / 0,8	26 Fr	1 48 / 7 52 / 13 50 / 20 14	2,9 / 1,5 / 3,0 / 1,3
12 Fr	3 32 / 9 42 / 15 35 / 22 11	3,2 / 1,2 / 3,2 / 0,9	27 Sa	2 49 / 8 57 / 14 50 / 21 16	2,9 / 1,5 / 2,9 / 1,3
13 Sa	4 36 / 10 48 / 16 40 / 23 12	3,2 / 1,2 / 3,1 / 0,9	28 So	3 50 / 10 05 / 15 53 / 22 20	3,0 / 1,4 / 2,9 / 1,2
14 So	5 32 / 11 48 / 17 41	3,3 / 1,1 / 3,1	29 Mo	4 47 / 11 07 / 16 55 / 23 20	3,2 / 1,3 / 3,0 / 1,1
15 Mo	0 06 / 6 21 / 12 40 / 18 35	0,9 / 3,4 / 0,9 / 3,2	30 Di	5 39 / 12 01 / 17 51	3,3 / 1,1 / 3,2
31 Mi	0 16 / 6 26 / 12 51 / 18 44	0,9 / 3,5 / 0,8 / 3,4			

August

Tag	Zeit	Höhe	Tag	Zeit	Höhe
1 Do ●	1 08 / 7 11 / 13 38 / 19 34	0,7 / 3,7 / 0,6 / 3,6	16 Fr	2 04 / 8 03 / 14 25 / 20 27	0,9 / 3,6 / 0,8 / 3,4
2 Fr	1 57 / 7 56 / 14 25 / 20 24	0,6 / 3,9 / 0,3 / 3,7	17 Sa	2 40 / 8 38 / 14 59 / 21 02	0,9 / 3,6 / 0,7 / 3,4
3 Sa	2 45 / 8 42 / 15 11 / 21 14	0,5 / 4,0 / 0,2 / 3,8	18 So	3 14 / 9 12 / 15 32 / 21 36	0,9 / 3,6 / 0,7 / 3,4
4 So	3 33 / 9 29 / 15 58 / 22 05	0,4 / 4,0 / 0,1 / 3,8	19 Mo	3 47 / 9 44 / 16 04 / 22 09	0,9 / 3,6 / 0,8 / 3,3
5 Mo	4 21 / 10 18 / 16 47 / 22 58	0,5 / 3,9 / 0,2 / 3,7	20 Di	4 20 / 10 15 / 16 36 / 22 42	1,0 / 3,5 / 0,9 / 3,3
6 Di	5 11 / 11 09 / 17 37 / 23 53	0,6 / 3,8 / 0,3 / 3,5	21 Mi	4 54 / 10 47 / 17 10 / 23 17	1,1 / 3,4 / 0,9 / 3,2
7 Mi	6 03 / 12 02 / 18 31	0,8 / 3,6 / 0,6	22 Do ☾	5 30 / 11 23 / 17 47 / 23 58	1,2 / 3,3 / 1,1 / 3,1
8 Do	0 51 / 7 00 / 13 00 / 19 30	3,4 / 1,0 / 3,4 / 0,8	23 Fr	6 13 / 12 07 / 18 30	1,3 / 3,1 / 1,2
9 Fr	1 55 / 8 04 / 14 04 / 20 36	3,2 / 1,2 / 3,2 / 1,0	24 Sa	0 48 / 7 04 / 12 59 / 19 24	3,0 / 1,4 / 3,0 / 1,3
10 Sa	3 03 / 9 15 / 15 15 / 21 47	3,2 / 1,3 / 3,0 / 1,2	25 So	1 49 / 8 08 / 14 03 / 20 30	3,0 / 1,5 / 2,9 / 1,4
11 So	4 12 / 10 29 / 16 30 / 22 56	3,2 / 1,3 / 3,0 / 1,2	26 Mo	3 00 / 9 22 / 15 19 / 21 46	3,0 / 1,4 / 2,9 / 1,3
12 Mo	5 14 / 11 34 / 17 36 / 23 55	3,2 / 1,2 / 3,0 / 1,1	27 Di	4 12 / 10 35 / 16 35 / 23 00	3,2 / 1,3 / 3,1 / 1,2
13 Di	6 04 / 12 27 / 18 28	3,3 / 1,1 / 3,1	28 Mi	5 13 / 11 39 / 17 38	3,4 / 1,0 / 3,3
14 Mi	0 43 / 6 48 / 13 11 / 19 11	1,1 / 3,5 / 0,9 / 3,2	29 Do	0 02 / 6 04 / 12 32 / 18 32	1,0 / 3,6 / 0,7 / 3,5
15 Do ○	1 26 / 7 27 / 13 50 / 19 50	1,0 / 3,6 / 0,8 / 3,3	30 Fr ●	0 55 / 6 51 / 13 20 / 19 21	0,7 / 3,8 / 0,4 / 3,8
31 Sa	1 43 / 7 37 / 14 05 / 20 08	0,5 / 4,0 / 0,2 / 3,9			

● Neumond ☽ erstes Viertel ○ Vollmond ☾ letztes Viertel

UTC+ 3h00min   Höhen sind auf SKN bezogen

Gezeitenvorausberechnungen

Ekaterininskaja 2019
Breite: 69° 12' N, Länge: 33° 28' E
Zeiten (Stunden und Minuten) und Höhen (Meter) der Hoch- und Niedrigwasser

September

Tag	Zeit	Höhe	Tag	Zeit	Höhe
1 So	2 29 / 8 22 / 14 50 / 20 56	0,4 / 4,1 / 0,0 / 4,0	16 Mo	2 48 / 8 41 / 15 00 / 21 05	0,8 / 3,6 / 0,7 / 3,5
2 Mo	3 14 / 9 07 / 15 36 / 21 44	0,4 / 4,1 / 0,0 / 4,0	17 Di	3 19 / 9 10 / 15 30 / 21 34	0,9 / 3,6 / 0,7 / 3,5
3 Di	4 00 / 9 55 / 16 22 / 22 33	0,4 / 4,0 / 0,1 / 3,8	18 Mi	3 49 / 9 38 / 16 00 / 22 03	0,9 / 3,5 / 0,8 / 3,4
4 Mi	4 47 / 10 44 / 17 10 / 23 25	0,6 / 3,8 / 0,4 / 3,6	19 Do	4 21 / 10 09 / 16 33 / 22 36	1,0 / 3,4 / 0,9 / 3,3
5 Do	5 36 / 11 36 / 18 01	0,8 / 3,6 / 0,7	20 Fr	4 57 / 10 47 / 17 09 / 23 17	1,1 / 3,3 / 1,0 / 3,2
6 Fr ☾	0 20 / 6 32 / 12 34 / 18 59	3,4 / 1,0 / 3,3 / 1,0	21 Sa	5 38 / 11 32 / 17 53	1,2 / 3,2 / 1,2
7 Sa	1 22 / 7 36 / 13 41 / 20 07	3,2 / 1,2 / 3,1 / 1,3	22 So ☾	0 07 / 6 30 / 12 27 / 18 48	3,1 / 1,3 / 3,0 / 1,3
8 So	2 32 / 8 50 / 15 00 / 21 24	3,1 / 1,4 / 2,9 / 1,4	23 Mo	1 08 / 7 35 / 13 36 / 20 02	3,1 / 1,4 / 2,9 / 1,4
9 Mo	3 45 / 10 08 / 16 20 / 22 39	3,1 / 1,4 / 2,9 / 1,4	24 Di	2 24 / 8 53 / 15 02 / 21 26	3,1 / 1,4 / 3,0 / 1,4
10 Di	4 48 / 11 15 / 17 23 / 23 38	3,2 / 1,3 / 3,0 / 1,3	25 Mi	3 44 / 10 11 / 16 23 / 22 45	3,2 / 1,2 / 3,1 / 1,2
11 Mi	5 40 / 12 07 / 18 12	3,3 / 1,1 / 3,1	26 Do	4 48 / 11 17 / 17 25 / 23 47	3,4 / 0,9 / 3,4 / 1,0
12 Do	0 25 / 6 24 / 12 48 / 18 52	1,2 / 3,4 / 1,0 / 3,3	27 Fr	5 41 / 12 10 / 18 16	3,6 / 0,6 / 3,7
13 Fr	1 05 / 7 02 / 13 25 / 19 28	1,0 / 3,5 / 0,9 / 3,4	28 Sa ●	0 38 / 6 29 / 12 58 / 19 03	0,7 / 3,8 / 0,3 / 3,9
14 Sa ○	1 42 / 7 37 / 13 58 / 20 02	0,9 / 3,6 / 0,8 / 3,5	29 So	1 24 / 7 14 / 13 43 / 19 49	0,5 / 4,0 / 0,1 / 4,0
15 So	2 16 / 8 10 / 14 30 / 20 35	0,9 / 3,6 / 0,7 / 3,5	30 Mo	2 08 / 7 58 / 14 27 / 20 34	0,4 / 4,1 / 0,0 / 4,1

Oktober

Tag	Zeit	Höhe	Tag	Zeit	Höhe
1 Di	2 52 / 8 44 / 15 11 / 21 19	0,3 / 4,1 / 0,0 / 4,0	16 Mi	2 49 / 8 35 / 14 57 / 21 00	0,8 / 3,5 / 0,7 / 3,5
2 Mi	3 36 / 9 30 / 15 55 / 22 06	0,4 / 3,9 / 0,2 / 3,8	17 Do	3 20 / 9 05 / 15 27 / 21 29	0,9 / 3,5 / 0,7 / 3,5
3 Do	4 22 / 10 19 / 16 42 / 22 55	0,6 / 3,7 / 0,5 / 3,6	18 Fr	3 52 / 9 39 / 16 01 / 22 05	0,9 / 3,4 / 0,8 / 3,4
4 Fr	5 10 / 11 11 / 17 32 / 23 48	0,8 / 3,4 / 0,8 / 3,4	19 Sa	4 29 / 10 20 / 16 40 / 22 48	1,0 / 3,3 / 1,0 / 3,3
5 Sa ☾	6 04 / 12 10 / 18 28	1,0 / 3,2 / 1,2	20 So	5 13 / 11 09 / 17 28 / 23 40	1,1 / 3,1 / 1,2 / 3,2
6 So	0 48 / 7 07 / 13 20 / 19 37	3,2 / 1,2 / 2,9 / 1,4	21 Mo ☾	6 08 / 12 09 / 18 29	1,2 / 3,0 / 1,3
7 Mo	1 57 / 8 20 / 14 40 / 20 56	3,0 / 1,4 / 2,8 / 1,6	22 Di	0 44 / 7 16 / 13 24 / 19 48	3,1 / 1,2 / 3,0 / 1,4
8 Di	3 09 / 9 38 / 15 56 / 22 12	3,0 / 1,4 / 2,9 / 1,5	23 Mi	2 00 / 8 33 / 14 53 / 21 11	3,1 / 1,2 / 3,0 / 1,4
9 Mi	4 13 / 10 45 / 16 56 / 23 11	3,1 / 1,3 / 3,0 / 1,4	24 Do	3 18 / 9 48 / 16 08 / 22 26	3,2 / 1,0 / 3,2 / 1,2
10 Do	5 07 / 11 36 / 17 44 / 23 58	3,2 / 1,2 / 3,1 / 1,2	25 Fr	4 22 / 10 53 / 17 07 / 23 26	3,4 / 0,8 / 3,5 / 0,9
11 Fr	5 52 / 12 17 / 18 24	3,3 / 1,0 / 3,3	26 Sa	5 16 / 11 46 / 17 57	3,6 / 0,5 / 3,7
12 Sa	0 38 / 6 32 / 12 54 / 19 00	1,1 / 3,4 / 0,9 / 3,4	27 So	0 17 / 6 04 / 12 34 / 18 43	0,7 / 3,8 / 0,3 / 3,9
13 So	1 14 / 7 07 / 13 27 / 19 34	0,9 / 3,5 / 0,8 / 3,5	28 Mo ●	1 03 / 6 51 / 13 19 / 19 27	0,5 / 3,9 / 0,1 / 4,0
14 Mo ○	1 48 / 7 39 / 13 58 / 20 05	0,7 / 3,5 / 0,7 / 3,6	29 Di	1 47 / 7 36 / 14 03 / 20 11	0,4 / 3,9 / 0,1 / 4,0
15 Di	2 19 / 8 08 / 14 27 / 20 33	0,8 / 3,5 / 0,7 / 3,6	30 Mi	2 30 / 8 22 / 14 47 / 20 55	0,4 / 3,9 / 0,2 / 3,9
31 Do	3 14 / 9 08 / 15 31 / 21 40	0,4 / 3,7 / 0,4 / 3,8			

November

Tag	Zeit	Höhe	Tag	Zeit	Höhe
1 Fr	3 59 / 9 57 / 16 16 / 22 28	0,6 / 3,5 / 0,7 / 3,6	16 Sa	3 30 / 9 18 / 15 39 / 21 44	0,8 / 3,4 / 0,8 / 3,5
2 Sa	4 47 / 10 49 / 17 05 / 23 18	0,8 / 3,3 / 1,0 / 3,4	17 So	4 11 / 10 04 / 16 24 / 22 31	0,9 / 3,3 / 1,0 / 3,4
3 So	5 39 / 11 47 / 17 59	1,0 / 3,1 / 1,3	18 Mo	4 59 / 10 58 / 17 17 / 23 25	0,9 / 3,2 / 1,1 / 3,3
4 Mo ☾	0 15 / 6 37 / 12 54 / 19 03	3,2 / 1,2 / 2,9 / 1,5	19 Di	5 56 / 12 02 / 18 22	1,0 / 3,1 / 1,3
5 Di	1 19 / 7 44 / 14 07 / 20 16	3,0 / 1,3 / 2,8 / 1,6	20 Mi ☾	0 28 / 7 02 / 13 17 / 19 35	3,2 / 1,0 / 3,1 / 1,3
6 Mi	2 26 / 8 55 / 15 16 / 21 30	3,0 / 1,4 / 2,8 / 1,6	21 Do	1 39 / 8 12 / 14 37 / 20 51	3,2 / 1,0 / 3,1 / 1,3
7 Do	3 29 / 10 02 / 16 16 / 22 32	3,0 / 1,3 / 3,0 / 1,5	22 Fr	2 50 / 9 22 / 15 47 / 22 02	3,3 / 0,9 / 3,3 / 1,2
8 Fr	4 25 / 10 56 / 17 07 / 23 22	3,1 / 1,2 / 3,1 / 1,3	23 Sa	3 54 / 10 26 / 16 46 / 23 03	3,4 / 0,7 / 3,5 / 1,0
9 Sa	5 14 / 11 40 / 17 51	3,2 / 1,1 / 3,3	24 So	4 50 / 11 22 / 17 37 / 23 55	3,5 / 0,5 / 3,7 / 0,8
10 So	0 05 / 5 56 / 12 18 / 18 29	1,2 / 3,3 / 0,9 / 3,4	25 Mo	5 42 / 12 12 / 18 24	3,6 / 0,4 / 3,8
11 Mo ●	0 43 / 6 33 / 12 53 / 19 04	1,0 / 3,4 / 0,8 / 3,5	26 Di	0 43 / 6 31 / 12 58 / 19 09	0,7 / 3,7 / 0,3 / 3,9
12 Di ○	1 18 / 7 06 / 13 25 / 19 34	0,9 / 3,5 / 0,7 / 3,5	27 Mi	1 28 / 7 18 / 13 43 / 19 52	0,6 / 3,7 / 0,3 / 3,9
13 Mi	1 50 / 7 36 / 13 55 / 20 02	0,9 / 3,4 / 0,7 / 3,6	28 Do	2 13 / 8 05 / 14 27 / 20 35	0,5 / 3,6 / 0,4 / 3,8
14 Do	2 22 / 8 06 / 14 27 / 20 31	0,8 / 3,4 / 0,7 / 3,6	29 Fr	2 57 / 8 52 / 15 11 / 21 19	0,5 / 3,5 / 0,6 / 3,7
15 Fr	2 54 / 8 39 / 15 01 / 21 04	0,8 / 3,4 / 0,7 / 3,6	30 Sa	3 41 / 9 40 / 15 56 / 22 04	0,6 / 3,4 / 0,8 / 3,6

Dezember

Tag	Zeit	Höhe	Tag	Zeit	Höhe
1 So	4 26 / 10 30 / 16 42 / 22 51	0,8 / 3,2 / 1,1 / 3,4	16 Mo	4 00 / 9 57 / 16 17 / 22 19	0,7 / 3,4 / 0,9 / 3,6
2 Mo	5 14 / 11 23 / 17 31 / 23 42	1,0 / 3,1 / 1,3 / 3,3	17 Di	4 49 / 10 53 / 17 11 / 23 12	0,7 / 3,4 / 1,0 / 3,5
3 Di	6 04 / 12 21 / 18 25	1,1 / 2,9 / 1,4	18 Mi	5 44 / 11 55 / 18 11	0,8 / 3,3 / 1,1
4 Mi ☾	0 37 / 7 00 / 13 23 / 19 26	3,1 / 1,3 / 2,9 / 1,5	19 Do ☾	0 11 / 6 44 / 13 03 / 19 16	3,4 / 0,8 / 3,3 / 1,2
5 Do	1 37 / 8 01 / 14 27 / 20 34	3,1 / 1,3 / 2,9 / 1,6	20 Fr	1 15 / 7 48 / 14 14 / 20 25	3,4 / 0,8 / 3,3 / 1,3
6 Fr	2 38 / 9 05 / 15 28 / 21 41	3,0 / 1,4 / 2,9 / 1,5	21 Sa	2 21 / 8 55 / 15 22 / 21 34	3,3 / 0,8 / 3,3 / 1,2
7 Sa	3 36 / 10 05 / 16 24 / 22 39	3,0 / 1,3 / 3,0 / 1,4	22 So	3 25 / 10 00 / 16 24 / 22 39	3,3 / 0,8 / 3,4 / 1,1
8 So	4 30 / 10 56 / 17 13 / 23 28	3,1 / 1,2 / 3,2 / 1,3	23 Mo	4 27 / 10 59 / 17 20 / 23 36	3,4 / 0,7 / 3,5 / 1,0
9 Mo	5 17 / 11 39 / 17 56	3,1 / 1,1 / 3,3	24 Di	5 24 / 11 53 / 18 09	3,4 / 0,7 / 3,6
10 Di	0 10 / 5 58 / 12 17 / 18 33	1,2 / 3,2 / 1,0 / 3,4	25 Mi	0 28 / 6 18 / 12 43 / 18 55	0,8 / 3,4 / 0,6 / 3,7
11 Mi	0 48 / 6 34 / 12 53 / 19 05	1,1 / 3,3 / 0,9 / 3,5	26 Do ●	1 16 / 7 08 / 13 30 / 19 38	0,7 / 3,5 / 0,6 / 3,8
12 Do ○	1 23 / 7 08 / 13 28 / 19 36	0,9 / 3,3 / 0,8 / 3,6	27 Fr	2 01 / 7 56 / 14 14 / 20 20	0,7 / 3,5 / 0,7 / 3,8
13 Fr	1 58 / 7 44 / 14 04 / 20 10	0,8 / 3,4 / 0,7 / 3,7	28 Sa	2 44 / 8 42 / 14 57 / 21 01	0,6 / 3,4 / 0,8 / 3,7
14 Sa	2 35 / 8 23 / 14 44 / 20 48	0,8 / 3,4 / 0,7 / 3,7	29 So	3 26 / 9 26 / 15 39 / 21 43	0,7 / 3,4 / 0,9 / 3,6
15 So	3 15 / 9 07 / 15 28 / 21 31	0,7 / 3,4 / 0,8 / 3,7	30 Mo	4 07 / 10 11 / 16 21 / 22 25	0,8 / 3,3 / 1,0 / 3,5
31 Di	4 48 / 10 56 / 17 03 / 23 08	0,9 / 3,2 / 1,2 / 3,4			

● Neumond ☽ erstes Viertel ○ Vollmond ☾ letztes Viertel
UTC+ 3h00min   Höhen sind auf SKN bezogen

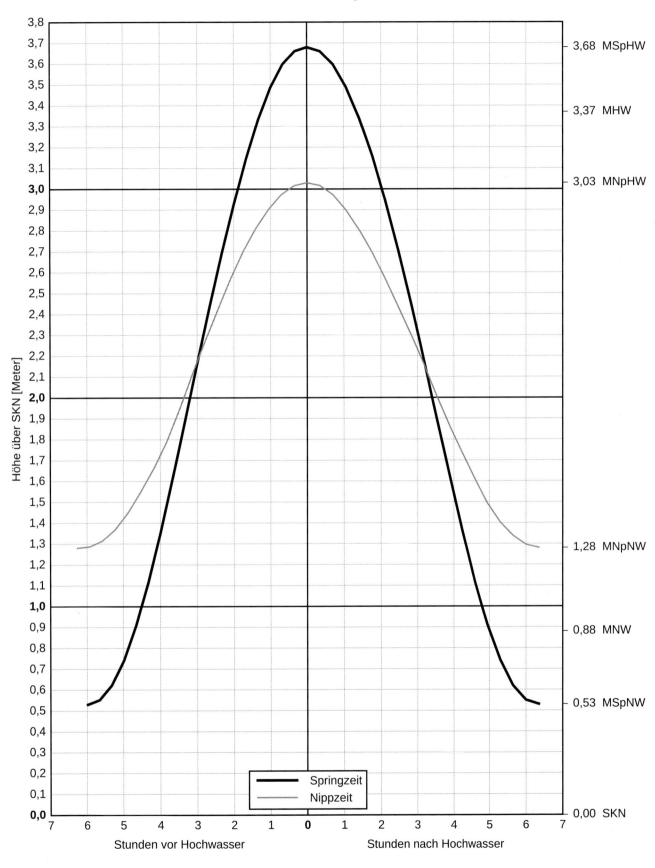

Narvik 2019

Breite: 68° 26' N, Länge: 17° 26' E

Zeiten (Stunden und Minuten) und Höhen (Meter) der Hoch- und Niedrigwasser

	Januar					Februar					März					April			
	Zeit	Höhe		Zeit	Höhe	Zeit	Höhe		Zeit	Höhe	Zeit	Höhe		Zeit	Höhe	Zeit	Höhe		Zeit	Höhe
1 Di	3 00 8 57 15 31 21 12	1,0 2,8 1,2 2,9	**16** Mi	1 47 8 01 14 22 20 12	1,2 2,6 1,4 2,7	**1** Fr	4 29 10 32 17 07 22 52	1,1 2,8 1,1 2,7	**16** Sa	3 23 9 39 16 11 22 03	1,0 2,8 1,1 2,8	**1** Fr	3 00 8 59 15 49 21 36	1,3 2,5 1,2 2,4	**16** Sa	1 43 7 49 14 40 20 29	1,2 2,5 1,2 2,5	**1** Mo	4 29 10 32 17 01 23 03	1,1 2,6 0,9 2,6	**16** Di	3 59 9 59 16 33 22 37	0,9 2,9 0,5 2,9
2 Mi	3 57 9 59 16 30 22 12	1,0 2,9 1,2 2,9	**17** Do	2 50 9 09 15 31 21 20	1,1 2,7 1,3 2,8	**2** Sa	5 18 11 20 17 53 23 40	1,0 3,0 1,0 2,8	**17** So	4 29 10 40 17 10 23 05	0,9 3,0 0,8 3,0	**2** Sa	4 06 10 12 16 47 22 40	1,2 2,6 1,1 2,5	**17** So	3 06 9 14 15 53 21 51	1,1 2,7 0,9 2,7	**2** Di	5 13 11 13 17 39 23 39	1,0 2,8 0,8 2,8	**17** Mi	4 55 10 53 17 25 23 27	0,6 3,1 0,3 3,2
3 Do	4 49 10 50 17 21 23 05	0,9 3,0 1,0 2,9	**18** Fr	3 51 10 08 16 31 22 22	1,0 2,9 1,1 2,9	**3** So	5 59 12 01 18 32	0,9 3,1 0,9	**18** Mo	5 26 11 32 18 03 23 59	0,7 3,3 0,5 3,2	**3** So	4 58 11 02 17 33 23 27	1,1 2,8 0,9 2,7	**18** Mo	4 15 10 21 16 54 22 53	0,9 2,9 0,7 2,9	**3** Mi	5 49 11 47 18 12	0,8 2,9 0,6	**18** Do	5 44 11 41 18 11	0,5 3,3 0,2
4 Fr	5 34 11 35 18 05 23 51	0,9 3,2 0,9 3,0	**19** Sa	4 47 11 00 17 26 23 17	0,8 3,2 0,9 3,1	**4** Mo	0 22 6 34 12 38 ● 19 06	2,9 0,8 3,2 0,8	**19** Di	6 17 12 20 18 52 ○	0,5 3,5 0,3	**4** Mo	5 41 11 42 18 11	0,9 2,9 0,8	**19** Di	5 12 11 14 17 46 23 46	0,7 3,2 0,4 3,2	**4** Do	0 12 6 21 12 19 18 42	2,9 0,7 3,0 0,5	**19** Fr	0 12 6 29 12 26 ○ 18 54	3,3 0,3 3,4 0,1
5 Sa	6 13 12 16 18 45	0,9 3,3 0,9	**20** So	5 39 11 48 18 16	0,7 3,4 0,7	**5** Di	0 59 7 06 13 12 19 37	3,0 0,8 3,2 0,7	**20** Mi	0 49 7 04 13 07 19 38	3,4 0,4 3,7 0,2	**5** Di	0 05 6 16 12 17 18 44	2,8 0,8 3,1 0,7	**20** Mi	6 02 12 02 18 33	0,5 3,5 0,2	**5** Fr	0 43 6 52 12 50 ● 19 11	3,0 0,6 3,1 0,5	**20** Sa	0 55 7 12 13 09 19 35	3,4 0,3 3,5 0,1
6 So ●	0 34 6 49 12 54 19 21	3,0 0,8 3,3 0,8	**21** Mo ○	0 10 6 28 12 35 19 05	3,3 0,6 3,6 0,5	**6** Mi	1 34 7 35 13 45 20 07	3,0 0,8 3,3 0,7	**21** Do	1 36 7 49 13 52 20 24	3,5 0,3 3,8 0,1	**6** Mi ●	0 40 6 47 12 49 19 13	2,9 0,7 3,1 0,6	**21** Do ○	0 33 6 48 12 48 19 18	3,4 0,3 3,6 0,1	**6** Sa	1 14 7 22 13 21 19 40	3,1 0,6 3,2 0,4	**21** So	1 37 7 53 13 52 20 13	3,4 0,3 3,4 0,2
7 Mo	1 13 7 21 13 30 19 54	3,1 0,8 3,3 0,8	**22** Di	1 00 7 16 13 22 19 53	3,4 0,5 3,7 0,4	**7** Do	2 07 8 04 14 16 20 36	3,0 0,8 3,3 0,7	**22** Fr	2 22 8 33 14 37 21 09	3,6 0,4 3,7 0,2	**7** Do	1 12 7 16 13 20 19 42	3,0 0,7 3,2 0,6	**22** Fr	1 17 7 31 13 32 20 00	3,5 0,3 3,7 0,1	**7** So	1 46 7 53 13 54 20 10	3,1 0,6 3,2 0,4	**22** Mo	2 17 8 33 14 34 20 50	3,4 0,4 3,2 0,4
8 Di	1 51 7 51 14 05 20 26	3,0 0,9 3,3 0,8	**23** Mi	1 50 8 03 14 08 20 42	3,5 0,5 3,8 0,3	**8** Fr	2 40 8 33 14 48 21 07	3,0 0,8 3,2 0,7	**23** Sa	3 06 9 17 15 21 21 54	3,5 0,5 3,6 0,4	**8** Fr	1 43 7 44 13 50 20 10	3,1 0,6 3,2 0,5	**23** Sa	2 00 8 13 14 15 20 42	3,5 0,3 3,6 0,2	**8** Mo	2 18 8 25 14 29 20 41	3,1 0,6 3,1 0,5	**23** Di	2 57 9 13 15 16 21 26	3,2 0,6 3,0 0,7
9 Mi	2 27 8 20 14 38 20 59	3,0 0,9 3,2 0,9	**24** Do	2 38 8 50 14 55 21 32	3,5 0,5 3,7 0,4	**9** Sa	3 13 9 05 15 21 21 41	3,0 0,9 3,2 0,8	**24** So	3 50 10 03 16 05 22 41	3,3 0,7 3,4 0,6	**9** Sa	2 14 8 13 14 21 20 39	3,1 0,7 3,2 0,6	**24** So	2 42 8 54 14 57 21 22	3,4 0,4 3,5 0,4	**9** Di	2 52 9 00 15 06 21 15	3,1 0,7 3,0 0,6	**24** Mi	3 37 9 57 16 00 22 05	3,0 0,7 2,8 0,9
10 Do	3 03 8 52 15 13 21 34	2,9 1,0 3,2 0,9	**25** Fr	3 26 9 39 15 42 22 23	3,4 0,7 3,6 0,5	**10** So	3 47 9 40 15 55 22 18	2,9 1,0 3,1 0,9	**25** Mo	4 35 10 53 16 51 23 32	3,1 0,9 3,1 0,9	**10** So	2 46 8 44 14 54 21 10	3,1 0,7 3,2 0,6	**25** Mo	3 23 9 36 15 40 22 02	3,3 0,6 3,2 0,6	**10** Mi	3 29 9 40 15 46 21 55	3,0 0,8 2,9 0,8	**25** Do	4 19 10 48 16 46 22 51	2,8 0,9 2,5 1,1
11 Fr	3 39 9 28 15 48 22 13	2,9 1,1 3,1 1,0	**26** Sa	4 15 10 30 16 30 23 17	3,2 0,9 3,4 0,7	**11** Mo	4 25 10 21 16 34 23 00	2,8 1,1 2,9 1,0	**26** Di	5 23 11 54 17 42 ☾	2,8 1,1 2,8	**11** Mo	3 19 9 17 15 28 21 42	3,0 0,8 3,1 0,7	**26** Di	4 05 10 22 16 24 22 45	3,1 0,8 2,9 0,9	**11** Do	4 11 10 32 16 33 22 48	2,9 0,9 2,7 0,9	**26** Fr	5 05 11 52 17 40 ☾ 23 55	2,6 1,1 2,3 1,2
12 Sa	4 18 10 09 16 26 22 58	2,8 1,2 3,0 1,1	**27** So ☾	5 05 11 28 17 21	3,0 1,1 3,2	**12** Di	5 07 11 12 17 18 ☽ 23 52	2,7 1,2 2,8 1,1	**27** Mi	0 31 6 18 13 12 18 44	1,1 2,6 1,3 2,5	**12** Di	3 54 9 55 16 06 22 20	2,9 0,9 2,9 0,9	**27** Mi	4 49 11 18 17 11 23 38	2,8 1,0 2,6 1,1	**12** Fr	5 00 11 42 17 30 ☽	2,7 1,0 2,5	**27** Sa	6 03 13 09 18 52	2,4 1,1 2,2
13 So	5 00 10 58 17 09 23 49	2,7 1,3 2,9 1,1	**28** Mo	0 15 5 59 12 35 18 17	0,9 2,8 1,2 2,9	**13** Mi	5 59 12 20 18 13	2,6 1,4 2,6	**28** Do	1 44 7 31 14 36 20 06	1,2 2,5 1,3 2,4	**13** Mi	4 34 10 42 16 49 23 10	2,8 1,1 2,8 1,0	**28** Do ☾	5 39 12 32 18 09	2,6 1,2 2,4	**13** Sa	0 02 6 03 13 05 18 45	1,1 2,6 1,1 2,4	**28** So	1 20 7 21 14 24 20 24	1,3 2,3 1,1 2,2
14 Mo ☽	5 50 11 58 18 00	2,6 1,4 2,7	**29** Di	1 19 7 02 13 50 19 23	1,0 2,7 1,3 2,7	**14** Do	0 56 7 05 13 40 19 25	1,1 2,6 1,4 2,6				**14** Do ☽	5 22 11 50 17 43	2,7 1,2 2,6	**29** Fr	0 51 6 44 13 58 19 30	1,3 2,4 1,2 2,2	**14** So	1 30 7 25 14 25 20 17	1,1 2,5 1,0 2,5	**29** Mo	2 42 8 46 15 26 21 37	1,3 2,4 1,0 2,3
15 Di	0 46 6 51 13 09 19 02	1,2 2,6 1,5 2,7	**30** Mi	2 26 8 17 15 05 20 39	1,1 2,6 1,3 2,6	**15** Fr	2 10 8 24 15 00 20 48	1,1 2,6 1,3 2,6				**15** Fr	0 19 6 25 13 15 18 57	1,1 2,5 1,3 2,5	**30** Sa	2 18 8 15 15 15 21 10	1,3 2,4 1,2 2,2	**15** Mo	2 51 8 51 15 34 21 37	1,0 2,6 0,8 2,7	**30** Di	3 44 9 47 16 16 22 26	1,1 2,5 0,9 2,5
			31 Do	3 31 9 32 16 12 21 53	1,1 2,7 1,2 2,6										**31** So	3 33 9 39 16 15 22 18	1,2 2,5 1,0 2,4						

● Neumond ☽ erstes Viertel ○ Vollmond ☾ letztes Viertel

UTC+ 1h00min (MEZ)   Höhen sind auf SKN bezogen

Gezeitenvorausberechnungen

Narvik 2019

Breite: 68° 26' N, Länge: 17° 26' E

Zeiten (Stunden und Minuten) und Höhen (Meter) der Hoch- und Niedrigwasser

	Mai					Juni					Juli					August			
	Zeit	Höhe		Zeit	Höhe		Zeit	Höhe		Zeit	Höhe		Zeit	Höhe		Zeit	Höhe		Zeit	Höhe
1 Mi	4 33 10 31 16 57 23 04	1,0 2,6 0,7 2,7	**16** Do	4 34 10 28 17 01 23 05	0,7 3,0 0,3 3,0	**1** Sa	5 13 11 04 17 27 23 37	0,8 2,8 0,6 2,9	**16** So	5 56 11 44 18 11	0,6 2,9 0,5	**1** Mo	5 26 11 16 17 36 23 47	0,8 2,8 0,6 3,0	**16** Di	6 29 12 17 18 35 ○	0,6 2,8 0,7	**1** Do ●	0 12 6 42 12 38 18 53	3,3 0,4 3,2 0,4	**16** Fr	0 58 7 24 13 22 19 24	3,1 0,6 3,0 0,7
2 Do	5 13 11 08 17 32 23 38	0,9 2,8 0,6 2,8	**17** Fr	5 25 11 17 17 48 23 50	0,5 3,1 0,3 3,2	**2** So	5 54 11 44 18 05	0,7 2,9 0,5	**17** Mo ○	0 12 6 40 12 30 18 51	3,1 0,5 2,9 0,5	**2** Di ●	6 12 12 03 18 21	0,6 2,9 0,5	**17** Mi	0 38 7 08 13 00 19 11	3,1 0,6 2,8 0,6	**2** Fr	0 58 7 29 13 27 19 39	3,4 0,3 3,3 0,4	**17** Sa	1 32 7 55 13 56 19 53	3,2 0,6 3,0 0,7
3 Fr	5 49 11 43 18 05 ○	0,7 2,9 0,5	**18** Sa	6 11 12 03 18 31	0,4 3,2 0,2	**3** Mo ●	0 14 6 33 12 25 18 43	3,1 0,6 3,0 0,4	**18** Di	0 54 7 21 13 14 19 27	3,1 0,5 2,9 0,5	**3** Mi	0 30 6 57 12 51 19 06	3,2 0,5 3,0 0,4	**18** Do	1 17 7 45 13 41 19 44	3,1 0,6 2,9 0,7	**3** Sa	1 44 8 17 14 15 20 26	3,6 0,2 3,3 0,4	**18** So	2 04 8 24 14 29 20 22	3,2 0,6 3,0 0,7
4 Sa ●	0 11 6 23 12 17 18 38	3,0 0,6 3,0 0,4	**19** So	0 33 6 54 12 48 19 11	3,3 0,4 3,2 0,3	**4** Di	0 52 7 13 13 07 19 22	3,2 0,5 3,0 0,4	**19** Mi	1 34 8 00 13 56 20 02	3,1 0,5 2,9 0,6	**4** Do	1 14 7 43 13 39 19 52	3,3 0,4 3,1 0,4	**19** Fr	1 54 8 19 14 19 20 15	3,1 0,6 2,8 0,7	**4** So	2 31 9 05 15 02 21 14	3,6 0,2 3,3 0,5	**19** Mo	2 36 8 53 15 02 20 53	3,1 0,6 2,9 0,8
5 So	0 44 6 57 12 52 19 10	3,1 0,5 3,1 0,4	**20** Mo	1 14 7 35 13 31 19 48	3,3 0,4 3,1 0,4	**5** Mi	1 31 7 55 13 51 20 04	3,2 0,4 3,0 0,4	**20** Do	2 13 8 38 14 38 20 35	3,1 0,6 2,8 0,7	**5** Fr	1 59 8 32 14 28 20 40	3,4 0,3 3,1 0,5	**20** Sa	2 29 8 52 14 56 20 46	3,1 0,6 2,8 0,8	**5** Mo	3 18 9 55 15 50 22 05	3,5 0,3 3,2 0,6	**20** Di	3 08 9 25 15 35 21 27	3,1 0,7 2,9 0,9
6 Mo	1 17 7 32 13 29 19 44	3,2 0,5 3,1 0,4	**21** Di	1 54 8 15 14 14 20 23	3,2 0,5 3,0 0,5	**6** Do	2 13 8 41 14 38 20 49	3,2 0,5 3,0 0,5	**21** Fr	2 51 9 16 15 18 21 09	3,0 0,6 2,7 0,8	**6** Sa	2 46 9 23 15 17 21 31	3,4 0,3 3,1 0,5	**21** So	3 04 9 26 15 32 21 20	3,0 0,7 2,7 0,8	**6** Di	4 05 10 48 16 39 23 00	3,4 0,4 3,1 0,8	**21** Mi	3 41 9 59 16 10 22 06	3,0 0,8 2,8 1,0
7 Di	1 53 8 08 14 08 20 19	3,2 0,5 3,1 0,5	**22** Mi	2 33 8 55 14 56 20 58	3,1 0,6 2,8 0,7	**7** Fr	2 58 9 32 15 27 21 40	3,2 0,5 2,9 0,6	**22** Sa	3 30 9 55 15 59 21 48	2,9 0,7 2,6 0,9	**7** So	3 35 10 17 16 08 22 26	3,3 0,4 3,0 0,7	**22** Mo	3 40 10 02 16 09 21 58	2,9 0,8 2,6 1,0	**7** Mi ☽	4 54 11 43 17 31	3,1 0,6 2,9	**22** Do	4 18 10 39 16 50 22 55	2,8 0,9 2,7 1,2
8 Mi	2 30 8 49 14 49 20 58	3,1 0,6 3,0 0,6	**23** Do	3 13 9 36 15 38 21 34	3,0 0,7 2,7 0,9	**8** Sa	3 46 10 29 16 19 22 39	3,1 0,6 2,8 0,8	**23** So	4 09 10 39 16 42 22 33	2,8 0,8 2,5 1,0	**8** Mo	4 25 11 15 17 02 23 27	3,2 0,5 2,9 0,8	**23** Di	4 16 10 42 16 49 22 44	2,8 0,8 2,5 1,1	**8** Do	0 03 5 48 12 44 18 29	1,0 2,9 0,8 2,7	**23** Fr ☾	4 59 11 28 17 37 23 59	2,7 1,0 2,6 1,3
9 Do	3 11 9 35 15 34 21 44	3,1 0,7 2,9 0,7	**24** Fr	3 53 10 22 16 23 22 17	2,8 0,8 2,5 1,0	**9** So	4 39 11 33 17 17 23 46	3,0 0,6 2,7 0,9	**24** Mo	4 52 11 28 17 29 23 27	2,6 0,9 2,4 1,1	**9** Di ☽	5 19 12 15 18 00	3,0 0,6 2,7	**24** Mi	4 56 11 28 17 33 23 39	2,7 0,9 2,5 1,2	**9** Fr	1 15 6 50 13 50 19 38	1,1 2,7 0,9 2,6	**24** Sa	5 50 12 28 18 37	2,5 1,1 2,5
10 Fr	3 56 10 32 16 25 22 43	2,9 0,8 2,7 0,9	**25** Sa	4 37 11 15 17 12 23 11	2,6 0,9 2,3 1,1	**10** Mo ☽	5 38 12 39 18 23	2,8 0,6 2,6	**25** Di ☾	5 39 12 21 18 24	2,5 1,0 2,3	**10** Mi	0 33 6 17 13 17 19 04	0,9 2,8 0,6 2,6	**25** Do ☾	5 42 12 21 18 27	2,6 1,0 2,4	**10** Sa	2 31 8 04 14 58 20 55	1,1 2,5 1,0 2,6	**25** So	1 16 6 57 13 40 19 52	1,3 2,4 1,2 2,5
11 Sa	4 48 11 41 17 25 23 57	2,8 0,8 2,6 1,0	**26** So ☾	5 27 12 16 18 10	2,5 1,0 2,2	**11** Di	0 58 6 44 13 45 19 35	1,0 2,7 0,6 2,6	**26** Mi	0 31 6 35 13 18 19 28	1,2 2,4 1,0 2,3	**11** Do	1 42 7 23 14 20 20 14	1,0 2,7 0,7 2,6	**26** Fr	0 44 6 37 13 19 19 31	1,3 2,5 1,0 2,4	**11** So	3 42 9 22 16 01 22 04	1,1 2,5 1,0 2,7	**26** Mo	2 35 8 19 14 54 21 10	1,3 2,4 1,1 2,6
12 So ☽	5 50 12 55 18 37	2,7 0,8 2,5	**27** Mo	0 18 6 28 13 21 19 23	1,2 2,4 1,0 2,2	**12** Mi	2 09 7 55 14 47 20 47	1,0 2,7 0,6 2,6	**27** Do	1 39 7 38 14 16 20 34	1,2 2,4 0,9 2,4	**12** Fr	2 52 8 32 15 21 21 22	1,0 2,6 0,7 2,7	**27** Sa	1 55 7 43 14 21 20 40	1,3 2,4 1,0 2,5	**12** Mo	4 42 10 29 16 56 22 57	1,0 2,6 0,9 2,8	**27** Di	3 45 9 37 16 01 22 13	1,1 2,6 1,0 2,9
13 Mo	1 18 7 06 14 07 20 00	1,0 2,6 0,8 2,5	**28** Di	1 34 7 39 14 23 20 37	1,2 2,3 1,0 2,3	**13** Do	3 14 9 02 15 45 21 49	0,9 2,8 0,5 2,8	**28** Fr	2 45 8 40 15 11 21 31	1,2 2,4 0,9 2,5	**13** Sa	3 56 9 39 16 18 22 21	0,9 2,6 0,7 2,8	**28** So	3 05 8 53 15 23 21 43	1,2 2,5 0,9 2,6	**13** Di	5 33 11 22 17 41 23 42	0,8 2,7 0,9 3,0	**28** Mi	4 44 10 40 16 59 23 06	0,9 2,8 0,8 3,1
14 Di	2 33 8 25 15 12 21 15	1,0 2,7 0,6 2,7	**29** Mi	2 43 8 46 15 18 21 35	1,2 2,4 0,9 2,4	**14** Fr	4 14 10 02 16 38 22 42	0,8 2,8 0,5 2,9	**29** Sa	3 45 9 37 16 02 22 20	1,1 2,5 0,8 2,7	**14** So	4 54 10 38 17 10 23 11	0,8 2,7 0,7 2,9	**29** Mo	4 08 9 57 16 21 22 36	1,0 2,6 0,8 2,8	**14** Mi	6 15 12 06 18 20	0,7 2,8 0,8	**29** Do	5 36 11 35 17 50 23 54	0,6 3,1 0,6 3,4
15 Mi	3 38 9 32 16 10 22 15	0,8 2,8 0,5 2,9	**30** Do	3 41 9 39 16 05 22 21	1,1 2,5 0,8 2,6	**15** Sa	5 07 10 55 17 27 23 29	0,7 2,9 0,5 3,0	**30** So	4 38 10 28 16 50 23 04	0,9 2,6 0,7 2,9	**15** Mo	5 44 11 30 17 55 23 56	0,7 2,7 0,7 3,0	**30** Di	5 03 10 55 17 15 23 25	0,8 2,8 0,7 3,1	**15** Do ○	0 21 6 52 12 46 18 54	3,1 0,6 2,9 0,7	**30** Fr ●	6 24 12 24 18 37	0,4 3,3 0,4
			31 Fr	4 30 10 23 16 47 23 00	0,9 2,5 0,7 2,8							**31** Mi	5 54 11 47 18 05	0,6 3,0 0,5				**31** Sa	0 41 7 11 13 11 19 23	3,6 0,2 3,5 0,3			

● Neumond ☽ erstes Viertel ○ Vollmond ☾ letztes Viertel

UTC+ 1h00min (MEZ)   **Höhen sind auf SKN bezogen**

Narvik 2019

Breite: 68° 26' N, Länge: 17° 26' E

Zeiten (Stunden und Minuten) und Höhen (Meter) der Hoch- und Niedrigwasser

September

Tag	Zeit	Höhe	Tag	Zeit	Höhe
1 So	1 26 / 7 56 / 13 57 / 20 07	3,7 / 0,1 / 3,6 / 0,4	**16** Mo	1 35 / 7 52 / 14 00 / 19 57	3,3 / 0,6 / 3,2 / 0,7
2 Mo	2 11 / 8 41 / 14 42 / 20 52	3,7 / 0,1 / 3,5 / 0,4	**17** Di	2 05 / 8 20 / 14 30 / 20 27	3,2 / 0,6 / 3,1 / 0,8
3 Di	2 56 / 9 27 / 15 26 / 21 39	3,7 / 0,3 / 3,4 / 0,6	**18** Mi	2 37 / 8 49 / 15 02 / 20 59	3,2 / 0,7 / 3,1 / 0,9
4 Mi	3 41 / 10 15 / 16 11 / 22 31	3,4 / 0,5 / 3,2 / 0,8	**19** Do	3 10 / 9 20 / 15 36 / 21 36	3,1 / 0,8 / 3,0 / 1,0
5 Do	4 28 / 11 06 / 16 59 / 23 32	3,2 / 0,8 / 3,0 / 1,0	**20** Fr	3 46 / 9 56 / 16 13 / 22 22	2,9 / 1,0 / 2,9 / 1,2
6 Fr ☽	5 19 / 12 06 / 17 53	2,9 / 1,0 / 2,7	**21** Sa	4 27 / 10 41 / 16 58 / 23 27	2,8 / 1,1 / 2,7 / 1,3
7 Sa	0 48 / 6 19 / 13 18 / 19 00	1,2 / 2,6 / 1,2 / 2,6	**22** So ☾	5 18 / 11 47 / 17 56	2,6 / 1,2 / 2,6
8 So	2 11 / 7 38 / 14 35 / 20 27	1,3 / 2,4 / 1,3 / 2,6	**23** Mo	0 50 / 6 27 / 13 11 / 19 14	1,4 / 2,5 / 1,3 / 2,6
9 Mo	3 25 / 9 11 / 15 43 / 21 46	1,2 / 2,4 / 1,2 / 2,7	**24** Di	2 14 / 7 57 / 14 35 / 20 42	1,3 / 2,5 / 1,2 / 2,7
10 Di	4 26 / 10 22 / 16 39 / 22 41	1,1 / 2,6 / 1,1 / 2,8	**25** Mi	3 25 / 9 23 / 15 45 / 21 52	1,1 / 2,7 / 1,1 / 2,9
11 Mi	5 14 / 11 10 / 17 23 / 23 23	0,9 / 2,7 / 1,0 / 3,0	**26** Do	4 25 / 10 27 / 16 43 / 22 46	0,8 / 3,0 / 0,9 / 3,2
12 Do	5 53 / 11 50 / 18 00	0,8 / 2,9 / 0,9	**27** Fr	5 16 / 11 19 / 17 33 / 23 34	0,6 / 3,3 / 0,6 / 3,5
13 Fr	0 00 / 6 27 / 12 25 / 18 33	3,1 / 0,7 / 3,0 / 0,8	**28** Sa ●	6 04 / 12 06 / 18 19	0,3 / 3,5 / 0,5
14 Sa ○	0 33 / 6 58 / 12 58 / 19 02	3,2 / 0,6 / 3,1 / 0,7	**29** So	0 20 / 6 48 / 12 51 / 19 03	3,7 / 0,2 / 3,7 / 0,4
15 So	1 05 / 7 28 / 13 29 / 19 29	3,2 / 0,6 / 3,1 / 0,7	**30** Mo	1 04 / 7 32 / 13 35 / 19 46	3,8 / 0,1 / 3,7 / 0,4

Oktober

Tag	Zeit	Höhe	Tag	Zeit	Höhe
1 Di	1 48 / 8 14 / 14 18 / 20 30	3,8 / 0,2 / 3,7 / 0,5	**16** Mi	1 36 / 7 48 / 14 00 / 20 05	3,3 / 0,7 / 3,3 / 0,8
2 Mi	2 32 / 8 56 / 15 00 / 21 14	3,7 / 0,4 / 3,5 / 0,7	**17** Do	2 09 / 8 17 / 14 32 / 20 39	3,2 / 0,7 / 3,3 / 0,9
3 Do	3 17 / 9 39 / 15 43 / 22 03	3,4 / 0,7 / 3,3 / 0,9	**18** Fr	2 44 / 8 49 / 15 07 / 21 17	3,1 / 0,8 / 3,2 / 1,0
4 Fr	4 03 / 10 25 / 16 28 / 23 02	3,1 / 0,9 / 3,1 / 1,1	**19** Sa	3 23 / 9 25 / 15 46 / 22 05	3,0 / 1,0 / 3,0 / 1,2
5 Sa ☽	4 52 / 11 21 / 17 19	2,8 / 1,2 / 2,8	**20** So	4 07 / 10 12 / 16 32 / 23 12	2,9 / 1,2 / 2,9 / 1,3
6 So	0 18 / 5 51 / 12 36 / 18 23	1,3 / 2,6 / 1,4 / 2,6	**21** Mo ☾	5 01 / 11 24 / 17 30	2,7 / 1,3 / 2,8
7 Mo	1 43 / 7 11 / 14 03 / 19 51	1,3 / 2,4 / 1,5 / 2,6	**22** Di	0 35 / 6 12 / 12 54 / 18 48	1,3 / 2,6 / 1,4 / 2,7
8 Di	2 58 / 8 53 / 15 16 / 21 17	1,3 / 2,4 / 1,4 / 2,7	**23** Mi	1 55 / 7 41 / 14 18 / 20 16	1,2 / 2,6 / 1,3 / 2,8
9 Mi	3 58 / 10 02 / 16 13 / 22 14	1,1 / 2,6 / 1,3 / 2,8	**24** Do	3 04 / 9 06 / 15 27 / 21 27	1,0 / 2,8 / 1,2 / 3,0
10 Do	4 45 / 10 48 / 16 57 / 22 56	1,0 / 2,8 / 1,1 / 3,0	**25** Fr	4 03 / 10 09 / 16 24 / 22 23	0,8 / 3,1 / 0,9 / 3,3
11 Fr	5 23 / 11 25 / 17 34 / 23 31	0,9 / 2,9 / 1,0 / 3,1	**26** Sa	4 54 / 11 00 / 17 14 / 23 12	0,6 / 3,3 / 0,7 / 3,5
12 Sa	5 56 / 11 58 / 18 06	0,8 / 3,1 / 0,9	**27** So	5 41 / 11 46 / 18 01 / 23 58	0,4 / 3,6 / 0,6 / 3,7
13 So ○	0 03 / 6 26 / 12 29 / 18 36	3,2 / 0,7 / 3,2 / 0,8	**28** Mo ●	6 25 / 12 29 / 18 45	0,3 / 3,7 / 0,5
14 Mo	0 34 / 6 53 / 12 59 / 19 05	3,3 / 0,6 / 3,3 / 0,8	**29** Di	0 42 / 7 07 / 13 12 / 19 27	3,7 / 0,3 / 3,7 / 0,5
15 Di	1 04 / 7 20 / 13 29 / 19 34	3,3 / 0,6 / 3,3 / 0,8	**30** Mi	1 27 / 7 48 / 13 54 / 20 10	3,7 / 0,4 / 3,7 / 0,6
			31 Do	2 11 / 8 27 / 14 35 / 20 53	3,5 / 0,6 / 3,5 / 0,7

November

Tag	Zeit	Höhe	Tag	Zeit	Höhe
1 Fr	2 55 / 9 06 / 15 17 / 21 40	3,3 / 0,8 / 3,4 / 0,9	**16** Sa	2 26 / 8 30 / 14 47 / 21 09	3,2 / 0,9 / 3,3 / 1,0
2 Sa	3 40 / 9 47 / 16 00 / 22 34	3,1 / 1,1 / 3,1 / 1,1	**17** So	3 09 / 9 11 / 15 29 / 22 01	3,1 / 1,0 / 3,2 / 1,1
3 So	4 29 / 10 35 / 16 48 / 23 42	2,8 / 1,3 / 2,9 / 1,3	**18** Mo	3 57 / 10 04 / 16 18 / 23 06	2,9 / 1,2 / 3,1 / 1,1
4 Mo ☽	5 24 / 11 43 / 17 46	2,6 / 1,5 / 2,7	**19** Di ☾	4 53 / 11 14 / 17 16	2,8 / 1,3 / 2,9
5 Di	1 00 / 6 36 / 13 11 / 19 02	1,3 / 2,4 / 1,6 / 2,6	**20** Mi	0 20 / 6 01 / 12 36 / 18 27	1,2 / 2,7 / 1,4 / 2,9
6 Mi	2 14 / 8 08 / 14 31 / 20 28	1,3 / 2,4 / 1,5 / 2,6	**21** Do	1 33 / 7 21 / 13 55 / 19 46	1,1 / 2,7 / 1,3 / 2,9
7 Do	3 15 / 9 23 / 15 33 / 21 31	1,2 / 2,6 / 1,4 / 2,8	**22** Fr	2 40 / 8 40 / 15 04 / 20 57	1,0 / 2,9 / 1,2 / 3,1
8 Fr	4 04 / 10 13 / 16 21 / 22 17	1,1 / 2,8 / 1,3 / 2,9	**23** Sa	3 38 / 9 44 / 16 03 / 21 57	0,8 / 3,1 / 1,0 / 3,2
9 Sa	4 44 / 10 52 / 17 01 / 22 54	1,0 / 2,9 / 1,1 / 3,0	**24** So	4 31 / 10 37 / 16 56 / 22 48	0,6 / 3,3 / 0,9 / 3,4
10 So	5 19 / 11 26 / 17 36 / 23 28	0,9 / 3,1 / 1,0 / 3,1	**25** Mo	5 20 / 11 24 / 17 44 / 23 37	0,5 / 3,5 / 0,7 / 3,5
11 Mo ●	5 50 / 11 57 / 18 09	0,9 / 3,2 / 0,9	**26** Di	6 05 / 12 09 / 18 29	0,5 / 3,6 / 0,7
12 Di ○	0 01 / 6 21 / 12 28 / 18 41	3,2 / 0,7 / 3,3 / 0,9	**27** Mi	0 23 / 6 47 / 12 51 / 19 13	3,5 / 0,5 / 3,6 / 0,6
13 Mi	0 34 / 6 51 / 13 00 / 19 14	3,3 / 0,7 / 3,4 / 0,8	**28** Do	1 08 / 7 26 / 13 33 / 19 55	3,5 / 0,6 / 3,6 / 0,7
14 Do	1 09 / 7 22 / 13 33 / 19 48	3,3 / 0,7 / 3,4 / 0,8	**29** Fr	1 53 / 8 04 / 14 14 / 20 38	3,4 / 0,7 / 3,5 / 0,8
15 Fr	1 46 / 7 55 / 14 09 / 20 26	3,2 / 0,8 / 3,4 / 0,9	**30** Sa	2 37 / 8 41 / 14 55 / 21 21	3,2 / 0,9 / 3,4 / 0,9

Dezember

Tag	Zeit	Höhe	Tag	Zeit	Höhe
1 So	3 21 / 9 18 / 15 36 / 22 08	3,0 / 1,1 / 3,2 / 1,1	**16** Mo	3 00 / 9 07 / 15 19 / 21 57	3,2 / 0,9 / 3,4 / 0,9
2 Mo	4 07 / 9 59 / 16 21 / 23 02	2,8 / 1,3 / 3,0 / 1,2	**17** Di	3 50 / 10 00 / 16 08 / 22 56	3,1 / 1,0 / 3,3 / 0,9
3 Di	4 56 / 10 50 / 17 10	2,7 / 1,4 / 2,8	**18** Mi	4 44 / 11 02 / 17 02	3,0 / 1,2 / 3,2
4 Mi ☽	0 04 / 5 53 / 11 58 / 18 09	1,3 / 2,5 / 1,5 / 2,7	**19** Do ☾	0 00 / 5 45 / 12 13 / 18 04	1,0 / 2,9 / 1,3 / 3,0
5 Do	1 10 / 7 04 / 13 17 / 19 19	1,3 / 2,5 / 1,6 / 2,6	**20** Fr	1 07 / 6 54 / 13 27 / 19 13	1,0 / 2,8 / 1,3 / 3,0
6 Fr	2 13 / 8 21 / 14 30 / 20 28	1,3 / 2,5 / 1,5 / 2,7	**21** Sa	2 11 / 8 08 / 14 38 / 20 24	0,9 / 2,8 / 1,2 / 3,0
7 Sa	3 08 / 9 29 / 15 30 / 21 24	1,2 / 2,7 / 1,4 / 2,7	**22** So	3 13 / 9 16 / 15 42 / 21 29	0,9 / 3,0 / 1,1 / 3,0
8 So	3 55 / 10 10 / 16 20 / 22 10	1,1 / 2,8 / 1,3 / 2,8	**23** Mo	4 10 / 10 15 / 16 40 / 22 27	0,8 / 3,1 / 1,0 / 3,1
9 Mo	4 36 / 10 49 / 17 03 / 22 51	1,0 / 3,0 / 1,2 / 3,0	**24** Di	5 02 / 11 05 / 17 33 / 23 20	0,7 / 3,3 / 0,9 / 3,2
10 Di	5 14 / 11 25 / 17 42 / 23 29	0,9 / 3,1 / 1,0 / 3,1	**25** Mi	5 49 / 11 52 / 18 20	0,7 / 3,4 / 0,8
11 Mi	5 50 / 12 00 / 18 19	0,9 / 3,3 / 0,9	**26** Do ●	0 09 / 6 32 / 12 35 / 19 04	3,2 / 0,7 / 3,5 / 0,7
12 Do ○	0 08 / 6 26 / 12 35 / 18 57	3,1 / 0,7 / 3,4 / 0,8	**27** Fr	0 55 / 7 11 / 13 17 / 19 45	3,2 / 0,7 / 3,5 / 0,7
13 Fr	0 48 / 7 03 / 13 12 / 19 36	3,2 / 0,7 / 3,4 / 0,8	**28** Sa	1 39 / 7 48 / 13 57 / 20 24	3,2 / 0,8 / 3,4 / 0,8
14 Sa	1 30 / 7 41 / 13 52 / 20 18	3,2 / 0,7 / 3,5 / 0,8	**29** So	2 22 / 8 22 / 14 36 / 21 03	3,1 / 0,9 / 3,4 / 0,8
15 So	2 14 / 8 22 / 14 34 / 21 04	3,2 / 0,8 / 3,4 / 0,8	**30** Mo	3 03 / 8 55 / 15 15 / 21 41	3,0 / 1,0 / 3,2 / 0,9
			31 Di	3 44 / 9 30 / 15 54 / 22 22	2,9 / 1,1 / 3,1 / 1,0

● Neumond ☽ erstes Viertel ○ Vollmond ☾ letztes Viertel

UTC+ 1h00min (MEZ)   Höhen sind auf SKN bezogen

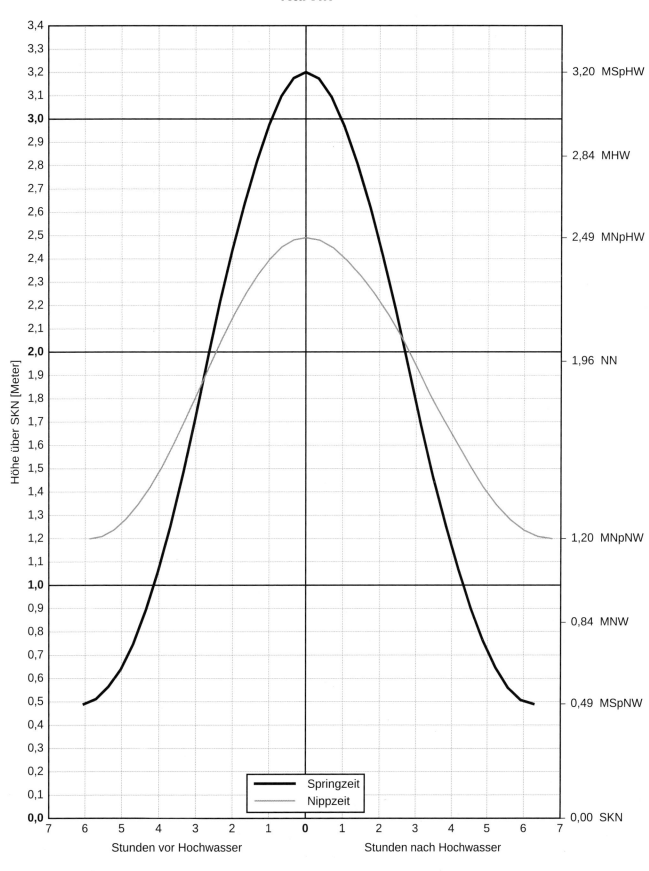

Bergen 2019

Breite: 60° 24' N, Länge: 5° 19' E

Zeiten (Stunden und Minuten) und Höhen (Meter) der Hoch- und Niedrigwasser

Januar

Tag	Zeit	Höhe	Tag	Zeit	Höhe
1 Di	1 00 / 7 11 / 13 21 / 19 35	0,6 / 1,3 / 0,7 / 1,4	16 Mi	6 07 / 12 15 / 18 26	1,2 / 0,7 / 1,3
2 Mi	1 58 / 8 12 / 14 21 / 20 35	0,6 / 1,4 / 0,6 / 1,4	17 Do	0 54 / 7 17 / 13 29 / 19 37	0,6 / 1,3 / 0,7 / 1,3
3 Do	2 49 / 9 04 / 15 12 / 21 26	0,5 / 1,4 / 0,6 / 1,5	18 Fr	1 58 / 8 20 / 14 31 / 20 40	0,6 / 1,4 / 0,6 / 1,4
4 Fr	3 33 / 9 48 / 15 58 / 22 11	0,5 / 1,5 / 0,5 / 1,5	19 Sa	2 53 / 9 14 / 15 25 / 21 36	0,5 / 1,5 / 0,5 / 1,5
5 Sa	4 13 / 10 29 / 16 39 / 22 53	0,5 / 1,5 / 0,5 / 1,5	20 So	3 44 / 10 03 / 16 15 / 22 28	0,4 / 1,5 / 0,4 / 1,6
6 So ●	4 50 / 11 07 / 17 16 / 23 31	0,5 / 1,5 / 0,4 / 1,5	21 Mo ○	4 32 / 10 50 / 17 03 / 23 18	0,3 / 1,6 / 0,3 / 1,6
7 Mo	5 24 / 11 42 / 17 52	0,5 / 1,6 / 0,4	22 Di	5 18 / 11 38 / 17 50	0,3 / 1,7 / 0,2
8 Di	0 08 / 5 57 / 12 17 / 18 25	1,5 / 0,5 / 1,5 / 0,4	23 Mi	0 08 / 6 03 / 12 25 / 18 38	1,6 / 0,3 / 1,7 / 0,2
9 Mi	0 43 / 6 28 / 12 51 / 18 58	1,5 / 0,5 / 1,5 / 0,5	24 Do	0 58 / 6 48 / 13 14 / 19 25	1,6 / 0,3 / 1,7 / 0,2
10 Do	1 19 / 7 00 / 13 25 / 19 31	1,4 / 0,5 / 1,5 / 0,5	25 Fr	1 48 / 7 33 / 14 03 / 20 14	1,6 / 0,4 / 1,6 / 0,3
11 Fr	1 55 / 7 33 / 14 02 / 20 07	1,4 / 0,6 / 1,5 / 0,5	26 Sa	2 38 / 8 19 / 14 54 / 21 06	1,5 / 0,5 / 1,6 / 0,4
12 Sa	2 34 / 8 09 / 14 41 / 20 47	1,3 / 0,6 / 1,4 / 0,6	27 So ☾	3 29 / 9 10 / 15 46 / 22 03	1,4 / 0,5 / 1,5 / 0,5
13 So	3 16 / 8 52 / 15 26 / 21 35	1,3 / 0,7 / 1,4 / 0,6	28 Mo	4 22 / 10 11 / 16 43 / 23 08	1,3 / 0,6 / 1,4 / 0,6
14 Mo ☽	4 05 / 9 46 / 16 17 / 22 34	1,3 / 0,7 / 1,3 / 0,6	29 Di	5 20 / 11 25 / 17 48	1,3 / 0,7 / 1,3
15 Di	5 02 / 10 55 / 17 18 / 23 44	1,2 / 0,7 / 1,3 / 0,6	30 Mi	0 20 / 6 28 / 12 49 / 19 03	0,6 / 1,2 / 0,7 / 1,3
			31 Do	1 30 / 7 41 / 14 03 / 20 15	0,6 / 1,3 / 0,6 / 1,3

Februar

Tag	Zeit	Höhe	Tag	Zeit	Höhe
1 Fr	2 30 / 8 43 / 15 01 / 21 13	0,6 / 1,3 / 0,6 / 1,3	16 Sa	1 28 / 7 49 / 14 11 / 20 21	0,6 / 1,3 / 0,5 / 1,3
2 Sa	3 18 / 9 32 / 15 47 / 21 59	0,6 / 1,4 / 0,5 / 1,4	17 So	2 35 / 8 53 / 15 11 / 21 23	0,5 / 1,4 / 0,4 / 1,4
3 So	3 59 / 10 13 / 16 27 / 22 39	0,5 / 1,4 / 0,4 / 1,4	18 Mo	3 30 / 9 47 / 16 03 / 22 16	0,4 / 1,5 / 0,3 / 1,5
4 Mo ●	4 35 / 10 49 / 17 03 / 23 15	0,5 / 1,5 / 0,4 / 1,4	19 Di ○	4 19 / 10 35 / 16 51 / 23 05	0,3 / 1,6 / 0,2 / 1,6
5 Di	5 08 / 11 23 / 17 35 / 23 49	0,4 / 1,5 / 0,4 / 1,4	20 Mi	5 04 / 11 21 / 17 36 / 23 52	0,2 / 1,7 / 0,1 / 1,6
6 Mi	5 39 / 11 56 / 18 06	0,4 / 1,5 / 0,4	21 Do	5 47 / 12 08 / 18 20	0,2 / 1,7 / 0,1
7 Do	0 21 / 6 08 / 12 28 / 18 35	1,4 / 0,4 / 1,5 / 0,4	22 Fr	0 39 / 6 29 / 12 54 / 19 04	1,6 / 0,2 / 1,7 / 0,1
8 Fr	0 54 / 6 38 / 13 00 / 19 04	1,4 / 0,4 / 1,5 / 0,4	23 Sa	1 25 / 7 11 / 13 40 / 19 47	1,6 / 0,3 / 1,6 / 0,2
9 Sa	1 27 / 7 08 / 13 33 / 19 35	1,4 / 0,4 / 1,5 / 0,4	24 So	2 11 / 7 53 / 14 27 / 20 31	1,5 / 0,3 / 1,5 / 0,3
10 So	2 02 / 7 40 / 14 10 / 20 08	1,4 / 0,5 / 1,4 / 0,5	25 Mo	2 56 / 8 37 / 15 15 / 21 19	1,4 / 0,4 / 1,4 / 0,4
11 Mo	2 40 / 8 17 / 14 50 / 20 47	1,3 / 0,5 / 1,4 / 0,5	26 Di	3 44 / 9 29 / 16 07 / 22 17	1,3 / 0,5 / 1,3 / 0,6
12 Di ☾	3 23 / 9 00 / 15 37 / 21 35	1,3 / 0,6 / 1,3 / 0,6	27 Mi	4 36 / 10 38 / 17 08 / 23 32	1,2 / 0,6 / 1,2 / 0,6
13 Mi	4 14 / 9 58 / 16 33 / 22 40	1,2 / 0,6 / 1,3 / 0,6	28 Do	5 40 / 12 14 / 18 27	1,2 / 0,7 / 1,1
14 Do	5 15 / 11 19 / 17 42	1,2 / 0,7 / 1,2			
15 Fr	0 04 / 6 30 / 12 53 / 19 04	0,6 / 1,2 / 0,6 / 1,2			

März

Tag	Zeit	Höhe	Tag	Zeit	Höhe
1 Fr	0 59 / 7 02 / 13 43 / 19 55	0,7 / 1,1 / 0,6 / 1,2	16 Sa	5 56 / 12 31 / 18 44	1,2 / 0,6 / 1,2
2 Sa	2 09 / 8 18 / 14 44 / 20 58	0,6 / 1,2 / 0,5 / 1,2	17 So	1 08 / 7 24 / 13 55 / 20 08	0,6 / 1,2 / 0,5 / 1,3
3 So	2 59 / 9 11 / 15 29 / 21 43	0,6 / 1,3 / 0,5 / 1,3	18 Mo	2 21 / 8 34 / 14 56 / 21 10	0,5 / 1,3 / 0,3 / 1,4
4 Mo	3 40 / 9 52 / 16 07 / 22 20	0,5 / 1,3 / 0,4 / 1,3	19 Di	3 15 / 9 29 / 15 46 / 22 01	0,4 / 1,4 / 0,2 / 1,5
5 Di	4 15 / 10 27 / 16 41 / 22 54	0,4 / 1,4 / 0,3 / 1,4	20 Mi	4 03 / 10 17 / 16 32 / 22 48	0,3 / 1,5 / 0,1 / 1,5
6 Mi ●	4 46 / 11 00 / 17 11 / 23 25	0,4 / 1,5 / 0,3 / 1,4	21 Do ○	4 46 / 11 00 / 17 16 / 23 32	0,2 / 1,6 / 0,0 / 1,6
7 Do	5 16 / 11 31 / 17 39 / 23 55	0,3 / 1,5 / 0,3 / 1,4	22 Fr	5 27 / 11 47 / 17 57	0,1 / 1,6 / 0,0
8 Fr	5 45 / 12 01 / 18 07	0,3 / 1,5 / 0,3	23 Sa	0 16 / 6 07 / 12 31 / 18 37	1,6 / 0,1 / 1,6 / 0,1
9 Sa	0 26 / 6 14 / 12 33 / 18 35	1,4 / 0,3 / 1,5 / 0,3	24 So	0 58 / 6 47 / 13 16 / 19 16	1,5 / 0,2 / 1,5 / 0,2
10 So	0 58 / 6 44 / 13 07 / 19 04	1,4 / 0,3 / 1,4 / 0,3	25 Mo	1 41 / 7 26 / 14 01 / 19 56	1,4 / 0,3 / 1,4 / 0,3
11 Mo	1 32 / 7 15 / 13 43 / 19 36	1,4 / 0,4 / 1,4 / 0,3	26 Di	2 23 / 8 07 / 14 46 / 20 37	1,4 / 0,4 / 1,3 / 0,4
12 Di	2 09 / 7 50 / 14 23 / 20 12	1,3 / 0,4 / 1,3 / 0,4	27 Mi	3 07 / 8 55 / 15 35 / 21 27	1,3 / 0,5 / 1,2 / 0,5
13 Mi	2 51 / 8 31 / 15 10 / 20 57	1,3 / 0,5 / 1,3 / 0,5	28 Do ☾	3 55 / 9 59 / 16 32 / 22 39	1,2 / 0,6 / 1,2 / 0,6
14 Do ☽	3 39 / 9 25 / 16 06 / 21 58	1,2 / 0,5 / 1,2 / 0,6	29 Fr	4 54 / 11 35 / 17 48	1,1 / 0,6 / 1,1
15 Fr	4 39 / 10 46 / 17 16 / 23 28	1,2 / 0,6 / 1,2 / 0,6	30 Sa	0 19 / 7 03 / 13 11 / 19 24	0,7 / 1,1 / 0,6 / 1,1
			31 So	1 38 / 7 41 / 14 13 / 20 32	0,6 / 1,1 / 0,5 / 1,1

April

Tag	Zeit	Höhe	Tag	Zeit	Höhe
1 Mo	2 31 / 8 40 / 14 59 / 21 17	0,5 / 1,2 / 0,4 / 1,2	16 Di	2 02 / 8 13 / 14 35 / 20 52	0,4 / 1,3 / 0,3 / 1,3
2 Di	3 12 / 9 22 / 15 36 / 21 53	0,5 / 1,3 / 0,4 / 1,3	17 Mi	2 55 / 9 08 / 15 25 / 21 41	0,3 / 1,4 / 0,1 / 1,4
3 Mi	3 47 / 9 58 / 16 09 / 22 25	0,4 / 1,3 / 0,3 / 1,3	18 Do	3 42 / 9 56 / 16 10 / 22 26	0,2 / 1,5 / 0,1 / 1,5
4 Do	4 19 / 10 30 / 16 39 / 22 55	0,3 / 1,4 / 0,2 / 1,4	19 Fr ○	4 25 / 10 41 / 16 52 / 23 08	0,2 / 1,5 / 0,0 / 1,5
5 Fr ●	4 49 / 11 02 / 17 08 / 23 26	0,3 / 1,4 / 0,2 / 1,4	20 Sa	5 06 / 11 25 / 17 32 / 23 50	0,1 / 1,6 / 0,1 / 1,5
6 Sa	5 19 / 11 34 / 17 37 / 23 57	0,2 / 1,4 / 0,2 / 1,4	21 So	5 45 / 12 08 / 18 10	0,1 / 1,5 / 0,1
7 So	5 50 / 12 07 / 18 07	0,2 / 1,4 / 0,2	22 Mo	0 31 / 6 24 / 12 52 / 18 47	1,5 / 0,2 / 1,4 / 0,2
8 Mo	0 30 / 6 21 / 12 43 / 18 38	1,4 / 0,2 / 1,4 / 0,2	23 Di	1 11 / 7 03 / 13 36 / 19 24	1,4 / 0,2 / 1,4 / 0,3
9 Di	1 06 / 6 55 / 13 22 / 19 11	1,4 / 0,3 / 1,4 / 0,3	24 Mi	1 52 / 7 44 / 14 20 / 20 02	1,3 / 0,3 / 1,3 / 0,4
10 Mi	1 45 / 7 32 / 14 06 / 19 49	1,3 / 0,3 / 1,3 / 0,3	25 Do	2 34 / 8 29 / 15 07 / 20 48	1,2 / 0,4 / 1,2 / 0,5
11 Do	2 28 / 8 16 / 14 55 / 20 36	1,3 / 0,4 / 1,2 / 0,4	26 Fr ☾	3 20 / 9 28 / 16 00 / 21 50	1,2 / 0,5 / 1,1 / 0,6
12 Fr ☽	3 18 / 9 14 / 15 54 / 21 40	1,2 / 0,5 / 1,2 / 0,5	27 Sa	4 13 / 10 50 / 17 06 / 23 23	1,1 / 0,5 / 1,0 / 0,6
13 Sa	4 19 / 10 38 / 17 06 / 23 14	1,1 / 0,5 / 1,1 / 0,6	28 So	5 22 / 12 21 / 18 33	1,1 / 0,5 / 1,0
14 So	5 36 / 12 19 / 18 32	1,1 / 0,5 / 1,1	29 Mo	0 50 / 6 47 / 13 28 / 19 47	0,6 / 1,1 / 0,5 / 1,1
15 Mo	0 52 / 7 03 / 13 37 / 19 52	0,5 / 1,2 / 0,4 / 1,2	30 Di	1 49 / 7 55 / 14 17 / 20 37	0,5 / 1,1 / 0,4 / 1,1

● Neumond ☽ erstes Viertel ○ Vollmond ☾ letztes Viertel

UTC+ 1h00min (MEZ)   Höhen sind auf SKN bezogen

Gezeitenvorausberechnungen

Bergen 2019

Breite: 60° 24' N, Länge: 5° 19' E

Zeiten (Stunden und Minuten) und Höhen (Meter) der Hoch- und Niedrigwasser

Mai

Tag	Zeit	Höhe	Tag	Zeit	Höhe
1 Mi	2 34 / 8 42 / 14 57 / 21 15	0,5 / 1,2 / 0,3 / 1,2	16 Do	2 31 / 8 45 / 15 01 / 21 17	0,3 / 1,4 / 0,2 / 1,4
2 Do	3 12 / 9 21 / 15 32 / 21 49	0,4 / 1,3 / 0,3 / 1,3	17 Fr	3 19 / 9 34 / 15 46 / 22 02	0,2 / 1,4 / 0,1 / 1,4
3 Fr	3 46 / 9 56 / 16 04 / 22 22	0,3 / 1,3 / 0,2 / 1,3	18 Sa	4 03 / 10 20 / 16 28 / 22 44	0,2 / 1,5 / 0,1 / 1,4 ○
4 Sa ●	4 20 / 10 31 / 16 36 / 22 55	0,2 / 1,4 / 0,2 / 1,4	19 So	4 45 / 11 04 / 17 08 / 23 25	0,1 / 1,5 / 0,1 / 1,4
5 So	4 53 / 11 06 / 17 08 / 23 29	0,2 / 1,4 / 0,2 / 1,4	20 Mo	5 26 / 11 48 / 17 46	0,1 / 1,4 / 0,2
6 Mo	5 27 / 11 44 / 17 41	0,2 / 1,4 / 0,2	21 Di	0 06 / 6 06 / 12 31 / 18 22	1,4 / 0,2 / 1,4 / 0,2
7 Di	0 06 / 6 03 / 12 24 / 18 17	1,4 / 0,2 / 1,4 / 0,2	22 Mi	0 46 / 6 45 / 13 14 / 18 59	1,4 / 0,2 / 1,3 / 0,3
8 Mi	0 45 / 6 41 / 13 08 / 18 55	1,4 / 0,2 / 1,4 / 0,2	23 Do	1 25 / 7 25 / 13 57 / 19 36	1,3 / 0,3 / 1,2 / 0,4
9 Do	1 27 / 7 23 / 13 56 / 19 38	1,3 / 0,2 / 1,3 / 0,3	24 Fr	2 06 / 8 09 / 14 42 / 20 18	1,3 / 0,4 / 1,2 / 0,5
10 Fr	2 14 / 8 13 / 14 49 / 20 29	1,3 / 0,3 / 1,2 / 0,4	25 Sa	2 49 / 9 00 / 15 30 / 21 10	1,2 / 0,4 / 1,1 / 0,5
11 Sa	3 07 / 9 16 / 15 49 / 21 36	1,2 / 0,4 / 1,2 / 0,5	26 So ☾	3 37 / 10 03 / 16 24 / 22 20	1,1 / 0,5 / 1,0 / 0,6
12 So ☽	4 09 / 10 36 / 16 58 / 23 03	1,2 / 0,4 / 1,1 / 0,5	27 Mo	4 34 / 11 18 / 17 30 / 23 42	1,1 / 0,5 / 1,0 / 0,6
13 Mo	5 21 / 12 02 / 18 16	1,2 / 0,4 / 1,2	28 Di	5 43 / 12 28 / 18 42	1,1 / 0,5 / 1,1
14 Di	0 29 / 6 40 / 13 13 / 19 29	0,5 / 1,2 / 0,3 / 1,2	29 Mi	0 52 / 6 54 / 13 24 / 19 43	0,6 / 1,1 / 0,4 / 1,1
15 Mi	1 37 / 7 48 / 14 11 / 20 28	0,4 / 1,3 / 0,2 / 1,3	30 Do	1 46 / 7 51 / 14 10 / 20 30	0,5 / 1,2 / 0,4 / 1,2
			31 Fr	2 30 / 8 38 / 14 50 / 21 10	0,4 / 1,2 / 0,3 / 1,2

Juni

Tag	Zeit	Höhe	Tag	Zeit	Höhe
1 Sa	3 11 / 9 20 / 15 28 / 21 48	0,3 / 1,3 / 0,3 / 1,3	16 So	3 46 / 10 02 / 16 07 / 22 23	0,3 / 1,4 / 0,2 / 1,4
2 So	3 50 / 10 00 / 16 05 / 22 25	0,3 / 1,3 / 0,2 / 1,4	17 Mo ○	4 30 / 10 48 / 16 48 / 23 05	0,2 / 1,4 / 0,2 / 1,4
3 Mo ●	4 28 / 10 41 / 16 43 / 23 04	0,2 / 1,4 / 0,2 / 1,4	18 Di	5 12 / 11 31 / 17 26 / 23 45	0,2 / 1,4 / 0,3 / 1,4
4 Di	5 08 / 11 24 / 17 22 / 23 45	0,2 / 1,4 / 0,2 / 1,4	19 Mi	5 52 / 12 13 / 18 03	0,2 / 1,3 / 0,3
5 Mi	5 49 / 12 09 / 18 03	0,2 / 1,4 / 0,2	20 Do	0 24 / 6 31 / 12 54 / 18 39	1,4 / 0,2 / 1,3 / 0,3
6 Do	0 29 / 6 32 / 12 57 / 18 46	1,4 / 0,2 / 1,4 / 0,2	21 Fr	1 02 / 7 09 / 13 34 / 19 15	1,3 / 0,3 / 1,3 / 0,4
7 Fr	1 15 / 7 20 / 13 49 / 19 33	1,4 / 0,2 / 1,3 / 0,3	22 Sa	1 41 / 7 48 / 14 15 / 19 52	1,3 / 0,3 / 1,2 / 0,4
8 Sa	2 05 / 8 13 / 14 43 / 20 26	1,3 / 0,2 / 1,3 / 0,4	23 So	2 21 / 8 30 / 14 57 / 20 34	1,3 / 0,4 / 1,2 / 0,5
9 So	2 59 / 9 14 / 15 41 / 21 28	1,3 / 0,3 / 1,2 / 0,4	24 Mo	3 03 / 9 17 / 15 43 / 21 25	1,2 / 0,4 / 1,1 / 0,5
10 Mo ☽	3 58 / 10 24 / 16 44 / 22 42	1,3 / 0,3 / 1,2 / 0,5	25 Di ☾	3 51 / 10 13 / 16 35 / 22 28	1,2 / 0,5 / 1,1 / 0,6
11 Di	5 03 / 11 37 / 17 52 / 23 58	1,2 / 0,3 / 1,1 / 0,5	26 Mi	4 46 / 11 17 / 17 34 / 23 40	1,1 / 0,5 / 1,1 / 0,6
12 Mi	6 13 / 12 45 / 18 59	1,2 / 0,3 / 1,2	27 Do	5 48 / 12 20 / 18 37	1,1 / 0,5 / 1,1
13 Do	1 07 / 7 21 / 13 44 / 20 00	0,4 / 1,3 / 0,3 / 1,3	28 Fr	0 47 / 6 52 / 13 17 / 19 37	0,5 / 1,1 / 0,4 / 1,2
14 Fr	2 06 / 8 21 / 14 37 / 20 53	0,4 / 1,3 / 0,3 / 1,3	29 Sa	1 46 / 7 52 / 14 08 / 20 29	0,5 / 1,2 / 0,4 / 1,2
15 Sa	2 58 / 9 14 / 15 24 / 21 40	0,3 / 1,3 / 0,2 / 1,4	30 So	2 36 / 8 45 / 14 55 / 21 16	0,4 / 1,3 / 0,3 / 1,3

Juli

Tag	Zeit	Höhe	Tag	Zeit	Höhe
1 Mo	3 23 / 9 34 / 15 40 / 22 00	0,3 / 1,3 / 0,3 / 1,4	16 Di	4 20 / 10 35 / 16 33 / 22 48	0,3 / 1,3 / 0,3 / 1,4 ○
2 Di ●	4 08 / 10 21 / 16 24 / 22 44	0,3 / 1,4 / 0,2 / 1,4	17 Mi	5 01 / 11 17 / 17 11 / 23 27	0,3 / 1,4 / 0,3 / 1,4
3 Mi	4 53 / 11 08 / 17 08 / 23 28	0,2 / 1,4 / 0,2 / 1,5	18 Do	5 39 / 11 56 / 17 46	0,3 / 1,4 / 0,3
4 Do	5 39 / 11 57 / 17 52	0,1 / 1,5 / 0,2	19 Fr	0 04 / 6 15 / 12 33 / 18 19	1,4 / 0,3 / 1,3 / 0,3
5 Fr	0 15 / 6 25 / 12 47 / 18 37	1,5 / 0,1 / 1,5 / 0,2	20 Sa	0 39 / 6 49 / 13 10 / 18 52	1,4 / 0,3 / 1,3 / 0,4
6 Sa	1 03 / 7 14 / 13 38 / 19 24	1,5 / 0,1 / 1,4 / 0,3	21 So	1 15 / 7 22 / 13 46 / 19 25	1,4 / 0,3 / 1,3 / 0,4
7 So	1 53 / 8 05 / 14 31 / 20 14	1,4 / 0,2 / 1,4 / 0,3	22 Mo	1 51 / 7 56 / 14 23 / 20 00	1,4 / 0,4 / 1,3 / 0,4
8 Mo	2 46 / 9 00 / 15 25 / 21 09	1,4 / 0,2 / 1,3 / 0,4	23 Di	2 29 / 8 33 / 15 03 / 20 40	1,3 / 0,4 / 1,2 / 0,5
9 Di ☽	3 41 / 10 01 / 16 21 / 22 12	1,4 / 0,3 / 1,3 / 0,5	24 Mi	3 11 / 9 16 / 15 48 / 21 28	1,3 / 0,5 / 1,2 / 0,6
10 Mi	4 40 / 11 06 / 17 21 / 23 23	1,3 / 0,3 / 1,2 / 0,5	25 Do ☾	3 58 / 10 08 / 16 38 / 22 30	1,2 / 0,5 / 1,2 / 0,6
11 Do	5 44 / 12 13 / 18 26	1,3 / 0,4 / 1,2	26 Fr	4 53 / 11 11 / 17 37 / 23 45	1,2 / 0,5 / 1,1 / 0,6
12 Fr	0 36 / 6 53 / 13 18 / 19 31	0,5 / 1,3 / 0,4 / 1,2	27 Sa	5 57 / 12 21 / 18 44	1,2 / 0,5 / 1,2
13 Sa	1 44 / 8 00 / 14 16 / 20 30	0,5 / 1,3 / 0,4 / 1,3	28 So	1 01 / 7 08 / 13 29 / 19 51	0,6 / 1,2 / 0,5 / 1,2
14 So	2 43 / 8 59 / 15 07 / 21 22	0,4 / 1,3 / 0,4 / 1,3	29 Mo	2 07 / 8 15 / 14 28 / 20 49	0,5 / 1,3 / 0,4 / 1,3
15 Mo	3 35 / 9 51 / 15 52 / 22 07	0,4 / 1,3 / 0,4 / 1,4	30 Di	3 03 / 9 14 / 15 21 / 21 39	0,4 / 1,3 / 0,4 / 1,4
			31 Mi	3 53 / 10 06 / 16 09 / 22 26	0,3 / 1,4 / 0,3 / 1,5

August

Tag	Zeit	Höhe	Tag	Zeit	Höhe
1 Do ●	4 41 / 10 55 / 16 55 / 23 13	0,2 / 1,5 / 0,2 / 1,6	16 Fr	5 21 / 11 36 / 17 26 / 23 42	0,3 / 1,4 / 0,4 / 1,5
2 Fr	5 27 / 11 44 / 17 40 / 23 59	0,1 / 1,5 / 0,2 / 1,6	17 Sa	5 53 / 12 09 / 17 57	0,3 / 1,4 / 0,4
3 Sa	6 13 / 12 32 / 18 24	0,1 / 1,6 / 0,2	18 So	0 14 / 6 23 / 12 42 / 18 27	1,5 / 0,3 / 1,4 / 0,4
4 So	0 47 / 6 59 / 13 22 / 19 08	1,6 / 0,1 / 1,5 / 0,2	19 Mo	0 47 / 6 52 / 13 15 / 18 57	1,5 / 0,3 / 1,4 / 0,4
5 Mo	1 36 / 7 46 / 14 11 / 19 54	1,6 / 0,1 / 1,5 / 0,3	20 Di	1 20 / 7 21 / 13 49 / 19 28	1,4 / 0,4 / 1,4 / 0,4
6 Di	2 26 / 8 36 / 15 01 / 20 43	1,5 / 0,2 / 1,4 / 0,4	21 Mi	1 55 / 7 53 / 14 25 / 20 03	1,4 / 0,4 / 1,3 / 0,5
7 Mi	3 18 / 9 29 / 15 53 / 21 39	1,5 / 0,3 / 1,3 / 0,5	22 Do	2 34 / 8 29 / 15 06 / 20 43	1,4 / 0,5 / 1,3 / 0,6
8 Do	4 13 / 10 29 / 16 48 / 22 47	1,4 / 0,4 / 1,3 / 0,5	23 Fr ☾	3 19 / 9 12 / 15 53 / 21 36	1,3 / 0,5 / 1,2 / 0,6
9 Fr	5 14 / 11 39 / 17 51	1,3 / 0,5 / 1,2	24 Sa	4 11 / 10 11 / 16 49 / 22 51	1,2 / 0,6 / 1,2 / 0,7
10 Sa	0 09 / 6 25 / 12 53 / 19 02	0,6 / 1,3 / 0,5 / 1,2	25 So	5 15 / 11 30 / 17 59	1,2 / 0,6 / 1,2
11 So	1 30 / 7 43 / 14 00 / 20 11	0,6 / 1,3 / 0,5 / 1,2	26 Mo	0 25 / 6 34 / 12 58 / 19 18	0,6 / 1,2 / 0,6 / 1,2
12 Mo	2 35 / 8 49 / 14 55 / 21 07	0,5 / 1,3 / 0,5 / 1,3	27 Di	1 47 / 7 55 / 14 10 / 20 26	0,6 / 1,3 / 0,5 / 1,3
13 Di	3 26 / 9 40 / 15 40 / 21 52	0,4 / 1,3 / 0,5 / 1,4	28 Mi	2 48 / 8 59 / 15 06 / 21 21	0,4 / 1,4 / 0,4 / 1,5
14 Mi	4 09 / 10 23 / 16 19 / 22 32	0,3 / 1,4 / 0,4 / 1,4	29 Do	3 39 / 9 52 / 15 55 / 22 09	0,3 / 1,5 / 0,3 / 1,6
15 Do ○	4 47 / 11 01 / 16 54 / 23 08	0,3 / 1,4 / 0,4 / 1,5	30 Fr ●	4 26 / 10 40 / 16 40 / 22 55	0,2 / 1,6 / 0,3 / 1,7
			31 Sa	5 11 / 11 27 / 17 23 / 23 40	0,1 / 1,7 / 0,2 / 1,7

● Neumond ☽ erstes Viertel ○ Vollmond ☾ letztes Viertel

UTC+ 1h00min (MEZ)   Höhen sind auf SKN bezogen

Bergen 2019

Breite: 60° 24' N, Länge: 5° 19' E

Zeiten (Stunden und Minuten) und Höhen (Meter) der Hoch- und Niedrigwasser

September

Tag	Zeit	Höhe	Tag	Zeit	Höhe
1 So	5 54 / 12 13 / 18 05	0,1 / 1,7 / 0,2	**16** Mo	5 53 / 12 12 / 18 01	0,3 / 1,5 / 0,4
2 Mo	0 27 / 6 38 / 12 59 / 18 47	1,7 / 0,1 / 1,6 / 0,2	**17** Di	0 18 / 6 20 / 12 43 / 18 30	1,6 / 0,3 / 1,5 / 0,4
3 Di	1 14 / 7 21 / 13 46 / 19 30	1,7 / 0,2 / 1,6 / 0,3	**18** Mi	0 50 / 6 48 / 13 16 / 19 00	1,5 / 0,4 / 1,5 / 0,4
4 Mi	2 02 / 8 05 / 14 33 / 20 15	1,6 / 0,3 / 1,5 / 0,4	**19** Do	1 25 / 7 18 / 13 51 / 19 33	1,5 / 0,4 / 1,4 / 0,5
5 Do	2 52 / 8 53 / 15 21 / 21 07	1,5 / 0,4 / 1,4 / 0,5	**20** Fr	2 04 / 7 51 / 14 31 / 20 12	1,4 / 0,5 / 1,4 / 0,6
6 Fr ☽	3 45 / 9 49 / 16 13 / 22 14	1,4 / 0,6 / 1,3 / 0,6	**21** Sa	2 49 / 8 32 / 15 18 / 21 02	1,4 / 0,6 / 1,3 / 0,6
7 Sa	4 45 / 11 02 / 17 15 / 23 46	1,3 / 0,7 / 1,2 / 0,7	**22** So ☾	3 43 / 9 27 / 16 14 / 22 18	1,3 / 0,7 / 1,3 / 0,7
8 So	6 00 / 12 31 / 18 33	1,2 / 0,7 / 1,2	**23** Mo	4 50 / 10 53 / 17 26	1,2 / 0,7 / 1,3
9 Mo	1 19 / 7 30 / 13 46 / 19 52	0,6 / 1,2 / 0,7 / 1,3	**24** Di	0 04 / 6 14 / 12 38 / 18 52	0,7 / 1,3 / 0,7 / 1,3
10 Di	2 24 / 8 39 / 14 40 / 20 50	0,6 / 1,3 / 0,6 / 1,3	**25** Mi	1 31 / 7 41 / 13 55 / 20 06	0,6 / 1,3 / 0,6 / 1,4
11 Mi	3 12 / 9 27 / 15 23 / 21 34	0,5 / 1,3 / 0,5 / 1,4	**26** Do	2 31 / 8 45 / 14 50 / 21 02	0,5 / 1,5 / 0,5 / 1,5
12 Do	3 51 / 10 06 / 15 59 / 22 11	0,4 / 1,4 / 0,5 / 1,5	**27** Fr	3 21 / 9 36 / 15 37 / 21 50	0,3 / 1,6 / 0,4 / 1,7
13 Fr	4 25 / 10 40 / 16 32 / 22 44	0,4 / 1,5 / 0,4 / 1,5	**28** Sa ●	4 07 / 10 22 / 16 21 / 22 35	0,2 / 1,7 / 0,3 / 1,7
14 Sa ○	4 57 / 11 11 / 17 03 / 23 16	0,3 / 1,5 / 0,3 / 1,6	**29** So	4 50 / 11 06 / 17 03 / 23 20	0,1 / 1,7 / 0,3 / 1,8
15 So	5 26 / 11 42 / 17 32 / 23 47	0,3 / 1,5 / 0,4 / 1,6	**30** Mo	5 32 / 11 50 / 17 44	0,1 / 1,7 / 0,2

Oktober

Tag	Zeit	Höhe	Tag	Zeit	Höhe
1 Di	0 05 / 6 13 / 12 34 / 18 24	1,8 / 0,2 / 1,7 / 0,3	**16** Mi	5 50 / 12 14 / 18 05	0,4 / 1,6 / 0,4
2 Mi	0 51 / 6 53 / 13 18 / 19 05	1,7 / 0,3 / 1,6 / 0,4	**17** Do	0 24 / 6 19 / 12 47 / 18 37	1,6 / 0,4 / 1,5 / 0,5
3 Do	1 38 / 7 34 / 14 03 / 19 49	1,6 / 0,4 / 1,5 / 0,5	**18** Fr	1 01 / 6 51 / 13 24 / 19 12	1,5 / 0,5 / 1,5 / 0,5
4 Fr	2 26 / 8 18 / 14 49 / 20 39	1,5 / 0,5 / 1,4 / 0,6	**19** Sa	1 43 / 7 25 / 14 05 / 19 53	1,5 / 0,5 / 1,4 / 0,6
5 Sa ☽	3 18 / 9 09 / 15 40 / 21 45	1,4 / 0,7 / 1,4 / 0,7	**20** So	2 31 / 8 08 / 14 54 / 20 47	1,4 / 0,6 / 1,4 / 0,7
6 So	4 17 / 10 21 / 16 39 / 23 22	1,3 / 0,8 / 1,3 / 0,7	**21** Mo ☾	3 28 / 9 05 / 15 52 / 22 07	1,3 / 0,7 / 1,3 / 0,7
7 Mo	5 33 / 12 01 / 17 57	1,2 / 0,8 / 1,3	**22** Di	4 37 / 10 34 / 17 05 / 23 49	1,3 / 0,8 / 1,3 / 0,7
8 Di	0 57 / 7 09 / 13 22 / 19 24	0,7 / 1,2 / 0,8 / 1,3	**23** Mi	6 00 / 12 19 / 18 30	1,3 / 0,8 / 1,4
9 Mi	2 00 / 8 18 / 14 16 / 20 24	0,6 / 1,3 / 0,7 / 1,4	**24** Do	1 11 / 7 23 / 13 34 / 19 44	0,6 / 1,4 / 0,7 / 1,5
10 Do	2 45 / 9 04 / 14 58 / 21 08	0,6 / 1,4 / 0,6 / 1,4	**25** Fr	2 10 / 8 26 / 14 29 / 20 40	0,5 / 1,5 / 0,6 / 1,6
11 Fr	3 23 / 9 40 / 15 33 / 21 44	0,5 / 1,4 / 0,6 / 1,5	**26** Sa	2 59 / 9 16 / 15 16 / 21 29	0,4 / 1,6 / 0,4 / 1,7
12 Sa	3 56 / 10 13 / 16 06 / 22 17	0,4 / 1,5 / 0,5 / 1,6	**27** So	3 44 / 10 01 / 16 00 / 22 14	0,3 / 1,7 / 0,4 / 1,8
13 So ○	4 27 / 10 43 / 16 36 / 22 48	0,4 / 1,5 / 0,4 / 1,6	**28** Mo ●	4 27 / 10 44 / 16 42 / 22 59	0,2 / 1,7 / 0,3 / 1,8
14 Mo	4 55 / 11 12 / 17 05 / 23 19	0,4 / 1,6 / 0,4 / 1,6	**29** Di	5 08 / 11 26 / 17 23 / 23 44	0,2 / 1,7 / 0,3 / 1,8
15 Di	5 22 / 11 42 / 17 35 / 23 50	0,4 / 1,6 / 0,4 / 1,6	**30** Mi	5 48 / 12 09 / 18 04	0,3 / 1,7 / 0,3
31 Do	0 29 / 6 27 / 12 51 / 18 45	1,7 / 0,4 / 1,6 / 0,4			

November

Tag	Zeit	Höhe	Tag	Zeit	Höhe
1 Fr	1 16 / 7 06 / 13 35 / 19 29	1,6 / 0,5 / 1,6 / 0,5	**16** Sa	0 45 / 6 33 / 13 05 / 19 02	1,5 / 0,5 / 1,6 / 0,5
2 Sa	2 03 / 7 47 / 14 20 / 20 18	1,5 / 0,6 / 1,5 / 0,6	**17** So	1 31 / 7 12 / 13 49 / 19 48	1,5 / 0,5 / 1,5 / 0,6
3 So	2 53 / 8 34 / 15 08 / 21 19	1,4 / 0,7 / 1,4 / 0,7	**18** Mo	2 22 / 7 59 / 14 40 / 20 46	1,4 / 0,6 / 1,4 / 0,6
4 Mo ☽	3 49 / 9 38 / 16 04 / 22 45	1,3 / 0,8 / 1,3 / 0,7	**19** Di	3 20 / 8 58 / 15 39 / 22 01	1,4 / 0,7 / 1,4 / 0,6
5 Di	4 57 / 11 11 / 17 14	1,2 / 0,8 / 1,3	**20** Mi	4 26 / 10 19 / 16 48 / 23 28	1,3 / 0,8 / 1,4 / 0,6
6 Mi	0 14 / 6 23 / 12 39 / 18 37	0,7 / 1,2 / 0,8 / 1,3	**21** Do	5 42 / 11 51 / 18 05	1,4 / 0,8 / 1,5
7 Do	1 20 / 7 38 / 13 38 / 19 44	0,7 / 1,3 / 0,8 / 1,4	**22** Fr	0 44 / 6 57 / 13 05 / 19 17	0,6 / 1,4 / 0,7 / 1,5
8 Fr	2 08 / 8 28 / 14 23 / 20 32	0,6 / 1,4 / 0,7 / 1,4	**23** Sa	1 44 / 8 00 / 14 03 / 20 16	0,5 / 1,5 / 0,6 / 1,6
9 Sa	2 48 / 9 07 / 15 01 / 21 11	0,6 / 1,4 / 0,6 / 1,5	**24** So	2 36 / 8 52 / 14 53 / 21 08	0,4 / 1,6 / 0,5 / 1,6
10 So	3 22 / 9 40 / 15 35 / 21 45	0,5 / 1,5 / 0,6 / 1,6	**25** Mo	3 22 / 9 39 / 15 40 / 21 55	0,4 / 1,6 / 0,4 / 1,7
11 Mo	3 54 / 10 12 / 16 08 / 22 18	0,5 / 1,5 / 0,5 / 1,6	**26** Di	4 06 / 10 23 / 16 24 / 22 42	0,3 / 1,7 / 0,4 / 1,7
12 Di ○	4 24 / 10 43 / 16 40 / 22 51	0,4 / 1,6 / 0,5 / 1,6	**27** Mi	4 48 / 11 05 / 17 07 / 23 27	0,3 / 1,7 / 0,4 / 1,7
13 Mi	4 54 / 11 15 / 17 12 / 23 26	0,4 / 1,6 / 0,4 / 1,6	**28** Do	5 28 / 11 47 / 17 49	0,4 / 1,7 / 0,4
14 Do	5 25 / 11 48 / 17 46	0,4 / 1,6 / 0,4	**29** Fr	0 12 / 6 07 / 12 29 / 18 31	1,6 / 0,4 / 1,6 / 0,4
15 Fr	0 04 / 5 58 / 12 25 / 18 22	1,6 / 0,4 / 1,6 / 0,5	**30** Sa	0 57 / 6 45 / 13 11 / 19 14	1,6 / 0,5 / 1,6 / 0,5

Dezember

Tag	Zeit	Höhe	Tag	Zeit	Höhe
1 So	1 42 / 7 24 / 13 54 / 19 59	1,5 / 0,6 / 1,5 / 0,6	**16** Mo	1 22 / 7 07 / 13 39 / 19 46	1,5 / 0,5 / 1,6 / 0,5
2 Mo	2 29 / 8 06 / 14 38 / 20 51	1,4 / 0,7 / 1,4 / 0,6	**17** Di	2 14 / 7 54 / 14 30 / 20 42	1,5 / 0,6 / 1,5 / 0,5
3 Di	3 18 / 8 56 / 15 27 / 21 55	1,3 / 0,8 / 1,4 / 0,7	**18** Mi	3 09 / 8 50 / 15 26 / 21 47	1,4 / 0,6 / 1,5 / 0,5
4 Mi ☽	4 14 / 10 03 / 16 24 / 23 10	1,3 / 0,8 / 1,3 / 0,7	**19** Do ☾	4 10 / 9 57 / 16 28 / 22 59	1,4 / 0,7 / 1,5 / 0,6
5 Do	5 20 / 11 26 / 17 32	1,2 / 0,8 / 1,3	**20** Fr	5 15 / 11 13 / 17 35	1,4 / 0,7 / 1,4
6 Fr	0 21 / 6 32 / 12 39 / 18 42	0,7 / 1,2 / 0,8 / 1,3	**21** Sa	0 11 / 6 24 / 12 29 / 18 46	0,5 / 1,4 / 0,7 / 1,5
7 Sa	1 17 / 7 35 / 13 35 / 19 41	0,7 / 1,3 / 0,7 / 1,4	**22** So	1 16 / 7 30 / 13 36 / 19 51	0,5 / 1,5 / 0,6 / 1,5
8 So	2 03 / 8 23 / 14 21 / 20 29	0,6 / 1,4 / 0,7 / 1,4	**23** Mo	2 12 / 8 28 / 14 33 / 20 49	0,5 / 1,5 / 0,6 / 1,5
9 Mo	2 43 / 9 03 / 15 01 / 21 10	0,6 / 1,4 / 0,6 / 1,5	**24** Di	3 03 / 9 19 / 15 25 / 21 41	0,5 / 1,5 / 0,5 / 1,6
10 Di	3 19 / 9 39 / 15 39 / 21 48	0,5 / 1,5 / 0,5 / 1,5	**25** Mi	3 50 / 10 05 / 16 13 / 22 29	0,4 / 1,6 / 0,4 / 1,6
11 Mi	3 54 / 10 14 / 16 16 / 22 27	0,5 / 1,5 / 0,5 / 1,6	**26** Do ●	4 33 / 10 49 / 16 58 / 23 15	0,4 / 1,6 / 0,4 / 1,6
12 Do ○	4 29 / 10 51 / 16 54 / 23 07	0,4 / 1,6 / 0,4 / 1,6	**27** Fr	5 13 / 11 31 / 17 40 / 23 58	0,4 / 1,6 / 0,4 / 1,5
13 Fr	5 06 / 11 28 / 17 33 / 23 49	0,4 / 1,6 / 0,4 / 1,6	**28** Sa	5 51 / 12 11 / 18 20	0,5 / 1,6 / 0,4
14 Sa	5 44 / 12 09 / 18 13	0,4 / 1,6 / 0,4	**29** So	0 40 / 6 28 / 12 50 / 18 59	1,5 / 0,5 / 1,6 / 0,5
15 So	0 34 / 6 23 / 12 52 / 18 57	1,6 / 0,5 / 1,6 / 0,4	**30** Mo	1 21 / 7 03 / 13 29 / 19 38	1,5 / 0,5 / 1,5 / 0,5
31 Di	2 02 / 7 39 / 14 09 / 20 19	1,4 / 0,6 / 1,5 / 0,6			

● Neumond ☽ erstes Viertel ○ Vollmond ☾ letztes Viertel

UTC+ 1h00min (MEZ)   Höhen sind auf SKN bezogen

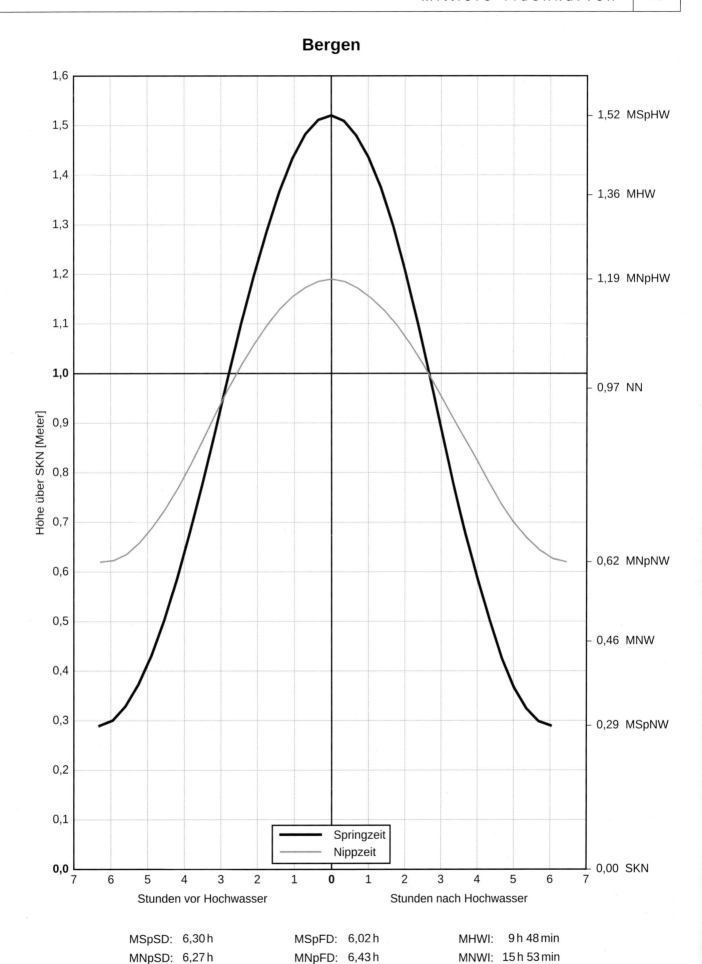

Helgoland, Binnenhafen
Breite: 54°11'N, Länge: 7°53'E

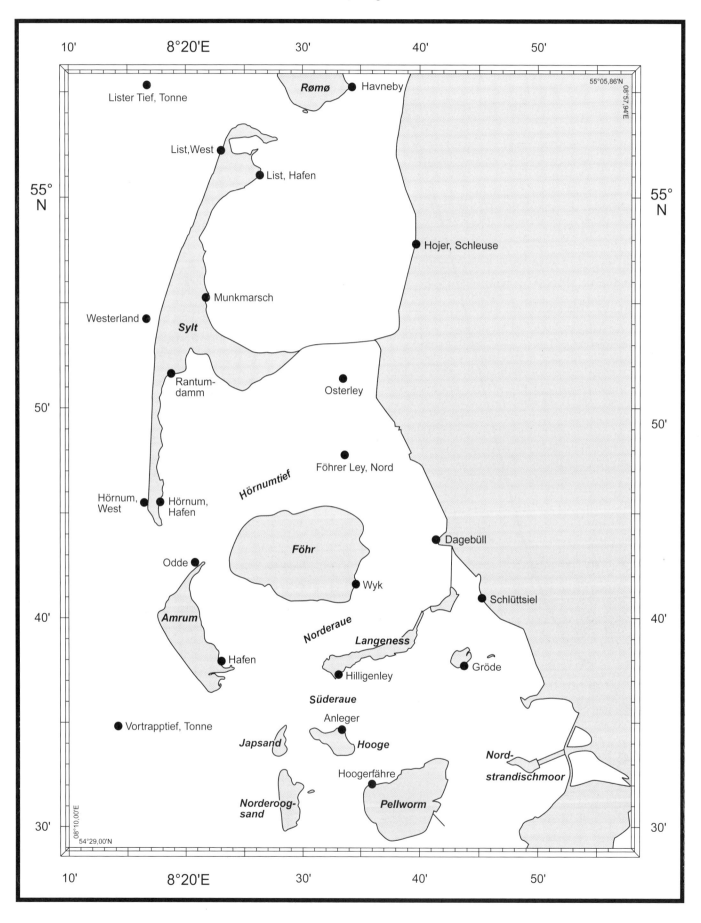

Gezeitenvorausberechnungen

Helgoland, Binnenhafen 2019

Breite: 54° 11' N, Länge: 7° 53' E

Zeiten (Stunden und Minuten) und Höhen (Meter) der Hoch- und Niedrigwasser

Januar

Tag	Zeit	Höhe	Tag	Zeit	Höhe
1 Di	1 49 / 7 36 / 14 34 / 20 20	0,8 / 3,0 / 0,7 / 2,8	**16** Mi	0 31 / 6 21 / 13 10 / 19 03	1,0 / 2,9 / 0,9 / 2,7
2 Mi	3 01 / 8 49 / 15 42 / 21 26	0,8 / 3,0 / 0,8 / 2,9	**17** Do	1 47 / 7 36 / 14 25 / 20 16	0,9 / 2,9 / 0,8 / 2,8
3 Do	4 10 / 9 54 / 16 41 / 22 22	0,8 / 3,1 / 0,7 / 3,0	**18** Fr	3 05 / 8 51 / 15 39 / 21 25	0,8 / 2,9 / 0,7 / 2,9
4 Fr	5 08 / 10 48 / 17 31 / 23 10	0,7 / 3,0 / 0,7 / 3,0	**19** Sa	4 15 / 9 57 / 16 43 / 22 26	0,6 / 2,9 / 0,6 / 3,0
5 Sa	5 57 / 11 34 / 18 14 / 23 51	0,6 / 3,0 / 0,6 / 3,1	**20** So	5 17 / 10 56 / 17 40 / 23 20	0,5 / 3,0 / 0,5 / 3,1
6 So ●	6 37 / 12 13 / 18 51	0,5 / 3,0 / 0,6	**21** Mo	6 12 / 11 49 / 18 32	0,4 / 3,0 / 0,5
7 Mo	0 28 / 7 12 / 12 48 / 19 24	3,1 / 0,5 / 3,0 / 0,6	**22** Di	0 10 / 7 05 / 12 40 / 19 23	3,2 / 0,4 / 3,1 / 0,4
8 Di	1 02 / 7 46 / 13 23 / 19 57	3,1 / 0,5 / 3,0 / 0,6	**23** Mi	0 59 / 7 58 / 13 32 / 20 14	3,3 / 0,3 / 3,1 / 0,4
9 Mi	1 35 / 8 20 / 13 57 / 20 28	3,2 / 0,5 / 2,9 / 0,6	**24** Do	1 49 / 8 49 / 14 21 / 21 02	3,3 / 0,3 / 3,0 / 0,4
10 Do	2 07 / 8 52 / 14 29 / 20 58	3,2 / 0,6 / 2,9 / 0,7	**25** Fr	2 35 / 9 36 / 15 07 / 21 45	3,3 / 0,3 / 3,0 / 0,4
11 Fr	2 39 / 9 24 / 15 03 / 21 31	3,2 / 0,7 / 2,9 / 0,7	**26** Sa	3 20 / 10 19 / 15 53 / 22 29	3,3 / 0,3 / 2,9 / 0,5
12 Sa	3 14 / 10 00 / 15 41 / 22 08	3,1 / 0,7 / 2,9 / 0,8	**27** So ☽	4 06 / 11 04 / 16 40 / 23 15	3,2 / 0,4 / 2,8 / 0,5
13 So	3 52 / 10 37 / 16 20 / 22 46	3,1 / 0,7 / 2,8 / 0,9	**28** Mo	4 54 / 11 48 / 17 29	3,1 / 0,5 / 2,8
14 Mo ☾	4 31 / 11 15 / 17 02 / 23 30	3,0 / 0,8 / 2,8 / 0,9	**29** Di	0 03 / 5 47 / 12 38 / 18 23	0,7 / 3,0 / 0,7 / 2,7
15 Di	5 18 / 12 04 / 17 55	2,9 / 0,8 / 2,7	**30** Mi	1 02 / 6 51 / 13 43 / 19 31	0,8 / 2,9 / 0,8 / 2,7
			31 Do	2 17 / 8 09 / 15 00 / 20 47	0,8 / 2,8 / 0,8 / 2,8

Februar

Tag	Zeit	Höhe	Tag	Zeit	Höhe
1 Fr	3 38 / 9 27 / 16 14 / 21 57	0,8 / 2,9 / 0,8 / 2,9	**16** Sa	2 24 / 8 13 / 15 04 / 20 51	0,7 / 2,8 / 0,7 / 2,8
2 Sa	4 49 / 10 32 / 17 12 / 22 51	0,7 / 2,9 / 0,7 / 3,0	**17** So	3 49 / 9 34 / 16 22 / 22 04	0,5 / 2,8 / 0,6 / 2,9
3 So	5 41 / 11 20 / 17 57 / 23 34	0,6 / 2,9 / 0,7 / 3,0	**18** Mo	5 02 / 10 42 / 17 27 / 23 05	0,4 / 2,9 / 0,5 / 3,1
4 Mo ●	6 22 / 11 59 / 18 35	0,5 / 2,9 / 0,6	**19** Di ○	6 03 / 11 39 / 18 23 / 23 58	0,3 / 3,0 / 0,4 / 3,2
5 Di	0 11 / 6 58 / 12 33 / 19 10	3,1 / 0,5 / 2,9 / 0,6	**20** Mi	6 56 / 12 29 / 19 14	0,2 / 3,0 / 0,3
6 Mi	0 45 / 7 32 / 13 06 / 19 42	3,1 / 0,5 / 2,9 / 0,5	**21** Do	0 46 / 7 46 / 13 17 / 20 02	3,2 / 0,2 / 3,0 / 0,3
7 Do	1 17 / 8 03 / 13 38 / 20 12	3,1 / 0,4 / 2,9 / 0,5	**22** Fr	1 33 / 8 34 / 14 04 / 20 47	3,3 / 0,2 / 3,0 / 0,3
8 Fr	1 47 / 8 33 / 14 09 / 20 41	3,1 / 0,5 / 2,9 / 0,5	**23** Sa	2 19 / 9 18 / 14 47 / 21 29	3,3 / 0,2 / 3,0 / 0,3
9 Sa	2 18 / 9 04 / 14 42 / 21 14	3,1 / 0,5 / 2,9 / 0,5	**24** So	3 02 / 9 58 / 15 28 / 22 08	3,2 / 0,3 / 2,9 / 0,3
10 So	2 53 / 9 39 / 15 18 / 21 49	3,1 / 0,5 / 2,9 / 0,6	**25** Mo	3 43 / 10 35 / 16 09 / 22 46	3,2 / 0,4 / 2,9 / 0,4
11 Mo	3 29 / 10 13 / 15 52 / 22 22	3,1 / 0,6 / 2,9 / 0,6	**26** Di ☽	4 24 / 11 11 / 16 49 / 23 25	3,1 / 0,5 / 2,8 / 0,5
12 Di	4 02 / 10 42 / 16 23 / 22 52	3,0 / 0,6 / 2,8 / 0,7	**27** Mi	5 09 / 11 51 / 17 36	2,9 / 0,7 / 2,7
13 Mi	4 36 / 11 16 / 17 02 / 23 39	2,9 / 0,7 / 2,7 / 0,8	**28** Do	0 17 / 6 07 / 12 50 / 18 41	0,7 / 2,7 / 0,8 / 2,7
14 Do	5 28 / 12 13 / 18 04	2,8 / 0,8 / 2,7			
15 Fr	0 53 / 6 45 / 13 35 / 19 26	0,8 / 2,7 / 0,8 / 2,7			

März

Tag	Zeit	Höhe	Tag	Zeit	Höhe
1 Fr	1 32 / 7 26 / 14 13 / 20 04	0,8 / 2,6 / 0,9 / 2,7	**16** Sa	0 21 / 6 14 / 13 03 / 18 54	0,7 / 2,7 / 0,8 / 2,7
2 Sa	3 03 / 8 55 / 15 40 / 21 26	0,8 / 2,6 / 0,9 / 2,8	**17** So	1 58 / 7 49 / 14 41 / 20 27	0,6 / 2,7 / 0,7 / 2,8
3 So	4 25 / 10 10 / 16 49 / 22 29	0,7 / 2,7 / 0,8 / 2,9	**18** Mo	3 33 / 9 18 / 16 07 / 21 47	0,5 / 2,8 / 0,6 / 3,0
4 Mo	5 23 / 11 02 / 17 37 / 23 13	0,6 / 2,8 / 0,6 / 3,0	**19** Di	4 49 / 10 29 / 17 14 / 22 49	0,3 / 2,9 / 0,5 / 3,1
5 Di	6 03 / 11 40 / 18 14 / 23 49	0,5 / 2,9 / 0,6 / 3,1	**20** Mi	5 49 / 11 25 / 18 09 / 23 42	0,2 / 2,9 / 0,4 / 3,2
6 Mi ●	6 38 / 12 13 / 18 49	0,4 / 2,9 / 0,5	**21** Do ○	6 41 / 12 14 / 18 59	0,1 / 3,0 / 0,3
7 Do	0 23 / 7 11 / 12 45 / 19 22	3,1 / 0,4 / 2,9 / 0,4	**22** Fr	0 29 / 7 28 / 12 59 / 19 44	3,2 / 0,1 / 3,0 / 0,2
8 Fr	0 55 / 7 43 / 13 16 / 19 53	3,1 / 0,3 / 2,9 / 0,4	**23** Sa	1 14 / 8 18 / 13 41 / 20 27	3,2 / 0,1 / 3,0 / 0,2
9 Sa	1 26 / 8 12 / 13 47 / 20 23	3,1 / 0,3 / 2,9 / 0,4	**24** So	1 58 / 8 53 / 14 22 / 21 06	3,2 / 0,2 / 3,0 / 0,2
10 So	1 58 / 8 43 / 14 19 / 20 55	3,1 / 0,4 / 2,9 / 0,4	**25** Mo	2 39 / 9 30 / 15 00 / 21 42	3,2 / 0,3 / 3,0 / 0,2
11 Mo	2 32 / 9 17 / 14 53 / 21 29	3,1 / 0,4 / 2,9 / 0,4	**26** Di	3 18 / 10 03 / 15 36 / 22 17	3,1 / 0,4 / 2,9 / 0,3
12 Di	3 07 / 9 49 / 15 25 / 21 59	3,1 / 0,5 / 3,0 / 0,5	**27** Mi	3 55 / 10 34 / 16 13 / 22 53	2,9 / 0,5 / 2,8 / 0,4
13 Mi	3 38 / 10 15 / 15 53 / 22 27	3,0 / 0,5 / 2,9 / 0,5	**28** Do ☾	4 36 / 11 11 / 16 56 / 23 40	2,8 / 0,6 / 2,8 / 0,6
14 Do ☽	4 09 / 10 44 / 16 27 / 23 08	2,9 / 0,6 / 2,8 / 0,6	**29** Fr	5 30 / 12 04 / 17 57	2,6 / 0,8 / 2,7
15 Fr	4 57 / 11 38 / 17 27	2,8 / 0,7 / 2,7	**30** Sa	0 50 / 6 44 / 13 24 / 19 18	0,7 / 2,5 / 0,9 / 2,7
			31 So	2 20 / 8 13 / 14 56 / 20 45	0,7 / 2,5 / 0,9 / 2,8

April

Tag	Zeit	Höhe	Tag	Zeit	Höhe
1 Mo	3 48 / 9 34 / 16 13 / 21 54	0,7 / 2,6 / 0,8 / 2,9	**16** Di	3 19 / 9 03 / 15 49 / 21 28	0,4 / 2,8 / 0,6 / 3,0
2 Di	4 51 / 10 31 / 17 06 / 22 41	0,5 / 2,7 / 0,6 / 3,0	**17** Mi	4 31 / 10 10 / 16 54 / 22 29	0,3 / 2,9 / 0,5 / 3,1
3 Mi	5 32 / 11 10 / 17 44 / 23 18	0,4 / 2,8 / 0,5 / 3,0	**18** Do	5 28 / 11 04 / 17 49 / 23 21	0,2 / 2,9 / 0,4 / 3,2
4 Do	6 07 / 11 44 / 18 21 / 23 54	0,4 / 2,9 / 0,5 / 3,0	**19** Fr ○	6 19 / 11 53 / 18 39	0,1 / 3,0 / 0,3
5 Fr ●	6 43 / 12 18 / 18 56	0,3 / 2,9 / 0,4	**20** Sa	0 09 / 7 05 / 12 37 / 19 23	3,2 / 0,1 / 3,0 / 0,2
6 Sa	0 29 / 7 16 / 12 50 / 19 29	3,1 / 0,3 / 2,9 / 0,3	**21** So	0 53 / 7 46 / 13 17 / 20 03	3,2 / 0,1 / 3,0 / 0,2
7 So	1 02 / 7 47 / 13 21 / 20 01	3,1 / 0,3 / 3,0 / 0,3	**22** Mo	1 33 / 8 23 / 13 54 / 20 40	3,1 / 0,2 / 3,0 / 0,2
8 Mo	1 34 / 8 18 / 13 54 / 20 33	3,1 / 0,3 / 3,0 / 0,4	**23** Di	2 13 / 8 58 / 14 30 / 21 16	3,1 / 0,3 / 3,0 / 0,2
9 Di	2 08 / 8 51 / 14 27 / 21 06	3,0 / 0,4 / 3,0 / 0,4	**24** Mi	2 52 / 9 31 / 15 06 / 21 51	3,0 / 0,4 / 3,0 / 0,3
10 Mi	2 43 / 9 23 / 14 59 / 21 39	3,0 / 0,4 / 3,0 / 0,4	**25** Do	3 30 / 10 03 / 15 44 / 22 28	2,8 / 0,5 / 2,9 / 0,4
11 Do	3 19 / 9 54 / 15 33 / 22 14	3,0 / 0,5 / 3,0 / 0,5	**26** Fr ☾	4 11 / 10 39 / 16 26 / 23 12	2,7 / 0,7 / 2,9 / 0,6
12 Fr	3 57 / 10 31 / 16 13 / 23 01	2,9 / 0,6 / 2,9 / 0,6	**27** Sa	5 00 / 11 27 / 17 20	2,6 / 0,8 / 2,8
13 Sa	4 49 / 11 27 / 17 14	2,8 / 0,7 / 2,8	**28** So	0 12 / 6 04 / 12 36 / 18 30	0,7 / 2,5 / 0,9 / 2,8
14 So	0 14 / 6 04 / 12 51 / 18 39	0,6 / 2,7 / 0,8 / 2,8	**29** Mo	1 31 / 7 22 / 14 00 / 19 50	0,7 / 2,5 / 0,9 / 2,8
15 Mo	1 47 / 7 36 / 14 26 / 20 10	0,6 / 2,7 / 0,7 / 2,9	**30** Di	2 54 / 8 41 / 15 20 / 21 03	0,6 / 2,6 / 0,8 / 2,9

● Neumond   ☽ erstes Viertel   ○ Vollmond   ☾ letztes Viertel

UTC+ 1h00min (MEZ)   Höhen sind auf SKN bezogen

Helgoland, Binnenhafen 2019

Breite: 54° 11' N, Länge: 7° 53' E

Zeiten (Stunden und Minuten) und Höhen (Meter) der Hoch- und Niedrigwasser

Mai

Tag	Zeit	Höhe	Tag	Zeit	Höhe
1 Mi	4 01 / 9 44 / 16 20 / 21 57	0,5 / 2,7 / 0,6 / 2,9	16 Do	4 07 / 9 46 / 16 29 / 22 04	0,3 / 2,9 / 0,5 / 3,1
2 Do	4 49 / 10 30 / 17 05 / 22 39	0,5 / 2,8 / 0,6 / 3,0	17 Fr	5 02 / 10 39 / 17 24 / 22 58	0,2 / 2,9 / 0,4 / 3,1
3 Fr	5 28 / 11 09 / 17 46 / 23 20	0,4 / 2,9 / 0,5 / 3,1	18 Sa ○	5 53 / 11 29 / 18 15 / 23 47	0,2 / 3,0 / 0,3 / 3,1
4 Sa ●	6 07 / 11 46 / 18 25 / 23 58	0,4 / 3,0 / 0,4 / 3,1	19 So	6 40 / 12 14 / 19 00	0,2 / 3,0 / 0,3
5 So	6 44 / 12 20 / 19 01	0,3 / 3,0 / 0,4	20 Mo	0 31 / 7 20 / 12 52 / 19 39	3,1 / 0,2 / 3,0 / 0,2
6 Mo	0 34 / 7 18 / 12 52 / 19 35	3,1 / 0,3 / 3,0 / 0,3	21 Di	1 09 / 7 55 / 13 28 / 20 15	3,1 / 0,3 / 3,1 / 0,2
7 Di	1 08 / 7 51 / 13 27 / 20 11	3,1 / 0,3 / 3,1 / 0,4	22 Mi	1 48 / 8 29 / 14 05 / 20 52	3,0 / 0,4 / 3,1 / 0,3
8 Mi	1 46 / 8 26 / 14 03 / 20 47	3,0 / 0,4 / 3,1 / 0,4	23 Do	2 28 / 9 03 / 14 42 / 21 30	2,9 / 0,5 / 3,1 / 0,3
9 Do	2 25 / 9 02 / 14 41 / 21 27	3,0 / 0,5 / 3,1 / 0,4	24 Fr	3 08 / 9 37 / 15 20 / 22 07	2,8 / 0,5 / 3,0 / 0,4
10 Fr	3 08 / 9 43 / 15 23 / 22 13	3,0 / 0,5 / 3,1 / 0,5	25 Sa	3 48 / 10 14 / 16 01 / 22 48	2,7 / 0,7 / 3,0 / 0,6
11 Sa	3 56 / 10 30 / 16 13 / 23 08	2,9 / 0,7 / 3,1 / 0,5	26 So ☽	4 33 / 10 57 / 16 47 / 23 37	2,7 / 0,8 / 3,0 / 0,7
12 So ☾	4 54 / 11 31 / 17 15	2,8 / 0,7 / 3,0	27 Mo	5 24 / 11 51 / 17 42	2,6 / 0,9 / 2,9
13 Mo	0 17 / 6 04 / 12 47 / 18 30	0,5 / 2,7 / 0,7 / 3,0	28 Di	0 38 / 6 27 / 13 00 / 18 49	0,7 / 2,6 / 0,9 / 2,9
14 Di	1 39 / 7 24 / 14 10 / 19 52	0,5 / 2,7 / 0,7 / 3,0	29 Mi	1 49 / 7 37 / 14 15 / 20 00	0,7 / 2,6 / 0,8 / 2,9
15 Mi	3 00 / 8 42 / 15 27 / 21 05	0,4 / 2,8 / 0,6 / 3,1	30 Do	2 57 / 8 45 / 15 22 / 21 04	0,6 / 2,7 / 0,7 / 2,9
			31 Fr	3 55 / 9 41 / 16 18 / 21 56	0,6 / 2,8 / 0,7 / 3,0

Juni

Tag	Zeit	Höhe	Tag	Zeit	Höhe
1 Sa	4 44 / 10 28 / 17 06 / 22 42	0,5 / 2,9 / 0,6 / 3,1	16 So	5 26 / 11 04 / 17 52 / 23 26	0,4 / 3,0 / 0,4 / 3,1
2 So	5 29 / 11 10 / 17 51 / 23 25	0,5 / 3,0 / 0,5 / 3,1	17 Mo ○	6 14 / 11 50 / 18 39	0,4 / 3,1 / 0,3
3 Mo ●	6 10 / 11 48 / 18 31	0,4 / 3,1 / 0,4	18 Di	0 11 / 6 55 / 12 30 / 19 18	3,0 / 0,4 / 3,1 / 0,3
4 Di	0 05 / 6 49 / 12 24 / 19 10	3,1 / 0,4 / 3,1 / 0,4	19 Mi	0 50 / 7 31 / 13 07 / 19 55	3,0 / 0,4 / 3,1 / 0,3
5 Mi	0 45 / 7 28 / 13 04 / 19 53	3,1 / 0,4 / 3,1 / 0,4	20 Do	1 29 / 8 07 / 13 44 / 20 33	3,0 / 0,5 / 3,1 / 0,4
6 Do	1 29 / 8 10 / 13 47 / 20 38	3,1 / 0,4 / 3,2 / 0,4	21 Fr	2 08 / 8 42 / 14 21 / 21 10	2,9 / 0,5 / 3,2 / 0,4
7 Fr	2 15 / 8 53 / 14 31 / 21 24	3,0 / 0,5 / 3,2 / 0,4	22 Sa	2 46 / 9 15 / 14 57 / 21 46	2,9 / 0,6 / 3,2 / 0,5
8 Sa	3 03 / 9 39 / 15 18 / 22 15	3,0 / 0,5 / 3,2 / 0,4	23 So	3 24 / 9 51 / 15 35 / 22 23	2,8 / 0,7 / 3,1 / 0,6
9 So	3 56 / 10 32 / 16 11 / 23 12	2,9 / 0,6 / 3,2 / 0,5	24 Mo	4 04 / 10 30 / 16 15 / 23 04	2,8 / 0,8 / 3,1 / 0,7
10 Mo ☽	4 55 / 11 31 / 17 12	2,9 / 0,7 / 3,1	25 Di ☾	4 47 / 11 12 / 16 59 / 23 48	2,8 / 0,9 / 3,0 / 0,7
11 Di	0 15 / 5 58 / 12 37 / 18 18	0,5 / 2,8 / 0,7 / 3,1	26 Mi	5 35 / 12 04 / 17 52	2,7 / 0,9 / 2,9
12 Mi	1 22 / 7 05 / 13 47 / 19 29	0,4 / 2,8 / 0,7 / 3,1	27 Do	0 43 / 6 33 / 13 08 / 18 56	0,7 / 2,7 / 0,9 / 2,9
13 Do	2 33 / 8 15 / 14 58 / 20 38	0,4 / 2,8 / 0,6 / 3,1	28 Fr	1 48 / 7 39 / 14 19 / 20 05	0,7 / 2,7 / 0,8 / 2,9
14 Fr	3 38 / 9 18 / 16 02 / 21 40	0,4 / 2,9 / 0,6 / 3,1	29 Sa	2 55 / 8 44 / 15 26 / 21 08	0,7 / 2,8 / 0,8 / 3,0
15 Sa	4 35 / 10 13 / 17 00 / 22 35	0,4 / 3,0 / 0,5 / 3,1	30 So	3 56 / 9 41 / 16 25 / 22 04	0,6 / 2,9 / 0,6 / 3,0

Juli

Tag	Zeit	Höhe	Tag	Zeit	Höhe
1 Mo	4 50 / 10 32 / 17 18 / 22 54	0,5 / 3,0 / 0,5 / 3,1	16 Di ○	5 53 / 11 31 / 18 21 / 23 56	0,5 / 3,1 / 0,4 / 3,0
2 Di ●	5 39 / 11 18 / 18 06 / 23 41	0,5 / 3,1 / 0,4 / 3,1	17 Mi	6 36 / 12 13 / 19 01	0,5 / 3,1 / 0,4
3 Mi	6 25 / 12 02 / 18 53	0,5 / 3,2 / 0,4	18 Do	0 36 / 7 14 / 12 51 / 19 39	3,0 / 0,5 / 3,2 / 0,5
4 Do	0 29 / 7 12 / 12 48 / 19 43	3,2 / 0,5 / 3,2 / 0,4	19 Fr	1 13 / 7 49 / 13 26 / 20 15	3,0 / 0,5 / 3,2 / 0,5
5 Fr	1 19 / 8 01 / 13 36 / 20 33	3,1 / 0,5 / 3,3 / 0,4	20 Sa	1 48 / 8 23 / 14 00 / 20 49	3,0 / 0,6 / 3,2 / 0,5
6 Sa	2 08 / 8 48 / 14 22 / 21 21	3,1 / 0,5 / 3,3 / 0,3	21 So	2 22 / 8 54 / 14 33 / 21 22	3,0 / 0,6 / 3,2 / 0,6
7 So	2 57 / 9 34 / 15 09 / 22 11	3,0 / 0,5 / 3,3 / 0,3	22 Mo	2 57 / 9 26 / 15 08 / 21 56	2,9 / 0,7 / 3,2 / 0,6
8 Mo	3 48 / 10 25 / 16 01 / 23 04	2,9 / 0,5 / 3,2 / 0,4	23 Di	3 34 / 10 03 / 15 46 / 22 32	2,9 / 0,7 / 3,1 / 0,7
9 Di ☽	4 43 / 11 19 / 16 58 / 23 58	2,9 / 0,6 / 3,2 / 0,5	24 Mi	4 13 / 10 40 / 16 24 / 23 07	2,9 / 0,7 / 3,1 / 0,7
10 Mi	5 39 / 12 15 / 17 56	2,9 / 0,6 / 3,1	25 Do ☾	4 51 / 11 18 / 17 03 / 23 46	2,8 / 0,8 / 3,0 / 0,7
11 Do	0 54 / 6 36 / 13 15 / 18 59	0,5 / 2,8 / 0,7 / 3,1	26 Fr	5 34 / 12 07 / 17 56	2,8 / 0,9 / 2,9
12 Fr	1 56 / 7 40 / 14 23 / 20 08	0,6 / 2,8 / 0,7 / 3,1	27 Sa	0 42 / 6 33 / 13 15 / 19 05	0,8 / 2,8 / 0,9 / 2,9
13 Sa	3 04 / 8 47 / 15 35 / 21 18	0,7 / 2,9 / 0,7 / 3,1	28 So	1 54 / 7 44 / 14 33 / 20 21	0,8 / 2,8 / 0,8 / 2,9
14 So	4 09 / 9 49 / 16 40 / 22 19	0,7 / 3,0 / 0,6 / 3,1	29 Mo	3 09 / 8 56 / 15 47 / 21 30	0,8 / 2,9 / 0,7 / 3,0
15 Mo	5 05 / 10 43 / 17 35 / 23 11	0,6 / 3,0 / 0,5 / 3,0	30 Di	4 17 / 10 00 / 16 52 / 22 31	0,6 / 2,9 / 0,5 / 3,0
31 Mi	5 16 / 10 56 / 17 49 / 23 26	0,5 / 3,1 / 0,4 / 3,1			

August

Tag	Zeit	Höhe	Tag	Zeit	Höhe
1 Do ●	6 10 / 11 47 / 18 42	0,5 / 3,2 / 0,4	16 Fr	0 20 / 6 56 / 12 32 / 19 21	3,0 / 0,6 / 3,2 / 0,5
2 Fr	0 18 / 7 01 / 12 36 / 19 34	3,1 / 0,5 / 3,3 / 0,3	17 Sa	0 54 / 7 31 / 13 06 / 19 55	3,0 / 0,5 / 3,2 / 0,5
3 Sa	1 08 / 7 52 / 13 23 / 20 24	3,1 / 0,4 / 3,3 / 0,3	18 So	1 27 / 8 02 / 13 37 / 20 25	3,0 / 0,5 / 3,2 / 0,5
4 So	1 57 / 8 39 / 14 10 / 21 11	3,1 / 0,4 / 3,3 / 0,3	19 Mo	1 58 / 8 31 / 14 08 / 20 55	3,0 / 0,5 / 3,2 / 0,6
5 Mo	2 43 / 9 24 / 14 56 / 21 56	3,0 / 0,4 / 3,3 / 0,3	20 Di	2 29 / 9 02 / 14 41 / 21 27	3,0 / 0,6 / 3,2 / 0,6
6 Di	3 30 / 10 09 / 15 43 / 22 42	3,0 / 0,4 / 3,3 / 0,4	21 Mi	3 04 / 9 36 / 15 17 / 22 01	3,0 / 0,7 / 3,1 / 0,7
7 Mi ☽	4 18 / 10 56 / 16 33 / 23 28	2,9 / 0,5 / 3,2 / 0,5	22 Do	3 40 / 10 10 / 15 51 / 22 30	3,0 / 0,7 / 3,1 / 0,7
8 Do	5 07 / 11 43 / 17 25	2,9 / 0,6 / 3,1	23 Fr ☾	4 11 / 10 39 / 16 23 / 22 59	2,9 / 0,8 / 3,0 / 0,8
9 Fr	0 15 / 5 58 / 12 37 / 18 24	0,7 / 2,9 / 0,7 / 3,0	24 Sa	4 45 / 11 17 / 17 07 / 23 46	2,8 / 0,9 / 2,9 / 0,9
10 Sa	1 13 / 6 59 / 13 46 / 19 36	0,8 / 2,9 / 0,8 / 2,9	25 So	5 37 / 12 22 / 18 15	2,8 / 0,9 / 2,9
11 So	2 27 / 8 13 / 15 07 / 20 56	0,9 / 2,9 / 0,8 / 2,9	26 Mo	1 01 / 6 53 / 13 49 / 19 42	0,9 / 2,7 / 0,9 / 2,8
12 Mo	3 44 / 9 28 / 16 24 / 22 07	0,9 / 3,0 / 0,7 / 2,9	27 Di	2 30 / 8 19 / 15 18 / 21 06	0,9 / 2,8 / 0,7 / 2,8
13 Di	4 49 / 10 29 / 17 22 / 23 01	0,8 / 3,1 / 0,6 / 3,0	28 Mi	3 53 / 9 36 / 16 34 / 22 16	0,8 / 2,9 / 0,5 / 2,9
14 Mi	5 38 / 11 15 / 18 06 / 23 43	0,7 / 3,1 / 0,6 / 3,0	29 Do	5 01 / 10 39 / 17 36 / 23 14	0,6 / 3,1 / 0,4 / 3,0
15 Do ○	6 19 / 11 56 / 18 45	0,6 / 3,2 / 0,5	30 Fr ●	5 58 / 11 33 / 18 30	0,5 / 3,2 / 0,3
			31 Sa	0 05 / 6 49 / 12 21 / 19 20	3,1 / 0,5 / 3,3 / 0,3

● Neumond ☽ erstes Viertel ○ Vollmond ☾ letztes Viertel

UTC+ 1h00min (MEZ)   Höhen sind auf SKN bezogen

Gezeitenvorausberechnungen

Helgoland, Binnenhafen 2019

Breite: 54° 11' N, Länge: 7° 53' E

Zeiten (Stunden und Minuten) und Höhen (Meter) der Hoch- und Niedrigwasser

September

Tag	Zeit	Höhe	Tag	Zeit	Höhe
1 So	0 52 / 7 37 / 13 07 / 20 07	3,1 / 0,4 / 3,3 / 0,2	16 Mo	1 02 / 7 39 / 13 13 / 19 59	3,0 / 0,5 / 3,2 / 0,5
2 Mo	1 38 / 8 22 / 13 52 / 20 52	3,1 / 0,4 / 3,3 / 0,3	17 Di	1 32 / 8 08 / 13 43 / 20 27	3,0 / 0,5 / 3,2 / 0,5
3 Di	2 23 / 9 05 / 14 37 / 21 33	3,1 / 0,4 / 3,3 / 0,3	18 Mi	2 02 / 8 37 / 14 15 / 20 57	3,0 / 0,6 / 3,1 / 0,6
4 Mi	3 05 / 9 46 / 15 20 / 22 12	3,0 / 0,4 / 3,3 / 0,4	19 Do	2 33 / 9 09 / 14 48 / 21 28	3,0 / 0,6 / 3,1 / 0,7
5 Do	3 46 / 10 26 / 16 04 / 22 51	3,0 / 0,5 / 3,2 / 0,6	20 Fr	3 05 / 9 39 / 15 20 / 21 55	3,0 / 0,7 / 3,1 / 0,7
6 Fr ☽	4 29 / 11 07 / 16 51 / 23 32	2,9 / 0,6 / 3,0 / 0,8	21 Sa	3 35 / 10 08 / 15 52 / 22 23	3,0 / 0,8 / 3,0 / 0,8
7 Sa	5 16 / 11 57 / 17 47	2,9 / 0,8 / 2,9	22 So ☾	4 08 / 10 45 / 16 35 / 23 09	2,9 / 0,8 / 2,8 / 0,9
8 So	0 27 / 6 17 / 13 07 / 19 02	0,9 / 2,8 / 0,9 / 2,8	23 Mo	5 00 / 11 49 / 17 44	2,8 / 0,9 / 2,7
9 Mo	1 46 / 7 38 / 14 37 / 20 31	1,1 / 2,8 / 0,9 / 2,7	24 Di	0 26 / 6 20 / 13 21 / 19 17	1,0 / 2,8 / 0,9 / 2,7
10 Di	3 15 / 9 03 / 16 04 / 21 51	1,1 / 2,9 / 0,8 / 2,8	25 Mi	2 03 / 7 53 / 14 58 / 20 48	1,0 / 2,9 / 0,7 / 2,8
11 Mi	4 30 / 10 12 / 17 08 / 22 47	0,9 / 3,1 / 0,7 / 2,9	26 Do	3 34 / 9 16 / 16 18 / 22 01	0,9 / 3,0 / 0,5 / 2,9
12 Do	5 21 / 10 58 / 17 49 / 23 25	0,8 / 3,1 / 0,6 / 3,0	27 Fr	4 45 / 10 22 / 17 20 / 22 58	0,7 / 3,1 / 0,4 / 3,0
13 Fr	5 58 / 11 33 / 18 22 / 23 58	0,7 / 3,2 / 0,6 / 3,0	28 Sa ●	5 41 / 11 15 / 18 13 / 23 47	0,6 / 3,2 / 0,3 / 3,1
14 Sa ○	6 33 / 12 08 / 18 56	0,6 / 3,2 / 0,5	29 So	6 31 / 12 03 / 19 00	0,5 / 3,3 / 0,3
15 So	0 31 / 7 07 / 12 41 / 19 29	3,0 / 0,6 / 3,2 / 0,5	30 Mo	0 33 / 7 17 / 12 48 / 19 44	3,1 / 0,4 / 3,3 / 0,3

Oktober

Tag	Zeit	Höhe	Tag	Zeit	Höhe
1 Di	1 16 / 8 00 / 13 31 / 20 26	3,1 / 0,4 / 3,3 / 0,3	16 Mi	1 05 / 7 43 / 13 17 / 19 58	3,1 / 0,5 / 3,1 / 0,5
2 Mi	1 57 / 8 41 / 14 14 / 21 04	3,1 / 0,4 / 3,3 / 0,4	17 Do	1 35 / 8 12 / 13 48 / 20 27	3,1 / 0,6 / 3,1 / 0,6
3 Do	2 37 / 9 19 / 14 54 / 21 39	3,1 / 0,4 / 3,2 / 0,5	18 Fr	2 04 / 8 42 / 14 20 / 20 57	3,1 / 0,6 / 3,1 / 0,7
4 Fr	3 14 / 9 56 / 15 35 / 22 14	3,0 / 0,5 / 3,0 / 0,7	19 Sa	2 35 / 9 13 / 14 55 / 21 27	3,1 / 0,7 / 3,0 / 0,8
5 Sa ☽	3 54 / 10 35 / 16 19 / 22 53	3,0 / 0,6 / 2,9 / 0,9	20 So	3 09 / 9 48 / 15 34 / 22 03	3,1 / 0,8 / 3,0 / 0,9
6 So	4 40 / 11 23 / 17 15 / 23 46	2,9 / 0,8 / 2,7 / 1,1	21 Mo ☾	3 48 / 10 32 / 16 23 / 22 54	3,0 / 0,9 / 2,9 / 1,0
7 Mo	5 39 / 12 31 / 18 27	2,8 / 0,9 / 2,6	22 Di	4 44 / 11 37 / 17 32	2,9 / 0,9 / 2,8
8 Di	1 02 / 6 58 / 13 58 / 19 55	1,2 / 2,8 / 1,0 / 2,6	23 Mi	0 10 / 6 02 / 13 05 / 19 00	1,1 / 2,9 / 0,9 / 2,8
9 Mi	2 33 / 8 26 / 15 29 / 21 19	1,2 / 2,9 / 0,9 / 2,7	24 Do	1 44 / 7 32 / 14 40 / 20 29	1,0 / 3,0 / 0,7 / 2,8
10 Do	3 56 / 9 40 / 16 37 / 22 19	1,0 / 3,0 / 0,8 / 2,8	25 Fr	3 13 / 8 55 / 15 58 / 21 42	0,9 / 3,1 / 0,6 / 2,9
11 Fr	4 51 / 10 29 / 17 19 / 22 58	0,9 / 3,1 / 0,7 / 2,9	26 Sa	4 23 / 10 00 / 16 58 / 22 37	0,8 / 3,2 / 0,4 / 3,0
12 Sa	5 29 / 11 04 / 17 51 / 23 29	0,8 / 3,1 / 0,6 / 3,0	27 So	5 19 / 10 54 / 17 50 / 23 26	0,6 / 3,2 / 0,4 / 3,1
13 So ○	6 03 / 11 38 / 18 24	0,7 / 3,2 / 0,5	28 Mo ●	6 09 / 11 43 / 18 37	0,5 / 3,3 / 0,3
14 Mo	0 03 / 6 39 / 12 14 / 18 58	3,0 / 0,6 / 3,2 / 0,5	29 Di	0 11 / 6 55 / 12 27 / 19 19	3,1 / 0,4 / 3,3 / 0,3
15 Di	0 35 / 7 12 / 12 47 / 19 29	3,0 / 0,5 / 3,1 / 0,5	30 Mi	0 51 / 7 36 / 13 08 / 19 57	3,1 / 0,4 / 3,3 / 0,4
31 Do	1 30 / 8 15 / 13 49 / 20 34	3,1 / 0,4 / 3,2 / 0,5			

November

Tag	Zeit	Höhe	Tag	Zeit	Höhe
1 Fr	2 08 / 8 54 / 14 30 / 21 09	3,1 / 0,4 / 3,1 / 0,6	16 Sa	1 42 / 8 23 / 14 02 / 20 36	3,2 / 0,6 / 3,1 / 0,7
2 Sa	2 47 / 9 32 / 15 11 / 21 44	3,1 / 0,5 / 2,9 / 0,7	17 So	2 17 / 9 00 / 14 41 / 21 12	3,2 / 0,7 / 3,0 / 0,8
3 So	3 26 / 10 11 / 15 54 / 22 22	3,0 / 0,6 / 2,8 / 0,9	18 Mo	2 55 / 9 42 / 15 27 / 21 57	3,2 / 0,7 / 3,0 / 0,9
4 Mo ☽	4 11 / 10 57 / 16 45 / 23 11	3,0 / 0,8 / 2,7 / 1,1	19 Di ☾	3 41 / 10 33 / 16 21 / 22 52	3,1 / 0,8 / 2,9 / 1,0
5 Di	5 05 / 11 55 / 17 48	2,9 / 0,9 / 2,6	20 Mi	4 38 / 11 36 / 17 27	3,1 / 0,8 / 2,8
6 Mi	0 16 / 6 13 / 13 10 / 19 04	1,2 / 2,9 / 1,0 / 2,6	21 Do	0 02 / 5 49 / 12 53 / 18 44	1,0 / 3,0 / 0,7 / 2,8
7 Do	1 38 / 7 29 / 14 33 / 20 24	1,2 / 2,9 / 1,0 / 2,7	22 Fr	1 24 / 7 10 / 14 16 / 20 04	1,0 / 3,0 / 0,7 / 2,8
8 Fr	3 00 / 8 47 / 15 44 / 21 31	1,1 / 3,0 / 0,8 / 2,8	23 Sa	2 45 / 8 29 / 15 31 / 21 15	0,9 / 3,1 / 0,6 / 2,9
9 Sa	4 04 / 9 45 / 16 35 / 22 18	0,9 / 3,0 / 0,7 / 2,9	24 So	3 55 / 9 35 / 16 31 / 22 13	0,8 / 3,2 / 0,5 / 3,0
10 So	4 50 / 10 28 / 17 13 / 22 56	0,8 / 3,1 / 0,7 / 2,9	25 Mo	4 53 / 10 31 / 17 24 / 23 03	0,7 / 3,2 / 0,5 / 3,0
11 Mo	5 29 / 11 06 / 17 49 / 23 31	0,9 / 3,1 / 0,6 ● / 3,1	26 Di	5 46 / 11 22 / 18 13 / 23 48	0,6 / 3,2 / 0,4 / 3,1
12 Di ○	6 07 / 11 43 / 18 25	0,7 / 3,2 / 0,6	27 Mi	6 34 / 12 07 / 18 55	0,5 / 3,2 / 0,4
13 Mi	0 05 / 6 43 / 12 18 / 18 58	3,1 / 0,6 / 3,1 / 0,6	28 Do	0 29 / 7 14 / 12 48 / 19 32	3,1 / 0,4 / 3,2 / 0,5
14 Do	0 36 / 7 16 / 12 51 / 19 29	3,1 / 0,6 / 3,1 / 0,6	29 Fr	1 06 / 7 52 / 13 28 / 20 09	3,1 / 0,4 / 3,1 / 0,6
15 Fr	1 08 / 7 49 / 13 25 / 20 02	3,1 / 0,6 / 3,1 / 0,7	30 Sa	1 46 / 8 33 / 14 11 / 20 46	3,2 / 0,4 / 3,0 / 0,7

Dezember

Tag	Zeit	Höhe	Tag	Zeit	Höhe
1 So	2 26 / 9 13 / 14 52 / 21 22	3,2 / 0,5 / 2,9 / 0,7	16 Mo	2 08 / 8 58 / 14 36 / 21 09	3,3 / 0,6 / 3,0 / 0,7
2 Mo	3 05 / 9 52 / 15 33 / 21 58	3,2 / 0,6 / 2,8 / 0,8	17 Di	2 50 / 9 43 / 15 24 / 21 56	3,3 / 0,6 / 3,0 / 0,7
3 Di	3 46 / 10 33 / 16 17 / 22 40	3,1 / 0,7 / 2,7 / 1,0	18 Mi	3 37 / 10 35 / 16 18 / 22 51	3,2 / 0,6 / 2,9 / 0,8
4 Mi ☽	4 31 / 11 19 / 17 07 / 23 31	3,1 / 0,9 / 2,7 / 1,1	19 Do ☾	4 32 / 11 32 / 17 17 / 23 52	3,2 / 0,6 / 2,8 / 0,8
5 Do	5 24 / 12 16 / 18 06	3,0 / 1,0 / 2,7	20 Fr	5 34 / 12 35 / 18 21	3,1 / 0,6 / 2,8
6 Fr	0 35 / 6 28 / 13 23 / 19 15	1,1 / 2,9 / 0,9 / 2,7	21 Sa	0 59 / 6 43 / 13 45 / 19 31	0,8 / 3,1 / 0,6 / 2,8
7 Sa	1 49 / 7 39 / 14 33 / 20 25	1,1 / 2,9 / 0,9 / 2,7	22 So	2 11 / 7 57 / 14 57 / 20 42	0,8 / 3,1 / 0,7 / 2,9
8 So	3 01 / 8 47 / 15 36 / 21 26	1,0 / 3,0 / 0,9 / 2,8	23 Mo	3 23 / 9 08 / 16 02 / 21 45	0,8 / 3,1 / 0,7 / 3,0
9 Mo	4 01 / 9 43 / 16 27 / 22 14	0,9 / 3,0 / 0,8 / 2,9	24 Di	4 29 / 10 10 / 17 00 / 22 40	0,7 / 3,1 / 0,6 / 3,0
10 Di	4 50 / 10 29 / 17 11 / 22 55	0,8 / 3,0 / 0,7 / 3,0	25 Mi	5 26 / 11 04 / 17 51 / 23 28	0,6 / 3,1 / 0,6 / 3,1
11 Mi	5 34 / 11 11 / 17 51 / 23 33	0,7 / 3,0 / 0,6 / 3,1	26 Do ●	6 16 / 11 52 / 18 35	0,5 / 3,1 / 0,5
12 Do ○	6 14 / 11 50 / 18 29	0,7 / 3,1 / 0,6	27 Fr	0 11 / 6 58 / 12 34 / 19 13	3,1 / 0,4 / 3,1 / 0,6
13 Fr	0 09 / 6 52 / 12 28 / 19 06	3,1 / 0,6 / 3,1 / 0,6	28 Sa	0 50 / 7 37 / 13 13 / 19 51	3,1 / 0,4 / 3,0 / 0,6
14 Sa	0 47 / 7 32 / 13 10 / 19 46	3,2 / 0,6 / 3,1 / 0,6	29 So	1 29 / 8 17 / 13 54 / 20 29	3,2 / 0,5 / 3,0 / 0,7
15 So	1 28 / 8 15 / 13 53 / 20 27	3,2 / 0,6 / 3,1 / 0,7	30 Mo	2 08 / 8 57 / 14 34 / 21 03	3,2 / 0,5 / 2,9 / 0,7
31 Di	2 45 / 9 33 / 15 10 / 21 37	3,2 / 0,6 / 2,9 / 0,7			

● Neumond ☽ erstes Viertel ○ Vollmond ☾ letztes Viertel

UTC+ 1h00min (MEZ)   **Höhen sind auf SKN bezogen**

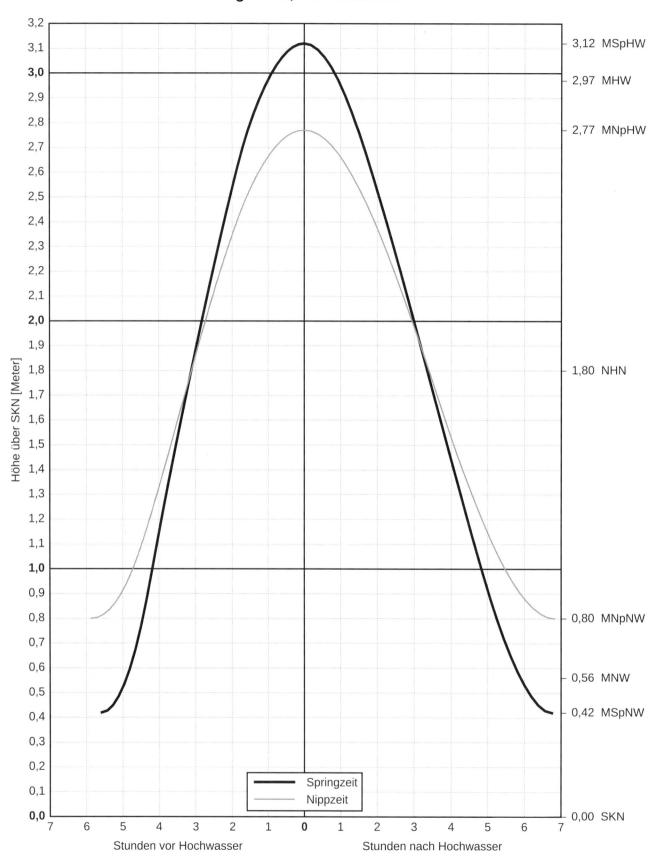

Husum
Breite: 54°28'N, Länge: 9°01'E

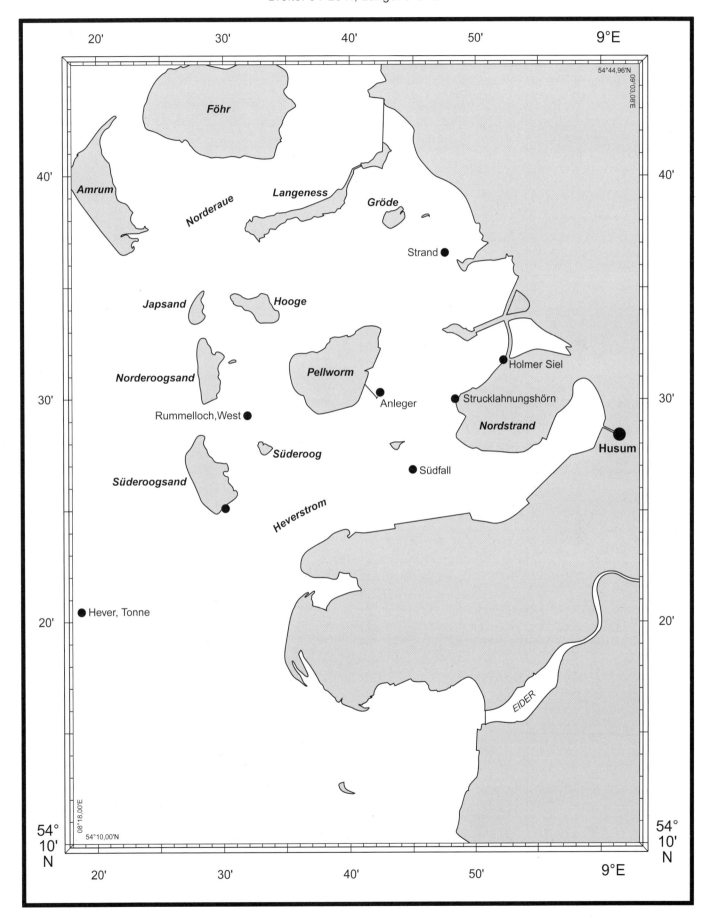

Husum 2019

Breite: 54° 28' N, Länge: 9° 01' E

Zeiten (Stunden und Minuten) und Höhen (Meter) der Hoch- und Niedrigwasser

Januar

Tag	Zeit	Höhe	Tag	Zeit	Höhe
1 Di	3 06 / 9 31 / 15 56 / 22 14	0,9 / 4,2 / 0,8 / 4,0	16 Mi	1 40 / 8 08 / 14 21 / 20 48	1,1 / 4,0 / 1,0 / 3,9
2 Mi	4 19 / 10 43 / 17 06 / 23 21	1,0 / 4,2 / 0,8 / 4,1	17 Do	2 53 / 9 23 / 15 37 / 22 02	1,1 / 4,0 / 1,0 / 4,0
3 Do	5 31 / 11 49 / 18 10	0,9 / 4,3 / 0,8	18 Fr	4 17 / 10 39 / 16 58 / 23 14	1,0 / 4,1 / 0,8 / 4,1
4 Fr	0 19 / 6 36 / 12 45 / 19 04	4,2 / 0,8 / 4,2 / 0,7	19 Sa	5 39 / 11 49 / 18 13	0,8 / 4,1 / 0,7
5 Sa	1 07 / 7 33 / 13 33 / 19 49	4,2 / 0,7 / 4,2 / 0,6	20 So	0 20 / 6 53 / 12 52 / 19 20	4,2 / 0,6 / 4,2 / 0,6
6 So ●	1 50 / 8 20 / 14 15 / 20 27	4,3 / 0,6 / 4,2 / 0,6	21 Mo ○	1 17 / 7 57 / 13 48 / 20 19	4,3 / 0,5 / 4,2 / 0,5
7 Mo	2 27 / 8 56 / 14 50 / 21 00	4,3 / 0,6 / 4,2 / 0,6	22 Di	2 09 / 8 55 / 14 42 / 21 13	4,4 / 0,5 / 4,3 / 0,5
8 Di	3 00 / 9 28 / 15 23 / 21 33	4,3 / 0,6 / 4,2 / 0,7	23 Mi	2 59 / 9 50 / 15 34 / 22 06	4,5 / 0,4 / 4,3 / 0,5
9 Mi	3 32 / 10 01 / 15 55 / 22 05	4,3 / 0,6 / 4,1 / 0,7	24 Do	3 50 / 10 44 / 16 24 / 22 54	4,5 / 0,4 / 4,2 / 0,5
10 Do	4 04 / 10 32 / 16 26 / 22 35	4,3 / 0,6 / 4,1 / 0,7	25 Fr	4 38 / 11 31 / 17 11 / 23 34	4,6 / 0,3 / 4,2 / 0,5
11 Fr	4 36 / 11 02 / 16 58 / 23 03	4,3 / 0,7 / 4,1 / 0,8	26 Sa	5 23 / 12 10 / 17 56	4,5 / 0,4 / 4,1
12 Sa	5 10 / 11 33 / 17 34 / 23 35	4,3 / 0,8 / 4,0 / 0,9	27 So ☾	0 11 / 6 09 / 12 47 / 18 41	0,5 / 4,4 / 0,5 / 4,0
13 So	5 46 / 12 05 / 18 13	4,3 / 0,8 / 4,0	28 Mo	0 49 / 6 55 / 13 25 / 19 27	0,6 / 4,3 / 0,6 / 3,9
14 Mo ☽	0 10 / 6 24 / 12 38 / 18 53	1,0 / 4,2 / 0,9 / 3,9	29 Di	1 29 / 7 44 / 14 05 / 20 18	0,7 / 4,2 / 0,7 / 3,9
15 Di	0 48 / 7 08 / 13 21 / 19 43	1,1 / 4,1 / 0,9 / 3,9	30 Mi	2 19 / 8 44 / 14 59 / 21 22	0,9 / 4,1 / 0,9 / 3,9
			31 Do	3 28 / 9 59 / 16 12 / 22 37	1,0 / 4,0 / 1,0 / 4,0

Februar

Tag	Zeit	Höhe	Tag	Zeit	Höhe
1 Fr	4 51 / 11 18 / 17 31 / 23 49	1,0 / 4,0 / 0,9 / 4,1	16 Sa	3 29 / 10 00 / 16 14 / 22 39	0,9 / 3,9 / 0,8 / 4,0
2 Sa	6 11 / 12 25 / 18 37	0,9 / 4,1 / 0,8	17 So	5 10 / 11 25 / 17 46 / 23 57	0,7 / 4,0 / 0,7 / 4,1
3 So	0 46 / 7 14 / 13 17 / 19 28	4,2 / 0,7 / 4,1 / 0,7	18 Mo	6 38 / 12 38 / 19 04	0,5 / 4,1 / 0,5
4 Mo ●	1 31 / 8 01 / 13 58 / 20 10	4,3 / 0,6 / 4,1 / 0,6	19 Di ○	1 03 / 7 50 / 13 39 / 20 10	4,3 / 0,4 / 4,2 / 0,5
5 Di	2 09 / 8 39 / 14 33 / 20 47	4,4 / 0,6 / 4,1 / 0,6	20 Mi	1 58 / 8 49 / 14 32 / 21 06	4,4 / 0,3 / 4,2 / 0,5
6 Mi	2 43 / 9 12 / 15 05 / 21 21	4,3 / 0,5 / 4,1 / 0,6	21 Do	2 48 / 9 41 / 15 21 / 21 58	4,5 / 0,3 / 4,2 / 0,4
7 Do	3 15 / 9 46 / 15 36 / 21 53	4,3 / 0,5 / 4,1 / 0,6	22 Fr	3 37 / 10 32 / 16 08 / 22 44	4,5 / 0,2 / 4,2 / 0,3
8 Fr	3 46 / 10 18 / 16 06 / 22 24	4,3 / 0,5 / 4,1 / 0,6	23 Sa	4 24 / 11 18 / 16 53 / 23 23	4,5 / 0,3 / 4,2 / 0,3
9 Sa	4 18 / 10 48 / 16 38 / 22 55	4,3 / 0,5 / 4,1 / 0,6	24 So	5 08 / 11 54 / 17 33 / 23 56	4,5 / 0,3 / 4,1 / 0,4
10 So	4 52 / 11 20 / 17 13 / 23 28	4,3 / 0,6 / 4,1 / 0,7	25 Mo	5 48 / 12 23 / 18 11	4,4 / 0,4 / 4,1
11 Mo	5 27 / 11 50 / 17 48 / 23 57	4,3 / 0,7 / 4,1 / 0,7	26 Di ☾	0 26 / 6 27 / 12 48 / 18 47	0,5 / 4,3 / 0,5 / 4,0
12 Di	5 58 / 12 14 / 18 17	4,3 / 0,8 / 4,0	27 Mi	0 55 / 7 06 / 13 16 / 19 29	0,6 / 4,1 / 0,7 / 3,8
13 Mi	0 19 / 6 29 / 12 38 / 18 51	0,8 / 4,1 / 0,8 / 3,9	28 Do	1 34 / 7 58 / 14 01 / 20 30	0,8 / 3,9 / 0,9 / 3,8
14 Do ☽	0 51 / 7 17 / 13 23 / 19 49	0,9 / 4,0 / 0,9 / 3,8			
15 Fr	1 55 / 8 30 / 14 40 / 21 11	1,0 / 3,9 / 0,9 / 3,8			

März

Tag	Zeit	Höhe	Tag	Zeit	Höhe
1 Fr	2 38 / 9 13 / 15 15 / 21 51	0,9 / 3,8 / 1,0 / 3,8	16 Sa	1 23 / 8 01 / 14 02 / 20 40	0,8 / 3,8 / 0,9 / 3,8
2 Sa	4 08 / 10 42 / 16 46 / 23 15	1,0 / 3,8 / 1,0 / 4,0	17 So	3 02 / 9 37 / 15 46 / 22 16	0,8 / 3,8 / 0,8 / 4,0
3 So	5 41 / 12 01 / 18 08	0,9 / 3,9 / 0,8	18 Mo	4 53 / 11 10 / 17 27 / 23 40	0,6 / 3,9 / 0,7 / 4,1
4 Mo	0 22 / 6 52 / 12 57 / 19 06	4,1 / 0,7 / 4,0 / 0,7	19 Di	6 27 / 12 26 / 18 50	0,4 / 4,0 / 0,5
5 Di	1 09 / 7 40 / 13 37 / 19 50	4,2 / 0,6 / 4,1 / 0,6	20 Mi	0 47 / 7 39 / 13 27 / 19 57	4,3 / 0,2 / 4,1 / 0,4
6 Mi ●	1 46 / 8 18 / 14 11 / 20 29	4,3 / 0,5 / 4,1 / 0,5	21 Do ○	1 44 / 8 37 / 14 19 / 20 53	4,4 / 0,1 / 4,2 / 0,3
7 Do	2 21 / 8 53 / 14 43 / 21 05	4,3 / 0,4 / 4,1 / 0,5	22 Fr	2 34 / 9 26 / 15 04 / 21 42	4,4 / 0,1 / 4,2 / 0,2
8 Fr	2 55 / 9 26 / 15 14 / 21 38	4,3 / 0,4 / 4,1 / 0,5	23 Sa	3 20 / 10 11 / 15 47 / 22 26	4,5 / 0,2 / 4,2 / 0,2
9 Sa	3 27 / 9 58 / 15 45 / 22 11	4,3 / 0,4 / 4,1 / 0,5	24 So	4 04 / 10 53 / 16 28 / 23 03	4,5 / 0,2 / 4,2 / 0,3
10 So	4 00 / 10 29 / 16 17 / 22 43	4,3 / 0,5 / 4,1 / 0,5	25 Mo	4 45 / 11 26 / 17 04 / 23 35	4,4 / 0,3 / 4,2 / 0,3
11 Mo	4 33 / 11 01 / 16 50 / 23 15	4,3 / 0,5 / 4,2 / 0,5	26 Di	5 22 / 11 50 / 17 37	4,3 / 0,4 / 4,1
12 Di	5 06 / 11 31 / 17 21 / 23 41	4,3 / 0,6 / 4,2 / 0,6	27 Mi	0 01 / 5 57 / 12 09 / 18 09	0,4 / 4,1 / 0,5 / 4,0
13 Mi	5 35 / 11 52 / 17 47 / 23 59	4,3 / 0,6 / 4,1 / 0,6	28 Do ☾	0 25 / 6 33 / 12 32 / 18 49	0,5 / 3,9 / 0,7 / 3,9
14 Do ☽	6 04 / 12 09 / 18 18	4,1 / 0,7 / 4,0	29 Fr	0 57 / 7 21 / 13 11 / 19 45	0,7 / 3,8 / 0,9 / 3,8
15 Fr	0 24 / 6 48 / 12 46 / 19 14	0,7 / 3,9 / 0,8 / 3,8	30 Sa	1 55 / 8 30 / 14 21 / 21 05	0,8 / 3,6 / 1,1 / 3,8
			31 So	3 23 / 9 59 / 15 57 / 22 33	0,9 / 3,7 / 1,0 / 3,9

April

Tag	Zeit	Höhe	Tag	Zeit	Höhe
1 Mo	4 59 / 11 23 / 17 28 / 23 46	0,8 / 3,8 / 0,9 / 4,1	16 Di	4 40 / 10 57 / 17 11 / 23 24	0,5 / 3,9 / 0,6 / 4,2
2 Di	6 16 / 12 24 / 18 33	0,6 / 3,9 / 0,7	17 Mi	6 10 / 12 10 / 18 31	0,3 / 4,0 / 0,5
3 Mi	0 37 / 7 07 / 13 05 / 19 19	4,2 / 0,5 / 4,0 / 0,6	18 Do	0 28 / 7 17 / 13 08 / 19 35	4,3 / 0,2 / 4,1 / 0,3
4 Do	1 15 / 7 46 / 13 41 / 20 00	4,2 / 0,4 / 4,1 / 0,5	19 Fr ○	1 24 / 8 14 / 13 59 / 20 32	4,4 / 0,1 / 4,2 / 0,2
5 Fr ●	1 53 / 8 25 / 14 17 / 20 41	4,3 / 0,3 / 4,1 / 0,4	20 Sa	2 16 / 9 03 / 14 44 / 21 22	4,4 / 0,1 / 4,2 / 0,2
6 Sa	2 30 / 9 00 / 14 50 / 21 17	4,3 / 0,3 / 4,1 / 0,4	21 So	3 01 / 9 44 / 15 23 / 22 02	4,4 / 0,1 / 4,3 / 0,2
7 So	3 04 / 9 33 / 15 21 / 21 51	4,3 / 0,3 / 4,2 / 0,4	22 Mo	3 41 / 10 18 / 15 59 / 22 37	4,4 / 0,2 / 4,2 / 0,2
8 Mo	3 37 / 10 04 / 15 53 / 22 24	4,3 / 0,4 / 4,2 / 0,4	23 Di	4 19 / 10 49 / 16 33 / 23 08	4,3 / 0,3 / 4,2 / 0,2
9 Di	4 10 / 10 37 / 16 25 / 22 56	4,3 / 0,4 / 4,2 / 0,4	24 Mi	4 56 / 11 14 / 17 06 / 23 34	4,2 / 0,4 / 4,1 / 0,3
10 Mi	4 43 / 11 08 / 16 57 / 23 24	4,3 / 0,5 / 4,2 / 0,5	25 Do	5 31 / 11 34 / 17 39 / 23 59	4,0 / 0,5 / 4,1 / 0,4
11 Do	5 16 / 11 33 / 17 28 / 23 49	4,2 / 0,5 / 4,2 / 0,5	26 Fr	6 07 / 11 58 / 18 18	3,9 / 0,7 / 4,0
12 Fr ☽	5 53 / 11 55 / 18 06	4,1 / 0,7 / 4,1	27 Sa	0 31 / 6 51 / 12 36 / 19 10	0,6 / 3,7 / 0,9 / 3,9
13 Sa	0 22 / 6 43 / 12 35 / 19 04	0,6 / 3,9 / 0,8 / 4,0	28 So	1 20 / 7 51 / 13 36 / 20 18	0,8 / 3,6 / 1,0 / 3,9
14 So	1 22 / 7 56 / 13 50 / 20 28	0,7 / 3,8 / 0,9 / 4,0	29 Mo	2 35 / 9 08 / 15 01 / 21 39	0,8 / 3,6 / 1,0 / 3,9
15 Mo	2 55 / 9 27 / 15 31 / 22 02	0,7 / 3,8 / 0,8 / 4,1	30 Di	4 03 / 10 30 / 16 31 / 22 54	0,8 / 3,7 / 0,9 / 4,0

● Neumond   ☽ erstes Viertel   ○ Vollmond   ☾ letztes Viertel

UTC+ 1h00min (MEZ)   Höhen sind auf SKN bezogen

Gezeitenvorausberechnungen 21

Husum 2019
Breite: 54° 28' N, Länge: 9° 01' E

Zeiten (Stunden und Minuten) und Höhen (Meter) der Hoch- und Niedrigwasser

Mai

Tag	Zeit	Höhe	Tag	Zeit	Höhe
1 Mi	5 21 / 11 36 / 17 43 / 23 52	0,6 / 3,8 / 0,7 / 4,1	**16** Do	5 43 / 11 48 / 18 03	0,3 / 4,1 / 0,5
2 Do	6 18 / 12 24 / 18 36	0,5 / 4,0 / 0,6	**17** Fr	0 06 / 6 47 / 12 44 / 19 06	4,3 / 0,2 / 4,2 / 0,4
3 Fr	0 37 / 7 04 / 13 05 / 19 23	4,2 / 0,4 / 4,1 / 0,5	**18** Sa ○	1 02 / 7 43 / 13 34 / 20 05	4,4 / 0,2 / 4,2 / 0,3
4 Sa ●	1 19 / 7 49 / 13 44 / 20 09	4,3 / 0,4 / 4,2 / 0,4	**19** So	1 54 / 8 33 / 14 19 / 20 56	4,3 / 0,2 / 4,3 / 0,2
5 So	1 59 / 8 29 / 14 20 / 20 49	4,3 / 0,3 / 4,2 / 0,4	**20** Mo	2 39 / 9 12 / 14 57 / 21 36	4,3 / 0,2 / 4,3 / 0,2
6 Mo	2 36 / 9 03 / 14 53 / 21 25	4,3 / 0,3 / 4,3 / 0,3	**21** Di	3 18 / 9 42 / 15 31 / 22 09	4,3 / 0,3 / 4,3 / 0,2
7 Di	3 12 / 9 36 / 15 27 / 22 01	4,3 / 0,4 / 4,3 / 0,4	**22** Mi	3 55 / 10 11 / 16 05 / 22 39	4,2 / 0,4 / 4,2 / 0,3
8 Mi	3 48 / 10 13 / 16 03 / 22 37	4,3 / 0,4 / 4,3 / 0,4	**23** Do	4 32 / 10 40 / 16 40 / 23 09	4,1 / 0,5 / 4,2 / 0,3
9 Do	4 25 / 10 49 / 16 40 / 23 12	4,2 / 0,5 / 4,3 / 0,4	**24** Fr	5 08 / 11 08 / 17 16 / 23 38	4,0 / 0,6 / 4,2 / 0,5
10 Fr	5 07 / 11 23 / 17 20 / 23 50	4,2 / 0,6 / 4,3 / 0,5	**25** Sa	5 45 / 11 36 / 17 54	3,9 / 0,7 / 4,2
11 Sa	5 54 / 11 57 / 18 07	4,1 / 0,7 / 4,3	**26** So ☾	0 11 / 6 25 / 12 11 / 18 39	0,6 / 3,8 / 0,9 / 4,1
12 So ☽	0 35 / 6 51 / 12 43 / 19 07	0,5 / 4,0 / 0,8 / 4,2	**27** Mo	0 52 / 7 14 / 12 59 / 19 34	0,8 / 3,8 / 1,0 / 4,0
13 Mo	1 36 / 8 00 / 13 52 / 20 24	0,6 / 3,9 / 0,8 / 4,2	**28** Di	1 48 / 8 16 / 14 05 / 20 40	0,8 / 3,7 / 1,0 / 4,0
14 Di	2 55 / 9 20 / 15 21 / 21 48	0,6 / 3,9 / 0,7 / 4,2	**29** Mi	2 58 / 9 27 / 15 24 / 21 52	0,8 / 3,7 / 0,9 / 4,0
15 Mi	4 24 / 10 40 / 16 49 / 23 04	0,5 / 4,0 / 0,6 / 4,3	**30** Do	4 12 / 10 36 / 16 40 / 22 58	0,7 / 3,9 / 0,8 / 4,1
			31 Fr	5 17 / 11 34 / 17 43 / 23 52	0,6 / 4,0 / 0,7 / 4,2

Juni

Tag	Zeit	Höhe	Tag	Zeit	Höhe
1 Sa	6 14 / 12 22 / 18 37	0,5 / 4,1 / 0,6	**16** So	0 39 / 7 07 / 13 08 / 19 35	4,3 / 0,4 / 4,3 / 0,4
2 So	0 40 / 7 06 / 13 07 / 19 29	4,3 / 0,5 / 4,2 / 0,5	**17** Mo ○	1 32 / 7 58 / 13 54 / 20 29	4,3 / 0,3 / 4,3 / 0,3
3 Mo ●	1 25 / 7 53 / 13 48 / 20 15	4,3 / 0,4 / 4,3 / 0,4	**18** Di	2 18 / 8 39 / 14 35 / 21 10	4,2 / 0,3 / 4,3 / 0,3
4 Di	2 06 / 8 32 / 14 26 / 20 57	4,3 / 0,4 / 4,3 / 0,4	**19** Mi	2 58 / 9 11 / 15 10 / 21 43	4,2 / 0,4 / 4,3 / 0,3
5 Mi	2 48 / 9 12 / 15 06 / 21 41	4,3 / 0,4 / 4,4 / 0,4	**20** Do	3 35 / 9 42 / 15 45 / 22 15	4,2 / 0,5 / 4,3 / 0,4
6 Do	3 32 / 9 55 / 15 50 / 22 26	4,3 / 0,5 / 4,4 / 0,4	**21** Fr	4 12 / 10 16 / 16 20 / 22 47	4,1 / 0,6 / 4,4 / 0,5
7 Fr	4 17 / 10 40 / 16 33 / 23 10	4,2 / 0,5 / 4,5 / 0,4	**22** Sa	4 47 / 10 47 / 16 55 / 23 19	4,1 / 0,6 / 4,4 / 0,5
8 Sa	5 05 / 11 21 / 17 18 / 23 55	4,2 / 0,6 / 4,4 / 0,4	**23** So	5 22 / 11 17 / 17 31 / 23 51	4,0 / 0,7 / 4,4 / 0,7
9 So	5 57 / 12 04 / 18 09	4,2 / 0,7 / 4,4	**24** Mo	5 59 / 11 50 / 18 11	4,0 / 0,9 / 4,3
10 Mo ☽	0 46 / 6 55 / 12 52 / 19 09	0,5 / 4,1 / 0,7 / 4,4	**25** Di ☾	0 26 / 6 41 / 12 29 / 18 54	0,7 / 3,9 / 0,9 / 4,2
11 Di	1 44 / 7 58 / 13 52 / 20 16	0,5 / 4,0 / 0,7 / 4,3	**26** Mi	1 06 / 7 28 / 13 17 / 19 46	0,8 / 3,9 / 1,0 / 4,1
12 Mi	2 48 / 9 05 / 15 03 / 21 29	0,5 / 4,0 / 0,7 / 4,3	**27** Do	1 56 / 8 25 / 14 18 / 20 48	0,8 / 3,9 / 1,0 / 4,1
13 Do	3 58 / 10 15 / 16 18 / 22 40	0,5 / 4,1 / 0,7 / 4,3	**28** Fr	2 59 / 9 30 / 15 29 / 21 58	0,8 / 3,9 / 1,0 / 4,1
14 Fr	5 08 / 11 20 / 17 29 / 23 43	0,5 / 4,2 / 0,6 / 4,4	**29** Sa	4 09 / 10 35 / 16 41 / 23 02	0,8 / 4,0 / 0,9 / 4,2
15 Sa	6 11 / 12 17 / 18 34	0,4 / 4,2 / 0,5	**30** So	5 17 / 11 34 / 17 46 / 23 59	0,7 / 4,1 / 0,7 / 4,2

Juli

Tag	Zeit	Höhe	Tag	Zeit	Höhe
1 Mo	6 20 / 12 28 / 18 48	0,6 / 4,2 / 0,6	**16** Di ○	1 15 / 7 26 / 13 33 / 20 03	4,2 / 0,5 / 4,3 / 0,5
2 Di ●	0 52 / 7 17 / 13 18 / 19 45	4,3 / 0,5 / 4,3 / 0,5	**17** Mi	2 01 / 8 11 / 14 16 / 20 46	4,2 / 0,5 / 4,3 / 0,4
3 Mi	1 42 / 8 07 / 14 05 / 20 38	4,3 / 0,4 / 4,4 / 0,4	**18** Do	2 42 / 8 49 / 14 53 / 21 21	4,2 / 0,5 / 4,4 / 0,4
4 Do	2 32 / 8 56 / 14 52 / 21 30	4,3 / 0,4 / 4,4 / 0,4	**19** Fr	3 19 / 9 23 / 15 28 / 21 54	4,2 / 0,5 / 4,4 / 0,5
5 Fr	3 22 / 9 47 / 15 41 / 22 22	4,3 / 0,5 / 4,5 / 0,3	**20** Sa	3 53 / 9 57 / 16 01 / 22 27	4,2 / 0,6 / 4,4 / 0,5
6 Sa	4 13 / 10 36 / 16 28 / 23 11	4,3 / 0,5 / 4,5 / 0,3	**21** So	4 25 / 10 29 / 16 33 / 22 57	4,1 / 0,6 / 4,4 / 0,6
7 So	5 01 / 11 20 / 17 14 / 23 56	4,2 / 0,5 / 4,5 / 0,3	**22** Mo	4 57 / 10 58 / 17 07 / 23 28	4,1 / 0,7 / 4,4 / 0,7
8 Mo	5 52 / 12 03 / 18 04	4,2 / 0,6 / 4,5	**23** Di	5 32 / 11 30 / 17 44	4,1 / 0,8 / 4,4
9 Di ☽	0 44 / 6 46 / 12 49 / 19 00	0,4 / 4,1 / 0,6 / 4,5	**24** Mi	0 00 / 6 10 / 12 05 / 18 21	0,7 / 4,1 / 0,9 / 4,3
10 Mi	1 34 / 7 41 / 13 38 / 19 57	0,5 / 4,0 / 0,7 / 4,4	**25** Do ☾	0 31 / 6 47 / 12 39 / 18 59	0,8 / 4,0 / 0,9 / 4,2
11 Do	2 24 / 8 37 / 14 33 / 21 00	0,5 / 4,0 / 0,7 / 4,3	**26** Fr	1 04 / 7 28 / 13 19 / 19 49	0,8 / 3,9 / 1,0 / 4,1
12 Fr	3 20 / 9 39 / 15 38 / 22 09	0,6 / 4,1 / 0,8 / 4,3	**27** Sa	1 51 / 8 23 / 14 19 / 20 56	0,9 / 3,9 / 1,0 / 4,0
13 Sa	4 24 / 10 47 / 16 51 / 23 19	0,7 / 4,1 / 0,8 / 4,3	**28** So	2 59 / 9 34 / 15 37 / 22 12	0,9 / 3,9 / 1,0 / 4,1
14 So	5 32 / 11 50 / 18 03	0,7 / 4,2 / 0,7	**29** Mo	4 18 / 10 47 / 16 59 / 23 24	0,8 / 4,0 / 0,8 / 4,1
15 Mo	0 21 / 6 33 / 12 45 / 19 09	4,2 / 0,6 / 4,3 / 0,5	**30** Di	5 37 / 11 55 / 18 16	0,7 / 4,1 / 0,6
			31 Mi	0 28 / 6 48 / 12 56 / 19 25	4,2 / 0,6 / 4,3 / 0,5

August

Tag	Zeit	Höhe	Tag	Zeit	Höhe
1 Do ●	1 27 / 7 50 / 13 50 / 20 26	4,3 / 0,5 / 4,4 / 0,4	**16** Fr	2 24 / 8 30 / 14 35 / 21 01	4,2 / 0,6 / 4,4 / 0,5
2 Fr	2 21 / 8 46 / 14 41 / 21 22	4,3 / 0,4 / 4,5 / 0,3	**17** Sa	2 59 / 9 07 / 15 08 / 21 34	4,2 / 0,5 / 4,4 / 0,5
3 Sa	3 13 / 9 40 / 15 30 / 22 15	4,3 / 0,4 / 4,5 / 0,2	**18** So	3 31 / 9 40 / 15 40 / 22 05	4,2 / 0,5 / 4,4 / 0,5
4 So	4 03 / 10 29 / 16 19 / 23 04	4,3 / 0,4 / 4,5 / 0,2	**19** Mo	4 01 / 10 10 / 16 11 / 22 33	4,1 / 0,5 / 4,4 / 0,5
5 Mo	4 51 / 11 13 / 17 04 / 23 47	4,2 / 0,4 / 4,5 / 0,3	**20** Di	4 32 / 10 39 / 16 43 / 23 02	4,1 / 0,6 / 4,4 / 0,6
6 Di	5 37 / 11 52 / 17 51	4,2 / 0,4 / 4,5	**21** Mi	5 05 / 11 10 / 17 17 / 23 33	4,2 / 0,7 / 4,4 / 0,7
7 Mi ☽	0 27 / 6 23 / 12 32 / 18 39	0,4 / 4,1 / 0,5 / 4,4	**22** Do	5 39 / 11 41 / 17 49 / 23 59	4,2 / 0,8 / 4,3 / 0,8
8 Do	1 06 / 7 09 / 13 11 / 19 28	0,5 / 4,1 / 0,7 / 4,3	**23** Fr ☾	6 08 / 12 06 / 18 19	4,1 / 0,8 / 4,2
9 Fr	1 45 / 7 57 / 13 54 / 20 23	0,7 / 4,0 / 0,8 / 4,2	**24** Sa	0 19 / 6 38 / 12 30 / 18 59	0,8 / 4,0 / 0,9 / 4,1
10 Sa	2 30 / 8 55 / 14 53 / 21 33	0,8 / 4,0 / 0,9 / 4,1	**25** So	0 53 / 7 26 / 13 20 / 20 05	0,9 / 3,9 / 1,0 / 3,9
11 So	3 34 / 10 08 / 16 12 / 22 53	1,0 / 4,0 / 0,9 / 4,1	**26** Mo	1 58 / 8 41 / 14 44 / 21 31	1,0 / 3,9 / 1,0 / 3,9
12 Mo	4 53 / 11 25 / 17 37	1,0 / 4,1 / 0,8	**27** Di	3 28 / 10 09 / 16 24 / 22 58	1,0 / 3,9 / 0,8 / 4,0
13 Di	0 07 / 6 06 / 12 28 / 18 48	4,1 / 0,8 / 4,3 / 0,7	**28** Mi	5 02 / 11 31 / 17 56	0,8 / 4,1 / 0,6
14 Mi	1 03 / 7 03 / 13 17 / 19 43	4,1 / 0,7 / 4,3 / 0,6	**29** Do	0 13 / 6 26 / 12 39 / 19 13	4,1 / 0,7 / 4,3 / 0,5
15 Do ○	1 46 / 7 49 / 13 58 / 20 25	4,1 / 0,6 / 4,4 / 0,5	**30** Fr ●	1 15 / 7 36 / 13 36 / 20 16	4,2 / 0,5 / 4,4 / 0,3
			31 Sa	2 10 / 8 36 / 14 27 / 21 10	4,3 / 0,4 / 4,5 / 0,3

● Neumond ☽ erstes Viertel ○ Vollmond ☾ letztes Viertel

UTC+ 1h00min (MEZ)   Höhen sind auf SKN bezogen

Husum 2019

Breite: 54° 28' N, Länge: 9° 01' E

Zeiten (Stunden und Minuten) und Höhen (Meter) der Hoch- und Niedrigwasser

September

Tag	Zeit	Höhe	Tag	Zeit	Höhe
1 So	2 59 / 9 29 / 15 16 / 22 01	4,3 / 0,4 / 4,5 / 0,2	16 Mo	3 05 / 9 20 / 15 17 / 21 40	4,1 / 0,5 / 4,3 / 0,4
2 Mo	3 46 / 10 16 / 16 03 / 22 48	4,3 / 0,3 / 4,5 / 0,2	17 Di	3 35 / 9 50 / 15 48 / 22 07	4,2 / 0,5 / 4,3 / 0,5
3 Di	4 32 / 10 57 / 16 48 / 23 27	4,3 / 0,3 / 4,5 / 0,3	18 Mi	4 05 / 10 19 / 16 18 / 22 34	4,2 / 0,6 / 4,3 / 0,6
4 Mi	5 14 / 11 33 / 17 30 / 23 59	4,2 / 0,4 / 4,4 / 0,4	19 Do	4 35 / 10 47 / 16 48 / 23 03	4,2 / 0,6 / 4,3 / 0,7
5 Do	5 52 / 12 07 / 18 10	4,2 / 0,5 / 4,3	20 Fr	5 05 / 11 14 / 17 17 / 23 27	4,2 / 0,7 / 4,3 / 0,7
6 Fr)	0 27 / 6 30 / 12 38 / 18 53	0,6 / 4,1 / 0,6 / 4,2	21 Sa	5 32 / 11 36 / 17 47 / 23 45	4,2 / 0,8 / 4,2 / 0,8
7 Sa	0 56 / 7 12 / 13 14 / 19 44	0,8 / 4,0 / 0,8 / 4,0	22 So ☾	6 01 / 11 59 / 18 27	4,0 / 0,9 / 4,0
8 So	1 37 / 8 10 / 14 10 / 20 54	1,0 / 3,9 / 1,0 / 3,9	23 Mo	0 15 / 6 49 / 12 47 / 19 33	1,0 / 3,9 / 1,0 / 3,9
9 Mo	2 43 / 9 28 / 15 34 / 22 22	1,2 / 3,9 / 1,1 / 3,9	24 Di	1 19 / 8 07 / 14 15 / 21 05	1,1 / 3,9 / 1,0 / 3,9
10 Di	4 12 / 10 55 / 17 10 / 23 46	1,2 / 4,1 / 1,0 / 4,0	25 Mi	2 56 / 9 42 / 16 04 / 22 40	1,1 / 4,0 / 0,9 / 4,0
11 Mi	5 39 / 12 08 / 18 28	1,0 / 4,2 / 0,8	26 Do	4 40 / 11 10 / 17 43 / 23 59	0,9 / 4,1 / 0,6 / 4,1
12 Do	0 47 / 6 42 / 12 58 / 19 20	4,1 / 0,8 / 4,3 / 0,6	27 Fr	6 08 / 12 21 / 18 59	0,7 / 4,3 / 0,4
13 Fr	1 26 / 7 26 / 13 35 / 19 59	4,1 / 0,7 / 4,4 / 0,5	28 Sa ●	1 01 / 7 19 / 13 19 / 19 59	4,2 / 0,6 / 4,4 / 0,3
14 Sa ○	1 59 / 8 06 / 14 10 / 20 35	4,1 / 0,6 / 4,4 / 0,5	29 So	1 53 / 8 19 / 14 10 / 20 52	4,2 / 0,4 / 4,5 / 0,2
15 So	2 33 / 8 45 / 14 44 / 21 09	4,1 / 0,6 / 4,3 / 0,4	30 Mo	2 40 / 9 11 / 14 57 / 21 39	4,3 / 0,3 / 4,5 / 0,2

Oktober

Tag	Zeit	Höhe	Tag	Zeit	Höhe
1 Di	3 24 / 9 57 / 15 42 / 22 21	4,3 / 0,3 / 4,5 / 0,3	16 Mi	3 06 / 9 27 / 15 21 / 21 39	4,2 / 0,5 / 4,3 / 0,5
2 Mi	4 05 / 10 36 / 16 24 / 22 57	4,3 / 0,3 / 4,5 / 0,4	17 Do	3 36 / 9 56 / 15 51 / 22 06	4,3 / 0,6 / 4,3 / 0,6
3 Do	4 44 / 11 10 / 17 03 / 23 25	4,2 / 0,4 / 4,4 / 0,5	18 Fr	4 05 / 10 24 / 16 20 / 22 35	4,3 / 0,6 / 4,3 / 0,7
4 Fr	5 18 / 11 40 / 17 41 / 23 47	4,2 / 0,4 / 4,2 / 0,6	19 Sa	4 35 / 10 50 / 16 51 / 23 01	4,3 / 0,7 / 4,2 / 0,8
5 Sa)	5 52 / 12 08 / 18 20	4,1 / 0,6 / 4,0	20 So	5 06 / 11 17 / 17 28 / 23 26	4,2 / 0,7 / 4,1 / 0,9
6 So	0 11 / 6 33 / 12 41 / 19 08	0,8 / 4,0 / 0,8 / 3,8	21 Mo ☾	5 41 / 11 50 / 18 15	4,1 / 0,9 / 4,0
7 Mo	0 50 / 7 28 / 13 34 / 20 15	1,1 / 3,9 / 1,0 / 3,7	22 Di	0 01 / 6 33 / 12 43 / 19 22	1,0 / 4,1 / 1,0 / 3,9
8 Di	1 55 / 8 45 / 14 55 / 21 41	1,3 / 3,9 / 1,1 / 3,8	23 Mi	1 06 / 7 49 / 14 07 / 20 49	1,1 / 4,0 / 1,0 / 3,9
9 Mi	3 26 / 10 14 / 16 32 / 23 09	1,3 / 4,0 / 1,1 / 3,9	24 Do	2 41 / 9 22 / 15 51 / 22 22	1,1 / 4,1 / 0,8 / 4,0
10 Do	5 00 / 11 33 / 17 53	1,1 / 4,2 / 0,9	25 Fr	4 22 / 10 49 / 17 26 / 23 40	1,0 / 4,2 / 0,6 / 4,1
11 Fr	0 15 / 6 10 / 12 27 / 18 47	4,0 / 0,9 / 4,3 / 0,5	26 Sa	5 48 / 11 59 / 18 38	0,8 / 4,3 / 0,4
12 Sa	0 56 / 6 56 / 13 04 / 19 25	4,0 / 0,8 / 4,3 / 0,6	27 So	0 40 / 6 56 / 12 57 / 19 37	4,2 / 0,6 / 4,4 / 0,3
13 So ○	1 28 / 7 36 / 13 39 / 20 02	4,1 / 0,7 / 4,3 / 0,5	28 Mo ●	1 31 / 7 56 / 13 49 / 20 28	4,2 / 0,5 / 4,5 / 0,3
14 Mo	2 02 / 8 17 / 14 16 / 20 39	4,1 / 0,6 / 4,3 / 0,5	29 Di	2 17 / 8 49 / 14 36 / 21 12	4,3 / 0,4 / 4,5 / 0,4
15 Di	2 36 / 8 55 / 14 50 / 21 11	4,2 / 0,5 / 4,3 / 0,5	30 Mi	2 58 / 9 33 / 15 17 / 21 48	4,3 / 0,4 / 4,4 / 0,4
			31 Do	3 35 / 10 11 / 15 57 / 22 21	4,3 / 0,4 / 4,4 / 0,5

November

Tag	Zeit	Höhe	Tag	Zeit	Höhe
1 Fr	4 12 / 10 45 / 16 36 / 22 50	4,3 / 0,4 / 4,2 / 0,5	16 Sa	3 41 / 10 07 / 16 01 / 22 17	4,3 / 0,6 / 4,2 / 0,7
2 Sa	4 47 / 11 15 / 17 14 / 23 14	4,2 / 0,5 / 4,1 / 0,7	17 So	4 16 / 10 39 / 16 38 / 22 50	4,4 / 0,7 / 4,2 / 0,8
3 So	5 23 / 11 43 / 17 53 / 23 39	4,2 / 0,6 / 3,9 / 0,9	18 Mo	4 53 / 11 14 / 17 22 / 23 24	4,3 / 0,7 / 4,1 / 0,9
4 Mo	6 02 / 12 17 / 18 38	4,1 / 0,8 / 3,8	19 Di ☾	5 35 / 11 57 / 18 15	4,3 / 0,8 / 4,0
5 Di	0 16 / 6 53 / 13 04 / 19 35	1,1 / 4,0 / 1,0 / 3,7	20 Mi	0 06 / 6 29 / 12 53 / 19 20	1,0 / 4,2 / 0,8 / 3,9
6 Mi	1 13 / 7 59 / 14 13 / 20 49	1,3 / 4,0 / 1,1 / 3,7	21 Do	1 08 / 7 39 / 14 07 / 20 36	1,1 / 4,2 / 0,8 / 3,9
7 Do	2 33 / 9 17 / 15 37 / 22 11	1,3 / 4,0 / 1,1 / 3,8	22 Fr	2 30 / 9 02 / 15 34 / 21 58	1,0 / 4,2 / 0,8 / 4,0
8 Fr	4 04 / 10 36 / 16 57 / 23 22	1,2 / 4,1 / 0,9 / 3,9	23 Sa	4 01 / 10 24 / 17 00 / 23 13	0,9 / 4,3 / 0,7 / 4,1
9 Sa	5 21 / 11 39 / 17 57	1,0 / 4,2 / 0,8	24 So	5 21 / 11 34 / 18 10	0,8 / 4,4 / 0,5
10 So	0 13 / 6 15 / 12 25 / 18 41	4,0 / 0,9 / 4,2 / 0,7	25 Mo	0 14 / 6 29 / 12 33 / 19 09	4,2 / 0,7 / 4,4 / 0,5
11 Mo	0 51 / 7 00 / 13 04 / 19 24	4,1 / 0,8 / 4,3 / 0,6	26 Di ●	1 06 / 7 30 / 13 26 / 20 00	4,3 / 0,6 / 4,4 / 0,4
12 Di ○	1 28 / 7 44 / 13 43 / 20 05	4,2 / 0,7 / 4,3 / 0,6	27 Mi	1 52 / 8 25 / 14 14 / 20 43	4,3 / 0,5 / 4,4 / 0,4
13 Mi	2 02 / 8 25 / 14 19 / 20 40	4,2 / 0,6 / 4,3 / 0,6	28 Do	2 32 / 9 09 / 14 55 / 21 16	4,3 / 0,5 / 4,3 / 0,5
14 Do	2 34 / 9 00 / 14 52 / 21 11	4,3 / 0,6 / 4,3 / 0,6	29 Fr	3 09 / 9 46 / 15 34 / 21 49	4,3 / 0,5 / 4,3 / 0,5
15 Fr	3 07 / 9 33 / 15 26 / 21 43	4,3 / 0,6 / 4,3 / 0,7	30 Sa	3 46 / 10 21 / 16 14 / 22 22	4,3 / 0,5 / 4,2 / 0,7

Dezember

Tag	Zeit	Höhe	Tag	Zeit	Höhe
1 So	4 24 / 10 55 / 16 53 / 22 53	4,3 / 0,5 / 4,1 / 0,7	16 Mo	4 08 / 10 43 / 16 36 / 22 52	4,5 / 0,6 / 4,2 / 0,7
2 Mo	5 01 / 11 26 / 17 30 / 23 21	4,3 / 0,6 / 4,0 / 0,9	17 Di	4 48 / 11 23 / 17 22 / 23 31	4,5 / 0,6 / 4,1 / 0,8
3 Di	5 39 / 11 58 / 18 10 / 23 54	4,3 / 0,8 / 3,9 / 1,0	18 Mi	5 34 / 12 09 / 18 15	4,4 / 0,6 / 4,1
4 Mi)	6 21 / 12 37 / 18 56	4,2 / 0,9 / 3,8	19 Do ☾	0 15 / 6 27 / 13 02 / 19 14	0,9 / 4,4 / 0,6 / 4,0
5 Do	0 38 / 7 12 / 13 28 / 19 53	1,2 / 4,1 / 1,0 / 3,7	20 Fr	1 09 / 7 28 / 14 01 / 20 17	0,9 / 4,3 / 0,7 / 3,9
6 Fr	1 39 / 8 14 / 14 33 / 21 01	1,3 / 4,0 / 1,0 / 3,8	21 Sa	2 15 / 8 38 / 15 09 / 21 26	0,9 / 4,3 / 0,7 / 4,0
7 Sa	2 55 / 9 26 / 15 45 / 22 13	1,2 / 4,0 / 1,0 / 3,9	22 So	3 30 / 9 53 / 16 23 / 22 38	0,9 / 4,3 / 0,7 / 4,1
8 So	4 14 / 10 37 / 16 52 / 23 15	1,2 / 4,1 / 0,9 / 4,0	23 Mo	4 47 / 11 05 / 17 35 / 23 43	0,9 / 4,3 / 0,7 / 4,2
9 Mo	5 21 / 11 36 / 17 49	1,0 / 4,2 / 0,9	24 Di	5 59 / 12 09 / 18 38	0,8 / 4,3 / 0,6
10 Di	0 05 / 6 16 / 12 24 / 18 42	4,1 / 0,9 / 4,2 / 0,8	25 Mi	0 39 / 7 04 / 13 06 / 19 32	4,2 / 0,7 / 4,3 / 0,6
11 Mi	0 48 / 7 06 / 13 07 / 19 29	4,2 / 0,8 / 4,3 / 0,7	26 Do ●	1 29 / 8 02 / 13 56 / 20 17	4,3 / 0,6 / 4,3 / 0,6
12 Do ○	1 28 / 7 52 / 13 48 / 20 10	4,3 / 0,7 / 4,3 / 0,6	27 Fr	2 12 / 8 48 / 14 38 / 20 53	4,3 / 0,5 / 4,3 / 0,6
13 Fr	2 05 / 8 34 / 14 27 / 20 48	4,3 / 0,6 / 4,3 / 0,7	28 Sa	2 50 / 9 26 / 15 17 / 21 27	4,3 / 0,5 / 4,2 / 0,7
14 Sa	2 44 / 9 17 / 15 09 / 21 30	4,4 / 0,6 / 4,3 / 0,7	29 So	3 27 / 10 02 / 15 56 / 22 04	4,4 / 0,6 / 4,2 / 0,7
15 So	3 26 / 10 01 / 15 52 / 22 13	4,4 / 0,6 / 4,2 / 0,7	30 Mo	4 05 / 10 38 / 16 33 / 22 39	4,4 / 0,6 / 4,1 / 0,7
			31 Di	4 41 / 11 11 / 17 07 / 23 08	4,4 / 0,6 / 4,0 / 0,8

● Neumond) erstes Viertel ○ Vollmond ☾ letztes Viertel

UTC+ 1h00min (MEZ)   Höhen sind auf SKN bezogen

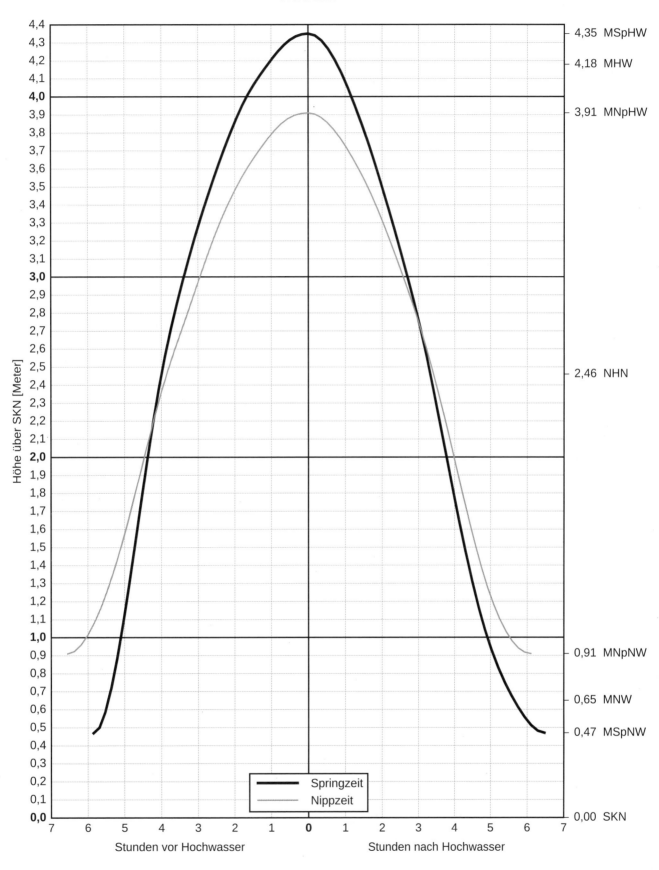

Büsum
Breite: 54°07'N, Länge: 8°52'E

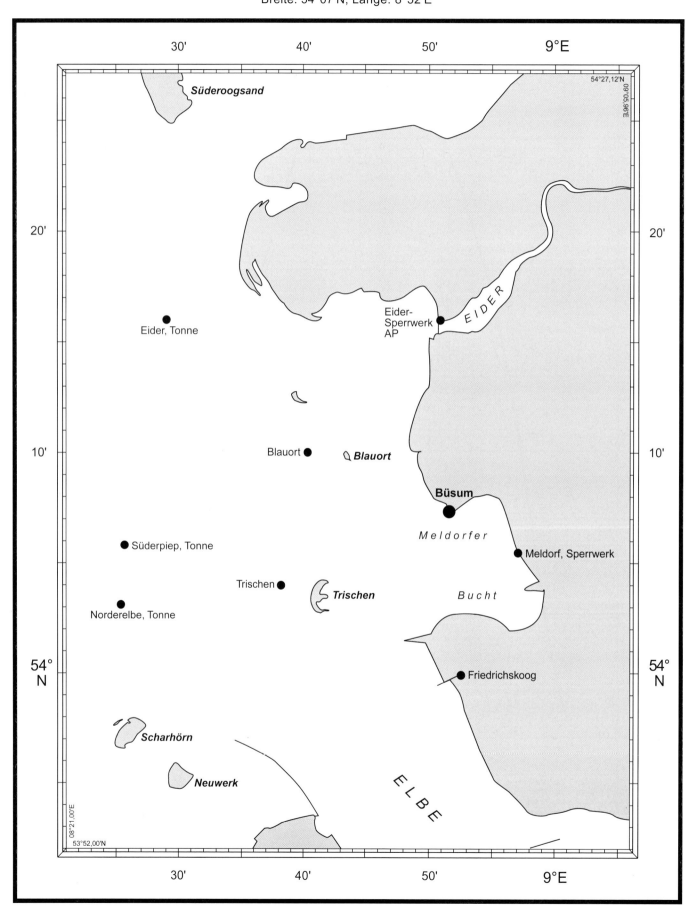

Büsum 2019

Breite: 54° 07' N, Länge: 8° 52' E

Zeiten (Stunden und Minuten) und Höhen (Meter) der Hoch- und Niedrigwasser

Januar

Tag	Zeit	Höhe		Zeit	Höhe
1 Di	1 57 8 28 14 39 21 14	0,9 3,9 0,8 3,6	**16** Mi	0 43 7 08 13 22 19 52	1,0 3,7 0,9 3,6
2 Mi	3 12 9 40 15 56 22 20	0,9 3,9 0,8 3,7	**17** Do	1 59 8 21 14 38 21 06	1,0 3,7 0,9 3,6
3 Do	4 26 10 47 17 02 23 17	0,9 3,9 0,8 3,8	**18** Fr	3 19 9 35 15 54 22 17	0,9 3,7 0,8 3,7
4 Fr	5 30 11 43 17 56	0,8 3,9 0,7	**19** Sa	4 34 10 44 17 05 23 20	0,7 3,8 0,6 3,8
5 Sa	0 05 6 24 12 31 18 43	3,9 0,6 3,9 0,6	**20** So	5 45 11 46 18 12	0,5 3,9 0,5
6 So ●	0 46 7 09 13 11 19 22	3,9 0,5 3,8 0,6	**21** Mo ○	0 16 6 51 12 44 19 14	3,9 0,4 3,9 0,5
7 Mo	1 22 7 45 13 47 19 53	4,0 0,5 3,8 0,6	**22** Di	1 07 7 50 13 39 20 11	4,1 0,4 3,9 0,5
8 Di	1 55 8 18 14 20 20 24	4,0 0,5 3,8 0,6	**23** Mi	1 57 8 45 14 33 21 04	4,2 0,3 3,9 0,5
9 Mi	2 27 8 51 14 52 20 58	4,0 0,5 3,8 0,6	**24** Do	2 46 9 36 15 24 21 50	4,2 0,3 3,9 0,4
10 Do	2 59 9 23 15 24 21 28	4,0 0,6 3,7 0,7	**25** Fr	3 33 10 16 16 12 22 28	4,2 0,3 3,8 0,4
11 Fr	3 32 9 54 15 57 21 56	4,0 0,6 3,7 0,7	**26** Sa	4 16 10 47 16 57 23 02	4,2 0,3 3,8 0,5
12 Sa	4 07 10 24 16 33 22 28	4,0 0,7 3,7 0,8	**27** So ☾	5 00 11 18 17 41 23 36	4,1 0,4 3,7 0,6
13 So	4 44 10 55 17 11 23 03	3,9 0,7 3,7 0,9	**28** Mo	5 47 11 56 18 25	4,0 0,5 3,6
14 Mo ☽	5 22 11 31 17 52 23 45	3,9 0,8 3,6 0,9	**29** Di	0 17 6 39 12 45 19 16	0,7 3,9 0,6 3,5
15 Di	6 08 12 18 18 45	3,8 0,8 3,5	**30** Mi	1 12 7 43 13 51 20 22	0,8 3,7 0,8 3,5
			31 Do	2 27 9 00 15 13 21 38	0,9 3,7 0,9 3,6

Februar

Tag	Zeit	Höhe		Zeit	Höhe
1 Fr	3 50 10 18 16 31 22 48	0,9 3,7 0,9 3,7	**16** Sa	2 29 8 55 15 13 21 39	0,8 3,6 0,8 3,6
2 Sa	5 04 11 24 17 32 23 44	0,8 3,8 0,7 3,8	**17** So	4 03 10 20 16 41 22 56	0,6 3,7 0,6 3,8
3 So	6 02 12 14 18 21	0,6 3,8 0,7	**18** Mo	5 29 11 33 18 01	0,5 3,8 0,5
4 Mo ●	0 27 6 48 12 55 19 04	3,9 0,5 3,8 0,6	**19** Di ○	0 00 6 45 12 36 19 10	3,9 0,3 3,9 0,4
5 Di	1 04 7 28 13 30 19 42	4,0 0,5 3,8 0,5	**20** Mi	0 54 7 48 13 30 20 09	4,1 0,2 3,9 0,4
6 Mi	1 38 8 05 14 03 20 16	4,0 0,5 3,8 0,5	**21** Do	1 44 8 39 14 20 20 58	4,2 0,2 3,9 0,3
7 Do	2 10 8 39 14 34 20 50	4,0 0,5 3,8 0,5	**22** Fr	2 31 9 24 15 08 21 40	4,2 0,2 3,9 0,3
8 Fr	2 40 9 11 15 04 21 21	4,0 0,5 3,8 0,5	**23** Sa	3 17 10 03 15 52 22 16	4,2 0,2 3,9 0,3
9 Sa	3 12 9 41 15 36 21 49	4,0 0,5 3,8 0,6	**24** So	3 59 10 33 16 33 22 46	4,1 0,3 3,8 0,3
10 So	3 47 10 10 16 11 22 16	4,0 0,5 3,8 0,6	**25** Mo	4 38 10 57 17 10 23 13	4,1 0,4 3,7 0,4
11 Mo	4 22 10 37 16 44 22 42	4,0 0,6 3,8 0,6	**26** Di ☾	5 17 11 25 17 44 23 42	3,9 0,5 3,6 0,5
12 Di	4 52 11 00 17 14 23 08	3,9 0,6 3,7 0,7	**27** Mi	6 00 12 02 18 27	3,7 0,6 3,5
13 Mi	5 25 11 31 17 53 23 48	3,8 0,7 3,6 0,8	**28** Do	0 28 6 58 13 01 19 30	0,7 3,6 0,8 3,4
14 Do	6 15 12 23 18 53	3,7 0,8 3,5			
15 Fr	0 57 7 28 13 42 20 14	0,9 3,6 0,8 3,5			

März

Tag	Zeit	Höhe		Zeit	Höhe
1 Fr	1 39 8 16 14 24 20 53	0,8 3,5 1,0 3,5	**16** Sa	0 17 6 59 13 05 19 40	0,7 3,5 0,8 3,5
2 Sa	3 08 9 44 15 55 22 16	0,9 3,5 0,9 3,7	**17** So	1 55 8 34 14 45 21 14	0,7 3,5 0,8 3,7
3 So	4 33 11 00 17 08 23 19	0,8 3,6 0,8 3,8	**18** Mo	3 41 10 06 16 22 22 37	0,6 3,6 0,7 3,8
4 Mo	5 37 11 54 17 59	0,6 3,7 0,7	**19** Di	5 13 11 23 17 46 23 43	0,4 3,7 0,5 3,9
5 Di	0 04 6 25 12 33 18 44	3,9 0,5 3,8 0,6	**20** Mi	6 31 12 25 18 57	0,2 3,8 0,4
6 Mi ●	0 41 7 07 13 08 19 27	4,0 0,4 3,8 0,5	**21** Do ○	0 38 7 34 13 17 19 55	4,1 0,1 3,9 0,3
7 Do	1 15 7 46 13 41 20 03	4,0 0,4 3,8 0,4	**22** Fr	1 26 8 22 14 03 20 41	4,1 0,1 3,9 0,2
8 Fr	1 49 8 21 14 12 20 36	4,0 0,3 3,8 0,4	**23** Sa	2 12 9 00 14 45 21 18	4,1 0,1 3,9 0,2
9 Sa	2 20 8 52 14 42 21 07	4,0 0,3 3,8 0,4	**24** So	2 55 9 36 15 25 21 51	4,1 0,2 3,9 0,2
10 So	2 51 9 22 15 14 21 37	4,0 0,4 3,8 0,4	**25** Mo	3 36 10 07 16 02 22 19	4,1 0,3 3,8 0,3
11 Mo	3 25 9 52 15 47 22 02	4,0 0,4 3,8 0,5	**26** Di	4 13 10 29 16 34 22 43	4,0 0,4 3,8 0,3
12 Di	3 59 10 17 16 18 22 23	4,0 0,5 3,8 0,5	**27** Mi	4 48 10 49 17 05 23 08	3,8 0,5 3,7 0,4
13 Mi	4 27 10 36 16 44 22 41	3,9 0,5 3,8 0,5	**28** Do ☾	5 26 11 20 17 44 23 47	3,6 0,6 3,5 0,6
14 Do	4 57 10 58 17 18 23 12	3,8 0,6 3,6 0,6	**29** Fr	6 19 12 12 18 45	3,4 0,8 3,4
15 Fr	5 44 11 45 18 15	3,6 0,7 3,5	**30** Sa	0 53 7 33 13 33 20 07	0,8 3,3 1,0 3,5
			31 So	2 22 9 02 15 10 21 34	0,8 3,4 1,0 3,6

April

Tag	Zeit	Höhe		Zeit	Höhe
1 Mo	3 52 10 23 16 32 22 43	0,8 3,5 0,8 3,8	**16** Di	3 20 9 55 16 00 22 18	0,5 3,6 0,6 3,9
2 Di	5 01 11 22 17 28 23 31	0,6 3,6 0,6 3,9	**17** Mi	4 48 11 08 17 19 23 23	0,3 3,7 0,5 4,0
3 Mi	5 50 12 02 18 12	0,5 3,7 0,5	**18** Do	6 00 12 06 18 27	0,2 3,8 0,4
4 Do	0 09 6 33 12 38 18 57	3,9 0,4 3,8 0,5	**19** Fr ○	0 17 7 03 12 57 19 26	4,0 0,2 3,9 0,3
5 Fr ●	0 46 7 15 13 13 19 39	3,9 0,3 3,8 0,4	**20** Sa	1 06 7 53 13 40 20 13	4,1 0,1 3,9 0,2
6 Sa	1 23 7 53 13 46 20 13	4,0 0,3 3,8 0,3	**21** So	1 51 8 31 14 19 20 49	4,1 0,1 3,9 0,2
7 So	1 56 8 25 14 17 20 44	4,0 0,3 3,8 0,4	**22** Mo	2 32 9 02 14 54 21 18	4,0 0,3 3,9 0,3
8 Mo	2 28 8 56 14 49 21 14	4,0 0,3 3,9 0,4	**23** Di	3 11 9 31 15 28 21 45	4,0 0,4 3,9 0,3
9 Di	3 02 9 26 15 22 21 40	3,9 0,4 3,9 0,4	**24** Mi	3 47 9 53 16 00 22 09	3,8 0,4 3,8 0,3
10 Mi	3 36 9 52 15 54 22 01	3,9 0,5 3,9 0,4	**25** Do	4 22 10 12 16 34 22 36	3,7 0,5 3,7 0,4
11 Do	4 10 10 14 16 25 22 24	3,8 0,5 3,8 0,5	**26** Fr ☾	5 00 10 42 17 13 23 15	3,5 0,6 3,7 0,6
12 Fr	4 47 10 41 17 03 23 00	3,7 0,6 3,7 0,5	**27** Sa	5 48 11 32 18 07	3,4 0,8 3,6
13 Sa	5 39 11 30 18 02	3,6 0,7 3,7	**28** So	0 14 6 52 12 45 19 20	0,7 3,3 1,0 3,5
14 So	0 04 6 55 12 49 19 25	0,6 3,5 0,8 3,7	**29** Mo	1 33 8 12 14 13 20 41	0,8 3,3 1,0 3,6
15 Mo	1 37 8 26 14 26 20 57	0,6 3,5 0,8 3,8	**30** Di	2 57 9 31 15 37 21 53	0,7 3,4 0,8 3,7

● Neumond ☽ erstes Viertel ○ Vollmond ☾ letztes Viertel

UTC+ 1h00min (MEZ)   Höhen sind auf SKN bezogen

Büsum 2019

Breite: 54° 07' N, Länge: 8° 52' E

Zeiten (Stunden und Minuten) und Höhen (Meter) der Hoch- und Niedrigwasser

Mai

Tag	Zeit	Höhe	Tag	Zeit	Höhe
1 Mi	4 07 / 10 35 / 16 39 / 22 48	0,6 / 3,5 / 0,7 / 3,8	16 Do	4 12 / 10 46 / 16 42 / 23 00	0,4 / 3,8 / 0,5 / 4,0
2 Do	5 00 / 11 22 / 17 25 / 23 31	0,5 / 3,6 / 0,6 / 3,9	17 Fr	5 19 / 11 41 / 17 48 / 23 55	0,3 / 3,8 / 0,4 / 4,0
3 Fr	5 46 / 12 03 / 18 13	0,4 / 3,8 / 0,5	18 Sa ○	6 21 / 12 31 / 18 49	0,3 / 3,9 / 0,4
4 Sa ●	0 12 / 6 32 / 12 42 / 19 01	3,9 / 0,4 / 3,8 / 0,5	19 So	0 46 / 7 17 / 13 14 / 19 40	4,0 / 0,2 / 3,9 / 0,3
5 So	0 52 / 7 15 / 13 17 / 19 39	4,0 / 0,3 / 3,9 / 0,4	20 Mo	1 31 / 7 57 / 13 52 / 20 16	4,0 / 0,2 / 3,9 / 0,3
6 Mo	1 29 / 7 51 / 13 50 / 20 11	4,0 / 0,3 / 3,9 / 0,4	21 Di	2 10 / 8 25 / 14 25 / 20 44	3,9 / 0,3 / 3,9 / 0,3
7 Di	2 04 / 8 25 / 14 24 / 20 45	4,0 / 0,4 / 3,9 / 0,4	22 Mi	2 48 / 8 52 / 14 59 / 21 11	3,9 / 0,4 / 3,9 / 0,3
8 Mi	2 40 / 8 58 / 15 00 / 21 16	3,9 / 0,4 / 3,9 / 0,4	23 Do	3 25 / 9 18 / 15 33 / 21 39	3,8 / 0,5 / 3,9 / 0,4
9 Do	3 20 / 9 30 / 15 37 / 21 45	3,9 / 0,5 / 3,9 / 0,4	24 Fr	4 02 / 9 42 / 16 10 / 22 11	3,7 / 0,6 / 3,9 / 0,5
10 Fr	4 02 / 10 01 / 16 16 / 22 19	3,8 / 0,6 / 3,9 / 0,5	25 Sa	4 39 / 10 14 / 16 49 / 22 50	3,6 / 0,7 / 3,9 / 0,6
11 Sa	4 50 / 10 38 / 17 03 / 23 04	3,7 / 0,7 / 3,9 / 0,5	26 So ☾	5 22 / 10 59 / 17 36 / 23 40	3,5 / 0,8 / 3,8 / 0,7
12 So ☽	5 48 / 11 30 / 18 04	3,7 / 0,8 / 3,9	27 Mo	6 14 / 11 59 / 18 34	3,4 / 0,9 / 3,7
13 Mo	0 06 / 7 00 / 12 42 / 19 20	0,5 / 3,6 / 0,8 / 3,8	28 Di	0 42 / 7 18 / 13 11 / 19 42	0,7 / 3,4 / 1,0 / 3,7
14 Di	1 26 / 8 21 / 14 07 / 20 42	0,5 / 3,6 / 0,7 / 3,9	29 Mi	1 53 / 8 28 / 14 28 / 20 53	0,7 / 3,4 / 0,9 / 3,7
15 Mi	2 54 / 9 40 / 15 29 / 21 57	0,4 / 3,7 / 0,6 / 3,9	30 Do	3 01 / 9 37 / 15 35 / 21 56	0,6 / 3,5 / 0,8 / 3,8
			31 Fr	4 00 / 10 34 / 16 30 / 22 48	0,6 / 3,7 / 0,7 / 3,9

Juni

Tag	Zeit	Höhe	Tag	Zeit	Höhe
1 Sa	4 52 / 11 23 / 17 21 / 23 35	0,5 / 3,8 / 0,6 / 3,9	16 So	5 42 / 12 04 / 18 13	0,4 / 3,9 / 0,5
2 So	5 43 / 12 06 / 18 14	0,5 / 3,9 / 0,6	17 Mo ○	0 26 / 6 39 / 12 49 / 19 06	4,0 / 0,4 / 3,9 / 0,4
3 Mo ●	0 18 / 6 31 / 12 46 / 18 59	4,0 / 0,4 / 3,9 / 0,5	18 Di	1 13 / 7 24 / 13 28 / 19 45	3,9 / 0,4 / 4,0 / 0,4
4 Di	1 00 / 7 15 / 13 23 / 19 39	4,0 / 0,4 / 4,0 / 0,4	19 Mi	1 52 / 7 55 / 14 04 / 20 16	3,9 / 0,4 / 4,0 / 0,4
5 Mi	1 42 / 7 56 / 14 03 / 20 20	4,0 / 0,4 / 4,0 / 0,4	20 Do	2 30 / 8 23 / 14 38 / 20 46	3,9 / 0,5 / 4,0 / 0,4
6 Do	2 27 / 8 38 / 14 45 / 21 04	3,9 / 0,5 / 4,0 / 0,4	21 Fr	3 07 / 8 53 / 15 13 / 21 18	3,8 / 0,6 / 3,9 / 0,5
7 Fr	3 13 / 9 18 / 15 28 / 21 42	3,9 / 0,5 / 4,1 / 0,4	22 Sa	3 43 / 9 23 / 15 49 / 21 52	3,8 / 0,6 / 4,1 / 0,6
8 Sa	4 02 / 9 58 / 16 13 / 22 22	3,8 / 0,6 / 4,1 / 0,5	23 So	4 19 / 9 54 / 16 27 / 22 29	3,7 / 0,7 / 4,0 / 0,6
9 So	4 55 / 10 41 / 17 05 / 23 09	3,8 / 0,7 / 4,1 / 0,5	24 Mo	4 57 / 10 33 / 17 08 / 23 09	3,6 / 0,8 / 3,9 / 0,7
10 Mo ☽	5 54 / 11 31 / 18 04	3,7 / 0,7 / 4,0	25 Di ☾	5 39 / 11 20 / 17 52 / 23 55	3,6 / 0,9 / 3,9 / 0,7
11 Di	0 05 / 6 57 / 12 32 / 19 10	0,5 / 3,7 / 0,7 / 4,0	26 Mi	6 28 / 12 14 / 18 46	3,5 / 0,9 / 3,8
12 Mi	1 10 / 8 05 / 13 41 / 20 22	0,5 / 3,7 / 0,7 / 4,0	27 Do	0 49 / 7 26 / 13 17 / 19 49	0,7 / 3,5 / 0,9 / 3,7
13 Do	2 22 / 9 14 / 14 54 / 21 33	0,5 / 3,7 / 0,6 / 4,0	28 Fr	1 52 / 8 33 / 14 26 / 20 57	0,7 / 3,6 / 0,9 / 3,8
14 Fr	3 35 / 10 18 / 16 05 / 22 37	0,5 / 3,8 / 0,5 / 4,0	29 Sa	2 56 / 9 38 / 15 30 / 21 59	0,7 / 3,7 / 0,8 / 3,8
15 Sa	4 41 / 11 11 / 17 11 / 23 34	0,5 / 3,9 / 0,5 / 4,0	30 So	3 56 / 10 37 / 16 29 / 22 55	0,7 / 3,8 / 0,7 / 3,8

Juli

Tag	Zeit	Höhe	Tag	Zeit	Höhe
1 Mo	4 54 / 11 30 / 17 28 / 23 46	0,6 / 3,9 / 0,6 / 3,9	16 Di ○	0 12 / 6 07 / 12 28 / 18 37	3,9 / 0,6 / 3,9 / 0,5
2 Di ●	5 51 / 12 17 / 18 25	0,5 / 3,9 / 0,5	17 Mi	0 58 / 6 55 / 13 10 / 19 21	3,9 / 0,5 / 4,0 / 0,5
3 Mi	0 37 / 6 47 / 13 02 / 19 18	4,0 / 0,5 / 4,0 / 0,4	18 Do	1 38 / 7 34 / 13 48 / 19 58	3,9 / 0,5 / 4,1 / 0,5
4 Do	1 27 / 7 40 / 13 48 / 20 11	4,0 / 0,5 / 4,1 / 0,4	19 Fr	2 14 / 8 07 / 14 22 / 20 31	3,9 / 0,6 / 4,1 / 0,5
5 Fr	2 19 / 8 31 / 14 35 / 21 03	4,0 / 0,5 / 4,2 / 0,4	20 Sa	2 49 / 8 40 / 14 55 / 21 04	3,9 / 0,6 / 4,1 / 0,5
6 Sa	3 10 / 9 19 / 15 22 / 21 47	3,9 / 0,5 / 4,2 / 0,4	21 So	3 22 / 9 11 / 15 28 / 21 35	3,8 / 0,6 / 4,1 / 0,6
7 So	4 00 / 10 00 / 16 08 / 22 25	3,9 / 0,5 / 4,2 / 0,4	22 Mo	3 54 / 9 40 / 16 03 / 22 08	3,8 / 0,7 / 4,1 / 0,6
8 Mo	4 52 / 10 41 / 16 58 / 23 05	3,9 / 0,6 / 4,2 / 0,5	23 Di	4 29 / 10 12 / 16 40 / 22 42	3,7 / 0,8 / 4,0 / 0,7
9 Di ☽	5 45 / 11 24 / 17 53 / 23 53	3,8 / 0,6 / 4,1 / 0,5	24 Mi	5 06 / 10 49 / 17 16 / 23 16	3,7 / 0,8 / 4,0 / 0,7
10 Mi	6 39 / 12 13 / 18 51	3,8 / 0,7 / 4,0	25 Do ☾	5 44 / 11 28 / 17 56 / 23 55	3,7 / 0,9 / 3,9 / 0,8
11 Do	0 46 / 7 36 / 13 11 / 19 54	0,5 / 3,7 / 0,7 / 4,0	26 Fr	6 28 / 12 15 / 18 48	3,6 / 0,9 / 3,8
12 Fr	1 49 / 8 39 / 14 19 / 21 04	0,6 / 3,7 / 0,7 / 4,0	27 Sa	0 48 / 7 27 / 13 19 / 19 55	0,8 / 3,6 / 1,0 / 3,7
13 Sa	3 01 / 9 45 / 15 34 / 22 15	0,7 / 3,8 / 0,7 / 3,9	28 So	1 54 / 8 38 / 14 33 / 21 09	0,9 / 3,6 / 0,9 / 3,7
14 So	4 12 / 10 47 / 16 44 / 23 18	0,7 / 3,8 / 0,6 / 3,9	29 Mo	3 06 / 9 51 / 15 45 / 22 19	0,8 / 3,7 / 0,8 / 3,8
15 Mo	5 13 / 11 42 / 17 45	0,6 / 3,9 / 0,6	30 Di	4 16 / 10 57 / 16 55 / 23 23	0,7 / 3,8 / 0,6 / 3,9
			31 Mi	5 25 / 11 54 / 18 06	0,6 / 3,9 / 0,5

August

Tag	Zeit	Höhe	Tag	Zeit	Höhe
1 Do ●	0 22 / 6 33 / 12 47 / 19 12	3,9 / 0,5 / 4,1 / 0,4	16 Fr	1 21 / 7 20 / 13 29 / 19 42	3,9 / 0,6 / 4,1 / 0,5
2 Fr	1 18 / 7 36 / 13 36 / 20 10	4,0 / 0,5 / 4,2 / 0,3	17 Sa	1 56 / 7 58 / 14 03 / 20 18	3,9 / 0,6 / 4,1 / 0,5
3 Sa	2 11 / 8 32 / 14 24 / 21 03	4,0 / 0,5 / 4,2 / 0,3	18 So	2 28 / 8 31 / 14 34 / 20 49	3,8 / 0,5 / 4,1 / 0,5
4 So	3 01 / 9 19 / 15 11 / 21 47	4,0 / 0,4 / 4,2 / 0,3	19 Mo	2 57 / 9 01 / 15 05 / 21 18	3,8 / 0,5 / 4,1 / 0,5
5 Mo	3 50 / 9 59 / 15 57 / 22 21	3,9 / 0,4 / 4,2 / 0,3	20 Di	3 28 / 9 28 / 15 38 / 21 47	3,8 / 0,6 / 4,0 / 0,6
6 Di	4 37 / 10 34 / 16 43 / 22 53	3,8 / 0,5 / 4,2 / 0,5	21 Mi	4 00 / 9 55 / 16 12 / 22 16	3,8 / 0,7 / 4,0 / 0,7
7 Mi	5 23 / 11 09 / 17 31 / 23 30	3,8 / 0,6 / 4,1 / 0,6	22 Do	4 33 / 10 23 / 16 43 / 22 43	3,8 / 0,8 / 4,0 / 0,7
8 Do	6 07 / 11 47 / 18 21	3,7 / 0,7 / 4,0	23 Fr ☾	5 04 / 10 51 / 17 13 / 23 11	3,8 / 0,8 / 3,9 / 0,8
9 Fr	0 15 / 6 55 / 12 36 / 19 19	0,7 / 3,7 / 0,8 / 3,9	24 Sa	5 37 / 11 25 / 17 56 / 23 54	3,6 / 0,9 / 3,7 / 0,9
10 Sa	1 12 / 7 55 / 13 44 / 20 31	0,8 / 3,6 / 0,9 / 3,8	25 So	6 29 / 12 23 / 19 03	3,5 / 1,0 / 3,6
11 So	2 28 / 9 09 / 15 06 / 21 52	0,9 / 3,7 / 0,9 / 3,8	26 Mo	1 03 / 7 45 / 13 46 / 20 28	0,9 / 3,5 / 0,9 / 3,6
12 Mo	3 49 / 10 24 / 16 25 / 23 04	0,9 / 3,8 / 0,8 / 3,8	27 Di	2 27 / 9 11 / 15 16 / 21 54	0,9 / 3,6 / 0,8 / 3,7
13 Di	4 56 / 11 25 / 17 28	0,8 / 3,9 / 0,7	28 Mi	3 53 / 10 30 / 16 40 / 23 09	0,8 / 3,8 / 0,6 / 3,8
14 Mi	0 00 / 5 48 / 12 12 / 18 18	3,8 / 0,7 / 4,0 / 0,6	29 Do	5 13 / 11 37 / 17 58	0,7 / 3,9 / 0,5
15 Do ○	0 44 / 6 36 / 12 52 / 19 02	3,8 / 0,7 / 4,0 / 0,6	30 Fr ●	0 13 / 6 26 / 12 33 / 19 08	3,9 / 0,5 / 4,1 / 0,4
			31 Sa	1 08 / 7 32 / 13 22 / 20 06	3,9 / 0,5 / 4,2 / 0,3

● Neumond ☽ erstes Viertel ○ Vollmond ☾ letztes Viertel

UTC+ 1h00min (MEZ) Höhen sind auf SKN bezogen

Gezeitenvorausberechnungen

Büsum 2019

Breite: 54° 07' N, Länge: 8° 52' E

Zeiten (Stunden und Minuten) und Höhen (Meter) der Hoch- und Niedrigwasser

September

Tag	Zeit	Höhe		Tag	Zeit	Höhe
1 So	1 58 / 8 27 / 14 08 / 20 53	4,0 / 0,4 / 4,2 / 0,2		**16** Mo	2 02 / 8 17 / 14 11 / 20 30	3,8 / 0,5 / 4,0 / 0,5
2 Mo	2 45 / 9 12 / 14 54 / 21 35	4,0 / 0,3 / 4,2 / 0,2		**17** Di	2 31 / 8 47 / 14 41 / 20 58	3,8 / 0,5 / 4,0 / 0,5
3 Di	3 30 / 9 49 / 15 38 / 22 08	3,9 / 0,4 / 4,2 / 0,3		**18** Mi	3 00 / 9 14 / 15 11 / 21 25	3,8 / 0,6 / 4,0 / 0,6
4 Mi	4 12 / 10 20 / 16 20 / 22 34	3,9 / 0,4 / 4,1 / 0,5		**19** Do	3 30 / 9 37 / 15 42 / 21 51	3,9 / 0,6 / 4,0 / 0,7
5 Do	4 51 / 10 48 / 17 02 / 23 01	3,8 / 0,5 / 4,0 / 0,6		**20** Fr	4 00 / 9 58 / 16 11 / 22 12	3,9 / 0,7 / 3,9 / 0,7
6 Fr)	5 27 / 11 18 / 17 46 / 23 38	3,7 / 0,7 / 3,8 / 0,8		**21** Sa	4 28 / 10 20 / 16 40 / 22 36	3,8 / 0,8 / 3,8 / 0,8
7 Sa	6 09 / 12 00 / 18 41	3,6 / 0,8 / 3,7		**22** So ☾	5 00 / 10 50 / 17 22 / 23 18	3,7 / 0,8 / 3,6 / 0,9
8 So	0 31 / 7 09 / 13 06 / 19 55	1,0 / 3,6 / 0,9 / 3,6		**23** Mo	5 50 / 11 47 / 18 31	3,6 / 0,9 / 3,5
9 Mo	1 50 / 8 30 / 14 35 / 21 23	1,1 / 3,6 / 1,0 / 3,6		**24** Di	0 30 / 7 08 / 13 16 / 20 03	1,0 / 3,6 / 0,9 / 3,5
10 Di	3 23 / 9 56 / 16 05 / 22 45	1,1 / 3,7 / 0,9 / 3,6		**25** Mi	2 04 / 8 42 / 14 59 / 21 37	1,0 / 3,7 / 0,8 / 3,6
11 Mi	4 42 / 11 06 / 17 13 / 23 44	1,0 / 3,9 / 0,8 / 3,7		**26** Do	3 40 / 10 09 / 16 31 / 22 57	0,9 / 3,8 / 0,6 / 3,8
12 Do	5 36 / 11 53 / 18 01	0,8 / 4,0 / 0,6		**27** Fr	5 03 / 11 18 / 17 48	0,7 / 4,0 / 0,4
13 Fr	0 24 / 6 18 / 12 29 / 18 41	3,8 / 0,7 / 4,0 / 0,6		**28** Sa ●	0 01 / 6 14 / 12 14 / 18 54	3,8 / 0,6 / 4,1 / 0,3
14 Sa ○	0 58 / 7 02 / 13 09 / 19 21	3,8 / 0,6 / 4,0 / 0,5		**29** So	0 53 / 7 18 / 13 03 / 19 49	3,9 / 0,5 / 4,1 / 0,3
15 So	1 31 / 7 43 / 13 38 / 19 58	3,8 / 0,6 / 4,0 / 0,5		**30** Mo	1 40 / 8 10 / 13 49 / 20 33	4,0 / 0,4 / 4,2 / 0,2

Oktober

Tag	Zeit	Höhe		Tag	Zeit	Höhe
1 Di	2 22 / 8 54 / 14 32 / 21 12	4,0 / 0,3 / 4,2 / 0,3		**16** Mi	2 04 / 8 24 / 14 14 / 20 33	3,9 / 0,5 / 4,0 / 0,6
2 Mi	3 03 / 9 29 / 15 14 / 21 46	3,9 / 0,4 / 4,1 / 0,4		**17** Do	2 32 / 8 52 / 14 44 / 21 00	3,9 / 0,6 / 3,9 / 0,6
3 Do	3 41 / 9 59 / 15 54 / 22 10	3,9 / 0,4 / 4,0 / 0,5		**18** Fr	3 01 / 9 16 / 15 15 / 21 25	3,9 / 0,6 / 3,9 / 0,7
4 Fr	4 15 / 10 23 / 16 32 / 22 30	3,8 / 0,5 / 3,8 / 0,7		**19** Sa	3 31 / 9 36 / 15 47 / 21 48	3,9 / 0,7 / 3,8 / 0,8
5 Sa)	4 49 / 10 48 / 17 13 / 22 59	3,7 / 0,6 / 3,7 / 0,8		**20** So	4 02 / 9 59 / 16 23 / 22 16	3,9 / 0,8 / 3,7 / 0,9
6 So	5 29 / 11 26 / 18 06 / 23 50	3,6 / 0,8 / 3,5 / 1,1		**21** Mo ☾	4 39 / 10 35 / 17 11 / 23 02	3,8 / 0,8 / 3,6 / 1,0
7 Mo	6 27 / 12 29 / 19 17	3,6 / 1,0 / 3,4		**22** Di	5 32 / 11 34 / 18 20	3,7 / 0,9 / 3,5
8 Di	1 09 / 7 47 / 13 58 / 20 45	1,2 / 3,6 / 1,1 / 3,4		**23** Mi	0 15 / 6 49 / 13 02 / 19 49	1,1 / 3,7 / 0,9 / 3,5
9 Mi	2 47 / 9 16 / 15 32 / 22 09	1,3 / 3,7 / 1,0 / 3,5		**24** Do	1 49 / 8 20 / 14 43 / 21 21	1,1 / 3,8 / 0,8 / 3,6
10 Do	4 16 / 10 31 / 16 47 / 23 12	1,1 / 3,8 / 0,8 / 3,7		**25** Fr	3 23 / 9 46 / 16 14 / 22 40	1,0 / 3,9 / 0,6 / 3,7
11 Fr	5 15 / 11 22 / 17 35 / 23 53	0,9 / 3,9 / 0,7 / 3,7		**26** Sa	4 43 / 10 55 / 17 25 / 23 41	0,8 / 4,0 / 0,5 / 3,8
12 Sa	5 54 / 11 58 / 18 13	0,8 / 4,0 / 0,6		**27** So	5 51 / 11 52 / 18 28	0,6 / 4,1 / 0,4
13 So ○	0 27 / 6 34 / 12 32 / 18 52	3,8 / 0,7 / 4,0 / 0,5		**28** Mo ●	0 32 / 6 52 / 12 42 / 19 23	3,9 / 0,5 / 4,1 / 0,3
14 Mo	1 01 / 7 17 / 13 09 / 19 30	3,8 / 0,6 / 4,0 / 0,5		**29** Di	1 17 / 7 45 / 13 27 / 20 07	4,0 / 0,4 / 4,1 / 0,3
15 Di	1 34 / 7 54 / 13 44 / 20 04	3,8 / 0,6 / 4,0 / 0,5		**30** Mi	1 55 / 8 27 / 14 09 / 20 42	4,0 / 0,4 / 4,1 / 0,4
31 Do	2 32 / 9 02 / 14 50 / 21 15	3,9 / 0,4 / 4,0 / 0,5				

November

Tag	Zeit	Höhe		Tag	Zeit	Höhe
1 Fr	3 08 / 9 31 / 15 29 / 21 41	3,9 / 0,5 / 3,9 / 0,6		**16** Sa	2 38 / 8 57 / 14 58 / 21 07	4,0 / 0,6 / 3,9 / 0,7
2 Sa	3 43 / 9 57 / 16 08 / 22 02	3,9 / 0,5 / 3,7 / 0,7		**17** So	3 12 / 9 25 / 15 37 / 21 38	4,0 / 0,7 / 3,8 / 0,8
3 So	4 19 / 10 23 / 16 47 / 22 29	3,8 / 0,6 / 3,6 / 0,9		**18** Mo	3 49 / 9 56 / 16 21 / 22 13	4,0 / 0,7 / 3,7 / 0,9
4 Mo)	4 59 / 11 00 / 17 35 / 23 15	3,7 / 0,8 / 3,4 / 1,1		**19** Di ☾	4 32 / 10 38 / 17 13 / 23 01	3,9 / 0,8 / 3,7 / 1,0
5 Di	5 51 / 11 56 / 18 37	3,7 / 1,0 / 3,4		**20** Mi	5 27 / 11 35 / 18 19	3,9 / 0,8 / 3,6
6 Mi	0 26 / 7 00 / 13 14 / 19 54	1,2 / 3,6 / 1,1 / 3,4		**21** Do	0 08 / 6 37 / 12 50 / 19 37	1,1 / 3,8 / 0,8 / 3,6
7 Do	1 55 / 8 21 / 14 41 / 21 14	1,3 / 3,7 / 1,0 / 3,4		**22** Fr	1 30 / 7 58 / 14 18 / 20 59	1,0 / 3,9 / 0,7 / 3,6
8 Fr	3 24 / 9 37 / 15 58 / 22 21	1,2 / 3,8 / 0,9 / 3,5		**23** Sa	2 56 / 9 19 / 15 43 / 22 13	0,9 / 3,9 / 0,6 / 3,7
9 Sa	4 32 / 10 36 / 16 53 / 23 11	1,0 / 3,9 / 0,7 / 3,7		**24** So	4 13 / 10 28 / 16 54 / 23 14	0,8 / 4,0 / 0,6 / 3,8
10 So	5 17 / 11 20 / 17 36 / 23 50	0,8 / 3,9 / 0,6 / 3,8		**25** Mo	5 21 / 11 27 / 17 56	0,7 / 4,1 / 0,5
11 Mo	5 58 / 11 58 / 18 16	0,8 / 3,9 / 0,6		**26** Di ●	0 05 / 6 23 / 12 20 / 18 53	3,9 / 0,6 / 4,1 / 0,5
12 Di ○	0 27 / 6 42 / 12 37 / 18 56	3,8 / 0,7 / 3,9 / 0,6		**27** Mi	0 50 / 7 17 / 13 07 / 19 38	3,9 / 0,5 / 4,0 / 0,4
13 Mi	1 03 / 7 21 / 13 13 / 19 32	3,9 / 0,6 / 4,0 / 0,6		**28** Do	1 29 / 7 59 / 13 49 / 20 11	4,0 / 0,4 / 4,0 / 0,4
14 Do	1 34 / 7 54 / 13 48 / 20 04	3,9 / 0,5 / 3,9 / 0,6		**29** Fr	2 04 / 8 33 / 14 29 / 20 42	4,0 / 0,4 / 3,9 / 0,6
15 Fr	2 05 / 8 25 / 14 22 / 20 36	3,9 / 0,5 / 3,8 / 0,7		**30** Sa	2 40 / 9 05 / 15 09 / 21 14	3,9 / 0,5 / 3,8 / 0,7

Dezember

Tag	Zeit	Höhe		Tag	Zeit	Höhe
1 So	3 18 / 9 36 / 15 48 / 21 41	4,0 / 0,5 / 3,7 / 0,7		**16** Mo	3 04 / 9 30 / 15 36 / 21 42	4,1 / 0,6 / 3,8 / 0,7
2 Mo	3 56 / 10 07 / 16 26 / 22 09	3,9 / 0,6 / 3,6 / 0,8		**17** Di	3 44 / 10 06 / 16 23 / 22 21	4,1 / 0,6 / 3,8 / 0,8
3 Di	4 35 / 10 43 / 17 08 / 22 49	3,9 / 0,8 / 3,5 / 1,0		**18** Mi	4 30 / 10 47 / 17 15 / 23 06	4,1 / 0,6 / 3,7 / 0,9
4 Mi)	5 19 / 11 28 / 17 57 / 23 44	3,8 / 0,9 / 3,5 / 1,1		**19** Do	5 23 / 11 36 / 18 13	4,0 / 0,6 / 3,6
5 Do	6 13 / 12 26 / 18 56	3,7 / 1,0 / 3,4		**20** Fr	0 00 / 6 24 / 12 37 / 19 17	0,9 / 4,0 / 0,6 / 3,6
6 Fr	0 54 / 7 17 / 13 36 / 20 05	1,2 / 3,7 / 1,0 / 3,4		**21** Sa	1 05 / 7 33 / 13 46 / 20 26	0,9 / 3,9 / 0,7 / 3,6
7 Sa	2 13 / 8 29 / 14 49 / 21 15	1,2 / 3,7 / 0,9 / 3,5		**22** So	2 20 / 8 47 / 15 05 / 21 37	0,9 / 3,9 / 0,7 / 3,7
8 So	3 28 / 9 36 / 15 55 / 22 15	1,1 / 3,8 / 0,9 / 3,6		**23** Mo	3 38 / 9 59 / 16 21 / 22 41	0,9 / 4,0 / 0,7 / 3,8
9 Mo	4 27 / 10 32 / 16 49 / 23 06	1,0 / 3,8 / 0,8 / 3,8		**24** Di	4 51 / 11 04 / 17 27 / 23 38	0,8 / 4,0 / 0,6 / 3,9
10 Di	5 15 / 11 19 / 17 36 / 23 49	0,9 / 3,9 / 0,7 / 3,8		**25** Mi	5 56 / 12 02 / 18 25	0,7 / 4,0 / 0,6
11 Mi	6 02 / 12 02 / 18 20	0,8 / 3,9 / 0,6		**26** Do ●	0 26 / 6 51 / 12 51 / 19 13	3,9 / 0,5 / 3,9 / 0,5
12 Do ○	0 29 / 6 45 / 12 43 / 19 00	3,9 / 0,7 / 3,9 / 0,6		**27** Fr	1 08 / 7 35 / 13 34 / 19 48	4,0 / 0,5 / 3,9 / 0,6
13 Fr	1 06 / 7 24 / 13 24 / 19 40	3,9 / 0,6 / 3,9 / 0,6		**28** Sa	1 46 / 8 11 / 14 14 / 20 20	4,0 / 0,5 / 3,9 / 0,6
14 Sa	1 44 / 8 04 / 14 07 / 20 22	4,0 / 0,6 / 3,9 / 0,7		**29** So	2 22 / 8 46 / 14 53 / 20 55	4,0 / 0,5 / 3,8 / 0,7
15 So	2 23 / 8 45 / 14 51 / 21 03	4,0 / 0,6 / 3,9 / 0,7		**30** Mo	2 59 / 9 25 / 15 30 / 21 29	4,1 / 0,6 / 3,8 / 0,7
31 Di	3 36 / 9 56 / 16 05 / 21 57	4,1 / 0,6 / 3,7 / 0,7				

● Neumond) erstes Viertel ○ Vollmond ☾ letztes Viertel

UTC+ 1h00min (MEZ)   Höhen sind auf SKN bezogen

| Mittlere Tidenkurven

Büsum

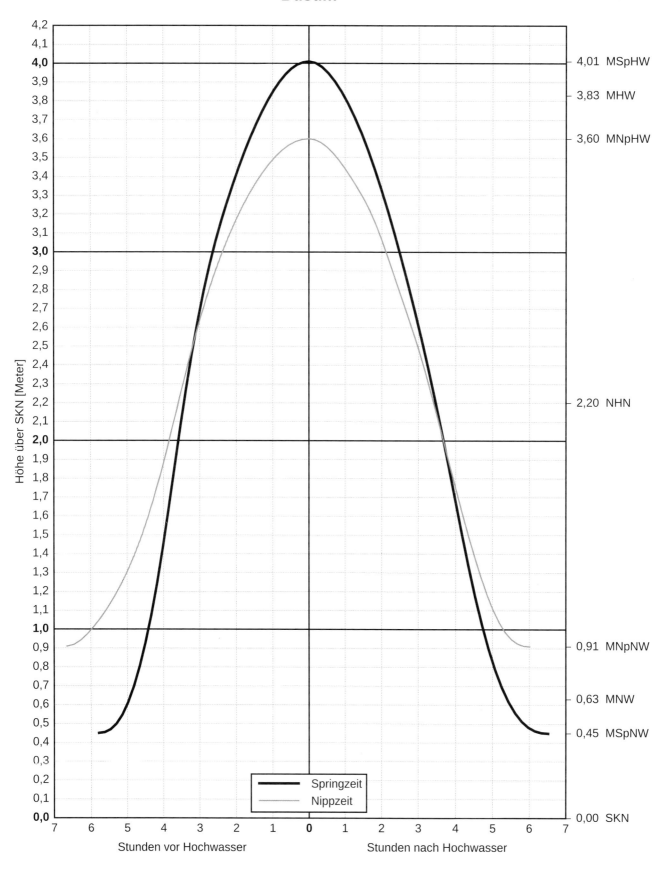

| MSpSD: 5,78 h | MSpFD: 6,52 h | MHWI: 11 h 32 min |
| MNpSD: 6,65 h | MNpFD: 6,02 h | MNWI: 17 h 49 min |

Stand Tidenkurven: 1955
Stand Gezeitengrundwerte: 2019

Cuxhaven, Steubenhöft
Breite: 53°52'N, Länge: 8°43'E

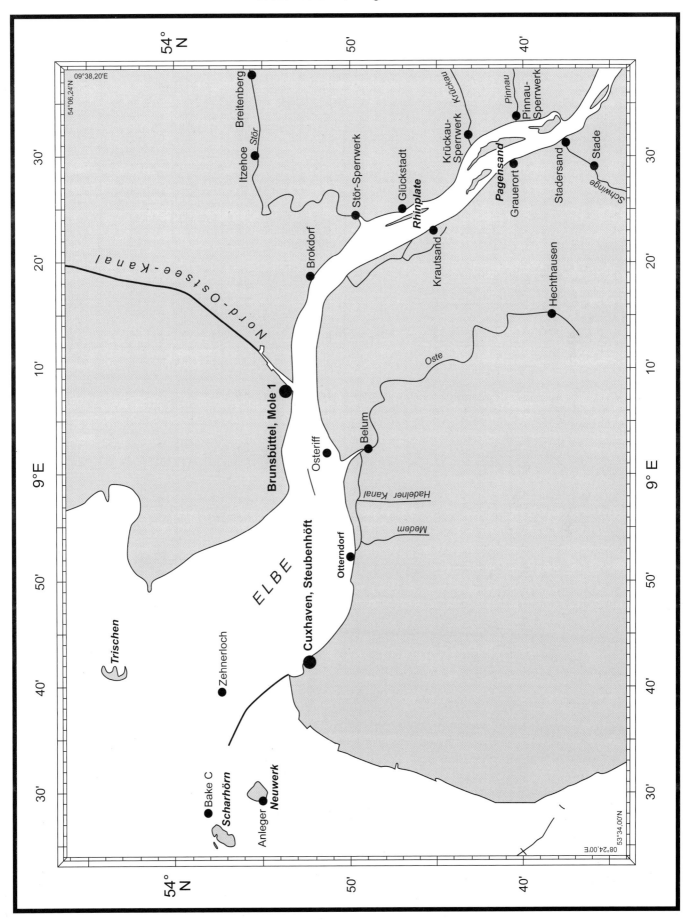

Gezeitenvorausberechnungen

Cuxhaven, Steubenhöft 2019

Breite: 53° 52' N, Länge: 8° 43' E

Zeiten (Stunden und Minuten) und Höhen (Meter) der Hoch- und Niedrigwasser

Januar

Tag	Zeit	Höhe	Tag	Zeit	Höhe
1 Di	3 02 / 8 48 / 15 51 / 21 34	0,8 / 3,6 / 0,7 / 3,3	16 Mi	1 41 / 7 30 / 14 22 / 20 13	0,9 / 3,4 / 0,8 / 3,3
2 Mi	4 16 / 10 00 / 17 01 / 22 41	0,8 / 3,6 / 0,8 / 3,4	17 Do	2 57 / 8 44 / 15 38 / 21 26	0,9 / 3,4 / 0,8 / 3,3
3 Do	5 27 / 11 05 / 18 03 / 23 37	0,8 / 3,6 / 0,7 / 3,5	18 Fr	4 18 / 9 58 / 16 54 / 22 36	0,8 / 3,4 / 0,7 / 3,4
4 Fr	6 28 / 12 01 / 18 54	0,7 / 3,6 / 0,7	19 Sa	5 33 / 11 05 / 18 02 / 23 39	0,6 / 3,5 / 0,6 / 3,5
5 Sa	0 24 / 7 19 / 12 49 / 19 37	3,6 / 0,6 / 3,6 / 0,6	20 So	6 38 / 12 06 / 19 01	0,5 / 3,5 / 0,5
6 So ●	1 05 / 8 01 / 13 30 / 20 13	3,6 / 0,5 / 3,5 / 0,5	21 Mo ○	0 34 / 7 36 / 13 02 / 19 55	3,6 / 0,4 / 3,6 / 0,4
7 Mo	1 42 / 8 36 / 14 05 / 20 46	3,6 / 0,5 / 3,5 / 0,5	22 Di	1 25 / 8 29 / 13 55 / 20 47	3,8 / 0,4 / 3,6 / 0,4
8 Di	2 15 / 9 10 / 14 39 / 21 18	3,7 / 0,5 / 3,5 / 0,6	23 Mi	2 14 / 9 23 / 14 48 / 21 39	3,9 / 0,3 / 3,6 / 0,4
9 Mi	2 47 / 9 43 / 15 13 / 21 49	3,7 / 0,5 / 3,5 / 0,6	24 Do	3 03 / 10 14 / 15 38 / 22 26	3,9 / 0,3 / 3,6 / 0,4
10 Do	3 20 / 10 16 / 15 45 / 22 19	3,7 / 0,6 / 3,4 / 0,6	25 Fr	3 50 / 11 00 / 16 26 / 23 09	3,9 / 0,3 / 3,5 / 0,4
11 Fr	3 53 / 10 48 / 16 18 / 22 51	3,7 / 0,6 / 3,4 / 0,7	26 Sa	4 35 / 11 43 / 17 11 / 23 51	3,9 / 0,3 / 3,5 / 0,4
12 Sa	4 29 / 11 23 / 16 55 / 23 26	3,7 / 0,7 / 3,4 / 0,8	27 So ☽	5 21 / 12 26 / 17 57	3,8 / 0,4 / 3,4
13 So	5 06 / 11 58 / 17 32	3,6 / 0,7 / 3,4	28 Mo	0 33 / 6 09 / 13 07 / 18 44	0,5 / 3,7 / 0,5 / 3,3
14 Mo ☾	0 02 / 5 44 / 12 33 / 18 14	0,8 / 3,6 / 0,7 / 3,3	29 Di	1 17 / 7 00 / 13 54 / 19 37	0,6 / 3,6 / 0,6 / 3,2
15 Di	0 43 / 6 29 / 13 18 / 19 06	0,9 / 3,5 / 0,8 / 3,3	30 Mi	2 12 / 8 03 / 14 56 / 20 44	0,7 / 3,5 / 0,7 / 3,2
			31 Do	3 27 / 9 19 / 16 13 / 21 59	0,8 / 3,4 / 0,8 / 3,3

Februar

Tag	Zeit	Höhe	Tag	Zeit	Höhe
1 Fr	4 51 / 10 37 / 17 30 / 23 09	0,8 / 3,4 / 0,8 / 3,5	16 Sa	3 31 / 9 19 / 16 15 / 22 00	0,7 / 3,3 / 0,7 / 3,3
2 Sa	6 05 / 11 42 / 18 31	0,7 / 3,5 / 0,7	17 So	5 02 / 10 42 / 17 38 / 23 16	0,5 / 3,3 / 0,5 / 3,5
3 So	0 04 / 7 02 / 12 32 / 19 17	3,6 / 0,6 / 3,5 / 0,6	18 Mo	6 21 / 11 53 / 18 47	0,3 / 3,4 / 0,4
4 Mo ●	0 47 / 7 44 / 13 13 / 19 55	3,6 / 0,5 / 3,5 / 0,6	19 Di	0 19 / 7 26 / 12 53 / 19 46	3,6 / 0,3 / 3,5 / 0,4
5 Di	1 23 / 8 20 / 13 48 / 20 30	3,7 / 0,5 / 3,5 / 0,5	20 Mi	1 12 / 8 20 / 13 46 / 20 38	3,8 / 0,2 / 3,6 / 0,3
6 Mi	1 57 / 8 54 / 14 22 / 21 03	3,7 / 0,5 / 3,5 / 0,5	21 Do	2 00 / 9 10 / 14 34 / 21 27	3,9 / 0,2 / 3,6 / 0,3
7 Do	2 28 / 9 27 / 14 53 / 21 34	3,7 / 0,4 / 3,5 / 0,4	22 Fr	2 47 / 9 59 / 15 21 / 22 12	3,9 / 0,2 / 3,6 / 0,3
8 Fr	3 00 / 9 57 / 15 24 / 22 03	3,7 / 0,4 / 3,4 / 0,5	23 Sa	3 33 / 10 44 / 16 06 / 22 53	3,9 / 0,2 / 3,5 / 0,3
9 Sa	3 32 / 10 28 / 15 56 / 22 35	3,7 / 0,5 / 3,4 / 0,5	24 So	4 18 / 11 23 / 16 48 / 23 30	3,8 / 0,3 / 3,5 / 0,3
10 So	4 07 / 11 02 / 16 31 / 23 10	3,7 / 0,5 / 3,5 / 0,5	25 Mo	5 00 / 11 59 / 17 27	3,7 / 0,4 / 3,4
11 Mo	4 43 / 11 35 / 17 05 / 23 41	3,7 / 0,5 / 3,5 / 0,6	26 Di ☽	0 05 / 5 40 / 12 30 / 18 04	0,4 / 3,6 / 0,5 / 3,3
12 Di	5 15 / 12 02 / 17 35	3,6 / 0,6 / 3,4	27 Mi	0 40 / 6 22 / 13 05 / 18 49	0,5 / 3,4 / 0,6 / 3,2
13 Mi	0 07 / 5 48 / 12 31 / 18 13	0,7 / 3,5 / 0,6 / 3,3	28 Do	1 26 / 7 19 / 13 59 / 19 52	0,6 / 3,3 / 0,7 / 3,2
14 Do	0 49 / 6 37 / 13 23 / 19 14	0,7 / 3,4 / 0,7 / 3,2			
15 Fr	1 59 / 7 55 / 14 43 / 20 35	0,8 / 3,3 / 0,7 / 3,2			

März

Tag	Zeit	Höhe	Tag	Zeit	Höhe
1 Fr	2 37 / 8 36 / 15 20 / 21 15	0,7 / 3,2 / 0,8 / 3,2	16 Sa	1 26 / 7 22 / 14 09 / 20 03	0,6 / 3,2 / 0,7 / 3,2
2 Sa	4 09 / 10 03 / 16 50 / 22 37	0,7 / 3,3 / 0,8 / 3,4	17 So	3 03 / 8 57 / 15 49 / 21 37	0,6 / 3,2 / 0,7 / 3,4
3 So	5 37 / 11 19 / 18 04 / 23 41	0,7 / 3,3 / 0,7 / 3,5	18 Mo	4 43 / 10 28 / 17 21 / 22 58	0,4 / 3,3 / 0,5 / 3,5
4 Mo	6 40 / 12 12 / 18 54	0,6 / 3,4 / 0,6	19 Di	6 07 / 11 42 / 18 33	0,3 / 3,4 / 0,4
5 Di	0 25 / 7 23 / 12 52 / 19 33	3,6 / 0,5 / 3,5 / 0,5	20 Mi	0 03 / 7 12 / 12 41 / 19 32	3,7 / 0,2 / 3,5 / 0,3
6 Mi ●	1 00 / 7 58 / 13 26 / 20 09	3,6 / 0,4 / 3,5 / 0,4	21 Do ○	0 56 / 8 05 / 13 31 / 20 23	3,8 / 0,1 / 3,6 / 0,3
7 Do	1 34 / 8 32 / 13 59 / 20 44	3,7 / 0,3 / 3,5 / 0,3	22 Fr	1 43 / 8 52 / 14 16 / 21 09	3,8 / 0,1 / 3,6 / 0,2
8 Fr	2 06 / 9 04 / 14 31 / 21 15	3,7 / 0,3 / 3,5 / 0,3	23 Sa	2 28 / 9 36 / 14 59 / 21 51	3,9 / 0,1 / 3,6 / 0,2
9 Sa	2 38 / 9 34 / 15 01 / 21 45	3,8 / 0,3 / 3,6 / 0,3	24 So	3 12 / 10 18 / 15 40 / 22 29	3,8 / 0,2 / 3,6 / 0,2
10 So	3 11 / 10 05 / 15 33 / 22 17	3,8 / 0,3 / 3,6 / 0,3	25 Mo	3 55 / 10 55 / 16 19 / 23 04	3,8 / 0,2 / 3,5 / 0,2
11 Mo	3 45 / 10 38 / 16 07 / 22 51	3,6 / 0,4 / 3,5 / 0,4	26 Di	4 34 / 11 26 / 16 53 / 23 36	3,6 / 0,3 / 3,4 / 0,3
12 Di	4 20 / 11 10 / 16 39 / 23 20	3,7 / 0,4 / 3,5 / 0,4	27 Mi	5 11 / 11 52 / 17 27	3,5 / 0,4 / 3,4
13 Mi	4 50 / 11 35 / 17 05 / 23 43	3,6 / 0,5 / 3,5 / 0,5	28 Do ☽	0 08 / 5 50 / 12 22 / 18 09	0,4 / 3,3 / 0,6 / 3,3
14 Do ☾	5 21 / 11 59 / 17 39	3,5 / 0,6 / 3,4	29 Fr	0 49 / 6 42 / 13 10 / 19 08	0,5 / 3,1 / 0,7 / 3,2
15 Fr	0 18 / 6 07 / 12 46 / 18 38	0,6 / 3,3 / 0,7 / 3,2	30 Sa	1 53 / 7 55 / 14 27 / 20 29	0,7 / 3,0 / 0,8 / 3,2
			31 So	3 23 / 9 23 / 16 01 / 21 55	0,7 / 3,1 / 0,8 / 3,3

April

Tag	Zeit	Höhe	Tag	Zeit	Höhe
1 Mo	4 56 / 10 44 / 17 24 / 23 05	0,6 / 3,2 / 0,7 / 3,4	16 Di	4 30 / 10 16 / 17 04 / 22 40	0,4 / 3,3 / 0,6 / 3,6
2 Di	6 06 / 11 41 / 18 21 / 23 53	0,5 / 3,3 / 0,5 / 3,5	17 Mi	5 49 / 11 26 / 18 13 / 23 42	0,3 / 3,4 / 0,5 / 3,7
3 Mi	6 51 / 12 22 / 19 02	0,4 / 3,4 / 0,5	18 Do	6 50 / 12 22 / 19 10	0,2 / 3,5 / 0,3
4 Do	0 29 / 7 27 / 12 57 / 19 41	3,6 / 0,3 / 3,4 / 0,4	19 Fr	0 35 / 7 43 / 13 11 / 20 02	3,8 / 0,1 / 3,6 / 0,3
5 Fr ●	1 05 / 8 03 / 13 32 / 20 18	3,6 / 0,3 / 3,5 / 0,3	20 Sa	1 24 / 8 30 / 13 55 / 20 47	3,8 / 0,1 / 3,6 / 0,2
6 Sa	1 41 / 8 36 / 14 05 / 20 52	3,6 / 0,2 / 3,5 / 0,3	21 So	2 08 / 9 10 / 14 34 / 21 26	3,8 / 0,1 / 3,6 / 0,2
7 So	2 15 / 9 08 / 14 36 / 21 24	3,6 / 0,2 / 3,5 / 0,3	22 Mo	2 49 / 9 47 / 15 11 / 22 02	3,7 / 0,2 / 3,6 / 0,2
8 Mo	2 48 / 9 39 / 15 08 / 21 56	3,6 / 0,3 / 3,5 / 0,3	23 Di	3 29 / 10 21 / 15 47 / 22 37	3,6 / 0,3 / 3,6 / 0,2
9 Di	3 22 / 10 12 / 15 42 / 22 28	3,6 / 0,3 / 3,5 / 0,3	24 Mi	4 08 / 10 51 / 16 22 / 23 10	3,5 / 0,3 / 3,5 / 0,3
10 Mi	3 57 / 10 44 / 16 14 / 23 00	3,6 / 0,4 / 3,6 / 0,4	25 Do	4 46 / 11 20 / 16 57 / 23 44	3,3 / 0,4 / 3,4 / 0,4
11 Do	4 32 / 11 13 / 16 47 / 23 31	3,6 / 0,5 / 3,5 / 0,4	26 Fr	5 26 / 11 51 / 17 39	3,2 / 0,6 / 3,4
12 Fr ☽	5 10 / 11 45 / 17 26	3,5 / 0,6 / 3,5	27 Sa	0 23 / 6 14 / 12 34 / 18 32	0,5 / 3,1 / 0,8 / 3,3
13 Sa	0 12 / 6 02 / 12 36 / 18 27	0,5 / 3,3 / 0,7 / 3,4	28 So	1 18 / 7 17 / 13 40 / 19 42	0,6 / 3,0 / 0,9 / 3,3
14 So	1 20 / 7 17 / 13 57 / 19 51	0,6 / 3,2 / 0,7 / 3,4	29 Mo	2 35 / 8 35 / 15 05 / 21 02	0,7 / 3,0 / 0,8 / 3,3
15 Mo	2 54 / 8 49 / 15 35 / 21 22	0,5 / 3,2 / 0,7 / 3,5	30 Di	4 02 / 9 54 / 16 29 / 22 15	0,6 / 3,1 / 0,7 / 3,4

● Neumond ☽ erstes Viertel ○ Vollmond ☾ letztes Viertel

UTC+ 1h00min (MEZ)   Höhen sind auf SKN bezogen

Gezeitenvorausberechnungen 31

Cuxhaven, Steubenhöft 2019

Breite: 53° 52' N, Länge: 8° 43' E

Zeiten (Stunden und Minuten) und Höhen (Meter) der Hoch- und Niedrigwasser

	Mai					Juni					Juli					August			
	Zeit	Höhe		Zeit	Höhe	Zeit	Höhe		Zeit	Höhe	Zeit	Höhe		Zeit	Höhe	Zeit	Höhe		Zeit	Höhe
1 Mi	5 15 / 10 56 / 17 34 / 23 10	0,5 / 3,2 / 0,6 / 3,5	**16** Do	5 25 / 11 04 / 17 47 / 23 19	0,4 / 3,5 / 0,5 / 3,7	**1** Sa	6 02 / 11 42 / 18 26 / 23 56	0,5 / 3,5 / 0,6 / 3,6	**16** So	6 48 / 12 21 / 19 14	0,4 / 3,6 / 0,4	**1** Mo	6 08 / 11 46 / 18 38	0,6 / 3,6 / 0,5	**16** Di ○	0 30 / 7 15 / 12 48 / 19 44	3,6 / 0,5 / 3,7 / 0,5	**1** Do ●	0 42 / 7 32 / 13 04 / 20 06	3,6 / 0,5 / 3,8 / 0,4	**16** Fr	1 39 / 8 17 / 13 49 / 20 44	3,6 / 0,6 / 3,8 / 0,5
2 Do	6 07 / 11 43 / 18 22 / 23 53	0,4 / 3,4 / 0,5 / 3,6	**17** Fr	6 23 / 11 57 / 18 44	0,3 / 3,5 / 0,4	**2** So	6 49 / 12 24 / 19 13	0,4 / 3,6 / 0,5	**17** Mo ○	0 44 / 7 37 / 13 07 / 20 03	3,7 / 0,4 / 3,7 / 0,3	**2** Di ●	0 07 / 6 59 / 12 33 / 19 28	3,6 / 0,5 / 3,7 / 0,5	**17** Mi	1 15 / 7 58 / 13 30 / 20 25	3,6 / 0,5 / 3,7 / 0,5	**2** Fr	1 36 / 8 25 / 13 53 / 20 58	3,7 / 0,5 / 3,9 / 0,4	**17** Sa	2 13 / 8 53 / 14 22 / 21 18	3,5 / 0,5 / 3,8 / 0,5
3 Fr	6 48 / 12 22 / 19 06	0,4 / 3,5 / 0,5	**18** Sa ○	0 12 / 7 16 / 12 46 / 19 38	3,8 / 0,3 / 3,6 / 0,3	**3** Mo ●	0 39 / 7 31 / 13 03 / 19 54	3,7 / 0,4 / 3,6 / 0,4	**18** Di	1 30 / 8 18 / 13 48 / 20 42	3,6 / 0,3 / 3,7 / 0,3	**3** Mi	0 56 / 7 46 / 13 19 / 20 16	3,7 / 0,5 / 3,8 / 0,4	**18** Do	1 55 / 8 35 / 14 07 / 21 02	3,6 / 0,5 / 3,8 / 0,5	**3** Sa	2 27 / 9 16 / 14 41 / 21 49	3,7 / 0,4 / 3,9 / 0,3	**18** So	2 45 / 9 25 / 14 54 / 21 49	3,5 / 0,5 / 3,8 / 0,5
4 Sa ●	0 33 / 7 28 / 13 00 / 19 48	3,6 / 0,3 / 3,5 / 0,4	**19** So	1 03 / 8 04 / 13 31 / 20 25	3,8 / 0,2 / 3,6 / 0,3	**4** Di	1 19 / 8 09 / 13 40 / 20 34	3,7 / 0,4 / 3,7 / 0,4	**19** Mi	2 10 / 8 53 / 14 23 / 21 17	3,6 / 0,4 / 3,7 / 0,4	**4** Do	1 45 / 8 34 / 14 05 / 21 06	3,7 / 0,5 / 3,8 / 0,4	**19** Fr	2 32 / 9 10 / 14 42 / 21 38	3,6 / 0,5 / 3,8 / 0,5	**4** So	3 16 / 10 04 / 15 28 / 22 35	3,7 / 0,4 / 3,9 / 0,3	**19** Mo	3 15 / 9 54 / 15 25 / 22 18	3,5 / 0,5 / 3,8 / 0,5
5 So	1 12 / 8 05 / 13 35 / 20 24	3,7 / 0,3 / 3,6 / 0,3	**20** Mo	1 48 / 8 43 / 14 10 / 21 03	3,7 / 0,2 / 3,7 / 0,2	**5** Mi	2 00 / 8 49 / 14 21 / 21 16	3,7 / 0,4 / 3,8 / 0,4	**20** Do	2 47 / 9 26 / 14 58 / 21 54	3,5 / 0,5 / 3,7 / 0,4	**5** Fr	2 36 / 9 23 / 14 53 / 21 56	3,7 / 0,5 / 3,9 / 0,4	**20** Sa	3 07 / 9 43 / 15 15 / 22 12	3,5 / 0,6 / 3,8 / 0,6	**5** Mo	4 04 / 10 48 / 16 14 / 23 20	3,6 / 0,4 / 3,9 / 0,3	**20** Di	3 46 / 10 24 / 15 58 / 22 50	3,5 / 0,6 / 3,7 / 0,6
6 Mo	1 48 / 8 38 / 14 08 / 20 58	3,7 / 0,3 / 3,6 / 0,3	**21** Di	2 28 / 9 17 / 14 44 / 21 37	3,6 / 0,3 / 3,6 / 0,3	**6** Do	2 44 / 9 31 / 15 04 / 22 00	3,7 / 0,4 / 3,8 / 0,4	**21** Fr	3 25 / 10 00 / 15 35 / 22 30	3,5 / 0,5 / 3,8 / 0,5	**6** Sa	3 26 / 10 11 / 15 40 / 22 44	3,7 / 0,5 / 3,9 / 0,3	**21** So	3 40 / 10 14 / 15 49 / 22 44	3,5 / 0,6 / 3,8 / 0,6	**6** Di	4 51 / 11 31 / 17 02	3,5 / 0,4 / 3,8	**21** Mi	4 20 / 10 58 / 16 34 / 23 24	3,5 / 0,6 / 3,7 / 0,7
7 Di	2 23 / 9 12 / 14 42 / 21 33	3,7 / 0,3 / 3,6 / 0,3	**22** Mi	3 06 / 9 49 / 15 19 / 22 12	3,6 / 0,4 / 3,6 / 0,3	**7** Fr	3 31 / 10 14 / 15 48 / 22 45	3,6 / 0,5 / 3,8 / 0,4	**22** Sa	4 03 / 10 34 / 16 13 / 23 07	3,4 / 0,6 / 3,7 / 0,5	**7** So	4 15 / 10 57 / 16 27 / 23 32	3,6 / 0,5 / 3,9 / 0,4	**22** Mo	4 14 / 10 46 / 16 25 / 23 19	3,5 / 0,6 / 3,8 / 0,6	**7** Mi ☽	0 06 / 5 39 / 12 16 / 17 51	0,4 / 3,5 / 0,5 / 3,8	**22** Do	4 55 / 11 31 / 17 07 / 23 52	3,5 / 0,7 / 3,7 / 0,7
8 Mi	3 00 / 9 47 / 15 19 / 22 09	3,7 / 0,4 / 3,7 / 0,4	**23** Do	3 45 / 10 22 / 15 56 / 22 48	3,4 / 0,4 / 3,6 / 0,3	**8** Sa	4 20 / 10 59 / 16 35 / 23 34	3,6 / 0,5 / 3,8 / 0,4	**23** So	4 41 / 11 08 / 16 52 / 23 44	3,4 / 0,7 / 3,7 / 0,6	**8** Mo	5 07 / 11 46 / 17 19	3,6 / 0,5 / 3,9	**23** Di	4 51 / 11 22 / 17 03 / 23 55	3,4 / 0,7 / 3,7 / 0,7	**8** Do	0 51 / 6 27 / 13 01 / 18 42	0,5 / 3,4 / 0,6 / 3,7	**23** Fr ☾	5 26 / 11 58 / 17 39	3,5 / 0,8 / 3,6
9 Do	3 39 / 10 23 / 15 57 / 22 47	3,6 / 0,4 / 3,7 / 0,4	**24** Fr	4 24 / 10 54 / 16 34 / 23 25	3,3 / 0,5 / 3,6 / 0,4	**9** So	5 14 / 11 50 / 17 27	3,5 / 0,6 / 3,8	**24** Mo	5 21 / 11 45 / 17 33	3,3 / 0,8 / 3,7	**9** Di ☽	0 25 / 6 02 / 12 38 / 18 14	0,4 / 3,5 / 0,6 / 3,8	**24** Mi	5 30 / 11 58 / 17 41	3,4 / 0,8 / 3,7	**9** Fr	1 35 / 7 18 / 13 50 / 19 41	0,7 / 3,4 / 0,7 / 3,6	**24** Sa	0 17 / 6 01 / 12 31 / 18 21	0,8 / 3,4 / 0,8 / 3,4
10 Fr	4 23 / 11 02 / 16 39 / 23 30	3,5 / 0,5 / 3,7 / 0,4	**25** Sa	5 04 / 11 28 / 17 16	3,2 / 0,6 / 3,6	**10** Mo ☽	0 30 / 6 13 / 12 47 / 18 27	0,5 / 3,4 / 0,7 / 3,8	**25** Di ☾	0 23 / 6 04 / 12 26 / 18 17	0,7 / 3,3 / 0,9 / 3,6	**10** Mi	1 19 / 6 59 / 13 31 / 19 13	0,5 / 3,4 / 0,6 / 3,8	**25** Do ☾	0 28 / 6 08 / 12 33 / 18 20	0,7 / 3,4 / 0,8 / 3,6	**10** Sa	2 30 / 8 18 / 14 57 / 20 53	0,8 / 3,3 / 0,8 / 3,5	**25** So	0 58 / 6 53 / 13 30 / 19 28	0,8 / 3,3 / 0,9 / 3,3
11 Sa	5 12 / 11 46 / 17 27	3,5 / 0,6 / 3,6	**26** So ☾	0 04 / 5 48 / 12 08 / 18 02	0,6 / 3,2 / 0,8 / 3,5	**11** Di	1 32 / 7 17 / 13 50 / 19 34	0,5 / 3,4 / 0,7 / 3,7	**26** Mi	1 05 / 6 53 / 13 15 / 19 08	0,7 / 3,3 / 0,9 / 3,5	**11** Do	2 14 / 7 57 / 14 29 / 20 16	0,6 / 3,4 / 0,7 / 3,7	**26** Fr	1 03 / 6 52 / 13 19 / 19 11	0,8 / 3,3 / 0,9 / 3,5	**11** So	3 42 / 9 32 / 16 19 / 22 13	0,9 / 3,4 / 0,8 / 3,5	**26** Mo	2 09 / 8 08 / 14 56 / 20 53	0,9 / 3,2 / 0,8 / 3,3
12 So ☽	0 22 / 6 10 / 12 43 / 18 28	0,5 / 3,4 / 0,7 / 3,6	**27** Mo	0 50 / 6 40 / 12 59 / 18 57	0,7 / 3,1 / 0,9 / 3,4	**12** Mi	2 39 / 8 26 / 15 01 / 20 45	0,5 / 3,4 / 0,7 / 3,7	**27** Do	1 57 / 7 51 / 14 18 / 20 11	0,7 / 3,2 / 0,9 / 3,5	**12** Fr	3 15 / 9 00 / 15 37 / 21 26	0,6 / 3,4 / 0,7 / 3,7	**27** Sa	1 55 / 7 50 / 14 25 / 20 19	0,8 / 3,3 / 0,9 / 3,4	**12** Mo	5 00 / 10 46 / 17 40 / 23 24	0,9 / 3,5 / 0,7 / 3,5	**27** Di	3 40 / 9 33 / 16 29 / 22 18	0,8 / 3,3 / 0,6 / 3,4
13 Mo	1 29 / 7 21 / 13 57 / 19 45	0,5 / 3,3 / 0,7 / 3,6	**28** Di	1 48 / 7 43 / 14 07 / 20 04	0,7 / 3,1 / 0,9 / 3,4	**13** Do	3 50 / 9 34 / 16 13 / 21 55	0,5 / 3,4 / 0,6 / 3,7	**28** Fr	3 01 / 8 56 / 15 31 / 21 19	0,7 / 3,3 / 0,8 / 3,5	**13** Sa	4 22 / 10 06 / 16 50 / 22 35	0,7 / 3,5 / 0,7 / 3,7	**28** So	3 05 / 9 00 / 15 44 / 21 32	0,8 / 3,3 / 0,8 / 3,4	**13** Di	6 08 / 11 47 / 18 42	0,8 / 3,6 / 0,6	**28** Mi	5 07 / 10 51 / 17 51 / 23 31	0,7 / 3,5 / 0,5 / 3,5
14 Di	2 51 / 8 42 / 15 22 / 21 07	0,5 / 3,3 / 0,7 / 3,6	**29** Mi	2 59 / 8 53 / 15 24 / 21 15	0,6 / 3,1 / 0,8 / 3,4	**14** Fr	4 56 / 10 37 / 17 19 / 22 56	0,5 / 3,5 / 0,6 / 3,7	**29** Sa	4 09 / 9 59 / 16 40 / 22 22	0,7 / 3,4 / 0,7 / 3,5	**14** So	5 28 / 11 08 / 17 58 / 23 37	0,7 / 3,6 / 0,6 / 3,6	**29** Mo	4 21 / 10 10 / 17 01 / 22 42	0,7 / 3,4 / 0,6 / 3,5	**14** Mi	0 19 / 6 58 / 12 33 / 19 29	3,5 / 0,7 / 3,7 / 0,6	**29** Do	6 20 / 11 56 / 18 59	0,6 / 3,6 / 0,4
15 Mi	4 14 / 9 59 / 16 42 / 22 19	0,4 / 3,4 / 0,6 / 3,7	**30** Do	4 11 / 10 00 / 16 35 / 22 18	0,6 / 3,2 / 0,7 / 3,5	**15** Sa	5 55 / 11 32 / 18 19 / 23 52	0,5 / 3,5 / 0,5 / 3,7	**30** So	5 12 / 10 55 / 17 42 / 23 17	0,6 / 3,5 / 0,6 / 3,6	**15** Mo	6 26 / 12 01 / 18 56	0,6 / 3,6 / 0,5	**30** Di	5 33 / 11 14 / 18 10 / 23 45	0,6 / 3,5 / 0,5 / 3,5	**15** Do ○	1 02 / 7 40 / 13 12 / 20 08	3,5 / 0,6 / 3,7 / 0,5	**30** Fr ●	0 32 / 7 21 / 12 51 / 19 55	3,6 / 0,5 / 3,8 / 0,3
			31 Fr	5 12 / 10 55 / 17 35 / 23 10	0,5 / 3,4 / 0,6 / 3,6								**31** Mi	6 36 / 12 12 / 19 10	0,5 / 3,7 / 0,4				**31** Sa	1 26 / 8 14 / 13 39 / 20 46	3,6 / 0,4 / 3,9 / 0,3		

● Neumond ☽ erstes Viertel ○ Vollmond ☾ letztes Viertel

UTC+ 1h00min (MEZ)   **Höhen sind auf SKN bezogen**

Cuxhaven, Steubenhöft 2019

Breite: 53° 52' N, Länge: 8° 43' E

Zeiten (Stunden und Minuten) und Höhen (Meter) der Hoch- und Niedrigwasser

September

	Zeit	Höhe		Zeit	Höhe
1 So	2 14 / 9 04 / 14 25 / 21 33	3,7 / 0,4 / 3,9 / 0,3	**16** Mo	2 20 / 9 04 / 14 30 / 21 22	3,5 / 0,5 / 3,7 / 0,5
2 Mo	2 59 / 9 49 / 15 10 / 22 18	3,7 / 0,4 / 3,9 / 0,3	**17** Di	2 50 / 9 33 / 15 00 / 21 50	3,5 / 0,5 / 3,7 / 0,5
3 Di	3 44 / 10 31 / 15 55 / 22 59	3,6 / 0,3 / 3,9 / 0,3	**18** Mi	3 18 / 10 01 / 15 31 / 22 20	3,5 / 0,5 / 3,7 / 0,6
4 Mi	4 27 / 11 09 / 16 39 / 23 37	3,6 / 0,4 / 3,8 / 0,4	**19** Do	3 49 / 10 31 / 16 03 / 22 50	3,6 / 0,6 / 3,7 / 0,6
5 Do	5 08 / 11 47 / 17 23	3,5 / 0,5 / 3,7	**20** Fr	4 20 / 11 01 / 16 34 / 23 17	3,6 / 0,6 / 3,6 / 0,7
6 Fr ☽	0 13 / 5 48 / 12 26 / 18 08	0,6 / 3,4 / 0,6 / 3,5	**21** Sa	4 50 / 11 27 / 17 06 / 23 41	3,5 / 0,7 / 3,5 / 0,8
7 Sa	0 50 / 6 34 / 13 10 / 19 03	0,7 / 3,3 / 0,7 / 3,4	**22** So ☾	5 22 / 11 58 / 17 49	3,4 / 0,8 / 3,3
8 So	1 41 / 7 34 / 14 16 / 20 17	0,9 / 3,3 / 0,9 / 3,3	**23** Mo	0 21 / 6 14 / 12 57 / 18 57	0,9 / 3,3 / 0,9 / 3,2
9 Mo	2 57 / 8 54 / 15 45 / 21 46	1,0 / 3,3 / 0,9 / 3,3	**24** Di	1 34 / 7 34 / 14 28 / 20 28	0,9 / 3,3 / 0,8 / 3,2
10 Di	4 27 / 10 20 / 17 17 / 23 07	1,0 / 3,4 / 0,8 / 3,3	**25** Mi	3 13 / 9 07 / 16 09 / 22 02	0,9 / 3,3 / 0,7 / 3,3
11 Mi	5 47 / 11 29 / 18 26	0,9 / 3,6 / 0,7	**26** Do	4 48 / 10 32 / 17 37 / 23 19	0,8 / 3,5 / 0,5 / 3,4
12 Do	0 05 / 6 40 / 12 15 / 19 11	3,4 / 0,8 / 3,7 / 0,6	**27** Fr	6 05 / 11 39 / 18 44	0,7 / 3,6 / 0,4
13 Fr	0 43 / 7 18 / 12 50 / 19 45	3,5 / 0,7 / 3,7 / 0,5	**28** Sa ●	0 19 / 7 05 / 12 33 / 19 39	3,5 / 0,5 / 3,8 / 0,3
14 Sa ○	1 16 / 7 54 / 13 23 / 20 19	3,5 / 0,6 / 3,7 / 0,5	**29** So	1 09 / 7 57 / 13 21 / 20 28	3,6 / 0,4 / 3,8 / 0,3
15 So	1 49 / 8 31 / 13 58 / 20 53	3,5 / 0,5 / 3,7 / 0,5	**30** Mo	1 55 / 8 45 / 14 05 / 21 11	3,6 / 0,4 / 3,9 / 0,3

Oktober

	Zeit	Höhe		Zeit	Höhe
1 Di	2 37 / 9 28 / 14 49 / 21 53	3,7 / 0,4 / 3,9 / 0,3	**16** Mi	2 22 / 9 09 / 14 34 / 21 21	3,5 / 0,5 / 3,6 / 0,5
2 Mi	3 18 / 10 08 / 15 32 / 22 31	3,6 / 0,4 / 3,8 / 0,4	**17** Do	2 50 / 9 37 / 15 05 / 21 50	3,6 / 0,5 / 3,6 / 0,6
3 Do	3 57 / 10 44 / 16 13 / 23 04	3,6 / 0,4 / 3,7 / 0,5	**18** Fr	3 20 / 10 06 / 15 36 / 22 19	3,6 / 0,6 / 3,6 / 0,6
4 Fr	4 34 / 11 18 / 16 53 / 23 35	3,5 / 0,4 / 3,5 / 0,6	**19** Sa	3 51 / 10 35 / 16 09 / 22 49	3,6 / 0,6 / 3,6 / 0,7
5 Sa ☽	5 10 / 11 54 / 17 36	3,4 / 0,5 / 3,3	**20** So	4 23 / 11 07 / 16 47 / 23 21	3,6 / 0,7 / 3,5 / 0,8
6 So	0 09 / 5 54 / 12 37 / 18 28	0,8 / 3,3 / 0,7 / 3,2	**21** Mo ☾	5 01 / 11 46 / 17 36	3,5 / 0,8 / 3,3
7 Mo	0 56 / 6 53 / 13 38 / 19 40	1,0 / 3,3 / 0,9 / 3,1	**22** Di	0 07 / 6 07 / 12 47 / 18 45	0,9 / 3,4 / 0,8 / 3,2
8 Di	2 10 / 8 12 / 15 05 / 21 07	1,1 / 3,3 / 0,9 / 3,1	**23** Mi	1 20 / 7 15 / 14 15 / 20 14	1,0 / 3,4 / 0,8 / 3,2
9 Mi	3 43 / 9 40 / 16 39 / 22 32	1,1 / 3,4 / 0,9 / 3,2	**24** Do	2 55 / 8 46 / 15 53 / 21 45	1,0 / 3,4 / 0,7 / 3,3
10 Do	5 10 / 10 55 / 17 55 / 23 35	1,0 / 3,5 / 0,8 / 3,3	**25** Fr	4 29 / 10 10 / 17 18 / 23 00	0,9 / 3,6 / 0,5 / 3,4
11 Fr	6 10 / 11 45 / 18 41	0,8 / 3,6 / 0,6	**26** Sa	5 43 / 11 17 / 18 23 / 23 58	0,7 / 3,7 / 0,4 / 3,5
12 Sa	0 15 / 6 50 / 12 20 / 19 15	3,4 / 0,7 / 3,6 / 0,5	**27** So ●	6 42 / 12 11 / 19 17	0,6 / 3,8 / 0,4
13 So	0 48 / 7 26 / 12 53 / 19 48	3,4 / 0,6 / 3,6 / 0,5	**28** Mo ●	0 47 / 7 35 / 13 00 / 20 05	3,6 / 0,5 / 3,8 / 0,3
14 Mo	1 21 / 8 03 / 13 29 / 20 22	3,5 / 0,5 / 3,6 / 0,4	**29** Di	1 31 / 8 22 / 13 45 / 20 47	3,6 / 0,4 / 3,8 / 0,4
15 Di	1 53 / 8 38 / 14 03 / 20 53	3,5 / 0,5 / 3,6 / 0,4	**30** Mi	2 12 / 9 04 / 14 27 / 21 24	3,7 / 0,4 / 3,8 / 0,4
			31 Do	2 49 / 9 42 / 15 08 / 22 00	3,6 / 0,4 / 3,7 / 0,5

November

	Zeit	Höhe		Zeit	Höhe
1 Fr	3 27 / 10 18 / 15 49 / 22 33	3,6 / 0,4 / 3,5 / 0,5	**16** Sa	2 57 / 9 48 / 15 17 / 21 58	3,7 / 0,6 / 3,6 / 0,7
2 Sa	4 03 / 10 53 / 16 29 / 23 04	3,5 / 0,4 / 3,4 / 0,6	**17** So	3 32 / 10 22 / 15 56 / 22 34	3,7 / 0,6 / 3,5 / 0,7
3 So	4 41 / 11 30 / 17 11 / 23 37	3,5 / 0,5 / 3,2 / 0,8	**18** Mo	4 10 / 11 01 / 16 41 / 23 15	3,7 / 0,7 / 3,5 / 0,8
4 Mo ☽	5 23 / 12 11 / 17 59	3,4 / 0,7 / 3,1	**19** Di ☾	4 54 / 11 49 / 17 35	3,7 / 0,7 / 3,4
5 Di	0 21 / 6 17 / 13 05 / 19 00	1,0 / 3,4 / 0,9 / 3,0	**20** Mi	0 07 / 5 50 / 12 50 / 18 41	0,9 / 3,6 / 0,8 / 3,3
6 Mi	1 23 / 7 25 / 14 18 / 20 16	1,1 / 3,3 / 1,0 / 3,0	**21** Do	1 15 / 7 01 / 14 07 / 19 59	1,0 / 3,5 / 0,7 / 3,3
7 Do	2 46 / 8 44 / 15 43 / 21 37	1,1 / 3,4 / 0,9 / 3,1	**22** Fr	2 38 / 8 23 / 15 32 / 21 20	0,9 / 3,6 / 0,7 / 3,3
8 Fr	4 12 / 10 00 / 17 01 / 22 45	1,0 / 3,4 / 0,8 / 3,2	**23** Sa	4 02 / 9 43 / 16 51 / 22 33	0,9 / 3,6 / 0,6 / 3,4
9 Sa	5 22 / 11 00 / 17 56 / 23 34	0,9 / 3,5 / 0,7 / 3,3	**24** So	5 15 / 10 50 / 17 56 / 23 31	0,8 / 3,7 / 0,5 / 3,5
10 So	6 11 / 11 43 / 18 35	0,7 / 3,6 / 0,6	**25** Mo	6 15 / 11 46 / 18 51	0,7 / 3,8 / 0,5
11 Mo	0 12 / 6 52 / 12 20 / 19 12	3,4 / 0,7 / 3,6 / 0,6	**26** Di ●	0 21 / 7 11 / 12 38 / 19 40	3,6 / 0,5 / 3,8 / 0,4
12 Di	0 48 / 7 32 / 12 58 / 19 48	3,5 / 0,6 / 3,6 / 0,5	**27** Mi	1 06 / 8 00 / 13 25 / 20 22	3,6 / 0,4 / 3,7 / 0,4
13 Mi	1 22 / 8 09 / 13 33 / 20 21	3,5 / 0,5 / 3,6 / 0,5	**28** Do	1 47 / 8 41 / 14 07 / 20 57	3,6 / 0,4 / 3,7 / 0,5
14 Do	1 52 / 8 42 / 14 07 / 20 53	3,6 / 0,5 / 3,6 / 0,6	**29** Fr	2 23 / 9 18 / 14 47 / 21 32	3,7 / 0,4 / 3,6 / 0,5
15 Fr	2 24 / 9 15 / 14 41 / 21 25	3,6 / 0,5 / 3,6 / 0,6	**30** Sa	3 01 / 9 57 / 15 28 / 22 08	3,7 / 0,5 / 3,5 / 0,6

Dezember

	Zeit	Höhe		Zeit	Höhe
1 So	3 39 / 10 35 / 16 09 / 22 41	3,7 / 0,5 / 3,4 / 0,7	**16** Mo	3 23 / 10 21 / 15 53 / 22 31	3,8 / 0,6 / 3,6 / 0,7
2 Mo	4 18 / 11 12 / 16 49 / 23 15	3,7 / 0,6 / 3,3 / 0,8	**17** Di	4 04 / 11 04 / 16 40 / 23 17	3,8 / 0,6 / 3,5 / 0,7
3 Di	4 59 / 11 51 / 17 32 / 23 53	3,6 / 0,7 / 3,2 / 0,9	**18** Mi	4 51 / 11 54 / 17 33	3,8 / 0,6 / 3,4
4 Mi ☽	5 44 / 12 35 / 18 20	3,5 / 0,8 / 3,1	**19** Do	0 09 / 5 44 / 12 50 / 18 32	0,8 / 3,7 / 0,6 / 3,3
5 Do	0 41 / 6 36 / 13 28 / 19 19	1,0 / 3,4 / 0,9 / 3,1	**20** Fr	1 07 / 6 46 / 13 52 / 19 37	0,8 / 3,7 / 0,6 / 3,3
6 Fr	1 44 / 7 40 / 14 35 / 20 28	1,1 / 3,4 / 0,9 / 3,1	**21** Sa	2 13 / 7 56 / 15 02 / 20 47	0,8 / 3,6 / 0,6 / 3,3
7 Sa	3 00 / 8 51 / 15 48 / 21 38	1,1 / 3,4 / 0,9 / 3,2	**22** So	3 27 / 9 10 / 16 15 / 21 57	0,8 / 3,6 / 0,7 / 3,4
8 So	4 16 / 9 59 / 16 54 / 22 38	1,0 / 3,5 / 0,8 / 3,3	**23** Mo	4 41 / 10 20 / 17 24 / 23 00	0,8 / 3,7 / 0,7 / 3,5
9 Mo	5 20 / 10 56 / 17 47 / 23 28	0,9 / 3,5 / 0,7 / 3,4	**24** Di	5 48 / 11 23 / 18 24 / 23 55	0,7 / 3,7 / 0,6 / 3,6
10 Di	6 12 / 11 42 / 18 33	0,8 / 3,6 / 0,7	**25** Mi	6 49 / 12 20 / 19 16	0,6 / 3,7 / 0,5
11 Mi	0 10 / 6 57 / 12 23 / 19 13	3,5 / 0,7 / 3,6 / 0,6	**26** Do ●	0 43 / 7 41 / 13 09 / 20 00	3,6 / 0,5 / 3,6 / 0,5
12 Do ○	0 48 / 7 38 / 13 03 / 19 51	3,6 / 0,6 / 3,6 / 0,6	**27** Fr	1 27 / 8 23 / 13 52 / 20 37	3,7 / 0,4 / 3,6 / 0,5
13 Fr	1 24 / 8 17 / 13 43 / 20 29	3,6 / 0,6 / 3,6 / 0,6	**28** Sa	2 05 / 9 01 / 14 32 / 21 13	3,7 / 0,5 / 3,6 / 0,6
14 Sa	2 02 / 8 58 / 14 25 / 21 10	3,7 / 0,6 / 3,6 / 0,6	**29** So	2 42 / 9 41 / 15 12 / 21 49	3,7 / 0,5 / 3,5 / 0,6
15 So	2 42 / 9 40 / 15 08 / 21 51	3,7 / 0,6 / 3,6 / 0,7	**30** Mo	3 20 / 10 20 / 15 50 / 22 24	3,8 / 0,5 / 3,4 / 0,7
			31 Di	3 58 / 10 56 / 16 27 / 22 56	3,8 / 0,6 / 3,4 / 0,7

● Neumond ☽ erstes Viertel ○ Vollmond ☾ letztes Viertel

UTC+ 1h00min (MEZ)   Höhen sind auf SKN bezogen

Mittlere Tidenkurven

Cuxhaven, Steubenhöft

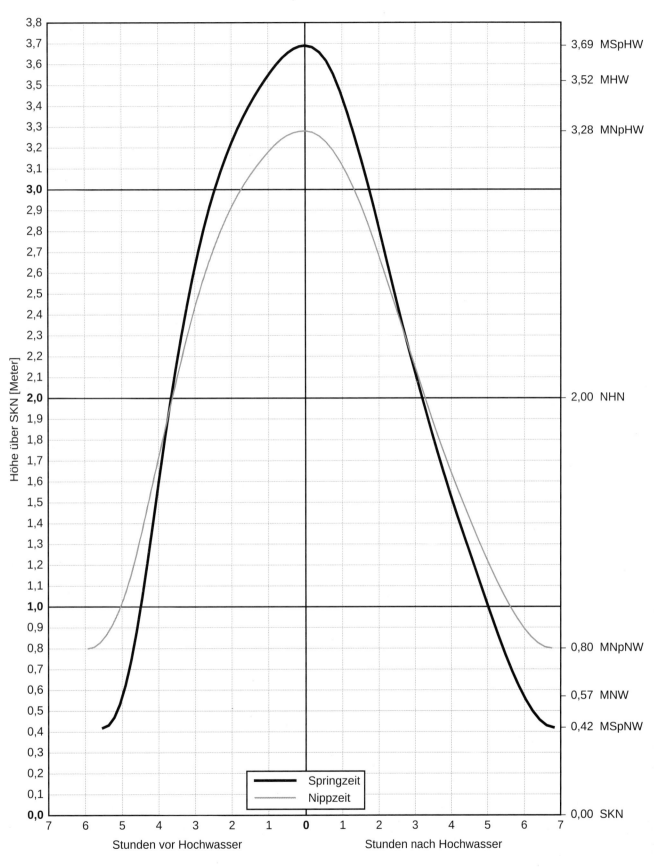

| MSpSD: 5,52 h | MSpFD: 6,80 h | MHWI: 11 h 54 min |
| MNpSD: 5,92 h | MNpFD: 6,75 h | MNWI: 18 h 40 min |

Stand Tidenkurven: 1955
Stand Gezeitengrundwerte: 2019

Brunsbüttel, Mole 1
Breite: 53°53'N, Länge: 9°09'E

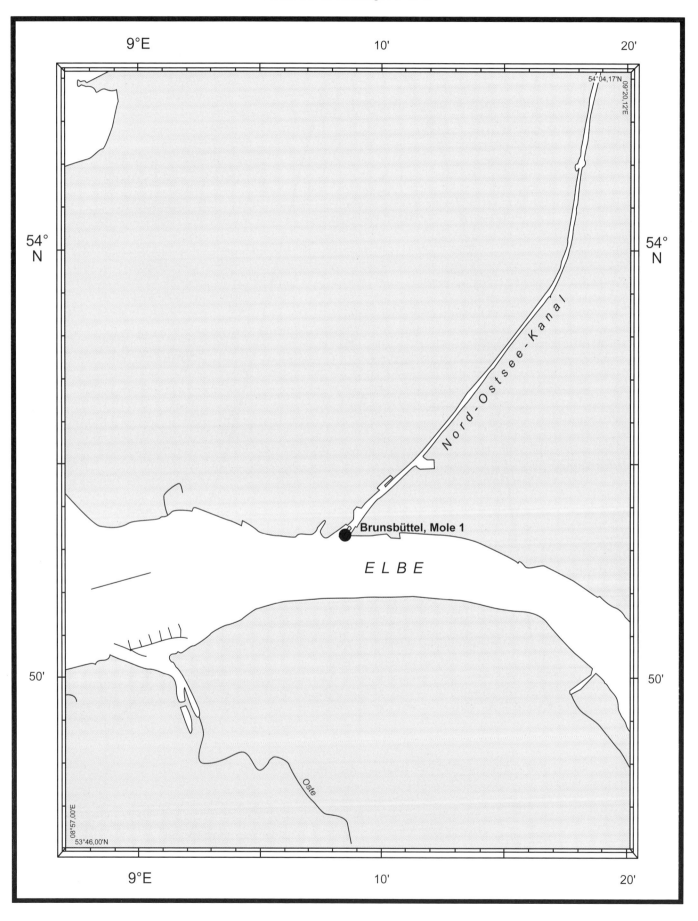

Gezeitenvorausberechnungen

Brunsbüttel, Mole 1 2019
Breite: 53° 53' N, Länge: 9° 09' E

Zeiten (Stunden und Minuten) und Höhen (Meter) der Hoch- und Niedrigwasser

Januar

Tag	Zeit	Höhe	Tag	Zeit	Höhe
1 Di	4 06 / 9 38 / 16 51 / 22 25	0,8 / 3,5 / 0,7 / 3,2	**16** Mi	2 40 / 8 18 / 15 22 / 21 05	0,9 / 3,3 / 0,8 / 3,1
2 Mi	5 16 / 10 50 / 18 01 / 23 34	0,8 / 3,4 / 0,8 / 3,3	**17** Do	3 55 / 9 35 / 16 42 / 22 23	0,8 / 3,2 / 0,8 / 3,2
3 Do	6 32 / 12 01 / 19 09	0,8 / 3,4 / 0,8	**18** Fr	5 23 / 10 58 / 18 04 / 23 38	0,7 / 3,2 / 0,7 / 3,2
4 Fr	0 37 / 7 39 / 13 02 / 20 05	3,4 / 0,7 / 3,4 / 0,7	**19** Sa	6 44 / 12 10 / 19 16	0,6 / 3,3 / 0,6
5 Sa	1 28 / 8 34 / 13 51 / 20 52	3,4 / 0,7 / 3,4 / 0,6	**20** So	0 43 / 7 53 / 13 12 / 20 18	3,3 / 0,5 / 3,3 / 0,5
6 So ●	2 12 / 9 18 / 14 33 / 21 31	3,5 / 0,6 / 3,4 / 0,6	**21** Mo ○	1 39 / 8 53 / 14 09 / 21 13	3,5 / 0,4 / 3,4 / 0,5
7 Mo	2 50 / 9 55 / 15 12 / 22 05	3,5 / 0,6 / 3,3 / 0,6	**22** Di	2 29 / 9 47 / 15 02 / 22 05	3,6 / 0,4 / 3,5 / 0,5
8 Di	3 24 / 10 29 / 15 47 / 22 38	3,5 / 0,6 / 3,3 / 0,6	**23** Mi	3 17 / 10 41 / 15 53 / 22 58	3,7 / 0,4 / 3,5 / 0,5
9 Mi	3 55 / 11 03 / 16 21 / 23 10	3,6 / 0,6 / 3,3 / 0,6	**24** Do	4 05 / 11 34 / 16 43 / 23 47	3,7 / 0,4 / 3,4 / 0,5
10 Do	4 27 / 11 36 / 16 52 / 23 39	3,6 / 0,6 / 3,3 / 0,6	**25** Fr	4 52 / 12 22 / 17 29	3,8 / 0,4 / 3,4
11 Fr	5 00 / 12 07 / 17 24	3,6 / 0,6 / 3,3	**26** Sa	0 30 / 5 37 / 13 04 / 18 14	0,5 / 3,7 / 0,4 / 3,3
12 Sa	0 10 / 5 34 / 12 40 / 18 00	0,7 / 3,6 / 0,7 / 3,3	**27** So ☾	1 11 / 6 24 / 13 47 / 19 00	0,5 / 3,7 / 0,5 / 3,2
13 So	0 45 / 6 09 / 13 14 / 18 38	0,7 / 3,5 / 0,7 / 3,3	**28** Mo	1 54 / 7 12 / 14 28 / 19 46	0,5 / 3,6 / 0,5 / 3,2
14 Mo ☽	1 18 / 6 42 / 13 46 / 19 15	0,8 / 3,5 / 0,7 / 3,2	**29** Di	2 36 / 8 00 / 15 08 / 20 36	0,6 / 3,5 / 0,6 / 3,1
15 Di	1 52 / 7 21 / 14 23 / 20 01	0,8 / 3,4 / 0,8 / 3,2	**30** Mi	3 23 / 8 56 / 15 59 / 21 37	0,7 / 3,4 / 0,7 / 3,1
			31 Do	4 29 / 10 09 / 17 12 / 22 52	0,8 / 3,3 / 0,8 / 3,2

Februar

Tag	Zeit	Höhe	Tag	Zeit	Höhe
1 Fr	5 53 / 11 31 / 18 32	0,8 / 3,3 / 0,8	**16** Sa	4 34 / 10 16 / 17 22 / 22 59	0,6 / 3,1 / 0,6 / 3,2
2 Sa	0 07 / 7 13 / 12 42 / 19 40	3,3 / 0,7 / 3,3 / 0,7	**17** So	6 13 / 11 45 / 18 50	0,5 / 3,2 / 0,5
3 So	1 06 / 8 15 / 13 36 / 20 31	3,4 / 0,6 / 3,3 / 0,7	**18** Mo	0 18 / 7 35 / 12 58 / 20 02	3,3 / 0,4 / 3,3 / 0,4
4 Mo ●	1 52 / 9 01 / 14 17 / 21 12	3,5 / 0,6 / 3,3 / 0,6	**19** Di ○	1 21 / 8 42 / 13 58 / 21 02	3,5 / 0,3 / 3,3 / 0,4
5 Di	2 31 / 9 39 / 14 54 / 21 49	3,5 / 0,6 / 3,3 / 0,5	**20** Mi	2 15 / 9 38 / 14 51 / 21 55	3,6 / 0,3 / 3,4 / 0,4
6 Mi	3 05 / 10 13 / 15 28 / 22 23	3,5 / 0,5 / 3,3 / 0,5	**21** Do	3 03 / 10 29 / 15 39 / 22 45	3,7 / 0,3 / 3,4 / 0,4
7 Do	3 36 / 10 46 / 16 00 / 22 54	3,6 / 0,5 / 3,3 / 0,5	**22** Fr	3 49 / 11 18 / 16 24 / 23 33	3,7 / 0,3 / 3,4 / 0,3
8 Fr	4 06 / 11 17 / 16 30 / 23 24	3,6 / 0,5 / 3,3 / 0,5	**23** Sa	4 35 / 12 04 / 17 08	3,7 / 0,3 / 3,4
9 Sa	4 38 / 11 48 / 17 02 / 23 55	3,6 / 0,5 / 3,3 / 0,5	**24** So	0 14 / 5 19 / 12 44 / 17 50	0,3 / 3,7 / 0,3 / 3,3
10 So	5 12 / 12 21 / 17 37	3,6 / 0,6 / 3,4	**25** Mo	0 51 / 6 02 / 13 19 / 18 29	0,4 / 3,6 / 0,4 / 3,3
11 Mo	0 29 / 5 45 / 12 53 / 18 10	0,6 / 3,6 / 0,6 / 3,4	**26** Di	1 27 / 6 43 / 13 51 / 19 08	0,4 / 3,5 / 0,5 / 3,2
12 Di ☽	1 00 / 6 14 / 13 19 / 18 38	0,6 / 3,5 / 0,6 / 3,3	**27** Mi	2 03 / 7 25 / 14 24 / 19 51	0,5 / 3,3 / 0,6 / 3,1
13 Mi	1 23 / 6 43 / 13 42 / 19 10	0,7 / 3,4 / 0,7 / 3,2	**28** Do	2 43 / 8 17 / 15 09 / 20 49	0,6 / 3,2 / 0,7 / 3,1
14 Do	1 55 / 7 29 / 14 26 / 20 05	0,7 / 3,2 / 0,7 / 3,1			
15 Fr	3 00 / 8 43 / 15 45 / 21 28	0,7 / 3,1 / 0,7 / 3,1			

März

Tag	Zeit	Höhe	Tag	Zeit	Höhe
1 Fr	3 44 / 9 28 / 16 20 / 22 07	0,7 / 3,1 / 0,8 / 3,1	**16** Sa	2 31 / 8 15 / 15 10 / 20 54	0,6 / 3,1 / 0,6 / 3,1
2 Sa	5 10 / 10 56 / 17 50 / 23 31	0,7 / 3,1 / 0,8 / 3,2	**17** So	4 06 / 9 50 / 16 52 / 22 31	0,5 / 3,0 / 0,6 / 3,2
3 So	6 41 / 12 17 / 19 10	0,6 / 3,1 / 0,7	**18** Mo	5 51 / 11 26 / 18 30 / 23 56	0,4 / 3,1 / 0,5 / 3,3
4 Mo	0 39 / 7 51 / 13 16 / 20 07	3,3 / 0,6 / 3,2 / 0,6	**19** Di	7 19 / 12 43 / 19 46	0,3 / 3,2 / 0,4
5 Di	1 27 / 8 39 / 13 56 / 20 49	3,4 / 0,5 / 3,3 / 0,6	**20** Mi	1 01 / 8 27 / 13 43 / 20 47	3,5 / 0,3 / 3,3 / 0,4
6 Mi ●	2 05 / 9 17 / 14 31 / 21 27	3,5 / 0,5 / 3,3 / 0,5	**21** Do ○	1 56 / 9 22 / 14 34 / 21 40	3,6 / 0,3 / 3,4 / 0,3
7 Do	2 40 / 9 52 / 15 05 / 22 03	3,5 / 0,4 / 3,3 / 0,4	**22** Fr	2 45 / 10 11 / 15 19 / 22 27	3,6 / 0,2 / 3,4 / 0,3
8 Fr	3 12 / 10 24 / 15 36 / 22 35	3,5 / 0,4 / 3,3 / 0,4	**23** Sa	3 31 / 10 55 / 16 01 / 23 11	3,7 / 0,2 / 3,4 / 0,3
9 Sa	3 43 / 10 55 / 16 07 / 23 06	3,5 / 0,3 / 3,3 / 0,4	**24** So	4 14 / 11 37 / 16 41 / 23 51	3,7 / 0,3 / 3,4 / 0,3
10 So	4 15 / 11 26 / 16 39 / 23 38	3,5 / 0,4 / 3,4 / 0,4	**25** Mo	4 56 / 12 15 / 17 20	3,6 / 0,3 / 3,4
11 Mo	4 49 / 11 59 / 17 13	3,5 / 0,4 / 3,4	**26** Di	0 27 / 5 36 / 12 47 / 17 56	0,3 / 3,5 / 0,4 / 3,3
12 Di	0 11 / 5 21 / 12 30 / 17 43	0,5 / 3,5 / 0,5 / 3,4	**27** Mi	1 00 / 6 15 / 13 15 / 18 31	0,3 / 3,3 / 0,4 / 3,2
13 Mi	0 40 / 5 51 / 12 54 / 18 08	0,5 / 3,5 / 0,5 / 3,3	**28** Do	1 32 / 6 55 / 13 45 / 19 12	0,4 / 3,2 / 0,5 / 3,2
14 Do ☽	1 03 / 6 20 / 13 15 / 18 37	0,5 / 3,4 / 0,6 / 3,2	**29** Fr	2 10 / 7 44 / 14 26 / 20 07	0,5 / 3,0 / 0,6 / 3,1
15 Fr	1 32 / 7 03 / 13 54 / 19 30	0,6 / 3,2 / 0,6 / 3,1	**30** Sa	3 05 / 8 51 / 15 32 / 21 21	0,6 / 2,9 / 0,7 / 3,1
			31 So	4 25 / 10 15 / 17 00 / 22 45	0,6 / 2,9 / 0,7 / 3,2

April

Tag	Zeit	Höhe	Tag	Zeit	Höhe
1 Mo	5 57 / 11 39 / 18 27 / 23 59	0,6 / 3,0 / 0,6 / 3,3	**16** Di	5 35 / 11 08 / 18 10 / 23 32	0,4 / 3,1 / 0,5 / 3,4
2 Di	7 14 / 12 42 / 19 31	0,5 / 3,1 / 0,6	**17** Mi	7 00 / 12 22 / 19 24	0,3 / 3,3 / 0,5
3 Mi	0 52 / 8 05 / 13 25 / 20 16	3,4 / 0,4 / 3,2 / 0,5	**18** Do	0 37 / 8 04 / 13 21 / 20 24	3,5 / 0,3 / 3,3 / 0,4
4 Do	1 31 / 8 44 / 14 01 / 20 57	3,4 / 0,4 / 3,3 / 0,4	**19** Fr ○	1 33 / 8 59 / 14 12 / 21 18	3,6 / 0,3 / 3,4 / 0,3
5 Fr ●	2 08 / 9 22 / 14 36 / 21 37	3,5 / 0,3 / 3,3 / 0,4	**20** Sa	2 25 / 9 48 / 14 57 / 22 06	3,6 / 0,2 / 3,4 / 0,3
6 Sa	2 45 / 9 57 / 15 09 / 22 11	3,5 / 0,3 / 3,3 / 0,3	**21** So	3 11 / 10 29 / 15 36 / 22 47	3,6 / 0,3 / 3,4 / 0,3
7 So	3 18 / 10 29 / 15 41 / 22 44	3,5 / 0,3 / 3,4 / 0,3	**22** Mo	3 51 / 11 06 / 16 13 / 23 25	3,6 / 0,3 / 3,4 / 0,3
8 Mo	3 51 / 11 01 / 16 13 / 23 17	3,5 / 0,4 / 3,4 / 0,4	**23** Di	4 30 / 11 42 / 16 49	3,5 / 0,3 / 3,4
9 Di	4 25 / 11 33 / 16 46 / 23 49	3,5 / 0,4 / 3,5 / 0,4	**24** Mi	0 01 / 5 10 / 12 14 / 17 25	0,3 / 3,4 / 0,4 / 3,4
10 Mi	4 59 / 12 04 / 17 17	3,5 / 0,5 / 3,5	**25** Do	0 34 / 5 50 / 12 43 / 18 01	0,3 / 3,2 / 0,4 / 3,4
11 Do	0 21 / 5 33 / 12 34 / 17 48	0,4 / 3,4 / 0,5 / 3,4	**26** Fr ☾	1 08 / 6 30 / 13 14 / 18 42	0,3 / 3,1 / 0,5 / 3,3
12 Fr ☽	0 53 / 6 11 / 13 04 / 18 25	0,4 / 3,3 / 0,5 / 3,4	**27** Sa	1 46 / 7 17 / 13 54 / 19 32	0,4 / 3,0 / 0,6 / 3,2
13 Sa	1 32 / 7 00 / 13 48 / 19 20	0,5 / 3,2 / 0,6 / 3,3	**28** So	2 34 / 8 15 / 14 49 / 20 34	0,5 / 2,9 / 0,7 / 3,2
14 So	2 30 / 8 10 / 14 59 / 20 38	0,5 / 3,1 / 0,6 / 3,3	**29** Mo	3 40 / 9 27 / 16 05 / 21 49	0,6 / 2,9 / 0,7 / 3,2
15 Mo	3 57 / 9 38 / 16 35 / 22 09	0,5 / 3,1 / 0,6 / 3,3	**30** Di	5 02 / 10 44 / 17 29 / 23 04	0,5 / 2,9 / 0,6 / 3,2

● Neumond   ☽ erstes Viertel   ○ Vollmond   ☾ letztes Viertel

UTC+ 1h00min (MEZ)   Höhen sind auf SKN bezogen

Brunsbüttel, Mole 1 2019

Breite: 53° 53' N, Länge: 9° 09' E

Zeiten (Stunden und Minuten) und Höhen (Meter) der Hoch- und Niedrigwasser

	Mai						Juni						Juli						August				
	Zeit	Höhe		Zeit	Höhe		Zeit	Höhe		Zeit	Höhe		Zeit	Höhe		Zeit	Höhe		Zeit	Höhe		Zeit	Höhe
1 Mi	6 19 11 52 18 40	0,5 3,0 0,6	**16** Do	6 33 11 56 18 57	0,4 3,3 0,5	**1** Sa	0 06 7 15 12 42 19 39	3,4 0,5 3,3 0,6	**16** So	0 47 8 02 13 20 20 29	3,5 0,5 3,5 0,5	**1** Mo	0 15 7 23 12 46 19 54	3,4 0,6 3,4 0,6	**16** Di ○	1 26 8 30 13 49 21 01	3,4 0,6 3,5 0,5	**1** Do ●	1 44 8 50 14 04 21 24	3,4 0,5 3,6 0,5	**16** Fr	2 40 9 36 14 52 22 03	3,4 0,6 3,6 0,6
2 Do	0 05 7 18 12 43 19 34	3,3 0,4 3,2 0,5	**17** Fr	0 12 7 36 12 54 19 57	3,6 0,4 3,4 0,5	**2** So	0 54 8 05 13 25 20 29	3,5 0,5 3,4 0,6	**17** Mo ○	1 41 8 53 14 08 21 20	3,5 0,5 3,5 0,4	**2** Di ●	1 08 8 17 13 34 20 46	3,4 0,5 3,5 0,5	**17** Mi	2 14 9 15 14 33 21 44	3,4 0,6 3,6 0,5	**2** Fr	2 38 9 44 14 53 22 17	3,5 0,5 3,7 0,4	**17** Sa	3 16 10 12 15 25 22 37	3,4 0,6 3,6 0,5
3 Fr	0 51 8 03 13 24 20 20	3,4 0,4 3,3 0,5	**18** Sa ○	1 09 8 31 13 45 20 53	3,6 0,4 3,4 0,4	**3** Mo ●	1 39 8 50 14 05 21 13	3,5 0,5 3,5 0,5	**18** Di	2 29 9 37 14 51 22 02	3,4 0,4 3,5 0,4	**3** Mi	1 58 9 07 14 20 21 35	3,5 0,5 3,6 0,5	**18** Do	2 57 9 54 15 11 22 22	3,4 0,5 3,6 0,5	**3** Sa	3 29 10 35 15 39 23 09	3,5 0,5 3,7 0,4	**18** So	3 49 10 45 15 56 23 09	3,4 0,5 3,6 0,5
4 Sa ●	1 32 8 46 14 03 21 05	3,5 0,4 3,4 0,5	**19** So	2 02 9 21 14 32 21 43	3,6 0,3 3,5 0,3	**4** Di	2 21 9 30 14 42 21 53	3,6 0,5 3,6 0,5	**19** Mi	3 11 10 13 15 28 22 39	3,4 0,4 3,6 0,4	**4** Do	2 49 9 54 15 06 22 26	3,6 0,5 3,7 0,5	**19** Fr	3 35 10 30 15 45 22 58	3,5 0,6 3,7 0,5	**4** So	4 18 11 25 16 25 23 58	3,5 0,4 3,7 0,4	**19** Mo	4 19 11 15 16 26 23 39	3,4 0,6 3,6 0,6
5 So	2 13 9 25 14 38 21 43	3,5 0,4 3,4 0,4	**20** Mo	2 49 10 02 15 12 22 23	3,5 0,3 3,5 0,3	**5** Mi	3 04 10 10 15 22 22 37	3,6 0,5 3,6 0,5	**20** Do	3 51 10 48 16 02 23 16	3,4 0,5 3,6 0,4	**5** Fr	3 39 10 44 15 52 23 18	3,6 0,5 3,7 0,4	**20** Sa	4 11 11 04 16 17 23 33	3,4 0,6 3,7 0,6	**5** Mo	5 04 12 10 17 12	3,4 0,4 3,7	**20** Di	4 49 11 45 16 59	3,4 0,6 3,6
6 Mo	2 50 10 00 15 11 22 18	3,5 0,4 3,5 0,4	**21** Di	3 29 10 37 15 47 22 59	3,5 0,3 3,5 0,3	**6** Do	3 49 10 53 16 04 23 23	3,6 0,5 3,7 0,5	**21** Fr	4 30 11 23 16 38 23 53	3,4 0,5 3,6 0,5	**6** Sa	4 28 11 33 16 38	3,5 0,5 3,8	**21** So	4 43 11 36 16 50	3,4 0,6 3,7	**6** Di	0 43 5 49 12 52 18 00	0,4 3,4 0,5 3,7	**21** Mi	0 09 5 23 12 18 17 33	0,6 3,4 0,7 3,6
7 Di	3 26 10 33 15 45 22 54	3,5 0,4 3,5 0,4	**22** Mi	4 08 11 11 16 22 23 37	3,4 0,4 3,5 0,3	**7** Fr	4 35 11 36 16 47	3,5 0,5 3,7	**22** Sa	5 07 11 56 17 14	3,3 0,6 3,6	**7** So	0 07 5 16 12 18 17 24	0,4 3,5 0,5 3,8	**22** Mo	0 05 5 16 12 07 17 25	0,6 3,3 0,7 3,7	**7** Mi ☽	1 27 6 35 13 36 18 50	0,5 3,3 0,5 3,6	**22** Do	0 42 5 57 12 50 18 03	0,7 3,4 0,7 3,6
8 Mi	4 04 11 09 16 21 23 32	3,5 0,5 3,6 0,4	**23** Do	4 48 11 45 16 59	3,3 0,4 3,5	**8** Sa	0 08 5 21 12 20 17 32	0,5 3,5 0,6 3,7	**23** So	0 28 5 43 12 29 17 51	0,5 3,3 0,6 3,6	**8** Mo	0 55 6 04 13 05 18 15	0,4 3,4 0,5 3,7	**23** Di	0 37 5 52 12 42 18 01	0,6 3,3 0,7 3,6	**8** Do	2 11 7 22 14 20 19 40	0,5 3,3 0,6 3,6	**23** Fr ☾	1 10 6 28 13 15 18 32	0,7 3,4 0,7 3,5
9 Do	4 43 11 45 16 58	3,5 0,5 3,6	**24** Fr	0 13 5 28 12 18 17 37	0,4 3,2 0,5 3,5	**9** So	0 57 6 12 13 09 18 24	0,5 3,4 0,6 3,7	**24** Mo	1 03 6 22 13 05 18 30	0,6 3,2 0,7 3,6	**9** Di ☽	1 47 6 57 13 57 19 11	0,5 3,3 0,6 3,7	**24** Mi	1 12 6 30 13 17 18 35	0,7 3,3 0,8 3,6	**9** Fr	2 52 8 11 15 05 20 32	0,6 3,2 0,7 3,4	**24** Sa	1 31 6 57 13 41 19 10	0,7 3,3 0,8 3,3
10 Fr	0 10 5 24 12 23 17 38	0,5 3,4 0,5 3,6	**25** Sa	0 48 6 08 12 51 18 16	0,4 3,1 0,6 3,5	**10** Mo ☽	1 53 7 09 14 04 19 21	0,5 3,3 0,6 3,6	**25** Di ☾	1 40 7 04 13 43 19 10	0,6 3,2 0,8 3,5	**10** Mi	2 39 7 52 14 47 20 06	0,5 3,3 0,6 3,6	**25** Do ☾	1 43 7 06 13 47 19 09	0,7 3,2 0,8 3,5	**10** Sa	3 37 9 07 16 02 21 38	0,7 3,2 0,8 3,3	**25** So	2 04 7 42 14 32 20 15	0,8 3,1 0,8 3,2
11 Sa	0 53 6 11 13 05 18 24	0,5 3,4 0,6 3,5	**26** So ☾	1 25 6 51 13 28 19 00	0,5 3,1 0,7 3,4	**11** Di	2 51 8 09 15 01 20 23	0,5 3,3 0,7 3,6	**26** Mi	2 18 7 48 14 24 19 55	0,7 3,2 0,8 3,4	**11** Do	3 27 8 46 15 38 21 03	0,6 3,3 0,7 3,6	**26** Fr	2 12 7 44 14 24 19 55	0,7 3,2 0,9 3,4	**11** So	4 41 10 19 17 21 22 59	0,8 3,2 0,8 3,3	**26** Mo	3 11 8 56 15 58 21 44	0,8 3,1 0,7 3,1
12 So ☾	1 44 7 08 13 57 19 22	0,5 3,3 0,6 3,5	**27** Mo	2 07 7 39 14 13 19 50	0,6 3,0 0,7 3,4	**12** Mi	3 49 9 12 16 04 21 28	0,5 3,2 0,7 3,6	**27** Do	3 02 8 40 15 18 20 54	0,7 3,1 0,8 3,4	**12** Fr	4 19 9 46 16 40 22 09	0,6 3,3 0,7 3,5	**27** Sa	2 57 8 37 15 25 21 04	0,8 3,2 0,8 3,3	**12** Mo	6 02 11 36 18 45	0,9 3,3 0,7	**27** Di	4 44 10 26 17 38 23 15	0,7 3,1 0,6 3,1
13 Mo	2 44 8 13 15 02 20 31	0,5 3,2 0,7 3,5	**28** Di	2 57 8 36 15 10 20 50	0,6 3,0 0,8 3,3	**13** Do	4 53 10 19 17 15 22 39	0,5 3,2 0,8 3,5	**28** Fr	4 02 9 43 16 30 22 05	0,5 3,1 0,8 3,3	**13** Sa	5 23 10 53 17 54 23 22	0,7 3,3 0,7 3,5	**28** So	4 07 9 49 16 48 22 25	0,7 3,1 0,7 3,2	**13** Di	0 16 7 16 12 43 19 54	3,3 0,8 3,4 0,7	**28** Mi	6 17 11 48 19 05	0,6 3,3 0,5
14 Di	3 57 9 42 16 22 21 50	0,5 3,2 0,7 3,5	**29** Mi	4 00 9 42 16 22 21 59	0,6 3,0 0,7 3,3	**14** Fr	6 01 11 26 18 26 23 46	0,6 3,3 0,6 3,6	**29** Sa	5 13 10 51 17 47 23 15	0,7 3,2 0,7 3,3	**14** So	6 34 12 01 19 07	0,7 3,3 0,6	**29** Mo	5 29 11 05 18 12 23 41	0,7 3,2 0,6 3,3	**14** Mi	1 16 8 12 13 33 20 44	3,3 0,7 3,5 0,6	**29** Do	0 31 7 33 12 54 20 14	3,2 0,5 3,4 0,4
15 Mi	5 18 10 46 17 45 23 06	0,5 3,2 0,6 3,5	**30** Do	5 12 10 51 17 38 23 08	0,6 3,1 0,7 3,3	**15** Sa	7 05 12 26 19 31	0,6 3,4 0,6	**30** So	6 22 11 53 18 55	0,7 3,3 0,6	**15** Mo ○	0 30 7 37 12 59 20 10	3,4 0,7 3,5 0,6	**30** Di	6 46 12 14 19 25	0,6 3,3 0,5	**15** Do ○	2 01 8 56 14 14 21 25	3,4 0,7 3,6 0,6	**30** Fr ●	1 33 8 35 13 49 21 12	3,3 0,5 3,6 0,4
			31 Fr	6 19 11 52 18 44	0,6 3,2 0,6							**31** Mi	0 46 7 51 13 12 20 27	3,4 0,6 3,5 0,5							**31** Sa	2 26 9 31 14 38 22 04	3,4 0,5 3,7 0,4			

● Neumond   ☽ erstes Viertel   ○ Vollmond   ☾ letztes Viertel

UTC+ 1h00min (MEZ)   Höhen sind auf SKN bezogen

Gezeitenvorausberechnungen

Brunsbüttel, Mole 1 2019

Breite: 53° 53' N, Länge: 9° 09' E

Zeiten (Stunden und Minuten) und Höhen (Meter) der Hoch- und Niedrigwasser

September

Tag	Zeit	Höhe	Tag	Zeit	Höhe
1 So	3 15 / 10 21 / 15 24 / 22 52	3,5 / 0,4 / 3,7 / 0,3	**16** Mo	3 24 / 10 22 / 15 32 / 22 42	3,3 / 0,5 / 3,5 / 0,5
2 Mo	4 00 / 11 09 / 16 09 / 23 38	3,5 / 0,4 / 3,7 / 0,3	**17** Di	3 54 / 10 52 / 16 03 / 23 11	3,3 / 0,5 / 3,5 / 0,5
3 Di	4 44 / 11 52 / 16 54	3,4 / 0,4 / 3,7	**18** Mi	4 23 / 11 22 / 16 34 / 23 40	3,4 / 0,5 / 3,5 / 0,6
4 Mi	0 20 / 5 27 / 12 31 / 17 39	0,4 / 3,4 / 0,4 / 3,6	**19** Do	4 54 / 11 51 / 17 05	3,4 / 0,6 / 3,5
5 Do	0 58 / 6 07 / 13 09 / 18 23	0,5 / 3,3 / 0,5 / 3,5	**20** Fr	0 09 / 5 25 / 12 21 / 17 35	0,6 / 3,4 / 0,6 / 3,5
6 Fr)	1 34 / 6 47 / 13 48 / 19 09	0,6 / 3,2 / 0,5 / 3,4	**21** Sa	0 36 / 5 52 / 12 47 / 18 05	0,7 / 3,4 / 0,7 / 3,4
7 Sa	2 10 / 7 32 / 14 30 / 20 01	0,7 / 3,2 / 0,7 / 3,3	**22** So ☾	0 59 / 6 22 / 13 14 / 18 44	0,7 / 3,3 / 0,7 / 3,2
8 So	2 53 / 8 28 / 15 26 / 21 08	0,8 / 3,2 / 0,8 / 3,1	**23** Mo	1 31 / 7 08 / 14 04 / 19 48	0,8 / 3,2 / 0,8 / 3,1
9 Mo	3 58 / 9 43 / 16 46 / 22 33	0,9 / 3,2 / 0,8 / 3,1	**24** Di	2 36 / 8 22 / 15 29 / 21 18	0,8 / 3,1 / 0,7 / 3,0
10 Di	5 25 / 11 08 / 18 18 / 23 58	0,9 / 3,3 / 0,8 / 3,1	**25** Mi	4 12 / 9 57 / 17 14 / 22 55	0,8 / 3,1 / 0,6 / 3,1
11 Mi	6 50 / 12 22 / 19 34	0,9 / 3,4 / 0,7	**26** Do	5 54 / 11 25 / 18 47	0,7 / 3,3 / 0,5
12 Do	1 02 / 7 51 / 13 13 / 20 24	3,2 / 0,8 / 3,5 / 0,6	**27** Fr	0 17 / 7 15 / 12 34 / 19 58	3,2 / 0,6 / 3,4 / 0,4
13 Fr	1 43 / 8 33 / 13 51 / 21 01	3,3 / 0,7 / 3,5 / 0,6	**28** Sa ●	1 19 / 8 17 / 13 30 / 20 55	3,3 / 0,5 / 3,6 / 0,4
14 Sa ○	2 17 / 9 11 / 14 26 / 21 37	3,3 / 0,6 / 3,5 / 0,5	**29** So	2 10 / 9 12 / 14 20 / 21 45	3,4 / 0,5 / 3,6 / 0,4
15 So	2 52 / 9 49 / 15 01 / 22 11	3,3 / 0,5 / 3,5 / 0,5	**30** Mo	2 56 / 10 01 / 15 06 / 22 29	3,4 / 0,4 / 3,7 / 0,4

Oktober

Tag	Zeit	Höhe	Tag	Zeit	Höhe
1 Di	3 38 / 10 46 / 15 49 / 23 11	3,4 / 0,4 / 3,6 / 0,4	**16** Mi	3 27 / 10 27 / 15 38 / 22 41	3,4 / 0,5 / 3,4 / 0,5
2 Mi	4 20 / 11 28 / 16 32 / 23 51	3,4 / 0,4 / 3,6 / 0,4	**17** Do	3 56 / 10 57 / 16 10 / 23 10	3,4 / 0,5 / 3,5 / 0,6
3 Do	5 00 / 12 06 / 17 15	3,4 / 0,4 / 3,5	**18** Fr	4 26 / 11 26 / 16 41 / 23 39	3,5 / 0,6 / 3,4 / 0,6
4 Fr	0 25 / 5 37 / 12 41 / 17 57	0,5 / 3,3 / 0,4 / 3,4	**19** Sa	4 56 / 11 56 / 17 13	3,5 / 0,6 / 3,4
5 Sa)	0 57 / 6 14 / 13 17 / 18 41	0,6 / 3,3 / 0,5 / 3,2	**20** So	0 07 / 5 27 / 12 27 / 17 50	0,7 / 3,4 / 0,7 / 3,3
6 So	1 30 / 6 57 / 13 58 / 19 33	0,7 / 3,2 / 0,6 / 3,1	**21** Mo ☾	0 39 / 6 03 / 13 06 / 18 37	0,7 / 3,4 / 0,7 / 3,2
7 Mo	2 14 / 7 52 / 14 52 / 20 38	0,8 / 3,2 / 0,7 / 3,0	**22** Di	1 20 / 6 53 / 13 59 / 19 40	0,8 / 3,3 / 0,7 / 3,1
8 Di	3 16 / 9 03 / 16 08 / 21 58	0,9 / 3,2 / 0,8 / 3,0	**23** Mi	2 23 / 8 05 / 15 18 / 21 03	0,9 / 3,2 / 0,7 / 3,1
9 Mi	4 40 / 10 27 / 17 38 / 23 23	1,0 / 3,2 / 0,8 / 3,0	**24** Do	3 53 / 9 33 / 16 54 / 22 35	0,8 / 3,3 / 0,6 / 3,1
10 Do	6 08 / 11 45 / 18 58	0,9 / 3,3 / 0,7	**25** Fr	5 30 / 11 00 / 18 25 / 23 55	0,8 / 3,4 / 0,5 / 3,2
11 Fr	0 31 / 7 17 / 12 41 / 19 52	3,1 / 0,8 / 3,4 / 0,6	**26** Sa	6 51 / 12 11 / 19 35	0,7 / 3,5 / 0,5
12 Sa	1 16 / 8 02 / 13 21 / 20 29	3,2 / 0,7 / 3,4 / 0,6	**27** So	0 57 / 7 53 / 13 08 / 20 31	3,3 / 0,6 / 3,6 / 0,4
13 So ○	1 49 / 8 40 / 13 56 / 21 05	3,2 / 0,6 / 3,5 / 0,5	**28** Mo ●	1 48 / 8 48 / 14 00 / 21 21	3,3 / 0,5 / 3,6 / 0,4
14 Mo	2 24 / 9 20 / 14 32 / 21 40	3,3 / 0,5 / 3,4 / 0,5	**29** Di	2 34 / 9 38 / 14 47 / 22 04	3,4 / 0,5 / 3,6 / 0,4
15 Di	2 57 / 9 56 / 15 07 / 22 12	3,3 / 0,5 / 3,4 / 0,5	**30** Mi	3 15 / 10 21 / 15 29 / 22 42	3,4 / 0,4 / 3,6 / 0,4
31 Do	3 53 / 11 01 / 16 10 / 23 19	3,5 / 0,4 / 3,5 / 0,5			

November

Tag	Zeit	Höhe	Tag	Zeit	Höhe
1 Fr	4 31 / 11 40 / 16 52 / 23 54	3,4 / 0,4 / 3,4 / 0,5	**16** Sa	4 03 / 11 08 / 16 25 / 23 18	3,5 / 0,6 / 3,4 / 0,7
2 Sa	5 10 / 12 17 / 17 35	3,4 / 0,4 / 3,2	**17** So	4 38 / 11 43 / 17 03 / 23 53	3,6 / 0,7 / 3,4 / 0,7
3 So	0 26 / 5 47 / 12 53 / 18 18	0,6 / 3,4 / 0,5 / 3,1	**18** Mo	5 14 / 12 22 / 17 46	3,6 / 0,7 / 3,3
4 Mo)	0 59 / 6 29 / 13 33 / 19 07	0,7 / 3,3 / 0,6 / 3,0	**19** Di ☾	0 33 / 5 56 / 13 10 / 18 38	0,8 / 3,6 / 0,7 / 3,3
5 Di	1 41 / 7 19 / 14 22 / 20 04	0,8 / 3,3 / 0,7 / 3,0	**20** Mi	1 22 / 6 49 / 14 07 / 19 39	0,8 / 3,5 / 0,7 / 3,2
6 Mi	2 35 / 8 20 / 15 25 / 21 12	0,9 / 3,3 / 0,8 / 2,9	**21** Do	2 23 / 7 54 / 15 14 / 20 50	0,9 / 3,4 / 0,7 / 3,1
7 Do	3 45 / 9 32 / 16 42 / 22 28	0,9 / 3,2 / 0,7 / 3,0	**22** Fr	3 37 / 9 10 / 16 33 / 22 09	0,9 / 3,4 / 0,7 / 3,1
8 Fr	5 07 / 10 48 / 18 00 / 23 39	0,9 / 3,3 / 0,7 / 3,0	**23** Sa	5 01 / 10 30 / 17 54 / 23 25	0,8 / 3,4 / 0,6 / 3,2
9 Sa	6 22 / 11 53 / 19 02	0,8 / 3,3 / 0,7	**24** So	6 20 / 11 43 / 19 04	0,7 / 3,5 / 0,6
10 So	0 34 / 7 19 / 12 42 / 19 47	3,1 / 0,7 / 3,4 / 0,6	**25** Mo	0 29 / 7 26 / 12 45 / 20 03	3,3 / 0,7 / 3,6 / 0,5
11 Mo	1 15 / 8 04 / 13 23 / 20 27	3,2 / 0,7 / 3,4 / 0,6	**26** Di ●	1 23 / 8 23 / 13 39 / 20 54	3,4 / 0,6 / 3,6 / 0,5
12 Di ○	1 52 / 8 47 / 14 01 / 21 06	3,3 / 0,6 / 3,4 / 0,5	**27** Mi	2 10 / 9 15 / 14 28 / 21 38	3,4 / 0,5 / 3,6 / 0,5
13 Mi	2 26 / 9 26 / 14 38 / 21 40	3,4 / 0,6 / 3,4 / 0,6	**28** Do	2 53 / 9 59 / 15 10 / 22 15	3,4 / 0,5 / 3,5 / 0,5
14 Do	2 58 / 10 00 / 15 13 / 22 11	3,4 / 0,6 / 3,4 / 0,6	**29** Fr	3 30 / 10 38 / 15 51 / 22 51	3,5 / 0,5 / 3,4 / 0,6
15 Fr	3 29 / 10 33 / 15 48 / 22 44	3,5 / 0,6 / 3,5 / 0,6	**30** Sa	4 08 / 11 18 / 16 34 / 23 28	3,5 / 0,5 / 3,3 / 0,6

Dezember

Tag	Zeit	Höhe	Tag	Zeit	Höhe
1 So	4 47 / 11 58 / 17 17	3,5 / 0,5 / 3,2	**16** Mo	4 28 / 11 42 / 16 59 / 23 51	3,7 / 0,6 / 3,4 / 0,7
2 Mo	0 03 / 5 26 / 12 34 / 17 57	0,6 / 3,5 / 0,5 / 3,1	**17** Di	5 07 / 12 25 / 17 44	3,7 / 0,6 / 3,4
3 Di	0 36 / 6 05 / 13 11 / 18 39	0,7 / 3,5 / 0,6 / 3,1	**18** Mi	0 35 / 5 52 / 13 15 / 18 36	0,7 / 3,7 / 0,6 / 3,3
4 Mi)	1 13 / 6 48 / 13 52 / 19 25	0,8 / 3,4 / 0,7 / 3,0	**19** Do ☾	1 25 / 6 45 / 14 10 / 19 32	0,7 / 3,6 / 0,6 / 3,2
5 Do	1 56 / 7 36 / 14 39 / 20 19	0,9 / 3,4 / 0,8 / 3,0	**20** Fr	2 20 / 7 43 / 15 05 / 20 31	0,8 / 3,6 / 0,6 / 3,2
6 Fr	2 49 / 8 31 / 15 36 / 21 21	0,9 / 3,3 / 0,8 / 3,0	**21** Sa	3 18 / 8 46 / 16 05 / 21 37	0,8 / 3,5 / 0,6 / 3,2
7 Sa	3 56 / 9 38 / 16 45 / 22 31	0,9 / 3,3 / 0,8 / 3,1	**22** So	4 27 / 9 55 / 17 15 / 22 48	0,8 / 3,5 / 0,7 / 3,2
8 So	5 12 / 10 50 / 17 56 / 23 37	0,9 / 3,3 / 0,8 / 3,2	**23** Mo	5 43 / 11 13 / 18 28 / 23 57	0,8 / 3,5 / 0,7 / 3,3
9 Mo	6 24 / 11 53 / 18 56	0,8 / 3,4 / 0,7	**24** Di	6 57 / 12 22 / 19 33	0,7 / 3,5 / 0,7
10 Di	0 31 / 7 22 / 12 44 / 19 46	3,3 / 0,8 / 3,4 / 0,7	**25** Mi	0 57 / 8 01 / 13 20 / 20 29	3,4 / 0,6 / 3,5 / 0,6
11 Mi	1 14 / 8 11 / 13 28 / 20 30	3,4 / 0,7 / 3,4 / 0,6	**26** Do ●	1 49 / 8 55 / 14 11 / 21 16	3,4 / 0,6 / 3,4 / 0,6
12 Do ○	1 53 / 8 55 / 14 09 / 21 10	3,4 / 0,6 / 3,4 / 0,6	**27** Fr	2 34 / 9 41 / 14 56 / 21 55	3,5 / 0,5 / 3,4 / 0,6
13 Fr	2 30 / 9 35 / 14 50 / 21 48	3,5 / 0,6 / 3,5 / 0,6	**28** Sa	3 13 / 10 20 / 15 38 / 22 31	3,5 / 0,5 / 3,4 / 0,6
14 Sa	3 08 / 10 15 / 15 33 / 22 28	3,6 / 0,6 / 3,5 / 0,7	**29** So	3 50 / 11 00 / 16 19 / 23 09	3,6 / 0,5 / 3,4 / 0,6
15 So	3 48 / 10 59 / 16 16 / 23 10	3,6 / 0,6 / 3,5 / 0,7	**30** Mo	4 27 / 11 40 / 16 58 / 23 45	3,6 / 0,6 / 3,3 / 0,6
31 Di	5 04 / 12 16 / 17 34	3,6 / 0,6 / 3,2			

● Neumond   ) erstes Viertel   ○ Vollmond   ☾ letztes Viertel

UTC+ 1h00min (MEZ)   **Höhen sind auf SKN bezogen**

Mittlere Tidenkurven

Brunsbüttel, Mole 1

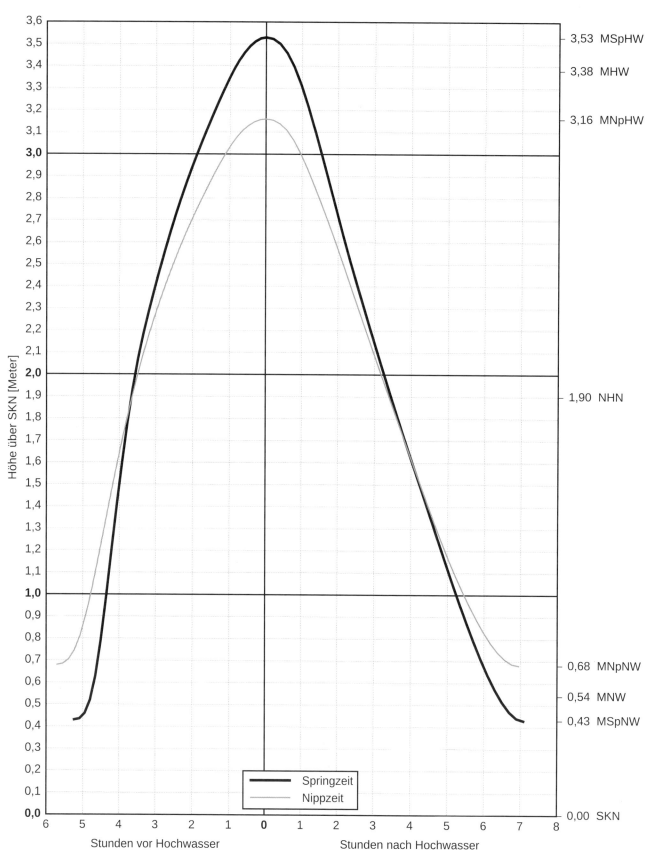

MSpSD: 5,23 h	MSpFD: 7,08 h	MHWI: 12 h 53 min
MNpSD: 5,70 h	MNpFD: 6,95 h	MNWI: 19 h 54 min

Stand Tidenkurven: 1955
Stand Gezeitengrundwerte: 2019

Plan 39

Hamburg, St. Pauli
Breite: 53°33'N, Länge: 9°58'E

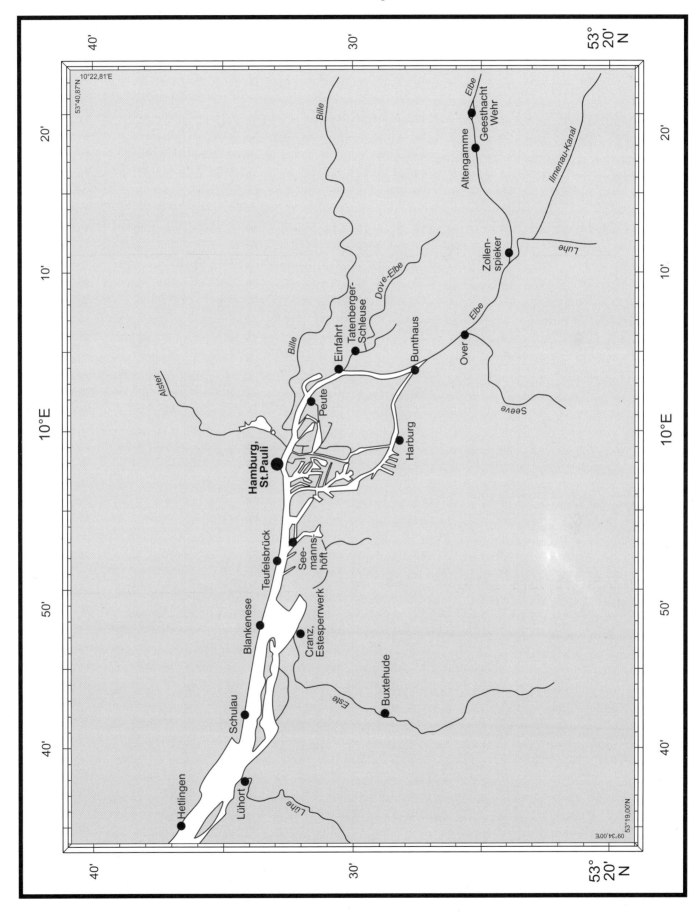

Hamburg, St. Pauli 2019

Breite: 53° 33' N, Länge: 9° 58' E

Zeiten (Stunden und Minuten) und Höhen (Meter) der Hoch- und Niedrigwasser

Januar

Tag	Zeit	Höhe		Tag	Zeit	Höhe
1 Di	6 57 / 12 19 / 19 48	0,5 / 4,1 / 0,5		16 Mi	5 36 / 10 58 / 18 20 / 23 42	0,6 / 4,0 / 0,5 / 3,8
2 Mi	1 06 / 8 11 / 13 31 / 20 56	3,9 / 0,6 / 4,1 / 0,5		17 Do	6 51 / 12 13 / 19 37	0,6 / 3,9 / 0,5
3 Do	2 12 / 9 23 / 14 38 / 21 56	4,0 / 0,6 / 4,1 / 0,5		18 Fr	0 57 / 8 13 / 13 30 / 20 52	3,8 / 0,5 / 3,9 / 0,4
4 Fr	3 09 / 10 24 / 15 34 / 22 48	4,1 / 0,5 / 4,1 / 0,4		19 Sa	2 08 / 9 28 / 14 39 / 21 59	3,9 / 0,3 / 4,0 / 0,3
5 Sa	3 56 / 11 15 / 16 21 / 23 32	4,1 / 0,4 / 4,1 / 0,4		20 So	3 11 / 10 34 / 15 40 / 22 57	4,0 / 0,3 / 4,0 / 0,3
6 So ●	4 38 / 11 57 / 17 01	4,1 / 0,3 / 4,0		21 Mo ○	4 06 / 11 31 / 16 35 / 23 49	4,1 / 0,2 / 4,1 / 0,3
7 Mo	0 09 / 5 14 / 12 32 / 17 36	0,3 / 4,1 / 0,3 / 4,0		22 Di	4 56 / 12 24 / 17 27	4,3 / 0,2 / 4,1
8 Di	0 41 / 5 46 / 13 05 / 18 10	0,3 / 4,2 / 0,3 / 4,0		23 Mi	0 40 / 5 44 / 13 18 / 18 19	0,3 / 4,4 / 0,2 / 4,1
9 Mi	1 13 / 6 17 / 13 38 / 18 43	0,4 / 4,2 / 0,4 / 3,9		24 Do	1 32 / 6 32 / 14 11 / 19 10	0,3 / 4,4 / 0,2 / 4,1
10 Do	1 44 / 6 49 / 14 10 / 19 15	0,4 / 4,2 / 0,4 / 3,9		25 Fr	2 19 / 7 20 / 14 58 / 19 57	0,3 / 4,4 / 0,2 / 4,0
11 Fr	2 13 / 7 22 / 14 42 / 19 48	0,4 / 4,2 / 0,4 / 3,9		26 Sa	3 03 / 8 05 / 15 40 / 20 42	0,3 / 4,4 / 0,2 / 3,9
12 Sa	2 45 / 7 58 / 15 18 / 20 23	0,5 / 4,2 / 0,5 / 3,9		27 So ☾	3 46 / 8 52 / 16 24 / 21 28	0,3 / 4,3 / 0,3 / 3,9
13 So	3 21 / 8 35 / 15 54 / 21 01	0,5 / 4,1 / 0,5 / 3,9		28 Mo	4 31 / 9 40 / 17 07 / 22 15	0,3 / 4,2 / 0,3 / 3,0
14 Mo ☽	3 57 / 9 13 / 16 31 / 21 43	0,6 / 4,1 / 0,5 / 3,8		29 Di	5 17 / 10 26 / 17 54 / 23 08	0,4 / 4,1 / 0,4 / 3,8
15 Di	4 39 / 9 57 / 17 17 / 22 35	0,6 / 4,0 / 0,5 / 3,8		30 Mi	6 12 / 11 32 / 18 55	0,5 / 4,0 / 0,5
				31 Do	0 14 / 7 26 / 12 48 / 20 10	3,8 / 0,5 / 4,0 / 0,5

Februar

Tag	Zeit	Höhe		Tag	Zeit	Höhe
1 Fr	1 30 / 8 49 / 14 07 / 21 25	3,9 / 0,5 / 4,0 / 0,5		16 Sa	0 04 / 7 29 / 12 50 / 20 13	3,8 / 0,4 / 3,8 / 0,4
2 Sa	2 40 / 10 03 / 15 15 / 22 26	4,0 / 0,5 / 4,0 / 0,5		17 So	1 31 / 9 00 / 14 15 / 21 35	3,9 / 0,2 / 3,9 / 0,3
3 So	3 35 / 10 59 / 16 05 / 23 14	4,1 / 0,4 / 4,0 / 0,4		18 Mo	2 48 / 10 19 / 15 26 / 22 43	4,0 / 0,2 / 4,0 / 0,2
4 Mo ●	4 18 / 11 42 / 16 44 / 23 53	4,2 / 0,3 / 4,0 / 0,4		19 Di ○	3 51 / 11 23 / 16 25 / 23 40	4,2 / 0,1 / 4,1 / 0,2
5 Di	4 55 / 12 18 / 17 19	4,2 / 0,3 / 4,0		20 Mi	4 43 / 12 17 / 17 17	4,3 / 0,1 / 4,1
6 Mi	0 27 / 5 28 / 12 51 / 17 52	0,3 / 4,2 / 0,3 / 4,0		21 Do	0 32 / 5 30 / 13 07 / 18 06	0,2 / 4,4 / 0,1 / 4,1
7 Do	0 59 / 5 59 / 13 23 / 18 23	0,3 / 4,2 / 0,3 / 4,0		22 Fr	1 20 / 6 17 / 13 56 / 18 53	0,2 / 4,4 / 0,1 / 4,1
8 Fr	1 30 / 6 30 / 13 53 / 18 54	0,3 / 4,2 / 0,3 / 3,9		23 Sa	2 06 / 7 04 / 14 41 / 19 37	0,2 / 4,4 / 0,1 / 4,1
9 Sa	1 59 / 7 02 / 14 23 / 19 26	0,3 / 4,2 / 0,3 / 4,0		24 So	2 47 / 7 48 / 15 20 / 20 18	0,2 / 4,4 / 0,2 / 4,0
10 So	2 31 / 7 37 / 14 58 / 20 01	0,4 / 4,2 / 0,4 / 4,0		25 Mo	3 27 / 8 31 / 15 56 / 20 56	0,2 / 4,3 / 0,2 / 3,9
11 Mo	3 06 / 8 13 / 15 33 / 20 35	0,4 / 4,2 / 0,4 / 4,0		26 Di ☾	4 05 / 9 11 / 16 30 / 21 34	0,2 / 4,1 / 0,3 / 3,8
12 Di	3 38 / 8 45 / 16 01 / 21 06	0,4 / 4,2 / 0,4 / 4,0		27 Mi	4 43 / 9 53 / 17 06 / 22 19	0,3 / 4,0 / 0,4 / 3,8
13 Mi	4 06 / 9 17 / 16 32 / 21 43	0,5 / 4,1 / 0,4 / 3,9		28 Do	5 29 / 10 47 / 18 00 / 23 21	0,4 / 3,9 / 0,5 / 3,7
14 Do	4 47 / 10 06 / 17 24 / 22 42	0,5 / 3,9 / 0,5 / 3,8				
15 Fr	5 57 / 11 20 / 18 43	0,5 / 3,8 / 0,4				

März

Tag	Zeit	Höhe		Tag	Zeit	Höhe
1 Fr	6 39 / 12 03 / 19 18	0,4 / 3,8 / 0,5		16 Sa	5 27 / 10 51 / 18 08 / 23 32	0,3 / 3,7 / 0,4 / 3,8
2 Sa	0 43 / 8 09 / 13 32 / 20 47	3,8 / 0,4 / 3,8 / 0,5		17 So	7 03 / 12 27 / 19 47	0,3 / 3,8 / 0,3
3 So	2 06 / 9 36 / 14 50 / 22 00	3,9 / 0,4 / 3,9 / 0,5		18 Mo	1 07 / 8 43 / 13 59 / 21 17	3,9 / 0,2 / 3,9 / 0,3
4 Mo	3 11 / 10 39 / 15 45 / 22 52	4,1 / 0,4 / 4,0 / 0,4		19 Di	2 30 / 10 06 / 15 14 / 22 28	4,1 / 0,1 / 4,0 / 0,2
5 Di	3 55 / 11 22 / 16 24 / 23 31	4,2 / 0,3 / 4,0 / 0,3		20 Mi	3 33 / 11 10 / 16 13 / 23 26	4,2 / 0,1 / 4,1 / 0,2
6 Mi ●	4 31 / 11 57 / 16 57	4,2 / 0,3 / 4,0		21 Do ○	4 26 / 12 03 / 17 03	4,3 / 0,1 / 4,1
7 Do	0 07 / 5 06 / 12 30 / 17 30	0,2 / 4,2 / 0,2 / 4,0		22 Fr	0 17 / 5 13 / 12 50 / 17 47	0,2 / 4,4 / 0,1 / 4,1
8 Fr	0 40 / 5 38 / 13 02 / 18 01	0,2 / 4,2 / 0,2 / 4,0		23 Sa	1 03 / 5 59 / 13 34 / 18 30	0,1 / 4,4 / 0,1 / 4,1
9 Sa	1 11 / 6 09 / 13 32 / 18 32	0,2 / 4,2 / 0,2 / 4,0		24 So	1 46 / 6 43 / 14 15 / 19 10	0,1 / 4,4 / 0,1 / 4,1
10 So	1 42 / 6 42 / 14 02 / 19 04	0,2 / 4,2 / 0,2 / 4,0		25 Mo	2 25 / 7 26 / 14 51 / 19 48	0,1 / 4,3 / 0,2 / 4,0
11 Mo	2 13 / 7 16 / 14 35 / 19 37	0,3 / 4,2 / 0,2 / 4,1		26 Di	3 02 / 8 05 / 15 23 / 20 23	0,1 / 4,2 / 0,2 / 4,0
12 Di	2 47 / 7 51 / 15 08 / 20 09	0,3 / 4,2 / 0,3 / 4,1		27 Mi	3 37 / 8 42 / 15 52 / 20 57	0,1 / 4,0 / 0,2 / 3,9
13 Mi	3 18 / 8 22 / 15 35 / 20 36	0,3 / 4,2 / 0,3 / 4,0		28 Do ☾	4 11 / 9 21 / 16 24 / 21 37	0,2 / 3,8 / 0,3 / 3,8
14 Do ☾	3 44 / 8 52 / 16 00 / 21 09	0,3 / 4,0 / 0,4 / 3,9		29 Fr	4 53 / 10 07 / 17 12 / 22 35	0,3 / 3,7 / 0,4 / 3,8
15 Fr	4 19 / 9 37 / 16 47 / 22 06	0,3 / 3,9 / 0,4 / 3,8		30 Sa	5 56 / 11 21 / 18 26 / 23 55	0,3 / 3,6 / 0,5 / 3,8
				31 So	7 24 / 12 50 / 19 59	0,4 / 3,7 / 0,5

April

Tag	Zeit	Höhe		Tag	Zeit	Höhe
1 Mo	1 23 / 8 56 / 14 14 / 21 21	3,9 / 0,3 / 3,7 / 0,4		16 Di	0 52 / 8 31 / 13 47 / 21 00	4,0 / 0,2 / 3,9 / 0,3
2 Di	2 35 / 10 05 / 15 14 / 22 18	4,0 / 0,3 / 3,9 / 0,3		17 Mi	2 11 / 9 49 / 14 58 / 22 09	4,0 / 0,1 / 4,0 / 0,3
3 Mi	3 24 / 10 50 / 15 55 / 22 59	4,1 / 0,2 / 3,9 / 0,3		18 Do	3 13 / 10 49 / 15 53 / 23 05	4,2 / 0,1 / 4,1 / 0,2
4 Do	4 01 / 11 26 / 16 29 / 23 37	4,2 / 0,2 / 4,0 / 0,2		19 Fr ○	4 05 / 11 41 / 16 42 / 23 57	4,3 / 0,1 / 4,1 / 0,1
5 Fr ●	4 37 / 12 01 / 17 03	4,2 / 0,2 / 4,0		20 Sa	4 55 / 12 28 / 17 26	4,3 / 0,1 / 4,1
6 Sa	0 15 / 5 13 / 12 35 / 17 36	0,2 / 4,2 / 0,1 / 4,0		21 So	0 43 / 5 41 / 13 07 / 18 05	0,1 / 4,3 / 0,1 / 4,1
7 So	0 48 / 5 47 / 13 06 / 18 08	0,2 / 4,2 / 0,2 / 4,1		22 Mo	1 23 / 6 22 / 13 44 / 18 42	0,1 / 4,3 / 0,1 / 4,1
8 Mo	1 20 / 6 20 / 13 37 / 18 39	0,2 / 4,1 / 0,2 / 4,1		23 Di	2 00 / 7 01 / 14 17 / 19 17	0,1 / 4,2 / 0,2 / 4,1
9 Di	1 52 / 6 54 / 14 08 / 19 12	0,2 / 4,1 / 0,3 / 4,1		24 Mi	2 36 / 7 39 / 14 49 / 19 52	0,1 / 4,0 / 0,2 / 4,0
10 Mi	2 25 / 7 29 / 14 40 / 19 45	0,2 / 4,1 / 0,3 / 4,1		25 Do	3 10 / 8 18 / 15 19 / 20 27	0,1 / 3,9 / 0,2 / 4,0
11 Do	2 58 / 8 04 / 15 11 / 20 17	0,3 / 4,1 / 0,3 / 4,1		26 Fr ☾	3 46 / 8 57 / 15 51 / 21 07	0,1 / 3,7 / 0,3 / 3,9
12 Fr ☽	3 32 / 8 42 / 15 45 / 20 56	0,3 / 4,0 / 0,3 / 4,0		27 Sa	4 26 / 9 43 / 16 35 / 21 59	0,2 / 3,6 / 0,4 / 3,9
13 Sa	4 15 / 9 33 / 16 35 / 21 55	0,3 / 3,9 / 0,4 / 4,0		28 So	5 21 / 10 44 / 17 38 / 23 08	0,3 / 3,6 / 0,5 / 3,8
14 So	5 23 / 10 47 / 17 55 / 23 19	0,3 / 3,8 / 0,4 / 4,0		29 Mo	6 36 / 12 01 / 19 02	0,3 / 3,6 / 0,5
15 Mo	6 56 / 12 19 / 19 32	0,3 / 3,8 / 0,3		30 Di	0 30 / 8 02 / 13 23 / 20 26	3,9 / 0,3 / 3,7 / 0,4

● Neumond ☽ erstes Viertel ○ Vollmond ☾ letztes Viertel

UTC+ 1h00min (MEZ)   Höhen sind auf SKN bezogen

Hamburg, St. Pauli 2019

Breite: 53° 33' N, Länge: 9° 58' E

Zeiten (Stunden und Minuten) und Höhen (Meter) der Hoch- und Niedrigwasser

Mai

Tag	Zeit	Höhe	Tag	Zeit	Höhe
1 Mi	1 46 / 9 14 / 14 29 / 21 30	4,0 / 0,2 / 3,8 / 0,3	16 Do	1 51 / 9 26 / 14 36 / 21 44	4,2 / 0,2 / 4,0 / 0,3
2 Do	2 42 / 10 05 / 15 17 / 22 18	4,1 / 0,2 / 3,9 / 0,3	17 Fr	2 51 / 10 22 / 15 29 / 22 40	4,3 / 0,2 / 4,1 / 0,3
3 Fr	3 25 / 10 46 / 15 55 / 23 01	4,1 / 0,2 / 4,0 / 0,3	18 Sa	3 45 / 11 14 / 16 18 / 23 34 ○	4,3 / 0,1 / 4,1 / 0,2
4 Sa ●	4 04 / 11 26 / 16 33 / 23 43	4,2 / 0,2 / 4,1 / 0,3	19 So	4 36 / 12 01 / 17 04	4,2 / 0,1 / 4,1
5 So	4 44 / 12 03 / 17 08	4,2 / 0,2 / 4,1	20 Mo	0 21 / 5 23 / 12 40 / 17 42	0,1 / 4,2 / 0,1 / 4,1
6 Mo	0 20 / 5 20 / 12 37 / 17 40	0,2 / 4,2 / 0,2 / 4,1	21 Di	1 00 / 6 02 / 13 13 / 18 16	0,1 / 4,1 / 0,1 / 4,1
7 Di	0 55 / 5 56 / 13 09 / 18 14	0,2 / 4,2 / 0,2 / 4,2	22 Mi	1 36 / 6 39 / 13 46 / 18 51	0,1 / 4,0 / 0,2 / 4,1
8 Mi	1 30 / 6 33 / 13 43 / 18 50	0,2 / 4,1 / 0,3 / 4,2	23 Do	2 11 / 7 18 / 14 19 / 19 27	0,1 / 3,9 / 0,2 / 4,1
9 Do	2 06 / 7 13 / 14 19 / 19 27	0,2 / 4,1 / 0,3 / 4,2	24 Fr	2 47 / 7 57 / 14 52 / 20 04	0,1 / 3,8 / 0,3 / 4,1
10 Fr	2 46 / 7 55 / 14 58 / 20 08	0,3 / 4,0 / 0,3 / 4,2	25 Sa	3 24 / 8 37 / 15 26 / 20 44	0,2 / 3,8 / 0,4 / 4,1
11 Sa	3 31 / 8 43 / 15 43 / 20 57	0,3 / 4,0 / 0,4 / 4,2	26 So ☾	4 04 / 9 19 / 16 06 / 21 29	0,3 / 3,7 / 0,5 / 4,0
12 So ☽	4 25 / 9 41 / 16 40 / 21 59	0,3 / 3,9 / 0,4 / 4,2	27 Mo	4 50 / 10 09 / 16 57 / 22 25	0,4 / 3,7 / 0,5 / 4,0
13 Mo	5 32 / 10 52 / 17 53 / 23 15	0,3 / 3,9 / 0,4 / 4,1	28 Di	5 48 / 11 11 / 18 03 / 23 33	0,4 / 3,6 / 0,5 / 3,9
14 Di	6 53 / 12 13 / 19 18	0,2 / 3,9 / 0,4	29 Mi	6 58 / 12 23 / 19 20	0,3 / 3,7 / 0,4
15 Mi	0 38 / 8 16 / 13 32 / 20 39	4,1 / 0,2 / 3,9 / 0,3	30 Do	0 46 / 9 13 / 13 32 / 20 31	4,0 / 0,3 / 3,8 / 0,4
			31 Fr	1 51 / 9 10 / 14 29 / 21 30	4,0 / 0,3 / 3,9 / 0,4

Juni

Tag	Zeit	Höhe	Tag	Zeit	Höhe
1 Sa	2 43 / 10 01 / 15 15 / 22 22	4,1 / 0,3 / 4,0 / 0,4	16 So	3 26 / 10 46 / 15 55 / 23 12	4,2 / 0,3 / 4,1 / 0,2
2 So	3 29 / 10 47 / 15 58 / 23 09	4,1 / 0,3 / 4,1 / 0,3	17 Mo ○	4 19 / 11 35 / 16 42	4,1 / 0,2 / 4,1
3 Mo ●	4 12 / 11 29 / 16 37 / 23 51	4,2 / 0,3 / 4,1 / 0,3	18 Di	0 00 / 5 05 / 12 16 / 17 22	0,2 / 4,1 / 0,2 / 4,2
4 Di	4 53 / 12 07 / 17 14	4,2 / 0,3 / 4,2	19 Mi	0 40 / 5 45 / 12 50 / 17 57	0,2 / 4,0 / 0,2 / 4,2
5 Mi	0 30 / 5 35 / 12 46 / 17 53	0,3 / 4,2 / 0,3 / 4,2	20 Do	1 16 / 6 22 / 13 23 / 18 31	0,2 / 4,0 / 0,3 / 4,2
6 Do	1 13 / 6 19 / 13 27 / 18 35	0,3 / 4,1 / 0,3 / 4,3	21 Fr	1 52 / 7 00 / 13 57 / 19 07	0,2 / 3,9 / 0,3 / 4,2
7 Fr	1 58 / 7 05 / 14 09 / 19 19	0,3 / 4,1 / 0,3 / 4,3	22 Sa	2 28 / 7 37 / 14 30 / 19 44	0,3 / 3,9 / 0,4 / 4,2
8 Sa	2 44 / 7 53 / 14 54 / 20 05	0,3 / 4,0 / 0,4 / 4,3	23 So	3 04 / 8 15 / 15 04 / 20 22	0,3 / 3,8 / 0,4 / 4,2
9 So	3 34 / 8 46 / 15 45 / 20 59	0,3 / 4,0 / 0,4 / 4,3	24 Mo	3 41 / 8 53 / 15 42 / 21 03	0,4 / 3,8 / 0,5 / 4,2
10 Mo ☽	4 31 / 9 46 / 16 43 / 22 00	0,3 / 4,0 / 0,4 / 4,3	25 Di ☾	4 21 / 9 35 / 16 23 / 21 47	0,4 / 3,8 / 0,5 / 4,1
11 Di	5 34 / 10 51 / 17 47 / 23 07	0,3 / 3,9 / 0,4 / 4,2	26 Mi	5 04 / 10 23 / 17 12 / 22 39	0,4 / 3,7 / 0,6 / 4,0
12 Mi	6 42 / 11 59 / 18 58	0,3 / 3,9 / 0,4	27 Do	5 56 / 11 22 / 18 15 / 23 42	0,4 / 3,7 / 0,5 / 4,0
13 Do	0 19 / 7 52 / 13 08 / 20 11	4,2 / 0,3 / 3,9 / 0,4	28 Fr	7 01 / 12 28 / 19 27	0,4 / 3,8 / 0,5
14 Fr	1 28 / 8 57 / 14 11 / 21 18	4,2 / 0,3 / 4,0 / 0,4	29 Sa	0 51 / 8 09 / 13 32 / 20 37	4,0 / 0,4 / 4,0 / 0,4
15 Sa	2 30 / 9 54 / 15 05 / 22 17	4,2 / 0,3 / 4,1 / 0,4	30 So	1 56 / 9 11 / 14 30 / 21 39	4,0 / 0,4 / 4,0 / 0,4

Juli

Tag	Zeit	Höhe	Tag	Zeit	Höhe
1 Mo	2 52 / 10 07 / 15 21 / 22 35	4,0 / 0,3 / 4,0 / 0,3	16 Di	4 05 / 11 12 / 16 23 / 23 42 ○	4,0 / 0,3 / 4,1 / 0,3
2 Di ●	3 43 / 10 57 / 16 09 / 23 25	4,1 / 0,3 / 4,1 / 0,3	17 Mi	4 51 / 11 55 / 17 05	4,0 / 0,3 / 4,2
3 Mi	4 32 / 11 44 / 16 54	4,1 / 0,3 / 4,2	18 Do	0 23 / 5 30 / 12 32 / 17 42	0,3 / 4,0 / 0,3 / 4,2
4 Do	0 13 / 5 20 / 12 30 / 17 39	0,3 / 4,2 / 0,3 / 4,3	19 Fr	0 59 / 6 06 / 13 07 / 18 15	0,3 / 4,0 / 0,3 / 4,3
5 Fr	1 03 / 6 10 / 13 19 / 18 26	0,3 / 4,1 / 0,3 / 4,3	20 Sa	1 35 / 6 41 / 13 40 / 18 48	0,3 / 4,0 / 0,4 / 4,3
6 Sa	1 55 / 7 01 / 14 06 / 19 12	0,2 / 4,1 / 0,3 / 4,3	21 So	2 08 / 7 15 / 14 10 / 19 22	0,3 / 3,9 / 0,3 / 4,3
7 So	2 43 / 7 50 / 14 51 / 20 00	0,2 / 4,1 / 0,3 / 4,3	22 Mo	2 40 / 7 48 / 14 42 / 19 58	0,4 / 3,9 / 0,4 / 4,2
8 Mo	3 31 / 8 41 / 15 40 / 20 52	0,2 / 4,1 / 0,3 / 4,3	23 Di	3 14 / 8 24 / 15 18 / 20 36	0,4 / 3,9 / 0,5 / 4,2
9 Di ☽	4 24 / 9 36 / 16 33 / 21 49	0,3 / 4,0 / 0,4 / 4,3	24 Mi	3 51 / 9 03 / 15 54 / 21 13	0,4 / 3,9 / 0,5 / 4,1
10 Mi	5 19 / 10 33 / 17 28 / 22 48	0,3 / 3,9 / 0,4 / 4,2	25 Do ☾	4 25 / 9 41 / 16 30 / 21 52	0,5 / 3,9 / 0,6 / 4,1
11 Do	6 15 / 11 32 / 18 27 / 23 51	0,3 / 3,9 / 0,4 / 4,2	26 Fr	5 02 / 10 25 / 17 16 / 22 43	0,5 / 3,8 / 0,6 / 4,0
12 Fr	7 15 / 12 35 / 19 36	0,4 / 3,9 / 0,4	27 Sa	5 55 / 11 22 / 18 22 / 23 51	0,5 / 3,8 / 0,5 / 3,9
13 Sa	1 00 / 8 21 / 13 41 / 20 50	4,2 / 0,4 / 4,0 / 0,4	28 So	7 05 / 12 32 / 19 41	0,5 / 3,8 / 0,4
14 So	2 10 / 9 26 / 14 43 / 21 57	4,1 / 0,4 / 4,1 / 0,4	29 Mo	1 07 / 8 21 / 13 44 / 20 59	3,9 / 0,4 / 3,8 / 0,3
15 Mo	3 12 / 10 22 / 15 36 / 22 55	4,1 / 0,4 / 4,1 / 0,3	30 Di	2 19 / 9 31 / 14 50 / 22 07	3,9 / 0,3 / 3,9 / 0,3
			31 Mi	3 22 / 10 32 / 15 48 / 23 08	3,9 / 0,3 / 4,1 / 0,2

August

Tag	Zeit	Höhe	Tag	Zeit	Höhe
1 Do ●	4 18 / 11 28 / 16 40	4,0 / 0,3 / 4,2	16 Fr	0 05 / 5 13 / 12 14 / 17 23	0,3 / 4,0 / 0,3 / 4,2
2 Fr	0 02 / 5 11 / 12 20 / 17 28	0,2 / 4,1 / 0,3 / 4,3	17 Sa	0 41 / 5 47 / 12 49 / 17 56	0,3 / 4,0 / 0,3 / 4,2
3 Sa	0 55 / 6 02 / 13 11 / 18 15	0,2 / 4,1 / 0,3 / 4,4	18 So	1 14 / 6 20 / 13 20 / 18 27	0,3 / 4,0 / 0,3 / 4,2
4 So	1 46 / 6 52 / 13 58 / 19 01	0,2 / 4,1 / 0,2 / 4,3	19 Mo	1 45 / 6 50 / 13 49 / 18 58	0,3 / 3,9 / 0,3 / 4,2
5 Mo	2 34 / 7 39 / 14 42 / 19 48	0,2 / 4,0 / 0,2 / 4,3	20 Di	2 13 / 7 20 / 14 19 / 19 31	0,3 / 3,9 / 0,4 / 4,1
6 Di	3 18 / 8 26 / 15 26 / 20 36	0,2 / 3,9 / 0,2 / 4,3	21 Mi	2 45 / 7 54 / 14 52 / 20 07	0,4 / 4,0 / 0,4 / 4,1
7 Mi ☽	4 02 / 9 13 / 16 12 / 21 27	0,2 / 3,9 / 0,3 / 4,2	22 Do	3 19 / 8 29 / 15 26 / 20 41	0,4 / 4,0 / 0,5 / 4,1
8 Do	4 48 / 10 01 / 16 58 / 22 18	0,3 / 3,8 / 0,3 / 4,1	23 Fr ☾	3 49 / 9 01 / 15 54 / 21 12	0,5 / 3,9 / 0,5 / 4,0
9 Fr	5 34 / 10 52 / 17 50 / 23 15	0,4 / 3,8 / 0,4 / 4,0	24 Sa	4 15 / 9 34 / 16 28 / 21 53	0,5 / 3,8 / 0,5 / 3,9
10 Sa	6 28 / 11 53 / 18 56	0,5 / 3,8 / 0,5	25 So	4 57 / 10 25 / 17 27 / 23 00	0,5 / 3,7 / 0,5 / 3,8
11 So	0 26 / 7 39 / 13 06 / 20 19	4,0 / 0,5 / 3,9 / 0,5	26 Mo	6 08 / 11 40 / 18 54	0,5 / 3,7 / 0,4
12 Mo	1 46 / 8 56 / 14 20 / 21 39	4,0 / 0,5 / 4,0 / 0,4	27 Di	0 27 / 7 38 / 13 07 / 20 27	3,7 / 0,4 / 3,8 / 0,3
13 Di	2 59 / 10 03 / 15 21 / 22 41	4,0 / 0,5 / 4,1 / 0,3	28 Mi	1 54 / 9 03 / 14 26 / 21 49	3,8 / 0,3 / 3,9 / 0,2
14 Mi	3 55 / 10 55 / 16 07 / 23 27	4,0 / 0,4 / 4,1 / 0,3	29 Do	3 07 / 10 14 / 15 31 / 22 55	3,9 / 0,3 / 4,1 / 0,2
15 Do ○	4 37 / 11 31 / 16 47	4,0 / 0,4 / 4,1	30 Fr ●	4 08 / 11 17 / 16 25 / 23 51	4,0 / 0,2 / 4,2 / 0,2
			31 Sa	5 00 / 12 07 / 17 13	4,0 / 0,2 / 4,3

● Neumond ☽ erstes Viertel ○ Vollmond ☾ letztes Viertel

UTC+ 1h00min (MEZ)   Höhen sind auf SKN bezogen

Hamburg, St. Pauli 2019

Breite: 53° 33' N, Länge: 9° 58' E

Zeiten (Stunden und Minuten) und Höhen (Meter) der Hoch- und Niedrigwasser

September

Tag	Zeit	Höhe	Tag	Zeit	Höhe
1 So	0 41 5 48 12 56 17 59	0,1 4,1 0,2 4,3	**16** Mo	0 47 5 55 12 57 18 04	0,3 3,9 0,2 4,1
2 Mo	1 29 6 34 13 42 18 44	0,1 4,1 0,2 4,3	**17** Di	1 17 6 24 13 27 18 34	0,2 3,9 0,3 4,1
3 Di	2 14 7 19 14 24 19 29	0,1 4,0 0,2 4,3	**18** Mi	1 45 6 53 13 55 19 05	0,3 3,9 0,3 4,1
4 Mi	2 55 8 01 15 04 20 13	0,2 3,9 0,2 4,2	**19** Do	2 14 7 23 14 24 19 37	0,4 4,0 0,4 4,1
5 Do	3 32 8 40 15 44 20 57	0,2 3,9 0,2 4,1	**20** Fr	2 44 7 54 14 55 20 09	0,4 4,0 0,4 4,0
6 Fr ☽	4 09 9 21 16 24 21 42	0,3 3,8 0,3 3,9	**21** Sa	3 12 8 23 15 22 20 40	0,4 4,0 0,4 3,9
7 Sa	4 47 10 06 17 10 22 36	0,4 3,8 0,4 3,8	**22** So ☾	3 38 8 55 15 55 21 21	0,5 3,9 0,5 3,8
8 So	5 38 11 06 18 15 23 48	0,5 3,7 0,5 3,8	**23** Mo	4 18 9 45 16 53 22 28	0,5 3,7 0,5 3,7
9 Mo	6 51 12 25 19 43	0,6 3,8 0,5	**24** Di	5 30 11 05 18 24	0,5 3,7 0,4
10 Di	1 17 8 21 13 51 21 14	3,8 0,6 3,9 0,4	**25** Mi	0 00 7 07 12 40 20 06	3,7 0,4 3,8 0,3
11 Mi	2 40 9 41 15 02 22 24	3,8 0,5 4,0 0,4	**26** Do	1 36 8 41 14 06 21 33	3,7 0,4 3,9 0,2
12 Do	3 40 10 35 15 49 23 08	3,9 0,4 4,1 0,3	**27** Fr	2 54 9 57 15 12 22 39	3,8 0,3 4,1 0,1
13 Fr	4 18 11 14 16 24 23 42	3,9 0,4 4,2 0,3	**28** Sa ●	3 53 10 56 16 06 23 34	3,9 0,2 4,2 0,1
14 Sa ○	4 50 11 50 16 58	3,9 0,3 4,2	**29** So	4 43 11 48 16 54	4,0 0,2 4,3
15 So	0 15 5 28 12 25 17 32	0,3 3,9 0,3 4,1	**30** Mo	0 21 5 28 12 35 17 39	0,1 4,1 0,2 4,3

Oktober

Tag	Zeit	Höhe	Tag	Zeit	Höhe
1 Di	1 05 6 10 13 19 18 23	0,1 4,1 0,2 4,3	**16** Mi	0 46 5 56 13 01 18 07	0,3 4,0 0,3 4,0
2 Mi	1 47 6 51 14 01 19 06	0,2 4,0 0,2 4,2	**17** Do	1 15 6 24 13 30 18 38	0,3 4,0 0,3 4,0
3 Do	2 25 7 29 14 39 19 46	0,2 4,0 0,2 4,1	**18** Fr	1 43 6 53 13 58 19 09	0,4 4,0 0,3 4,0
4 Fr	2 58 8 06 15 15 20 26	0,2 3,9 0,2 3,9	**19** Sa	2 11 7 23 14 28 19 42	0,4 4,1 0,4 4,0
5 Sa ☽	3 29 8 42 15 52 21 08	0,3 3,8 0,2 3,7	**20** So	2 41 7 54 15 02 20 19	0,4 4,0 0,2 3,9
6 So	4 04 9 24 16 36 22 00	0,4 3,8 0,3 3,6	**21** Mo ☾	3 14 8 32 15 43 21 07	0,5 4,0 0,4 3,8
7 Mo	4 52 10 22 17 36 23 09	0,5 3,7 0,4 3,6	**22** Di	4 01 9 26 16 44 22 15	0,5 3,9 0,4 3,7
8 Di	6 03 11 39 19 01	0,6 3,8 0,5	**23** Mi	5 12 10 44 18 11 23 44	0,5 3,9 0,4 3,7
9 Mi	0 36 7 34 13 09 20 35	3,6 0,6 3,9 0,5	**24** Do	6 46 12 17 19 49	0,5 3,9 0,3
10 Do	2 04 9 01 14 26 21 50	3,7 0,5 4,0 0,4	**25** Fr	1 16 8 20 13 43 21 14	3,8 0,5 4,0 0,2
11 Fr	3 09 10 03 15 19 22 37	3,8 0,4 4,1 0,3	**26** Sa	2 33 9 34 14 49 22 18	3,9 0,4 4,1 0,2
12 Sa	3 50 10 43 15 54 23 10	3,8 0,3 4,1 0,3	**27** So	3 31 10 33 15 42 23 10	4,0 0,3 4,2 0,2
13 So ○	4 21 11 18 16 27 23 42	3,9 0,3 4,1 0,3	**28** Mo ●	4 19 11 25 16 32 23 58	4,0 0,2 4,2 0,2
14 Mo	4 53 11 56 17 03	3,9 0,3 4,1	**29** Di	5 03 12 13 17 18	4,0 0,2 4,2
15 Di	0 16 5 26 12 30 17 36	0,2 3,9 0,3 4,0	**30** Mi	0 39 5 43 12 55 18 00	0,2 4,1 0,2 4,2
31 Do	1 16 6 20 13 35 18 40	0,2 4,1 0,2 4,1			

November

Tag	Zeit	Höhe	Tag	Zeit	Höhe
1 Fr	1 52 6 57 14 13 19 20	0,2 4,0 0,2 3,9	**16** Sa	1 17 6 28 13 40 18 49	0,4 4,1 0,4 4,0
2 Sa	2 26 7 34 14 50 20 00	0,2 4,0 0,2 3,8	**17** So	1 50 7 02 14 16 19 27	0,4 4,2 0,4 4,0
3 So	2 58 8 11 15 27 20 42	0,3 3,9 0,2 3,7	**18** Mo	2 25 7 38 14 56 20 11	0,4 4,2 0,4 3,9
4 Mo ☽	3 32 8 52 16 09 21 29	0,4 3,9 0,3 3,6	**19** Di	3 08 8 23 15 46 21 05	0,5 4,1 0,4 3,8
5 Di	4 15 9 43 17 02 22 28	0,5 3,8 0,4 3,5	**20** Mi	4 00 9 19 16 47 22 11	0,6 4,1 0,4 3,8
6 Mi	5 16 10 50 18 13 23 43	0,6 3,8 0,5 3,5	**21** Do	5 07 10 31 18 04 23 29	0,6 4,0 0,4 3,8
7 Do	6 36 12 11 19 37	0,6 3,9 0,5	**22** Fr	6 28 11 53 19 29	0,5 4,0 0,4
8 Fr	1 06 8 02 13 30 20 54	3,6 0,6 3,9 0,4	**23** Sa	0 51 7 53 13 14 20 47	3,8 0,5 4,1 0,3
9 Sa	2 17 9 12 14 32 21 50	3,7 0,5 4,0 0,4	**24** So	2 04 9 06 14 21 21 50	3,9 0,5 4,2 0,3
10 So	3 08 10 02 15 15 22 29	3,8 0,4 4,1 0,3	**25** Mo	3 02 10 07 15 17 22 44	4,0 0,4 4,2 0,3
11 Mo	3 45 10 43 15 53 23 06	3,9 0,4 4,1 0,3	**26** Di ●	3 52 11 02 16 10 23 32	4,0 0,3 4,2 0,2
12 Di ○	4 20 11 23 16 30 23 42	4,0 0,4 4,1 0,3	**27** Mi	4 38 11 52 16 57	4,1 0,2 4,2
13 Mi	4 53 12 01 17 06	4,0 0,4 4,1	**28** Do	0 14 5 18 12 34 17 39	0,2 4,1 0,2 4,1
14 Do	0 15 5 24 12 34 17 40	0,3 4,0 0,3 4,0	**29** Fr	0 49 5 54 13 12 18 18	0,2 4,1 0,2 4,0
15 Fr	0 45 5 54 13 06 18 14	0,4 4,1 0,4 4,0	**30** Sa	1 24 6 28 13 51 18 59	0,3 4,1 0,2 3,9

Dezember

Tag	Zeit	Höhe	Tag	Zeit	Höhe
1 So	2 00 7 08 14 30 19 40	0,3 4,0 0,2 3,8	**16** Mo	1 42 6 51 14 16 19 22	0,4 4,3 0,4 4,0
2 Mo	2 35 7 47 15 08 20 20	0,4 4,1 0,3 3,7	**17** Di	2 23 7 32 15 00 20 09	0,5 4,3 0,4 4,0
3 Di	3 09 8 26 15 48 21 00	0,4 4,1 0,4 3,6	**18** Mi	3 09 8 18 15 51 21 02	0,5 4,3 0,4 3,9
4 Mi ☽	3 47 9 10 16 31 21 47	0,5 4,0 0,5 3,6	**19** Do ☾	4 02 9 13 16 48 22 02	0,5 4,2 0,4 3,9
5 Do	4 34 10 02 17 23 22 45	0,6 4,0 0,5 3,6	**20** Fr	5 00 10 16 17 51 23 07	0,5 4,2 0,4 3,8
6 Fr	5 36 10 31 18 29 23 54	0,7 3,9 0,5 3,6	**21** Sa	6 06 11 26 19 00	0,5 4,1 0,4
7 Sa	6 50 12 19 19 41	0,6 3,9 0,5	**22** So	0 17 7 20 12 40 20 12	3,8 0,5 4,1 0,4
8 So	1 07 8 06 13 29 20 48	3,7 0,6 4,0 0,5	**23** Mo	1 27 8 35 13 51 21 18	3,9 0,5 4,2 0,4
9 Mo	2 11 9 10 14 26 21 42	3,8 0,5 4,0 0,5	**24** Di	2 31 9 43 14 55 22 17	4,0 0,5 4,2 0,4
10 Di	3 00 10 03 15 13 22 27	4,0 0,5 4,1 0,3	**25** Mi	3 26 10 43 15 51 23 09	4,1 0,4 4,1 0,3
11 Mi	3 41 10 49 15 55 23 08	4,1 0,4 4,1 0,4	**26** Do ●	4 15 11 35 16 40 23 53	4,1 0,3 4,1 0,3
12 Do ○	4 18 11 31 16 35 23 45	4,1 0,4 4,1 0,4	**27** Fr	4 58 12 18 17 23	4,1 0,3 4,0
13 Fr	4 54 12 10 17 15	4,1 0,4 4,1	**28** Sa	0 30 5 35 12 56 18 02	0,3 4,2 0,3 4,0
14 Sa	0 22 5 32 12 50 17 56	0,4 4,2 0,4 4,1	**29** So	1 06 6 11 13 35 18 41	0,4 4,2 0,3 4,0
15 So	1 01 6 11 13 34 18 39	0,4 4,2 0,4 4,1	**30** Mo	1 43 6 48 14 15 19 20	0,4 4,2 0,3 3,9
31 Di	2 18 7 26 14 51 19 56	0,4 4,3 0,4 3,8			

● Neumond   ☽ erstes Viertel   ○ Vollmond   ☾ letztes Viertel

UTC+ 1h00min (MEZ)   Höhen sind auf SKN bezogen

Mittlere Tidenkurven

Hamburg, St. Pauli

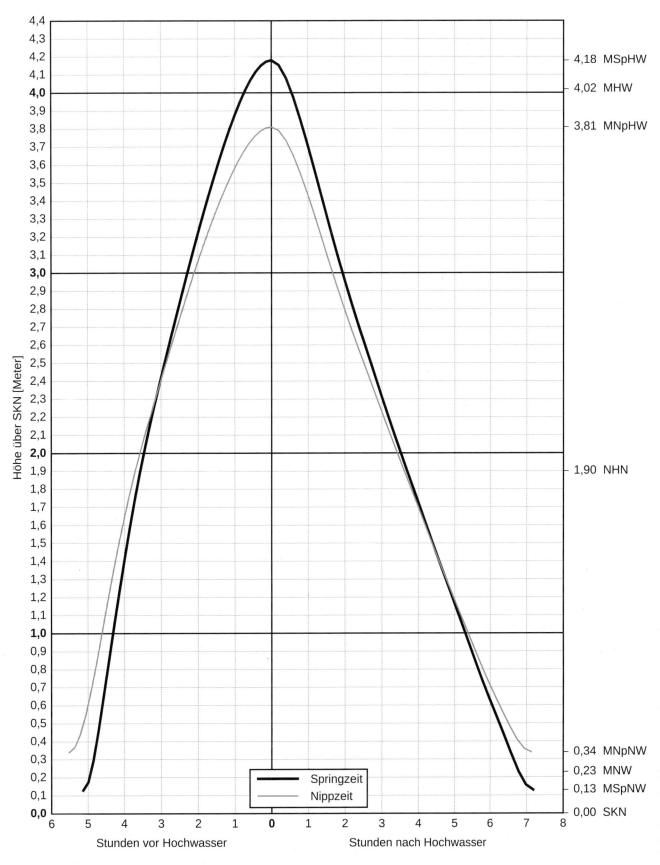

MSpSD: 5,13 h	MSpFD: 7,18 h	MHWI: 15 h 22 min
MNpSD: 5,52 h	MNpFD: 7,13 h	MNWI: 22 h 31 min

Stand Tidenkurven: 1955
Stand Gezeitengrundwerte: 2019

Bremerhaven, Alter Leuchtturm
Breite: 53°33'N, Länge: 8°34'E

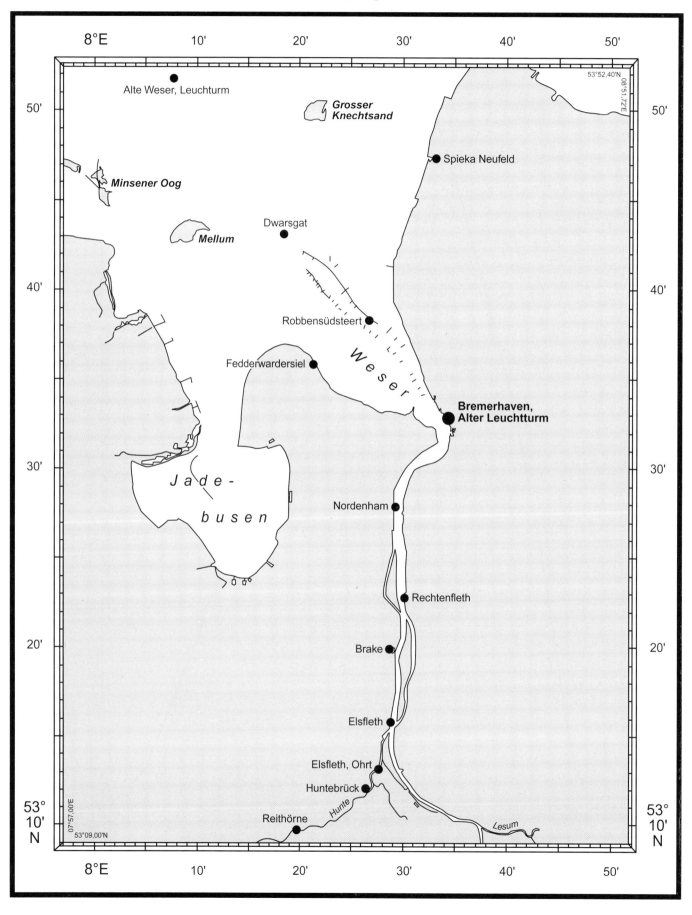

Gezeitenvorausberechnungen 45

Bremerhaven, Alter Leuchtturm 2019
Breite: 53° 33' N, Länge: 8° 34' E

Zeiten (Stunden und Minuten) und Höhen (Meter) der Hoch- und Niedrigwasser

Januar

Tag	Zeit	Höhe	Tag	Zeit	Höhe
1 Di	2 30 / 8 56 / 15 18 / 21 48	1,0 / 4,6 / 0,8 / 4,2	16 Mi	1 10 / 7 39 / 13 48 / 20 25	1,1 / 4,3 / 1,0 / 4,2
2 Mi	3 44 / 10 08 / 16 29 / 22 52	1,0 / 4,6 / 0,9 / 4,4	17 Do	2 23 / 8 53 / 15 04 / 21 38	1,1 / 4,3 / 1,0 / 4,2
3 Do	4 58 / 11 15 / 17 34 / 23 47	1,0 / 4,6 / 0,8 / 4,5	18 Fr	3 43 / 10 09 / 16 22 / 22 49	0,9 / 4,4 / 0,9 / 4,3
4 Fr	6 02 / 12 13 / 18 28	0,8 / 4,6 / 0,8	19 Sa	5 00 / 11 20 / 17 32 / 23 53	0,7 / 4,4 / 0,7 / 4,5
5 Sa	0 36 / 6 54 / 13 03 / 19 15	4,5 / 0,7 / 4,5 / 0,7	20 So	6 09 / 12 23 / 18 36	0,6 / 4,5 / 0,6
6 So ●	1 18 / 7 37 / 13 44 / 19 53	4,6 / 0,6 / 4,5 / 0,6	21 Mo	0 48 / 7 11 / 13 18 / 19 34	4,6 / 0,5 / 4,6 / 0,5
7 Mo	1 54 / 8 14 / 14 21 / 20 27	4,6 / 0,6 / 4,5 / 0,6	22 Di	1 36 / 8 00 / 14 11 / 20 29	4,7 / 0,4 / 4,6 / 0,5
8 Di	2 25 / 8 48 / 14 55 / 20 59	4,6 / 0,6 / 4,4 / 0,7	23 Mi	2 23 / 9 01 / 15 05 / 21 21	4,8 / 0,4 / 4,6 / 0,5
9 Mi	2 57 / 9 22 / 15 29 / 21 30	4,7 / 0,6 / 4,4 / 0,7	24 Do	3 11 / 9 53 / 15 57 / 22 07	4,9 / 0,3 / 4,6 / 0,5
10 Do	3 28 / 9 55 / 16 01 / 22 00	4,7 / 0,6 / 4,3 / 0,7	25 Fr	3 58 / 10 39 / 16 45 / 22 48	4,9 / 0,3 / 4,5 / 0,5
11 Fr	4 01 / 10 26 / 16 32 / 22 30	4,6 / 0,7 / 4,3 / 0,8	26 Sa	4 45 / 11 20 / 17 32 / 23 28	4,9 / 0,4 / 4,4 / 0,5
12 Sa	4 37 / 10 59 / 17 07 / 23 04	4,6 / 0,7 / 4,3 / 0,9	27 So ☾	5 32 / 12 01 / 18 17	4,8 / 0,5 / 4,3
13 So	5 14 / 11 33 / 17 45 / 23 39	4,6 / 0,8 / 4,3 / 0,9	28 Mo	0 08 / 6 21 / 12 41 / 19 02	0,6 / 4,7 / 0,6 / 4,2
14 Mo ☽	5 53 / 12 07 / 18 27	4,5 / 0,8 / 4,2	29 Di	0 50 / 7 12 / 13 25 / 19 53	0,8 / 4,5 / 0,7 / 4,1
15 Di	0 17 / 6 38 / 12 49 / 19 19	1,0 / 4,4 / 0,9 / 4,2	30 Mi	1 41 / 8 04 / 14 22 / 20 58	0,9 / 4,4 / 0,9 / 4,2
			31 Do	2 52 / 9 30 / 15 38 / 22 11	1,0 / 4,4 / 1,0 / 4,3

Februar

Tag	Zeit	Höhe	Tag	Zeit	Höhe
1 Fr	4 15 / 10 49 / 16 56 / 23 20	1,0 / 4,4 / 1,0 / 4,4	16 Sa	2 52 / 9 33 / 15 38 / 22 14	0,9 / 4,2 / 0,9 / 4,3
2 Sa	5 33 / 11 57 / 18 02	0,9 / 4,4 / 0,9	17 So	4 25 / 10 58 / 17 05 / 23 31	0,7 / 4,3 / 0,7 / 4,4
3 So	0 15 / 6 33 / 12 48 / 18 52	4,5 / 0,7 / 4,4 / 0,7	18 Mo	5 48 / 12 11 / 18 20	0,5 / 4,4 / 0,6
4 Mo ●	0 59 / 7 18 / 13 29 / 19 34	4,6 / 0,6 / 4,4 / 0,7	19 Di	0 33 / 6 58 / 13 12 / 19 24	4,6 / 0,4 / 4,5 / 0,4
5 Di	1 35 / 7 56 / 14 05 / 20 10	4,6 / 0,5 / 4,5 / 0,6	20 Mi	1 25 / 7 57 / 14 04 / 20 19	4,7 / 0,3 / 4,6 / 0,4
6 Mi	2 08 / 8 32 / 14 38 / 20 43	4,7 / 0,5 / 4,5 / 0,6	21 Do	2 11 / 8 49 / 14 54 / 21 09	4,8 / 0,2 / 4,6 / 0,3
7 Do	2 40 / 9 05 / 15 10 / 21 15	4,7 / 0,5 / 4,4 / 0,5	22 Fr	2 57 / 9 38 / 15 42 / 21 53	4,9 / 0,2 / 4,6 / 0,3
8 Fr	3 11 / 9 36 / 15 41 / 21 44	4,7 / 0,5 / 4,4 / 0,5	23 Sa	3 45 / 10 23 / 16 27 / 22 33	4,9 / 0,2 / 4,5 / 0,3
9 Sa	3 43 / 10 07 / 16 13 / 22 16	4,6 / 0,5 / 4,4 / 0,6	24 So	4 30 / 11 03 / 17 08 / 23 09	4,8 / 0,3 / 4,4 / 0,4
10 So	4 18 / 10 40 / 16 48 / 22 50	4,6 / 0,6 / 4,4 / 0,7	25 Mo	5 14 / 11 37 / 17 47 / 23 42	4,7 / 0,4 / 4,4 / 0,4
11 Mo	4 55 / 11 13 / 17 22 / 23 21	4,6 / 0,6 / 4,4 / 0,7	26 Di ☾	5 56 / 12 07 / 18 23	4,6 / 0,5 / 4,3
12 Di ☽	5 27 / 11 39 / 17 53 / 23 46	4,6 / 0,6 / 4,3 / 0,7	27 Mi	0 15 / 6 39 / 12 39 / 19 06	0,6 / 4,4 / 0,7 / 4,1
13 Mi	6 00 / 12 05 / 18 30	4,4 / 0,6 / 4,2	28 Do	0 57 / 7 34 / 13 28 / 20 07	0,8 / 4,2 / 0,9 / 4,1
14 Do	0 20 / 6 49 / 12 51 / 19 28	0,9 / 4,3 / 0,9 / 4,2			
15 Fr	1 23 / 8 04 / 14 06 / 20 49	0,9 / 4,2 / 0,9 / 4,2			

März

Tag	Zeit	Höhe	Tag	Zeit	Höhe
1 Fr	2 01 / 8 50 / 14 43 / 21 27	0,9 / 4,2 / 1,1 / 4,2	16 Sa	0 50 / 7 37 / 13 32 / 20 17	0,8 / 4,1 / 0,9 / 4,2
2 Sa	3 30 / 10 18 / 16 14 / 22 49	1,0 / 4,2 / 1,1 / 4,3	17 So	2 22 / 9 12 / 15 12 / 21 51	0,8 / 4,1 / 0,9 / 4,3
3 So	5 00 / 11 36 / 17 32 / 23 52	0,8 / 4,3 / 0,9 / 4,5	18 Mo	4 05 / 10 45 / 16 48 / 23 12	0,6 / 4,3 / 0,7 / 4,5
4 Mo	6 09 / 12 31 / 18 28	0,7 / 4,3 / 0,7	19 Di	5 33 / 12 01 / 18 07	0,4 / 4,4 / 0,6
5 Di	0 38 / 6 56 / 13 10 / 19 11	4,6 / 0,6 / 4,4 / 0,5	20 Mi	0 16 / 6 44 / 13 02 / 19 10	4,6 / 0,3 / 4,5 / 0,4
6 Mi ●	1 14 / 7 34 / 13 44 / 19 48	4,6 / 0,5 / 4,4 / 0,5	21 Do	1 09 / 7 43 / 13 52 / 20 04	4,7 / 0,2 / 4,6 / 0,3
7 Do	1 48 / 8 10 / 14 17 / 20 24	4,6 / 0,4 / 4,4 / 0,4	22 Fr	1 56 / 8 32 / 14 38 / 20 51	4,8 / 0,1 / 4,6 / 0,2
8 Fr	2 22 / 8 44 / 14 50 / 20 56	4,6 / 0,4 / 4,4 / 0,4	23 Sa	2 42 / 9 17 / 15 20 / 21 33	4,8 / 0,1 / 4,6 / 0,2
9 Sa	2 54 / 9 15 / 15 21 / 21 27	4,6 / 0,3 / 4,4 / 0,4	24 So	3 27 / 9 59 / 16 01 / 22 11	4,8 / 0,2 / 4,5 / 0,2
10 So	3 25 / 9 46 / 15 53 / 21 59	4,6 / 0,4 / 4,4 / 0,4	25 Mo	4 11 / 10 36 / 16 38 / 22 45	4,7 / 0,3 / 4,5 / 0,3
11 Mo	3 59 / 10 19 / 16 26 / 22 33	4,6 / 0,4 / 4,5 / 0,5	26 Di	4 51 / 11 06 / 17 13 / 23 15	4,6 / 0,4 / 4,4 / 0,3
12 Di	4 34 / 10 51 / 16 58 / 23 01	4,6 / 0,5 / 4,5 / 0,5	27 Mi	5 30 / 11 32 / 17 46 / 23 44	4,4 / 0,5 / 4,3 / 0,5
13 Mi	5 06 / 11 15 / 17 25 / 23 23	4,6 / 0,5 / 4,4 / 0,6	28 Do ☾	6 10 / 12 00 / 18 25	4,3 / 0,7 / 4,2
14 Do ☽	5 36 / 11 36 / 17 57 / 23 51	4,4 / 0,7 / 4,3 / 0,7	29 Fr	0 21 / 7 00 / 12 42 / 19 21	0,7 / 4,1 / 0,9 / 4,1
15 Fr	6 22 / 12 16 / 18 53	4,2 / 0,8 / 4,2	30 Sa	1 20 / 8 11 / 13 52 / 20 40	0,9 / 4,0 / 1,1 / 4,1
			31 So	2 46 / 9 39 / 15 25 / 22 07	0,9 / 4,0 / 1,1 / 4,3

April

Tag	Zeit	Höhe	Tag	Zeit	Höhe
1 Mo	4 19 / 11 02 / 16 52 / 23 18	0,8 / 4,1 / 0,9 / 4,4	16 Di	3 55 / 10 33 / 16 35 / 22 53	0,6 / 4,3 / 0,7 / 4,6
2 Di	5 34 / 12 01 / 17 54	0,6 / 4,2 / 0,7	17 Mi	5 18 / 11 45 / 17 49 / 23 55	0,4 / 4,4 / 0,6 / 4,7
3 Mi	0 07 / 6 24 / 12 41 / 18 39	4,5 / 0,5 / 4,3 / 0,6	18 Do	6 24 / 12 42 / 18 49	0,3 / 4,5 / 0,5
4 Do	0 45 / 7 02 / 13 16 / 19 19	4,6 / 0,4 / 4,4 / 0,5	19 Fr ○	0 48 / 7 20 / 13 32 / 19 43	4,7 / 0,2 / 4,6 / 0,3
5 Fr ●	1 21 / 7 41 / 13 51 / 19 58	4,6 / 0,3 / 4,4 / 0,4	20 Sa	1 39 / 8 10 / 14 16 / 20 30	4,8 / 0,2 / 4,6 / 0,2
6 Sa	1 57 / 8 17 / 14 24 / 20 34	4,6 / 0,3 / 4,5 / 0,3	21 So	2 25 / 8 53 / 14 55 / 21 10	4,8 / 0,2 / 4,6 / 0,2
7 So	2 31 / 8 50 / 14 56 / 21 07	4,6 / 0,3 / 4,5 / 0,3	22 Mo	3 07 / 9 30 / 15 31 / 21 45	4,7 / 0,3 / 4,6 / 0,2
8 Mo	3 04 / 9 22 / 15 28 / 21 39	4,6 / 0,3 / 4,5 / 0,4	23 Di	3 48 / 10 04 / 16 06 / 22 19	4,6 / 0,3 / 4,5 / 0,3
9 Di	3 38 / 9 55 / 16 01 / 22 11	4,6 / 0,4 / 4,5 / 0,4	24 Mi	4 28 / 10 34 / 16 39 / 22 50	4,5 / 0,4 / 4,5 / 0,3
10 Mi	4 13 / 10 26 / 16 33 / 22 42	4,5 / 0,4 / 4,5 / 0,4	25 Do	5 06 / 11 01 / 17 13 / 23 21	4,3 / 0,5 / 4,4 / 0,4
11 Do	4 49 / 10 54 / 17 04 / 23 11	4,5 / 0,5 / 4,5 / 0,5	26 Fr	5 45 / 11 30 / 17 52 / 23 58	4,2 / 0,7 / 4,3 / 0,6
12 Fr	5 27 / 11 23 / 17 42 / 23 47	4,4 / 0,7 / 4,4 / 0,6	27 Sa ☾	6 32 / 12 09 / 18 42	4,0 / 0,9 / 4,3
13 Sa	6 17 / 12 09 / 18 40	4,2 / 0,8 / 4,3	28 So	0 50 / 7 32 / 13 10 / 19 51	0,8 / 3,9 / 1,1 / 4,2
14 So	0 47 / 7 32 / 13 25 / 20 02	0,7 / 4,1 / 0,9 / 4,3	29 Mo	2 02 / 8 50 / 14 32 / 21 13	0,9 / 3,9 / 1,1 / 4,3
15 Mo	2 16 / 9 04 / 15 01 / 21 34	0,7 / 4,2 / 0,9 / 4,4	30 Di	3 27 / 10 10 / 15 57 / 22 28	0,8 / 4,0 / 0,9 / 4,4

● Neumond ☽ erstes Viertel ○ Vollmond ☾ letztes Viertel

UTC+ 1h00min (MEZ)   Höhen sind auf SKN bezogen

Bremerhaven, Alter Leuchtturm 2019

Breite: 53° 33' N, Länge: 8° 34' E

Zeiten (Stunden und Minuten) und Höhen (Meter) der Hoch- und Niedrigwasser

	Mai					Juni					Juli					August			
	Zeit	Höhe		Zeit	Höhe		Zeit	Höhe		Zeit	Höhe		Zeit	Höhe		Zeit	Höhe		Zeit	Höhe
1 Mi	4 43 / 11 14 / 17 07 / 23 24	0,6 / 4,2 / 0,8 / 4,5	**16** Do	4 58 / 11 22 / 17 25 / 23 30	0,4 / 4,5 / 0,6 / 4,7	**1** Sa	5 39 / 11 56 / 18 05	0,6 / 4,4 / 0,7	**16** So	0 05 / 6 27 / 12 37 / 18 55	4,7 / 0,5 / 4,6 / 0,5	**1** Mo	5 47 / 12 02 / 18 17	0,7 / 4,5 / 0,6	**16** Di ○	0 45 / 6 57 / 13 01 / 19 25	4,6 / 0,6 / 4,6 / 0,5	**1** Do ●	0 58 / 7 17 / 13 18 / 19 49	4,6 / 0,6 / 4,7 / 0,5	**16** Fr	1 55 / 8 05 / 13 59 / 20 29	4,5 / 0,7 / 4,7 / 0,6
2 Do	5 39 / 12 00 / 17 58	0,5 / 4,3 / 0,6	**17** Fr	5 58 / 12 16 / 18 24	0,4 / 4,5 / 0,5	**2** So	0 09 / 6 28 / 12 40 / 18 53	4,6 / 0,5 / 4,5 / 0,6	**17** Mo ○	1 00 / 7 18 / 13 24 / 19 44	4,6 / 0,4 / 4,6 / 0,4	**2** Di ●	0 23 / 6 41 / 12 50 / 19 10	4,6 / 0,6 / 4,6 / 0,5	**17** Mi	1 33 / 7 43 / 13 43 / 20 07	4,5 / 0,6 / 4,7 / 0,5	**2** Fr	1 52 / 8 14 / 14 04 / 20 43	4,7 / 0,6 / 4,8 / 0,4	**17** Sa	2 30 / 8 41 / 14 33 / 21 04	4,5 / 0,6 / 4,7 / 0,6
3 Fr	0 07 / 6 23 / 12 39 / 18 44	4,6 / 0,5 / 4,4 / 0,6	**18** Sa ○	0 26 / 6 53 / 13 05 / 19 18	4,7 / 0,3 / 4,6 / 0,4	**3** Mo ●	0 53 / 7 13 / 13 20 / 19 37	4,7 / 0,5 / 4,6 / 0,5	**18** Di	1 49 / 8 03 / 14 04 / 20 25	4,6 / 0,4 / 4,6 / 0,4	**3** Mi	1 12 / 7 32 / 13 34 / 20 00	4,7 / 0,5 / 4,7 / 0,5	**18** Do	2 13 / 8 22 / 14 19 / 20 46	4,5 / 0,6 / 4,7 / 0,5	**3** Sa	2 44 / 9 05 / 14 51 / 21 35	4,7 / 0,5 / 4,9 / 0,3	**18** So	3 03 / 9 13 / 15 05 / 21 36	4,5 / 0,6 / 4,7 / 0,6
4 Sa ●	0 48 / 7 06 / 13 18 / 19 28	4,6 / 0,4 / 4,5 / 0,5	**19** So	1 19 / 7 45 / 13 51 / 20 07	4,7 / 0,3 / 4,6 / 0,3	**4** Di	1 35 / 7 55 / 13 57 / 20 18	4,7 / 0,5 / 4,7 / 0,5	**19** Mi	2 29 / 8 39 / 14 38 / 21 00	4,5 / 0,5 / 4,7 / 0,4	**4** Do	2 01 / 8 21 / 14 18 / 20 50	4,7 / 0,5 / 4,8 / 0,5	**19** Fr	2 50 / 8 57 / 14 52 / 21 22	4,5 / 0,6 / 4,8 / 0,6	**4** So	3 36 / 9 52 / 15 38 / 22 22	4,6 / 0,5 / 4,9 / 0,3	**19** Mo	3 34 / 9 42 / 15 36 / 22 05	4,5 / 0,6 / 4,7 / 0,6
5 So	1 27 / 7 47 / 13 54 / 20 07	4,6 / 0,4 / 4,5 / 0,4	**20** Mo	2 07 / 8 27 / 14 29 / 20 46	4,7 / 0,3 / 4,6 / 0,3	**5** Mi	2 17 / 8 35 / 14 35 / 21 00	4,7 / 0,5 / 4,7 / 0,5	**20** Do	3 07 / 9 12 / 15 12 / 21 36	4,5 / 0,6 / 4,7 / 0,5	**5** Fr	2 53 / 9 11 / 15 04 / 21 41	4,7 / 0,5 / 4,9 / 0,4	**20** Sa	3 25 / 9 30 / 15 25 / 21 57	4,5 / 0,7 / 4,8 / 0,6	**5** Mo	4 25 / 10 34 / 16 24 / 23 05	4,6 / 0,5 / 4,9 / 0,3	**20** Di	4 03 / 10 12 / 16 08 / 22 36	4,4 / 0,7 / 4,7 / 0,7
6 Mo	2 03 / 8 23 / 14 27 / 20 42	4,6 / 0,4 / 4,6 / 0,4	**21** Di	2 47 / 9 02 / 15 02 / 21 20	4,6 / 0,3 / 4,6 / 0,3	**6** Do	3 02 / 9 17 / 15 16 / 21 44	4,6 / 0,5 / 4,7 / 0,4	**21** Fr	3 45 / 9 45 / 15 45 / 22 13	4,4 / 0,6 / 4,7 / 0,5	**6** Sa	3 45 / 9 59 / 15 50 / 22 28	4,6 / 0,5 / 4,9 / 0,4	**21** So	3 58 / 10 01 / 15 57 / 22 29	4,4 / 0,7 / 4,8 / 0,6	**6** Di	5 11 / 11 15 / 17 13 / 23 48	4,5 / 0,5 / 4,8 / 0,5	**21** Mi	4 35 / 10 45 / 16 43 / 23 09	4,4 / 0,7 / 4,6 / 0,7
7 Di	2 39 / 8 57 / 15 00 / 21 17	4,6 / 0,4 / 4,6 / 0,4	**22** Mi	3 26 / 9 34 / 15 36 / 21 54	4,5 / 0,4 / 4,6 / 0,3	**7** Fr	3 50 / 9 59 / 15 59 / 22 27	4,6 / 0,5 / 4,7 / 0,4	**22** Sa	4 22 / 10 18 / 16 20 / 22 49	4,4 / 0,7 / 4,7 / 0,6	**7** So	4 35 / 10 42 / 16 37 / 23 14	4,5 / 0,6 / 4,9 / 0,4	**22** Mo	4 30 / 10 32 / 16 33 / 23 02	4,4 / 0,8 / 4,7 / 0,7	**7** Mi ☽	5 58 / 11 59 / 18 03	4,4 / 0,6 / 4,8	**22** Do	5 10 / 11 18 / 17 17 / 23 37	4,4 / 0,8 / 4,6 / 0,8
8 Mi	3 17 / 9 32 / 15 35 / 21 53	4,6 / 0,4 / 4,6 / 0,4	**23** Do	4 05 / 10 05 / 16 10 / 22 29	4,4 / 0,5 / 4,6 / 0,4	**8** Sa	4 38 / 10 42 / 16 45 / 23 14	4,5 / 0,6 / 4,8 / 0,5	**23** So	4 57 / 10 51 / 16 58 / 23 25	4,3 / 0,8 / 4,7 / 0,7	**8** Mo	5 26 / 11 28 / 17 29	4,5 / 0,6 / 4,8	**23** Di	5 04 / 11 07 / 17 11 / 23 37	4,4 / 0,8 / 4,7 / 0,8	**8** Do	0 32 / 6 43 / 12 43 / 18 54	0,6 / 4,3 / 0,7 / 4,7	**23** Fr ☾	5 41 / 11 45 / 17 48	4,4 / 0,9 / 4,5
9 Do	3 57 / 10 07 / 16 12 / 22 30	4,5 / 0,5 / 4,6 / 0,5	**24** Fr	4 44 / 10 36 / 16 45 / 23 04	4,3 / 0,6 / 4,6 / 0,5	**9** So	5 31 / 11 30 / 17 37	4,4 / 0,7 / 4,8	**24** Mo	5 35 / 11 27 / 17 39	4,2 / 0,9 / 4,6	**9** Di ☽	0 05 / 6 20 / 12 19 / 18 25	0,5 / 4,4 / 0,7 / 4,8	**24** Mi	5 42 / 11 43 / 17 49	4,3 / 0,9 / 4,6	**9** Fr	1 16 / 7 31 / 13 31 / 19 51	0,7 / 4,3 / 0,9 / 4,5	**24** Sa	0 02 / 6 14 / 12 14 / 18 30	0,9 / 4,3 / 1,0 / 4,3
10 Fr	4 41 / 10 43 / 16 52 / 23 10	4,5 / 0,6 / 4,6 / 0,5	**25** Sa	5 22 / 11 09 / 17 24 / 23 42	4,2 / 0,8 / 4,5 / 0,6	**10** Mo ☽	0 08 / 6 29 / 12 26 / 18 37	0,6 / 4,4 / 0,8 / 4,7	**25** Di ☾	0 03 / 6 16 / 12 08 / 18 23	0,8 / 4,2 / 1,0 / 4,5	**10** Mi	0 58 / 7 15 / 13 12 / 19 23	0,6 / 4,4 / 0,8 / 4,7	**25** Do ☾	0 11 / 6 20 / 12 18 / 18 28	0,8 / 4,3 / 1,0 / 4,5	**10** Sa	2 08 / 8 29 / 14 33 / 21 02	0,9 / 4,3 / 1,0 / 4,4	**25** So	0 38 / 7 05 / 13 07 / 19 37	1,0 / 4,2 / 1,1 / 4,2
11 Sa	5 29 / 11 25 / 17 39 / 23 58	4,4 / 0,7 / 4,6 / 0,6	**26** So ☾	6 04 / 11 47 / 18 09	4,1 / 0,9 / 4,4	**11** Di	1 07 / 7 33 / 13 28 / 19 43	0,6 / 4,3 / 0,8 / 4,7	**26** Mi	0 44 / 7 04 / 12 55 / 19 16	0,8 / 4,2 / 1,0 / 4,4	**11** Do	1 52 / 8 12 / 14 08 / 20 26	0,6 / 4,3 / 0,8 / 4,7	**26** Fr	0 45 / 7 04 / 13 01 / 19 19	0,9 / 4,2 / 1,0 / 4,4	**11** So	3 17 / 9 42 / 15 53 / 22 23	1,0 / 4,3 / 1,0 / 4,4	**26** Mo	1 44 / 8 19 / 14 28 / 21 03	1,1 / 4,1 / 1,0 / 4,2
12 So ☾	6 25 / 12 19 / 18 39	4,3 / 0,8 / 4,6	**27** Mo	0 26 / 6 53 / 12 35 / 19 04	0,8 / 4,0 / 1,1 / 4,4	**12** Mi	2 13 / 8 42 / 14 37 / 20 55	0,6 / 4,3 / 0,8 / 4,7	**27** Do	1 33 / 8 03 / 13 56 / 20 20	0,8 / 4,1 / 1,1 / 4,4	**12** Fr	2 51 / 9 14 / 15 14 / 21 35	0,7 / 4,3 / 0,8 / 4,6	**27** Sa	1 33 / 8 02 / 14 03 / 20 27	0,9 / 4,2 / 1,1 / 4,3	**12** Mo	4 36 / 10 55 / 17 15 / 23 37	1,0 / 4,5 / 0,9 / 4,4	**27** Di	3 13 / 9 44 / 16 00 / 22 30	1,0 / 4,2 / 0,8 / 4,3
13 Mo	1 00 / 7 36 / 13 29 / 19 55	0,6 / 4,3 / 0,9 / 4,5	**28** Di	1 21 / 7 56 / 13 40 / 20 13	0,8 / 4,0 / 1,1 / 4,3	**13** Do	3 23 / 9 51 / 15 49 / 22 04	0,6 / 4,4 / 0,8 / 4,7	**28** Fr	2 36 / 9 08 / 15 07 / 21 28	0,8 / 4,2 / 1,0 / 4,4	**13** Sa	3 58 / 10 19 / 16 27 / 22 45	0,8 / 4,4 / 0,8 / 4,6	**28** So	2 40 / 9 11 / 15 19 / 21 43	1,0 / 4,2 / 1,0 / 4,4	**13** Di	5 47 / 11 56 / 18 21	0,9 / 4,6 / 0,7	**28** Mi	4 43 / 11 03 / 17 25 / 23 46	0,9 / 4,4 / 0,6 / 4,4
14 Di	2 19 / 8 58 / 14 53 / 21 17	0,6 / 4,3 / 0,8 / 4,6	**29** Mi	2 29 / 9 07 / 14 56 / 21 25	0,8 / 4,1 / 1,0 / 4,4	**14** Fr	4 32 / 10 52 / 16 57 / 23 07	0,6 / 4,5 / 0,7 / 4,7	**29** Sa	3 44 / 10 11 / 16 17 / 22 32	0,8 / 4,3 / 0,9 / 4,5	**14** So	5 05 / 11 20 / 17 37 / 23 49	0,8 / 4,5 / 0,7 / 4,6	**29** Mo	3 57 / 10 23 / 16 35 / 22 55	0,9 / 4,3 / 0,8 / 4,4	**14** Mi	0 34 / 6 41 / 12 43 / 19 10	4,5 / 0,8 / 4,6 / 0,6	**29** Do	6 00 / 12 08 / 18 37	0,7 / 4,6 / 0,5
15 Mi	3 43 / 10 17 / 16 15 / 22 30	0,5 / 4,4 / 0,7 / 4,7	**30** Do	3 41 / 10 14 / 16 10 / 22 29	0,7 / 4,2 / 0,9 / 4,5	**15** Sa	5 32 / 11 46 / 17 59	0,5 / 4,6 / 0,6	**30** So	4 49 / 11 09 / 17 20 / 23 30	0,8 / 4,4 / 0,7 / 4,5	**15** Mo	6 05 / 12 14 / 18 35	0,7 / 4,6 / 0,6	**30** Di	5 10 / 11 29 / 17 46	0,8 / 4,5 / 0,6	**15** Do ○	1 18 / 7 25 / 13 23 / 19 51	4,5 / 0,7 / 4,7 / 0,6	**30** Fr ●	0 48 / 7 06 / 13 02 / 19 39	4,5 / 0,6 / 4,7 / 0,4
			31 Fr	4 45 / 11 10 / 17 11 / 23 22	0,7 / 4,3 / 0,8 / 4,6							**31** Mi	0 00 / 6 16 / 12 27 / 18 50	4,5 / 0,6 / 4,6 / 0,5				**31** Sa	1 41 / 8 03 / 13 49 / 20 32	4,6 / 0,5 / 4,8 / 0,3

● Neumond ☽ erstes Viertel ○ Vollmond ☾ letztes Viertel

UTC+ 1h00min (MEZ)   Höhen sind auf SKN bezogen

Gezeitenvorausberechnungen

Bremerhaven, Alter Leuchtturm 2019

Breite: 53° 33' N, Länge: 8° 34' E

Zeiten (Stunden und Minuten) und Höhen (Meter) der Hoch- und Niedrigwasser

September

	Zeit	Höhe		Zeit	Höhe
1 So	2 31 / 8 53 / 14 35 / 21 20	4,6 / 0,5 / 4,9 / 0,3	**16** Mo	2 38 / 8 51 / 14 42 / 21 10	4,4 / 0,5 / 4,6 / 0,5
2 Mo	3 18 / 9 38 / 15 21 / 22 05	4,6 / 0,4 / 4,9 / 0,3	**17** Di	3 08 / 9 21 / 15 13 / 21 38	4,5 / 0,5 / 4,6 / 0,6
3 Di	4 04 / 10 18 / 16 07 / 22 46	4,6 / 0,4 / 4,8 / 0,3	**18** Mi	3 36 / 9 50 / 15 43 / 22 07	4,5 / 0,6 / 4,6 / 0,6
4 Mi	4 46 / 10 55 / 16 52 / 23 22	4,5 / 0,5 / 4,7 / 0,5	**19** Do	4 06 / 10 19 / 16 15 / 22 37	4,5 / 0,7 / 4,6 / 0,7
5 Do	5 26 / 11 31 / 17 36 / 23 57	4,4 / 0,6 / 4,6 / 0,7	**20** Fr	4 36 / 10 48 / 16 47 / 23 02	4,5 / 0,7 / 4,5 / 0,8
6 Fr)	6 05 / 12 07 / 18 22	4,3 / 0,7 / 4,5	**21** Sa	5 05 / 11 13 / 17 18 / 23 25	4,4 / 0,8 / 4,4 / 0,9
7 Sa	0 32 / 6 47 / 12 49 / 19 15	0,8 / 4,2 / 0,9 / 4,3	**22** So (	5 35 / 11 40 / 17 59	4,3 / 0,9 / 4,2
8 So	1 19 / 7 43 / 13 50 / 20 27	1,1 / 4,2 / 1,1 / 4,2	**23** Mo	0 00 / 6 24 / 12 30 / 19 06	1,1 / 4,2 / 1,0 / 4,1
9 Mo	2 29 / 9 01 / 15 15 / 21 55	1,2 / 4,2 / 1,1 / 4,2	**24** Di	1 07 / 7 42 / 13 55 / 20 38	1,2 / 4,2 / 1,0 / 4,1
10 Di	3 59 / 10 26 / 16 49 / 23 18	1,3 / 4,4 / 1,0 / 4,3	**25** Mi	2 43 / 9 16 / 15 37 / 22 13	1,1 / 4,2 / 0,9 / 4,2
11 Mi	5 23 / 11 36 / 18 03	1,1 / 4,5 / 0,8	**26** Do	4 23 / 10 41 / 17 10 / 23 32	1,0 / 4,4 / 0,6 / 4,3
12 Do	0 19 / 6 22 / 12 23 / 18 52	4,3 / 0,9 / 4,6 / 0,7	**27** Fr	5 45 / 11 48 / 18 23	0,8 / 4,6 / 0,5
13 Fr	0 58 / 7 04 / 13 00 / 19 28	4,4 / 0,8 / 4,7 / 0,6	**28** Sa ●	0 34 / 6 49 / 12 42 / 19 22	4,5 / 0,7 / 4,7 / 0,4
14 Sa ○	1 32 / 7 41 / 13 35 / 20 04	4,4 / 0,7 / 4,7 / 0,6	**29** So	1 25 / 7 45 / 13 30 / 20 13	4,5 / 0,5 / 4,8 / 0,3
15 So	2 05 / 8 17 / 14 10 / 20 39	4,4 / 0,6 / 4,6 / 0,5	**30** Mo	2 11 / 8 34 / 14 16 / 20 58	4,6 / 0,4 / 4,8 / 0,3

Oktober

	Zeit	Höhe		Zeit	Höhe
1 Di	2 54 / 9 16 / 15 01 / 21 40	4,6 / 0,4 / 4,8 / 0,3	**16** Mi	2 38 / 8 56 / 14 46 / 21 09	4,5 / 0,6 / 4,6 / 0,6
2 Mi	3 36 / 9 55 / 15 45 / 22 18	4,6 / 0,4 / 4,7 / 0,4	**17** Do	3 07 / 9 25 / 15 17 / 21 37	4,5 / 0,6 / 4,5 / 0,6
3 Do	4 15 / 10 30 / 16 28 / 22 51	4,5 / 0,5 / 4,6 / 0,5	**18** Fr	3 35 / 9 53 / 15 48 / 22 05	4,5 / 0,7 / 4,5 / 0,7
4 Fr	4 51 / 11 02 / 17 09 / 23 19	4,4 / 0,5 / 4,4 / 0,7	**19** Sa	4 05 / 10 21 / 16 22 / 22 32	4,5 / 0,7 / 4,5 / 0,8
5 Sa)	5 26 / 11 34 / 17 52 / 23 50	4,3 / 0,7 / 4,3 / 0,9	**20** So	4 35 / 10 49 / 17 00 / 23 01	4,5 / 0,8 / 4,4 / 1,0
6 So	6 06 / 12 13 / 18 42	4,2 / 0,9 / 4,1	**21** Mo (	5 12 / 11 24 / 17 47 / 23 43	4,4 / 0,9 / 4,2 / 1,1
7 Mo	0 33 / 7 00 / 13 11 / 19 51	1,2 / 4,2 / 1,1 / 4,0	**22** Di	6 04 / 12 19 / 18 54	4,3 / 1,0 / 4,1
8 Di	1 40 / 8 16 / 14 33 / 21 17	1,4 / 4,2 / 1,2 / 4,0	**23** Mi	0 52 / 7 21 / 13 41 / 20 23	1,2 / 4,3 / 1,0 / 4,1
9 Mi	3 11 / 9 44 / 16 08 / 22 43	1,4 / 4,3 / 1,1 / 4,1	**24** Do	2 25 / 8 56 / 15 20 / 21 56	1,2 / 4,4 / 0,9 / 4,2
10 Do	4 42 / 11 01 / 17 28 / 23 48	1,2 / 4,4 / 0,9 / 4,2	**25** Fr	4 02 / 10 17 / 16 50 / 23 12	1,0 / 4,5 / 0,7 / 4,3
11 Fr	5 49 / 11 53 / 18 20	1,0 / 4,6 / 0,7	**26** Sa	5 22 / 11 23 / 18 00	0,9 / 4,6 / 0,5
12 Sa	0 28 / 6 32 / 12 30 / 18 55	4,3 / 0,8 / 4,7 / 0,6	**27** So	0 12 / 6 25 / 12 17 / 18 57	4,4 / 0,7 / 4,7 / 0,4
13 So ○	1 01 / 7 09 / 13 05 / 19 31	4,4 / 0,7 / 4,6 / 0,6	**28** Mo ●	1 02 / 7 20 / 13 08 / 19 48	4,5 / 0,6 / 4,8 / 0,4
14 Mo	1 34 / 7 48 / 13 41 / 20 07	4,4 / 0,6 / 4,6 / 0,5	**29** Di	1 47 / 8 09 / 13 56 / 20 32	4,6 / 0,5 / 4,8 / 0,4
15 Di	2 08 / 8 24 / 14 15 / 20 40	4,4 / 0,6 / 4,6 / 0,5	**30** Mi	2 27 / 8 51 / 14 40 / 21 11	4,6 / 0,4 / 4,7 / 0,4
31 Do	3 04 / 9 27 / 15 22 / 21 46	4,6 / 0,4 / 4,6 / 0,5			

November

	Zeit	Höhe		Zeit	Höhe
1 Fr	3 42 / 10 02 / 16 04 / 22 18	4,6 / 0,5 / 4,5 / 0,6	**16** Sa	3 09 / 9 32 / 15 30 / 21 43	4,6 / 0,7 / 4,5 / 0,7
2 Sa	4 18 / 10 35 / 16 45 / 22 47	4,5 / 0,5 / 4,3 / 0,7	**17** So	3 42 / 10 05 / 16 10 / 22 16	4,6 / 0,7 / 4,4 / 0,8
3 So	4 54 / 11 08 / 17 27 / 23 17	4,4 / 0,6 / 4,2 / 0,9	**18** Mo	4 19 / 10 41 / 16 55 / 22 54	4,6 / 0,8 / 4,4 / 1,0
4 Mo)	5 33 / 11 46 / 18 13 / 23 57	4,4 / 0,8 / 4,0 / 1,2	**19** Di (	5 02 / 11 25 / 17 48 / 23 43	4,6 / 0,9 / 4,3 / 1,1
5 Di	6 22 / 12 37 / 19 12	4,3 / 1,1 / 4,0	**20** Mi	5 57 / 12 21 / 18 52	4,5 / 0,9 / 4,2
6 Mi	0 54 / 7 27 / 13 47 / 20 25	1,3 / 4,2 / 1,2 / 3,9	**21** Do	0 47 / 7 07 / 13 34 / 20 10	1,2 / 4,5 / 0,9 / 4,2
7 Do	2 13 / 8 47 / 15 10 / 21 46	1,4 / 4,3 / 1,1 / 4,0	**22** Fr	2 07 / 8 28 / 14 59 / 21 33	1,1 / 4,5 / 0,8 / 4,2
8 Fr	3 41 / 10 06 / 16 29 / 22 56	1,3 / 4,4 / 1,0 / 4,1	**23** Sa	3 33 / 9 48 / 16 21 / 22 45	1,0 / 4,6 / 0,7 / 4,4
9 Sa	4 55 / 11 07 / 17 30 / 23 45	1,1 / 4,5 / 0,8 / 4,3	**24** So	4 50 / 10 55 / 17 30 / 23 43	0,9 / 4,7 / 0,6 / 4,5
10 So	5 49 / 11 51 / 18 13	0,9 / 4,5 / 0,7	**25** Mo	5 55 / 11 53 / 18 28	0,8 / 4,7 / 0,5
11 Mo	0 23 / 6 32 / 12 30 / 18 52	4,4 / 0,8 / 4,5 / 0,6	**26** Di ●	0 34 / 6 52 / 12 47 / 19 20	4,5 / 0,6 / 4,7 / 0,5
12 Di ○	0 59 / 7 14 / 13 09 / 19 31	4,4 / 0,7 / 4,5 / 0,6	**27** Mi	1 20 / 7 42 / 13 37 / 20 05	4,6 / 0,5 / 4,7 / 0,5
13 Mi	1 34 / 7 52 / 13 44 / 20 07	4,5 / 0,6 / 4,5 / 0,6	**28** Do	2 00 / 8 24 / 14 20 / 20 41	4,6 / 0,4 / 4,6 / 0,5
14 Do	2 06 / 8 26 / 14 18 / 20 39	4,5 / 0,6 / 4,5 / 0,6	**29** Fr	2 36 / 9 01 / 15 01 / 21 16	4,6 / 0,4 / 4,5 / 0,6
15 Fr	2 36 / 8 59 / 14 53 / 21 11	4,6 / 0,6 / 4,5 / 0,7	**30** Sa	3 13 / 9 37 / 15 44 / 21 51	4,6 / 0,5 / 4,4 / 0,7

Dezember

	Zeit	Höhe		Zeit	Höhe
1 So	3 50 / 10 14 / 16 26 / 22 23	4,6 / 0,6 / 4,3 / 0,8	**16** Mo	3 31 / 10 02 / 16 08 / 22 13	4,7 / 0,6 / 4,5 / 0,8
2 Mo	4 27 / 10 50 / 17 05 / 22 54	4,6 / 0,6 / 4,2 / 0,9	**17** Di	4 12 / 10 43 / 16 56 / 22 55	4,8 / 0,6 / 4,4 / 0,8
3 Di	5 06 / 11 27 / 17 45 / 23 30	4,5 / 0,8 / 4,1 / 1,1	**18** Mi	4 58 / 11 29 / 17 49 / 23 44	4,7 / 0,7 / 4,4 / 0,9
4 Mi)	5 48 / 12 08 / 18 31	4,5 / 1,0 / 4,0	**19** Do (	5 52 / 12 21 / 18 47	4,7 / 0,7 / 4,3
5 Do	0 14 / 6 40 / 12 59 / 19 28	1,2 / 4,4 / 1,1 / 4,0	**20** Fr	0 40 / 6 53 / 13 21 / 19 51	1,0 / 4,7 / 0,7 / 4,2
6 Fr	1 13 / 7 44 / 14 02 / 20 36	1,3 / 4,3 / 1,1 / 4,0	**21** Sa	1 43 / 8 02 / 14 29 / 21 01	1,0 / 4,6 / 0,7 / 4,2
7 Sa	2 27 / 8 57 / 15 14 / 21 47	1,3 / 4,3 / 1,0 / 4,1	**22** So	2 56 / 9 16 / 15 44 / 22 10	1,0 / 4,6 / 0,8 / 4,3
8 So	3 46 / 10 06 / 16 24 / 22 48	1,2 / 4,4 / 0,9 / 4,3	**23** Mo	4 12 / 10 27 / 16 54 / 23 12	0,9 / 4,6 / 0,7 / 4,4
9 Mo	4 53 / 11 03 / 17 21 / 23 37	1,0 / 4,5 / 0,9 / 4,4	**24** Di	5 23 / 11 32 / 17 57	0,8 / 4,6 / 0,7
10 Di	5 48 / 11 51 / 18 09	0,9 / 4,5 / 0,8	**25** Mi	0 07 / 6 25 / 12 30 / 18 52	4,5 / 0,7 / 4,6 / 0,6
11 Mi	0 20 / 6 35 / 12 35 / 18 53	4,6 / 0,8 / 4,5 / 0,7	**26** Do ●	0 56 / 7 18 / 13 22 / 19 40	4,6 / 0,5 / 4,6 / 0,6
12 Do ○	0 59 / 7 18 / 13 15 / 19 33	4,6 / 0,7 / 4,5 / 0,6	**27** Fr	1 39 / 8 02 / 14 06 / 20 19	4,6 / 0,5 / 4,5 / 0,6
13 Fr	1 35 / 7 58 / 13 55 / 20 13	4,6 / 0,6 / 4,6 / 0,7	**28** Sa	2 16 / 8 40 / 14 46 / 20 55	4,6 / 0,5 / 4,5 / 0,7
14 Sa	2 12 / 8 39 / 14 37 / 20 53	4,7 / 0,6 / 4,6 / 0,7	**29** So	2 51 / 9 19 / 15 27 / 21 31	4,7 / 0,5 / 4,4 / 0,7
15 So	2 51 / 9 22 / 15 22 / 21 34	4,7 / 0,6 / 4,5 / 0,7	**30** Mo	3 28 / 9 58 / 16 07 / 22 05	4,7 / 0,6 / 4,4 / 0,7
31 Di	4 04 / 10 34 / 16 42 / 22 36	4,7 / 0,6 / 4,3 / 0,8			

● Neumond) erstes Viertel ○ Vollmond (letztes Viertel

UTC+ 1h00min (MEZ) Höhen sind auf SKN bezogen

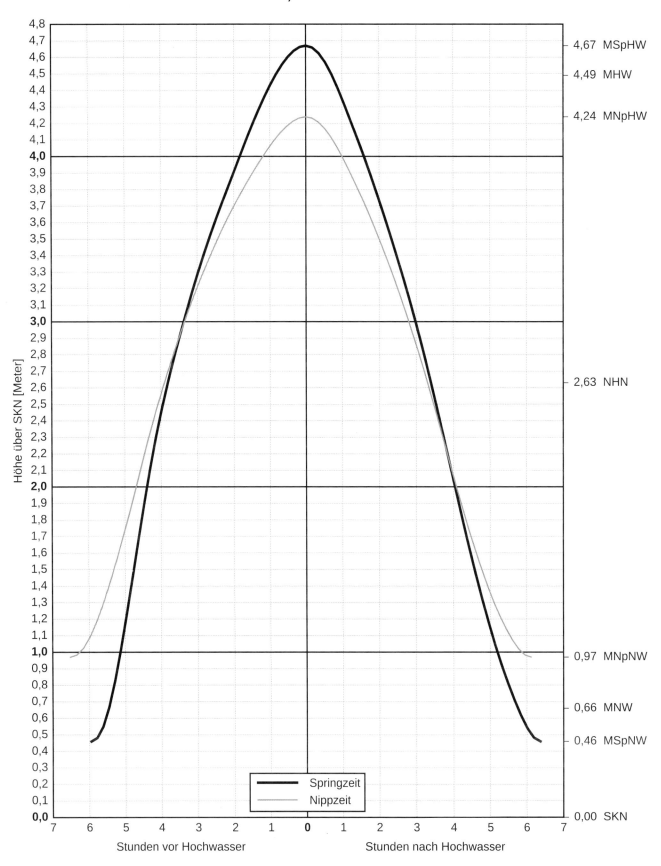

Plan 49

Bremen, Oslebshausen
Breite: 53°07'N, Länge: 8°43'E

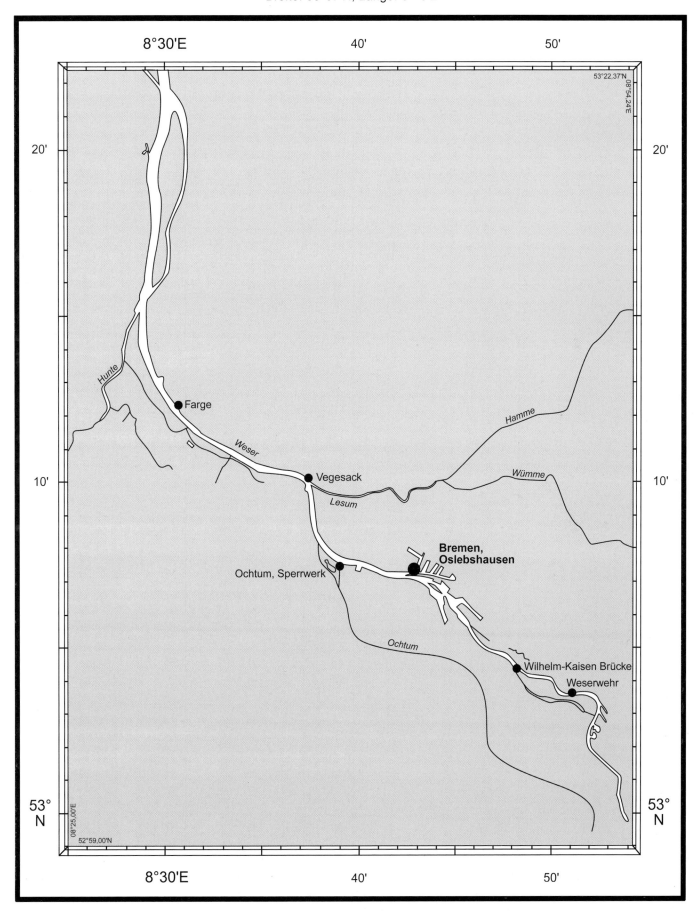

Bremen, Oslebshausen 2019

Breite: 53° 07' N, Länge: 8° 43' E

Zeiten (Stunden und Minuten) und Höhen (Meter) der Hoch- und Niedrigwasser

Januar

Tag	Zeit	Höhe	Tag	Zeit	Höhe
1 Di	5 01 / 10 26 / 17 50 / 23 13	0,7 / 4,7 / 0,6 / 4,4	16 Mi	3 38 / 9 01 / 16 19 / 21 45	0,7 / 4,5 / 0,7 / 4,3
2 Mi	6 14 / 11 39 / 19 00	0,7 / 4,7 / 0,6	17 Do	4 51 / 10 17 / 17 36 / 23 01	0,7 / 4,5 / 0,7 / 4,4
3 Do	0 20 / 7 28 / 12 48 / 20 05	4,5 / 0,7 / 4,8 / 0,6	18 Fr	6 14 / 11 37 / 18 55	0,6 / 4,5 / 0,6
4 Fr	1 19 / 8 33 / 13 48 / 21 00	4,7 / 0,6 / 4,8 / 0,6	19 Sa	0 16 / 7 34 / 12 51 / 20 08	4,5 / 0,5 / 4,6 / 0,5
5 Sa	2 10 / 9 27 / 14 38 / 21 47	4,7 / 0,5 / 4,7 / 0,5	20 So	1 24 / 8 44 / 13 56 / 21 11	4,6 / 0,4 / 4,7 / 0,4
6 So ●	2 53 / 10 10 / 15 19 / 22 25	4,8 / 0,4 / 4,7 / 0,4	21 Mo	2 22 / 9 45 / 14 54 / 22 07	4,8 / 0,4 / 4,8 / 0,4
7 Mo	3 30 / 10 46 / 15 54 / 22 58	4,8 / 0,4 / 4,6 / 0,4	22 Di	3 14 / 10 40 / 15 48 / 23 00	5,0 / 0,4 / 4,8 / 0,4
8 Di	4 03 / 11 20 / 16 28 / 23 30	4,8 / 0,4 / 4,6 / 0,5	23 Mi	4 03 / 11 34 / 16 41 / 23 52	5,1 / 0,3 / 4,8 / 0,4
9 Mi	4 35 / 11 53 / 17 00	4,9 / 0,4 / 4,6	24 Do	4 54 / 12 27 / 17 32	5,2 / 0,3 / 4,8
10 Do	0 00 / 5 06 / 12 25 / 17 30	0,5 / 4,9 / 0,4 / 4,5	25 Fr	0 40 / 5 42 / 13 15 / 18 19	0,4 / 5,2 / 0,3 / 4,7
11 Fr	0 29 / 5 37 / 12 56 / 18 00	0,5 / 4,8 / 0,5 / 4,4	26 Sa	1 22 / 6 28 / 13 56 / 19 03	0,4 / 5,1 / 0,4 / 4,6
12 Sa	0 58 / 6 11 / 13 29 / 18 34	0,6 / 4,8 / 0,5 / 4,4	27 So ☾	2 03 / 7 12 / 14 36 / 19 46	0,4 / 5,0 / 0,4 / 4,5
13 So	1 32 / 6 46 / 14 04 / 19 10	0,6 / 4,7 / 0,6 / 4,4	28 Mo	2 44 / 7 56 / 15 16 / 20 28	0,5 / 4,9 / 0,5 / 4,4
14 Mo ☽	2 07 / 7 21 / 14 38 / 19 49	0,7 / 4,7 / 0,6 / 4,4	29 Di	3 25 / 8 42 / 15 59 / 21 15	0,6 / 4,7 / 0,5 / 4,3
15 Di	2 45 / 8 02 / 15 19 / 20 39	0,7 / 4,6 / 0,6 / 4,3	30 Mi	4 15 / 9 39 / 16 54 / 22 17	0,6 / 4,6 / 0,6 / 4,3
			31 Do	5 24 / 10 53 / 18 08 / 23 33	0,7 / 4,5 / 0,7 / 4,4

Februar

Tag	Zeit	Höhe	Tag	Zeit	Höhe
1 Fr	6 47 / 12 15 / 19 27	0,7 / 4,6 / 0,7	16 Sa	5 24 / 10 56 / 18 12 / 23 38	0,6 / 4,3 / 0,6 / 4,4
2 Sa	0 47 / 8 06 / 13 26 / 20 34	4,6 / 0,6 / 4,6 / 0,6	17 So	7 01 / 12 26 / 19 40	0,5 / 4,4 / 0,5
3 So	1 46 / 9 07 / 14 20 / 21 25	4,7 / 0,5 / 4,6 / 0,5	18 Mo	1 00 / 8 26 / 13 43 / 20 55	4,6 / 0,4 / 4,6 / 0,4
4 Mo ●	2 32 / 9 52 / 15 01 / 22 07	4,8 / 0,5 / 4,6 / 0,5	19 Di	2 07 / 9 35 / 14 47 / 21 58	4,8 / 0,3 / 4,7 / 0,4
5 Di	3 11 / 10 29 / 15 37 / 22 43	4,8 / 0,4 / 4,7 / 0,5	20 Mi	3 03 / 10 33 / 15 42 / 22 52	5,0 / 0,3 / 4,8 / 0,4
6 Mi	3 46 / 11 05 / 16 10 / 23 16	4,9 / 0,4 / 4,7 / 0,4	21 Do	3 53 / 11 24 / 16 31 / 23 42	5,1 / 0,3 / 4,9 / 0,3
7 Do	4 18 / 11 38 / 16 42 / 23 47	4,9 / 0,4 / 4,6 / 0,4	22 Fr	4 42 / 12 14 / 17 18	5,2 / 0,3 / 4,8
8 Fr	4 49 / 12 09 / 17 13	4,9 / 0,4 / 4,6	23 Sa	0 27 / 5 29 / 12 59 / 18 02	0,3 / 5,2 / 0,3 / 4,8
9 Sa	0 16 / 5 20 / 12 39 / 17 43	0,4 / 4,8 / 0,4 / 4,6	24 So	1 08 / 6 13 / 13 38 / 18 42	0,3 / 5,1 / 0,3 / 4,7
10 So	0 46 / 5 54 / 13 12 / 18 17	0,4 / 4,8 / 0,5 / 4,6	25 Mo	1 45 / 6 54 / 14 12 / 19 18	0,3 / 5,0 / 0,4 / 4,6
11 Mo	1 20 / 6 29 / 13 46 / 18 50	0,5 / 4,8 / 0,5 / 4,6	26 Di ☾	2 20 / 7 31 / 14 42 / 19 51	0,4 / 4,8 / 0,4 / 4,5
12 Di ☽	1 52 / 6 59 / 14 13 / 19 18	0,5 / 4,8 / 0,5 / 4,5	27 Mi	2 52 / 8 07 / 15 13 / 20 28	0,4 / 4,6 / 0,5 / 4,3
13 Mi	2 18 / 7 27 / 14 38 / 19 51	0,5 / 4,6 / 0,6 / 4,4	28 Do	3 31 / 8 56 / 15 59 / 21 25	0,5 / 4,4 / 0,6 / 4,2
14 Do	2 52 / 8 12 / 15 23 / 20 47	0,6 / 4,5 / 0,6			
15 Fr	3 54 / 9 25 / 16 39 / 22 09	0,6 / 4,3 / 0,6 / 4,3			

März

Tag	Zeit	Höhe	Tag	Zeit	Höhe
1 Fr	4 34 / 10 09 / 17 12 / 22 46	0,6 / 4,3 / 0,7 / 4,3	16 Sa	3 24 / 9 00 / 16 04 / 21 40	0,5 / 4,2 / 0,6 / 4,3
2 Sa	6 02 / 11 39 / 18 43 / 23 17	0,6 / 4,3 / 0,7 / 4,5	17 So	4 57 / 10 37 / 17 45	0,5 / 4,3 / 0,6
3 So	0 13 / 7 33 / 13 01 / 20 04	4,5 / 0,6 / 4,4 / 0,6	18 Mo	6 42 / 12 13 / 19 22	0,4 / 4,4 / 0,5
4 Mo ●	1 22 / 8 43 / 14 00 / 21 01	4,6 / 0,5 / 4,5 / 0,5	19 Di	0 44 / 8 12 / 13 34 / 20 41	4,7 / 0,3 / 4,6 / 0,4
5 Di	2 11 / 9 31 / 14 42 / 21 44	4,8 / 0,4 / 4,6 / 0,5	20 Mi	1 53 / 9 23 / 14 38 / 21 44	4,8 / 0,2 / 4,7 / 0,3
6 Mi	2 50 / 10 08 / 15 17 / 22 22	4,8 / 0,4 / 4,6 / 0,4	21 Do	2 50 / 10 19 / 15 31 / 22 37	5,0 / 0,2 / 4,8 / 0,3
7 Do	3 26 / 10 44 / 15 51 / 22 58	4,8 / 0,4 / 4,7 / 0,4	22 Fr	3 40 / 11 08 / 16 17 / 23 25	5,1 / 0,2 / 4,9 / 0,2
8 Fr	4 00 / 11 17 / 16 24 / 23 30	4,8 / 0,3 / 4,7 / 0,3	23 Sa	4 27 / 11 53 / 16 59	5,1 / 0,2 / 4,9
9 Sa	4 32 / 11 48 / 16 56	4,8 / 0,3 / 4,6	24 So	0 08 / 5 12 / 12 35 / 17 38	0,2 / 5,1 / 0,2 / 4,8
10 So	0 00 / 5 03 / 12 18 / 17 27	0,3 / 4,8 / 0,3 / 4,6	25 Mo	0 46 / 5 54 / 13 11 / 18 15	0,2 / 5,0 / 0,3 / 4,7
11 Mo	0 31 / 5 37 / 12 51 / 17 59	0,3 / 4,8 / 0,3 / 4,7	26 Di	1 21 / 6 31 / 13 41 / 18 48	0,2 / 4,9 / 0,3 / 4,5
12 Di	1 04 / 6 11 / 13 24 / 18 30	0,4 / 4,8 / 0,4 / 4,7	27 Mi	1 53 / 7 05 / 14 06 / 19 18	0,3 / 4,6 / 0,4 / 4,5
13 Mi	1 34 / 6 41 / 13 49 / 18 55	0,4 / 4,8 / 0,4 / 4,6	28 Do ☾	2 22 / 7 39 / 14 32 / 19 52	0,3 / 4,4 / 0,5 / 4,4
14 Do ☽	1 58 / 7 07 / 14 10 / 19 23	0,4 / 4,6 / 0,5 / 4,5	29 Fr	2 56 / 8 23 / 15 12 / 20 44	0,4 / 4,2 / 0,6 / 4,3
15 Fr	2 26 / 7 48 / 14 49 / 20 16	0,4 / 4,4 / 0,6 / 4,3	30 Sa	3 52 / 9 25 / 16 21 / 22 02	0,5 / 4,1 / 0,7 / 4,2
			31 So	5 17 / 10 58 / 17 53 / 23 32	0,6 / 4,1 / 0,7 / 4,4

April

Tag	Zeit	Höhe	Tag	Zeit	Höhe
1 Mo	6 51 / 12 26 / 19 22	0,5 / 4,2 / 0,6	16 Di	6 32 / 12 07 / 19 07	0,4 / 4,5 / 0,4
2 Di	0 49 / 8 08 / 13 31 / 20 27	4,6 / 0,4 / 4,4 / 0,5	17 Mi	0 31 / 7 57 / 13 22 / 20 22	4,7 / 0,3 / 4,6 / 0,4
3 Mi	1 42 / 8 59 / 14 15 / 21 12	4,7 / 0,3 / 4,5 / 0,4	18 Do	1 36 / 9 02 / 14 21 / 21 22	4,9 / 0,2 / 4,7 / 0,3
4 Do	2 22 / 9 37 / 14 52 / 21 52	4,8 / 0,3 / 4,6 / 0,4	19 Fr ○	2 32 / 9 57 / 15 13 / 22 16	5,0 / 0,2 / 4,8 / 0,2
5 Fr ●	3 00 / 10 14 / 15 28 / 22 32	4,8 / 0,3 / 4,6 / 0,3	20 Sa	3 24 / 10 46 / 15 58 / 23 04	5,0 / 0,2 / 4,8 / 0,2
6 Sa	3 37 / 10 50 / 16 03 / 23 07	4,8 / 0,3 / 4,7 / 0,3	21 So	4 11 / 11 28 / 16 37 / 23 44	5,0 / 0,2 / 4,9 / 0,2
7 So	4 12 / 11 23 / 16 35 / 23 40	4,8 / 0,2 / 4,7 / 0,2	22 Mo	4 52 / 12 05 / 17 12	5,0 / 0,2 / 4,8
8 Mo	4 45 / 11 54 / 17 06	4,8 / 0,2 / 4,7	23 Di	0 20 / 5 31 / 12 38 / 17 46	0,2 / 4,9 / 0,2 / 4,8
9 Di	0 11 / 5 18 / 12 26 / 17 37	0,3 / 4,8 / 0,3 / 4,7	24 Mi	0 54 / 6 08 / 13 08 / 18 19	0,2 / 4,7 / 0,3 / 4,7
10 Mi	0 43 / 5 52 / 12 59 / 18 08	0,3 / 4,8 / 0,3 / 4,7	25 Do	1 25 / 6 42 / 13 34 / 18 51	0,2 / 4,5 / 0,3 / 4,6
11 Do	1 15 / 6 26 / 13 28 / 18 39	0,3 / 4,7 / 0,4 / 4,7	26 Fr ☾	1 57 / 7 17 / 14 01 / 19 26	0,3 / 4,3 / 0,4 / 4,5
12 Fr ☽	1 46 / 7 02 / 13 56 / 19 15	0,3 / 4,6 / 0,5 / 4,6	27 Sa	2 31 / 7 58 / 14 39 / 20 12	0,4 / 4,1 / 0,6 / 4,4
13 Sa	2 23 / 7 48 / 14 41 / 20 11	0,4 / 4,4 / 0,5 / 4,5	28 So	3 21 / 8 55 / 15 37 / 21 19	0,5 / 4,0 / 0,6 / 4,3
14 So	3 23 / 9 01 / 15 55 / 21 33	0,4 / 4,3 / 0,6 / 4,5	29 Mo	4 32 / 10 12 / 16 58 / 22 42	0,5 / 4,0 / 0,6 / 4,4
15 Mo	4 52 / 10 34 / 17 33 / 23 07	0,4 / 4,3 / 0,5 / 4,6	30 Di	5 58 / 11 36 / 18 26	0,4 / 4,1 / 0,5

● Neumond ☽ erstes Viertel ○ Vollmond ☾ letztes Viertel

UTC+ 1h00min (MEZ)   Höhen sind auf SKN bezogen

Gezeitenvorausberechnungen

Bremen, Oslebshausen 2019

Breite: 53° 07' N, Länge: 8° 43' E

Zeiten (Stunden und Minuten) und Höhen (Meter) der Hoch- und Niedrigwasser

	Mai					Juni					Juli					August			
	Zeit	Höhe		Zeit	Höhe		Zeit	Höhe		Zeit	Höhe		Zeit	Höhe		Zeit	Höhe		Zeit	Höhe
1 Mi	0 01 7 16 12 45 19 38	4,5 0,4 4,3 0,4	**16** Do	0 14 7 36 13 03 19 58	4,8 0,3 4,6 0,4	**1** Sa	1 04 8 12 13 37 20 36	4,7 0,4 4,6 0,4	**16** So	1 53 9 01 14 22 21 27	4,8 0,3 4,7 0,3	**1** Mo	1 15 8 20 13 46 20 49	4,6 0,4 4,6 0,4	**16** Di ○	2 33 9 28 14 49 21 57	4,7 0,4 4,7 0,3	**1** Do ●	2 47 9 47 15 08 22 20	4,7 0,3 4,9 0,3	**16** Fr	3 42 10 33 15 50 22 58	4,6 0,4 4,8 0,4
2 Do	1 01 8 13 13 36 20 30	4,6 0,3 4,4 0,4	**17** Fr	1 16 8 36 13 58 20 56	4,9 0,3 4,7 0,3	**2** So	1 53 9 01 14 23 21 25	4,7 0,4 4,7 0,4	**17** Mo ○	2 47 9 52 15 10 22 17	4,8 0,3 4,8 0,3	**2** Di ●	2 08 9 13 14 35 21 41	4,7 0,4 4,8 0,4	**17** Mi	3 20 10 13 15 32 22 38	4,6 0,4 4,8 0,3	**2** Fr	3 42 10 42 15 58 23 14	4,8 0,3 5,0 0,3	**17** Sa	4 17 11 09 16 25 23 33	4,6 0,4 4,8 0,3
3 Fr	1 47 8 57 14 18 21 16	4,7 0,3 4,6 0,4	**18** Sa ○	2 12 9 30 14 48 21 51	4,9 0,2 4,8 0,3	**3** Mo ●	2 38 9 46 15 04 22 09	4,8 0,3 4,8 0,3	**18** Di	3 35 10 35 15 51 22 57	4,7 0,3 4,8 0,2	**3** Mi	2 59 10 02 15 22 22 31	4,8 0,4 4,9 0,3	**18** Do	3 59 10 52 16 09 23 16	4,6 0,4 4,8 0,3	**3** Sa	4 35 11 34 16 47	4,8 0,3 5,1	**18** So	4 50 11 42 16 57	4,6 0,4 4,8
4 Sa ●	2 29 9 39 14 59 22 00	4,8 0,3 4,7 0,3	**19** So	3 05 10 20 15 34 22 40	4,9 0,2 4,8 0,2	**4** Di	3 20 10 26 15 42 22 49	4,8 0,3 4,8 0,3	**19** Mi	4 15 11 10 16 27 23 33	4,7 0,3 4,8 0,3	**4** Do	3 49 10 51 16 08 23 21	4,8 0,4 5,0 0,3	**19** Fr	4 36 11 26 16 44 23 52	4,6 0,4 4,9 0,3	**4** So	0 06 5 26 12 22 17 35	0,2 4,8 0,3 5,1	**19** Mo	0 04 5 20 12 11 17 27	0,3 4,5 0,4 4,8
5 So	3 10 10 19 15 36 22 40	4,8 0,3 4,7 0,3	**20** Mo	3 53 11 02 16 13 23 20	4,9 0,2 4,8 0,2	**5** Mi	4 02 11 06 16 21 23 31	4,8 0,3 4,9 0,3	**20** Do	4 52 11 43 17 01	4,6 0,3 4,9	**5** Fr	4 41 11 40 16 55	4,8 0,3 5,0	**20** Sa	5 10 11 59 17 17	4,6 0,4 4,9	**5** Mo	0 54 6 13 13 06 18 21	0,2 4,7 0,3 5,0	**20** Di	0 33 5 49 12 39 17 58	0,4 4,5 0,4 4,8
6 Mo	3 47 10 55 16 09 23 14	4,8 0,3 4,8 0,3	**21** Di	4 33 11 35 16 47 23 55	4,8 0,2 4,8 0,2	**6** Do	4 47 11 47 17 02	4,8 0,3 4,9	**21** Fr	0 08 5 28 12 16 17 35	0,3 4,6 0,4 4,9	**6** Sa	0 13 5 31 12 28 17 42	0,3 4,8 0,4 5,0	**21** So	0 26 5 42 12 30 17 49	0,4 4,5 0,4 4,9	**6** Di	1 37 6 57 13 47 19 08	0,3 4,6 0,3 5,0	**21** Mi	1 03 6 20 13 11 18 33	0,4 4,5 0,5 4,7
7 Di	4 23 11 28 16 42 23 49	4,8 0,3 4,8 0,3	**22** Mi	5 10 12 06 17 21	4,7 0,3 4,8	**7** Fr	0 16 5 32 12 30 17 45	0,3 4,7 0,4 4,9	**22** Sa	0 44 6 02 12 48 18 09	0,3 4,5 0,4 4,9	**7** So	1 01 6 20 13 13 18 30	0,3 4,7 0,4 5,0	**22** Mo	0 57 6 12 13 00 18 22	0,4 4,5 0,5 4,8	**7** Mi ☽	2 20 7 43 14 31 19 55	0,3 4,5 0,4 4,9	**22** Do	1 36 6 53 13 44 19 04	0,5 4,5 0,5 4,7
8 Mi	5 00 12 03 17 16	4,8 0,3 4,8	**23** Do	0 28 5 46 12 38 17 55	0,2 4,6 0,3 4,8	**8** Sa	1 00 6 19 13 13 18 32	0,3 4,7 0,4 4,9	**23** So	1 18 6 36 13 20 18 45	0,4 4,4 0,5 4,8	**8** Mo	1 48 7 10 14 00 19 22	0,3 4,6 0,4 5,0	**23** Di	1 30 6 46 13 33 18 59	0,5 4,4 0,5 4,8	**8** Do	3 04 8 27 15 14 20 42	0,4 4,5 0,5 4,8	**23** Fr ☾	2 06 7 23 14 11 19 31	0,5 4,5 0,5 4,6
9 Do	0 25 5 38 12 38 17 52	0,3 4,7 0,3 4,8	**24** Fr	1 02 6 22 13 08 18 29	0,2 4,4 0,4 4,7	**9** So	1 48 7 12 14 01 19 25	0,4 4,6 0,5 4,9	**24** Mo	1 54 7 12 13 54 19 23	0,4 4,3 0,6 4,7	**9** Di ☽	2 38 8 05 14 50 20 17	0,4 4,6 0,5 5,0	**24** Mi	2 06 7 23 14 09 19 34	0,5 4,4 0,6 4,7	**9** Fr	3 47 9 12 16 01 21 35	0,5 4,4 0,5 4,6	**24** Sa	2 30 7 53 14 40 20 09	0,5 4,3 0,6 4,4
10 Fr	1 02 6 19 13 15 18 32	0,3 4,6 0,4 4,8	**25** Sa	1 36 6 57 13 39 19 06	0,3 4,3 0,5 4,7	**10** Mo ☽	2 42 8 11 14 57 20 25	0,4 4,5 0,5 4,9	**25** Di ☾	2 32 7 52 14 33 20 04	0,5 4,3 0,6 4,6	**10** Mi	3 32 8 59 15 43 21 13	0,4 4,5 0,5 4,9	**25** Do ☾	2 39 8 00 14 44 20 10	0,5 4,4 0,6 4,6	**10** Sa	4 37 10 09 17 02 22 44	0,6 4,3 0,6 4,5	**25** So	3 06 8 40 15 32 21 14	0,6 4,2 0,6 4,2
11 Sa	1 44 7 06 13 57 19 20	0,3 4,6 0,5 4,8	**26** So ☾	2 13 7 36 14 15 19 47	0,4 4,2 0,6 4,6	**11** Di	3 43 9 15 15 59 21 31	0,4 4,5 0,5 4,9	**26** Mi	3 13 8 39 15 20 20 54	0,5 4,2 0,6 4,5	**11** Do	4 26 9 55 16 39 22 13	0,4 4,4 0,5 4,8	**26** Fr	3 13 8 41 15 26 20 59	0,5 4,3 0,6 4,5	**11** So	5 44 11 22 18 22	0,6 4,4 0,6	**26** Mo	4 11 9 55 16 55 22 42	0,6 4,2 0,6 4,2
12 So ☽	2 34 8 02 14 49 20 19	0,4 4,5 0,5 4,7	**27** Mo	2 56 8 23 15 02 20 39	0,5 4,1 0,6 4,5	**12** Mi	4 49 10 23 17 08 22 42	0,4 4,5 0,5 4,8	**27** Do	4 03 9 36 16 21 21 58	0,5 4,2 0,6 4,5	**12** Fr	5 24 10 56 17 45 23 21	0,5 4,4 0,5 4,7	**27** Sa	4 01 9 38 16 28 22 07	0,6 4,2 0,6 4,4	**12** Mo	0 06 7 03 12 39 19 45	4,5 0,6 4,5 0,5	**27** Di	5 41 11 24 18 31	0,6 4,3 0,5
13 Mo	3 36 9 12 16 00 21 35	0,4 4,4 0,6 4,7	**28** Di	3 50 9 24 16 05 21 47	0,5 4,1 0,6 4,4	**13** Do	5 59 11 33 18 21 23 52	0,4 4,5 0,5 4,8	**28** Fr	5 05 10 43 17 33 23 09	0,5 4,3 0,6 4,5	**13** Sa	6 30 12 03 18 58	0,5 4,5 0,5	**28** So	5 10 10 49 17 46 23 25	0,6 4,3 0,6 4,4	**13** Di	1 22 8 15 13 44 20 53	4,5 0,5 4,6 0,4	**28** Mi	0 13 7 12 12 48 19 59	4,3 0,5 4,4 0,3
14 Di	4 55 10 34 17 25 22 58	0,4 4,4 0,5 4,7	**29** Mi	4 59 10 36 17 22 23 01	0,5 4,1 0,6 4,5	**14** Fr	7 07 12 36 19 30	0,4 4,6 0,4	**29** Sa	6 14 11 50 18 46	0,5 4,4 0,5	**14** So	0 32 7 37 13 06 20 08	4,7 0,5 4,6 0,5	**29** Mo	6 28 12 03 19 07	0,6 4,4 0,5	**14** Mi	2 21 9 11 14 32 21 41	4,5 0,5 4,7 0,4	**29** Do	1 32 8 30 13 57 21 11	4,4 0,4 4,7 0,3
15 Mi	6 21 11 55 18 48	0,3 4,5 0,4	**30** Do	6 12 11 47 18 38	0,4 4,2 0,5	**15** Sa	0 55 8 07 13 31 20 31	4,9 0,4 4,7 0,4	**30** So	0 15 7 21 12 51 19 51	4,6 0,4 4,5 0,5	**15** Mo	1 37 8 37 14 00 21 08	4,7 0,4 4,7 0,4	**30** Di	0 40 7 41 13 13 20 19	4,5 0,4 4,5 0,4	**15** Do ○	3 05 9 54 15 13 22 21	4,5 0,4 4,8 0,3	**30** Fr ●	2 37 9 29 14 54 22 10	4,6 0,3 4,8 0,2
			31 Fr	0 09 7 17 12 47 19 41	4,6 0,4 4,4 0,5							**31** Mi	1 47 8 48 14 14 21 23	4,6 0,4 4,7 0,3				**31** Sa	3 33 10 31 15 45 23 02	4,7 0,3 5,0 0,2			

● Neumond ☽ erstes Viertel ○ Vollmond ☾ letztes Viertel

UTC+ 1h00min (MEZ) **Höhen sind auf SKN bezogen**

Bremen, Oslebshausen 2019

Breite: 53° 07' N, Länge: 8° 43' E

Zeiten (Stunden und Minuten) und Höhen (Meter) der Hoch- und Niedrigwasser

September

Tag	Zeit	Höhe	Tag	Zeit	Höhe
1 So	4 23 / 11 21 / 16 32 / 23 51	4,8 / 0,3 / 5,0 / 0,2	16 Mo	4 25 / 11 19 / 16 33 / 23 37	4,5 / 0,3 / 4,7 / 0,3
2 Mo	5 10 / 12 07 / 17 19	4,8 / 0,2 / 5,0	17 Di	4 55 / 11 49 / 17 03	4,6 / 0,3 / 4,7
3 Di	0 36 / 5 53 / 12 49 / 18 03	0,2 / 4,7 / 0,2 / 5,0	18 Mi	0 05 / 5 22 / 12 16 / 17 32	0,3 / 4,6 / 0,3 / 4,7
4 Mi	1 17 / 6 33 / 13 27 / 18 45	0,2 / 4,6 / 0,3 / 4,9	19 Do	0 33 / 5 50 / 12 45 / 18 03	0,4 / 4,6 / 0,4 / 4,7
5 Do	1 52 / 7 11 / 14 03 / 19 25	0,3 / 4,5 / 0,3 / 4,7	20 Fr	1 03 / 6 19 / 13 14 / 18 32	0,4 / 4,6 / 0,4 / 4,6
6 Fr)	2 26 / 7 47 / 14 39 / 20 05	0,4 / 4,4 / 0,4 / 4,6	21 Sa	1 30 / 6 45 / 13 40 / 18 59	0,5 / 4,5 / 0,4 / 4,5
7 Sa	3 00 / 8 25 / 15 19 / 20 53	0,5 / 4,3 / 0,5 / 4,4	22 So (	1 52 / 7 13 / 14 07 / 19 35	0,5 / 4,4 / 0,5 / 4,3
8 So	3 44 / 9 19 / 16 17 / 22 02	0,6 / 4,2 / 0,6 / 4,2	23 Mo	2 26 / 7 59 / 14 57 / 20 40	0,6 / 4,2 / 0,6 / 4,1
9 Mo	4 53 / 10 37 / 17 42 / 23 32	0,7 / 4,2 / 0,6 / 4,2	24 Di	3 32 / 9 17 / 16 22 / 22 13	0,7 / 4,2 / 0,6 / 4,1
10 Di	6 23 / 12 06 / 19 17	0,7 / 4,4 / 0,6	25 Mi	5 09 / 10 54 / 18 08 / 23 53	0,6 / 4,3 / 0,5 / 4,2
11 Mi	0 59 / 7 49 / 13 22 / 20 33	4,3 / 0,6 / 4,6 / 0,5	26 Do	6 50 / 12 25 / 19 43	0,5 / 4,5 / 0,3
12 Do	2 04 / 8 51 / 14 13 / 21 23	4,4 / 0,5 / 4,7 / 0,4	27 Fr	1 17 / 8 13 / 13 37 / 20 56	4,4 / 0,4 / 4,7 / 0,3
13 Fr	2 45 / 9 32 / 14 50 / 21 58	4,5 / 0,5 / 4,7 / 0,3	28 Sa ●	2 23 / 9 18 / 14 34 / 21 54	4,5 / 0,4 / 4,8 / 0,2
14 Sa ○	3 18 / 10 09 / 15 25 / 22 32	4,5 / 0,4 / 4,7 / 0,3	29 So	3 16 / 10 15 / 15 25 / 22 44	4,7 / 0,3 / 4,9 / 0,2
15 So	3 52 / 10 45 / 16 00 / 23 06	4,5 / 0,4 / 4,7 / 0,3	30 Mo	4 02 / 11 01 / 16 11 / 23 28	4,7 / 0,2 / 5,0 / 0,2

Oktober

Tag	Zeit	Höhe	Tag	Zeit	Höhe
1 Di	4 44 / 11 45 / 16 56	4,8 / 0,2 / 5,0	16 Mi	4 24 / 11 23 / 16 33 / 23 35	4,6 / 0,3 / 4,7 / 0,3
2 Mi	0 10 / 5 24 / 12 25 / 17 38	0,2 / 4,7 / 0,2 / 4,9	17 Do	4 51 / 11 51 / 17 02	4,6 / 0,3 / 4,7
3 Do	0 48 / 6 01 / 13 01 / 18 17	0,3 / 4,7 / 0,3 / 4,7	18 Fr	0 03 / 5 18 / 12 19 / 17 32	0,4 / 4,6 / 0,4 / 4,6
4 Fr	1 19 / 6 34 / 13 34 / 18 53	0,3 / 4,6 / 0,3 / 4,5	19 Sa	0 31 / 5 45 / 12 47 / 18 03	0,4 / 4,6 / 0,4 / 4,6
5 Sa)	1 47 / 7 07 / 14 06 / 19 30	0,4 / 4,6 / 0,4 / 4,3	20 So	0 59 / 6 14 / 13 17 / 18 37	0,5 / 4,6 / 0,4 / 4,4
6 So	2 16 / 7 42 / 14 42 / 20 15	0,5 / 4,6 / 0,5 / 4,1	21 Mo (	1 28 / 6 46 / 13 53 / 19 20	0,6 / 4,5 / 0,5 / 4,3
7 Mo	2 57 / 8 33 / 15 37 / 21 19	0,7 / 4,2 / 0,6 / 4,0	22 Di	2 09 / 7 39 / 14 47 / 20 25	0,6 / 4,4 / 0,6 / 4,1
8 Di	4 02 / 9 47 / 16 58 / 22 46	0,8 / 4,2 / 0,7 / 4,0	23 Mi	3 16 / 8 55 / 16 10 / 21 55	0,7 / 4,4 / 0,6 / 4,1
9 Mi	5 33 / 11 19 / 18 34	0,8 / 4,3 / 0,6	24 Do	4 50 / 10 30 / 17 51 / 23 32	0,7 / 4,4 / 0,5 / 4,3
10 Do	0 17 / 7 06 / 12 42 / 19 57	4,1 / 0,7 / 4,5 / 0,5	25 Fr	6 28 / 11 59 / 19 23	0,6 / 4,6 / 0,4
11 Fr	1 28 / 8 16 / 13 39 / 20 51	4,3 / 0,6 / 4,6 / 0,4	26 Sa	0 54 / 7 50 / 13 10 / 20 34	4,4 / 0,5 / 4,7 / 0,3
12 Sa	2 12 / 9 00 / 14 17 / 21 26	4,4 / 0,5 / 4,7 / 0,4	27 So	1 57 / 8 53 / 14 07 / 21 30	4,6 / 0,4 / 4,9 / 0,3
13 So ○	2 46 / 9 37 / 14 52 / 21 59	4,4 / 0,4 / 4,7 / 0,3	28 Mo ●	2 49 / 9 48 / 14 59 / 22 20	4,7 / 0,3 / 4,9 / 0,2
14 Mo	3 19 / 10 15 / 15 28 / 22 34	4,5 / 0,4 / 4,7 / 0,3	29 Di	3 34 / 10 37 / 15 46 / 23 03	4,7 / 0,3 / 4,9 / 0,2
15 Di	3 53 / 10 52 / 16 02 / 23 06	4,6 / 0,3 / 4,7 / 0,3	30 Mi	4 13 / 11 20 / 16 29 / 23 40	4,8 / 0,3 / 4,9 / 0,3
31 Do	4 49 / 11 57 / 17 09	4,8 / 0,3 / 4,8			

November

Tag	Zeit	Höhe	Tag	Zeit	Höhe
1 Fr	0 14 / 5 25 / 12 33 / 17 47	0,3 / 4,7 / 0,3 / 4,6	16 Sa	4 49 / 11 59 / 17 09	4,7 / 0,4 / 4,6
2 Sa	0 46 / 5 59 / 13 06 / 18 24	0,3 / 4,6 / 0,3 / 4,4	17 So	0 09 / 5 21 / 12 33 / 17 45	0,5 / 4,7 / 0,4 / 4,6
3 So	1 14 / 6 33 / 13 39 / 19 00	0,4 / 4,6 / 0,4 / 4,2	18 Mo	0 43 / 5 56 / 13 10 / 18 27	0,5 / 4,7 / 0,5 / 4,5
4 Mo)	1 43 / 7 08 / 14 16 / 19 41	0,5 / 4,5 / 0,5 / 4,1	19 Di	1 21 / 6 38 / 13 55 / 19 18	0,6 / 4,7 / 0,5 / 4,4
5 Di	2 21 / 7 53 / 15 03 / 20 35	0,7 / 4,4 / 0,6 / 4,0	20 Mi	2 09 / 7 32 / 14 52 / 20 21	0,7 / 4,7 / 0,6 / 4,3
6 Mi	3 17 / 8 56 / 16 11 / 21 48	0,8 / 4,3 / 0,7 / 4,0	21 Do	3 13 / 8 42 / 16 05 / 21 39	0,7 / 4,6 / 0,6 / 4,3
7 Do	4 34 / 10 16 / 17 35 / 23 12	0,8 / 4,3 / 0,6 / 4,1	22 Fr	4 34 / 10 05 / 17 31 / 23 04	0,7 / 4,6 / 0,5 / 4,4
8 Fr	6 03 / 11 39 / 18 57	0,7 / 4,4 / 0,6	23 Sa	6 01 / 11 27 / 18 54	0,6 / 4,7 / 0,5
9 Sa	0 28 / 7 21 / 12 46 / 19 59	4,2 / 0,6 / 4,6 / 0,5	24 So	0 20 / 7 19 / 12 37 / 20 03	4,5 / 0,6 / 4,8 / 0,4
10 So	1 22 / 8 16 / 13 33 / 20 43	4,3 / 0,6 / 4,6 / 0,5	25 Mo	1 22 / 8 24 / 13 37 / 21 01	4,6 / 0,5 / 4,9 / 0,4
11 Mo	2 03 / 9 00 / 14 12 / 21 22	4,5 / 0,5 / 4,6 / 0,4	26 Di	2 14 / 9 21 / 14 31 / 21 52	4,7 / 0,4 / 4,9 / 0,4
12 Di ○	2 40 / 9 41 / 14 50 / 21 59	4,5 / 0,5 / 4,6 / 0,4	27 Mi	3 01 / 10 12 / 15 20 / 22 36	4,7 / 0,4 / 4,9 / 0,3
13 Mi	3 15 / 10 20 / 15 26 / 22 34	4,6 / 0,4 / 4,7 / 0,4	28 Do	3 41 / 10 55 / 16 03 / 23 11	4,8 / 0,3 / 4,8 / 0,3
14 Do	3 47 / 10 54 / 16 00 / 23 05	4,7 / 0,4 / 4,7 / 0,4	29 Fr	4 17 / 11 32 / 16 42 / 23 45	4,8 / 0,3 / 4,7 / 0,4
15 Fr	4 18 / 11 26 / 16 34 / 23 37	4,7 / 0,4 / 4,7 / 0,4	30 Sa	4 53 / 12 08 / 17 21	4,8 / 0,3 / 4,6

Dezember

Tag	Zeit	Höhe	Tag	Zeit	Höhe
1 So	0 19 / 5 29 / 12 45 / 17 59	0,4 / 4,8 / 0,4 / 4,4	16 Mo	0 02 / 5 09 / 12 33 / 17 40	0,5 / 4,9 / 0,5 / 4,7
2 Mo	0 51 / 6 05 / 13 20 / 18 34	0,5 / 4,7 / 0,4 / 4,3	17 Di	0 42 / 5 50 / 13 14 / 18 26	0,5 / 4,9 / 0,5 / 4,6
3 Di	1 21 / 6 41 / 13 56 / 19 10	0,5 / 4,7 / 0,5 / 4,2	18 Mi	1 25 / 6 36 / 14 01 / 19 18	0,6 / 4,9 / 0,5 / 4,5
4 Mi)	1 55 / 7 20 / 14 36 / 19 53	0,6 / 4,6 / 0,6 / 4,1	19 Do (	2 14 / 7 29 / 14 56 / 20 15	0,6 / 4,9 / 0,5 / 4,4
5 Do	2 38 / 8 07 / 15 25 / 20 47	0,7 / 4,5 / 0,7 / 4,0	20 Fr	3 09 / 8 29 / 15 56 / 21 18	0,7 / 4,8 / 0,5 / 4,4
6 Fr	3 36 / 9 08 / 16 28 / 21 56	0,8 / 4,4 / 0,7 / 4,1	21 Sa	4 13 / 9 36 / 17 03 / 22 28	0,7 / 4,8 / 0,5 / 4,4
7 Sa	4 50 / 10 22 / 17 41 / 23 11	0,8 / 4,4 / 0,7 / 4,2	22 So	5 26 / 10 49 / 18 16 / 23 38	0,7 / 4,8 / 0,6 / 4,5
8 So	6 10 / 11 35 / 18 52	0,7 / 4,5 / 0,6	23 Mo	6 42 / 12 01 / 19 27	0,6 / 4,8 / 0,6
9 Mo	0 17 / 7 20 / 12 36 / 19 51	4,4 / 0,7 / 4,6 / 0,6	24 Di	0 43 / 7 53 / 13 08 / 20 30	4,6 / 0,6 / 4,8 / 0,5
10 Di	1 10 / 8 16 / 13 27 / 20 40	4,5 / 0,6 / 4,6 / 0,6	25 Mi	1 41 / 8 56 / 14 07 / 21 25	4,7 / 0,5 / 4,8 / 0,5
11 Mi	1 55 / 9 04 / 14 11 / 21 24	4,6 / 0,5 / 4,7 / 0,5	26 Do ●	2 32 / 9 50 / 14 59 / 22 12	4,8 / 0,4 / 4,8 / 0,4
12 Do ○	2 35 / 9 47 / 14 51 / 22 03	4,7 / 0,5 / 4,7 / 0,5	27 Fr	3 16 / 10 34 / 15 43 / 22 50	4,8 / 0,4 / 4,7 / 0,4
13 Fr	3 12 / 10 27 / 15 31 / 22 41	4,8 / 0,5 / 4,7 / 0,5	28 Sa	3 53 / 11 12 / 16 22 / 23 25	4,8 / 0,4 / 4,7 / 0,5
14 Sa	3 50 / 11 08 / 16 13 / 23 21	4,9 / 0,5 / 4,7 / 0,5	29 So	4 30 / 11 50 / 17 00	4,9 / 0,4 / 4,6
15 So	4 29 / 11 51 / 16 56	4,9 / 0,5 / 4,7	30 Mo	0 00 / 5 07 / 12 29 / 17 37	0,5 / 4,9 / 0,4 / 4,5
31 Di	0 35 / 5 42 / 13 04 / 18 10	0,5 / 4,9 / 0,4 / 4,4			

● Neumond   ) erstes Viertel   ○ Vollmond   (letztes Viertel

UTC+ 1h00min (MEZ)   Höhen sind auf SKN bezogen

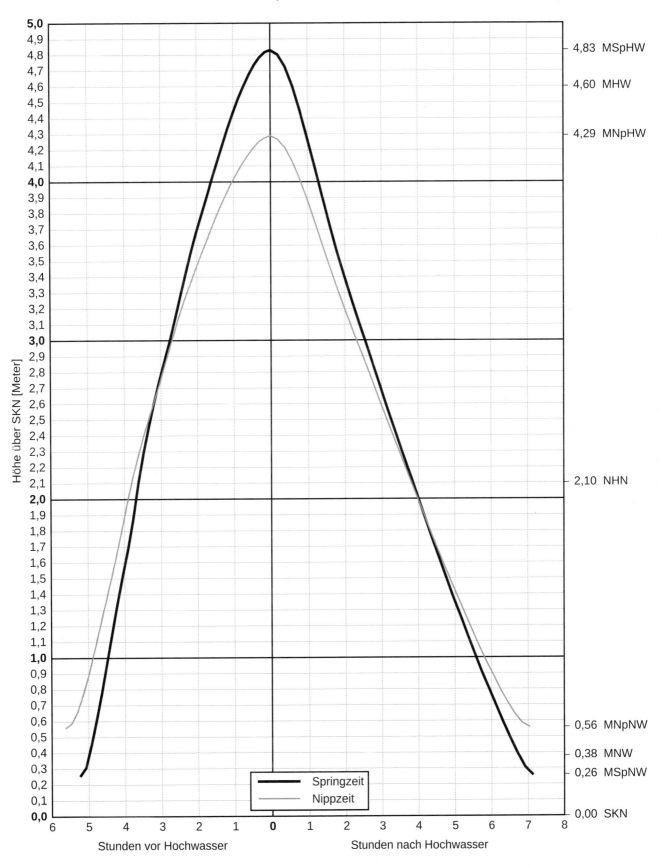

Wilhelmshaven, Alter Vorhafen
Breite: 53°31'N, Länge: 8°09'E

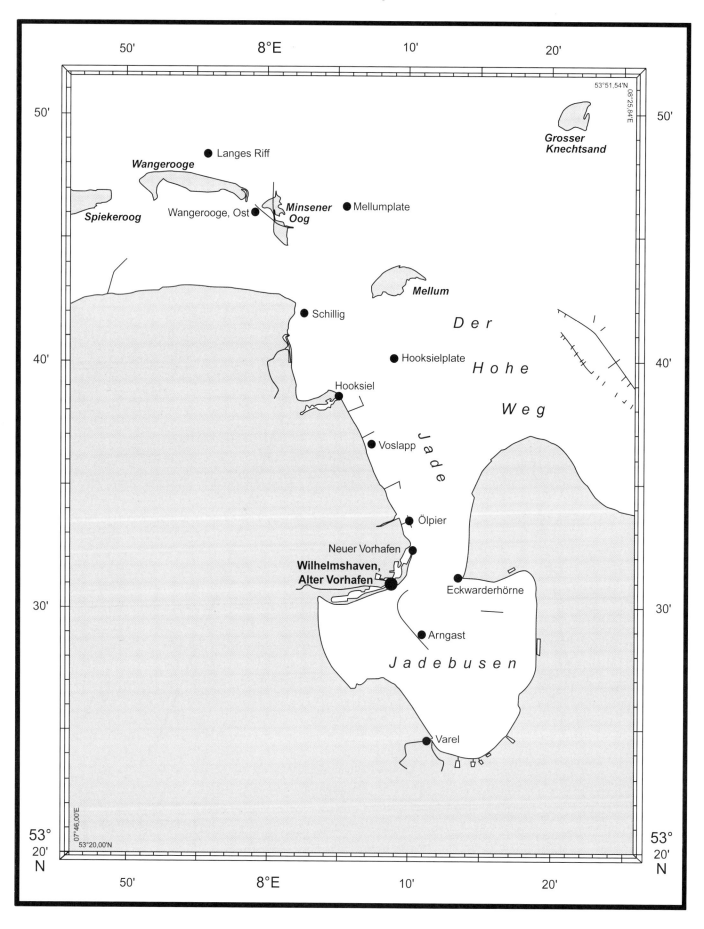

Gezeitenvorausberechnungen

Wilhelmshaven, Alter Vorhafen 2019

Breite: 53° 31' N, Länge: 8° 09' E

Zeiten (Stunden und Minuten) und Höhen (Meter) der Hoch- und Niedrigwasser

Januar

Tag	Zeit	Höhe	Tag	Zeit	Höhe
1 Di	2 00 / 8 30 / 14 47 / 21 15	1,1 / 4,6 / 0,9 / 4,3	16 Mi	0 44 / 7 11 / 13 22 / 19 54	1,2 / 4,4 / 1,1 / 4,2
2 Mi	3 13 / 9 42 / 15 59 / 22 21	1,1 / 4,6 / 1,0 / 4,4	17 Do	1 57 / 8 26 / 14 38 / 21 08	1,2 / 4,4 / 1,1 / 4,3
3 Do	4 25 / 10 48 / 17 02 / 23 18	1,0 / 4,6 / 0,9 / 4,5	18 Fr	3 17 / 9 42 / 15 53 / 22 20	1,0 / 4,4 / 1,0 / 4,4
4 Fr	5 28 / 11 45 / 17 55	0,9 / 4,6 / 0,9	19 Sa	4 30 / 10 51 / 17 01 / 23 24	0,8 / 4,5 / 0,8 / 4,5
5 Sa	0 06 / 6 19 / 12 34 / 18 40	4,6 / 0,8 / 4,6 / 0,8	20 So	5 36 / 11 53 / 18 02	0,6 / 4,5 / 0,6
6 So ●	0 49 / 7 02 / 13 15 / 19 18	4,6 / 0,6 / 4,5 / 0,7	21 Mo	0 21 / 6 35 / 12 50 / 18 59	4,7 / 0,5 / 4,6 / 0,6
7 Mo	1 26 / 7 38 / 13 50 / 19 52	4,7 / 0,6 / 4,5 / 0,7	22 Di	1 11 / 7 31 / 13 45 / 19 54	4,8 / 0,5 / 4,7 / 0,6
8 Di	1 59 / 8 13 / 14 24 / 20 25	4,7 / 0,6 / 4,5 / 0,7	23 Mi	2 01 / 8 25 / 14 38 / 20 46	4,9 / 0,4 / 4,7 / 0,5
9 Mi	2 31 / 8 48 / 14 56 / 20 57	4,8 / 0,6 / 4,5 / 0,7	24 Do	2 50 / 9 16 / 15 29 / 21 32	5,0 / 0,4 / 4,6 / 0,5
10 Do	3 03 / 9 22 / 15 27 / 21 27	4,8 / 0,7 / 4,4 / 0,8	25 Fr	3 38 / 10 02 / 16 16 / 22 13	5,0 / 0,3 / 4,5 / 0,5
11 Fr	3 35 / 9 54 / 15 59 / 21 58	4,7 / 0,8 / 4,4 / 0,9	26 Sa	4 23 / 10 43 / 17 00 / 22 52	4,9 / 0,4 / 4,5 / 0,6
12 Sa	4 10 / 10 28 / 16 35 / 22 33	4,7 / 0,8 / 4,3 / 1,0	27 So ☾	5 09 / 11 24 / 17 44 / 23 34	4,9 / 0,5 / 4,4 / 0,7
13 So	4 47 / 11 03 / 17 13 / 23 09	4,6 / 0,9 / 4,3 / 1,0	28 Mo	5 56 / 12 06 / 18 28	4,7 / 0,7 / 4,3
14 Mo ☽	5 25 / 11 37 / 17 54 / 23 49	4,5 / 0,9 / 4,2 / 1,1	29 Di	0 17 / 6 45 / 12 53 / 19 19	0,8 / 4,6 / 0,8 / 4,2
15 Di	6 10 / 12 21 / 18 47	4,4 / 1,0 / 4,2	30 Mi	1 11 / 7 46 / 13 54 / 20 25	1,0 / 4,4 / 1,0 / 4,2
			31 Do	2 24 / 9 02 / 15 12 / 21 41	1,1 / 4,4 / 1,1 / 4,3

Februar

Tag	Zeit	Höhe	Tag	Zeit	Höhe
1 Fr	3 47 / 10 21 / 16 30 / 22 51	1,1 / 4,4 / 1,1 / 4,4	16 Sa	2 27 / 9 05 / 15 13 / 21 46	1,0 / 4,2 / 1,0 / 4,3
2 Sa	5 03 / 11 28 / 17 33 / 23 47	1,0 / 4,5 / 0,9 / 4,5	17 So	3 58 / 10 30 / 16 36 / 23 03	0,8 / 4,3 / 0,8 / 4,5
3 So	6 00 / 12 19 / 18 20	0,8 / 4,5 / 0,8	18 Mo	5 17 / 11 42 / 17 48	0,6 / 4,5 / 0,6
4 Mo ●	0 31 / 6 44 / 13 00 / 19 00	4,6 / 0,7 / 4,5 / 0,7	19 Di ○	0 07 / 6 24 / 12 44 / 18 50	4,7 / 0,4 / 4,6 / 0,5
5 Di	1 09 / 7 22 / 13 35 / 19 36	4,7 / 0,6 / 4,5 / 0,7	20 Mi	1 01 / 7 21 / 13 38 / 19 44	4,8 / 0,3 / 4,6 / 0,4
6 Mi	1 43 / 7 58 / 14 08 / 20 09	4,7 / 0,6 / 4,5 / 0,6	21 Do	1 50 / 8 13 / 14 28 / 20 33	4,9 / 0,3 / 4,7 / 0,4
7 Do	2 15 / 8 32 / 14 40 / 20 40	4,7 / 0,5 / 4,5 / 0,6	22 Fr	2 38 / 9 01 / 15 15 / 21 17	5,0 / 0,2 / 4,6 / 0,3
8 Fr	2 46 / 9 03 / 15 10 / 21 10	4,7 / 0,5 / 4,4 / 0,6	23 Sa	3 25 / 9 46 / 15 59 / 21 57	5,0 / 0,2 / 4,6 / 0,3
9 Sa	3 18 / 9 34 / 15 42 / 21 42	4,7 / 0,6 / 4,4 / 0,7	24 So	4 09 / 10 25 / 16 39 / 22 33	4,9 / 0,3 / 4,5 / 0,4
10 So	3 52 / 10 08 / 16 17 / 22 17	4,7 / 0,7 / 4,4 / 0,7	25 Mo	4 50 / 11 00 / 17 14 / 23 07	4,8 / 0,4 / 4,4 / 0,5
11 Mo	4 28 / 10 41 / 16 50 / 22 48	4,7 / 0,7 / 4,4 / 0,8	26 Di	5 29 / 11 32 / 17 50 / 23 42	4,7 / 0,6 / 4,3 / 0,7
12 Di	4 59 / 11 07 / 17 20 / 23 15	4,6 / 0,7 / 4,4 / 0,8	27 Mi	6 10 / 12 08 / 18 32	4,5 / 0,8 / 4,2
13 Mi	5 31 / 11 36 / 17 57 / 23 53	4,5 / 0,8 / 4,3 / 1,0	28 Do	0 26 / 7 04 / 13 01 / 19 35	0,9 / 4,3 / 1,0 / 4,1
14 Do	6 21 / 12 25 / 18 58	4,3 / 1,0 / 4,2			
15 Fr	0 59 / 7 36 / 13 42 / 20 20	1,1 / 4,2 / 1,1 / 4,2			

März

Tag	Zeit	Höhe	Tag	Zeit	Höhe
1 Fr	1 36 / 8 21 / 14 21 / 20 58	1,0 / 4,1 / 1,2 / 4,2	16 Sa	0 26 / 7 09 / 13 09 / 19 49	0,9 / 4,1 / 1,0 / 4,2
2 Sa	3 06 / 9 50 / 15 51 / 22 21	1,1 / 4,2 / 1,2 / 4,3	17 So	1 59 / 8 45 / 14 48 / 21 24	0,9 / 4,2 / 1,0 / 4,3
3 So	4 34 / 11 07 / 17 06 / 23 25	1,0 / 4,3 / 1,0 / 4,5	18 Mo	3 39 / 10 17 / 16 21 / 22 47	0,7 / 4,3 / 0,8 / 4,5
4 Mo	5 39 / 12 01 / 17 58	0,8 / 4,4 / 0,8	19 Di	5 03 / 11 33 / 17 35 / 23 53	0,5 / 4,4 / 0,6 / 4,7
5 Di	0 10 / 6 23 / 12 41 / 18 38	4,6 / 0,6 / 4,5 / 0,7	20 Mi	6 10 / 12 34 / 18 37	0,3 / 4,6 / 0,5
6 Mi ●	0 47 / 7 00 / 13 16 / 19 14	4,7 / 0,5 / 4,5 / 0,6	21 Do ○	0 48 / 7 07 / 13 26 / 19 30	4,8 / 0,2 / 4,6 / 0,4
7 Do	1 23 / 7 36 / 13 49 / 19 49	4,7 / 0,5 / 4,5 / 0,5	22 Fr	1 36 / 7 56 / 14 12 / 20 16	4,9 / 0,2 / 4,7 / 0,3
8 Fr	1 57 / 8 10 / 14 21 / 20 21	4,7 / 0,4 / 4,5 / 0,4	23 Sa	2 22 / 8 40 / 14 55 / 20 56	4,9 / 0,2 / 4,6 / 0,2
9 Sa	2 28 / 8 40 / 14 52 / 20 52	4,7 / 0,4 / 4,5 / 0,4	24 So	3 07 / 9 22 / 15 35 / 21 34	4,9 / 0,2 / 4,6 / 0,2
10 So	3 00 / 9 12 / 15 23 / 21 25	4,7 / 0,4 / 4,5 / 0,5	25 Mo	3 48 / 9 59 / 16 11 / 22 09	4,8 / 0,3 / 4,5 / 0,3
11 Mo	3 34 / 9 45 / 15 56 / 21 58	4,7 / 0,5 / 4,5 / 0,5	26 Di	4 26 / 10 30 / 16 42 / 22 40	4,7 / 0,4 / 4,5 / 0,4
12 Di	4 07 / 10 17 / 16 26 / 22 28	4,7 / 0,5 / 4,5 / 0,6	27 Mi	5 02 / 10 58 / 17 14 / 23 11	4,5 / 0,6 / 4,4 / 0,5
13 Mi	4 37 / 10 41 / 16 52 / 22 51	4,6 / 0,6 / 4,4 / 0,6	28 Do ☾	5 39 / 11 29 / 17 53 / 23 51	4,3 / 0,8 / 4,3 / 0,7
14 Do ☽	5 07 / 11 05 / 17 25 / 23 23	4,5 / 0,7 / 4,3 / 0,8	29 Fr	6 28 / 12 16 / 18 51	4,1 / 1,0 / 4,2
15 Fr	5 53 / 11 50 / 18 23	4,3 / 0,8 / 4,2	30 Sa	0 54 / 7 40 / 13 31 / 20 13	1,0 / 4,0 / 1,2 / 4,1
			31 So	2 23 / 9 09 / 15 04 / 21 41	1,0 / 4,0 / 1,2 / 4,3

April

Tag	Zeit	Höhe	Tag	Zeit	Höhe
1 Mo	3 55 / 10 31 / 16 27 / 22 52	0,9 / 4,1 / 1,0 / 4,4	16 Di	3 27 / 10 07 / 16 07 / 22 30	0,6 / 4,3 / 0,8 / 4,6
2 Di	5 05 / 11 30 / 17 24 / 23 40	0,7 / 4,3 / 0,8 / 4,6	17 Mi	4 46 / 11 18 / 17 17 / 23 34	0,4 / 4,5 / 0,6 / 4,8
3 Mi	5 51 / 12 11 / 18 06	0,6 / 4,4 / 0,7	18 Do	5 49 / 12 16 / 18 15	0,3 / 4,6 / 0,5
4 Do	0 18 / 6 28 / 12 48 / 18 45	4,6 / 0,5 / 4,5 / 0,6	19 Fr ○	0 29 / 6 45 / 13 07 / 19 08	4,8 / 0,2 / 4,6 / 0,4
5 Fr ●	0 56 / 7 06 / 13 24 / 19 23	4,7 / 0,4 / 4,5 / 0,5	20 Sa	1 19 / 7 34 / 13 51 / 19 54	4,9 / 0,2 / 4,7 / 0,3
6 Sa	1 33 / 7 42 / 13 57 / 19 59	4,7 / 0,4 / 4,5 / 0,4	21 So	2 04 / 8 16 / 14 30 / 20 33	4,9 / 0,2 / 4,7 / 0,2
7 So	2 06 / 8 15 / 14 29 / 20 32	4,7 / 0,3 / 4,6 / 0,4	22 Mo	2 45 / 8 53 / 15 05 / 21 08	4,8 / 0,3 / 4,7 / 0,2
8 Mo	2 39 / 8 47 / 15 00 / 21 04	4,7 / 0,4 / 4,6 / 0,4	23 Di	3 24 / 9 27 / 15 40 / 21 42	4,7 / 0,3 / 4,6 / 0,3
9 Di	3 12 / 9 20 / 15 31 / 21 36	4,7 / 0,4 / 4,6 / 0,4	24 Mi	4 01 / 9 58 / 16 12 / 22 14	4,6 / 0,4 / 4,5 / 0,3
10 Mi	3 46 / 9 52 / 16 02 / 22 07	4,6 / 0,5 / 4,6 / 0,5	25 Do	4 36 / 10 27 / 16 45 / 22 47	4,4 / 0,6 / 4,5 / 0,5
11 Do	4 20 / 10 20 / 16 33 / 22 38	4,6 / 0,6 / 4,5 / 0,5	26 Fr ☾	5 13 / 10 59 / 17 23 / 23 27	4,2 / 0,8 / 4,4 / 0,7
12 Fr	4 57 / 10 52 / 17 12 / 23 17	4,4 / 0,7 / 4,5 / 0,7	27 Sa	5 58 / 11 43 / 18 15	4,1 / 1,0 / 4,3
13 Sa	5 49 / 11 42 / 18 12	4,3 / 0,9 / 4,4	28 So	0 22 / 7 00 / 12 46 / 19 25	0,9 / 4,0 / 1,2 / 4,3
14 So	0 22 / 7 04 / 13 01 / 19 38	0,8 / 4,2 / 1,0 / 4,4	29 Mo	1 38 / 8 18 / 14 09 / 20 47	1,0 / 4,0 / 1,2 / 4,3
15 Mo	1 51 / 8 37 / 14 37 / 21 11	0,8 / 4,2 / 1,0 / 4,5	30 Di	3 02 / 9 38 / 15 31 / 22 02	0,9 / 4,1 / 1,1 / 4,4

● Neumond   ☽ erstes Viertel   ○ Vollmond   ☾ letztes Viertel

UTC+ 1h00min (MEZ)   Höhen sind auf SKN bezogen

Wilhelmshaven, Alter Vorhafen 2019

Breite: 53° 31' N, Länge: 8° 09' E

Zeiten (Stunden und Minuten) und Höhen (Meter) der Hoch- und Niedrigwasser

Mai

	Zeit	Höhe		Zeit	Höhe
1 Mi	4 14 / 10 43 / 16 37 / 22 58	0,7 / 4,2 / 0,9 / 4,5	16 Do	4 23 / 10 56 / 16 52 / 23 10	0,4 / 4,5 / 0,7 / 4,8
2 Do	5 07 / 11 30 / 17 26 / 23 41	0,6 / 4,4 / 0,7 / 4,6	17 Fr	5 23 / 11 50 / 17 49	0,4 / 4,6 / 0,5
3 Fr	5 49 / 12 12 / 18 11	0,5 / 4,5 / 0,6	18 Sa ○	0 06 / 6 18 / 12 40 / 18 43	4,8 / 0,3 / 4,6 / 0,4
4 Sa ●	0 23 / 6 31 / 12 52 / 18 54	4,7 / 0,4 / 4,6 / 0,5	19 So	0 58 / 7 09 / 13 26 / 19 30	4,8 / 0,3 / 4,7 / 0,3
5 So	1 03 / 7 11 / 13 28 / 19 32	4,7 / 0,4 / 4,6 / 0,4	20 Mo	1 43 / 7 50 / 14 03 / 20 08	4,8 / 0,3 / 4,7 / 0,3
6 Mo	1 39 / 7 47 / 14 01 / 20 06	4,7 / 0,4 / 4,7 / 0,4	21 Di	2 22 / 8 24 / 14 37 / 20 42	4,7 / 0,3 / 4,7 / 0,3
7 Di	2 15 / 8 21 / 14 34 / 20 41	4,7 / 0,4 / 4,7 / 0,4	22 Mi	3 00 / 8 56 / 15 11 / 21 17	4,6 / 0,4 / 4,7 / 0,3
8 Mi	2 52 / 8 57 / 15 08 / 21 17	4,7 / 0,5 / 4,7 / 0,4	23 Do	3 37 / 9 29 / 15 46 / 21 53	4,5 / 0,5 / 4,7 / 0,4
9 Do	3 31 / 9 32 / 15 44 / 21 54	4,6 / 0,5 / 4,7 / 0,5	24 Fr	4 13 / 10 02 / 16 21 / 22 30	4,4 / 0,6 / 4,6 / 0,5
10 Fr	4 12 / 10 10 / 16 25 / 22 36	4,5 / 0,6 / 4,7 / 0,5	25 Sa	4 50 / 10 37 / 16 59 / 23 10	4,2 / 0,8 / 4,6 / 0,7
11 Sa	5 00 / 10 53 / 17 13 / 23 26	4,5 / 0,8 / 4,6 / 0,6	26 So ☾	5 31 / 11 18 / 17 43 / 23 56	4,2 / 1,0 / 4,5 / 0,8
12 So ☽	5 57 / 11 49 / 18 15	4,4 / 0,9 / 4,6	27 Mo	6 20 / 12 08 / 18 39	4,1 / 1,1 / 4,4
13 Mo	0 30 / 7 08 / 13 02 / 19 32	0,7 / 4,3 / 1,0 / 4,6	28 Di	0 53 / 7 23 / 13 12 / 19 48	0,9 / 4,0 / 1,2 / 4,4
14 Di	1 49 / 8 30 / 14 25 / 20 55	0,7 / 4,3 / 0,9 / 4,6	29 Mi	2 01 / 7 50 / 14 27 / 21 00	0,9 / 4,1 / 1,1 / 4,4
15 Mi	3 11 / 9 49 / 15 45 / 22 09	0,6 / 4,4 / 0,8 / 4,7	30 Do	3 11 / 9 43 / 15 39 / 22 05	0,8 / 4,2 / 1,0 / 4,5
			31 Fr	4 13 / 10 41 / 16 40 / 22 58	0,7 / 4,4 / 0,8 / 4,6

Juni

	Zeit	Höhe		Zeit	Höhe
1 Sa	5 05 / 11 30 / 17 32 / 23 45	0,6 / 4,5 / 0,7 / 4,7	16 So	5 51 / 12 12 / 18 18	0,5 / 4,7 / 0,5
2 So	5 53 / 12 15 / 18 19	0,6 / 4,6 / 0,6	17 Mo ○	0 36 / 6 42 / 12 59 / 19 07	4,7 / 0,4 / 4,7 / 0,4
3 Mo ●	0 29 / 6 38 / 12 55 / 19 01	4,7 / 0,5 / 4,7 / 0,5	18 Di	1 23 / 7 26 / 13 39 / 19 47	4,7 / 0,4 / 4,7 / 0,4
4 Di	1 11 / 7 19 / 13 33 / 19 41	4,8 / 0,5 / 4,8 / 0,4	19 Mi	2 02 / 8 01 / 14 14 / 20 22	4,6 / 0,5 / 4,8 / 0,4
5 Mi	1 53 / 7 59 / 14 12 / 20 23	4,8 / 0,5 / 4,8 / 0,4	20 Do	2 39 / 8 35 / 14 49 / 20 59	4,6 / 0,5 / 4,8 / 0,4
6 Do	2 38 / 8 41 / 14 53 / 21 07	4,7 / 0,5 / 4,8 / 0,4	21 Fr	3 16 / 9 10 / 15 24 / 21 37	4,5 / 0,6 / 4,8 / 0,5
7 Fr	3 24 / 9 24 / 15 35 / 21 51	4,7 / 0,5 / 4,8 / 0,4	22 Sa	3 51 / 9 43 / 15 59 / 22 14	4,4 / 0,7 / 4,8 / 0,6
8 Sa	4 11 / 10 07 / 16 22 / 22 38	4,6 / 0,6 / 4,8 / 0,5	23 So	4 26 / 10 18 / 16 35 / 22 52	4,4 / 0,8 / 4,7 / 0,7
9 So	5 03 / 10 56 / 17 15 / 23 32	4,5 / 0,7 / 4,8 / 0,6	24 Mo	5 03 / 10 55 / 17 15 / 23 31	4,3 / 0,9 / 4,7 / 0,8
10 Mo ☽	6 01 / 11 53 / 18 15	4,4 / 0,8 / 4,8	25 Di ☾	5 44 / 11 36 / 17 58	4,2 / 1,0 / 4,6
11 Di	0 32 / 7 04 / 12 56 / 19 22	0,6 / 4,4 / 0,9 / 4,8	26 Mi	0 13 / 6 32 / 12 24 / 18 51	0,9 / 4,2 / 1,1 / 4,5
12 Mi	1 38 / 8 13 / 14 04 / 20 33	0,6 / 4,4 / 0,8 / 4,7	27 Do	1 03 / 7 31 / 13 25 / 19 55	0,9 / 4,2 / 1,1 / 4,5
13 Do	2 48 / 9 22 / 15 15 / 21 43	0,6 / 4,4 / 0,8 / 4,8	28 Fr	2 06 / 8 38 / 14 36 / 21 04	0,9 / 4,2 / 1,1 / 4,5
14 Fr	3 56 / 10 26 / 16 22 / 22 46	0,6 / 4,5 / 0,7 / 4,8	29 Sa	3 14 / 9 43 / 15 46 / 22 08	0,9 / 4,4 / 0,9 / 4,6
15 Sa	4 56 / 11 21 / 17 23 / 23 43	0,5 / 4,6 / 0,6 / 4,8	30 So	4 17 / 10 43 / 16 48 / 23 05	0,8 / 4,5 / 0,8 / 4,6

Juli

	Zeit	Höhe		Zeit	Höhe
1 Mo	5 14 / 11 36 / 17 43 / 23 58	0,7 / 4,6 / 0,6 / 4,7	16 Di ○	0 20 / 6 21 / 12 36 / 18 48	4,6 / 0,7 / 4,7 / 0,5
2 Di ●	6 06 / 12 25 / 18 34	0,6 / 4,7 / 0,5	17 Mi	1 06 / 7 06 / 13 19 / 19 30	4,6 / 0,6 / 4,8 / 0,5
3 Mi	0 48 / 6 55 / 13 10 / 19 22	4,7 / 0,5 / 4,8 / 0,5	18 Do	1 46 / 7 45 / 13 56 / 20 09	4,6 / 0,6 / 4,8 / 0,5
4 Do	1 38 / 7 45 / 13 56 / 20 13	4,8 / 0,5 / 4,9 / 0,4	19 Fr	2 22 / 8 20 / 14 31 / 20 46	4,6 / 0,6 / 4,9 / 0,5
5 Fr	2 29 / 8 34 / 14 43 / 21 02	4,8 / 0,5 / 5,0 / 0,4	20 Sa	2 57 / 8 54 / 15 04 / 21 21	4,6 / 0,6 / 4,9 / 0,6
6 Sa	3 19 / 9 21 / 15 29 / 21 49	4,7 / 0,5 / 5,0 / 0,4	21 So	3 29 / 9 25 / 15 37 / 21 54	4,5 / 0,7 / 4,9 / 0,6
7 So	4 08 / 10 05 / 16 16 / 22 35	4,6 / 0,6 / 5,0 / 0,4	22 Mo	4 01 / 9 56 / 16 11 / 22 29	4,5 / 0,8 / 4,8 / 0,7
8 Mo	4 58 / 10 51 / 17 08 / 23 25	4,5 / 0,6 / 4,9 / 0,5	23 Di	4 35 / 10 32 / 16 48 / 23 04	4,4 / 0,9 / 4,7 / 0,8
9 Di ☽	5 51 / 11 42 / 18 03	4,5 / 0,7 / 4,9	24 Mi	5 12 / 11 09 / 17 24 / 23 37	4,4 / 0,9 / 4,7 / 0,8
10 Mi	0 19 / 6 46 / 12 36 / 19 00	0,6 / 4,4 / 0,8 / 4,8	25 Do ☾	5 49 / 11 44 / 18 02	4,4 / 1,0 / 4,6
11 Do	1 14 / 7 42 / 13 33 / 20 02	0,6 / 4,4 / 0,8 / 4,7	26 Fr	0 12 / 6 33 / 12 29 / 18 53	0,9 / 4,3 / 1,1 / 4,5
12 Fr	2 15 / 8 44 / 14 39 / 21 11	0,7 / 4,4 / 0,9 / 4,7	27 Sa	1 02 / 7 32 / 13 32 / 20 02	1,0 / 4,2 / 1,1 / 4,4
13 Sa	3 24 / 9 51 / 15 52 / 22 21	0,8 / 4,5 / 0,8 / 4,7	28 So	2 11 / 8 43 / 14 49 / 21 18	1,0 / 4,3 / 1,0 / 4,4
14 So	4 31 / 10 54 / 17 01 / 23 25	0,8 / 4,6 / 0,8 / 4,8	29 Mo	3 27 / 9 56 / 16 04 / 22 30	0,9 / 4,4 / 0,8 / 4,5
15 Mo	5 30 / 11 49 / 17 59	0,7 / 4,7 / 0,6	30 Di	4 38 / 11 02 / 17 12 / 23 34	0,8 / 4,5 / 0,6 / 4,6
			31 Mi	5 41 / 12 02 / 18 14	0,7 / 4,7 / 0,5

August

	Zeit	Höhe		Zeit	Höhe
1 Do ●	0 33 / 6 40 / 12 54 / 19 11	4,7 / 0,6 / 4,8 / 0,5	16 Fr	1 28 / 7 28 / 13 36 / 19 52	4,6 / 0,7 / 4,8 / 0,6
2 Fr	1 28 / 7 36 / 13 44 / 20 05	4,8 / 0,5 / 5,0 / 0,4	17 Sa	2 03 / 8 04 / 14 11 / 20 28	4,6 / 0,6 / 4,9 / 0,6
3 Sa	2 20 / 8 28 / 14 32 / 20 55	4,8 / 0,5 / 5,0 / 0,3	18 So	2 35 / 8 35 / 14 43 / 20 59	4,6 / 0,6 / 4,9 / 0,6
4 So	3 11 / 9 14 / 15 19 / 21 41	4,7 / 0,4 / 5,0 / 0,3	19 Mo	3 05 / 9 05 / 15 13 / 21 29	4,5 / 0,6 / 4,8 / 0,6
5 Mo	3 58 / 9 55 / 16 05 / 22 24	4,7 / 0,4 / 5,0 / 0,3	20 Di	3 35 / 9 34 / 15 45 / 22 00	4,5 / 0,7 / 4,8 / 0,7
6 Di	4 43 / 10 36 / 16 52 / 23 07	4,6 / 0,5 / 4,9 / 0,5	21 Mi	4 07 / 10 08 / 16 19 / 22 34	4,5 / 0,8 / 4,7 / 0,8
7 Mi	5 28 / 11 20 / 17 40 / 23 53	4,5 / 0,6 / 4,9 / 0,6	22 Do	4 40 / 10 42 / 16 51 / 23 02	4,5 / 0,8 / 4,7 / 0,8
8 Do	6 13 / 12 05 / 18 29	4,4 / 0,7 / 4,7	23 Fr ☾	5 10 / 11 10 / 17 20 / 23 27	4,5 / 0,9 / 4,6 / 0,9
9 Fr	0 38 / 7 00 / 12 54 / 19 24	0,7 / 4,4 / 0,9 / 4,6	24 Sa	5 42 / 11 42 / 18 02	4,3 / 1,0 / 4,4
10 Sa	1 33 / 7 59 / 13 59 / 20 36	0,9 / 4,3 / 1,0 / 4,5	25 So	0 07 / 6 34 / 12 37 / 19 09	1,0 / 4,2 / 1,1 / 4,3
11 So	2 45 / 9 13 / 15 21 / 21 57	1,1 / 4,4 / 1,0 / 4,5	26 Mo	1 16 / 7 50 / 14 00 / 20 36	1,1 / 4,2 / 1,1 / 4,2
12 Mo	4 05 / 10 29 / 16 42 / 23 10	1,1 / 4,5 / 0,9 / 4,5	27 Di	2 44 / 9 17 / 15 30 / 22 03	1,1 / 4,3 / 0,9 / 4,3
13 Di	5 14 / 11 31 / 17 46	1,0 / 4,6 / 0,8	28 Mi	4 11 / 10 36 / 16 52 / 23 18	0,9 / 4,5 / 0,7 / 4,5
14 Mi	0 07 / 6 07 / 12 18 / 18 33	4,5 / 0,8 / 4,7 / 0,7	29 Do	5 25 / 11 43 / 18 01	0,8 / 4,7 / 0,5
15 Do ○	0 51 / 6 49 / 12 59 / 19 14	4,6 / 0,8 / 4,8 / 0,6	30 Fr ●	0 21 / 6 29 / 12 39 / 19 00	4,6 / 0,6 / 4,9 / 0,4
			31 Sa	1 17 / 7 25 / 13 29 / 19 53	4,7 / 0,5 / 5,0 / 0,3

● Neumond ☽ erstes Viertel ○ Vollmond ☾ letztes Viertel

UTC+ 1h00min (MEZ)   Höhen sind auf SKN bezogen

Gezeitenvorausberechnungen

Wilhelmshaven, Alter Vorhafen 2019

Breite: 53° 31' N, Länge: 8° 09' E

Zeiten (Stunden und Minuten) und Höhen (Meter) der Hoch- und Niedrigwasser

September

Tag	Zeit	Höhe	Tag	Zeit	Höhe
1 So	2 07 / 8 15 / 14 16 / 20 40	4,8 / 0,5 / 5,0 / 0,3	**16** Mo	2 09 / 8 13 / 14 18 / 20 32	4,5 / 0,6 / 4,8 / 0,5
2 Mo	2 54 / 8 59 / 15 02 / 21 25	4,7 / 0,4 / 5,0 / 0,3	**17** Di	2 39 / 8 43 / 14 48 / 21 01	4,6 / 0,6 / 4,7 / 0,6
3 Di	3 38 / 9 38 / 15 47 / 22 05	4,7 / 0,4 / 5,0 / 0,3	**18** Mi	3 07 / 9 13 / 15 18 / 21 30	4,6 / 0,6 / 4,7 / 0,7
4 Mi	4 18 / 10 16 / 16 30 / 22 42	4,6 / 0,4 / 4,9 / 0,5	**19** Do	3 37 / 9 43 / 15 49 / 22 00	4,6 / 0,7 / 4,7 / 0,8
5 Do	4 56 / 10 52 / 17 11 / 23 18	4,5 / 0,6 / 4,7 / 0,7	**20** Fr	4 06 / 10 12 / 16 18 / 22 26	4,6 / 0,8 / 4,6 / 0,8
6 Fr ☽	5 33 / 11 30 / 17 54 / 23 56	4,4 / 0,7 / 4,5 / 0,9	**21** Sa	4 33 / 11 08 / 16 48 / 22 51	4,5 / 1,0 / 4,5 / 0,9
7 Sa	6 15 / 12 14 / 18 46	4,3 / 0,9 / 4,4	**22** So ☾	5 03 / 11 08 / 17 29 / 23 30	4,4 / 1,0 / 4,3 / 1,1
8 So	0 47 / 7 13 / 13 18 / 19 58	1,1 / 4,2 / 1,1 / 4,2	**23** Mo	5 54 / 12 03 / 18 37	4,2 / 1,1 / 4,2
9 Mo	2 02 / 8 33 / 14 46 / 21 27	1,3 / 4,3 / 1,2 / 4,2	**24** Di	0 40 / 7 13 / 13 29 / 20 09	1,3 / 4,2 / 1,1 / 4,1
10 Di	3 33 / 10 00 / 16 18 / 22 50	1,3 / 4,4 / 1,1 / 4,3	**25** Mi	2 16 / 8 48 / 15 09 / 21 44	1,2 / 4,3 / 0,9 / 4,3
11 Mi	4 54 / 11 10 / 17 29 / 23 50	1,2 / 4,6 / 0,9 / 4,4	**26** Do	3 52 / 10 15 / 16 36 / 23 03	1,1 / 4,5 / 0,7 / 4,4
12 Do	5 49 / 11 57 / 18 15	1,0 / 4,7 / 0,7	**27** Fr	5 10 / 11 24 / 17 46	0,9 / 4,7 / 0,5
13 Fr	0 30 / 6 27 / 12 34 / 18 51	4,5 / 0,8 / 4,7 / 0,6	**28** Sa ●	0 06 / 6 13 / 12 20 / 18 43	4,6 / 0,7 / 4,8 / 0,4
14 Sa ○	1 03 / 7 03 / 13 10 / 19 27	4,5 / 0,7 / 4,8 / 0,6	**29** So	0 59 / 7 07 / 13 09 / 19 34	4,7 / 0,6 / 4,9 / 0,3
15 So	1 37 / 7 40 / 13 45 / 20 01	4,5 / 0,6 / 4,8 / 0,6	**30** Mo	1 46 / 7 55 / 13 56 / 20 19	4,7 / 0,5 / 5,0 / 0,3

Oktober

Tag	Zeit	Höhe	Tag	Zeit	Höhe
1 Di	2 29 / 8 37 / 14 40 / 21 01	4,7 / 0,4 / 5,0 / 0,3	**16** Mi	2 09 / 8 19 / 14 19 / 20 32	4,6 / 0,6 / 4,7 / 0,6
2 Mi	3 10 / 9 15 / 15 23 / 21 39	4,7 / 0,4 / 4,9 / 0,4	**17** Do	2 38 / 8 49 / 14 50 / 21 01	4,6 / 0,6 / 4,7 / 0,7
3 Do	3 47 / 9 51 / 16 03 / 22 12	4,6 / 0,4 / 4,7 / 0,5	**18** Fr	3 06 / 9 17 / 15 20 / 21 29	4,6 / 0,7 / 4,6 / 0,8
4 Fr	4 21 / 10 23 / 16 41 / 22 42	4,5 / 0,5 / 4,6 / 0,7	**19** Sa	3 34 / 9 45 / 15 52 / 21 57	4,6 / 0,8 / 4,6 / 0,9
5 Sa ☽	4 55 / 10 57 / 17 21 / 23 16	4,4 / 0,7 / 4,3 / 1,0	**20** So	4 05 / 10 16 / 16 29 / 22 29	4,6 / 0,8 / 4,4 / 1,0
6 So	5 35 / 11 39 / 18 11	4,3 / 0,9 / 4,2	**21** Mo ☾	4 42 / 10 54 / 17 16 / 23 14	4,5 / 1,0 / 4,3 / 1,2
7 Mo	0 04 / 6 31 / 12 41 / 19 19	1,2 / 4,3 / 1,2 / 4,0	**22** Di	5 35 / 11 52 / 18 24	4,4 / 1,1 / 4,2
8 Di	1 16 / 7 49 / 14 06 / 20 46	1,5 / 4,2 / 1,3 / 4,0	**23** Mi	0 25 / 6 54 / 13 15 / 19 53	1,3 / 4,4 / 1,1 / 4,1
9 Mi	2 48 / 9 17 / 15 40 / 22 12	1,5 / 4,3 / 1,2 / 4,2	**24** Do	1 58 / 8 26 / 14 51 / 21 25	1,3 / 4,4 / 1,0 / 4,3
10 Do	4 15 / 10 34 / 16 56 / 23 16	1,3 / 4,5 / 1,0 / 4,3	**25** Fr	3 32 / 9 51 / 16 16 / 22 43	1,1 / 4,6 / 0,7 / 4,4
11 Fr	5 16 / 11 25 / 17 44 / 23 57	1,1 / 4,6 / 0,8 / 4,4	**26** Sa	4 48 / 10 59 / 17 23 / 23 43	0,9 / 4,7 / 0,6 / 4,5
12 Sa	5 56 / 12 02 / 18 17	0,9 / 4,7 / 0,7	**27** So	5 49 / 11 56 / 18 19	0,8 / 4,8 / 0,5
13 So	0 31 / 6 32 / 12 38 / 18 53	4,5 / 0,8 / 4,7 / 0,6	**28** Mo ●	0 35 / 6 42 / 12 47 / 19 10	4,6 / 0,6 / 4,9 / 0,4
14 Mo	1 05 / 7 11 / 13 15 / 19 29	4,5 / 0,6 / 4,7 / 0,5	**29** Di	1 21 / 7 31 / 13 33 / 19 54	4,7 / 0,5 / 4,9 / 0,4
15 Di	1 39 / 7 47 / 13 49 / 20 02	4,5 / 0,5 / 4,7 / 0,5	**30** Mi	2 00 / 8 12 / 14 16 / 20 32	4,7 / 0,4 / 4,9 / 0,4
31 Do	2 37 / 8 48 / 14 57 / 21 08	4,7 / 0,5 / 4,8 / 0,5			

November

Tag	Zeit	Höhe	Tag	Zeit	Höhe
1 Fr	3 14 / 9 23 / 15 37 / 21 41	4,7 / 0,5 / 4,6 / 0,6	**16** Sa	2 40 / 8 57 / 15 01 / 21 08	4,7 / 0,7 / 4,6 / 0,8
2 Sa	3 49 / 9 57 / 16 15 / 22 11	4,6 / 0,6 / 4,4 / 0,8	**17** So	3 13 / 9 31 / 15 39 / 21 42	4,7 / 0,8 / 4,5 / 0,9
3 So	4 24 / 10 32 / 16 54 / 22 45	4,5 / 0,7 / 4,2 / 1,0	**18** Mo	3 50 / 10 08 / 16 23 / 22 22	4,7 / 0,8 / 4,4 / 1,0
4 Mo ☽	5 03 / 11 13 / 17 39 / 23 29	4,5 / 0,9 / 4,1 / 1,3	**19** Di ☾	4 35 / 10 54 / 17 16 / 23 13	4,7 / 0,9 / 4,3 / 1,2
5 Di	5 54 / 12 08 / 18 38	4,4 / 1,2 / 4,0	**20** Mi	5 31 / 11 52 / 18 21	4,6 / 1,0 / 4,2
6 Mi	0 30 / 7 00 / 13 20 / 19 52	1,5 / 4,3 / 1,3 / 4,0	**21** Do	0 19 / 6 42 / 13 05 / 19 39	1,3 / 4,6 / 1,0 / 4,2
7 Do	1 50 / 8 20 / 14 43 / 21 13	1,5 / 4,3 / 1,3 / 4,1	**22** Fr	1 40 / 8 04 / 14 28 / 21 01	1,2 / 4,6 / 0,9 / 4,3
8 Fr	3 14 / 9 38 / 16 00 / 22 22	1,4 / 4,4 / 1,1 / 4,2	**23** Sa	3 03 / 9 23 / 15 47 / 22 14	1,1 / 4,6 / 0,8 / 4,4
9 Sa	4 24 / 10 38 / 16 56 / 23 12	1,2 / 4,5 / 0,9 / 4,4	**24** So	4 17 / 10 31 / 16 54 / 23 14	1,0 / 4,7 / 0,7 / 4,5
10 So	5 15 / 11 22 / 17 37 / 23 52	1,0 / 4,6 / 0,8 / 4,4	**25** Mo	5 19 / 11 30 / 17 51	0,9 / 4,8 / 0,6
11 Mo	5 57 / 12 01 / 18 15	0,9 / 4,6 / 0,7	**26** Di ●	0 05 / 6 15 / 12 24 / 18 43	4,6 / 0,7 / 4,8 / 0,5
12 Di ○	0 29 / 6 38 / 12 40 / 18 54	4,5 / 0,8 / 4,6 / 0,7	**27** Mi	0 52 / 7 05 / 13 12 / 19 27	4,6 / 0,6 / 4,8 / 0,5
13 Mi	1 05 / 7 17 / 13 17 / 19 30	4,6 / 0,7 / 4,7 / 0,6	**28** Do	1 33 / 7 46 / 13 53 / 20 04	4,7 / 0,5 / 4,7 / 0,5
14 Do	1 37 / 7 51 / 13 50 / 20 03	4,6 / 0,7 / 4,7 / 0,6	**29** Fr	2 09 / 8 23 / 14 33 / 20 39	4,7 / 0,5 / 4,6 / 0,6
15 Fr	2 08 / 8 24 / 14 25 / 20 35	4,7 / 0,7 / 4,7 / 0,7	**30** Sa	2 46 / 9 00 / 15 14 / 21 15	4,7 / 0,5 / 4,5 / 0,7

Dezember

Tag	Zeit	Höhe	Tag	Zeit	Höhe
1 So	3 23 / 9 38 / 15 53 / 21 49	4,7 / 0,6 / 4,4 / 0,8	**16** Mo	3 04 / 9 28 / 15 36 / 21 40	4,8 / 0,7 / 4,5 / 0,8
2 Mo	4 00 / 10 15 / 16 31 / 22 23	4,7 / 0,7 / 4,3 / 1,0	**17** Di	3 46 / 10 09 / 16 23 / 22 22	4,8 / 0,7 / 4,5 / 0,9
3 Di	4 38 / 10 55 / 17 10 / 23 01	4,6 / 0,9 / 4,2 / 1,2	**18** Mi	4 33 / 10 55 / 17 17 / 23 12	4,8 / 0,7 / 4,4 / 1,0
4 Mi ☽	5 21 / 11 39 / 17 56 / 23 48	4,5 / 1,1 / 4,1 / 1,3	**19** Do ☾	5 28 / 11 48 / 18 15	4,8 / 0,8 / 4,3
5 Do	6 12 / 12 32 / 18 53	4,4 / 1,2 / 4,0	**20** Fr	0 09 / 6 29 / 12 49 / 19 19	1,1 / 4,7 / 0,8 / 4,3
6 Fr	0 48 / 7 16 / 13 36 / 20 02	1,4 / 4,4 / 1,2 / 4,0	**21** Sa	1 13 / 7 38 / 13 58 / 20 28	1,1 / 4,7 / 0,8 / 4,3
7 Sa	2 01 / 8 28 / 14 47 / 21 13	1,4 / 4,4 / 1,2 / 4,2	**22** So	2 25 / 8 51 / 15 11 / 21 38	1,1 / 4,7 / 0,8 / 4,4
8 So	3 17 / 9 37 / 15 53 / 22 15	1,3 / 4,4 / 1,1 / 4,3	**23** Mo	3 39 / 10 01 / 16 21 / 22 41	1,0 / 4,7 / 0,8 / 4,5
9 Mo	4 23 / 10 34 / 16 48 / 23 06	1,2 / 4,5 / 1,0 / 4,4	**24** Di	4 48 / 11 06 / 17 23 / 23 37	0,9 / 4,7 / 0,8 / 4,6
10 Di	5 16 / 11 22 / 17 35 / 23 50	1,0 / 4,6 / 0,9 / 4,5	**25** Mi	5 49 / 12 04 / 18 18	0,8 / 4,7 / 0,7
11 Mi	6 02 / 12 05 / 18 18	0,9 / 4,6 / 0,7	**26** Do	0 27 / 6 42 / 12 55 / 19 04	4,6 / 0,6 / 4,7 / 0,6
12 Do ○	0 30 / 6 43 / 12 46 / 18 58	4,6 / 0,8 / 4,6 / 0,7	**27** Fr	1 11 / 7 25 / 13 37 / 19 44	4,7 / 0,5 / 4,6 / 0,7
13 Fr	1 07 / 7 23 / 13 26 / 19 38	4,7 / 0,7 / 4,6 / 0,7	**28** Sa	1 49 / 8 04 / 14 17 / 20 20	4,7 / 0,6 / 4,6 / 0,7
14 Sa	1 45 / 8 04 / 14 09 / 20 19	4,7 / 0,7 / 4,6 / 0,8	**29** So	2 26 / 8 43 / 14 56 / 20 57	4,8 / 0,6 / 4,5 / 0,8
15 So	2 25 / 8 47 / 14 53 / 21 00	4,8 / 0,7 / 4,6 / 0,8	**30** Mo	3 04 / 9 22 / 15 34 / 21 32	4,8 / 0,6 / 4,4 / 0,9
31 Di	3 40 / 10 00 / 16 08 / 22 04	4,8 / 0,7 / 4,3 / 0,9			

● Neumond   ☽ erstes Viertel   ○ Vollmond   ☾ letztes Viertel

UTC+ 1h00min (MEZ)   Höhen sind auf SKN bezogen

Mittlere Tidenkurven

Wilhelmshaven, Alter Vorhafen

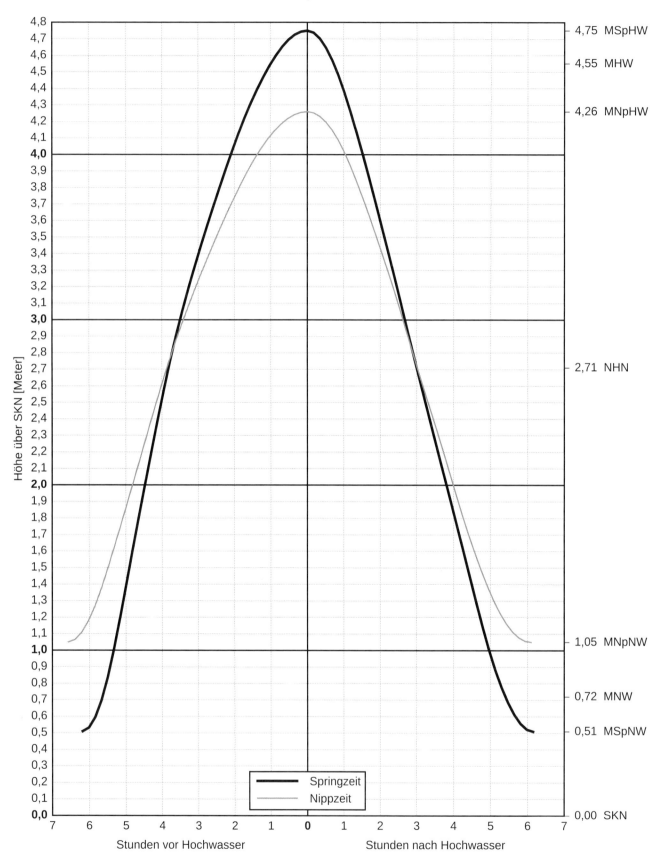

MSpSD: 6,18 h	MSpFD: 6,15 h	MHWI: 11 h 38 min
MNpSD: 6,57 h	MNpFD: 6,10 h	MNWI: 17 h 44 min

Stand Tidenkurven: 1955
Stand Gezeitengrundwerte: 2019

Plan | 59

Norderney, Riffgat
Breite: 53°42'N, Länge: 7°09'E

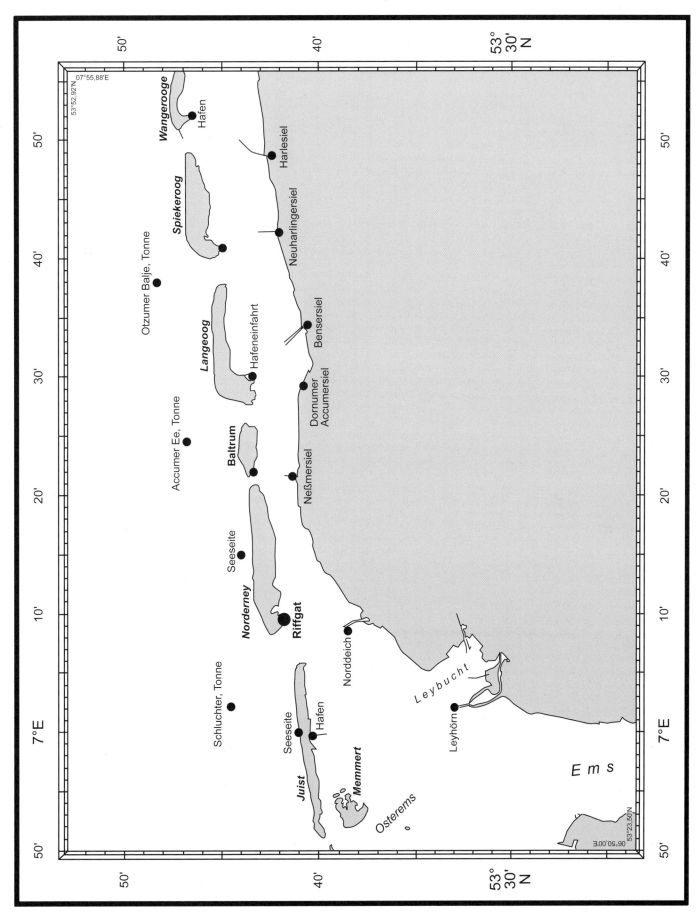

Norderney, Riffgat 2019

Breite: 53° 42' N, Länge: 7° 09' E

Zeiten (Stunden und Minuten) und Höhen (Meter) der Hoch- und Niedrigwasser

Januar

Tag	Zeit	Höhe	Tag	Zeit	Höhe
1 Di	0 54 / 7 02 / 13 42 / 19 53	0,8 / 3,1 / 0,7 / 2,9	16 Mi	5 44 / 12 14 / 18 31	3,0 / 0,8 / 2,8
2 Mi	2 05 / 8 13 / 14 51 / 20 57	0,9 / 3,1 / 0,7 / 3,0	17 Do	0 47 / 6 58 / 13 31 / 19 44	0,9 / 2,9 / 0,8 / 2,9
3 Do	3 16 / 9 19 / 15 52 / 21 52	0,8 / 3,1 / 0,7 / 3,1	18 Fr	2 08 / 8 15 / 14 48 / 20 54	0,8 / 3,0 / 0,7 / 2,9
4 Fr	4 19 / 10 17 / 16 45 / 22 39	0,7 / 3,1 / 0,7 / 3,1	19 Sa	3 24 / 9 25 / 15 56 / 21 57	0,6 / 3,0 / 0,6 / 3,1
5 Sa	5 11 / 11 06 / 17 29 / 23 21	0,6 / 3,1 / 0,6 / 3,1	20 So	4 29 / 10 27 / 16 54 / 22 53	0,5 / 3,1 / 0,5 / 3,2
6 So ●	5 52 / 11 48 / 18 05 / 23 58	0,5 / 3,1 / 0,6 / 3,2	21 Mo ○	5 26 / 11 24 / 17 46 / 23 42	0,4 / 3,1 / 0,5 / 3,3
7 Mo	6 26 / 12 24 / 18 37	0,5 / 3,0 / 0,6	22 Di	6 18 / 12 17 / 18 36	0,4 / 3,2 / 0,4
8 Di	0 30 / 6 59 / 12 59 / 19 08	3,2 / 0,5 / 3,0 / 0,6	23 Mi	0 31 / 7 10 / 13 10 / 19 25	3,4 / 0,3 / 3,2 / 0,4
9 Mi	1 02 / 7 32 / 13 32 / 19 37	3,2 / 0,5 / 3,0 / 0,6	24 Do	1 19 / 8 01 / 14 02 / 20 11	3,4 / 0,3 / 3,1 / 0,4
10 Do	1 35 / 8 04 / 14 04 / 20 05	3,3 / 0,6 / 3,0 / 0,6	25 Fr	2 06 / 8 47 / 14 50 / 20 55	3,4 / 0,3 / 3,1 / 0,4
11 Fr	2 07 / 8 36 / 14 37 / 20 37	3,2 / 0,6 / 3,0 / 0,7	26 Sa	2 51 / 9 31 / 15 35 / 21 39	3,4 / 0,3 / 3,0 / 0,5
12 Sa	2 42 / 9 11 / 15 14 / 21 12	3,2 / 0,7 / 2,9 / 0,8	27 So ☾	3 38 / 10 16 / 16 21 / 22 25	3,3 / 0,4 / 2,9 / 0,6
13 So	3 19 / 9 47 / 15 53 / 21 49	3,2 / 0,7 / 2,9 / 0,8	28 Mo	4 26 / 10 58 / 17 08 / 23 10	3,2 / 0,6 / 2,8 / 0,7
14 Mo ☽	3 58 / 10 23 / 16 35 / 22 31	3,1 / 0,8 / 2,9 / 0,9	29 Di	5 18 / 11 45 / 18 00	3,1 / 0,7 / 2,8
15 Di	4 43 / 11 10 / 17 27 / 23 31	3,0 / 0,8 / 2,8 / 1,0	30 Mi	0 06 / 6 20 / 12 47 / 19 03	0,8 / 3,0 / 0,8 / 2,8
			31 Do	1 19 / 7 35 / 14 04 / 20 16	0,8 / 2,9 / 0,8 / 2,9

Februar

Tag	Zeit	Höhe	Tag	Zeit	Höhe
1 Fr	2 42 / 8 53 / 15 21 / 21 24	0,8 / 3,0 / 0,8 / 3,0	16 Sa	1 26 / 7 40 / 14 11 / 20 20	0,7 / 2,8 / 0,7 / 2,9
2 Sa	3 57 / 10 00 / 16 23 / 22 19	0,7 / 3,0 / 0,7 / 3,1	17 So	2 58 / 9 05 / 15 34 / 21 35	0,5 / 2,9 / 0,6 / 3,0
3 So	4 55 / 10 52 / 17 10 / 23 03	0,6 / 3,0 / 0,7 / 3,1	18 Mo	4 15 / 10 17 / 16 41 / 22 38	0,4 / 3,0 / 0,5 / 3,2
4 Mo ●	5 37 / 11 33 / 17 49 / 23 40	0,5 / 3,0 / 0,6 / 3,2	19 Di	5 18 / 11 17 / 17 37 / 23 31	0,3 / 3,1 / 0,4 / 3,3
5 Di	6 12 / 12 09 / 18 23	0,5 / 3,0 / 0,5	20 Mi	6 10 / 12 10 / 18 26	0,2 / 3,1 / 0,3
6 Mi	0 13 / 6 45 / 12 42 / 18 54	3,2 / 0,4 / 3,0 / 0,5	21 Do	0 19 / 6 59 / 12 58 / 19 13	3,4 / 0,2 / 3,1 / 0,3
7 Do	0 45 / 7 17 / 13 14 / 19 23	3,2 / 0,4 / 3,0 / 0,5	22 Fr	1 05 / 7 47 / 13 46 / 19 58	3,4 / 0,2 / 3,1 / 0,3
8 Fr	1 16 / 7 46 / 13 44 / 19 50	3,2 / 0,4 / 3,0 / 0,5	23 Sa	1 51 / 8 31 / 14 30 / 20 40	3,4 / 0,2 / 3,1 / 0,3
9 Sa	1 48 / 8 17 / 14 16 / 20 22	3,2 / 0,5 / 3,0 / 0,5	24 So	2 35 / 9 12 / 15 11 / 21 20	3,3 / 0,3 / 3,0 / 0,3
10 So	2 22 / 8 52 / 14 51 / 20 58	3,2 / 0,5 / 3,0 / 0,5	25 Mo	3 18 / 9 49 / 15 50 / 21 57	3,2 / 0,4 / 2,9 / 0,4
11 Mo	2 57 / 9 26 / 15 26 / 21 30	3,2 / 0,5 / 3,0 / 0,6	26 Di ☾	4 00 / 10 22 / 16 28 / 22 33	3,1 / 0,5 / 2,9 / 0,5
12 Di ☽	3 30 / 9 53 / 15 58 / 21 57	3,1 / 0,6 / 2,9 / 0,7	27 Mi	4 44 / 10 56 / 17 13 / 23 20	3,0 / 0,7 / 2,8 / 0,7
13 Mi	4 05 / 10 23 / 16 37 / 22 39	3,0 / 0,7 / 2,8 / 0,8	28 Do	5 40 / 11 51 / 18 13	2,8 / 0,8 / 2,7
14 Do	4 55 / 11 17 / 17 36 / 23 52	2,9 / 0,8 / 2,8 / 0,8			
15 Fr	6 10 / 12 38 / 18 55	2,8 / 0,8 / 2,8			

März

Tag	Zeit	Höhe	Tag	Zeit	Höhe
1 Fr	0 33 / 6 55 / 13 14 / 19 32	0,8 / 2,7 / 0,9 / 2,8	16 Sa	5 45 / 12 05 / 18 24	2,7 / 0,8 / 2,8
2 Sa	2 05 / 8 22 / 14 45 / 20 53	0,8 / 2,8 / 0,9 / 2,9	17 So	1 02 / 7 21 / 13 46 / 19 56	0,6 / 2,8 / 0,7 / 2,9
3 So	3 33 / 9 39 / 15 58 / 21 57	0,7 / 2,8 / 0,8 / 3,0	18 Mo	2 43 / 8 53 / 15 16 / 21 18	0,5 / 2,9 / 0,6 / 3,0
4 Mo	4 36 / 10 35 / 16 49 / 22 42	0,6 / 2,9 / 0,7 / 3,1	19 Di	4 03 / 10 07 / 16 27 / 22 22	0,3 / 3,0 / 0,5 / 3,2
5 Di	5 19 / 11 16 / 17 29 / 23 18	0,5 / 3,0 / 0,6 / 3,1	20 Mi	5 06 / 11 06 / 17 23 / 23 15	0,2 / 3,0 / 0,4 / 3,3
6 Mi ●	5 54 / 11 48 / 18 04 / 23 52	0,4 / 3,0 / 0,5 / 3,2	21 Do ○	5 56 / 11 57 / 18 11	0,2 / 3,1 / 0,3
7 Do	6 27 / 12 21 / 18 37	0,4 / 3,0 / 0,4	22 Fr	0 03 / 6 42 / 12 42 / 18 56	3,3 / 0,1 / 3,1 / 0,2
8 Fr	0 25 / 6 58 / 12 53 / 19 07	3,2 / 0,3 / 3,0 / 0,3	23 Sa	0 48 / 7 26 / 13 24 / 19 39	3,4 / 0,1 / 3,1 / 0,2
9 Sa	0 57 / 7 26 / 13 23 / 19 35	3,1 / 0,3 / 3,0 / 0,3	24 So	1 32 / 8 08 / 14 04 / 20 20	3,3 / 0,2 / 3,1 / 0,2
10 So	1 29 / 7 56 / 13 54 / 20 07	3,1 / 0,3 / 3,0 / 0,4	25 Mo	2 14 / 8 46 / 14 42 / 20 57	3,2 / 0,2 / 3,0 / 0,2
11 Mo	2 02 / 8 30 / 14 27 / 20 41	3,1 / 0,4 / 2,9 / 0,4	26 Di	2 55 / 9 18 / 15 16 / 21 31	3,1 / 0,3 / 3,0 / 0,3
12 Di	2 36 / 9 03 / 15 00 / 21 11	3,1 / 0,4 / 3,0 / 0,4	27 Mi	3 34 / 9 46 / 15 51 / 22 03	3,0 / 0,5 / 2,9 / 0,4
13 Mi	3 08 / 9 27 / 15 29 / 21 34	3,1 / 0,5 / 3,0 / 0,5	28 Do ☾	4 15 / 10 16 / 16 32 / 22 44	2,8 / 0,6 / 2,8 / 0,6
14 Do ☽	3 41 / 9 52 / 16 03 / 22 11	3,0 / 0,6 / 2,9 / 0,6	29 Fr	5 06 / 11 05 / 17 29 / 23 52	2,7 / 0,8 / 2,8 / 0,7
15 Fr	4 29 / 10 41 / 17 00 / 23 23	2,8 / 0,7 / 2,8 / 0,7	30 Sa	6 17 / 12 23 / 18 47	2,6 / 0,9 / 2,8
			31 So	1 24 / 7 44 / 13 59 / 20 12	0,8 / 2,6 / 0,9 / 2,8

April

Tag	Zeit	Höhe	Tag	Zeit	Höhe
1 Mo	2 56 / 9 06 / 15 21 / 21 22	0,7 / 2,7 / 0,8 / 3,0	16 Di	2 31 / 8 41 / 14 59 / 20 59	0,5 / 2,9 / 0,6 / 3,1
2 Di	4 04 / 10 06 / 16 17 / 22 11	0,5 / 2,8 / 0,6 / 3,1	17 Mi	3 47 / 9 52 / 16 07 / 22 01	0,3 / 3,0 / 0,5 / 3,2
3 Mi	4 49 / 10 45 / 16 58 / 22 48	0,5 / 2,9 / 0,5 / 3,1	18 Do	4 46 / 10 47 / 17 03 / 22 54	0,2 / 3,0 / 0,4 / 3,3
4 Do	5 24 / 11 19 / 17 37 / 23 25	0,4 / 2,9 / 0,5 / 3,1	19 Fr ○	5 36 / 11 36 / 17 53 / 23 44	0,2 / 3,1 / 0,3 / 3,3
5 Fr ●	5 59 / 11 54 / 18 14	0,3 / 3,0 / 0,4	20 Sa	6 22 / 12 20 / 18 37	0,1 / 3,1 / 0,2
6 Sa	0 01 / 6 32 / 12 27 / 18 46	3,1 / 0,3 / 3,0 / 0,3	21 So	0 30 / 7 03 / 12 59 / 19 17	3,3 / 0,1 / 3,1 / 0,2
7 So	0 34 / 7 02 / 12 59 / 19 16	3,1 / 0,2 / 3,0 / 0,3	22 Mo	1 11 / 7 40 / 13 34 / 19 55	3,2 / 0,2 / 3,1 / 0,2
8 Mo	1 07 / 7 32 / 13 30 / 19 46	3,1 / 0,3 / 3,1 / 0,3	23 Di	1 51 / 8 15 / 14 09 / 20 32	3,1 / 0,3 / 3,1 / 0,2
9 Di	1 41 / 8 04 / 14 02 / 20 19	3,1 / 0,3 / 3,1 / 0,4	24 Mi	2 31 / 8 46 / 14 44 / 21 06	3,0 / 0,4 / 3,0 / 0,3
10 Mi	2 16 / 8 37 / 14 35 / 20 52	3,1 / 0,4 / 3,1 / 0,4	25 Do	3 10 / 9 15 / 15 19 / 21 39	2,9 / 0,5 / 3,0 / 0,4
11 Do	2 52 / 9 06 / 15 08 / 21 25	3,0 / 0,5 / 3,0 / 0,5	26 Fr ☾	3 51 / 9 46 / 15 59 / 22 18	2,8 / 0,6 / 2,9 / 0,6
12 Fr	3 33 / 9 38 / 15 48 / 22 08	2,9 / 0,6 / 3,0 / 0,5	27 Sa	4 38 / 10 28 / 16 51 / 23 16	2,7 / 0,8 / 2,9 / 0,7
13 Sa	4 26 / 10 31 / 16 47 / 23 19	2,8 / 0,7 / 2,9 / 0,6	28 So	5 40 / 11 34 / 17 59	2,6 / 0,9 / 2,8
14 So	5 41 / 11 53 / 18 10	2,8 / 0,8 / 2,9	29 Mo	0 35 / 6 57 / 13 01 / 19 19	0,7 / 2,6 / 0,9 / 2,9
15 Mo	0 55 / 7 13 / 13 31 / 19 41	0,6 / 2,8 / 0,7 / 3,0	30 Di	2 02 / 8 16 / 14 25 / 20 32	0,7 / 2,7 / 0,8 / 3,0

● Neumond ☽ erstes Viertel ○ Vollmond ☾ letztes Viertel

UTC+ 1h00min (MEZ)   Höhen sind auf SKN bezogen

Norderney, Riffgat 2019

Breite: 53° 42' N, Länge: 7° 09' E

Zeiten (Stunden und Minuten) und Höhen (Meter) der Hoch- und Niedrigwasser

	Mai					Juni					Juli					August			
	Zeit	Höhe		Zeit	Höhe		Zeit	Höhe		Zeit	Höhe		Zeit	Höhe		Zeit	Höhe		Zeit	Höhe
1 Mi	3 13 9 20 15 29 21 28	0,6 2,8 0,7 3,0	**16** Do	3 23 9 29 15 42 21 37	0,4 3,0 0,6 3,2	**1** Sa	3 57 10 02 16 21 22 15	0,5 3,0 0,6 3,1	**16** So	4 44 10 43 17 08 23 04	0,4 3,1 0,4 3,2	**1** Mo	4 03 10 08 16 32 22 29	0,6 3,1 0,5 3,1	**16** Di ○	5 10 11 07 17 37 23 36	0,6 3,2 0,5 3,1	**1** Do ●	5 26 11 24 17 58 23 58	0,5 3,3 0,4 3,2	**16** Fr	6 12 12 05 18 35	0,6 3,3 0,5
2 Do	4 03 10 06 16 18 22 11	0,5 2,9 0,6 3,1	**17** Fr	4 19 10 22 16 39 22 32	0,3 3,1 0,5 3,2	**2** So	4 43 10 46 17 07 22 59	0,5 3,1 0,5 3,2	**17** Mo ○	5 32 11 29 17 54 23 52	0,4 3,2 0,3 3,1	**2** Di ●	4 54 10 56 17 21 23 19	0,5 3,2 0,5 3,2	**17** Mi	5 52 11 48 18 15	0,5 3,2 0,4	**2** Fr	6 17 12 12 18 49	0,5 3,4 0,3	**17** Sa	0 34 6 46 12 39 19 08	3,1 0,5 3,3 0,5
3 Fr	4 44 10 44 17 02 22 52	0,4 3,0 0,5 3,1	**18** Sa ○	5 11 11 10 17 31 23 24	0,3 3,1 0,3 3,2	**3** Mo ●	5 25 11 25 17 47 23 41	0,4 3,1 0,4 3,2	**18** Di	6 12 12 09 18 32	0,4 3,2 0,3	**3** Mi	5 41 11 40 18 09	0,5 3,3 0,4	**18** Do	0 17 6 29 12 25 18 52	3,1 0,5 3,3 0,5	**3** Sa	0 50 7 05 12 59 19 38	3,2 0,4 3,4 0,3	**18** So	1 07 7 16 13 10 19 39	3,1 0,5 3,3 0,5
4 Sa ●	5 23 11 22 17 43 23 32	0,4 3,0 0,4 3,1	**19** So	5 58 11 55 18 15	0,2 3,1 0,3	**4** Di	6 04 12 03 18 26	0,4 3,2 0,4	**19** Mi	0 33 6 47 12 44 19 09	3,1 0,4 3,2 0,3	**4** Do	0 08 6 28 12 25 18 58	3,2 0,5 3,3 0,4	**19** Fr	0 54 7 04 12 59 19 28	3,1 0,5 3,3 0,5	**4** So	1 41 7 51 13 46 20 25	3,2 0,4 3,4 0,3	**19** Mo	1 37 7 44 13 41 20 09	3,0 0,5 3,3 0,5
5 So	6 00 11 58 18 18	0,3 3,1 0,4	**20** Mo	0 11 6 37 12 33 18 53	3,2 0,2 3,1 0,2	**5** Mi	0 22 6 43 12 41 19 08	3,2 0,4 3,3 0,4	**20** Do	1 11 7 22 13 18 19 46	3,0 0,5 3,2 0,4	**5** Fr	0 59 7 15 13 12 19 48	3,2 0,5 3,4 0,4	**20** Sa	1 30 7 36 13 32 20 02	3,0 0,6 3,3 0,5	**5** Mo	2 29 8 34 14 31 21 10	3,1 0,4 3,4 0,3	**20** Di	2 07 8 16 14 13 20 42	3,0 0,6 3,2 0,6
6 Mo	0 08 6 33 12 31 18 51	3,2 0,3 3,1 0,3	**21** Di	0 51 7 11 13 06 19 30	3,2 0,3 3,1 0,2	**6** Do	1 07 7 24 13 23 19 52	3,2 0,4 3,3 0,4	**21** Fr	1 49 7 55 13 53 20 24	3,0 0,5 3,2 0,5	**6** Sa	1 51 8 00 13 58 20 35	3,2 0,5 3,4 0,3	**21** So	2 03 8 05 14 05 20 35	3,0 0,6 3,3 0,6	**6** Di	3 15 9 20 15 19 21 57	3,1 0,4 3,4 0,4	**21** Mi	2 40 8 48 14 46 21 16	3,0 0,6 3,2 0,6
7 Di	0 43 7 05 13 04 19 24	3,1 0,3 3,2 0,4	**22** Mi	1 30 7 45 13 41 20 08	3,1 0,4 3,1 0,3	**7** Fr	1 56 8 05 14 06 20 38	3,1 0,5 3,3 0,4	**22** Sa	2 27 8 27 14 29 20 59	2,9 0,6 3,2 0,5	**7** So	2 42 8 44 14 45 21 24	3,1 0,5 3,4 0,4	**22** Mo	2 37 8 36 14 39 21 10	3,0 0,7 3,3 0,6	**7** Mi ☽	4 02 10 07 16 08 22 43	3,0 0,5 3,3 0,5	**22** Do	3 15 9 21 15 19 21 43	3,0 0,7 3,2 0,7
8 Mi	1 21 7 40 13 39 20 01	3,1 0,4 3,2 0,4	**23** Do	2 09 8 18 14 16 20 44	3,0 0,4 3,1 0,4	**8** Sa	2 45 8 49 14 52 21 29	3,1 0,5 3,3 0,4	**23** So	3 05 8 58 15 05 21 35	2,9 0,7 3,2 0,6	**8** Mo	3 32 9 34 15 35 22 18	3,0 0,5 3,3 0,4	**23** Di	3 12 9 11 15 16 21 45	3,0 0,7 3,2 0,7	**8** Do	4 49 10 53 17 00 23 27	3,0 0,6 3,2 0,7	**23** Fr ☾	3 47 9 47 15 52 22 07	3,0 0,8 3,1 0,8
9 Do	2 02 8 16 14 16 20 41	3,1 0,4 3,2 0,4	**24** Fr	2 49 8 49 14 52 21 20	2,9 0,5 3,1 0,5	**9** So	3 38 9 40 15 44 22 26	3,0 0,6 3,3 0,5	**24** Mo	3 43 9 34 15 46 22 13	2,9 0,8 3,2 0,7	**9** Di ☽	4 26 10 29 16 30 23 13	3,0 0,6 3,3 0,5	**24** Mi	3 50 9 47 15 53 22 17	3,0 0,8 3,2 0,7	**9** Fr	5 38 11 43 17 57	2,9 0,7 3,1	**24** Sa	4 20 10 21 16 36 22 50	2,9 0,8 3,0 0,9
10 Fr	2 46 8 54 14 57 21 26	3,0 0,5 3,1 0,5	**25** Sa	3 29 9 21 15 32 21 57	2,8 0,7 3,1 0,6	**10** Mo ☽	4 37 10 38 16 43 23 28	2,9 0,7 3,2 0,5	**25** Di ☾	4 25 10 15 16 30 22 56	2,8 0,9 3,1 0,7	**10** Mi	5 22 11 24 17 29	2,9 0,7 3,2	**25** Do ☾	4 28 10 23 16 34 22 53	2,9 0,8 3,1 0,8	**10** Sa	0 21 6 36 12 50 19 08	0,8 2,9 0,8 3,0	**25** So	5 10 11 23 17 44	2,8 0,9 2,9
11 Sa	3 36 9 38 15 45 22 19	3,0 0,6 3,1 0,5	**26** So ☾	4 12 9 59 16 17 22 43	2,7 0,8 3,0 0,7	**11** Di	5 41 11 44 17 50	2,9 0,7 3,2	**26** Mi	5 13 11 06 17 23 23 50	2,8 0,9 3,1 0,7	**11** Do	0 07 6 19 12 23 18 32	0,5 2,9 0,7 3,2	**26** Fr	5 11 11 11 17 25 23 47	2,9 0,9 3,0 0,9	**11** So	1 34 7 47 14 12 20 28	0,9 3,0 0,8 3,0	**26** Mo	0 04 6 24 12 52 19 11	0,9 2,8 0,9 3,0
12 So ☾	4 34 10 35 16 46 23 27	2,9 0,7 3,1 0,5	**27** Mo	5 02 10 50 17 13 23 44	2,7 0,9 3,0 0,7	**12** Mi	0 36 6 49 12 55 19 01	0,5 2,9 0,7 3,2	**27** Do	6 10 12 12 18 26	2,8 0,9 3,0	**12** Fr	1 08 7 21 13 30 19 41	0,6 2,9 0,7 3,2	**27** Sa	6 08 12 18 18 33	2,8 0,9 3,0	**12** Mo	2 53 9 00 15 33 21 41	0,9 3,0 0,7 3,0	**27** Di	1 35 7 50 14 26 20 38	0,9 2,9 0,7 2,9
13 Mo	5 45 11 51 18 02	2,8 0,8 3,1	**28** Di	6 04 12 00 18 20	2,7 0,9 3,0	**13** Do	1 47 7 58 14 06 20 11	0,5 3,0 0,7 3,2	**28** Fr	0 55 7 14 13 25 19 34	0,7 2,8 0,9 3,0	**13** Sa	2 16 8 26 14 42 20 51	0,7 3,0 0,7 3,1	**28** So	0 59 7 17 13 38 19 50	0,8 2,9 0,8 3,0	**13** Di	4 02 10 01 16 37 22 38	0,8 3,1 0,6 3,1	**28** Mi	3 03 9 09 15 47 21 52	0,7 3,0 0,5 3,0
14 Di	0 50 7 06 13 17 19 24	0,5 2,8 0,7 3,1	**29** Mi	0 56 7 14 13 19 19 31	0,7 2,8 0,9 3,0	**14** Fr	2 53 9 00 15 13 21 14	0,5 3,0 0,6 3,2	**29** Sa	2 03 8 18 14 34 20 38	0,7 2,9 0,8 3,1	**14** So	3 22 9 26 15 51 21 55	0,7 3,1 0,6 3,1	**29** Mo	2 17 8 26 14 56 21 02	0,8 2,9 0,7 3,0	**14** Mi	4 54 10 49 17 23 23 21	0,7 3,2 0,5 3,1	**29** Do	4 14 10 14 16 53 22 54	0,6 3,2 0,4 3,1
15 Mi	2 14 8 24 14 36 20 37	0,4 2,9 0,6 3,2	**30** Do	2 06 8 20 14 30 20 34	0,6 2,9 0,8 3,0	**15** Sa	3 51 9 54 16 13 22 11	0,5 3,1 0,5 3,2	**30** So	3 06 9 16 15 36 21 36	0,7 3,0 0,7 3,1	**15** Mo	4 20 10 20 16 50 22 49	0,6 3,1 0,5 3,1	**30** Di	3 29 9 35 16 05 22 07	0,7 3,0 0,5 3,1	**15** Do ○	5 35 11 28 18 00 23 59	0,6 3,3 0,5 3,1	**30** Fr	5 13 11 09 17 47 23 47	0,5 3,3 0,3 3,2
			31 Fr	3 06 9 16 15 29 21 27	0,6 2,9 0,7 3,1										**31** Mi	4 31 10 33 17 05 23 05	0,6 3,2 0,4 3,2				**31** Sa	6 03 11 57 18 35	0,5 3,4 0,3

● Neumond   ☽ erstes Viertel   ○ Vollmond   ☾ letztes Viertel

UTC+ 1h00min (MEZ)   Höhen sind auf SKN bezogen

Norderney, Riffgat 2019

Breite: 53° 42' N, Länge: 7° 09' E

Zeiten (Stunden und Minuten) und Höhen (Meter) der Hoch- und Niedrigwasser

September

Day	Zeit	Höhe	Day	Zeit	Höhe
1 So	0 36 / 6 50 / 12 42 / 19 21	3,2 / 0,4 / 3,5 / 0,3	16 Mo	0 40 / 6 55 / 12 46 / 19 13	3,1 / 0,5 / 3,2 / 0,5
2 Mo	1 23 / 7 35 / 13 27 / 20 06	3,2 / 0,4 / 3,4 / 0,3	17 Di	1 10 / 7 23 / 13 16 / 19 41	3,1 / 0,5 / 3,2 / 0,5
3 Di	2 08 / 8 17 / 14 12 / 20 48	3,2 / 0,3 / 3,4 / 0,3	18 Mi	1 38 / 7 51 / 13 46 / 20 12	3,1 / 0,5 / 3,2 / 0,5
4 Mi	2 50 / 8 58 / 14 56 / 21 28	3,1 / 0,4 / 3,3 / 0,4	19 Do	2 09 / 8 21 / 14 17 / 20 43	3,1 / 0,6 / 3,2 / 0,6
5 Do	3 29 / 9 39 / 15 41 / 22 05	3,0 / 0,5 / 3,2 / 0,6	20 Fr	2 40 / 8 52 / 14 48 / 21 09	3,1 / 0,6 / 3,1 / 0,7
6 Fr)	4 09 / 10 18 / 16 28 / 22 42	2,9 / 0,6 / 3,1 / 0,8	21 Sa	3 10 / 9 17 / 15 21 / 21 32	3,0 / 0,7 / 3,0 / 0,8
7 Sa	4 53 / 11 03 / 17 22 / 23 32	2,9 / 0,8 / 2,9 / 0,9	22 So ☾	3 42 / 9 49 / 16 05 / 22 12	3,0 / 0,8 / 2,9 / 0,9
8 So	5 50 / 12 10 / 18 33	2,9 / 0,9 / 2,9	23 Mo	4 31 / 10 50 / 17 14 / 23 27	2,9 / 0,9 / 2,8 / 1,0
9 Mo	0 48 / 7 07 / 13 40 / 20 00	1,1 / 2,9 / 0,9 / 2,8	24 Di	5 48 / 12 24 / 18 46	2,8 / 0,9 / 2,8
10 Di	2 21 / 8 30 / 15 12 / 21 22	1,1 / 3,0 / 0,8 / 2,9	25 Mi	1 06 / 7 20 / 14 06 / 20 20	1,0 / 2,9 / 0,7 / 2,9
11 Mi	3 40 / 9 40 / 16 21 / 22 22	0,9 / 3,1 / 0,7 / 3,0	26 Do	2 41 / 8 46 / 15 32 / 21 38	0,8 / 3,1 / 0,5 / 3,0
12 Do	4 35 / 10 28 / 17 06 / 23 02	0,8 / 3,2 / 0,6 / 3,0	27 Fr	3 56 / 9 54 / 16 37 / 22 39	0,7 / 3,2 / 0,4 / 3,1
13 Fr	5 13 / 11 04 / 17 39 / 23 35	0,7 / 3,2 / 0,5 / 3,0	28 Sa ●	4 55 / 10 49 / 17 30 / 23 30	0,6 / 3,4 / 0,3 / 3,2
14 Sa ○	5 48 / 11 39 / 18 12	0,6 / 3,3 / 0,5	29 So	5 45 / 11 37 / 18 16	0,5 / 3,4 / 0,3
15 So	0 08 / 6 23 / 12 14 / 18 44	3,0 / 0,5 / 3,3 / 0,5	30 Mo	0 16 / 6 30 / 12 22 / 18 59	3,2 / 0,4 / 3,4 / 0,3

Oktober

Day	Zeit	Höhe	Day	Zeit	Höhe
1 Di	0 58 / 7 13 / 13 06 / 19 41	3,2 / 0,4 / 3,4 / 0,3	16 Mi	0 40 / 6 58 / 12 49 / 19 11	3,1 / 0,5 / 3,2 / 0,5
2 Mi	1 39 / 7 54 / 13 49 / 20 20	3,2 / 0,4 / 3,4 / 0,4	17 Do	1 09 / 7 25 / 13 19 / 19 40	3,2 / 0,5 / 3,2 / 0,6
3 Do	2 18 / 8 33 / 14 31 / 20 55	3,2 / 0,4 / 3,2 / 0,5	18 Fr	1 38 / 7 54 / 13 51 / 20 10	3,2 / 0,6 / 3,1 / 0,6
4 Fr	2 54 / 9 10 / 15 14 / 21 27	3,1 / 0,5 / 3,1 / 0,6	19 Sa	2 09 / 8 25 / 14 25 / 20 40	3,2 / 0,7 / 3,1 / 0,7
5 Sa ☽	3 30 / 9 47 / 15 58 / 22 01	3,0 / 0,6 / 2,9 / 0,8	20 So	2 41 / 8 58 / 15 05 / 21 11	3,1 / 0,7 / 3,0 / 0,8
6 So	4 12 / 10 29 / 16 49 / 22 48	2,9 / 0,8 / 2,8 / 1,0	21 Mo ☾	3 19 / 9 39 / 15 55 / 21 57	3,1 / 0,8 / 2,9 / 1,0
7 Mo	5 08 / 11 33 / 17 57	2,9 / 0,9 / 2,7	22 Di	4 12 / 10 41 / 17 04 / 23 10	3,0 / 0,8 / 2,8 / 1,0
8 Di	0 01 / 6 23 / 13 01 / 19 22	1,2 / 2,9 / 1,0 / 2,7	23 Mi	5 28 / 12 10 / 18 32	3,0 / 0,8 / 2,8
9 Mi	1 35 / 7 48 / 14 36 / 20 47	1,2 / 3,0 / 0,9 / 2,8	24 Do	0 45 / 6 58 / 13 48 / 20 03	1,0 / 3,0 / 0,7 / 2,9
10 Do	3 02 / 9 04 / 15 49 / 21 52	1,0 / 3,1 / 0,8 / 2,9	25 Fr	2 18 / 8 22 / 15 12 / 21 19	0,9 / 3,2 / 0,6 / 3,0
11 Fr	4 02 / 9 57 / 16 36 / 22 33	0,9 / 3,2 / 0,7 / 3,0	26 Sa	3 33 / 9 29 / 16 15 / 22 17	0,8 / 3,3 / 0,4 / 3,1
12 Sa	4 42 / 10 33 / 17 09 / 23 04	0,7 / 3,3 / 0,6 / 3,0	27 So	4 32 / 10 24 / 17 07 / 23 06	0,6 / 3,4 / 0,4 / 3,2
13 So ○	5 19 / 11 08 / 17 41 / 23 37	0,7 / 3,4 / 0,5 / 3,0	28 Mo ●	5 23 / 11 15 / 17 54 / 23 51	0,5 / 3,4 / 0,3 / 3,2
14 Mo	5 56 / 11 45 / 18 14	0,6 / 3,4 / 0,5	29 Di	6 09 / 12 02 / 18 34	0,4 / 3,4 / 0,3
15 Di	0 10 / 6 29 / 12 19 / 18 43	3,1 / 0,6 / 3,2 / 0,5	30 Mi	0 31 / 6 50 / 12 44 / 19 12	3,2 / 0,4 / 3,4 / 0,4
31 Do	1 08 / 7 29 / 13 25 / 19 49	3,2 / 0,4 / 3,3 / 0,5			

November

Day	Zeit	Höhe	Day	Zeit	Höhe
1 Fr	1 45 / 8 08 / 14 07 / 20 23	3,2 / 0,4 / 3,1 / 0,5	16 Sa	1 13 / 7 35 / 13 35 / 19 47	3,3 / 0,6 / 3,1 / 0,7
2 Sa	2 22 / 8 46 / 14 49 / 20 55	3,1 / 0,5 / 3,0 / 0,7	17 So	1 47 / 8 11 / 14 15 / 20 23	3,3 / 0,7 / 3,1 / 0,7
3 So	2 59 / 9 22 / 15 33 / 21 29	3,1 / 0,6 / 2,9 / 0,8	18 Mo	2 25 / 8 53 / 15 01 / 21 05	3,2 / 0,7 / 3,0 / 0,8
4 Mo ☽	3 39 / 10 03 / 16 21 / 22 11	3,0 / 0,8 / 2,8 / 1,0	19 Di	3 09 / 9 41 / 15 56 / 21 57	3,2 / 0,7 / 2,9 / 0,9
5 Di	4 30 / 10 58 / 17 20 / 23 13	3,0 / 0,9 / 2,7 / 1,2	20 Mi	4 05 / 10 42 / 17 01 / 23 05	3,2 / 0,8 / 2,9 / 1,0
6 Mi	5 35 / 12 13 / 18 34	3,0 / 1,0 / 2,7	21 Do	5 14 / 12 00 / 18 18	3,1 / 0,7 / 2,9
7 Do	0 35 / 6 53 / 13 38 / 19 53	1,2 / 3,0 / 1,0 / 2,7	22 Fr	0 27 / 6 35 / 13 25 / 19 39	1,0 / 3,1 / 0,7 / 2,9
8 Fr	2 02 / 8 09 / 14 54 / 21 01	1,1 / 3,1 / 0,8 / 2,9	23 Sa	1 50 / 7 53 / 14 43 / 20 51	0,9 / 3,2 / 0,6 / 3,0
9 Sa	3 11 / 9 10 / 15 48 / 21 49	1,0 / 3,1 / 0,7 / 3,0	24 So	3 03 / 9 01 / 15 46 / 21 49	0,8 / 3,3 / 0,5 / 3,1
10 So	4 01 / 9 55 / 16 28 / 22 27	0,8 / 3,2 / 0,7 / 3,1	25 Mo	4 05 / 9 59 / 16 41 / 22 39	0,7 / 3,3 / 0,5 / 3,1
11 Mo	4 43 / 10 34 / 17 05 / 23 03	0,8 / 3,2 / 0,6 / 3,1	26 Di ●	5 01 / 10 53 / 17 29 / 23 24	0,6 / 3,3 / 0,4 / 3,2
12 Di ○	5 23 / 11 13 / 17 40 / 23 37	0,7 / 3,2 / 0,5 / 3,1	27 Mi	5 48 / 11 42 / 18 10	0,4 / 3,3 / 0,4
13 Mi	5 58 / 11 48 / 18 11	0,6 / 3,2 / 0,5	28 Do	0 04 / 6 28 / 12 25 / 18 45	3,2 / 0,4 / 3,2 / 0,5
14 Do	0 09 / 6 29 / 12 22 / 18 42	3,2 / 0,6 / 3,2 / 0,6	29 Fr	0 41 / 7 05 / 13 05 / 19 21	3,2 / 0,4 / 3,2 / 0,5
15 Fr	0 41 / 7 01 / 12 57 / 19 14	3,2 / 0,6 / 3,2 / 0,6	30 Sa	1 18 / 7 46 / 13 47 / 19 58	3,2 / 0,5 / 3,1 / 0,6

Dezember

Day	Zeit	Höhe	Day	Zeit	Höhe
1 So	1 56 / 8 25 / 14 29 / 20 31	3,2 / 0,5 / 3,0 / 0,7	16 Mo	1 37 / 8 09 / 14 14 / 20 18	3,3 / 0,6 / 3,1 / 0,7
2 Mo	2 34 / 9 03 / 15 10 / 21 04	3,2 / 0,6 / 2,9 / 0,8	17 Di	2 18 / 8 54 / 15 02 / 21 04	3,3 / 0,6 / 3,0 / 0,7
3 Di	3 13 / 9 41 / 15 53 / 21 40	3,2 / 0,7 / 2,8 / 1,0	18 Mi	3 05 / 9 45 / 15 56 / 21 58	3,3 / 0,6 / 3,0 / 0,8
4 Mi ☽	3 56 / 10 24 / 16 41 / 22 27	3,1 / 0,9 / 2,8 / 1,1	19 Do ☾	3 59 / 10 41 / 16 55 / 22 58	3,3 / 0,6 / 2,9 / 0,8
5 Do	4 48 / 11 19 / 17 38 / 23 31	3,1 / 1,0 / 2,7 / 1,2	20 Fr	5 01 / 11 44 / 17 59	3,2 / 0,6 / 2,9
6 Fr	5 51 / 12 27 / 18 45	3,0 / 1,0 / 2,8	21 Sa	0 04 / 6 09 / 12 54 / 19 07	0,9 / 3,2 / 0,6 / 2,9
7 Sa	0 49 / 7 01 / 13 39 / 19 53	1,1 / 3,0 / 0,9 / 2,8	22 So	1 16 / 7 22 / 14 06 / 20 16	0,9 / 3,2 / 0,7 / 3,0
8 So	2 05 / 8 09 / 14 44 / 20 53	1,0 / 3,1 / 0,9 / 2,9	23 Mo	2 29 / 8 33 / 15 13 / 21 18	0,8 / 3,2 / 0,6 / 3,1
9 Mo	3 09 / 9 07 / 15 38 / 21 42	0,9 / 3,1 / 0,8 / 3,0	24 Di	3 38 / 9 37 / 16 13 / 22 12	0,7 / 3,2 / 0,6 / 3,1
10 Di	4 01 / 9 55 / 16 24 / 22 25	0,8 / 3,1 / 0,7 / 3,0	25 Mi	4 40 / 10 35 / 17 06 / 23 00	0,6 / 3,2 / 0,6 / 3,2
11 Mi	4 46 / 10 39 / 17 05 / 23 04	0,7 / 3,1 / 0,6 / 3,1	26 Do ●	5 31 / 11 26 / 17 49 / 23 43	0,5 / 3,2 / 0,5 / 3,2
12 Do ○	5 26 / 11 20 / 17 42 / 23 40	0,6 / 3,2 / 0,6 / 3,2	27 Fr	6 12 / 12 10 / 18 26	0,4 / 3,1 / 0,5
13 Fr	6 04 / 11 59 / 18 19	0,6 / 3,2 / 0,6	28 Sa	0 21 / 6 49 / 12 50 / 19 02	3,2 / 0,4 / 3,1 / 0,6
14 Sa	0 17 / 6 45 / 12 42 / 18 58	3,3 / 0,6 / 3,2 / 0,6	29 So	0 58 / 7 29 / 13 31 / 19 39	3,3 / 0,5 / 3,1 / 0,6
15 So	0 57 / 7 27 / 13 28 / 19 38	3,3 / 0,6 / 3,2 / 0,6	30 Mo	1 36 / 8 08 / 14 10 / 20 12	3,3 / 0,5 / 3,0 / 0,7
31 Di	2 12 / 8 44 / 14 47 / 20 42	3,3 / 0,6 / 2,9 / 0,7			

● Neumond ☽ erstes Viertel ○ Vollmond ☾ letztes Viertel

UTC+ 1h00min (MEZ)   Höhen sind auf SKN bezogen

Mittlere Tidenkurven

Norderney, Riffgat

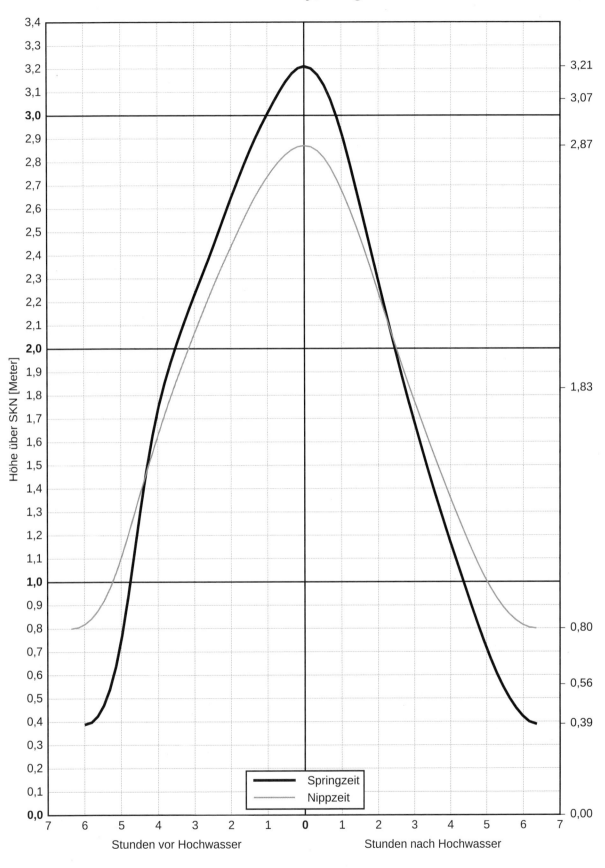

MSpSD: 5,97 h	MSpFD: 6,33 h	MHWI: 10 h 13 min
MNpSD: 6,33 h	MNpFD: 6,33 h	MNWI: 16 h 33 min

Stand Tidenkurven: 1955
Stand Gezeitengrundwerte: 2019

Borkum, Fischerbalje
Breite: 53°33'N, Länge: 6°45'E

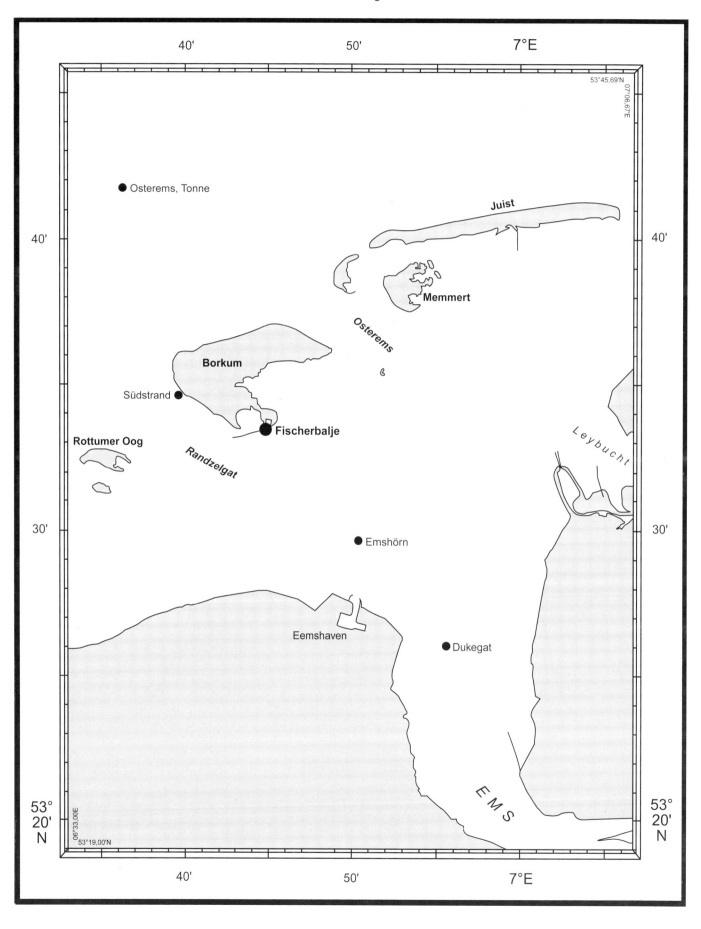

Gezeitenvorausberechnungen

Borkum, Fischerbalje 2019

Breite: 53° 33' N, Länge: 6° 45' E

Zeiten (Stunden und Minuten) und Höhen (Meter) der Hoch- und Niedrigwasser

Januar

Tag	Zeit	Höhe	Tag	Zeit	Höhe
1 Di	0 22 / 6 41 / 13 12 / 19 31	0,8 / 3,1 / 0,7 / 2,8	16 Mi	5 24 / 11 46 / 18 11	2,9 / 0,8 / 2,7
2 Mi	1 36 / 7 50 / 14 20 / 20 34	0,8 / 3,1 / 0,7 / 2,9	17 Do	0 18 / 6 38 / 13 01 / 19 24	0,9 / 2,9 / 0,8 / 2,8
3 Do	2 46 / 8 54 / 15 19 / 21 28	0,8 / 3,1 / 0,7 / 3,0	18 Fr	1 37 / 7 53 / 14 13 / 20 34	0,7 / 2,9 / 0,7 / 2,9
4 Fr	3 47 / 9 50 / 16 10 / 22 14	0,7 / 3,0 / 0,6 / 3,0	19 Sa	2 51 / 9 00 / 15 19 / 21 35	0,6 / 2,9 / 0,6 / 3,0
5 Sa	4 39 / 10 39 / 16 54 / 22 55	0,6 / 3,0 / 0,6 / 3,0	20 So	3 58 / 10 00 / 16 19 / 22 29	0,5 / 3,0 / 0,5 / 3,1
6 So ●	5 22 / 11 20 / 17 33 / 23 30	0,5 / 3,0 / 0,5 / 3,1	21 Mo ○	4 56 / 10 57 / 17 14 / 23 17	0,4 / 3,0 / 0,5 / 3,2
7 Mo	5 59 / 11 56 / 18 08	0,5 / 2,9 / 0,5	22 Di	5 52 / 11 51 / 18 08	0,3 / 3,0 / 0,4
8 Di	0 03 / 6 33 / 12 30 / 18 41	3,1 / 0,5 / 2,9 / 0,6	23 Mi	0 04 / 6 46 / 12 45 / 19 01	3,3 / 0,3 / 3,0 / 0,4
9 Mi	0 34 / 7 07 / 13 04 / 19 11	3,1 / 0,5 / 2,9 / 0,6	24 Do	0 53 / 7 38 / 13 36 / 19 49	3,3 / 0,3 / 3,0 / 0,4
10 Do	1 08 / 7 38 / 13 37 / 19 39	3,2 / 0,6 / 2,9 / 0,6	25 Fr	1 40 / 8 25 / 14 24 / 20 32	3,3 / 0,3 / 2,9 / 0,4
11 Fr	1 43 / 8 08 / 14 12 / 20 09	3,1 / 0,6 / 2,8 / 0,7	26 Sa	2 26 / 9 07 / 15 10 / 21 13	3,3 / 0,3 / 2,9 / 0,4
12 Sa	2 19 / 8 41 / 14 49 / 20 43	3,1 / 0,7 / 2,8 / 0,7	27 So ☾	3 13 / 9 49 / 15 56 / 21 55	3,2 / 0,4 / 2,8 / 0,5
13 So	2 56 / 9 16 / 15 28 / 21 20	3,1 / 0,7 / 2,8 / 0,8	28 Mo	4 02 / 10 31 / 16 43 / 22 40	3,1 / 0,5 / 2,8 / 0,6
14 Mo ☽	3 34 / 9 53 / 16 11 / 22 04	3,0 / 0,7 / 2,8 / 0,9	29 Di	4 56 / 11 17 / 17 37 / 23 36	3,0 / 0,6 / 2,7 / 0,7
15 Di	4 21 / 10 41 / 17 05 / 23 03	2,9 / 0,8 / 2,7 / 0,9	30 Mi	6 00 / 12 18 / 18 42	2,9 / 0,7 / 2,7
			31 Do	0 51 / 7 15 / 13 34 / 19 54	0,8 / 2,9 / 0,8 / 2,8

Februar

Tag	Zeit	Höhe	Tag	Zeit	Höhe
1 Fr	2 14 / 8 30 / 14 48 / 21 01	0,8 / 2,9 / 0,8 / 2,9	16 Sa	0 55 / 7 20 / 13 36 / 20 00	0,7 / 2,8 / 0,7 / 2,8
2 Sa	3 26 / 9 34 / 15 48 / 21 53	0,7 / 2,9 / 0,7 / 3,0	17 So	2 24 / 8 41 / 14 56 / 21 13	0,5 / 2,8 / 0,6 / 2,9
3 So	4 22 / 10 24 / 16 35 / 22 35	0,6 / 2,9 / 0,6 / 3,0	18 Mo	3 43 / 9 50 / 16 05 / 22 12	0,4 / 2,9 / 0,5 / 3,1
4 Mo ●	5 06 / 11 04 / 17 16 / 23 11	0,5 / 2,9 / 0,6 / 3,1	19 Di ○	4 49 / 10 50 / 17 06 / 23 03	0,3 / 3,0 / 0,4 / 3,2
5 Di	5 44 / 11 39 / 17 54 / 23 45	0,4 / 2,9 / 0,5 / 3,1	20 Mi	5 45 / 11 44 / 18 00 / 23 51	0,2 / 3,0 / 0,3 / 3,2
6 Mi	6 19 / 12 12 / 18 28	0,4 / 2,9 / 0,4	21 Do	6 36 / 12 33 / 18 51	0,2 / 3,0 / 0,3
7 Do	0 16 / 6 52 / 12 44 / 18 59	3,1 / 0,4 / 2,9 / 0,5	22 Fr	0 39 / 7 25 / 13 20 / 19 37	3,3 / 0,2 / 3,0 / 0,2
8 Fr	0 48 / 7 22 / 13 16 / 19 27	3,1 / 0,4 / 2,9 / 0,5	23 Sa	1 25 / 8 10 / 14 04 / 20 18	3,3 / 0,2 / 2,9 / 0,2
9 Sa	1 21 / 7 52 / 13 50 / 19 57	3,1 / 0,5 / 2,9 / 0,5	24 So	2 09 / 8 49 / 14 44 / 20 55	3,2 / 0,2 / 2,9 / 0,3
10 So	1 56 / 8 25 / 14 25 / 20 31	3,1 / 0,5 / 2,9 / 0,5	25 Mo	2 51 / 9 24 / 15 22 / 21 30	3,2 / 0,4 / 2,8 / 0,4
11 Mo	2 31 / 8 56 / 14 58 / 21 01	3,1 / 0,5 / 2,9 / 0,6	26 Di ☾	3 33 / 9 55 / 16 01 / 22 05	3,0 / 0,5 / 2,8 / 0,5
12 Di ☽	3 04 / 9 23 / 15 30 / 21 31	3,0 / 0,6 / 2,9 / 0,6	27 Mi	4 19 / 10 29 / 16 48 / 22 54	2,9 / 0,6 / 2,7 / 0,6
13 Mi	3 40 / 9 55 / 16 11 / 22 15	2,9 / 0,6 / 2,7 / 0,7	28 Do	5 19 / 11 25 / 17 52	2,8 / 0,8 / 2,7
14 Do	4 34 / 10 50 / 17 14 / 23 26	2,8 / 0,7 / 2,7 / 0,8			
15 Fr	5 52 / 12 09 / 18 36	2,8 / 0,8 / 2,7			

März

Tag	Zeit	Höhe	Tag	Zeit	Höhe
1 Fr	0 07 / 6 37 / 12 45 / 19 12	0,7 / 2,7 / 0,8 / 2,7	16 Sa	5 27 / 11 35 / 18 06	2,7 / 0,7 / 2,7
2 Sa	1 38 / 8 02 / 14 14 / 20 30	0,7 / 2,7 / 0,8 / 2,8	17 So	0 32 / 7 02 / 13 12 / 19 37	0,6 / 2,7 / 0,7 / 2,8
3 So	3 02 / 9 16 / 15 25 / 21 30	0,7 / 2,8 / 0,7 / 3,0	18 Mo	2 08 / 8 31 / 14 40 / 20 55	0,5 / 2,8 / 0,6 / 3,0
4 Mo	4 03 / 10 07 / 16 16 / 22 12	0,5 / 2,8 / 0,6 / 3,0	19 Di	3 30 / 9 42 / 15 53 / 21 55	0,3 / 2,9 / 0,5 / 3,1
5 Di	4 47 / 10 45 / 16 56 / 22 48	0,4 / 2,9 / 0,5 / 3,0	20 Mi	4 37 / 10 40 / 16 54 / 22 47	0,2 / 2,9 / 0,4 / 3,2
6 Mi ●	5 24 / 11 17 / 17 35 / 23 22	0,4 / 2,9 / 0,4 / 3,1	21 Do ○	5 32 / 11 29 / 17 48 / 23 36	0,1 / 3,0 / 0,3 / 3,2
7 Do	6 00 / 11 50 / 18 11 / 23 55	0,3 / 2,9 / 0,4 / 3,1	22 Fr	6 20 / 12 17 / 18 35	0,1 / 3,0 / 0,3
8 Fr	6 33 / 12 22 / 18 44	0,3 / 2,9 / 0,3	23 Sa	0 22 / 7 05 / 12 58 / 19 18	3,2 / 0,1 / 3,0 / 0,2
9 Sa	0 27 / 7 04 / 12 54 / 19 14	3,1 / 0,3 / 2,9 / 0,3	24 So	1 06 / 7 46 / 13 37 / 19 58	3,2 / 0,2 / 3,0 / 0,2
10 So	0 59 / 7 34 / 13 27 / 19 44	3,1 / 0,3 / 2,9 / 0,4	25 Mo	1 47 / 8 23 / 14 13 / 20 33	3,1 / 0,2 / 3,0 / 0,4
11 Mo	1 34 / 8 05 / 14 01 / 20 15	3,1 / 0,4 / 2,9 / 0,4	26 Di	2 26 / 8 53 / 14 47 / 21 05	3,0 / 0,3 / 2,9 / 0,5
12 Di	2 08 / 8 34 / 14 31 / 20 43	3,0 / 0,4 / 2,9 / 0,4	27 Mi	3 05 / 9 19 / 15 22 / 21 37	2,9 / 0,5 / 2,8 / 0,6
13 Mi	2 40 / 8 58 / 14 58 / 21 08	3,0 / 0,5 / 2,9 / 0,5	28 Do ☾	3 48 / 9 49 / 16 06 / 22 20	2,8 / 0,7 / 2,7 / 0,7
14 Do ☽	3 15 / 9 24 / 15 35 / 21 47	2,9 / 0,6 / 2,8 / 0,6	29 Fr	4 44 / 10 39 / 17 07 / 23 27	2,6 / 0,8 / 2,7 / 0,7
15 Fr	4 07 / 10 14 / 16 38 / 22 56	2,8 / 0,7 / 2,7 / 0,6	30 Sa	5 59 / 11 58 / 18 27	2,6 / 0,9 / 2,6
			31 So	0 57 / 7 26 / 13 30 / 19 50	0,7 / 2,6 / 0,8 / 2,8

April

Tag	Zeit	Höhe	Tag	Zeit	Höhe
1 Mo	2 26 / 8 45 / 14 49 / 20 57	0,6 / 2,7 / 0,7 / 2,9	16 Di	1 57 / 8 21 / 14 25 / 20 36	0,4 / 2,8 / 0,6 / 3,0
2 Di	3 31 / 9 40 / 15 44 / 21 42	0,5 / 2,8 / 0,6 / 3,0	17 Mi	3 13 / 9 28 / 15 35 / 21 35	0,3 / 2,9 / 0,5 / 3,1
3 Mi	4 15 / 10 17 / 16 26 / 22 19	0,4 / 2,8 / 0,5 / 3,0	18 Do	4 16 / 10 22 / 16 35 / 22 27	0,2 / 2,9 / 0,4 / 3,2
4 Do	4 53 / 10 50 / 17 07 / 22 55	0,4 / 2,8 / 0,4 / 3,0	19 Fr ○	5 11 / 11 11 / 17 29 / 23 18	0,1 / 3,0 / 0,3 / 3,2
5 Fr ●	5 31 / 11 24 / 17 47 / 23 31	0,3 / 2,9 / 0,3 / 3,0	20 Sa	5 59 / 11 55 / 18 15	0,1 / 3,0 / 0,2
6 Sa	6 06 / 11 58 / 18 23	0,3 / 2,9 / 0,3	21 So	0 03 / 6 40 / 12 33 / 18 56	3,2 / 0,1 / 3,0 / 0,2
7 So	0 04 / 6 39 / 12 31 / 18 55	3,0 / 0,2 / 2,9 / 0,3	22 Mo	0 44 / 7 16 / 13 07 / 19 33	3,1 / 0,2 / 3,0 / 0,2
8 Mo	0 37 / 7 10 / 13 04 / 19 25	3,0 / 0,3 / 2,9 / 0,3	23 Di	1 23 / 7 50 / 13 41 / 20 08	3,0 / 0,3 / 3,0 / 0,2
9 Di	1 12 / 7 40 / 13 36 / 19 54	3,0 / 0,4 / 2,9 / 0,4	24 Mi	2 02 / 8 20 / 14 15 / 20 40	2,9 / 0,4 / 2,9 / 0,3
10 Mi	1 48 / 8 10 / 14 07 / 20 24	3,0 / 0,4 / 3,0 / 0,4	25 Do	2 42 / 8 47 / 14 51 / 21 14	2,8 / 0,5 / 2,9 / 0,4
11 Do	2 25 / 8 38 / 14 39 / 20 57	2,9 / 0,5 / 2,9 / 0,4	26 Fr ☾	3 24 / 9 19 / 15 34 / 21 55	2,7 / 0,6 / 2,9 / 0,5
12 Fr ☽	3 07 / 9 11 / 15 21 / 21 42	2,9 / 0,6 / 2,9 / 0,5	27 Sa	4 15 / 10 04 / 16 30 / 22 52	2,6 / 0,8 / 2,8 / 0,7
13 Sa	4 04 / 10 03 / 16 25 / 22 52	2,7 / 0,7 / 2,8 / 0,6	28 So	5 21 / 11 11 / 17 41	2,5 / 0,9 / 2,8
14 So	5 23 / 11 23 / 17 51	2,7 / 0,7 / 2,9	29 Mo	0 09 / 6 40 / 12 35 / 18 59	0,7 / 2,5 / 0,9 / 2,8
15 Mo	0 24 / 6 55 / 12 58 / 19 21	0,5 / 2,7 / 0,7 / 2,9	30 Di	1 32 / 7 58 / 13 55 / 20 09	0,6 / 2,6 / 0,8 / 2,9

● Neumond　☽ erstes Viertel　○ Vollmond　☾ letztes Viertel

UTC+ 1h00min (MEZ)　　Höhen sind auf SKN bezogen

Borkum, Fischerbalje 2019

Breite: 53° 33' N, Länge: 6° 45' E

Zeiten (Stunden und Minuten) und Höhen (Meter) der Hoch- und Niedrigwasser

Mai

Tag	Zeit	Höhe	Tag	Zeit	Höhe
1 Mi	2 40 / 8 58 / 14 57 / 21 02	0,5 / 2,7 / 0,6 / 3,0	16 Do	2 51 / 9 07 / 15 11 / 21 12	0,3 / 2,9 / 0,5 / 3,1
2 Do	3 30 / 9 41 / 15 45 / 21 44	0,4 / 2,8 / 0,5 / 3,0	17 Fr	3 49 / 9 58 / 16 10 / 22 06	0,3 / 2,9 / 0,4 / 3,1
3 Fr	4 12 / 10 19 / 16 31 / 22 24	0,4 / 2,9 / 0,5 / 3,0	18 Sa	4 43 / 10 46 / 17 06 / 22 59 ○	0,2 / 3,0 / 0,3 / 3,1
4 Sa ●	4 54 / 10 56 / 17 15 / 23 03	0,3 / 2,9 / 0,4 / 3,0	19 So	5 32 / 11 31 / 17 53 / 23 45	0,2 / 3,0 / 0,2 / 3,1
5 So	5 33 / 11 32 / 17 54 / 23 39	0,3 / 3,0 / 0,3 / 3,0	20 Mo	6 11 / 12 08 / 18 32	0,2 / 3,0 / 0,2
6 Mo	6 08 / 12 05 / 18 28	0,3 / 3,0 / 0,3	21 Di	0 24 / 6 46 / 12 41 / 19 08	3,0 / 0,3 / 3,0 / 0,2
7 Di	0 15 / 6 42 / 12 39 / 19 01	3,0 / 0,3 / 3,0 / 0,3	22 Mi	1 01 / 7 19 / 13 14 / 19 44	2,9 / 0,4 / 3,0 / 0,3
8 Mi	0 53 / 7 16 / 13 15 / 19 36	3,0 / 0,4 / 3,0 / 0,4	23 Do	1 41 / 7 51 / 13 49 / 20 19	2,9 / 0,4 / 3,0 / 0,3
9 Do	1 36 / 7 50 / 13 52 / 20 13	3,0 / 0,5 / 3,0 / 0,4	24 Fr	2 21 / 8 22 / 14 28 / 20 54	2,8 / 0,5 / 3,0 / 0,4
10 Fr	2 21 / 8 27 / 14 32 / 20 58	2,9 / 0,5 / 3,0 / 0,5	25 Sa	3 03 / 8 55 / 15 09 / 21 33	2,7 / 0,6 / 3,0 / 0,6
11 Sa	3 12 / 9 12 / 15 21 / 21 52	2,9 / 0,6 / 3,0 / 0,5	26 So ☾	3 48 / 9 35 / 15 57 / 22 19	2,6 / 0,8 / 3,0 / 0,7
12 So ☽	4 13 / 10 08 / 16 24 / 23 00	2,8 / 0,7 / 3,0 / 0,5	27 Mo	4 42 / 10 27 / 16 54 / 23 18	2,6 / 0,9 / 2,9 / 0,7
13 Mo	5 26 / 11 21 / 17 42	2,7 / 0,7 / 3,0	28 Di	5 47 / 11 35 / 18 01	2,6 / 0,9 / 2,9
14 Di	0 20 / 6 48 / 12 45 / 19 03	0,5 / 2,7 / 0,7 / 3,0	29 Mi	0 27 / 6 58 / 12 49 / 19 10	0,7 / 2,6 / 0,8 / 2,9
15 Mi	1 41 / 8 05 / 14 04 / 20 14	0,4 / 2,8 / 0,6 / 3,1	30 Do	1 36 / 8 02 / 13 58 / 20 12	0,6 / 2,7 / 0,7 / 3,0
			31 Fr	2 35 / 8 55 / 14 58 / 21 04	0,5 / 2,8 / 0,6 / 3,0

Juni

Tag	Zeit	Höhe	Tag	Zeit	Höhe
1 Sa	3 25 / 9 41 / 15 51 / 21 50	0,5 / 2,9 / 0,6 / 3,0	16 So	4 13 / 10 20 / 16 41 / 22 41	0,4 / 3,0 / 0,4 / 3,0
2 So	4 13 / 10 23 / 16 39 / 22 33	0,4 / 3,0 / 0,5 / 3,0	17 Mo ○	5 02 / 11 06 / 17 30 / 23 28	0,4 / 3,0 / 0,3 / 3,0
3 Mo ●	4 57 / 11 02 / 17 21 / 23 15	0,4 / 3,0 / 0,4 / 3,1	18 Di	5 44 / 11 45 / 18 10	0,4 / 3,1 / 0,3
4 Di	5 37 / 11 39 / 18 01 / 23 56	0,4 / 3,1 / 0,4 / 3,1	19 Mi	0 07 / 6 21 / 12 19 / 18 47	3,0 / 0,4 / 3,1 / 0,3
5 Mi	6 18 / 12 18 / 18 44	0,4 / 3,1 / 0,4	20 Do	0 44 / 6 56 / 12 53 / 19 24	2,9 / 0,5 / 3,1 / 0,4
6 Do	0 42 / 7 00 / 13 00 / 19 28	3,0 / 0,4 / 3,1 / 0,4	21 Fr	1 22 / 7 39 / 13 28 / 20 00	2,9 / 0,5 / 3,1 / 0,4
7 Fr	1 31 / 7 42 / 13 43 / 20 13	3,0 / 0,5 / 3,2 / 0,4	22 Sa	2 01 / 8 01 / 14 06 / 20 34	2,8 / 0,6 / 3,1 / 0,5
8 Sa	2 22 / 8 26 / 14 29 / 21 03	2,9 / 0,5 / 3,2 / 0,4	23 So	2 40 / 8 33 / 14 45 / 21 10	2,8 / 0,7 / 3,1 / 0,6
9 So	3 16 / 9 16 / 15 21 / 21 59	2,9 / 0,6 / 3,1 / 0,5	24 Mo	3 20 / 9 10 / 15 26 / 21 49	2,7 / 0,8 / 3,1 / 0,7
10 Mo ☽	4 16 / 10 12 / 16 20 / 23 01	2,8 / 0,6 / 3,1 / 0,5	25 Di ☾	4 04 / 9 51 / 16 11 / 22 32	2,7 / 0,8 / 3,0 / 0,7
11 Di	5 21 / 11 15 / 17 28	2,8 / 0,7 / 3,1	26 Mi	4 54 / 10 41 / 17 04 / 23 25	2,7 / 0,9 / 3,0 / 0,7
12 Mi	0 08 / 6 30 / 12 25 / 18 40	0,5 / 2,8 / 0,7 / 3,1	27 Do	5 53 / 11 45 / 18 07	2,7 / 0,9 / 2,9
13 Do	1 18 / 7 37 / 13 37 / 19 49	0,4 / 2,8 / 0,6 / 3,1	28 Fr	0 29 / 6 57 / 12 56 / 19 15	0,7 / 2,7 / 0,8 / 2,9
14 Fr	2 23 / 8 38 / 14 44 / 20 50	0,4 / 2,9 / 0,6 / 3,1	29 Sa	1 35 / 8 00 / 14 05 / 20 18	0,7 / 2,8 / 0,7 / 3,0
15 Sa	3 20 / 9 31 / 15 45 / 21 47	0,4 / 3,0 / 0,5 / 3,1	30 So	2 36 / 8 57 / 15 07 / 21 14	0,6 / 2,9 / 0,6 / 3,0

Juli

Tag	Zeit	Höhe	Tag	Zeit	Höhe
1 Mo	3 31 / 9 48 / 16 03 / 22 05	0,5 / 3,0 / 0,5 / 3,0	16 Di ○	4 38 / 10 44 / 17 11 / 23 13	0,5 / 3,1 / 0,4 / 3,0
2 Di ●	4 23 / 10 34 / 16 54 / 22 55	0,5 / 3,0 / 0,5 / 3,0	17 Mi	5 23 / 11 25 / 17 53 / 23 52	0,5 / 3,1 / 0,4 / 3,0
3 Mi	5 12 / 11 18 / 17 44 / 23 44	0,5 / 3,1 / 0,4 / 3,1	18 Do	6 03 / 12 01 / 18 31	0,5 / 3,2 / 0,4
4 Do	6 02 / 12 02 / 18 35	0,5 / 3,2 / 0,4	19 Fr	0 27 / 6 40 / 12 34 / 19 07	2,9 / 0,5 / 3,2 / 0,5
5 Fr	0 35 / 6 52 / 12 48 / 19 26	3,1 / 0,5 / 3,2 / 0,3	20 Sa	1 02 / 7 13 / 13 08 / 19 41	2,9 / 0,5 / 3,2 / 0,5
6 Sa	1 27 / 7 39 / 13 35 / 20 14	3,0 / 0,4 / 3,2 / 0,3	21 So	1 37 / 7 42 / 13 42 / 20 12	2,9 / 0,6 / 3,2 / 0,6
7 So	2 19 / 8 25 / 14 22 / 21 02	3,0 / 0,4 / 3,2 / 0,3	22 Mo	2 12 / 8 12 / 14 19 / 20 46	2,9 / 0,6 / 3,2 / 0,6
8 Mo	3 11 / 9 13 / 15 13 / 21 54	2,9 / 0,5 / 3,2 / 0,4	23 Di	2 49 / 8 47 / 14 55 / 21 20	2,9 / 0,7 / 3,1 / 0,7
9 Di ☽	4 05 / 10 05 / 16 07 / 22 48	2,8 / 0,6 / 3,2 / 0,5	24 Mi	3 27 / 9 23 / 15 32 / 21 53	2,8 / 0,8 / 3,1 / 0,7
10 Mi	5 00 / 10 57 / 17 06 / 23 42	2,8 / 0,6 / 3,2 / 0,5	25 Do ☾	4 05 / 10 00 / 16 12 / 22 31	2,8 / 0,8 / 3,0 / 0,7
11 Do	5 58 / 11 55 / 18 10	2,8 / 0,6 / 3,1	26 Fr	4 50 / 10 48 / 17 06 / 23 25	2,8 / 0,9 / 2,9 / 0,8
12 Fr	0 43 / 7 00 / 13 03 / 19 20	0,6 / 2,8 / 0,7 / 3,1	27 Sa	5 49 / 11 54 / 18 16	2,7 / 0,9 / 2,9
13 Sa	1 49 / 8 05 / 14 15 / 20 30	0,6 / 2,9 / 0,7 / 3,0	28 So	0 34 / 7 00 / 13 11 / 19 32	0,8 / 2,8 / 0,8 / 2,9
14 So	2 52 / 9 06 / 15 23 / 21 33	0,6 / 3,0 / 0,6 / 3,0	29 Mo	1 48 / 8 11 / 14 27 / 20 42	0,7 / 2,8 / 0,6 / 2,9
15 Mo	3 48 / 9 58 / 16 21 / 22 27	0,6 / 3,0 / 0,5 / 2,9	30 Di	2 56 / 9 16 / 15 36 / 21 44	0,6 / 2,9 / 0,5 / 2,9
31 Mi	3 58 / 10 12 / 16 38 / 22 41	0,5 / 3,0 / 0,4 / 3,0			

August

Tag	Zeit	Höhe	Tag	Zeit	Höhe
1 Do ●	4 57 / 11 01 / 17 35 / 23 35	0,5 / 3,2 / 0,4 / 3,1	16 Fr	5 45 / 11 39 / 18 14	0,6 / 3,2 / 0,5
2 Fr	5 52 / 11 48 / 18 28	0,5 / 3,3 / 0,3	17 Sa	0 07 / 6 22 / 12 13 / 18 48	2,9 / 0,5 / 3,2 / 0,5
3 Sa	0 27 / 6 44 / 12 35 / 19 19	3,1 / 0,4 / 3,3 / 0,3	18 So	0 39 / 6 55 / 12 44 / 19 19	2,9 / 0,5 / 3,2 / 0,5
4 So	1 18 / 7 33 / 13 22 / 20 06	3,0 / 0,4 / 3,3 / 0,2	19 Mo	1 10 / 7 24 / 13 16 / 19 49	2,9 / 0,5 / 3,2 / 0,5
5 Mo	2 06 / 8 17 / 14 09 / 20 51	3,0 / 0,4 / 3,3 / 0,3	20 Di	1 42 / 7 53 / 13 50 / 20 19	2,9 / 0,6 / 3,1 / 0,6
6 Di	2 53 / 9 00 / 14 56 / 21 35	2,9 / 0,4 / 3,2 / 0,4	21 Mi	2 16 / 8 25 / 14 24 / 20 50	2,9 / 0,6 / 3,1 / 0,6
7 Mi	3 39 / 9 44 / 15 45 / 22 19	2,9 / 0,5 / 3,2 / 0,5	22 Do	2 50 / 8 57 / 14 56 / 21 18	2,9 / 0,7 / 3,1 / 0,7
8 Do	4 26 / 10 28 / 16 36 / 23 03	2,8 / 0,6 / 3,1 / 0,6	23 Fr ☾	3 21 / 9 24 / 15 29 / 21 45	2,9 / 0,7 / 3,0 / 0,7
9 Fr	5 15 / 11 18 / 17 36 / 23 57	2,8 / 0,7 / 3,0 / 0,7	24 Sa	3 55 / 10 00 / 16 16 / 22 29	2,8 / 0,8 / 2,9 / 0,8
10 Sa	6 16 / 12 25 / 18 49	2,8 / 0,8 / 2,9	25 So	4 50 / 11 01 / 17 26 / 23 41	2,7 / 0,9 / 2,8 / 0,9
11 So	1 08 / 7 28 / 13 47 / 20 09	0,8 / 2,9 / 0,8 / 2,9	26 Mo	6 07 / 12 26 / 18 54	2,7 / 0,8 / 2,8
12 Mo	2 25 / 8 40 / 15 06 / 21 20	0,8 / 3,0 / 0,7 / 2,9	27 Di	1 07 / 7 33 / 13 57 / 20 19	0,8 / 2,8 / 0,7 / 2,8
13 Di	3 30 / 9 39 / 16 08 / 22 16	0,8 / 3,0 / 0,6 / 2,9	28 Mi	2 29 / 8 50 / 15 17 / 21 30	0,7 / 2,9 / 0,5 / 2,9
14 Mi	4 22 / 10 25 / 16 56 / 22 58	0,7 / 3,1 / 0,5 / 2,9	29 Do	3 40 / 9 52 / 16 26 / 22 30	0,6 / 3,1 / 0,4 / 3,0
15 Do ○	5 05 / 11 03 / 17 37 / 23 34	0,6 / 3,1 / 0,5 / 2,9	30 Fr ●	4 43 / 10 44 / 17 24 / 23 24	0,5 / 3,2 / 0,3 / 3,1
			31 Sa	5 40 / 11 31 / 18 16	0,5 / 3,3 / 0,3

● Neumond   ☽ erstes Viertel   ○ Vollmond   ☾ letztes Viertel

UTC+ 1h00min (MEZ)   Höhen sind auf SKN bezogen

Gezeitenvorausberechnungen

Borkum, Fischerbalje 2019

Breite: 53° 33' N, Länge: 6° 45' E

Zeiten (Stunden und Minuten) und Höhen (Meter) der Hoch- und Niedrigwasser

September

Tag	Zeit	Höhe	Tag	Zeit	Höhe
1 So	0 14 / 6 31 / 12 18 / 19 03	3,1 / 0,4 / 3,3 / 0,2	**16** Mo	0 12 / 6 33 / 12 18 / 18 53	2,9 / 0,5 / 3,1 / 0,4
2 Mo	1 00 / 7 18 / 13 04 / 19 48	3,1 / 0,3 / 3,3 / 0,2	**17** Di	0 42 / 7 04 / 12 49 / 19 22	2,9 / 0,5 / 3,1 / 0,5
3 Di	1 44 / 8 00 / 13 49 / 20 29	3,0 / 0,3 / 3,3 / 0,3	**18** Mi	1 12 / 7 31 / 13 20 / 19 49	3,0 / 0,5 / 3,1 / 0,6
4 Mi	2 26 / 8 39 / 14 32 / 21 07	3,0 / 0,4 / 3,2 / 0,4	**19** Do	1 44 / 7 59 / 13 53 / 20 17	3,0 / 0,6 / 3,1 / 0,6
5 Do	3 05 / 9 16 / 15 16 / 21 41	2,9 / 0,4 / 3,1 / 0,6	**20** Fr	2 14 / 8 26 / 14 24 / 20 41	3,0 / 0,6 / 3,0 / 0,7
6 Fr ☽	3 44 / 9 54 / 16 03 / 22 17	2,9 / 0,6 / 3,0 / 0,7	**21** Sa	2 42 / 8 52 / 14 58 / 21 07	2,9 / 0,7 / 2,9 / 0,8
7 Sa	4 30 / 10 40 / 17 01 / 23 08	2,8 / 0,7 / 2,9 / 0,9	**22** So ☾	3 16 / 9 27 / 15 44 / 21 50	2,9 / 0,8 / 2,8 / 0,9
8 So	5 30 / 11 47 / 18 15	2,8 / 0,8 / 2,8	**23** Mo	4 10 / 10 28 / 16 56 / 23 03	2,8 / 0,9 / 2,7 / 1,0
9 Mo	0 24 / 6 49 / 13 16 / 19 43	1,0 / 2,8 / 0,9 / 2,8	**24** Di	5 31 / 11 58 / 18 30	2,8 / 0,8 / 2,7
10 Di	1 54 / 8 11 / 14 45 / 21 02	1,0 / 2,9 / 0,8 / 2,8	**25** Mi	0 37 / 7 04 / 13 35 / 20 02	0,9 / 2,9 / 0,7 / 2,8
11 Mi	3 11 / 9 17 / 15 52 / 22 00	0,9 / 3,0 / 0,7 / 2,9	**26** Do	2 08 / 8 26 / 15 00 / 21 17	0,8 / 3,0 / 0,5 / 2,9
12 Do	4 04 / 10 02 / 16 36 / 22 38	0,8 / 3,1 / 0,6 / 2,9	**27** Fr	3 23 / 9 30 / 16 09 / 22 16	0,7 / 3,1 / 0,4 / 3,0
13 Fr	4 43 / 10 37 / 17 12 / 23 10	0,7 / 3,1 / 0,5 / 2,9	**28** Sa ●	4 26 / 10 23 / 17 06 / 23 06	0,6 / 3,2 / 0,3 / 3,0
14 Sa ○	5 21 / 11 12 / 17 48 / 23 41	0,6 / 3,2 / 0,5 / 2,9	**29** So	5 21 / 11 12 / 17 56 / 23 53	0,5 / 3,3 / 0,3 / 3,1
15 So	5 59 / 11 47 / 18 23	0,5 / 3,2 / 0,5	**30** Mo	6 11 / 11 58 / 18 40	0,4 / 3,3 / 0,3

Oktober

Tag	Zeit	Höhe	Tag	Zeit	Höhe
1 Di	0 36 / 6 55 / 12 42 / 19 21	3,1 / 0,3 / 3,3 / 0,3	**16** Mi	0 14 / 6 37 / 12 21 / 18 50	3,0 / 0,5 / 3,1 / 0,5
2 Mi	1 15 / 7 36 / 13 25 / 19 59	3,1 / 0,3 / 3,2 / 0,4	**17** Do	0 43 / 7 04 / 12 52 / 19 17	3,0 / 0,5 / 3,1 / 0,6
3 Do	1 53 / 8 12 / 14 06 / 20 31	3,0 / 0,4 / 3,1 / 0,5	**18** Fr	1 13 / 7 30 / 13 26 / 19 43	3,1 / 0,6 / 3,1 / 0,6
4 Fr	2 28 / 8 46 / 14 48 / 21 01	3,0 / 0,4 / 3,0 / 0,6	**19** Sa	1 44 / 7 57 / 14 01 / 20 10	3,1 / 0,6 / 3,0 / 0,7
5 Sa ☽	3 05 / 9 21 / 15 33 / 21 34	2,9 / 0,5 / 2,8 / 0,8	**20** So	2 15 / 8 29 / 14 41 / 20 43	3,0 / 0,7 / 2,9 / 0,8
6 So	3 49 / 10 06 / 16 28 / 22 22	2,9 / 0,7 / 2,7 / 1,0	**21** Mo ☾	2 54 / 9 12 / 15 33 / 21 31	3,0 / 0,8 / 2,8 / 0,9
7 Mo	4 48 / 11 10 / 17 40 / 23 37	2,8 / 0,9 / 2,7 / 1,1	**22** Di	3 51 / 10 16 / 16 46 / 22 44	2,9 / 0,8 / 2,8 / 1,0
8 Di	6 05 / 12 37 / 19 06	2,9 / 0,9 / 2,7	**23** Mi	5 10 / 11 42 / 18 15	2,9 / 0,8 / 2,8
9 Mi	1 10 / 7 30 / 14 09 / 20 29	1,1 / 2,9 / 0,9 / 2,7	**24** Do	0 16 / 6 40 / 13 16 / 19 45	1,0 / 3,0 / 0,7 / 2,8
10 Do	2 34 / 8 41 / 15 19 / 21 29	1,0 / 3,0 / 0,7 / 2,8	**25** Fr	1 46 / 8 00 / 14 38 / 20 58	0,8 / 3,1 / 0,5 / 2,9
11 Fr	3 32 / 9 30 / 16 04 / 22 08	0,8 / 3,1 / 0,6 / 2,9	**26** Sa	3 00 / 9 04 / 15 44 / 21 54	0,7 / 3,2 / 0,4 / 3,0
12 Sa	4 11 / 10 05 / 16 38 / 22 39	0,7 / 3,1 / 0,5 / 2,9	**27** So	4 02 / 9 58 / 16 40 / 22 42	0,6 / 3,2 / 0,4 / 3,0
13 So ○	4 49 / 10 40 / 17 13 / 23 12	0,6 / 3,1 / 0,5 / 2,9	**28** Mo ●	4 57 / 10 49 / 17 30 / 23 27	0,5 / 3,3 / 0,3 / 3,1
14 Mo	5 28 / 11 17 / 17 49 / 23 44	0,5 / 3,1 / 0,5 / 3,0	**29** Di	5 46 / 11 37 / 18 11	0,4 / 3,3 / 0,3
15 Di	6 05 / 11 50 / 18 21	0,5 / 3,1 / 0,5	**30** Mi	0 08 / 6 28 / 12 20 / 18 49	3,1 / 0,3 / 3,2 / 0,4
31 Do	0 44 / 7 07 / 13 00 / 19 24	3,1 / 0,4 / 3,1 / 0,5			

November

Tag	Zeit	Höhe	Tag	Zeit	Höhe
1 Fr	1 19 / 7 44 / 13 41 / 19 57	3,1 / 0,4 / 3,0 / 0,5	**16** Sa	0 49 / 7 08 / 13 09 / 19 19	3,1 / 0,6 / 3,1 / 0,7
2 Sa	1 56 / 8 20 / 14 24 / 20 27	3,0 / 0,4 / 2,9 / 0,6	**17** So	1 24 / 7 42 / 13 51 / 19 53	3,1 / 0,6 / 3,0 / 0,7
3 So	2 33 / 8 55 / 15 08 / 21 00	3,0 / 0,5 / 2,8 / 0,8	**18** Mo	2 01 / 8 22 / 14 38 / 20 35	3,1 / 0,7 / 2,9 / 0,8
4 Mo ☽	3 17 / 9 38 / 15 59 / 21 44	3,0 / 0,7 / 2,7 / 1,0	**19** Di ☾	2 46 / 9 12 / 15 34 / 21 28	3,1 / 0,7 / 2,8 / 0,9
5 Di	4 11 / 10 34 / 17 01 / 22 48	3,0 / 0,9 / 2,6 / 1,1	**20** Mi	3 43 / 10 15 / 16 42 / 22 35	3,1 / 0,7 / 2,8 / 1,0
6 Mi	5 18 / 11 47 / 18 17	2,9 / 1,0 / 2,6	**21** Do	4 55 / 11 31 / 18 00 / 23 56	3,1 / 0,6 / 2,8 / 0,9
7 Do	0 10 / 6 35 / 13 10 / 19 35	1,1 / 2,9 / 0,9 / 2,7	**22** Fr	6 15 / 12 53 / 19 20	3,1 / 0,6 / 2,8
8 Fr	1 33 / 7 48 / 14 22 / 20 40	1,0 / 3,0 / 0,8 / 2,8	**23** Sa	1 19 / 7 31 / 14 09 / 20 30	0,9 / 3,1 / 0,6 / 2,9
9 Sa	2 40 / 8 45 / 15 14 / 21 26	0,9 / 3,0 / 0,7 / 2,9	**24** So	2 31 / 8 35 / 15 13 / 21 25	0,8 / 3,2 / 0,5 / 3,0
10 So	3 28 / 9 27 / 15 54 / 22 03	0,8 / 3,1 / 0,6 / 2,9	**25** Mo	3 34 / 9 32 / 16 10 / 22 14	0,7 / 3,2 / 0,4 / 3,0
11 Mo	4 11 / 10 06 / 16 33 / 22 39	0,7 / 3,1 / 0,6 / 3,0	**26** Di ●	4 30 / 10 27 / 17 00 / 23 00	0,5 / 3,2 / 0,4 / 3,1
12 Di	4 53 / 10 45 / 17 11 / 23 13	0,6 / 3,1 / 0,5 / 3,0	**27** Mi	5 20 / 11 17 / 17 42 / 23 41	0,4 / 3,2 / 0,4 / 3,1
13 Mi	5 31 / 11 21 / 17 45 / 23 45	0,6 / 3,1 / 0,5 / 3,1	**28** Do	6 02 / 11 59 / 18 18	0,4 / 3,3 / 0,4
14 Do	6 04 / 11 55 / 18 17	0,6 / 3,1 / 0,6	**29** Fr	0 16 / 6 41 / 12 40 / 18 54	3,1 / 0,4 / 3,3 / 0,5
15 Fr	0 16 / 6 37 / 12 30 / 18 48	3,1 / 0,6 / 3,1 / 0,6	**30** Sa	0 52 / 7 20 / 13 21 / 19 30	3,1 / 0,4 / 3,2 / 0,6

Dezember

Tag	Zeit	Höhe	Tag	Zeit	Höhe
1 So	1 29 / 7 59 / 14 03 / 20 02	3,1 / 0,5 / 2,9 / 0,7	**16** Mo	1 13 / 7 41 / 13 48 / 19 51	3,2 / 0,5 / 3,0 / 0,6
2 Mo	2 09 / 8 35 / 14 46 / 20 35	3,1 / 0,6 / 2,8 / 0,8	**17** Di	1 55 / 8 25 / 14 38 / 20 36	3,2 / 0,6 / 2,9 / 0,7
3 Di	2 50 / 9 13 / 15 30 / 21 12	3,1 / 0,7 / 2,7 / 0,9	**18** Mi	2 41 / 9 16 / 15 33 / 21 28	3,2 / 0,6 / 2,9 / 0,7
4 Mi ☽	3 36 / 9 57 / 16 20 / 22 01	3,1 / 0,8 / 2,7 / 1,0	**19** Do ☾	3 35 / 10 13 / 16 33 / 22 26	3,2 / 0,6 / 2,8 / 0,8
5 Do	4 30 / 10 51 / 17 20 / 23 04	3,0 / 0,9 / 2,7 / 1,1	**20** Fr	4 38 / 11 15 / 17 38 / 23 31	3,1 / 0,6 / 2,8 / 0,8
6 Fr	5 32 / 11 58 / 18 28	3,0 / 0,9 / 2,7	**21** Sa	5 47 / 12 24 / 18 46	3,1 / 0,6 / 2,8
7 Sa	0 19 / 6 41 / 13 08 / 19 34	1,1 / 3,0 / 0,9 / 2,8	**22** So	0 45 / 6 59 / 13 34 / 19 54	0,8 / 3,1 / 0,6 / 2,9
8 So	1 33 / 7 47 / 14 12 / 20 31	1,0 / 3,0 / 0,8 / 2,9	**23** Mo	1 58 / 8 08 / 14 40 / 20 54	0,8 / 3,1 / 0,6 / 2,9
9 Mo	2 36 / 8 42 / 15 04 / 21 19	0,9 / 3,0 / 0,7 / 2,9	**24** Di	3 06 / 9 11 / 15 39 / 21 48	0,7 / 3,1 / 0,6 / 3,0
10 Di	3 28 / 9 29 / 15 49 / 22 02	0,8 / 3,0 / 0,6 / 3,0	**25** Mi	4 07 / 10 09 / 16 32 / 22 36	0,6 / 3,1 / 0,5 / 3,0
11 Mi	4 15 / 10 12 / 16 31 / 22 41	0,7 / 3,0 / 0,6 / 3,0	**26** Do ●	4 59 / 11 00 / 17 17 / 23 18	0,5 / 3,1 / 0,5 / 3,1
12 Do	4 56 / 10 53 / 17 11 / 23 17	0,6 / 3,0 / 0,6 / 3,1	**27** Fr	5 44 / 11 44 / 17 56 / 23 56	0,4 / 3,0 / 0,5 / 3,1
13 Fr	5 35 / 11 33 / 17 50 / 23 54	0,6 / 3,1 / 0,6 / 3,2	**28** Sa	6 23 / 12 24 / 18 34	0,4 / 3,0 / 0,6
14 Sa	6 17 / 12 16 / 18 30	0,6 / 3,1 / 0,6	**29** So	0 31 / 7 03 / 13 04 / 19 11	3,2 / 0,4 / 2,9 / 0,6
15 So	0 33 / 7 00 / 13 01 / 19 11	3,2 / 0,6 / 3,1 / 0,6	**30** Mo	1 08 / 7 44 / 13 44 / 19 44	3,2 / 0,5 / 2,9 / 0,6
31 Di	1 47 / 8 17 / 14 21 / 20 14	3,2 / 0,6 / 2,8 / 0,7			

● Neumond   ☽ erstes Viertel   ○ Vollmond   ☾ letztes Viertel

UTC+ 1h00min (MEZ)   Höhen sind auf SKN bezogen

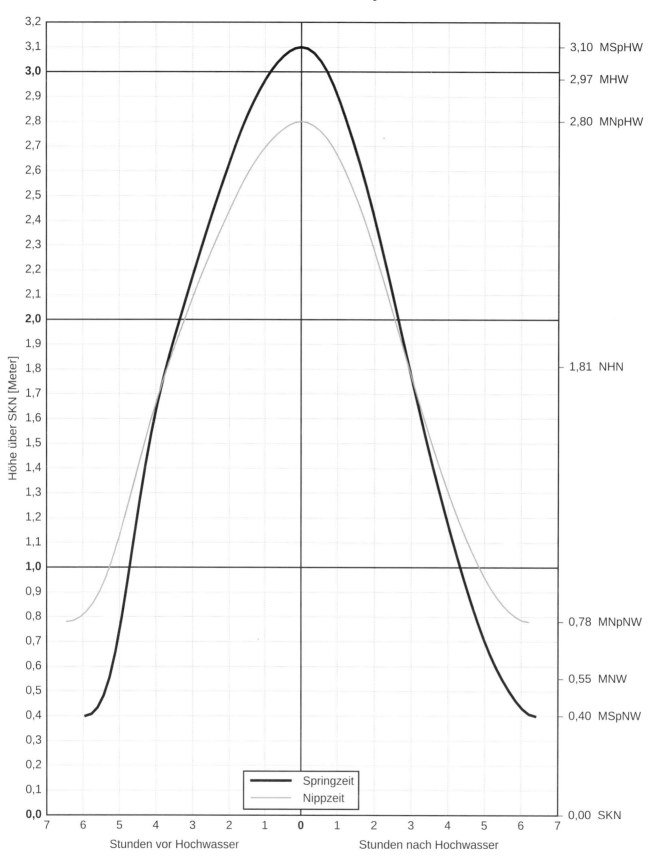

Emden, Große Seeschleuse
Breite: 53°20'N, Länge: 7°11'E

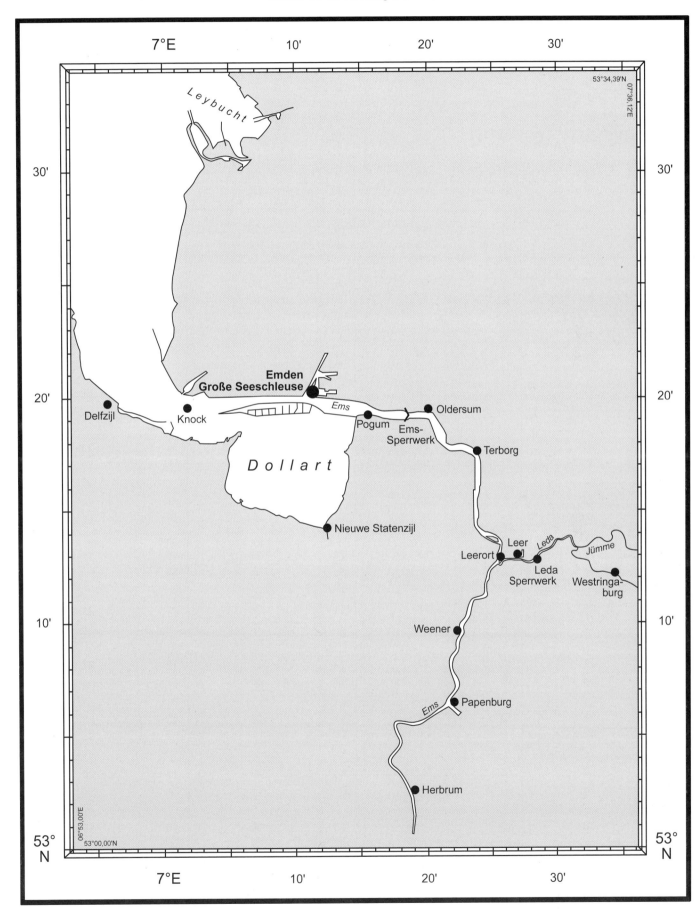

Emden, Große Seeschleuse 2019

Breite: 53° 20' N, Länge: 7° 11' E

Zeiten (Stunden und Minuten) und Höhen (Meter) der Hoch- und Niedrigwasser

Januar

Tag	Zeit	Höhe		Zeit	Höhe
1 Di	1 34 / 8 05 / 14 24 / 20 53	0,8 / 4,0 / 0,7 / 3,7	16 Mi	0 11 / 6 42 / 12 53 / 19 30	1,0 / 3,8 / 0,8 / 3,6
2 Mi	2 46 / 9 15 / 15 33 / 21 56	0,8 / 4,0 / 0,7 / 3,8	17 Do	1 24 / 7 56 / 14 07 / 20 45	0,9 / 3,8 / 0,8 / 3,7
3 Do	3 58 / 10 20 / 16 35 / 22 51	0,8 / 4,0 / 0,7 / 3,9	18 Fr	2 45 / 9 12 / 15 24 / 21 56	0,8 / 3,8 / 0,7 / 3,8
4 Fr	5 01 / 11 15 / 17 27 / 23 38	0,7 / 4,0 / 0,6 / 3,9	19 Sa	4 02 / 10 21 / 16 33 / 23 00	0,6 / 3,8 / 0,6 / 3,9
5 Sa	5 53 / 12 03 / 18 12	0,6 / 3,9 / 0,6	20 So	5 10 / 11 23 / 17 35 / 23 56	0,5 / 3,9 / 0,4 / 4,0
6 So ●	0 20 / 6 37 / 12 45 / 18 52	3,9 / 0,5 / 3,9 / 0,5	21 Mo ○	6 10 / 12 22 / 18 31	0,4 / 3,9 / 0,4
7 Mo	0 58 / 7 14 / 13 21 / 19 26	4,0 / 0,5 / 3,9 / 0,5	22 Di	0 46 / 7 06 / 13 18 / 19 26	4,1 / 0,3 / 4,0 / 0,4
8 Di	1 30 / 7 49 / 13 55 / 19 58	4,0 / 0,5 / 3,8 / 0,6	23 Mi	1 34 / 8 02 / 14 12 / 20 20	4,2 / 0,3 / 4,0 / 0,4
9 Mi	2 02 / 8 24 / 14 29 / 20 29	4,1 / 0,5 / 3,8 / 0,6	24 Do	2 22 / 8 57 / 15 04 / 21 09	4,3 / 0,2 / 3,9 / 0,3
10 Do	2 35 / 8 56 / 15 01 / 20 58	4,1 / 0,6 / 3,7 / 0,6	25 Fr	3 10 / 9 45 / 15 53 / 21 52	4,3 / 0,2 / 3,8 / 0,4
11 Fr	3 10 / 9 27 / 15 34 / 21 28	4,1 / 0,6 / 3,7 / 0,7	26 Sa	3 55 / 10 27 / 16 39 / 22 33	4,2 / 0,3 / 3,8 / 0,4
12 Sa	3 46 / 10 01 / 16 10 / 22 03	4,0 / 0,7 / 3,7 / 0,8	27 So ☾	4 42 / 11 08 / 17 23 / 23 14	4,2 / 0,4 / 3,7 / 0,5
13 So	4 22 / 10 36 / 16 49 / 22 39	4,0 / 0,7 / 3,7 / 0,8	28 Mo	5 30 / 11 48 / 18 08 / 23 56	4,1 / 0,5 / 3,6 / 0,6
14 Mo ☽	4 59 / 11 11 / 17 31 / 23 18	3,9 / 0,7 / 3,6 / 0,9	29 Di	6 21 / 12 32 / 18 58	3,9 / 0,6 / 3,6
15 Di	5 43 / 11 53 / 18 23	3,8 / 0,8 / 3,6	30 Mi	0 47 / 7 22 / 13 28 / 20 01	0,7 / 3,8 / 0,8 / 3,6
			31 Do	1 56 / 8 36 / 14 41 / 21 13	0,8 / 3,8 / 0,8 / 3,7

Februar

Tag	Zeit	Höhe		Zeit	Höhe
1 Fr	3 18 / 9 53 / 15 57 / 22 21	0,8 / 3,8 / 0,8 / 3,8	16 Sa	1 58 / 8 39 / 14 42 / 21 22	0,7 / 3,7 / 0,7 / 3,7
2 Sa	4 35 / 10 57 / 17 01 / 23 16	0,7 / 3,9 / 0,7 / 3,9	17 So	3 31 / 10 03 / 16 07 / 22 37	0,5 / 3,7 / 0,6 / 3,9
3 So	5 34 / 11 47 / 17 50 / 23 59	0,6 / 3,9 / 0,6 / 4,0	18 Mo	4 53 / 11 14 / 17 19 / 23 39	0,4 / 3,8 / 0,4 / 4,0
4 Mo ●	6 19 / 12 28 / 18 31	0,5 / 3,9 / 0,6	19 Di ○	6 00 / 12 16 / 18 21	0,3 / 3,9 / 0,3
5 Di	0 37 / 6 56 / 13 04 / 19 09	4,0 / 0,5 / 3,8 / 0,5	20 Mi	0 31 / 6 58 / 13 11 / 19 17	4,1 / 0,2 / 3,9 / 0,3
6 Mi	1 12 / 7 30 / 13 38 / 19 43	4,0 / 0,5 / 3,8 / 0,5	21 Do	1 19 / 7 52 / 14 02 / 20 09	4,2 / 0,1 / 3,9 / 0,2
7 Do	1 44 / 8 07 / 14 10 / 20 14	4,1 / 0,4 / 3,8 / 0,5	22 Fr	2 07 / 8 43 / 14 49 / 20 56	4,3 / 0,1 / 3,9 / 0,2
8 Fr	2 16 / 8 39 / 14 41 / 20 43	4,1 / 0,4 / 3,8 / 0,5	23 Sa	2 54 / 9 29 / 15 34 / 21 38	4,2 / 0,1 / 3,9 / 0,2
9 Sa	2 50 / 9 09 / 15 14 / 21 15	4,0 / 0,5 / 3,8 / 0,5	24 So	3 38 / 10 09 / 16 14 / 22 15	4,2 / 0,2 / 3,8 / 0,3
10 So	3 26 / 9 42 / 15 49 / 21 50	4,0 / 0,5 / 3,8 / 0,5	25 Mo	4 20 / 10 42 / 16 50 / 22 49	4,1 / 0,3 / 3,7 / 0,3
11 Mo	4 00 / 10 16 / 16 22 / 22 22	4,0 / 0,5 / 3,8 / 0,6	26 Di ☾	5 01 / 11 12 / 17 25 / 23 22	4,0 / 0,5 / 3,7 / 0,5
12 Di	4 29 / 10 43 / 16 53 / 22 48	4,0 / 0,6 / 3,7 / 0,6	27 Mi	5 44 / 11 44 / 18 07	3,8 / 0,6 / 3,6
13 Mi	5 01 / 11 11 / 17 31 / 23 24	3,8 / 0,6 / 3,6 / 0,7	28 Do	0 03 / 6 40 / 12 32 / 19 08	0,6 / 3,7 / 0,8 / 3,6
14 Do ☽	5 52 / 11 57 / 18 32	3,7 / 0,7 / 3,6			
15 Fr	0 28 / 7 09 / 13 11 / 19 55	0,8 / 3,7 / 0,8 / 3,6			

März

Tag	Zeit	Höhe		Zeit	Höhe
1 Fr	1 07 / 7 55 / 13 46 / 20 28	0,8 / 3,6 / 0,9 / 3,6	16 Sa	6 46 / 12 38 / 19 26	3,6 / 0,8 / 3,6
2 Sa	2 35 / 9 22 / 15 15 / 21 48	0,8 / 3,6 / 0,9 / 3,8	17 So	1 33 / 8 23 / 14 16 / 21 00	0,7 / 3,6 / 0,7 / 3,7
3 So	4 04 / 10 36 / 16 33 / 22 51	0,7 / 3,7 / 0,7 / 3,9	18 Mo	3 14 / 9 54 / 15 50 / 22 20	0,5 / 3,7 / 0,6 / 3,9
4 Mo	5 13 / 11 29 / 17 28 / 23 36	0,6 / 3,8 / 0,6 / 4,0	19 Di	4 41 / 11 08 / 17 07 / 23 21	0,3 / 3,8 / 0,5 / 4,0
5 Di	5 59 / 12 08 / 18 09	0,5 / 3,8 / 0,5	20 Mi	5 49 / 12 07 / 18 09	0,2 / 3,9 / 0,3
6 Mi ●	0 13 / 6 36 / 12 43 / 18 48	4,0 / 0,4 / 3,8 / 0,5	21 Do ○	0 14 / 6 47 / 13 00 / 19 04	4,1 / 0,1 / 3,9 / 0,2
7 Do	0 50 / 7 12 / 13 17 / 19 25	4,0 / 0,4 / 3,8 / 0,4	22 Fr	1 03 / 7 37 / 13 46 / 19 54	4,2 / 0,1 / 3,9 / 0,2
8 Fr	1 23 / 7 47 / 13 49 / 19 58	4,0 / 0,3 / 3,8 / 0,3	23 Sa	1 50 / 8 23 / 14 28 / 20 38	4,2 / 0,1 / 3,9 / 0,1
9 Sa	1 55 / 8 18 / 14 21 / 20 29	4,0 / 0,3 / 3,8 / 0,3	24 So	2 35 / 9 05 / 15 07 / 21 17	4,2 / 0,1 / 3,9 / 0,1
10 So	2 28 / 8 49 / 14 54 / 21 00	4,0 / 0,3 / 3,8 / 0,3	25 Mo	3 17 / 9 41 / 15 42 / 21 51	4,1 / 0,2 / 3,8 / 0,2
11 Mo	3 03 / 9 21 / 15 26 / 21 34	4,0 / 0,4 / 3,8 / 0,3	26 Di	3 55 / 10 11 / 16 14 / 22 23	4,0 / 0,3 / 3,8 / 0,3
12 Di	3 37 / 9 53 / 15 56 / 22 04	4,0 / 0,4 / 3,8 / 0,4	27 Mi	4 32 / 10 36 / 16 46 / 22 53	3,9 / 0,4 / 3,7 / 0,4
13 Mi	4 06 / 10 19 / 16 23 / 22 27	3,9 / 0,4 / 3,8 / 0,4	28 Do ☾	5 12 / 11 03 / 17 25 / 23 29	3,7 / 0,6 / 3,6 / 0,5
14 Do ☽	4 37 / 10 42 / 16 57 / 22 59	3,8 / 0,5 / 3,7 / 0,6	29 Fr	6 04 / 11 45 / 18 23	3,5 / 0,8 / 3,6
15 Fr	5 27 / 11 23 / 17 57 / 23 59	3,6 / 0,7 / 3,6 / 0,7	30 Sa	0 27 / 7 15 / 12 55 / 19 42	0,7 / 3,4 / 0,9 / 3,6
			31 So	1 51 / 8 43 / 14 27 / 21 08	0,8 / 3,5 / 0,9 / 3,7

April

Tag	Zeit	Höhe		Zeit	Höhe
1 Mo	3 25 / 10 04 / 15 54 / 22 17	0,7 / 3,6 / 0,8 / 3,8	16 Di	3 06 / 9 47 / 15 38 / 22 03	0,5 / 3,7 / 0,6 / 4,0
2 Di	4 40 / 11 02 / 16 56 / 23 06	0,5 / 3,7 / 0,6 / 3,9	17 Mi	4 28 / 10 56 / 16 51 / 23 02	0,3 / 3,8 / 0,5 / 4,1
3 Mi	5 30 / 11 41 / 17 40 / 23 44	0,4 / 3,7 / 0,5 / 4,0	18 Do	5 32 / 11 51 / 17 52 / 23 54	0,2 / 3,9 / 0,4 / 4,1
4 Do	6 07 / 12 16 / 18 21	0,4 / 3,8 / 0,5	19 Fr ○	6 28 / 12 41 / 18 47	0,1 / 3,9 / 0,3
5 Fr ●	0 23 / 6 45 / 12 52 / 19 02	4,0 / 0,3 / 3,8 / 0,4	20 Sa	0 45 / 7 19 / 13 26 / 19 36	4,1 / 0,1 / 3,9 / 0,2
6 Sa	0 59 / 7 22 / 13 27 / 19 39	4,0 / 0,3 / 3,8 / 0,3	21 So	1 32 / 8 01 / 14 03 / 20 17	4,1 / 0,1 / 3,9 / 0,1
7 So	1 32 / 7 55 / 13 59 / 20 11	4,0 / 0,2 / 3,8 / 0,3	22 Mo	2 14 / 8 37 / 14 36 / 20 52	4,1 / 0,2 / 3,9 / 0,2
8 Mo	2 05 / 8 26 / 14 32 / 20 42	4,0 / 0,3 / 3,8 / 0,3	23 Di	2 53 / 9 11 / 15 10 / 21 26	4,0 / 0,3 / 3,9 / 0,2
9 Di	2 40 / 8 57 / 15 03 / 21 14	3,9 / 0,3 / 3,9 / 0,3	24 Mi	3 30 / 9 38 / 15 42 / 21 58	3,9 / 0,3 / 3,8 / 0,3
10 Mi	3 16 / 9 29 / 15 33 / 21 45	3,9 / 0,4 / 3,9 / 0,3	25 Do	4 07 / 10 05 / 16 16 / 22 31	3,7 / 0,4 / 3,8 / 0,4
11 Do	3 52 / 9 59 / 16 05 / 22 17	3,8 / 0,4 / 3,8 / 0,4	26 Fr	4 47 / 10 34 / 16 55 / 23 07	3,6 / 0,6 / 3,7 / 0,5
12 Fr ☽	4 31 / 10 30 / 16 46 / 22 57	3,8 / 0,6 / 3,8 / 0,5	27 Sa	5 35 / 11 13 / 17 48 / 23 57	3,5 / 0,8 / 3,7 / 0,7
13 Sa	5 27 / 11 16 / 17 48	3,6 / 0,7 / 3,8	28 So	6 37 / 12 13 / 18 58	3,4 / 0,9 / 3,7
14 So	0 00 / 6 45 / 12 31 / 19 14	0,6 / 3,6 / 0,8 / 3,8	29 Mo	1 09 / 7 56 / 13 35 / 20 18	0,8 / 3,4 / 0,9 / 3,7
15 Mo	1 29 / 8 19 / 14 06 / 20 46	0,6 / 3,6 / 0,7 / 3,8	30 Di	2 34 / 9 16 / 15 01 / 21 31	0,7 / 3,5 / 0,8 / 3,8

● Neumond ☽ erstes Viertel ○ Vollmond ☾ letztes Viertel

UTC+ 1h00min (MEZ) Höhen sind auf SKN bezogen

Emden, Große Seeschleuse 2019

Breite: 53° 20' N, Länge: 7° 11' E

Zeiten (Stunden und Minuten) und Höhen (Meter) der Hoch- und Niedrigwasser

Mai

Tag	Zeit	Höhe	Tag	Zeit	Höhe
1 Mi	3 51 / 10 20 / 16 11 / 22 26	0,6 / 3,6 / 0,7 / 3,9	**16** Do	4 10 / 10 36 / 16 31 / 22 41	0,3 / 3,8 / 0,5 / 4,1
2 Do	4 47 / 11 05 / 17 04 / 23 10	0,5 / 3,7 / 0,6 / 3,9	**17** Fr	5 10 / 11 28 / 17 30 / 23 35	0,3 / 3,9 / 0,5 / 4,1
3 Fr	5 31 / 11 45 / 17 50 / 23 51	0,4 / 3,8 / 0,5 / 4,0	**18** Sa ○	6 04 / 12 16 / 18 26	0,2 / 3,9 / 0,3
4 Sa ●	6 12 / 12 24 / 18 34	0,4 / 3,8 / 0,4	**19** So	0 27 / 6 55 / 13 01 / 19 15	4,0 / 0,2 / 3,9 / 0,2
5 So	0 31 / 6 52 / 13 01 / 19 14	4,0 / 0,3 / 3,9 / 0,4	**20** Mo	1 13 / 7 36 / 13 37 / 19 55	4,0 / 0,2 / 3,9 / 0,2
6 Mo	1 07 / 7 28 / 13 34 / 19 49	4,0 / 0,3 / 3,9 / 0,3	**21** Di	1 53 / 8 09 / 14 09 / 20 29	3,9 / 0,3 / 3,9 / 0,2
7 Di	1 42 / 8 02 / 14 08 / 20 23	4,0 / 0,3 / 3,9 / 0,3	**22** Mi	2 30 / 8 40 / 14 42 / 21 03	3,9 / 0,4 / 4,0 / 0,3
8 Mi	2 21 / 8 36 / 14 43 / 20 58	3,9 / 0,4 / 4,0 / 0,3	**23** Do	3 08 / 9 11 / 15 17 / 21 38	3,8 / 0,4 / 3,9 / 0,4
9 Do	3 03 / 9 12 / 15 19 / 21 35	3,9 / 0,4 / 4,0 / 0,4	**24** Fr	3 47 / 9 42 / 15 53 / 22 14	3,7 / 0,5 / 3,9 / 0,5
10 Fr	3 48 / 9 49 / 16 00 / 22 18	3,8 / 0,5 / 4,0 / 0,4	**25** Sa	4 25 / 10 14 / 16 33 / 22 51	3,6 / 0,7 / 3,9 / 0,6
11 Sa	4 38 / 10 31 / 16 49 / 23 09	3,8 / 0,6 / 4,0 / 0,5	**26** So ☾	5 08 / 10 51 / 17 19 / 23 34	3,5 / 0,8 / 3,9 / 0,7
12 So ☽	5 38 / 11 25 / 17 51	3,7 / 0,7 / 4,0	**27** Mo	6 00 / 11 39 / 18 16	3,5 / 0,9 / 3,8
13 Mo	0 14 / 6 52 / 12 36 / 19 08	0,5 / 3,7 / 0,8 / 3,9	**28** Di	0 29 / 7 04 / 12 43 / 19 23	0,8 / 3,4 / 1,0 / 3,8
14 Di	1 33 / 8 14 / 14 00 / 20 31	0,5 / 3,7 / 0,7 / 4,0	**29** Mi	1 37 / 8 16 / 14 00 / 20 34	0,7 / 3,5 / 0,9 / 3,8
15 Mi	2 57 / 9 32 / 15 22 / 21 43	0,4 / 3,7 / 0,6 / 4,0	**30** Do	2 50 / 9 25 / 15 15 / 21 36	0,6 / 3,6 / 0,7 / 3,9
			31 Fr	3 54 / 10 20 / 16 19 / 22 28	0,6 / 3,7 / 0,7 / 3,9

Juni

Tag	Zeit	Höhe	Tag	Zeit	Höhe
1 Sa	4 47 / 11 07 / 17 13 / 23 14	0,5 / 3,8 / 0,6 / 4,0	**16** So	5 38 / 11 49 / 18 04	0,4 / 3,9 / 0,4
2 So	5 35 / 11 51 / 18 01 / 23 59	0,5 / 3,9 / 0,5 / 4,0	**17** Mo ○	0 09 / 6 29 / 12 35 / 18 54	4,0 / 0,4 / 3,9 / 0,4
3 Mo ●	6 20 / 12 32 / 18 45	0,4 / 3,9 / 0,5	**18** Di	0 56 / 7 12 / 13 15 / 19 35	3,9 / 0,4 / 4,0 / 0,3
4 Di	0 42 / 7 01 / 13 09 / 19 26	4,0 / 0,4 / 4,0 / 0,4	**19** Mi	1 35 / 7 47 / 13 49 / 20 11	3,9 / 0,4 / 4,0 / 0,4
5 Mi	1 25 / 7 42 / 13 48 / 20 08	4,0 / 0,4 / 4,1 / 0,4	**20** Do	2 12 / 8 20 / 14 22 / 20 46	3,8 / 0,5 / 4,1 / 0,4
6 Do	2 10 / 8 24 / 14 30 / 20 52	4,0 / 0,4 / 4,1 / 0,4	**21** Fr	2 50 / 8 53 / 14 57 / 21 22	3,8 / 0,6 / 4,1 / 0,5
7 Fr	2 59 / 9 06 / 15 13 / 21 36	3,9 / 0,5 / 4,1 / 0,4	**22** Sa	3 27 / 9 24 / 15 34 / 21 57	3,7 / 0,6 / 4,1 / 0,6
8 Sa	3 49 / 9 50 / 15 59 / 22 24	3,8 / 0,5 / 4,1 / 0,4	**23** So	4 03 / 9 56 / 16 13 / 22 34	3,6 / 0,7 / 4,0 / 0,6
9 So	4 43 / 10 38 / 16 51 / 23 20	3,8 / 0,6 / 4,1 / 0,5	**24** Mo	4 41 / 10 32 / 16 53 / 23 11	3,6 / 0,8 / 4,0 / 0,7
10 Mo ☽	5 44 / 11 33 / 17 51	3,8 / 0,7 / 4,1	**25** Di ☾	5 24 / 11 12 / 17 38 / 23 53	3,6 / 0,9 / 3,9 / 0,7
11 Di	0 22 / 6 50 / 12 36 / 18 57	0,5 / 3,7 / 0,7 / 4,1	**26** Mi	6 14 / 11 59 / 18 29	3,6 / 0,9 / 3,9
12 Mi	1 28 / 7 58 / 13 46 / 20 09	0,5 / 3,7 / 0,7 / 4,0	**27** Do	0 43 / 7 13 / 13 00 / 19 31	0,8 / 3,6 / 1,0 / 3,8
13 Do	2 38 / 9 06 / 14 58 / 21 19	0,5 / 3,7 / 0,6 / 4,0	**28** Fr	1 45 / 8 20 / 14 13 / 20 37	0,8 / 3,6 / 0,9 / 3,9
14 Fr	3 45 / 10 08 / 16 06 / 22 21	0,5 / 3,8 / 0,5 / 4,1	**29** Sa	2 53 / 9 24 / 15 25 / 21 41	0,7 / 3,7 / 0,8 / 3,9
15 Sa	4 44 / 11 01 / 17 07 / 23 17	0,4 / 3,8 / 0,5 / 4,0	**30** So	3 57 / 10 23 / 16 30 / 22 37	0,7 / 3,8 / 0,7 / 3,9

Juli

Tag	Zeit	Höhe	Tag	Zeit	Höhe
1 Mo	4 56 / 11 15 / 17 27 / 23 30	0,6 / 3,9 / 0,6 / 3,9	**16** Di ○	6 05 / 12 13 / 18 34	0,6 / 4,0 / 0,5
2 Di ●	5 49 / 12 04 / 18 19	0,5 / 4,0 / 0,5	**17** Mi	0 41 / 6 50 / 12 55 / 19 17	3,9 / 0,6 / 4,0 / 0,5
3 Mi	0 22 / 6 39 / 12 49 / 19 09	4,0 / 0,5 / 4,1 / 0,5	**18** Do	1 21 / 7 30 / 13 31 / 19 56	3,9 / 0,6 / 4,1 / 0,5
4 Do	1 14 / 7 29 / 13 34 / 20 00	4,0 / 0,5 / 4,2 / 0,4	**19** Fr	1 56 / 8 05 / 14 04 / 20 32	3,8 / 0,6 / 4,1 / 0,5
5 Fr	2 05 / 8 19 / 14 20 / 20 51	4,0 / 0,5 / 4,2 / 0,4	**20** Sa	2 31 / 8 38 / 14 38 / 21 06	3,8 / 0,6 / 4,1 / 0,6
6 Sa	2 57 / 9 07 / 15 07 / 21 39	3,9 / 0,5 / 4,2 / 0,3	**21** So	3 04 / 9 07 / 15 12 / 21 38	3,8 / 0,6 / 4,1 / 0,6
7 So	3 48 / 9 51 / 15 54 / 22 26	3,9 / 0,5 / 4,2 / 0,4	**22** Mo	3 37 / 9 38 / 15 49 / 22 11	3,7 / 0,7 / 4,1 / 0,7
8 Mo	4 40 / 10 37 / 16 44 / 23 17	3,8 / 0,6 / 4,2 / 0,4	**23** Di	4 13 / 10 12 / 16 26 / 22 46	3,7 / 0,8 / 4,1 / 0,7
9 Di ☽	5 35 / 11 28 / 17 39	3,8 / 0,6 / 4,1	**24** Mi	4 51 / 10 49 / 17 02 / 23 19	3,7 / 0,8 / 4,0 / 0,7
10 Mi	0 12 / 6 30 / 12 21 / 18 37	0,5 / 3,7 / 0,7 / 4,1	**25** Do ☾	5 29 / 11 23 / 17 39 / 23 54	3,7 / 0,9 / 3,9 / 0,8
11 Do	1 06 / 7 27 / 13 19 / 19 40	0,5 / 3,7 / 0,7 / 4,0	**26** Fr	6 12 / 12 06 / 18 29	3,6 / 0,9 / 3,8
12 Fr	2 05 / 8 28 / 14 24 / 20 50	0,6 / 3,7 / 0,7 / 4,0	**27** Sa	0 42 / 7 11 / 13 08 / 19 37	0,8 / 3,6 / 1,0 / 3,8
13 Sa	3 10 / 9 32 / 15 36 / 22 00	0,7 / 3,8 / 0,7 / 4,0	**28** So	1 48 / 8 24 / 14 27 / 20 53	0,8 / 3,6 / 0,9 / 3,9
14 So	4 15 / 10 33 / 16 45 / 23 02	0,7 / 3,9 / 0,6 / 3,9	**29** Mo	3 05 / 9 37 / 15 46 / 22 05	0,8 / 3,7 / 0,8 / 3,9
15 Mo	5 14 / 11 26 / 17 45 / 23 55	0,6 / 3,9 / 0,6 / 3,9	**30** Di	4 18 / 10 44 / 16 57 / 23 10	0,7 / 3,8 / 0,6 / 3,9
			31 Mi	5 23 / 11 42 / 18 00	0,6 / 4,0 / 0,5

August

Tag	Zeit	Höhe	Tag	Zeit	Höhe
1 Do ●	0 10 / 6 23 / 12 33 / 18 58	3,9 / 0,5 / 4,1 / 0,4	**16** Fr	1 04 / 7 10 / 13 11 / 19 37	3,8 / 0,6 / 4,1 / 0,6
2 Fr	1 07 / 7 19 / 13 20 / 19 53	4,0 / 0,5 / 4,2 / 0,4	**17** Sa	1 37 / 7 47 / 13 44 / 20 13	3,8 / 0,6 / 4,1 / 0,6
3 Sa	2 00 / 8 13 / 14 08 / 20 46	4,0 / 0,5 / 4,2 / 0,3	**18** So	2 08 / 8 20 / 14 16 / 20 45	3,8 / 0,6 / 4,1 / 0,6
4 So	2 50 / 9 02 / 14 55 / 21 34	4,0 / 0,4 / 4,2 / 0,3	**19** Mo	2 39 / 8 49 / 14 48 / 21 14	3,8 / 0,6 / 4,1 / 0,6
5 Mo	3 39 / 9 45 / 15 41 / 22 17	3,9 / 0,4 / 4,2 / 0,3	**20** Di	3 10 / 9 18 / 15 22 / 21 44	3,9 / 0,6 / 4,1 / 0,6
6 Di	4 25 / 10 26 / 16 28 / 23 00	3,8 / 0,5 / 4,2 / 0,4	**21** Mi	3 43 / 9 50 / 15 56 / 22 16	3,8 / 0,7 / 4,0 / 0,7
7 Mi	5 11 / 11 09 / 17 17 / 23 44	3,8 / 0,5 / 4,1 / 0,6	**22** Do	4 17 / 10 23 / 16 26 / 22 45	3,8 / 0,7 / 4,0 / 0,7
8 Do	5 55 / 11 53 / 18 07	3,7 / 0,6 / 4,0	**23** Fr ☾	4 47 / 10 50 / 16 55 / 23 09	3,7 / 0,8 / 3,9 / 0,8
9 Fr	0 27 / 6 43 / 12 40 / 19 04	0,7 / 3,7 / 0,8 / 3,9	**24** Sa	5 19 / 11 19 / 17 38 / 23 46	3,7 / 0,9 / 3,7 / 0,9
10 Sa	1 18 / 7 41 / 13 42 / 20 15	0,8 / 3,6 / 0,8 / 3,8	**25** So	6 11 / 12 13 / 18 47	3,6 / 1,0 / 3,7
11 So	2 25 / 8 53 / 15 02 / 21 36	0,9 / 3,7 / 0,8 / 3,8	**26** Mo	0 51 / 7 30 / 13 36 / 20 15	1,0 / 3,6 / 0,9 / 3,7
12 Mo	3 42 / 10 06 / 16 23 / 22 48	0,9 / 3,7 / 0,8 / 3,8	**27** Di	2 19 / 8 58 / 15 10 / 21 43	0,9 / 3,7 / 0,7 / 3,7
13 Di	4 52 / 11 06 / 17 29 / 23 44	0,8 / 3,9 / 0,6 / 3,9	**28** Mi	3 47 / 10 18 / 16 35 / 22 57	0,8 / 3,8 / 0,6 / 3,8
14 Mi	5 46 / 11 53 / 18 18	0,7 / 4,0 / 0,6	**29** Do	5 03 / 11 22 / 17 45	0,6 / 4,0 / 0,5
15 Do ○	0 27 / 6 30 / 12 33 / 18 58	3,8 / 0,7 / 4,1 / 0,6	**30** Fr ●	0 00 / 6 08 / 12 16 / 18 46	3,9 / 0,6 / 4,1 / 0,4
			31 Sa	0 57 / 7 06 / 13 04 / 19 40	4,0 / 0,5 / 4,2 / 0,3

● Neumond   ☽ erstes Viertel   ○ Vollmond   ☾ letztes Viertel

UTC+ 1h00min (MEZ)   Höhen sind auf SKN bezogen

Emden, Große Seeschleuse 2019

Breite: 53° 20' N, Länge: 7° 11' E

Zeiten (Stunden und Minuten) und Höhen (Meter) der Hoch- und Niedrigwasser

September

Tag	Zeit	Höhe	Tag	Zeit	Höhe
1 So	1 48 / 7 59 / 13 50 / 20 30	4,0 / 0,4 / 4,2 / 0,3	16 Mo	1 43 / 7 57 / 13 50 / 20 18	3,8 / 0,5 / 4,0 / 0,5
2 Mo	2 35 / 8 47 / 14 37 / 21 17	4,0 / 0,4 / 4,2 / 0,3	17 Di	2 13 / 8 27 / 14 21 / 20 45	3,8 / 0,5 / 4,0 / 0,5
3 Di	3 19 / 9 29 / 15 22 / 21 57	3,9 / 0,3 / 4,2 / 0,3	18 Mi	2 42 / 8 55 / 14 52 / 21 12	3,8 / 0,6 / 4,0 / 0,6
4 Mi	3 59 / 10 06 / 16 05 / 22 32	3,8 / 0,4 / 4,1 / 0,5	19 Do	3 12 / 9 24 / 15 24 / 21 41	3,8 / 0,6 / 4,0 / 0,7
5 Do	4 36 / 10 42 / 16 48 / 23 04	3,8 / 0,5 / 4,0 / 0,6	20 Fr	3 42 / 9 52 / 15 53 / 22 07	3,8 / 0,7 / 3,9 / 0,7
6 Fr)	5 13 / 11 17 / 17 33 / 23 38	3,7 / 0,6 / 3,9 / 0,8	21 Sa	4 09 / 10 18 / 16 23 / 22 30	3,8 / 0,7 / 3,8 / 0,8
7 Sa	5 54 / 11 58 / 18 26	3,7 / 0,8 / 3,7	22 So ☾	4 41 / 10 46 / 17 07 / 23 06	3,7 / 0,8 / 3,7 / 1,0
8 So	0 24 / 6 52 / 12 57 / 19 38	1,0 / 3,6 / 0,9 / 3,7	23 Mo	5 32 / 11 38 / 18 18	3,6 / 0,9 / 3,6
9 Mo	1 33 / 8 10 / 14 22 / 21 06	1,1 / 3,7 / 1,0 / 3,7	24 Di	0 12 / 6 53 / 13 03 / 19 52	1,0 / 3,6 / 0,9 / 3,6
10 Di	3 02 / 9 34 / 15 55 / 22 28	1,1 / 3,8 / 0,9 / 3,7	25 Mi	1 46 / 8 29 / 14 45 / 21 27	1,0 / 3,7 / 0,8 / 3,7
11 Mi	4 25 / 10 42 / 17 09 / 23 27	1,0 / 3,9 / 0,7 / 3,8	26 Do	3 23 / 9 54 / 16 16 / 22 45	0,9 / 3,9 / 0,6 / 3,8
12 Do	5 23 / 11 29 / 17 58	0,8 / 4,0 / 0,6	27 Fr	4 43 / 11 00 / 17 27 / 23 46	0,7 / 4,0 / 0,4 / 3,9
13 Fr	0 06 / 6 05 / 12 06 / 18 33	3,8 / 0,7 / 4,0 / 0,6	28 Sa ●	5 48 / 11 53 / 18 26	0,6 / 4,1 / 0,4
14 Sa ○	0 39 / 6 43 / 12 43 / 19 09	3,8 / 0,7 / 4,1 / 0,6	29 So	0 40 / 6 45 / 12 43 / 19 19	3,9 / 0,5 / 4,2 / 0,3
15 So	1 12 / 7 21 / 13 19 / 19 45	3,8 / 0,6 / 4,1 / 0,5	30 Mo	1 28 / 7 37 / 13 30 / 20 06	4,0 / 0,4 / 4,2 / 0,3

Oktober

Tag	Zeit	Höhe	Tag	Zeit	Höhe
1 Di	2 11 / 8 23 / 14 15 / 20 49	4,0 / 0,4 / 4,2 / 0,3	16 Mi	1 45 / 8 00 / 13 51 / 20 12	3,9 / 0,5 / 4,0 / 0,5
2 Mi	2 50 / 9 03 / 14 58 / 21 25	3,9 / 0,3 / 4,1 / 0,4	17 Do	2 13 / 8 29 / 14 23 / 20 39	3,9 / 0,6 / 3,9 / 0,6
3 Do	3 26 / 9 38 / 15 39 / 21 56	3,9 / 0,4 / 4,0 / 0,5	18 Fr	2 42 / 8 56 / 14 55 / 21 07	3,9 / 0,6 / 3,9 / 0,7
4 Fr	3 59 / 10 10 / 16 18 / 22 23	3,8 / 0,5 / 3,8 / 0,6	19 Sa	3 11 / 9 23 / 15 29 / 21 35	3,9 / 0,6 / 3,8 / 0,7
5 Sa)	4 32 / 10 43 / 17 00 / 22 53	3,8 / 0,6 / 3,7 / 0,8	20 So	3 42 / 9 54 / 16 07 / 22 05	3,9 / 0,7 / 3,8 / 0,9
6 So	5 11 / 11 21 / 17 52 / 23 35	3,7 / 0,8 / 3,6 / 1,0	21 Mo ☾	4 20 / 10 31 / 16 57 / 22 46	3,8 / 0,8 / 3,7 / 1,0
7 Mo	6 08 / 12 16 / 19 00	3,7 / 1,0 / 3,5	22 Di	5 15 / 11 27 / 18 09 / 23 54	3,8 / 0,9 / 3,6 / 1,1
8 Di	0 41 / 7 24 / 13 37 / 20 25	1,2 / 3,7 / 1,1 / 3,5	23 Mi	6 33 / 12 49 / 19 39	3,8 / 0,9 / 3,6
9 Mi	2 11 / 8 50 / 15 12 / 21 51	1,2 / 3,8 / 1,0 / 3,6	24 Do	1 25 / 8 05 / 14 26 / 21 11	1,1 / 3,8 / 0,8 / 3,7
10 Do	3 41 / 10 05 / 16 32 / 22 54	1,1 / 3,9 / 0,8 / 3,7	25 Fr	3 00 / 9 28 / 15 54 / 22 27	0,9 / 4,0 / 0,6 / 3,8
11 Fr	4 47 / 10 57 / 17 24 / 23 35	0,9 / 4,0 / 0,6 / 3,8	26 Sa	4 19 / 10 33 / 17 03 / 23 25	0,8 / 4,1 / 0,4 / 3,9
12 Sa	5 31 / 11 34 / 17 59	0,8 / 4,0 / 0,4	27 So	5 22 / 11 27 / 18 00	0,6 / 4,1 / 0,4
13 So ○	0 08 / 6 09 / 12 10 / 18 33	3,9 / 0,7 / 4,0 / 0,5	28 Mo ●	0 15 / 6 18 / 12 19 / 18 52	3,9 / 0,5 / 4,2 / 0,3
14 Mo	0 42 / 6 46 / 12 48 / 19 10	3,8 / 0,6 / 4,0 / 0,5	29 Di	1 01 / 7 10 / 13 08 / 19 36	4,0 / 0,4 / 4,2 / 0,3
15 Di	1 15 / 7 27 / 13 21 / 19 43	3,8 / 0,5 / 4,0 / 0,5	30 Mi	1 41 / 7 54 / 13 51 / 20 14	4,0 / 0,4 / 4,1 / 0,4
			31 Do	2 16 / 8 32 / 14 31 / 20 49	4,0 / 0,4 / 4,0 / 0,4

November

Tag	Zeit	Höhe	Tag	Zeit	Höhe
1 Fr	2 51 / 9 08 / 15 12 / 21 20	4,0 / 0,4 / 3,9 / 0,5	16 Sa	2 18 / 8 33 / 14 37 / 20 43	4,0 / 0,6 / 3,9 / 0,7
2 Sa	3 25 / 9 41 / 15 51 / 21 48	3,9 / 0,5 / 3,7 / 0,6	17 So	2 52 / 9 07 / 15 17 / 21 17	4,0 / 0,6 / 3,8 / 0,7
3 So	3 59 / 10 15 / 16 33 / 22 18	3,9 / 0,6 / 3,6 / 0,8	18 Mo	3 29 / 9 44 / 16 03 / 21 55	4,0 / 0,7 / 3,8 / 0,9
4 Mo)	4 38 / 10 53 / 17 20 / 22 57	3,8 / 0,7 / 3,5 / 1,0	19 Di	4 14 / 10 31 / 16 58 / 22 43	4,0 / 0,7 / 3,7 / 1,0
5 Di	5 29 / 11 41 / 18 19 / 23 53	3,8 / 0,9 / 3,5 / 1,2	20 Mi	5 10 / 11 29 / 18 06 / 23 47	4,0 / 0,8 / 3,6 / 1,0
6 Mi	6 36 / 12 49 / 19 33	3,8 / 1,1 / 3,5	21 Do	6 20 / 12 41 / 19 25	4,0 / 0,8 / 3,6
7 Do	1 10 / 7 54 / 14 12 / 20 53	1,2 / 3,8 / 1,0 / 3,5	22 Fr	1 07 / 7 40 / 14 05 / 20 46	1,0 / 4,0 / 0,7 / 3,7
8 Fr	2 38 / 9 11 / 15 32 / 22 02	1,1 / 3,9 / 0,9 / 3,6	23 Sa	2 32 / 8 58 / 15 25 / 21 58	0,9 / 4,0 / 0,6 / 3,8
9 Sa	3 53 / 10 11 / 16 32 / 22 51	1,0 / 3,9 / 0,7 / 3,7	24 So	3 48 / 10 04 / 16 32 / 22 55	0,8 / 4,1 / 0,5 / 3,9
10 So	4 47 / 10 55 / 17 14 / 23 29	0,8 / 4,0 / 0,6 / 3,8	25 Mo	4 52 / 11 01 / 17 29 / 23 44	0,7 / 4,1 / 0,4 / 3,9
11 Mo ●	5 30 / 11 33 / 17 52	0,6 / 4,0 / 0,6	26 Di	5 49 / 11 55 / 18 21	0,5 / 4,1 / 0,4
12 Di ○	0 07 / 6 13 / 12 12 / 18 30	3,8 / 0,7 / 3,9 / 0,5	27 Mi	0 30 / 6 41 / 12 45 / 19 05	3,9 / 0,4 / 4,1 / 0,4
13 Mi	0 43 / 6 52 / 12 49 / 19 06	3,9 / 0,6 / 3,9 / 0,5	28 Do	1 10 / 7 25 / 13 28 / 19 42	4,0 / 0,4 / 4,0 / 0,4
14 Do	1 15 / 7 27 / 13 23 / 19 38	3,9 / 0,5 / 3,8 / 0,5	29 Fr	1 46 / 8 03 / 14 08 / 20 16	4,0 / 0,4 / 3,9 / 0,5
15 Fr	1 45 / 7 58 / 13 58 / 20 10	4,0 / 0,5 / 3,8 / 0,6	30 Sa	2 21 / 8 40 / 14 49 / 20 50	4,0 / 0,5 / 3,8 / 0,6

Dezember

Tag	Zeit	Höhe	Tag	Zeit	Höhe
1 So	2 58 / 9 18 / 15 29 / 21 23	4,0 / 0,5 / 3,7 / 0,7	16 Mo	2 42 / 9 03 / 15 14 / 21 13	4,1 / 0,5 / 3,9 / 0,6
2 Mo	3 35 / 9 54 / 16 09 / 21 53	4,0 / 0,6 / 3,6 / 0,8	17 Di	3 23 / 9 46 / 16 03 / 21 55	4,0 / 0,5 / 3,8 / 0,7
3 Di	4 13 / 10 31 / 16 50 / 22 28	4,0 / 0,7 / 3,5 / 0,9	18 Mi	4 10 / 10 34 / 16 58 / 22 44	4,1 / 0,6 / 3,7 / 0,8
4 Mi)	4 57 / 11 11 / 17 37 / 23 11	3,9 / 0,9 / 3,5 / 1,1	19 Do ☾	5 04 / 11 29 / 17 58 / 23 41	4,1 / 0,6 / 3,7 / 0,8
5 Do	5 49 / 12 00 / 18 35	3,9 / 1,0 / 3,5	20 Fr	6 05 / 12 30 / 19 03	4,1 / 0,6 / 3,6
6 Fr	0 10 / 6 52 / 13 03 / 19 43	1,2 / 3,8 / 1,0 / 3,5	21 Sa	0 46 / 7 13 / 13 37 / 20 12	0,8 / 4,0 / 0,6 / 3,7
7 Sa	1 24 / 8 02 / 14 15 / 20 53	1,1 / 3,8 / 0,9 / 3,6	22 So	1 58 / 8 26 / 14 48 / 21 19	0,8 / 4,0 / 0,6 / 3,7
8 So	2 43 / 9 10 / 15 24 / 21 54	1,0 / 3,9 / 0,8 / 3,7	23 Mo	3 12 / 9 35 / 15 56 / 22 20	0,8 / 4,0 / 0,6 / 3,8
9 Mo	3 51 / 10 05 / 16 20 / 22 43	0,9 / 3,9 / 0,8 / 3,8	24 Di	4 22 / 10 38 / 16 57 / 23 13	0,7 / 4,1 / 0,5 / 3,9
10 Di	4 46 / 10 52 / 17 08 / 23 27	0,8 / 3,9 / 0,7 / 3,9	25 Mi	5 23 / 11 35 / 17 51	0,6 / 4,0 / 0,5
11 Mi	5 33 / 11 35 / 17 50	0,7 / 3,9 / 0,6	26 Do ●	0 02 / 6 17 / 12 26 / 18 38	3,9 / 0,4 / 4,0 / 0,5
12 Do ○	0 08 / 6 15 / 12 17 / 18 30	3,9 / 0,7 / 3,9 / 0,5	27 Fr	0 45 / 7 01 / 13 10 / 19 17	4,0 / 0,4 / 3,9 / 0,5
13 Fr	0 46 / 6 56 / 12 59 / 19 10	4,0 / 0,6 / 3,9 / 0,6	28 Sa	1 23 / 7 41 / 13 50 / 19 54	4,0 / 0,4 / 3,9 / 0,5
14 Sa	1 23 / 7 38 / 13 42 / 19 52	4,1 / 0,6 / 3,9 / 0,6	29 So	1 59 / 8 20 / 14 30 / 20 30	4,1 / 0,5 / 3,8 / 0,6
15 So	2 02 / 8 21 / 14 28 / 20 33	4,1 / 0,5 / 3,9 / 0,6	30 Mo	2 36 / 8 59 / 15 08 / 21 03	4,1 / 0,5 / 3,8 / 0,6
			31 Di	3 13 / 9 36 / 15 43 / 21 34	4,1 / 0,6 / 3,7 / 0,7

● Neumond) erstes Viertel ○ Vollmond ☾ letztes Viertel

UTC+ 1h00min (MEZ)   Höhen sind auf SKN bezogen

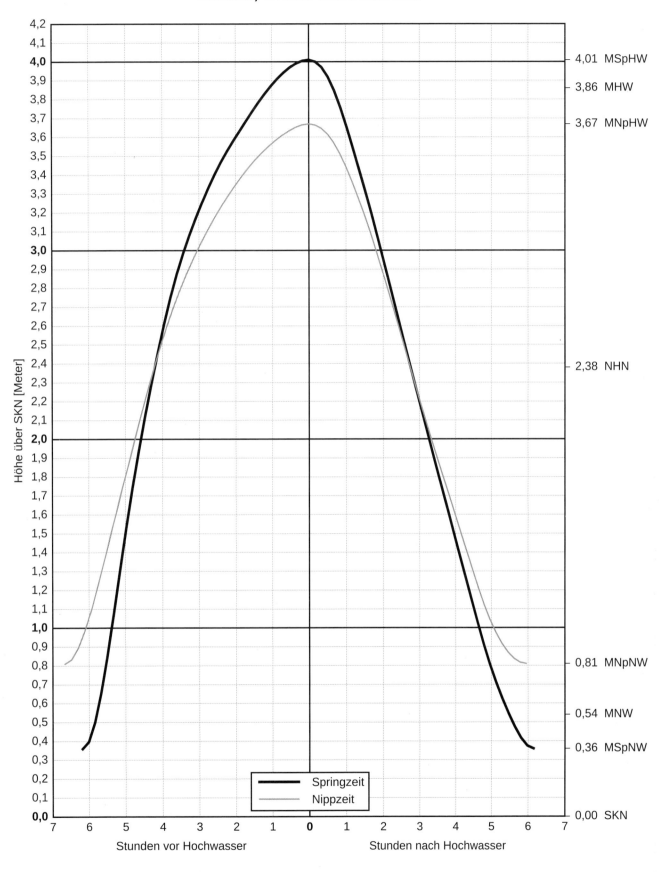

West-Terschelling 2019

Breite: 53° 22' N, Länge: 5° 13' E

Zeiten (Stunden und Minuten) und Höhen (Meter) der Hoch- und Niedrigwasser

Januar

Tag	Zeit	Höhe	Tag	Zeit	Höhe
1 Di	4 50 / 11 16 / 17 38 / 23 35	2,5 / 0,6 / 2,1 / 0,7	16 Mi	3 38 / 9 55 / 16 10 / 22 25	2,3 / 0,7 / 2,1 / 0,7
2 Mi	6 05 / 12 26 / 18 35	2,4 / 0,6 / 2,2	17 Do	5 03 / 11 15 / 17 42 / 23 53	2,3 / 0,7 / 2,1 / 0,7
3 Do	0 50 / 7 12 / 13 28 / 19 46	0,6 / 2,4 / 0,6 / 2,3	18 Fr	6 20 / 12 31 / 18 56	2,4 / 0,6 / 2,3
4 Fr	1 55 / 8 05 / 14 20 / 20 30	0,6 / 2,4 / 0,6 / 2,4	19 Sa	1 01 / 7 20 / 13 36 / 19 56	0,6 / 2,4 / 0,5 / 2,4
5 Sa	2 45 / 8 55 / 15 05 / 21 16	0,5 / 2,4 / 0,5 / 2,5	20 So	2 10 / 8 20 / 14 36 / 20 46	0,5 / 2,5 / 0,5 / 2,5
6 So ●	3 31 / 9 35 / 15 42 / 21 52	0,5 / 2,3 / 0,5 / 2,5	21 Mo	3 11 / 9 16 / 15 35 / 21 40 ○	0,4 / 2,5 / 0,4 / 2,6
7 Mo	4 11 / 10 05 / 16 16 / 22 26	0,5 / 2,3 / 0,5 / 2,5	22 Di	4 05 / 10 10 / 16 21 / 22 30	0,3 / 2,4 / 0,4 / 2,6
8 Di	4 45 / 10 35 / 16 46 / 22 55	0,6 / 2,3 / 0,5 / 2,6	23 Mi	4 55 / 11 05 / 17 06 / 23 16	0,3 / 2,4 / 0,3 / 2,6
9 Mi	5 16 / 11 05 / 17 21 / 23 24	0,6 / 2,2 / 0,5 / 2,5	24 Do	5 38 / 11 46 / 17 53	0,2 / 2,3 / 0,3
10 Do	5 46 / 11 46 / 17 55	0,6 / 2,2 / 0,5	25 Fr	0 00 / 6 23 / 12 33 / 18 35	2,7 / 0,2 / 2,3 / 0,3
11 Fr	0 06 / 6 20 / 12 05 / 18 25	2,5 / 0,6 / 2,2 / 0,5	26 Sa	0 46 / 7 08 / 13 16 / 19 19	2,7 / 0,3 / 2,2 / 0,3
12 Sa	0 35 / 6 55 / 12 45 / 18 56	2,5 / 0,6 / 2,1 / 0,5	27 So ☾	1 30 / 7 50 / 13 55 / 20 05	2,6 / 0,4 / 2,2 / 0,4
13 So	1 10 / 7 26 / 13 17 / 19 35	2,4 / 0,7 / 2,1 / 0,6	28 Mo	2 15 / 8 36 / 14 44 / 20 51	2,5 / 0,5 / 2,1 / 0,5
14 Mo ☽	1 45 / 8 06 / 13 57 / 20 16	2,4 / 0,7 / 2,1 / 0,6	29 Di	3 10 / 9 30 / 15 35 / 21 46	2,4 / 0,6 / 2,1 / 0,6
15 Di	2 25 / 8 55 / 14 59 / 21 10	2,4 / 0,7 / 2,1 / 0,6	30 Mi	4 05 / 10 34 / 16 34 / 22 55	2,3 / 0,7 / 2,1 / 0,7
			31 Do	5 25 / 11 46 / 18 02	2,2 / 0,7 / 2,1

Februar

Tag	Zeit	Höhe	Tag	Zeit	Höhe
1 Fr	0 23 / 6 46 / 12 55 / 19 15	0,7 / 2,2 / 0,7 / 2,3	16 Sa	5 36 / 11 55 / 18 26	2,2 / 0,7 / 2,2
2 Sa	1 35 / 7 40 / 13 55 / 20 04	0,6 / 2,3 / 0,6 / 2,4	17 So	0 39 / 7 01 / 13 15 / 19 33	0,5 / 2,3 / 0,6 / 2,4
3 So	2 26 / 8 35 / 14 45 / 20 50	0,5 / 2,3 / 0,5 / 2,5	18 Mo	1 51 / 8 06 / 14 21 / 20 25	0,4 / 2,3 / 0,4 / 2,5
4 Mo ●	3 16 / 9 20 / 15 22 / 21 36	0,5 / 2,3 / 0,5 / 2,5	19 Di	2 56 / 9 00 / 15 15 / 21 17 ○	0,3 / 2,4 / 0,3 / 2,6
5 Di	3 50 / 9 56 / 16 01 / 22 05	0,5 / 2,2 / 0,5 / 2,5	20 Mi	3 49 / 9 56 / 16 05 / 22 10	0,2 / 2,4 / 0,3 / 2,6
6 Mi	4 26 / 10 25 / 16 36 / 22 35	0,5 / 2,2 / 0,4 / 2,5	21 Do	4 36 / 10 46 / 16 51 / 23 00	0,1 / 2,3 / 0,2 / 2,6
7 Do	4 56 / 10 50 / 17 06 / 23 05	0,5 / 2,2 / 0,4 / 2,5	22 Fr	5 20 / 11 31 / 17 34 / 23 44	0,1 / 2,3 / 0,1 / 2,6
8 Fr	5 35 / 11 20 / 17 35 / 23 40	0,5 / 2,2 / 0,4 / 2,5	23 Sa	6 05 / 12 10 / 18 16	0,1 / 2,3 / 0,1
9 Sa	6 01 / 11 50 / 18 05	0,5 / 2,2 / 0,4	24 So	0 26 / 6 45 / 12 45 / 18 56	2,6 / 0,2 / 2,3 / 0,2
10 So	0 10 / 6 31 / 12 20 / 18 38	2,5 / 0,5 / 2,2 / 0,4	25 Mo	1 04 / 7 23 / 13 25 / 19 36	2,5 / 0,3 / 2,2 / 0,3
11 Mo	0 45 / 7 05 / 12 45 / 19 10	2,4 / 0,5 / 2,2 / 0,4	26 Di ☾	1 50 / 8 01 / 14 05 / 20 16	2,4 / 0,5 / 2,2 / 0,4
12 Di	1 18 / 7 41 / 13 29 / 19 55	2,4 / 0,5 / 2,1 / 0,4	27 Mi	2 25 / 8 44 / 14 55 / 21 06	2,2 / 0,6 / 2,1 / 0,6
13 Mi	1 55 / 8 25 / 14 18 / 20 41	2,3 / 0,6 / 2,1 / 0,5	28 Do	3 25 / 9 41 / 15 50 / 22 15	2,1 / 0,7 / 2,1 / 0,7
14 Do	2 44 / 9 16 / 15 18 / 21 46	2,3 / 0,7 / 2,1 / 0,6			
15 Fr	4 08 / 10 25 / 16 44 / 23 04	2,2 / 0,7 / 2,1 / 0,6			

März

Tag	Zeit	Höhe	Tag	Zeit	Höhe
1 Fr	4 30 / 10 55 / 17 11 / 23 40	2,0 / 0,8 / 2,1 / 0,7	16 Sa	3 50 / 10 02 / 16 18 / 22 45	2,0 / 0,7 / 2,1 / 0,6
2 Sa	6 18 / 12 20 / 18 45	2,0 / 0,7 / 2,2	17 So	5 19 / 11 30 / 17 51	2,1 / 0,7 / 2,2
3 So	1 05 / 7 26 / 13 30 / 19 46	0,6 / 2,1 / 0,6 / 2,3	18 Mo	0 20 / 6 46 / 12 56 / 19 06	0,5 / 2,1 / 0,6 / 2,3
4 Mo	2 05 / 8 16 / 14 16 / 20 30	0,5 / 2,2 / 0,5 / 2,4	19 Di	1 36 / 7 45 / 14 03 / 20 10	0,3 / 2,2 / 0,4 / 2,5
5 Di	2 51 / 9 03 / 15 00 / 21 12	0,4 / 2,3 / 0,4 / 2,4	20 Mi	2 36 / 8 46 / 14 58 / 21 00	0,2 / 2,3 / 0,3 / 2,5
6 Mi ●	3 31 / 9 30 / 15 38 / 21 45	0,4 / 2,2 / 0,4 / 2,5	21 Do	3 31 / 9 35 / 15 46 / 21 54 ○	0,1 / 2,3 / 0,2 / 2,6
7 Do	4 06 / 10 06 / 16 10 / 22 15	0,4 / 2,2 / 0,3 / 2,5	22 Fr	4 17 / 10 25 / 16 32 / 22 40	0,1 / 2,3 / 0,1 / 2,6
8 Fr	4 36 / 10 36 / 16 46 / 22 45	0,4 / 2,2 / 0,3 / 2,5	23 Sa	5 00 / 11 05 / 17 15 / 23 26	0,1 / 2,3 / 0,1 / 2,5
9 Sa	5 06 / 11 05 / 17 15 / 23 26	0,3 / 2,2 / 0,3 / 2,5	24 So	5 41 / 11 45 / 17 53	0,1 / 2,3 / 0,1
10 So	5 41 / 11 35 / 17 49 / 23 45	0,3 / 2,2 / 0,3 / 2,4	25 Mo	0 04 / 6 16 / 12 20 / 18 31	2,5 / 0,2 / 2,3 / 0,1
11 Mo	6 11 / 12 01 / 18 21	0,4 / 2,2 / 0,2	26 Di	0 40 / 6 51 / 12 56 / 19 06	2,4 / 0,3 / 2,2 / 0,2
12 Di	0 21 / 6 41 / 12 36 / 18 56	2,4 / 0,4 / 2,2 / 0,3	27 Mi	1 15 / 7 25 / 13 36 / 19 40	2,2 / 0,4 / 2,2 / 0,4
13 Mi	0 55 / 7 15 / 12 55 / 19 31	2,3 / 0,5 / 2,2 / 0,3	28 Do ☾	1 55 / 7 55 / 14 07 / 20 25	2,1 / 0,6 / 2,1 / 0,5
14 Do ☽	1 36 / 7 55 / 13 56 / 20 21	2,2 / 0,5 / 2,1 / 0,4	29 Fr	2 38 / 9 35 / 15 00 / 21 29	2,0 / 0,7 / 2,1 / 0,7
15 Fr	2 28 / 8 46 / 14 55 / 21 20	2,1 / 0,6 / 2,1 / 0,5	30 Sa	3 40 / 9 59 / 16 14 / 23 09	1,9 / 0,8 / 2,0 / 0,7
			31 So	5 12 / 11 40 / 18 05	1,8 / 0,8 / 2,1

April

Tag	Zeit	Höhe	Tag	Zeit	Höhe
1 Mo	0 25 / 6 48 / 12 56 / 19 11	0,6 / 2,0 / 0,6 / 2,3	16 Di	0 06 / 6 25 / 12 34 / 18 40	0,4 / 2,1 / 0,5 / 2,4
2 Di	1 36 / 7 45 / 13 50 / 20 06	0,5 / 2,1 / 0,5 / 2,3	17 Mi	1 16 / 7 25 / 13 36 / 19 46	0,3 / 2,1 / 0,4 / 2,4
3 Mi	2 20 / 8 31 / 14 31 / 20 35	0,4 / 2,2 / 0,4 / 2,4	18 Do	2 16 / 8 28 / 14 38 / 20 40	0,2 / 2,2 / 0,3 / 2,5
4 Do	2 58 / 9 05 / 15 06 / 21 16	0,3 / 2,2 / 0,3 / 2,4	19 Fr ○	3 09 / 9 21 / 15 25 / 21 30	0,1 / 2,2 / 0,2 / 2,5
5 Fr ●	3 36 / 9 35 / 15 46 / 21 52	0,3 / 2,2 / 0,3 / 2,4	20 Sa	3 55 / 10 05 / 16 10 / 22 20	0,1 / 2,3 / 0,1 / 2,5
6 Sa	4 08 / 10 16 / 16 21 / 22 26	0,3 / 2,2 / 0,2 / 2,4	21 So	4 37 / 10 46 / 16 52 / 22 55	0,1 / 2,3 / 0,1 / 2,4
7 So	4 43 / 10 46 / 16 56 / 22 55	0,2 / 2,3 / 0,2 / 2,4	22 Mo	5 15 / 11 21 / 17 32 / 23 35	0,2 / 2,3 / 0,1 / 2,3
8 Mo	5 16 / 11 15 / 17 28 / 23 36	0,3 / 2,3 / 0,2 / 2,4	23 Di	5 49 / 11 54 / 18 08	0,2 / 2,3 / 0,2
9 Di	5 49 / 11 45 / 18 03	0,3 / 2,2 / 0,2	24 Mi	0 14 / 6 15 / 12 25 / 18 45	2,2 / 0,3 / 2,3 / 0,3
10 Mi	0 06 / 6 16 / 12 10 / 18 36	2,3 / 0,4 / 2,2 / 0,3	25 Do	0 45 / 6 46 / 13 06 / 19 16	2,1 / 0,4 / 2,2 / 0,4
11 Do	0 35 / 6 55 / 12 50 / 19 16	2,2 / 0,4 / 2,2 / 0,3	26 Fr ☾	1 25 / 7 21 / 13 35 / 19 56	2,0 / 0,5 / 2,2 / 0,5
12 Fr ☽	1 21 / 7 31 / 13 40 / 20 06	2,1 / 0,5 / 2,2 / 0,4	27 Sa	2 08 / 7 55 / 14 35 / 20 35	1,9 / 0,6 / 2,1 / 0,7
13 Sa	2 21 / 8 26 / 14 45 / 21 04	2,0 / 0,6 / 2,1 / 0,5	28 So	2 54 / 8 45 / 15 34 / 22 10	1,8 / 0,7 / 2,1 / 0,7
14 So	3 30 / 9 35 / 16 08 / 22 40	1,9 / 0,7 / 2,1 / 0,5	29 Mo	4 14 / 10 22 / 17 09 / 23 34	1,8 / 0,8 / 2,1 / 0,7
15 Mo	4 55 / 11 10 / 17 35	2,0 / 0,6 / 2,2	30 Di	6 02 / 11 55 / 18 25	1,9 / 0,7 / 2,2

● Neumond ☽ erstes Viertel ○ Vollmond ☾ letztes Viertel

UTC+ 1h00min (MEZ)   Höhen sind auf SKN bezogen

Gezeitenvorausberechnungen

West-Terschelling 2019

Breite: 53° 22' N, Länge: 5° 13' E

Zeiten (Stunden und Minuten) und Höhen (Meter) der Hoch- und Niedrigwasser

Mai

Tag	Zeit	Höhe	Tag	Zeit	Höhe
1 Mi	0 46 / 7 08 / 13 01 / 19 15	0,5 / 2,0 / 0,5 / 2,3	16 Do	0 55 / 7 05 / 13 11 / 19 21	0,3 / 2,1 / 0,4 / 2,4
2 Do	1 30 / 7 56 / 13 55 / 19 55	0,4 / 2,1 / 0,4 / 2,3	17 Fr	1 50 / 8 05 / 14 12 / 20 20	0,2 / 2,2 / 0,3 / 2,4
3 Fr	2 16 / 8 25 / 14 35 / 20 34	0,3 / 2,2 / 0,4 / 2,4	18 Sa ○	2 45 / 8 58 / 15 03 / 21 04	0,2 / 2,2 / 0,2 / 2,4
4 Sa ●	2 58 / 9 13 / 15 16 / 21 20	0,3 / 2,2 / 0,3 / 2,4	19 So	3 31 / 9 35 / 15 51 / 21 55	0,2 / 2,3 / 0,2 / 2,3
5 So	3 36 / 9 46 / 15 55 / 21 54	0,2 / 2,3 / 0,2 / 2,4	20 Mo	4 11 / 10 15 / 16 33 / 22 35	0,2 / 2,3 / 0,2 / 2,3
6 Mo	4 19 / 10 26 / 16 35 / 22 35	0,2 / 2,3 / 0,2 / 2,4	21 Di	4 49 / 10 55 / 17 12 / 23 15	0,3 / 2,3 / 0,2 / 2,2
7 Di	4 51 / 11 00 / 17 11 / 23 16	0,2 / 2,3 / 0,2 / 2,3	22 Mi	5 25 / 11 25 / 17 46 / 23 45	0,3 / 2,4 / 0,3 / 2,1
8 Mi	5 29 / 11 25 / 17 51 / 23 56	0,3 / 2,3 / 0,2 / 2,2	23 Do	5 51 / 12 00 / 18 21	0,3 / 2,4 / 0,3
9 Do	6 06 / 11 55 / 18 26	0,3 / 2,3 / 0,3	24 Fr	0 26 / 6 25 / 12 35 / 18 50	2,0 / 0,4 / 2,3 / 0,4
10 Fr	0 25 / 6 41 / 12 45 / 19 11	2,1 / 0,4 / 2,3 / 0,3	25 Sa	0 57 / 6 56 / 13 15 / 19 30	1,9 / 0,5 / 2,2 / 0,5
11 Sa	1 22 / 7 25 / 13 35 / 20 00	2,0 / 0,5 / 2,3 / 0,4	26 So ☾	1 35 / 7 31 / 13 55 / 20 15	1,9 / 0,5 / 2,2 / 0,6
12 So ☽	2 10 / 8 25 / 14 35 / 21 15	2,0 / 0,5 / 2,2 / 0,4	27 Mo	2 25 / 8 15 / 14 54 / 21 09	1,8 / 0,6 / 2,1 / 0,7
13 Mo	3 25 / 9 26 / 15 45 / 22 26	1,9 / 0,6 / 2,2 / 0,4	28 Di	3 34 / 9 10 / 16 01 / 22 30	1,8 / 0,7 / 2,1 / 0,7
14 Di	4 45 / 10 45 / 17 16 / 23 41	1,9 / 0,6 / 2,3 / 0,3	29 Mi	4 40 / 10 40 / 17 18 / 23 40	1,8 / 0,7 / 2,2 / 0,6
15 Mi	5 55 / 12 05 / 18 15	2,0 / 0,5 / 2,4	30 Do	5 59 / 12 06 / 18 20	1,9 / 0,6 / 2,2
			31 Fr	0 34 / 7 00 / 13 00 / 19 10	0,5 / 2,1 / 0,5 / 2,3

Juni

Tag	Zeit	Höhe	Tag	Zeit	Höhe
1 Sa	1 35 / 7 45 / 13 55 / 20 06	0,4 / 2,2 / 0,4 / 2,4	16 So	2 16 / 8 36 / 14 45 / 20 45	0,3 / 2,2 / 0,3 / 2,3
2 So	2 21 / 8 36 / 14 40 / 20 45	0,3 / 2,2 / 0,3 / 2,4	17 Mo ○	3 09 / 9 21 / 15 30 / 21 35	0,3 / 2,3 / 0,3 / 2,3
3 Mo ●	3 06 / 9 25 / 15 29 / 21 34	0,3 / 2,3 / 0,3 / 2,4	18 Di	3 50 / 10 01 / 16 16 / 22 18	0,3 / 2,4 / 0,3 / 2,2
4 Di	3 51 / 10 01 / 16 15 / 22 16	0,2 / 2,3 / 0,3 / 2,3	19 Mi	4 29 / 10 36 / 16 56 / 22 55	0,3 / 2,4 / 0,3 / 2,2
5 Mi	4 31 / 10 41 / 16 56 / 23 01	0,3 / 2,4 / 0,2 / 2,3	20 Do	5 00 / 11 05 / 17 26 / 23 25	0,4 / 2,4 / 0,4 / 2,1
6 Do	5 15 / 11 15 / 17 41 / 23 40	0,3 / 2,4 / 0,2 / 2,2	21 Fr	5 35 / 11 46 / 18 01 / 23 55	0,4 / 2,4 / 0,4 / 2,0
7 Fr	5 53 / 11 55 / 18 25	0,3 / 2,4 / 0,3	22 Sa	6 05 / 12 15 / 18 36	0,4 / 2,4 / 0,5
8 Sa	0 26 / 6 36 / 12 44 / 19 11	2,1 / 0,4 / 2,4 / 0,3	23 So	0 35 / 6 36 / 12 55 / 19 06	2,0 / 0,4 / 2,3 / 0,5
9 So	1 15 / 7 21 / 13 34 / 20 06	2,1 / 0,4 / 2,4 / 0,3	24 Mo	1 05 / 7 15 / 13 35 / 19 46	1,9 / 0,5 / 2,3 / 0,6
10 Mo ☽	2 10 / 8 15 / 14 30 / 21 00	2,0 / 0,5 / 2,4 / 0,4	25 Di ☾	1 50 / 7 46 / 14 15 / 20 25	1,9 / 0,5 / 2,2 / 0,6
11 Di	3 10 / 9 16 / 15 39 / 22 06	2,0 / 0,5 / 2,4 / 0,4	26 Mi	2 44 / 8 36 / 15 10 / 21 14	1,9 / 0,6 / 2,2 / 0,6
12 Mi	4 15 / 10 18 / 16 45 / 23 16	2,0 / 0,5 / 2,4 / 0,4	27 Do	3 40 / 9 25 / 16 15 / 22 31	1,9 / 0,6 / 2,2 / 0,6
13 Do	5 25 / 11 30 / 17 50	2,0 / 0,5 / 2,4	28 Fr	4 55 / 10 45 / 17 25 / 23 45	1,9 / 0,7 / 2,2 / 0,6
14 Fr	0 25 / 6 35 / 12 46 / 19 02	0,3 / 2,1 / 0,4 / 2,4	29 Sa	6 05 / 12 05 / 18 25	2,0 / 0,6 / 2,3
15 Sa	1 25 / 7 41 / 13 46 / 19 55	0,3 / 2,2 / 0,4 / 2,3	30 So	0 46 / 7 05 / 13 10 / 19 25	0,5 / 2,2 / 0,5 / 2,3

Juli

Tag	Zeit	Höhe	Tag	Zeit	Höhe
1 Mo	1 45 / 7 54 / 14 06 / 20 23	0,4 / 2,3 / 0,4 / 2,4	16 Di ○	2 48 / 8 55 / 15 18 / 21 14	0,4 / 2,4 / 0,4 / 2,2
2 Di ●	2 36 / 8 44 / 15 06 / 21 11	0,3 / 2,3 / 0,3 / 2,4	17 Mi	3 26 / 9 34 / 16 00 / 22 00	0,4 / 2,4 / 0,4 / 2,2
3 Mi	3 27 / 9 36 / 15 56 / 22 00	0,3 / 2,4 / 0,3 / 2,3	18 Do	4 06 / 10 15 / 16 36 / 22 35	0,4 / 2,5 / 0,4 / 2,2
4 Do	4 15 / 10 25 / 16 46 / 22 50	0,3 / 2,4 / 0,3 / 2,2	19 Fr	4 41 / 10 56 / 17 12 / 23 08	0,4 / 2,5 / 0,4 / 2,1
5 Fr	4 59 / 11 06 / 17 31 / 23 30	0,3 / 2,5 / 0,2 / 2,2	20 Sa	5 15 / 11 20 / 17 45 / 23 41	0,4 / 2,5 / 0,5 / 2,1
6 Sa	5 45 / 11 55 / 18 16	0,3 / 2,5 / 0,3	21 So	5 46 / 11 55 / 18 15	0,4 / 2,5 / 0,5
7 So	0 24 / 6 29 / 12 40 / 19 02	2,2 / 0,3 / 2,5 / 0,2	22 Mo	0 15 / 6 16 / 12 30 / 18 46	2,1 / 0,4 / 2,4 / 0,5
8 Mo	1 10 / 7 15 / 13 25 / 19 50	2,1 / 0,3 / 2,5 / 0,3	23 Di	0 45 / 6 46 / 13 05 / 19 20	2,1 / 0,4 / 2,4 / 0,6
9 Di ☽	1 55 / 8 00 / 14 15 / 20 40	2,1 / 0,4 / 2,5 / 0,3	24 Mi	1 21 / 7 21 / 13 46 / 19 55	2,0 / 0,4 / 2,3 / 0,6
10 Mi	2 56 / 8 52 / 15 10 / 21 38	2,0 / 0,4 / 2,4 / 0,4	25 Do ☾	1 55 / 8 01 / 14 20 / 20 34	2,0 / 0,5 / 2,3 / 0,7
11 Do	3 56 / 9 50 / 16 15 / 22 40	2,0 / 0,4 / 2,4 / 0,5	26 Fr	2 34 / 8 44 / 15 09 / 21 25	2,0 / 0,6 / 2,2 / 0,7
12 Fr	4 45 / 11 01 / 17 15 / 23 46	2,0 / 0,5 / 2,3 / 0,5	27 Sa	3 38 / 9 45 / 16 25 / 22 35	2,0 / 0,6 / 2,2 / 0,7
13 Sa	6 05 / 12 15 / 18 35	2,1 / 0,5 / 2,3	28 So	5 09 / 11 04 / 17 45	2,1 / 0,7 / 2,2
14 So	0 56 / 7 05 / 13 22 / 19 35	0,5 / 2,2 / 0,5 / 2,3	29 Mo	0 00 / 6 22 / 12 36 / 18 59	0,6 / 2,2 / 0,6 / 2,3
15 Mo	1 55 / 8 05 / 14 25 / 20 30	0,4 / 2,3 / 0,4 / 2,3	30 Di	1 15 / 7 31 / 13 45 / 19 55	0,5 / 2,3 / 0,5 / 2,4
			31 Mi	2 15 / 8 26 / 14 49 / 20 50	0,5 / 2,4 / 0,4 / 2,4

August

Tag	Zeit	Höhe	Tag	Zeit	Höhe
1 Do ●	3 09 / 9 20 / 15 41 / 21 46	0,4 / 2,5 / 0,3 / 2,4	16 Fr	3 48 / 9 55 / 16 16 / 22 22	0,5 / 2,5 / 0,5 / 2,2
2 Fr	3 57 / 10 06 / 16 30 / 22 36	0,3 / 2,6 / 0,2 / 2,3	17 Sa	4 22 / 10 30 / 16 50 / 22 45	0,4 / 2,5 / 0,5 / 2,2
3 Sa	4 45 / 10 56 / 17 17 / 23 26	0,3 / 2,6 / 0,2 / 2,3	18 So	4 55 / 11 04 / 17 25 / 23 15	0,4 / 2,5 / 0,5 / 2,2
4 So	5 31 / 11 45 / 18 02	0,3 / 2,6 / 0,2	19 Mo	5 28 / 11 36 / 17 51 / 23 45	0,4 / 2,5 / 0,5 / 2,2
5 Mo	0 10 / 6 13 / 12 31 / 18 46	2,3 / 0,2 / 2,6 / 0,2	20 Di	5 58 / 12 06 / 18 20	0,4 / 2,5 / 0,5
6 Di	0 56 / 6 56 / 13 10 / 19 30	2,2 / 0,2 / 2,6 / 0,3	21 Mi	0 18 / 6 25 / 12 36 / 18 46	2,2 / 0,4 / 2,4 / 0,6
7 Mi ☽	1 35 / 7 40 / 13 54 / 20 16	2,2 / 0,3 / 2,5 / 0,4	22 Do	0 45 / 6 56 / 13 06 / 19 25	2,2 / 0,5 / 2,4 / 0,6
8 Do	2 26 / 8 28 / 14 45 / 21 05	2,2 / 0,4 / 2,4 / 0,5	23 Fr ☾	1 05 / 7 35 / 13 41 / 19 56	2,1 / 0,5 / 2,3 / 0,6
9 Fr	3 05 / 9 20 / 15 35 / 22 01	2,1 / 0,5 / 2,3 / 0,6	24 Sa	1 49 / 8 16 / 14 28 / 20 46	2,1 / 0,6 / 2,3 / 0,7
10 Sa	4 05 / 10 25 / 16 55 / 23 05	2,1 / 0,6 / 2,2 / 0,7	25 So	2 45 / 9 16 / 15 33 / 21 56	2,1 / 0,7 / 2,2 / 0,8
11 So	5 31 / 11 38 / 18 15	2,1 / 0,6 / 2,2	26 Mo	4 04 / 10 25 / 17 15 / 23 20	2,1 / 0,7 / 2,2 / 0,8
12 Mo	0 26 / 6 45 / 13 06 / 19 20	0,7 / 2,3 / 0,6 / 2,3	27 Di	5 50 / 12 00 / 18 25	2,2 / 0,7 / 2,3
13 Di	1 35 / 7 45 / 14 06 / 20 15	0,6 / 2,4 / 0,5 / 2,3	28 Mi	0 45 / 7 06 / 13 24 / 19 36	0,7 / 2,4 / 0,5 / 2,4
14 Mi	2 26 / 8 40 / 15 00 / 21 06	0,5 / 2,5 / 0,4 / 2,3	29 Do	1 50 / 8 05 / 14 31 / 20 36	0,5 / 2,5 / 0,4 / 2,4
15 Do ○	3 10 / 9 20 / 15 45 / 21 41	0,5 / 2,5 / 0,4 / 2,2	30 Fr ●	2 51 / 8 56 / 15 25 / 21 31	0,5 / 2,6 / 0,3 / 2,4
			31 Sa	3 42 / 9 50 / 16 15 / 22 19	0,4 / 2,7 / 0,2 / 2,4

● Neumond ☽ erstes Viertel ○ Vollmond ☾ letztes Viertel

UTC+ 1h00min (MEZ)   Höhen sind auf SKN bezogen

West-Terschelling 2019

Breite: 53° 22' N, Länge: 5° 13' E

Zeiten (Stunden und Minuten) und Höhen (Meter) der Hoch- und Niedrigwasser

September

Tag	Zeit	Höhe		Tag	Zeit	Höhe
1 So	4 29 / 10 40 / 16 58 / 23 05	0,3 / 2,7 / 0,2 / 2,4		16 Mo	4 31 / 10 35 / 16 55 / 22 56	0,5 / 2,6 / 0,5 / 2,3
2 Mo	5 15 / 11 26 / 17 42 / 23 50	0,3 / 2,7 / 0,2 / 2,4		17 Di	5 02 / 11 10 / 17 25 / 23 24	0,4 / 2,6 / 0,5 / 2,3
3 Di	5 56 / 12 10 / 18 23	0,2 / 2,7 / 0,3		18 Mi	5 36 / 11 35 / 17 55 / 23 56	0,5 / 2,5 / 0,6 / 2,3
4 Mi	0 36 / 6 36 / 12 50 / 19 06	2,3 / 0,2 / 2,6 / 0,4		19 Do	6 06 / 12 01 / 18 26	0,5 / 2,5 / 0,6
5 Do	1 10 / 7 16 / 13 34 / 19 46	2,3 / 0,3 / 2,5 / 0,5		20 Fr	0 15 / 6 35 / 12 35 / 18 55	2,3 / 0,5 / 2,4 / 0,6
6 Fr ☽	1 44 / 8 05 / 14 22 / 20 28	2,3 / 0,5 / 2,4 / 0,7		21 Sa	0 48 / 7 14 / 13 06 / 19 26	2,3 / 0,6 / 2,3 / 0,7
7 Sa	2 35 / 8 46 / 15 10 / 21 23	2,2 / 0,6 / 2,2 / 0,8		22 So ☾	1 25 / 7 55 / 14 00 / 20 16	2,3 / 0,6 / 2,2 / 0,8
8 So	3 24 / 9 56 / 16 19 / 22 35	2,2 / 0,7 / 2,1 / 0,9		23 Mo	2 20 / 8 46 / 14 57 / 21 15	2,2 / 0,7 / 2,2 / 0,8
9 Mo	4 44 / 11 26 / 17 50 / 23 58	2,2 / 0,8 / 2,1 / 0,8		24 Di	3 39 / 10 05 / 16 40 / 22 45	2,2 / 0,8 / 2,1 / 0,9
10 Di	6 26 / 12 41 / 18 55	2,3 / 0,7 / 2,2		25 Mi	5 20 / 11 45 / 18 16	2,3 / 0,7 / 2,2
11 Mi	1 06 / 7 26 / 13 51 / 19 54	0,7 / 2,5 / 0,6 / 2,3		26 Do	0 20 / 6 39 / 13 06 / 19 15	0,8 / 2,5 / 0,6 / 2,3
12 Do	2 01 / 8 15 / 14 36 / 20 45	0,6 / 2,6 / 0,5 / 2,3		27 Fr	1 31 / 7 35 / 14 11 / 20 16	0,6 / 2,6 / 0,4 / 2,4
13 Fr	2 46 / 8 54 / 15 18 / 21 25	0,6 / 2,6 / 0,5 / 2,3		28 Sa ●	2 31 / 8 36 / 15 05 / 21 10	0,5 / 2,7 / 0,3 / 2,4
14 Sa ○	3 26 / 9 35 / 15 55 / 21 50	0,5 / 2,6 / 0,5 / 2,3		29 So	3 21 / 9 26 / 15 52 / 22 00	0,4 / 2,7 / 0,3 / 2,4
15 So	3 59 / 10 05 / 16 22 / 22 25	0,5 / 2,6 / 0,5 / 2,3		30 Mo	4 08 / 10 16 / 16 37 / 22 45	0,3 / 2,7 / 0,3 / 2,4

Oktober

Tag	Zeit	Höhe		Tag	Zeit	Höhe
1 Di	4 53 / 11 04 / 17 20 / 23 25	0,3 / 2,7 / 0,3 / 2,4		16 Mi	4 36 / 10 46 / 16 56 / 22 55	0,5 / 2,6 / 0,5 / 2,4
2 Mi	5 35 / 11 46 / 17 59	0,3 / 2,6 / 0,4		17 Do	5 11 / 11 16 / 17 31 / 23 25	0,5 / 2,5 / 0,6 / 2,4
3 Do	0 06 / 6 15 / 12 25 / 18 36	2,4 / 0,3 / 2,5 / 0,5		18 Fr	5 46 / 11 46 / 18 01 / 23 55	0,5 / 2,4 / 0,6 / 2,4
4 Fr	0 40 / 6 55 / 13 05 / 19 11	2,4 / 0,4 / 2,4 / 0,6		19 Sa	6 15 / 12 10 / 18 31	0,6 / 2,4 / 0,7
5 Sa ☽	1 21 / 7 30 / 13 45 / 19 51	2,4 / 0,6 / 2,3 / 0,7		20 So	0 25 / 6 50 / 12 51 / 19 06	2,4 / 0,6 / 2,3 / 0,7
6 So	2 00 / 8 16 / 14 35 / 20 25	2,3 / 0,7 / 2,1 / 0,9		21 Mo ☾	1 15 / 7 36 / 13 45 / 19 56	2,4 / 0,7 / 2,2 / 0,8
7 Mo	2 49 / 9 15 / 15 30 / 21 34	2,3 / 0,9 / 2,0 / 1,0		22 Di	2 15 / 8 36 / 14 50 / 20 55	2,3 / 0,7 / 2,1 / 0,9
8 Di	4 00 / 10 47 / 17 19 / 23 25	2,3 / 0,9 / 2,0 / 1,0		23 Mi	3 15 / 9 55 / 16 19 / 22 25	2,3 / 0,8 / 2,1 / 0,9
9 Mi	5 40 / 12 15 / 18 35	2,3 / 0,8 / 2,1		24 Do	4 55 / 11 26 / 17 45 / 23 56	2,4 / 0,7 / 2,2 / 0,8
10 Do	0 36 / 6 56 / 13 15 / 19 30	0,8 / 2,5 / 0,7 / 2,3		25 Fr	6 05 / 12 40 / 18 55	2,5 / 0,6 / 2,3
11 Fr	1 35 / 7 46 / 14 05 / 20 15	0,7 / 2,6 / 0,6 / 2,3		26 Sa	1 05 / 7 14 / 13 45 / 19 50	0,7 / 2,6 / 0,4 / 2,4
12 Sa	2 16 / 8 31 / 14 45 / 20 50	0,6 / 2,6 / 0,5 / 2,4		27 So	2 06 / 8 04 / 14 41 / 20 45	0,5 / 2,7 / 0,4 / 2,4
13 So ○	2 55 / 9 00 / 15 18 / 21 25	0,6 / 2,6 / 0,5 / 2,4		28 Mo ●	2 59 / 9 06 / 15 29 / 21 43	0,5 / 2,7 / 0,4 / 2,4
14 Mo	3 31 / 9 35 / 15 53 / 21 55	0,5 / 2,6 / 0,5 / 2,4		29 Di	3 47 / 9 54 / 16 13 / 22 14	0,4 / 2,7 / 0,4 / 2,5
15 Di	4 06 / 10 10 / 16 26 / 22 25	0,5 / 2,6 / 0,5 / 2,4		30 Mi	4 31 / 10 43 / 16 53 / 23 06	0,4 / 2,6 / 0,4 / 2,5
31 Do	5 12 / 11 20 / 17 33 / 23 44	0,4 / 2,6 / 0,5 / 2,5				

November

Tag	Zeit	Höhe		Tag	Zeit	Höhe
1 Fr	5 52 / 11 55 / 18 09	0,4 / 2,4 / 0,6		16 Sa	5 26 / 11 28 / 17 41 / 23 46	0,5 / 2,4 / 0,6 / 2,5
2 Sa	0 16 / 6 26 / 12 35 / 18 41	2,5 / 0,5 / 2,3 / 0,7		17 So	6 05 / 12 00 / 18 16	0,6 / 2,3 / 0,6
3 So	0 45 / 7 06 / 13 15 / 19 15	2,5 / 0,6 / 2,2 / 0,8		18 Mo	0 22 / 6 45 / 12 45 / 18 56	2,5 / 0,6 / 2,3 / 0,7
4 Mo ☽	1 36 / 7 45 / 14 00 / 19 45	2,4 / 0,8 / 2,1 / 0,9		19 Di ☾	1 05 / 7 35 / 13 41 / 19 46	2,5 / 0,7 / 2,2 / 0,8
5 Di	2 25 / 8 40 / 14 50 / 20 35	2,3 / 0,9 / 2,0 / 1,0		20 Mi	2 05 / 8 31 / 14 45 / 20 45	2,4 / 0,7 / 2,1 / 0,8
6 Mi	3 21 / 9 55 / 15 58 / 22 19	2,3 / 1,0 / 2,0 / 1,0		21 Do	3 10 / 9 35 / 15 59 / 22 04	2,4 / 0,7 / 2,1 / 0,8
7 Do	4 40 / 11 20 / 17 42 / 23 45	2,3 / 1,0 / 2,0 / 0,9		22 Fr	4 35 / 11 00 / 17 25 / 23 26	2,5 / 0,7 / 2,2 / 0,8
8 Fr	6 05 / 12 25 / 18 51	2,4 / 0,8 / 2,2		23 Sa	5 44 / 12 05 / 18 25	2,5 / 0,6 / 2,3
9 Sa	0 46 / 7 06 / 13 15 / 19 35	0,8 / 2,5 / 0,7 / 2,3		24 So	0 36 / 6 50 / 13 16 / 19 25	0,7 / 2,6 / 0,5 / 2,3
10 So	1 36 / 7 45 / 14 00 / 20 15	0,7 / 2,6 / 0,6 / 2,4		25 Mo	1 39 / 7 46 / 14 15 / 20 25	0,6 / 2,6 / 0,5 / 2,4
11 Mo	2 16 / 8 25 / 14 40 / 20 56	0,6 / 2,6 / 0,6 / 2,4		26 Di	2 36 / 8 40 / 15 03 / 21 10	0,5 / 2,6 / 0,5 / 2,5
12 Di ○	2 56 / 9 06 / 15 21 / 21 33	0,6 / 2,6 / 0,5 / 2,5		27 Mi	3 26 / 9 36 / 15 51 / 22 00	0,5 / 2,6 / 0,5 / 2,5
13 Mi	3 35 / 9 41 / 15 57 / 22 06	0,5 / 2,6 / 0,5 / 2,5		28 Do	4 12 / 10 15 / 16 31 / 22 35	0,4 / 2,5 / 0,5 / 2,5
14 Do	4 12 / 10 20 / 16 33 / 22 40	0,5 / 2,6 / 0,5 / 2,5		29 Fr	4 56 / 10 58 / 17 06 / 23 15	0,4 / 2,4 / 0,6 / 2,5
15 Fr	4 51 / 10 54 / 17 06 / 23 05	0,5 / 2,5 / 0,6 / 2,5		30 Sa	5 35 / 11 25 / 17 46 / 23 45	0,5 / 2,4 / 0,6 / 2,6

Dezember

Tag	Zeit	Höhe		Tag	Zeit	Höhe
1 So	6 10 / 12 15 / 18 16	0,6 / 2,3 / 0,6		16 Mo	6 01 / 11 55 / 18 15	0,5 / 2,3 / 0,6
2 Mo	0 31 / 6 46 / 12 48 / 18 46	2,5 / 0,7 / 2,2 / 0,7		17 Di	0 16 / 6 46 / 12 45 / 18 53	2,6 / 0,5 / 2,2 / 0,6
3 Di	1 05 / 7 26 / 13 25 / 19 26	2,5 / 0,8 / 2,1 / 0,8		18 Mi	1 06 / 7 36 / 13 30 / 19 45	2,5 / 0,6 / 2,2 / 0,6
4 Mi ☽	1 50 / 8 05 / 14 10 / 19 59	2,4 / 0,9 / 2,0 / 0,8		19 Do ☾	1 55 / 8 26 / 14 25 / 20 40	2,5 / 0,6 / 2,1 / 0,7
5 Do	2 35 / 8 55 / 15 10 / 20 55	2,4 / 0,9 / 2,0 / 0,9		20 Fr	2 55 / 9 26 / 15 40 / 21 45	2,5 / 0,6 / 2,1 / 0,7
6 Fr	3 45 / 10 09 / 16 18 / 22 08	2,3 / 0,9 / 2,0 / 0,9		21 Sa	4 05 / 10 30 / 16 45 / 22 56	2,5 / 0,6 / 2,1 / 0,7
7 Sa	4 49 / 11 25 / 17 30 / 23 41	2,3 / 0,9 / 2,1 / 0,9		22 So	5 15 / 11 41 / 17 55	2,5 / 0,6 / 2,2
8 So	5 59 / 12 22 / 18 40	2,4 / 0,8 / 2,2		23 Mo	0 00 / 6 24 / 12 46 / 18 55	0,7 / 2,5 / 0,6 / 2,3
9 Mo	0 44 / 6 55 / 13 11 / 19 30	0,8 / 2,5 / 0,7 / 2,3		24 Di	1 15 / 7 25 / 13 46 / 20 00	0,6 / 2,5 / 0,5 / 2,4
10 Di	1 30 / 7 45 / 14 00 / 20 08	0,7 / 2,5 / 0,6 / 2,4		25 Mi	2 15 / 8 25 / 14 45 / 20 56	0,5 / 2,5 / 0,5 / 2,4
11 Mi	2 20 / 8 25 / 14 46 / 20 55	0,6 / 2,5 / 0,5 / 2,5		26 Do ●	3 09 / 9 15 / 15 31 / 21 40	0,5 / 2,5 / 0,5 / 2,5
12 Do ○	3 09 / 9 16 / 15 31 / 21 45	0,5 / 2,5 / 0,5 / 2,6		27 Fr	3 58 / 10 06 / 16 11 / 22 20	0,4 / 2,4 / 0,5 / 2,6
13 Fr	3 52 / 9 56 / 16 11 / 22 25	0,5 / 2,5 / 0,5 / 2,6		28 Sa	4 39 / 10 46 / 16 49 / 22 55	0,5 / 2,3 / 0,5 / 2,6
14 Sa	4 36 / 10 36 / 16 51 / 22 55	0,5 / 2,5 / 0,5 / 2,6		29 So	5 16 / 11 05 / 17 26 / 23 30	0,5 / 2,3 / 0,5 / 2,6
15 So	5 15 / 10 54 / 17 31 / 23 36	0,5 / 2,4 / 0,5 / 2,5		30 Mo	5 55 / 11 51 / 17 56	0,5 / 2,2 / 0,5
31 Di	0 05 / 6 26 / 12 15 / 18 26	2,6 / 0,6 / 2,2 / 0,6				

● Neumond ☽ erstes Viertel ○ Vollmond ☾ letztes Viertel

UTC+ 1h00min (MEZ)   Höhen sind auf SKN bezogen

Mittlere Tidenkurven

West - Terschelling

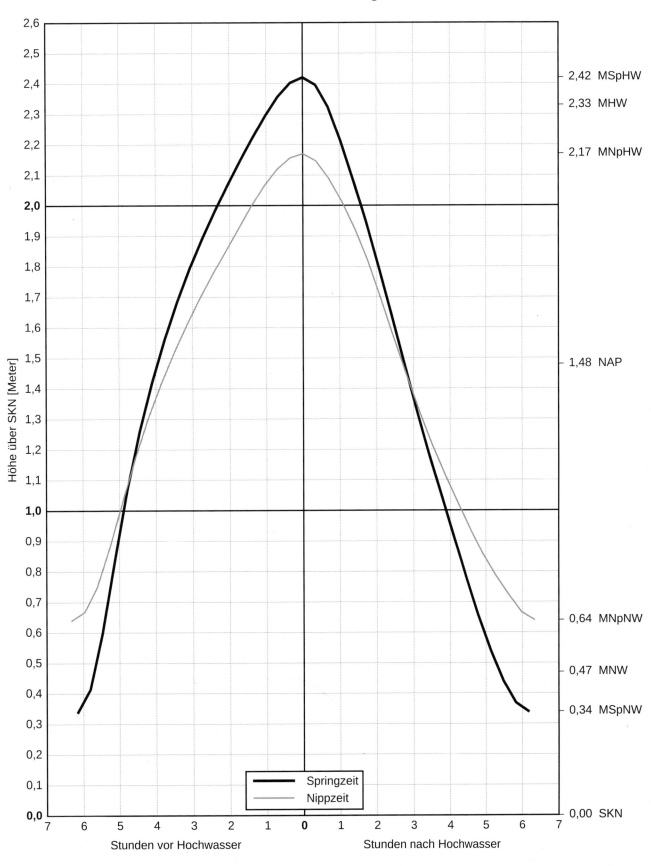

MSpSD: 6,15 h	MSpFD: 6,17 h	MHWI: 7 h 58 min
MNpSD: 6,32 h	MNpFD: 6,33 h	MNWI: 14 h 15 min

Stand Tidenkurven: 1955
Stand Gezeitengrundwerte: 2017

Hoek van Holland 2019

Breite: 51° 59' N, Länge: 4° 07' E

Zeiten (Stunden und Minuten) und Höhen (Meter) der Hoch- und Niedrigwasser

	Januar				Februar				März				April			
	Zeit	Höhe		Zeit	Höhe		Zeit	Höhe		Zeit	Höhe		Zeit	Höhe		Zeit	Höhe
1 Di	6 38 * / 11 10 / 18 59 * / 23 43	0,5 / 1,9 / 0,3 / 2,1	**16** Mi	3 44 / 10 10 / 15 34 / 22 54	0,5 / 1,9 / 0,3 / 2,0	**1** Fr	0 23 / 5 44 / 12 41 / 19 41	1,9 / 0,4 / 2,0 / 0,4	**16** Sa	5 05 / 11 56 / 17 28	0,4 / 1,9 / 0,3	**1** Fr	4 30 / 11 15 / 17 04	0,4 / 1,8 / 0,4	**16** Sa	3 35 / 10 16 / 16 09 / 22 54	0,3 / 1,8 / 0,3 / 1,7	**1** Mo	0 40 / 5 59 / 12 55 / 21 08 *	1,7 / 0,2 / 1,9 / 0,4	**16** Di	0 00 / 5 04 / 12 19 / 20 34 *	1,7 / 0,2 / 2,1 / 0,3
2 Mi	7 53 * / 12 10 / 19 42 *	0,5 / 1,9 / 0,4	**17** Do	4 35 / 11 20 / 16 49 / 23 52	0,5 / 1,9 / 0,3 / 2,1	**2** Sa	1 25 / 9 31 * / 13 35 / 21 55 *	2,0 / 0,4 / 2,0 / 0,4	**17** So	0 30 / 5 54 / 12 55 / 21 13 *	1,9 / 0,4 / 2,1 / 0,4	**2** Sa	0 05 / 5 24 / 12 24 / 18 16	1,7 / 0,3 / 1,9 / 0,4	**17** So	4 35 / 11 35 / 17 17	0,3 / 1,9 / 0,4	**2** Di	1 25 / 6 35 / 13 39 / 21 50 *	1,8 / 0,2 / 2,0 / 0,3	**17** Mi	0 52 / 5 54 / 13 08 / 21 20 *	1,8 / 0,2 / 2,2 / 0,3
3 Do	0 34 / 8 48 * / 12 59 / 20 34 *	2,1 / 0,5 / 2,0 / 0,4	**18** Fr	5 35 / 12 19 / 17 49	0,5 / 2,0 / 0,3	**3** So	2 15 / 10 15 * / 14 24 / 22 44 *	2,0 / 0,3 / 2,1 / 0,5	**18** Mo	1 26 / 6 39 / 13 45 / 22 05 *	2,0 / 0,3 / 2,2 / 0,4	**3** So	1 05 / 6 16 / 13 25 / 21 45 *	1,8 / 0,3 / 2,0 / 0,4	**18** Mo	0 15 / 5 34 / 12 36 / 20 55 *	1,8 / 0,3 / 2,0 / 0,3	**3** Mi	2 05 / 10 09 * / 14 13 / 22 30 *	1,9 / 0,2 / 2,1 / 0,3	**18** Do	1 38 / 6 36 / 13 54 / 21 54 *	1,9 / 0,2 / 2,3 / 0,3
4 Fr	1 25 / 9 40 * / 13 44 / 19 21	2,1 / 0,4 / 2,1 / 0,4	**19** Sa	0 49 / 6 15 / 13 11 / 18 35	2,1 / 0,4 / 2,1 / 0,4	**4** Mo ●	2 54 / 7 57 / 14 55 / 23 08 *	2,0 / 0,3 / 2,2 / 0,5	**19** Di ○	2 15 / 7 19 / 14 29 / 22 49 *	2,1 / 0,2 / 2,3 / 0,4	**4** Mo	1 55 / 10 00 * / 14 04 / 22 20 *	1,9 / 0,3 / 2,1 / 0,4	**19** Di	1 11 / 6 19 / 13 28 / 21 48 *	1,9 / 0,2 / 2,2 / 0,3	**4** Do	2 35 / 7 44 / 14 44 / 23 05 *	1,9 / 0,2 / 2,2 / 0,4	**19** Fr ○	2 18 / 7 16 / 14 35 / 22 40 *	2,0 / 0,1 / 2,3 / 0,4
5 Sa	2 15 / 10 20 * / 14 29 / 20 13	2,1 / 0,4 / 2,2 / 0,5	**20** So	1 42 / 7 05 / 14 01 / 19 18	2,2 / 0,4 / 2,3 / 0,4	**5** Di	3 29 / 8 29 / 15 35 / 23 43 *	2,0 / 0,3 / 2,2 / 0,5	**20** Mi	2 58 / 7 59 / 15 15 / 23 25 *	2,1 / 0,2 / 2,4 / 0,4	**5** Di	2 34 / 10 40 * / 14 39 / 23 02 *	2,0 / 0,2 / 2,1 / 0,4	**20** Mi	1 58 / 6 56 / 14 14 / 22 29 *	2,0 / 0,2 / 2,2 / 0,4	**5** Fr ●	3 03 / 7 59 / 15 15 / 23 25 *	2,0 / 0,2 / 2,2 / 0,4	**20** Sa	3 00 / 7 57 / 15 17 / 23 28 *	2,1 / 0,1 / 2,3 / 0,3
6 So ●	2 58 / 8 15 / 15 13 / 21 44	2,1 / 0,4 / 2,2 / 0,5	**21** Mo ○	2 26 / 7 39 / 14 45 / 19 59	2,2 / 0,3 / 2,4 / 0,4	**6** Mi	3 59 / 8 54 / 16 05 / 23 55 *	2,1 / 0,2 / 2,2 / 0,5	**21** Do	3 44 / 8 39 / 15 58	2,1 / 0,1 / 2,4	**6** Mi ●	3 09 / 8 09 / 15 14 / 23 24 *	2,0 / 0,2 / 2,2 / 0,5	**21** Do ○	2 38 / 7 36 / 14 55 / 23 00 *	2,1 / 0,1 / 2,4 / 0,4	**6** Sa	3 29 / 8 29 / 15 45 / 23 11 *	2,1 / 0,2 / 2,2 / 0,4	**21** So	3 40 / 8 39 / 16 00	2,2 / 0,2 / 2,2
7 Mo	3 34 / 8 43 / 15 48 / 22 46	2,1 / 0,3 / 2,2 / 0,6	**22** Di	3 12 / 8 19 / 15 30 / 20 44	2,2 / 0,2 / 2,4 / 0,5	**7** Do	4 25 / 9 24 / 16 44	2,1 / 0,2 / 2,2	**22** Fr	0 10 * / 4 27 / 9 23 / 16 43	0,4 / 2,2 / 0,1 / 2,4	**7** Do	3 35 / 8 29 / 15 44 / 22 54 *	2,0 / 0,2 / 2,2 / 0,5	**22** Fr	3 22 / 8 17 / 15 39 / 23 55 *	2,1 / 0,1 / 2,4 / 0,4	**7** So	4 05 / 9 03 / 16 17	2,1 / 0,2 / 2,2	**22** Mo	0 15 * / 4 22 / 12 55 * / 16 44	0,3 / 2,2 / 0,2 / 2,1
8 Di	4 12 / 9 17 / 16 24	2,1 / 0,3 / 2,3	**23** Mi	3 58 / 9 04 / 16 15	2,2 / 0,2 / 2,4	**8** Fr	0 09 * / 4 55 / 10 05 / 17 14	0,5 / 2,1 / 0,2 / 2,2	**23** Sa	0 55 * / 5 10 / 10 09 / 17 28	0,4 / 2,2 / 0,1 / 2,3	**8** Fr	4 03 / 8 55 / 16 16 / 23 48 *	2,1 / 0,2 / 2,2 / 0,4	**23** Sa	4 05 / 9 01 / 16 22	2,2 / 0,1 / 2,3	**8** Mo	0 09 * / 4 32 / 12 27 * / 16 48	0,3 / 2,1 / 0,2 / 2,2	**23** Di	1 05 * / 5 05 / 13 45 * / 17 27	0,2 / 2,2 / 0,2 / 2,0
9 Mi	0 11 * / 4 45 / 9 49 / 17 04	0,6 / 2,1 / 0,2 / 2,2	**24** Do	0 27 * / 4 45 / 9 47 / 17 04	0,5 / 2,1 / 0,1 / 2,4	**9** Sa	0 53 * / 5 29 / 10 39 / 17 46	0,5 / 2,1 / 0,2 / 2,2	**24** So	1 50 * / 5 55 / 11 03 / 18 17	0,4 / 2,1 / 0,1 / 2,2	**9** Sa	4 31 / 9 35 / 16 46	2,1 / 0,2 / 2,2	**24** So	0 45 * / 4 46 / 9 46 / 17 05	0,4 / 2,2 / 0,1 / 2,3	**9** Di	0 09 * / 5 05 / 10 15 / 17 25	0,3 / 2,1 / 0,2 / 2,1	**24** Mi	1 54 * / 5 47 / 14 25 * / 18 14 / 23 24	0,2 / 2,2 / 0,3 / 1,9 / 0,2
10 Do	0 37 * / 5 14 / 10 25 / 17 39	0,6 / 2,0 / 0,2 / 2,2	**25** Fr	1 15 * / 5 33 / 10 36 / 17 50	0,5 / 2,1 / 0,1 / 2,4	**10** So	1 24 * / 5 55 / 11 15 / 18 16	0,4 / 2,0 / 0,1 / 2,1	**25** Mo	2 42 * / 6 44 / 12 05 / 19 14	0,4 / 2,1 / 0,1 / 2,1	**10** So	0 30 * / 5 05 / 10 05 / 17 16	0,4 / 2,1 / 0,2 / 2,2	**25** Mo	1 30 * / 5 28 / 14 11 * / 17 51	0,3 / 2,2 / 0,1 / 2,1	**10** Mi	1 25 * / 5 41 / 10 55 / 18 02 / 23 15	0,3 / 2,1 / 0,2 / 2,1 / 0,3	**25** Do	6 34 / 12 54 / 18 55	2,1 / 0,3 / 1,8
11 Fr	1 10 * / 5 54 / 11 05 / 18 11	0,5 / 2,0 / 0,2 / 2,1	**26** Sa	2 05 * / 6 23 / 11 28 / 18 46	0,5 / 2,1 / 0,1 / 2,3	**11** Mo	2 02 * / 6 35 / 11 55 / 18 56	0,5 / 2,0 / 0,1 / 2,1	**26** Di ☾	1 07 / 7 36 / 13 14 / 20 09	0,4 / 2,0 / 0,1 / 2,0	**11** Mo	1 05 * / 5 31 / 10 37 / 17 48	0,4 / 2,1 / 0,1 / 2,1	**26** Di	2 15 * / 6 15 / 11 34 / 18 39 / 23 54	0,3 / 2,1 / 0,2 / 2,0 / 0,3	**11** Do	6 19 / 11 44 / 18 47	2,1 / 0,2 / 2,0	**26** Fr ☾	0 36 / 7 25 / 13 52 / 19 49	0,2 / 1,9 / 0,4 / 1,6
12 Sa	1 48 * / 6 25 / 11 54 / 18 45	0,5 / 2,0 / 0,2 / 2,1	**27** So ☾	2 54 * / 7 15 / 12 30 / 19 45	0,5 / 2,0 / 0,1 / 2,2	**12** Di	2 02 * / 7 16 / 12 51 / 19 41	0,5 / 2,0 / 0,1 / 2,1	**27** Mi	1 58 / 8 35 / 14 24 / 21 15	0,4 / 1,9 / 0,2 / 1,8	**12** Di	1 39 * / 6 05 / 11 19 / 18 27 / 23 35	0,4 / 2,1 / 0,1 / 2,1 / 0,3	**27** Mi	6 59 / 12 59 / 19 25	2,1 / 0,2 / 1,8	**12** Fr ☾	0 03 / 7 09 / 13 58 / 19 49	0,2 / 2,1 / 0,2 / 1,8	**27** Sa	2 45 / 8 24 / 15 18 / 20 49	0,2 / 1,8 / 0,4 / 1,5
13 So	2 28 * / 6 55 / 12 44 / 19 35	0,5 / 1,9 / 0,2 / 2,0	**28** Mo	1 57 / 8 15 / 13 39 / 20 45	0,5 / 2,0 / 0,1 / 2,1	**13** Mi	2 07 / 8 09 / 14 04 / 20 55	0,5 / 1,9 / 0,1 / 1,8	**28** Do	3 18 / 9 55 / 15 50 / 22 45	0,4 / 1,8 / 0,3 / 1,7	**13** Mi	6 44 / 12 04 / 19 09	2,1 / 0,1 / 2,0	**28** Do	1 11 / 7 59 / 13 55 / 20 35	0,3 / 1,9 / 0,3 / 1,7	**13** Sa	1 58 / 8 14 / 14 46 / 21 15	0,3 / 1,9 / 0,3 / 1,6	**28** So	3 54 * / 9 59 / 16 20 / 23 05	0,2 / 1,7 / 0,4 / 1,4
14 Mo ☽	2 12 / 7 54 / 13 41 / 20 46	0,5 / 1,9 / 0,2 / 2,0	**29** Di	2 38 / 8 52 / 14 52 / 21 54	0,5 / 1,9 / 0,2 / 1,9	**14** Do ☽	3 00 / 9 18 / 15 10 / 22 05	0,4 / 1,9 / 0,2 / 1,9				**14** Do ☽	0 29 / 7 35 / 13 27 / 20 05	0,3 / 2,0 / 0,2 / 1,9	**29** Fr	2 44 / 9 05 / 15 30 / 22 12	0,3 / 1,8 / 0,3 / 1,5	**14** So	2 55 / 9 55 / 15 58 / 22 38	0,3 / 1,9 / 0,3 / 1,6	**29** Mo	4 45 / 11 25 / 17 24	0,2 / 1,8 / 0,4
15 Di	2 57 / 9 06 / 14 40 / 21 46	0,5 / 1,9 / 0,2 / 2,0	**30** Mi	3 35 / 10 36 / 16 04 / 23 14	0,5 / 1,8 / 0,3 / 1,9	**15** Fr	3 55 / 10 44 / 16 29 / 23 20	0,4 / 1,9 / 0,3 / 1,9				**15** Fr	2 29 / 8 39 / 14 59 / 21 35	0,3 / 1,9 / 0,2 / 1,8	**30** Sa	4 08 / 10 55 / 16 44 / 23 44	0,3 / 1,7 / 0,4 / 1,6	**15** Mo	4 05 / 11 15 / 19 29 *	0,3 / 1,9 / 0,3	**30** Di	0 06 / 5 34 / 12 20 / 19 41 *	1,6 / 0,2 / 1,9 / 0,4
			31 Do	4 49 / 11 40 / 17 12	0,5 / 1,9 / 0,4							**31** So	5 08 / 12 05 / 17 49	0,2 / 1,8 / 0,4						

● Neumond ☽ erstes Viertel ○ Vollmond ☾ letztes Viertel

UTC+ 1h00min (MEZ)   Höhen sind auf SKN bezogen

* bedeutet, Ende des Niedrigwassers ist angegeben, vergl. Tidenkurven Seite 81

Gezeitenvorausberechnungen

Hoek van Holland 2019

Breite: 51° 59' N, Länge: 4° 07' E

Zeiten (Stunden und Minuten) und Höhen (Meter) der Hoch- und Niedrigwasser

Mai

Tag	Zeit	Höhe	Tag	Zeit	Höhe
1 Mi	0 49 / 6 24 / 12 59 / 21 02 *	1,7 / 0,2 / 2,0 / 0,3	**16** Do	0 26 / 5 29 / 12 49 / 21 00 *	1,8 / 0,2 / 2,2 / 0,3
2 Do	1 25 / 7 01 / 13 38 / 21 51 *	1,8 / 0,2 / 2,1 / 0,3	**17** Fr	1 15 / 6 15 / 13 35 / 21 35 *	1,9 / 0,2 / 2,2 / 0,3
3 Fr	1 55 / 7 16 / 14 09 / 22 35 *	1,9 / 0,2 / 2,2 / 0,3	**18** Sa ○	1 57 / 6 59 / 14 16 / 22 10 *	2,0 / 0,2 / 2,2 / 0,3
4 Sa ●	2 27 / 7 34 / 14 41 / 23 09 *	2,0 / 0,2 / 2,2 / 0,4	**19** So	2 38 / 7 41 / 15 00 / 23 00 *	2,1 / 0,2 / 2,2 / 0,3
5 So	2 58 / 8 05 / 15 15 / 23 26 *	2,1 / 0,2 / 2,2 / 0,3	**20** Mo	3 23 / 8 25 / 15 44 / 23 56	2,2 / 0,3 / 2,1 / 0,2
6 Mo	3 31 / 8 35 / 15 51 / 23 54 *	2,1 / 0,2 / 2,2 / 0,3	**21** Di	4 04 / 12 28 * / 16 25	2,2 / 0,3 / 2,1
7 Di	4 07 / 9 15 / 16 27	2,2 / 0,3 / 2,1	**22** Mi	0 44 * / 13 15 * / 17 08	0,2 / 2,2 / 0,3 / 2,0
8 Mi	0 35 * / 4 45 / 12 34 * / 17 05 / 22 15	0,3 / 2,1 / 0,2 / 2,1 / 0,3	**23** Do	1 31 * / 5 25 / 14 01 * / 17 49	0,2 / 2,1 / 0,3 / 1,9
9 Do	5 21 / 13 07 * / 17 47 / 23 05	2,2 / 0,3 / 2,0 / 0,2	**24** Fr	2 06 * / 6 09 / 14 29 * / 18 30	0,2 / 2,1 / 0,4 / 1,8
10 Fr	6 07 / 13 44 * / 18 35	2,2 / 0,3 / 1,9	**25** Sa	0 17 / 7 00 / 13 53 / 19 14	0,1 / 2,0 / 0,4 / 1,7
11 Sa	0 04 / 6 56 / 14 10 * / 19 34	0,2 / 2,1 / 0,3 / 1,7	**26** So ☾	1 00 / 7 55 / 15 08 * / 20 16	0,1 / 1,9 / 0,4 / 1,6
12 So ☽	1 30 / 8 09 / 14 40 / 21 05	0,2 / 2,0 / 0,3 / 1,6	**27** Mo	3 22 * / 8 55 / 15 46 / 21 10	0,1 / 1,8 / 0,4 / 1,5
13 Mo	2 38 / 9 40 / 15 50 / 22 19	0,2 / 1,9 / 0,4 / 1,6	**28** Di	4 25 * / 10 09 / 16 58 / 22 25	0,1 / 1,8 / 0,4 / 1,5
14 Di	3 34 / 10 54 / 19 01 * / 23 34	0,2 / 2,0 / 0,3 / 1,7	**29** Mi	5 07 / 11 28 / 17 36 / 23 55	0,2 / 1,8 / 0,4 / 1,6
15 Mi	4 34 / 11 55 / 20 10 *	0,2 / 2,1 / 0,3	**30** Do	6 07 / 12 16 / 20 00 *	0,2 / 1,9 / 0,4
			31 Fr	0 40 / 6 36 / 12 56 / 21 10 *	1,8 / 0,2 / 2,1 / 0,3

Juni

Tag	Zeit	Höhe	Tag	Zeit	Höhe
1 Sa	1 16 / 8 54 * / 13 34 / 22 00 *	1,9 / 0,3 / 2,1 / 0,3	**16** So	1 39 / 6 54 / 14 05 / 21 58 *	2,0 / 0,3 / 2,1 / 0,3
2 So	1 51 / 7 05 / 14 09 / 22 40 *	2,0 / 0,3 / 2,2 / 0,3	**17** Mo ○	2 21 / 7 39 / 14 47 / 19 55	2,1 / 0,3 / 2,1 / 0,3
3 Mo ●	2 27 / 7 45 / 14 47 / 20 04	2,1 / 0,3 / 2,2 / 0,3	**18** Di	3 06 / 10 56 * / 15 30 / 23 35 *	2,2 / 0,4 / 2,1 / 0,2
4 Di	3 05 / 8 15 / 15 27 / 20 36	2,2 / 0,3 / 2,2 / 0,3	**19** Mi	3 46 / 12 00 * / 16 11	2,2 / 0,4 / 2,0
5 Mi	3 46 / 8 54 / 16 07 / 21 15	2,2 / 0,3 / 2,1 / 0,2	**20** Do	0 24 * / 4 25 / 12 45 * / 16 53	0,2 / 2,2 / 0,4 / 2,0
6 Do	4 25 / 12 20 * / 16 49 / 22 03	2,2 / 0,3 / 2,0 / 0,2	**21** Fr	1 06 * / 5 05 / 13 30 * / 17 29	0,2 / 2,2 / 0,4 / 1,9
7 Fr	5 07 / 13 09 * / 17 35 / 22 54	2,2 / 0,3 / 1,9 / 0,1	**22** Sa	1 40 * / 5 48 / 14 08 * / 18 05 / 23 29	0,1 / 2,1 / 0,5 / 1,9 / 0,1
8 Sa	5 55 / 13 49 * / 18 25 / 23 45	2,2 / 0,3 / 1,8 / 0,1	**23** So	6 36 / 14 16 * / 18 45	2,0 / 0,5 / 1,8
9 So	6 48 / 14 22 * / 19 35	2,1 / 0,3 / 1,8	**24** Mo	0 24 / 7 24 / 14 34 * / 19 36	0,1 / 2,0 / 0,5 / 1,8
10 Mo ☽	0 54 / 8 05 / 15 46 * / 20 45	0,1 / 2,1 / 0,4 / 1,7	**25** Di ☾	1 17 / 8 16 / 15 21 * / 20 30	0,1 / 1,9 / 0,4 / 1,7
11 Di	2 04 / 9 20 / 17 03 * / 21 55	0,1 / 2,0 / 0,4 / 1,7	**26** Mi	2 10 / 9 14 / 16 19 * / 21 30	0,2 / 1,9 / 0,4 / 1,7
12 Mi	3 09 / 10 25 / 18 28 * / 23 06	0,1 / 2,0 / 0,4 / 1,7	**27** Do	3 09 / 10 14 / 17 00 / 22 35	0,2 / 1,9 / 0,4 / 1,7
13 Do	4 09 / 11 29 / 19 42 *	0,2 / 2,1 / 0,4	**28** Fr	5 35 / 11 15 / 17 32 / 23 35	0,2 / 1,9 / 0,4 / 1,8
14 Fr	0 04 / 5 15 / 12 25 / 20 27 *	1,8 / 0,2 / 2,1 / 0,4	**29** Sa	5 11 / 12 10 / 18 16	0,3 / 2,0 / 0,4
15 Sa	0 51 / 6 05 / 13 16 / 21 12 *	1,9 / 0,2 / 2,1 / 0,4	**30** So	0 32 / 5 54 / 13 00 / 18 39	1,9 / 0,3 / 2,1 / 0,4

Juli

Tag	Zeit	Höhe	Tag	Zeit	Höhe
1 Mo	1 19 / 6 44 / 13 45 / 19 15	2,0 / 0,3 / 2,2 / 0,3	**16** Di	2 13 / 7 40 / 14 38 / 19 50	2,1 / 0,4 / 2,1 / 0,3
2 Di ●	2 04 / 7 25 / 14 26 / 19 49	2,1 / 0,3 / 2,2 / 0,3	**17** Mi	2 54 / 8 26 / 15 23 / 20 24	2,2 / 0,5 / 2,0 / 0,2
3 Mi	2 45 / 8 04 / 15 09 / 20 24	2,2 / 0,3 / 2,2 / 0,2	**18** Do	3 35 / 11 47 * / 16 02 / 21 05	2,2 / 0,5 / 2,0 / 0,2
4 Do	3 27 / 8 40 / 15 55 / 21 01	2,3 / 0,4 / 2,1 / 0,2	**19** Fr	4 09 / 12 25 * / 16 35 / 21 34	2,2 / 0,5 / 2,0 / 0,2
5 Fr	4 10 / 12 07 * / 16 37 / 21 46	2,3 / 0,4 / 2,1 / 0,1	**20** Sa	4 49 / 13 04 * / 17 05 / 22 15	2,2 / 0,5 / 2,0 / 0,2
6 Sa	4 55 / 13 00 * / 17 25 / 22 34	2,3 / 0,4 / 2,0 / 0,1	**21** So	5 26 / 13 28 * / 17 39 / 22 54	2,2 / 0,5 / 2,0 / 0,2
7 So	5 44 / 13 55 * / 18 15 / 23 25	2,3 / 0,4 / 1,9 / 0,1	**22** Mo	6 05 / 13 38 * / 18 15 / 23 34	2,1 / 0,5 / 1,9 / 0,2
8 Mo	6 39 / 14 40 * / 19 14	2,2 / 0,4 / 1,9	**23** Di	6 46 / 14 18 * / 18 55	2,1 / 0,5 / 1,9
9 Di ☽	0 29 / 7 39 / 15 30 * / 20 15	0,1 / 2,2 / 0,4 / 1,9	**24** Mi	0 25 / 7 25 / 14 48 * / 19 35	0,1 / 2,0 / 0,5 / 1,9
10 Mi	1 34 / 8 49 / 16 48 * / 21 20	0,1 / 2,1 / 0,5 / 1,8	**25** Do ☾	1 27 / 8 18 / 14 32 / 20 40	0,2 / 2,0 / 0,5 / 1,8
11 Do	2 38 / 9 55 / 17 49 * / 22 25	0,1 / 2,1 / 0,5 / 1,8	**26** Fr	2 21 / 9 15 / 15 23 / 21 46	0,2 / 2,0 / 0,5 / 1,8
12 Fr	3 45 / 11 06 / 18 43 * / 23 34	0,2 / 2,0 / 0,4 / 1,9	**27** Sa	3 20 / 10 20 / 16 27 / 22 55	0,2 / 2,0 / 0,5 / 1,8
13 Sa	4 46 / 12 05 / 20 01 * / 23 56	0,3 / 2,0 / 0,4 / 1,9	**28** So	4 24 / 11 26 / 17 21 /	0,3 / 2,0 / 0,4
14 So	0 34 / 5 54 / 13 05 / 18 23	1,9 / 0,3 / 2,0 / 0,4	**29** Mo	5 38 / 12 25 / 18 04	0,3 / 2,0 / 0,4
15 Mo	1 24 / 6 48 / 13 54 / 19 14	2,0 / 0,4 / 2,0 / 0,3	**30** Di	0 55 / 6 29 / 13 22 / 18 49	2,0 / 0,4 / 2,1 / 0,3
			31 Mi	1 41 / 7 05 / 14 09 / 19 25	2,2 / 0,4 / 2,1 / 0,3

August

Tag	Zeit	Höhe	Tag	Zeit	Höhe
1 Do ●	2 27 / 7 45 / 14 55 / 20 05	2,3 / 0,4 / 2,2 / 0,2	**16** Fr	3 18 / 11 33 * / 15 44 / 20 39	2,2 / 0,6 / 2,1 / 0,2
2 Fr	3 11 / 8 24 / 15 37 / 20 44	2,4 / 0,5 / 2,2 / 0,2	**17** Sa	3 51 / 12 03 * / 16 15 / 21 09	2,3 / 0,6 / 2,1 / 0,2
3 Sa	3 56 / 12 00 * / 16 22 / 21 22	2,4 / 0,5 / 2,1 / 0,1	**18** So	4 26 / 12 14 * / 16 47 / 21 45	2,3 / 0,6 / 2,1 / 0,2
4 So	4 38 / 12 44 * / 17 07 / 22 06	2,4 / 0,5 / 2,1 / 0,1	**19** Mo	4 59 / 12 38 * / 17 16 / 22 19	2,2 / 0,5 / 2,1 / 0,2
5 Mo	5 27 / 13 34 * / 17 55 / 22 59	2,4 / 0,5 / 2,1 / 0,1	**20** Di	5 35 / 13 19 * / 17 46 / 22 55	2,2 / 0,5 / 2,1 / 0,2
6 Di	6 17 / 14 24 * / 18 45 / 23 55	2,3 / 0,5 / 2,0 / 0,1	**21** Mi	6 05 / 13 52 * / 18 18 / 23 34	2,1 / 0,5 / 2,1 / 0,2
7 Mi ☽	7 11 / 15 28 * / 19 45	2,2 / 0,5 / 2,0	**22** Do	6 36 / 14 14 * / 18 54	2,1 / 0,5 / 2,0
8 Do	1 04 / 8 15 / 14 18 / 20 45	0,1 / 2,1 / 0,5 / 1,9	**23** Fr ☾	0 14 / 7 15 / 13 55 / 19 35	0,2 / 2,1 / 0,5 / 2,0
9 Fr	2 14 / 9 15 / 15 05 / 21 45	0,2 / 2,0 / 0,5 / 1,9	**24** Sa	1 39 / 8 15 / 14 35 / 20 45	0,2 / 2,0 / 0,5 / 1,9
10 Sa	3 31 / 10 35 / 16 19 / 23 09	0,3 / 1,9 / 0,5 / 1,9	**25** So	2 47 / 9 35 / 15 25 / 22 16	0,3 / 1,9 / 0,5 / 1,9
11 So	4 44 / 11 49 / 17 14	0,4 / 1,9 / 0,4	**26** Mo	4 00 / 10 49 / 16 40 / 23 30	0,4 / 1,9 / 0,5 / 1,9
12 Mo	0 15 / 5 44 / 12 55 / 18 05	2,0 / 0,4 / 2,0 / 0,4	**27** Di	5 05 / 12 04 / 17 44	0,4 / 1,9 / 0,4
13 Di	1 14 / 9 39 * / 13 53 / 18 59	2,1 / 0,4 / 2,0 / 0,3	**28** Mi	0 35 / 5 56 / 13 02 / 18 25	2,1 / 0,4 / 2,0 / 0,4
14 Mi	2 04 / 10 12 * / 14 34 / 19 34	2,1 / 0,5 / 2,0 / 0,3	**29** Do	1 25 / 6 45 / 13 52 / 18 59	2,2 / 0,5 / 2,1 / 0,3
15 Do ○	2 44 / 11 00 * / 15 14 / 20 15	2,2 / 0,5 / 2,1 / 0,3	**30** Fr ●	2 08 / 7 25 / 14 35 / 19 39	2,4 / 0,5 / 2,2 / 0,2
			31 Sa	2 54 / 8 04 / 15 18 / 20 16	2,4 / 0,5 / 2,2 / 0,2

● Neumond ☽ erstes Viertel ○ Vollmond ☾ letztes Viertel

UTC+ 1h00min (MEZ)   Höhen sind auf SKN bezogen

* bedeutet, Ende des Niedrigwassers ist angegeben, vergl. Tidenkurven Seite 81

Hoek van Holland 2019

Breite: 51° 59' N, Länge: 4° 07' E

Zeiten (Stunden und Minuten) und Höhen (Meter) der Hoch- und Niedrigwasser

	September					Oktober					November					Dezember			
	Zeit	Höhe		Zeit	Höhe	Zeit	Höhe		Zeit	Höhe	Zeit	Höhe		Zeit	Höhe	Zeit	Höhe		Zeit	Höhe
1 So	3 36 8 39 16 04 20 59	2,5 0,6 2,2 0,1	**16** Mo	4 02 11 22 * 16 18 21 15	2,3 0,6 2,2 0,3	**1** Di	3 57 8 56 16 20 21 19	2,5 0,6 2,3 0,2	**16** Mi	4 01 11 31 * 16 16 21 19	2,3 0,6 2,3 0,4	**1** Fr	5 05 10 09 17 24	2,2 0,4 2,3	**16** Sa	4 45 9 55 17 02 22 15	2,2 0,4 2,3 0,5	**1** So	1 40 * 5 29 10 35 17 49	0,5 2,1 0,3 2,3	**16** Mo	0 34 * 5 14 10 29 17 31	0,5 2,1 0,3 2,3
2 Mo	4 19 12 35 * 16 45 21 45	2,5 0,5 2,2 0,1	**17** Di	4 31 12 08 * 16 46 21 45	2,3 0,6 2,2 0,3	**2** Mi	4 40 13 08 * 17 02 22 07	2,4 0,5 2,3 0,3	**17** Do	4 35 12 25 * 16 48 21 55	2,3 0,5 2,3 0,4	**2** Sa	2 12 * 5 49 10 59 18 06 23 57	0,5 2,1 0,4 2,2 0,5	**17** So	5 23 10 39 17 41 23 04	2,2 0,3 2,3 0,5	**2** Mo	2 25 * 6 14 11 34 18 35	0,6 2,0 0,3 2,2	**17** Di	1 29 * 5 59 11 15 18 18	0,5 2,0 0,2 2,3
3 Di	5 05 13 15 * 17 28 22 35	2,4 0,5 2,2 0,2	**18** Mi	5 04 12 50 * 17 15 22 24	2,2 0,5 2,2 0,3	**3** Do	5 26 10 29 17 47 23 03	2,3 0,5 2,3 0,4	**18** Fr	5 05 10 09 17 21 22 34	2,2 0,5 2,3 0,4	**3** So	6 35 11 57 19 04	2,0 0,4 2,1	**18** Mo	6 05 11 27 18 29	2,1 0,3 2,3	**3** Di	1 16 6 55 12 38 19 36	0,6 1,9 0,3 2,0	**18** Mi	2 08 * 6 55 12 09 19 19	0,5 1,9 0,2 2,2
4 Mi	5 51 14 19 * 18 16 23 25	2,3 0,5 2,2 0,2	**19** Do	5 31 13 30 * 17 45 22 54	2,2 0,5 2,2 0,3	**4** Fr	6 11 11 24 18 35	2,2 0,5 2,2	**19** Sa	5 39 10 50 17 57 23 14	2,2 0,4 2,3 0,4	**4** Mo ☽	1 19 7 27 13 05 20 05	0,6 1,8 0,4 2,0	**19** Di ☾	1 43 * 6 59 12 24 19 26	0,5 1,9 0,3 2,1	**4** Mi ☽	1 52 7 49 13 32 20 30	0,6 1,8 0,3 1,9	**19** Do ☾	2 44 * 7 59 13 25 20 25	0,5 1,9 0,2 2,1
5 Do	6 42 15 02 * 19 06	2,2 0,5 2,1	**20** Fr	6 03 11 15 18 19 23 39	2,2 0,5 2,2 0,3	**5** Sa ☽	0 14 7 05 12 24 19 29	0,4 2,0 0,5 2,1	**20** So	6 22 11 40 18 42	2,1 0,4 2,2	**5** Di	2 28 8 34 15 10 21 14	0,6 1,7 0,4 1,9	**20** Mi	2 20 8 06 13 45 20 50	0,5 1,8 0,3 2,1	**5** Do	3 28 8 44 15 48 * 21 45	0,6 1,7 0,3 1,9	**20** Fr	2 51 9 05 14 35 21 44	0,6 1,8 0,2 2,1
6 Fr ☽	0 35 7 39 13 30 20 05	0,3 2,1 0,5 2,0	**21** Sa	6 41 11 54 19 02	2,2 0,4 2,2	**6** So	1 34 8 04 13 57 20 45	0,4 1,8 0,4 1,9	**21** Mo ☾	0 14 7 05 12 35 19 36	0,4 2,0 0,4 2,1	**6** Mi	3 41 10 34 16 18 23 10	0,6 1,6 0,4 1,9	**21** Do	3 06 9 35 14 54 22 05	0,6 1,7 0,3 2,1	**6** Fr	4 11 9 55 16 44 23 10	0,6 1,6 0,3 1,9	**21** Sa	5 47 * 10 22 15 35 22 54	0,6 1,8 0,3 2,1
7 Sa	1 45 8 45 14 34 21 15	0,3 1,9 0,5 1,9	**22** So ☾	0 37 7 34 12 55 19 55	0,3 2,0 0,4 2,0	**7** Mo	2 50 9 28 15 34 22 20	0,5 1,7 0,4 1,9	**22** Di	2 21 8 28 14 25 21 04	0,5 1,8 0,4 2,0	**7** Do	5 00 11 46 17 04	0,6 1,7 0,4	**22** Fr	6 17 * 10 49 15 59 23 24	0,6 1,8 0,4 2,1	**7** Sa	5 14 11 41 17 38	0,6 1,7 0,4	**22** So	7 07 * 11 26 16 35 23 56	0,6 1,9 0,3 2,1
8 So	3 11 10 05 16 00 22 45	0,4 1,8 0,5 1,9	**23** Mo	2 24 8 44 14 54 21 30	0,4 1,9 0,5 1,9	**8** Di	4 05 11 16 16 39 23 37	0,6 1,7 0,4 1,9	**23** Mi	3 24 9 55 15 39 22 40	0,5 1,7 0,4 2,0	**8** Fr	0 05 7 38 * 12 29 18 04	2,0 0,6 1,8 0,4	**23** Sa	7 40 * 11 56 16 54	0,5 1,9 0,4	**8** So	0 05 7 16 * 12 24 18 25	2,0 0,6 1,8 0,4	**23** Mo	8 20 * 12 22 17 35	0,5 2,0 0,4
9 Mo	4 27 11 34 17 04 23 55	0,5 1,8 0,4 2,0	**24** Di	3 34 10 20 16 02 23 04	0,4 1,8 0,5 2,0	**9** Mi	6 26 12 15 17 34	0,6 1,8 0,4	**24** Do	6 45 * 11 20 16 34 23 45	0,6 1,8 0,4 2,1	**9** Sa	0 50 8 49 * 13 16 18 50	2,1 0,5 1,9 0,4	**24** So	0 19 8 34 * 12 45 17 45	2,2 0,5 2,0 0,3	**9** Mo	0 46 8 55 * 12 59 20 38 *	2,1 0,5 2,0 0,4	**24** Di	0 49 8 54 * 13 11 18 24	2,2 0,5 2,1 0,4
10 Di	5 39 12 35 17 54	0,5 1,9 0,4	**25** Mi	4 45 11 35 17 04	0,5 1,8 0,4	**10** Do	0 35 8 45 * 13 10 18 24	2,1 0,5 1,9 0,4	**25** Fr	8 09 * 12 24 17 25	0,5 1,9 0,4	**10** So	1 21 9 35 * 13 45 19 18	2,2 0,5 2,0 0,4	**25** Mo	1 06 9 18 * 13 29 18 32	2,3 0,5 2,1 0,3	**10** Di	1 24 9 45 * 13 36 21 21 *	2,2 0,5 2,1 0,4	**25** Mi	1 38 9 38 * 13 58 19 14	2,2 0,5 2,2 0,4
11 Mi	1 05 9 25 * 13 35 21 41 *	2,1 0,5 2,0 0,3	**26** Do	0 10 8 22 * 12 42 17 55	2,1 0,5 1,9 0,4	**11** Fr	1 25 9 35 * 13 49 21 51 *	2,2 0,5 2,0 0,4	**26** Sa	0 45 9 02 * 13 09 18 09	2,3 0,5 2,0 0,3	**11** Mo	1 56 10 26 * 14 14 19 24	2,3 0,5 2,1 0,4	**26** Di ●	1 50 9 57 * 14 15 19 19	2,4 0,5 2,2 0,3	**11** Mi	1 56 10 28 * 14 15 19 34	2,3 0,5 2,2 0,4	**26** Do ●	2 26 7 39 14 42 20 04	2,2 0,4 2,3 0,5
12 Do	1 45 10 14 * 14 19 22 28 *	2,2 0,5 2,1 0,3	**27** Fr	1 06 9 29 * 13 31 18 36	2,3 0,5 2,1 0,3	**12** Sa	1 59 10 20 * 14 26 19 34	2,2 0,5 2,1 0,4	**27** So	1 28 9 38 * 13 54 18 53	2,4 0,5 2,2 0,3	**12** Di ○	2 29 11 00 * 14 45 19 55	2,3 0,5 2,2 0,4	**27** Mi	2 37 7 44 14 57 20 04	2,3 0,5 2,3 0,4	**12** Do ○	2 35 7 54 14 51 20 09	2,3 0,5 2,3 0,4	**27** Fr	3 12 8 14 15 26 23 39 *	2,2 0,4 2,3 0,5
13 Fr	2 24 10 54 * 14 45 19 45	2,2 0,5 2,1 0,3	**28** Sa ●	1 49 10 00 * 14 16 19 15	2,4 0,5 2,2 0,2	**13** So ○	2 28 10 52 * 14 45 19 45	2,3 0,6 2,1 0,4	**28** Mo ●	2 11 10 10 * 14 35 19 32	2,5 0,6 2,3 0,3	**13** Mi	2 58 8 14 15 16 20 25	2,3 0,5 2,3 0,4	**28** Do	3 20 8 22 15 38 20 49	2,3 0,4 2,4 0,5	**13** Fr	3 11 8 25 15 27 20 43	2,3 0,4 2,3 0,4	**28** Sa	3 55 8 59 16 08	2,1 0,3 2,3
14 Sa ○	2 59 11 14 * 15 18 20 14	2,3 0,6 2,1 0,3	**29** So	2 30 7 38 14 57 19 55	2,5 0,6 2,2 0,2	**14** Mo	2 59 11 16 * 15 16 20 14	2,3 0,6 2,2 0,4	**29** Di	2 55 7 55 15 16 20 15	2,5 0,5 2,3 0,4	**14** Do	3 35 8 45 15 48 20 55	2,3 0,5 2,3 0,4	**29** Fr	4 05 9 05 16 22	2,2 0,4 2,4	**14** Sa	3 48 9 03 16 05 21 23	2,3 0,4 2,4 0,5	**29** So	0 28 * 4 37 9 35 16 48	0,5 2,1 0,3 2,3
15 So	3 28 11 38 * 15 46 20 45	2,3 0,6 2,2 0,3	**30** Mo	3 15 8 16 15 39 20 36	2,5 0,6 2,3 0,2	**15** Di	3 31 8 34 15 46 20 45	2,4 0,6 2,2 0,4	**30** Mi	3 37 8 37 15 57 20 59	2,4 0,5 2,4 0,3	**15** Fr	4 08 9 20 16 25 21 34	2,3 0,5 2,3 0,4	**30** Sa	0 55 * 4 48 13 11 * 17 05	0,5 2,1 0,4 2,3	**15** So	4 31 9 46 16 47	2,2 0,3 2,4	**30** Mo	1 18 * 5 14 10 25 17 35	0,5 2,1 0,2 2,3
						31 Do	4 20 9 15 16 40 21 49	2,3 0,5 2,4 0,4										**31** Di	1 58 * 5 52 11 09 18 16	0,6 2,0 0,2 2,2			

● Neumond   ☽ erstes Viertel   ○ Vollmond   ☾ letztes Viertel

UTC+ 1h00min (MEZ)   Höhen sind auf SKN bezogen

* bedeutet, Ende des Niedrigwassers ist angegeben, vergl. Tidenkurven Seite 81

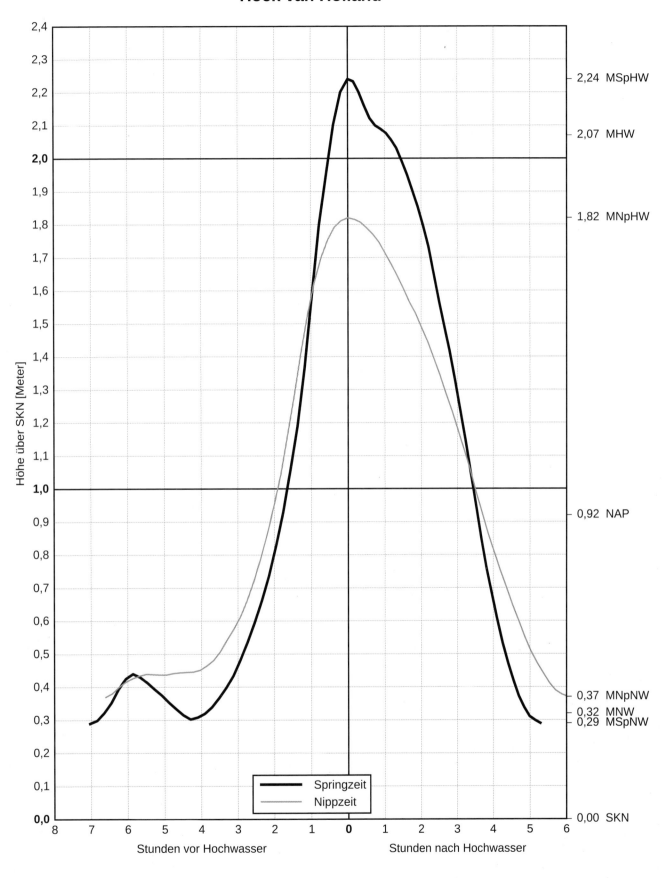

Vlissingen 2019

Breite: 51° 27' N, Länge: 3° 36' E

Zeiten (Stunden und Minuten) und Höhen (Meter) der Hoch- und Niedrigwasser

Januar

Tag	Zeit	Höhe	Tag	Zeit	Höhe
1 Di	4 05 10 15 16 56 22 55	1,2 4,3 0,9 4,5	16 Mi	2 55 9 20 15 34 22 00	1,3 4,2 1,0 4,3
2 Mi	5 24 11 18 17 56 23 55	1,2 4,4 0,8 4,5	17 Do	4 10 10 29 16 45 23 05	1,2 4,3 0,9 4,4
3 Do	6 16 12 15 18 42	1,0 4,5 0,8	18 Fr	5 20 11 30 17 55	1,1 4,5 0,8
4 Fr	0 46 7 06 13 06 19 25	4,6 0,9 4,7 0,8	19 Sa	0 05 6 20 12 25 18 50	4,6 0,9 4,7 0,7
5 Sa	1 31 7 50 13 48 20 02	4,7 0,8 4,8 0,8	20 So	0 55 7 15 13 15 19 40	4,8 0,7 5,0 0,6
6 So ●	2 11 8 30 14 28 20 39	4,7 0,7 4,8 0,9	21 Mo	1 40 8 08 13 59 20 28	5,0 0,5 5,1 0,6
7 Mo	2 49 9 06 15 05 21 15	4,7 0,7 4,8 0,9	22 Di	2 25 8 58 14 45 21 15	5,0 0,4 5,2 0,6
8 Di	3 25 9 45 15 39 21 50	4,7 0,6 4,8 0,9	23 Mi	3 12 9 47 15 31 22 00	5,1 0,3 5,3 0,6
9 Mi	3 57 10 20 16 15 22 25	4,7 0,6 4,8 1,0	24 Do	3 57 10 35 16 16 22 46	5,0 0,3 5,2 0,7
10 Do	4 29 10 56 16 48 22 56	4,7 0,7 4,7 1,0	25 Fr	4 45 11 22 17 07 23 35	5,0 0,3 5,1 0,7
11 Fr	5 05 11 25 17 21 23 30	4,6 0,7 4,6 1,1	26 Sa	5 35 12 08 18 00	4,9 0,3 4,9
12 Sa	5 37 11 55 17 59	4,5 0,8 4,5	27 So ☾	0 20 6 27 12 56 18 59	0,8 4,7 0,5 4,7
13 So	0 05 6 20 12 35 18 45	1,1 4,4 0,8 4,4	28 Mo	1 06 7 26 13 50 20 00	1,0 4,6 0,7 4,5
14 Mo ☽	0 45 7 07 13 25 19 45	1,2 4,3 0,9 4,3	29 Di	2 06 8 28 14 49 21 10	1,1 4,4 0,9 4,3
15 Di	1 45 8 10 14 25 20 55	1,2 4,2 0,9 4,2	30 Mi	3 14 9 40 16 10 22 26	1,2 4,2 1,0 4,2
			31 Do	4 48 10 52 17 26 23 35	1,2 4,2 1,0 4,2

Februar

Tag	Zeit	Höhe	Tag	Zeit	Höhe
1 Fr	5 56 11 59 18 20	1,1 4,3 1,0	16 Sa	4 45 11 05 17 26 23 41	1,1 4,3 0,9 4,4
2 Sa	0 31 6 55 12 58 19 09	4,4 0,9 4,5 0,9	17 So	6 05 12 05 18 34	0,9 4,6 0,8
3 So	1 23 7 36 13 39 19 46	4,5 0,8 4,6 0,9	18 Mo	0 37 7 02 12 59 19 28	4,6 0,7 4,9 0,7
4 Mo ●	2 01 8 16 14 16 20 24	4,6 0,7 4,7 0,9	19 Di	1 26 7 56 13 46 20 15	4,8 0,5 5,1 0,6
5 Di	2 35 8 49 14 49 20 55	4,7 0,6 4,8 0,9	20 Mi	2 11 8 45 14 30 20 59	5,0 0,3 5,3 0,5
6 Mi	3 06 9 26 15 24 21 35	4,7 0,6 4,8 0,9	21 Do	2 55 9 32 15 15 21 45	5,1 0,2 5,3 0,5
7 Do	3 35 10 02 15 53 22 06	4,8 0,5 4,9 0,9	22 Fr	3 38 10 17 16 00 22 26	5,1 0,2 5,3 0,6
8 Fr	4 07 10 35 16 25 22 40	4,8 0,5 4,8 0,9	23 Sa	4 25 10 59 16 46 23 09	5,1 0,2 5,2 0,6
9 Sa	4 37 11 06 16 55 23 10	4,8 0,6 4,7 0,9	24 So	5 07 11 42 17 35 23 54	5,0 0,3 5,0 0,7
10 So	5 10 11 36 17 27 23 36	4,7 0,6 4,7 0,9	25 Mo	5 56 12 22 18 25	4,9 0,5 4,7
11 Mo	5 45 12 06 18 05	4,6 0,6 4,6	26 Di ☾	0 38 6 47 13 07 19 19	0,8 4,6 0,7 4,4
12 Di	0 15 6 25 12 46 18 51	0,9 4,5 0,7 4,5	27 Mi	1 30 7 46 14 05 20 26	1,0 4,3 1,0 4,1
13 Mi	1 05 7 16 13 40 20 00	1,0 4,4 0,8 4,3	28 Do	2 38 9 05 15 25 21 55	1,2 4,1 1,2 3,9
14 Do	2 05 8 35 14 50 21 16	1,1 4,2 0,9			
15 Fr	3 25 9 50 16 05 22 30	1,2 4,2 1,0			

März

Tag	Zeit	Höhe	Tag	Zeit	Höhe
1 Fr	4 05 10 26 16 55 23 15	1,2 4,0 1,2 3,9	16 Sa	2 55 9 22 15 43 22 06	1,1 4,1 1,1 4,0
2 Sa	5 30 11 45 17 57	1,1 4,2 1,1	17 So	4 26 10 41 17 08 23 21	1,1 4,3 1,0 4,2
3 So	0 16 6 29 12 39 18 45	4,2 0,9 4,4 1,0	18 Mo	5 46 11 51 18 20	0,9 4,6 0,8
4 Mo	1 05 7 19 13 25 19 29	4,4 0,8 4,6 1,0	19 Di	0 21 6 54 12 45 19 12	4,5 0,6 4,9 0,7
5 Di	1 41 8 00 13 59 20 02	4,5 0,7 4,7 0,9	20 Mi	1 09 7 42 13 28 19 57	4,7 0,4 5,1 0,6
6 Mi ●	2 11 8 30 14 27 20 32	4,6 0,6 4,8 0,8	21 Do ○	1 52 8 29 14 13 20 42	4,9 0,2 5,2 0,5
7 Do	2 41 9 04 14 57 21 06	4,7 0,5 4,9 0,8	22 Fr	2 33 9 11 14 56 21 25	5,1 0,2 5,3 0,5
8 Fr	3 11 9 35 15 27 21 45	4,8 0,4 4,9 0,7	23 Sa	3 16 9 55 15 39 22 08	5,2 0,2 5,2 0,5
9 Sa	3 40 10 10 15 57 22 15	4,9 0,4 4,9 0,7	24 So	3 58 10 37 16 23 22 48	5,1 0,2 5,1 0,5
10 So	4 12 10 42 16 27 22 46	4,9 0,5 4,9 0,7	25 Mo	4 45 11 16 17 06 23 26	5,0 0,4 4,9 0,6
11 Mo	4 42 11 15 16 59 23 15	4,8 0,5 4,8 0,8	26 Di	5 26 11 52 17 54	4,9 0,6 4,6
12 Di	5 15 11 45 17 35 23 50	4,8 0,6 4,7 0,8	27 Mi	0 09 6 15 12 35 18 45	0,8 4,6 0,8 4,3
13 Mi	5 52 12 25 18 18	4,7 0,6 4,5	28 Do ☾	0 55 7 15 13 25 19 35	0,9 4,3 1,1 3,9
14 Do ☽	0 36 6 41 13 15 19 24	0,8 4,5 0,8 4,3	29 Fr	2 10 8 15 14 45 21 05	1,1 4,0 1,3 3,7
15 Fr	1 36 7 56 14 15 20 42	1,0 4,2 1,0 4,1	30 Sa	3 30 10 00 16 09 22 45	1,2 3,9 1,3 3,7
			31 So	4 56 11 16 17 24 23 46	1,1 4,0 1,2 4,0

April

Tag	Zeit	Höhe	Tag	Zeit	Höhe
1 Mo	6 04 12 15 18 26	0,9 4,3 1,1	16 Di	5 36 11 35 18 02	0,8 4,6 0,9
2 Di	0 35 6 54 12 55 19 04	4,2 0,8 4,5 1,0	17 Mi	0 01 6 35 12 26 18 55	4,4 0,5 4,8 0,7
3 Mi	1 09 7 30 13 29 19 37	4,4 0,7 4,7 0,9	18 Do	0 47 7 23 13 10 19 39	4,7 0,3 5,0 0,6
4 Do	1 41 8 05 13 57 20 06	4,6 0,6 4,8 0,8	19 Fr ○	1 31 8 08 13 53 20 23	4,9 0,2 5,1 0,5
5 Fr ●	2 09 8 32 14 28 20 42	4,7 0,5 4,9 0,7	20 Sa	2 12 8 50 14 35 21 05	5,0 0,2 5,2 0,5
6 Sa	2 39 9 08 14 57 21 15	4,9 0,4 5,0 0,6	21 So	2 55 9 32 15 16 21 46	5,1 0,2 5,1 0,5
7 So	3 12 9 44 15 28 21 50	4,9 0,4 5,0 0,6	22 Mo	3 36 10 15 16 00 22 26	5,1 0,3 5,0 0,5
8 Mo	3 43 10 16 16 00 22 26	4,9 0,4 4,9 0,6	23 Di	4 17 10 48 16 45 23 06	5,0 0,5 4,8 0,6
9 Di	4 16 10 50 16 35 23 01	4,9 0,5 4,8 0,6	24 Mi	5 00 11 26 17 25 23 46	4,8 0,7 4,5 0,7
10 Mi	4 52 11 25 17 12 23 38	4,9 0,6 4,7 0,7	25 Do	5 45 12 06 18 09	4,6 0,9 4,3
11 Do	5 33 12 05 17 58	4,8 0,7 4,5	26 Fr	0 36 6 40 12 56 18 58	0,9 4,3 1,1 4,0
12 Fr	0 22 6 21 12 56 18 56	0,7 4,5 0,8 4,2	27 Sa ☾	1 46 7 39 14 10 20 05	1,0 4,0 1,3 3,7
13 Sa	1 26 7 36 14 06 20 22	0,9 4,3 1,0 4,0	28 So	2 56 9 04 15 30 21 59	1,1 3,8 1,4 3,6
14 So	2 46 9 06 15 25 21 45	1,0 4,2 1,1 3,9	29 Mo	4 05 10 36 16 35 23 05	1,1 3,9 1,3 3,8
15 Mo	4 16 10 27 16 55 23 01	0,9 4,3 1,0 4,1	30 Di	5 15 11 37 17 34 23 55	1,0 4,2 1,1 4,1

● Neumond   ☽ erstes Viertel   ○ Vollmond   ☾ letztes Viertel

UTC+ 1h00min (MEZ)   Höhen sind auf SKN bezogen

Gezeitenvorausberechnungen

Vlissingen 2019

Breite: 51° 27' N, Länge: 3° 36' E

Zeiten (Stunden und Minuten) und Höhen (Meter) der Hoch- und Niedrigwasser

Mai

Tag	Zeit	Höhe	Tag	Zeit	Höhe
1 Mi	6 05 / 12 16 / 18 26	0,8 / 4,4 / 1,0	**16** Do	6 12 / 12 06 / 18 35	0,5 / 4,8 / 0,7
2 Do	0 34 / 6 50 / 12 52 / 19 00	4,3 / 0,7 / 4,6 / 0,9	**17** Fr	0 25 / 7 02 / 12 52 / 19 20	4,6 / 0,4 / 4,9 / 0,6
3 Fr	1 06 / 7 26 / 13 22 / 19 35	4,5 / 0,6 / 4,8 / 0,7	**18** Sa	1 09 / 7 45 / 13 35 / 20 02	4,8 / 0,3 / 5,0 / 0,5 ○
4 Sa ●	1 36 / 7 58 / 13 56 / 20 10	4,7 / 0,5 / 4,9 / 0,6	**19** So	1 52 / 8 28 / 14 17 / 20 46	4,9 / 0,3 / 5,0 / 0,5
5 So	2 07 / 8 35 / 14 29 / 20 50	4,9 / 0,4 / 5,0 / 0,6	**20** Mo	2 35 / 9 06 / 15 00 / 21 28	5,0 / 0,4 / 5,0 / 0,5
6 Mo	2 43 / 9 10 / 15 03 / 21 26	5,0 / 0,4 / 5,0 / 0,5	**21** Di	3 17 / 9 47 / 15 40 / 22 06	5,0 / 0,5 / 4,8 / 0,5
7 Di	3 16 / 9 50 / 15 37 / 22 06	5,0 / 0,4 / 4,9 / 0,5	**22** Mi	3 59 / 10 26 / 16 21 / 22 46	4,9 / 0,7 / 4,7 / 0,6
8 Mi	3 55 / 10 28 / 16 16 / 22 45	5,0 / 0,5 / 4,8 / 0,6	**23** Do	4 41 / 10 59 / 17 05 / 23 25	4,8 / 0,8 / 4,5 / 0,7
9 Do	4 35 / 11 10 / 16 59 / 23 30	4,9 / 0,6 / 4,7 / 0,6	**24** Fr	5 25 / 11 45 / 17 45	4,6 / 1,0 / 4,3
10 Fr	5 19 / 11 56 / 17 46	4,8 / 0,7 / 4,5	**25** Sa	0 16 / 6 15 / 12 26 / 18 29	0,8 / 4,3 / 1,2 / 4,1
11 Sa	0 20 / 6 12 / 12 46 / 18 55	0,7 / 4,6 / 0,9 / 4,2	**26** So ☾	1 16 / 7 06 / 13 25 / 19 25	0,9 / 4,1 / 1,3 / 3,9
12 So ☽	1 26 / 7 30 / 13 50 / 20 10	0,7 / 4,4 / 1,0 / 4,1	**27** Mo	2 15 / 8 09 / 14 46 / 20 24	1,0 / 4,0 / 1,3 / 3,8
13 Mo	2 35 / 8 50 / 15 05 / 21 26	0,8 / 4,3 / 1,1 / 4,0	**28** Di	3 20 / 9 30 / 15 45 / 21 56	1,0 / 3,9 / 1,3 / 3,8
14 Di	3 56 / 10 06 / 16 36 / 22 37	0,8 / 4,4 / 1,0 / 4,2	**29** Mi	4 15 / 10 36 / 16 44 / 23 00	0,9 / 4,1 / 1,2 / 4,0
15 Mi	5 16 / 11 15 / 17 40 / 23 35	0,7 / 4,6 / 0,9 / 4,4	**30** Do	5 20 / 11 30 / 17 36 / 23 45	0,8 / 4,4 / 1,0 / 4,2
			31 Fr	6 06 / 12 15 / 18 19	0,7 / 4,6 / 0,9

Juni

Tag	Zeit	Höhe	Tag	Zeit	Höhe
1 Sa	0 23 / 6 46 / 12 46 / 19 02	4,5 / 0,6 / 4,8 / 0,8	**16** So	0 50 / 7 22 / 13 21 / 19 46	4,7 / 0,6 / 4,8 / 0,6
2 So	1 01 / 7 25 / 13 25 / 19 42	4,7 / 0,6 / 4,9 / 0,7	**17** Mo ○	1 36 / 8 06 / 14 05 / 20 26	4,8 / 0,5 / 4,9 / 0,5
3 Mo ●	1 39 / 8 06 / 14 02 / 20 25	4,9 / 0,5 / 5,0 / 0,6	**18** Di	2 20 / 8 46 / 14 46 / 21 09	4,9 / 0,6 / 4,8 / 0,5
4 Di	2 16 / 8 46 / 14 40 / 21 06	5,0 / 0,5 / 5,0 / 0,5	**19** Mi	3 05 / 9 25 / 15 27 / 21 54	4,9 / 0,7 / 4,8 / 0,5
5 Mi	2 56 / 9 28 / 15 20 / 21 50	5,0 / 0,5 / 4,9 / 0,5	**20** Do	3 45 / 10 02 / 16 05 / 22 33	4,8 / 0,8 / 4,7 / 0,5
6 Do	3 38 / 10 12 / 16 05 / 22 36	5,0 / 0,6 / 4,8 / 0,5	**21** Fr	4 25 / 10 40 / 16 41 / 23 15	4,8 / 0,9 / 4,6 / 0,6
7 Fr	4 21 / 10 56 / 16 49 / 23 25	5,0 / 0,6 / 4,7 / 0,5	**22** Sa	5 05 / 11 17 / 17 25 / 23 56	4,6 / 1,0 / 4,4 / 0,7
8 Sa	5 10 / 11 42 / 17 41	4,8 / 0,7 / 4,5	**23** So	5 48 / 12 00 / 18 04	4,5 / 1,1 / 4,3
9 So	0 16 / 6 09 / 12 36 / 18 42	0,5 / 4,7 / 0,9 / 4,4	**24** Mo	0 39 / 6 35 / 12 39 / 18 46	0,8 / 4,3 / 1,2 / 4,2
10 Mo ☽	1 20 / 7 20 / 13 40 / 19 55	0,5 / 4,6 / 1,0 / 4,3	**25** Di ☾	1 28 / 7 25 / 13 45 / 19 44	0,9 / 4,2 / 1,3 / 4,1
11 Di	2 25 / 8 30 / 14 44 / 21 00	0,6 / 4,5 / 1,0 / 4,2	**26** Mi	2 20 / 8 20 / 14 56 / 20 45	0,9 / 4,1 / 1,3 / 4,0
12 Mi	3 29 / 9 36 / 16 06 / 22 08	0,6 / 4,5 / 1,0 / 4,3	**27** Do	3 22 / 9 26 / 15 50 / 21 46	0,9 / 4,1 / 1,2 / 4,0
13 Do	4 46 / 10 46 / 17 16 / 23 08	0,6 / 4,6 / 1,0 / 4,4	**28** Fr	4 20 / 10 29 / 16 46 / 22 54	0,9 / 4,3 / 1,1 / 4,2
14 Fr	5 46 / 11 45 / 18 10	0,6 / 4,7 / 0,8	**29** Sa	5 16 / 11 25 / 17 36 / 23 43	0,8 / 4,5 / 1,0 / 4,4
15 Sa	0 02 / 6 40 / 12 32 / 19 00	4,6 / 0,5 / 4,8 / 0,7	**30** So	6 05 / 12 15 / 18 26	0,7 / 4,7 / 0,8

Juli

Tag	Zeit	Höhe	Tag	Zeit	Höhe
1 Mo	0 31 / 6 52 / 12 57 / 19 15	4,7 / 0,6 / 4,8 / 0,7	**16** Di ○	1 29 / 7 46 / 13 57 / 20 11	4,7 / 0,7 / 4,7 / 0,6
2 Di ●	1 13 / 7 40 / 13 40 / 20 02	4,9 / 0,6 / 4,9 / 0,6	**17** Mi	2 15 / 8 25 / 14 36 / 20 55	4,8 / 0,8 / 4,8 / 0,6
3 Mi	1 56 / 8 23 / 14 23 / 20 50	5,0 / 0,5 / 5,0 / 0,5	**18** Do	2 51 / 9 05 / 15 14 / 21 35	4,9 / 0,8 / 4,8 / 0,5
4 Do	2 38 / 9 08 / 15 05 / 21 38	5,1 / 0,6 / 5,0 / 0,4	**19** Fr	3 28 / 9 39 / 15 46 / 22 12	4,9 / 0,9 / 4,7 / 0,5
5 Fr	3 25 / 9 56 / 15 52 / 22 25	5,1 / 0,6 / 4,9 / 0,4	**20** Sa	4 05 / 10 16 / 16 25 / 22 50	4,8 / 0,9 / 4,7 / 0,6
6 Sa	4 09 / 10 42 / 16 39 / 23 18	5,1 / 0,7 / 4,8 / 0,3	**21** So	4 41 / 10 49 / 16 55 / 23 26	4,7 / 1,0 / 4,6 / 0,6
7 So	5 00 / 11 30 / 17 28	5,0 / 0,7 / 4,7	**22** Mo	5 17 / 11 29 / 17 29 / 23 55	4,6 / 1,1 / 4,5 / 0,7
8 Mo	0 06 / 5 57 / 12 22 / 18 25	0,4 / 4,9 / 0,8 / 4,6	**23** Di	5 55 / 12 00 / 18 09	4,5 / 1,1 / 4,4
9 Di ☽	1 00 / 6 59 / 13 16 / 19 27	0,4 / 4,8 / 0,9 / 4,5	**24** Mi	0 25 / 6 35 / 12 40 / 18 55	0,8 / 4,4 / 1,1 / 4,3
10 Mi	1 55 / 8 04 / 14 15 / 20 29	0,5 / 4,6 / 1,0 / 4,4	**25** Do ☾	1 05 / 7 26 / 13 25 / 19 50	0,8 / 4,3 / 1,2 / 4,2
11 Do	2 56 / 9 09 / 15 26 / 21 38	0,6 / 4,5 / 1,1 / 4,4	**26** Fr	2 05 / 8 26 / 14 29 / 20 55	0,9 / 4,2 / 1,2 / 4,2
12 Fr	4 05 / 10 16 / 16 40 / 22 44	0,7 / 4,5 / 1,0 / 4,4	**27** Sa	3 16 / 9 35 / 15 50 / 22 02	1,0 / 4,2 / 1,2 / 4,2
13 Sa	5 25 / 11 24 / 17 50 / 23 45	0,8 / 4,5 / 0,9 / 4,5	**28** So	4 26 / 10 44 / 16 56 / 23 07	0,9 / 4,3 / 1,1 / 4,4
14 So	6 15 / 12 21 / 18 40	0,7 / 4,6 / 0,8	**29** Mo	5 26 / 11 41 / 18 00	0,9 / 4,5 / 0,9
15 Mo	0 41 / 7 05 / 13 09 / 19 29	4,6 / 0,7 / 4,7 / 0,7	**30** Di	0 06 / 6 26 / 12 35 / 18 52	4,6 / 0,8 / 4,7 / 0,8
			31 Mi	0 55 / 7 16 / 13 21 / 19 45	4,9 / 0,7 / 4,9 / 0,6

August

Tag	Zeit	Höhe	Tag	Zeit	Höhe
1 Do ●	1 40 / 8 06 / 14 06 / 20 36	5,0 / 0,6 / 5,0 / 0,5	**16** Fr	2 37 / 8 44 / 14 52 / 21 15	4,9 / 0,9 / 4,8 / 0,6
2 Fr	2 25 / 8 55 / 14 52 / 21 25	5,2 / 0,6 / 5,1 / 0,3	**17** Sa	3 09 / 9 18 / 15 25 / 21 50	4,9 / 0,9 / 4,8 / 0,5
3 Sa	3 10 / 9 39 / 15 35 / 22 12	5,3 / 0,6 / 5,1 / 0,3	**18** So	3 40 / 9 54 / 15 56 / 22 25	4,9 / 0,9 / 4,8 / 0,6
4 So	3 55 / 10 26 / 16 22 / 22 59	5,3 / 0,6 / 5,0 / 0,3	**19** Mo	4 15 / 10 26 / 16 27 / 23 00	4,9 / 0,9 / 4,8 / 0,6
5 Mo	4 44 / 11 12 / 17 08 / 23 45	5,2 / 0,7 / 5,0 / 0,3	**20** Di	4 45 / 10 56 / 16 57 / 23 26	4,8 / 1,0 / 4,7 / 0,7
6 Di	5 35 / 11 58 / 17 58	5,0 / 0,8 / 4,8	**21** Mi	5 17 / 11 26 / 17 29 / 23 55	4,7 / 1,0 / 4,7 / 0,7
7 Mi ☽	0 35 / 6 29 / 12 46 / 18 56	0,4 / 4,9 / 0,9 / 4,7	**22** Do	5 47 / 11 56 / 18 05	4,6 / 1,0 / 4,6
8 Do	1 25 / 7 29 / 13 45 / 19 55	0,6 / 4,6 / 1,0 / 4,5	**23** Fr ☾	0 26 / 6 29 / 12 40 / 18 49	0,8 / 4,5 / 1,1 / 4,5
9 Fr	2 20 / 8 35 / 14 45 / 21 05	0,7 / 4,4 / 1,1 / 4,3	**24** Sa	1 14 / 7 26 / 13 36 / 19 56	0,9 / 4,3 / 1,2 / 4,3
10 Sa	3 24 / 9 50 / 16 05 / 22 18	0,9 / 4,3 / 1,2 / 4,3	**25** So	2 15 / 8 46 / 14 55 / 21 20	1,0 / 4,2 / 1,2 / 4,2
11 So	4 56 / 11 05 / 17 26 / 23 29	1,0 / 4,3 / 1,1 / 4,4	**26** Mo	3 39 / 10 05 / 16 20 / 22 35	1,1 / 4,2 / 1,2 / 4,3
12 Mo	6 00 / 12 09 / 18 26	1,0 / 4,4 / 0,9	**27** Di	5 01 / 11 15 / 17 36 / 23 45	1,0 / 4,4 / 1,0 / 4,6
13 Di	0 35 / 6 46 / 12 59 / 19 19	4,6 / 0,9 / 4,6 / 0,7	**28** Mi	6 05 / 12 15 / 18 40	0,9 / 4,6 / 0,8
14 Mi	1 25 / 7 35 / 13 45 / 19 59	4,7 / 0,7 / 4,7 / 0,7	**29** Do	0 37 / 7 00 / 13 05 / 19 30	4,9 / 0,8 / 4,8 / 0,6
15 Do ○	2 05 / 8 10 / 14 21 / 20 38	4,8 / 0,9 / 4,8 / 0,6	**30** Fr ●	1 25 / 7 50 / 13 48 / 20 20	5,1 / 0,7 / 5,0 / 0,4
			31 Sa	2 06 / 8 35 / 14 32 / 21 06	5,3 / 0,6 / 5,2 / 0,3

● Neumond ☽ erstes Viertel ○ Vollmond ☾ letztes Viertel

UTC+ 1h00min (MEZ)   Höhen sind auf SKN bezogen

Vlissingen 2019

Breite: 51° 27' N, Länge: 3° 36' E

Zeiten (Stunden und Minuten) und Höhen (Meter) der Hoch- und Niedrigwasser

September

Tag	Zeit	Höhe	Tag	Zeit	Höhe
1 So	2 51 / 9 22 / 15 15 / 21 52	5,4 / 0,6 / 5,2 / 0,2	**16** Mo	3 13 / 9 25 / 15 26 / 21 55	5,0 / 0,9 / 5,0 / 0,6
2 Mo	3 35 / 10 05 / 15 57 / 22 37	5,4 / 0,6 / 5,2 / 0,3	**17** Di	3 45 / 10 00 / 15 56 / 22 25	5,0 / 0,9 / 5,0 / 0,6
3 Di	4 22 / 10 50 / 16 43 / 23 20	5,3 / 0,7 / 5,1 / 0,4	**18** Mi	4 12 / 10 26 / 16 26 / 22 55	4,9 / 0,9 / 4,9 / 0,7
4 Mi	5 07 / 11 35 / 17 30	5,1 / 0,8 / 5,0	**19** Do	4 42 / 10 56 / 16 56 / 23 22	4,8 / 0,9 / 4,8 / 0,7
5 Do	0 05 / 5 57 / 12 16 / 18 21	0,5 / 4,9 / 0,9 / 4,8	**20** Fr	5 13 / 11 28 / 17 31 / 23 56	4,8 / 0,9 / 4,8 / 0,8
6 Fr)	0 46 / 6 55 / 13 07 / 19 19	0,7 / 4,6 / 1,0 / 4,5	**21** Sa	5 55 / 12 06 / 18 15	4,6 / 1,0 / 4,6
7 Sa	1 40 / 8 00 / 14 16 / 20 35	0,9 / 4,3 / 1,2 / 4,3	**22** So ☾	0 40 / 6 45 / 13 00 / 19 11	0,9 / 4,4 / 1,1 / 4,4
8 So	2 55 / 9 20 / 15 38 / 22 00	1,2 / 4,0 / 1,3 / 4,2	**23** Mo	1 40 / 8 00 / 14 20 / 20 46	1,1 / 4,2 / 1,2 / 4,2
9 Mo	4 25 / 10 45 / 17 06 / 23 16	1,3 / 4,1 / 1,2 / 4,3	**24** Di	3 04 / 9 30 / 15 56 / 22 09	1,2 / 4,1 / 1,2 / 4,3
10 Di	5 40 / 11 49 / 18 10	1,2 / 4,3 / 1,0	**25** Mi	4 34 / 10 52 / 17 16 / 23 25	1,2 / 4,2 / 1,0 / 4,6
11 Mi	0 20 / 6 36 / 12 45 / 19 04	4,5 / 1,1 / 4,5 / 0,8	**26** Do	5 50 / 11 55 / 18 25	1,0 / 4,5 / 0,8
12 Do	1 07 / 7 15 / 13 27 / 19 45	4,7 / 1,0 / 4,7 / 0,7	**27** Fr	0 19 / 6 45 / 12 42 / 19 15	4,9 / 0,8 / 4,8 / 0,6
13 Fr	1 45 / 7 46 / 13 57 / 20 15	4,8 / 1,0 / 4,8 / 0,7	**28** Sa ●	1 05 / 7 32 / 13 26 / 20 02	5,2 / 0,7 / 5,0 / 0,4
14 Sa ○	2 15 / 8 20 / 14 27 / 20 46	4,9 / 1,0 / 4,8 / 0,6	**29** So	1 48 / 8 16 / 14 08 / 20 47	5,3 / 0,6 / 5,2 / 0,3
15 So	2 45 / 8 55 / 14 57 / 21 19	5,0 / 0,9 / 4,9 / 0,6	**30** Mo	2 30 / 9 00 / 14 51 / 21 30	5,4 / 0,6 / 5,3 / 0,3

Oktober

Tag	Zeit	Höhe	Tag	Zeit	Höhe
1 Di	3 15 / 9 43 / 15 33 / 22 12	5,4 / 0,6 / 5,3 / 0,4	**16** Mi	3 15 / 9 32 / 15 26 / 21 55	5,1 / 0,8 / 5,0 / 0,6
2 Mi	3 56 / 10 25 / 16 16 / 22 52	5,3 / 0,7 / 5,2 / 0,5	**17** Do	3 45 / 10 05 / 15 57 / 22 28	5,0 / 0,8 / 5,0 / 0,7
3 Do	4 42 / 11 08 / 17 02 / 23 32	5,1 / 0,8 / 5,1 / 0,7	**18** Fr	4 16 / 10 36 / 16 31 / 22 56	4,9 / 0,9 / 5,0 / 0,8
4 Fr	5 28 / 11 48 / 17 51	4,8 / 0,9 / 4,8	**19** Sa	4 50 / 11 11 / 17 07 / 23 35	4,8 / 0,9 / 4,9 / 0,9
5 Sa ☽	0 12 / 6 19 / 12 38 / 18 48	0,9 / 4,4 / 1,0 / 4,5	**20** So	5 30 / 11 55 / 17 51	4,7 / 0,9 / 4,7
6 So	1 06 / 7 20 / 13 45 / 19 56	1,1 / 4,2 / 1,2 / 4,2	**21** Mo ☾	0 25 / 6 22 / 12 46 / 18 52	1,0 / 4,4 / 1,0 / 4,4
7 Mo	2 15 / 8 46 / 15 05 / 21 30	1,4 / 3,9 / 1,3 / 4,0	**22** Di	1 20 / 7 36 / 14 04 / 20 26	1,2 / 4,1 / 1,2 / 4,2
8 Di	3 49 / 10 16 / 16 30 / 22 55	1,5 / 3,9 / 1,2 / 4,2	**23** Mi	2 39 / 9 06 / 15 30 / 21 49	1,3 / 4,0 / 1,1 / 4,3
9 Mi	5 14 / 11 25 / 17 46 / 23 55	1,4 / 4,1 / 1,0 / 4,4	**24** Do	4 16 / 10 26 / 16 56 / 23 03	1,3 / 4,2 / 1,0 / 4,6
10 Do	6 04 / 12 15 / 18 40	1,2 / 4,4 / 0,9	**25** Fr	5 26 / 11 28 / 18 02 / 23 57	1,1 / 4,5 / 0,8 / 4,9
11 Fr	0 37 / 6 49 / 12 57 / 19 16	4,7 / 1,1 / 4,6 / 0,7	**26** Sa	6 26 / 12 19 / 18 58	0,9 / 4,8 / 0,6
12 Sa	1 15 / 7 19 / 13 29 / 19 48	4,8 / 1,0 / 4,7 / 0,7	**27** So	0 45 / 7 15 / 13 05 / 19 42	5,1 / 0,8 / 5,0 / 0,4
13 So ○	1 45 / 7 54 / 13 57 / 20 18	4,9 / 1,0 / 4,8 / 0,7	**28** Mo ●	1 26 / 7 56 / 13 46 / 20 26	5,3 / 0,7 / 5,2 / 0,4
14 Mo	2 13 / 8 26 / 14 25 / 20 48	5,0 / 0,9 / 5,0 / 0,6	**29** Di	2 10 / 8 40 / 14 29 / 21 05	5,3 / 0,6 / 5,3 / 0,4
15 Di	2 45 / 8 55 / 14 55 / 21 25	5,1 / 0,8 / 5,0 / 0,6	**30** Mi	2 53 / 9 22 / 15 12 / 21 47	5,3 / 0,6 / 5,3 / 0,5
31 Do	3 35 / 10 05 / 15 55 / 22 26	5,2 / 0,6 / 5,2 / 0,6			

November

Tag	Zeit	Höhe	Tag	Zeit	Höhe
1 Fr	4 20 / 10 45 / 16 39 / 23 06	5,0 / 0,7 / 5,0 / 0,8	**16** Sa	3 55 / 10 22 / 16 11 / 22 45	5,0 / 0,7 / 5,0 / 0,8
2 Sa	5 05 / 11 26 / 17 25 / 23 45	4,7 / 0,8 / 4,8 / 1,0	**17** So	4 35 / 11 00 / 16 52 / 23 22	4,8 / 0,8 / 4,9 / 0,9
3 So	5 49 / 12 16 / 18 16	4,5 / 1,0 / 4,5	**18** Mo	5 17 / 11 48 / 17 39	4,7 / 0,8 / 4,8
4 Mo ☽	0 29 / 6 45 / 13 09 / 19 15	1,3 / 4,2 / 1,1 / 4,2	**19** Di ☾	0 10 / 6 14 / 12 44 / 18 42	1,0 / 4,4 / 0,9 / 4,5
5 Di	1 35 / 7 45 / 14 25 / 20 46	1,5 / 3,9 / 1,2 / 4,0	**20** Mi	1 05 / 7 25 / 13 49 / 20 06	1,2 / 4,2 / 1,0 / 4,4
6 Mi	2 58 / 9 25 / 15 40 / 22 10	1,6 / 3,8 / 1,2 / 4,0	**21** Do	2 25 / 8 44 / 15 10 / 21 22	1,3 / 4,1 / 1,0 / 4,4
7 Do	4 20 / 10 45 / 17 01 / 23 15	1,5 / 3,9 / 1,1 / 4,3	**22** Fr	3 35 / 9 55 / 16 30 / 22 35	1,3 / 4,2 / 0,9 / 4,6
8 Fr	5 19 / 11 36 / 17 56	1,4 / 4,2 / 1,0	**23** Sa	5 06 / 10 59 / 17 41 / 23 35	1,2 / 4,4 / 0,8 / 4,8
9 Sa	0 05 / 6 09 / 12 16 / 18 40	4,5 / 1,2 / 4,4 / 0,9	**24** So	6 05 / 11 55 / 18 32	1,0 / 4,7 / 0,6
10 So	0 39 / 6 49 / 12 51 / 19 15	4,7 / 1,1 / 4,6 / 0,8	**25** Mo	0 25 / 6 55 / 12 42 / 19 20	5,0 / 0,8 / 4,9 / 0,5
11 Mo	1 11 / 7 20 / 13 21 / 19 45	4,8 / 1,0 / 4,8 / 0,7	**26** Di ●	1 09 / 7 36 / 13 26 / 20 05	5,1 / 0,7 / 5,0 / 0,5
12 Di ○	1 41 / 7 55 / 13 52 / 20 15	5,0 / 0,9 / 4,9 / 0,7	**27** Mi	1 55 / 8 22 / 14 10 / 20 43	5,1 / 0,6 / 5,1 / 0,5
13 Mi	2 15 / 8 30 / 14 26 / 20 50	5,1 / 0,8 / 5,0 / 0,6	**28** Do	2 36 / 9 05 / 14 55 / 21 25	5,1 / 0,6 / 5,2 / 0,6
14 Do	2 46 / 9 06 / 15 00 / 21 26	5,1 / 0,7 / 5,1 / 0,6	**29** Fr	3 20 / 9 48 / 15 37 / 22 05	5,0 / 0,6 / 5,1 / 0,8
15 Fr	3 20 / 9 45 / 15 35 / 22 06	5,0 / 0,7 / 5,1 / 0,7	**30** Sa	4 04 / 10 30 / 16 20 / 22 42	4,9 / 0,7 / 5,0 / 0,9

Dezember

Tag	Zeit	Höhe	Tag	Zeit	Höhe
1 So	4 45 / 11 10 / 17 07 / 23 20	4,7 / 0,7 / 4,8 / 1,1	**16** Mo	4 25 / 10 56 / 16 45 / 23 15	4,8 / 0,6 / 5,0 / 0,8
2 Mo	5 26 / 11 56 / 17 55	4,5 / 0,9 / 4,5	**17** Di	5 10 / 11 46 / 17 35	4,7 / 0,6 / 4,8
3 Di	0 05 / 6 15 / 12 40 / 18 46	1,3 / 4,3 / 1,0 / 4,3	**18** Mi	0 02 / 6 05 / 12 39 / 18 35	1,0 / 4,5 / 0,7 / 4,7
4 Mi ☽	0 55 / 7 05 / 13 45 / 19 46	1,4 / 4,1 / 1,1 / 4,1	**19** Do ☾	1 00 / 7 10 / 13 40 / 19 46	1,1 / 4,4 / 0,8 / 4,5
5 Do	2 05 / 8 04 / 14 50 / 21 00	1,5 / 3,9 / 1,2 / 4,0	**20** Fr	2 00 / 8 18 / 14 45 / 20 55	1,2 / 4,3 / 0,8 / 4,5
6 Fr	3 15 / 9 18 / 15 56 / 22 16	1,5 / 3,8 / 1,2 / 4,0	**21** Sa	3 10 / 9 25 / 15 56 / 22 01	1,2 / 4,3 / 0,9 / 4,5
7 Sa	4 20 / 10 34 / 16 55 / 23 15	1,4 / 4,0 / 1,1 / 4,2	**22** So	4 25 / 10 29 / 17 10 / 23 08	1,2 / 4,4 / 0,8 / 4,6
8 So	5 15 / 11 26 / 17 45 / 23 58	1,3 / 4,2 / 1,0 / 4,5	**23** Mo	5 36 / 11 29 / 18 06	1,1 / 4,5 / 0,7
9 Mo	6 04 / 12 09 / 18 29	1,2 / 4,4 / 0,9	**24** Di	0 05 / 6 30 / 12 25 / 19 00	4,7 / 0,9 / 4,7 / 0,7
10 Di	0 35 / 6 46 / 12 45 / 19 06	4,7 / 1,0 / 4,7 / 0,8	**25** Mi	0 55 / 7 22 / 13 15 / 19 45	4,8 / 0,8 / 4,9 / 0,6
11 Mi	1 11 / 7 25 / 13 25 / 19 45	4,9 / 0,9 / 4,8 / 0,7	**26** Do ●	1 42 / 8 06 / 13 58 / 20 26	4,9 / 0,6 / 5,0 / 0,7
12 Do ○	1 47 / 8 05 / 14 01 / 20 23	5,0 / 0,8 / 5,0 / 0,7	**27** Fr	2 25 / 8 50 / 14 45 / 21 06	4,9 / 0,6 / 5,0 / 0,7
13 Fr	2 25 / 8 46 / 14 39 / 21 06	5,0 / 0,7 / 5,1 / 0,7	**28** Sa	3 08 / 9 35 / 15 26 / 21 45	4,9 / 0,6 / 5,0 / 0,8
14 Sa	3 02 / 9 28 / 15 18 / 21 46	5,0 / 0,6 / 5,1 / 0,7	**29** So	3 47 / 10 15 / 16 07 / 22 20	4,8 / 0,6 / 4,9 / 0,9
15 So	3 42 / 10 10 / 15 59 / 22 30	4,9 / 0,6 / 5,1 / 0,8	**30** Mo	4 26 / 10 55 / 16 48 / 22 58	4,7 / 0,6 / 4,8 / 1,0
31 Di	5 05 / 11 35 / 17 28 / 23 35	4,6 / 0,7 / 4,6 / 1,1			

● Neumond   ) erstes Viertel   ○ Vollmond   ☾ letztes Viertel

UTC+ 1h00min (MEZ)   Höhen sind auf SKN bezogen

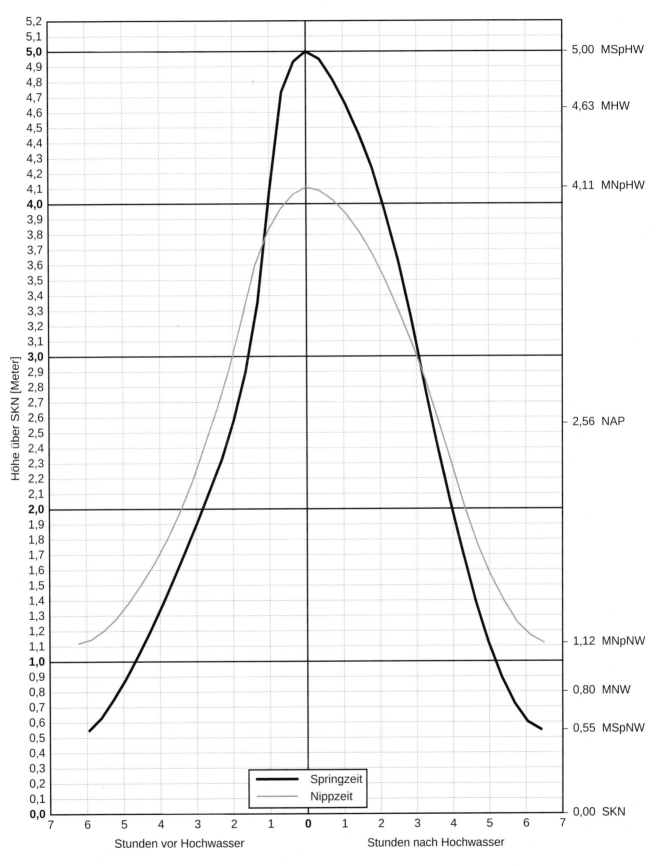

Le Havre 2019

Breite: 49° 29' N, Länge: 0° 07' E

Zeiten (Stunden und Minuten) und Höhen (Meter) der Hoch- und Niedrigwasser

Januar

	Zeit	Höhe		Zeit	Höhe
1 Di	1 13 6 56 13 48 19 25	2,5 7,1 2,6 7,0	**16** Mi	5 44 12 27 18 19	6,7 3,1 6,6
2 Mi	2 19 7 58 14 55 20 27	2,5 7,2 2,4 7,1	**17** Do	1 00 6 57 13 49 19 33	2,9 6,8 2,8 6,9
3 Do	3 21 8 51 15 53 21 19	2,3 7,4 2,2 7,3	**18** Fr	2 24 8 03 15 08 20 38	2,6 7,1 2,3 7,2
4 Fr	4 14 9 37 16 41 22 04	2,1 7,5 2,0 7,5	**19** Sa	3 32 9 01 16 07 21 34	2,1 7,5 1,8 7,6
5 Sa	4 58 10 18 17 22 22 43	2,0 7,7 1,8 7,6	**20** So	4 30 9 53 17 02 22 25	1,7 7,8 1,4 7,9
6 So ●	5 37 10 54 18 00 23 19	1,9 7,7 1,7 7,6	**21** Mo	5 25 10 42 17 57 23 13	1,4 8,1 1,0 8,2
7 Mo	6 15 11 28 18 36 23 53	1,8 7,8 1,6 7,6	**22** Di	6 19 11 30 18 50	1,1 8,3 0,8
8 Di	6 52 12 01 19 11	1,9 7,7 1,7	**23** Mi	0 01 7 11 12 17 19 40	8,3 1,0 8,3 0,7
9 Mi	0 26 7 27 12 34 19 44	7,5 1,9 7,7 1,8	**24** Do	0 48 8 00 13 04 20 26	8,3 1,0 8,3 0,7
10 Do	1 00 7 57 13 07 20 15	7,4 2,1 7,6 1,9	**25** Fr	1 35 8 44 13 50 21 10	8,2 1,2 8,1 1,0
11 Fr	1 32 8 29 13 41 20 46	7,3 2,3 7,4 2,2	**26** Sa	2 21 9 27 14 37 21 51	7,9 1,5 7,8 1,5
12 Sa	2 07 9 02 14 17 21 19	7,1 2,5 7,1 2,4	**27** So ☾	3 08 10 09 15 26 22 33	7,6 1,9 7,4 2,0
13 So	2 46 9 39 15 00 21 59	7,0 2,8 6,9 2,7	**28** Mo	4 00 10 56 16 22 23 22	7,2 2,4 7,0 2,5
14 Mo ☽	3 32 10 25 15 53 22 49	6,8 3,0 6,7 2,9	**29** Di	5 02 11 53 17 33	6,9 2,8 6,7
15 Di	4 32 11 21 17 01 23 49	6,7 3,1 6,6 3,0	**30** Mi	0 25 6 15 13 03 18 54	2,8 6,8 2,9 6,6
			31 Do	1 37 7 30 14 18 20 10	2,9 6,8 2,8 6,7

Februar

	Zeit	Höhe		Zeit	Höhe
1 Fr	2 49 8 34 15 26 21 08	2,8 7,0 2,5 7,0	**16** Sa	1 50 7 37 14 41 20 21	2,8 6,9 2,5 7,1
2 Sa	3 51 9 24 16 21 21 53	2,5 7,2 2,2 7,2	**17** So	3 10 8 44 15 46 21 21	2,3 7,3 1,9 7,6
3 So	4 41 10 04 17 06 22 31	2,2 7,4 1,9 7,4	**18** Mo	4 13 9 39 16 49 22 12	1,8 7,8 1,3 7,9
4 Mo ●	5 24 10 39 17 46 23 04	2,0 7,6 1,7 7,6	**19** Di	5 15 10 29 17 49 22 59	1,3 8,1 0,9 8,2
5 Di	6 02 11 12 18 22 23 36	1,8 7,7 1,6 7,6	**20** Mi	6 13 11 16 18 43 23 45	0,9 8,3 0,5 8,4
6 Mi	6 37 11 44 18 56	1,7 7,8 1,5	**21** Do	7 03 12 02 19 29	0,7 8,4 0,4
7 Do	0 07 7 12 12 16 19 27	7,6 1,7 7,8 1,5	**22** Fr	0 30 7 48 12 46 20 11	8,4 0,7 8,4 0,5
8 Fr	0 39 7 42 12 48 19 57	7,6 1,7 7,7 1,6	**23** Sa	1 14 8 28 13 30 20 48	8,3 0,9 8,2 0,8
9 Sa	1 10 8 10 13 20 20 26	7,5 1,9 7,6 1,7	**24** So	1 56 9 05 14 12 21 25	8,0 1,2 7,9 1,3
10 So	1 42 8 41 13 54 20 57	7,4 2,0 7,4 2,0	**25** Mo	2 37 9 40 14 54 21 59	7,6 1,8 7,4 2,0
11 Mo	2 16 9 13 14 30 21 30	7,2 2,3 7,1 2,3	**26** Di ☾	3 19 10 17 15 42 22 39	7,2 2,3 7,0 2,6
12 Di	2 55 9 50 15 13 22 11	7,0 2,6 6,9 2,6	**27** Mi	4 12 11 06 16 49 23 35	6,8 2,8 6,5 3,1
13 Mi	3 42 10 38 16 11 23 04	6,8 2,8 6,6 2,9	**28** Do	5 28 12 15 18 21	6,5 3,2 6,3
14 Do	4 47 11 39 17 32	6,6 3,0 6,5			
15 Fr	0 14 6 26 13 04 19 04	3,0 6,6 3,0 6,7			

März

	Zeit	Höhe		Zeit	Höhe
1 Fr	0 54 6 58 13 38 19 51	3,3 6,4 3,2 6,4	**16** Sa	5 43 12 35 18 48	6,5 3,0 6,6
2 Sa	2 17 8 15 14 58 20 54	3,2 6,6 2,8 6,8	**17** So	1 29 7 18 14 20 20 07	2,9 6,8 2,5 7,1
3 So	3 31 9 07 16 01 21 37	2,8 6,9 2,4 7,1	**18** Mo	2 52 8 29 15 29 21 06	2,4 7,2 1,9 7,6
4 Mo	4 25 9 47 16 49 22 12	2,3 7,3 2,0 7,4	**19** Di	3 59 9 24 16 36 21 55	1,8 7,7 1,3 7,9
5 Di	5 08 10 20 17 28 22 43	2,0 7,5 1,7 7,5	**20** Mi	5 04 10 12 17 36 22 41	1,2 8,0 0,8 8,2
6 Mi ●	5 45 10 51 18 04 23 13	1,7 7,7 1,5 7,6	**21** Do	5 59 10 58 18 26 23 25	0,8 8,2 0,5 8,3
7 Do	6 19 11 22 18 36 23 43	1,6 7,8 1,4 7,7	**22** Fr	6 46 11 42 19 09	0,6 8,4 0,4
8 Fr	6 50 11 54 19 06	1,5 7,8 1,3	**23** Sa	0 07 7 27 12 25 19 48	8,3 0,6 8,3 0,5
9 Sa	0 15 7 21 12 26 19 35	7,7 1,5 7,8 1,4	**24** So	0 48 8 04 13 06 20 21	8,2 0,8 8,1 0,9
10 So	0 46 7 49 12 58 20 04	7,7 1,5 7,7 1,5	**25** Mo	1 27 8 38 13 45 20 54	8,0 1,2 7,8 1,5
11 Mo	1 18 8 20 13 32 20 35	7,6 1,7 7,5 1,7	**26** Di	2 05 9 09 14 24 21 25	7,6 1,7 7,4 2,1
12 Di	1 51 8 51 14 08 21 07	7,4 2,0 7,3 2,1	**27** Mi	2 42 9 42 15 07 22 00	7,2 2,3 6,9 2,7
13 Mi	2 26 9 26 14 48 21 44	7,2 2,3 7,0 2,5	**28** Do	3 28 10 24 16 08 22 52	6,7 2,9 6,4 3,3
14 Do ☽	3 09 10 08 15 43 22 33	6,9 2,6 6,6 2,9	**29** Fr	4 40 11 29 17 42	6,3 3,3 6,2
15 Fr	4 12 11 07 17 06 23 43	6,6 2,9 6,5 3,1	**30** Sa	0 12 6 15 12 53 19 17	3,6 6,2 3,4 6,3
			31 So	1 40 7 41 14 19 20 26	3,4 6,4 3,0 6,6

April

	Zeit	Höhe		Zeit	Höhe
1 Mo	2 58 8 39 15 27 21 10	2,9 6,7 2,6 7,0	**16** Di	2 34 8 09 15 10 20 45	2,3 7,2 1,8 7,6
2 Di	3 55 9 18 16 17 21 43	2,4 7,1 2,1 7,3	**17** Mi	3 41 9 04 16 16 21 34	1,8 7,6 1,3 7,9
3 Mi	4 40 9 51 17 00 22 13	2,0 7,4 1,8 7,5	**18** Do	4 45 9 52 17 14 22 18	1,3 7,9 0,9 8,1
4 Do	5 19 10 23 17 36 22 44	1,7 7,6 1,5 7,7	**19** Fr ○	5 38 10 36 18 02 23 01	1,0 8,1 0,7 8,2
5 Fr ●	5 53 10 56 18 09 23 16	1,5 7,7 1,4 7,7	**20** Sa	6 23 11 20 18 43 23 42	0,8 8,1 0,7 8,2
6 Sa	6 24 11 29 18 39 23 48	1,4 7,8 1,3 7,8	**21** So	7 02 12 01 19 20	0,8 8,1 0,9
7 So	6 56 12 03 19 09	1,4 7,8 1,3	**22** Mo	0 21 7 37 12 41 19 52	8,1 1,0 7,9 1,2
8 Mo	0 20 7 26 12 37 19 41	7,8 1,4 7,8 1,4	**23** Di	0 59 8 10 13 20 20 25	7,8 1,3 7,6 1,7
9 Di	0 54 7 59 13 13 20 14	7,7 1,5 7,6 1,7	**24** Mi	1 35 8 41 13 58 20 55	7,5 1,8 7,3 2,2
10 Mi	1 29 8 32 13 52 20 47	7,5 1,7 7,4 2,0	**25** Do	2 11 9 11 14 39 21 29	7,2 2,3 6,8 2,8
11 Do	2 07 9 07 14 37 21 25	7,3 2,1 7,0 2,4	**26** Fr	2 53 9 50 15 32 22 18	6,8 2,8 6,4 3,3
12 Fr ☾	2 53 9 50 15 34 22 14	6,9 2,5 6,7 2,8	**27** Sa	3 54 10 49 16 57 23 29	6,3 3,2 6,2 3,6
13 Sa	3 56 10 48 16 56 23 27	6,7 2,8 6,6 3,1	**28** So	5 25 12 05 18 20	6,1 3,4 6,2
14 So	5 27 12 22 18 34	6,6 2,9 6,7	**29** Mo	0 52 6 43 13 24 19 32	3,5 6,3 3,2 6,5
15 Mo	1 16 7 00 14 00 19 49	2,9 6,8 2,4 7,1	**30** Di	2 08 7 48 14 35 20 24	3,1 6,5 2,8 6,8

● Neumond ☽ erstes Viertel ○ Vollmond ☾ letztes Viertel

UTC+ 1h00min (MEZ) Höhen sind auf SKN bezogen

Gezeitenvorausberechnungen

Le Havre 2019

Breite: 49° 29' N, Länge: 0° 07' E

Zeiten (Stunden und Minuten) und Höhen (Meter) der Hoch- und Niedrigwasser

Mai

Tag	Zeit	Höhe	Tag	Zeit	Höhe
1 Mi	3 09 / 8 36 / 15 31 / 21 02	2,6 / 6,9 / 2,3 / 7,2	16 Do	3 15 / 8 40 / 15 48 / 21 09	1,9 / 7,5 / 1,5 / 7,7
2 Do	3 58 / 9 15 / 16 18 / 21 37	2,2 / 7,2 / 2,0 / 7,4	17 Fr	4 17 / 9 29 / 16 45 / 21 54	1,5 / 7,7 / 1,3 / 7,9
3 Fr	4 41 / 9 51 / 16 59 / 22 11	1,9 / 7,4 / 1,7 / 7,6	18 Sa ○	5 11 / 10 14 / 17 33 / 22 37	1,3 / 7,8 / 1,2 / 7,9
4 Sa ●	5 18 / 10 27 / 17 35 / 22 46	1,7 / 7,6 / 1,6 / 7,7	19 So	5 55 / 10 58 / 18 14 / 23 17	1,2 / 7,8 / 1,2 / 7,9
5 So	5 54 / 11 03 / 18 09 / 23 20	1,5 / 7,7 / 1,4 / 7,8	20 Mo	6 34 / 11 39 / 18 50 / 23 56	1,2 / 7,8 / 1,4 / 7,8
6 Mo	6 30 / 11 39 / 18 44 / 23 55	1,4 / 7,8 / 1,4 / 7,8	21 Di	7 09 / 12 19 / 19 24	1,3 / 7,7 / 1,6
7 Di	7 04 / 12 18 / 19 19	1,3 / 7,7 / 1,5	22 Mi	0 32 / 7 43 / 12 57 / 19 58	7,7 / 1,5 / 7,5 / 1,9
8 Mi	0 33 / 7 40 / 12 58 / 19 55	7,7 / 1,4 / 7,6 / 1,7	23 Do	1 09 / 8 15 / 13 35 / 20 30	7,5 / 1,8 / 7,2 / 2,3
9 Do	1 13 / 8 17 / 13 42 / 20 32	7,6 / 1,6 / 7,5 / 2,0	24 Fr	1 45 / 8 47 / 14 15 / 21 05	7,2 / 2,2 / 6,9 / 2,7
10 Fr	1 56 / 8 55 / 14 31 / 21 13	7,4 / 1,9 / 7,2 / 2,3	25 Sa	2 24 / 9 23 / 14 59 / 21 48	6,9 / 2,6 / 6,6 / 3,1
11 Sa	2 46 / 9 40 / 15 29 / 22 05	7,1 / 2,3 / 6,9 / 2,7	26 So ☾	3 12 / 10 12 / 16 02 / 22 47	6,5 / 3,0 / 6,4 / 3,4
12 So ☽	3 49 / 10 41 / 16 47 / 23 22	6,9 / 2,6 / 6,8 / 2,9	27 Mo	4 24 / 11 14 / 17 19 / 23 53	6,3 / 3,2 / 6,3 / 3,4
13 Mo	5 12 / 12 18 / 18 13	6,7 / 2,6 / 6,9	28 Di	5 41 / 12 21 / 18 25	6,3 / 3,2 / 6,4
14 Di	0 58 / 6 36 / 13 37 / 19 22	2,7 / 6,9 / 2,3 / 7,2	29 Mi	1 04 / 6 45 / 13 28 / 19 23	3,2 / 6,4 / 2,9 / 6,7
15 Mi	2 10 / 7 43 / 14 44 / 20 20	2,3 / 7,2 / 1,9 / 7,5	30 Do	2 08 / 7 40 / 14 31 / 20 12	2,9 / 6,7 / 2,6 / 7,0
			31 Fr	3 05 / 8 31 / 15 26 / 20 56	2,5 / 7,0 / 2,3 / 7,3

Juni

Tag	Zeit	Höhe	Tag	Zeit	Höhe
1 Sa	3 54 / 9 15 / 16 14 / 21 36	2,2 / 7,2 / 2,0 / 7,5	16 So	4 40 / 9 55 / 17 02 / 22 15	1,7 / 7,5 / 1,8 / 7,7
2 So	4 40 / 9 57 / 16 58 / 22 15	1,9 / 7,4 / 1,8 / 7,6	17 Mo ○	5 26 / 10 40 / 17 44 / 22 55	1,6 / 7,5 / 1,7 / 7,7
3 Mo ●	5 23 / 10 38 / 17 40 / 22 54	1,6 / 7,6 / 1,6 / 7,7	18 Di	6 07 / 11 21 / 18 23 / 23 33	1,6 / 7,6 / 1,8 / 7,7
4 Di	6 05 / 11 19 / 18 21 / 23 35	1,4 / 7,7 / 1,5 / 7,8	19 Mi	6 44 / 12 00 / 18 59	1,6 / 7,5 / 1,8
5 Mi	6 46 / 12 02 / 19 02	1,3 / 7,8 / 1,5	20 Do	0 10 / 7 20 / 12 37 / 19 36	7,6 / 1,7 / 7,4 / 2,0
6 Do	0 17 / 7 26 / 12 47 / 19 43	7,8 / 1,3 / 7,7 / 1,6	21 Fr	0 46 / 7 54 / 13 14 / 20 10	7,5 / 1,8 / 7,3 / 2,2
7 Fr	1 02 / 8 08 / 13 35 / 20 25	7,8 / 1,5 / 7,6 / 1,8	22 Sa	1 22 / 8 27 / 13 50 / 20 44	7,3 / 2,1 / 7,1 / 2,5
8 Sa	1 49 / 8 51 / 14 25 / 21 10	7,6 / 1,7 / 7,4 / 2,1	23 So	1 58 / 9 00 / 14 27 / 21 20	7,1 / 2,4 / 6,9 / 2,8
9 So	2 40 / 9 40 / 15 22 / 22 05	7,4 / 2,0 / 7,2 / 2,4	24 Mo	2 36 / 9 37 / 15 09 / 22 02	6,9 / 2,6 / 6,7 / 3,0
10 Mo	3 40 / 10 42 / 16 29 / 23 17	7,2 / 2,2 / 7,0 / 2,5	25 Di ☾	3 22 / 10 22 / 16 03 / 22 54	6,6 / 2,9 / 6,5 / 3,2
11 Di	4 50 / 11 59 / 17 42	7,0 / 2,3 / 7,0	26 Mi	4 23 / 11 17 / 17 11 / 23 52	6,5 / 3,0 / 6,5 / 3,2
12 Mi	0 32 / 6 05 / 13 07 / 18 50	2,5 / 7,0 / 2,2 / 7,2	27 Do	5 35 / 12 17 / 18 16	6,4 / 3,0 / 6,6
13 Do	1 40 / 7 13 / 14 12 / 19 51	2,3 / 7,1 / 2,1 / 7,3	28 Fr	0 55 / 6 40 / 13 22 / 19 16	3,1 / 6,6 / 2,9 / 6,8
14 Fr	2 44 / 8 14 / 15 14 / 20 44	2,1 / 7,3 / 1,9 / 7,5	29 Sa	2 03 / 7 41 / 14 31 / 20 10	2,8 / 6,8 / 2,6 / 7,1
15 Sa	3 45 / 9 07 / 16 12 / 21 31	1,9 / 7,4 / 1,8 / 7,6	30 So	3 10 / 8 37 / 15 32 / 21 01	2,4 / 7,0 / 2,3 / 7,3

Juli

Tag	Zeit	Höhe	Tag	Zeit	Höhe
1 Mo	4 04 / 9 29 / 16 25 / 21 48	2,1 / 7,3 / 2,0 / 7,6	16 Di ○	5 02 / 10 27 / 17 21 / 22 39	1,9 / 7,4 / 2,1 / 7,6
2 Di ●	4 55 / 10 17 / 17 14 / 22 33	1,7 / 7,5 / 1,7 / 7,8	17 Mi	5 45 / 11 07 / 18 02 / 23 15	1,8 / 7,5 / 2,0 / 7,7
3 Mi	5 44 / 11 03 / 18 03 / 23 19	1,4 / 7,7 / 1,5 / 7,9	18 Do	6 23 / 11 43 / 18 40 / 23 50	1,7 / 7,5 / 1,9 / 7,7
4 Do	6 33 / 11 50 / 18 51	1,2 / 7,9 / 1,4	19 Fr	7 00 / 12 17 / 19 17	1,7 / 7,5 / 1,9
5 Fr	0 05 / 7 21 / 12 37 / 19 39	8,0 / 1,1 / 7,9 / 1,4	20 Sa	0 24 / 7 35 / 12 50 / 19 51	7,6 / 1,7 / 7,4 / 2,1
6 Sa	0 52 / 8 09 / 13 26 / 20 26	8,0 / 1,2 / 7,9 / 1,5	21 So	0 58 / 8 09 / 13 24 / 20 21	7,5 / 1,9 / 7,3 / 2,2
7 So	1 40 / 8 56 / 14 15 / 21 14	7,9 / 1,3 / 7,7 / 1,7	22 Mo	1 31 / 8 36 / 13 56 / 20 52	7,4 / 2,1 / 7,2 / 2,4
8 Mo	2 30 / 9 43 / 15 06 / 22 03	7,7 / 1,6 / 7,5 / 2,0	23 Di	2 04 / 9 05 / 14 30 / 21 24	7,2 / 2,3 / 7,0 / 2,6
9 Di ☽	3 22 / 10 33 / 16 01 / 22 58	7,4 / 1,9 / 7,3 / 2,3	24 Mi	2 41 / 9 39 / 15 09 / 22 03	7,0 / 2,5 / 6,9 / 2,8
10 Mi	4 20 / 11 29 / 17 04	7,2 / 2,2 / 7,1	25 Do ☾	3 27 / 10 21 / 15 59 / 22 52	6,8 / 2,8 / 6,7 / 3,0
11 Do	0 00 / 5 29 / 12 33 / 18 13	2,5 / 7,0 / 2,4 / 7,0	26 Fr	4 24 / 11 16 / 17 04 / 23 53	6,6 / 3,0 / 6,6 / 3,1
12 Fr	1 06 / 6 42 / 13 37 / 19 21	2,5 / 6,9 / 2,5 / 7,1	27 Sa	5 38 / 12 21 / 18 17	6,5 / 3,0 / 6,7
13 Sa	2 12 / 7 51 / 14 42 / 20 21	2,4 / 7,0 / 2,4 / 7,2	28 So	1 06 / 6 54 / 13 41 / 19 28	3,0 / 6,6 / 2,9 / 6,9
14 So	3 15 / 8 51 / 15 42 / 21 13	2,3 / 7,1 / 2,3 / 7,4	29 Mo	2 31 / 8 06 / 14 59 / 20 32	2,7 / 6,9 / 2,5 / 7,2
15 Mo	4 12 / 9 42 / 16 35 / 21 59	2,1 / 7,3 / 2,2 / 7,5	30 Di	3 36 / 9 07 / 16 00 / 21 27	2,2 / 7,3 / 2,1 / 7,5
			31 Mi	4 33 / 10 01 / 16 56 / 22 17	1,7 / 7,6 / 1,7 / 7,8

August

Tag	Zeit	Höhe	Tag	Zeit	Höhe
1 Do ●	5 28 / 10 50 / 17 51 / 23 05	1,3 / 7,9 / 1,4 / 8,1	16 Fr	6 07 / 11 22 / 18 24 / 23 29	1,7 / 7,6 / 1,8 / 7,8
2 Fr	6 23 / 11 37 / 18 45 / 23 53	1,0 / 8,1 / 1,2 / 8,2	17 Sa	6 41 / 11 53 / 18 57	1,6 / 7,6 / 1,8
3 Sa	7 15 / 12 24 / 19 35	0,8 / 8,1 / 1,1	18 So	0 01 / 7 14 / 12 24 / 19 30	7,8 / 1,6 / 7,6 / 1,8
4 So	0 39 / 8 02 / 13 10 / 20 21	8,2 / 0,8 / 8,1 / 1,2	19 Mo	0 33 / 7 43 / 12 55 / 19 56	7,7 / 1,7 / 7,5 / 1,9
5 Mo	1 25 / 8 47 / 13 56 / 21 04	8,1 / 0,9 / 8,0 / 1,4	20 Di	1 04 / 8 10 / 13 25 / 20 24	7,6 / 1,8 / 7,4 / 2,1
6 Di	2 11 / 9 28 / 14 41 / 21 45	7,9 / 1,3 / 7,7 / 1,7	21 Mi	1 35 / 8 38 / 13 57 / 20 54	7,4 / 2,0 / 7,3 / 2,3
7 Mi	2 57 / 10 08 / 15 29 / 22 29	7,6 / 1,7 / 7,4 / 2,1	22 Do ☽	2 09 / 9 07 / 14 32 / 21 27	7,2 / 2,3 / 7,1 / 2,6
8 Do	3 48 / 10 54 / 16 24 / 23 22	7,2 / 2,3 / 7,1 / 2,6	23 Fr ☾	2 49 / 9 43 / 15 14 / 22 09	6,9 / 2,6 / 6,9 / 2,9
9 Fr	4 51 / 11 51 / 17 33	6,9 / 2,7 / 6,8	24 Sa	3 40 / 10 30 / 16 11 / 23 05	6,7 / 3,0 / 6,7 / 3,1
10 Sa	0 29 / 6 12 / 13 03 / 18 52	2,8 / 6,6 / 2,9 / 6,8	25 So	4 52 / 11 34 / 17 31	6,5 / 3,2 / 6,6
11 So	1 42 / 7 34 / 14 14 / 20 04	2,8 / 6,7 / 2,9 / 6,9	26 Mo	0 20 / 6 21 / 13 03 / 18 57	3,2 / 6,5 / 3,1 / 6,7
12 Mo	2 51 / 8 42 / 15 20 / 21 01	2,6 / 6,9 / 2,7 / 7,1	27 Di	2 01 / 7 46 / 14 37 / 20 12	2,8 / 6,8 / 2,7 / 7,1
13 Di	3 53 / 9 33 / 16 19 / 21 46	2,4 / 7,1 / 2,4 / 7,4	28 Mi	3 15 / 8 52 / 15 42 / 21 12	2,2 / 7,3 / 2,1 / 7,6
14 Mi	4 46 / 10 15 / 17 07 / 22 24	2,1 / 7,3 / 2,2 / 7,6	29 Do	4 14 / 9 45 / 16 42 / 22 02	1,6 / 7,7 / 1,6 / 8,0
15 Do ○	5 29 / 10 51 / 17 47 / 22 57	1,9 / 7,5 / 2,0 / 7,7	30 Fr ●	5 15 / 10 33 / 17 41 / 22 50	1,2 / 8,1 / 1,3 / 8,2
			31 Sa	6 12 / 11 19 / 18 35 / 23 36	0,8 / 8,3 / 1,0 / 8,4

● Neumond ☽ erstes Viertel ○ Vollmond ☾ letztes Viertel

UTC+ 1h00min (MEZ)   Höhen sind auf SKN bezogen

Le Havre 2019

Breite: 49° 29' N, Länge: 0° 07' E

Zeiten (Stunden und Minuten) und Höhen (Meter) der Hoch- und Niedrigwasser

September

Tag	Zeit	Höhe	Tag	Zeit	Höhe
1 So	7 02 / 12 05 / 19 22	0,6 / 8,4 / 0,8	16 Mo	6 48 / 11 56 / 19 04	1,5 / 7,7 / 1,7
2 Mo	0 21 / 7 45 / 12 49 / 20 04	8,4 / 0,6 / 8,3 / 0,9	17 Di	0 07 / 7 16 / 12 26 / 19 30	7,9 / 1,6 / 7,7 / 1,7
3 Di	1 05 / 8 25 / 13 32 / 20 43	8,3 / 0,8 / 8,1 / 1,2	18 Mi	0 37 / 7 43 / 12 56 / 19 59	7,8 / 1,7 / 7,6 / 1,9
4 Mi	1 48 / 9 03 / 14 13 / 21 20	8,0 / 1,3 / 7,8 / 1,6	19 Do	1 09 / 8 12 / 13 27 / 20 29	7,6 / 1,9 / 7,4 / 2,1
5 Do	2 30 / 9 38 / 14 55 / 21 57	7,6 / 1,8 / 7,4 / 2,2	20 Fr	1 44 / 8 42 / 14 01 / 21 02	7,3 / 2,2 / 7,2 / 2,4
6 Fr ☽	3 16 / 10 16 / 15 44 / 22 43	7,2 / 2,5 / 7,0 / 2,7	21 Sa	2 23 / 9 16 / 14 41 / 21 41	7,0 / 2,6 / 7,0 / 2,8
7 Sa	4 16 / 11 09 / 16 54 / 23 50	6,7 / 3,0 / 6,6 / 3,1	22 So ☾	3 13 / 10 01 / 15 38 / 22 33	6,7 / 3,0 / 6,7 / 3,1
8 So	5 45 / 12 29 / 18 25	6,4 / 3,4 / 6,5	23 Mo	4 27 / 11 03 / 17 02 / 23 49	6,5 / 3,3 / 6,5 / 3,2
9 Mo	1 12 / 7 19 / 13 51 / 19 47	3,2 / 6,5 / 3,3 / 6,7	24 Di	6 04 / 12 40 / 18 38	6,5 / 3,3 / 6,7
10 Di	2 30 / 8 31 / 15 06 / 20 47	2,9 / 6,8 / 2,9 / 7,0	25 Mi	1 48 / 7 33 / 14 21 / 19 57	2,9 / 6,9 / 2,7 / 7,1
11 Mi	3 37 / 9 19 / 16 05 / 21 29	2,5 / 7,1 / 2,5 / 7,3	26 Do	2 56 / 8 36 / 15 26 / 20 55	2,2 / 7,5 / 2,1 / 7,7
12 Do	4 28 / 9 56 / 16 50 / 22 04	2,1 / 7,4 / 2,1 / 7,6	27 Fr	3 58 / 9 27 / 16 27 / 21 45	1,5 / 7,9 / 1,5 / 8,1
13 Fr	5 09 / 10 27 / 17 28 / 22 35	1,8 / 7,6 / 1,9 / 7,8	28 Sa ●	4 59 / 10 14 / 17 25 / 22 31	1,1 / 8,2 / 1,1 / 8,3
14 Sa ○	5 45 / 10 57 / 18 02 / 23 05	1,6 / 7,7 / 1,7 / 7,8	29 So	5 53 / 10 58 / 18 16 / 23 15	0,7 / 8,4 / 0,7 / 8,5
15 So	6 18 / 11 26 / 18 33 / 23 36	1,5 / 7,7 / 1,7 / 7,9	30 Mo	6 40 / 11 41 / 19 01 / 23 59	0,6 / 8,4 / 0,8 / 8,5

Oktober

Tag	Zeit	Höhe	Tag	Zeit	Höhe
1 Di	7 22 / 12 24 / 19 41	0,6 / 8,4 / 0,9	16 Mi	6 48 / 11 58 / 19 05	1,5 / 7,8 / 1,6
2 Mi	0 42 / 7 59 / 13 05 / 20 17	8,3 / 0,9 / 8,2 / 1,2	17 Do	0 14 / 7 18 / 12 29 / 19 36	7,8 / 1,6 / 7,7 / 1,7
3 Do	1 23 / 8 34 / 13 44 / 20 51	8,0 / 1,4 / 7,8 / 1,7	18 Fr	0 48 / 7 50 / 13 03 / 20 09	7,6 / 1,9 / 7,6 / 1,9
4 Fr	2 04 / 9 07 / 14 24 / 21 25	7,6 / 2,0 / 7,4 / 2,3	19 Sa	1 26 / 8 23 / 13 40 / 20 43	7,4 / 2,2 / 7,4 / 2,3
5 Sa ☽	2 48 / 9 41 / 15 09 / 22 07	7,1 / 2,7 / 7,0 / 2,8	20 So	2 09 / 8 58 / 14 23 / 21 23	7,1 / 2,6 / 7,1 / 2,6
6 So	3 45 / 10 32 / 16 17 / 23 11	6,6 / 3,3 / 6,5 / 3,3	21 Mo ☾	3 03 / 9 43 / 15 23 / 22 15	6,8 / 3,0 / 6,8 / 3,0
7 Mo	5 17 / 11 53 / 17 52	6,3 / 3,6 / 6,4	22 Di	4 16 / 10 46 / 16 46 / 23 31	6,6 / 3,3 / 6,6 / 3,1
8 Di	0 36 / 6 50 / 13 22 / 19 17	3,4 / 6,4 / 3,5 / 6,5	23 Mi	5 52 / 12 29 / 18 22	6,7 / 3,2 / 6,8
9 Mi	2 00 / 8 06 / 14 39 / 20 21	3,1 / 6,7 / 3,0 / 6,8	24 Do	1 28 / 7 14 / 14 02 / 19 37	2,7 / 7,1 / 2,7 / 7,2
10 Do	3 06 / 8 53 / 15 36 / 21 03	2,6 / 7,1 / 2,5 / 7,2	25 Fr	2 36 / 8 15 / 15 07 / 20 34	2,1 / 7,6 / 2,0 / 7,7
11 Fr	3 56 / 9 28 / 16 20 / 21 36	2,2 / 7,4 / 2,1 / 7,5	26 Sa	3 38 / 9 05 / 16 07 / 21 24	1,5 / 8,0 / 1,5 / 8,1
12 Sa	4 38 / 9 57 / 16 59 / 22 07	1,9 / 7,6 / 1,9 / 7,7	27 So	4 36 / 9 51 / 17 03 / 22 10	1,1 / 8,2 / 1,1 / 8,3
13 So ○	5 16 / 10 26 / 17 34 / 22 38	1,7 / 7,8 / 1,7 / 7,8	28 Mo ●	5 29 / 10 35 / 17 53 / 22 54	0,9 / 8,3 / 0,9 / 8,4
14 Mo	5 49 / 10 57 / 18 05 / 23 10	1,6 / 7,8 / 1,6 / 7,9	29 Di	6 14 / 11 17 / 18 36 / 23 37	0,8 / 8,4 / 0,8 / 8,3
15 Di	6 19 / 11 27 / 18 37 / 23 42	1,5 / 7,8 / 1,6 / 7,9	30 Mi	6 55 / 11 59 / 19 15	0,9 / 8,3 / 1,0
31 Do	0 19 / 7 31 / 12 39 / 19 51	8,2 / 1,2 / 8,1 / 1,3			

November

Tag	Zeit	Höhe	Tag	Zeit	Höhe
1 Fr	1 00 / 8 06 / 13 17 / 20 25	7,9 / 1,7 / 7,8 / 1,8	16 Sa	0 34 / 7 31 / 12 46 / 19 54	7,7 / 1,8 / 7,7 / 1,8
2 Sa	1 41 / 8 39 / 13 56 / 20 58	7,5 / 2,2 / 7,4 / 2,3	17 So	1 16 / 8 08 / 13 29 / 20 31	7,5 / 2,1 / 7,5 / 2,1
3 So	2 24 / 9 14 / 14 39 / 21 38	7,1 / 2,8 / 7,0 / 2,8	18 Mo	2 03 / 8 47 / 14 17 / 21 13	7,3 / 2,5 / 7,2 / 2,4
4 Mo ☽	3 18 / 10 02 / 15 41 / 22 35	6,7 / 3,3 / 6,6 / 3,2	19 Di ☾	2 58 / 9 34 / 15 16 / 22 06	7,0 / 2,8 / 7,0 / 2,7
5 Di	4 39 / 11 13 / 17 08 / 23 50	6,4 / 3,6 / 6,3 / 3,4	20 Mi	4 07 / 10 37 / 16 31 / 23 23	6,9 / 3,0 / 6,8 / 2,8
6 Mi	6 00 / 12 37 / 18 25	6,4 / 3,6 / 6,4	21 Do	5 32 / 12 13 / 17 57	6,9 / 3,0 / 6,9
7 Do	1 09 / 7 13 / 13 52 / 19 33	3,3 / 6,6 / 3,2 / 6,7	22 Fr	1 02 / 6 47 / 13 36 / 19 10	2,6 / 7,2 / 2,6 / 7,2
8 Fr	2 19 / 8 09 / 14 53 / 20 23	2,9 / 6,9 / 2,7 / 7,0	23 Sa	2 10 / 7 48 / 14 42 / 20 10	2,1 / 7,5 / 2,1 / 7,6
9 Sa	3 13 / 8 48 / 15 41 / 21 01	2,4 / 7,3 / 2,3 / 7,3	24 So	3 12 / 8 41 / 15 42 / 21 02	1,7 / 7,9 / 1,7 / 7,9
10 So	4 00 / 9 22 / 16 24 / 21 36	2,1 / 7,5 / 2,0 / 7,6	25 Mo	4 10 / 9 28 / 16 38 / 21 49	1,4 / 8,1 / 1,4 / 8,0
11 Mo	4 40 / 9 54 / 17 02 / 22 10	1,9 / 7,7 / 1,8 / 7,7	26 Di ●	5 02 / 10 12 / 17 28 / 22 35	1,2 / 8,2 / 1,2 / 8,1
12 Di ○	5 16 / 10 27 / 17 35 / 22 45	1,7 / 7,8 / 1,7 / 7,8	27 Mi	5 48 / 10 55 / 18 11 / 23 18	1,2 / 8,2 / 1,2 / 8,1
13 Mi	5 49 / 11 00 / 18 10 / 23 19	1,6 / 7,9 / 1,6 / 7,8	28 Do	6 28 / 11 36 / 18 50	1,3 / 8,1 / 1,2
14 Do	6 22 / 11 33 / 18 42 / 23 55	1,6 / 7,9 / 1,6 / 7,8	29 Fr	0 00 / 7 05 / 12 16 / 19 27	8,0 / 1,5 / 8,0 / 1,5
15 Fr	6 56 / 12 08 / 19 18	1,7 / 7,8 / 1,6	30 Sa	0 41 / 7 42 / 12 54 / 20 02	7,8 / 1,9 / 7,8 / 1,8

Dezember

Tag	Zeit	Höhe	Tag	Zeit	Höhe
1 So	1 22 / 8 18 / 13 33 / 20 37	7,5 / 2,2 / 7,5 / 2,2	16 Mo	1 10 / 8 01 / 13 23 / 20 28	7,7 / 1,9 / 7,7 / 1,7
2 Mo	2 03 / 8 54 / 14 14 / 21 15	7,2 / 2,7 / 7,1 / 2,6	17 Di	1 58 / 8 44 / 14 12 / 21 12	7,5 / 2,1 / 7,5 / 2,0
3 Di	2 49 / 9 37 / 15 03 / 22 01	6,8 / 3,1 / 6,8 / 3,0	18 Mi	2 51 / 9 32 / 15 07 / 22 04	7,3 / 2,4 / 7,3 / 2,2
4 Mi ☽	3 50 / 10 31 / 16 12 / 22 58	6,6 / 3,4 / 6,5 / 3,2	19 Do ☾	3 51 / 10 32 / 16 11 / 23 10	7,2 / 2,6 / 7,1 / 2,4
5 Do	5 01 / 11 34 / 17 25	6,5 / 3,5 / 6,4	20 Fr	5 01 / 11 46 / 17 25	7,1 / 2,7 / 7,0
6 Fr	0 02 / 6 05 / 12 43 / 18 30	3,3 / 6,5 / 3,4 / 6,5	21 Sa	0 28 / 6 13 / 13 03 / 18 39	2,4 / 7,2 / 2,6 / 7,1
7 Sa	1 10 / 7 06 / 13 54 / 19 28	3,1 / 6,7 / 3,1 / 6,7	22 So	1 37 / 7 19 / 14 12 / 19 44	2,3 / 7,4 / 2,3 / 7,3
8 So	2 17 / 7 57 / 14 54 / 20 18	2,8 / 7,0 / 2,7 / 7,0	23 Mo	2 42 / 8 16 / 15 15 / 20 42	2,1 / 7,6 / 2,0 / 7,5
9 Mo	3 13 / 8 41 / 15 43 / 21 02	2,5 / 7,3 / 2,4 / 7,3	24 Di	3 43 / 9 08 / 16 14 / 21 33	1,9 / 7,7 / 1,7 / 7,7
10 Di	4 00 / 9 21 / 16 25 / 21 43	2,2 / 7,5 / 2,1 / 7,5	25 Mi	4 37 / 9 54 / 17 05 / 22 21	1,7 / 7,9 / 1,6 / 7,8
11 Mi	4 41 / 9 59 / 17 06 / 22 22	2,0 / 7,7 / 1,8 / 7,7	26 Do ●	5 25 / 10 38 / 17 50 / 23 05	1,7 / 7,9 / 1,5 / 7,8
12 Do ○	5 21 / 10 36 / 17 46 / 23 02	1,8 / 7,8 / 1,6 / 7,8	27 Fr	6 07 / 11 19 / 18 31 / 23 46	1,7 / 7,9 / 1,4 / 7,8
13 Fr	6 00 / 11 14 / 18 26 / 23 42	1,7 / 7,9 / 1,5 / 7,8	28 Sa	6 45 / 11 58 / 19 08	1,7 / 7,9 / 1,5
14 Sa	6 39 / 11 54 / 19 05	1,7 / 7,9 / 1,5	29 So	0 25 / 7 20 / 12 35 / 19 44	7,7 / 1,9 / 7,8 / 1,7
15 So	0 25 / 7 20 / 12 37 / 19 46	7,8 / 1,7 / 7,9 / 1,5	30 Mo	1 03 / 7 54 / 13 12 / 20 19	7,5 / 2,1 / 7,6 / 1,9
31 Di	1 40 / 8 35 / 13 49 / 20 54	7,3 / 2,4 / 7,3 / 2,2			

● Neumond ☽ erstes Viertel ○ Vollmond ☾ letztes Viertel

UTC+ 1h00min (MEZ) Höhen sind auf SKN bezogen

Mittlere Tidenkurven

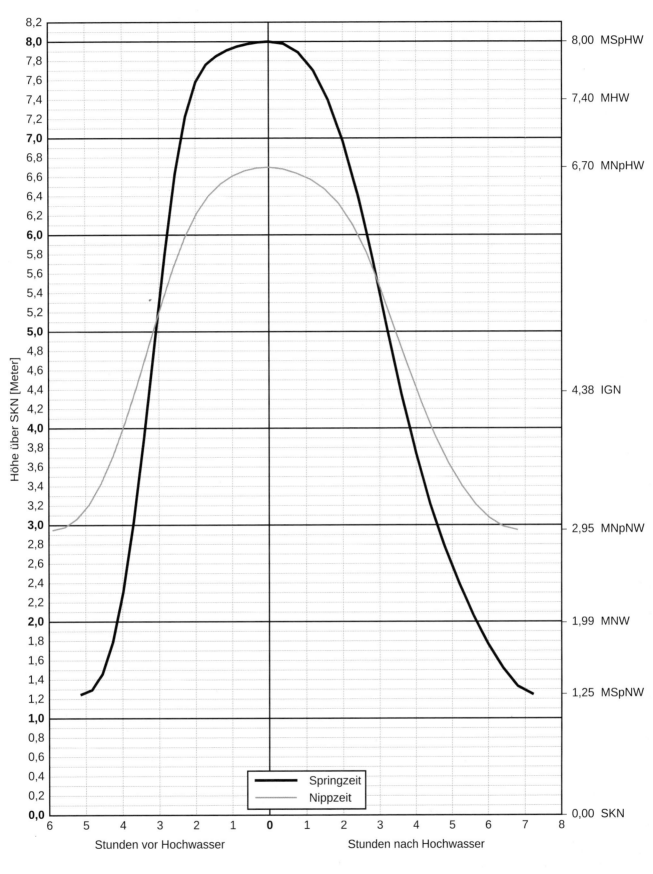

Saint-Malo 2019

Breite: 48° 38' N, Länge: 2° 02' W

Zeiten (Stunden und Minuten) und Höhen (Meter) der Hoch- und Niedrigwasser

Januar

Tag	Zeit	Höhe	Tag	Zeit	Höhe
1 Di	3 01 / 9 48 / 15 30 / 22 25	9,8 / 3,8 / 9,9 / 3,6	16 Mi	1 42 / 8 27 / 14 23 / 21 11	9,1 / 4,5 / 9,2 / 4,2
2 Mi	4 08 / 10 56 / 16 34 / 23 27	10,1 / 3,5 / 10,2 / 3,3	17 Do	3 02 / 9 51 / 15 40 / 22 28	9,4 / 4,1 / 9,6 / 3,7
3 Do	5 04 / 11 54 / 17 28	10,5 / 3,1 / 10,6	18 Fr	4 12 / 11 03 / 16 46 / 23 34	10,0 / 3,4 / 10,3 / 3,0
4 Fr	0 20 / 5 52 / 12 44 / 18 15	3,0 / 11,0 / 2,7 / 10,9	19 Sa	5 12 / 12 06 / 17 45	10,8 / 2,6 / 11,1
5 Sa	1 05 / 6 35 / 13 27 / 18 56	2,7 / 11,3 / 2,5 / 11,2	20 So	0 34 / 6 08 / 13 06 / 18 40	2,2 / 11,6 / 1,9 / 11,8
6 So ●	1 44 / 7 13 / 14 05 / 19 34	2,5 / 11,5 / 2,3 / 11,3	21 Mo ○	1 32 / 6 59 / 14 04 / 19 31	1,6 / 12,3 / 1,3 / 12,3
7 Mo	2 20 / 7 49 / 14 41 / 20 08	2,4 / 11,6 / 2,2 / 11,3	22 Di	2 26 / 7 49 / 14 57 / 20 20	1,2 / 12,8 / 0,9 / 12,7
8 Di	2 54 / 8 21 / 15 15 / 20 41	2,4 / 11,6 / 2,2 / 11,3	23 Mi	3 16 / 8 36 / 15 46 / 21 07	0,9 / 13,0 / 0,7 / 12,7
9 Mi	3 27 / 8 53 / 15 48 / 21 13	2,5 / 11,5 / 2,4 / 11,1	24 Do	4 03 / 9 22 / 16 32 / 21 51	0,9 / 12,9 / 0,8 / 12,5
10 Do	3 58 / 9 25 / 16 19 / 21 44	2,7 / 11,2 / 2,7 / 10,8	25 Fr	4 47 / 10 06 / 17 15 / 22 34	1,2 / 12,5 / 1,3 / 11,9
11 Fr	4 28 / 9 57 / 16 49 / 22 17	3,1 / 10,8 / 3,0 / 10,4	26 Sa	5 29 / 10 49 / 17 56 / 23 16	1,8 / 11,9 / 2,0 / 11,2
12 Sa	4 58 / 10 30 / 17 22 / 22 52	3,4 / 10,4 / 3,4 / 10,0	27 So ☾	6 10 / 11 33 / 18 37	2,6 / 11,0 / 2,8
13 So	5 33 / 11 06 / 18 01 / 23 32	3,9 / 9,9 / 3,8 / 9,5	28 Mo	0 01 / 6 54 / 12 22 / 19 24	10,4 / 3,3 / 10,2 / 3,6
14 Mo ☽	6 16 / 11 53 / 18 49	4,2 / 9,4 / 4,2	29 Di	0 56 / 7 44 / 13 26 / 20 24	9,7 / 4,0 / 9,5 / 4,2
15 Di	0 27 / 7 13 / 13 00 / 19 52	9,2 / 4,5 / 9,1 / 4,3	30 Mi	2 10 / 9 01 / 14 49 / 21 40	9,2 / 4,3 / 9,2 / 4,3
			31 Do	3 34 / 10 20 / 16 09 / 22 55	9,3 / 4,2 / 9,4 / 4,1

Februar

Tag	Zeit	Höhe	Tag	Zeit	Höhe
1 Fr	4 42 / 11 29 / 17 11 / 23 57	9,8 / 3,7 / 9,8 / 3,6	16 Sa	3 42 / 10 36 / 16 28 / 23 11	9,5 / 3,8 / 9,8 / 3,3
2 Sa	5 35 / 12 23 / 18 00	10,3 / 3,2 / 10,4	17 So	4 55 / 11 48 / 17 34	10,4 / 2,8 / 10,8
3 So	0 46 / 6 20 / 13 09 / 18 42	3,1 / 10,9 / 2,7 / 10,8	18 Mo	0 18 / 5 56 / 12 54 / 18 30	2,4 / 11,4 / 1,9 / 11,7
4 Mo ●	1 28 / 6 58 / 13 49 / 19 19	2,7 / 11,3 / 2,4 / 11,1	19 Di ○	1 20 / 6 49 / 13 54 / 19 21	1,6 / 12,3 / 1,1 / 12,5
5 Di	2 06 / 7 34 / 14 26 / 19 53	2,4 / 11,5 / 2,1 / 11,4	20 Mi	2 16 / 7 38 / 14 47 / 20 08	0,9 / 13,0 / 0,5 / 13,0
6 Mi	2 40 / 8 06 / 15 00 / 20 25	2,2 / 11,7 / 2,0 / 11,5	21 Do	3 07 / 8 25 / 15 35 / 20 52	0,5 / 13,3 / 0,2 / 13,1
7 Do	3 13 / 8 37 / 15 32 / 20 55	2,2 / 11,7 / 2,0 / 11,5	22 Fr	3 51 / 9 08 / 16 18 / 21 33	0,4 / 13,3 / 0,4 / 12,9
8 Fr	3 43 / 9 07 / 16 02 / 21 25	2,2 / 11,6 / 2,1 / 11,3	23 Sa	4 32 / 9 48 / 16 56 / 22 11	0,7 / 12,9 / 0,9 / 12,3
9 Sa	4 11 / 9 37 / 16 30 / 21 54	2,4 / 11,4 / 2,4 / 11,0	24 So	5 08 / 10 26 / 17 31 / 22 48	1,4 / 12,1 / 1,8 / 11,5
10 So	4 39 / 10 06 / 16 59 / 22 24	2,7 / 11,0 / 2,8 / 10,6	25 Mo	5 42 / 11 03 / 18 04 / 23 25	2,3 / 11,2 / 2,7 / 10,6
11 Mo	5 09 / 10 36 / 17 31 / 22 56	3,1 / 10,5 / 3,3 / 10,1	26 Di ☾	6 18 / 11 43 / 18 40	3,2 / 10,1 / 3,7
12 Di ☽	5 44 / 11 11 / 18 10 / 23 37	3,6 / 9,9 / 3,8 / 9,6	27 Mi	0 08 / 7 02 / 12 37 / 19 31	9,6 / 4,1 / 9,2 / 4,5
13 Mi	6 29 / 12 01 / 19 03	4,1 / 9,4 / 4,2	28 Do	1 15 / 8 10 / 14 05 / 20 51	8,9 / 4,7 / 8,6 / 4,9
14 Do	0 37 / 7 33 / 13 23 / 20 20	9,2 / 4,5 / 9,0 / 4,4			
15 Fr	2 09 / 9 06 / 15 04 / 21 52	9,1 / 4,4 / 9,1 / 4,1			

März

Tag	Zeit	Höhe	Tag	Zeit	Höhe
1 Fr	2 59 / 9 44 / 15 47 / 22 26	8,7 / 4,7 / 8,7 / 4,7	16 Sa	1 33 / 8 36 / 14 46 / 21 29	8,9 / 4,5 / 8,9 / 4,4
2 Sa	4 22 / 11 04 / 16 54 / 23 35	9,2 / 4,2 / 9,3 / 4,0	17 So	3 23 / 10 18 / 16 17 / 22 54	9,3 / 3,9 / 9,7 / 3,5
3 So	5 17 / 12 02 / 17 42	9,9 / 3,4 / 10,0	18 Mo	4 41 / 11 35 / 17 23	10,3 / 2,8 / 10,8
4 Mo	0 26 / 6 00 / 12 48 / 18 22	3,3 / 10,6 / 2,8 / 10,7	19 Di	0 05 / 5 42 / 12 42 / 18 17	2,5 / 11,4 / 1,8 / 11,8
5 Di	1 09 / 6 38 / 13 29 / 18 58	2,8 / 11,1 / 2,4 / 11,1	20 Mi	1 07 / 6 34 / 13 40 / 19 05	1,5 / 12,3 / 0,9 / 12,6
6 Mi ●	1 47 / 7 15 / 14 06 / 19 32	2,3 / 11,5 / 2,0 / 11,5	21 Do ○	2 02 / 7 22 / 14 31 / 19 49	0,8 / 13,0 / 0,4 / 13,1
7 Do	2 22 / 7 46 / 14 40 / 20 03	2,1 / 11,8 / 1,8 / 11,7	22 Fr	2 50 / 8 06 / 15 16 / 20 31	0,4 / 13,3 / 0,2 / 13,2
8 Fr	2 54 / 8 17 / 15 11 / 20 33	1,9 / 11,9 / 1,7 / 11,8	23 Sa	3 32 / 8 47 / 15 55 / 21 09	0,4 / 13,3 / 0,4 / 12,9
9 Sa	3 24 / 8 46 / 15 41 / 21 02	1,8 / 11,9 / 1,7 / 11,7	24 So	4 09 / 9 25 / 16 30 / 21 44	0,7 / 12,8 / 1,0 / 12,4
10 So	3 52 / 9 15 / 16 09 / 21 30	1,9 / 11,8 / 2,0 / 11,5	25 Mo	4 42 / 10 00 / 17 00 / 22 17	1,4 / 12,1 / 1,9 / 11,6
11 Mo	4 20 / 9 44 / 16 37 / 21 59	2,2 / 11,4 / 2,4 / 11,1	26 Di	5 13 / 10 34 / 17 29 / 22 50	2,3 / 11,1 / 2,9 / 10,6
12 Di	4 48 / 10 12 / 17 07 / 22 29	2,7 / 10,8 / 2,9 / 10,6	27 Mi	5 44 / 11 09 / 18 00 / 23 28	3,2 / 10,0 / 3,9 / 9,6
13 Mi	5 20 / 10 44 / 17 42 / 23 06	3,2 / 10,2 / 3,6 / 9,9	28 Do ☾	6 22 / 11 54 / 18 44	4,1 / 9,0 / 4,7
14 Do ☽	6 01 / 11 30 / 18 31	3,8 / 9,5 / 4,2	29 Fr	0 26 / 7 23 / 13 16 / 20 02	8,8 / 4,8 / 8,3 / 5,3
15 Fr	0 00 / 7 01 / 12 47 / 19 46	9,3 / 4,4 / 8,9 / 4,6	30 Sa	2 15 / 9 01 / 15 15 / 21 51	8,4 / 5,0 / 8,4 / 5,1
			31 So	3 51 / 10 31 / 16 27 / 23 05	8,8 / 4,5 / 9,0 / 4,4

April

Tag	Zeit	Höhe	Tag	Zeit	Höhe
1 Mo	4 48 / 11 31 / 17 14 / 23 57	9,5 / 3,7 / 9,8 / 3,6	16 Di	4 23 / 11 19 / 17 03 / 23 47	10,3 / 2,8 / 10,8 / 2,5
2 Di	5 31 / 12 17 / 17 53	10,3 / 3,0 / 10,5	17 Mi	5 22 / 12 23 / 17 55	11,3 / 1,8 / 11,7
3 Mi	0 40 / 6 09 / 12 59 / 18 29	2,9 / 10,9 / 2,5 / 11,1	18 Do	0 47 / 6 13 / 13 18 / 18 42	1,7 / 12,2 / 1,1 / 12,4
4 Do	1 18 / 6 45 / 13 37 / 19 03	2,4 / 11,4 / 2,1 / 11,5	19 Fr ○	1 40 / 7 00 / 14 07 / 19 25	1,1 / 12,7 / 0,8 / 12,8
5 Fr ●	1 54 / 7 19 / 14 12 / 19 36	2,1 / 11,8 / 1,8 / 11,8	20 Sa	2 26 / 7 43 / 14 50 / 20 05	0,8 / 12,9 / 0,7 / 12,8
6 Sa	2 28 / 7 51 / 14 45 / 20 07	1,8 / 12,0 / 1,6 / 11,9	21 So	3 07 / 8 22 / 15 27 / 20 42	0,8 / 12,8 / 1,0 / 12,6
7 So	3 00 / 8 22 / 15 17 / 20 37	1,7 / 12,0 / 1,6 / 12,0	22 Mo	3 43 / 8 59 / 16 00 / 21 16	1,1 / 12,4 / 1,5 / 12,1
8 Mo	3 31 / 8 52 / 15 47 / 21 07	1,8 / 11,9 / 1,8 / 11,8	23 Di	4 14 / 9 33 / 16 29 / 21 48	1,7 / 11,7 / 2,2 / 11,4
9 Di	4 01 / 9 23 / 16 16 / 21 37	2,0 / 11,5 / 2,2 / 11,4	24 Mi	4 44 / 10 06 / 16 56 / 22 21	2,4 / 10,9 / 3,1 / 10,6
10 Mi	4 31 / 9 54 / 16 48 / 22 10	2,4 / 11,0 / 2,8 / 10,9	25 Do	5 15 / 10 41 / 17 26 / 22 57	3,3 / 10,0 / 3,9 / 9,7
11 Do	5 05 / 10 31 / 17 25 / 22 50	3,0 / 10,3 / 3,5 / 10,2	26 Fr ☾	5 51 / 11 23 / 18 07 / 23 48	4,1 / 9,1 / 4,7 / 8,9
12 Fr	5 47 / 11 19 / 18 15 / 23 48	3,7 / 9,6 / 4,1 / 9,5	27 Sa	6 44 / 12 30 / 19 13	4,7 / 8,4 / 5,3
13 Sa	6 48 / 12 42 / 19 32	4,2 / 8,9 / 4,5	28 So	1 17 / 8 06 / 14 15 / 20 57	8,4 / 5,0 / 8,3 / 5,3
14 So	1 22 / 8 24 / 14 35 / 21 14	9,1 / 4,4 / 9,0 / 4,3	29 Mo	2 57 / 9 38 / 15 38 / 22 18	8,6 / 4,7 / 8,8 / 4,7
15 Mo	3 06 / 10 03 / 16 01 / 22 38	9,4 / 3,8 / 9,8 / 3,5	30 Di	4 02 / 10 44 / 16 31 / 23 13	9,2 / 4,1 / 9,5 / 4,0

● Neumond   ☽ erstes Viertel   ○ Vollmond   ☾ letztes Viertel

UTC+ 1h00min (MEZ)   Höhen sind auf SKN bezogen

Gezeitenvorausberechnungen

Saint-Malo 2019

Breite: 48° 38' N,   Länge: 2° 02' W

Zeiten (Stunden und Minuten) und Höhen (Meter) der Hoch- und Niedrigwasser

Mai

	Zeit	Höhe		Zeit	Höhe
1 Mi	4 49 11 34 17 13 23 58	9,9 3,4 10,2 3,3	**16** Do	4 55 11 56 17 28	11,1 2,2 11,4
2 Do	5 31 12 18 17 52	10,6 2,8 10,8	**17** Fr	0 21 5 47 12 51 18 15	2,1 11,7 1,7 11,9
3 Fr	0 40 6 10 13 00 18 29	2,7 11,1 2,4 11,3	**18** Sa ○	1 13 6 34 13 39 18 58	1,7 12,0 1,5 12,2
4 Sa ●	1 20 6 47 13 39 19 04	2,3 11,5 2,0 11,7	**19** So	1 59 7 18 14 21 19 38	1,5 12,1 1,5 12,2
5 So	1 58 7 22 14 16 19 38	2,0 11,8 1,8 11,9	**20** Mo	2 39 7 58 14 57 20 15	1,5 12,1 1,7 12,1
6 Mo	2 34 7 57 14 52 20 12	1,8 11,9 1,7 12,0	**21** Di	3 14 8 35 15 29 20 50	1,7 11,8 2,0 11,8
7 Di	3 10 8 31 15 26 20 46	1,8 11,8 1,8 11,9	**22** Mi	3 47 9 10 16 00 21 23	2,0 11,3 2,5 11,3
8 Mi	3 45 9 07 16 00 21 22	1,9 11,6 2,2 11,6	**23** Do	4 19 9 44 16 30 21 57	2,6 10,8 3,1 10,7
9 Do	4 20 9 46 16 37 22 01	2,3 11,1 2,7 11,1	**24** Fr	4 51 10 19 17 01 22 34	3,2 10,1 3,8 10,0
10 Fr	4 59 10 30 17 19 22 48	2,8 10,5 3,3 10,4	**25** Sa	5 26 10 58 17 38 23 18	3,8 9,4 4,4 9,3
11 Sa	5 47 11 26 18 13 23 50	3,4 9,8 3,9 9,8	**26** So ☾	6 10 11 50 18 29	4,4 8,9 4,9
12 So ☽	6 50 12 43 19 28	3,9 9,3 4,2	**27** Mo	0 21 7 09 13 02 19 42	8,8 4,7 8,6 5,1
13 Mo	1 14 8 15 14 14 20 56	9,5 4,0 9,4 4,0	**28** Di	1 41 8 24 14 22 21 06	8,7 4,8 8,7 4,9
14 Di	2 41 9 41 15 33 22 15	9,8 3,5 10,0 3,4	**29** Mi	2 55 9 38 15 29 22 13	9,0 4,4 9,2 4,4
15 Mi	3 55 10 54 16 36 23 22	10,4 2,8 10,7 2,7	**30** Do	3 54 10 38 16 22 23 06	9,5 3,9 9,8 3,7
			31 Fr	4 44 11 29 17 08 23 54	10,1 3,3 10,4 3,2

Juni

	Zeit	Höhe		Zeit	Höhe
1 Sa	5 29 12 17 17 51	10,7 2,8 11,0	**16** So	0 44 6 10 13 09 18 34	2,4 11,2 2,3 11,5
2 So	0 41 6 12 13 03 18 31	2,6 11,1 2,3 11,5	**17** Mo ○	1 31 6 56 13 52 19 15	2,2 11,4 2,3 11,6
3 Mo ●	1 26 6 53 13 47 19 11	2,2 11,5 2,0 11,8	**18** Di	2 12 7 37 14 29 19 54	2,1 11,4 2,3 11,6
4 Di	2 09 7 34 14 29 19 50	2,0 11,7 1,9 12,0	**19** Mi	2 49 8 15 15 04 20 29	2,2 11,3 2,4 11,5
5 Mi	2 52 8 15 15 10 20 31	1,8 11,8 1,9 12,0	**20** Do	3 24 8 50 15 37 21 04	2,3 11,1 2,7 11,3
6 Do	3 34 8 58 15 51 21 13	1,8 11,7 2,0 11,9	**21** Fr	3 58 9 24 16 09 21 38	2,6 10,8 3,0 10,9
7 Fr	4 17 9 43 16 34 21 59	2,0 11,4 2,4 11,5	**22** Sa	4 31 9 59 16 41 22 12	2,9 10,4 3,5 10,4
8 Sa	5 02 10 32 17 20 22 49	2,4 10,9 2,9 11,0	**23** So	5 04 10 34 17 14 22 50	3,4 10,0 3,9 9,9
9 So	5 52 11 27 18 14 23 47	2,9 10,4 3,3 10,4	**24** Mo	5 39 11 14 17 52 23 34	3,8 9,5 4,3 9,4
10 Mo ☾	6 50 12 30 19 18	3,3 10,0 3,7	**25** Di ☾	6 21 12 03 18 40	4,2 9,1 4,7
11 Di	0 54 7 58 13 42 20 30	10,1 3,5 9,8 3,7	**26** Mi	0 30 7 14 13 05 19 43	9,1 4,4 8,9 4,8
12 Mi	2 08 9 10 14 56 21 43	10,0 3,4 10,0 3,5	**27** Do	1 39 8 20 14 16 20 58	9,0 4,5 9,0 4,6
13 Do	3 21 10 20 16 02 22 50	10,2 3,2 10,4 3,1	**28** Fr	2 49 9 32 15 23 22 09	9,2 4,2 9,4 4,1
14 Fr	4 25 11 24 16 59 23 51	10,6 2,8 10,9 2,7	**29** Sa	3 52 10 38 16 21 23 09	9,6 3,7 10,0 3,6
15 Sa	5 21 12 20 17 49	11,0 2,5 11,2	**30** So	4 48 11 36 17 14	10,2 3,2 10,6

Juli

	Zeit	Höhe		Zeit	Höhe
1 Mo	0 04 5 40 12 30 18 02	3,0 10,7 2,7 11,2	**16** Di ○	1 08 6 39 13 29 18 59	2,7 10,8 2,8 11,3
2 Di ●	0 57 6 29 13 21 18 49	2,4 11,2 2,2 11,7	**17** Mi	1 51 7 21 14 09 19 37	2,5 11,0 2,7 11,4
3 Mi	1 49 7 18 14 11 19 35	2,0 11,6 1,9 12,1	**18** Do	2 29 7 58 14 45 20 13	2,4 11,1 2,6 11,5
4 Do	2 39 8 05 15 00 20 21	1,7 11,9 1,7 12,3	**19** Fr	3 05 8 33 15 19 20 46	2,3 11,1 2,6 11,4
5 Fr	3 28 8 52 15 46 21 08	1,5 12,0 1,7 12,3	**20** Sa	3 39 9 05 15 51 21 17	2,4 11,1 2,7 11,3
6 Sa	4 16 9 39 16 33 21 55	1,5 11,9 1,9 12,1	**21** So	4 10 9 36 16 20 21 49	2,6 10,9 3,0 11,0
7 So	5 02 10 27 17 18 22 42	1,8 11,6 2,2 11,7	**22** Mo	4 40 10 08 16 49 22 21	2,9 10,6 3,3 10,6
8 Mo	5 49 11 15 18 06 23 32	2,2 11,1 2,7 11,1	**23** Di	5 10 10 41 17 19 22 53	3,3 10,2 3,7 10,1
9 Di ☽	6 37 12 06 18 57	2,7 10,5 3,2	**24** Mi	5 43 11 16 17 56 23 33	3,7 9,7 4,1 9,6
10 Mi	0 27 7 30 13 04 19 57	10,5 3,2 10,1 3,6	**25** Do ☾	6 23 12 00 18 43	4,1 9,3 4,5
11 Do	1 31 8 32 14 13 21 05	10,1 3,6 9,8 3,8	**26** Fr	0 27 7 16 13 03 19 47	9,2 4,4 9,1 4,7
12 Fr	2 43 9 42 15 26 22 17	9,8 3,7 9,9 3,6	**27** Sa	1 42 8 27 14 22 21 10	9,0 4,5 9,1 4,5
13 Sa	3 55 10 50 16 32 23 22	9,9 3,5 10,2 3,3	**28** So	3 03 9 49 15 38 22 30	9,2 4,2 9,5 4,0
14 So	4 58 11 52 17 28 —	10,2 3,3 10,6	**29** Mo	4 14 11 00 16 43 23 35	9,7 3,6 10,2 3,3
15 Mo	0 19 5 54 12 44 18 16	3,0 10,6 3,0 11,0	**30** Di	5 17 12 03 17 41	10,4 2,9 11,0
			31 Mi	0 36 6 13 13 02 18 34	2,5 11,1 2,3 11,7

August

	Zeit	Höhe		Zeit	Höhe
1 Do ●	1 34 7 06 13 59 19 24	1,9 11,8 1,8 12,3	**16** Fr	2 11 7 40 14 28 19 54	2,3 11,3 2,5 11,7
2 Fr	2 30 7 56 14 51 20 12	1,4 12,3 1,3 12,8	**17** Sa	2 46 8 12 15 00 20 25	2,2 11,4 2,4 11,7
3 Sa	3 22 8 43 15 40 20 59	1,0 12,5 1,1 12,9	**18** So	3 18 8 42 15 30 20 55	2,1 11,4 2,4 11,7
4 So	4 09 9 28 16 25 21 43	0,9 12,5 1,2 12,7	**19** Mo	3 47 9 11 15 58 21 24	2,2 11,3 2,5 11,5
5 Mo	4 53 10 11 17 07 22 26	1,1 12,2 1,6 12,3	**20** Di	4 15 9 40 16 24 21 52	2,5 11,1 2,8 11,1
6 Di	5 34 10 53 17 48 23 09	1,7 11,6 2,2 11,5	**21** Mi	4 41 10 08 16 50 22 19	2,8 10,7 3,2 10,6
7 Mi	6 14 11 36 18 30 23 55	2,4 10,9 3,0 10,7	**22** Do ☽	5 10 10 37 17 21 22 49	3,3 10,3 3,7 10,0
8 Do	6 57 12 25 19 20 —	3,2 10,1 3,7	**23** Fr	5 44 11 12 18 01 23 32	3,8 9,8 4,2 9,4
9 Fr	0 51 7 50 13 29 20 25	9,9 3,9 9,5 4,2	**24** Sa	6 30 12 02 18 56	4,3 9,2 4,6
10 Sa	2 05 9 00 14 52 21 45	9,3 4,3 9,3 4,3	**25** So	0 39 7 36 13 25 20 20	8,9 4,7 8,9 4,8
11 So	3 31 10 21 16 12 23 00	9,3 4,3 9,6 3,9	**26** Mo	2 24 9 09 15 05 22 00	8,9 4,6 9,2 4,3
12 Mo	4 43 11 31 17 13 —	9,7 3,8 10,2	**27** Di	3 54 10 36 16 24 23 16	9,5 3,9 10,0 3,4
13 Di	0 01 5 39 12 26 18 02	3,4 10,2 3,4 10,7	**28** Mi	5 03 11 45 17 27 —	10,3 3,0 11,0
14 Mi	0 51 6 25 13 12 18 43	2,9 10,7 3,0 11,2	**29** Do	0 21 6 01 12 48 18 21	2,4 11,3 2,0 12,0
15 Do ○	1 33 7 03 13 52 19 20	2,6 11,0 2,7 11,5	**30** Fr ●	1 22 6 53 13 47 19 11	1,6 12,1 1,4 12,7
			31 Sa	2 18 7 41 14 40 19 58	0,9 12,7 0,9 13,2

● Neumond ☽ erstes Viertel ○ Vollmond ☾ letztes Viertel

UTC+ 1h00min (MEZ)   Höhen sind auf SKN bezogen

Saint-Malo 2019

Breite: 48° 38' N, Länge: 2° 02' W

Zeiten (Stunden und Minuten) und Höhen (Meter) der Hoch- und Niedrigwasser

September

Tag	Zeit	Höhe	Tag	Zeit	Höhe
1 So	3 08 / 8 27 / 15 27 / 20 43	0,5 / 13,1 / 0,6 / 13,4	16 Mo	2 53 / 8 16 / 15 06 / 20 29	1,9 / 11,8 / 2,1 / 12,0
2 Mo	3 53 / 9 09 / 16 09 / 21 25	0,5 / 13,0 / 0,8 / 13,2	17 Di	3 22 / 8 44 / 15 34 / 20 57	2,0 / 11,7 / 2,2 / 11,8
3 Di	4 34 / 9 49 / 16 48 / 22 04	0,8 / 12,6 / 1,3 / 12,5	18 Mi	3 48 / 9 11 / 15 59 / 21 24	2,2 / 11,5 / 2,5 / 11,4
4 Mi	5 10 / 10 26 / 17 24 / 22 42	1,5 / 11,9 / 2,1 / 11,6	19 Do	4 15 / 9 38 / 16 26 / 21 50	2,6 / 11,2 / 2,9 / 10,9
5 Do	5 44 / 11 04 / 17 59 / 23 22	2,5 / 11,0 / 3,0 / 10,6	20 Fr	4 42 / 10 06 / 16 55 / 22 19	3,1 / 10,7 / 3,4 / 10,3
6 Fr ☽	6 20 / 11 46 / 18 42	3,5 / 10,1 / 3,9	21 Sa	5 15 / 10 38 / 17 32 / 23 00	3,7 / 10,1 / 4,0 / 9,6
7 Sa	0 12 / 7 06 / 12 46 / 19 44	9,6 / 4,4 / 9,2 / 4,6	22 So ☾	5 58 / 11 25 / 18 25	4,3 / 9,4 / 4,6
8 So	1 30 / 8 20 / 14 23 / 21 16	8,8 / 4,9 / 8,9 / 4,8	23 Mo	0 02 / 7 03 / 12 47 / 19 49	8,9 / 4,8 / 8,9 / 4,8
9 Mo	3 13 / 9 58 / 15 56 / 22 41	8,8 / 4,8 / 9,2 / 4,3	24 Di	2 05 / 8 44 / 14 46 / 21 41	8,7 / 4,8 / 9,1 / 4,4
10 Di	4 31 / 11 14 / 16 57 / 23 42	9,3 / 4,2 / 9,9 / 3,6	25 Mi	3 43 / 10 19 / 16 09 / 23 01	9,4 / 4,0 / 10,0 / 3,3
11 Mi	5 23 / 12 08 / 17 43	10,1 / 3,5 / 10,7	26 Do	4 51 / 11 31 / 17 11	10,5 / 3,0 / 11,2
12 Do	0 30 / 6 05 / 12 52 / 18 22	2,9 / 10,7 / 2,9 / 11,2	27 Fr	0 07 / 5 46 / 12 33 / 18 05	2,2 / 11,6 / 2,0 / 12,2
13 Fr	1 11 / 6 42 / 13 31 / 18 57	2,5 / 11,2 / 2,5 / 11,6	28 Sa ●	1 06 / 6 35 / 13 30 / 18 53	1,3 / 12,5 / 1,2 / 13,0
14 Sa ○	1 48 / 7 15 / 14 05 / 19 30	2,2 / 11,5 / 2,3 / 11,9	29 So	2 00 / 7 21 / 14 21 / 19 39	0,7 / 13,0 / 0,7 / 13,4
15 So	2 22 / 7 47 / 14 37 / 20 01	2,0 / 11,7 / 2,2 / 12,0	30 Mo	2 48 / 8 04 / 15 07 / 20 22	0,4 / 13,3 / 0,5 / 13,5

Oktober

Tag	Zeit	Höhe	Tag	Zeit	Höhe
1 Di	3 31 / 8 45 / 15 47 / 21 02	0,5 / 13,2 / 0,7 / 13,2	16 Mi	2 55 / 8 16 / 15 10 / 20 32	1,9 / 12,0 / 2,1 / 11,9
2 Mi	4 08 / 9 22 / 16 23 / 21 39	0,9 / 12,7 / 1,3 / 12,5	17 Do	3 24 / 8 45 / 15 38 / 21 01	2,1 / 11,8 / 2,3 / 11,6
3 Do	4 42 / 9 58 / 16 56 / 22 15	1,8 / 11,9 / 2,2 / 11,5	18 Fr	3 52 / 9 13 / 16 07 / 21 29	2,4 / 11,5 / 2,7 / 11,1
4 Fr	5 12 / 10 33 / 17 29 / 22 52	2,7 / 11,0 / 3,1 / 10,4	19 Sa	4 22 / 9 44 / 16 38 / 22 03	3,0 / 11,0 / 3,2 / 10,4
5 Sa ☽	5 44 / 11 11 / 18 08 / 23 37	3,8 / 10,0 / 4,1 / 9,4	20 So	4 56 / 10 21 / 17 17 / 22 45	3,6 / 10,3 / 3,8 / 9,7
6 So	6 26 / 12 07 / 19 06	4,7 / 9,1 / 4,8	21 Mo ☾	5 41 / 11 11 / 18 12 / 23 56	4,3 / 9,6 / 4,4 / 9,0
7 Mo	0 54 / 7 39 / 13 50 / 20 40	8,6 / 5,3 / 8,6 / 5,1	22 Di	6 49 / 12 37 / 19 38	4,8 / 9,1 / 4,7
8 Di	2 49 / 9 29 / 15 31 / 22 13	8,5 / 5,2 / 9,0 / 4,6	23 Mi	1 55 / 8 30 / 14 29 / 21 25	8,9 / 4,7 / 9,3 / 4,2
9 Mi	4 07 / 10 47 / 16 31 / 23 13	9,1 / 4,5 / 9,7 / 3,8	24 Do	3 26 / 10 02 / 15 49 / 22 44	9,6 / 3,9 / 10,2 / 3,2
10 Do	4 57 / 11 39 / 17 15	9,9 / 3,7 / 10,5	25 Fr	4 31 / 11 12 / 16 51 / 23 47	10,6 / 2,9 / 11,2 / 2,2
11 Fr	0 00 / 5 36 / 12 22 / 17 53	3,1 / 10,6 / 3,0 / 11,1	26 Sa	5 24 / 12 13 / 17 43	11,7 / 2,0 / 12,2
12 Sa	0 40 / 6 12 / 13 00 / 18 28	2,6 / 11,2 / 2,6 / 11,6	27 So	0 45 / 6 12 / 13 08 / 18 31	1,3 / 12,4 / 1,3 / 12,8
13 So ○	1 18 / 6 45 / 13 36 / 19 02	2,2 / 11,5 / 2,3 / 11,9	28 Mo ●	1 36 / 6 57 / 13 58 / 19 16	0,8 / 12,9 / 0,9 / 13,2
14 Mo	1 52 / 7 17 / 14 09 / 19 33	2,0 / 11,9 / 2,1 / 12,1	29 Di	2 22 / 7 39 / 14 42 / 19 58	0,7 / 13,1 / 0,8 / 13,1
15 Di	2 25 / 7 47 / 14 40 / 20 03	1,9 / 12,0 / 2,0 / 12,0	30 Mi	3 04 / 8 18 / 15 22 / 20 38	0,9 / 12,9 / 1,1 / 12,8
			31 Do	3 40 / 8 56 / 15 57 / 21 15	1,4 / 12,5 / 1,6 / 12,1

November

Tag	Zeit	Höhe	Tag	Zeit	Höhe
1 Fr	4 12 / 9 31 / 16 30 / 21 50	2,1 / 11,8 / 2,3 / 11,3	16 Sa	3 36 / 8 57 / 15 56 / 21 21	2,4 / 11,7 / 2,5 / 11,2
2 Sa	4 42 / 10 06 / 17 03 / 22 27	2,9 / 11,0 / 3,2 / 10,3	17 So	4 11 / 9 35 / 16 33 / 22 01	2,8 / 11,2 / 3,0 / 10,6
3 So	5 14 / 10 44 / 17 40 / 23 10	3,8 / 10,1 / 4,0 / 9,4	18 Mo	4 50 / 10 18 / 17 17 / 22 52	3,4 / 10,6 / 3,5 / 10,0
4 Mo ☽	5 54 / 11 35 / 18 32	4,7 / 9,2 / 4,7	19 Di ☾	5 39 / 11 14 / 18 14	3,9 / 10,0 / 4,0
5 Di	0 15 / 6 57 / 13 00 / 19 50	8,7 / 5,3 / 8,6 / 5,1	20 Mi	0 02 / 6 46 / 12 32 / 19 33	9,4 / 4,4 / 9,6 / 4,2
6 Mi	1 55 / 8 44 / 14 41 / 21 21	8,4 / 5,6 / 8,8 / 4,8	21 Do	1 33 / 8 11 / 14 02 / 21 01	9,3 / 4,3 / 9,7 / 3,9
7 Do	3 21 / 10 01 / 15 48 / 22 28	8,9 / 4,8 / 9,3 / 4,2	22 Fr	2 56 / 9 36 / 15 20 / 22 17	9,8 / 3,8 / 10,3 / 3,2
8 Fr	4 16 / 10 57 / 16 36 / 23 18	9,6 / 4,1 / 10,0 / 3,5	23 Sa	4 02 / 10 46 / 16 24 / 23 21	10,6 / 3,0 / 11,0 / 2,4
9 Sa	4 58 / 11 42 / 17 16	10,3 / 3,4 / 10,7	24 So	4 58 / 11 47 / 17 18	11,4 / 2,3 / 11,7
10 So	0 01 / 5 36 / 12 23 / 17 54	2,9 / 10,9 / 2,9 / 11,2	25 Mo	0 19 / 5 47 / 12 43 / 18 08	1,8 / 12,0 / 1,7 / 12,2
11 Mo	0 41 / 6 12 / 13 01 / 18 30	2,5 / 11,4 / 2,5 / 11,6	26 Di ●	1 10 / 6 33 / 13 33 / 18 54	1,5 / 12,4 / 1,4 / 12,4
12 Di ○	1 19 / 6 46 / 13 38 / 19 05	2,2 / 11,7 / 2,2 / 11,8	27 Mi	1 56 / 7 16 / 14 17 / 19 37	1,4 / 12,5 / 1,4 / 12,4
13 Mi	1 55 / 7 19 / 14 14 / 19 38	2,0 / 11,9 / 2,1 / 11,9	28 Do	2 37 / 7 56 / 14 57 / 20 17	1,5 / 12,4 / 1,5 / 12,2
14 Do	2 29 / 7 51 / 14 48 / 20 11	2,0 / 12,0 / 2,1 / 11,8	29 Fr	3 13 / 8 33 / 15 33 / 20 55	1,8 / 12,1 / 1,9 / 11,7
15 Fr	3 03 / 8 23 / 15 22 / 20 45	2,1 / 11,9 / 2,2 / 11,6	30 Sa	3 46 / 9 08 / 16 08 / 21 31	2,3 / 11,7 / 2,4 / 11,1

Dezember

Tag	Zeit	Höhe	Tag	Zeit	Höhe
1 So	4 19 / 9 46 / 16 42 / 22 08	2,9 / 11,0 / 3,0 / 10,4	16 Mo	4 09 / 9 34 / 16 37 / 22 05	2,4 / 11,6 / 2,4 / 11,1
2 Mo	4 52 / 10 23 / 17 18 / 22 48	3,6 / 10,3 / 3,7 / 9,7	17 Di	4 53 / 10 21 / 17 24 / 22 55	2,8 / 11,2 / 2,8 / 10,6
3 Di	5 29 / 11 07 / 18 00 / 23 36	4,3 / 9,6 / 4,3 / 9,1	18 Mi	5 42 / 11 14 / 18 17 / 23 53	3,2 / 10,7 / 3,2 / 10,1
4 Mi ☽	6 17 / 12 04 / 18 55	4,8 / 9,0 / 4,7	19 Do ☾	6 40 / 12 16 / 19 19	3,6 / 10,2 / 3,5
5 Do	0 42 / 7 22 / 13 21 / 20 05	8,7 / 5,1 / 8,8 / 4,8	20 Fr	1 01 / 7 48 / 13 28 / 20 29	9,8 / 3,8 / 10,0 / 3,6
6 Fr	2 03 / 8 44 / 14 39 / 21 20	8,7 / 5,1 / 8,9 / 4,6	21 Sa	2 16 / 9 02 / 14 44 / 21 42	9,9 / 3,7 / 10,1 / 3,4
7 Sa	3 14 / 9 56 / 15 41 / 22 23	9,1 / 4,6 / 9,4 / 4,1	22 So	3 27 / 10 10 / 15 53 / 22 50	10,2 / 3,3 / 10,5 / 3,0
8 So	4 08 / 10 52 / 16 32 / 23 15	9,7 / 4,0 / 10,0 / 3,5	23 Mo	4 30 / 11 20 / 16 54 / 23 52	10,7 / 2,8 / 10,9 / 2,6
9 Mo	4 54 / 11 40 / 17 16	10,3 / 3,4 / 10,6	24 Di	5 24 / 12 18 / 17 48	11,1 / 2,4 / 11,3
10 Di	0 01 / 5 36 / 12 25 / 17 58	3,0 / 10,9 / 2,9 / 11,0	25 Mi	0 45 / 6 13 / 13 10 / 18 37	2,3 / 11,4 / 2,1 / 11,6
11 Mi	0 45 / 6 16 / 13 08 / 18 38	2,5 / 11,4 / 2,5 / 11,4	26 Do ●	1 33 / 6 58 / 13 56 / 19 22	2,1 / 11,9 / 1,9 / 11,7
12 Do ○	1 27 / 6 54 / 13 50 / 19 17	2,2 / 11,7 / 2,2 / 11,6	27 Fr	2 15 / 7 39 / 14 37 / 20 02	2,1 / 12,0 / 1,9 / 11,7
13 Fr	2 07 / 7 32 / 14 31 / 19 56	2,1 / 11,9 / 2,0 / 11,7	28 Sa	2 52 / 8 18 / 15 14 / 20 40	2,1 / 11,9 / 2,0 / 11,5
14 Sa	2 48 / 8 10 / 15 12 / 20 37	2,0 / 12,0 / 2,0 / 11,7	29 So	3 27 / 8 54 / 15 50 / 21 16	2,3 / 11,7 / 2,2 / 11,2
15 So	3 28 / 8 47 / 15 53 / 21 19	2,1 / 11,9 / 2,1 / 11,5	30 Mo	4 01 / 9 29 / 16 24 / 21 50	2,7 / 11,3 / 2,6 / 10,8
			31 Di	4 34 / 10 04 / 16 57 / 22 24	3,1 / 10,8 / 3,1 / 10,3

● Neumond ☽ erstes Viertel ○ Vollmond ☾ letztes Viertel

UTC+ 1h00min (MEZ)   Höhen sind auf SKN bezogen

Mittlere Tidenkurven | 93

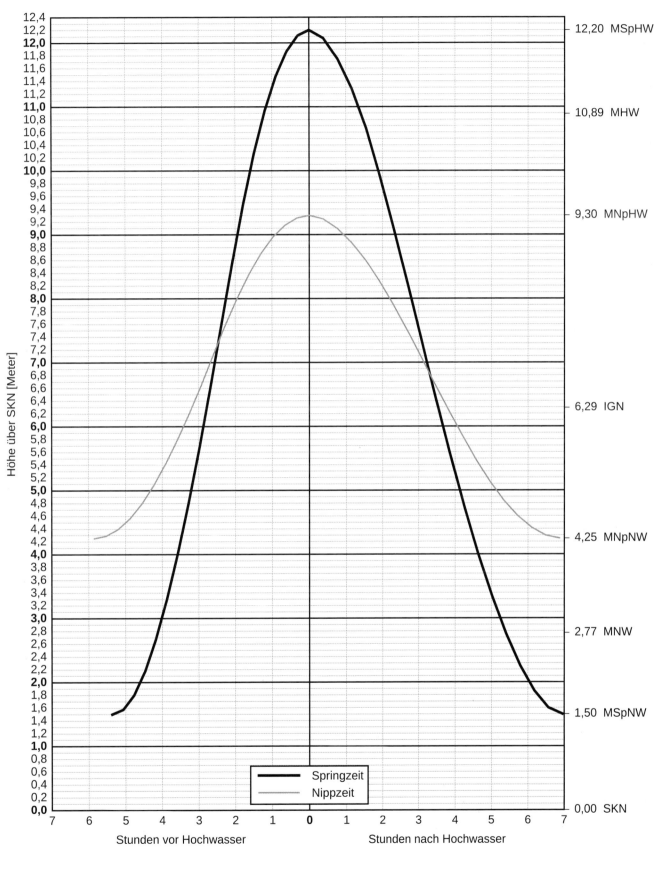

Brest 2019

Breite: 48° 23' N, Länge: 4° 30' W

Zeiten (Stunden und Minuten) und Höhen (Meter) der Hoch- und Niedrigwasser

Januar

Tag	Zeit	Höhe	Tag	Zeit	Höhe
1 Di	1 02 / 7 22 / 13 33 / 19 58	5,9 / 2,4 / 6,0 / 2,3	16 Mi	6 16 / 12 27 / 18 52	2,8 / 5,6 / 2,6
2 Mi	2 05 / 8 26 / 14 33 / 20 55	6,0 / 2,2 / 6,1 / 2,1	17 Do	1 03 / 7 28 / 13 37 / 19 58	5,6 / 2,6 / 5,8 / 2,3
3 Do	2 59 / 9 21 / 15 24 / 21 45	6,3 / 2,0 / 6,3 / 1,9	18 Fr	2 08 / 8 33 / 14 40 / 20 59	6,0 / 2,2 / 6,2 / 2,0
4 Fr	3 46 / 10 08 / 16 08 / 22 28	6,5 / 1,8 / 6,4 / 1,8	19 Sa	3 06 / 9 31 / 15 37 / 21 53	6,4 / 1,7 / 6,6 / 1,5
5 Sa	4 28 / 10 49 / 16 47 / 23 07	6,6 / 1,7 / 6,5 / 1,7	20 So	4 00 / 10 24 / 16 28 / 22 44	6,9 / 1,3 / 7,0 / 1,2
6 So ●	5 06 / 11 27 / 17 23 / 23 43	6,8 / 1,6 / 6,5 / 1,7	21 Mo ○	4 50 / 11 14 / 17 18 / 23 34	7,2 / 0,9 / 7,3 / 0,9
7 Mo	5 41 / 12 02 / 17 57	6,8 / 1,6 / 6,5	22 Di	5 39 / 12 03 / 18 05	7,5 / 0,7 / 7,4
8 Di	0 18 / 6 15 / 12 37 / 18 30	1,7 / 6,8 / 1,6 / 6,5	23 Mi	0 22 / 6 26 / 12 51 / 18 52	0,8 / 7,6 / 0,6 / 7,4
9 Mi	0 52 / 6 48 / 13 10 / 19 03	1,8 / 6,7 / 1,7 / 6,3	24 Do	1 09 / 7 13 / 13 38 / 19 39	0,8 / 7,6 / 0,7 / 7,2
10 Do	1 26 / 7 22 / 13 44 / 19 37	1,9 / 6,5 / 1,9 / 6,2	25 Fr	1 57 / 7 59 / 14 26 / 20 26	1,0 / 7,3 / 1,0 / 6,9
11 Fr	2 00 / 7 56 / 14 19 / 20 12	2,1 / 6,3 / 2,1 / 6,0	26 Sa	2 45 / 8 47 / 15 15 / 21 15	1,3 / 6,9 / 1,5 / 6,5
12 Sa	2 36 / 8 33 / 14 58 / 20 52	2,3 / 6,1 / 2,3 / 5,7	27 So ☾	3 35 / 9 37 / 16 08 / 22 08	1,7 / 6,4 / 1,9 / 6,0
13 So	3 17 / 9 16 / 15 42 / 21 41	2,5 / 5,9 / 2,5 / 5,6	28 Mo	4 30 / 10 33 / 17 06 / 23 09	2,2 / 6,0 / 2,3 / 5,7
14 Mo ☽	4 06 / 10 09 / 16 36 / 22 42	2,7 / 5,6 / 2,7 / 5,4	29 Di	5 33 / 11 41 / 18 13	2,5 / 5,6 / 2,6
15 Di	5 05 / 11 15 / 17 41 / 23 52	2,8 / 5,5 / 2,7 / 5,4	30 Mi	0 22 / 6 45 / 12 58 / 19 26	5,6 / 2,7 / 5,5 / 2,7
			31 Do	1 36 / 7 59 / 14 11 / 20 33	5,6 / 2,6 / 5,6 / 2,5

Februar

Tag	Zeit	Höhe	Tag	Zeit	Höhe
1 Fr	2 39 / 9 03 / 15 09 / 21 28	5,9 / 2,4 / 5,9 / 2,3	16 Sa	1 38 / 8 06 / 14 20 / 20 37	5,8 / 2,4 / 6,0 / 2,1
2 Sa	3 30 / 9 53 / 15 55 / 22 13	6,2 / 2,1 / 6,1 / 2,0	17 So	2 48 / 9 14 / 15 24 / 21 37	6,3 / 1,8 / 6,5 / 1,6
3 So	4 13 / 10 35 / 16 34 / 22 52	6,4 / 1,9 / 6,3 / 1,8	18 Mo	3 46 / 10 10 / 16 17 / 22 31	6,8 / 1,2 / 7,0 / 1,1
4 Mo ●	4 50 / 11 11 / 17 08 / 23 27	6,6 / 1,7 / 6,5 / 1,7	19 Di ○	4 38 / 11 01 / 17 05 / 23 20	7,3 / 0,8 / 7,3 / 0,8
5 Di	5 25 / 11 45 / 17 40	6,8 / 1,5 / 6,6	20 Mi	5 26 / 11 49 / 17 51	7,6 / 0,5 / 7,6
6 Mi	0 00 / 5 57 / 12 17 / 18 11	1,6 / 6,8 / 1,5 / 6,6	21 Do	0 08 / 6 12 / 12 35 / 18 35	0,5 / 7,8 / 0,4 / 7,6
7 Do	0 32 / 6 28 / 12 48 / 18 42	1,6 / 6,8 / 1,5 / 6,6	22 Fr	0 53 / 6 56 / 13 20 / 19 18	0,5 / 7,7 / 0,5 / 7,4
8 Fr	1 03 / 7 00 / 13 20 / 19 12	1,6 / 6,8 / 1,6 / 6,5	23 Sa	1 37 / 7 38 / 14 03 / 20 00	0,7 / 7,5 / 0,9 / 7,0
9 Sa	1 35 / 7 31 / 13 52 / 19 44	1,7 / 6,6 / 1,7 / 6,3	24 So	2 21 / 8 20 / 14 47 / 20 42	1,1 / 7,0 / 1,4 / 6,6
10 So	2 08 / 8 03 / 14 26 / 20 18	1,9 / 6,4 / 1,9 / 6,1	25 Mo	3 06 / 9 03 / 15 33 / 21 28	1,6 / 6,5 / 1,9 / 6,1
11 Mo	2 44 / 8 40 / 15 05 / 20 59	2,1 / 6,2 / 2,2 / 5,9	26 Di ☾	3 55 / 9 51 / 16 25 / 22 24	2,1 / 5,9 / 2,5 / 5,6
12 Di	3 27 / 9 25 / 15 52 / 21 51	2,4 / 5,9 / 2,5 / 5,6	27 Mi	4 52 / 10 54 / 17 29 / 23 37	2,6 / 5,4 / 2,9 / 5,4
13 Mi	4 19 / 10 23 / 16 51 / 22 59	2,6 / 5,6 / 2,7 / 5,5	28 Do	6 04 / 12 19 / 18 50	2,9 / 5,2 / 3,0
14 Do	5 26 / 11 39 / 18 05	2,8 / 5,5 / 2,7			
15 Fr	0 18 / 6 46 / 13 03 / 19 25	5,5 / 2,7 / 5,6 / 2,5			

März

Tag	Zeit	Höhe	Tag	Zeit	Höhe
1 Fr	1 04 / 7 29 / 13 49 / 20 10	5,3 / 2,9 / 5,3 / 2,8	16 Sa	6 19 / 12 41 / 19 01	2,7 / 5,5 / 2,7
2 Sa	2 17 / 8 42 / 14 53 / 21 09	5,6 / 2,6 / 5,6 / 2,5	17 So	1 17 / 7 48 / 14 09 / 20 20	5,7 / 2,4 / 5,9 / 2,2
3 So	3 11 / 9 33 / 15 39 / 21 54	5,9 / 2,3 / 5,9 / 2,2	18 Mo	2 32 / 8 58 / 15 10 / 21 22	6,2 / 1,8 / 6,4 / 1,6
4 Mo	3 53 / 10 14 / 16 16 / 22 31	6,2 / 1,9 / 6,2 / 1,9	19 Di	3 31 / 9 55 / 16 01 / 22 15	6,8 / 1,2 / 7,0 / 1,1
5 Di	4 30 / 10 51 / 16 48 / 23 05	6,5 / 1,7 / 6,5 / 1,7	20 Mi	4 22 / 10 45 / 16 48 / 23 03	7,3 / 0,7 / 7,4 / 0,7
6 Mi ●	5 03 / 11 22 / 17 19 / 23 37	6,7 / 1,5 / 6,6 / 1,5	21 Do ○	5 08 / 11 31 / 17 32 / 23 49	7,6 / 0,4 / 7,6 / 0,5
7 Do	5 34 / 11 53 / 17 48	6,9 / 1,4 / 6,7	22 Fr	5 52 / 12 15 / 18 13	7,8 / 0,4 / 7,6
8 Fr	0 08 / 6 05 / 12 24 / 18 18	1,4 / 6,9 / 1,3 / 6,8	23 Sa	0 32 / 6 34 / 12 57 / 18 53	0,5 / 7,7 / 0,6 / 7,4
9 Sa	0 39 / 6 35 / 12 54 / 18 47	1,4 / 6,9 / 1,4 / 6,7	24 So	1 14 / 7 13 / 13 37 / 19 31	0,7 / 7,4 / 0,9 / 7,1
10 So	1 10 / 7 05 / 13 25 / 19 17	1,5 / 6,8 / 1,5 / 6,6	25 Mo	1 55 / 7 51 / 14 17 / 20 10	1,1 / 6,9 / 1,4 / 6,6
11 Mo	1 42 / 7 37 / 13 58 / 19 50	1,6 / 6,6 / 1,7 / 6,4	26 Di	2 37 / 8 30 / 14 58 / 20 51	1,6 / 6,4 / 2,0 / 6,1
12 Di	2 18 / 8 12 / 14 36 / 20 28	1,9 / 6,3 / 2,0 / 6,1	27 Mi	3 22 / 9 13 / 15 46 / 21 42	2,1 / 5,8 / 2,6 / 5,6
13 Mi	2 59 / 8 55 / 15 21 / 21 17	2,2 / 6,0 / 2,3 / 5,8	28 Do ☾	4 15 / 10 10 / 16 46 / 22 53	2,6 / 5,3 / 3,0 / 5,3
14 Do ☽	3 50 / 9 51 / 16 18 / 22 23	2,5 / 5,6 / 2,6 / 5,5	29 Fr	5 23 / 11 35 / 18 08	3,0 / 5,0 / 3,2
15 Fr	4 55 / 11 08 / 17 33 / 23 48	2,7 / 5,4 / 2,8 / 5,4	30 Sa	0 23 / 6 45 / 13 15 / 19 37	5,2 / 3,0 / 5,1 / 3,0
			31 So	1 44 / 8 08 / 14 26 / 20 40	5,4 / 2,8 / 5,4 / 2,7

April

Tag	Zeit	Höhe	Tag	Zeit	Höhe
1 Mo	2 41 / 9 03 / 15 11 / 21 25	5,7 / 2,4 / 5,8 / 2,3	16 Di	2 14 / 8 40 / 14 51 / 21 04	6,2 / 1,7 / 6,4 / 1,6
2 Di	3 23 / 9 44 / 15 48 / 22 02	6,1 / 2,1 / 6,1 / 2,0	17 Mi	3 12 / 9 35 / 15 41 / 21 56	6,8 / 1,2 / 6,9 / 1,2
3 Mi	4 00 / 10 20 / 16 20 / 22 36	6,4 / 1,8 / 6,4 / 1,7	18 Do	4 01 / 10 24 / 16 27 / 22 43	7,2 / 0,9 / 7,3 / 0,8
4 Do	4 34 / 10 53 / 16 51 / 23 09	6,7 / 1,5 / 6,6 / 1,5	19 Fr ○	4 47 / 11 09 / 17 09 / 23 27	7,4 / 0,7 / 7,4 / 0,7
5 Fr ●	5 06 / 11 25 / 17 21 / 23 41	6,8 / 1,3 / 6,8 / 1,4	20 Sa	5 29 / 11 52 / 17 49	7,5 / 0,7 / 7,4
6 Sa	5 38 / 11 56 / 17 51	6,9 / 1,3 / 6,9	21 So	0 10 / 6 09 / 12 32 / 18 27	0,7 / 7,4 / 0,9 / 7,3
7 So	0 13 / 6 09 / 12 28 / 18 21	1,3 / 7,0 / 1,3 / 6,9	22 Mo	0 50 / 6 47 / 13 10 / 19 04	0,9 / 7,1 / 1,2 / 7,0
8 Mo	0 45 / 6 41 / 13 00 / 18 53	1,3 / 6,9 / 1,4 / 6,8	23 Di	1 30 / 7 24 / 13 49 / 19 41	1,3 / 6,7 / 1,6 / 6,6
9 Di	1 19 / 7 15 / 13 35 / 19 28	1,5 / 6,7 / 1,6 / 6,6	24 Mi	2 10 / 8 01 / 14 28 / 20 21	1,7 / 6,2 / 2,1 / 6,1
10 Mi	1 57 / 7 53 / 14 15 / 20 08	1,7 / 6,4 / 1,9 / 6,3	25 Do	2 53 / 8 43 / 15 12 / 21 08	2,2 / 5,8 / 2,6 / 5,7
11 Do	2 41 / 8 38 / 15 01 / 20 58	2,0 / 6,0 / 2,3 / 5,9	26 Fr	3 42 / 9 35 / 16 07 / 22 11	2,6 / 5,3 / 3,0 / 5,3
12 Fr ☽	3 34 / 9 36 / 16 00 / 22 06	2,3 / 5,7 / 2,6 / 5,6	27 Sa	4 43 / 10 49 / 17 19 / 23 31	2,9 / 5,0 / 3,2 / 5,2
13 Sa	4 40 / 10 55 / 17 16 / 23 32	2,6 / 5,4 / 2,8 / 5,5	28 So	5 58 / 12 18 / 18 43	3,0 / 5,0 / 3,1
14 So	6 05 / 12 27 / 18 45	2,6 / 5,5 / 2,6	29 Mo	0 52 / 7 15 / 13 37 / 19 53	5,3 / 2,9 / 5,2 / 2,9
15 Mo	1 02 / 7 31 / 13 51 / 20 03	5,8 / 2,3 / 5,9 / 2,2	30 Di	1 54 / 8 16 / 14 28 / 20 43	5,6 / 2,6 / 5,6 / 2,5

● Neumond　☽ erstes Viertel　○ Vollmond　☾ letztes Viertel

UTC+ 1h00min (MEZ)　　Höhen sind auf SKN bezogen

Gezeitenvorausberechnungen

Brest 2019

Breite: 48° 23' N, Länge: 4° 30' W

Zeiten (Stunden und Minuten) und Höhen (Meter) der Hoch- und Niedrigwasser

	Mai					Juni					Juli					August			
	Zeit	Höhe		Zeit	Höhe		Zeit	Höhe		Zeit	Höhe		Zeit	Höhe		Zeit	Höhe		Zeit	Höhe
1 Mi	2 42 9 02 15 08 21 24	5,9 2,2 6,0 2,1	**16** Do	2 48 9 12 15 17 21 33	6,6 1,4 6,7 1,4	**1** Sa	3 21 9 40 15 43 22 03	6,3 1,8 6,4 1,7	**16** So	4 03 10 25 16 25 22 46	6,5 1,5 6,7 1,5	**1** Mo	3 33 9 51 15 55 22 19	6,3 1,8 6,5 1,6	**16** Di ○	4 32 10 51 16 50 23 13	6,3 1,8 6,6 1,6	**1** Do ●	4 53 11 09 17 14 23 39	6,9 1,2 7,2 0,9	**16** Fr	5 28 11 46 17 43	6,5 1,7 6,7
2 Do	3 22 9 41 15 44 22 01	6,2 1,9 6,3 1,8	**17** Fr	3 38 10 01 16 03 22 21	6,9 1,2 7,0 1,2	**2** So	4 02 10 21 16 21 22 44	6,5 1,6 6,6 1,5	**17** Mo ○	4 46 11 07 17 06 23 28	6,6 1,5 6,8 1,4	**2** Di ●	4 20 10 38 16 40 23 05	6,6 1,5 6,8 1,3	**17** Mi	5 11 11 30 17 29 23 50	6,4 1,7 6,6 1,6	**2** Fr	5 41 11 57 18 01	7,1 0,9 7,4	**17** Sa	0 04 5 59 12 18 18 14	1,5 6,5 1,6 6,8
3 Fr	4 00 10 18 16 18 22 37	6,5 1,6 6,6 1,6	**18** Sa ○	4 24 10 46 16 46 23 05	7,0 1,1 7,1 1,1	**3** Mo ●	4 43 11 01 17 00 23 24	6,7 1,4 6,8 1,3	**18** Di	5 26 11 47 17 44	6,6 1,6 6,8	**3** Mi	5 07 11 24 17 26 23 52	6,8 1,3 7,0 1,1	**18** Do	5 47 12 07 18 04	6,4 1,7 6,7	**3** Sa	0 26 6 28 12 44 18 48	0,7 7,2 0,9 7,5	**18** So	0 35 6 29 12 50 18 45	1,5 6,5 1,7 6,7
4 Sa ●	4 35 10 53 16 51 23 12	6,7 1,4 6,8 1,4	**19** So	5 06 11 28 17 25 23 47	7,0 1,1 7,1 1,1	**4** Di	5 23 11 41 17 40	6,8 1,3 6,9	**19** Mi	0 08 6 04 12 25 18 21	1,5 6,5 1,7 6,7	**4** Do	5 53 12 10 18 12	6,9 1,2 7,1	**19** Fr	0 26 6 21 12 41 18 38	1,6 6,4 1,8 6,6	**4** So	1 13 7 14 13 31 19 34	0,7 7,2 0,9 7,3	**19** Mo	1 06 6 58 13 20 19 15	1,6 6,4 1,8 6,6
5 So	5 09 11 28 17 24 23 47	6,9 1,3 6,9 1,3	**20** Mo	5 46 12 08 18 03	6,9 1,2 7,0	**5** Mi	0 06 6 05 12 23 18 21	1,3 6,8 1,3 6,9	**20** Do	0 46 6 40 13 02 18 58	1,6 6,3 1,8 6,5	**5** Fr	0 39 6 41 12 57 19 00	1,0 6,9 1,2 7,0	**20** Sa	1 00 6 54 13 15 19 11	1,7 6,3 1,9 6,5	**5** Mo	2 00 8 00 14 19 20 21	0,9 6,9 1,2 7,0	**20** Di	1 37 7 28 13 52 19 46	1,7 6,3 1,9 6,4
6 Mo	5 44 12 03 17 58	6,9 1,3 6,9	**21** Di	0 27 6 23 12 46 18 40	1,2 6,7 1,5 6,8	**6** Do	0 49 6 49 13 07 19 06	1,3 6,7 1,4 6,8	**21** Fr	1 23 7 16 13 39 19 35	1,8 6,1 2,0 6,3	**6** Sa	1 27 7 29 13 45 19 49	1,0 6,8 1,3 7,0	**21** So	1 34 7 27 13 49 19 45	1,8 6,1 2,0 6,3	**6** Di	2 48 8 48 15 08 21 09	1,2 6,6 1,5 6,6	**21** Mi	2 09 8 00 14 26 20 20	1,9 6,1 2,2 6,1
7 Di	0 23 6 20 12 39 18 34	1,3 6,9 1,4 6,9	**22** Mi	1 06 7 00 13 24 19 17	1,5 6,5 1,8 6,5	**7** Fr	1 36 7 37 13 54 19 55	1,4 6,6 1,6 6,6	**22** Sa	2 01 7 53 14 17 20 13	2,0 5,9 2,3 6,0	**7** So	2 17 8 19 14 36 20 40	1,2 6,6 1,5 6,7	**22** Mo	2 08 8 00 14 24 20 20	2,0 6,0 2,2 6,1	**7** Mi ☽	3 38 9 38 16 01 22 02	1,6 6,2 1,9 6,2	**22** Do	2 44 8 37 15 04 21 01	2,2 5,9 2,4 5,8
8 Mi	1 02 6 59 13 18 19 13	1,4 6,7 1,5 6,7	**23** Do	1 46 7 38 14 02 19 56	1,8 6,1 2,1 6,2	**8** Sa	2 26 8 29 14 46 20 50	1,6 6,3 1,9 6,4	**23** So	2 40 8 33 14 57 20 55	2,2 5,7 2,5 5,8	**8** Mo	3 09 9 12 15 30 21 35	1,4 6,4 1,8 6,4	**23** Di	2 44 8 37 15 01 20 59	2,2 5,8 2,4 5,9	**8** Do	4 34 10 36 17 00 23 05	2,1 5,9 2,3 5,8	**23** Fr ☾	3 27 9 23 15 53 21 53	2,5 5,6 2,7 5,5
9 Do	1 44 7 42 14 02 19 58	1,6 6,4 1,8 6,4	**24** Fr	2 27 8 18 14 44 20 40	2,1 5,8 2,5 5,8	**9** So	3 22 9 28 15 44 21 53	1,8 6,0 2,1 6,1	**24** Mo	3 22 9 18 15 43 21 45	2,5 5,4 2,7 5,6	**9** Di ☽	4 05 10 09 16 28 22 35	1,7 6,1 2,0 6,1	**24** Mi	3 24 9 19 15 45 21 45	2,4 5,6 2,6 5,6	**9** Fr	5 37 11 44 18 09	2,5 5,6 2,5	**24** Sa	4 20 10 25 16 55 23 05	2,7 5,4 2,9 5,3
10 Fr	2 32 8 32 14 52 20 53	1,9 6,1 2,1 6,1	**25** Sa	3 11 9 04 15 31 21 33	2,5 5,4 2,8 5,5	**10** Mo ☽	4 24 10 33 16 51 23 02	2,0 5,9 2,3 6,0	**25** Di ☾	4 11 10 12 16 38 22 43	2,7 5,3 2,9 5,4	**10** Mi	5 06 11 11 17 33 23 41	2,0 5,9 2,2 5,9	**25** Do ☾	4 11 10 13 16 39 22 44	2,6 5,4 2,8 5,4	**10** Sa	0 19 6 48 13 01 19 25	5,5 2,6 5,6 2,6	**25** So	5 30 11 44 18 13	2,9 5,4 2,9
11 Sa	3 27 9 33 15 52 22 01	2,1 5,8 2,4 5,8	**26** So ☾	4 02 10 02 16 30 22 37	2,7 5,2 3,0 5,3	**11** Di	5 33 11 44 18 02	2,1 5,8 2,3	**26** Mi	5 08 11 17 17 41 23 48	2,8 5,2 2,9 5,4	**11** Do	6 11 12 19 18 41	2,2 5,8 2,3	**26** Fr	5 09 11 18 17 44 23 54	2,7 5,3 2,9 5,4	**11** So	1 38 8 01 14 11 20 35	5,5 2,6 5,8 2,4	**26** Mo	0 29 6 50 13 05 19 35	5,4 2,8 5,6 2,6
12 So ☽	4 34 10 47 17 05 23 20	2,3 5,6 2,6 5,7	**27** Mo	5 04 11 14 17 40 23 47	2,9 5,1 3,1 5,3	**12** Mi	0 13 6 43 12 54 19 12	6,0 2,1 5,9 2,2	**27** Do	6 11 12 22 18 46	2,7 5,3 2,8	**12** Fr	0 50 7 18 13 27 19 49	5,8 2,3 5,9 2,2	**27** Sa	6 17 12 29 18 56	2,7 5,4 2,7	**12** Mo	2 44 9 04 15 08 21 31	5,7 2,4 6,0 2,1	**27** Di	1 48 8 06 14 18 20 45	5,7 2,4 6,0 2,1
13 Mo	5 52 12 10 18 27	2,4 5,7 2,5	**28** Di	6 11 12 26 18 49	2,9 5,2 2,9	**13** Do	1 21 7 48 13 57 20 15	6,1 1,9 6,1 1,9	**28** Fr	0 51 7 14 13 23 19 47	5,5 2,6 5,6 2,6	**13** Sa	1 57 8 22 14 29 20 51	5,9 2,2 6,0 2,1	**28** So	1 05 7 27 13 37 20 04	5,5 2,6 5,7 2,5	**13** Di	3 36 9 54 15 55 22 17	6,0 2,1 6,3 1,9	**28** Mi	2 55 9 09 15 18 21 43	6,2 1,9 6,5 1,5
14 Di	0 41 7 10 13 26 19 40	5,9 2,1 6,0 2,1	**29** Mi	0 53 7 15 13 28 19 48	5,4 2,7 5,4 2,7	**14** Fr	2 22 8 46 14 51 21 11	6,3 1,8 6,4 1,7	**29** Sa	1 50 8 11 14 18 20 42	5,7 2,3 5,9 2,3	**14** So	2 57 9 18 15 22 21 45	6,0 2,0 6,2 1,9	**29** Mo	2 11 8 30 14 39 21 05	5,8 2,3 6,0 2,1	**14** Mi	4 19 10 36 16 35 22 57	6,2 1,9 6,5 1,7	**29** Do	3 50 10 03 16 10 22 35	6,7 1,4 7,0 1,0
15 Mi	1 50 8 16 14 26 20 41	6,2 1,8 6,3 1,7	**30** Do	1 50 8 10 14 19 20 38	5,7 2,4 5,7 2,4	**15** Sa	3 15 9 38 15 40 22 01	6,4 1,6 6,6 1,5	**30** So	2 43 9 03 15 08 21 32	6,0 2,0 6,2 1,9	**15** Mo	3 47 10 08 16 09 22 31	6,2 1,7 6,4 1,7	**30** Di	3 10 9 27 15 34 21 59	6,2 1,9 6,5 1,6	**15** Do ○	4 55 11 13 17 10 23 31	6,3 1,8 6,7 1,6	**30** Fr ●	4 39 10 53 16 59 23 23	7,1 1,0 7,5 0,6
			31 Fr	2 38 8 57 15 02 21 22	6,0 2,1 6,1 2,0										**31** Mi	4 04 10 19 16 25 22 50	6,6 1,5 6,9 1,2				**31** Sa	5 25 11 41 17 45	7,4 0,7 7,7

● Neumond ☽ erstes Viertel ○ Vollmond ☾ letztes Viertel

UTC+ 1h00min (MEZ)   Höhen sind auf SKN bezogen

Brest 2019

Breite: 48° 23' N, Länge: 4° 30' W

Zeiten (Stunden und Minuten) und Höhen (Meter) der Hoch- und Niedrigwasser

September

Tag	Zeit	Höhe	Tag	Zeit	Höhe
1 So	0 09 6 10 12 27 18 30	0,4 7,5 0,6 7,7	**16** Mo	0 08 6 02 12 22 18 17	1,4 6,7 1,5 6,9
2 Mo	0 54 6 53 13 12 19 13	0,5 7,4 0,7 7,6	**17** Di	0 37 6 30 12 52 18 47	1,5 6,7 1,6 6,8
3 Di	1 38 7 36 13 56 19 56	0,7 7,2 1,0 7,2	**18** Mi	1 07 6 58 13 23 19 17	1,6 6,6 1,8 6,6
4 Mi	2 22 8 19 14 42 20 40	1,2 6,8 1,4 6,7	**19** Do	1 38 7 29 13 56 19 49	1,8 6,4 2,0 6,3
5 Do	3 08 9 05 15 31 21 28	1,7 6,3 2,0 6,1	**20** Fr	2 13 8 04 14 34 20 29	2,1 6,1 2,3 6,0
6 Fr	3 59 9 59 16 28 22 29	2,3 5,8 2,5 5,6	**21** Sa	2 55 8 48 15 22 21 20	2,4 5,8 2,6 5,6
7 Sa	5 01 11 09 17 39 23 50	2,7 5,5 2,8 5,2	**22** So	3 47 9 49 16 24 22 34	2,7 5,5 2,9 5,3
8 So	6 20 12 36 19 02	3,0 5,4 2,8	**23** Mo	4 57 11 13 17 45	2,9 5,4 2,9
9 Mo	1 21 7 43 13 53 20 19	5,3 2,9 5,6 2,6	**24** Di	0 06 6 24 12 44 19 15	5,3 2,9 5,6 2,6
10 Di	2 31 8 47 14 51 21 14	5,6 2,5 6,0 2,3	**25** Mi	1 33 7 47 14 01 20 28	5,7 2,5 6,1 2,1
11 Mi	3 21 9 36 15 36 21 58	5,9 2,2 6,3 2,0	**26** Do	2 41 8 52 15 01 21 26	6,3 1,9 6,7 1,4
12 Do	4 00 10 15 16 13 22 35	6,2 1,9 6,5 1,7	**27** Fr	3 33 9 46 15 53 22 16	6,8 1,3 7,2 0,9
13 Fr	4 34 10 50 16 47 23 07	6,4 1,7 6,7 1,5	**28** Sa	4 21 10 35 16 40 23 03 ●	7,3 0,9 7,6 0,5
14 Sa ○	5 04 11 22 17 18 23 38	6,6 1,6 6,9 1,4	**29** So	5 05 11 21 17 25 23 48	7,6 0,6 7,8 0,4
15 So	5 33 11 52 17 48	6,7 1,5 6,9	**30** Mo	5 48 12 06 18 07	7,7 0,5 7,8

Oktober

Tag	Zeit	Höhe	Tag	Zeit	Höhe
1 Di	0 31 6 29 12 49 18 49	0,5 7,6 0,7 7,6	**16** Mi	0 10 6 03 12 26 18 21	1,4 6,9 1,5 6,9
2 Mi	1 13 7 09 13 32 19 29	0,8 7,3 1,0 7,1	**17** Do	0 41 6 33 12 59 18 53	1,6 6,8 1,7 6,7
3 Do	1 55 7 49 14 16 20 11	1,3 6,8 1,5 6,6	**18** Fr	1 14 7 05 13 34 19 28	1,8 6,6 1,9 6,4
4 Fr	2 38 8 33 15 03 20 56	1,9 6,3 2,1 6,0	**19** Sa	1 50 7 42 14 15 20 09	2,0 6,3 2,2 6,0
5 Sa)	3 27 9 24 15 57 21 55	2,5 5,8 2,6 5,4	**20** So	2 34 8 27 15 04 21 04	2,4 6,0 2,5 5,5
6 So	4 27 10 35 17 07 23 18	3,0 5,4 3,0 5,1	**21** Mo ☾	3 28 9 31 16 08 22 20	2,7 5,7 2,8 5,4
7 Mo	5 47 12 05 18 32	3,2 5,3 3,0	**22** Di	4 39 10 56 17 29 23 51	2,9 5,5 2,8 5,4
8 Di	0 55 7 16 13 26 19 51	5,2 3,1 5,5 2,8	**23** Mi	6 06 12 27 18 58	2,9 5,7 2,5
9 Mi	2 07 8 21 14 24 20 46	5,5 2,7 5,9 2,4	**24** Do	1 17 7 29 13 42 20 08	5,8 2,4 6,2 2,0
10 Do	2 55 9 08 15 07 21 29	5,9 2,3 6,2 2,1	**25** Fr	2 20 8 33 14 41 21 05	6,4 1,9 6,7 1,4
11 Fr	3 32 9 47 15 44 22 05	6,2 2,0 6,5 1,8	**26** Sa	3 12 9 26 15 32 21 55	6,9 1,3 7,2 1,0
12 Sa	4 05 10 21 16 18 22 37	6,5 1,8 6,7 1,6	**27** So	3 59 10 15 16 19 22 42	7,3 0,9 7,6 0,7
13 So ○	4 36 10 53 16 49 23 09	6,7 1,6 6,9 1,5	**28** Mo ●	4 43 11 01 17 03 23 26	7,5 0,7 7,7 0,6
14 Mo	5 05 11 24 17 20 23 39	6,8 1,5 7,0 1,4	**29** Di	5 25 11 45 17 45	7,6 0,7 7,6
15 Di	5 34 11 55 17 50	6,9 1,5 7,0	**30** Mi	0 08 6 05 12 27 18 25	0,8 7,5 0,9 7,3
			31 Do	0 49 6 45 13 09 19 05	1,1 7,2 1,2 6,9

November

Tag	Zeit	Höhe	Tag	Zeit	Höhe
1 Fr	1 30 7 24 13 52 19 45	1,5 6,8 1,6 6,4	**16** Sa	0 56 6 51 13 20 19 17	1,7 6,7 1,8 6,5
2 Sa	2 12 8 06 14 37 20 29	2,0 6,4 2,1 5,9	**17** So	1 37 7 32 14 05 20 03	1,9 6,5 2,0 6,2
3 So	2 57 8 54 15 28 21 23	2,5 5,9 2,6 5,5	**18** Mo	2 24 8 22 14 57 21 00	2,2 6,2 2,3 5,9
4 Mo)	3 52 9 57 16 30 22 38	3,0 5,5 2,9 5,1	**19** Di ☾	3 19 9 24 15 59 22 11	2,5 5,9 2,5 5,6
5 Di	5 04 11 18 17 47	3,2 5,3 3,1	**20** Mi	4 27 10 41 17 15 23 31	2,7 5,8 2,5 5,6
6 Mi	0 06 6 27 12 39 19 04	5,1 3,2 5,4 2,9	**21** Do	5 46 12 03 18 34	2,7 5,9 2,3
7 Do	1 21 7 37 13 41 20 03	5,4 2,9 5,7 2,6	**22** Fr	0 50 7 03 13 16 19 43	5,9 2,4 6,2 2,0
8 Fr	2 14 8 29 14 28 20 49	5,7 2,6 6,0 2,3	**23** Sa	1 54 8 08 14 17 20 41	6,3 1,9 6,6 1,6
9 Sa	2 55 9 10 15 09 21 28	6,0 2,2 6,3 2,0	**24** So	2 48 9 04 15 10 21 32	6,7 1,5 7,0 1,3
10 So	3 30 9 47 15 45 22 04	6,4 1,9 6,6 1,7	**25** Mo	3 37 9 54 15 58 22 20	7,1 1,2 7,2 1,1
11 Mo	4 04 10 22 16 19 22 38	6,6 1,7 6,8 1,5	**26** Di ●	4 22 10 41 16 43 23 05	7,3 1,0 7,3 1,0
12 Di ○	4 36 10 57 16 53 23 11	6,8 1,6 6,9 1,5	**27** Mi	5 04 11 25 17 25 23 47	7,3 1,0 7,2 1,2
13 Mi	5 08 11 31 17 26 23 45	6,9 1,5 6,9 1,5	**28** Do	5 45 12 08 18 06	7,3 1,1 7,0
14 Do	5 41 12 05 18 01	6,9 1,5 6,8	**29** Fr	0 28 6 25 12 50 18 45	1,4 7,1 1,4 6,7
15 Fr	0 19 6 14 12 41 18 37	1,6 6,9 1,6 6,7	**30** Sa	1 08 7 04 13 31 19 25	1,7 6,8 1,7 6,4

Dezember

Tag	Zeit	Höhe	Tag	Zeit	Höhe
1 So	1 49 7 45 14 13 20 06	2,0 6,5 2,1 6,0	**16** Mo	1 30 7 30 13 59 20 00	1,7 6,8 1,6 6,4
2 Mo	2 32 8 28 14 58 20 53	2,4 6,1 2,4 5,6	**17** Di	2 18 8 20 14 50 20 54	1,9 6,5 1,9 6,2
3 Di	3 19 9 19 15 49 21 49	2,8 5,7 2,7 5,3	**18** Mi	3 11 9 17 15 48 21 56	2,1 6,3 2,1 6,0
4 Mi)	4 15 10 21 16 50 22 59	3,0 5,5 2,9 5,2	**19** Do ☾	4 12 10 21 16 54 23 04	2,3 6,1 2,2 5,9
5 Do	5 22 11 31 17 58	3,1 5,4 3,0	**20** Fr	5 20 11 32 18 04	2,4 6,0 2,2
6 Fr	0 11 6 32 12 40 19 03	5,2 3,1 5,5 2,8	**21** Sa	0 15 6 32 12 45 19 13	5,9 2,3 6,1 2,1
7 Sa	1 15 7 34 13 38 19 58	5,4 2,8 5,7 2,6	**22** So	1 23 7 41 13 51 20 15	6,1 2,1 6,3 1,9
8 So	2 07 8 25 14 27 20 45	5,8 2,5 6,0 2,3	**23** Mo	2 23 8 41 14 49 21 11	6,4 1,9 6,5 1,7
9 Mo	2 50 9 10 15 10 21 27	6,1 2,2 6,3 2,0	**24** Di	3 16 9 36 15 41 22 02	6,7 1,6 6,7 1,5
10 Di	3 30 9 51 15 50 22 07	6,4 1,9 6,5 1,8	**25** Mi	4 05 10 26 16 28 22 48	6,9 1,4 6,8 1,5
11 Mi	4 08 10 30 16 28 22 46	6,6 1,7 6,7 1,6	**26** Do ●	4 49 11 11 17 11 23 31	7,0 1,3 6,8 1,5
12 Do ○	4 46 11 09 17 07 23 24	6,8 1,6 6,8 1,5	**27** Fr	5 31 11 53 17 51	7,0 1,3 6,8
13 Fr	5 23 11 48 17 46	7,0 1,4 6,9	**28** Sa	0 11 6 10 12 33 18 29	1,5 7,0 1,4 6,6
14 Sa	0 04 6 03 12 29 18 28	1,5 7,0 1,4 6,8	**29** So	0 50 6 48 13 11 19 06	1,7 6,8 1,6 6,4
15 So	0 45 6 44 13 12 19 12	1,5 6,9 1,5 6,7	**30** Mo	1 28 7 25 13 49 19 43	1,9 6,6 1,9 6,2
			31 Di	2 06 8 02 14 28 20 21	2,1 6,3 2,1 5,9

● Neumond　) erstes Viertel　○ Vollmond　☾ letztes Viertel

UTC+ 1h00min (MEZ)　　Höhen sind auf SKN bezogen

Mittlere Tidenkurven

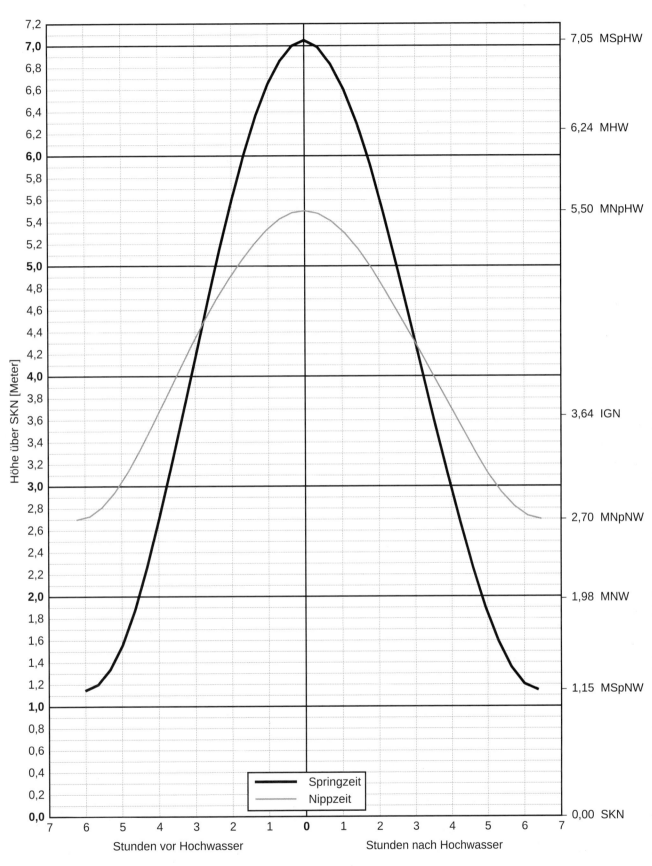

Plymouth, Devonport 2019

Breite: 50° 22' N, Länge: 4° 11' W

Zeiten (Stunden und Minuten) und Höhen (Meter) der Hoch- und Niedrigwasser

Januar

Tag	Zeit	Höhe	Tag	Zeit	Höhe
1 Di	1 39 / 7 50 / 14 04 / 20 29	4,6 / 2,0 / 4,8 / 1,8	16 Mi	0 13 / 6 34 / 12 42 / 19 20	4,4 / 2,2 / 4,5 / 2,0
2 Mi	2 41 / 8 59 / 15 04 / 21 29	4,8 / 1,8 / 4,8 / 1,6	17 Do	1 29 / 7 57 / 14 01 / 20 32	4,5 / 2,0 / 4,7 / 1,8
3 Do	3 36 / 9 56 / 15 58 / 22 21	4,9 / 1,6 / 4,9 / 1,5	18 Fr	2 43 / 9 06 / 15 15 / 21 36	4,8 / 1,7 / 4,9 / 1,5
4 Fr	4 24 / 10 45 / 16 46 / 23 07	5,1 / 1,4 / 5,0 / 1,3	19 Sa	3 47 / 10 09 / 16 17 / 22 35	5,1 / 1,4 / 5,1 / 1,2
5 Sa	5 07 / 11 30 / 17 28 / 23 48	5,3 / 1,2 / 5,1 / 1,2	20 So	4 43 / 11 06 / 17 13 / 23 30	5,3 / 1,0 / 5,3 / 0,9
6 So ●	5 46 / 12 10 / 18 05	5,4 / 1,2 / 5,2	21 Mo ○	5 36 / 11 59 / 18 06	5,6 / 0,7 / 5,4
7 Mo	0 25 / 6 21 / 12 47 / 18 40	1,2 / 5,4 / 1,2 / 5,2	22 Di	0 21 / 6 26 / 12 50 / 18 56	0,7 / 5,7 / 0,5 / 5,5
8 Di	0 59 / 6 55 / 13 20 / 19 14	1,2 / 5,4 / 1,2 / 5,1	23 Mi	1 10 / 7 15 / 13 38 / 19 46	0,6 / 5,8 / 0,4 / 5,5
9 Mi	1 29 / 7 29 / 13 50 / 19 49	1,3 / 5,3 / 1,3 / 5,0	24 Do	1 56 / 8 03 / 14 23 / 20 33	0,5 / 5,8 / 0,5 / 5,5
10 Do	1 57 / 8 03 / 14 19 / 20 23	1,4 / 5,2 / 1,5 / 4,9	25 Fr	2 40 / 8 49 / 15 07 / 21 18	0,7 / 5,7 / 0,6 / 5,3
11 Fr	2 24 / 8 37 / 14 47 / 20 57	1,6 / 5,1 / 1,6 / 4,8	26 Sa	3 22 / 9 34 / 15 49 / 22 02	0,9 / 5,5 / 0,9 / 5,1
12 Sa	2 52 / 9 10 / 15 18 / 21 33	1,7 / 4,9 / 1,7 / 4,6	27 So ☾	4 04 / 10 19 / 16 33 / 22 48	1,2 / 5,2 / 1,3 / 4,8
13 So	3 26 / 9 48 / 15 56 / 22 15	1,9 / 4,8 / 1,9 / 4,5	28 Mo	4 50 / 11 08 / 17 21 / 23 42	1,6 / 4,9 / 1,7 / 4,6
14 Mo ☽	4 10 / 10 34 / 16 47 / 23 08	2,0 / 4,7 / 2,0 / 4,4	29 Di	5 44 / 12 10 / 18 21	1,9 / 4,6 / 2,0
15 Di	5 11 / 11 32 / 17 59	2,2 / 4,6 / 2,1	30 Mi	0 51 / 6 54 / 13 25 / 19 38	4,4 / 2,1 / 4,4 / 2,1
			31 Do	2 03 / 8 20 / 14 35 / 20 59	4,4 / 2,1 / 4,4 / 2,0

Februar

Tag	Zeit	Höhe	Tag	Zeit	Höhe
1 Fr	3 06 / 9 33 / 15 35 / 22 00	4,6 / 1,9 / 4,6 / 1,8	16 Sa	2 09 / 8 41 / 14 52 / 21 16	4,6 / 1,8 / 4,7 / 1,7
2 Sa	4 00 / 10 28 / 16 26 / 22 50	4,8 / 1,6 / 4,8 / 1,5	17 So	3 24 / 9 53 / 16 01 / 22 21	4,9 / 1,4 / 4,9 / 1,3
3 So	4 46 / 11 14 / 17 10 / 23 32	5,1 / 1,4 / 4,9 / 1,3	18 Mo	4 26 / 10 54 / 17 00 / 23 18	5,3 / 1,0 / 5,2 / 0,8
4 Mo ●	5 27 / 11 55 / 17 49	5,2 / 1,2 / 5,0	19 Di	5 21 / 11 48 / 17 53	5,6 / 0,6 / 5,4
5 Di	0 10 / 6 04 / 12 32 / 18 25	1,2 / 5,3 / 1,1 / 5,1	20 Mi	0 10 / 6 11 / 12 38 / 18 43	0,5 / 5,8 / 0,3 / 5,6
6 Mi	0 44 / 6 40 / 13 05 / 19 00	1,1 / 5,4 / 1,1 / 5,1	21 Do	0 57 / 6 57 / 13 24 / 19 30	0,3 / 5,9 / 0,1 / 5,6
7 Do	1 14 / 7 15 / 13 33 / 19 34	1,1 / 5,3 / 1,1 / 5,1	22 Fr	1 41 / 7 47 / 14 06 / 20 14	0,2 / 5,9 / 0,2 / 5,6
8 Fr	1 40 / 7 48 / 13 59 / 20 06	1,2 / 5,3 / 1,2 / 5,0	23 Sa	2 22 / 8 30 / 14 46 / 20 54	0,3 / 5,8 / 0,4 / 5,4
9 Sa	2 05 / 8 19 / 14 25 / 20 36	1,3 / 5,2 / 1,3 / 4,9	24 So	3 00 / 9 10 / 15 24 / 21 31	0,6 / 5,5 / 0,7 / 5,2
10 So	2 31 / 8 48 / 14 52 / 21 05	1,4 / 5,0 / 1,4 / 4,8	25 Mo	3 38 / 9 47 / 16 01 / 22 05	1,0 / 5,2 / 1,2 / 4,9
11 Mo	3 01 / 9 18 / 15 24 / 21 37	1,5 / 4,9 / 1,5 / 4,7	26 Di ☾	4 16 / 10 24 / 16 40 / 22 42	1,4 / 4,8 / 1,6 / 4,6
12 Di	3 37 / 9 56 / 16 05 / 22 22	1,7 / 4,7 / 1,7 / 4,5	27 Mi	5 02 / 11 09 / 17 30 / 23 40	1,8 / 4,4 / 2,1 / 4,3
13 Mi	4 25 / 10 50 / 17 01 / 23 25	1,9 / 4,6 / 2,0 / 4,4	28 Do	6 03 / 12 37 / 18 39	2,2 / 4,2 / 2,3
14 Do	5 35 / 12 00 / 18 25	2,1 / 4,4 / 2,1			
15 Fr	0 43 / 7 14 / 13 26 / 19 59	4,4 / 2,1 / 4,5 / 2,0			

März

Tag	Zeit	Höhe	Tag	Zeit	Höhe
1 Fr	1 21 / 7 27 / 14 07 / 20 18	4,2 / 2,3 / 4,1 / 2,3	16 Sa	0 13 / 6 46 / 13 07 / 19 35	4,4 / 2,1 / 4,3 / 2,1
2 Sa	2 37 / 9 10 / 15 12 / 21 39	4,4 / 2,1 / 4,3 / 2,0	17 So	1 46 / 8 25 / 14 39 / 21 01	4,5 / 1,8 / 4,6 / 1,7
3 So	3 35 / 10 10 / 16 05 / 22 30	4,6 / 1,7 / 4,6 / 1,6	18 Mo	3 07 / 9 40 / 15 49 / 22 08	4,9 / 1,3 / 4,9 / 1,2
4 Mo	4 22 / 10 55 / 16 48 / 23 12	4,9 / 1,4 / 4,8 / 1,3	19 Di	4 10 / 10 40 / 16 46 / 23 03	5,3 / 0,8 / 5,2 / 0,8
5 Di	5 04 / 11 35 / 17 27 / 23 50	5,1 / 1,1 / 5,0 / 1,1	20 Mi	5 04 / 11 32 / 17 37 / 23 53	5,6 / 0,4 / 5,5 / 0,4
6 Mi ●	5 42 / 12 11 / 18 04	5,3 / 1,0 / 5,1	21 Do ○	5 54 / 12 19 / 18 24	5,8 / 0,1 / 5,6
7 Do	0 23 / 6 19 / 12 42 / 18 39	1,0 / 5,3 / 0,9 / 5,2	22 Fr	0 38 / 6 41 / 13 03 / 19 08	0,2 / 5,9 / 0,0 / 5,7
8 Fr	0 53 / 6 54 / 13 10 / 19 13	1,0 / 5,3 / 0,9 / 5,2	23 Sa	1 21 / 7 25 / 13 44 / 19 48	0,1 / 5,8 / 0,1 / 5,6
9 Sa	1 19 / 7 28 / 13 36 / 19 45	1,0 / 5,3 / 1,0 / 5,1	24 So	1 59 / 8 05 / 14 21 / 20 24	0,2 / 5,7 / 0,4 / 5,5
10 So	1 44 / 7 58 / 14 02 / 20 12	1,0 / 5,2 / 1,0 / 5,0	25 Mo	2 36 / 8 41 / 14 56 / 20 55	0,5 / 5,4 / 0,7 / 5,2
11 Mo	2 10 / 8 26 / 14 29 / 20 39	1,1 / 5,1 / 1,2 / 5,0	26 Di	3 10 / 9 12 / 15 29 / 21 21	0,9 / 5,1 / 1,2 / 4,9
12 Di	2 39 / 8 55 / 14 59 / 21 09	1,2 / 4,9 / 1,3 / 4,8	27 Mi	3 46 / 9 41 / 16 05 / 21 51	1,4 / 4,7 / 1,7 / 4,6
13 Mi	3 13 / 9 31 / 15 37 / 21 51	1,4 / 4,8 / 1,6 / 4,7	28 Do ☾	4 28 / 10 19 / 16 51 / 22 37	1,8 / 4,3 / 2,1 / 4,3
14 Do ☽	3 58 / 10 24 / 16 28 / 22 53	1,7 / 4,5 / 1,9 / 4,5	29 Fr	5 25 / 11 23 / 17 55	2,2 / 4,0 / 2,4
15 Fr	5 03 / 11 36 / 17 48	2,0 / 4,3 / 2,1	30 Sa	0 05 / 6 41 / 13 34 / 19 20	4,1 / 2,4 / 4,0 / 2,4
			31 So	2 01 / 8 29 / 14 44 / 21 02	4,2 / 2,2 / 4,2 / 2,2

April

Tag	Zeit	Höhe	Tag	Zeit	Höhe
1 Mo	3 03 / 9 39 / 15 36 / 21 58	4,5 / 1,8 / 4,5 / 1,8	16 Di	2 50 / 9 22 / 15 33 / 21 48	4,9 / 1,3 / 4,9 / 1,2
2 Di	3 52 / 10 24 / 16 19 / 22 41	4,8 / 1,5 / 4,8 / 1,4	17 Mi	3 51 / 10 20 / 16 27 / 22 43	5,2 / 0,8 / 5,2 / 0,8
3 Mi	4 34 / 11 03 / 16 59 / 23 19	5,0 / 1,2 / 5,0 / 1,2	18 Do	4 43 / 11 10 / 17 15 / 23 31	5,5 / 0,4 / 5,5 / 0,5
4 Do	5 14 / 11 39 / 17 37 / 23 53	5,2 / 1,0 / 5,1 / 1,0	19 Fr ○	5 32 / 11 56 / 18 00	5,7 / 0,2 / 5,6
5 Fr ●	5 53 / 12 11 / 18 14	5,3 / 0,9 / 5,2	20 Sa	0 15 / 6 17 / 12 39 / 18 41	0,3 / 5,7 / 0,2 / 5,6
6 Sa	0 24 / 6 29 / 12 42 / 18 48	0,9 / 5,3 / 0,8 / 5,2	21 So	0 57 / 7 00 / 13 19 / 19 19	0,2 / 5,7 / 0,3 / 5,6
7 So	0 54 / 7 04 / 13 11 / 19 20	0,9 / 5,3 / 0,9 / 5,2	22 Mo	1 35 / 7 38 / 13 55 / 19 52	0,4 / 5,5 / 0,5 / 5,4
8 Mo	1 23 / 7 36 / 13 40 / 19 49	0,9 / 5,2 / 0,9 / 5,2	23 Di	2 10 / 8 11 / 14 28 / 20 20	0,7 / 5,3 / 0,9 / 5,2
9 Di	1 52 / 8 06 / 14 09 / 20 18	1,0 / 5,1 / 1,1 / 5,1	24 Mi	2 44 / 8 39 / 15 01 / 20 46	1,0 / 5,0 / 1,3 / 5,0
10 Mi	2 23 / 8 39 / 14 41 / 20 52	1,1 / 5,0 / 1,3 / 5,0	25 Do	3 19 / 9 09 / 15 35 / 21 19	1,4 / 4,7 / 1,7 / 4,7
11 Do	2 59 / 9 19 / 15 21 / 21 36	1,3 / 4,8 / 1,5 / 4,8	26 Fr ☾	4 00 / 9 48 / 16 19 / 22 03	1,8 / 4,3 / 2,1 / 4,5
12 Fr	3 45 / 10 12 / 16 14 / 22 36	1,6 / 4,5 / 1,9 / 4,6	27 Sa	4 53 / 10 45 / 17 19 / 23 06	2,2 / 4,1 / 2,4 / 4,2
13 Sa	4 53 / 11 24 / 17 34 / 23 54	1,9 / 4,3 / 2,1 / 4,5	28 So	6 02 / 12 36 / 18 34	2,3 / 4,0 / 2,4
14 So	6 33 / 12 57 / 19 19	2,0 / 4,3 / 2,1	29 Mo	1 04 / 7 21 / 14 01 / 19 53	4,2 / 2,2 / 4,2 / 2,3
15 Mo	1 29 / 8 10 / 14 27 / 20 43	4,6 / 1,7 / 4,6 / 1,7	30 Di	2 19 / 8 39 / 14 56 / 21 03	4,4 / 1,9 / 4,4 / 1,9

● Neumond   ☽ erstes Viertel   ○ Vollmond   ☾ letztes Viertel

UTC   Höhen sind auf SKN bezogen

Gezeitenvorausberechnungen

Plymouth, Devonport 2019

Breite: 50° 22' N, Länge: 4° 11' W

Zeiten (Stunden und Minuten) und Höhen (Meter) der Hoch- und Niedrigwasser

	Mai					Juni					Juli					August			
	Zeit	Höhe		Zeit	Höhe	Zeit	Höhe		Zeit	Höhe	Zeit	Höhe		Zeit	Höhe	Zeit	Höhe		Zeit	Höhe
1 Mi	3 12 / 9 34 / 15 42 / 21 54	4,7 / 1,6 / 4,7 / 1,6	**16** Do	3 27 / 9 54 / 16 01 / 22 17	5,2 / 0,9 / 5,2 / 1,0	**1** Sa	4 02 / 10 15 / 16 28 / 22 38	4,9 / 1,3 / 5,0 / 1,3	**16** So	4 44 / 11 07 / 17 08 / 23 29	5,2 / 0,9 / 5,3 / 0,9	**1** Mo	4 16 / 10 30 / 16 41 / 22 57	5,0 / 1,2 / 5,1 / 1,1	**16** Di ○	5 11 / 11 33 / 17 29 / 23 56	5,0 / 1,2 / 5,2 / 1,1	**1** Do ●	5 41 / 11 57 / 17 59	5,3 / 0,8 / 5,6	**16** Fr	0 20 / 6 11 / 12 36 / 18 23	1,0 / 5,1 / 1,1 / 5,3
2 Do	3 58 / 10 18 / 16 24 / 22 37	4,9 / 1,3 / 4,9 / 1,3	**17** Fr	4 19 / 10 45 / 16 49 / 23 06	5,4 / 0,7 / 5,4 / 0,7	**2** So	4 49 / 11 00 / 17 11 / 23 22	5,1 / 1,1 / 5,2 / 1,0	**17** Mo ○	5 30 / 11 51 / 17 50	5,2 / 0,9 / 5,3	**2** Di ●	5 08 / 11 20 / 17 28 / 23 47	5,1 / 1,0 / 5,3 / 0,9	**17** Mi	5 54 / 12 15 / 18 07	5,0 / 1,1 / 5,3	**2** Fr	0 25 / 6 32 / 12 47 / 18 48	0,6 / 5,4 / 0,6 / 5,7	**17** Sa	0 55 / 6 47 / 13 08 / 18 57	1,0 / 5,1 / 1,1 / 5,3
3 Fr	4 41 / 10 58 / 17 04 / 23 16	5,1 / 1,1 / 5,1 / 1,1	**18** Sa ○	5 08 / 11 31 / 17 34 / 23 51	5,5 / 0,5 / 5,5 / 0,6	**3** Mo ●	5 33 / 11 43 / 17 53	5,2 / 0,9 / 5,3	**18** Di	0 12 / 6 12 / 12 32 / 18 27	0,9 / 5,2 / 0,9 / 5,3	**3** Mi	5 57 / 12 09 / 18 15	5,2 / 0,9 / 5,5	**18** Do	0 36 / 6 31 / 12 53 / 18 42	1,0 / 5,0 / 1,1 / 5,3	**3** Sa	1 14 / 7 23 / 13 35 / 19 36	0,4 / 5,5 / 0,5 / 5,8	**18** So	1 25 / 7 21 / 13 35 / 19 31	1,0 / 5,1 / 1,2 / 5,3
4 Sa ●	5 22 / 11 36 / 17 43 / 23 53	5,2 / 0,9 / 5,2 / 1,0	**19** So	5 53 / 12 14 / 18 15	5,5 / 0,5 / 5,5	**4** Di	0 05 / 6 16 / 12 26 / 18 33	0,9 / 5,2 / 0,9 / 5,4	**19** Mi	0 52 / 6 50 / 13 10 / 19 01	0,9 / 5,1 / 1,0 / 5,3	**4** Do	0 35 / 6 46 / 12 58 / 19 01	0,8 / 5,3 / 0,8 / 5,6	**19** Fr	1 13 / 7 07 / 13 27 / 19 17	1,1 / 5,0 / 1,2 / 5,3	**4** So	2 01 / 8 11 / 14 19 / 20 23	0,4 / 5,5 / 0,5 / 5,7	**19** Mo	1 51 / 7 54 / 13 59 / 20 03	1,1 / 5,0 / 1,3 / 5,2
5 So	6 02 / 12 11 / 18 20	5,3 / 0,9 / 5,3	**20** Mo	0 33 / 6 34 / 12 54 / 18 51	0,5 / 5,4 / 0,6 / 5,5	**5** Mi	0 47 / 6 59 / 13 07 / 19 13	0,8 / 5,3 / 0,9 / 5,4	**20** Do	1 29 / 7 25 / 13 44 / 19 33	1,0 / 5,0 / 1,2 / 5,2	**5** Fr	1 24 / 7 34 / 13 44 / 19 47	0,7 / 5,3 / 0,8 / 5,6	**20** Sa	1 46 / 7 41 / 13 57 / 19 50	1,2 / 5,0 / 1,3 / 5,2	**5** Mo	2 45 / 8 57 / 15 02 / 21 08	0,5 / 5,4 / 0,7 / 5,6	**20** Di	2 14 / 8 26 / 14 22 / 20 33	1,3 / 4,9 / 1,4 / 5,1
6 Mo	0 28 / 6 39 / 12 47 / 18 55	0,9 / 5,3 / 0,8 / 5,4	**21** Di	1 12 / 7 12 / 13 30 / 19 23	0,7 / 5,3 / 0,8 / 5,4	**6** Do	1 29 / 7 42 / 13 49 / 19 55	0,8 / 5,2 / 1,0 / 5,4	**21** Fr	2 04 / 7 58 / 14 17 / 20 06	1,2 / 4,9 / 1,4 / 5,1	**6** Sa	2 11 / 8 23 / 14 30 / 20 34	0,7 / 5,3 / 0,9 / 5,5	**21** So	2 16 / 8 16 / 14 25 / 20 24	1,3 / 4,9 / 1,4 / 5,1	**6** Di	3 27 / 9 41 / 15 44 / 21 53	0,7 / 5,2 / 1,0 / 5,3	**21** Mi	2 38 / 8 56 / 14 47 / 21 01	1,4 / 4,8 / 1,5 / 4,9
7 Di	1 03 / 7 16 / 13 21 / 19 28	0,9 / 5,2 / 0,9 / 5,3	**22** Mi	1 48 / 7 45 / 14 04 / 19 52	0,9 / 5,1 / 1,1 / 5,2	**7** Fr	2 13 / 8 27 / 14 33 / 20 39	0,9 / 5,1 / 1,1 / 5,3	**22** Sa	2 37 / 8 33 / 14 48 / 20 41	1,4 / 4,7 / 1,6 / 5,0	**7** So	2 57 / 9 11 / 15 17 / 21 22	0,8 / 5,2 / 1,0 / 5,4	**22** Mo	2 44 / 8 51 / 14 52 / 20 57	1,4 / 4,8 / 1,6 / 4,9	**7** Mi ☽	4 10 / 10 26 / 16 28 / 22 39	1,1 / 5,0 / 1,3 / 5,0	**22** Do	3 05 / 9 27 / 15 18 / 21 34	1,5 / 4,7 / 1,7 / 4,7
8 Mi	1 38 / 7 52 / 13 56 / 20 03	0,9 / 5,2 / 1,0 / 5,2	**23** Do	2 22 / 8 15 / 14 37 / 20 22	1,1 / 4,9 / 1,4 / 5,0	**8** Sa	2 59 / 9 15 / 15 20 / 21 27	1,1 / 5,0 / 1,3 / 5,2	**23** So	3 11 / 9 11 / 15 22 / 21 19	1,6 / 4,6 / 1,8 / 4,8	**8** Mo	3 45 / 10 01 / 16 04 / 22 12	1,0 / 5,0 / 1,2 / 5,2	**23** Di	3 12 / 9 26 / 15 20 / 21 32	1,6 / 4,6 / 1,7 / 4,8	**8** Do	4 56 / 11 17 / 17 19 / 23 34	1,4 / 4,7 / 1,7 / 4,7	**23** Fr ☾	3 40 / 10 06 / 15 59 / 22 19	1,7 / 4,5 / 1,9 / 4,6
9 Do	2 14 / 8 31 / 14 33 / 20 43	1,1 / 5,0 / 1,2 / 5,1	**24** Fr	2 57 / 8 48 / 15 11 / 20 57	1,5 / 4,7 / 1,7 / 4,8	**9** So	3 51 / 10 09 / 16 14 / 22 23	1,3 / 4,8 / 1,5 / 5,0	**24** Mo	3 48 / 9 54 / 16 01 / 22 02	1,8 / 4,4 / 2,0 / 4,6	**9** Di ☽	4 35 / 10 54 / 16 56 / 23 08	1,2 / 4,8 / 1,5 / 5,0	**24** Mi	3 43 / 10 05 / 15 56 / 22 11	1,7 / 4,5 / 1,9 / 4,6	**9** Fr	5 52 / 12 19 / 18 22	1,8 / 4,5 / 2,0	**24** Sa	4 28 / 11 01 / 16 59 / 23 24	2,0 / 4,4 / 2,2 / 4,4
10 Fr	2 55 / 9 15 / 15 17 / 21 29	1,3 / 4,8 / 1,5 / 4,9	**25** Sa	3 35 / 9 28 / 15 50 / 21 39	1,8 / 4,4 / 2,0 / 4,6	**10** Mo ☽	4 50 / 11 12 / 17 18 / 23 29	1,5 / 4,6 / 1,7 / 4,8	**25** Di ☾	4 33 / 10 44 / 16 52 / 22 53	2,0 / 4,3 / 2,1 / 4,5	**10** Mi	5 31 / 11 54 / 17 56	1,4 / 4,7 / 1,7	**25** Do ☾	4 25 / 10 51 / 16 46 / 23 01	1,9 / 4,4 / 2,1 / 4,5	**10** Sa	0 49 / 7 03 / 13 32 / 19 43	4,4 / 2,0 / 4,4 / 2,1	**25** So	5 44 / 12 12 / 18 39	2,2 / 4,4 / 2,2
11 Sa	3 46 / 10 10 / 16 14 / 22 27	1,5 / 4,6 / 1,8 / 4,8	**26** So ☾	4 22 / 10 19 / 16 42 / 22 32	2,0 / 4,3 / 2,2 / 4,4	**11** Di	6 00 / 12 24 / 18 30	1,6 / 4,6 / 1,8	**26** Mi	5 31 / 11 43 / 17 57 / 23 55	2,0 / 4,3 / 2,2 / 4,4	**11** Do	0 13 / 6 35 / 13 00 / 19 05	4,8 / 1,6 / 4,6 / 1,8	**26** Fr	5 26 / 11 48 / 18 00	2,0 / 4,4 / 2,2	**11** So	2 07 / 8 28 / 14 40 / 21 05	4,4 / 2,0 / 4,5 / 1,9	**26** Mo	0 45 / 7 26 / 13 36 / 20 09	4,4 / 2,1 / 4,5 / 2,0
12 So ☽	4 54 / 11 19 / 17 29 / 23 42	1,8 / 4,4 / 2,0 / 4,6	**27** Mo	5 22 / 11 27 / 17 47 / 23 43	2,2 / 4,1 / 2,3 / 4,3	**12** Mi	0 45 / 7 15 / 13 35 / 19 45	4,8 / 1,6 / 4,7 / 1,7	**27** Do	6 36 / 12 51 / 19 06	2,0 / 4,3 / 2,1	**12** Fr	1 24 / 7 47 / 14 04 / 20 18	4,7 / 1,7 / 4,6 / 1,8	**27** Sa	0 05 / 6 45 / 12 58 / 19 23	4,4 / 2,0 / 4,4 / 2,1	**12** Mo	3 13 / 9 38 / 15 38 / 22 07	4,5 / 1,8 / 4,8 / 1,7	**27** Di	2 18 / 8 44 / 14 54 / 21 21	4,5 / 1,8 / 4,8 / 1,6
13 Mo	6 21 / 12 46 / 18 59	1,8 / 4,4 / 1,9	**28** Di	6 28 / 12 53 / 18 56	2,2 / 4,2 / 2,3	**13** Do	1 57 / 8 24 / 14 37 / 20 52	4,8 / 1,4 / 4,8 / 1,5	**28** Fr	1 08 / 7 40 / 13 58 / 20 10	4,5 / 1,9 / 4,5 / 1,9	**13** Sa	2 31 / 8 56 / 15 04 / 21 24	4,7 / 1,6 / 4,8 / 1,6	**28** So	1 24 / 8 00 / 14 12 / 20 35	4,5 / 1,9 / 4,6 / 1,9	**13** Di	4 08 / 10 32 / 16 27 / 22 57	4,7 / 1,6 / 5,0 / 1,4	**28** Mi	3 34 / 9 51 / 15 57 / 22 24	4,8 / 1,4 / 5,2 / 1,2
14 Di	1 11 / 7 47 / 14 05 / 20 18	4,7 / 1,6 / 4,6 / 1,7	**29** Mi	1 11 / 7 34 / 14 01 / 20 01	4,4 / 2,0 / 4,4 / 2,1	**14** Fr	2 59 / 9 25 / 15 32 / 21 50	5,0 / 1,2 / 5,0 / 1,3	**29** Sa	2 20 / 8 41 / 14 57 / 21 09	4,6 / 1,7 / 4,7 / 1,7	**14** So	3 31 / 9 55 / 15 58 / 22 21	4,8 / 1,5 / 4,9 / 1,4	**29** Mo	2 44 / 9 06 / 15 21 / 21 39	4,6 / 1,6 / 4,9 / 1,5	**14** Mi	4 54 / 11 18 / 17 09 / 23 41	4,9 / 1,3 / 5,2 / 1,2	**29** Do	4 33 / 10 50 / 16 52 / 23 20	5,1 / 1,0 / 5,5 / 0,7
15 Mi	2 26 / 8 56 / 15 08 / 21 22	4,9 / 1,3 / 4,9 / 1,3	**30** Do	2 19 / 8 34 / 14 55 / 21 00	4,6 / 1,8 / 4,6 / 1,8	**15** Sa	3 54 / 10 19 / 16 22 / 22 42	5,1 / 1,1 / 5,2 / 1,1	**30** So	3 21 / 9 37 / 15 51 / 22 04	4,8 / 1,4 / 4,9 / 1,4	**15** Mo	4 24 / 10 47 / 16 46 / 23 11	4,9 / 1,3 / 5,1 / 1,2	**30** Di	3 50 / 10 07 / 16 16 / 22 38	4,9 / 1,4 / 5,1 / 1,2	**15** Do ○	5 35 / 11 59 / 17 47	5,0 / 1,2 / 5,3	**30** Fr ●	5 26 / 11 43 / 17 43	5,4 / 0,7 / 5,7
			31 Fr	3 14 / 9 27 / 15 43 / 21 51	4,8 / 1,5 / 4,8 / 1,5									**31** Mi	4 48 / 11 04 / 17 08 / 23 33	5,1 / 1,1 / 5,4 / 0,9				**31** Sa	0 10 / 6 16 / 12 32 / 18 32	0,4 / 5,5 / 0,4 / 5,9

● Neumond ☽ erstes Viertel ○ Vollmond ☾ letztes Viertel

UTC   Höhen sind auf SKN bezogen

Plymouth, Devonport 2019

Breite: 50° 22' N, Länge: 4° 11' W

Zeiten (Stunden und Minuten) und Höhen (Meter) der Hoch- und Niedrigwasser

September

Tag	Zeit	Höhe	Tag	Zeit	Höhe
1 So	0 58 / 7 05 / 13 18 / 19 19	0,2 / 5,6 / 0,3 / 5,9	16 Mo	0 57 / 6 56 / 13 08 / 19 08	1,0 / 5,2 / 1,1 / 5,4
2 Mo	1 42 / 7 50 / 14 00 / 20 04	0,2 / 5,6 / 0,3 / 5,8	17 Di	1 21 / 7 29 / 13 31 / 19 39	1,1 / 5,2 / 1,2 / 5,3
3 Di	2 23 / 8 33 / 14 40 / 20 46	0,3 / 5,5 / 0,5 / 5,6	18 Mi	1 45 / 7 59 / 13 54 / 20 08	1,2 / 5,1 / 1,3 / 5,1
4 Mi	3 02 / 9 13 / 15 19 / 21 25	0,7 / 5,3 / 0,9 / 5,3	19 Do	2 08 / 8 26 / 14 19 / 20 35	1,3 / 5,0 / 1,4 / 5,0
5 Do	3 40 / 9 51 / 15 56 / 22 03	1,1 / 5,0 / 1,3 / 4,9	20 Fr	2 35 / 8 54 / 14 50 / 21 06	1,5 / 4,9 / 1,6 / 4,8
6 Fr ☽	4 20 / 10 31 / 16 43 / 22 46	1,6 / 4,7 / 1,8 / 4,5	21 Sa	3 09 / 9 32 / 15 29 / 21 52	1,7 / 4,7 / 1,9 / 4,6
7 Sa	5 09 / 11 28 / 17 42	2,0 / 4,4 / 2,2	22 So ☾	3 54 / 10 28 / 16 26 / 22 59	2,0 / 4,5 / 2,2 / 4,4
8 So	0 08 / 6 17 / 12 59 / 19 07	4,2 / 2,3 / 4,3 / 2,4	23 Mo	5 04 / 11 41 / 18 07	2,3 / 4,4 / 2,3
9 Mo	1 46 / 8 02 / 14 16 / 20 50	4,2 / 2,4 / 4,4 / 2,2	24 Di	0 23 / 7 01 / 13 10 / 19 52	4,3 / 2,3 / 4,5 / 2,1
10 Di	2 56 / 9 22 / 15 17 / 21 52	4,3 / 2,1 / 4,7 / 1,8	25 Mi	2 05 / 8 29 / 14 36 / 21 07	4,5 / 2,0 / 4,9 / 1,6
11 Mi	3 50 / 10 14 / 16 05 / 22 38	4,6 / 1,7 / 4,9 / 1,5	26 Do	3 21 / 9 37 / 15 40 / 22 09	4,9 / 1,5 / 5,2 / 1,1
12 Do	4 34 / 10 57 / 16 47 / 23 19	4,9 / 1,4 / 5,2 / 1,2	27 Fr	4 19 / 10 34 / 16 34 / 23 02	5,2 / 1,0 / 5,6 / 0,7
13 Fr	5 12 / 11 36 / 17 24 / 23 56	5,0 / 1,2 / 5,3 / 1,0	28 Sa ●	5 09 / 11 25 / 17 24 / 23 51	5,5 / 0,6 / 5,8 / 0,3
14 Sa ○	5 48 / 12 11 / 18 00	5,2 / 1,1 / 5,4	29 So	5 57 / 12 12 / 18 12	5,7 / 0,4 / 5,9
15 So	0 28 / 6 22 / 12 42 / 18 34	1,0 / 5,2 / 1,0 / 5,4	30 Mo	0 36 / 6 42 / 12 56 / 18 57	0,2 / 5,8 / 0,3 / 5,9

Oktober

Tag	Zeit	Höhe	Tag	Zeit	Höhe
1 Di	1 19 / 7 25 / 13 37 / 19 40	0,2 / 5,8 / 0,3 / 5,8	16 Mi	0 51 / 7 02 / 13 05 / 19 15	1,1 / 5,3 / 1,1 / 5,3
2 Mi	1 58 / 8 04 / 14 15 / 20 19	0,4 / 5,6 / 0,6 / 5,6	17 Do	1 18 / 7 32 / 13 31 / 19 45	1,1 / 5,3 / 1,2 / 5,2
3 Do	2 35 / 8 40 / 14 52 / 20 54	0,8 / 5,4 / 1,0 / 5,2	18 Fr	1 45 / 8 01 / 13 59 / 20 15	1,3 / 5,2 / 1,4 / 5,1
4 Fr	3 10 / 9 12 / 15 29 / 21 25	1,2 / 5,1 / 1,4 / 4,9	19 Sa	2 14 / 8 32 / 14 32 / 20 51	1,5 / 5,0 / 1,6 / 4,9
5 Sa ☽	3 47 / 9 44 / 16 12 / 22 00	1,7 / 4,8 / 1,9 / 4,5	20 So	2 49 / 9 13 / 15 13 / 21 40	1,7 / 4,9 / 1,8 / 4,6
6 So	4 32 / 10 28 / 17 08 / 23 00	2,2 / 4,5 / 2,3 / 4,1	21 Mo ☾	3 36 / 10 09 / 16 12 / 22 45	2,0 / 4,7 / 2,1 / 4,4
7 Mo	5 38 / 12 09 / 18 28	2,5 / 4,3 / 2,5	22 Di	4 48 / 11 20 / 17 52	2,3 / 4,6 / 2,3
8 Di	1 20 / 7 17 / 13 47 / 20 23	4,1 / 2,6 / 4,4 / 2,3	23 Mi	0 10 / 6 41 / 12 49 / 19 35	4,4 / 2,4 / 4,6 / 2,1
9 Mi	2 31 / 8 54 / 14 49 / 21 24	4,3 / 2,3 / 4,6 / 1,9	24 Do	1 51 / 8 11 / 14 16 / 20 49	4,6 / 2,0 / 4,9 / 1,6
10 Do	3 23 / 9 45 / 15 37 / 22 09	4,6 / 1,9 / 4,9 / 1,6	25 Fr	3 04 / 9 17 / 15 21 / 21 48	4,9 / 1,5 / 5,3 / 1,1
11 Fr	4 06 / 10 28 / 16 18 / 22 48	4,9 / 1,5 / 5,2 / 1,3	26 Sa	3 59 / 10 13 / 16 14 / 22 40	5,3 / 1,1 / 5,6 / 0,7
12 Sa	4 44 / 11 05 / 16 56 / 23 23	5,1 / 1,3 / 5,3 / 1,1	27 So	4 48 / 11 03 / 17 03 / 23 28	5,6 / 0,7 / 5,8 / 0,5
13 So ○	5 20 / 11 39 / 17 33 / 23 55	5,3 / 1,1 / 5,4 / 1,0	28 Mo ●	5 34 / 11 49 / 17 50	5,7 / 0,5 / 5,9
14 Mo	5 55 / 12 10 / 18 09	5,3 / 1,1 / 5,4	29 Di	0 12 / 6 17 / 12 32 / 18 33	0,4 / 5,7 / 0,4 / 5,8
15 Di	0 24 / 6 29 / 12 38 / 18 43	1,0 / 5,4 / 1,1 / 5,4	30 Mi	0 54 / 6 58 / 13 13 / 19 15	0,4 / 5,8 / 0,5 / 5,7
31 Do	1 32 / 7 35 / 13 51 / 19 52	0,6 / 5,6 / 0,8 / 5,5			

November

Tag	Zeit	Höhe	Tag	Zeit	Höhe
1 Fr	2 08 / 8 09 / 14 27 / 20 25	1,0 / 5,4 / 1,1 / 5,1	16 Sa	1 29 / 7 44 / 13 49 / 20 04	1,3 / 5,3 / 1,3 / 5,1
2 Sa	2 42 / 8 38 / 15 04 / 20 55	1,4 / 5,2 / 1,5 / 4,8	17 So	2 04 / 8 21 / 14 27 / 20 45	1,4 / 5,2 / 1,5 / 4,9
3 So	3 18 / 9 10 / 15 45 / 21 31	1,8 / 4,9 / 2,0 / 4,5	18 Mo	2 44 / 9 05 / 15 13 / 21 35	1,7 / 5,1 / 1,7 / 4,7
4 Mo ☽	4 01 / 9 52 / 16 38 / 22 24	2,3 / 4,6 / 2,3 / 4,2	19 Di	3 34 / 9 59 / 16 14 / 22 37	2,0 / 4,9 / 2,0 / 4,6
5 Di	5 01 / 10 57 / 17 47 / 23 56	2,6 / 4,4 / 2,5	20 Mi	4 44 / 11 06 / 17 38 / 23 56	2,2 / 4,8 / 2,1 / 4,5
6 Mi	0 23 / 6 19 / 12 55 / 19 14	4,1 / 2,7 / 4,4 / 2,4	21 Do	6 17 / 12 27 / 19 09	2,2 / 4,8 / 2,0
7 Do	1 49 / 7 52 / 14 06 / 20 34	4,3 / 2,5 / 4,6 / 2,1	22 Fr	1 25 / 7 43 / 13 49 / 20 22	4,6 / 2,0 / 5,0 / 1,6
8 Fr	2 44 / 8 58 / 14 58 / 21 24	4,5 / 2,1 / 4,8 / 1,8	23 Sa	2 37 / 8 51 / 14 55 / 21 23	4,9 / 1,6 / 5,2 / 1,3
9 Sa	3 29 / 9 45 / 15 42 / 22 05	4,8 / 1,8 / 5,0 / 1,5	24 So	3 34 / 9 48 / 15 51 / 22 16	5,2 / 1,2 / 5,4 / 1,0
10 So	4 10 / 10 25 / 16 24 / 22 43	5,1 / 1,5 / 5,2 / 1,3	25 Mo	4 24 / 10 39 / 16 41 / 23 04	5,4 / 0,9 / 5,6 / 0,8
11 Mo	4 48 / 11 02 / 17 03 / 23 18	5,3 / 1,3 / 5,3 / 1,2	26 Di	5 10 / 11 26 / 17 28 / 23 48	5,6 / 0,8 / 5,6 / 0,7
12 Di	5 26 / 11 36 / 17 42 / 23 52	5,4 / 1,2 / 5,4 / 1,1	27 Mi	5 53 / 12 10 / 18 13	5,7 / 0,7 / 5,6
13 Mi	6 03 / 12 10 / 18 19	5,4 / 1,1 / 5,4	28 Do ●	0 30 / 6 33 / 12 52 / 18 53	0,7 / 5,7 / 0,8 / 5,5
14 Do	0 24 / 6 37 / 12 43 / 18 54	1,1 / 5,4 / 1,1 / 5,3	29 Fr	1 10 / 7 11 / 13 31 / 19 30	0,9 / 5,6 / 1,0 / 5,3
15 Fr ○	0 57 / 7 10 / 13 15 / 19 29	1,1 / 5,4 / 1,2 / 5,2	30 Sa	1 46 / 7 44 / 14 08 / 20 03	1,2 / 5,4 / 1,2 / 5,1

Dezember

Tag	Zeit	Höhe	Tag	Zeit	Höhe
1 So	2 21 / 8 15 / 14 45 / 20 35	1,5 / 5,2 / 1,5 / 4,8	16 Mo	2 04 / 8 16 / 14 31 / 20 45	1,3 / 5,4 / 1,3 / 5,1
2 Mo	2 56 / 8 49 / 15 23 / 21 12	1,8 / 5,0 / 1,8 / 4,6	17 Di	2 48 / 9 02 / 15 19 / 21 34	1,4 / 5,3 / 1,4 / 4,9
3 Di	3 34 / 9 30 / 16 08 / 21 59	2,1 / 4,8 / 2,1 / 4,4	18 Mi	3 37 / 9 53 / 16 13 / 22 30	1,6 / 5,1 / 1,6 / 4,8
4 Mi ☽	4 23 / 10 21 / 17 04 / 23 02	2,4 / 4,6 / 2,3 / 4,3	19 Do ☾	4 35 / 10 52 / 17 17 / 23 36	1,8 / 5,0 / 1,8 / 4,7
5 Do	5 25 / 11 29 / 18 09	2,5 / 4,5 / 2,4	20 Fr	5 45 / 12 01 / 18 31	2,0 / 4,9 / 1,8
6 Fr	0 28 / 6 37 / 12 54 / 19 17	4,3 / 2,5 / 4,5 / 2,3	21 Sa	0 50 / 7 03 / 13 16 / 19 46	4,7 / 2,0 / 4,9 / 1,7
7 Sa	1 43 / 7 47 / 14 02 / 20 20	4,4 / 2,3 / 4,6 / 2,0	22 So	2 02 / 8 17 / 14 25 / 20 53	4,8 / 1,8 / 5,0 / 1,5
8 So	2 40 / 8 47 / 14 57 / 21 13	4,6 / 2,1 / 4,8 / 1,8	23 Mo	3 04 / 9 21 / 15 26 / 21 51	5,0 / 1,5 / 5,1 / 1,3
9 Mo	3 29 / 9 38 / 15 46 / 21 59	4,9 / 1,8 / 5,0 / 1,5	24 Di	3 59 / 10 17 / 16 21 / 22 43	5,2 / 1,3 / 5,2 / 1,1
10 Di	4 14 / 10 23 / 16 32 / 22 42	5,1 / 1,5 / 5,1 / 1,3	25 Mi	4 48 / 11 07 / 17 10 / 23 29	5,4 / 1,1 / 5,3 / 1,0
11 Mi	4 56 / 11 05 / 17 16 / 23 23	5,3 / 1,3 / 5,2 / 1,2	26 Do ●	5 33 / 11 53 / 17 56	5,5 / 1,0 / 5,3
12 Do ○	5 37 / 11 46 / 17 58	5,4 / 1,2 / 5,3	27 Fr	0 13 / 6 14 / 12 36 / 18 37	1,0 / 5,5 / 1,0 / 5,3
13 Fr	0 03 / 6 16 / 12 27 / 18 38	1,1 / 5,5 / 1,1 / 5,3	28 Sa	0 53 / 6 53 / 13 16 / 19 14	1,1 / 5,5 / 1,0 / 5,2
14 Sa	0 43 / 6 55 / 13 07 / 19 19	1,1 / 5,5 / 1,1 / 5,3	29 So	1 30 / 7 27 / 13 53 / 19 48	1,2 / 5,4 / 1,2 / 5,1
15 So	1 23 / 7 34 / 13 48 / 20 00	1,2 / 5,5 / 1,2 / 5,2	30 Mo	2 05 / 8 00 / 14 28 / 20 21	1,4 / 5,3 / 1,4 / 4,9
31 Di	2 37 / 8 34 / 15 02 / 20 56	1,6 / 5,1 / 1,6 / 4,8			

● Neumond   ☽ erstes Viertel   ○ Vollmond   ☾ letztes Viertel

UTC   Höhen sind auf SKN bezogen

Mittlere Tidenkurven

Plymouth, Devonport

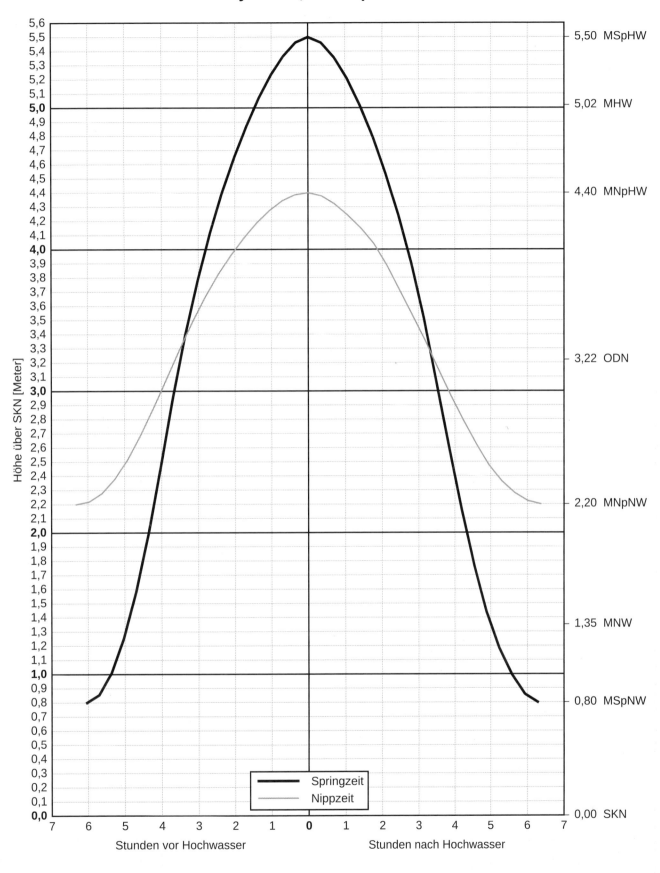

MSpSD:	6,03 h	MSpFD:	6,28 h	MHWI:	5 h 19 min
MNpSD:	6,32 h	MNpFD:	6,37 h	MNWI:	11 h 36 min

Stand Tidenkurven: 1955
Stand Gezeitengrundwerte: 2019

Southampton 2019

Breite: 50° 53' N, Länge: 1° 24' W

Zeiten (Stunden und Minuten) und Höhen (Meter) der Hoch- und Niedrigwasser

Januar

Tag	Zeit	Höhe	Tag	Zeit	Höhe
1 Di	0 12 / 6 30 / 12 48 / 18 54	1,6 / 4,1 / 1,7 / 3,8	16 Mi	6 08 / 11 47 / 17 45	3,9 / 1,8 / 3,6
2 Mi	1 14 / 7 25 / 13 46 / 20 57	1,6 / 4,1 / 1,5 / 4,0	17 Do	0 19 / 6 27 / 12 56 / 19 03	1,8 / 3,9 / 1,7 / 3,8
3 Do	2 08 / 9 19 / 14 37 / 21 49	1,5 / 4,3 / 1,3 / 4,1	18 Fr	1 26 / 7 40 / 14 00 / 20 14	1,6 / 4,1 / 1,4 / 4,0
4 Fr	2 57 / 9 59 / 15 24 / 22 40	1,3 / 4,3 / 1,1 / 4,2	19 Sa	2 26 / 8 43 / 14 57 / 21 14	1,3 / 4,3 / 1,0 / 4,3
5 Sa	3 44 / 9 52 / 16 09 / 22 22	1,2 / 4,3 / 1,0 / 4,2	20 So	3 21 / 9 35 / 15 49 / 22 04	1,0 / 4,5 / 0,7 / 4,5
6 So ●	4 29 / 10 35 / 16 52 / 23 04	1,1 / 4,3 / 0,9 / 4,2	21 Mo ○	4 11 / 10 27 / 16 37 / 23 12	0,7 / 4,7 / 0,4 / 4,7
7 Mo	5 11 / 11 17 / 17 32 / 23 42	1,1 / 4,3 / 0,9 / 4,2	22 Di	4 59 / 11 30 / 17 24 / 23 57	0,5 / 4,8 / 0,2 / 4,8
8 Di	5 51 / 11 51 / 18 08	1,2 / 4,3 / 1,0	23 Mi	5 45 / 12 15 / 18 09	0,4 / 4,8 / 0,2
9 Mi	0 16 / 6 25 / 12 28 / 18 38	4,2 / 1,3 / 4,3 / 1,1	24 Do	0 44 / 6 31 / 13 01 / 18 54	4,7 / 0,5 / 4,7 / 0,3
10 Do	1 34 / 6 51 / 13 00 / 19 03	4,3 / 1,4 / 4,2 / 1,2	25 Fr	1 33 / 7 16 / 13 51 / 19 39	4,7 / 0,6 / 4,6 / 0,5
11 Fr	1 59 / 7 18 / 13 33 / 19 34	4,3 / 1,4 / 4,1 / 1,3	26 Sa	2 28 / 8 02 / 14 47 / 20 26	4,5 / 0,9 / 4,4 / 0,8
12 Sa	2 32 / 7 54 / 14 12 / 20 12	4,2 / 1,5 / 4,0 / 1,4	27 So ☾	2 56 / 8 53 / 15 57 / 21 19	4,3 / 1,2 / 4,2 / 1,2
13 So	3 13 / 8 37 / 14 58 / 20 59	4,2 / 1,6 / 3,9 / 1,5	28 Mo	3 53 / 9 50 / 16 14 / 22 20	4,1 / 1,5 / 3,9 / 1,5
14 Mo ☽	3 32 / 9 30 / 15 45 / 21 57	4,0 / 1,7 / 3,8 / 1,7	29 Di	4 55 / 10 57 / 17 18 / 23 32	4,0 / 1,7 / 3,7 / 1,8
15 Di	4 22 / 10 36 / 16 45 / 23 08	3,9 / 1,9 / 3,7 / 1,8	30 Mi	5 53 / 12 13 / 18 25	3,9 / 1,8 / 3,7
			31 Do	0 45 / 6 53 / 13 21 / 19 29	1,8 / 3,8 / 1,7 / 3,7

Februar

Tag	Zeit	Höhe	Tag	Zeit	Höhe
1 Fr	1 48 / 8 56 / 14 19 / 20 29	1,7 / 4,0 / 1,6 / 3,8	16 Sa	1 02 / 7 08 / 13 45 / 19 57	1,8 / 3,8 / 1,5 / 3,9
2 Sa	2 41 / 9 44 / 15 07 / 21 21	1,6 / 4,1 / 1,3 / 3,9	17 So	2 16 / 8 29 / 14 48 / 21 03	1,5 / 4,2 / 1,1 / 4,2
3 So	3 28 / 9 38 / 15 52 / 23 11	1,3 / 4,1 / 1,1 / 4,2	18 Mo	3 12 / 9 23 / 15 39 / 21 53	1,1 / 4,4 / 0,6 / 4,5
4 Mo ●	4 13 / 10 18 / 16 34 / 22 47	1,1 / 4,2 / 0,9 / 4,2	19 Di	4 02 / 10 12 / 16 26 / 22 58	0,7 / 4,7 / 0,3 / 4,7
5 Di	4 54 / 11 00 / 17 13 / 23 25	1,0 / 4,3 / 0,8 / 4,2	20 Mi	4 47 / 11 13 / 17 11 / 23 40	0,4 / 4,8 / 0,1 / 4,8
6 Mi	5 32 / 11 43 / 17 49 / 23 59	1,0 / 4,3 / 0,8 / 4,3	21 Do	5 31 / 11 57 / 17 53	0,2 / 4,8 / 0,0
7 Do	6 05 / 12 06 / 18 19	1,1 / 4,3 / 0,9	22 Fr	0 25 / 6 14 / 12 42 / 18 35	4,8 / 0,2 / 4,7 / 0,1
8 Fr	1 02 / 6 30 / 12 39 / 18 42	4,3 / 1,1 / 4,3 / 1,0	23 Sa	1 12 / 6 56 / 13 29 / 19 17	4,7 / 0,4 / 4,6 / 0,3
9 Sa	1 26 / 6 54 / 13 34 / 19 08	4,3 / 1,1 / 4,3 / 1,0	24 So	2 03 / 7 38 / 14 21 / 19 59	4,5 / 0,6 / 4,4 / 0,7
10 So	1 57 / 7 26 / 13 50 / 19 44	4,3 / 1,1 / 4,2 / 1,0	25 Mo	2 26 / 8 22 / 14 43 / 20 46	4,3 / 1,0 / 4,1 / 1,1
11 Mo	2 36 / 8 05 / 14 28 / 20 25	4,3 / 1,1 / 4,1 / 1,1	26 Di ☾	3 15 / 9 13 / 15 41 / 21 41	4,0 / 1,4 / 3,8 / 1,6
12 Di ☽	3 21 / 8 51 / 15 17 / 21 13	4,2 / 1,3 / 4,0 / 1,4	27 Mi	4 15 / 10 14 / 16 42 / 22 52	3,8 / 1,7 / 3,6 / 1,9
13 Mi	3 49 / 9 46 / 16 09 / 22 15	4,0 / 1,6 / 3,8 / 1,7	28 Do	5 16 / 11 33 / 17 49	3,7 / 1,9 / 3,5
14 Do	4 44 / 10 59 / 17 48 / 23 36	3,8 / 1,8 / 3,7 / 1,8			
15 Fr	5 46 / 12 24 / 18 25	3,7 / 1,8 / 3,6			

März

Tag	Zeit	Höhe	Tag	Zeit	Höhe
1 Fr	0 18 / 6 20 / 12 55 / 18 59	2,0 / 3,6 / 1,9 / 3,5	16 Sa	5 16 / 12 06 / 18 00	3,6 / 1,8 / 3,6
2 Sa	1 29 / 8 16 / 13 58 / 20 03	1,9 / 3,7 / 1,7 / 3,7	17 So	1 00 / 6 48 / 13 40 / 19 42	1,9 / 3,7 / 1,5 / 3,9
3 So	2 24 / 8 23 / 14 47 / 20 58	1,7 / 3,7 / 1,4 / 3,9	18 Mo	2 11 / 8 14 / 14 37 / 20 47	1,5 / 4,1 / 1,1 / 4,3
4 Mo	3 10 / 9 53 / 15 30 / 21 41	1,4 / 4,0 / 1,1 / 4,0	19 Di	3 02 / 9 08 / 15 25 / 21 34	1,0 / 4,4 / 0,6 / 4,5
5 Di	3 52 / 9 58 / 16 11 / 22 22	1,1 / 4,1 / 0,9 / 4,2	20 Mi	3 47 / 9 55 / 16 09 / 22 41	0,6 / 4,6 / 0,2 / 4,7
6 Mi ●	4 32 / 10 49 / 16 49 / 22 59	0,9 / 4,2 / 0,7 / 4,3	21 Do ○	4 30 / 10 53 / 16 52 / 23 22	0,3 / 4,7 / 0,0 / 4,8
7 Do	5 08 / 11 14 / 17 24 / 23 35	0,9 / 4,3 / 0,7 / 4,3	22 Fr	5 12 / 11 38 / 17 33	0,1 / 4,7 / 0,0
8 Fr	5 40 / 11 45 / 17 53	0,9 / 4,3 / 0,8	23 Sa	0 04 / 5 53 / 12 21 / 18 13	4,7 / 0,1 / 4,7 / 0,1
9 Sa	0 01 / 6 04 / 12 37 / 18 17	4,3 / 0,9 / 4,4 / 0,8	24 So	0 48 / 6 33 / 13 07 / 18 52	4,6 / 0,3 / 4,5 / 0,4
10 So	0 56 / 6 29 / 13 07 / 18 44	4,4 / 0,8 / 4,4 / 0,8	25 Mo	1 36 / 7 13 / 13 57 / 19 33	4,5 / 0,6 / 4,4 / 0,7
11 Mo	1 28 / 7 01 / 13 43 / 19 18	4,4 / 0,8 / 4,4 / 0,8	26 Di	2 36 / 7 53 / 14 14 / 20 16	4,3 / 0,9 / 4,1 / 1,2
12 Di	2 06 / 7 38 / 14 25 / 19 57	4,4 / 0,9 / 4,3 / 0,9	27 Mi	2 34 / 8 39 / 14 59 / 21 08	4,0 / 1,3 / 3,8 / 1,6
13 Mi	2 30 / 8 21 / 14 49 / 20 43	4,3 / 1,0 / 4,1 / 1,2	28 Do ☾	3 23 / 9 36 / 16 03 / 22 16	3,7 / 1,7 / 3,6 / 2,0
14 Do ☽	3 17 / 9 11 / 15 41 / 21 39	4,0 / 1,4 / 3,9 / 1,6	29 Fr	4 29 / 10 52 / 17 14 / 23 45	3,5 / 2,0 / 3,5 / 2,1
15 Fr	4 09 / 10 20 / 17 24 / 23 05	3,8 / 1,7 / 3,8 / 1,9	30 Sa	5 39 / 12 18 / 19 15	3,4 / 2,0 / 3,6
			31 So	1 01 / 7 28 / 13 25 / 19 25	2,1 / 3,5 / 1,8 / 3,6

April

Tag	Zeit	Höhe	Tag	Zeit	Höhe
1 Mo	1 58 / 7 46 / 14 17 / 20 26	1,8 / 3,6 / 1,6 / 3,8	16 Di	1 54 / 7 49 / 14 16 / 20 26	1,5 / 4,0 / 1,1 / 4,3
2 Di	2 44 / 9 22 / 15 01 / 21 13	1,5 / 3,9 / 1,2 / 4,1	17 Mi	2 42 / 8 44 / 15 03 / 21 12	1,0 / 4,3 / 0,7 / 4,5
3 Mi	3 25 / 9 29 / 15 42 / 21 53	1,2 / 4,0 / 1,0 / 4,2	18 Do	3 26 / 9 31 / 15 47 / 22 23	0,7 / 4,5 / 0,4 / 4,7
4 Do	4 03 / 10 11 / 16 19 / 22 31	1,0 / 4,2 / 0,8 / 4,3	19 Fr ○	4 09 / 10 36 / 16 29 / 23 02	0,4 / 4,6 / 0,2 / 4,7
5 Fr ●	4 38 / 10 46 / 16 53 / 23 03	0,8 / 4,3 / 0,7 / 4,4	20 Sa	4 50 / 11 18 / 17 09 / 23 44	0,2 / 4,6 / 0,2 / 4,7
6 Sa	5 09 / 11 17 / 17 23 / 23 35	0,8 / 4,3 / 0,7 / 4,4	21 So	5 30 / 12 01 / 17 49	0,3 / 4,5 / 0,3
7 So	5 37 / 12 11 / 17 51	0,7 / 4,5 / 0,7	22 Mo	0 25 / 6 10 / 12 47 / 18 29	4,6 / 0,4 / 4,4 / 0,6
8 Mo	0 28 / 6 05 / 12 43 / 18 21	4,5 / 0,7 / 4,5 / 0,7	23 Di	1 09 / 6 49 / 13 39 / 19 09	4,4 / 0,6 / 4,3 / 0,9
9 Di	1 02 / 6 38 / 13 21 / 18 56	4,5 / 0,6 / 4,5 / 0,8	24 Mi	1 58 / 7 28 / 13 44 / 19 51	4,3 / 1,0 / 4,1 / 1,3
10 Mi	1 41 / 7 16 / 14 04 / 19 36	4,5 / 0,7 / 4,4 / 0,9	25 Do	2 02 / 8 11 / 14 31 / 20 39	4,0 / 1,3 / 3,9 / 1,7
11 Do	2 01 / 7 59 / 14 29 / 20 22	4,3 / 1,0 / 4,2 / 1,3	26 Fr ☾	2 43 / 9 03 / 15 23 / 21 43	3,7 / 1,7 / 3,7 / 2,0
12 Fr	2 49 / 8 49 / 15 56 / 21 19	4,0 / 1,3 / 4,0 / 1,7	27 Sa	3 36 / 10 12 / 16 33 / 23 02	3,5 / 1,9 / 3,6 / 2,2
13 Sa	3 43 / 10 02 / 16 26 / 23 00	3,7 / 1,7 / 3,7 / 2,0	28 So	4 50 / 11 28 / 17 40	3,4 / 2,0 / 3,6
14 So	4 58 / 11 58 / 17 54	3,6 / 1,8 / 3,7	29 Mo	0 18 / 6 46 / 12 39 / 18 45	2,1 / 3,5 / 1,9 / 3,6
15 Mo	0 51 / 6 36 / 13 21 / 19 24	1,8 / 3,7 / 1,5 / 4,0	30 Di	1 21 / 7 49 / 13 37 / 19 47	1,9 / 3,6 / 1,7 / 3,8

● Neumond   ☽ erstes Viertel   ○ Vollmond   ☾ letztes Viertel

UTC   Höhen sind auf SKN bezogen

Dem angegebenen HW folgt meist ein zweites, vergl. Tidenkurve Seite 105

Gezeitenvorausberechnungen

Southampton 2019

Breite: 50° 53' N, Länge: 1° 24' W

Zeiten (Stunden und Minuten) und Höhen (Meter) der Hoch- und Niedrigwasser

	Mai					Juni					Juli					August			
	Zeit	Höhe		Zeit	Höhe	Zeit	Höhe		Zeit	Höhe	Zeit	Höhe		Zeit	Höhe	Zeit	Höhe		Zeit	Höhe
1 Mi	2 10 / 8 44 / 14 24 / 21 20	1,7 / 3,8 / 1,4 / 4,2	**16** Do	2 14 / 8 19 / 14 35 / 20 48	1,1 / 4,2 / 0,9 / 4,4	**1** Sa	2 45 / 9 03 / 15 03 / 21 22	1,3 / 4,1 / 1,1 / 4,3	**16** So	3 22 / 10 10 / 15 42 / 22 29	0,9 / 4,3 / 0,9 / 4,4	**1** Mo	2 53 / 9 13 / 15 16 / 21 32	1,1 / 4,2 / 1,1 / 4,4	**16** Di ○	3 51 / 10 57 / 16 12 / 22 16	1,0 / 4,2 / 1,1 / 4,2	**1** Do ●	4 17 / 10 31 / 16 40 / 22 50	0,6 / 4,6 / 0,7 / 4,7	**16** Fr	4 59 / 11 09 / 17 20 / 23 18	0,8 / 4,2 / 1,0 / 4,2
2 Do	2 51 / 8 57 / 15 05 / 21 19	1,4 / 4,0 / 1,2 / 4,2	**17** Fr	3 01 / 9 08 / 15 21 / 22 04	0,8 / 4,3 / 0,7 / 4,6	**2** So	3 25 / 9 44 / 15 44 / 22 01	1,0 / 4,3 / 0,9 / 4,4	**17** Mo ○	4 07 / 10 59 / 16 27 / 23 11	0,8 / 4,3 / 0,9 / 4,4	**2** Di ●	3 41 / 9 59 / 16 04 / 22 20	0,8 / 4,4 / 0,9 / 4,5	**17** Mi	4 35 / 11 47 / 16 56 / 22 59	0,9 / 4,3 / 1,1 / 4,2	**2** Fr	5 04 / 11 38 / 17 26 / 23 53	0,4 / 4,7 / 0,5 / 4,8	**17** Sa	5 37 / 11 48 / 17 57 / 23 52	0,8 / 4,3 / 1,0 / 4,2
3 Fr	3 28 / 9 36 / 15 43 / 21 58	1,1 / 4,1 / 0,9 / 4,4	**18** Sa ○	3 45 / 10 19 / 16 04 / 22 43	0,6 / 4,4 / 0,5 / 4,6	**3** Mo ●	4 05 / 10 23 / 16 25 / 22 40	0,8 / 4,4 / 0,8 / 4,5	**18** Di	4 50 / 11 01 / 17 11 / 23 17	0,7 / 4,2 / 0,9 / 4,3	**3** Mi	4 28 / 11 09 / 16 51 / 23 05	0,6 / 4,6 / 0,8 / 4,6	**18** Do	5 18 / 11 31 / 17 39 / 23 41	0,8 / 4,2 / 1,1 / 4,2	**3** Sa	5 49 / 12 22 / 18 11	0,2 / 4,8 / 0,5	**18** So	6 12 / 12 56 / 18 28	0,9 / 4,4 / 1,2
4 Sa ●	4 03 / 10 16 / 16 19 / 22 31	0,9 / 4,3 / 0,8 / 4,4	**19** So	4 27 / 11 03 / 16 46 / 23 24	0,5 / 4,4 / 0,5 / 4,5	**4** Di	4 46 / 11 25 / 17 05 / 23 43	0,6 / 4,5 / 0,7 / 4,6	**19** Mi	5 33 / 11 44 / 17 53 / 23 55	0,8 / 4,2 / 1,0 / 4,2	**4** Do	5 15 / 11 53 / 17 37	0,5 / 4,6 / 0,7	**19** Fr	5 58 / 12 08 / 18 19	0,9 / 4,2 / 1,1	**4** So	0 38 / 6 34 / 13 09 / 18 56	4,8 / 0,3 / 4,7 / 0,6	**19** Mo	0 27 / 6 39 / 13 19 / 18 50	4,2 / 1,0 / 4,3 / 1,2
5 So	4 36 / 10 49 / 16 52 / 23 06	0,7 / 4,4 / 0,7 / 4,5	**20** Mo	5 08 / 11 48 / 17 28	0,5 / 4,4 / 0,6	**5** Mi	5 27 / 12 06 / 17 48	0,6 / 4,6 / 0,7	**20** Do	6 14 / 12 24 / 18 35	0,9 / 4,2 / 1,2	**5** Fr	0 09 / 6 01 / 12 38 / 18 24	4,7 / 0,5 / 4,7 / 0,7	**20** Sa	0 16 / 6 35 / 12 42 / 18 53	4,2 / 1,0 / 4,2 / 1,3	**5** Mo	1 25 / 7 18 / 14 00 / 19 41	4,6 / 0,4 / 4,6 / 0,7	**20** Di	0 56 / 7 00 / 13 46 / 19 14	4,2 / 1,1 / 4,3 / 1,3
6 Mo	5 09 / 11 47 / 17 26	0,6 / 4,5 / 0,7	**21** Di	0 05 / 5 50 / 12 39 / 18 09	4,5 / 0,6 / 4,3 / 0,8	**6** Do	0 24 / 6 09 / 12 51 / 18 31	4,6 / 0,6 / 4,6 / 0,8	**21** Fr	0 33 / 6 52 / 13 03 / 19 13	4,1 / 1,1 / 4,1 / 1,4	**6** Sa	0 56 / 6 47 / 13 28 / 19 11	4,6 / 0,5 / 4,6 / 0,8	**21** So	0 51 / 7 05 / 13 16 / 19 21	4,1 / 1,1 / 4,2 / 1,4	**6** Di	2 17 / 8 03 / 15 01 / 20 29	4,5 / 0,7 / 4,5 / 1,0	**21** Mi	1 54 / 7 28 / 14 20 / 19 47	4,3 / 1,1 / 4,3 / 1,3
7 Di	0 03 / 5 43 / 12 23 / 18 01	4,6 / 0,6 / 4,6 / 0,7	**22** Mi	0 47 / 6 29 / 12 37 / 18 50	4,4 / 0,7 / 4,2 / 1,1	**7** Fr	1 09 / 6 46 / 13 41 / 19 19	4,6 / 0,7 / 4,5 / 1,0	**22** Sa	1 14 / 7 29 / 13 40 / 19 49	4,1 / 1,2 / 4,0 / 1,5	**7** So	1 45 / 7 35 / 14 22 / 20 01	4,5 / 0,7 / 4,5 / 1,0	**22** Mo	1 25 / 7 32 / 14 29 / 19 49	4,1 / 1,2 / 4,2 / 1,5	**7** Mi ☽	3 18 / 8 53 / 15 25 / 21 23	4,3 / 1,0 / 4,2 / 1,3	**22** Do	2 08 / 8 05 / 15 01 / 20 29	4,1 / 1,2 / 4,3 / 1,4
8 Mi	0 40 / 6 21 / 13 03 / 18 40	4,6 / 0,6 / 4,5 / 0,8	**23** Do	1 30 / 7 08 / 13 21 / 19 30	4,2 / 1,0 / 4,1 / 1,4	**8** Sa	2 00 / 7 43 / 14 38 / 20 12	4,4 / 0,9 / 4,4 / 1,3	**23** So	1 51 / 8 04 / 14 21 / 20 28	3,9 / 1,4 / 4,0 / 1,7	**8** Mo	2 40 / 8 26 / 15 26 / 20 55	4,4 / 0,9 / 4,4 / 1,2	**23** Di	2 01 / 8 04 / 14 29 / 20 26	4,0 / 1,3 / 4,1 / 1,6	**8** Do	3 47 / 9 50 / 16 26 / 22 25	4,0 / 1,4 / 4,1 / 1,6	**23** Fr ☾	2 54 / 8 05 / 15 20 / 21 20	4,0 / 1,5 / 4,0 / 1,6
9 Do	1 22 / 7 01 / 13 50 / 19 23	4,5 / 0,8 / 4,4 / 1,0	**24** Fr	1 33 / 7 48 / 14 06 / 20 15	4,0 / 1,3 / 3,9 / 1,6	**9** So	2 58 / 8 39 / 15 47 / 21 14	4,2 / 1,1 / 4,3 / 1,5	**24** Mo	2 28 / 8 45 / 15 05 / 21 14	3,8 / 1,6 / 3,9 / 1,8	**9** Di ☽	3 43 / 9 21 / 15 53 / 21 54	4,2 / 1,1 / 4,2 / 1,4	**24** Mi	2 42 / 8 44 / 15 11 / 21 12	3,9 / 1,5 / 4,0 / 1,7	**9** Fr	4 51 / 10 56 / 17 25 / 23 36	3,8 / 1,7 / 4,0 / 1,8	**24** Sa	3 43 / 9 47 / 16 11 / 22 28	3,8 / 1,7 / 3,9 / 1,8
10 Fr	1 45 / 7 47 / 14 45 / 20 13	4,3 / 1,0 / 4,3 / 1,4	**25** Sa	2 13 / 8 34 / 14 55 / 21 07	3,8 / 1,6 / 3,8 / 1,9	**10** Mo ☽	3 31 / 9 46 / 16 11 / 22 25	4,0 / 1,3 / 4,1 / 1,6	**25** Di ☾	3 16 / 9 37 / 15 51 / 22 09	3,7 / 1,7 / 3,8 / 1,9	**10** Mi	4 12 / 10 23 / 16 55 / 22 59	4,0 / 1,4 / 4,1 / 1,6	**25** Do ☾	3 26 / 9 35 / 16 01 / 22 10	3,8 / 1,6 / 3,9 / 1,8	**10** Sa	5 55 / 12 09 / 18 25	3,7 / 1,8 / 3,9	**25** So	5 14 / 11 03 / 17 56 / 23 50	3,8 / 2,0 / 3,9 / 1,9
11 Sa	2 33 / 8 42 / 15 55 / 21 20	4,0 / 1,3 / 4,1 / 1,7	**26** So ☾	2 59 / 9 30 / 15 45 / 22 10	3,6 / 1,8 / 3,7 / 2,1	**11** Di	4 34 / 10 57 / 17 22 / 23 36	3,9 / 1,4 / 4,1 / 1,6	**26** Mi	4 07 / 10 36 / 16 43 / 23 09	3,5 / 1,8 / 3,7 / 2,0	**11** Do	5 17 / 11 29 / 17 55	3,9 / 1,5 / 4,1	**26** Fr	4 20 / 10 40 / 16 54 / 23 17	3,7 / 1,8 / 3,8 / 1,8	**11** So	0 50 / 7 00 / 13 19 / 19 26	1,8 / 3,7 / 1,8 / 3,9	**26** Mo	5 44 / 12 28 / 18 22	3,6 / 2,0 / 3,7
12 So ☽	3 37 / 10 01 / 16 24 / 22 51	3,8 / 1,6 / 3,9 / 1,8	**27** Mo	3 55 / 10 34 / 16 45 / 23 15	3,4 / 1,9 / 3,7 / 1,9	**12** Mi	5 42 / 12 06 / 18 27	3,8 / 1,4 / 4,1	**27** Do	5 02 / 11 37 / 17 40	3,5 / 1,8 / 3,7	**12** Fr	0 07 / 6 22 / 12 36 / 18 54	1,6 / 3,8 / 1,6 / 4,0	**27** Sa	6 04 / 11 47 / 17 52	3,7 / 1,8 / 3,8	**12** Mo	1 54 / 8 03 / 14 19 / 20 26	1,7 / 3,8 / 1,7 / 3,9	**27** Di	1 11 / 7 15 / 13 45 / 19 56	1,7 / 3,8 / 1,7 / 4,0
13 Mo	4 52 / 11 32 / 17 44	3,7 / 1,6 / 3,9	**28** Di	5 00 / 11 37 / 17 54	3,4 / 1,9 / 3,7	**13** Do	0 43 / 6 52 / 13 10 / 19 27	1,5 / 3,9 / 1,3 / 4,2	**28** Fr	0 09 / 6 06 / 12 36 / 18 47	1,9 / 3,5 / 1,7 / 3,7	**13** Sa	1 14 / 7 25 / 13 39 / 19 53	1,5 / 3,9 / 1,5 / 4,1	**28** So	0 24 / 6 21 / 12 54 / 19 02	1,8 / 3,6 / 1,7 / 3,9	**13** Di	2 47 / 9 02 / 15 10 / 22 00	1,4 / 3,9 / 1,5 / 4,2	**28** Mi	2 21 / 8 38 / 14 48 / 20 57	1,3 / 4,2 / 1,4 / 4,3
14 Di	0 15 / 6 12 / 12 46 / 18 59	1,7 / 3,8 / 1,4 / 4,1	**29** Mi	0 20 / 6 14 / 12 38 / 19 00	2,0 / 3,5 / 1,8 / 3,8	**14** Fr	1 43 / 7 51 / 14 06 / 20 19	1,3 / 4,0 / 1,2 / 4,3	**29** Sa	1 08 / 7 18 / 13 33 / 19 54	1,7 / 3,7 / 1,6 / 3,9	**14** So	2 12 / 8 24 / 14 35 / 20 44	1,4 / 3,9 / 1,4 / 4,1	**29** Mo	1 29 / 7 41 / 13 58 / 20 17	1,5 / 3,8 / 1,5 / 4,1	**14** Mi	3 34 / 10 50 / 15 56 / 22 01	1,2 / 4,2 / 1,2 / 4,6	**29** Do	3 16 / 9 30 / 15 40 / 21 47	0,9 / 4,5 / 1,0 / 4,6
15 Mi	1 22 / 7 22 / 13 46 / 20 02	1,5 / 4,0 / 1,2 / 4,3	**30** Do	1 17 / 7 23 / 13 28 / 19 55	1,8 / 3,7 / 1,6 / 4,0	**15** Sa	2 35 / 9 25 / 14 56 / 21 48	1,1 / 4,2 / 1,0 / 4,4	**30** So	2 02 / 8 14 / 14 26 / 20 47	1,4 / 4,0 / 1,3 / 4,2	**15** Mo	3 03 / 10 09 / 15 25 / 22 16	1,2 / 4,1 / 1,3 / 4,4	**30** Di	2 31 / 8 45 / 14 57 / 21 16	1,2 / 4,1 / 1,3 / 4,4	**15** Do ○	4 18 / 10 30 / 16 39 / 22 42	0,9 / 4,3 / 1,1 / 4,2	**30** Fr	4 04 / 10 15 / 16 26 / 22 32	0,5 / 4,7 / 0,6 / 4,8
			31 Fr	2 04 / 8 17 / 14 20 / 20 41	1,5 / 3,9 / 1,4 / 4,2						**31** Mi	3 26 / 9 42 / 15 50 / 22 04	0,9 / 4,4 / 1,0 / 4,6						**31** Sa	4 49 / 11 20 / 17 10 / 23 34	0,2 / 4,9 / 0,4 / 4,9

● Neumond   ☽ erstes Viertel   ○ Vollmond   ☾ letztes Viertel

UTC   Höhen sind auf SKN bezogen

Dem angegebenen HW folgt meist ein zweites, vergl. Tidenkurve Seite 105

Southampton 2019

Breite: 50° 53' N, Länge: 1° 24' W

Zeiten (Stunden und Minuten) und Höhen (Meter) der Hoch- und Niedrigwasser

September								Oktober								November								Dezember							
	Zeit	Höhe			Zeit	Höhe			Zeit	Höhe			Zeit	Höhe			Zeit	Höhe			Zeit	Höhe			Zeit	Höhe			Zeit	Höhe	
1 So	5 32 12 02 17 53	0,1 4,9 0,3	**16** Mo	5 43 11 52 17 57 23 58	0,9 4,4 1,1 4,3		**1** Di	5 51 12 24 18 12	0,2 4,8 0,4	**16** Mi	5 36 12 14 17 48	1,0 4,6 1,0		**1** Fr	1 09 6 49 13 34 19 10	4,5 1,0 4,5 1,1	**16** Sa	0 41 6 17 12 59 18 36	4,6 1,1 4,6 1,0		**1** So	1 02 7 14 13 20 19 34	4,2 1,4 4,2 1,3	**16** Mo	1 14 6 52 13 32 19 14	4,6 1,1 4,6 1,0
2 Mo	0 17 6 14 12 48 18 35	4,8 0,1 4,8 0,4	**17** Di	6 08 12 44 18 18	1,0 4,5 1,1		**2** Mi	0 40 6 31 13 10 18 52	4,7 0,4 4,7 0,7	**17** Do	0 25 6 02 12 43 18 18	4,5 1,0 4,6 1,0		**2** Sa	1 24 7 32 13 39 19 55	4,2 1,4 4,1 1,4	**17** So	1 24 6 57 13 43 19 18	4,5 1,2 4,5 1,2		**2** Mo	1 48 8 00 14 00 20 21	4,1 1,7 4,0 1,6	**17** Di	2 05 7 40 14 24 20 05	4,5 1,3 4,4 1,2
3 Di	1 03 6 56 13 36 19 18	4,7 0,3 4,7 0,6	**18** Mi	0 51 6 29 13 12 18 43	4,4 1,0 4,5 1,1		**3** Do	1 29 7 12 14 05 19 34	4,5 0,8 4,5 1,0	**18** Fr	0 59 6 34 13 19 18 52	4,6 1,0 4,6 1,0		**3** So	2 09 8 23 14 30 20 49	4,0 1,8 3,9 1,8	**18** Mo	2 13 7 43 14 06 20 07	4,4 1,5 4,2 1,5		**3** Di	2 38 8 52 14 52 21 17	3,9 2,0 3,8 1,9	**18** Mi	3 03 8 36 15 24 21 05	4,4 1,5 4,2 1,4
4 Mi	1 53 7 38 14 35 20 02	4,5 0,7 4,5 1,0	**19** Do	1 24 6 58 13 46 19 17	4,4 1,0 4,5 1,1		**4** Fr	2 34 7 56 14 15 20 20	4,3 1,2 4,2 1,4	**19** Sa	1 39 7 11 14 00 19 32	4,5 1,2 4,4 1,2		**4** Mo ☽	3 08 9 29 15 25 22 02	3,8 2,1 3,7 2,0	**19** Di ☾	3 14 8 40 15 00 21 15	4,2 1,8 4,0 1,8		**4** Mi ☽	3 32 9 56 15 46 22 22	3,8 2,1 3,6 2,0	**19** Do ☾	4 14 9 43 16 36 22 17	4,2 1,7 4,1 1,6
5 Do	2 54 8 24 14 49 20 51	4,3 1,1 4,2 1,4	**20** Fr	2 03 7 34 14 02 19 57	4,4 1,1 4,3 1,3		**5** Sa ☽	2 36 8 48 15 05 21 20	3,9 1,7 3,9 1,8	**20** So	2 26 7 54 14 19 20 18	4,3 1,5 4,1 1,5		**5** Di	4 20 10 48 16 40 23 17	3,7 2,2 3,6 2,1	**20** Mi	4 33 10 08 17 03 22 55	4,1 2,0 3,9 1,9		**5** Do	4 34 11 06 16 53 23 28	3,8 2,2 3,6 2,1	**20** Fr	4 38 10 59 17 03 23 34	4,1 1,8 3,9 1,6
6 Fr ☽	3 11 9 18 15 51 21 52	4,0 1,5 4,0 1,7	**21** Sa	2 48 8 16 14 50 20 43	4,3 1,4 4,1 1,5		**6** So	3 46 9 59 16 12 22 39	3,8 2,1 3,7 2,1	**21** Mo ☾	3 22 8 45 15 12 21 20	4,1 1,8 3,9 1,9		**6** Mi	5 23 11 58 18 22	3,7 2,2 3,6	**21** Do	4 58 11 41 17 28	3,9 2,0 3,8		**6** Fr	5 35 12 12 17 59	3,8 2,1 3,6	**21** Sa	5 47 12 13 18 14	4,1 1,7 3,9
7 Sa	4 18 10 26 16 52 23 08	3,8 1,9 3,8 2,0	**22** So ☾	3 12 9 08 15 38 21 45	4,0 1,8 3,9 1,9		**7** Mo	4 59 11 23 17 18 23 57	3,7 2,2 3,6 2,1	**22** Di	4 37 10 20 17 20 23 23	3,9 2,2 3,8 2,0		**7** Do	0 21 6 23 12 57 19 26	2,1 3,7 2,1 3,7	**22** Fr	0 16 6 16 12 51 18 45	1,7 4,1 1,7 4,0		**7** Sa	0 28 7 26 13 07 19 46	2,0 4,0 2,0 3,8	**22** So	0 42 6 54 13 17 19 22	1,5 4,2 1,5 4,1
8 So	5 27 11 47 17 57	3,6 2,1 3,7	**23** Mo	4 47 10 27 17 29 23 30	3,8 2,1 3,8 2,0		**8** Di	6 54 12 33 19 05	3,7 2,2 3,7	**23** Mi	5 10 12 15 17 49	3,7 2,1 3,7		**8** Fr	1 17 7 21 13 49 20 27	1,9 3,9 1,8 3,9	**23** Sa	1 17 7 27 13 47 19 49	1,4 4,3 1,4 4,2		**8** So	1 21 8 23 13 53 20 41	1,8 4,1 1,7 4,0	**23** Mo	1 41 7 54 14 11 20 17	1,4 4,3 1,3 4,2
9 Mo	0 27 6 34 13 00 19 53	2,0 3,6 2,1 3,8	**24** Di	5 17 12 21 18 02	3,6 2,1 3,7		**9** Mi	1 01 7 04 13 32 19 26	2,0 3,7 2,0 3,7	**24** Do	0 51 6 46 13 23 19 15	1,8 4,0 1,8 4,0		**9** Sa	2 06 8 17 14 34 21 11	1,6 4,1 1,5 4,1	**24** So	2 09 8 21 14 35 20 40	1,1 4,5 1,1 4,4		**9** Mo	2 07 8 23 14 33 20 46	1,6 4,2 1,5 4,1	**24** Di	2 32 8 43 15 00 21 48	1,2 4,4 1,1 4,3
10 Di	1 33 7 37 14 00 19 58	1,9 3,7 1,9 3,8	**25** Mi	1 07 7 02 13 41 19 40	1,8 3,8 1,8 4,0		**10** Do	1 56 8 03 14 23 20 22	1,7 3,9 1,7 3,9	**25** Fr	1 49 8 00 14 15 20 15	1,4 4,3 1,3 4,3		**10** So	2 49 9 42 15 13 21 20	1,4 4,4 1,3 4,2	**25** Mo	2 56 9 08 15 20 21 55	0,9 4,7 0,8 4,6		**10** Di	2 48 9 07 15 11 21 30	1,4 4,3 1,2 4,2	**25** Mi	3 20 10 09 15 46 22 34	1,1 4,6 0,9 4,4
11 Mi	2 26 8 39 14 50 20 52	1,6 3,9 1,6 4,0	**26** Do	2 10 8 23 14 36 20 40	1,4 4,3 1,4 4,4		**11** Fr	2 42 8 52 15 07 21 43	1,4 4,1 1,4 4,2	**26** Sa	2 37 8 51 15 01 21 04	1,0 4,6 0,9 4,6		**11** Mo	3 28 9 40 15 49 21 57	1,2 4,4 1,1 4,3	**26** Di ●	3 40 10 21 16 04 22 37	0,7 4,8 0,6 4,6		**11** Mi	3 28 9 48 15 49 22 04	1,2 4,4 1,0 4,3	**26** Do ●	4 06 10 51 16 31 23 24	1,0 4,6 0,8 4,4
12 Do	3 12 9 27 15 34 22 11	1,3 4,1 1,3 4,2	**27** Fr	3 00 9 14 15 23 21 29	0,9 4,6 0,9 4,6		**12** Sa	3 24 9 36 15 47 21 48	1,1 4,3 1,1 4,3	**27** So	3 22 9 32 15 44 22 12	0,6 4,8 0,6 4,8		**12** Di ○	4 03 10 19 16 22 22 31	1,1 4,5 1,0 4,4	**27** Mi	4 23 11 02 16 46 23 22	0,7 4,8 0,6 4,6		**12** Do ○	4 07 10 25 16 27 22 43	1,1 4,5 0,9 4,4	**27** Fr	4 51 11 33 17 14 23 26	0,9 4,5 0,8 4,3
13 Fr	3 54 10 09 16 16 22 16	1,0 4,3 1,1 4,2	**28** Sa ●	3 46 9 57 16 08 22 32	0,5 4,8 0,6 4,8		**13** So	4 03 10 13 16 24 22 29	1,0 4,4 1,0 4,4	**28** Mo ●	4 05 10 39 16 26 22 52	0,4 4,9 0,4 4,8		**13** Mi	4 36 10 49 16 52 23 32	1,0 4,5 0,9 4,6	**28** Do	5 06 11 44 17 28	0,7 4,7 0,7		**13** Fr	4 46 11 03 17 07 23 49	1,0 4,6 0,8 4,6	**28** Sa	5 35 12 12 17 56	1,0 4,5 0,8
14 Sa ○	4 34 10 46 16 55 22 57	0,8 4,4 1,0 4,3	**29** So	4 29 10 59 16 50 23 13	0,2 4,9 0,3 4,9		**14** Mo	4 39 10 50 16 57 23 02	0,9 4,5 1,0 4,4	**29** Di	4 46 11 19 17 08 23 36	0,4 4,9 0,4 4,8		**14** Do	5 08 11 48 17 24	1,0 4,6 0,9	**29** Fr	0 10 5 48 12 26 18 10	4,5 0,9 4,6 0,8		**14** Sa	5 26 11 45 17 47	1,0 4,6 0,8	**29** So	0 08 6 17 12 22 18 37	4,3 1,1 4,3 1,0
15 So	5 11 11 18 17 29 23 30	0,8 4,4 1,0 4,3	**30** Mo	5 10 11 41 17 32 23 56	0,1 4,9 0,3 4,9		**15** Di	5 10 11 19 17 24 23 31	0,9 4,6 1,0 4,4	**30** Mi	5 27 12 01 17 49	0,4 4,8 0,5		**15** Fr	0 04 5 41 12 21 17 58	4,6 1,0 4,6 0,9	**30** Sa	0 21 6 31 13 11 18 51	4,3 1,1 4,4 1,1		**15** So	0 29 6 08 12 26 18 30	4,6 1,0 4,6 0,8	**30** Mo	0 50 6 57 12 57 19 15	4,2 1,3 4,2 1,2
												31 Do	0 20 6 08 12 45 18 29	4,7 0,7 4,7 0,7													**31** Di	1 28 7 36 13 40 19 52	4,1 1,5 4,1 1,4		

● Neumond   ☽ erstes Viertel   ○ Vollmond   ☾ letztes Viertel

UTC   **Höhen sind auf SKN bezogen**

Dem angegebenen HW folgt meist ein zweites, vergl. Tidenkurve Seite 105

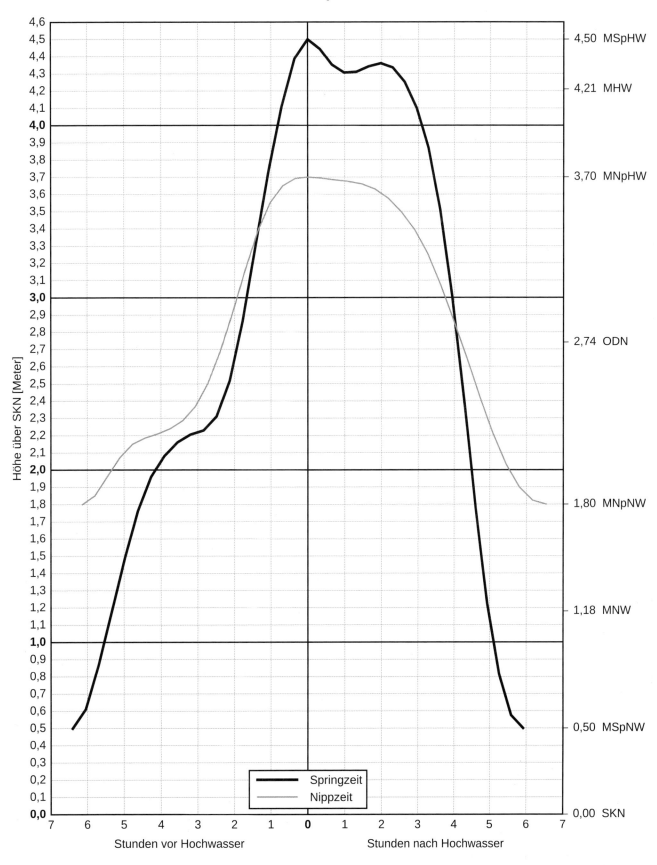

Gezeitenvorausberechnungen

Portsmouth 2019
Breite: 50° 48' N, Länge: 1° 07' W

Zeiten (Stunden und Minuten) und Höhen (Meter) der Hoch- und Niedrigwasser

Januar

Tag	Zeit	Höhe	Tag	Zeit	Höhe
1 Di	0 30 / 7 37 / 13 05 / 20 00	1,6 / 4,3 / 1,6 / 4,1	16 Mi	6 32 / 12 02 / 19 01	4,0 / 1,8 / 3,8
2 Mi	1 27 / 8 35 / 13 59 / 20 59	1,6 / 4,4 / 1,5 / 4,2	17 Do	0 31 / 7 40 / 13 12 / 20 11	1,7 / 4,1 / 1,6 / 4,0
3 Do	2 19 / 9 25 / 14 48 / 21 53	1,5 / 4,4 / 1,3 / 4,3	18 Fr	1 37 / 8 44 / 14 11 / 21 12	1,5 / 4,3 / 1,3 / 4,2
4 Fr	3 08 / 10 09 / 15 35 / 22 39	1,4 / 4,5 / 1,2 / 4,4	19 Sa	2 34 / 9 38 / 15 05 / 22 05	1,3 / 4,5 / 1,0 / 4,5
5 Sa	3 54 / 10 50 / 16 19 / 23 21	1,3 / 4,5 / 1,1 / 4,4	20 So	3 27 / 10 25 / 15 56 / 22 53	1,0 / 4,7 / 0,7 / 4,7
6 So ●	4 38 / 11 30 / 17 00	1,2 / 4,5 / 1,0	21 Mo	4 18 / 11 10 / 16 45 / 23 40 ○	0,8 / 4,8 / 0,5 / 4,8
7 Mo	0 02 / 5 18 / 12 10 / 17 38	4,5 / 1,2 / 4,5 / 1,0	22 Di	5 06 / 11 55 / 17 31	0,7 / 4,9 / 0,4
8 Di	0 43 / 5 55 / 12 48 / 18 13	4,5 / 1,2 / 4,5 / 1,0	23 Mi	0 28 / 5 52 / 12 42 / 18 16	4,9 / 0,6 / 4,9 / 0,3
9 Mi	1 21 / 6 29 / 13 23 / 18 43	4,5 / 1,3 / 4,4 / 1,1	24 Do	1 20 / 6 38 / 13 31 / 19 02	4,9 / 0,6 / 4,8 / 0,4
10 Do	1 56 / 6 59 / 13 55 / 19 13	4,5 / 1,4 / 4,3 / 1,2	25 Fr	2 17 / 7 24 / 14 26 / 19 48	4,8 / 0,8 / 4,7 / 0,7
11 Fr	2 29 / 7 29 / 14 28 / 19 45	4,4 / 1,4 / 4,2 / 1,3	26 Sa	3 17 / 8 13 / 15 25 / 20 38	4,7 / 1,0 / 4,5 / 0,9
12 Sa	3 04 / 8 05 / 15 08 / 20 23	4,3 / 1,5 / 4,1 / 1,4	27 So ☾	4 12 / 9 07 / 16 24 / 21 35	4,6 / 1,3 / 4,3 / 1,3
13 So	3 45 / 8 47 / 15 53 / 21 09	4,2 / 1,6 / 4,0 / 1,5	28 Mo	5 03 / 10 11 / 17 22 / 22 44	4,4 / 1,5 / 4,1 / 1,5
14 Mo ☽	4 33 / 9 39 / 16 47 / 22 04	4,1 / 1,7 / 3,9 / 1,6	29 Di	5 57 / 11 23 / 18 24 / 23 54	4,2 / 1,7 / 3,9 / 1,7
15 Di	5 29 / 10 44 / 17 51 / 23 14	4,0 / 1,8 / 3,8 / 1,7	30 Mi	6 58 / 12 32 / 19 31	4,1 / 1,8 / 3,9
			31 Do	0 59 / 8 02 / 13 35 / 20 38	1,8 / 4,0 / 1,7 / 3,9

Februar

Tag	Zeit	Höhe	Tag	Zeit	Höhe
1 Fr	1 59 / 9 01 / 14 30 / 21 40	1,7 / 4,1 / 1,5 / 4,0	16 Sa	1 15 / 8 23 / 13 55 / 20 58	1,7 / 4,1 / 1,4 / 4,1
2 Sa	2 53 / 9 50 / 15 19 / 22 25	1,6 / 4,2 / 1,3 / 4,2	17 So	2 22 / 9 22 / 14 53 / 21 53	1,4 / 4,3 / 1,1 / 4,4
3 So	3 40 / 10 32 / 16 03 / 23 05	1,4 / 4,3 / 1,1 / 4,3	18 Mo	3 18 / 10 10 / 15 45 / 22 40	1,1 / 4,6 / 0,7 / 4,6
4 Mo ●	4 23 / 11 12 / 16 44 / 23 43	1,2 / 4,4 / 1,0 / 4,4	19 Di ○	4 08 / 10 55 / 16 32 / 23 26	0,8 / 4,8 / 0,4 / 4,8
5 Di	5 03 / 11 51 / 17 21	1,1 / 4,5 / 0,9	20 Mi	4 54 / 11 39 / 17 17	0,5 / 4,9 / 0,2
6 Mi	0 22 / 5 38 / 12 29 / 17 53	4,5 / 1,1 / 4,5 / 0,9	21 Do	0 12 / 5 38 / 12 25 / 18 00	4,9 / 0,4 / 4,9 / 0,2
7 Do	0 59 / 6 09 / 13 03 / 18 23	4,5 / 1,1 / 4,4 / 0,9	22 Fr	1 01 / 6 21 / 13 13 / 18 43	4,9 / 0,4 / 4,8 / 0,3
8 Fr	1 32 / 6 37 / 13 33 / 18 51	4,5 / 1,1 / 4,4 / 1,0	23 Sa	1 54 / 7 04 / 14 04 / 19 26	4,9 / 0,5 / 4,7 / 0,5
9 Sa	2 02 / 7 05 / 14 03 / 19 20	4,4 / 1,1 / 4,3 / 1,0	24 So	2 49 / 7 48 / 15 00 / 20 10	4,8 / 0,7 / 4,6 / 0,8
10 So	2 32 / 7 36 / 14 36 / 19 53	4,4 / 1,1 / 4,3 / 1,0	25 Mo	3 38 / 8 34 / 15 55 / 20 59	4,6 / 1,1 / 4,4 / 1,2
11 Mo	3 08 / 8 13 / 15 16 / 20 33	4,3 / 1,2 / 4,2 / 1,2	26 Di ☾	4 24 / 9 29 / 16 49 / 22 01	4,4 / 1,4 / 4,1 / 1,6
12 Di ☽	3 50 / 8 58 / 16 05 / 21 21	4,2 / 1,3 / 4,0 / 1,4	27 Mi	5 15 / 10 41 / 17 50 / 23 20	4,1 / 1,7 / 3,8 / 1,8
13 Mi	4 43 / 9 53 / 17 07 / 22 21	4,0 / 1,6 / 3,9 / 1,6	28 Do	6 19 / 11 59 / 19 02	3,8 / 1,9 / 3,7
14 Do	5 48 / 11 07 / 18 23 / 23 45	3,9 / 1,7 / 3,8 / 1,7			
15 Fr	7 05 / 12 40 / 19 47	3,9 / 1,7 / 3,9			

März

Tag	Zeit	Höhe	Tag	Zeit	Höhe
1 Fr	0 33 / 7 30 / 13 10 / 20 14	2,0 / 3,7 / 1,8 / 3,7	16 Sa	6 42 / 12 27 / 19 33	3,8 / 1,7 / 3,9
2 Sa	1 40 / 8 37 / 14 10 / 21 19	1,9 / 3,8 / 1,7 / 3,9	17 So	1 09 / 8 06 / 13 45 / 20 44	1,7 / 4,0 / 1,4 / 4,2
3 So	2 37 / 9 30 / 15 00 / 22 05	1,7 / 4,0 / 1,4 / 4,1	18 Mo	2 15 / 9 05 / 14 41 / 21 37	1,4 / 4,3 / 1,1 / 4,4
4 Mo	3 23 / 10 12 / 15 42 / 22 43	1,4 / 4,2 / 1,2 / 4,3	19 Di	3 07 / 9 52 / 15 30 / 22 23	1,1 / 4,5 / 0,7 / 4,7
5 Di	4 03 / 10 51 / 16 21 / 23 20	1,2 / 4,3 / 1,0 / 4,4	20 Mi	3 54 / 10 37 / 16 15 / 23 07	0,7 / 4,7 / 0,4 / 4,8
6 Mi ●	4 41 / 11 29 / 16 56 / 23 56	1,0 / 4,4 / 0,9 / 4,5	21 Do ○	4 38 / 11 20 / 16 59 / 23 52	0,5 / 4,8 / 0,2 / 4,9
7 Do	5 14 / 12 05 / 17 28	0,9 / 4,4 / 0,8	22 Fr	5 20 / 12 05 / 17 41	0,3 / 4,9 / 0,2
8 Fr	0 31 / 5 44 / 12 39 / 17 58	4,5 / 0,9 / 4,4 / 0,8	23 Sa	0 37 / 6 01 / 12 52 / 18 21	4,9 / 0,3 / 4,8 / 0,3
9 Sa	1 03 / 6 12 / 13 08 / 18 26	4,5 / 0,9 / 4,4 / 0,8	24 So	1 25 / 6 41 / 13 41 / 19 01	4,9 / 0,5 / 4,7 / 0,6
10 So	1 32 / 6 40 / 13 37 / 18 55	4,5 / 0,9 / 4,4 / 0,8	25 Mo	2 13 / 7 22 / 14 33 / 19 42	4,7 / 0,7 / 4,6 / 1,0
11 Mo	2 00 / 7 10 / 14 08 / 19 27	4,4 / 0,9 / 4,4 / 0,9	26 Di	2 58 / 8 03 / 15 24 / 20 26	4,5 / 1,0 / 4,4 / 1,3
12 Di	2 32 / 7 46 / 14 46 / 20 05	4,4 / 0,9 / 4,3 / 1,0	27 Mi	3 41 / 8 49 / 16 14 / 21 19	4,3 / 1,4 / 4,1 / 1,7
13 Mi	3 12 / 8 28 / 15 34 / 20 51	4,2 / 1,1 / 4,1 / 1,3	28 Do ☾	4 28 / 9 53 / 17 12 / 22 45	4,0 / 1,7 / 3,8 / 2,0
14 Do ☽	4 05 / 9 19 / 16 39 / 21 48	4,0 / 1,4 / 3,9 / 1,6	29 Fr	5 28 / 11 23 / 18 28	3,7 / 1,9 / 3,7
15 Fr	5 15 / 10 29 / 18 00 / 23 15	3,9 / 1,7 / 3,8 / 1,8	30 Sa	0 03 / 7 46 / 12 37 / 19 45	2,1 / 3,6 / 2,0 / 3,7
			31 So	1 13 / 8 08 / 13 40 / 20 51	2,0 / 3,6 / 1,8 / 3,9

April

Tag	Zeit	Höhe	Tag	Zeit	Höhe
1 Mo	2 12 / 9 05 / 14 31 / 21 38	1,8 / 3,9 / 1,6 / 4,1	16 Di	1 59 / 8 44 / 14 21 / 21 17	1,4 / 4,3 / 1,1 / 4,5
2 Di	2 57 / 9 48 / 15 12 / 22 16	1,5 / 4,1 / 1,3 / 4,3	17 Mi	2 48 / 9 32 / 15 09 / 22 03	1,1 / 4,5 / 0,8 / 4,7
3 Mi	3 36 / 10 27 / 15 50 / 22 53	1,3 / 4,2 / 1,1 / 4,5	18 Do	3 34 / 10 16 / 15 54 / 22 46	0,8 / 4,7 / 0,5 / 4,8
4 Do	4 11 / 11 04 / 16 25 / 23 28	1,1 / 4,4 / 0,9 / 4,5	19 Fr ○	4 17 / 11 00 / 16 36 / 23 29	0,5 / 4,7 / 0,4 / 4,9
5 Fr ●	4 44 / 11 39 / 16 58	0,9 / 4,4 / 0,8	20 Sa	4 58 / 11 44 / 17 18	0,4 / 4,8 / 0,4
6 Sa	0 01 / 5 15 / 12 11 / 17 29	4,6 / 0,8 / 4,5 / 0,8	21 So	0 12 / 5 38 / 12 31 / 17 58	4,9 / 0,4 / 4,7 / 0,5
7 So	0 32 / 5 45 / 12 42 / 18 00	4,6 / 0,8 / 4,5 / 0,8	22 Mo	0 56 / 6 18 / 13 19 / 18 37	4,8 / 0,6 / 4,7 / 0,8
8 Mo	1 01 / 6 16 / 13 13 / 18 31	4,6 / 0,8 / 4,5 / 0,8	23 Di	1 39 / 6 57 / 14 08 / 19 17	4,7 / 0,8 / 4,6 / 1,0
9 Di	1 31 / 6 48 / 13 47 / 19 06	4,5 / 0,8 / 4,5 / 0,9	24 Mi	2 21 / 7 36 / 14 56 / 19 58	4,5 / 1,1 / 4,4 / 1,4
10 Mi	2 05 / 7 24 / 14 28 / 19 45	4,5 / 0,9 / 4,4 / 1,0	25 Do	3 03 / 8 18 / 15 42 / 20 47	4,3 / 1,4 / 4,2 / 1,7
11 Do	2 47 / 8 07 / 15 20 / 20 31	4,3 / 1,1 / 4,2 / 1,3	26 Fr ☾	3 47 / 9 11 / 16 33 / 22 04	4,0 / 1,7 / 3,9 / 2,0
12 Fr ☽	3 44 / 8 59 / 16 28 / 21 31	4,1 / 1,4 / 4,0 / 1,7	27 Sa	4 39 / 10 39 / 17 42 / 23 26	3,8 / 1,9 / 3,8 / 2,1
13 Sa	4 58 / 10 14 / 17 53 / 23 23	3,9 / 1,7 / 3,9 / 1,9	28 So	5 55 / 11 54 / 19 05	3,6 / 2,0 / 3,7
14 So	6 28 / 12 18 / 19 19	3,8 / 1,7 / 4,0	29 Mo	0 33 / 7 27 / 12 57 / 20 13	2,1 / 3,6 / 1,9 / 3,9
15 Mo	0 59 / 7 46 / 13 27 / 20 26	1,7 / 4,0 / 1,4 / 4,3	30 Di	1 33 / 8 30 / 13 49 / 21 03	1,9 / 3,8 / 1,7 / 4,1

● Neumond ☽ erstes Viertel ○ Vollmond ☾ letztes Viertel

UTC   Höhen sind auf SKN bezogen

Gezeitenvorausberechnungen

Portsmouth 2019

Breite: 50° 48' N, Länge: 1° 07' W

Zeiten (Stunden und Minuten) und Höhen (Meter) der Hoch- und Niedrigwasser

Mai					Juni					Juli					August				
	Zeit	Höhe		Zeit Höhe		Zeit	Höhe		Zeit Höhe		Zeit	Höhe		Zeit Höhe		Zeit	Höhe		Zeit Höhe
1 Mi	2 20 / 9 17 / 14 32 / 21 44	1,6 / 4,0 / 1,5 / 4,3	16 Do	2 23 / 9 08 / 14 43 / 21 40	1,2 / 4,4 / 0,9 / 4,7	1 Sa	2 54 / 10 00 / 15 10 / 22 20	1,3 / 4,3 / 1,2 / 4,5	16 So	3 31 / 10 25 / 15 51 / 22 45	1,0 / 4,4 / 1,0 / 4,6	1 Mo	3 03 / 10 08 / 15 24 / 22 27	1,2 / 4,4 / 1,1 / 4,6	16 Di ○	4 00 / 11 04 / 16 21 / 23 11	1,1 / 4,4 / 1,2 / 4,5	1 Do ●	4 23 / 11 23 / 16 46 / 23 34	0,7 / 4,7 / 0,8 / 4,8	16 Fr	5 07 / 12 06 / 17 27	0,9 / 4,5 / 1,1
2 Do	2 59 / 9 58 / 15 11 / 22 21	1,4 / 4,2 / 1,2 / 4,5	17 Fr	3 09 / 9 54 / 15 29 / 22 23	0,9 / 4,6 / 0,8 / 4,8	2 So	3 34 / 10 36 / 15 52 / 22 55	1,1 / 4,4 / 1,0 / 4,6	17 Mo ○	4 16 / 11 13 / 16 35 / 23 28	0,9 / 4,5 / 1,0 / 4,6	2 Di ●	3 50 / 10 52 / 16 12 / 23 09	0,9 / 4,5 / 1,0 / 4,7	17 Mi	4 44 / 11 47 / 17 05 / 23 52	1,0 / 4,4 / 1,1 / 4,5	2 Fr	5 10 / 12 08 / 17 33	0,5 / 4,8 / 0,6	17 Sa	0 12 / 5 42 / 12 45 / 18 01	4,5 / 0,9 / 4,5 / 1,1
3 Fr	3 35 / 10 34 / 15 48 / 22 55	1,2 / 4,3 / 1,0 / 4,5	18 Sa ○	3 53 / 10 40 / 16 12 / 23 05	0,8 / 4,6 / 0,7 / 4,8	3 Mo ●	4 14 / 11 14 / 16 33 / 23 31	0,9 / 4,5 / 0,9 / 4,7	18 Di	4 59 / 12 01 / 17 19	0,9 / 4,5 / 1,0	3 Mi	4 37 / 11 37 / 16 59 / 23 51	0,7 / 4,7 / 0,9 / 4,8	18 Do	5 25 / 12 28 / 17 46	1,0 / 4,5 / 1,1	3 Sa	0 19 / 5 55 / 12 57 / 18 18	4,9 / 0,4 / 4,9 / 0,6	18 So	0 49 / 6 14 / 13 22 / 18 30	4,4 / 1,0 / 4,5 / 1,1
4 Sa ●	4 10 / 11 08 / 16 25 / 23 28	1,0 / 4,4 / 0,9 / 4,6	19 So	4 36 / 11 26 / 16 55 / 23 48	0,7 / 4,6 / 0,7 / 4,8	4 Di	4 55 / 11 53 / 17 14	0,8 / 4,6 / 0,8	19 Mi	0 10 / 5 40 / 12 47 / 18 00	4,6 / 0,9 / 4,5 / 1,1	4 Do	5 23 / 12 23 / 17 45	0,6 / 4,7 / 0,8	19 Fr	0 32 / 6 03 / 13 10 / 18 23	4,5 / 1,0 / 4,5 / 1,2	4 So	1 06 / 6 40 / 13 50 / 19 03	4,8 / 0,4 / 4,9 / 0,7	19 Mo	1 23 / 6 42 / 13 54 / 18 57	4,4 / 1,0 / 4,5 / 1,2
5 So	4 44 / 11 41 / 17 00	0,9 / 4,5 / 0,8	20 Mo	5 17 / 12 13 / 17 36	0,7 / 4,6 / 0,8	5 Mi	0 09 / 5 36 / 12 36 / 17 56	4,7 / 0,7 / 4,7 / 0,9	20 Do	0 52 / 6 20 / 13 31 / 18 40	4,5 / 1,0 / 4,5 / 1,2	5 Fr	0 35 / 6 08 / 13 13 / 18 31	4,8 / 0,6 / 4,8 / 0,8	20 Sa	1 12 / 6 38 / 13 49 / 18 56	4,4 / 1,1 / 4,5 / 1,3	5 Mo	1 58 / 7 25 / 14 49 / 19 50	4,7 / 0,6 / 4,8 / 0,8	20 Di	1 52 / 7 09 / 14 24 / 19 25	4,3 / 1,1 / 4,4 / 1,2
6 Mo	0 00 / 5 18 / 12 16 / 17 35	4,6 / 0,8 / 4,6 / 0,8	21 Di	0 30 / 5 57 / 13 02 / 18 16	4,7 / 0,8 / 4,6 / 1,0	6 Do	0 51 / 6 18 / 13 23 / 18 40	4,7 / 0,7 / 4,7 / 0,9	21 Fr	1 32 / 6 57 / 14 13 / 19 18	4,4 / 1,1 / 4,4 / 1,4	6 Sa	1 23 / 6 54 / 14 08 / 19 18	4,7 / 0,6 / 4,7 / 0,9	21 So	1 48 / 7 09 / 14 26 / 19 27	4,3 / 1,2 / 4,4 / 1,4	6 Di	2 55 / 8 13 / 15 45 / 20 40	4,6 / 0,8 / 4,7 / 1,1	21 Mi	2 23 / 7 39 / 14 55 / 19 58	4,3 / 1,2 / 4,3 / 1,3
7 Di	0 33 / 5 54 / 12 52 / 18 11	4,6 / 0,7 / 4,6 / 0,8	22 Mi	1 12 / 6 36 / 13 49 / 18 56	4,6 / 0,9 / 4,5 / 1,2	7 Fr	1 36 / 7 00 / 14 17 / 19 27	4,6 / 0,8 / 4,6 / 1,1	22 Sa	2 11 / 7 33 / 14 53 / 19 55	4,3 / 1,3 / 4,3 / 1,5	7 So	2 16 / 7 43 / 15 09 / 20 09	4,6 / 0,8 / 4,7 / 1,1	22 Mo	2 22 / 7 39 / 14 59 / 19 58	4,2 / 1,3 / 4,3 / 1,5	7 Mi ☽	3 56 / 9 06 / 16 36 / 21 38	4,5 / 1,1 / 4,6 / 1,4	22 Do	3 00 / 8 15 / 15 33 / 20 39	4,2 / 1,3 / 4,2 / 1,4
8 Mi	1 08 / 6 30 / 13 33 / 18 50	4,6 / 0,8 / 4,6 / 0,9	23 Do	1 53 / 7 15 / 14 34 / 19 37	4,5 / 1,1 / 4,4 / 1,4	8 Sa	2 29 / 7 52 / 15 19 / 20 21	4,5 / 1,0 / 4,5 / 1,3	23 So	2 49 / 8 10 / 15 31 / 20 35	4,2 / 1,4 / 4,2 / 1,7	8 Mo	3 17 / 8 35 / 16 07 / 21 06	4,5 / 1,0 / 4,6 / 1,3	23 Di	2 58 / 8 14 / 15 34 / 20 36	4,2 / 1,4 / 4,3 / 1,5	8 Do	4 55 / 10 10 / 17 29 / 22 46	4,3 / 1,4 / 4,4 / 1,6	23 Fr ☾	3 45 / 8 59 / 16 20 / 21 29	4,1 / 1,5 / 4,1 / 1,6
9 Do	1 48 / 7 11 / 14 20 / 19 33	4,5 / 0,9 / 4,5 / 1,1	24 Fr	2 34 / 7 55 / 15 16 / 20 21	4,3 / 1,4 / 4,3 / 1,7	9 So	3 31 / 8 50 / 16 23 / 21 26	4,3 / 1,2 / 4,4 / 1,5	24 Mo	3 31 / 8 52 / 16 12 / 21 22	4,0 / 1,6 / 4,1 / 1,8	9 Di ☽	4 19 / 9 35 / 17 03 / 22 10	4,4 / 1,2 / 4,5 / 1,4	24 Mi	3 39 / 8 55 / 16 16 / 21 22	4,0 / 1,5 / 4,2 / 1,7	9 Fr	5 55 / 11 20 / 18 27 / 23 56	4,1 / 1,7 / 4,2 / 1,7	24 Sa	4 41 / 9 55 / 17 17 / 22 36	3,9 / 1,7 / 4,0 / 1,8
10 Fr	2 36 / 7 57 / 15 20 / 20 24	4,4 / 1,1 / 4,3 / 1,4	25 Sa	3 16 / 8 40 / 16 00 / 21 16	4,1 / 1,6 / 4,1 / 1,9	10 Mo ☽	4 38 / 10 02 / 17 26 / 22 43	4,2 / 1,4 / 4,4 / 1,6	25 Di ☾	4 18 / 9 44 / 16 59 / 22 21	3,9 / 1,7 / 4,0 / 1,8	10 Mi	5 21 / 10 43 / 18 00 / 23 19	4,2 / 1,4 / 4,4 / 1,6	25 Do ☾	4 28 / 9 44 / 17 04 / 22 19	3,9 / 1,6 / 4,1 / 1,8	10 Sa	7 01 / 12 28 / 19 32	4,0 / 1,8 / 4,1	25 So	5 50 / 11 12 / 18 27	3,8 / 1,9 / 3,9
11 Sa	3 38 / 8 54 / 16 30 / 21 31	4,2 / 1,4 / 4,2 / 1,7	26 So ☾	4 03 / 9 39 / 16 51 / 22 32	3,9 / 1,8 / 3,9 / 2,0	11 Di	5 46 / 11 19 / 18 31 / 23 55	4,1 / 1,4 / 4,4 / 1,6	26 Mi	5 13 / 10 47 / 17 54 / 23 28	3,8 / 1,8 / 4,0 / 1,9	11 Do	6 23 / 11 50 / 19 00	4,1 / 1,5 / 4,3	26 Fr	5 24 / 10 47 / 18 00 / 23 27	3,8 / 1,8 / 4,0 / 1,8	11 So	1 03 / 8 12 / 13 32 / 20 35	1,7 / 4,0 / 1,8 / 4,0	26 Mo	0 05 / 7 15 / 12 47 / 19 53	1,8 / 3,8 / 1,9 / 4,0
12 So ☽	4 51 / 10 16 / 17 44 / 23 14	4,0 / 1,6 / 4,1 / 1,8	27 Mo	4 59 / 10 57 / 17 59 / 23 41	3,7 / 1,9 / 3,9 / 2,1	12 Mi	6 52 / 12 25 / 19 33	4,1 / 1,4 / 4,4	27 Do	6 16 / 11 54 / 18 59	3,7 / 1,8 / 4,0	12 Fr	0 25 / 7 25 / 12 53 / 19 58	1,6 / 4,1 / 1,5 / 4,3	27 Sa	6 30 / 12 00 / 19 06	3,8 / 1,8 / 4,0	12 Mo	2 04 / 9 22 / 14 30 / 21 29	1,6 / 4,1 / 1,7 / 4,2	27 Di	1 26 / 8 40 / 13 57 / 21 01	1,6 / 4,1 / 1,6 / 4,3
13 Mo	6 09 / 11 53 / 18 58	4,0 / 1,6 / 4,2	28 Di	6 18 / 12 02 / 19 20	3,6 / 1,9 / 3,9	13 Do	0 59 / 7 51 / 13 23 / 20 27	1,5 / 4,2 / 1,3 / 4,5	28 Fr	0 30 / 7 28 / 12 53 / 20 06	1,8 / 3,8 / 1,7 / 4,1	13 Sa	1 26 / 8 26 / 13 51 / 20 54	1,5 / 4,1 / 1,5 / 4,3	28 So	0 39 / 7 43 / 13 09 / 20 18	1,7 / 3,9 / 1,7 / 4,1	13 Di	2 58 / 10 13 / 15 21 / 22 13	1,4 / 4,2 / 1,5 / 4,3	28 Mi	2 28 / 9 36 / 14 55 / 21 49	1,3 / 4,4 / 1,3 / 4,5
14 Di	0 32 / 7 21 / 12 59 / 20 02	1,7 / 4,1 / 1,4 / 4,4	29 Mi	0 39 / 7 42 / 12 57 / 20 19	2,0 / 3,7 / 1,8 / 4,1	14 Fr	1 54 / 8 45 / 14 15 / 21 16	1,3 / 4,3 / 1,2 / 4,6	29 Sa	1 24 / 8 33 / 13 46 / 21 00	1,6 / 4,0 / 1,5 / 4,3	14 So	2 22 / 9 25 / 14 44 / 21 44	1,4 / 4,2 / 1,4 / 4,4	29 Mo	1 43 / 8 55 / 14 10 / 21 18	1,5 / 4,1 / 1,5 / 4,3	14 Mi	3 45 / 10 50 / 16 07 / 22 53	1,2 / 4,4 / 1,3 / 4,4	29 Do	3 21 / 10 21 / 15 46 / 22 33	0,9 / 4,6 / 1,0 / 4,7
15 Mi	1 32 / 8 19 / 13 54 / 20 54	1,4 / 4,3 / 1,2 / 4,6	30 Do	1 30 / 8 38 / 13 44 / 21 06	1,8 / 3,9 / 1,6 / 4,2	15 Sa	2 44 / 9 35 / 15 04 / 22 01	1,1 / 4,4 / 1,1 / 4,6	30 So	2 14 / 9 23 / 14 35 / 21 44	1,4 / 4,2 / 1,4 / 4,4	15 Mo	3 13 / 10 17 / 15 34 / 22 29	1,2 / 4,3 / 1,3 / 4,4	30 Di	2 41 / 9 50 / 15 06 / 22 07	1,2 / 4,3 / 1,3 / 4,5	15 Do ○	4 27 / 11 28 / 16 48 / 23 33	1,0 / 4,5 / 1,1 / 4,4	30 Fr ●	4 09 / 11 05 / 16 33 / 23 16	0,6 / 4,8 / 0,7 / 4,9
			31 Fr	2 13 / 9 22 / 14 28 / 21 45	1,5 / 4,1 / 1,4 / 4,4								31 Mi	3 34 / 10 37 / 15 58 / 22 51	0,9 / 4,4 / 1,0 / 4,7				31 Sa	4 55 / 11 49 / 17 17	0,4 / 5,0 / 0,5

● Neumond   ☽ erstes Viertel   ○ Vollmond   ☾ letztes Viertel

UTC   Höhen sind auf SKN bezogen

Portsmouth 2019

Breite: 50° 48' N, Länge: 1° 07' W

Zeiten (Stunden und Minuten) und Höhen (Meter) der Hoch- und Niedrigwasser

September

	Zeit	Höhe		Zeit	Höhe
1 So	0 00 5 38 12 36 18 00	4,9 0,3 5,0 0,5	**16** Mo	0 23 5 45 12 51 18 01	4,5 0,9 4,6 1,0
2 Mo	0 46 6 20 13 26 18 43	4,9 0,3 5,0 0,5	**17** Di	0 55 6 13 13 21 18 28	4,5 1,0 4,6 1,1
3 Di	1 35 7 03 14 20 19 26	4,8 0,5 4,9 0,7	**18** Mi	1 22 6 39 13 47 18 55	4,5 1,1 4,5 1,1
4 Mi	2 30 7 47 15 15 20 12	4,7 0,8 4,8 1,0	**19** Do	1 50 7 08 14 15 19 26	4,4 1,1 4,4 1,2
5 Do	3 29 8 35 16 04 21 05	4,5 1,2 4,5 1,4	**20** Fr	2 25 7 42 14 50 20 04	4,3 1,2 4,3 1,3
6 Fr ☽	4 27 9 36 16 54 22 14	4,3 1,6 4,3 1,7	**21** Sa	3 09 8 24 15 38 20 51	4,2 1,5 4,1 1,6
7 Sa	5 28 10 55 17 53 23 31	4,0 1,9 4,0 1,9	**22** So ☾	4 07 9 17 16 41 21 55	4,0 1,8 3,9 1,8
8 So	6 38 12 07 19 05	3,8 2,0 3,9	**23** Mo	5 25 10 36 18 02 23 51	3,8 2,1 3,8 1,9
9 Mo	0 41 7 55 13 14 20 16	1,9 3,9 2,0 3,9	**24** Di	7 02 12 43 19 37	3,9 2,0 4,0
10 Di	1 45 9 39 14 14 21 15	1,8 4,0 1,8 4,1	**25** Mi	1 17 8 24 13 50 20 42	1,7 4,1 1,7 4,3
11 Mi	2 38 10 23 15 03 21 56	1,6 4,2 1,6 4,2	**26** Do	2 15 9 18 14 42 21 30	1,3 4,5 1,3 4,6
12 Do	3 24 10 32 15 46 22 34	1,3 4,4 1,3 4,4	**27** Fr	3 05 10 02 15 30 22 13	0,9 4,8 0,9 4,8
13 Fr	4 04 11 05 16 25 23 11	1,1 4,5 1,1 4,5	**28** Sa ●	3 51 10 45 16 14 22 55	0,6 5,0 0,6 4,9
14 Sa ○	4 41 11 41 17 01 23 48	1,0 4,6 1,0 4,5	**29** So	4 34 11 27 16 57 23 38	0,4 5,1 0,5 5,0
15 So	5 15 12 17 17 34	0,9 4,6 1,0	**30** Mo	5 17 12 11 17 39	0,3 5,1 0,4

Oktober

	Zeit	Höhe		Zeit	Höhe
1 Di	0 23 5 58 12 58 18 20	5,0 0,4 5,0 0,5	**16** Mi	0 26 5 43 12 47 18 00	4,6 1,0 4,6 1,0
2 Mi	1 11 6 39 13 46 19 01	4,9 0,6 4,9 0,8	**17** Do	0 54 6 13 13 14 18 29	4,6 1,1 4,6 1,0
3 Do	2 03 7 20 14 35 19 44	4,7 0,9 4,7 1,1	**18** Fr	1 25 6 44 13 43 19 02	4,6 1,1 4,5 1,1
4 Fr	3 00 8 06 15 23 20 32	4,5 1,3 4,5 1,5	**19** Sa	2 01 7 19 14 20 19 40	4,5 1,3 4,4 1,3
5 Sa ☽	3 57 9 02 16 13 21 40	4,3 1,7 4,2 1,8	**20** So	2 48 8 02 15 10 20 28	4,3 1,5 4,2 1,5
6 So	4 57 10 30 17 12 23 05	4,0 2,1 3,9 2,0	**21** Mo ☾	3 52 8 59 16 19 21 33	4,1 1,8 4,0 1,9
7 Mo	6 09 11 43 18 31	3,8 2,2 3,7	**22** Di	5 15 10 27 17 46 23 49	4,0 2,1 3,9 1,9
8 Di	0 13 7 29 12 49 19 49	2,1 3,8 2,1 3,8	**23** Mi	6 46 12 34 19 15	4,0 2,0 4,0
9 Mi	1 16 9 23 13 48 20 55	1,9 4,0 2,0 4,0	**24** Do	1 00 8 02 13 33 20 19	1,7 4,3 1,7 4,3
10 Do	2 10 10 01 14 37 21 35	1,7 4,3 1,7 4,2	**25** Fr	1 54 8 56 14 23 21 07	1,3 4,6 1,3 4,6
11 Fr	2 55 10 07 15 19 22 11	1,4 4,4 1,4 4,4	**26** Sa	2 43 9 40 15 08 21 51	1,0 4,8 1,0 4,8
12 Sa	3 34 10 39 15 56 22 47	1,2 4,6 1,2 4,5	**27** So	3 28 10 22 15 52 22 34	0,7 5,0 0,7 4,9
13 So ○	4 10 11 13 16 30 23 23	1,1 4,7 1,1 4,6	**28** Mo ●	4 11 11 04 16 34 23 17	0,6 5,1 0,6 5,0
14 Mo	4 43 11 47 17 02 23 56	1,0 4,7 1,0 4,6	**29** Di	4 53 11 46 17 16	0,5 5,1 0,6
15 Di	5 14 12 19 17 32	1,0 4,7 1,0	**30** Mi	0 02 5 34 12 30 17 56	4,9 0,6 5,0 0,7
			31 Do	0 50 6 15 13 14 18 37	4,8 0,8 4,9 0,9

November

	Zeit	Höhe		Zeit	Höhe
1 Fr	1 40 6 56 14 00 19 19	4,7 1,1 4,7 1,2	**16** Sa	1 09 6 27 13 24 18 47	4,6 1,1 4,6 1,1
2 Sa	2 33 7 40 14 46 20 04	4,5 1,4 4,5 1,5	**17** So	1 51 7 06 14 06 19 29	4,6 1,3 4,5 1,2
3 So	3 27 8 33 15 34 21 03	4,3 1,8 4,2 1,8	**18** Mo	2 43 7 52 14 59 20 19	4,4 1,5 4,3 1,5
4 Mo ☽	4 23 9 56 16 28 22 29	4,1 2,1 3,9 2,0	**19** Di ☾	3 51 8 50 16 10 21 27	4,3 1,8 4,1 1,7
5 Di	5 28 11 11 17 41 23 38	3,9 2,2 3,7 2,1	**20** Mi	5 07 10 26 17 30 23 20	4,2 2,0 4,0 1,8
6 Mi	6 46 12 15 19 06	3,9 2,2 3,7	**21** Do	6 23 12 05 18 47	4,2 1,9 4,1
7 Do	0 38 8 01 13 14 20 14	2,0 4,0 2,0 3,9	**22** Fr	0 31 7 32 13 06 19 50	1,6 4,4 1,6 4,3
8 Fr	1 32 8 55 14 03 21 03	1,8 4,2 1,8 4,1	**23** Sa	1 27 8 29 13 57 20 42	1,4 4,6 1,4 4,5
9 Sa	2 17 9 33 14 44 21 43	1,6 4,4 1,6 4,3	**24** So	2 16 9 15 14 44 21 28	1,1 4,8 1,1 4,6
10 So	2 56 10 09 15 21 22 21	1,4 4,6 1,3 4,4	**25** Mo	3 03 9 59 15 28 22 14	0,9 4,9 0,9 4,7
11 Mo	3 33 10 44 15 56 22 56	1,2 4,7 1,2 4,5	**26** Di ●	3 47 10 41 16 12 23 00	0,8 4,9 0,8 4,8
12 Di	4 08 11 17 16 29 23 29	1,1 4,7 1,1 4,6	**27** Mi	4 31 11 24 16 55 23 47	0,8 4,9 0,7 4,8
13 Mi	4 43 11 47 17 03	1,1 4,7 1,0	**28** Do	5 14 12 07 17 37	0,9 4,9 0,8
14 Do	0 00 5 16 12 18 17 35	4,6 1,0 4,7 1,0	**29** Fr	0 35 5 56 12 51 18 18	4,7 1,0 4,8 0,9
15 Fr	0 33 5 51 12 49 18 10	4,7 1,1 4,7 1,1	**30** Sa	1 25 6 38 13 34 18 59	4,7 1,2 4,6 1,2

Dezember

	Zeit	Höhe		Zeit	Höhe
1 So	2 14 7 21 14 18 19 42	4,5 1,5 4,4 1,4	**16** Mo	1 46 7 00 13 58 19 24	4,6 1,2 4,6 1,0
2 Mo	3 02 8 07 15 02 20 28	4,4 1,7 4,2 1,7	**17** Di	2 42 7 48 14 52 20 15	4,6 1,3 4,4 1,2
3 Di	3 49 9 05 15 50 21 30	4,2 2,0 4,0 1,9	**18** Mi	3 45 8 45 15 58 21 16	4,5 1,6 4,3 1,4
4 Mi ☽	4 41 10 23 16 46 22 47	4,0 2,1 3,8 2,0	**19** Do ☾	4 50 9 57 17 07 22 36	4,4 1,7 4,2 1,5
5 Do	5 45 11 31 18 00 23 50	3,9 2,2 3,7 2,0	**20** Fr	5 54 11 22 18 15 23 53	4,4 1,7 4,1 1,5
6 Fr	6 59 12 30 19 21	4,0 2,1 3,7	**21** Sa	6 58 12 31 19 19	4,4 1,6 4,2
7 Sa	0 44 8 02 13 21 20 22	1,9 4,1 1,9 3,9	**22** So	0 55 7 57 13 29 20 16	1,4 4,4 1,4 4,3
8 So	1 31 8 53 14 03 21 11	1,8 4,2 1,7 4,1	**23** Mo	1 49 8 50 14 20 21 10	1,3 4,6 1,3 4,4
9 Mo	2 14 9 35 14 42 21 53	1,6 4,4 1,5 4,3	**24** Di	2 40 9 39 15 08 22 02	1,2 4,7 1,1 4,5
10 Di	2 55 10 13 15 20 22 30	1,4 4,5 1,3 4,4	**25** Mi	3 28 10 24 15 54 22 52	1,1 4,7 1,0 4,6
11 Mi	3 35 10 47 15 59 23 04	1,3 4,6 1,1 4,5	**26** Do ●	4 14 11 08 16 39 23 40	1,1 4,7 0,9 4,6
12 Do ○	4 15 11 20 16 38 23 40	1,1 4,7 1,0 4,6	**27** Fr	4 59 11 51 17 23	1,1 4,7 0,9
13 Fr	4 55 11 54 17 18	1,1 4,7 0,9	**28** Sa	0 26 5 42 12 33 18 04	4,6 1,1 4,6 0,9
14 Sa	0 17 5 35 12 32 17 58	4,7 1,0 4,7 0,8	**29** So	1 11 6 23 13 15 18 44	4,6 1,2 4,5 1,0
15 So	0 59 6 16 13 12 18 39	4,7 1,1 4,7 0,9	**30** Mo	1 55 7 03 13 56 19 21	4,5 1,3 4,4 1,2
			31 Di	2 37 7 41 14 36 19 57	4,4 1,5 4,3 1,4

● Neumond ☽ erstes Viertel ○ Vollmond ☾ letztes Viertel

UTC Höhen sind auf SKN bezogen

Mittlere Tidenkurven | 109

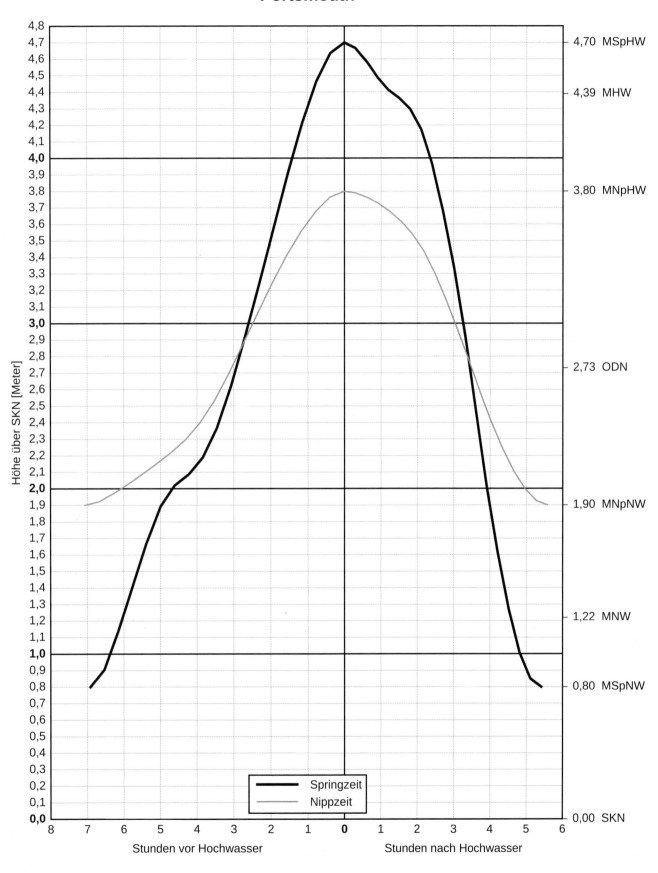

Dover 2019

Breite: 51° 07' N, Länge: 1° 19' E

Zeiten (Stunden und Minuten) und Höhen (Meter) der Hoch- und Niedrigwasser

Januar

Tag	Zeit	Höhe	Tag	Zeit	Höhe
1 Di	1 42 / 7 10 / 14 19 / 19 55	1,9 / 5,8 / 1,7 / 5,7	16 Mi	0 32 / 5 58 / 13 22 / 18 51	2,2 / 5,6 / 2,0 / 5,4
2 Mi	2 51 / 8 15 / 15 26 / 20 52	1,8 / 5,9 / 1,6 / 5,9	17 Do	1 54 / 7 12 / 14 33 / 19 54	2,1 / 5,7 / 1,8 / 5,7
3 Do	3 57 / 9 12 / 16 29 / 21 40	1,7 / 6,1 / 1,4 / 6,0	18 Fr	3 04 / 8 13 / 15 37 / 20 48	1,8 / 6,0 / 1,5 / 6,0
4 Fr	4 54 / 10 00 / 17 19 / 22 23	1,5 / 6,2 / 1,3 / 6,2	19 Sa	4 05 / 9 08 / 16 36 / 21 39	1,5 / 6,3 / 1,2 / 6,3
5 Sa	5 40 / 10 42 / — / 23 01	1,3 / 6,3 / 1,3 / 6,4	20 So	5 02 / 9 59 / 17 34 / 22 28	1,2 / 6,6 / 1,0 / 6,6
6 So ●	6 19 / 11 20 / 18 35 / 23 38	1,2 / 6,4 / 1,3 / 6,5	21 Mo ○	5 58 / 10 49 / 18 30 / 23 16	0,9 / 6,8 / 0,8 / 6,9
7 Mo	6 54 / 11 56 / 19 06	1,2 / 6,4 / 1,3	22 Di	6 54 / 11 37 / 19 24	0,7 / 6,9 / 0,7
8 Di	0 14 / 7 25 / 12 30 / 19 34	6,5 / 1,2 / 6,3 / 1,3	23 Mi	0 02 / 7 46 / 12 24 / 20 12	7,0 / 0,6 / 6,9 / 0,7
9 Mi	0 48 / 7 54 / 13 02 / 20 04	6,5 / 1,3 / 6,2 / 1,4	24 Do	0 49 / 8 35 / 13 12 / 20 56	7,0 / 0,5 / 6,8 / 0,7
10 Do	1 18 / 8 26 / 13 31 / 20 36	6,4 / 1,4 / 6,1 / 1,4	25 Fr	1 36 / 9 20 / 14 00 / 21 37	7,0 / 0,5 / 6,7 / 0,8
11 Fr	1 44 / 8 59 / 13 58 / 21 11	6,3 / 1,4 / 5,9 / 1,5	26 Sa	2 25 / 10 03 / 14 51 / 22 18	6,8 / 0,7 / 6,4 / 1,1
12 Sa	2 13 / 9 36 / 14 30 / 21 48	6,1 / 1,6 / 5,8 / 1,7	27 So ☾	3 15 / 10 47 / 15 45 / 23 02	6,6 / 1,0 / 6,1 / 1,4
13 So	2 50 / 10 16 / 15 12 / 22 30	6,0 / 1,7 / 5,6 / 1,9	28 Mo	4 09 / 11 35 / 16 44 / 23 55	6,2 / 1,4 / 5,7 / 1,8
14 Mo ☽	3 37 / 11 03 / 16 07 / 23 21	5,8 / 1,9 / 5,5 / 2,1	29 Di	5 10 / 12 32 / 17 54	5,8 / 1,7 / 5,4
15 Di	4 39 / 12 04 / 17 28	5,6 / 2,0 / 5,3	30 Mi	0 57 / 6 22 / 13 36 / 19 11	2,0 / 5,6 / 1,9 / 5,4
			31 Do	2 08 / 7 43 / 14 44 / 20 23	2,1 / 5,5 / 1,9 / 5,5

Februar

Tag	Zeit	Höhe	Tag	Zeit	Höhe
1 Fr	3 20 / 8 54 / 15 54 / 21 22	2,0 / 5,7 / 1,8 / 5,7	16 Sa	2 30 / 7 57 / 15 10 / 20 35	2,0 / 5,8 / 1,7 / 5,8
2 Sa	4 27 / 9 49 / 16 53 / 22 08	1,7 / 5,9 / 1,6 / 6,0	17 So	3 41 / 9 00 / 16 18 / 21 31	1,6 / 6,1 / 1,4 / 6,2
3 So	5 20 / 10 32 / 17 39 / 22 47	1,5 / 6,1 / 1,4 / 6,2	18 Mo	4 47 / 9 55 / 17 24 / 22 21	1,2 / 6,5 / 1,0 / 6,6
4 Mo ●	6 02 / 11 07 / 18 16 / 23 22	1,3 / 6,2 / 1,3 / 6,4	19 Di ○	5 50 / 10 45 / 18 25 / 23 08	0,8 / 6,7 / 0,8 / 6,9
5 Di	6 37 / 11 39 / 18 48 / 23 55	1,2 / 6,3 / 1,2 / 6,5	20 Mi	6 48 / 11 31 / 19 17 / 23 53	0,5 / 6,9 / 0,6 / 7,1
6 Mi	7 08 / 12 10 / 19 18	1,2 / 6,3 / 1,2	21 Do	7 39 / 12 15 / 20 03	0,3 / 7,0 / 0,4
7 Do	0 26 / 7 38 / 12 39 / 19 48	6,5 / 1,1 / 6,3 / 1,2	22 Fr	0 36 / 8 24 / 12 58 / 20 42	7,2 / 0,2 / 6,9 / 0,5
8 Fr	0 53 / 8 09 / 13 04 / 20 19	6,5 / 1,1 / 6,2 / 1,2	23 Sa	1 19 / 9 04 / 13 41 / 21 17	7,1 / 0,3 / 6,8 / 0,6
9 Sa	1 16 / 8 41 / 13 28 / 20 51	6,4 / 1,2 / 6,2 / 1,3	24 So	2 03 / 9 41 / 14 25 / 21 53	7,0 / 0,5 / 6,5 / 0,9
10 So	1 42 / 9 13 / 13 57 / 21 23	6,4 / 1,3 / 6,2 / 1,4	25 Mo	2 48 / 10 18 / 15 12 / 22 30	6,7 / 0,9 / 6,2 / 1,3
11 Mo	2 16 / 9 46 / 14 33 / 21 59	6,3 / 1,4 / 6,1 / 1,6	26 Di ☾	3 36 / 10 59 / 16 05 / 23 14	6,3 / 1,4 / 5,8 / 1,7
12 Di ☽	2 57 / 10 24 / 15 19 / 22 41	6,2 / 1,6 / 5,8 / 1,8	27 Mi	4 31 / 11 50 / 17 08	5,8 / 1,8 / 5,4
13 Mi	3 48 / 11 13 / 16 18 / 23 38	5,9 / 1,9 / 5,5 / 2,1	28 Do	0 15 / 5 38 / 12 56 / 18 23	2,1 / 5,4 / 2,2 / 5,2
14 Do	4 56 / 12 23 / 17 52	5,6 / 2,0 / 5,3			
15 Fr	1 02 / 7 13 54 / 19 30	2,2 / 5,5 / 2,0 / 5,5			

März

Tag	Zeit	Höhe	Tag	Zeit	Höhe
1 Fr	1 30 / 7 04 / 14 08 / 19 49	2,3 / 5,2 / 2,2 / 5,2	16 Sa	0 28 / 6 20 / 13 25 / 19 13	2,2 / 5,4 / 2,1 / 5,4
2 Sa	2 47 / 8 39 / 15 20 / 21 00	2,2 / 5,4 / 2,0 / 5,5	17 So	2 05 / 7 48 / 14 50 / 20 23	2,0 / 5,6 / 1,8 / 5,8
3 So	4 00 / 9 38 / 16 25 / 21 49	1,9 / 5,7 / 1,8 / 5,9	18 Mo	3 22 / 8 53 / 16 04 / 21 20	1,6 / 6,0 / 1,4 / 6,2
4 Mo	4 58 / 10 19 / 17 16 / 22 27	1,5 / 6,0 / 1,5 / 6,2	19 Di	4 33 / 9 48 / 17 13 / 22 10	1,1 / 6,4 / 1,0 / 6,6
5 Di	5 41 / 10 50 / 17 55 / 23 01	1,3 / 6,2 / 1,3 / 6,4	20 Mi	5 39 / 10 37 / 18 11 / 22 56	0,7 / 6,7 / 0,7 / 6,9
6 Mi ●	6 16 / 11 17 / 18 27 / 23 31	1,2 / 6,3 / 1,2 / 6,5	21 Do ○	6 35 / 11 23 / 19 00 / 23 38	0,4 / 6,9 / 0,5 / 7,1
7 Do	6 47 / 11 45 / 18 57 / 23 59	1,1 / 6,3 / 1,1 / 6,5	22 Fr	7 23 / 12 01 / 19 43	0,2 / 7,0 / 0,4
8 Fr	7 17 / 12 12 / 19 28	1,0 / 6,4 / 1,1	23 Sa	0 19 / 8 04 / 12 40 / 20 19	7,2 / 0,2 / 7,0 / 0,4
9 Sa	0 24 / 7 48 / 12 37 / 19 58	6,5 / 1,0 / 6,4 / 1,0	24 So	1 00 / 8 41 / 13 19 / 20 53	7,1 / 0,3 / 6,8 / 0,6
10 So	0 49 / 8 19 / 13 01 / 20 29	6,5 / 1,0 / 6,4 / 1,1	25 Mo	1 40 / 9 15 / 14 00 / 21 25	6,9 / 0,6 / 6,6 / 0,9
11 Mo	1 15 / 8 49 / 13 30 / 21 00	6,6 / 1,1 / 6,4 / 1,2	26 Di	2 21 / 9 48 / 14 43 / 21 59	6,6 / 1,0 / 6,3 / 1,3
12 Di	1 48 / 9 20 / 14 06 / 21 33	6,5 / 1,2 / 6,3 / 1,4	27 Mi	3 06 / 10 23 / 15 33 / 22 36	6,2 / 1,5 / 5,9 / 1,8
13 Mi	2 28 / 9 55 / 14 50 / 22 14	6,4 / 1,5 / 6,1 / 1,6	28 Do ☾	3 59 / 11 07 / 16 32 / 23 31	5,7 / 2,0 / 5,4 / 2,2
14 Do ☽	3 16 / 10 41 / 15 46 / 23 08	6,0 / 1,8 / 5,7 / 2,0	29 Fr	5 03 / 12 14 / 17 42	5,3 / 2,3 / 5,2
15 Fr	4 21 / 11 46 / 17 16	5,6 / 2,1 / 5,3	30 Sa	0 54 / 6 21 / 13 34 / 19 05	2,4 / 5,1 / 2,4 / 5,1
			31 So	2 14 / 8 09 / 14 46 / 20 26	2,3 / 5,2 / 2,2 / 5,4

April

Tag	Zeit	Höhe	Tag	Zeit	Höhe
1 Mo	3 25 / 9 12 / 15 49 / 21 19	2,0 / 5,5 / 1,9 / 5,8	16 Di	3 05 / 8 40 / 15 46 / 21 03	1,5 / 6,0 / 1,4 / 6,3
2 Di	4 23 / 9 52 / 16 41 / 21 58	1,6 / 5,9 / 1,6 / 6,1	17 Mi	4 17 / 9 34 / 16 53 / 21 53	1,1 / 6,4 / 1,1 / 6,6
3 Mi	5 08 / 10 20 / 17 23 / 22 30	1,3 / 6,1 / 1,3 / 6,3	18 Do	5 21 / 10 21 / 17 49 / 22 37	0,7 / 6,7 / 0,8 / 6,9
4 Do	5 45 / 10 47 / 17 58 / 23 00	1,2 / 6,3 / 1,2 / 6,4	19 Fr ○	6 15 / 11 03 / 18 36 / 23 19	0,5 / 6,8 / 0,6 / 7,0
5 Fr ●	6 18 / 11 14 / 18 30 / 23 28	1,0 / 6,4 / 1,1 / 6,5	20 Sa	7 01 / 11 41 / 19 17 / 23 59	0,3 / 6,9 / 0,5 / 7,1
6 Sa	6 51 / 11 42 / 19 03 / 23 54	1,0 / 6,4 / 1,0 / 6,6	21 So	7 41 / 12 19 / 19 54	0,4 / 6,9 / 0,6
7 So	7 24 / 12 08 / 19 36	0,9 / 6,5 / 1,0	22 Mo	0 38 / 8 20 / 12 58 / 20 27	7,0 / 0,5 / 6,8 / 0,7
8 Mo	0 21 / 7 56 / 12 36 / 20 08	6,6 / 0,9 / 6,5 / 1,0	23 Di	1 18 / 8 48 / 13 37 / 20 59	6,8 / 0,8 / 6,6 / 1,0
9 Di	0 51 / 8 27 / 13 08 / 20 40	6,6 / 1,0 / 6,6 / 1,1	24 Mi	1 58 / 9 18 / 14 19 / 21 30	6,5 / 1,1 / 6,3 / 1,4
10 Mi	1 26 / 8 59 / 13 46 / 21 15	6,6 / 1,2 / 6,4 / 1,3	25 Do	2 41 / 9 48 / 15 06 / 22 03	6,1 / 1,6 / 6,0 / 1,7
11 Do	2 07 / 9 36 / 14 33 / 21 57	6,4 / 1,4 / 6,1 / 1,6	26 Fr ☾	3 31 / 10 23 / 16 01 / 22 49	5,7 / 2,0 / 5,6 / 2,1
12 Fr ☽	2 58 / 10 23 / 15 33 / 22 53	6,0 / 1,7 / 5,7 / 1,9	27 Sa	4 32 / 11 22 / 17 05	5,3 / 2,3 / 5,3
13 Sa	4 10 / 11 28 / 17 13	5,6 / 2,1 / 5,4	28 So	0 11 / 5 42 / 12 52 / 18 17	2,4 / 5,1 / 2,5 / 5,2
14 So	0 14 / 6 13 / 13 08 / 18 54	2,1 / 5,4 / 2,1 / 5,5	29 Mo	1 33 / 7 04 / 14 05 / 19 33	2,3 / 5,1 / 2,3 / 5,4
15 Mo	1 48 / 7 36 / 14 33 / 20 05	1,9 / 5,6 / 1,8 / 5,8	30 Di	2 40 / 8 20 / 15 06 / 20 32	2,0 / 5,4 / 2,0 / 5,7

● Neumond ☽ erstes Viertel ○ Vollmond ☾ letztes Viertel

UTC   Höhen sind auf SKN bezogen

Dover 2019

Breite: 51° 07' N, Länge: 1° 19' E

Zeiten (Stunden und Minuten) und Höhen (Meter) der Hoch- und Niedrigwasser

Mai

Tag	Zeit	Höhe	Tag	Zeit	Höhe
1 Mi	3 35 / 9 04 / 15 57 / 21 15	1,7 / 5,7 / 1,7 / 6,0	16 Do	3 52 / 9 14 / 16 24 / 21 30	1,1 / 6,3 / 1,2 / 6,5
2 Do	4 22 / 9 37 / 16 42 / 21 49	1,4 / 6,0 / 1,4 / 6,2	17 Fr	4 56 / 10 00 / 17 21 / 22 16	0,8 / 6,5 / 0,9 / 6,7
3 Fr	5 04 / 10 08 / 17 22 / 22 21	1,2 / 6,2 / 1,2 / 6,4	18 Sa ○	5 50 / 10 42 / 18 09 / 22 59	0,7 / 6,6 / 0,8 / 6,8
4 Sa ●	5 44 / 10 40 / 18 00 / 22 53	1,1 / 6,3 / 1,1 / 6,5	19 So	6 36 / 11 21 / 18 51 / 23 40	0,6 / 6,7 / 0,7 / 6,8
5 So	6 22 / 11 11 / 18 37 / 23 24	1,0 / 6,5 / 1,0 / 6,6	20 Mo	7 15 / 11 59 / 19 29	0,7 / 6,7 / 0,8
6 Mo	6 59 / 11 42 / 19 14 / 23 57	0,9 / 6,6 / 0,9 / 6,6	21 Di	0 19 / 7 50 / 12 38 / 20 04	6,7 / 0,8 / 6,6 / 0,9
7 Di	7 35 / 12 16 / 19 50	0,9 / 6,6 / 0,9	22 Mi	0 59 / 8 23 / 13 18 / 20 36	6,6 / 1,0 / 6,5 / 1,1
8 Mi	0 32 / 8 09 / 12 54 / 20 25	6,6 / 1,0 / 6,6 / 1,0	23 Do	1 38 / 8 52 / 13 59 / 21 06	6,3 / 1,3 / 6,3 / 1,4
9 Do	1 12 / 8 45 / 13 37 / 21 05	6,6 / 1,1 / 6,4 / 1,2	24 Fr	2 20 / 9 19 / 14 42 / 21 38	6,0 / 1,6 / 6,1 / 1,7
10 Fr	1 59 / 9 26 / 14 29 / 21 51	6,3 / 1,4 / 6,2 / 1,4	25 Sa	3 06 / 9 51 / 15 31 / 22 19	5,7 / 1,9 / 5,8 / 1,9
11 Sa	2 56 / 10 16 / 15 36 / 22 50	6,0 / 1,7 / 5,8 / 1,7	26 So ☾	4 01 / 10 37 / 16 26 / 23 19	5,4 / 2,1 / 5,5 / 2,2
12 So ☽	4 17 / 11 24 / 17 01	5,7 / 1,9 / 5,6	27 Mo	5 03 / 11 47 / 17 29	5,2 / 2,3 / 5,4
13 Mo	0 09 / 5 56 / 12 53 / 18 27	1,8 / 5,6 / 2,0 / 5,7	28 Di	0 37 / 6 10 / 13 09 / 18 34	2,2 / 5,2 / 2,3 / 5,4
14 Di	1 32 / 7 16 / 14 11 / 19 40	1,7 / 5,7 / 1,7 / 5,9	29 Mi	1 46 / 7 14 / 14 14 / 19 34	2,1 / 5,3 / 2,1 / 5,6
15 Mi	2 43 / 8 20 / 15 20 / 20 39	1,4 / 6,0 / 1,4 / 6,2	30 Do	2 43 / 8 07 / 15 09 / 20 22	1,8 / 5,6 / 1,8 / 5,8
			31 Fr	3 34 / 8 50 / 15 58 / 21 03	1,5 / 5,8 / 1,6 / 6,1

Juni

Tag	Zeit	Höhe	Tag	Zeit	Höhe
1 Sa	4 23 / 9 28 / 16 45 / 21 42	1,3 / 6,1 / 1,3 / 6,3	16 So	5 23 / 10 22 / 17 42 / 22 42	1,0 / 6,3 / 1,1 / 6,5
2 So	5 10 / 10 06 / 17 30 / 22 20	1,1 / 6,3 / 1,2 / 6,5	17 Mo ○	6 11 / 11 03 / 18 27 / 23 24	1,0 / 6,5 / 1,0 / 6,5
3 Mo ●	5 54 / 10 43 / 18 13 / 22 58	1,0 / 6,5 / 1,0 / 6,6	18 Di	6 51 / 11 42 / 19 07	1,0 / 6,5 / 1,0
4 Di	6 37 / 11 21 / 18 55 / 23 38	0,9 / 6,6 / 0,9 / 6,6	19 Mi	0 03 / 7 27 / 12 21 / 19 43	6,5 / 1,1 / 6,5 / 1,1
5 Mi	7 18 / 12 02 / 19 36	0,9 / 6,6 / 0,9	20 Do	0 42 / 8 00 / 13 00 / 20 16	6,4 / 1,2 / 6,5 / 1,2
6 Do	0 20 / 7 59 / 12 47 / 20 19	6,6 / 1,0 / 6,6 / 0,9	21 Fr	1 20 / 8 28 / 13 39 / 20 46	6,2 / 1,4 / 6,4 / 1,4
7 Fr	1 07 / 8 40 / 13 35 / 21 04	6,5 / 1,1 / 6,5 / 1,1	22 Sa	1 58 / 8 56 / 14 17 / 21 17	6,0 / 1,5 / 6,2 / 1,5
8 Sa	1 58 / 9 26 / 14 30 / 21 54	6,4 / 1,3 / 6,4 / 1,2	23 So	2 38 / 9 28 / 14 56 / 21 54	5,8 / 1,7 / 6,0 / 1,7
9 So	2 59 / 10 18 / 15 32 / 22 52	6,1 / 1,5 / 6,2 / 1,4	24 Mo	3 22 / 10 07 / 15 39 / 22 38	5,6 / 1,9 / 5,8 / 1,9
10 Mo ☽	4 10 / 11 21 / 16 39 / 23 59	5,9 / 1,6 / 6,0 / 1,5	25 Di ☾	4 15 / 10 55 / 16 31 / 23 35	5,4 / 2,0 / 5,6 / 2,0
11 Di	5 30 / 12 31 / 17 53	5,8 / 1,7 / 5,9	26 Mi	5 15 / 11 57 / 17 32	5,3 / 2,2 / 5,5
12 Mi	1 07 / 6 46 / 13 40 / 19 06	1,5 / 5,8 / 1,7 / 6,0	27 Do	0 43 / 6 18 / 13 12 / 18 34	2,0 / 5,3 / 2,2 / 5,5
13 Do	2 14 / 7 52 / 14 46 / 20 11	1,4 / 5,9 / 1,5 / 6,1	28 Fr	1 50 / 7 16 / 14 19 / 19 31	1,9 / 5,4 / 2,0 / 5,7
14 Fr	3 20 / 8 48 / 15 51 / 21 06	1,3 / 6,0 / 1,4 / 6,3	29 Sa	2 50 / 8 07 / 15 17 / 20 21	1,7 / 5,7 / 1,8 / 5,9
15 Sa	4 26 / 9 37 / 16 51 / 21 56	1,1 / 6,2 / 1,2 / 6,4	30 So	3 46 / 8 53 / 16 12 / 21 08	1,5 / 5,9 / 1,5 / 6,2

Juli

Tag	Zeit	Höhe	Tag	Zeit	Höhe
1 Mo	4 39 / 9 38 / 17 03 / 21 54	1,3 / 6,2 / 1,2 / 6,4	16 Di	5 49 / 10 48 / 18 08 / 23 12	1,3 / 6,3 / 1,2 / 6,3
2 Di ●	5 30 / 10 22 / 17 52 / 22 40	1,1 / 6,4 / 1,1 / 6,6	17 Mi	6 31 / 11 27 / 18 49 / 23 49	1,3 / 6,4 / 1,2 / 6,3
3 Mi	6 19 / 11 07 / 18 40 / 23 26	1,0 / 6,6 / 0,9 / 6,7	18 Do	7 07 / 12 04 / 19 25	1,3 / 6,5 / 1,2
4 Do	7 08 / 11 53 / 19 29	0,9 / 6,7 / 0,8	19 Fr	0 25 / 7 38 / 12 41 / 19 56	6,3 / 1,3 / 6,5 / 1,2
5 Fr	0 13 / 7 56 / 12 40 / 20 17	6,7 / 0,9 / 6,8 / 0,8	20 Sa	1 00 / 8 06 / 13 16 / 20 26	6,2 / 1,4 / 6,4 / 1,3
6 Sa	1 02 / 8 42 / 13 29 / 21 06	6,6 / 0,9 / 6,8 / 0,9	21 So	1 33 / 8 33 / 13 48 / 20 55	6,1 / 1,4 / 6,3 / 1,4
7 So	1 53 / 9 28 / 14 21 / 21 54	6,5 / 1,0 / 6,7 / 0,9	22 Mo	2 03 / 9 00 / 14 15 / 21 28	6,0 / 1,5 / 6,2 / 1,5
8 Mo	2 48 / 10 14 / 15 15 / 22 44	6,3 / 1,2 / 6,5 / 1,0	23 Di	2 32 / 9 38 / 14 46 / 22 04	5,8 / 1,6 / 6,0 / 1,6
9 Di ☽	3 48 / 11 05 / 16 12 / 23 38	6,1 / 1,4 / 6,3 / 1,2	24 Mi	3 06 / 10 17 / 15 26 / 22 46	5,7 / 1,8 / 5,9 / 1,8
10 Mi	4 53 / 12 01 / 17 15	5,9 / 1,6 / 6,0	25 Do ☾	3 52 / 11 02 / 16 18 / 23 39	5,5 / 2,0 / 5,7 / 2,0
11 Do	0 37 / 6 05 / 13 04 / 18 26	1,4 / 5,7 / 1,7 / 5,9	26 Fr	5 01 / 12 02 / 17 28	5,3 / 2,2 / 5,5
12 Fr	1 40 / 7 17 / 14 10 / 19 39	1,5 / 5,7 / 1,8 / 5,9	27 Sa	0 51 / 6 25 / 13 25 / 18 44	2,1 / 5,3 / 2,2 / 5,6
13 Sa	2 46 / 8 21 / 15 18 / 20 45	1,6 / 5,7 / 1,7 / 6,0	28 So	2 08 / 7 32 / 14 39 / 19 50	1,9 / 5,5 / 2,0 / 5,8
14 So	3 55 / 9 17 / 16 24 / 21 42	1,5 / 5,9 / 1,5 / 6,1	29 Mo	3 14 / 8 29 / 15 42 / 20 47	1,7 / 5,8 / 1,7 / 6,1
15 Mo	4 58 / 10 05 / 17 21 / 22 30	1,4 / 6,1 / 1,3 / 6,2	30 Di	4 14 / 9 20 / 16 40 / 21 40	1,4 / 6,1 / 1,3 / 6,3
			31 Mi	5 10 / 10 09 / 17 35 / 22 29	1,2 / 6,5 / 1,1 / 6,6

August

Tag	Zeit	Höhe	Tag	Zeit	Höhe
1 Do ●	6 06 / 10 57 / 18 30 / 23 17	1,0 / 6,7 / 0,8 / 6,8	16 Fr	6 47 / 11 45 / 19 05	1,3 / 6,5 / 1,2
2 Fr	7 01 / 11 43 / 19 23	0,8 / 6,9 / 0,6	17 Sa	0 04 / 7 15 / 12 19 / 19 33	6,3 / 1,3 / 6,6 / 1,2
3 Sa	0 04 / 7 51 / 12 29 / 20 13	6,8 / 0,7 / 7,0 / 0,5	18 So	0 35 / 7 41 / 12 49 / 20 00	6,3 / 1,3 / 6,5 / 1,2
4 So	0 51 / 8 36 / 13 15 / 20 59	6,8 / 0,7 / 7,0 / 0,5	19 Mo	1 02 / 8 08 / 13 14 / 20 29	6,2 / 1,3 / 6,4 / 1,2
5 Mo	1 39 / 9 17 / 14 03 / 21 41	6,7 / 0,8 / 6,9 / 0,6	20 Di	1 25 / 8 38 / 13 36 / 21 00	6,2 / 1,3 / 6,4 / 1,3
6 Di	2 28 / 9 57 / 14 52 / 22 24	6,6 / 0,9 / 6,8 / 0,8	21 Mi	1 47 / 9 10 / 14 04 / 21 31	6,1 / 1,4 / 6,3 / 1,5
7 Mi ☽	3 20 / 10 39 / 15 44 / 23 09	6,3 / 1,2 / 6,4 / 1,2	22 Do	2 18 / 9 44 / 14 40 / 22 06	6,0 / 1,6 / 6,1 / 1,7
8 Do	4 16 / 11 27 / 16 41	6,0 / 1,6 / 6,1	23 Fr ☾	2 58 / 10 22 / 15 25 / 22 49	5,8 / 1,9 / 5,9 / 1,9
9 Fr	0 02 / 5 21 / 12 27 / 17 47	1,6 / 5,6 / 1,9 / 5,7	24 Sa	3 51 / 11 11 / 16 27 / 23 49	5,5 / 2,1 / 5,6 / 2,2
10 Sa	1 06 / 6 37 / 13 36 / 19 07	1,9 / 5,5 / 2,1 / 5,6	25 So	5 18 / 12 26 / 18 07	5,3 / 2,3 / 5,4
11 So	2 15 / 7 55 / 14 50 / 20 31	2,0 / 5,5 / 2,0 / 5,6	26 Mo	1 25 / 7 07 / 14 05 / 19 32	2,2 / 5,4 / 2,2 / 5,6
12 Mo	3 29 / 9 01 / 16 05 / 21 35	1,9 / 5,7 / 1,8 / 5,9	27 Di	2 48 / 8 12 / 15 18 / 20 36	2,0 / 5,7 / 1,8 / 6,0
13 Di	4 39 / 9 52 / 17 05 / 22 23	1,7 / 6,0 / 1,5 / 6,1	28 Mi	3 54 / 9 08 / 16 21 / 21 31	1,6 / 6,1 / 1,4 / 6,4
14 Mi	5 31 / 10 33 / 17 53 / 23 01	1,5 / 6,3 / 1,3 / 6,2	29 Do	4 55 / 9 58 / 17 20 / 22 21	1,2 / 6,6 / 1,0 / 6,7
15 Do ○	6 13 / 11 10 / 18 33 / 23 33	1,4 / 6,4 / 1,2 / 6,3	30 Fr ●	5 54 / 10 46 / 18 18 / 23 07	1,0 / 6,9 / 0,7 / 6,9
			31 Sa	6 49 / 11 29 / 19 12 / 23 51	0,8 / 7,1 / 0,5 / 7,0

● Neumond ☽ erstes Viertel ○ Vollmond ☾ letztes Viertel

UTC   Höhen sind auf SKN bezogen

Dover 2019

Breite: 51° 07' N, Länge: 1° 19' E

Zeiten (Stunden und Minuten) und Höhen (Meter) der Hoch- und Niedrigwasser

September

Tag	Zeit	Höhe	Tag	Zeit	Höhe
1 So	7 37 12 12 19 59	0,6 7,2 0,4	**16** Mo	0 04 7 13 12 17 19 32	6,4 1,2 6,6 1,1
2 Mo	0 34 8 18 12 56 20 41	7,0 0,6 7,2 0,4	**17** Di	0 28 7 41 12 39 20 01	6,4 1,2 6,5 1,2
3 Di	1 17 8 55 13 40 21 19	6,9 0,7 7,1 0,5	**18** Mi	0 49 8 11 13 02 20 31	6,4 1,3 6,5 1,3
4 Mi	2 02 9 31 14 26 21 57	6,7 0,9 6,9 0,9	**19** Do	1 13 8 42 13 30 21 01	6,4 1,4 6,5 1,4
5 Do	2 50 10 09 15 14 22 37	6,4 1,2 6,5 1,3	**20** Fr	1 44 9 14 14 05 21 34	6,3 1,5 6,3 1,6
6 Fr ☽	3 43 10 52 16 09 23 26	6,0 1,7 6,0 1,8	**21** Sa	2 24 9 51 14 49 22 15	6,1 1,8 6,0 1,9
7 Sa	4 44 11 49 17 13	5,6 2,1 5,6	**22** So ☾	3 15 10 39 15 48 23 11	5,7 2,1 5,6 2,3
8 So	0 30 5 57 13 06 18 35	2,2 5,3 2,4 5,3	**23** Mo	4 33 11 48 17 50	5,3 2,4 5,4
9 Mo	1 47 7 25 14 28 20 21	2,3 5,3 2,3 5,4	**24** Di	0 44 6 47 13 36 19 21	2,4 5,4 2,3 5,6
10 Di	3 06 8 42 15 48 21 25	2,2 5,6 2,0 5,7	**25** Mi	2 26 7 56 14 57 20 25	2,1 5,7 1,9 6,0
11 Mi	4 19 9 34 16 49 22 09	1,9 6,0 1,6 6,0	**26** Do	3 37 8 53 16 03 21 20	1,7 6,2 1,4 6,4
12 Do	5 10 10 13 17 34 22 43	1,6 6,3 1,4 6,3	**27** Fr	4 39 9 42 17 04 22 08	1,3 6,7 1,0 6,8
13 Fr	5 49 10 48 18 10 23 11	1,4 6,5 1,2 6,4	**28** Sa ●	5 37 10 27 18 01 22 52	0,9 7,0 0,6 7,0
14 Sa ○	6 21 11 20 18 39 23 37	1,3 6,6 1,2 6,4	**29** So	6 28 11 10 18 52 23 33	0,7 7,2 0,4 7,1
15 So	6 47 11 50 19 05	1,3 6,6 1,2	**30** Mo	7 14 11 52 19 37	0,6 7,3 0,4

Oktober

Tag	Zeit	Höhe	Tag	Zeit	Höhe
1 Di	0 13 7 53 12 34 20 16	7,1 0,6 7,3 0,4	**16** Mi	7 16 12 06 19 35	1,2 6,6 1,2
2 Mi	0 53 8 29 13 16 20 52	7,0 0,7 7,1 0,7	**17** Do	0 19 7 47 12 33 20 05	6,5 1,2 6,6 1,2
3 Do	1 36 9 04 13 59 21 27	6,8 1,0 6,8 1,0	**18** Fr	0 47 8 19 13 03 20 36	6,5 1,3 6,6 1,4
4 Fr	2 21 9 39 14 46 22 03	6,4 1,3 6,4 1,5	**19** Sa	1 21 8 52 13 40 21 10	6,5 1,5 6,4 1,6
5 Sa ☽	3 12 10 19 15 40 22 47	6,0 1,8 5,9 2,0	**20** So	2 03 9 31 14 26 21 53	6,2 1,7 6,1 1,9
6 So	4 12 11 13 16 43 23 53	5,6 2,3 5,5 2,5	**21** Mo ☾	2 56 10 20 15 29 22 49	5,8 2,0 5,6 2,3
7 Mo	5 21 12 34 18 01	5,3 2,5 5,2	**22** Di	4 24 11 30 17 41	5,4 2,3 5,4
8 Di	1 16 6 44 14 02 19 56	2,6 5,3 2,4 5,3	**23** Mi	0 19 6 23 13 14 19 05	2,4 5,5 2,2 5,6
9 Mi	2 37 8 09 15 20 21 01	2,4 5,5 2,1 5,7	**24** Do	2 03 7 34 14 35 20 09	2,2 5,8 1,8 6,0
10 Do	3 45 9 04 16 18 21 42	2,0 5,9 1,7 6,0	**25** Fr	3 15 8 32 15 42 21 03	1,7 6,3 1,3 6,4
11 Fr	4 36 9 44 17 01 22 13	1,7 6,2 1,4 6,2	**26** Sa	4 17 9 21 16 43 21 50	1,3 6,7 0,9 6,7
12 Sa	5 15 10 17 17 35 22 38	1,5 6,5 1,3 6,4	**27** So	5 13 10 07 17 39 22 33	1,0 7,0 0,7 6,9
13 So ○	5 47 10 48 18 04 23 04	1,3 6,6 1,2 6,5	**28** Mo ●	6 03 10 49 18 28 23 12	0,8 7,2 0,5 7,0
14 Mo	6 15 11 16 18 33 23 30	1,3 6,6 1,1 6,5	**29** Di	6 47 11 31 19 12 23 51	0,7 7,2 0,5 7,0
15 Di	6 44 11 42 19 03 23 55	1,2 6,6 1,1 6,5	**30** Mi	7 27 12 11 19 50	0,7 7,2 0,6
31 Do	0 31 8 03 12 53 20 25	6,9 0,8 7,0 0,9			

November

Tag	Zeit	Höhe	Tag	Zeit	Höhe
1 Fr	1 13 8 39 13 35 20 59	6,8 1,1 6,7 1,2	**16** Sa	0 29 8 02 12 47 20 19	6,6 1,3 6,6 1,4
2 Sa	1 57 9 14 14 21 21 32	6,5 1,4 6,3 1,7	**17** So	1 09 8 39 13 28 20 56	6,5 1,4 6,4 1,6
3 So	2 46 9 50 15 14 22 09	6,1 1,8 5,9 2,1	**18** Mo	1 55 9 21 14 19 21 42	6,3 1,6 6,1 1,8
4 Mo ☽	3 42 10 38 16 14 23 04	5,8 2,2 5,4 2,5	**19** Di ☾	2 54 10 13 15 29 22 39	6,0 1,8 5,7 2,1
5 Di	4 46 11 54 17 24	5,5 2,5 5,2	**20** Mi	4 17 11 23 17 17	5,7 2,0 5,6
6 Mi	0 33 5 57 13 20 18 51	2,7 5,3 2,5 5,2	**21** Do	0 02 5 50 12 51 18 40	2,2 5,7 2,0 5,7
7 Do	1 53 7 16 14 31 20 12	2,5 5,5 2,2 5,5	**22** Fr	1 32 7 04 14 07 19 45	2,1 5,9 1,7 6,0
8 Fr	2 58 8 18 15 28 20 58	2,2 5,8 1,9 5,8	**23** Sa	2 43 8 05 15 14 20 40	1,7 6,2 1,3 6,3
9 Sa	3 50 9 02 16 13 21 30	1,9 6,1 1,6 6,1	**24** So	3 47 8 57 16 17 21 29	1,4 6,6 1,0 6,5
10 So	4 32 9 38 16 51 21 59	1,6 6,3 1,4 6,3	**25** Mo	4 45 9 45 17 14 22 13	1,1 6,8 0,8 6,7
11 Mo	5 08 10 09 17 26 22 28	1,4 6,4 1,2 6,4	**26** Di ●	5 37 10 29 18 04 22 54	1,0 6,9 0,7 6,8
12 Di	5 43 10 39 18 02 22 57	1,3 6,5 1,2 6,5	**27** Mi	6 22 11 12 18 48 23 34	0,9 7,0 0,8 6,8
13 Mi	6 17 11 08 18 37 23 26	1,2 6,6 1,1 6,6	**28** Do	7 04 11 53 19 27	0,9 6,9 0,9
14 Do	6 52 11 38 19 12 23 56	1,2 6,6 1,1 6,6	**29** Fr	0 14 7 42 12 35 20 02	6,8 1,0 6,7 1,1
15 Fr	7 27 12 10 19 45	1,2 6,6 1,2	**30** Sa	0 55 8 19 13 16 20 35	6,7 1,2 6,5 1,4

Dezember

Tag	Zeit	Höhe	Tag	Zeit	Höhe
1 So	1 37 8 54 14 00 21 06	6,5 1,4 6,2 1,7	**16** Mo	1 06 8 36 13 26 20 53	6,6 1,2 6,4 1,4
2 Mo	2 22 9 28 14 48 21 38	6,2 1,7 5,9 2,0	**17** Di	1 55 9 22 14 19 21 40	6,5 1,3 6,2 1,5
3 Di	3 11 10 08 15 42 22 20	5,9 2,0 5,5 2,3	**18** Mi	2 52 10 14 15 23 22 35	6,3 1,5 6,0 1,7
4 Mi ☽	4 06 11 02 16 44 23 20	5,7 2,2 5,3 2,5	**19** Do ☾	3 57 11 15 16 40 23 41	6,1 1,6 5,8 1,9
5 Do	5 08 12 15 17 51	5,5 2,3 5,2	**20** Fr	5 10 12 24 18 03	5,9 1,7 5,7
6 Fr	0 44 6 15 13 27 19 00	2,5 5,4 2,3 5,3	**21** Sa	0 54 6 25 13 33 19 13	1,9 5,9 1,6 5,8
7 Sa	1 55 7 19 14 26 19 56	2,4 5,6 2,0 5,5	**22** So	2 04 7 33 14 39 20 14	1,8 6,1 1,5 6,0
8 So	2 54 8 10 15 19 20 40	2,1 5,8 1,8 5,8	**23** Mo	3 11 8 33 15 46 21 07	1,6 6,2 1,3 6,2
9 Mo	3 44 8 51 16 06 21 18	1,8 6,0 1,5 6,0	**24** Di	4 16 9 26 16 50 21 56	1,4 6,4 1,2 6,3
10 Di	4 30 9 28 16 51 21 53	1,6 6,2 1,3 6,2	**25** Mi	5 14 10 15 17 43 22 40	1,2 6,5 1,1 6,5
11 Mi	5 12 10 05 17 33 22 28	1,4 6,4 1,2 6,4	**26** Do ●	6 03 11 00 18 29 23 21	1,1 6,6 1,0 6,6
12 Do ○	5 53 10 41 18 14 23 04	1,2 6,5 1,1 6,6	**27** Fr	6 47 11 41 19 09	1,0 6,6 1,1
13 Fr	6 33 11 19 18 54 23 41	1,1 6,6 1,1 6,6	**28** Sa	0 01 7 27 12 21 19 45	6,6 1,1 6,5 1,2
14 Sa	7 13 11 57 19 33	1,1 6,6 1,1	**29** So	0 41 8 04 13 01 20 17	6,6 1,2 6,4 1,4
15 So	0 21 7 53 12 40 20 12	6,7 1,1 6,6 1,2	**30** Mo	1 20 8 38 13 40 20 46	6,5 1,3 6,2 1,5
			31 Di	1 59 9 09 14 20 21 14	6,4 1,5 6,0 1,7

● Neumond   ☽ erstes Viertel   ○ Vollmond   ☾ letztes Viertel

UTC   Höhen sind auf SKN bezogen

Mittlere Tidenkurven

Dover

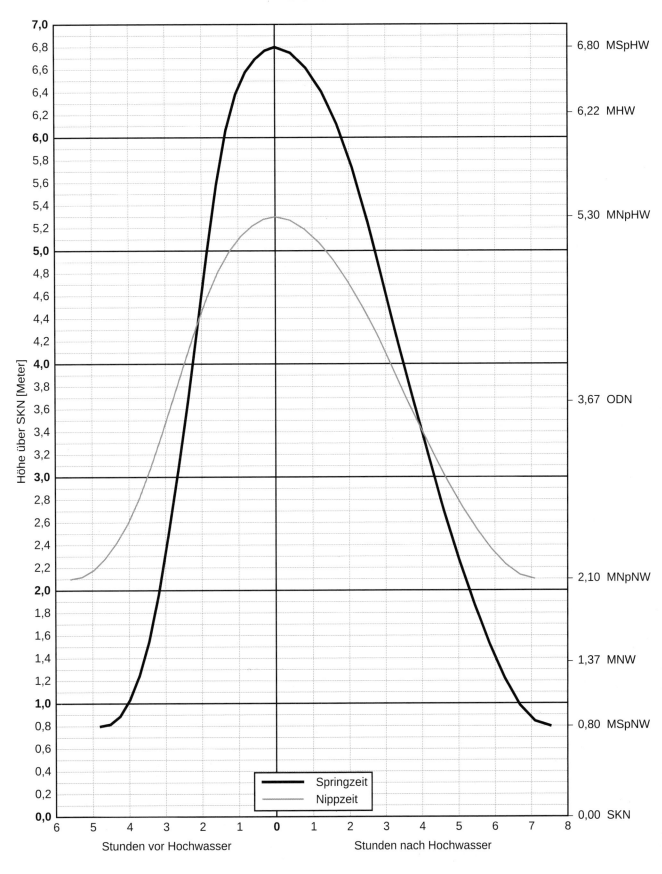

MSpSD: 4,78 h	MSpFD: 7,52 h	MHWI: 10 h 51 min
MNpSD: 5,58 h	MNpFD: 7,08 h	MNWI: 18 h 09 min

Stand Tidenkurven: 1955
Stand Gezeitengrundwerte: 2019

London Bridge 2019

Breite: 51° 30' N, Länge: 0° 05' W

Zeiten (Stunden und Minuten) und Höhen (Meter) der Hoch- und Niedrigwasser

Januar

Tag	Zeit	Höhe	Tag	Zeit	Höhe
1 Di	3 31 / 9 43 / 16 07 / 22 19	1,4 / 6,4 / 0,9 / 6,4	16 Mi	1 54 / 8 17 / 14 25 / 21 15	1,6 / 5,9 / 1,2 / 5,9
2 Mi	4 42 / 10 48 / 17 13 / 23 25	1,3 / 6,4 / 0,9 / 6,5	17 Do	3 12 / 9 47 / 15 57 / 22 29	1,7 / 6,1 / 1,2 / 6,2
3 Do	5 53 / 11 50 / 18 18	1,2 / 6,6 / 0,9	18 Fr	4 51 / 10 59 / 17 18 / 23 35	1,4 / 6,4 / 1,0 / 6,5
4 Fr	0 23 / 6 54 / 12 44 / 19 11	6,6 / 0,9 / 6,7 / 0,9	19 Sa	6 06 / 12 02 / 18 27	1,1 / 6,8 / 0,9
5 Sa	1 11 / 7 45 / 13 29 / 19 55	6,7 / 0,8 / 6,8 / 0,9	20 So	0 35 / 7 16 / 12 59 / 19 38	6,8 / 0,7 / 7,1 / 0,8
6 So ●	1 52 / 8 29 / 14 10 / 20 33	6,7 / 0,7 / 6,9 / 0,9	21 Mo	1 30 / 8 21 / 13 52 / 20 40	7,0 / 0,5 / 7,4 / 0,7
7 Mo	2 28 / 9 07 / 14 47 / 21 07	6,8 / 0,7 / 6,9 / 0,9	22 Di	2 21 / 9 18 / 14 43 / 21 33	7,1 / 0,2 / 7,5 / 0,6
8 Di	3 01 / 9 41 / 15 21 / 21 37	6,8 / 0,7 / 6,9 / 1,0	23 Mi	3 09 / 10 08 / 15 31 / 22 20	7,2 / 0,0 / 7,6 / 0,5
9 Mi	3 33 / 10 09 / 15 54 / 22 08	6,8 / 0,7 / 6,8 / 1,0	24 Do	3 55 / 10 53 / 16 18 / 23 02	7,3 / -0,1 / 7,5 / 0,5
10 Do	4 04 / 10 38 / 16 26 / 22 40	6,7 / 0,7 / 6,7 / 1,0	25 Fr	4 39 / 11 34 / 17 05 / 23 40	7,2 / -0,1 / 7,4 / 0,6
11 Fr	4 36 / 11 07 / 16 59 / 23 13	6,6 / 0,8 / 6,6 / 1,1	26 Sa	5 24 / 12 11 / 17 53	7,1 / 0,0 / 7,1
12 Sa	5 09 / 11 35 / 17 34 / 23 44	6,5 / 0,8 / 6,4 / 1,3	27 So ☾	0 17 / 6 10 / 12 48 / 18 43	0,8 / 6,9 / 0,3 / 6,8
13 So	5 44 / 12 03 / 18 13	6,3 / 0,9 / 6,2	28 Mo	0 58 / 7 00 / 13 30 / 19 36	1,0 / 6,7 / 0,6 / 6,5
14 Mo ☽	0 16 / 6 24 / 12 38 / 18 57	1,4 / 6,2 / 1,0 / 6,1	29 Di	1 45 / 8 21 / 14 21 / 20 35	1,3 / 6,4 / 0,9 / 6,3
15 Di	0 59 / 7 13 / 13 23 / 19 55	1,5 / 6,0 / 1,1 / 5,9	30 Mi	2 46 / 9 02 / 15 22 / 21 39	1,4 / 6,2 / 1,1 / 6,1
			31 Do	3 57 / 10 12 / 16 27 / 22 52	1,5 / 6,2 / 1,2 / 6,1

Februar

Tag	Zeit	Höhe	Tag	Zeit	Höhe
1 Fr	5 12 / 11 23 / 17 37	1,4 / 6,3 / 1,2	16 Sa	4 15 / 10 28 / 16 50 / 23 10	1,5 / 6,3 / 1,2 / 6,3
2 Sa	0 00 / 6 26 / 12 25 / 18 42	6,3 / 1,1 / 6,5 / 1,1	17 So	5 41 / 11 40 / 18 09	1,1 / 6,7 / 1,0
3 So	0 53 / 7 23 / 13 15 / 19 33	6,5 / 0,8 / 6,7 / 1,0	18 Mo	0 18 / 7 03 / 12 44 / 19 30	6,6 / 0,7 / 7,1 / 0,8
4 Mo ●	1 37 / 8 08 / 13 57 / 20 15	6,6 / 0,7 / 6,8 / 0,9	19 Di	1 16 / 8 11 / 13 39 / 20 31	6,9 / 0,3 / 7,3 / 0,6
5 Di	2 15 / 8 48 / 14 34 / 20 53	6,7 / 0,6 / 6,9 / 0,9	20 Mi	2 07 / 9 07 / 14 29 / 21 23	7,2 / 0,0 / 7,5 / 0,5
6 Mi	2 48 / 9 23 / 15 06 / 21 28	6,8 / 0,6 / 6,9 / 0,9	21 Do	2 53 / 9 58 / 15 16 / 22 09	7,3 / -0,3 / 7,6 / 0,4
7 Do	3 18 / 9 55 / 15 36 / 22 00	6,8 / 0,6 / 6,8 / 0,9	22 Fr	3 37 / 10 38 / 16 01 / 22 49	7,5 / -0,3 / 7,6 / 0,4
8 Fr	3 47 / 10 25 / 16 05 / 22 31	6,9 / 0,5 / 6,8 / 0,9	23 Sa	4 19 / 11 16 / 16 44 / 23 25	7,5 / -0,2 / 7,4 / 0,5
9 Sa	4 17 / 10 53 / 16 35 / 23 01	6,8 / 0,6 / 6,7 / 0,9	24 So	5 01 / 11 48 / 17 27 / 23 57	7,3 / 0,0 / 7,1 / 0,7
10 So	4 49 / 11 17 / 17 08 / 23 29	6,7 / 0,7 / 6,6 / 1,1	25 Mo	5 42 / 12 16 / 18 11	7,1 / 0,4 / 6,7
11 Mo	5 21 / 11 40 / 17 44 / 23 56	6,6 / 0,8 / 6,4 / 1,2	26 Di ☾	0 28 / 6 26 / 12 47 / 18 55	0,9 / 6,8 / 0,7 / 6,4
12 Di	5 58 / 12 08 / 18 24	6,4 / 0,9 / 6,2	27 Mi	1 03 / 7 16 / 13 28 / 19 47	1,2 / 6,4 / 1,1 / 6,0
13 Mi	0 30 / 6 41 / 12 47 / 19 14	1,3 / 6,3 / 1,0 / 6,0	28 Do	1 52 / 8 18 / 14 31 / 20 51	1,5 / 6,1 / 1,4 / 5,8
14 Do	1 17 / 7 37 / 13 40 / 20 24	1,4 / 6,1 / 1,2 / 5,8			
15 Fr	2 25 / 8 59 / 15 05 / 21 54	1,6 / 6,0 / 1,4 / 5,9			

März

Tag	Zeit	Höhe	Tag	Zeit	Höhe
1 Fr	3 10 / 9 32 / 15 48 / 22 10	1,6 / 5,9 / 1,5 / 5,7	16 Sa	1 57 / 8 31 / 14 34 / 21 24	1,5 / 6,0 / 1,6 / 5,8
2 Sa	4 31 / 10 53 / 17 03 / 23 31	1,5 / 6,0 / 1,4 / 5,9	17 So	3 51 / 10 05 / 16 30 / 22 48	1,5 / 6,2 / 1,4 / 6,1
3 So	5 51 / 12 02 / 18 13	1,2 / 6,3 / 1,2	18 Mo	5 21 / 11 22 / 17 56	1,1 / 6,6 / 1,1
4 Mo	0 29 / 6 55 / 12 54 / 19 08	6,3 / 0,9 / 6,6 / 1,0	19 Di	0 00 / 6 51 / 12 29 / 19 16	6,5 / 0,6 / 7,0 / 0,8
5 Di	1 14 / 7 42 / 13 36 / 19 53	6,6 / 0,7 / 6,8 / 0,9	20 Mi	0 59 / 7 56 / 13 23 / 20 15	6,9 / 0,2 / 7,3 / 0,6
6 Mi ●	1 52 / 8 22 / 14 12 / 20 33	6,7 / 0,6 / 6,8 / 0,9	21 Do ○	1 48 / 8 48 / 14 11 / 21 05	7,2 / -0,1 / 7,4 / 0,4
7 Do	2 26 / 8 59 / 14 44 / 21 09	6,8 / 0,6 / 6,8 / 0,9	22 Fr	2 32 / 9 34 / 14 56 / 21 49	7,4 / -0,3 / 7,5 / 0,3
8 Fr	2 56 / 9 32 / 15 11 / 21 43	6,9 / 0,5 / 6,9 / 0,8	23 Sa	3 14 / 10 15 / 15 38 / 22 29	7,5 / -0,2 / 7,5 / 0,3
9 Sa	3 25 / 10 03 / 15 40 / 22 16	7,0 / 0,5 / 6,9 / 0,8	24 So	3 54 / 10 50 / 16 19 / 23 03	7,6 / 0,0 / 7,3 / 0,5
10 So	3 54 / 10 31 / 16 10 / 22 46	7,0 / 0,5 / 6,8 / 0,8	25 Mo	4 34 / 11 17 / 16 58 / 23 31	7,4 / 0,3 / 7,0 / 0,7
11 Mo	4 25 / 10 54 / 16 43 / 23 12	6,9 / 0,6 / 6,7 / 1,0	26 Di	5 14 / 11 39 / 17 36 / 23 56	7,1 / 0,6 / 6,6 / 0,9
12 Di	4 58 / 11 16 / 17 18 / 23 37	6,8 / 0,7 / 6,5 / 1,1	27 Mi	5 55 / 12 04 / 18 15	6,8 / 0,9 / 6,2
13 Mi	5 35 / 11 43 / 17 57	6,6 / 0,8 / 6,3	28 Do ☾	0 25 / 6 39 / 12 41 / 19 00	1,1 / 6,3 / 1,2 / 5,9
14 Do ☽	0 09 / 6 17 / 12 20 / 18 44	1,2 / 6,5 / 0,9 / 6,0	29 Fr	1 07 / 7 36 / 13 35 / 20 00	1,4 / 5,9 / 1,6 / 5,6
15 Fr	0 53 / 7 12 / 13 10 / 19 50	1,3 / 6,2 / 1,2 / 5,8	30 Sa	2 13 / 8 51 / 15 04 / 21 22	1,6 / 5,7 / 1,8 / 5,5
			31 So	3 50 / 10 14 / 16 28 / 22 48	1,6 / 5,9 / 1,7 / 5,7

April

Tag	Zeit	Höhe	Tag	Zeit	Höhe
1 Mo	5 06 / 11 28 / 17 37 / 23 53	1,3 / 6,1 / 1,4 / 6,1	16 Di	5 03 / 11 03 / 17 38 / 23 39	0,9 / 6,6 / 1,1 / 6,5
2 Di	6 12 / 12 23 / 18 34	1,0 / 6,4 / 1,1	17 Mi	6 30 / 12 09 / 18 53	0,5 / 7,0 / 0,8
3 Mi	0 41 / 7 04 / 13 06 / 19 22	6,4 / 0,8 / 6,6 / 1,0	18 Do	0 37 / 7 32 / 13 03 / 19 50	6,9 / 0,2 / 7,2 / 0,6
4 Do	1 21 / 7 48 / 13 42 / 20 05	6,7 / 0,6 / 6,7 / 0,9	19 Fr ○	1 25 / 8 22 / 13 50 / 20 40	7,2 / 0,0 / 7,3 / 0,5
5 Fr ●	1 56 / 8 27 / 14 13 / 20 44	6,8 / 0,6 / 6,8 / 0,8	20 Sa	2 08 / 9 07 / 14 32 / 21 24	7,4 / 0,0 / 7,3 / 0,4
6 Sa	2 27 / 9 03 / 14 42 / 21 21	6,9 / 0,6 / 6,9 / 0,8	21 So	2 48 / 9 46 / 15 12 / 22 04	7,5 / 0,1 / 7,3 / 0,4
7 So	2 58 / 9 36 / 15 13 / 21 56	7,0 / 0,5 / 6,9 / 0,7	22 Mo	3 28 / 10 18 / 15 51 / 22 38	7,5 / 0,3 / 7,2 / 0,5
8 Mo	3 29 / 10 05 / 15 46 / 22 28	7,1 / 0,5 / 6,9 / 0,7	23 Di	4 08 / 10 42 / 16 28 / 23 04	7,4 / 0,6 / 6,9 / 0,7
9 Di	4 03 / 10 29 / 16 20 / 22 56	7,0 / 0,6 / 6,7 / 0,8	24 Mi	4 47 / 11 02 / 17 04 / 23 26	7,1 / 0,7 / 6,5 / 0,8
10 Mi	4 38 / 10 54 / 16 56 / 23 23	6,9 / 0,7 / 6,5 / 0,9	25 Do	5 27 / 11 30 / 17 40 / 23 55	6,7 / 1,0 / 6,2 / 1,0
11 Do	5 17 / 11 25 / 17 36 / 23 56	6,8 / 0,8 / 6,3 / 1,0	26 Fr ☾	6 08 / 12 05 / 18 20	6,3 / 1,3 / 5,9
12 Fr	6 02 / 12 04 / 18 26	6,5 / 1,0 / 6,0	27 Sa	0 32 / 6 58 / 12 53 / 19 11	1,3 / 5,9 / 1,6 / 5,6
13 Sa ☽	0 40 / 6 59 / 12 57 / 19 33	1,1 / 6,3 / 1,4 / 5,8	28 So	1 27 / 8 06 / 14 06 / 20 30	1,5 / 5,6 / 1,9 / 5,4
14 So	1 47 / 8 20 / 14 29 / 21 04	1,3 / 6,1 / 1,6 / 5,8	29 Mo	3 00 / 9 26 / 15 41 / 21 55	1,6 / 5,6 / 1,8 / 5,5
15 Mo	3 36 / 9 48 / 16 12 / 22 27	1,3 / 6,3 / 1,5 / 6,1	30 Di	4 20 / 10 37 / 16 53 / 23 03	1,3 / 5,9 / 1,5 / 5,9

● Neumond ☽ erstes Viertel ○ Vollmond ☾ letztes Viertel

UTC   Höhen sind auf SKN bezogen

Gezeitenvorausberechnungen

London Bridge 2019

Breite: 51° 30' N, Länge: 0° 05' W

Zeiten (Stunden und Minuten) und Höhen (Meter) der Hoch- und Niedrigwasser

Mai

Tag	Zeit	Höhe	Tag	Zeit	Höhe
1 Mi	5 21 / 11 37 / 17 51 / 23 58	1,1 / 6,2 / 1,2 / 6,3	16 Do	5 57 / 11 46 / 18 23	0,5 / 6,8 / 0,9
2 Do	6 16 / 12 24 / 18 43	0,8 / 6,5 / 1,0	17 Fr	0 11 / 7 01 / 12 41 / 19 22	6,8 / 0,3 / 7,0 / 0,7
3 Fr	0 42 / 7 04 / 13 04 / 19 30	6,6 / 0,7 / 6,7 / 0,9	18 Sa ○	1 00 / 7 52 / 13 27 / 20 13	7,0 / 0,3 / 7,1 / 0,5
4 Sa ●	1 21 / 7 49 / 13 39 / 20 14	6,8 / 0,7 / 6,8 / 0,8	19 So	1 44 / 8 35 / 14 09 / 20 58	7,2 / 0,3 / 7,1 / 0,5
5 So	1 56 / 8 29 / 14 13 / 20 55	7,0 / 0,6 / 6,9 / 0,7	20 Mo	2 25 / 9 14 / 14 48 / 21 38	7,3 / 0,4 / 7,1 / 0,5
6 Mo	2 31 / 9 06 / 14 49 / 21 35	7,1 / 0,6 / 6,9 / 0,6	21 Di	3 05 / 9 45 / 15 26 / 22 13	7,4 / 0,6 / 7,0 / 0,5
7 Di	3 07 / 9 39 / 15 26 / 22 11	7,2 / 0,7 / 6,9 / 0,6	22 Mi	3 45 / 10 08 / 16 02 / 22 40	7,2 / 0,7 / 6,8 / 0,7
8 Mi	3 44 / 10 08 / 16 03 / 22 44	7,1 / 0,6 / 6,7 / 0,6	23 Do	4 24 / 10 33 / 16 38 / 23 03	7,0 / 0,9 / 6,5 / 0,8
9 Do	4 24 / 10 39 / 16 43 / 23 16	7,0 / 0,7 / 6,5 / 0,7	24 Fr	5 03 / 11 04 / 17 12 / 23 32	6,6 / 1,0 / 6,2 / 1,0
10 Fr	5 07 / 11 16 / 17 26 / 23 53	6,9 / 0,9 / 6,3 / 0,8	25 Sa	5 42 / 11 40 / 17 49	6,3 / 1,3 / 6,0
11 Sa	5 56 / 12 00 / 18 19	6,6 / 1,1 / 6,1	26 So ☾	0 08 / 6 24 / 12 22 / 18 32	1,1 / 6,0 / 1,5 / 5,8
12 So ☽	0 41 / 6 57 / 12 59 / 19 26	0,9 / 6,4 / 1,4 / 5,9	27 Mo	0 54 / 7 18 / 13 17 / 19 32	1,3 / 5,7 / 1,7 / 5,6
13 Mo	1 54 / 8 14 / 14 26 / 20 48	1,0 / 6,3 / 1,5 / 6,0	28 Di	1 58 / 8 31 / 14 29 / 20 59	1,4 / 5,7 / 1,8 / 5,6
14 Di	3 22 / 9 30 / 15 51 / 22 04	0,9 / 6,4 / 1,4 / 6,2	29 Mi	3 20 / 9 41 / 15 52 / 22 09	1,3 / 5,8 / 1,7 / 5,8
15 Mi	4 39 / 10 41 / 17 10 / 23 12	0,7 / 6,6 / 1,1 / 6,5	30 Do	4 28 / 10 41 / 17 00 / 23 08	1,1 / 6,1 / 1,4 / 6,2
			31 Fr	5 24 / 11 35 / 17 57 / 23 59	0,9 / 6,4 / 1,2 / 6,5

Juni

Tag	Zeit	Höhe	Tag	Zeit	Höhe
1 Sa	6 17 / 12 23 / 18 51	0,8 / 6,6 / 1,0	16 So	0 37 / 7 19 / 13 07 / 19 47	6,9 / 0,6 / 6,8 / 0,6
2 So	0 44 / 7 07 / 13 07 / 19 42	6,8 / 0,7 / 6,8 / 0,8	17 Mo ○	1 25 / 8 05 / 13 51 / 20 34	7,0 / 0,6 / 6,9 / 0,5
3 Mo ●	1 26 / 7 56 / 13 49 / 20 30	7,0 / 0,7 / 6,9 / 0,7	18 Di	2 07 / 8 45 / 14 31 / 21 17	7,1 / 0,7 / 6,9 / 0,5
4 Di	2 08 / 8 40 / 14 31 / 21 16	7,1 / 0,7 / 6,9 / 0,6	19 Mi	2 49 / 9 20 / 15 08 / 21 54	7,2 / 0,8 / 6,8 / 0,6
5 Mi	2 50 / 9 22 / 15 13 / 22 00	7,2 / 0,7 / 6,9 / 0,5	20 Do	3 28 / 9 47 / 15 44 / 22 24	7,1 / 0,9 / 6,7 / 0,7
6 Do	3 32 / 10 01 / 15 55 / 22 41	7,2 / 0,7 / 6,8 / 0,4	21 Fr	4 06 / 10 15 / 16 18 / 22 49	6,9 / 0,9 / 6,6 / 0,8
7 Fr	4 17 / 10 40 / 16 38 / 23 21	7,2 / 0,7 / 6,6 / 0,4	22 Sa	4 43 / 10 48 / 16 52 / 23 18	6,6 / 1,0 / 6,4 / 0,8
8 Sa	5 03 / 11 21 / 17 25	7,0 / 0,9 / 6,5	23 So	5 19 / 11 23 / 17 26 / 23 51	6,4 / 1,1 / 6,2 / 0,9
9 So ☽	0 02 / 5 55 / 12 09 / 18 16	0,5 / 6,8 / 1,0 / 6,3	24 Mo	5 56 / 12 00 / 18 04	6,2 / 1,3 / 6,1
10 Mo ☽	0 52 / 6 54 / 13 06 / 19 19	0,6 / 6,6 / 1,2 / 6,3	25 Di ☾	0 27 / 6 37 / 12 42 / 18 48	1,0 / 6,0 / 1,5 / 5,9
11 Di	1 54 / 8 02 / 14 14 / 20 30	0,7 / 6,5 / 1,3 / 6,3	26 Mi	1 10 / 7 28 / 13 31 / 19 46	1,1 / 5,8 / 1,6 / 5,8
12 Mi	3 02 / 9 09 / 15 26 / 21 38	0,6 / 6,5 / 1,3 / 6,4	27 Do	2 03 / 8 38 / 14 33 / 21 09	1,2 / 5,8 / 1,7 / 5,8
13 Do	4 08 / 10 15 / 16 38 / 22 43	0,6 / 6,6 / 1,1 / 6,6	28 Fr	3 15 / 9 47 / 15 53 / 22 17	1,2 / 5,9 / 1,6 / 6,1
14 Fr	5 17 / 11 19 / 17 51 / 23 44	0,6 / 6,7 / 1,0 / 6,7	29 Sa	4 29 / 10 48 / 17 09 / 23 16	1,1 / 6,2 / 1,3 / 6,4
15 Sa	6 25 / 12 18 / 18 54	0,6 / 6,8 / 0,8	30 So	5 31 / 11 46 / 18 13	0,9 / 6,5 / 1,0

Juli

Tag	Zeit	Höhe	Tag	Zeit	Höhe
1 Mo	0 10 / 6 29 / 12 40 / 19 12	6,8 / 0,8 / 6,7 / 0,8	16 Di ○	1 11 / 7 40 / 13 38 / 20 15	6,9 / 0,8 / 6,7 / 0,6
2 Di ●	1 01 / 7 28 / 13 29 / 20 10	7,0 / 0,8 / 6,9 / 0,6	17 Mi	1 56 / 8 24 / 14 19 / 20 59	7,0 / 0,8 / 6,8 / 0,5
3 Mi	1 49 / 8 24 / 14 17 / 21 04	7,2 / 0,7 / 7,0 / 0,4	18 Do	2 38 / 9 03 / 14 55 / 21 38	7,0 / 0,9 / 6,8 / 0,5
4 Do	2 37 / 9 16 / 15 03 / 21 54	7,3 / 0,7 / 7,0 / 0,2	19 Fr	3 16 / 9 36 / 15 29 / 22 11	7,0 / 0,9 / 6,8 / 0,6
5 Fr	3 24 / 10 04 / 15 48 / 22 41	7,4 / 0,7 / 7,0 / 0,1	20 Sa	3 51 / 10 06 / 16 01 / 22 38	6,9 / 0,9 / 6,7 / 0,6
6 Sa	4 10 / 10 48 / 16 33 / 23 25	7,4 / 0,6 / 6,9 / 0,0	21 So	4 23 / 10 37 / 16 32 / 23 05	6,8 / 0,9 / 6,6 / 0,6
7 So	4 58 / 11 30 / 17 19	7,3 / 0,7 / 6,8	22 Mo	4 54 / 11 09 / 17 04 / 23 33	6,6 / 1,0 / 6,5 / 0,7
8 Mo	0 06 / 5 47 / 12 13 / 18 07	0,1 / 7,1 / 0,8 / 6,7	23 Di	5 27 / 11 42 / 17 37	6,4 / 1,1 / 6,4
9 Di ☽	0 50 / 6 42 / 12 59 / 19 02	0,2 / 6,9 / 0,9 / 6,6	24 Mi	0 01 / 6 01 / 12 14 / 18 13	0,8 / 6,2 / 1,3 / 6,2
10 Mi	1 38 / 7 41 / 13 53 / 20 04	0,4 / 6,7 / 1,1 / 6,5	25 Do ☾	0 30 / 6 42 / 12 49 / 18 58	1,0 / 6,0 / 1,5 / 6,0
11 Do	2 32 / 8 42 / 14 56 / 21 08	0,5 / 6,5 / 1,2 / 6,5	26 Fr	1 08 / 7 32 / 13 36 / 19 55	1,1 / 5,8 / 1,6 / 5,9
12 Fr	3 32 / 9 45 / 16 04 / 22 13	0,7 / 6,5 / 1,2 / 6,5	27 Sa	2 00 / 8 47 / 14 43 / 21 21	1,2 / 5,8 / 1,6 / 5,9
13 Sa	4 36 / 10 51 / 17 16 / 23 18	0,8 / 6,4 / 1,1 / 6,6	28 So	3 22 / 10 06 / 16 22 / 22 37	1,3 / 6,0 / 1,5 / 6,2
14 So	5 45 / 11 56 / 18 27	0,9 / 6,5 / 0,9	29 Mo	4 51 / 11 14 / 17 39 / 23 41	1,2 / 6,3 / 1,1 / 6,6
15 Mo	0 19 / 6 49 / 12 51 / 19 25	6,7 / 0,8 / 6,6 / 0,7	30 Di	6 00 / 12 16 / 18 48	1,0 / 6,6 / 0,7
			31 Mi	0 39 / 7 09 / 13 12 / 19 55	7,0 / 0,8 / 6,9 / 0,5

August

Tag	Zeit	Höhe	Tag	Zeit	Höhe
1 Do ●	1 33 / 8 16 / 14 02 / 20 55	7,3 / 0,7 / 7,0 / 0,2	16 Fr	2 23 / 8 45 / 14 39 / 21 17	7,0 / 0,9 / 6,8 / 0,5
2 Fr	2 23 / 9 12 / 14 50 / 21 47	7,4 / 0,6 / 7,1 / 0,0	17 Sa	2 58 / 9 21 / 15 10 / 21 49	6,9 / 0,9 / 6,9 / 0,5
3 Sa	3 11 / 10 01 / 15 35 / 22 34	7,6 / 0,5 / 7,2 / -0,2	18 So	3 30 / 9 53 / 15 40 / 22 18	6,9 / 0,9 / 6,9 / 0,5
4 So	3 58 / 10 45 / 16 19 / 23 16	7,6 / 0,5 / 7,3 / -0,3	19 Mo	3 58 / 10 23 / 16 08 / 22 44	6,8 / 0,9 / 6,8 / 0,6
5 Mo	4 44 / 11 25 / 17 02 / 23 55	7,4 / 0,5 / 7,2 / -0,1	20 Di	4 26 / 10 53 / 16 38 / 23 10	6,7 / 0,9 / 6,7 / 0,7
6 Di	5 30 / 12 02 / 17 47	7,2 / 0,6 / 7,0	21 Mi	4 56 / 11 21 / 17 09 / 23 32	6,6 / 1,1 / 6,6 / 0,8
7 Mi ☽	0 30 / 6 19 / 12 41 / 18 35	0,1 / 6,9 / 0,8 / 6,8	22 Do	5 29 / 11 47 / 17 43 / 23 55	6,4 / 1,3 / 6,4 / 1,0
8 Do	1 09 / 7 11 / 13 24 / 19 30	0,4 / 6,6 / 1,1 / 6,6	23 Fr ☾	6 05 / 12 15 / 18 23	6,1 / 1,4 / 6,2
9 Fr	1 55 / 8 08 / 14 19 / 20 33	0,7 / 6,3 / 1,3 / 6,4	24 Sa	0 26 / 6 49 / 12 55 / 19 12	1,1 / 5,9 / 1,5 / 6,0
10 Sa	2 52 / 9 11 / 15 26 / 21 41	1,0 / 6,2 / 1,4 / 6,3	25 So	1 11 / 7 49 / 13 53 / 20 24	1,3 / 5,7 / 1,6 / 5,9
11 So	3 57 / 10 21 / 16 41 / 22 53	1,2 / 6,1 / 1,3 / 6,3	26 Mo	2 19 / 9 22 / 15 39 / 22 00	1,5 / 5,7 / 1,6 / 6,1
12 Mo	5 10 / 11 34 / 18 02	1,2 / 6,2 / 1,0	27 Di	4 19 / 10 44 / 17 12 / 23 15	1,5 / 6,0 / 1,2 / 6,5
13 Di	0 02 / 6 23 / 12 34 / 19 07	6,5 / 1,1 / 6,5 / 0,7	28 Mi	5 37 / 11 54 / 18 29	1,2 / 6,5 / 0,8
14 Mi	0 57 / 7 28 / 13 22 / 19 57	6,8 / 0,9 / 6,7 / 0,6	29 Do	0 19 / 6 57 / 12 53 / 19 43	7,0 / 0,7 / 6,8 / 0,4
15 Do ○	1 43 / 8 05 / 14 03 / 20 39	6,9 / 0,9 / 6,8 / 0,5	30 Fr ●	1 16 / 8 05 / 13 44 / 20 42	7,3 / 0,7 / 7,1 / 0,0
			31 Sa	2 06 / 9 00 / 14 31 / 21 33	7,5 / 0,6 / 7,3 / -0,2

● Neumond ☽ erstes Viertel ○ Vollmond ☾ letztes Viertel

UTC — Höhen sind auf SKN bezogen

London Bridge 2019

Breite: 51° 30' N, Länge: 0° 05' W

Zeiten (Stunden und Minuten) und Höhen (Meter) der Hoch- und Niedrigwasser

September

Tag	Zeit	Höhe	Tag	Zeit	Höhe
1 So	2 53 / 9 47 / 15 14 / 22 17	7,6 / 0,4 / 7,4 / -0,3	16 Mo	3 02 / 9 31 / 15 13 / 21 49	6,9 / 0,9 / 7,0 / 0,6
2 Mo	3 38 / 10 30 / 15 57 / 22 57	7,6 / 0,4 / 7,5 / -0,3	17 Di	3 28 / 10 03 / 15 40 / 22 17	6,9 / 0,9 / 7,0 / 0,6
3 Di	4 22 / 11 08 / 16 38 / 23 32	7,5 / 0,5 / 7,4 / 0,0	18 Mi	3 55 / 10 33 / 16 10 / 22 41	6,8 / 0,9 / 6,9 / 0,7
4 Mi	5 05 / 11 43 / 17 20	7,2 / 0,6 / 7,2	19 Do	4 26 / 11 00 / 16 42 / 23 01	6,7 / 1,0 / 6,7 / 0,9
5 Do	0 02 / 5 48 / 12 15 / 18 03	0,3 / 6,8 / 0,9 / 6,9	20 Fr	4 58 / 11 23 / 17 16 / 23 23	6,4 / 1,2 / 6,6 / 1,0
6 Fr ☽	0 32 / 6 34 / 12 51 / 18 53	0,7 / 6,4 / 1,1 / 6,6	21 Sa	5 33 / 11 48 / 17 55 / 23 54	6,2 / 1,3 / 6,4 / 1,1
7 Sa	1 10 / 7 26 / 13 37 / 19 54	1,1 / 6,1 / 1,4 / 6,2	22 So ☾	6 16 / 12 25 / 18 45	6,0 / 1,4 / 6,2
8 So	2 06 / 8 29 / 14 46 / 21 07	1,5 / 5,8 / 1,6 / 6,0	23 Mo	0 37 / 7 12 / 13 20 / 19 52	1,3 / 5,7 / 1,5 / 6,0
9 Mo	3 21 / 9 47 / 16 07 / 22 27	1,6 / 5,7 / 1,5 / 6,0	24 Di	1 42 / 8 40 / 15 03 / 21 30	1,7 / 5,6 / 1,7 / 6,0
10 Di	4 40 / 11 08 / 17 34 / 23 41	1,5 / 5,9 / 1,2 / 6,4	25 Mi	3 53 / 10 15 / 16 48 / 22 50	1,7 / 5,9 / 1,2 / 6,5
11 Mi	5 56 / 12 11 / 18 43	1,3 / 6,3 / 0,8	26 Do	5 18 / 11 29 / 18 12 / 23 58	1,3 / 6,3 / 0,7 / 6,9
12 Do	0 37 / 6 54 / 12 59 / 19 31	6,7 / 1,1 / 6,6 / 0,6	27 Fr	6 41 / 12 30 / 19 25	1,0 / 6,8 / 0,3
13 Fr	1 22 / 7 40 / 13 39 / 20 12	6,9 / 0,9 / 6,7 / 0,5	28 Sa ●	0 55 / 7 46 / 13 21 / 20 21	7,3 / 0,7 / 7,1 / 0,0
14 Sa ○	2 00 / 8 21 / 14 14 / 20 47	6,9 / 0,9 / 6,8 / 0,5	29 So	1 45 / 8 39 / 14 06 / 21 10	7,5 / 0,9 / 7,4 / -0,2
15 So	2 33 / 8 58 / 14 45 / 21 20	6,9 / 0,9 / 6,9 / 0,6	30 Mo	2 30 / 9 26 / 14 49 / 21 53	7,5 / 0,5 / 7,5 / -0,2

Oktober

Tag	Zeit	Höhe	Tag	Zeit	Höhe
1 Di	3 14 / 10 08 / 15 30 / 22 31	7,5 / 0,4 / 7,6 / 0,0	16 Mi	2 56 / 9 38 / 15 12 / 21 45	6,9 / 0,8 / 7,1 / 0,7
2 Mi	3 56 / 10 46 / 16 11 / 23 02	7,4 / 0,5 / 7,5 / 0,3	17 Do	3 26 / 10 10 / 15 44 / 22 09	6,9 / 0,9 / 7,0 / 0,8
3 Do	4 36 / 11 18 / 16 52 / 23 27	7,1 / 0,7 / 7,3 / 0,7	18 Fr	3 59 / 10 38 / 16 17 / 22 32	6,7 / 1,0 / 6,9 / 0,9
4 Fr	5 16 / 11 46 / 17 34 / 23 51	6,7 / 0,9 / 6,9 / 1,0	19 Sa	4 33 / 11 03 / 16 54 / 23 00	6,5 / 1,1 / 6,7 / 1,0
5 Sa ☽	5 56 / 12 15 / 18 20	6,3 / 1,1 / 6,5	20 So	5 09 / 11 31 / 17 36 / 23 35	6,3 / 1,1 / 6,5 / 1,2
6 So	0 24 / 6 40 / 12 55 / 19 15	1,4 / 5,9 / 1,4 / 6,0	21 Mo ☾	5 52 / 12 09 / 18 28	6,0 / 1,2 / 6,3
7 Mo	1 15 / 7 38 / 13 58 / 20 30	1,7 / 5,6 / 1,7 / 5,8	22 Di	0 20 / 6 49 / 13 03 / 19 36	1,4 / 5,8 / 1,4 / 6,1
8 Di	2 39 / 9 02 / 15 31 / 21 52	2,0 / 5,4 / 1,6 / 5,8	23 Mi	1 27 / 8 12 / 14 47 / 21 07	1,8 / 5,6 / 1,5 / 6,2
9 Mi	4 06 / 10 27 / 16 50 / 23 08	1,9 / 5,6 / 1,3 / 6,1	24 Do	3 29 / 9 47 / 16 24 / 22 26	1,8 / 5,9 / 1,1 / 6,5
10 Do	5 20 / 11 35 / 17 59	1,5 / 6,0 / 1,0	25 Fr	4 54 / 11 01 / 17 46 / 23 33	1,4 / 6,3 / 0,7 / 6,9
11 Fr	0 06 / 6 18 / 12 26 / 18 50	6,5 / 1,2 / 6,4 / 0,8	26 Sa	6 14 / 12 03 / 18 58	1,1 / 6,8 / 0,3
12 Sa	0 51 / 7 07 / 13 07 / 19 33	6,7 / 1,0 / 6,7 / 0,7	27 So	0 31 / 7 19 / 12 55 / 19 54	7,2 / 0,8 / 7,1 / 0,1
13 So ○	1 29 / 7 49 / 13 42 / 20 11	6,8 / 1,0 / 6,8 / 0,6	28 Mo ●	1 21 / 8 13 / 13 40 / 20 41	7,3 / 0,6 / 7,3 / 0,1
14 Mo	2 01 / 8 28 / 14 13 / 20 45	6,8 / 0,9 / 6,9 / 0,7	29 Di	2 06 / 9 00 / 14 22 / 21 23	7,4 / 0,5 / 7,5 / 0,2
15 Di	2 29 / 9 04 / 14 42 / 21 17	6,9 / 0,8 / 7,0 / 0,7	30 Mi	2 48 / 9 43 / 15 04 / 22 00	7,4 / 0,5 / 7,6 / 0,4
			31 Do	3 28 / 10 21 / 15 45 / 22 29	7,2 / 0,5 / 7,5 / 0,6

November

Tag	Zeit	Höhe	Tag	Zeit	Höhe
1 Fr	4 08 / 10 53 / 16 26 / 22 50	7,0 / 0,7 / 7,2 / 0,9	16 Sa	3 40 / 10 23 / 16 00 / 22 13	6,7 / 0,8 / 7,0 / 0,9
2 Sa	4 45 / 11 18 / 17 08 / 23 15	6,6 / 0,9 / 6,8 / 1,2	17 So	4 17 / 10 52 / 16 41 / 22 48	6,6 / 0,9 / 6,9 / 1,0
3 So	5 22 / 11 44 / 17 51 / 23 49	6,2 / 1,1 / 6,4 / 1,5	18 Mo	4 56 / 11 25 / 17 26 / 23 29	6,3 / 0,9 / 6,7 / 1,2
4 Mo ☽	6 01 / 12 20 / 18 40	5,9 / 1,3 / 6,0	19 Di	5 42 / 12 06 / 18 20	6,1 / 1,0 / 6,5
5 Di	0 34 / 6 49 / 13 12 / 19 46	1,8 / 5,6 / 1,6 / 5,7	20 Mi	0 18 / 6 39 / 13 04 / 19 27	1,5 / 5,9 / 1,2 / 6,3
6 Mi	1 42 / 8 03 / 14 41 / 21 05	2,1 / 5,4 / 1,7 / 5,6	21 Do	1 29 / 7 55 / 14 37 / 20 48	1,7 / 5,9 / 1,2 / 6,3
7 Do	3 18 / 9 32 / 16 02 / 22 16	2,1 / 5,4 / 1,5 / 5,9	22 Fr	3 06 / 9 20 / 15 58 / 22 00	1,7 / 6,0 / 1,0 / 6,5
8 Fr	4 34 / 10 43 / 17 04 / 23 19	1,8 / 5,8 / 1,2 / 6,2	23 Sa	4 26 / 10 32 / 17 12 / 23 07	1,5 / 6,4 / 0,7 / 6,8
9 Sa	5 34 / 11 40 / 17 58	1,4 / 6,2 / 0,9	24 So	5 42 / 11 35 / 18 24	1,2 / 6,7 / 0,5
10 So	0 09 / 6 25 / 12 27 / 18 46	6,5 / 1,2 / 6,5 / 0,8	25 Mo	0 06 / 6 49 / 12 29 / 19 22	7,0 / 0,9 / 7,0 / 0,4
11 Mo	0 50 / 7 12 / 13 05 / 19 29	6,7 / 1,0 / 6,7 / 0,8	26 Di ●	0 58 / 7 45 / 13 16 / 20 11	7,1 / 0,7 / 7,2 / 0,4
12 Di ○	1 25 / 7 55 / 13 40 / 20 09	6,8 / 1,0 / 6,9 / 0,8	27 Mi	1 43 / 8 34 / 14 00 / 20 53	7,1 / 0,6 / 7,3 / 0,5
13 Mi	1 57 / 8 35 / 14 13 / 20 44	6,9 / 0,9 / 7,0 / 0,8	28 Do	2 25 / 9 19 / 14 43 / 21 30	7,1 / 0,5 / 7,4 / 0,7
14 Do	2 29 / 9 14 / 14 47 / 21 16	6,9 / 0,8 / 7,1 / 0,8	29 Fr	3 06 / 9 59 / 15 25 / 22 00	7,0 / 0,6 / 7,3 / 0,9
15 Fr	3 04 / 9 50 / 15 22 / 21 43	6,9 / 0,8 / 7,1 / 0,9	30 Sa	3 45 / 10 32 / 16 06 / 22 22	6,9 / 0,7 / 7,1 / 1,1

Dezember

Tag	Zeit	Höhe	Tag	Zeit	Höhe
1 So	4 22 / 10 57 / 16 47 / 22 51	6,6 / 0,9 / 6,7 / 1,2	16 Mo	4 12 / 10 57 / 16 35 / 22 52	6,7 / 0,6 / 7,1 / 1,0
2 Mo	4 57 / 11 22 / 17 27 / 23 25	6,3 / 1,1 / 6,4 / 1,4	17 Di	4 54 / 11 35 / 17 23 / 23 37	6,5 / 0,6 / 6,9 / 1,1
3 Di	5 33 / 11 56 / 18 10	6,0 / 1,2 / 6,1	18 Mi	5 40 / 12 18 / 18 15	6,4 / 0,7 / 6,7
4 Mi ☽	0 05 / 6 12 / 12 38 / 18 59	1,6 / 5,8 / 1,4 / 5,8	19 Do	0 27 / 6 33 / 13 13 / 19 17	1,3 / 6,3 / 0,8 / 6,5
5 Do	0 55 / 7 04 / 13 36 / 20 06	1,9 / 5,6 / 1,5 / 5,7	20 Fr	1 28 / 7 38 / 14 20 / 20 26	1,4 / 6,2 / 0,9 / 6,5
6 Fr	2 00 / 8 27 / 14 58 / 21 17	2,0 / 5,5 / 1,5 / 5,7	21 Sa	2 41 / 8 53 / 15 28 / 21 34	1,5 / 6,2 / 0,8 / 6,5
7 Sa	3 27 / 9 45 / 16 09 / 22 19	2,0 / 5,6 / 1,4 / 5,9	22 So	3 55 / 10 02 / 16 35 / 22 39	1,5 / 6,4 / 0,8 / 6,6
8 So	4 41 / 10 46 / 17 07 / 23 15	1,7 / 6,0 / 1,2 / 6,2	23 Mo	5 09 / 11 07 / 17 46 / 23 43	1,3 / 6,6 / 0,7 / 6,7
9 Mo	5 39 / 11 40 / 17 59	1,4 / 6,3 / 1,0	24 Di	6 21 / 12 06 / 18 51	1,0 / 6,8 / 0,7
10 Di	0 05 / 6 31 / 12 27 / 18 48	6,5 / 1,2 / 6,6 / 0,9	25 Mi	0 39 / 7 21 / 12 59 / 19 43	6,8 / 0,8 / 6,9 / 0,7
11 Mi	0 50 / 7 21 / 13 08 / 19 34	6,7 / 1,0 / 6,8 / 0,9	26 Do ●	1 28 / 8 13 / 13 46 / 20 28	6,8 / 0,6 / 7,1 / 0,8
12 Do ○	1 30 / 8 08 / 13 48 / 20 17	6,8 / 0,9 / 7,0 / 0,9	27 Fr	2 12 / 9 00 / 14 30 / 21 09	6,9 / 0,6 / 7,1 / 0,9
13 Fr	2 10 / 8 53 / 14 28 / 20 56	6,9 / 0,7 / 7,1 / 0,9	28 Sa	2 52 / 9 43 / 15 12 / 21 43	6,9 / 0,6 / 7,1 / 1,0
14 Sa	2 51 / 9 37 / 15 09 / 21 34	6,8 / 0,6 / 7,2 / 0,9	29 So	3 30 / 10 19 / 15 52 / 22 10	6,8 / 0,7 / 7,0 / 1,1
15 So	3 31 / 10 18 / 15 51 / 22 12	6,8 / 0,6 / 7,2 / 0,9	30 Mo	4 05 / 10 46 / 16 30 / 22 38	6,6 / 0,8 / 6,7 / 1,2
			31 Di	4 39 / 11 10 / 17 06 / 23 10	6,5 / 0,9 / 6,5 / 1,3

● Neumond   ☽ erstes Viertel   ○ Vollmond   ☾ letztes Viertel

UTC   Höhen sind auf SKN bezogen

Mittlere Tidenkurven | 117

London Bridge

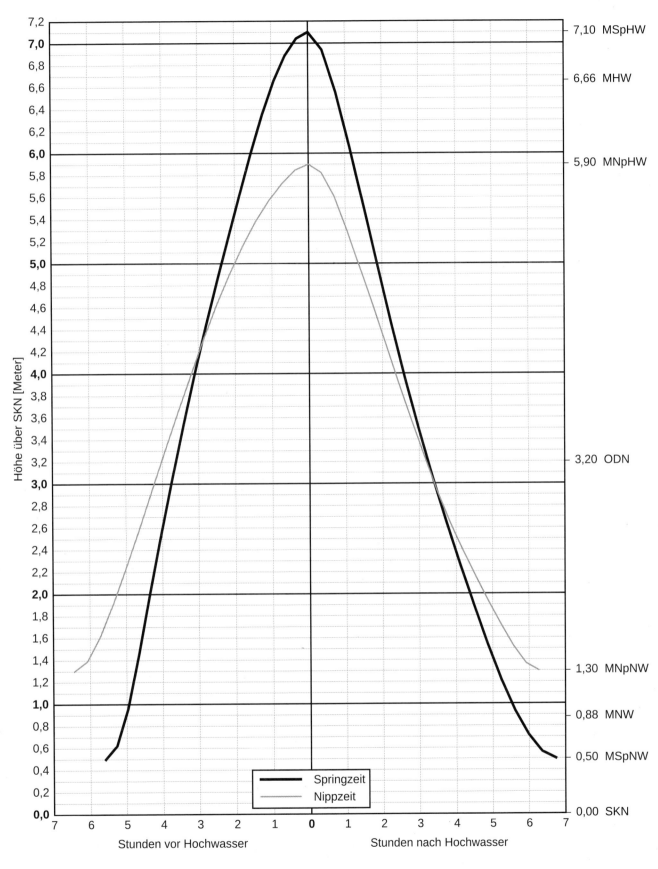

MSpSD:	5,58 h	MSpFD:	6,73 h	MHWI:	1 h 12 min
MNpSD:	6,43 h	MNpFD:	6,27 h	MNWI:	7 h 41 min

Stand Tidenkurven: 1955
Stand Gezeitengrundwerte: 2019

Gezeitenvorausberechnungen

Immingham 2019

Breite: 53° 38' N, Länge: 0° 11' W

Zeiten (Stunden und Minuten) und Höhen (Meter) der Hoch- und Niedrigwasser

Januar

Tag	Zeit	Höhe		Zeit	Höhe
1 Di	1 37 / 8 12 / 14 27 / 20 35	6,3 / 1,9 / 6,2 / 2,4	16 Mi	0 21 / 7 00 / 13 31 / 19 28	6,0 / 2,3 / 5,8 / 2,6
2 Mi	2 42 / 9 11 / 15 24 / 21 37	6,3 / 1,9 / 6,3 / 2,2	17 Do	1 40 / 8 09 / 14 38 / 20 40	6,0 / 2,2 / 6,0 / 2,4
3 Do	3 42 / 10 04 / 16 13 / 22 31	6,5 / 1,8 / 6,5 / 1,9	18 Fr	2 52 / 9 15 / 15 37 / 21 46	6,3 / 1,9 / 6,3 / 2,0
4 Fr	4 35 / 10 51 / 16 56 / 23 18	6,6 / 1,7 / 6,7 / 1,7	19 Sa	3 54 / 10 15 / 16 29 / 22 47	6,6 / 1,6 / 6,7 / 1,5
5 Sa	5 22 / 11 34 / 17 36	6,7 / 1,6 / 6,9	20 So	4 51 / 11 11 / 17 18 / 23 44	6,9 / 1,4 / 7,1 / 1,1
6 So ●	0 02 / 6 04 / 12 14 / 18 13	1,5 / 6,7 / 1,6 / 7,0	21 Mo ○	5 44 / 12 03 / 18 04	7,2 / 1,1 / 7,3
7 Mo	0 43 / 6 42 / 12 51 / 18 48	1,4 / 6,7 / 1,6 / 7,1	22 Di	0 37 / 6 35 / 12 52 / 18 49	0,8 / 7,4 / 1,0 / 7,5
8 Di	1 19 / 7 17 / 13 25 / 19 21	1,4 / 6,7 / 1,6 / 7,0	23 Mi	1 27 / 7 24 / 13 39 / 19 33	0,5 / 7,5 / 0,9 / 7,6
9 Mi	1 52 / 7 50 / 13 56 / 19 53	1,5 / 6,6 / 1,7 / 7,0	24 Do	2 15 / 8 11 / 14 23 / 20 16	0,4 / 7,4 / 1,0 / 7,6
10 Do	2 23 / 8 22 / 14 25 / 20 24	1,6 / 6,5 / 1,8 / 6,8	25 Fr	3 01 / 8 57 / 15 06 / 21 01	0,5 / 7,2 / 1,2 / 7,4
11 Fr	2 53 / 8 56 / 14 57 / 20 57	1,7 / 6,3 / 2,0 / 6,6	26 Sa	3 47 / 9 45 / 15 49 / 21 49	0,8 / 6,9 / 1,5 / 7,1
12 Sa	3 26 / 9 32 / 15 32 / 21 33	1,9 / 6,2 / 2,2 / 6,4	27 So ☾	4 33 / 10 37 / 16 34 / 22 43	1,2 / 6,5 / 1,9 / 6,7
13 So	4 05 / 10 15 / 16 14 / 22 16	2,0 / 6,0 / 2,4 / 6,2	28 Mo	5 24 / 11 35 / 17 27 / 23 47	1,7 / 6,2 / 2,3 / 6,3
14 Mo ☾	4 53 / 11 07 / 17 09 / 23 12	2,2 / 5,8 / 2,6 / 6,0	29 Di	6 23 / 12 38 / 18 31	2,1 / 5,9 / 2,6
15 Di	5 53 / 12 14 / 18 16	2,3 / 5,7 / 2,7	30 Mi	1 00 / 7 31 / 13 43 / 19 57	6,0 / 2,3 / 5,8 / 2,7
			31 Do	2 14 / 8 40 / 14 47 / 21 14	5,9 / 2,4 / 5,9 / 2,5

Februar

Tag	Zeit	Höhe		Zeit	Höhe
1 Fr	3 24 / 9 39 / 15 45 / 22 13	6,0 / 2,2 / 6,2 / 2,1	16 Sa	2 28 / 8 48 / 15 12 / 21 25	6,0 / 2,2 / 6,1 / 2,0
2 Sa	4 24 / 10 30 / 16 34 / 23 03	6,2 / 2,0 / 6,5 / 1,8	17 So	3 43 / 9 57 / 16 11 / 22 33	6,4 / 1,8 / 6,6 / 1,5
3 So	5 12 / 11 15 / 17 16 / 23 47	6,4 / 1,8 / 6,7 / 1,6	18 Mo	4 44 / 10 56 / 17 03 / 23 33	6,8 / 1,5 / 7,0 / 1,0
4 Mo ●	5 52 / 11 56 / 17 54	6,6 / 1,7 / 6,9	19 Di ○	5 39 / 11 50 / 17 51	7,2 / 1,1 / 7,4
5 Di	0 27 / 6 27 / 12 35 / 18 29	1,4 / 6,6 / 1,5 / 7,0	20 Mi	0 26 / 6 28 / 12 40 / 18 35	0,6 / 7,4 / 0,9 / 7,7
6 Mi	1 05 / 6 59 / 13 09 / 19 02	1,3 / 6,7 / 1,5 / 7,1	21 Do	1 15 / 7 13 / 13 25 / 19 19	0,3 / 7,5 / 0,7 / 7,8
7 Do	1 38 / 7 29 / 13 40 / 19 34	1,3 / 6,7 / 1,5 / 7,0	22 Fr	2 00 / 7 56 / 14 08 / 20 01	0,2 / 7,5 / 0,8 / 7,8
8 Fr	2 08 / 8 00 / 14 08 / 20 05	1,4 / 6,6 / 1,6 / 7,0	23 Sa	2 42 / 8 36 / 14 47 / 20 43	0,3 / 7,3 / 0,9 / 7,6
9 Sa	2 35 / 8 30 / 14 36 / 20 34	1,5 / 6,6 / 1,7 / 6,8	24 So	3 22 / 9 16 / 15 25 / 21 26	0,7 / 7,0 / 1,2 / 7,2
10 So	3 01 / 9 00 / 15 06 / 21 04	1,6 / 6,4 / 1,8 / 6,7	25 Mo	4 01 / 9 59 / 16 02 / 22 12	1,2 / 6,6 / 1,7 / 6,7
11 Mo	3 30 / 9 34 / 15 40 / 21 41	1,7 / 6,3 / 2,0 / 6,5	26 Di ☾	4 41 / 10 47 / 16 44 / 23 09	1,7 / 6,2 / 2,1 / 6,2
12 Di	4 08 / 10 16 / 16 25 / 22 28	1,9 / 6,0 / 2,2 / 6,3	27 Mi	5 29 / 11 47 / 17 38	2,3 / 5,8 / 2,6
13 Mi	4 59 / 11 10 / 17 26 / 23 29	2,2 / 5,8 / 2,5 / 6,0	28 Do	0 24 / 6 35 / 13 00 / 18 58	5,8 / 2,7 / 5,6 / 2,8
14 Do)	6 10 / 12 24 / 18 45	2,4 / 5,7 / 2,6			
15 Fr	0 51 / 7 30 / 13 58 / 20 07	5,9 / 2,4 / 5,8 / 2,4			

März

Tag	Zeit	Höhe		Zeit	Höhe
1 Fr	1 48 / 8 04 / 14 12 / 20 53	5,6 / 2,8 / 5,6 / 2,7	16 Sa	0 27 / 7 03 / 13 24 / 19 47	5,8 / 2,6 / 5,7 / 2,3
2 Sa	3 06 / 9 16 / 15 17 / 21 56	5,7 / 2,6 / 5,9 / 2,3	17 So	2 21 / 8 30 / 14 51 / 21 12	5,9 / 2,4 / 6,0 / 1,9
3 So	4 09 / 10 10 / 16 10 / 22 44	6,0 / 2,3 / 6,3 / 1,9	18 Mo	3 37 / 9 42 / 15 53 / 22 21	6,4 / 1,9 / 6,5 / 1,3
4 Mo	4 57 / 10 55 / 16 54 / 23 26	6,3 / 1,9 / 6,6 / 1,6	19 Di	4 36 / 10 42 / 16 45 / 23 18	6,8 / 1,5 / 7,0 / 0,8
5 Di	5 34 / 11 36 / 17 32	6,5 / 1,7 / 6,8	20 Mi	5 27 / 11 34 / 17 32	7,2 / 1,1 / 7,4
6 Mi ●	0 06 / 6 06 / 12 15 / 18 06	1,3 / 6,6 / 1,5 / 7,0	21 Do ○	0 09 / 6 12 / 12 22 / 18 17	0,4 / 7,4 / 0,8 / 7,7
7 Do	0 43 / 6 35 / 12 50 / 18 39	1,2 / 6,7 / 1,4 / 7,0	22 Fr	0 56 / 6 54 / 13 07 / 19 00	0,2 / 7,5 / 0,6 / 7,8
8 Fr	1 17 / 7 04 / 13 21 / 19 11	1,2 / 6,8 / 1,4 / 7,1	23 Sa	1 38 / 7 33 / 13 48 / 19 41	0,2 / 7,5 / 0,7 / 7,8
9 Sa	1 47 / 7 34 / 13 49 / 19 42	1,2 / 6,8 / 1,4 / 7,0	24 So	2 18 / 8 10 / 14 25 / 20 22	0,4 / 7,3 / 0,8 / 7,6
10 So	2 13 / 8 03 / 14 16 / 20 11	1,3 / 6,8 / 1,4 / 7,0	25 Mo	2 54 / 8 45 / 15 00 / 21 02	0,8 / 7,0 / 1,1 / 7,2
11 Mo	2 36 / 8 31 / 14 44 / 20 41	1,4 / 6,7 / 1,5 / 6,9	26 Di	3 27 / 9 21 / 15 33 / 21 44	1,3 / 6,7 / 1,5 / 6,6
12 Di	3 02 / 9 03 / 15 16 / 21 16	1,5 / 6,5 / 1,7 / 6,7	27 Mi	4 01 / 10 00 / 16 11 / 22 35	1,8 / 6,2 / 2,0 / 6,1
13 Mi	3 35 / 9 41 / 15 57 / 22 02	1,8 / 6,3 / 2,0 / 6,4	28 Do ☾	4 43 / 10 53 / 17 00 / 23 50	2,4 / 5,8 / 2,5 / 5,6
14 Do)	4 21 / 10 31 / 16 55 / 23 02	2,1 / 5,9 / 2,3 / 6,0	29 Fr	5 42 / 12 12 / 18 10	2,9 / 5,5 / 2,8
15 Fr	5 32 / 11 41 / 18 18	2,4 / 5,7 / 2,5	30 Sa	1 21 / 7 10 / 13 36 / 20 20	5,4 / 3,0 / 5,5 / 2,7
			31 So	2 39 / 8 46 / 14 45 / 21 28	5,5 / 2,8 / 5,7 / 2,3

April

Tag	Zeit	Höhe		Zeit	Höhe
1 Mo	3 43 / 9 43 / 15 40 / 22 15	5,9 / 2,4 / 6,1 / 1,9	16 Di	3 24 / 9 24 / 15 31 / 22 02	6,4 / 2,0 / 6,6 / 1,2
2 Di	4 30 / 10 28 / 16 24 / 22 57	6,2 / 2,0 / 6,4 / 1,6	17 Mi	4 20 / 10 22 / 16 23 / 22 57	7,0 / 1,5 / 7,0 / 0,7
3 Mi	5 06 / 11 10 / 17 02 / 23 36	6,5 / 1,7 / 6,7 / 1,3	18 Do	5 08 / 11 13 / 17 11 / 23 46	7,2 / 1,1 / 7,3 / 0,5
4 Do	5 38 / 11 48 / 17 37	6,6 / 1,5 / 6,9	19 Fr	5 51 / 12 00 / 17 56	7,4 / 0,9 / 7,5
5 Fr ●	0 13 / 6 06 / 12 24 / 18 11	1,2 / 6,8 / 1,4 / 7,0	20 Sa ○	0 31 / 6 30 / 12 45 / 18 39	0,4 / 7,4 / 0,7 / 7,6
6 Sa	0 48 / 6 36 / 12 57 / 18 45	1,1 / 6,9 / 1,3 / 7,1	21 So	1 13 / 7 07 / 13 26 / 19 21	0,4 / 7,4 / 0,7 / 7,5
7 So	1 20 / 7 07 / 13 27 / 19 17	1,1 / 6,9 / 1,3 / 7,1	22 Mo	1 51 / 7 42 / 14 03 / 20 01	0,6 / 7,3 / 0,9 / 7,3
8 Mo	1 48 / 7 37 / 13 57 / 19 49	1,2 / 6,9 / 1,3 / 7,1	23 Di	2 25 / 8 16 / 14 38 / 20 41	1,0 / 7,0 / 1,2 / 7,0
9 Di	2 14 / 8 06 / 14 27 / 20 23	1,3 / 6,8 / 1,3 / 6,9	24 Mi	2 57 / 8 49 / 15 10 / 21 21	1,4 / 6,7 / 1,5 / 6,5
10 Mi	2 43 / 8 39 / 15 02 / 21 01	1,4 / 6,7 / 1,5 / 6,7	25 Do	3 29 / 9 24 / 15 46 / 22 07	1,9 / 6,3 / 1,9 / 6,0
11 Do	3 17 / 9 19 / 15 45 / 21 49	1,6 / 6,4 / 1,8 / 6,4	26 Fr ☾	4 08 / 10 09 / 16 34 / 23 14	2,4 / 5,9 / 2,3 / 5,5
12 Fr	4 05 / 10 10 / 16 46 / 22 53	2,1 / 6,1 / 2,1 / 6,0	27 Sa	5 02 / 11 19 / 17 38	2,8 / 5,6 / 2,6
13 Sa	5 15 / 11 20 / 18 08	2,5 / 5,8 / 2,2	28 So	0 44 / 6 16 / 12 51 / 19 04	5,3 / 3,1 / 5,5 / 2,6
14 So)	0 28 / 6 46 / 13 02 / 19 36	5,7 / 2,6 / 5,8 / 2,1	29 Mo	2 00 / 7 49 / 14 03 / 20 39	5,4 / 3,0 / 5,7 / 2,4
15 Mo	2 14 / 8 13 / 14 29 / 20 57	6,0 / 2,4 / 6,1 / 1,7	30 Di	3 02 / 9 02 / 15 00 / 21 33	5,7 / 2,6 / 6,0 / 2,0

● Neumond) erstes Viertel ○ Vollmond ☾ letztes Viertel

UTC Höhen sind auf SKN bezogen

Gezeitenvorausberechnungen

Immingham 2019
Breite: 53° 38' N, Länge: 0° 11' W

Zeiten (Stunden und Minuten) und Höhen (Meter) der Hoch- und Niedrigwasser

	Mai					Juni					Juli					August			
	Zeit	Höhe		Zeit	Höhe	Zeit	Höhe		Zeit	Höhe	Zeit	Höhe		Zeit	Höhe	Zeit	Höhe		Zeit	Höhe
1 Mi	3 51 / 9 52 / 15 46 / 22 17	6,1 / 2,2 / 6,3 / 1,7	**16** Do	3 57 / 9 57 / 15 59 / 22 30	6,8 / 1,6 / 6,9 / 0,9	**1** Sa	4 23 / 10 36 / 16 28 / 22 59	6,5 / 1,8 / 6,6 / 1,4	**16** So	5 01 / 11 17 / 17 19 / 23 40	6,9 / 1,4 / 6,9 / 1,2	**1** Mo	4 33 / 10 49 / 16 48 / 23 13	6,6 / 1,7 / 6,7 / 1,4	**16** Di	5 20 / 11 50 / 17 56 ○	6,8 / 1,4 / 6,7	**1** Do ●	5 46 / 12 19 / 18 20	7,2 / 0,9 / 7,2	**16** Fr	0 25 / 6 17 / 12 57 / 18 55	1,6 / 7,0 / 1,2 / 6,7
2 Do	4 29 / 10 35 / 16 25 / 22 58	6,4 / 1,9 / 6,5 / 1,4	**17** Fr	4 44 / 10 49 / 16 48 / 23 19	7,0 / 1,3 / 7,1 / 0,8	**2** So	5 02 / 11 20 / 17 11 / 23 42	6,7 / 1,5 / 6,8 / 1,3	**17** Mo ○	5 41 / 12 04 / 18 06	7,0 / 1,2 / 6,9	**2** Di ●	5 17 / 11 41 / 17 38	6,9 / 1,3 / 7,0	**17** Mi	0 03 / 6 00 / 12 35 / 18 37	1,6 / 6,9 / 1,3 / 6,7	**2** Fr	0 34 / 6 30 / 13 10 / 19 08	1,1 / 7,4 / 0,6 / 7,4	**17** Sa	1 02 / 6 52 / 13 33 / 19 26	1,5 / 7,1 / 1,2 / 6,7
3 Fr	5 02 / 11 15 / 17 03 / 23 38	6,6 / 1,6 / 6,7 / 1,3	**18** Sa ○	5 26 / 11 37 / 17 35	7,1 / 1,1 / 7,3	**3** Mo ●	5 40 / 12 02 / 17 55	6,9 / 1,3 / 7,0	**18** Di	0 23 / 6 20 / 12 49 / 18 49	1,3 / 7,0 / 1,2 / 6,9	**3** Mi	0 01 / 6 00 / 12 31 / 18 27	1,3 / 7,1 / 1,1 / 7,1	**18** Do	0 44 / 6 38 / 13 16 / 19 15	1,6 / 7,0 / 1,3 / 6,7	**3** Sa	1 22 / 7 14 / 13 58 / 19 55	1,0 / 7,6 / 0,4 / 7,4	**18** So	1 36 / 7 25 / 14 05 / 19 55	1,6 / 7,1 / 1,3 / 6,7
4 Sa ●	5 34 / 11 53 / 17 40	6,8 / 1,4 / 6,9	**19** So	0 05 / 6 04 / 12 23 / 18 20	0,7 / 7,2 / 0,9 / 7,3	**4** Di	0 23 / 6 18 / 12 46 / 18 38	1,2 / 7,0 / 1,1 / 7,1	**19** Mi	1 03 / 6 57 / 13 29 / 19 30	1,3 / 7,0 / 1,2 / 6,8	**4** Do	0 48 / 6 43 / 13 20 / 19 15	1,2 / 7,2 / 0,8 / 7,2	**19** Fr	1 21 / 7 14 / 13 53 / 19 50	1,6 / 7,0 / 1,3 / 6,6	**4** So	2 06 / 7 58 / 14 44 / 20 40	1,0 / 7,6 / 0,4 / 7,3	**19** Mo	2 05 / 7 57 / 14 33 / 20 24	1,6 / 7,0 / 1,4 / 6,6
5 So	0 15 / 6 07 / 12 30 / 18 18	1,2 / 6,9 / 1,3 / 7,0	**20** Mo	0 47 / 6 42 / 13 06 / 19 03	0,8 / 7,2 / 0,9 / 7,2	**5** Mi	1 03 / 6 56 / 13 28 / 19 22	1,1 / 7,1 / 1,0 / 7,1	**20** Do	1 39 / 7 33 / 14 06 / 20 08	1,5 / 6,9 / 1,3 / 6,6	**5** Fr	1 33 / 7 26 / 14 08 / 20 03	1,1 / 7,3 / 0,7 / 7,2	**20** Sa	1 55 / 7 48 / 14 26 / 20 22	1,6 / 6,9 / 1,4 / 6,5	**5** Mo	2 50 / 8 42 / 15 29 / 21 26	1,1 / 7,6 / 0,6 / 7,1	**20** Di	2 32 / 8 27 / 14 59 / 20 53	1,7 / 6,9 / 1,6 / 6,5
6 Mo	0 51 / 6 41 / 13 05 / 18 55	1,1 / 7,0 / 1,2 / 7,1	**21** Di	1 25 / 7 18 / 13 44 / 19 44	1,0 / 7,1 / 1,1 / 7,0	**6** Do	1 43 / 7 35 / 14 12 / 20 07	1,2 / 7,1 / 1,0 / 7,0	**21** Fr	2 12 / 8 06 / 14 40 / 20 44	1,7 / 6,8 / 1,5 / 6,4	**6** Sa	2 18 / 8 10 / 14 56 / 20 52	1,2 / 7,3 / 0,7 / 7,1	**21** So	2 26 / 8 20 / 14 57 / 20 53	1,8 / 6,8 / 1,6 / 6,4	**6** Di	3 32 / 9 29 / 16 15 / 22 14	1,3 / 7,3 / 0,9 / 6,8	**21** Mi	2 59 / 8 57 / 15 24 / 21 25	1,9 / 6,7 / 1,8 / 6,3
7 Di	1 23 / 7 14 / 13 40 / 19 33	1,1 / 7,0 / 1,2 / 7,1	**22** Mi	2 00 / 7 52 / 14 20 / 20 23	1,3 / 7,0 / 1,3 / 6,7	**7** Fr	2 24 / 8 17 / 14 59 / 20 55	1,3 / 7,0 / 1,1 / 6,8	**22** Sa	2 45 / 8 40 / 15 15 / 21 20	1,9 / 6,6 / 1,7 / 6,2	**7** So	3 03 / 8 56 / 15 45 / 21 44	1,3 / 7,2 / 0,8 / 6,9	**22** Mo	2 56 / 8 54 / 15 28 / 21 27	1,9 / 6,7 / 1,7 / 6,2	**7** Mi ☽	4 17 / 10 20 / 17 03 / 23 08	1,7 / 7,0 / 1,4 / 6,4	**22** Do	3 30 / 9 31 / 15 56 / 22 02	2,0 / 6,5 / 2,0 / 6,1
8 Mi	1 56 / 7 48 / 14 17 / 20 12	1,2 / 7,0 / 1,2 / 7,0	**23** Do	2 32 / 8 25 / 14 53 / 21 02	1,6 / 6,7 / 1,5 / 6,4	**8** Sa	3 08 / 9 02 / 15 50 / 21 50	1,6 / 6,8 / 1,2 / 6,6	**23** So	3 19 / 9 17 / 15 53 / 22 02	2,1 / 6,4 / 1,9 / 5,9	**8** Mo	3 50 / 9 47 / 16 37 / 22 42	1,6 / 7,0 / 1,1 / 6,6	**23** Di	3 28 / 9 29 / 16 02 / 22 06	2,1 / 6,5 / 1,9 / 6,0	**8** Do	5 06 / 11 20 / 17 57	2,0 / 6,5 / 1,8	**23** Fr ☾	4 10 / 10 13 / 16 40 / 22 50	2,3 / 6,2 / 2,2 / 5,9
9 Do	2 31 / 8 25 / 14 58 / 20 56	1,4 / 6,8 / 1,4 / 6,7	**24** Fr	3 05 / 8 59 / 15 29 / 21 44	1,9 / 6,5 / 1,8 / 6,0	**9** So	3 59 / 9 56 / 16 49 / 22 57	1,9 / 6,6 / 1,4 / 6,3	**24** Mo	3 58 / 10 01 / 16 37 / 22 52	2,3 / 6,1 / 2,1 / 5,7	**9** Di ☽	4 42 / 10 45 / 17 33 / 23 45	1,9 / 6,7 / 1,3 / 6,3	**24** Mi	4 06 / 10 10 / 16 43 / 22 53	2,3 / 6,2 / 2,1 / 5,9	**9** Fr	0 08 / 6 06 / 12 29 / 19 02	6,1 / 2,4 / 6,2 / 2,2	**24** Sa	5 05 / 11 09 / 17 43 / 23 59	2,5 / 6,0 / 2,5 / 5,7
10 Fr	3 11 / 9 07 / 15 47 / 21 48	1,7 / 6,6 / 1,6 / 6,4	**25** Sa	3 42 / 9 40 / 16 13 / 22 37	2,3 / 6,1 / 2,1 / 5,7	**10** Mo ☽	5 00 / 11 02 / 17 54	2,1 / 6,4 / 1,5	**25** Di ☾	4 47 / 10 56 / 17 30 / 23 53	2,6 / 5,9 / 2,2 / 5,6	**10** Mi	5 40 / 11 50 / 18 33	2,1 / 6,5 / 1,6	**25** Do ☾	4 53 / 11 00 / 17 34 / 23 51	2,5 / 6,0 / 2,2 / 5,7	**10** Sa	1 14 / 7 26 / 13 44 / 20 13	5,9 / 2,6 / 6,0 / 2,4	**25** So	6 19 / 12 29 / 19 02	2,7 / 5,8 / 2,6
11 Sa	4 01 / 10 01 / 16 49 / 22 56	2,1 / 6,3 / 1,8 / 6,0	**26** So ☾	4 29 / 10 36 / 17 09 / 23 49	2,6 / 5,8 / 2,4 / 5,5	**11** Di	0 14 / 6 08 / 12 19 / 19 01	6,2 / 2,3 / 6,3 / 1,6	**26** Mi	5 45 / 12 01 / 18 28	2,7 / 5,8 / 2,3	**11** Do	0 49 / 6 46 / 13 00 / 19 37	6,2 / 2,3 / 6,3 / 1,7	**26** Fr	5 53 / 12 03 / 18 36	2,6 / 5,9 / 2,3	**11** So	2 20 / 8 50 / 15 00 / 21 19	5,9 / 2,5 / 6,0 / 2,3	**26** Mo	1 33 / 7 40 / 14 07 / 20 22	5,7 / 2,6 / 5,9 / 2,4
12 So ☾	5 09 / 11 12 / 18 04	2,4 / 6,0 / 1,9	**27** Mo	5 30 / 11 51 / 18 15	2,9 / 5,6 / 2,4	**12** Mi	1 26 / 7 21 / 13 32 / 20 07	6,2 / 2,3 / 6,4 / 1,5	**27** Do	0 58 / 6 49 / 13 07 / 19 30	5,6 / 2,7 / 5,8 / 2,2	**12** Fr	1 53 / 7 59 / 14 09 / 20 40	6,1 / 2,3 / 6,3 / 1,8	**27** Sa	1 03 / 7 02 / 13 18 / 19 43	5,7 / 2,7 / 5,9 / 2,3	**12** Mo	3 23 / 9 55 / 16 08 / 22 14	6,1 / 2,1 / 6,2 / 2,1	**27** Di	2 50 / 9 00 / 15 23 / 21 34	6,0 / 2,2 / 6,3 / 2,1
13 Mo	0 31 / 6 30 / 12 43 / 19 22	5,9 / 2,5 / 6,0 / 1,8	**28** Di	1 03 / 6 42 / 13 06 / 19 25	5,5 / 2,9 / 5,7 / 2,4	**13** Do	2 30 / 8 29 / 14 36 / 21 08	6,3 / 2,1 / 6,5 / 1,4	**28** Fr	2 01 / 7 56 / 14 08 / 20 32	5,8 / 2,6 / 6,0 / 2,1	**13** Sa	2 54 / 9 08 / 15 15 / 21 39	6,2 / 2,1 / 6,3 / 1,8	**28** So	2 14 / 8 14 / 14 31 / 20 51	5,9 / 2,5 / 6,1 / 2,1	**13** Di	4 16 / 10 48 / 17 02 / 23 02	6,4 / 1,8 / 6,4 / 1,9	**28** Mi	3 50 / 10 12 / 16 25 / 22 35	6,5 / 1,7 / 6,7 / 1,7
14 Di	1 56 / 7 50 / 14 02 / 20 35	6,1 / 2,3 / 6,3 / 1,5	**29** Mi	2 07 / 7 55 / 14 07 / 20 31	5,6 / 2,7 / 5,9 / 2,1	**14** Fr	3 27 / 9 31 / 15 35 / 22 03	6,5 / 1,8 / 6,7 / 1,3	**29** Sa	2 57 / 8 59 / 15 05 / 21 30	6,0 / 2,3 / 6,2 / 1,9	**14** So	3 49 / 10 05 / 16 15 / 22 32	6,4 / 1,9 / 6,5 / 1,7	**29** Mo	3 15 / 9 22 / 15 35 / 21 54	6,1 / 2,2 / 6,3 / 1,9	**14** Mi	5 00 / 11 35 / 17 45 / 23 45	6,7 / 1,5 / 6,6 / 1,7	**29** Do	4 41 / 11 12 / 17 19 / 23 29	6,9 / 1,2 / 7,1 / 1,4
15 Mi	3 02 / 8 59 / 15 05 / 21 36	6,4 / 2,0 / 6,6 / 1,2	**30** Do	3 00 / 8 58 / 14 59 / 21 27	5,9 / 2,4 / 6,1 / 1,9	**15** Sa	4 17 / 10 26 / 16 28 / 22 54	6,7 / 1,6 / 6,8 / 1,2	**30** So	3 47 / 9 56 / 15 58 / 22 23	6,3 / 2,0 / 6,5 / 1,6	**15** Mo	4 37 / 10 56 / 17 09 / 23 19	6,6 / 1,6 / 6,7 / 1,6	**30** Di	4 10 / 10 26 / 16 34 / 22 51	6,5 / 1,7 / 6,7 / 1,6	**15** Do ○	5 40 / 12 17 / 18 22	6,9 / 1,3 / 6,7	**30** Fr ●	5 28 / 12 05 / 18 08	7,3 / 0,7 / 7,4
			31 Fr	3 44 / 9 50 / 15 45 / 22 15	6,2 / 2,1 / 6,4 / 1,6								**31** Mi	4 59 / 11 25 / 17 28 / 23 45	6,9 / 1,3 / 7,0 / 1,3				**31** Sa	0 19 / 6 13 / 12 55 / 18 54	1,1 / 7,6 / 0,4 / 7,6

● Neumond ☽ erstes Viertel ○ Vollmond ☾ letztes Viertel
UTC   Höhen sind auf SKN bezogen

Immingham 2019

Breite: 53° 38' N, Länge: 0° 11' W

Zeiten (Stunden und Minuten) und Höhen (Meter) der Hoch- und Niedrigwasser

September

Tag	Zeit	Höhe	Tag	Zeit	Höhe
1 So	1 05 / 6 57 / 13 41 / 19 37	0,9 / 7,8 / 0,2 / 7,6	**16** Mo	1 12 / 6 58 / 13 37 / 19 24	1,5 / 7,2 / 1,2 / 6,9
2 Mo	1 49 / 7 40 / 14 24 / 20 18	0,8 / 7,9 / 0,3 / 7,5	**17** Di	1 40 / 7 30 / 14 04 / 19 52	1,5 / 7,1 / 1,4 / 6,8
3 Di	2 30 / 8 22 / 15 05 / 20 58	0,9 / 7,8 / 0,5 / 7,2	**18** Mi	2 06 / 8 00 / 14 27 / 20 20	1,6 / 7,0 / 1,5 / 6,7
4 Mi	3 09 / 9 06 / 15 45 / 21 39	1,2 / 7,5 / 1,0 / 6,9	**19** Do	2 32 / 8 28 / 14 50 / 20 48	1,7 / 6,9 / 1,7 / 6,6
5 Do	3 48 / 9 53 / 16 25 / 22 26	1,6 / 7,0 / 1,6 / 6,4	**20** Fr	3 01 / 9 00 / 15 18 / 21 22	1,9 / 6,6 / 1,9 / 6,3
6 Fr ☽	4 30 / 10 48 / 17 12 / 23 24	2,0 / 6,4 / 2,2 / 6,0	**21** Sa	3 37 / 9 41 / 15 58 / 22 07	2,1 / 6,3 / 2,2 / 6,0
7 Sa	5 23 / 12 00 / 18 16	2,5 / 5,9 / 2,7	**22** So ☾	4 30 / 10 37 / 17 00 / 23 10	2,4 / 6,0 / 2,6 / 5,7
8 So	0 34 / 6 47 / 13 23 / 19 44	5,7 / 2,8 / 5,7 / 2,9	**23** Mo	5 49 / 12 00 / 18 29	2,7 / 5,7 / 2,8
9 Mo	1 48 / 8 35 / 14 46 / 20 59	5,7 / 2,7 / 5,8 / 2,7	**24** Di	0 54 / 7 17 / 13 55 / 19 59	5,7 / 2,6 / 5,8 / 2,7
10 Di	2 56 / 9 40 / 15 56 / 21 55	6,0 / 2,3 / 6,1 / 2,4	**25** Mi	2 26 / 8 44 / 15 13 / 21 16	6,0 / 2,2 / 6,3 / 2,3
11 Mi	3 52 / 10 30 / 16 46 / 22 41	6,3 / 1,9 / 6,4 / 2,1	**26** Do	3 28 / 9 56 / 16 12 / 22 18	6,5 / 1,6 / 6,8 / 1,8
12 Do	4 37 / 11 14 / 17 25 / 23 23	6,7 / 1,5 / 6,6 / 1,8	**27** Fr	4 20 / 10 54 / 17 03 / 23 10	7,0 / 1,0 / 7,2 / 1,4
13 Fr	5 17 / 11 54 / 17 58	6,9 / 1,3 / 6,7	**28** Sa ●	5 07 / 11 45 / 17 50 / 23 58	7,4 / 0,6 / 7,5 / 1,0
14 Sa ○	0 02 / 5 52 / 12 31 / 18 28	1,6 / 7,1 / 1,2 / 6,8	**29** So	5 51 / 12 32 / 18 32	7,7 / 0,3 / 7,6
15 So	0 39 / 6 26 / 13 06 / 18 56	1,5 / 7,1 / 1,2 / 6,9	**30** Mo	0 43 / 6 35 / 13 17 / 19 12	0,8 / 7,9 / 0,2 / 7,7

Oktober

Tag	Zeit	Höhe	Tag	Zeit	Höhe
1 Di	1 26 / 7 17 / 13 57 / 19 50	0,8 / 7,9 / 0,4 / 7,5	**16** Mi	1 13 / 7 02 / 13 33 / 19 23	1,5 / 7,1 / 1,3 / 7,0
2 Mi	2 06 / 7 59 / 14 36 / 20 27	0,9 / 7,8 / 0,7 / 7,3	**17** Do	1 41 / 7 34 / 13 58 / 19 51	1,5 / 7,1 / 1,5 / 6,9
3 Do	2 43 / 8 42 / 15 11 / 21 04	1,2 / 7,4 / 1,2 / 6,9	**18** Fr	2 09 / 8 05 / 14 23 / 20 20	1,6 / 6,9 / 1,6 / 6,7
4 Fr	3 19 / 9 27 / 15 46 / 21 45	1,6 / 6,9 / 1,8 / 6,5	**19** Sa	2 41 / 8 40 / 14 54 / 20 55	1,8 / 6,7 / 1,9 / 6,5
5 Sa ☽	3 56 / 10 19 / 16 26 / 22 36	2,0 / 6,3 / 2,4 / 6,0	**20** So	3 19 / 9 23 / 15 35 / 21 40	2,0 / 6,4 / 2,3 / 6,2
6 So	4 45 / 11 32 / 17 24 / 23 51	2,5 / 5,8 / 2,9 / 5,7	**21** Mo ☾	4 14 / 10 22 / 16 36 / 22 43	2,3 / 6,0 / 2,7 / 5,9
7 Mo	6 01 / 13 00 / 18 57	2,9 / 5,5 / 3,2	**22** Di	5 33 / 11 52 / 18 04	2,5 / 5,7 / 2,9
8 Di	1 13 / 8 10 / 14 20 / 20 30	5,6 / 2,8 / 5,6 / 3,0	**23** Mi	0 20 / 7 01 / 13 42 / 19 36	5,8 / 2,4 / 5,9 / 2,7
9 Mi	2 25 / 9 15 / 15 27 / 21 28	5,9 / 2,4 / 6,0 / 2,6	**24** Do	1 58 / 8 25 / 14 54 / 20 53	6,1 / 2,0 / 6,3 / 2,3
10 Do	3 23 / 10 02 / 16 17 / 22 14	6,2 / 1,9 / 6,3 / 2,2	**25** Fr	3 02 / 9 33 / 15 52 / 21 54	6,6 / 1,5 / 6,8 / 1,8
11 Fr	4 09 / 10 43 / 16 55 / 22 55	6,6 / 1,6 / 6,6 / 1,8	**26** Sa	3 54 / 10 29 / 16 41 / 22 46	7,0 / 1,0 / 7,2 / 1,4
12 Sa	4 47 / 11 22 / 17 27 / 23 34	6,9 / 1,4 / 6,8 / 1,6	**27** So	4 42 / 11 19 / 17 25 / 23 34	7,4 / 0,7 / 7,4 / 1,1
13 So ○	5 22 / 11 58 / 17 56	7,0 / 1,2 / 6,9	**28** Mo ●	5 28 / 12 05 / 18 06	7,7 / 0,5 / 7,6
14 Mo	0 10 / 5 55 / 12 33 / 18 24	1,5 / 7,1 / 1,2 / 7,0	**29** Di	0 20 / 6 12 / 12 49 / 18 44	0,9 / 7,8 / 0,5 / 7,6
15 Di	0 43 / 6 29 / 13 05 / 18 53	1,4 / 7,2 / 1,2 / 7,0	**30** Mi	1 03 / 6 56 / 13 29 / 19 22	0,8 / 7,7 / 0,7 / 7,5
			31 Do	1 43 / 7 39 / 14 06 / 19 58	1,0 / 7,6 / 1,0 / 7,3

November

Tag	Zeit	Höhe	Tag	Zeit	Höhe
1 Fr	2 20 / 8 21 / 14 40 / 20 33	1,2 / 7,2 / 1,5 / 7,0	**16** Sa	1 54 / 7 50 / 14 06 / 20 02	1,5 / 7,0 / 1,6 / 6,9
2 Sa	2 55 / 9 04 / 15 13 / 21 10	1,6 / 6,7 / 2,0 / 6,6	**17** So	2 31 / 8 30 / 14 42 / 20 40	1,6 / 6,8 / 1,8 / 6,7
3 So	3 31 / 9 54 / 15 50 / 21 54	2,0 / 6,2 / 2,5 / 6,2	**18** Mo	3 14 / 9 18 / 15 26 / 21 27	1,8 / 6,5 / 2,2 / 6,4
4 Mo ☽	4 17 / 11 01 / 16 41 / 23 01	2,4 / 5,7 / 2,9 / 5,8	**19** Di	4 11 / 10 20 / 16 26 / 22 29	2,0 / 6,1 / 2,5 / 6,1
5 Di	5 23 / 12 25 / 17 55	2,7 / 5,5 / 3,2	**20** Mi	5 24 / 11 46 / 17 44 / 23 54	2,2 / 5,9 / 2,7 / 6,0
6 Mi	0 30 / 7 28 / 13 40 / 19 33	5,7 / 2,8 / 5,6 / 3,2	**21** Do	6 43 / 13 16 / 19 07	2,1 / 6,0 / 2,7
7 Do	1 44 / 8 30 / 14 44 / 20 47	5,8 / 2,5 / 5,8 / 2,8	**22** Fr	1 22 / 7 58 / 14 26 / 20 22	6,2 / 1,8 / 6,4 / 2,3
8 Fr	2 43 / 9 21 / 15 36 / 21 37	6,1 / 2,1 / 6,2 / 2,4	**23** Sa	2 30 / 9 04 / 15 24 / 21 25	6,6 / 1,5 / 6,7 / 1,9
9 Sa	3 32 / 10 03 / 16 17 / 22 20	6,4 / 1,8 / 6,5 / 2,0	**24** So	3 27 / 10 00 / 16 14 / 22 20	6,9 / 1,1 / 7,0 / 1,6
10 So	4 12 / 10 43 / 16 51 / 22 59	6,7 / 1,6 / 6,7 / 1,8	**25** Mo	4 18 / 10 51 / 16 59 / 23 10	7,2 / 0,9 / 7,2 / 1,3
11 Mo	4 48 / 11 21 / 17 21 / 23 37	6,9 / 1,4 / 6,9 / 1,6	**26** Di ●	5 06 / 11 38 / 17 40 / 23 57	7,4 / 0,9 / 7,3 / 1,1
12 Di	5 24 / 11 57 / 17 53	7,0 / 1,3 / 7,0	**27** Mi	5 53 / 12 22 / 18 20	7,5 / 0,9 / 7,4
13 Mi ○	0 12 / 6 00 / 12 32 / 18 25	1,5 / 7,1 / 1,3 / 7,1	**28** Do	0 42 / 6 39 / 13 03 / 18 58	1,0 / 7,4 / 1,1 / 7,3
14 Do	0 46 / 6 37 / 13 08 / 18 57	1,4 / 7,1 / 1,4 / 7,1	**29** Fr	1 24 / 7 23 / 13 41 / 19 34	1,1 / 7,2 / 1,3 / 7,2
15 Fr	1 20 / 7 11 / 13 34 / 19 29	1,4 / 7,1 / 1,4 / 7,0	**30** Sa	2 02 / 8 05 / 14 15 / 20 10	1,3 / 7,0 / 1,6 / 7,0

Dezember

Tag	Zeit	Höhe	Tag	Zeit	Höhe
1 So	2 38 / 8 47 / 14 48 / 20 45	1,5 / 6,6 / 2,0 / 6,7	**16** Mo	2 28 / 8 27 / 14 37 / 20 33	1,3 / 6,9 / 1,7 / 7,0
2 Mo	3 14 / 9 31 / 15 23 / 21 24	1,8 / 6,2 / 2,3 / 6,4	**17** Di	3 15 / 9 16 / 15 22 / 21 20	1,5 / 6,7 / 1,9 / 6,8
3 Di	3 55 / 10 23 / 16 07 / 22 15	2,2 / 5,9 / 2,7 / 6,1	**18** Mi	4 09 / 10 14 / 16 16 / 22 17	1,6 / 6,4 / 2,2 / 6,5
4 Mi ☽	4 49 / 11 32 / 17 04 / 23 27	2,4 / 5,6 / 3,0 / 5,8	**19** Do	5 11 / 11 26 / 17 20 / 23 27	1,7 / 6,2 / 2,4 / 6,4
5 Do	5 54 / 12 44 / 18 15	2,6 / 5,5 / 3,1	**20** Fr	6 18 / 12 41 / 18 33	1,8 / 6,1 / 2,5
6 Fr	0 43 / 7 06 / 13 48 / 19 31	5,8 / 2,6 / 5,7 / 3,0	**21** Sa	0 45 / 7 27 / 13 49 / 19 46	6,4 / 1,7 / 6,2 / 2,4
7 Sa	1 48 / 8 15 / 14 44 / 20 40	5,9 / 2,4 / 5,9 / 2,7	**22** So	1 56 / 8 33 / 14 51 / 20 55	6,5 / 1,6 / 6,4 / 2,1
8 So	2 43 / 9 10 / 15 30 / 21 33	6,1 / 2,1 / 6,2 / 2,4	**23** Mo	3 00 / 9 32 / 15 46 / 21 56	6,6 / 1,5 / 6,6 / 1,8
9 Mo	3 29 / 9 57 / 16 10 / 22 19	6,4 / 1,8 / 6,5 / 2,0	**24** Di	3 58 / 10 26 / 16 34 / 22 50	6,8 / 1,4 / 6,9 / 1,6
10 Di	4 12 / 10 40 / 16 47 / 23 01	6,6 / 1,6 / 6,7 / 1,8	**25** Mi	4 51 / 11 15 / 17 18 / 23 40	7,0 / 1,3 / 7,0 / 1,4
11 Mi	4 54 / 11 21 / 17 24 / 23 43	6,8 / 1,5 / 6,9 / 1,6	**26** Do ●	5 41 / 12 00 / 18 00	7,0 / 1,3 / 7,1
12 Do ○	5 36 / 12 01 / 18 01	6,9 / 1,4 / 7,0	**27** Fr	0 27 / 6 28 / 12 43 / 18 39	1,2 / 7,0 / 1,4 / 7,2
13 Fr	0 23 / 6 17 / 12 39 / 18 37	1,4 / 7,0 / 1,4 / 7,1	**28** Sa	1 11 / 7 11 / 13 21 / 19 17	1,2 / 7,0 / 1,5 / 7,2
14 Sa	1 04 / 6 59 / 13 14 / 19 14	1,3 / 7,1 / 1,4 / 7,1	**29** So	1 50 / 7 52 / 13 56 / 19 52	1,3 / 6,8 / 1,6 / 7,0
15 So	1 45 / 7 42 / 13 56 / 19 52	1,2 / 7,0 / 1,5 / 7,1	**30** Mo	2 26 / 8 29 / 14 29 / 20 26	1,5 / 6,6 / 1,8 / 6,9
			31 Di	2 59 / 9 05 / 15 01 / 21 01	1,7 / 6,3 / 2,1 / 6,6

● Neumond　☽ erstes Viertel　○ Vollmond　☾ letztes Viertel

UTC　Höhen sind auf SKN bezogen

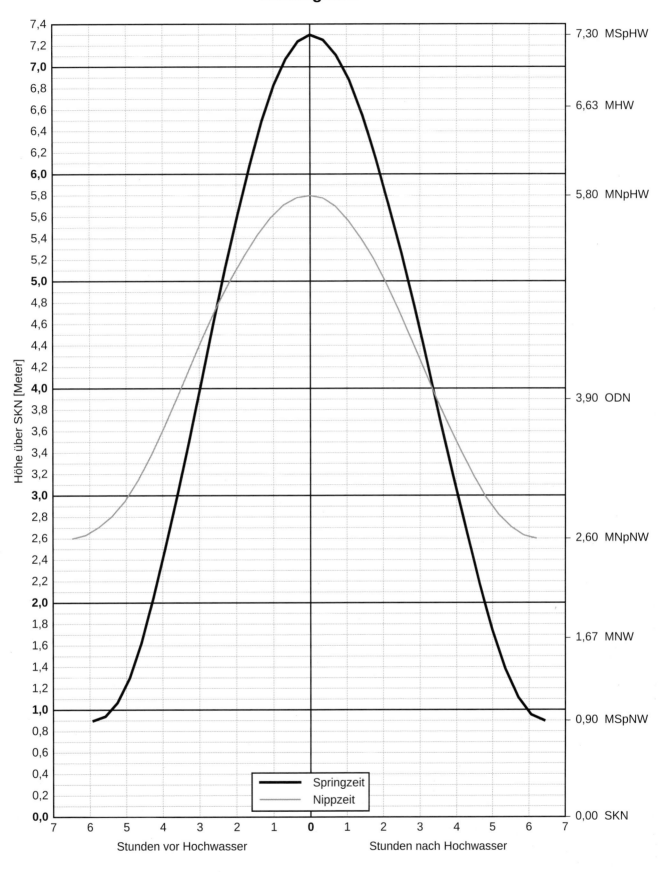

Immingham

MSpSD: 5,90 h	MSpFD: 6,42 h	MHWI: 5 h 33 min
MNpSD: 6,47 h	MNpFD: 6,20 h	MNWI: 11 h 53 min

Stand Tidenkurven: 1955
Stand Gezeitengrundwerte: 2019

Leith 2019

Breite: 55° 59' N, Länge: 3° 11' W

Zeiten (Stunden und Minuten) und Höhen (Meter) der Hoch- und Niedrigwasser

	Januar					Februar					März					April			
	Zeit	Höhe		Zeit	Höhe		Zeit	Höhe		Zeit	Höhe		Zeit	Höhe		Zeit	Höhe		Zeit	Höhe
1 Di	4 45 10 58 17 00 23 27	1,6 4,8 1,9 5,0	**16** Mi	3 12 10 03 16 03 22 24	2,0 4,5 2,2 4,6	**1** Fr	0 09 6 16 12 34 18 48	4,7 1,9 4,8 1,7	**16** Sa	5 22 11 43 17 53	1,8 4,7 1,6	**1** Fr	4 44 10 54 17 37 23 48	2,3 4,3 2,0 4,5	**16** Sa	3 29 9 59 16 24 22 40	2,2 4,4 1,9 4,6	**1** Mo	0 25 6 09 12 37 18 53	4,5 2,0 4,6 1,5	**16** Di	5 51 12 03 18 28	1,6 5,0 0,9
2 Mi	5 47 11 58 18 01	1,6 4,9 1,8	**17** Do	4 36 11 09 17 12 23 32	1,9 4,7 1,9 4,8	**2** Sa	1 08 7 00 13 26 19 34	4,9 1,7 5,0 1,5	**17** So	0 13 6 26 12 45 18 55	5,0 1,5 5,1 1,2	**2** Sa	5 55 12 11 18 41	2,1 4,5 1,8	**17** So	5 09 11 20 17 43 23 56	1,9 4,6 1,5 4,9	**2** Di	1 12 6 47 13 20 19 26	4,8 1,7 4,9 1,3	**17** Mi	0 36 6 43 12 55 19 20	5,2 1,2 5,4 0,6
3 Do	0 26 6 37 12 52 18 54	5,0 1,5 5,1 1,6	**18** Fr	5 42 12 11 18 10	1,7 4,9 1,6	**3** So	1 55 7 35 14 08 20 11	5,0 1,6 5,1 1,3	**18** Mo	1 13 7 21 13 36 19 52	5,3 1,2 5,4 0,7	**3** So	0 52 6 41 13 08 19 23	4,7 1,9 4,8 1,5	**18** Mo	6 13 12 25 18 46	1,6 5,0 1,0	**3** Mi	1 47 7 21 13 55 19 54	5,0 1,4 5,1 1,1	**18** Do	1 24 7 31 13 41 20 07	5,5 0,9 5,7 0,3
4 Fr	1 19 7 17 13 38 19 40	5,1 1,4 5,2 1,4	**19** Sa	0 33 6 38 13 05 19 04	5,1 1,4 5,2 1,2	**4** Mo ●	2 34 8 06 14 44 20 42	5,1 1,4 5,2 1,1	**19** Di ○	2 02 8 12 14 22 20 44	5,7 0,9 5,7 0,3	**4** Mo	1 39 7 16 13 50 19 56	4,9 1,6 5,0 1,3	**19** Di	0 56 7 06 13 18 19 40	5,3 1,2 5,4 0,6	**4** Do	2 18 7 55 14 27 20 23	5,1 1,2 5,2 0,9	**19** Fr ○	2 08 8 17 14 25 20 51	5,7 0,6 5,9 0,2
5 Sa	2 04 7 53 14 19 20 20	5,2 1,4 5,3 1,2	**20** So	1 27 7 31 13 53 19 59	5,4 1,2 5,5 0,9	**5** Di	3 08 8 38 15 16 21 11	5,2 1,3 5,3 1,0	**20** Mi	2 48 9 00 15 06 21 33	5,9 0,6 6,0 0,1	**5** Di	2 15 7 47 14 25 20 24	5,1 1,4 5,2 1,1	**20** Mi	1 45 7 55 14 03 20 29	5,6 0,8 5,7 0,2	**5** Fr ●	2 47 8 29 14 57 20 54	5,3 1,0 5,3 0,8	**20** Sa	2 50 9 01 15 10 21 32	5,8 0,5 5,9 0,2
6 So ●	2 45 8 25 14 56 20 55	5,3 1,3 5,3 1,1	**21** Mo	2 16 8 23 14 38 20 53	5,7 0,9 5,7 0,5	**6** Mi	3 39 9 10 15 47 21 39	5,2 1,2 5,3 1,0	**21** Do	3 33 9 45 15 51 22 18	6,0 0,5 6,1 0,0	**6** Mi ●	2 47 8 19 14 55 20 51	5,2 1,2 5,3 0,9	**21** Do ○	2 29 8 41 14 46 21 14	5,8 0,5 6,0 0,0	**6** Sa	3 18 9 03 15 28 21 24	5,3 0,9 5,4 0,7	**21** So	3 33 9 43 15 55 22 10	5,7 0,5 5,8 0,4
7 Mo	3 23 8 55 15 31 21 26	5,3 1,3 5,3 1,1	**22** Di	3 03 9 13 15 23 21 45	5,9 0,8 5,9 0,3	**7** Do	4 10 9 42 16 18 22 09	5,2 1,2 5,3 1,0	**22** Fr	4 19 10 28 16 37 23 01	5,9 0,6 6,0 0,1	**7** Do	3 16 8 52 15 25 21 20	5,3 1,0 5,4 0,8	**22** Fr	3 13 9 24 15 31 21 57	5,9 0,4 6,1 0,0	**7** So	3 49 9 34 16 00 21 52	5,4 0,9 5,4 0,8	**22** Mo	4 15 10 21 16 41 22 43	5,6 0,7 5,6 0,8
8 Di	3 58 9 25 16 04 21 54	5,2 1,3 5,3 1,1	**23** Mi	3 50 10 01 16 08 22 34	5,9 0,7 5,9 0,2	**8** Fr	4 43 10 13 16 50 22 38	5,2 1,2 5,3 1,0	**23** Sa	5 05 11 07 17 24 23 40	5,7 0,7 5,8 0,5	**8** Fr	3 45 9 25 15 55 21 50	5,3 1,0 5,4 0,8	**23** Sa	3 56 10 06 16 16 22 37	5,9 0,4 6,0 0,2	**8** Mo	4 22 10 01 16 34 22 13	5,3 0,9 5,4 0,9	**23** Di	4 58 10 52 17 28 23 07	5,3 0,9 5,3 1,2
9 Mi	4 32 9 56 16 38 22 23	5,2 1,4 5,2 1,2	**24** Do	4 38 10 46 16 55 23 20	5,9 0,8 5,9 0,3	**9** Sa	5 17 10 40 17 23 23 04	5,1 1,3 5,2 1,2	**24** So	5 52 11 41 18 14	5,4 1,0 5,5	**9** Sa	4 16 9 55 16 25 22 17	5,3 1,0 5,4 0,8	**24** So	4 40 10 43 17 02 23 12	5,7 0,6 5,8 0,6	**9** Di	4 57 10 19 17 11 22 30	5,2 1,1 5,3 1,1	**24** Mi	5 42 11 15 18 16 23 30	5,1 1,3 5,0 1,6
10 Do	5 08 10 28 17 12 22 55	5,1 1,5 5,1 1,3	**25** Fr	5 27 11 29 17 45	5,7 1,0 5,7	**10** So	5 53 11 03 17 58 23 30	5,0 1,5 5,1 1,3	**25** Mo	0 16 6 40 12 10 19 08	0,9 5,1 1,4 5,2	**10** So	4 49 10 19 16 57 22 38	5,2 1,1 5,3 1,0	**25** Mo	5 24 11 14 17 50 23 41	5,4 0,9 5,5 1,0	**10** Mi	5 34 10 43 17 53 22 59	5,1 1,2 5,1 1,4	**25** Do	6 27 11 48 19 08	4,8 1,6 4,7
11 Fr	5 45 11 00 17 50 23 29	5,0 1,6 5,0 1,4	**26** Sa	0 05 6 17 12 10 18 38	0,6 5,4 1,3 5,5	**11** Mo	6 32 11 30 18 37	4,8 1,7 4,9	**26** Di ☾	0 49 7 34 12 52 20 10	1,4 4,8 1,8 4,8	**11** Mo	5 23 10 36 17 32 22 55	5,1 1,2 5,2 1,2	**26** Di	6 10 11 37 18 41	5,1 1,3 5,1	**11** Do	6 17 11 24 18 42 23 45	4,9 1,4 4,9 1,7	**26** Fr ☾	0 10 7 18 12 42 20 04	2,0 4,5 1,9 4,4
12 Sa	6 25 11 35 18 30	4,8 1,8 4,9	**27** So ☾	0 50 7 12 12 51 19 39	1,0 5,1 1,6 5,2	**12** Di	0 01 7 16 12 10 19 24	1,5 4,7 1,9 4,8	**27** Mi	1 35 8 35 14 04 21 16	1,9 4,5 2,1 4,5	**12** Di	6 00 10 59 18 11 23 22	5,0 1,2 5,0 1,4	**27** Mi	0 05 6 59 12 14 19 37	1,5 4,8 1,7 4,7	**12** Fr ☽	7 08 12 30 19 41	4,7 1,7 4,7	**27** Sa	1 14 8 18 14 13 21 06	2,3 4,3 2,1 4,2
13 So	0 08 7 09 12 17 19 14	1,6 4,7 2,0 4,7	**28** Mo	1 38 8 12 13 45 20 45	1,4 4,8 1,9 4,9	**13** Mi	0 48 8 09 13 14 20 22	1,8 4,5 2,1 4,6	**28** Do	3 02 9 40 16 01 22 28	2,2 4,3 2,2 4,4	**13** Mi	6 42 11 36 18 57	4,8 1,6 4,9	**28** Do ☽	0 46 7 55 13 16 20 40	2,0 4,5 2,0 4,5	**13** Sa	1 09 8 12 14 23 20 59	2,1 4,5 1,8 4,6	**28** So	3 03 9 23 16 22 22 16	2,5 4,2 2,1 4,2
14 Mo ☽	0 54 7 59 13 16 20 07	1,8 4,5 2,2 4,6	**29** Di	2 41 9 15 15 03 21 51	1,7 4,6 2,1 4,7	**14** Do ☽	1 59 9 15 14 58 21 40	2,0 4,4 2,2 4,5				**14** Do ☽	0 05 7 31 12 35 19 55	1,7 4,6 1,8 4,6	**29** Fr	1 59 8 19 15 28 21 50	2,3 4,3 2,2 4,3	**14** So	3 23 9 38 16 13 22 24	2,2 4,5 1,7 4,7	**29** Mo	4 31 10 35 17 22 23 32	2,3 4,3 1,8 4,4
15 Di	1 54 8 58 14 38 21 12	1,9 4,5 2,3 4,6	**30** Mi	4 01 10 21 16 29 23 00	1,9 4,6 2,1 4,7	**15** Fr	3 49 10 31 16 41 23 02	2,0 4,5 2,0 4,7				**15** Fr	1 15 8 36 14 19 21 12	2,0 4,4 2,0 4,5	**30** Sa	4 04 10 58 17 11 23 12	2,4 4,3 2,1 4,3	**15** Mo	4 50 10 58 17 28 23 38	1,9 4,7 1,3 4,9	**30** Di	5 25 11 44 18 07	2,1 4,5 1,6
			31 Do	5 17 11 29 17 47	2,0 4,6 2,0							**31** So	5 19 11 33 18 12	2,2 4,3 1,8						

● Neumond ☽ erstes Viertel ○ Vollmond ☾ letztes Viertel

UTC Höhen sind auf SKN bezogen

Leith 2019

Breite: 55° 59' N, Länge: 3° 11' W

Zeiten (Stunden und Minuten) und Höhen (Meter) der Hoch- und Niedrigwasser

	Mai					Juni					Juli					August			
	Zeit	Höhe		Zeit	Höhe	Zeit	Höhe		Zeit	Höhe	Zeit	Höhe		Zeit	Höhe	Zeit	Höhe		Zeit	Höhe
1 Mi	0 27 6 08 12 36 18 43	4,6 1,8 4,7 1,4	**16** Do	0 12 6 14 12 32 18 55	5,2 1,3 5,3 0,7	**1** Sa	1 00 6 48 13 15 19 11	5,0 1,4 5,0 1,1	**16** So	1 27 7 32 13 52 20 00	5,3 1,0 5,4 0,9	**1** Mo	1 10 7 01 13 29 19 23	5,1 1,3 5,2 1,2	**16** Di ○	2 00 8 09 14 29 20 16	5,2 1,1 5,2 1,3	**1** Do ●	2 19 8 29 14 44 20 48	5,6 0,6 5,7 0,8	**16** Fr	3 02 9 04 15 27 20 58	5,3 0,9 5,3 1,2
2 Do	1 07 6 46 13 16 19 16	4,9 1,5 4,9 1,2	**17** Fr	1 01 7 04 13 20 19 42	5,4 1,0 5,5 0,6	**2** So	1 41 7 29 13 56 19 49	5,2 1,1 5,2 1,0	**17** Mo ○	2 11 8 20 14 39 20 40	5,4 0,9 5,4 1,0	**2** Di ●	1 55 7 49 14 15 20 10	5,3 1,0 5,4 1,1	**17** Mi	2 41 8 49 15 10 20 50	5,3 1,0 5,2 1,2	**2** Fr	3 02 9 21 15 29 21 37	5,8 0,3 5,9 0,7	**17** Sa	3 34 9 31 15 59 21 30	5,4 0,9 5,3 1,1
3 Fr	1 42 7 24 13 52 19 49	5,1 1,2 5,1 1,0	**18** Sa ○	1 46 7 52 14 06 20 25	5,5 0,8 5,6 0,5	**3** Mo ●	2 20 8 10 14 36 20 29	5,3 0,9 5,4 0,9	**18** Di	2 54 9 04 15 23 21 16	5,4 0,9 5,4 1,1	**3** Mi	2 37 8 39 14 59 20 59	5,5 0,7 5,6 0,9	**18** Do	3 20 9 24 15 48 21 21	5,3 1,0 5,2 1,2	**3** Sa	3 46 10 10 16 15 22 24	5,9 0,2 5,9 0,7	**18** So	4 05 9 59 16 31 22 01	5,4 0,9 5,2 1,2
4 Sa ●	2 15 8 00 14 26 20 22	5,2 1,0 5,3 0,8	**19** So	2 29 8 39 14 52 21 06	5,6 0,7 5,7 0,6	**4** Di	2 58 8 52 15 16 21 11	5,4 0,8 5,5 0,9	**19** Mi	3 35 9 42 16 06 21 46	5,3 0,9 5,3 1,2	**4** Do	3 19 9 30 15 44 21 48	5,6 0,6 5,7 0,9	**19** Fr	3 56 9 54 16 24 21 51	5,3 1,0 5,2 1,3	**4** So	4 32 10 57 17 02 23 08	5,9 0,2 5,8 0,8	**19** Mo	4 37 10 27 17 04 22 30	5,3 1,0 5,1 1,3
5 So	2 48 8 36 15 01 20 56	5,4 0,9 5,4 0,8	**20** Mo	3 11 9 22 15 37 21 43	5,5 0,7 5,6 0,8	**5** Mi	3 36 9 37 15 58 21 54	5,5 0,7 5,5 1,0	**20** Do	4 15 10 14 16 46 22 13	5,2 1,0 5,2 1,4	**5** Fr	4 02 10 20 16 31 22 37	5,6 0,5 5,7 1,0	**20** Sa	4 30 10 28 16 59 22 22	5,2 1,0 5,1 1,3	**5** Mo	5 19 11 42 17 51 23 50	5,8 0,3 5,6 1,1	**20** Di	5 11 11 03 17 40 22 55	5,2 1,1 5,0 1,4
6 Mo	3 22 9 12 15 36 21 28	5,4 0,8 5,4 0,8	**21** Di	3 53 10 00 16 23 22 14	5,4 0,8 5,4 1,0	**6** Do	4 17 10 24 16 43 22 40	5,5 0,7 5,5 1,1	**21** Fr	4 53 10 41 17 26 22 43	5,1 1,1 5,0 1,5	**6** Sa	4 48 11 10 17 19 23 24	5,6 0,5 5,6 1,1	**21** So	5 05 11 00 17 35 22 55	5,2 1,1 5,0 1,5	**6** Di	6 10 12 27 18 43	5,6 0,7 5,3	**21** Mi	5 46 11 19 18 18 23 21	5,1 1,3 4,9 1,6
7 Di	3 57 9 47 16 14 21 59	5,4 0,8 5,4 1,0	**22** Mi	4 35 10 33 17 07 22 38	5,3 1,0 5,2 1,3	**7** Fr	5 01 11 13 17 31 23 29	5,4 0,8 5,4 1,4	**22** Sa	5 32 11 11 18 07 23 19	5,0 1,3 4,8 1,7	**7** So	5 37 11 59 18 11	5,5 0,6 5,4	**22** Mo	5 41 11 22 18 14 23 29	5,1 1,3 4,9 1,6	**7** Mi)	0 33 7 06 13 13 19 40	1,3 5,4 1,1 5,0	**22** Do	6 24 11 48 19 00 23 55	4,9 1,5 4,7 1,9
8 Mi	4 34 10 21 16 55 22 26	5,3 0,9 5,4 1,2	**23** Do	5 16 10 58 17 52 23 04	5,1 1,2 5,0 1,6	**8** Sa	5 49 12 05 18 24	5,2 1,0 5,2	**23** So	6 13 11 49 18 50	4,8 1,5 4,7	**8** Mo	0 12 6 29 12 51 19 07	1,3 5,4 0,8 5,2	**23** Di	6 20 11 58 18 56	4,9 1,4 4,7	**8** Do	1 21 8 10 14 07 20 42	1,6 5,1 1,5 4,8	**23** Fr ☾	7 09 12 28 19 49	4,8 1,8 4,6
9 Do	5 15 10 58 17 41 23 02	5,2 1,1 5,2 1,4	**24** Fr	5 59 11 29 18 38 23 42	4,9 1,5 4,7 1,9	**9** So	0 23 6 43 13 04 19 24	1,6 5,1 1,1 5,0	**24** Mo	0 03 6 57 12 36 19 36	1,9 4,7 1,7 4,5	**9** Di)	1 03 7 29 13 46 20 09	1,5 5,2 1,1 5,0	**24** Mi	0 09 7 02 12 41 19 42	1,9 4,8 1,6 4,6	**9** Fr	2 29 9 18 15 21 21 47	1,9 4,8 1,8 4,7	**24** Sa	0 52 8 03 13 33 20 49	2,1 4,6 2,0 4,5
10 Fr	6 00 11 49 18 32	5,0 1,3 5,0	**25** Sa	6 45 12 14 19 27	4,7 1,7 4,5	**10** Mo)	1 26 7 48 14 12 20 32	1,8 4,9 1,2 4,9	**25** Di ☾	0 58 7 48 13 32 20 28	2,1 4,6 1,8 4,4	**10** Mi	2 02 8 37 14 50 21 14	1,7 5,1 1,3 4,9	**25** Do ☾	1 01 7 51 13 34 20 35	2,1 4,6 1,8 4,5	**10** Sa	3 55 10 27 16 42 22 55	2,0 4,7 1,9 4,6	**25** So	2 33 9 14 15 16 22 02	2,2 4,5 2,1 4,5
11 Sa	0 03 6 53 13 00 19 33	1,8 4,8 1,5 4,8	**26** So ☾	0 36 7 37 13 15 20 21	2,2 4,5 1,9 4,3	**11** Di	2 38 9 01 15 26 21 42	1,9 4,9 1,3 4,9	**26** Mi	2 07 8 44 14 42 21 25	2,2 4,5 1,9 4,4	**11** Do	3 10 9 45 16 00 22 18	1,8 5,0 1,4 4,8	**26** Fr	2 11 8 50 14 42 21 36	2,2 4,5 1,9 4,5	**11** So	5 17 11 38 17 51	1,9 4,7 1,9	**26** Mo	4 16 10 33 16 56 23 14	2,1 4,6 2,0 4,7
12 So)	1 33 8 00 14 26 20 48	2,0 4,7 1,5 4,7	**27** Mo	1 51 8 36 14 48 21 19	2,3 4,4 2,0 4,3	**12** Mi	3 48 10 11 16 34 22 47	1,8 4,9 1,2 4,9	**27** Do	3 25 9 44 15 58 22 24	2,2 4,5 1,8 4,5	**12** Fr	4 20 10 50 17 07 23 21	1,8 4,9 1,5 4,8	**27** Sa	3 34 9 57 16 05 22 41	2,2 4,5 1,9 4,6	**12** Mo	0 04 6 27 12 44 18 42	4,8 1,7 4,9 1,7	**27** Di	5 31 11 47 18 01	1,7 4,8 1,7
13 Mo	3 06 9 21 15 54 22 05	2,0 4,7 1,4 4,8	**28** Di	3 25 9 37 16 16 22 20	2,3 4,3 1,9 4,3	**13** Do	4 50 11 13 17 35 23 46	1,7 5,0 1,1 5,0	**28** Fr	4 32 10 45 17 00 23 24	2,0 4,5 1,7 4,7	**13** Sa	5 26 11 53 18 06	1,7 5,0 1,5	**28** So	4 48 11 05 17 17 23 44	2,0 4,6 1,8 4,8	**13** Di	1 03 7 20 13 36 19 22	4,9 1,4 5,0 1,6	**28** Mi	0 19 6 30 12 50 18 55	5,0 1,3 5,2 1,4
14 Di	4 22 10 35 17 04 23 14	1,9 4,8 1,2 5,0	**29** Mi	4 32 10 54 17 09 23 22	2,1 4,4 1,7 4,5	**14** Fr	5 47 12 11 18 29	1,4 5,2 1,0	**29** Sa	5 26 11 45 17 51	1,8 4,7 1,5	**14** So	0 20 6 25 12 52 18 56	5,0 1,5 5,0 1,4	**29** Mo	5 48 12 10 18 15	1,7 4,9 1,6	**14** Mi	1 49 8 01 14 18 19 55	5,1 1,2 5,1 1,4	**29** Do	1 13 7 25 13 41 19 45	5,3 0,9 5,6 1,0
15 Mi	5 22 11 38 18 03	1,6 5,1 0,9	**30** Do	5 23 11 39 17 53	1,9 4,6 1,5	**15** Sa	0 39 6 41 13 04 19 17	5,2 1,2 5,3 1,0	**30** So	0 20 6 14 12 40 18 37	4,9 1,6 4,9 1,3	**15** Mo	1 14 7 22 13 44 19 39	5,1 1,3 5,1 1,3	**30** Di	0 42 6 42 13 08 19 07	5,0 1,3 5,2 1,3	**15** Do ○	2 28 8 35 14 55 20 27	5,3 1,1 5,2 1,3	**30** Fr ●	1 59 8 18 14 26 20 33	5,7 0,4 5,8 0,7
			31 Fr	0 15 6 07 12 30 18 32	4,8 1,6 4,8 1,3						**31** Mi	1 33 7 35 13 58 19 58	5,3 1,0 5,5 1,1						**31** Sa	2 42 9 07 15 10 21 19	5,9 0,1 6,0 0,6

● Neumond) erstes Viertel ○ Vollmond ☾ letztes Viertel

UTC   Höhen sind auf SKN bezogen

Leith 2019

Breite: 55° 59' N, Länge: 3° 11' W

Zeiten (Stunden und Minuten) und Höhen (Meter) der Hoch- und Niedrigwasser

September						October						November						December					
	Zeit	Höhe		Zeit	Höhe		Zeit	Höhe		Zeit	Höhe		Zeit	Höhe		Zeit	Höhe		Zeit	Höhe		Zeit	Höhe
1 So	3 26 9 53 15 55 22 04	6,1 0,0 6,0 0,5	**16** Mo	3 38 9 32 16 01 21 38	5,4 0,8 5,3 1,0	**1** Di	3 48 10 13 16 15 22 22	6,2 0,1 5,9 0,6	**16** Mi	3 42 9 29 16 04 21 41	5,5 0,9 5,4 1,1	**1** Fr	5 04 10 54 17 20 23 08	5,5 1,2 5,3 1,3	**16** Sa	4 34 9 56 16 52 22 30	5,4 1,3 5,3 1,3	**1** So	5 33 10 49 17 42 23 19	5,1 1,7 5,1 1,5	**16** Mo	5 06 10 51 17 21 23 33	5,4 1,5 5,3 1,1
2 Mo	4 11 10 37 16 40 22 46	6,1 0,0 5,9 0,6	**17** Di	4 09 9 59 16 33 22 04	5,4 0,9 5,3 1,2	**2** Mi	4 35 10 52 17 00 22 59	6,0 0,5 5,6 0,9	**17** Do	4 16 9 50 16 38 22 01	5,4 1,1 5,3 1,2	**2** Sa	5 55 11 16 18 08 23 39	5,2 1,7 5,0 1,6	**17** So	5 17 10 28 17 34 23 15	5,3 1,6 5,1 1,4	**2** Mo	6 21 11 22 18 29 23 59	4,9 2,0 4,8 1,8	**17** Di	5 55 11 41 18 10	5,3 1,7 5,2
3 Di	4 57 11 19 17 26 23 25	6,0 0,3 5,7 0,9	**18** Mi	4 41 10 21 17 07 22 23	5,3 1,0 5,2 1,3	**3** Do	5 24 11 26 17 47 23 30	5,7 1,0 5,3 1,3	**18** Fr	4 52 10 08 17 14 22 24	5,3 1,3 5,2 1,4	**3** So	6 50 11 51 19 02	4,8 2,1 4,7	**18** Mo	6 06 11 13 18 24	5,1 1,9 4,9	**3** Di	7 12 12 11 19 22	4,6 2,3 4,6	**18** Mi	0 27 6 49 12 41 19 07	1,2 5,1 1,9 5,1
4 Mi	5 46 11 58 18 15	5,7 0,7 5,3	**19** Do	5 16 10 39 17 43 22 44	5,2 1,2 5,0 1,5	**4** Fr	6 16 11 54 18 37	5,3 1,5 5,0	**19** Sa	5 32 10 34 17 55 22 59	5,1 1,5 5,0 1,6	**4** Mo ☾	0 30 7 49 12 52 20 04	2,0 4,6 2,5 4,5	**19** Di ☾	0 22 7 02 12 39 19 23	1,6 4,9 2,2 4,8	**4** Mi ☾	0 55 8 06 13 20 20 21	2,0 4,5 2,5 4,5	**19** Do ☾	1 30 7 52 13 50 20 15	1,4 4,9 2,0 5,0
5 Do	0 00 6 40 12 35 19 08	1,3 5,4 1,2 5,0	**20** Fr	5 54 11 02 18 23 23 16	5,0 1,5 4,9 1,7	**5** Sa ☾	0 05 7 16 12 31 19 35	1,7 4,9 2,0 4,7	**20** So	6 19 11 12 18 42 23 56	5,0 1,8 4,8 1,8	**5** Di	2 20 8 53 14 43 21 11	2,2 4,4 2,6 4,4	**20** Mi	1 44 8 11 14 21 20 40	1,7 4,8 2,3 4,7	**5** Do	2 27 9 05 14 56 21 22	2,1 4,4 2,5 4,5	**20** Fr	2 41 9 02 15 05 21 30	1,5 4,9 2,0 5,0
6 Fr ☾	0 41 7 42 13 19 20 09	1,6 5,0 1,7 4,7	**21** Sa	6 39 11 39 19 10	4,9 1,8 4,7	**6** So	1 07 8 22 13 42 20 41	2,0 4,6 2,4 4,5	**21** Mo ☽	7 15 12 17 19 42	4,8 2,2 4,6	**6** Mi	4 14 10 04 16 15 22 21	2,1 4,4 2,5 4,5	**21** Do	3 15 9 28 15 46 21 58	1,7 4,8 2,1 4,9	**6** Fr	4 02 10 06 16 12 22 24	2,1 4,4 2,4 4,5	**21** Sa	3 55 10 10 16 14 22 37	1,4 4,9 1,9 5,0
7 Sa	1 47 8 51 14 36 21 15	2,0 4,7 2,2 4,5	**22** So ☽	0 07 7 33 12 39 20 10	2,0 4,7 2,1 4,5	**7** Mo	3 21 9 32 15 49 21 53	2,2 4,4 2,5 4,4	**22** Di	1 46 8 26 14 39 21 02	2,0 4,6 2,4 4,6	**7** Do	5 13 11 18 17 10 23 28	1,9 4,5 2,3 4,6	**22** Fr	4 31 10 40 16 51 23 05	1,4 5,0 1,9 5,1	**7** Sa	4 57 11 07 17 07 23 23	1,9 4,5 2,2 4,6	**22** So	5 01 11 13 17 16 23 39	1,3 5,0 1,7 5,2
8 So	3 38 10 03 16 20 22 27	2,1 4,5 2,3 4,5	**23** Mo	1 51 8 44 14 49 21 28	2,2 4,5 2,3 4,5	**8** Di	4 59 10 52 17 06 23 11	2,1 4,4 2,4 4,5	**23** Mi	3 40 9 50 16 19 22 24	1,9 4,7 2,2 4,7	**8** Fr	5 57 12 14 17 52	1,7 4,7 2,0	**23** Sa	5 31 11 41 17 45	1,1 5,2 1,6	**8** So	5 41 12 01 17 53	1,7 4,8 1,9	**23** Mo	5 59 12 10 18 14	1,2 5,2 1,5
9 Mo	5 17 11 21 17 36 23 44	2,0 4,6 2,2 4,6	**24** Di	3 56 10 09 16 41 22 49	2,1 4,6 2,1 4,7	**9** Mi	6 00 12 06 17 56	1,8 4,7 2,1	**24** Do	4 59 11 06 17 23 23 32	1,5 5,0 1,8 5,1	**9** Sa	0 20 6 31 12 54 18 30	4,8 1,5 5,0 1,7	**24** So	0 01 6 24 12 34 18 35	5,4 0,9 5,5 1,2	**9** Mo	0 14 6 19 12 46 18 34	4,8 1,6 5,0 1,6	**24** Di	0 35 6 51 13 02 19 08	5,3 1,1 5,3 1,2
10 Di	6 24 12 31 18 28	1,7 4,8 2,0	**25** Mi	5 18 11 27 17 46 23 57	1,7 4,9 1,8 5,0	**10** Do	0 16 6 42 12 56 18 32	4,8 1,6 4,9 1,8	**25** Fr	5 58 12 08 18 14	1,1 5,3 1,4	**10** So	1 00 7 01 13 28 19 06	5,1 1,3 5,2 1,4	**25** Mo	0 52 7 13 13 20 19 24	5,6 0,7 5,6 1,0	**10** Di	1 00 6 56 13 27 19 13	5,0 1,4 5,2 1,4	**25** Mi	1 27 7 39 13 48 20 00	5,4 1,1 5,5 1,1
11 Mi	0 45 7 10 13 22 19 03	4,9 1,5 5,0 1,7	**26** Do	6 18 12 30 18 38	1,2 5,3 1,4	**11** Fr	1 02 7 13 13 33 19 04	5,0 1,3 5,1 1,6	**26** Sa	0 26 6 50 12 58 19 01	5,5 0,7 5,6 1,1	**11** Mo	1 36 7 31 14 00 19 42	5,2 1,1 5,3 1,2	**26** Di ●	1 39 7 59 14 03 20 12	5,8 0,6 5,7 0,8	**11** Mi	1 41 7 31 14 05 19 52	5,2 1,2 5,4 1,2	**26** Do ●	2 16 8 22 14 33 20 47	5,5 1,1 5,5 0,9
12 Do	1 31 7 44 14 00 19 33	5,1 1,3 5,1 1,5	**27** Fr	0 51 7 11 13 21 19 25	5,4 0,7 5,6 1,0	**12** Sa	1 38 7 40 14 04 19 36	5,2 1,1 5,3 1,3	**27** So	1 13 7 37 13 42 19 47	5,8 0,4 5,8 0,8	**12** Di ○	2 10 8 02 14 32 20 17	5,3 1,0 5,4 1,1	**27** Mi	2 25 8 42 14 47 20 59	5,8 0,7 5,7 0,8	**12** Do ○	2 20 8 08 14 41 20 32	5,3 1,2 5,5 1,1	**27** Fr	3 02 9 01 15 16 21 30	5,5 1,1 5,5 0,9
13 Fr	2 07 8 12 14 33 20 03	5,2 1,1 5,3 1,3	**28** Sa ●	1 37 8 00 14 05 20 11	5,8 0,3 5,9 0,7	**13** So ○	2 10 8 06 14 32 20 10	5,3 1,0 5,4 1,1	**28** Mo ●	1 57 8 22 14 24 20 33	6,0 0,3 6,0 0,6	**13** Mi	2 44 8 33 15 05 20 51	5,4 1,0 5,5 1,0	**28** Do	3 12 9 22 15 30 21 42	5,8 0,8 5,7 0,8	**13** Fr	2 59 8 45 15 18 21 13	5,5 1,1 5,5 1,0	**28** Sa	3 47 9 35 15 58 22 07	5,4 1,2 5,4 1,0
14 Sa ○	2 39 8 46 15 02 20 35	5,4 0,9 5,3 1,1	**29** So	2 20 8 46 14 48 20 57	6,0 0,1 6,0 0,5	**14** Mo	2 40 8 34 15 01 20 43	5,4 0,9 5,4 1,0	**29** Di	2 42 9 06 15 07 21 18	6,1 0,3 5,9 0,6	**14** Do	3 18 9 03 15 39 21 24	5,5 1,1 5,5 1,1	**29** Fr	3 59 10 00 16 14 22 21	5,6 1,1 5,5 0,9	**14** Sa	3 38 9 25 15 56 21 57	5,5 1,2 5,5 0,9	**29** So	4 29 10 03 16 38 22 36	5,3 1,4 5,3 1,2
15 So	3 09 9 05 15 31 21 07	5,4 0,8 5,4 1,0	**30** Mo	3 03 9 31 15 31 21 40	6,2 0,0 6,0 0,5	**15** Di	3 10 9 01 15 32 21 14	5,5 0,9 5,4 1,0	**30** Mi	3 28 9 47 15 50 22 00	6,0 0,4 5,8 0,7	**15** Fr	3 55 9 31 16 14 21 56	5,4 1,1 5,4 1,1	**30** Sa	4 46 10 37 16 57 22 52	5,4 1,4 5,3 1,3	**15** So	4 20 10 07 16 36 22 44	5,5 1,3 5,4 1,0	**30** Mo	5 10 10 29 17 17 23 00	5,2 1,6 5,2 1,3
						31 Do	4 15 10 24 16 35 22 37	5,8 0,8 5,6 1,0													**31** Di	5 51 11 00 17 57 23 32	5,0 1,7 5,0 1,5			

● Neumond ☽ erstes Viertel ○ Vollmond ☾ letztes Viertel

UTC Höhen sind auf SKN bezogen

Mittlere Tidenkurven | 125

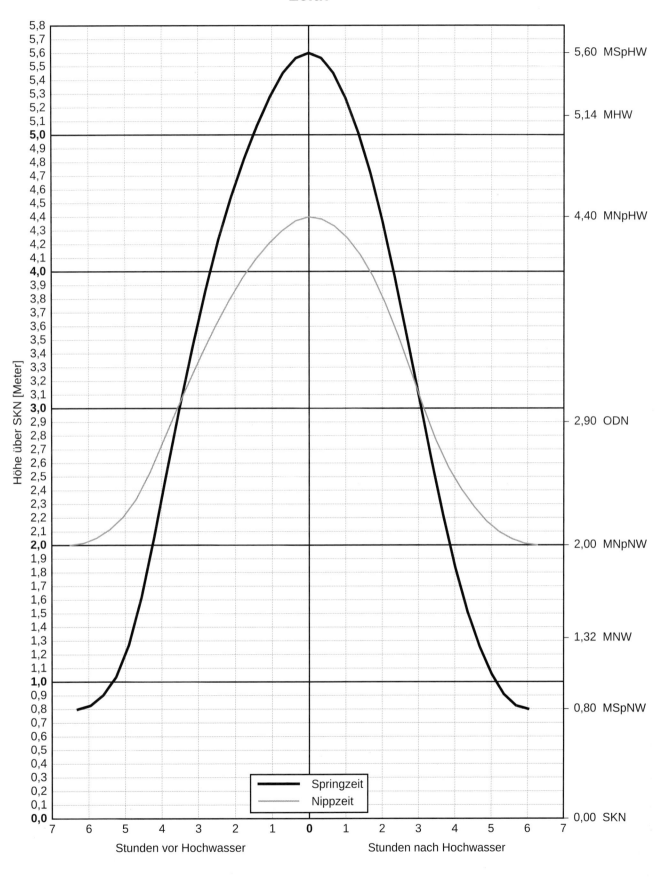

Aberdeen 2019

Breite: 57° 09' N, Länge: 2° 04' W

Zeiten (Stunden und Minuten) und Höhen (Meter) der Hoch- und Niedrigwasser

Januar

	Zeit	Höhe		Zeit	Höhe
1 Di	3 29 / 9 56 / 15 59 / 22 15	1,3 / 3,7 / 1,7 / 3,8	**16** Mi	2 17 / 8 54 / 14 51 / 21 05	1,6 / 3,5 / 1,8 / 3,6
2 Mi	4 32 / 10 53 / 16 58 / 23 13	1,3 / 3,8 / 1,5 / 3,9	**17** Do	3 25 / 10 00 / 16 00 / 22 14	1,5 / 3,6 / 1,6 / 3,7
3 Do	5 22 / 11 41 / 17 48	1,3 / 3,9 / 1,3	**18** Fr	4 30 / 10 58 / 17 02 / 23 16	1,4 / 3,8 / 1,4 / 3,9
4 Fr	0 03 / 6 05 / 12 23 / 18 30	4,0 / 1,2 / 4,1 / 1,2	**19** Sa	5 26 / 11 48 / 17 55	1,2 / 4,1 / 1,1
5 Sa	0 47 / 6 43 / 13 00 / 19 09	4,0 / 1,2 / 4,1 / 1,1	**20** So	0 10 / 6 16 / 12 35 / 18 44	4,2 / 1,0 / 4,3 / 0,8
6 So ●	1 27 / 7 19 / 13 35 / 19 45	4,1 / 1,2 / 4,2 / 1,0	**21** Mo	1 01 / 7 04 / 13 20 / 19 33	4,4 / 0,9 / 4,5 / 0,5
7 Mo	2 05 / 7 53 / 14 08 / 20 19	4,1 / 1,2 / 4,2 / 1,0	**22** Di	1 50 / 7 50 / 14 04 / 20 21	4,5 / 0,8 / 4,6 / 0,4
8 Di	2 40 / 8 25 / 14 41 / 20 53	4,0 / 1,2 / 4,2 / 1,0	**23** Mi	2 38 / 8 36 / 14 49 / 21 08	4,5 / 0,8 / 4,6 / 0,3
9 Mi	3 16 / 8 58 / 15 14 / 21 26	4,0 / 1,3 / 4,2 / 1,1	**24** Do	3 27 / 9 21 / 15 36 / 21 57	4,5 / 0,8 / 4,6 / 0,4
10 Do	3 51 / 9 31 / 15 48 / 22 01	3,9 / 1,4 / 4,1 / 1,1	**25** Fr	4 17 / 10 06 / 16 25 / 22 47	4,3 / 1,0 / 4,5 / 0,6
11 Fr	4 29 / 10 06 / 16 26 / 22 39	3,8 / 1,5 / 4,0 / 1,2	**26** Sa	5 08 / 10 55 / 17 18 / 23 39	4,1 / 1,2 / 4,3 / 0,8
12 Sa	5 10 / 10 45 / 17 07 / 23 21	3,7 / 1,6 / 3,9 / 1,4	**27** So ☾	6 03 / 11 48 / 18 16	3,9 / 1,4 / 4,0
13 So	5 57 / 11 30 / 17 56	3,5 / 1,7 / 3,7	**28** Mo	0 34 / 7 01 / 12 50 / 19 20	1,1 / 3,7 / 1,6 / 3,8
14 Mo ☽	0 11 / 6 50 / 12 28 / 18 53	1,5 / 3,5 / 1,8 / 3,6	**29** Di	1 37 / 8 06 / 14 02 / 20 33	1,4 / 3,5 / 1,7 / 3,6
15 Di	1 11 / 7 50 / 13 38 / 19 57	1,6 / 3,4 / 1,9 / 3,6	**30** Mi	2 50 / 9 18 / 15 28 / 21 51	1,5 / 3,5 / 1,7 / 3,6

Februar

	Zeit	Höhe		Zeit	Höhe
1 Fr	5 05 / 11 22 / 17 35 / 23 53	1,5 / 3,7 / 1,4 / 3,7	**16** Sa	4 05 / 10 30 / 16 42 / 23 00	1,5 / 3,7 / 1,4 / 3,8
2 Sa	5 50 / 12 07 / 18 19	1,4 / 3,9 / 1,3	**17** So	5 12 / 11 29 / 17 42 / 23 59	1,3 / 3,9 / 1,0 / 4,1
3 So	0 37 / 6 28 / 12 46 / 18 56	3,8 / 1,3 / 4,0 / 1,1	**18** Mo	6 05 / 12 19 / 18 33	1,0 / 4,2 / 0,6
4 Mo ●	1 16 / 7 03 / 13 20 / 19 30	3,9 / 1,2 / 4,1 / 1,0	**19** Di	0 50 / 6 52 / 13 05 / 19 20	4,3 / 0,8 / 4,4 / 0,3
5 Di	1 50 / 7 36 / 13 52 / 20 02	4,0 / 1,1 / 4,2 / 0,9	**20** Mi	1 38 / 7 37 / 13 49 / 20 07	4,5 / 0,7 / 4,6 / 0,2
6 Mi	2 22 / 8 07 / 14 23 / 20 33	4,0 / 1,1 / 4,2 / 0,9	**21** Do	2 23 / 8 21 / 14 32 / 20 52	4,5 / 0,6 / 4,7 / 0,1
7 Do	2 54 / 8 38 / 14 53 / 21 04	4,0 / 1,1 / 4,2 / 0,9	**22** Fr	3 07 / 9 02 / 15 17 / 21 36	4,5 / 0,6 / 4,7 / 0,2
8 Fr	3 25 / 9 08 / 15 25 / 21 35	4,0 / 1,1 / 4,2 / 0,9	**23** Sa	3 52 / 9 44 / 16 03 / 22 20	4,3 / 0,8 / 4,5 / 0,5
9 Sa	3 58 / 9 40 / 15 58 / 22 08	3,9 / 1,2 / 4,1 / 1,0	**24** So	4 38 / 10 27 / 16 52 / 23 06	4,1 / 1,0 / 4,3 / 0,8
10 So	4 33 / 10 13 / 16 34 / 22 43	3,8 / 1,3 / 4,0 / 1,1	**25** Mo	5 27 / 11 14 / 17 46 / 23 55	3,9 / 1,2 / 4,0 / 1,2
11 Mo	5 12 / 10 51 / 17 16 / 23 24	3,7 / 1,4 / 3,8 / 1,3	**26** Di ☾	6 21 / 12 09 / 18 48	3,6 / 1,5 / 3,7
12 Di ☽	5 59 / 11 38 / 18 07	3,6 / 1,6 / 3,7	**27** Mi	0 52 / 7 22 / 13 20 / 20 00	1,5 / 3,4 / 1,7 / 3,5
13 Mi	0 17 / 6 57 / 12 42 / 19 12	1,5 / 3,5 / 1,7 / 3,6	**28** Do	2 04 / 8 34 / 14 55 / 21 26	1,7 / 3,3 / 1,8 / 3,4
14 Do	1 26 / 8 07 / 14 03 / 20 27	1,6 / 3,4 / 1,8 / 3,5			
15 Fr	2 45 / 9 19 / 15 27 / 21 47	1,6 / 3,5 / 1,6 / 3,6			

März

	Zeit	Höhe		Zeit	Höhe
1 Fr	3 38 / 9 54 / 16 24 / 22 43	1,8 / 3,4 / 1,6 / 3,4	**16** Sa	2 19 / 8 47 / 15 06 / 21 31	1,7 / 3,4 / 1,5 / 3,5
2 Sa	4 46 / 10 59 / 17 19 / 23 39	1,7 / 3,5 / 1,4 / 3,6	**17** So	3 51 / 10 06 / 16 27 / 22 49	1,6 / 3,6 / 1,2 / 3,8
3 So	5 32 / 11 48 / 18 01	1,6 / 3,7 / 1,2	**18** Mo	4 59 / 11 10 / 17 27 / 23 47	1,3 / 3,8 / 0,8 / 4,0
4 Mo	0 22 / 6 10 / 12 27 / 18 36	3,7 / 1,4 / 3,9 / 1,1	**19** Di	5 51 / 12 01 / 18 18	1,0 / 4,1 / 0,5
5 Di	0 58 / 6 44 / 13 00 / 19 09	3,9 / 1,2 / 4,0 / 0,9	**20** Mi	0 36 / 6 37 / 12 47 / 19 03	4,3 / 0,8 / 4,4 / 0,2
6 Mi ●	1 29 / 7 19 / 13 31 / 19 39	3,9 / 1,1 / 4,1 / 0,8	**21** Do	1 20 / 7 19 / 13 30 / 19 47	4,4 / 0,6 / 4,6 / 0,1
7 Do	1 59 / 7 46 / 14 00 / 20 09	4,0 / 1,0 / 4,2 / 0,7	**22** Fr	2 02 / 8 00 / 14 12 / 20 29	4,5 / 0,5 / 4,7 / 0,1
8 Fr	2 28 / 8 15 / 14 30 / 20 38	4,0 / 0,9 / 4,2 / 0,7	**23** Sa	2 43 / 8 40 / 14 55 / 21 10	4,4 / 0,5 / 4,6 / 0,3
9 Sa	2 57 / 8 44 / 15 00 / 21 08	4,0 / 0,9 / 4,2 / 0,8	**24** So	3 24 / 9 20 / 15 40 / 21 51	4,3 / 0,6 / 4,4 / 0,5
10 So	3 28 / 9 14 / 15 33 / 21 38	4,0 / 1,0 / 4,1 / 0,9	**25** Mo	4 06 / 10 00 / 16 27 / 22 32	4,1 / 0,8 / 4,2 / 0,9
11 Mo	4 00 / 9 46 / 16 08 / 22 11	3,9 / 1,0 / 4,0 / 1,0	**26** Di	4 51 / 10 44 / 17 19 / 23 16	3,9 / 1,1 / 3,9 / 1,3
12 Di	4 36 / 10 22 / 16 49 / 22 49	3,8 / 1,2 / 3,9 / 1,2	**27** Mi	5 40 / 11 36 / 18 19	3,6 / 1,3 / 3,6
13 Mi	5 20 / 11 07 / 17 39 / 23 38	3,6 / 1,3 / 3,7 / 1,4	**28** Do ☾	0 10 / 6 38 / 12 43 / 19 28	1,6 / 3,4 / 1,6 / 3,3
14 Do ☽	6 16 / 12 08 / 18 45	3,5 / 1,5 / 3,5	**29** Fr	1 20 / 7 48 / 14 13 / 20 52	1,9 / 3,3 / 1,7 / 3,2
15 Fr	0 49 / 7 28 / 13 33 / 20 05	1,6 / 3,4 / 1,6 / 3,5	**30** Sa	2 57 / 9 10 / 15 55 / 22 15	1,9 / 3,3 / 1,6 / 3,3
31 So	4 18 / 10 24 / 16 52 / 23 13	1,8 / 3,4 / 1,4 / 3,5			

April

	Zeit	Höhe		Zeit	Höhe
1 Mo	5 07 / 11 17 / 17 34 / 23 55	1,6 / 3,6 / 1,2 / 3,6	**16** Di	4 41 / 10 49 / 17 09 / 23 30	1,3 / 3,8 / 0,7 / 4,0
2 Di	5 45 / 11 58 / 18 09	1,4 / 3,7 / 1,0	**17** Mi	5 33 / 11 41 / 17 58	1,0 / 4,1 / 0,5
3 Mi	0 30 / 6 18 / 12 32 / 18 40	3,8 / 1,2 / 3,9 / 0,9	**18** Do	0 16 / 6 17 / 12 27 / 18 43	4,2 / 0,8 / 4,3 / 0,3
4 Do	1 01 / 6 50 / 13 03 / 19 10	3,9 / 1,0 / 4,0 / 0,7	**19** Fr ○	0 59 / 6 59 / 13 09 / 19 25	4,3 / 0,6 / 4,5 / 0,2
5 Fr ●	1 30 / 7 20 / 13 34 / 19 40	4,0 / 0,9 / 4,1 / 0,7	**20** Sa	1 38 / 7 39 / 13 52 / 20 05	4,4 / 0,5 / 4,5 / 0,3
6 Sa	1 59 / 7 50 / 14 04 / 20 09	4,1 / 0,8 / 4,2 / 0,6	**21** So	2 18 / 8 19 / 14 35 / 20 44	4,3 / 0,5 / 4,4 / 0,5
7 So	2 29 / 8 20 / 14 36 / 20 40	4,1 / 0,8 / 4,2 / 0,7	**22** Mo	2 57 / 9 00 / 15 19 / 21 22	4,2 / 0,6 / 4,3 / 0,7
8 Mo	3 00 / 8 52 / 15 10 / 21 11	4,0 / 0,8 / 4,1 / 0,8	**23** Di	3 37 / 9 38 / 16 05 / 22 01	4,1 / 0,8 / 4,0 / 1,0
9 Di	3 33 / 9 25 / 15 48 / 21 45	4,0 / 0,9 / 4,0 / 0,9	**24** Mi	4 18 / 10 20 / 16 56 / 22 42	3,9 / 1,0 / 3,8 / 1,3
10 Mi	4 10 / 10 04 / 16 31 / 22 25	3,9 / 1,0 / 3,9 / 1,2	**25** Do	5 04 / 11 09 / 17 52 / 23 31	3,7 / 1,3 / 3,5 / 1,6
11 Do	4 54 / 10 51 / 17 25 / 23 18	3,7 / 1,2 / 3,7 / 1,4	**26** Fr ☾	5 58 / 12 09 / 18 56	3,5 / 1,5 / 3,3
12 Fr ☽	5 50 / 11 56 / 18 35	3,5 / 1,3 / 3,5	**27** Sa	0 36 / 7 02 / 13 25 / 20 07	1,9 / 3,3 / 1,6 / 3,2
13 Sa	0 32 / 7 04 / 13 21 / 19 55	1,6 / 3,4 / 1,4 / 3,5	**28** So	2 00 / 8 14 / 14 59 / 21 27	2,0 / 3,2 / 1,6 / 3,2
14 So	2 05 / 8 24 / 14 52 / 21 19	1,7 / 3,4 / 1,3 / 3,6	**29** Mo	3 30 / 9 32 / 16 09 / 22 31	1,9 / 3,3 / 1,4 / 3,4
15 Mo	3 35 / 9 43 / 16 10 / 22 34	1,6 / 3,6 / 1,0 / 3,8	**30** Di	4 28 / 10 33 / 16 55 / 23 17	1,7 / 3,4 / 1,3 / 3,6

● Neumond ☽ erstes Viertel ○ Vollmond ☾ letztes Viertel

UTC — Höhen sind auf SKN bezogen

Gezeitenvorausberechnungen

Aberdeen 2019

Breite: 57° 09' N, Länge: 2° 04' W

Zeiten (Stunden und Minuten) und Höhen (Meter) der Hoch- und Niedrigwasser

Mai

Tag	Zeit	Höhe	Tag	Zeit	Höhe
1 Mi	5 10 / 11 19 / 17 32 / 23 54	1,5 / 3,6 / 1,1 / 3,7	16 Do	5 09 / 11 19 / 17 36 / 23 54	1,1 / 4,1 / 0,6 / 4,1
2 Do	5 46 / 11 57 / 18 05	1,3 / 3,8 / 0,9	17 Fr	5 56 / 12 06 / 18 21	0,9 / 4,2 / 0,5
3 Fr	0 27 / 6 19 / 12 31 / 18 37	3,9 / 1,1 / 3,9 / 0,8	18 Sa ○	0 36 / 6 39 / 12 51 / 19 02	4,2 / 0,7 / 4,3 / 0,5
4 Sa ●	0 59 / 6 51 / 13 05 / 19 08	4,0 / 0,9 / 4,1 / 0,7	19 So	1 16 / 7 20 / 13 34 / 19 42	4,2 / 0,6 / 4,3 / 0,6
5 So	1 30 / 7 24 / 13 38 / 19 41	4,1 / 0,8 / 4,1 / 0,7	20 Mo	1 54 / 8 00 / 14 18 / 20 20	4,2 / 0,6 / 4,2 / 0,7
6 Mo	2 02 / 7 58 / 14 14 / 20 15	4,1 / 0,7 / 4,2 / 0,7	21 Di	2 33 / 8 40 / 15 02 / 20 57	4,2 / 0,7 / 4,1 / 0,9
7 Di	2 35 / 8 34 / 14 52 / 20 51	4,1 / 0,7 / 4,1 / 0,8	22 Mi	3 12 / 9 20 / 15 47 / 21 35	4,1 / 0,8 / 3,9 / 1,1
8 Mi	3 11 / 9 13 / 15 34 / 21 29	4,1 / 0,8 / 4,1 / 1,0	23 Do	3 51 / 10 01 / 16 34 / 22 14	3,9 / 1,0 / 3,7 / 1,4
9 Do	3 52 / 9 56 / 16 22 / 22 15	4,0 / 0,9 / 3,9 / 1,2	24 Fr	4 34 / 10 45 / 17 25 / 22 58	3,8 / 1,2 / 3,5 / 1,6
10 Fr	4 38 / 10 49 / 17 21 / 23 11	3,8 / 1,0 / 3,8 / 1,4	25 Sa	5 22 / 11 36 / 18 20 / 23 53	3,6 / 1,3 / 3,4 / 1,8
11 Sa	5 37 / 11 55 / 18 31	3,7 / 1,1 / 3,6	26 So ☾	6 19 / 12 38 / 19 19	3,4 / 1,5 / 3,3
12 So ☽	0 25 / 6 49 / 13 14 / 19 45	1,6 / 3,6 / 1,2 / 3,6	27 Mo	1 02 / 7 20 / 13 48 / 20 24	1,9 / 3,3 / 1,5 / 3,2
13 Mo	1 50 / 8 04 / 14 34 / 21 02	1,7 / 3,6 / 1,1 / 3,6	28 Di	2 18 / 8 26 / 14 59 / 21 31	1,9 / 3,3 / 1,5 / 3,3
14 Di	3 10 / 9 19 / 15 47 / 22 13	1,5 / 3,7 / 0,9 / 3,8	29 Mi	3 28 / 9 33 / 16 00 / 22 27	1,8 / 3,4 / 1,4 / 3,5
15 Mi	4 16 / 10 25 / 16 46 / 23 08	1,3 / 3,9 / 0,7 / 3,9	30 Do	4 23 / 10 30 / 16 46 / 23 11	1,6 / 3,5 / 1,2 / 3,6
			31 Fr	5 07 / 11 16 / 17 25 / 23 50	1,4 / 3,7 / 1,1 / 3,8

Juni

Tag	Zeit	Höhe	Tag	Zeit	Höhe
1 Sa	5 45 / 11 56 / 18 02	1,2 / 3,8 / 0,9	16 So	0 16 / 6 23 / 12 38 / 18 43	4,0 / 0,9 / 4,1 / 0,8
2 So	0 26 / 6 22 / 12 36 / 18 39	4,0 / 1,0 / 4,0 / 0,8	17 Mo ○	0 57 / 7 06 / 13 22 / 19 22	4,1 / 0,8 / 4,1 / 0,9
3 Mo ●	1 02 / 7 00 / 13 15 / 19 17	4,1 / 0,8 / 4,1 / 0,8	18 Di	1 36 / 7 47 / 14 06 / 20 00	4,1 / 0,8 / 4,1 / 1,0
4 Di	1 38 / 7 40 / 13 56 / 19 56	4,2 / 0,7 / 4,2 / 0,8	19 Mi	2 14 / 8 26 / 14 48 / 20 36	4,1 / 0,8 / 4,0 / 1,1
5 Mi	2 15 / 8 21 / 14 40 / 20 37	4,2 / 0,7 / 4,2 / 0,8	20 Do	2 51 / 9 04 / 15 29 / 21 12	4,1 / 0,8 / 3,9 / 1,2
6 Do	2 55 / 9 06 / 15 26 / 21 22	4,2 / 0,6 / 4,1 / 1,0	21 Fr	3 28 / 9 42 / 16 11 / 21 49	4,0 / 0,9 / 3,8 / 1,3
7 Fr	3 39 / 9 54 / 16 18 / 22 10	4,1 / 0,7 / 4,0 / 1,1	22 Sa	4 07 / 10 22 / 16 54 / 22 28	3,9 / 1,1 / 3,6 / 1,5
8 Sa	4 29 / 10 49 / 17 17 / 23 07	4,0 / 0,8 / 3,9 / 1,3	23 So	4 49 / 11 03 / 17 41 / 23 12	3,8 / 1,2 / 3,5 / 1,6
9 So	5 27 / 11 51 / 18 21	3,9 / 0,9 / 3,7	24 Mo	5 37 / 11 52 / 18 31	3,6 / 1,3 / 3,4
10 Mo ☽	0 13 / 6 33 / 13 00 / 19 27	1,5 / 3,8 / 0,9 / 3,7	25 Di ☾	0 06 / 6 30 / 12 49 / 19 25	1,7 / 3,5 / 1,4 / 3,3
11 Di	1 25 / 7 41 / 14 09 / 20 37	1,5 / 3,7 / 1,0 / 3,7	26 Mi	1 10 / 7 28 / 13 50 / 20 24	1,8 / 3,4 / 1,5 / 3,3
12 Mi	2 38 / 8 51 / 15 18 / 21 45	1,5 / 3,8 / 1,0 / 3,7	27 Do	2 18 / 8 29 / 14 52 / 21 26	1,8 / 3,4 / 1,5 / 3,4
13 Do	3 46 / 9 59 / 16 21 / 22 43	1,4 / 3,8 / 0,9 / 3,8	28 Fr	3 23 / 9 32 / 15 51 / 22 23	1,7 / 3,5 / 1,4 / 3,6
14 Fr	4 46 / 10 58 / 17 14 / 23 33	1,2 / 3,9 / 0,7 / 3,9	29 Sa	4 21 / 10 32 / 16 43 / 23 12	1,5 / 3,6 / 1,2 / 3,7
15 Sa	5 37 / 11 50 / 18 01	1,1 / 4,0 / 0,8	30 So	5 11 / 11 23 / 17 30 / 23 55	1,3 / 3,8 / 1,1 / 3,9

Juli

Tag	Zeit	Höhe	Tag	Zeit	Höhe
1 Mo	5 57 / 12 11 / 18 15	1,1 / 3,9 / 1,0	16 Di ○	0 43 / 6 55 / 13 14 / 19 06	4,0 / 1,0 / 4,0 / 1,1
2 Di ●	0 36 / 6 41 / 12 57 / 18 58	4,1 / 0,9 / 4,1 / 0,9	17 Mi	1 22 / 7 34 / 13 54 / 19 43	4,1 / 0,9 / 4,0 / 1,1
3 Mi	1 18 / 7 25 / 13 43 / 19 43	4,2 / 0,7 / 4,2 / 1,0	18 Do	1 58 / 8 11 / 14 32 / 20 17	4,1 / 0,8 / 4,0 / 1,1
4 Do	1 59 / 8 11 / 14 30 / 20 27	4,3 / 0,5 / 4,3 / 0,8	19 Fr	2 32 / 8 46 / 15 09 / 20 51	4,1 / 0,8 / 3,9 / 1,1
5 Fr	2 43 / 8 59 / 15 18 / 21 14	4,3 / 0,4 / 4,3 / 0,9	20 Sa	3 06 / 9 19 / 15 44 / 21 24	4,1 / 0,9 / 3,8 / 1,2
6 Sa	3 28 / 9 48 / 16 10 / 22 02	4,3 / 0,4 / 4,2 / 1,0	21 So	3 40 / 9 54 / 16 21 / 21 58	4,0 / 0,9 / 3,8 / 1,3
7 So	4 18 / 10 40 / 17 04 / 22 53	4,3 / 0,5 / 4,0 / 1,2	22 Mo	4 17 / 10 29 / 17 00 / 22 35	3,9 / 1,0 / 3,6 / 1,4
8 Mo	5 12 / 11 36 / 18 02 / 23 50	4,1 / 0,7 / 3,9 / 1,3	23 Di	4 57 / 11 09 / 17 43 / 23 17	3,8 / 1,2 / 3,5 / 1,6
9 Di ☽	6 12 / 12 36 / 19 02	4,0 / 0,8 / 3,7	24 Mi	5 43 / 11 54 / 18 33	3,7 / 1,3 / 3,4
10 Mi	0 54 / 7 15 / 13 39 / 20 06	1,5 / 3,9 / 1,0 / 3,6	25 Do ☾	0 09 / 6 35 / 12 48 / 19 27	1,7 / 3,6 / 1,5 / 3,4
11 Do	2 02 / 8 24 / 14 46 / 21 14	1,5 / 3,8 / 1,1 / 3,6	26 Fr	1 13 / 7 35 / 13 51 / 20 28	1,8 / 3,5 / 1,5 / 3,4
12 Fr	3 16 / 9 36 / 15 56 / 22 18	1,5 / 3,7 / 1,2 / 3,7	27 Sa	2 25 / 8 41 / 14 58 / 21 34	1,8 / 3,5 / 1,5 / 3,5
13 Sa	4 26 / 10 43 / 16 55 / 23 13	1,4 / 3,8 / 1,2 / 3,8	28 So	3 37 / 9 51 / 16 05 / 22 35	1,7 / 3,5 / 1,4 / 3,7
14 So	5 24 / 11 40 / 17 45	1,2 / 3,8 / 1,2	29 Mo	4 41 / 10 56 / 17 05 / 23 28	1,4 / 3,7 / 1,3 / 3,9
15 Mo	0 01 / 6 12 / 12 30 / 18 27	3,9 / 1,1 / 3,9 / 1,1	30 Di	5 36 / 11 52 / 17 57	1,1 / 3,9 / 1,1
			31 Mi	0 15 / 6 25 / 12 43 / 18 44	4,1 / 0,8 / 4,2 / 0,9

August

Tag	Zeit	Höhe	Tag	Zeit	Höhe
1 Do ●	1 00 / 7 12 / 13 30 / 19 30	4,3 / 0,6 / 4,3 / 0,8	16 Fr	1 39 / 7 51 / 14 12 / 19 56	4,2 / 0,8 / 4,0 / 1,1
2 Fr	1 44 / 7 59 / 14 18 / 20 15	4,4 / 0,3 / 4,4 / 0,7	17 Sa	2 11 / 8 23 / 14 43 / 20 27	4,2 / 0,8 / 4,0 / 1,1
3 Sa	2 28 / 8 46 / 15 05 / 20 59	4,5 / 0,2 / 4,4 / 0,7	18 So	2 41 / 8 53 / 15 14 / 20 57	4,2 / 0,8 / 4,0 / 1,1
4 So	3 13 / 9 34 / 15 53 / 21 44	4,6 / 0,2 / 4,3 / 0,8	19 Mo	3 13 / 9 24 / 15 46 / 21 28	4,2 / 0,8 / 3,9 / 1,1
5 Mo	4 00 / 10 22 / 16 42 / 22 31	4,5 / 0,4 / 4,2 / 1,0	20 Di	3 46 / 9 55 / 16 20 / 22 01	4,1 / 1,0 / 3,8 / 1,3
6 Di	4 51 / 11 12 / 17 35 / 23 22	4,4 / 0,6 / 4,0 / 1,2	21 Mi	4 22 / 10 29 / 16 58 / 22 37	4,0 / 1,1 / 3,7 / 1,4
7 Mi	5 46 / 12 05 / 18 31	4,1 / 0,9 / 3,8	22 Do	5 02 / 11 07 / 17 42 / 23 21	3,8 / 1,3 / 3,6 / 1,6
8 Do	0 20 / 6 48 / 13 05 / 19 32	1,4 / 3,9 / 1,2 / 3,6	23 Fr ☾	5 50 / 11 55 / 18 36	3,7 / 1,4 / 3,5
9 Fr	1 28 / 7 58 / 14 12 / 20 41	1,6 / 3,7 / 1,4 / 3,5	24 Sa	0 20 / 6 51 / 12 58 / 19 40	1,7 / 3,5 / 1,6 / 3,4
10 Sa	2 49 / 9 17 / 15 32 / 21 53	1,6 / 3,6 / 1,5 / 3,6	25 So	1 37 / 8 03 / 14 16 / 20 51	1,8 / 3,5 / 1,7 / 3,5
11 So	4 14 / 10 33 / 16 40 / 22 56	1,5 / 3,6 / 1,5 / 3,7	26 Mo	3 01 / 9 21 / 15 38 / 22 03	1,7 / 3,5 / 1,6 / 3,6
12 Mo	5 15 / 11 33 / 17 32 / 23 47	1,4 / 3,7 / 1,4 / 3,8	27 Di	4 19 / 10 37 / 16 48 / 23 05	1,4 / 3,7 / 1,4 / 3,9
13 Di	6 02 / 12 22 / 18 14	1,2 / 3,8 / 1,3	28 Mi	5 19 / 11 38 / 17 42 / 23 56	1,1 / 4,0 / 1,2 / 4,1
14 Mi	0 29 / 6 42 / 13 03 / 18 50	4,0 / 1,0 / 3,9 / 1,2	29 Do	6 10 / 12 28 / 18 30	0,7 / 4,2 / 0,9
15 Do ○	1 06 / 7 18 / 13 39 / 19 24	4,1 / 0,9 / 4,0 / 1,1	30 Fr ●	0 41 / 7 13 / 13 15 / 19 14	4,4 / 0,4 / 4,5 / 0,7
			31 Sa	1 25 / 7 42 / 14 00 / 19 57	4,6 / 0,2 / 4,6 / 0,6

● Neumond　☽ erstes Viertel　○ Vollmond　☾ letztes Viertel

UTC　Höhen sind auf SKN bezogen

Aberdeen 2019

Breite: 57° 09' N, Länge: 2° 04' W

Zeiten (Stunden und Minuten) und Höhen (Meter) der Hoch- und Niedrigwasser

September

	Zeit	Höhe		Zeit	Höhe
1 So	2 08 8 27 14 44 20 39	4,7 0,1 4,6 0,6	**16** Mo	2 14 8 23 14 43 20 30	4,3 0,8 4,1 1,0
2 Mo	2 52 9 12 15 28 21 21	4,7 0,1 4,5 0,7	**17** Di	2 45 8 52 15 13 21 00	4,3 0,8 4,0 1,1
3 Di	3 37 9 56 16 14 22 05	4,6 0,3 4,3 0,9	**18** Mi	3 17 9 22 15 45 21 31	4,2 0,9 4,0 1,1
4 Mi	4 26 10 42 17 02 22 52	4,4 0,7 4,0 1,1	**19** Do	3 52 9 53 16 19 22 05	4,1 1,1 3,9 1,3
5 Do	5 20 11 31 17 56 23 47	4,2 1,0 3,8 1,4	**20** Fr	4 31 10 28 17 00 22 47	3,9 1,3 3,7 1,5
6 Fr ☽	6 22 12 28 18 57	3,8 1,4 3,6	**21** Sa	5 18 11 13 17 51 23 44	3,8 1,5 3,6 1,6
7 Sa	0 56 7 34 13 37 20 06	1,6 3,6 1,7 3,5	**22** So ☾	6 21 12 17 19 01	3,6 1,7 3,5
8 So	2 26 8 58 15 08 21 26	1,7 3,5 1,8 3,5	**23** Mo	1 04 7 39 13 46 20 18	1,7 3,5 1,8 3,5
9 Mo	4 02 10 21 16 25 22 36	1,6 3,5 1,8 3,6	**24** Di	2 37 9 02 15 19 21 36	1,7 3,5 1,8 3,6
10 Di	5 02 11 22 17 15 23 28	1,4 3,7 1,6 3,8	**25** Mi	4 00 10 22 16 32 22 43	1,4 3,8 1,5 3,9
11 Mi	5 46 12 07 17 55	1,2 3,8 1,5	**26** Do	5 02 11 22 17 26 23 35	1,0 4,1 1,2 4,2
12 Do	0 09 6 23 12 44 18 30	4,0 1,1 3,9 1,3	**27** Fr	5 52 12 11 18 12	0,6 4,3 1,0
13 Fr	0 44 6 55 13 16 19 01	4,1 0,9 4,0 1,2	**28** Sa ●	0 20 6 38 12 56 18 54	4,5 0,3 4,5 0,7
14 Sa ○	1 15 7 26 13 46 19 32	4,2 0,8 4,1 1,0	**29** So	1 04 7 21 13 38 19 35	4,7 0,2 4,6 0,6
15 So	1 45 7 55 14 14 20 01	4,3 0,8 4,1 1,0	**30** Mo	1 46 8 04 14 19 20 16	4,8 0,1 4,6 0,6

Oktober

	Zeit	Höhe		Zeit	Höhe
1 Di	2 29 8 46 15 00 20 57	4,8 0,3 4,5 0,7	**16** Mi	2 19 8 22 14 42 20 35	4,3 0,9 4,2 1,0
2 Mi	3 14 9 28 15 43 21 39	4,7 0,5 4,3 0,8	**17** Do	2 52 8 52 15 14 21 07	4,2 1,0 4,1 1,1
3 Do	4 02 10 10 16 29 22 25	4,4 0,9 4,1 1,1	**18** Fr	3 28 9 24 15 49 21 44	4,1 1,1 4,0 1,2
4 Fr	4 56 10 56 17 19 23 18	4,1 1,3 3,8 1,4	**19** Sa	4 09 10 01 16 30 22 28	4,0 1,3 3,9 1,4
5 Sa ☽	5 58 11 50 18 19	3,8 1,7 3,6	**20** So	4 59 10 47 17 21 23 27	3,8 1,6 3,7 1,5
6 So	0 26 7 09 13 00 19 29	1,6 3,5 2,0 3,5	**21** Mo ☾	6 05 11 54 18 31	3,6 1,8 3,6
7 Mo	1 56 8 33 14 34 20 48	1,8 3,4 2,1 3,4	**22** Di	0 48 7 24 13 27 19 51	1,6 3,6 1,9 3,6
8 Di	3 38 9 58 15 59 22 05	1,7 3,5 2,0 3,6	**23** Mi	2 19 8 46 14 59 21 09	1,5 3,6 1,8 3,7
9 Mi	4 37 10 58 16 50 23 00	1,5 3,6 1,8 3,7	**24** Do	3 39 10 03 16 10 22 17	1,3 3,8 1,6 3,9
10 Do	5 20 11 41 17 30 23 41	1,3 3,8 1,6 3,9	**25** Fr	4 40 11 03 17 04 23 12	0,9 4,1 1,3 4,2
11 Fr	5 55 12 16 18 04	1,1 3,9 1,4	**26** Sa	5 31 11 50 17 50 23 58	0,6 4,3 1,0 4,5
12 Sa	0 15 6 26 12 47 18 35	4,1 1,0 4,0 1,2	**27** So	6 16 12 33 18 33	0,4 4,5 0,8
13 So ○	0 47 6 56 13 16 19 05	4,2 0,9 4,1 1,1	**28** Mo ●	0 42 6 59 13 14 19 14	4,7 0,3 4,6 0,7
14 Mo	1 17 7 24 13 44 19 34	4,3 0,8 4,2 1,0	**29** Di	1 25 7 40 13 53 19 55	4,7 0,4 4,6 0,6
15 Di	1 47 7 53 14 13 20 04	4,3 0,8 4,2 1,0	**30** Mi	2 09 8 20 14 34 20 36	4,7 0,5 4,5 0,7
31 Do	2 55 9 00 15 15 21 18	4,5 0,8 4,3 0,9			

November

	Zeit	Höhe		Zeit	Höhe
1 Fr	3 43 9 41 15 58 22 03	4,3 1,1 4,1 1,1	**16** Sa	3 12 9 05 15 28 21 33	4,2 1,2 4,1 1,1
2 Sa	4 36 10 24 16 45 22 54	4,0 1,5 3,9 1,4	**17** So	3 57 9 46 16 11 22 21	4,0 1,4 4,0 1,2
3 So	5 35 11 14 17 41 23 55	3,7 1,8 3,7 1,6	**18** Mo	4 50 10 37 17 03 23 21	3,9 1,6 3,9 1,3
4 Mo ☽	6 40 12 18 18 47	3,5 2,0 3,5	**19** Di ☾	5 56 11 43 18 11	3,7 1,8 3,7
5 Di	1 11 7 52 13 39 19 58	1,7 3,4 2,2 3,5	**20** Mi	0 36 7 09 13 06 19 26	1,4 3,7 1,9 3,7
6 Mi	2 44 9 12 15 10 21 14	1,7 3,4 2,1 3,5	**21** Do	1 56 8 24 14 29 20 39	1,3 3,7 1,8 3,8
7 Do	3 56 10 17 16 12 22 17	1,6 3,5 1,9 3,6	**22** Fr	3 11 9 39 15 40 21 49	1,2 3,9 1,6 4,0
8 Fr	4 42 11 03 16 55 23 03	1,4 3,7 1,7 3,8	**23** Sa	4 14 10 38 16 38 22 47	1,0 4,0 1,4 4,2
9 Sa	5 19 11 40 17 32 23 41	1,3 3,9 1,5 4,0	**24** So	5 07 11 27 17 28 23 38	0,8 4,2 1,2 4,4
10 So	5 52 12 13 18 05	1,1 4,0 1,3	**25** Mo	5 55 12 11 18 13	0,7 4,4 1,0
11 Mo	0 16 6 23 12 44 18 37	4,1 1,0 4,1 1,2	**26** Di ●	0 24 6 38 12 52 18 56	4,5 0,6 4,4 0,8
12 Di	0 49 6 53 13 14 19 09 ○	4,2 0,9 4,2 1,1	**27** Mi	1 10 7 19 13 32 19 39	4,5 0,7 4,5 0,8
13 Mi	1 22 7 24 13 45 19 41	4,3 0,9 4,3 1,0	**28** Do	1 55 7 59 14 12 20 21	4,5 0,8 4,4 0,8
14 Do	1 56 7 56 14 17 20 16	4,3 0,9 4,3 1,0	**29** Fr	2 40 8 38 14 52 21 03	4,4 1,0 4,3 0,9
15 Fr	2 33 8 29 14 51 20 52	4,2 1,0 4,2 1,0	**30** Sa	3 27 9 17 15 33 21 46	4,2 1,3 4,2 1,1

Dezember

	Zeit	Höhe		Zeit	Höhe
1 So	4 16 9 57 16 16 22 31	4,0 1,5 4,0 1,3	**16** Mo	3 50 9 40 15 59 22 18	4,1 1,3 4,2 1,0
2 Mo	5 08 10 41 17 05 23 22	3,7 1,7 3,8 1,5	**17** Di	4 43 10 30 16 51 23 14	4,0 1,4 4,1 1,0
3 Di	6 03 11 33 18 00	3,6 1,9 3,7	**18** Mi	5 43 11 29 17 52	3,9 1,6 4,0
4 Mi ☽	0 21 7 02 12 39 19 01	1,6 3,4 2,1 3,5	**19** Do ☾	0 19 6 48 12 39 18 59	1,1 3,8 1,7 3,9
5 Do	1 29 8 06 13 53 20 06	1,7 3,4 2,1 3,5	**20** Fr	1 28 7 56 13 52 20 08	1,2 3,7 1,7 3,9
6 Fr	2 41 9 14 15 07 21 14	1,7 3,4 2,0 3,5	**21** Sa	2 37 9 05 15 04 21 19	1,2 3,8 1,7 3,9
7 Sa	3 45 10 12 16 07 22 14	1,6 3,6 1,9 3,7	**22** So	3 45 10 10 16 12 22 25	1,1 3,9 1,5 4,0
8 So	4 34 10 58 16 53 23 02	1,5 3,7 1,7 3,8	**23** Mo	4 45 11 05 17 09 23 22	1,1 4,0 1,3 4,2
9 Mo	5 14 11 37 17 33 23 43	1,3 3,9 1,5 3,9	**24** Di	5 36 11 52 18 00	1,0 4,2 1,1
10 Di	5 50 12 13 18 09	1,2 4,0 1,3	**25** Mi	0 13 6 22 12 36 18 45	4,2 1,0 4,3 1,0
11 Mi	0 21 6 24 12 47 18 45	4,1 1,1 4,2 1,1	**26** Do ●	1 01 7 04 13 17 19 29	4,3 1,0 4,3 0,9
12 Do ○	1 00 7 00 13 21 19 23	4,2 1,0 4,3 1,0	**27** Fr	1 46 7 43 13 56 20 10	4,3 1,1 4,3 0,9
13 Fr	1 38 7 37 13 57 20 02	4,2 1,0 4,3 0,9	**28** Sa	2 30 8 21 14 35 20 50	4,2 1,2 4,3 0,9
14 Sa	2 19 8 15 14 34 20 44	4,3 1,1 4,3 0,9	**29** So	3 13 8 57 15 13 21 28	4,1 1,3 4,2 1,0
15 So	3 02 8 56 15 14 21 28	4,2 1,1 4,3 0,9	**30** Mo	3 55 9 34 15 51 22 07	3,9 1,4 4,1 1,1
31 Di	4 37 10 11 16 31 22 47	3,8 1,5 4,0 1,3			

● Neumond　☽ erstes Viertel　○ Vollmond　☾ letztes Viertel

UTC　　Höhen sind auf SKN bezogen

Mittlere Tidenkurven | 129

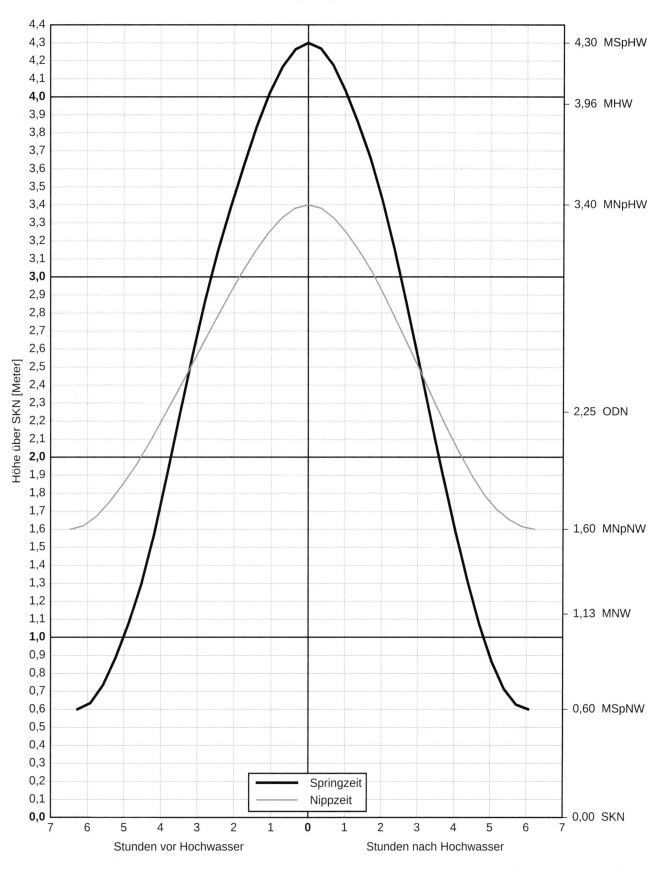

Ullapool 2019

Breite: 57° 54' N, Länge: 5° 09' W

Zeiten (Stunden und Minuten) und Höhen (Meter) der Hoch- und Niedrigwasser

Januar

Tag	Zeit	Höhe	Tag	Zeit	Höhe
1 Di	3 34 9 32 15 59 22 14	4,4 2,1 4,5 1,7	**16** Mi	2 32 8 38 14 50 21 08	4,0 2,3 4,2 2,0
2 Mi	4 30 10 36 16 54 23 08	4,5 1,9 4,6 1,6	**17** Do	3 35 9 50 15 53 22 14	4,2 2,1 4,4 1,8
3 Do	5 16 11 29 17 39 23 54	4,7 1,7 4,7 1,5	**18** Fr	4 30 10 50 16 50 23 10	4,5 1,8 4,7 1,5
4 Fr	5 56 12 14 18 19	4,9 1,6 4,8	**19** Sa	5 19 11 43 17 41	4,8 1,4 5,0
5 Sa	0 34 6 32 12 55 18 54	1,4 5,0 1,4 4,8	**20** So	0 00 6 03 12 33 18 29	1,2 5,2 1,1 5,2
6 So ●	1 11 7 05 13 32 19 28	1,3 5,1 1,3 4,8	**21** Mo ○	0 48 6 47 13 20 19 16	1,0 5,4 0,8 5,4
7 Mo	1 46 7 37 14 07 20 00	1,3 5,1 1,3 4,8	**22** Di	1 34 7 31 14 07 20 03	0,8 5,6 0,5 5,5
8 Di	2 20 8 09 14 41 20 32	1,4 5,1 1,3 4,7	**23** Mi	2 19 8 16 14 53 20 50	0,7 5,7 0,5 5,4
9 Mi	2 53 8 41 15 15 21 04	1,4 5,0 1,3 4,6	**24** Do	3 03 9 02 15 39 21 39	0,7 5,6 0,6 5,2
10 Do	3 26 9 14 15 50 21 38	1,5 4,9 1,4 4,5	**25** Fr	3 48 9 51 16 26 22 30	0,9 5,4 0,8 4,9
11 Fr	4 00 9 51 16 26 22 17	1,7 4,7 1,6 4,3	**26** Sa	4 35 10 44 17 15 23 27	1,2 5,1 1,1 4,6
12 Sa	4 37 10 34 17 06 23 04	1,9 4,6 1,8 4,2	**27** So ☾	5 25 11 46 18 08	1,5 4,7 1,5
13 So	5 19 11 25 17 52	2,1 4,4 1,9	**28** Mo	0 32 6 21 13 00 19 10	4,3 1,9 4,4 1,8
14 Mo ☽	0 05 6 12 12 31 18 47	4,0 2,3 4,2 2,1	**29** Di	1 46 7 31 14 20 20 25	4,2 2,1 4,2 2,1
15 Di	1 20 7 19 13 43 19 55	4,0 2,4 4,2 2,1	**30** Mi	3 02 8 56 15 39 21 46	4,1 2,2 4,2 2,1
			31 Do	4 09 10 17 16 42 22 50	4,3 2,1 4,2 1,9

Februar

Tag	Zeit	Höhe	Tag	Zeit	Höhe
1 Fr	5 01 11 17 17 31 23 40	4,5 1,9 4,4 1,8	**16** Sa	4 06 10 31 16 36 22 53	4,3 1,9 4,5 1,7
2 Sa	5 43 12 04 18 11	4,7 1,7 4,5	**17** So	5 03 11 30 17 32 23 48	4,7 1,4 4,8 1,3
3 So	0 21 6 19 12 44 18 44	1,6 4,8 1,5 4,7	**18** Mo	5 51 12 21 18 20	5,1 0,9 5,2
4 Mo ●	0 58 6 51 13 19 19 15	1,4 5,0 1,3 4,8	**19** Di ○	0 36 6 34 13 09 19 04	0,9 5,4 0,6 5,4
5 Di	1 31 7 21 13 52 19 43	1,3 5,1 1,2 4,8	**20** Mi	1 21 7 16 13 53 19 46	0,6 5,7 0,3 5,5
6 Mi	2 03 7 50 14 23 20 11	1,2 5,1 1,1 4,8	**21** Do	2 04 7 59 14 36 20 29	0,5 5,8 0,2 5,5
7 Do	2 34 8 19 14 54 20 38	1,2 5,1 1,1 4,8	**22** Fr	2 46 8 41 15 18 21 12	0,5 5,7 0,3 5,3
8 Fr	3 04 8 49 15 24 21 08	1,2 5,0 1,1 4,7	**23** Sa	3 28 9 25 16 00 21 57	0,6 5,4 0,6 5,0
9 Sa	3 35 9 21 15 56 21 41	1,3 4,9 1,2 4,5	**24** So	4 10 10 12 16 43 22 47	0,9 5,0 1,0 4,6
10 So	4 08 9 57 16 31 22 19	1,5 4,7 1,4 4,4	**25** Mo	4 55 11 07 17 29 23 47	1,3 4,6 1,4 4,3
11 Mo	4 44 10 40 17 10 23 06	1,7 4,5 1,6 4,2	**26** Di ☾	5 45 12 19 18 23	1,7 4,2 1,9
12 Di	5 28 11 34 17 57	1,9 4,3 1,8	**27** Mi	1 01 6 47 13 46 19 36	4,0 2,1 3,9 2,2
13 Mi	0 11 6 24 12 48 18 58	4,0 2,2 4,1 2,0	**28** Do	2 24 8 17 15 17 21 13	3,9 2,3 3,9 2,3
14 Do	1 37 7 42 14 11 20 19	4,0 2,3 4,1 2,1			
15 Fr	2 57 9 14 15 29 21 45	4,1 2,2 4,2 2,0			

März

Tag	Zeit	Höhe	Tag	Zeit	Höhe
1 Fr	3 42 9 57 16 27 22 31	4,0 2,2 4,0 2,1	**16** Sa	2 29 8 51 15 14 21 26	4,0 2,1 4,1 2,0
2 Sa	4 40 11 02 17 17 23 22	4,2 2,0 4,2 1,9	**17** So	3 46 10 17 16 25 22 40	4,2 1,7 4,4 1,7
3 So	5 24 11 48 17 55	4,4 1,7 4,4	**18** Mo	4 47 11 17 17 20 23 34	4,6 1,3 4,8 1,2
4 Mo	0 03 5 59 12 25 18 26	1,6 4,7 1,4 4,6	**19** Di	5 35 12 07 18 05	5,0 0,8 5,1
5 Di	0 39 6 30 12 58 18 54	1,4 4,9 1,2 4,7	**20** Mi	0 20 6 17 12 52 18 45	0,8 5,4 0,4 5,4
6 Mi ●	1 11 6 59 13 29 19 20	1,2 5,0 1,0 4,8	**21** Do ○	1 04 6 59 13 34 19 25	0,5 5,6 0,1 5,5
7 Do	1 42 7 26 13 59 19 45	1,1 5,1 0,9 4,9	**22** Fr	1 45 7 37 14 14 20 04	0,3 5,7 0,1 5,5
8 Fr	2 11 7 53 14 28 20 11	1,0 5,1 0,9 4,9	**23** Sa	2 25 8 17 14 53 20 43	0,3 5,6 0,2 5,3
9 Sa	2 40 8 22 14 57 20 39	1,0 5,1 0,9 4,8	**24** So	3 05 8 58 15 32 21 24	0,5 5,3 0,5 5,0
10 So	3 09 8 53 15 27 21 09	1,1 5,0 1,0 4,7	**25** Mo	3 45 9 42 16 12 22 09	0,8 4,9 1,0 4,6
11 Mo	3 41 9 28 16 00 21 44	1,2 4,8 1,1 4,5	**26** Di	4 27 10 34 16 54 23 03	1,2 4,4 1,4 4,3
12 Di	4 16 10 09 16 37 22 27	1,4 4,6 1,4 4,3	**27** Mi	5 14 11 43 17 42	1,6 4,0 1,9
13 Mi	4 57 11 01 17 21 23 26	1,6 4,3 1,7 4,1	**28** Do ☾	0 16 6 11 13 11 18 48	4,0 2,0 3,7 2,3
14 Do	5 50 12 17 18 19	1,9 4,1 2,0	**29** Fr	1 40 7 36 14 44 20 31	3,8 2,3 3,7 2,4
15 Fr	0 56 7 06 13 50 19 44	3,9 2,1 4,0 2,2	**30** Sa	3 03 9 25 16 00 22 02	3,9 2,2 3,8 2,3
			31 So	4 07 10 34 16 51 22 55	4,0 2,0 4,0 2,0

April

Tag	Zeit	Höhe	Tag	Zeit	Höhe
1 Mo	4 54 11 19 17 29 23 36	4,2 1,7 4,2 1,7	**16** Di	4 26 10 58 17 02 23 14	4,6 1,1 4,7 1,2
2 Di	5 31 11 56 18 00	4,5 1,4 4,4	**17** Mi	5 14 11 46 17 45	4,9 0,7 5,0
3 Mi	0 11 6 02 12 29 18 27	1,4 4,7 1,1 4,6	**18** Do	0 00 5 56 12 30 18 24	0,9 5,2 0,4 5,3
4 Do	0 44 6 31 13 00 18 52	1,2 4,9 0,9 4,8	**19** Fr ○	0 43 6 36 13 11 19 02	0,6 5,4 0,2 5,4
5 Fr ●	1 15 6 58 13 29 19 17	1,0 5,0 0,8 4,9	**20** Sa	1 24 7 15 13 50 19 39	0,4 5,4 0,2 5,3
6 Sa	1 45 7 26 13 59 19 43	0,9 5,1 0,7 4,9	**21** So	2 04 7 55 14 28 20 17	0,4 5,3 0,4 5,2
7 So	2 14 7 56 14 28 20 11	0,8 5,1 0,7 4,9	**22** Mo	2 43 8 36 15 06 20 56	0,6 5,0 0,7 4,9
8 Mo	2 45 8 29 15 00 20 43	0,9 5,0 0,8 4,8	**23** Di	3 23 9 19 15 44 21 39	0,8 4,7 1,1 4,6
9 Di	3 18 9 06 15 34 21 20	1,0 4,8 1,0 4,7	**24** Mi	4 04 10 09 16 24 22 28	1,2 4,3 1,5 4,3
10 Mi	3 55 9 51 16 12 22 05	1,2 4,5 1,3 4,4	**25** Do	4 49 11 12 17 10 23 32	1,6 3,9 1,9 4,0
11 Do	4 39 10 49 16 58 23 06	1,5 4,3 1,6 4,2	**26** Fr ☾	5 41 12 30 18 08	1,9 3,7 2,2
12 Fr ☽	5 34 12 11 17 57	1,7 4,0 1,9	**27** Sa	0 50 6 53 13 55 19 36	3,8 2,1 3,6 2,4
13 Sa	0 38 6 53 13 39 19 25	4,0 2,0 3,9 2,1	**28** So	2 10 8 29 15 14 21 12	3,8 2,2 3,7 2,3
14 So	2 09 8 38 15 01 21 09	4,0 1,9 4,1 2,0	**29** Mo	3 20 9 47 16 11 22 15	3,9 2,0 3,9 2,1
15 Mo	3 26 9 14 16 09 22 21	4,2 1,5 4,4 1,6	**30** Di	4 13 10 38 16 53 22 59	4,1 1,7 4,1 1,8

● Neumond   ☽ erstes Viertel   ○ Vollmond   ☾ letztes Viertel

UTC   Höhen sind auf SKN bezogen

Ullapool 2019

Breite: 57° 54' N, Länge: 5° 09' W

Zeiten (Stunden und Minuten) und Höhen (Meter) der Hoch- und Niedrigwasser

	Mai					Juni					Juli					August			
	Zeit	Höhe		Zeit	Höhe		Zeit	Höhe		Zeit	Höhe		Zeit	Höhe		Zeit	Höhe		Zeit	Höhe
1 Mi	4 54 / 11 18 / 17 26 / 23 37	4,3 / 1,5 / 4,3 / 1,5	**16** Do	4 53 / 11 22 / 17 24 / 23 37	4,8 / 0,8 / 4,9 / 1,0	**1** Sa	5 25 / 11 49 / 17 49	4,6 / 1,2 / 4,6	**16** So	0 05 / 6 07 / 12 30 / 18 26	1,1 / 4,7 / 1,0 / 4,9	**1** Mo	5 38 / 11 59 / 18 00	4,6 / 1,2 / 4,8	**16** Di ○	0 39 / 6 42 / 12 57 / 18 51	1,3 / 4,6 / 1,3 / 4,9	**1** Do ●	1 00 / 6 56 / 13 13 / 19 09	0,8 / 5,1 / 0,8 / 5,3	**16** Fr	1 40 / 7 32 / 13 51 / 19 36	1,1 / 4,7 / 1,2 / 5,0
2 Do	5 28 / 11 53 / 17 54	4,5 / 1,2 / 4,5	**17** Fr	5 37 / 12 07 / 18 04	5,0 / 0,7 / 5,1	**2** So	0 12 / 6 00 / 12 26 / 18 21	1,2 / 4,7 / 1,0 / 4,8	**17** Mo ○	0 50 / 6 48 / 13 10 / 19 04	1,0 / 4,8 / 1,0 / 5,0	**2** Di ●	0 28 / 6 22 / 12 43 / 18 39	1,1 / 4,8 / 1,0 / 5,0	**17** Mi	1 20 / 7 19 / 13 35 / 19 26	1,2 / 4,6 / 1,2 / 4,9	**2** Fr	1 46 / 7 42 / 13 58 / 19 53	0,5 / 5,2 / 0,7 / 5,5	**17** Sa	2 12 / 7 59 / 14 23 / 20 05	1,0 / 4,7 / 1,1 / 5,0
3 Fr	0 11 / 5 58 / 12 26 / 18 20	1,3 / 4,7 / 1,0 / 4,7	**18** Sa ○	0 22 / 6 18 / 12 49 / 18 41	0,8 / 5,1 / 0,6 / 5,2	**3** Mo ●	0 50 / 6 37 / 13 03 / 18 55	1,0 / 4,9 / 0,8 / 5,0	**18** Di	1 31 / 7 29 / 13 49 / 19 41	1,0 / 4,7 / 1,0 / 5,0	**3** Mi	1 13 / 7 07 / 13 26 / 19 22	0,9 / 5,0 / 0,8 / 5,1	**18** Do	1 58 / 7 53 / 14 10 / 19 59	1,1 / 4,6 / 1,2 / 4,9	**3** Sa	2 32 / 8 27 / 14 42 / 20 38	0,4 / 5,3 / 0,6 / 5,5	**18** So	2 42 / 8 27 / 14 53 / 20 35	1,0 / 4,7 / 1,2 / 5,0
4 Sa ●	0 44 / 6 28 / 12 57 / 18 48	1,0 / 4,9 / 0,8 / 4,9	**19** So	1 04 / 6 58 / 13 28 / 19 19	0,7 / 5,1 / 0,6 / 5,2	**4** Di	1 29 / 7 17 / 13 41 / 19 33	0,9 / 4,9 / 0,8 / 5,0	**19** Mi	2 11 / 8 08 / 14 26 / 20 17	1,0 / 4,6 / 1,1 / 4,9	**4** Do	1 58 / 7 54 / 14 10 / 20 06	0,7 / 5,0 / 0,8 / 5,2	**19** Fr	2 33 / 8 25 / 14 45 / 20 32	1,1 / 4,6 / 1,2 / 4,9	**4** So	3 17 / 9 15 / 15 26 / 21 25	0,4 / 5,1 / 0,7 / 5,3	**19** Mo	3 13 / 8 55 / 15 24 / 21 06	1,0 / 4,6 / 1,3 / 4,8
5 So	1 17 / 6 59 / 13 29 / 19 17	0,9 / 5,0 / 0,7 / 5,0	**20** Mo	1 45 / 7 38 / 14 06 / 19 56	0,7 / 5,0 / 0,7 / 5,1	**5** Mi	2 09 / 8 01 / 14 21 / 20 15	0,8 / 4,9 / 0,8 / 5,0	**20** Do	2 49 / 8 46 / 15 03 / 20 55	1,1 / 4,5 / 1,3 / 4,7	**5** Fr	2 44 / 8 44 / 14 55 / 20 54	0,6 / 5,0 / 0,8 / 5,2	**20** Sa	3 07 / 8 55 / 15 18 / 21 05	1,1 / 4,5 / 1,3 / 4,8	**5** Mo	4 02 / 10 04 / 16 12 / 22 16	0,5 / 4,9 / 0,9 / 5,1	**20** Di	3 44 / 9 26 / 15 56 / 21 41	1,1 / 4,5 / 1,4 / 4,7
6 Mo	1 50 / 7 33 / 14 02 / 19 49	0,8 / 5,0 / 0,7 / 5,0	**21** Di	2 25 / 8 51 / 14 43 / 20 35	0,8 / 4,8 / 0,9 / 4,9	**6** Do	2 51 / 8 51 / 15 03 / 21 02	0,8 / 4,8 / 0,9 / 4,9	**21** Fr	3 27 / 9 26 / 15 40 / 21 34	1,2 / 4,3 / 1,5 / 4,6	**6** Sa	3 31 / 9 36 / 15 41 / 21 46	0,7 / 4,9 / 1,0 / 5,0	**21** So	3 41 / 9 31 / 15 53 / 21 40	1,2 / 4,4 / 1,5 / 4,6	**6** Di	4 49 / 10 59 / 17 00 / 23 16	1,0 / 4,7 / 1,2 / 4,7	**21** Mi	4 17 / 10 02 / 16 31 / 22 21	1,3 / 4,3 / 1,6 / 4,4
7 Di	2 24 / 8 11 / 14 37 / 20 25	0,8 / 4,9 / 0,8 / 4,9	**22** Mi	3 04 / 9 02 / 15 21 / 21 15	1,0 / 4,5 / 1,2 / 4,7	**7** Fr	3 37 / 9 46 / 15 49 / 21 56	0,9 / 4,6 / 1,2 / 4,7	**22** Sa	4 06 / 10 07 / 16 19 / 22 16	1,4 / 4,1 / 1,7 / 4,4	**7** So	4 20 / 10 32 / 16 31 / 22 43	0,8 / 4,7 / 1,2 / 4,8	**22** Mo	4 16 / 10 08 / 16 29 / 22 20	1,3 / 4,2 / 1,6 / 4,4	**7** Mi ☽	5 39 / 12 02 / 17 54	1,2 / 4,4 / 1,5	**22** Do	4 53 / 10 46 / 17 11 / 23 12	1,5 / 4,2 / 1,9 / 4,2
8 Mi	3 02 / 8 54 / 15 15 / 21 07	0,9 / 4,8 / 1,0 / 4,7	**23** Do	3 45 / 9 48 / 16 01 / 22 00	1,2 / 4,2 / 1,5 / 4,4	**8** Sa	4 29 / 10 49 / 16 41 / 23 00	1,1 / 4,5 / 1,4 / 4,5	**23** So	4 47 / 10 54 / 17 01 / 23 06	1,5 / 4,0 / 1,9 / 4,2	**8** Mo	5 13 / 11 32 / 17 25 / 23 47	1,0 / 4,5 / 1,4 / 4,6	**23** Di	4 54 / 10 50 / 17 08 / 23 08	1,5 / 4,1 / 1,8 / 4,3	**8** Do	0 26 / 6 36 / 13 11 / 18 58	4,4 / 1,5 / 4,2 / 1,9	**23** Fr ☾	5 36 / 11 46 / 18 02	1,8 / 4,0 / 2,1
9 Do	3 43 / 9 46 / 15 57 / 21 58	1,1 / 4,5 / 1,2 / 4,5	**24** Fr	4 27 / 10 41 / 16 43 / 22 53	1,5 / 4,0 / 1,8 / 4,2	**9** So	5 27 / 11 56 / 17 42	1,3 / 4,3 / 1,7	**24** Mo	5 32 / 11 50 / 17 51	1,7 / 3,8 / 2,1	**9** Di ☽	6 11 / 12 36 / 18 25	1,2 / 4,3 / 1,6	**24** Mi	5 35 / 11 45 / 17 55	1,7 / 3,9 / 2,0	**9** Fr	1 44 / 7 46 / 14 25 / 20 18	4,2 / 1,8 / 4,1 / 2,0	**24** Sa	0 23 / 6 30 / 13 11 / 19 12	4,0 / 2,0 / 3,9 / 2,3
10 Fr	4 31 / 10 52 / 16 46 / 23 05	1,3 / 4,3 / 1,5 / 4,3	**25** Sa	5 15 / 11 43 / 17 34 / 23 58	1,7 / 3,8 / 2,1 / 4,0	**10** Mo ☽	0 12 / 6 35 / 13 05 / 18 53	4,4 / 1,4 / 4,2 / 1,8	**25** Di ☾	0 06 / 6 24 / 12 55 / 18 51	4,0 / 1,9 / 3,8 / 2,2	**10** Mi	0 56 / 7 14 / 13 44 / 19 34	4,4 / 1,4 / 4,2 / 1,8	**25** Do ☾	0 07 / 6 24 / 12 54 / 18 54	4,1 / 1,8 / 3,8 / 2,2	**10** Sa	3 05 / 9 08 / 15 37 / 21 45	4,1 / 2,0 / 4,2 / 2,0	**25** So	1 48 / 7 44 / 14 31 / 20 45	3,9 / 2,1 / 3,9 / 2,2
11 Sa	5 30 / 12 09 / 17 49	1,6 / 4,1 / 1,8	**26** So ☾	6 12 / 12 53 / 18 40	1,9 / 3,7 / 2,3	**11** Di	1 24 / 7 50 / 14 14 / 20 10	4,3 / 1,5 / 4,2 / 1,8	**26** Mi	1 13 / 7 25 / 14 02 / 20 03	4,0 / 1,9 / 3,8 / 2,2	**11** Do	2 08 / 8 24 / 14 52 / 20 48	4,3 / 1,6 / 4,2 / 1,8	**26** Fr	1 17 / 7 24 / 14 04 / 20 07	4,0 / 2,0 / 3,9 / 2,2	**11** So	4 17 / 10 23 / 16 37 / 22 55	4,1 / 1,9 / 4,3 / 1,8	**26** Mo	3 06 / 9 14 / 15 42 / 22 07	4,0 / 2,1 / 4,2 / 2,0
12 So ☽	0 28 / 6 49 / 13 26 / 19 13	4,1 / 1,7 / 4,0 / 2,0	**27** Mo	1 08 / 7 23 / 14 07 / 20 03	3,9 / 2,0 / 3,7 / 2,3	**12** Mi	2 34 / 9 01 / 15 20 / 21 22	4,3 / 1,4 / 4,3 / 1,7	**27** Do	2 17 / 8 32 / 15 04 / 21 12	4,0 / 1,9 / 3,9 / 2,1	**12** Fr	3 19 / 9 35 / 15 55 / 22 00	4,3 / 1,6 / 4,3 / 1,8	**27** Sa	2 26 / 8 35 / 15 10 / 21 23	4,0 / 2,0 / 4,0 / 2,1	**12** Mo	5 13 / 11 19 / 17 24 / 23 46	4,2 / 1,7 / 4,5 / 1,6	**27** Di	4 14 / 10 28 / 16 40 / 23 08	4,3 / 1,8 / 4,5 / 1,5
13 Mo	1 49 / 8 19 / 14 41 / 20 43	4,1 / 1,6 / 4,1 / 1,9	**28** Di	2 18 / 8 39 / 15 13 / 21 17	3,9 / 2,0 / 3,8 / 2,2	**13** Do	3 39 / 10 04 / 16 16 / 22 23	4,4 / 1,3 / 4,5 / 1,5	**28** Fr	3 15 / 9 34 / 15 56 / 22 09	4,0 / 1,8 / 4,1 / 1,9	**13** Sa	4 23 / 10 38 / 16 49 / 23 02	4,3 / 1,5 / 4,5 / 1,6	**28** So	3 31 / 9 46 / 16 07 / 22 28	4,1 / 1,9 / 4,2 / 1,9	**13** Di	5 56 / 12 04 / 18 02	4,4 / 1,6 / 4,7	**28** Mi	5 11 / 11 24 / 17 28 / 23 59	4,6 / 1,4 / 4,9 / 1,1
14 Di	3 01 / 9 34 / 15 46 / 21 54	4,3 / 1,4 / 4,3 / 1,6	**29** Mi	3 18 / 9 42 / 16 04 / 22 11	4,0 / 1,8 / 4,0 / 1,9	**14** Fr	4 35 / 10 58 / 17 04 / 23 17	4,6 / 1,2 / 4,7 / 1,3	**29** Sa	4 07 / 10 27 / 16 40 / 22 59	4,2 / 1,6 / 4,3 / 1,7	**14** So	5 17 / 11 30 / 17 35 / 23 54	4,4 / 1,4 / 4,6 / 1,4	**29** Mo	4 30 / 10 47 / 16 58 / 23 23	4,3 / 1,5 / 4,5 / 1,5	**14** Mi	0 29 / 6 31 / 12 43 / 18 36	1,4 / 4,5 / 1,4 / 4,9	**29** Do	5 58 / 12 13 / 18 11	5,0 / 1,1 / 5,2
15 Mi	4 03 / 10 33 / 16 39 / 22 49	4,5 / 1,1 / 4,6 / 1,3	**30** Do	4 07 / 10 30 / 16 44 / 22 56	4,2 / 1,6 / 4,2 / 1,7	**15** Sa	5 23 / 11 46 / 17 47	4,7 / 1,0 / 4,8	**30** So	4 53 / 11 14 / 17 20 / 23 44	4,5 / 1,4 / 4,5 / 1,4	**15** Mo	6 03 / 12 16 / 18 15	4,5 / 1,3 / 4,7	**30** Di	5 22 / 11 39 / 17 43	4,6 / 1,3 / 4,8	**15** Do ○	1 06 / 7 03 / 13 19 / 19 07	1,2 / 4,6 / 1,3 / 5,0	**30** Fr ●	0 45 / 6 41 / 12 58 / 18 52	0,6 / 5,3 / 0,7 / 5,5
			31 Fr	4 48 / 11 11 / 17 18 / 23 35	4,4 / 1,4 / 4,4 / 1,4										**31** Mi	0 12 / 6 10 / 12 27 / 18 26	1,2 / 4,9 / 1,1 / 5,1				**31** Sa	1 30 / 7 23 / 13 41 / 19 33	0,3 / 5,5 / 0,5 / 5,7

● Neumond ☽ erstes Viertel ○ Vollmond ☾ letztes Viertel

UTC Höhen sind auf SKN bezogen

Ullapool 2019

Breite: 57° 54' N, Länge: 5° 09' W

Zeiten (Stunden und Minuten) und Höhen (Meter) der Hoch- und Niedrigwasser

September

Tag	Zeit	Höhe	Tag	Zeit	Höhe
1 So	2 13 8 05 14 23 20 15	0,2 5,5 0,4 5,7	16 Mo	2 13 7 56 14 26 20 05	0,9 4,9 1,1 5,1
2 Mo	2 55 8 47 15 05 20 59	0,2 5,4 0,5 5,5	17 Di	2 42 8 22 14 55 20 35	0,9 4,8 1,2 5,0
3 Di	3 37 9 32 15 48 21 46	0,4 5,1 0,8 5,2	18 Mi	3 11 8 51 15 26 21 08	1,0 4,7 1,3 4,8
4 Mi	4 20 10 22 16 33 22 42	0,8 4,8 1,1 4,7	19 Do	3 43 9 24 15 59 21 46	1,2 4,6 1,5 4,6
5 Do	5 06 11 23 17 23 23 55	1,2 4,4 1,6 4,3	20 Fr	4 18 10 03 16 38 22 35	1,4 4,4 1,7 4,3
6 Fr ☽	5 58 12 37 18 25	1,7 4,2 2,0	21 Sa	4 58 10 57 17 27 23 48	1,7 4,1 2,0 4,0
7 Sa	1 22 7 06 13 59 19 49	4,0 2,1 4,0 2,2	22 So ☾	5 51 12 26 18 37	2,0 4,0 2,2
8 So	2 53 8 42 15 18 21 33	3,9 2,3 4,1 2,2	23 Mo	1 24 7 07 14 03 20 20	3,9 2,3 4,0 2,3
9 Mo	4 07 10 08 16 20 22 44	4,0 2,2 4,3 2,0	24 Di	2 49 8 52 15 21 21 51	4,0 2,2 4,2 1,9
10 Di	5 01 11 04 17 06 23 32	4,2 1,9 4,5 1,7	25 Mi	4 01 10 12 16 21 22 52	4,3 1,9 4,6 1,5
11 Mi	5 41 11 46 17 43	4,4 1,7 4,7	26 Do	4 56 11 08 17 09 23 41	4,7 1,5 5,0 1,0
12 Do	0 10 6 12 12 23 18 14	1,4 4,6 1,5 4,9	27 Fr	5 41 11 55 17 51	5,1 1,1 5,4
13 Fr	0 44 6 21 12 56 18 43	1,2 4,7 1,3 5,0	28 Sa ●	0 26 6 21 12 39 18 31	0,5 5,4 0,7 5,7
14 Sa ○	1 15 7 02 13 27 19 10	1,0 4,8 1,1 5,1	29 So	1 09 7 02 13 20 19 11	0,3 5,6 0,5 5,8
15 So	1 44 7 31 13 57 19 37	0,9 4,9 1,1 5,1	30 Mo	1 50 7 39 14 01 19 51	0,1 5,6 0,4 5,7

Oktober

Tag	Zeit	Höhe	Tag	Zeit	Höhe
1 Di	2 30 8 19 14 42 20 33	0,2 5,5 0,5 5,5	16 Mi	2 11 7 53 14 28 20 09	0,9 5,0 1,1 5,1
2 Mi	3 10 9 01 15 24 21 19	0,5 5,2 0,8 5,1	17 Do	2 42 8 23 15 00 20 43	1,0 4,9 1,2 4,9
3 Do	3 50 9 47 16 07 22 12	0,9 4,9 1,2 4,6	18 Fr	3 14 8 56 15 35 21 24	1,2 4,8 1,4 4,6
4 Fr	4 34 10 43 16 55 23 25	1,4 4,5 1,6 4,2	19 Sa	3 50 9 37 16 16 22 18	1,5 4,6 1,7 4,4
5 Sa ☽	5 23 11 59 17 54	1,9 4,2 2,0	20 So	4 32 10 32 17 07 23 37	1,8 4,3 2,0 4,1
6 So	0 57 6 28 13 25 19 19	3,9 2,3 4,0 2,3	21 Mo ☾	5 26 12 02 18 19	2,1 4,1 2,2
7 Mo	2 30 8 08 14 48 21 08	3,8 2,5 4,0 2,3	22 Di	1 10 6 46 13 39 20 03	4,0 2,3 4,1 2,1
8 Di	3 45 9 42 15 52 22 20	3,9 2,4 4,2 2,1	23 Mi	2 32 8 32 14 57 21 31	4,1 2,3 4,3 1,8
9 Mi	4 38 10 38 16 39 23 05	4,1 2,1 4,4 1,8	24 Do	3 42 9 51 15 59 22 31	4,4 1,9 4,6 1,4
10 Do	5 16 11 20 17 16 23 41	4,4 1,8 4,6 1,5	25 Fr	4 36 10 46 16 48 23 19	4,8 1,5 5,0 1,0
11 Fr	5 46 11 55 17 47	4,6 1,6 4,8	26 Sa	5 20 11 33 17 30	5,1 1,1 5,4
12 Sa	0 14 6 13 12 28 18 15	1,3 4,8 1,3 5,0	27 So	0 03 6 00 12 17 18 10	0,6 5,4 0,8 5,6
13 So ○	0 45 6 37 12 59 18 42	1,1 4,9 1,2 5,1	28 Mo ●	0 46 6 38 12 59 18 50	0,4 5,6 0,6 5,7
14 Mo	1 14 7 02 13 29 19 09	1,0 5,0 1,1 5,2	29 Di	1 26 7 16 13 40 19 31	0,4 5,6 0,6 5,6
15 Di	1 42 7 26 13 58 19 38	0,9 5,0 1,1 5,2	30 Mi	2 05 7 55 14 21 20 13	0,5 5,5 0,7 5,3
			31 Do	2 45 8 35 15 02 20 58	0,8 5,3 0,9 5,0

November

Tag	Zeit	Höhe	Tag	Zeit	Höhe
1 Fr	3 24 9 19 15 46 21 49	1,1 4,9 1,3 4,6	16 Sa	2 53 8 41 15 21 21 17	1,2 5,0 1,4 4,7
2 Sa	4 06 10 09 16 33 22 55	1,6 4,6 1,7 4,2	17 So	3 33 9 27 16 05 22 16	1,5 4,8 1,6 4,5
3 So	4 53 11 16 17 27	2,0 4,3 2,0	18 Mo	4 18 10 25 17 00 23 30	1,7 4,5 1,8 4,3
4 Mo ☽	0 17 5 51 12 37 18 39	3,9 2,4 4,1 2,3	19 Di	5 14 11 46 18 11	2,0 4,4 2,0
5 Di	1 43 7 17 13 58 20 14	3,8 2,6 4,0 2,3	20 Mi	0 50 6 30 13 12 19 39	4,2 2,2 4,3 2,0
6 Mi	3 03 8 52 15 08 21 33	3,9 2,5 4,1 2,2	21 Do	2 07 8 26 14 27 21 00	4,3 2,2 4,4 1,7
7 Do	4 01 9 58 16 01 22 24	4,1 2,3 4,3 1,9	22 Fr	3 15 9 19 15 31 22 03	4,5 2,0 4,7 1,4
8 Fr	4 42 10 44 16 41 23 04	4,3 2,0 4,5 1,7	23 Sa	4 12 10 19 16 25 22 54	4,7 1,6 5,0 1,1
9 Sa	5 15 11 22 17 15 23 39	4,5 1,8 4,7 1,4	24 So	4 59 11 09 17 11 23 41	5,0 1,3 5,2 0,9
10 So	5 43 11 56 17 46	4,7 1,5 4,9	25 Mo	5 41 11 56 17 54	5,3 1,1 5,4
11 Mo	0 11 6 09 12 29 18 15	1,3 4,9 1,3 5,0	26 Di ●	0 24 6 19 12 40 18 36	0,8 5,4 0,9 5,4
12 Di	0 42 6 34 13 01 18 45	1,1 5,0 1,2 5,1	27 Mi	1 06 6 58 13 23 19 18	0,8 5,5 0,9 5,3
13 Mi	1 13 7 01 13 33 19 16	1,0 5,1 1,1 5,1	28 Do	1 45 7 37 14 05 20 00	0,8 5,4 0,9 5,1
14 Do	1 45 7 31 14 06 19 51	1,0 5,1 1,1 5,1	29 Fr	2 25 8 17 14 47 20 44	1,0 5,3 1,1 4,9
15 Fr	2 18 8 04 14 42 20 30	1,1 5,1 1,2 4,9	30 Sa	3 04 8 58 15 29 21 31	1,3 5,0 1,3 4,6

Dezember

Tag	Zeit	Höhe	Tag	Zeit	Höhe
1 So	3 45 9 43 16 13 22 22	1,6 4,8 1,6 4,3	16 Mo	3 24 9 24 16 01 22 10	1,3 5,0 1,3 4,7
2 Mo	4 28 10 34 17 01 23 22	1,9 4,5 1,9 4,0	17 Di	4 11 10 19 16 54 23 14	1,5 4,8 1,5 4,5
3 Di	5 17 11 37 17 56	2,2 4,3 2,1	18 Mi	5 05 11 26 17 56	1,8 4,7 1,6
4 Mi ☽	0 33 6 19 12 49 19 04	3,9 2,5 4,1 2,3	19 Do ☾	0 23 6 09 12 40 19 06	4,4 2,0 4,6 1,7
5 Do	1 50 7 38 14 01 20 20	3,9 2,5 4,1 2,3	20 Fr	1 34 7 24 13 53 20 21	4,3 2,1 4,5 1,7
6 Fr	3 02 8 56 15 05 21 26	3,9 2,5 4,2 2,1	21 Sa	2 43 8 41 15 02 21 30	4,4 2,0 4,6 1,6
7 Sa	3 56 9 56 15 57 22 17	4,1 2,3 4,3 1,9	22 So	3 46 9 49 16 05 22 30	4,6 1,8 4,7 1,5
8 So	4 37 10 42 16 39 22 59	4,3 2,0 4,5 1,7	23 Mo	4 40 10 48 16 59 23 22	4,8 1,6 4,9 1,3
9 Mo	5 11 11 22 17 15 23 36	4,6 1,8 4,7 1,5	24 Di	5 26 11 41 17 47	5,0 1,4 5,0
10 Di	5 41 11 59 17 50	4,8 1,6 4,9	25 Mi	0 08 6 08 12 29 18 31	1,2 5,2 1,2 5,1
11 Mi	0 12 6 11 12 36 18 24	1,4 5,0 1,4 5,0	26 Do ●	0 52 6 48 13 13 19 12	1,1 5,3 1,1 5,0
12 Do ○	0 48 6 42 13 13 19 01	1,2 5,1 1,2 5,1	27 Fr	1 32 7 26 13 55 19 53	1,1 5,3 1,1 5,0
13 Fr	1 24 7 16 13 51 19 41	1,1 5,2 1,1 5,1	28 Sa	2 11 8 04 14 35 20 32	1,2 5,2 1,2 4,8
14 Sa	2 02 7 54 14 31 20 26	1,1 5,2 1,1 5,0	29 So	2 48 8 41 15 14 21 10	1,3 5,1 1,3 4,7
15 So	2 41 8 36 15 14 21 15	1,2 5,2 1,2 4,9	30 Mo	3 26 9 18 15 53 21 48	1,5 4,9 1,4 4,5
			31 Di	4 04 9 58 16 32 22 30	1,7 4,7 1,6 4,3

● Neumond ☽ erstes Viertel ○ Vollmond ☾ letztes Viertel

UTC Höhen sind auf SKN bezogen

Mittlere Tidenkurven | 133

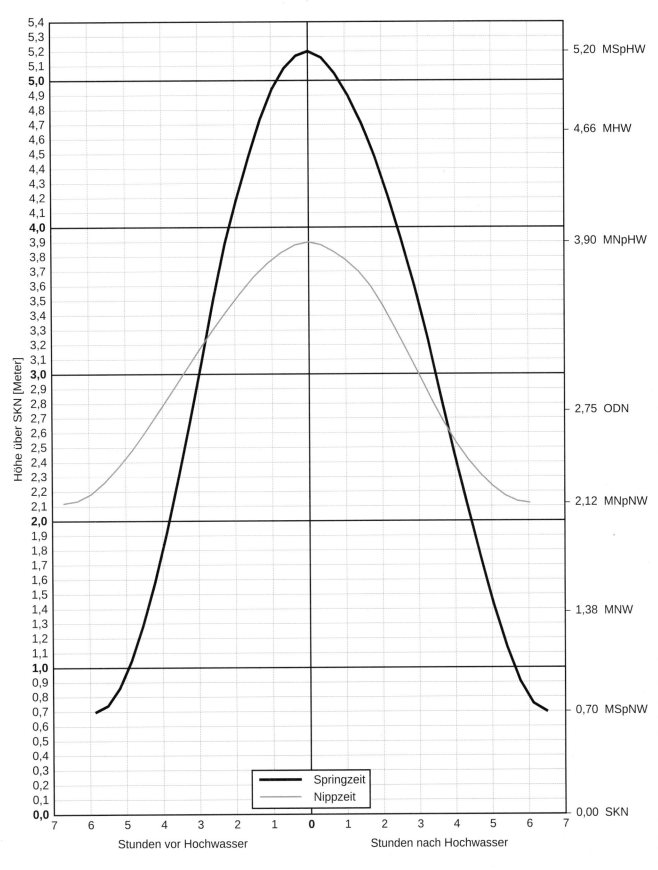

Oban 2019

Breite: 56° 25' N, Länge: 5° 29' W

Zeiten (Stunden und Minuten) und Höhen (Meter) der Hoch- und Niedrigwasser

Januar

	Zeit	Höhe		Zeit	Höhe
1 Di	2 13 7 55 14 41 21 08	3,1 1,5 3,3 1,6	**16** Mi	0 13 6 51 13 47 19 47	3,0 1,9 3,2 1,8
2 Mi	3 08 9 03 15 32 21 57	3,2 1,4 3,4 1,5	**17** Do	1 56 8 04 15 00 20 48	3,1 1,7 3,4 1,6
3 Do	3 51 10 00 16 11 22 38	3,4 1,4 3,5 1,4	**18** Fr	3 08 9 16 15 53 21 44	3,3 1,5 3,6 1,3
4 Fr	4 30 10 49 16 47 23 14	3,6 1,3 3,6 1,3	**19** Sa	4 01 10 19 16 39 22 35	3,6 1,2 3,8 1,0
5 Sa	5 07 11 31 17 22 23 50	3,8 1,3 3,7 1,2	**20** So	4 48 11 14 17 22 23 23	3,8 1,0 4,0 0,7
6 So ●	5 45 12 10 17 57	3,9 1,3 3,8	**21** Mo ○	5 33 12 04 18 04	4,0 0,7 4,0
7 Mo	0 26 6 21 12 48 18 31	1,1 4,0 1,3 3,8	**22** Di	0 10 6 16 12 52 18 45	0,5 4,2 0,6 4,1
8 Di	1 03 6 56 13 25 19 06	1,2 4,0 1,4 3,8	**23** Mi	0 56 6 59 13 38 19 27	0,4 4,2 0,6 4,0
9 Mi	1 39 7 32 14 01 19 40	1,2 4,0 1,4 3,7	**24** Do	1 42 7 42 14 25 20 09	0,3 4,1 0,7 3,8
10 Do	2 14 8 07 14 37 20 13	1,3 3,8 1,6 3,6	**25** Fr	2 29 8 26 15 12 20 53	0,4 4,0 0,9 3,6
11 Fr	2 47 8 42 15 13 20 46	1,5 3,7 1,7 3,5	**26** Sa	3 17 9 11 16 01 21 40	0,6 3,7 1,1 3,4
12 Sa	3 19 9 18 15 52 21 22	1,6 3,5 1,8 3,3	**27** So ☾	4 07 10 00 16 54 22 35	0,9 3,4 1,4 3,1
13 So	3 55 9 59 16 38 22 05	1,7 3,4 1,9 3,2	**28** Mo	5 01 10 58 17 54 23 50	1,2 3,2 1,6 2,9
14 Mo ☽	4 41 10 50 17 36 22 59	1,8 3,3 2,0 3,0	**29** Di	6 02 12 25 19 06	1,4 3,0 1,7
15 Di	5 41 12 02 18 41	1,9 3,2 1,9	**30** Mi	1 20 7 12 14 12 20 31	2,9 1,6 2,9 1,8
			31 Do	2 36 8 34 15 48 21 38	3,0 1,7 3,0 1,7

Februar

	Zeit	Höhe		Zeit	Höhe
1 Fr	3 32 9 48 16 16 22 25	3,2 1,6 3,2 1,5	**16** Sa	2 50 9 04 15 48 21 24	3,2 1,5 3,4 1,3
2 Sa	4 15 10 42 16 43 23 04	3,4 1,5 3,3 1,3	**17** So	3 53 10 17 16 35 22 21	3,5 1,2 3,6 0,9
3 So	4 55 11 24 17 14 23 39	3,6 1,4 3,5 1,2	**18** Mo	4 42 11 11 17 17 23 11	3,8 0,9 3,8 0,6
4 Mo ●	5 32 12 00 17 48	3,8 1,3 3,7	**19** Di	5 25 11 58 17 56 23 58	4,1 0,6 4,0 0,3
5 Di	0 13 6 08 12 35 18 21	1,1 3,9 1,2 3,8	**20** Mi	6 07 12 42 18 34	4,2 0,4 4,1
6 Mi	0 48 6 43 13 08 18 53	1,0 4,0 1,2 3,8	**21** Do	0 43 6 47 13 25 19 12	0,2 4,3 0,4 4,0
7 Do	1 20 7 16 13 41 19 24	1,0 4,0 1,2 3,8	**22** Fr	1 28 7 27 14 06 19 50	0,1 4,2 0,5 3,9
8 Fr	1 51 7 47 14 11 19 51	1,1 3,9 1,3 3,7	**23** Sa	2 11 8 06 14 47 20 28	0,2 4,0 0,7 3,7
9 Sa	2 16 8 16 14 39 20 18	1,2 3,8 1,4 3,6	**24** So	2 55 8 44 15 29 21 07	0,5 3,8 1,0 3,5
10 So	2 40 8 45 15 06 20 49	1,3 3,6 1,5 3,5	**25** Mo	3 40 9 24 16 14 21 50	0,8 3,4 1,3 3,2
11 Mo	3 09 9 18 15 43 21 25	1,4 3,5 1,6 3,3	**26** Di ☾	4 28 10 09 17 06 22 46	1,1 3,1 1,5 3,0
12 Di	3 49 10 00 16 35 22 11	1,6 3,3 1,7 3,2	**27** Mi	5 24 11 10 18 10	1,5 2,8 1,8
13 Mi	4 44 10 58 17 44 23 13	1,7 3,1 1,8 3,0	**28** Do	0 24 6 31 13 40 19 37	2,8 1,7 2,7 1,8
14 Do	6 04 12 36 19 03	1,8 3,0 1,8			
15 Fr	0 54 7 32 14 44 20 17	3,0 1,8 3,1 1,6			

März

	Zeit	Höhe		Zeit	Höhe
1 Fr	2 07 8 06 16 06 21 14	2,8 1,8 2,8 1,7	**16** Sa	0 25 7 25 14 37 19 53	2,9 1,7 3,0 1,5
2 Sa	3 17 9 43 16 38 22 09	3,0 1,7 3,0 1,5	**17** So	2 41 9 03 15 39 21 06	3,1 1,5 3,2 1,2
3 So	4 02 10 34 16 36 22 49	3,3 1,5 3,2 1,3	**18** Mo	3 43 10 10 16 26 22 06	3,5 1,1 3,5 0,9
4 Mo	4 39 11 12 17 01 23 24	3,5 1,3 3,4 1,1	**19** Di	4 30 11 00 17 05 22 56	3,8 0,8 3,8 0,5
5 Di	5 15 11 44 17 32 23 56	3,7 1,2 3,6 1,0	**20** Mi	5 11 11 44 17 41 23 43	4,1 0,5 4,0 0,2
6 Mi ●	5 50 12 14 18 04	3,9 1,0 3,8	**21** Do ○	5 51 12 25 18 16	4,2 0,4 4,1
7 Do	0 26 6 23 12 45 18 34	0,9 4,0 1,0 3,8	**22** Fr	0 26 6 28 13 04 18 51	0,1 4,3 0,3 4,1
8 Fr	0 56 6 54 13 15 19 00	0,9 4,0 0,9 3,8	**23** Sa	1 09 7 05 13 42 19 27	0,1 4,2 0,4 4,0
9 Sa	1 23 7 22 13 42 19 24	0,9 3,9 1,0 3,8	**24** So	1 51 7 41 14 19 20 02	0,2 4,0 0,6 3,8
10 So	1 46 7 48 14 05 19 50	1,0 3,8 1,1 3,7	**25** Mo	2 32 8 16 14 58 20 37	0,5 3,7 0,9 3,6
11 Mo	2 08 8 15 14 32 20 20	1,1 3,7 1,2 3,6	**26** Di	3 14 8 51 15 39 21 15	0,8 3,4 1,2 3,3
12 Di	2 38 8 48 15 08 20 55	1,2 3,5 1,3 3,4	**27** Mi	3 59 9 30 16 29 22 02	1,2 3,1 1,5 3,0
13 Mi	3 17 9 28 15 57 21 39	1,4 3,3 1,5 3,2	**28** Do ☾	4 52 10 19 17 29 23 20	1,5 2,7 1,7 2,8
14 Do ☽	4 11 10 23 17 05 22 39	1,6 3,0 1,6 3,0	**29** Fr	5 58 12 16 18 46	1,8 2,5 1,9
15 Fr	5 39 12 01 18 31	1,7 2,8 1,7	**30** Sa	1 36 7 33 15 23 20 35	2,8 1,9 2,7 1,8
			31 So	2 54 9 25 16 04 21 40	3,0 1,8 2,9 1,6

April

	Zeit	Höhe		Zeit	Höhe
1 Mo	3 39 10 12 16 11 22 23	3,2 1,5 3,1 1,3	**16** Di	3 23 9 54 16 06 21 45	3,5 1,0 3,4 0,8
2 Di	4 15 10 47 16 35 22 58	3,4 1,3 3,3 1,1	**17** Mi	4 10 10 41 16 45 22 36	3,8 0,8 3,7 0,5
3 Mi	4 50 11 17 17 06 23 29	3,6 1,1 3,5 1,0	**18** Do	4 51 11 23 17 19 23 23	4,0 0,5 3,9 0,3
4 Do	5 24 11 45 17 38 23 58	3,8 1,0 3,7 0,8	**19** Fr ○	5 29 12 02 17 53	4,1 0,4 4,0
5 Fr ●	5 57 12 14 18 07	3,9 0,8 3,8	**20** Sa	0 06 6 06 12 39 18 27	0,2 4,2 0,4 4,0
6 Sa	0 26 6 27 12 43 18 32	0,8 4,0 0,8 3,8	**21** So	0 49 6 41 13 16 19 02	0,3 4,1 0,5 4,0
7 So	0 53 6 55 13 11 18 56	0,8 3,9 0,8 3,8	**22** Mo	1 29 7 16 13 52 19 37	0,4 3,9 0,7 3,8
8 Mo	1 19 7 21 13 38 19 24	0,8 3,8 0,9 3,7	**23** Di	2 10 7 50 14 30 20 12	0,7 3,6 1,0 3,6
9 Di	1 46 7 52 14 09 19 57	0,9 3,7 1,0 3,6	**24** Mi	2 50 8 24 15 11 20 50	1,0 3,4 1,2 3,4
10 Mi	2 20 8 27 14 48 20 35	1,1 3,5 1,1 3,5	**25** Do	3 35 9 02 15 58 21 35	1,3 3,1 1,5 3,2
11 Do	3 03 9 11 15 38 21 22	1,3 3,2 1,3 3,3	**26** Fr ☾	4 26 9 48 16 54 22 38	1,6 2,8 1,7 2,9
12 Fr	4 04 10 12 16 46 22 27	1,5 3,0 1,5 3,0	**27** Sa	5 29 11 07 18 02	1,9 2,6 1,8
13 Sa	5 41 11 57 18 10	1,7 2,8 1,5	**28** So	0 40 6 50 14 12 19 28	2,8 1,9 2,6 1,8
14 So ☽	0 18 7 23 14 18 19 31	3,0 1,6 2,9 1,4	**29** Mo	2 14 8 36 15 01 20 51	3,0 1,8 2,8 1,7
15 Mo	2 22 8 53 15 20 20 44	3,2 1,4 3,2 1,2	**30** Di	3 04 9 31 15 30 21 42	3,1 1,6 3,0 1,5

● Neumond ☽ erstes Viertel ○ Vollmond ☾ letztes Viertel

UTC   Höhen sind auf SKN bezogen

Oban 2019

Breite: 56° 25' N, Länge: 5° 29' W

Zeiten (Stunden und Minuten) und Höhen (Meter) der Hoch- und Niedrigwasser

	Mai					Juni					Juli					August			
	Zeit	Höhe		Zeit	Höhe	Zeit	Höhe		Zeit	Höhe	Zeit	Höhe		Zeit	Höhe	Zeit	Höhe		Zeit	Höhe
1 Mi	3 43 / 10 07 / 16 01 / 22 19	3,3 / 1,4 / 3,2 / 1,3	**16** Do	3 45 / 10 17 / 16 19 / 22 13	3,7 / 0,9 / 3,6 / 0,7	**1** Sa	4 20 / 10 29 / 16 31 / 22 43	3,6 / 1,1 / 3,5 / 1,1	**16** So	4 48 / 11 16 / 17 10 / 23 27	3,6 / 1,0 / 3,8 / 0,9	**1** Mo	4 35 / 10 36 / 16 44 / 23 00	3,6 / 1,0 / 3,6 / 1,0	**16** Di	5 17 / 11 40 / 17 34 / 23 58	3,5 / 1,1 / 3,8 / 1,2 ○	**1** Do ●	5 51 / 11 50 / 18 01	3,9 / 0,5 / 4,0	**16** Fr	0 22 / 6 12 / 12 36 / 18 30	1,1 / 3,7 / 0,9 / 4,0
2 Do	4 18 / 10 38 / 16 33 / 22 51	3,6 / 1,2 / 3,5 / 1,1	**17** Fr	4 27 / 10 59 / 16 55 / 23 01	3,8 / 0,8 / 3,8 / 0,6	**2** So	4 58 / 11 05 / 17 06 / 23 21	3,8 / 0,9 / 3,7 / 0,9	**17** Mo ○	5 26 / 11 54 / 17 47	3,7 / 0,9 / 3,9	**2** Di ●	5 18 / 11 19 / 17 25 / 23 48	3,8 / 0,8 / 3,8 / 0,9	**17** Mi	5 52 / 12 16 / 18 11	3,6 / 1,0 / 3,9	**2** Fr	0 31 / 6 32 / 12 35 / 18 42	0,6 / 3,9 / 0,3 / 4,1	**17** Sa	0 56 / 6 44 / 13 09 / 19 03	1,1 / 3,8 / 0,9 / 4,0
3 Fr	4 53 / 11 09 / 17 05 / 23 22	3,7 / 1,0 / 3,6 / 0,9	**18** Sa ○	5 06 / 11 37 / 17 30 / 23 45	3,9 / 0,7 / 3,9 / 0,5	**3** Mo ●	5 34 / 11 41 / 17 39	3,8 / 0,8 / 3,8	**18** Di	0 10 / 6 02 / 12 31 / 18 24	0,9 / 3,7 / 0,9 / 3,9	**3** Mi	5 59 / 12 03 / 18 07	3,8 / 0,6 / 3,9	**18** Do	0 37 / 6 26 / 12 53 / 18 47	1,1 / 3,6 / 1,0 / 3,9	**3** Sa	1 17 / 7 12 / 13 21 / 19 24	0,5 / 3,9 / 0,3 / 4,1	**18** So	1 29 / 7 14 / 13 40 / 19 35	1,1 / 3,8 / 1,0 / 3,9
4 Sa ●	5 27 / 11 39 / 17 35 / 23 52	3,9 / 0,8 / 3,7 / 0,8	**19** So	5 43 / 12 14 / 18 05	3,9 / 0,7 / 4,0	**4** Di	0 02 / 6 10 / 12 20 / 18 15	0,8 / 3,9 / 0,7 / 3,8	**19** Mi	0 52 / 6 38 / 13 09 / 19 01	1,0 / 3,6 / 1,0 / 3,9	**4** Do	0 36 / 6 40 / 12 48 / 18 49	0,7 / 3,8 / 0,5 / 4,0	**19** Fr	1 16 / 7 01 / 13 29 / 19 23	1,2 / 3,6 / 1,0 / 3,9	**4** So	2 03 / 7 53 / 14 06 / 20 07	0,5 / 3,8 / 0,3 / 4,0	**19** Mo	2 02 / 7 43 / 14 09 / 20 05	1,2 / 3,7 / 1,1 / 3,8
5 So	5 59 / 12 10 / 18 03	3,9 / 0,7 / 3,8	**20** Mo	0 28 / 6 19 / 12 51 / 18 40	0,6 / 3,9 / 0,8 / 3,9	**5** Mi	0 44 / 6 47 / 13 01 / 18 54	0,8 / 3,8 / 0,6 / 3,8	**20** Do	1 32 / 7 14 / 13 47 / 19 38	1,1 / 3,6 / 1,1 / 3,8	**5** Fr	1 25 / 7 22 / 13 33 / 19 33	0,7 / 3,8 / 0,5 / 3,9	**20** Sa	1 53 / 7 35 / 14 04 / 19 58	1,2 / 3,6 / 1,1 / 3,8	**5** Mo	2 49 / 8 36 / 14 53 / 20 50	0,7 / 3,6 / 0,4 / 3,8	**20** Di	2 32 / 8 10 / 14 34 / 20 34	1,3 / 3,6 / 1,3 / 3,7
6 Mo	0 24 / 6 29 / 12 42 / 18 32	0,8 / 3,9 / 0,7 / 3,8	**21** Di	1 09 / 6 54 / 13 28 / 19 16	0,7 / 3,8 / 0,9 / 3,9	**6** Do	1 30 / 7 28 / 13 44 / 19 37	0,8 / 3,7 / 0,7 / 3,8	**21** Fr	2 12 / 7 50 / 14 26 / 20 16	1,3 / 3,5 / 1,2 / 3,7	**6** Sa	2 15 / 8 07 / 14 21 / 20 19	0,7 / 3,6 / 0,5 / 3,8	**21** So	2 29 / 8 05 / 14 38 / 20 33	1,3 / 3,5 / 1,3 / 3,7	**6** Di	3 37 / 9 22 / 15 42 / 21 37	0,9 / 3,4 / 0,7 / 3,5	**21** Mi	3 01 / 8 38 / 15 00 / 21 04	1,4 / 3,4 / 1,4 / 3,5
7 Di	0 58 / 7 00 / 13 16 / 19 05	0,8 / 3,8 / 0,7 / 3,8	**22** Mi	1 49 / 7 29 / 14 06 / 19 53	0,9 / 3,6 / 1,1 / 3,7	**7** Fr	2 19 / 8 13 / 14 32 / 20 24	0,9 / 3,5 / 0,8 / 3,6	**22** Sa	2 52 / 8 28 / 15 06 / 20 56	1,5 / 3,3 / 1,4 / 3,5	**7** So	3 06 / 8 55 / 15 11 / 21 09	0,8 / 3,4 / 0,7 / 3,7	**22** Mo	3 06 / 8 41 / 15 11 / 21 08	1,5 / 3,4 / 1,4 / 3,5	**7** Mi ☽	4 29 / 10 15 / 16 35 / 22 30	1,1 / 3,2 / 1,0 / 3,2	**22** Do	3 33 / 9 12 / 15 34 / 21 40	1,6 / 3,3 / 1,6 / 3,3
8 Mi	1 35 / 7 36 / 13 55 / 19 43	0,9 / 3,7 / 0,8 / 3,7	**23** Do	2 30 / 8 05 / 14 47 / 20 32	1,2 / 3,4 / 1,3 / 3,5	**8** Sa	3 14 / 9 05 / 15 24 / 21 18	1,1 / 3,3 / 0,9 / 3,5	**23** So	3 35 / 9 08 / 15 48 / 21 39	1,6 / 3,2 / 1,5 / 3,3	**8** Mo	4 01 / 9 49 / 16 04 / 22 04	1,0 / 3,2 / 0,8 / 3,5	**23** Di	3 43 / 9 15 / 15 46 / 21 45	1,6 / 3,3 / 1,6 / 3,4	**8** Do	5 27 / 11 24 / 17 33 / 23 41	1,4 / 3,0 / 1,2 / 3,0	**23** Fr ☾	4 18 / 9 54 / 16 23 / 22 28	1,7 / 3,1 / 1,8 / 3,1
9 Do	2 17 / 8 18 / 14 39 / 20 27	1,0 / 3,5 / 1,0 / 3,5	**24** Fr	3 13 / 8 44 / 15 31 / 21 15	1,4 / 3,2 / 1,5 / 3,3	**9** So	4 16 / 10 06 / 16 23 / 22 21	1,2 / 3,1 / 1,1 / 3,3	**24** Mo	4 23 / 9 52 / 16 33 / 22 29	1,7 / 3,0 / 1,7 / 3,2	**9** Di ☽	5 01 / 10 53 / 17 02 / 23 08	1,2 / 3,1 / 1,0 / 3,3	**24** Mi	4 26 / 9 54 / 16 26 / 22 28	1,7 / 3,1 / 1,7 / 3,2	**9** Fr	6 35 / 12 56 / 18 40	1,6 / 2,9 / 1,5	**24** Sa	5 23 / 10 50 / 17 36 / 23 47	1,8 / 3,0 / 1,9 / 3,0
10 Fr	3 09 / 9 07 / 15 32 / 21 19	1,2 / 3,2 / 1,1 / 3,3	**25** Sa	4 02 / 9 29 / 16 22 / 22 08	1,7 / 2,9 / 1,6 / 3,1	**10** Mo ☽	5 27 / 11 28 / 17 28 / 23 41	1,3 / 2,9 / 1,2 / 3,2	**25** Di	5 16 / 10 46 / 17 23 / 23 30	1,8 / 2,9 / 1,8 / 3,1	**10** Mi	6 08 / 12 16 / 18 06	1,3 / 3,0 / 1,2	**25** Do ☾	5 16 / 10 42 / 17 18 / 23 24	1,8 / 3,0 / 1,8 / 3,1	**10** Sa	1 27 / 7 58 / 14 20 / 19 58	2,9 / 1,6 / 3,0 / 1,6	**25** So	6 40 / 12 26 / 19 05	1,8 / 2,9 / 1,9
11 Sa	4 17 / 10 12 / 16 36 / 22 27	1,4 / 3,0 / 1,3 / 3,2	**26** So ☾	4 58 / 10 28 / 17 19 / 23 20	1,8 / 2,8 / 1,8 / 3,0	**11** Di	6 44 / 13 07 / 18 38	1,4 / 3,0 / 1,2	**26** Mi	6 14 / 11 58 / 18 19	1,9 / 2,9 / 1,8	**11** Do	0 31 / 7 20 / 13 36 / 19 13	3,1 / 1,4 / 3,0 / 1,3	**26** Fr	6 17 / 11 46 / 18 21	1,8 / 2,9 / 1,9	**11** So	3 20 / 9 14 / 15 25 / 21 21	2,9 / 1,6 / 3,1 / 1,6	**26** Mo	2 19 / 7 55 / 14 39 / 20 34	3,0 / 1,7 / 3,1 / 1,7
12 So ☽	5 41 / 11 53 / 17 50	1,5 / 2,8 / 1,4	**27** Mo	6 03 / 12 04 / 18 22	1,9 / 2,7 / 1,8	**12** Mi	1 15 / 7 59 / 14 17 / 19 47	3,2 / 1,3 / 3,1 / 1,2	**27** Do	0 50 / 7 15 / 13 24 / 19 18	3,1 / 1,8 / 2,9 / 1,8	**12** Fr	1 55 / 8 32 / 14 42 / 20 24	3,1 / 1,4 / 3,1 / 1,3	**27** Sa	0 55 / 7 22 / 13 28 / 19 32	3,1 / 1,8 / 2,9 / 1,8	**12** Mo	4 25 / 10 09 / 16 08 / 22 23	3,0 / 1,4 / 3,3 / 1,5	**27** Di	3 29 / 9 03 / 15 40 / 21 52	3,2 / 1,4 / 3,4 / 1,4
13 Mo	0 06 / 7 10 / 13 48 / 19 06	3,1 / 1,5 / 2,9 / 1,3	**28** Di	1 00 / 7 17 / 13 48 / 19 31	3,0 / 1,9 / 2,8 / 1,8	**13** Do	2 26 / 9 02 / 15 11 / 20 52	3,3 / 1,2 / 3,2 / 1,1	**28** Fr	2 05 / 8 14 / 14 28 / 20 19	3,2 / 1,7 / 3,0 / 1,7	**13** Sa	3 03 / 9 32 / 15 34 / 21 30	3,2 / 1,4 / 3,3 / 1,3	**28** So	2 30 / 8 25 / 14 50 / 20 44	3,2 / 1,6 / 3,1 / 1,6	**13** Di	4 42 / 10 51 / 16 44 / 23 09	3,2 / 1,3 / 3,5 / 1,3	**28** Mi	4 19 / 10 01 / 16 26 / 22 49	3,5 / 1,1 / 3,7 / 1,0
14 Di	1 53 / 8 30 / 14 52 / 20 18	3,2 / 1,3 / 3,1 / 1,1	**29** Mi	2 13 / 8 24 / 14 38 / 20 34	3,1 / 1,7 / 3,0 / 1,7	**14** Fr	3 21 / 9 53 / 15 54 / 21 50	3,4 / 1,1 / 3,3 / 1,0	**29** Sa	3 03 / 9 06 / 15 22 / 21 17	3,3 / 1,5 / 3,2 / 1,5	**14** So	3 57 / 10 20 / 16 17 / 22 26	3,3 / 1,3 / 3,4 / 1,3	**29** Mo	3 34 / 9 24 / 15 46 / 21 53	3,3 / 1,3 / 3,4 / 1,4	**14** Mi	5 09 / 11 02 / 17 20 / 23 47	3,4 / 1,1 / 3,7 / 1,2	**29** Do	5 01 / 10 48 / 17 08 / 23 36	3,7 / 0,7 / 4,0 / 0,7
15 Mi	2 56 / 9 30 / 15 40 / 21 20	3,5 / 1,1 / 3,4 / 0,9	**30** Do	3 00 / 9 13 / 15 19 / 21 24	3,3 / 1,5 / 3,1 / 1,5	**15** Sa	4 07 / 10 37 / 16 33 / 22 41	3,6 / 1,0 / 3,6 / 0,9	**30** So	3 51 / 9 52 / 16 02 / 22 10	3,5 / 1,2 / 3,4 / 1,3	**15** Mo	4 39 / 11 02 / 16 56 / 23 15	3,4 / 1,2 / 3,6 / 1,2	**30** Di	4 24 / 10 16 / 16 34 / 22 52	3,5 / 1,1 / 3,6 / 1,1	**15** Do ○	5 40 / 12 02 / 17 56	3,5 / 1,0 / 3,9	**30** Fr ●	5 40 / 11 36 / 17 48	3,9 / 0,4 / 4,2
			31 Fr	3 41 / 9 53 / 15 56 / 22 05	3,4 / 1,3 / 3,3 / 1,3									**31** Mi	5 09 / 11 04 / 17 18 / 23 43	3,7 / 0,8 / 3,8 / 0,8				**31** Sa	0 19 / 6 16 / 12 21 / 18 27	0,5 / 4,0 / 0,2 / 4,3

● Neumond　☽ erstes Viertel　○ Vollmond　☾ letztes Viertel

UTC　　Höhen sind auf SKN bezogen

Oban 2019

Breite: 56° 25' N, Länge: 5° 29' W

Zeiten (Stunden und Minuten) und Höhen (Meter) der Hoch- und Niedrigwasser

September

	Zeit	Höhe		Zeit	Höhe
1 So	1 02 6 54 13 04 19 06	0,4 4,0 0,1 4,3	**16** Mo	1 00 6 48 13 12 19 07	1,0 3,9 1,0 4,0
2 Mo	1 43 7 31 13 48 19 45	0,4 4,0 0,2 4,1	**17** Di	1 30 7 13 13 37 19 34	1,0 3,8 1,1 3,9
3 Di	2 24 8 10 14 32 20 24	0,6 3,8 0,4 3,9	**18** Mi	1 57 7 37 13 59 20 00	1,1 3,7 1,2 3,8
4 Mi	3 07 8 50 15 18 21 04	0,8 3,6 0,7 3,6	**19** Do	2 21 8 05 14 24 20 29	1,3 3,6 1,4 3,6
5 Do	3 53 9 35 16 07 21 48	1,1 3,3 1,0 3,2	**20** Fr	2 52 8 38 14 58 21 04	1,4 3,4 1,6 3,4
6 Fr ☾	4 46 10 34 17 03 22 46	1,4 3,0 1,4 2,9	**21** Sa	3 35 9 18 15 46 21 51	1,6 3,3 1,8 3,1
7 Sa	5 51 12 18 18 10	1,7 2,9 1,7	**22** So ☽	4 39 10 14 17 08 23 12	1,8 3,1 2,0 2,9
8 So	1 07 7 17 14 05 19 39	2,7 1,8 2,9 1,8	**23** Mo	6 07 11 55 18 57	1,8 2,9 2,0
9 Mo	3 46 8 53 15 23 21 23	2,8 1,7 3,1 1,7	**24** Di	2 16 7 30 14 33 20 37	2,9 1,7 3,2 1,7
10 Di	4 32 9 51 15 57 22 18	3,0 1,5 3,3 1,6	**25** Mi	3 19 8 43 15 28 21 46	3,2 1,4 3,5 1,3
11 Mi	4 40 10 34 16 27 22 56	3,2 1,3 3,6 1,4	**26** Do	4 06 9 43 16 11 22 36	3,5 1,0 3,8 1,0
12 Do	4 51 11 10 17 00 23 28	3,4 1,1 3,8 1,2	**27** Fr	4 45 10 33 16 50 23 19	3,8 0,7 4,1 0,7
13 Fr	5 19 11 42 17 34 23 59	3,6 1,0 4,0 1,1	**28** Sa ●	5 21 11 19 17 28	4,0 0,4 4,4
14 Sa ○	5 50 12 13 18 07	3,8 0,9 4,1	**29** So	0 00 5 54 11 56 18 05	0,5 4,1 0,2 4,4
15 So	0 29 6 20 12 44 18 38	1,0 3,9 0,9 4,1	**30** Mo	0 39 6 29 12 45 18 42	0,4 4,2 0,2 4,4

Oktober

	Zeit	Höhe		Zeit	Höhe
1 Di	1 18 7 06 13 28 19 19	0,4 4,1 0,3 4,2	**16** Mi	0 57 6 42 13 07 19 05	0,9 3,9 1,1 4,0
2 Mi	1 56 7 42 14 10 19 55	0,6 3,9 0,5 3,9	**17** Do	1 25 7 09 13 31 19 32	1,0 3,8 1,2 3,8
3 Do	2 36 8 20 14 54 20 31	0,9 3,7 0,9 3,6	**18** Fr	1 53 7 39 14 00 20 04	1,2 3,7 1,4 3,6
4 Fr	3 20 9 01 15 41 21 11	1,2 3,4 1,2 3,2	**19** Sa	2 27 8 14 14 39 20 42	1,3 3,6 1,6 3,4
5 Sa ☽	4 10 9 51 16 36 21 59	1,5 3,2 1,6 2,9	**20** So	3 12 8 57 15 33 21 34	1,5 3,4 1,8 3,1
6 So	5 12 11 27 17 44	1,7 2,9 1,9	**21** Mo ☾	4 15 9 57 17 06 23 02	1,7 3,2 2,0 2,9
7 Mo	0 35 6 32 13 44 19 21	2,6 1,9 3,0 2,0	**22** Di	5 39 11 41 18 53	1,8 3,1 1,9
8 Di	3 21 8 18 14 55 21 10	2,7 1,8 3,1 1,9	**23** Mi	1 55 7 03 14 09 20 25	3,0 1,7 3,3 1,7
9 Mi	4 02 9 23 15 32 21 57	2,9 1,6 3,4 1,7	**24** Do	2 57 8 18 15 04 21 27	3,2 1,4 3,6 1,3
10 Do	4 06 10 06 16 02 22 31	3,1 1,4 3,6 1,4	**25** Fr	3 44 9 19 15 48 22 14	3,5 1,1 3,9 1,0
11 Fr	4 22 10 43 16 34 23 00	3,4 1,2 3,8 1,2	**26** Sa	4 23 10 11 16 27 22 56	3,8 0,8 4,2 0,8
12 Sa	4 50 11 15 17 06 23 28	3,6 1,0 4,0 1,1	**27** So	4 57 10 58 17 04 23 36	4,0 0,5 4,3 0,6
13 So ○	5 21 11 45 17 39 23 58	3,8 1,0 4,1 1,0	**28** Mo ●	5 30 11 42 17 41	4,1 0,4 4,4
14 Mo	5 51 12 13 18 10	3,9 0,9 4,2	**29** Di	0 14 6 05 12 25 18 17	0,5 4,2 0,4 4,3
15 Di	0 28 6 18 12 41 18 38	0,9 4,0 1,0 4,1	**30** Mi	0 51 6 41 13 07 18 53	0,6 4,2 0,5 4,1
			31 Do	1 29 7 17 13 49 19 29	0,8 4,0 0,8 3,9

November

	Zeit	Höhe		Zeit	Höhe
1 Fr	2 09 7 55 14 32 20 04	1,0 3,8 1,1 3,6	**16** Sa	1 34 7 22 13 53 19 51	1,1 3,8 1,3 3,7
2 Sa	2 51 8 35 15 18 20 42	1,2 3,6 1,4 3,3	**17** So	2 14 8 02 14 39 20 36	1,2 3,7 1,5 3,4
3 So	3 40 9 23 16 11 21 28	1,5 3,3 1,8 3,0	**18** Mo	3 02 8 50 15 40 21 32	1,3 3,5 1,7 3,2
4 Mo ☽	4 37 10 31 17 15 22 39	1,8 3,1 2,0 2,7	**19** Di ☾	4 02 9 53 17 03 22 50	1,5 3,3 1,8 3,0
5 Di	5 46 12 59 18 40	1,9 3,1 2,1	**20** Mi	5 14 11 21 18 33	1,6 3,3 1,8
6 Mi	2 04 7 19 14 13 20 23	2,7 1,9 3,2 2,0	**21** Do	1 13 6 31 13 27 19 56	3,0 1,5 3,4 1,6
7 Do	2 56 8 38 14 57 21 17	2,9 1,8 3,4 1,8	**22** Fr	2 24 7 46 14 33 20 59	3,2 1,2 3,6 1,4
8 Fr	3 22 9 29 15 31 21 53	3,1 1,6 3,6 1,6	**23** Sa	3 15 8 51 15 22 21 49	3,4 1,2 3,8 1,2
9 Sa	3 48 10 09 16 04 22 24	3,4 1,4 3,7 1,4	**24** So	3 56 9 46 16 03 22 32	3,7 1,0 4,0 1,0
10 So	4 18 10 42 16 36 22 53	3,6 1,3 3,9 1,2	**25** Mo	4 32 10 36 16 42 23 12	3,9 0,8 4,1 0,9
11 Mo	4 50 11 12 17 10 23 24	3,8 1,2 4,0 1,1	**26** Di ●	5 07 11 22 17 20 23 50	4,0 0,7 4,2 0,8
12 Di	5 21 11 41 17 42 23 55	3,9 1,1 4,1 1,0	**27** Mi	5 44 12 06 17 57	4,1 0,7 4,1
13 Mi	5 49 12 11 18 12	3,9 1,1 4,1	**28** Do	0 28 6 21 12 49 18 33	0,8 4,1 0,8 4,0
14 Do	0 27 6 17 12 43 18 42	0,9 4,0 1,1 4,0	**29** Fr	1 07 6 59 13 32 19 09	0,9 4,1 1,0 3,8
15 Fr	1 00 6 48 13 16 19 14	1,0 3,9 1,2 3,8	**30** Sa	1 47 7 37 14 14 19 46	1,1 3,9 1,3 3,6

Dezember

	Zeit	Höhe		Zeit	Höhe
1 So	2 28 8 17 14 58 20 24	1,3 3,8 1,5 3,4	**16** Mo	2 05 7 58 14 41 20 31	1,0 3,8 1,3 3,5
2 Mo	3 14 9 01 15 46 21 07	1,5 3,5 1,8 3,1	**17** Di	2 53 8 47 15 38 21 24	1,1 3,7 1,4 3,3
3 Di	4 04 9 54 16 41 22 00	1,7 3,3 2,0 3,0	**18** Mi	3 47 9 44 16 44 22 27	1,2 3,5 1,6 3,1
4 Mi ☽	5 00 11 05 17 45 23 21	1,8 3,2 2,1 2,8	**19** Do ☾	4 49 10 53 17 58 23 53	1,3 3,4 1,6 3,0
5 Do	6 05 13 02 18 59	1,9 3,2 2,1	**20** Fr	5 58 12 27 19 15	1,4 3,4 1,6
6 Fr	1 28 7 14 14 09 20 08	2,9 1,9 3,3 2,0	**21** Sa	1 34 7 10 13 55 20 24	3,1 1,4 3,4 1,5
7 Sa	2 25 8 29 14 53 20 59	3,0 1,8 3,4 1,8	**22** So	2 40 8 19 14 56 21 22	3,3 1,3 3,6 1,4
8 So	3 05 9 20 15 30 21 40	3,2 1,7 3,6 1,6	**23** Mo	3 30 9 22 15 46 22 10	3,5 1,2 3,7 1,2
9 Mo	3 42 10 00 16 07 22 16	3,4 1,5 3,7 1,4	**24** Di	4 12 10 17 16 28 22 53	3,7 1,1 3,8 1,1
10 Di	4 18 10 36 16 43 22 51	3,6 1,4 3,9 1,2	**25** Mi	4 51 11 07 17 07 23 33	3,9 1,0 3,9 1,1
11 Mi	4 53 11 11 17 19 23 26	3,8 1,3 4,0 1,0	**26** Do ●	5 29 11 53 17 45	4,0 1,0 3,9
12 Do ○	5 26 11 48 17 54	3,9 1,2 4,0	**27** Fr	0 12 6 07 12 36 18 21	1,0 4,1 1,1 3,9
13 Fr	0 03 6 00 12 27 18 28	0,9 3,9 1,1 4,0	**28** Sa	0 51 6 46 13 18 18 57	1,0 4,1 1,2 3,8
14 Sa	0 41 6 36 13 08 19 05	0,9 4,0 1,1 3,9	**29** So	1 30 7 23 13 58 19 33	1,1 4,0 1,3 3,7
15 So	1 22 7 15 13 52 19 45	0,9 3,9 1,2 3,7	**30** Mo	2 10 8 02 14 38 20 09	1,2 3,9 1,5 3,5
			31 Di	2 50 8 41 15 19 20 46	1,4 3,7 1,7 3,4

● Neumond　☽ erstes Viertel　○ Vollmond　☾ letztes Viertel

UTC　　Höhen sind auf SKN bezogen

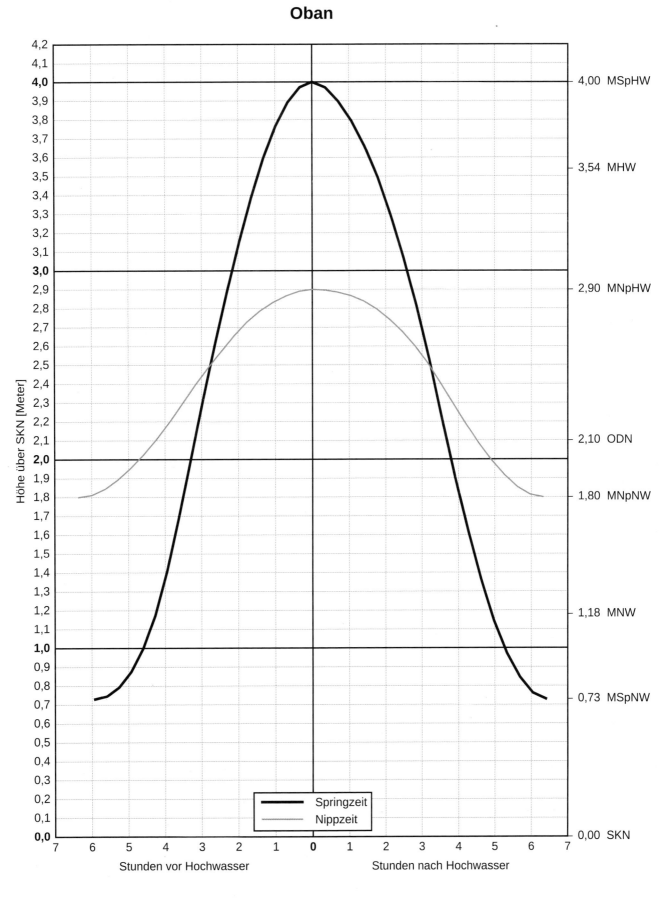

Greenock 2019

Breite: 55° 57' N, Länge: 4° 46' W

Zeiten (Stunden und Minuten) und Höhen (Meter) der Hoch- und Niedrigwasser

Januar

Tag	Zeit	Höhe	Tag	Zeit	Höhe
1 Di	1 46 8 49 14 20 20 44	0,7 3,1 0,9 3,2	**16** Mi	0 49 7 20 13 05 19 53	0,9 2,9 1,2 3,0
2 Mi	2 47 9 50 15 19 21 52	0,7 3,2 0,7 3,2	**17** Do	1 54 8 34 14 14 21 08	0,8 3,0 1,1 3,0
3 Do	3 40 10 41 16 10 22 48	0,7 3,3 0,6 3,3	**18** Fr	2 55 9 44 15 18 22 16	0,7 3,1 0,8 3,2
4 Fr	4 27 11 27 16 55 23 38	0,6 3,4 0,5 3,3	**19** Sa	3 50 10 42 16 13 23 15	0,6 3,3 0,6 3,3
5 Sa	5 09 12 08 17 36	0,6 3,5 0,5	**20** So	4 41 11 32 17 02	0,4 3,5 0,4
6 So ●	0 20 5 46 12 45 18 12	3,3 0,7 3,6 0,5	**21** Mo	0 08 5 28 12 19 17 49	3,4 0,3 3,6 0,2
7 Mo	0 59 6 21 13 19 18 47	3,3 0,7 3,6 0,5	**22** Di	1 01 6 16 13 05 18 36	3,5 0,2 3,8 0,1
8 Di	1 34 6 55 13 52 19 20	3,3 0,7 3,7 0,5	**23** Mi	1 51 7 04 13 51 19 24	3,5 0,2 3,9 0,0
9 Mi	2 09 7 29 14 25 19 56	3,3 0,7 3,6 0,5	**24** Do	2 39 7 52 14 36 20 12	3,5 0,2 3,9 0,0
10 Do	2 46 8 05 14 59 20 34	3,3 0,7 3,6 0,6	**25** Fr	3 26 8 41 15 21 21 02	3,5 0,3 3,9 0,1
11 Fr	3 24 8 44 15 35 21 14	3,3 0,8 3,5 0,7	**26** Sa	4 12 9 32 16 06 21 55	3,4 0,4 3,8 0,3
12 Sa	4 03 9 24 16 13 21 58	3,2 0,9 3,4 0,7	**27** So ☾	4 58 10 26 16 53 22 52	3,3 0,5 3,6 0,5
13 So	4 44 10 09 16 55 22 48	3,1 1,0 3,3 0,8	**28** Mo	5 47 11 27 17 42 23 57	3,1 0,7 3,4 0,7
14 Mo ☽	5 29 11 00 17 44 23 45	3,1 1,1 3,1 0,9	**29** Di	6 42 12 36 18 38	3,0 0,8 3,2
15 Di	6 19 11 58 18 43	3,0 1,1 3,0	**30** Mi	1 10 7 52 13 50 19 51	0,8 2,9 0,9 3,0
			31 Do	2 20 9 14 14 56 21 27	0,9 2,9 0,8 2,9

Februar

Tag	Zeit	Höhe	Tag	Zeit	Höhe
1 Fr	3 19 10 18 15 51 22 37	0,8 3,1 0,6 3,0	**16** Sa	2 24 9 07 14 51 22 01	0,8 2,9 0,8 3,0
2 Sa	4 10 11 09 16 39 23 29	0,8 3,3 0,5 3,1	**17** So	3 31 10 21 15 56 23 06	0,6 3,1 0,5 3,2
3 So	4 55 11 52 17 21	0,7 3,4 0,4	**18** Mo	4 27 11 16 16 48	0,4 3,4 0,2
4 Mo ●	0 12 5 33 12 31 17 57	3,1 0,6 3,5 0,4	**19** Di ○	0 00 5 15 12 06 17 35	3,3 0,2 3,6 0,0
5 Di	0 49 6 08 13 05 18 31	3,2 0,6 3,6 0,4	**20** Mi	0 51 6 02 12 53 18 21	3,4 0,1 3,7 -0,1
6 Mi	1 21 6 39 13 37 19 02	3,2 0,6 3,6 0,4	**21** Do	1 39 6 47 13 38 19 05	3,5 0,0 3,8 -0,1
7 Do	1 53 7 09 14 07 19 33	3,2 0,6 3,6 0,4	**22** Fr	2 24 7 32 14 23 19 50	3,5 0,0 3,9 -0,1
8 Fr	2 25 7 40 14 38 20 05	3,3 0,6 3,5 0,5	**23** Sa	3 06 8 18 15 06 20 36	3,5 0,1 3,8 0,0
9 Sa	2 59 8 14 15 11 20 40	3,3 0,6 3,5 0,5	**24** So	3 46 9 05 15 48 21 23	3,4 0,2 3,7 0,2
10 So	3 33 8 52 15 47 21 20	3,3 0,6 3,4 0,5	**25** Mo	4 25 9 53 16 29 22 13	3,3 0,3 3,6 0,4
11 Mo	4 09 9 34 16 25 22 05	3,2 0,6 3,3 0,6	**26** Di ☾	5 05 10 48 17 12 23 10	3,1 0,5 3,3 0,7
12 Di	4 47 10 22 17 07 22 57	3,2 0,8 3,2 0,7	**27** Mi	5 49 11 56 17 58	3,0 0,7 3,0
13 Mi	5 29 11 16 17 57 23 58	3,0 0,9 3,0 0,8	**28** Do	0 27 6 44 13 20 18 55	1,0 2,8 0,8 2,8
14 Do	6 21 12 20 19 05	2,9 1,0 2,9			
15 Fr	1 08 7 32 13 35 20 34	0,9 2,8 1,0 2,9			

März

Tag	Zeit	Höhe	Tag	Zeit	Höhe
1 Fr	1 51 8 20 14 31 20 58	1,1 2,7 0,8 2,6	**16** Sa	0 38 6 42 13 08 20 12	0,9 2,8 0,8 2,7
2 Sa	2 58 9 53 15 30 22 26	1,0 2,9 0,6 2,8	**17** So	2 02 8 33 14 33 21 55	0,9 2,8 0,7 2,9
3 So	3 51 10 47 16 18 23 15	0,9 3,1 0,5 2,9	**18** Mo	3 17 10 01 15 40 22 57	0,7 3,1 0,4 3,1
4 Mo	4 36 11 31 17 00 23 55	0,7 3,3 0,3 3,1	**19** Di	4 13 10 59 16 33 23 48	0,4 3,3 0,1 3,3
5 Di	5 15 12 10 17 36	0,6 3,4 0,3	**20** Mi	5 01 11 48 17 19	0,2 3,5 -0,1
6 Mi ●	0 30 5 47 12 46 18 08	3,1 0,5 3,4 0,3	**21** Do ○	0 35 5 47 12 36 18 01	3,4 0,0 3,7 -0,2
7 Do	1 02 6 16 13 17 18 37	3,2 0,5 3,4 0,3	**22** Fr	1 20 6 28 13 21 18 43	3,5 0,0 3,7 -0,2
8 Fr	1 32 6 43 13 45 19 05	3,2 0,5 3,4 0,3	**23** Sa	2 02 7 10 14 04 19 25	3,5 -0,1 3,8 -0,1
9 Sa	2 01 7 11 14 15 19 34	3,3 0,4 3,4 0,3	**24** So	2 40 7 52 14 46 20 07	3,5 0,0 3,7 0,0
10 So	2 31 7 45 14 47 20 08	3,3 0,4 3,5 0,3	**25** Mo	3 16 8 35 15 25 20 50	3,4 0,1 3,6 0,2
11 Mo	3 03 8 22 15 22 20 48	3,4 0,4 3,4 0,4	**26** Di	3 51 9 20 16 04 21 36	3,3 0,2 3,4 0,5
12 Di	3 36 9 04 15 59 21 33	3,3 0,4 3,3 0,5	**27** Mi	4 28 10 10 16 45 22 27	3,2 0,4 3,2 0,8
13 Mi	4 12 9 52 16 39 22 25	3,3 0,5 3,2 0,6	**28** Do ☾	5 10 11 14 17 29 23 34	3,0 0,7 2,9 1,0
14 Do ☽	4 51 10 47 17 26 23 26	3,1 0,7 3,0 0,8	**29** Fr	6 00 12 43 18 22	2,8 0,8 2,7
15 Fr	5 38 11 51 18 29	3,0 0,8 2,8	**30** Sa	1 11 7 12 14 01 19 45	1,2 2,7 0,8 2,5
			31 So	2 27 9 15 15 00 22 00	1,1 2,8 0,6 2,7

April

Tag	Zeit	Höhe	Tag	Zeit	Höhe
1 Mo	3 24 10 16 15 49 22 47	1,0 3,0 0,5 2,9	**16** Di	2 59 9 39 15 22 22 41	0,7 3,1 0,3 3,1
2 Di	4 09 11 01 16 30 23 26	0,8 3,2 0,3 3,0	**17** Mi	3 55 10 37 16 13 23 29	0,4 3,3 0,0 3,3
3 Mi	4 48 11 41 17 06	0,6 3,3 0,2	**18** Do	4 43 11 27 16 58	0,2 3,5 -0,1
4 Do	0 01 5 20 12 17 17 38	3,1 0,5 3,3 0,2	**19** Fr ○	0 14 5 26 12 14 17 39	3,4 0,0 3,6 -0,1
5 Fr ●	0 34 5 48 12 49 18 07	3,2 0,5 3,3 0,3	**20** Sa	0 56 6 07 12 59 18 20	3,4 0,0 3,6 -0,1
6 Sa	1 05 6 14 13 18 18 35	3,2 0,4 3,3 0,3	**21** So	1 35 6 47 13 42 19 00	3,5 0,0 3,6 0,1
7 So	1 33 6 43 13 49 19 05	3,3 0,3 3,4 0,3	**22** Mo	2 11 7 27 14 23 19 40	3,5 0,0 3,6 0,2
8 Mo	2 02 7 18 14 24 19 42	3,4 0,3 3,4 0,3	**23** Di	2 46 8 07 15 02 20 22	3,4 0,1 3,5 0,4
9 Di	2 34 7 57 15 01 20 24	3,4 0,3 3,4 0,3	**24** Mi	3 21 8 50 15 40 21 06	3,4 0,2 3,3 0,6
10 Mi	3 08 8 41 15 39 21 11	3,5 0,3 3,3 0,4	**25** Do	3 58 9 39 16 21 21 55	3,3 0,4 3,1 0,8
11 Do	3 45 9 30 16 21 22 05	3,4 0,4 3,2 0,6	**26** Fr ☾	4 38 10 38 17 06 22 53	3,1 0,6 2,9 1,0
12 Fr	4 25 10 27 17 10 23 08	3,2 0,6 3,0 0,8	**27** Sa	5 26 11 57 17 59	2,9 0,8 2,7
13 Sa	5 12 11 35 18 16	3,1 0,7 2,8	**28** So	0 12 6 29 13 18 19 09	1,2 2,7 0,8 2,6
14 So	0 21 6 10 12 55 20 07	0,9 2,9 0,7 2,7	**29** Mo	1 38 8 09 14 20 20 57	1,2 2,7 0,6 2,6
15 Mo	1 46 8 10 14 17 21 43	0,9 2,9 0,5 2,9	**30** Di	2 43 9 31 15 11 22 01	1,1 2,9 0,5 2,8

● Neumond　☽ erstes Viertel　○ Vollmond　☾ letztes Viertel

UTC　　Höhen sind auf SKN bezogen

Gezeitenvorausberechnungen

Greenock 2019

Breite: 55° 57' N, Länge: 4° 46' W

Zeiten (Stunden und Minuten) und Höhen (Meter) der Hoch- und Niedrigwasser

	Mai					Juni					Juli					August			
	Zeit	Höhe		Zeit	Höhe		Zeit	Höhe		Zeit	Höhe		Zeit	Höhe		Zeit	Höhe		Zeit	Höhe
1 Mi	3 32 / 10 21 / 15 53 / 22 45	0,9 / 3,1 / 0,4 / 3,0	**16** Do	3 33 / 10 12 / 15 51 / 23 04	0,4 / 3,3 / 0,1 / 3,3	**1** Sa	4 08 / 10 57 / 16 28 / 23 22	0,7 / 3,1 / 0,3 / 3,2	**16** So	4 49 / 11 30 / 17 00	0,2 / 3,3 / 0,3	**1** Mo	4 16 / 11 07 / 16 38 / 23 29	0,6 / 3,1 / 0,3 / 3,3	**16** Di	5 19 / 12 05 / 17 29 ○	0,3 / 3,1 / 0,5	**1** Do ●	5 30 / 12 34 / 17 53	0,1 / 3,3 / 0,2	**16** Fr	0 52 / 6 18 / 13 10 / 18 25	3,5 / 0,3 / 3,1 / 0,6
2 Do	4 12 / 11 02 / 16 31 / 23 24	0,7 / 3,2 / 0,3 / 3,1	**17** Fr	4 22 / 11 03 / 16 36 / 23 49	0,2 / 3,4 / 0,1 / 3,4	**2** So	4 45 / 11 37 / 17 04 / 23 59	0,5 / 3,2 / 0,3 / 3,3	**17** Mo	0 07 / 5 32 / 12 17 / 17 41	3,4 / 0,2 / 3,3 / 0,4	**2** Di ●	5 00 / 11 56 / 17 22	0,4 / 3,2 / 0,3	**17** Mi	0 31 / 5 59 / 12 48 / 18 07	3,4 / 0,2 / 3,1 / 0,6	**2** Fr	0 39 / 6 15 / 13 25 / 18 40	3,6 / 0,0 / 3,3 / 0,2	**17** Sa	1 24 / 6 50 / 13 39 / 18 56	3,5 / 0,3 / 3,1 / 0,6
3 Fr	4 46 / 11 39 / 17 05	0,6 / 3,2 / 0,2	**18** Sa ○	5 07 / 11 51 / 17 18	0,1 / 3,5 / 0,1	**3** Mo ●	5 21 / 12 18 / 17 42	0,4 / 3,3 / 0,3	**18** Di	0 47 / 6 12 / 13 00 / 18 20	3,4 / 0,2 / 3,2 / 0,5	**3** Mi	0 12 / 5 44 / 12 45 / 18 07	3,4 / 0,2 / 3,3 / 0,3	**18** Do	1 08 / 6 36 / 13 25 / 18 44	3,4 / 0,2 / 3,1 / 0,6	**3** Sa	1 25 / 7 01 / 14 15 / 19 28	3,7 / -0,1 / 3,3 / 0,2	**18** So	1 53 / 7 20 / 14 11 / 19 27	3,5 / 0,3 / 3,1 / 0,6
4 Sa ●	0 00 / 5 16 / 12 14 / 17 35	3,2 / 0,5 / 3,3 / 0,3	**19** So	0 30 / 5 48 / 12 37 / 17 58	3,4 / 0,1 / 3,5 / 0,2	**4** Di	0 35 / 5 59 / 13 01 / 18 22	3,4 / 0,3 / 3,3 / 0,3	**19** Mi	1 23 / 6 49 / 13 40 / 18 59	3,4 / 0,2 / 3,2 / 0,5	**4** Do	0 55 / 6 29 / 13 34 / 18 55	3,6 / 0,1 / 3,3 / 0,3	**19** Fr	1 41 / 7 10 / 14 00 / 19 19	3,5 / 0,3 / 3,1 / 0,6	**4** So	2 11 / 7 47 / 15 03 / 20 17	3,8 / -0,1 / 3,3 / 0,2	**19** Mo	2 23 / 7 52 / 14 43 / 20 01	3,5 / 0,4 / 3,2 / 0,6
5 So	0 32 / 5 46 / 12 48 / 18 06	3,3 / 0,4 / 3,3 / 0,3	**20** Mo	1 09 / 6 27 / 13 20 / 18 37	3,4 / 0,1 / 3,4 / 0,3	**5** Mi	1 13 / 6 41 / 13 46 / 19 08	3,5 / 0,2 / 3,3 / 0,3	**20** Do	1 58 / 7 27 / 14 18 / 19 39	3,5 / 0,2 / 3,1 / 0,6	**5** Fr	1 38 / 7 15 / 14 24 / 19 45	3,7 / 0,0 / 3,3 / 0,3	**20** Sa	2 14 / 7 45 / 14 35 / 19 56	3,5 / 0,3 / 3,1 / 0,6	**5** Mo	2 55 / 8 36 / 15 50 / 21 07	3,8 / 0,0 / 3,3 / 0,2	**20** Di	2 54 / 8 25 / 15 18 / 20 37	3,5 / 0,4 / 3,2 / 0,6
6 Mo	1 03 / 6 19 / 13 24 / 18 41	3,4 / 0,3 / 3,3 / 0,2	**21** Di	1 45 / 7 06 / 14 00 / 19 17	3,5 / 0,1 / 3,4 / 0,4	**6** Do	1 52 / 7 26 / 14 32 / 19 57	3,6 / 0,2 / 3,3 / 0,3	**21** Fr	2 33 / 8 06 / 14 57 / 20 20	3,5 / 0,3 / 3,1 / 0,6	**6** Sa	2 22 / 8 06 / 15 14 / 20 37	3,7 / 0,0 / 3,3 / 0,3	**21** So	2 47 / 8 22 / 15 13 / 20 34	3,5 / 0,3 / 3,1 / 0,6	**6** Di	3 40 / 9 27 / 16 35 / 21 59	3,8 / 0,1 / 3,2 / 0,3	**21** Mi	3 28 / 9 01 / 15 53 / 21 17	3,4 / 0,5 / 3,2 / 0,6
7 Di	1 35 / 6 57 / 14 03 / 19 22	3,5 / 0,2 / 3,3 / 0,3	**22** Mi	2 19 / 7 44 / 14 39 / 19 58	3,5 / 0,2 / 3,3 / 0,5	**7** Fr	2 32 / 8 15 / 15 19 / 20 50	3,6 / 0,2 / 3,3 / 0,4	**22** Sa	3 09 / 8 48 / 15 38 / 21 03	3,4 / 0,4 / 3,0 / 0,7	**7** So	3 06 / 8 56 / 16 06 / 21 30	3,7 / 0,1 / 3,2 / 0,4	**22** Mo	3 21 / 9 01 / 15 52 / 21 13	3,4 / 0,4 / 3,1 / 0,7	**7** Mi ☽	4 25 / 10 22 / 17 21 / 22 55	3,6 / 0,3 / 3,1 / 0,5	**22** Do	4 05 / 9 43 / 16 31 / 22 01	3,3 / 0,6 / 3,2 / 0,7
8 Mi	2 10 / 7 39 / 14 43 / 20 08	3,5 / 0,2 / 3,3 / 0,3	**23** Do	2 55 / 8 26 / 15 18 / 20 42	3,4 / 0,3 / 3,2 / 0,6	**8** Sa	3 15 / 9 09 / 16 10 / 21 46	3,6 / 0,2 / 3,2 / 0,5	**23** So	3 46 / 9 35 / 16 21 / 21 48	3,3 / 0,5 / 3,0 / 0,8	**8** Mo	3 53 / 9 52 / 16 59 / 22 25	3,6 / 0,2 / 3,1 / 0,4	**23** Di	3 56 / 9 44 / 16 32 / 21 56	3,3 / 0,5 / 3,1 / 0,7	**8** Do	5 13 / 11 24 / 18 10 / 23 58	3,4 / 0,5 / 3,0 / 0,6	**23** Fr ☾	4 45 / 10 33 / 17 14 / 22 52	3,2 / 0,7 / 3,1 / 0,9
9 Do	2 47 / 8 25 / 15 26 / 20 59	3,6 / 0,2 / 3,3 / 0,4	**24** Fr	3 32 / 9 12 / 16 00 / 21 29	3,3 / 0,4 / 3,0 / 0,8	**9** So	4 00 / 10 09 / 17 08 / 22 45	3,5 / 0,3 / 3,1 / 0,6	**24** Mo	4 26 / 10 28 / 17 07 / 22 37	3,2 / 0,6 / 2,9 / 0,9	**9** Di ☽	4 42 / 10 52 / 17 54 / 23 25	3,5 / 0,3 / 3,1 / 0,5	**24** Mi	4 36 / 10 32 / 17 14 / 22 42	3,2 / 0,6 / 3,0 / 0,8	**9** Fr	6 06 / 12 34 / 19 10	3,2 / 0,7 / 2,9	**24** Sa	5 33 / 11 33 / 18 03 / 23 52	3,0 / 0,8 / 3,0 / 1,0
10 Fr	3 26 / 9 18 / 16 12 / 21 55	3,5 / 0,3 / 3,2 / 0,6	**25** Sa	4 11 / 10 06 / 16 45 / 22 21	3,2 / 0,6 / 2,9 / 0,9	**10** Mo ☽	4 52 / 11 15 / 18 15 / 23 50	3,3 / 0,4 / 3,0 / 0,7	**25** Di ☾	5 12 / 11 26 / 17 57 / 23 30	3,0 / 0,7 / 2,9 / 1,0	**10** Mi	5 38 / 11 57 / 18 55 ☾	3,3 / 0,4 / 3,0	**25** Do	5 21 / 11 26 / 18 01 / 23 34	3,0 / 0,7 / 2,9 / 1,0	**10** Sa	1 11 / 7 12 / 13 46 / 20 30	0,8 / 2,9 / 0,8 / 2,9	**25** So	6 37 / 12 43 / 19 05	2,8 / 0,9 / 2,9
11 Sa	4 09 / 10 17 / 17 06 / 22 58	3,4 / 0,4 / 3,0 / 0,7	**26** So ☾	4 56 / 11 11 / 17 36 / 23 20	3,0 / 0,7 / 2,8 / 1,1	**11** Di	5 57 / 12 24 / 19 31	3,2 / 0,4 / 2,9	**26** Mi	6 06 / 12 27 / 18 51	2,9 / 0,7 / 2,8	**11** Do	0 29 / 6 44 / 13 04 / 20 01	0,6 / 3,2 / 0,5 / 2,9	**26** Fr	6 16 / 12 27 / 18 53	2,9 / 0,7 / 2,9	**11** So	2 24 / 8 53 / 14 50 / 21 48	0,7 / 2,8 / 0,8 / 3,0	**26** Mo	1 03 / 8 01 / 13 58 / 20 24	1,0 / 2,8 / 0,9 / 2,9
12 So ☽	4 59 / 11 26 / 18 19	3,2 / 0,5 / 2,8	**27** Mo	5 51 / 12 21 / 18 36	2,9 / 0,7 / 2,7	**12** Mi	0 58 / 7 20 / 13 32 / 20 43	0,7 / 3,1 / 0,4 / 3,0	**27** Do	0 30 / 7 09 / 13 27 / 19 50	1,1 / 2,8 / 0,7 / 2,8	**12** Fr	1 38 / 8 01 / 14 08 / 21 10	0,7 / 3,1 / 0,5 / 3,0	**27** Sa	0 35 / 7 22 / 13 30 / 19 55	1,0 / 2,8 / 0,7 / 2,9	**12** Mo	3 27 / 10 17 / 15 45 / 22 46	0,6 / 2,9 / 0,7 / 3,1	**27** Di	2 23 / 9 29 / 15 05 / 21 44	0,9 / 2,9 / 0,7 / 3,1
13 Mo	0 09 / 6 06 / 12 44 / 19 57	0,8 / 3,0 / 0,5 / 2,8	**28** Di	0 29 / 7 00 / 13 27 / 19 46	1,2 / 2,8 / 0,7 / 2,7	**13** Do	2 06 / 8 40 / 14 33 / 21 44	0,7 / 3,1 / 0,3 / 3,1	**28** Fr	1 34 / 8 18 / 14 21 / 20 54	1,0 / 2,9 / 0,6 / 2,9	**13** Sa	2 44 / 9 18 / 15 06 / 22 11	0,6 / 3,1 / 0,5 / 3,1	**28** So	1 44 / 8 36 / 14 30 / 21 05	1,0 / 3,0 / 0,7 / 2,9	**13** Di	4 19 / 11 12 / 16 33 / 23 34	0,5 / 3,0 / 0,7 / 3,3	**28** Mi	3 33 / 10 38 / 16 01 / 22 45	0,6 / 3,1 / 0,5 / 3,3
14 Di	1 25 / 7 48 / 13 57 / 21 18	0,8 / 3,0 / 0,4 / 3,0	**29** Mi	1 39 / 8 22 / 14 22 / 20 57	1,1 / 2,8 / 0,6 / 2,8	**14** Fr	3 08 / 9 45 / 15 27 / 22 37	0,5 / 3,2 / 0,3 / 3,2	**29** Sa	2 35 / 9 22 / 15 10 / 21 53	0,9 / 2,9 / 0,5 / 2,9	**14** So	3 43 / 10 23 / 15 59 / 23 04	0,5 / 3,1 / 0,5 / 3,2	**29** Mo	2 52 / 9 47 / 15 26 / 22 10	0,9 / 3,0 / 0,6 / 3,1	**14** Mi	5 05 / 11 58 / 17 16	0,3 / 3,0 / 0,6	**29** Do	4 27 / 11 33 / 16 50 / 23 36	0,3 / 3,2 / 0,3 / 3,5
15 Mi	2 35 / 9 12 / 14 59 / 22 15	0,7 / 3,1 / 0,2 / 3,1	**30** Do	2 39 / 9 26 / 15 10 / 21 54	1,0 / 2,9 / 0,5 / 3,0	**15** Sa	4 02 / 10 40 / 16 16 / 23 24	0,4 / 3,3 / 0,3 / 3,3	**30** So	3 29 / 10 17 / 15 55 / 22 43	0,8 / 3,1 / 0,5 / 3,2	**15** Mo	4 34 / 11 21 / 16 46 / 23 50	0,4 / 3,1 / 0,5 / 3,3	**30** Di	3 52 / 10 48 / 16 17 / 23 05	0,6 / 3,1 / 0,4 / 3,3	**15** Do ○	0 15 / 5 43 / 12 37 / 17 52	3,4 / 0,3 / 3,1 / 0,6	**30** Fr ●	5 14 / 12 23 / 17 37	0,1 / 3,3 / 0,2
			31 Fr	3 27 / 10 15 / 15 51 / 22 41	0,8 / 3,1 / 0,4 / 3,1							**31** Mi	4 43 / 11 42 / 17 05 / 23 53	0,4 / 3,2 / 0,3 / 3,5							**31** Sa	0 24 / 5 58 / 13 11 / 18 21	3,7 / -0,1 / 3,4 / 0,1

● Neumond ☽ erstes Viertel ○ Vollmond ☾ letztes Viertel

UTC Höhen sind auf SKN bezogen

Greenock 2019

Breite: 55° 57' N, Länge: 4° 46' W

Zeiten (Stunden und Minuten) und Höhen (Meter) der Hoch- und Niedrigwasser

September

Tag	Zeit	Höhe	Tag	Zeit	Höhe
1 So	1 11 6 41 13 58 19 07	3,8 -0,2 3,4 0,1	**16** Mo	1 29 6 52 13 42 18 56	3,5 0,4 3,3 0,6
2 Mo	1 56 7 25 14 41 19 53	3,9 -0,1 3,4 0,1	**17** Di	1 57 7 19 14 12 19 27	3,5 0,4 3,3 0,6
3 Di	2 39 8 10 15 23 20 40	3,9 0,0 3,4 0,2	**18** Mi	2 28 7 50 14 44 20 03	3,5 0,4 3,4 0,5
4 Mi	3 22 8 56 16 02 21 29	3,8 0,2 3,3 0,3	**19** Do	3 02 8 26 15 18 20 43	3,5 0,5 3,4 0,6
5 Do	4 03 9 47 16 42 22 22	3,6 0,4 3,2 0,5	**20** Fr	3 38 9 08 15 54 21 28	3,4 0,6 3,3 0,7
6 Fr ☽	4 46 10 45 17 25 23 27	3,4 0,7 3,1 0,7	**21** Sa	4 17 9 57 16 34 22 20	3,2 0,8 3,2 0,8
7 Sa	5 32 12 01 18 17	3,1 0,9 2,9	**22** So ☾	5 01 10 57 17 20 23 21	3,0 1,0 3,1 1,0
8 So	0 48 6 28 13 24 19 35	0,8 2,8 1,1 2,8	**23** Mo	6 02 12 10 18 21	2,8 1,1 3,0
9 Mo	2 04 8 34 14 32 21 24	0,8 2,6 1,0 2,9	**24** Di	0 35 7 36 13 34 19 48	1,0 2,8 1,1 3,0
10 Di	3 08 10 10 15 28 22 25	0,7 2,8 0,9 3,1	**25** Mi	2 03 9 23 14 49 21 21	0,9 2,9 0,9 3,1
11 Mi	4 00 11 00 16 16 23 12	0,5 3,0 0,8 3,3	**26** Do	3 16 10 30 15 46 22 26	0,6 3,2 0,6 3,4
12 Do	4 44 11 40 16 57 23 53	0,4 3,1 0,7 3,5	**27** Fr	4 09 11 20 16 34 23 17	0,3 3,3 0,4 3,6
13 Fr	5 21 12 15 17 32	0,3 3,1 0,6	**28** Sa ●	4 55 12 06 17 18	0,0 3,5 0,2
14 Sa ○	0 29 5 54 12 46 18 02	3,5 0,3 3,2 0,6	**29** So	0 05 5 37 12 51 18 01	3,7 -0,1 3,5 0,1
15 So	1 01 6 24 13 14 18 29	3,5 0,3 3,2 0,6	**30** Mo	0 52 6 19 13 33 18 44	3,8 -0,1 3,5 0,1

Oktober

Tag	Zeit	Höhe	Tag	Zeit	Höhe
1 Di	1 36 7 00 14 14 19 27	3,9 0,0 3,5 0,1	**16** Mi	1 31 6 49 13 42 18 59	3,5 0,5 3,5 0,6
2 Mi	2 19 7 43 14 52 20 11	3,9 0,1 3,5 0,2	**17** Do	2 04 7 21 14 14 19 36	3,5 0,5 3,6 0,6
3 Do	3 00 8 26 15 29 20 58	3,8 0,3 3,5 0,4	**18** Fr	2 40 8 00 14 49 20 18	3,5 0,6 3,6 0,6
4 Fr	3 40 9 12 16 07 21 49	3,6 0,6 3,4 0,6	**19** Sa	3 18 8 44 15 26 21 04	3,4 0,7 3,5 0,7
5 Sa ☽	4 21 10 05 16 49 22 53	3,4 0,9 3,2 0,8	**20** So	3 57 9 35 16 05 21 58	3,3 0,9 3,4 0,8
6 So	5 06 11 18 17 38	3,1 1,2 3,0	**21** Mo ☾	4 43 10 35 16 52 23 02	3,1 1,1 3,3 1,0
7 Mo	0 22 6 00 12 56 18 46	0,9 2,8 1,3 2,9	**22** Di	5 45 11 49 17 52	2,9 1,2 3,1
8 Di	1 40 7 38 14 07 20 46	0,9 2,6 1,3 2,9	**23** Mi	0 18 7 24 13 15 19 20	1,0 2,8 1,2 3,1
9 Mi	2 41 9 47 15 04 21 54	0,8 2,8 1,1 3,1	**24** Do	1 45 9 11 14 30 20 57	0,9 3,0 1,0 3,2
10 Do	3 32 10 33 15 51 22 42	0,6 3,0 0,9 3,4	**25** Fr	2 55 10 12 15 27 22 02	0,6 3,2 0,7 3,5
11 Fr	4 15 11 11 16 31 23 22	0,4 3,2 0,8 3,5	**26** Sa	3 48 11 00 16 15 22 55	0,3 3,4 0,4 3,7
12 Sa	4 53 11 44 17 05 23 59	0,4 3,3 0,7 3,5	**27** So	4 34 11 44 16 59 23 43	0,1 3,5 0,3 3,8
13 So ○	5 26 12 15 17 35	0,3 3,3 0,7	**28** Mo ●	5 16 12 26 17 41	0,0 3,6 0,2
14 Mo	0 31 5 55 12 45 18 00	3,5 0,4 3,4 0,6	**29** Di	0 30 5 56 13 07 18 22	3,8 0,1 3,6 0,2
15 Di	1 01 6 22 13 13 18 27	3,5 0,4 3,4 0,6	**30** Mi	1 15 6 37 13 46 19 04	3,8 0,2 3,6 0,2
31 Do	1 58 7 18 14 23 19 46	3,8 0,3 3,6 0,3			

November

Tag	Zeit	Höhe	Tag	Zeit	Höhe
1 Fr	2 39 8 00 15 00 20 31	3,7 0,5 3,6 0,4	**16** Sa	2 22 7 43 14 28 20 01	3,5 0,6 3,7 0,6
2 Sa	3 19 8 44 15 38 21 20	3,5 0,8 3,5 0,6	**17** So	3 03 8 30 15 06 20 50	3,4 0,7 3,7 0,7
3 So	4 01 9 34 16 20 22 19	3,3 1,0 3,3 0,8	**18** Mo	3 47 9 22 15 48 21 45	3,3 0,9 3,6 0,8
4 Mo ☽	4 46 10 35 17 08 23 41	3,1 1,3 3,2 1,0	**19** Di	4 36 10 23 16 36 22 49	3,2 1,1 3,5 0,8
5 Di	5 41 12 02 18 10	2,8 1,4 3,0	**20** Mi	5 40 11 32 17 35	3,0 1,2 3,3
6 Mi	1 02 6 57 13 26 19 41	1,0 2,7 1,4 3,0	**21** Do	0 03 7 10 12 50 18 56	0,9 2,9 1,2 3,2
7 Do	2 05 8 51 14 28 21 07	0,9 2,8 1,3 3,1	**22** Fr	1 22 8 42 14 03 20 27	0,8 3,1 1,0 3,3
8 Fr	2 56 9 48 15 17 22 01	0,7 3,0 1,1 3,3	**23** Sa	2 29 9 45 15 03 21 35	0,6 3,3 0,8 3,5
9 Sa	3 40 10 30 15 58 22 44	0,6 3,2 0,9 3,4	**24** So	3 24 10 35 15 55 22 31	0,4 3,4 0,5 3,6
10 So	4 19 11 07 16 34 23 22	0,5 3,3 0,8 3,5	**25** Mo	4 12 11 21 16 41 23 22	0,3 3,6 0,4 3,7
11 Mo	4 54 11 42 17 05 23 57	0,5 3,4 0,7 3,5	**26** Di ●	4 56 12 03 17 24	0,3 3,6 0,3
12 Di ○	5 25 12 14 17 33	0,5 3,5 0,7	**27** Mi	0 10 5 37 12 44 18 05	3,7 0,3 3,7 0,3
13 Mi	0 31 5 54 12 45 18 03	3,5 0,5 3,6 0,6	**28** Do	0 56 6 18 13 23 18 46	3,7 0,4 3,7 0,3
14 Do	1 06 6 25 13 17 18 37	3,5 0,5 3,6 0,6	**29** Fr	1 39 6 59 14 00 19 27	3,6 0,5 3,7 0,4
15 Fr	1 43 7 01 13 51 19 17	3,5 0,6 3,7 0,6	**30** Sa	2 20 7 40 14 37 20 10	3,5 0,7 3,7 0,5

Dezember

Tag	Zeit	Höhe	Tag	Zeit	Höhe
1 So	3 01 8 23 15 16 20 56	3,4 0,8 3,6 0,6	**16** Mo	2 55 8 20 14 54 20 40	3,4 0,7 3,8 0,5
2 Mo	3 43 9 09 15 57 21 49	3,2 1,0 3,5 0,8	**17** Di	3 41 9 12 15 38 21 34	3,3 0,8 3,7 0,6
3 Di	4 28 10 01 16 42 22 51	3,1 1,2 3,3 0,9	**18** Mi	4 32 10 09 16 26 22 34	3,2 0,9 3,6 0,6
4 Mi ☽	5 19 11 01 17 35	2,9 1,3 3,2	**19** Do ☾	5 31 11 11 17 22 23 41	3,1 1,0 3,5 0,7
5 Do	0 02 6 18 12 14 18 39	1,0 2,8 1,4 3,1	**20** Fr	6 43 12 20 18 30	3,0 1,0 3,4
6 Fr	1 12 7 30 13 28 19 55	0,9 2,9 1,4 3,0	**21** Sa	0 52 8 02 13 31 19 50	0,7 3,1 1,0 3,3
7 Sa	2 10 8 42 14 29 21 04	0,9 3,0 1,3 3,1	**22** So	2 00 9 11 14 37 21 06	0,6 3,2 0,8 3,4
8 So	2 59 9 39 15 18 21 58	0,7 3,1 1,1 3,2	**23** Mo	3 00 10 09 15 34 22 09	0,6 3,3 0,7 3,4
9 Mo	3 42 10 27 15 58 22 43	0,6 3,3 1,0 3,3	**24** Di	3 53 10 59 16 25 23 05	0,5 3,4 0,5 3,5
10 Di	4 21 11 08 16 34 23 24	0,6 3,4 0,8 3,4	**25** Mi	4 40 11 44 17 11 23 55	0,5 3,5 0,4 3,5
11 Mi	4 57 11 46 17 09	0,6 3,5 0,7	**26** Do ●	5 24 12 27 17 54	0,5 3,6 0,3
12 Do ○	0 04 5 30 12 21 17 44	3,4 0,6 3,6 0,6	**27** Fr	0 42 6 05 13 06 18 33	3,5 0,6 3,7 0,3
13 Fr	0 46 6 07 12 56 18 22	3,4 0,6 3,7 0,6	**28** Sa	1 26 6 45 13 44 19 12	3,4 0,6 3,7 0,4
14 Sa	1 27 6 47 13 34 19 04	3,5 0,6 3,8 0,5	**29** So	2 06 7 24 14 21 19 52	3,4 0,7 3,7 0,4
15 So	2 10 7 32 14 13 19 50	3,5 0,6 3,8 0,5	**30** Mo	2 45 8 04 14 58 20 33	3,3 0,8 3,6 0,5
31 Di	3 24 8 45 15 36 21 18	3,2 0,8 3,5 0,6			

● Neumond   ☽ erstes Viertel   ○ Vollmond   ☾ letztes Viertel

UTC   Höhen sind auf SKN bezogen

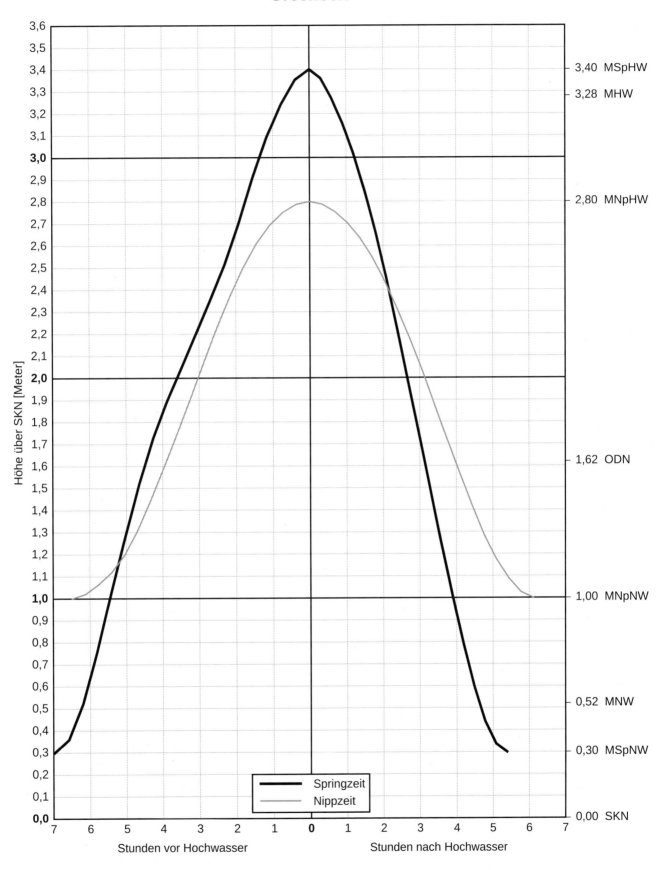

Liverpool, Gladstone Dock 2019

Breite: 53° 27' N, Länge: 3° 01' W

Zeiten (Stunden und Minuten) und Höhen (Meter) der Hoch- und Niedrigwasser

Januar

	Zeit	Höhe		Zeit	Höhe
1 Di	1 38 7 20 14 00 19 47	2,4 8,0 2,7 8,2	**16** Mi	0 22 6 07 12 59 18 39	3,0 7,4 3,3 7,7
2 Mi	2 42 8 22 15 05 20 46	2,3 8,2 2,5 8,3	**17** Do	1 39 7 20 14 14 19 48	2,8 7,7 2,9 8,0
3 Do	3 38 9 15 16 01 21 38	2,2 8,5 2,3 8,5	**18** Fr	2 46 8 24 15 19 20 49	2,5 8,2 2,4 8,5
4 Fr	4 26 10 00 16 49 22 22	2,0 8,7 2,1 8,7	**19** Sa	3 45 9 20 16 18 21 45	2,0 8,7 1,8 8,9
5 Sa	5 07 10 40 17 30 23 02	1,9 8,9 1,9 8,8	**20** So	4 40 10 11 17 12 22 37	1,6 9,2 1,3 9,3
6 So ●	5 44 11 16 18 08 23 38	1,9 9,0 1,8 8,8	**21** Mo	5 31 11 00 18 05 23 26	1,2 9,6 0,9 9,6
7 Mo	6 18 11 51 18 42	1,9 9,1 1,8	**22** Di	6 20 11 48 18 55	1,0 9,8 0,6
8 Di	0 12 6 49 12 25 19 14	8,8 1,9 9,1 1,9	**23** Mi	0 15 7 07 12 36 19 42	9,8 0,8 9,9 0,5
9 Mi	0 45 7 20 12 59 19 45	8,7 2,0 9,0 1,9	**24** Do	1 04 7 53 13 23 20 28	9,7 0,9 9,9 0,6
10 Do	1 18 7 52 13 33 20 18	8,5 2,2 8,8 2,1	**25** Fr	1 51 8 37 14 11 21 14	9,5 1,2 9,6 0,9
11 Fr	1 52 8 26 14 08 20 53	8,3 2,4 8,6 2,3	**26** Sa	2 39 9 22 15 00 22 00	9,1 1,5 9,3 1,4
12 Sa	2 28 9 04 14 46 21 32	8,1 2,6 8,3 2,5	**27** So ☾	3 28 10 09 15 51 22 51	8,6 2,0 8,8 2,0
13 So	3 08 9 46 15 29 22 17	7,8 2,9 8,0 2,8	**28** Mo	4 22 11 02 16 50 23 49	8,2 2,5 8,2 2,5
14 Mo ☽	3 56 10 37 16 22 23 12	7,6 3,2 7,8 3,0	**29** Di	5 26 12 07 17 59	7,8 2,9 7,8
15 Di	4 56 11 41 17 28	7,4 3,4 7,7	**30** Mi	0 57 6 38 13 23 19 15	2,8 7,6 3,1 7,7
			31 Do	2 09 7 52 14 39 20 26	2,8 7,7 2,9 7,8

Februar

	Zeit	Höhe		Zeit	Höhe
1 Fr	3 13 8 54 15 43 21 24	2,7 8,0 2,6 8,0	**16** Sa	2 15 7 57 14 55 20 31	2,7 7,9 2,5 8,2
2 Sa	4 07 9 44 16 35 22 11	2,4 8,4 2,3 8,3	**17** So	3 23 9 02 16 01 21 32	2,2 8,5 1,8 8,8
3 So	4 51 10 25 17 18 22 50	2,2 8,7 2,0 8,5	**18** Mo	4 23 9 57 17 00 22 26	1,6 9,1 1,2 9,3
4 Mo ●	5 29 11 02 17 54 23 24	2,0 8,9 1,8 8,7	**19** Di	5 18 10 47 17 53 23 15	1,1 9,6 0,6 9,7
5 Di	6 02 11 35 18 27 23 56	1,8 9,1 1,7 8,8	**20** Mi	6 08 11 35 18 42	0,8 10,0 0,2
6 Mi	6 33 12 08 18 57	1,7 9,1 1,6	**21** Do	0 02 6 54 12 21 19 26	9,9 0,5 10,1 0,1
7 Do	0 27 7 03 12 40 19 26	8,8 1,7 9,1 1,6	**22** Fr	0 47 7 37 13 05 20 09	9,9 0,5 10,1 0,3
8 Fr	0 57 7 34 13 11 19 57	8,8 1,7 9,0 1,6	**23** Sa	1 30 8 18 13 48 20 50	9,7 0,8 9,8 0,7
9 Sa	1 28 8 07 13 42 20 29	8,6 1,9 8,9 1,8	**24** So	2 12 8 58 14 31 21 30	9,3 1,2 9,3 1,3
10 So	1 59 8 41 14 14 21 03	8,4 2,1 8,6 2,1	**25** Mo	2 55 9 39 15 16 22 12	8,8 1,8 8,7 2,0
11 Mo	2 32 9 16 14 51 21 39	8,2 2,4 8,4 2,4	**26** Di ☾	3 42 10 25 16 09 23 02	8,2 2,4 8,1 2,7
12 Di	3 12 9 57 15 35 22 24	8,0 2,8 8,1 2,7	**27** Mi	4 39 11 23 17 16	7,7 3,0 7,5
13 Mi	4 03 10 50 16 35 23 25	7,7 3,1 7,8 3,0	**28** Do	0 10 5 52 12 44 18 40	3,2 7,3 3,3 7,2
14 Do	5 13 12 06 17 53	7,5 3,2 7,6			
15 Fr	0 50 6 38 13 38 19 17	3,0 7,5 3,0 7,8			

März

	Zeit	Höhe		Zeit	Höhe
1 Fr	1 34 7 17 14 12 20 05	3,3 7,3 3,2 7,3	**16** Sa	0 13 6 10 13 11 18 57	3,1 7,4 2,9 7,6
2 Sa	2 48 8 30 15 23 21 08	3,1 7,6 2,8 7,7	**17** So	1 49 7 36 14 36 20 17	2,9 7,8 2,4 8,1
3 So	3 47 9 23 16 17 21 54	2,7 8,1 2,4 8,1	**18** Mo	3 04 8 45 15 45 21 20	2,3 8,4 1,7 8,7
4 Mo	4 32 10 05 16 58 22 32	2,3 8,5 2,0 8,4	**19** Di	4 07 9 42 16 44 22 12	1,7 9,1 1,0 9,3
5 Di	5 10 10 41 17 33 23 04	2,0 8,8 1,7 8,7	**20** Mi	5 02 10 35 17 36 22 59	1,1 9,6 0,4 9,7
6 Mi ●	5 42 11 14 18 04 23 34	1,8 9,0 1,5 8,8	**21** Do	5 51 11 23 18 22 23 42	0,7 10,0 0,1 10,0
7 Do	6 13 11 45 18 34	1,5 9,1 1,4	**22** Fr	6 35 12 00 19 05	0,4 10,1 0,0
8 Fr	0 03 6 43 12 16 19 04	8,9 1,4 9,2 1,3	**23** Sa	0 24 7 16 12 42 19 44	9,9 0,4 10,0 0,3
9 Sa	0 33 7 14 12 46 19 34	8,9 1,4 9,2 1,3	**24** So	1 04 7 55 13 23 20 21	9,7 0,6 9,7 0,7
10 So	1 01 7 46 13 16 20 05	8,7 1,5 9,0 1,5	**25** Mo	1 43 8 32 14 02 20 57	9,3 1,1 9,2 1,4
11 Mo	1 31 8 18 13 47 20 36	8,7 1,7 8,8 1,8	**26** Di	2 22 9 10 14 44 21 34	8,8 1,7 8,6 2,1
12 Di	2 03 8 51 14 22 21 09	8,5 2,0 8,6 2,1	**27** Mi	3 05 9 51 15 32 22 17	8,3 2,3 7,9 2,8
13 Mi	2 41 9 28 15 06 21 50	8,3 2,4 8,2 2,5	**28** Do	3 57 10 44 16 35 23 19	7,7 3,0 7,3 3,4
14 Do ☽	3 30 10 18 16 04 22 47	7,9 2,8 7,8 2,9	**29** Fr	5 08 12 02 18 01	7,2 3,4 6,9
15 Fr	4 38 11 32 17 26	7,5 3,0 7,5	**30** Sa	0 49 6 34 13 36 19 32	3,6 7,1 3,3 7,0
			31 So	2 14 7 53 14 50 20 40	3,4 7,4 2,9 7,5

April

	Zeit	Höhe		Zeit	Höhe
1 Mo	3 16 8 51 15 44 21 27	2,9 7,9 2,5 7,9	**16** Di	2 43 8 25 15 25 21 02	2,3 8,5 1,5 8,7
2 Di	4 02 9 35 16 26 22 04	2,5 8,3 2,0 8,3	**17** Mi	3 47 9 21 16 23 21 52	1,7 9,0 1,0 9,2
3 Mi	4 40 10 12 17 02 22 36	2,1 8,7 1,7 8,6	**18** Do	4 41 10 10 17 13 22 37	1,2 9,5 0,5 9,5
4 Do	5 14 10 45 17 34 23 05	1,7 8,9 1,4 8,8	**19** Fr ○	5 28 10 54 17 58 23 19	0,8 9,8 0,3 9,7
5 Fr ●	5 47 11 16 18 06 23 35	1,5 9,1 1,2 9,0	**20** Sa	6 12 11 37 18 39 23 59	0,6 9,8 0,3 9,7
6 Sa	6 19 11 47 18 38	1,3 9,2 1,1	**21** So	6 52 12 18 19 17	0,6 9,7 0,6
7 So	0 04 6 52 12 19 19 10	9,0 1,2 9,2 1,2	**22** Mo	0 37 7 30 12 58 19 52	9,5 0,8 9,4 1,0
8 Mo	0 35 7 26 12 51 19 42	9,0 1,3 9,1 1,3	**23** Di	1 15 8 07 13 36 20 27	9,2 1,2 8,9 1,6
9 Di	1 07 7 59 13 26 20 14	8,9 1,5 8,9 1,6	**24** Mi	1 53 8 44 14 16 21 01	8,8 1,7 8,4 2,2
10 Mi	1 41 8 33 14 04 20 48	8,7 1,8 8,7 2,0	**25** Do	2 34 9 22 15 01 21 38	8,3 2,3 7,8 2,9
11 Do	2 22 9 12 14 51 21 30	8,4 2,2 8,3 2,4	**26** Fr ☾	3 23 10 09 15 58 22 30	7,8 2,9 7,3 3,4
12 Fr	3 13 10 04 15 52 22 29	8,0 2,5 7,8 2,9	**27** Sa	4 28 11 17 17 15 23 51	7,4 3,3 6,9 3,7
13 Sa	4 25 11 19 17 14 23 53	7,6 2,8 7,5 3,1	**28** So	5 47 12 44 18 42	7,1 3,3 6,9
14 So	5 55 12 54 18 44	7,6 2,7 7,7	**29** Mo	1 21 7 03 14 00 19 54	3,6 7,3 3,0 7,3
15 Mo	1 26 7 17 14 17 20 00	2,8 7,9 2,2 8,1	**30** Di	2 28 8 06 14 56 20 45	3,2 7,7 2,6 7,7

● Neumond ☽ erstes Viertel ○ Vollmond ☾ letztes Viertel

UTC Höhen sind auf SKN bezogen

Gezeitenvorausberechnungen 143

Liverpool, Gladstone Dock 2019
Breite: 53° 27' N, Länge: 3° 01' W
Zeiten (Stunden und Minuten) und Höhen (Meter) der Hoch- und Niedrigwasser

Mai

	Zeit	Höhe		Zeit	Höhe
1 Mi	3 19 8 54 15 42 21 25	2,7 8,1 2,2 8,1	**16** Do	3 20 8 57 15 57 21 29	1,8 8,9 1,2 9,0
2 Do	4 01 9 34 16 22 22 00	2,3 8,5 1,8 8,5	**17** Fr	4 15 9 47 16 47 22 14	1,4 9,2 0,9 9,2
3 Fr	4 39 10 10 16 59 22 32	1,9 8,8 1,5 8,7	**18** Sa ○	5 04 10 32 17 32 22 55	1,1 9,4 0,8 9,4
4 Sa ●	5 16 10 44 17 35 23 03	1,5 9,0 1,3 9,0	**19** So	5 48 11 15 18 12 23 35	1,0 9,4 0,9 9,4
5 So	5 53 11 18 18 11 23 36	1,3 9,1 1,2 9,1	**20** Mo	6 29 11 56 18 50	1,0 9,3 1,1
6 Mo	6 30 11 53 18 47	1,2 9,2 1,2	**21** Di	0 14 7 08 12 36 19 25	9,3 1,1 9,0 1,4
7 Di	0 11 7 07 12 31 19 21	9,1 1,2 9,1 1,3	**22** Mi	0 51 7 45 13 14 19 59	9,1 1,4 8,7 1,8
8 Mi	0 48 7 44 13 10 19 57	9,1 1,4 9,0 1,5	**23** Do	1 29 8 22 13 53 20 32	8,8 1,8 8,3 2,3
9 Do	1 28 8 23 13 55 20 36	8,9 1,6 8,7 1,9	**24** Fr	2 09 8 58 14 35 21 07	8,4 2,3 7,9 2,8
10 Fr	2 13 9 07 14 46 21 22	8,6 1,9 8,4 2,3	**25** Sa	2 54 9 39 15 25 21 51	8,0 2,7 7,5 3,2
11 Sa	3 09 10 03 15 50 22 22	8,2 2,2 8,0 2,7	**26** So ☾	3 49 10 32 16 26 22 52	7,6 3,0 7,1 3,5
12 So ☽	4 21 11 16 17 06 23 40	7,9 2,4 7,8 2,8	**27** Mo	4 56 11 40 17 39	7,4 3,1 7,0
13 Mo	5 40 12 38 18 26	7,9 2,3 7,9	**28** Di	0 08 6 05 12 53 18 50	3,6 7,3 3,1 7,1
14 Di	1 03 6 55 13 54 19 38	2,7 8,1 2,0 8,2	**29** Mi	1 23 7 09 13 57 19 50	3,3 7,5 2,8 7,5
15 Mi	2 17 8 01 15 00 20 38	2,3 8,5 1,5 8,6	**30** Do	2 23 8 04 14 51 20 37	3,0 7,9 2,4 7,9
			31 Fr	3 14 8 50 15 38 21 18	2,5 8,2 2,0 8,3

Juni

	Zeit	Höhe		Zeit	Höhe
1 Sa	4 01 9 32 16 22 21 56	2,1 8,5 1,7 8,6	**16** So	4 41 10 14 17 07 22 35	1,6 8,9 1,4 9,0
2 So	4 45 10 11 17 04 22 33	1,7 8,8 1,5 8,9	**17** Mo ○	5 28 10 58 17 48 23 16	1,5 8,9 1,4 9,1
3 Mo ●	5 27 10 51 17 45 23 11	1,4 9,0 1,3 9,1	**18** Di	6 10 11 39 18 27 23 54	1,4 8,9 1,5 9,1
4 Di	6 10 11 32 18 26 23 51	1,2 9,2 1,2 9,2	**19** Mi	6 50 12 18 19 02	1,5 8,8 1,7
5 Mi	6 52 12 15 19 06	1,2 9,2 1,3	**20** Do	0 31 7 27 12 55 19 35	9,0 1,6 8,6 1,9
6 Do	0 34 7 35 13 01 19 47	9,2 1,2 9,1 1,4	**21** Fr	1 08 8 01 13 32 20 08	8,8 1,9 8,3 2,2
7 Fr	1 20 8 19 13 49 20 30	9,1 1,3 8,9 1,7	**22** Sa	1 46 8 35 14 10 20 42	8,6 2,1 8,1 2,5
8 Sa	2 10 9 08 14 43 21 19	8,9 1,6 8,6 2,0	**23** So	2 27 9 11 14 52 21 20	8,3 2,4 7,8 2,8
9 So	3 07 10 04 15 43 22 17	8,6 1,8 8,3 2,3	**24** Mo	3 12 9 53 15 40 22 07	8,0 2,6 7,5 3,1
10 Mo ☽	4 11 11 07 16 50 23 24	8,4 2,0 8,1 2,5	**25** Di ☾	4 04 10 43 16 35 23 04	7,7 2,8 7,3 3,3
11 Di	5 20 12 16 18 01	8,3 2,0 8,0	**26** Mi	5 04 11 43 17 39	7,5 3,0 7,2
12 Mi	0 35 6 28 13 26 19 09	2,5 8,3 1,9 8,2	**27** Do	0 11 6 06 12 51 18 44	3,3 7,5 2,9 7,3
13 Do	1 46 7 34 14 31 20 11	2,3 8,4 1,8 8,4	**28** Fr	1 22 7 08 13 56 19 43	3,1 7,7 2,7 7,6
14 Fr	2 51 8 33 15 29 21 05	2,1 8,6 1,6 8,6	**29** Sa	2 26 8 04 14 55 20 36	2,8 7,9 2,3 8,0
15 Sa	3 50 9 26 16 21 21 52	1,8 8,8 1,5 8,9	**30** So	3 23 8 55 15 47 21 23	2,4 8,3 1,9 8,5

Juli

	Zeit	Höhe		Zeit	Höhe
1 Mo	4 15 9 43 16 36 22 07	1,9 8,6 1,7 8,8	**16** Di ○	5 14 10 46 17 30 23 01	1,8 8,6 1,8 8,9
2 Di ●	5 05 10 29 17 23 22 52	1,6 8,9 1,4 9,1	**17** Mi	5 57 11 26 18 08 23 38	1,7 8,7 1,8 9,0
3 Mi	5 54 11 16 18 10 23 37	1,2 9,2 1,2 9,4	**18** Do	6 35 12 02 18 43	1,7 8,7 1,8
4 Do	6 42 12 03 18 55	1,0 9,3 1,2	**19** Fr	0 14 7 09 12 37 19 14	9,0 1,7 8,6 1,9
5 Fr	0 23 7 29 12 52 19 40	9,5 0,9 9,3 1,2	**20** Sa	0 48 7 41 13 10 19 45	8,9 1,8 8,5 2,0
6 Sa	1 12 8 16 13 42 20 26	9,4 0,9 9,2 1,4	**21** So	1 23 8 11 13 44 20 18	8,8 1,9 8,3 2,2
7 So	2 02 9 04 14 33 21 13	9,3 1,1 9,0 1,6	**22** Mo	1 58 8 43 14 19 20 53	8,6 2,0 8,1 2,4
8 Mo	2 55 9 55 15 27 22 04	9,1 1,3 8,6 1,9	**23** Di	2 35 9 19 14 57 21 32	8,3 2,3 7,9 2,7
9 Di ☽	3 51 10 49 16 25 23 01	8,8 1,7 8,3 2,2	**24** Mi	3 16 9 59 15 39 22 17	8,1 2,5 7,6 3,0
10 Mi	4 52 11 48 17 29	8,5 2,0 8,1	**25** Do ☾	4 03 10 47 16 32 23 14	7,8 2,8 7,4 3,2
11 Do	0 04 5 57 12 54 18 37	2,5 8,2 2,2 8,0	**26** Fr	5 02 11 49 17 38	7,6 3,0 7,3
12 Fr	1 14 7 06 14 01 19 44	2,6 8,1 2,2 8,0	**27** Sa	0 25 6 11 13 03 18 51	3,3 7,5 2,9 7,5
13 Sa	2 25 8 12 15 04 20 44	2,5 8,2 2,2 8,3	**28** So	1 42 7 21 14 15 19 58	3,0 7,7 2,7 7,8
14 So	3 30 9 11 16 00 21 35	2,3 8,3 2,1 8,5	**29** Mo	2 51 8 25 15 17 20 56	2,6 8,1 2,3 8,3
15 Mo	4 26 10 01 16 48 22 20	2,0 8,5 1,9 8,7	**30** Di	3 51 9 22 16 13 21 48	2,1 8,5 1,8 8,8
			31 Mi	4 47 10 14 17 06 22 36	1,6 8,9 1,5 9,3

August

	Zeit	Höhe		Zeit	Höhe
1 Do ●	5 41 11 04 17 56 23 24	1,1 9,3 1,1 9,6	**16** Fr	6 18 11 44 18 23 23 53	1,7 8,7 1,8 9,1
2 Fr	6 31 11 52 18 44	0,7 9,6 0,9	**17** Sa	6 48 12 14 18 53	1,6 8,8 1,8
3 Sa	0 11 7 19 12 40 19 30	9,8 0,5 9,6 0,9	**18** So	0 25 7 16 12 45 19 22	9,1 1,6 8,7 1,8
4 So	0 58 8 05 13 27 20 14	9,8 0,5 9,5 1,0	**19** Mo	0 57 7 45 13 15 19 53	9,0 1,6 8,6 1,9
5 Mo	1 46 8 50 14 14 20 58	9,7 0,7 9,3 1,3	**20** Di	1 29 8 15 13 46 20 26	8,8 1,8 8,4 2,1
6 Di	2 33 9 34 15 02 21 43	9,4 1,1 8,9 1,7	**21** Mi	2 00 8 48 14 18 21 01	8,6 2,0 8,2 2,4
7 Mi	3 23 10 21 15 53 22 33	9,0 1,6 8,4 2,2	**22** Do ☽	2 34 9 23 14 54 21 40	8,3 2,4 8,0 2,8
8 Do	4 19 11 15 16 53 23 32	8,5 2,1 8,0 2,6	**23** Fr ☾	3 15 10 03 15 40 22 28	8,0 2,7 7,7 3,1
9 Fr	5 24 12 19 18 02	8,0 2,6 7,7	**24** Sa	4 08 10 57 16 43 23 36	7,7 3,0 7,4 3,3
10 Sa	0 44 6 39 13 33 19 18	2,9 7,7 2,8 7,7	**25** So	5 22 12 14 18 07	7,4 3,2 7,4
11 So	2 04 7 56 14 43 20 26	2,9 7,7 2,7 7,9	**26** Mo	1 05 6 47 13 41 19 28	3,2 7,5 3,0 7,7
12 Mo	3 17 9 01 15 44 21 22	2,6 7,9 2,5 8,3	**27** Di	2 25 8 04 14 53 20 35	2,7 7,9 2,5 8,3
13 Di	4 16 9 53 16 34 22 07	2,3 8,2 2,3 8,6	**28** Mi	3 32 9 07 15 54 21 31	2,1 8,5 2,0 8,9
14 Mi	5 04 10 35 17 16 22 46	2,0 8,5 2,1 8,8	**29** Do	4 32 10 01 16 50 22 21	1,4 9,1 1,4 9,4
15 Do ○	5 43 11 11 17 51 23 21	1,8 8,6 1,9 9,0	**30** Fr ●	5 26 10 51 17 42 23 08	0,8 9,5 1,0 9,9
			31 Sa	6 16 11 36 18 29 23 53	0,4 9,8 0,7 10,1

● Neumond ☽ erstes Viertel ○ Vollmond ☾ letztes Viertel
UTC Höhen sind auf SKN bezogen

Liverpool, Gladstone Dock 2019

Breite: 53° 27' N, Länge: 3° 01' W

Zeiten (Stunden und Minuten) und Höhen (Meter) der Hoch- und Niedrigwasser

September

Tag	Zeit	Höhe	Tag	Zeit	Höhe
1 So	7 02 / 12 21 / 19 14	0,2 / 9,9 / 0,6	16 Mo	6 49 / 12 17 / 18 58	1,4 / 8,9 / 1,6
2 Mo	0 38 / 7 45 / 13 05 / 19 55	10,1 / 0,2 / 9,8 / 0,7	17 Di	0 29 / 7 17 / 12 46 / 19 29	9,2 / 1,5 / 8,9 / 1,7
3 Di	1 23 / 8 27 / 13 48 / 20 36	9,9 / 0,5 / 9,4 / 1,1	18 Mi	0 59 / 7 48 / 13 15 / 20 01	9,0 / 1,6 / 8,7 / 1,9
4 Mi	2 07 / 9 07 / 14 32 / 21 18	9,5 / 1,1 / 9,0 / 1,6	19 Do	1 29 / 8 19 / 13 45 / 20 34	8,8 / 1,9 / 8,5 / 2,2
5 Do	2 52 / 9 50 / 15 19 / 22 04	9,0 / 1,8 / 8,5 / 2,2	20 Fr	2 02 / 8 51 / 14 20 / 21 10	8,5 / 2,3 / 8,2 / 2,6
6 Fr ☽	3 44 / 10 38 / 16 14 / 23 00	8,3 / 2,5 / 7,9 / 2,8	21 Sa	2 42 / 9 28 / 15 04 / 21 56	8,2 / 2,7 / 7,9 / 3,0
7 Sa	4 49 / 11 42 / 17 26	7,7 / 3,1 / 7,5	22 So ☾	3 35 / 10 20 / 16 06 / 23 04	7,8 / 3,1 / 7,5 / 3,3
8 So	0 17 / 6 13 / 13 05 / 18 50	3,2 / 7,3 / 3,3 / 7,4	23 Mo	4 51 / 11 38 / 17 36	7,4 / 3,4 / 7,4
9 Mo	1 47 / 7 41 / 14 24 / 20 07	3,2 / 7,3 / 3,2 / 7,7	24 Di	0 38 / 6 25 / 13 14 / 19 06	3,2 / 7,4 / 3,2 / 7,7
10 Di	3 03 / 8 49 / 15 28 / 21 04	2,8 / 7,7 / 2,8 / 8,2	25 Mi	2 05 / 7 48 / 14 32 / 20 17	2,7 / 7,9 / 2,6 / 8,3
11 Mi	4 01 / 9 38 / 16 17 / 21 48	2,4 / 8,1 / 2,4 / 8,6	26 Do	3 14 / 8 53 / 15 36 / 21 14	2,0 / 8,6 / 2,0 / 9,0
12 Do	4 45 / 10 17 / 16 56 / 22 25	2,0 / 8,5 / 2,1 / 8,9	27 Fr	4 14 / 9 46 / 16 32 / 22 03	1,3 / 9,2 / 1,4 / 9,6
13 Fr	5 21 / 10 50 / 17 29 / 22 58	1,8 / 8,7 / 1,9 / 9,1	28 Sa ●	5 08 / 10 32 / 17 23 / 22 48	0,7 / 9,7 / 0,9 / 10,0
14 Sa ○	5 52 / 11 20 / 17 59 / 23 29	1,6 / 8,9 / 1,7 / 9,2	29 So	5 55 / 11 16 / 18 09 / 23 32	0,3 / 9,9 / 0,6 / 10,2
15 So	6 21 / 11 49 / 18 28 / 23 59	1,5 / 8,9 / 1,6 / 9,2	30 Mo	6 40 / 11 58 / 18 52	0,2 / 10,0 / 0,6

Oktober

Tag	Zeit	Höhe	Tag	Zeit	Höhe
1 Di	0 15 / 7 20 / 12 40 / 19 32	10,2 / 0,3 / 9,8 / 0,7	16 Mi	0 01 / 6 50 / 12 18 / 19 06	9,2 / 1,4 / 9,0 / 1,6
2 Mi	0 58 / 8 00 / 13 20 / 20 12	9,9 / 0,7 / 9,5 / 1,1	17 Do	0 32 / 7 22 / 12 48 / 19 40	9,1 / 1,6 / 8,9 / 1,8
3 Do	1 39 / 8 38 / 14 01 / 20 52	9,4 / 1,3 / 9,0 / 1,7	18 Fr	1 05 / 7 54 / 13 20 / 20 14	8,9 / 1,9 / 8,7 / 2,1
4 Fr	2 23 / 9 17 / 14 45 / 21 36	8,8 / 2,1 / 8,5 / 2,3	19 Sa	1 41 / 8 27 / 13 57 / 20 51	8,6 / 2,3 / 8,5 / 2,5
5 Sa ☽	3 12 / 10 01 / 15 38 / 22 31	8,1 / 2,8 / 7,9 / 3,0	20 So	2 24 / 9 06 / 14 44 / 21 39	8,3 / 2,7 / 8,1 / 2,8
6 So	4 15 / 11 02 / 16 49 / 23 49	7,4 / 3,4 / 7,4 / 3,4	21 Mo ☾	3 20 / 9 59 / 15 49 / 22 48	7,8 / 3,1 / 7,7 / 3,1
7 Mo	5 41 / 12 31 / 18 16	7,0 / 3,7 / 7,3	22 Di	4 37 / 11 17 / 17 18	7,5 / 3,4 / 7,6
8 Di	1 21 / 7 15 / 13 57 / 19 36	3,3 / 7,1 / 3,5 / 7,6	23 Mi	0 20 / 6 08 / 12 51 / 18 44	3,0 / 7,6 / 3,2 / 7,9
9 Mi	2 35 / 8 25 / 15 00 / 20 35	3,0 / 7,6 / 3,1 / 8,0	24 Do	1 44 / 7 29 / 14 09 / 19 55	2,5 / 8,0 / 2,7 / 8,5
10 Do	3 30 / 9 13 / 15 48 / 21 19	2,5 / 8,0 / 2,6 / 8,5	25 Fr	2 53 / 8 33 / 15 14 / 20 52	1,9 / 8,7 / 2,1 / 9,1
11 Fr	4 13 / 9 50 / 16 26 / 21 56	2,1 / 8,4 / 2,3 / 8,8	26 Sa	3 52 / 9 25 / 16 10 / 21 41	1,2 / 9,2 / 1,5 / 9,6
12 Sa	4 48 / 10 22 / 16 59 / 22 29	1,8 / 8,7 / 2,0 / 9,0	27 So	4 44 / 10 10 / 17 00 / 22 26	0,8 / 9,6 / 1,1 / 9,9
13 So ○	5 19 / 10 51 / 17 30 / 23 00	1,6 / 8,9 / 1,7 / 9,2	28 Mo ●	5 31 / 10 53 / 17 45 / 23 10	0,5 / 9,9 / 0,8 / 10,0
14 Mo	5 49 / 11 20 / 18 01 / 23 31	1,5 / 9,0 / 1,6 / 9,3	29 Di	6 14 / 11 34 / 18 28 / 23 52	0,5 / 9,9 / 0,8 / 9,9
15 Di	6 19 / 11 48 / 18 34	1,4 / 9,1 / 1,5	30 Mi	6 54 / 12 15 / 19 10	0,7 / 9,8 / 0,9
			31 Do	0 34 / 7 32 / 12 55 / 19 50	9,7 / 1,1 / 9,5 / 1,3

November

Tag	Zeit	Höhe	Tag	Zeit	Höhe
1 Fr	1 16 / 8 10 / 13 34 / 20 30	9,2 / 1,6 / 9,0 / 1,8	16 Sa	0 48 / 7 35 / 13 04 / 20 01	9,0 / 1,8 / 8,9 / 2,0
2 Sa	1 58 / 8 47 / 14 16 / 21 12	8,6 / 2,3 / 8,6 / 2,4	17 So	1 29 / 8 12 / 13 46 / 20 43	8,7 / 2,2 / 8,7 / 2,2
3 So	2 44 / 9 28 / 15 06 / 22 03	8,0 / 3,0 / 8,0 / 3,0	18 Mo	2 17 / 8 55 / 14 37 / 21 34	8,4 / 2,5 / 8,4 / 2,5
4 Mo ☽	3 42 / 10 21 / 16 10 / 23 12	7,4 / 3,5 / 7,6 / 3,4	19 Di ☾	3 15 / 9 50 / 15 42 / 22 41	8,0 / 2,9 / 8,0 / 2,7
5 Di	4 58 / 11 41 / 17 29	7,0 / 3,9 / 7,3	20 Mi	4 27 / 11 02 / 17 01	7,8 / 3,1 / 7,9
6 Mi	0 36 / 6 26 / 13 09 / 18 47	3,4 / 7,0 / 3,8 / 7,5	21 Do	0 02 / 5 47 / 12 25 / 18 19	2,7 / 7,8 / 3,0 / 8,1
7 Do	1 49 / 7 41 / 14 15 / 19 51	3,2 / 7,3 / 3,4 / 7,8	22 Fr	1 19 / 7 03 / 13 40 / 19 28	2,3 / 8,1 / 2,7 / 8,5
8 Fr	2 45 / 8 33 / 15 06 / 20 40	2,8 / 7,8 / 2,9 / 8,2	23 Sa	2 26 / 8 07 / 14 46 / 20 27	1,9 / 8,6 / 2,2 / 9,0
9 Sa	3 29 / 9 13 / 15 47 / 21 20	2,4 / 8,2 / 2,5 / 8,6	24 So	3 26 / 9 01 / 15 44 / 21 19	1,5 / 9,0 / 1,8 / 9,3
10 So	4 08 / 9 48 / 16 24 / 21 56	2,0 / 8,6 / 2,2 / 8,9	25 Mo	4 18 / 9 48 / 16 36 / 22 06	1,2 / 9,3 / 1,4 / 9,5
11 Mo	4 43 / 10 19 / 16 59 / 22 30	1,8 / 8,8 / 1,9 / 9,0	26 Di ●	5 06 / 10 32 / 17 23 / 22 51	1,0 / 9,6 / 1,2 / 9,6
12 Di ○	5 17 / 10 50 / 17 34 / 23 02	1,6 / 9,0 / 1,7 / 9,2	27 Mi	5 49 / 11 14 / 18 08 / 23 34	1,0 / 9,6 / 1,1 / 9,5
13 Mi	5 51 / 11 21 / 18 10 / 23 36	1,5 / 9,1 / 1,6 / 9,2	28 Do	6 30 / 11 54 / 18 50	1,1 / 9,6 / 1,2
14 Do	6 26 / 11 53 / 18 47	1,5 / 9,2 / 1,6	29 Fr	0 16 / 7 08 / 12 34 / 19 31	9,3 / 1,4 / 9,4 / 1,5
15 Fr	0 10 / 7 00 / 12 27 / 19 23	9,1 / 1,6 / 9,2 / 1,7	30 Sa	0 57 / 7 46 / 13 13 / 20 11	9,0 / 1,9 / 9,0 / 1,9

Dezember

Tag	Zeit	Höhe	Tag	Zeit	Höhe
1 So	1 38 / 8 22 / 13 53 / 20 51	8,5 / 2,4 / 8,7 / 2,4	16 Mo	1 23 / 8 05 / 13 42 / 20 42	9,0 / 1,9 / 9,0 / 1,8
2 Mo	2 20 / 8 59 / 14 38 / 21 34	8,1 / 2,9 / 8,3 / 2,8	17 Di	2 13 / 8 51 / 14 33 / 21 33	8,7 / 2,2 / 8,8 / 2,0
3 Di	3 09 / 9 42 / 15 32 / 22 26	7,6 / 3,3 / 7,9 / 3,1	18 Mi	3 08 / 9 43 / 15 32 / 22 31	8,4 / 2,5 / 8,5 / 2,2
4 Mi ☽	4 08 / 10 39 / 16 36 / 23 31	7,3 / 3,7 / 7,6 / 3,3	19 Do ☾	4 11 / 10 44 / 16 39 / 23 38	8,2 / 2,7 / 8,4 / 2,3
5 Do	5 19 / 11 54 / 17 46	7,1 / 3,8 / 7,5	20 Fr	5 19 / 11 53 / 17 48	8,0 / 2,8 / 8,3
6 Fr	0 42 / 6 32 / 13 09 / 18 52	3,3 / 7,1 / 3,7 / 7,6	21 Sa	0 47 / 6 30 / 13 06 / 18 57	2,3 / 8,1 / 2,7 / 8,4
7 Sa	1 45 / 7 36 / 14 10 / 19 50	3,1 / 7,4 / 3,3 / 7,9	22 So	1 56 / 7 38 / 14 16 / 20 02	2,1 / 8,3 / 2,4 / 8,6
8 So	2 38 / 8 27 / 15 01 / 20 38	2,7 / 7,8 / 2,9 / 8,2	23 Mo	2 59 / 8 37 / 15 19 / 20 59	1,9 / 8,6 / 2,1 / 8,8
9 Mo	3 24 / 9 08 / 15 46 / 21 20	2,4 / 8,2 / 2,5 / 8,5	24 Di	3 55 / 9 29 / 16 16 / 21 51	1,7 / 8,9 / 1,8 / 9,0
10 Di	4 06 / 9 46 / 16 28 / 21 59	2,0 / 8,6 / 2,1 / 8,8	25 Mi	4 45 / 10 16 / 17 07 / 22 38	1,5 / 9,1 / 1,6 / 9,1
11 Mi	4 46 / 10 21 / 17 09 / 22 37	1,8 / 8,9 / 1,8 / 9,0	26 Do ●	5 30 / 10 59 / 17 54 / 23 23	1,5 / 9,3 / 1,5 / 9,1
12 Do ○	5 26 / 10 57 / 17 51 / 23 15	1,6 / 9,1 / 1,6 / 9,1	27 Fr	6 11 / 11 40 / 18 37	1,5 / 9,3 / 1,5
13 Fr	6 05 / 11 34 / 18 32 / 23 55	1,5 / 9,2 / 1,5 / 9,2	28 Sa	0 04 / 6 50 / 12 19 / 19 17	9,0 / 1,7 / 9,2 / 1,6
14 Sa	6 45 / 12 13 / 19 14	1,5 / 9,3 / 1,5	29 So	0 43 / 7 26 / 12 56 / 19 55	8,8 / 1,9 / 9,1 / 1,8
15 So	0 38 / 7 24 / 12 56 / 19 56	9,1 / 1,7 / 9,2 / 1,6	30 Mo	1 20 / 8 00 / 13 33 / 20 30	8,6 / 2,2 / 8,9 / 2,1
			31 Di	1 57 / 8 33 / 14 12 / 21 04	8,3 / 2,5 / 8,6 / 2,4

● Neumond   ☽ erstes Viertel   ○ Vollmond   ☾ letztes Viertel

UTC   Höhen sind auf SKN bezogen

Mittlere Tidenkurven

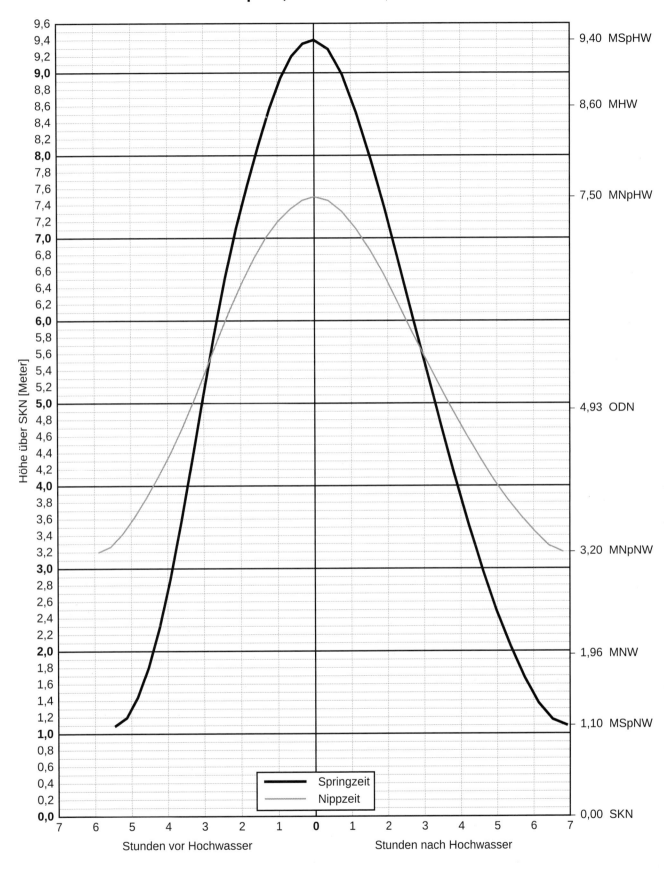

Avonmouth 2019

Breite: 51° 30' N, Länge: 2° 44' W

Zeiten (Stunden und Minuten) und Höhen (Meter) der Hoch- und Niedrigwasser

	Januar				Februar				März				April			
	Zeit Höhe		Zeit Höhe		Zeit Höhe		Zeit Höhe		Zeit Höhe		Zeit Höhe		Zeit Höhe		Zeit Höhe	
1 Di	3 01 9 24 15 31 22 04	10,8 3,3 11,1 3,1	**16** Mi	1 34 7 58 14 15 20 51	10,2 3,7 10,4 3,5	**1** Fr	4 30 10 59 16 59 23 31	10,6 3,2 10,9 2,9	**16** Sa	3 39 10 26 16 26 23 07	10,5 3,4 10,9 2,9	**1** Fr	2 46 8 37 15 28 21 28	9,5 4,2 9,6 4,2	**16** Sa	1 32 7 50 14 30 21 06	10,0 3,8 9,9 3,9	**1** Mo	4 30 10 59 16 59 23 29	10,4 3,1 10,7 2,8	**16** Di	4 23 11 12 17 01 23 38	11,3 2,2 11,9 1,8
2 Mi	4 04 10 33 16 30 23 06	11,1 2,9 11,4 2,7	**17** Do	2 53 9 31 15 37 22 18	10,4 3,6 10,7 3,2	**2** Sa	5 26 11 57 17 51	11,3 2,5 11,5	**17** So	4 58 11 44 17 34	11,5 2,5 12,0	**2** Sa	4 01 10 24 16 34 23 03	9,9 3,7 10,2 3,4	**17** So	3 16 10 11 16 11 22 52	10,2 3,5 10,7 3,0	**2** Di	5 21 11 53 17 45	11,3 2,2 11,6	**17** Mi	5 23 12 11 17 55	12,5 1,3 13,0
3 Do	4 59 11 31 17 24	11,6 2,4 11,8	**18** Fr	4 13 10 54 16 48 23 29	11,0 3,0 11,5 2,5	**3** So	0 24 6 13 12 48 18 37	2,2 12,0 2,0 12,0	**18** Mo	0 14 5 58 12 48 18 30	2,0 12,6 1,6 13,0	**3** So	5 01 11 31 17 29 23 59	10,7 2,8 11,0 2,5	**18** Mo	4 42 11 32 17 21	11,3 2,4 11,9	**3** Mi	0 20 6 04 12 43 18 26	2,0 12,1 1,6 12,2	**18** Do	0 34 6 14 13 06 18 42	0,9 13,4 0,6 13,7
4 Fr	0 00 5 49 12 24 18 12	2,2 12,1 2,0 12,2	**19** Sa	5 18 12 00 17 48	11,9 2,3 12,3	**4** Mo ●	1 13 6 56 13 36 19 19	1,8 12,4 1,6 12,3	**19** Di ○	1 15 6 51 13 47 19 21	1,2 13,5 0,9 13,7	**4** Mo	5 51 12 23 18 15	11,6 2,0 11,8	**19** Di	0 00 5 43 12 35 18 15	1,9 12,5 1,4 13,0	**4** Do	1 08 6 44 13 29 19 04	1,5 12,5 1,3 12,6	**19** Fr ○	1 27 7 01 13 55 19 26	0,4 14,0 0,2 14,1
5 Sa	0 50 6 33 13 12 18 56	1,8 12,5 1,7 12,4	**20** So	0 30 6 12 13 00 18 42	1,8 12,8 1,6 13,1	**5** Di	1 59 7 36 14 21 19 57	1,6 12,7 1,5 12,5	**20** Mi	2 10 7 40 14 40 20 08	0,6 14,2 0,4 14,2	**5** Di	0 49 6 34 13 12 18 56	1,8 12,3 1,5 12,3	**20** Mi	0 59 6 35 13 30 19 04	1,0 13,6 0,6 13,9	**5** Fr ●	1 52 7 22 14 13 19 40	1,4 12,7 1,2 12,7	**20** Sa	2 15 7 44 14 40 20 07	0,1 14,2 0,1 14,2
6 So ●	1 36 7 15 13 57 19 37	1,6 12,7 1,6 12,5	**21** Mo	1 27 7 03 13 57 19 33	1,3 13,5 1,2 13,6	**6** Mi	2 41 8 13 15 01 20 32	1,6 12,7 1,6 12,4	**21** Do	3 00 8 27 15 27 20 53	0,2 14,5 0,1 14,3	**6** Mi ●	1 37 7 14 13 59 19 34	1,4 12,7 1,3 12,6	**21** Do	1 52 7 23 14 21 19 50	0,3 14,3 0,1 14,3	**6** Sa	2 33 7 57 14 50 20 13	1,4 12,8 1,4 12,7	**21** So	2 58 8 26 15 19 20 46	0,1 14,1 0,4 13,9
7 Mo	2 19 7 54 14 39 20 14	1,6 12,7 1,7 12,4	**22** Di	2 21 7 53 14 50 20 22	0,9 14,0 0,8 13,9	**7** Do	3 17 8 47 15 34 21 04	1,8 12,5 1,8 12,3	**22** Fr	3 43 9 10 16 08 21 35	0,1 14,5 0,2 14,1	**7** Do	2 21 7 50 14 41 20 09	1,4 12,8 1,3 12,6	**22** Fr	2 41 8 08 15 07 20 32	0,0 14,5 -0,1 14,4	**7** So	3 06 8 29 15 20 20 43	1,6 12,7 1,6 12,6	**22** Mo	3 34 9 03 15 50 21 21	0,5 13,6 1,0 13,3
8 Di	2 56 8 30 15 14 20 49	1,8 12,6 1,9 12,2	**23** Mi	3 10 8 40 15 38 21 09	0,7 14,2 0,7 13,9	**8** Fr	3 43 9 18 15 57 21 32	2,0 12,3 2,0 12,1	**23** Sa	4 21 9 51 16 41 22 14	0,3 14,2 0,6 13,6	**8** Fr	3 00 8 24 15 17 20 41	1,5 12,7 1,5 12,5	**23** Sa	3 24 8 49 15 46 21 12	-0,1 14,5 0,1 14,2	**8** Mo	3 29 9 00 15 39 21 13	1,8 12,6 1,7 12,6	**23** Di	4 02 9 38 16 10 21 52	1,1 12,9 1,6 12,5
9 Mi	3 26 9 04 15 42 21 21	2,1 12,3 2,2 12,0	**24** Do	3 55 9 26 16 21 21 54	0,6 14,1 0,7 13,7	**9** Sa	3 58 9 46 16 15 22 00	2,1 12,1 2,1 11,9	**24** So	4 51 10 30 17 07 22 50	0,8 13,5 1,3 12,8	**9** Sa	3 30 8 55 15 43 21 09	1,7 12,6 1,8 12,4	**24** So	3 59 9 28 16 17 21 48	0,2 14,1 0,7 13,6	**9** Di	3 45 9 31 15 58 21 44	1,8 12,5 1,7 12,4	**24** Mi	4 22 10 09 16 28 22 21	1,7 12,1 2,2 11,7
10 Do	3 46 9 35 16 05 21 51	2,3 12,0 2,3 11,7	**25** Fr	4 34 10 10 16 58 22 36	0,8 13,8 1,0 13,2	**10** So	4 20 10 14 16 40 22 29	2,1 11,9 2,1 11,7	**25** Mo	5 16 11 06 17 31 23 25	1,5 12,5 2,0 11,8	**10** So	3 46 9 23 15 58 21 36	1,9 12,4 1,9 12,3	**25** Mo	4 27 10 03 16 38 22 20	0,8 13,3 1,4 12,8	**10** Mi	4 10 10 06 16 27 22 21	1,7 12,2 1,8 12,0	**25** Do	4 45 10 39 16 53 22 54	2,3 11,1 2,7 10,8
11 Fr	4 08 10 05 16 30 22 21	2,4 11,7 2,4 11,4	**26** Sa	5 10 10 54 17 32 23 18	1,2 13,2 1,5 12,5	**11** Mo	4 50 10 47 17 13 23 06	2,1 11,6 2,2 11,4	**26** Di ☾	5 44 11 45 18 01	2,2 11,4 2,7	**11** Mo	4 01 9 51 16 17 22 05	1,9 12,3 1,9 12,1	**26** Di	4 48 10 35 16 57 22 50	1,5 12,4 2,0 11,8	**11** Do	4 43 10 46 17 02 23 04	1,9 11,6 2,2 11,4	**26** Fr ☾	5 17 11 15 17 27 23 36	2,9 10,2 3,4 9,9
12 Sa	4 37 10 36 17 03 22 54	2,5 11,4 2,5 11,1	**27** So ☾	5 44 11 38 18 06	1,8 12,3 2,1	**12** Di	5 26 11 28 17 52 23 51	2,4 11,2 2,6 11,0	**27** Mi	0 06 6 22 12 34 18 44	10,7 3,0 10,3 3,5	**12** Di	4 28 10 23 16 47 22 40	1,9 12,0 1,9 11,8	**27** Mi	5 11 11 08 17 23 23 24	2,2 11,3 2,7 10,7	**12** Fr ☾	5 23 11 35 17 47 23 59	2,4 10,9 2,9 10,7	**27** Sa	6 03 12 09 18 20	3,6 9,4 4,1
13 So	5 12 11 14 17 42 23 36	2,7 11,0 2,8 10,8	**28** Mo	0 03 6 20 12 29 18 45	11,6 2,4 11,4 2,8	**13** Mi	6 09 12 20 18 42	2,9 10,7 3,1	**28** Do	1 07 7 16 13 59 19 49	9,8 3,8 9,5 4,2	**13** Mi	5 01 11 03 17 22 23 22	2,0 11,5 2,3 11,3	**28** Do	5 45 11 47 18 00 ☾	2,9 10,1 3,5	**13** Sa	6 15 12 41 18 51	3,2 10,2 3,6	**28** So	0 54 7 15 13 52 19 49	9,2 4,1 9,0 4,4
14 Mo ☽	5 55 12 01 18 30	3,0 10,7 3,1	**29** Di	0 58 7 07 13 34 19 37	10,8 3,1 10,6 3,5	**14** Do ☽	0 48 7 06 13 28 19 49	10,4 3,5 10,3 3,6				**14** Do	5 40 11 52 18 07 ☽	2,5 10,8 2,9	**29** Fr	0 12 6 34 12 54 19 01	9,7 3,8 9,2 4,3	**14** So ☽	1 16 7 37 14 19 20 56	10,1 3,7 10,0 3,8	**29** Mo	2 43 8 39 15 18 21 22	9,4 4,0 9,5 4,0
15 Di	0 28 6 48 13 02 19 30	10,4 3,5 10,4 3,5	**30** Mi	2 12 8 11 14 51 20 52	10,2 3,7 10,3 3,8	**15** Fr	2 04 8 31 14 56 21 37	10,2 3,8 10,3 3,6				**15** Fr	0 17 6 32 12 57 19 10	10,6 3,3 10,2 3,6	**30** Sa	1 55 7 53 14 51 20 35	9,1 4,3 9,1 4,5	**15** Mo	3 02 9 57 15 55 22 33	10,3 3,3 10,7 2,9	**30** Di	3 48 10 02 16 17 22 42	10,1 3,3 10,4 3,1
			31 Do	3 26 9 43 15 59 22 27	10,2 3,7 10,4 3,6							**31** So	3 28 9 31 16 03 22 26	9,5 4,0 9,8 3,8						

● Neumond ☽ erstes Viertel ○ Vollmond ☾ letztes Viertel

UTC   Höhen sind auf SKN bezogen

Gezeitenvorausberechnungen

Avonmouth 2019

Breite: 51° 30' N, Länge: 2° 44' W

Zeiten (Stunden und Minuten) und Höhen (Meter) der Hoch- und Niedrigwasser

Mai

Tag	Zeit	Höhe	Tag	Zeit	Höhe
1 Mi	4 41 / 11 09 / 17 06 / 23 40	10,9 / 2,5 / 11,2 / 2,4	16 Do	4 57 / 11 41 / 17 28	12,3 / 1,5 / 12,6
2 Do	5 27 / 12 03 / 17 50	11,7 / 1,9 / 11,9	17 Fr	0 05 / 5 48 / 12 35 / 18 16	1,2 / 13,0 / 1,0 / 13,3
3 Fr	0 29 / 6 09 / 12 52 / 18 30	1,8 / 12,2 / 1,5 / 12,4	18 Sa	0 57 / 6 36 / 13 25 / 19 00 ○	0,8 / 13,4 / 0,7 / 13,6
4 Sa ●	1 16 / 6 49 / 13 37 / 19 08	1,6 / 12,6 / 1,4 / 12,7	19 So	1 45 / 7 20 / 14 11 / 19 41	0,6 / 13,6 / 0,7 / 13,6
5 So	1 59 / 7 26 / 14 18 / 19 44	1,5 / 12,7 / 1,4 / 12,8	20 Mo	2 30 / 8 01 / 14 51 / 20 20	0,7 / 13,4 / 0,9 / 13,3
6 Mo	2 37 / 8 03 / 14 53 / 20 19	1,5 / 12,8 / 1,5 / 12,9	21 Di	3 08 / 8 40 / 15 25 / 20 57	1,0 / 13,0 / 1,4 / 12,9
7 Di	3 08 / 8 39 / 15 21 / 20 54	1,6 / 12,8 / 1,5 / 12,8	22 Mi	3 39 / 9 16 / 15 48 / 21 29	1,5 / 12,5 / 1,9 / 12,3
8 Mi	3 34 / 9 16 / 15 48 / 21 31	1,6 / 12,6 / 1,6 / 12,6	23 Do	4 03 / 9 48 / 16 07 / 22 00	2,0 / 11,8 / 2,3 / 11,6
9 Do	4 03 / 9 55 / 16 18 / 22 11	1,7 / 12,3 / 1,8 / 12,2	24 Fr	4 26 / 10 19 / 16 32 / 22 33	2,4 / 11,2 / 2,7 / 11,0
10 Fr	4 37 / 10 39 / 16 56 / 22 57	2,0 / 11,8 / 2,2 / 11,6	25 Sa	4 58 / 10 54 / 17 05 / 23 12	2,7 / 10,5 / 3,1 / 10,3
11 Sa	5 20 / 11 30 / 17 43 / 23 54	2,4 / 11,1 / 2,8 / 10,9	26 So ☾	5 40 / 11 39 / 17 51	3,2 / 9,9 / 3,6
12 So ☽	6 16 / 12 36 / 18 51	3,0 / 10,5 / 3,4	27 Mo	0 09 / 6 38 / 12 44 / 18 59	9,7 / 3,6 / 9,5 / 4,0
13 Mo	1 11 / 7 43 / 14 06 / 20 39	10,5 / 3,3 / 10,4 / 3,4	28 Di	1 33 / 7 50 / 14 09 / 20 21	9,6 / 3,7 / 9,5 / 4,0
14 Di	2 44 / 9 29 / 15 29 / 22 04	10,7 / 3,0 / 10,9 / 2,7	29 Mi	2 50 / 9 01 / 15 20 / 21 37	9,9 / 3,4 / 10,1 / 3,5
15 Mi	3 57 / 10 41 / 16 34 / 23 08	11,5 / 2,2 / 11,8 / 1,9	30 Do	3 50 / 10 10 / 16 18 / 22 45	10,6 / 2,9 / 10,8 / 2,9
			31 Fr	4 43 / 11 14 / 17 08 / 23 43	11,2 / 2,3 / 11,5 / 2,3

Juni

Tag	Zeit	Höhe	Tag	Zeit	Höhe
1 Sa	5 30 / 12 09 / 17 54	11,9 / 1,9 / 12,2	16 So	0 27 / 6 10 / 12 55 / 18 35	1,4 / 12,6 / 1,4 / 12,8
2 So	0 35 / 6 14 / 12 59 / 18 36	1,9 / 12,4 / 1,6 / 12,6	17 Mo	1 17 / 6 57 / 13 42 / 19 18 ○	1,2 / 12,8 / 1,3 / 12,9
3 Mo ●	1 23 / 6 57 / 13 45 / 19 17	1,6 / 12,7 / 1,4 / 12,9	18 Di	2 04 / 7 40 / 14 26 / 19 59	1,2 / 12,7 / 1,4 / 12,8
4 Di	2 08 / 7 40 / 14 28 / 19 58	1,5 / 12,9 / 1,3 / 13,1	19 Mi	2 46 / 8 20 / 15 04 / 20 37	1,4 / 12,5 / 1,7 / 12,6
5 Mi	2 49 / 8 23 / 15 07 / 20 40	1,4 / 12,9 / 1,4 / 13,1	20 Do	3 22 / 8 58 / 15 34 / 21 12	1,8 / 12,2 / 2,1 / 12,2
6 Do	3 28 / 9 06 / 15 44 / 21 23	1,5 / 12,9 / 1,5 / 12,9	21 Fr	3 50 / 9 32 / 15 56 / 21 45	2,1 / 11,8 / 2,4 / 11,8
7 Fr	4 06 / 9 51 / 16 21 / 22 07	1,6 / 12,6 / 1,7 / 12,5	22 Sa	4 15 / 10 04 / 16 19 / 22 17	2,4 / 11,4 / 2,6 / 11,3
8 Sa	4 45 / 10 37 / 17 01 / 22 55	1,8 / 12,2 / 2,0 / 12,1	23 So	4 43 / 10 36 / 16 49 / 22 52	2,5 / 11,0 / 2,8 / 10,8
9 So	5 29 / 11 28 / 17 49 / 23 51	2,1 / 11,6 / 2,4 / 11,5	24 Mo	5 19 / 11 13 / 17 27 / 23 33	2,8 / 10,6 / 3,0 / 10,4
10 Mo ☽	6 23 / 12 28 / 18 50	2,5 / 11,1 / 2,8	25 Di ☾	6 03 / 11 59 / 18 16	3,0 / 10,2 / 3,4
11 Di	0 59 / 7 31 / 13 42 / 20 08	11,1 / 2,8 / 10,9 / 2,9	26 Mi	0 27 / 6 58 / 12 58 / 19 19	10,1 / 3,3 / 10,0 / 3,7
12 Mi	2 17 / 8 51 / 14 56 / 21 27	11,1 / 2,7 / 11,0 / 2,7	27 Do	1 36 / 8 04 / 14 08 / 20 35	10,0 / 3,4 / 10,0 / 3,7
13 Do	3 26 / 10 04 / 16 01 / 22 34	11,4 / 2,5 / 11,5 / 2,3	28 Fr	2 47 / 9 14 / 15 19 / 21 50	10,3 / 3,2 / 10,4 / 3,3
14 Fr	4 26 / 11 07 / 16 58 / 23 33	11,8 / 2,1 / 12,0 / 1,8	29 Sa	3 52 / 10 25 / 16 23 / 22 59	10,8 / 2,7 / 11,1 / 2,7
15 Sa	5 21 / 12 03 / 17 49	12,3 / 1,7 / 12,5	30 So	4 51 / 11 28 / 17 19 / 23 58	11,4 / 2,3 / 11,8 / 2,2

Juli

Tag	Zeit	Höhe	Tag	Zeit	Höhe
1 Mo	5 44 / 12 25 / 18 09	12,1 / 1,8 / 12,5	16 Di ○	0 52 / 6 37 / 13 18 / 18 58	1,8 / 12,1 / 1,8 / 12,5
2 Di ●	0 53 / 6 33 / 13 19 / 18 56	1,7 / 12,6 / 1,5 / 13,0	17 Mi	1 41 / 7 22 / 14 05 / 19 40	1,6 / 12,3 / 1,7 / 12,6
3 Mi	1 46 / 7 22 / 14 09 / 19 43	1,5 / 12,9 / 1,3 / 13,3	18 Do	2 27 / 8 03 / 14 47 / 20 20	1,6 / 12,3 / 1,7 / 12,5
4 Do	2 36 / 8 11 / 14 57 / 20 29	1,3 / 13,1 / 1,2 / 13,4	19 Fr	3 08 / 8 41 / 15 23 / 20 56	1,8 / 12,1 / 2,0 / 12,3
5 Fr	3 24 / 8 58 / 15 42 / 21 16	1,2 / 13,2 / 1,1 / 13,4	20 Sa	3 42 / 9 15 / 15 50 / 21 28	2,0 / 11,9 / 2,2 / 12,0
6 Sa	4 09 / 9 45 / 16 24 / 22 02	1,2 / 13,1 / 1,2 / 13,2	21 So	4 07 / 9 46 / 16 09 / 21 59	2,2 / 11,7 / 2,4 / 11,7
7 So	4 50 / 10 31 / 17 04 / 22 49	1,3 / 12,8 / 1,5 / 12,8	22 Mo	4 29 / 10 15 / 16 32 / 22 28	2,3 / 11,4 / 2,5 / 11,4
8 Mo	5 31 / 11 18 / 17 46 / 23 38	1,6 / 12,3 / 1,8 / 12,2	23 Di	4 56 / 10 46 / 17 02 / 23 01	2,4 / 11,2 / 2,6 / 11,1
9 Di ☽	6 14 / 12 09 / 18 33	2,0 / 11,7 / 2,3	24 Mi	5 30 / 11 21 / 17 40 / 23 42	2,6 / 10,9 / 2,9 / 10,7
10 Mi	0 35 / 7 03 / 13 10 / 19 29	11,6 / 2,4 / 11,2 / 2,7	25 Do ☾	6 12 / 12 07 / 18 27	2,9 / 10,5 / 3,3
11 Do	1 43 / 8 04 / 14 19 / 20 41	11,2 / 2,8 / 10,9 / 3,0	26 Fr	0 35 / 7 05 / 13 06 / 19 29	10,3 / 3,2 / 10,2 / 3,7
12 Fr	2 52 / 9 19 / 15 27 / 21 57	11,0 / 3,0 / 10,9 / 3,0	27 Sa	1 43 / 8 16 / 14 19 / 20 55	10,2 / 3,5 / 10,2 / 3,7
13 Sa	3 56 / 10 32 / 16 29 / 23 03	11,1 / 2,9 / 11,2 / 2,6	28 So	3 02 / 9 40 / 15 40 / 22 21	10,4 / 3,3 / 10,6 / 3,2
14 So	4 56 / 11 33 / 17 24	11,4 / 2,5 / 11,7	29 Mo	4 17 / 10 56 / 16 49 / 23 31	11,0 / 2,7 / 11,4 / 2,5
15 Mo	0 00 / 5 48 / 12 28 / 18 13	2,1 / 11,8 / 2,1 / 12,2	30 Di	5 21 / 12 00 / 17 47	11,7 / 2,1 / 12,3
			31 Mi	0 33 / 6 16 / 13 00 / 18 39	1,9 / 12,5 / 1,6 / 13,0

August

Tag	Zeit	Höhe	Tag	Zeit	Höhe
1 Do ●	1 32 / 7 08 / 13 57 / 19 29	1,4 / 13,1 / 1,2 / 13,6	16 Fr	2 08 / 7 44 / 14 30 / 20 00	1,5 / 12,4 / 1,6 / 12,7
2 Fr	2 28 / 7 59 / 14 49 / 20 18	1,0 / 13,5 / 0,9 / 13,9	17 Sa	2 51 / 8 20 / 15 09 / 20 36	1,5 / 12,3 / 1,7 / 12,6
3 Sa	3 19 / 8 47 / 15 37 / 21 05	0,7 / 13,7 / 0,7 / 14,0	18 So	3 27 / 8 53 / 15 40 / 21 07	1,7 / 12,2 / 2,0 / 12,3
4 So	4 04 / 9 33 / 16 18 / 21 49	0,6 / 13,7 / 0,7 / 13,8	19 Mo	3 55 / 9 23 / 15 58 / 21 35	2,0 / 12,0 / 2,3 / 12,1
5 Mo	4 44 / 10 16 / 16 56 / 22 33	0,8 / 13,4 / 1,0 / 13,4	20 Di	4 12 / 9 49 / 16 12 / 22 01	2,2 / 11,8 / 2,4 / 11,8
6 Di	5 19 / 10 58 / 17 30 / 23 16	1,2 / 12,8 / 1,5 / 12,7	21 Mi	4 30 / 10 16 / 16 36 / 22 30	2,3 / 11,6 / 2,4 / 11,5
7 Mi	5 51 / 11 42 / 18 05	1,8 / 12,1 / 2,1	22 Do ☽	4 57 / 10 47 / 17 08 / 23 06	2,4 / 11,3 / 2,6 / 11,1
8 Do	0 03 / 6 26 / 12 32 / 18 46	11,8 / 2,4 / 11,2 / 2,8	23 Fr ☾	5 32 / 11 28 / 17 46 / 23 53	2,6 / 10,9 / 3,0 / 10,6
9 Fr	1 02 / 7 12 / 13 38 / 19 44	10,9 / 3,1 / 10,5 / 3,5	24 Sa	6 16 / 12 20 / 18 37	3,1 / 10,5 / 3,6
10 Sa	2 17 / 8 19 / 14 54 / 21 14	10,3 / 3,7 / 10,2 / 3,8	25 So	0 56 / 7 17 / 13 31 / 19 55	10,1 / 3,7 / 10,0 / 4,0
11 So	3 30 / 9 57 / 16 03 / 22 37	10,3 / 3,7 / 10,5 / 3,4	26 Mo	2 20 / 8 55 / 15 04 / 21 53	10,0 / 3,8 / 10,2 / 3,7
12 Mo	4 34 / 11 08 / 17 03 / 23 38	10,6 / 3,2 / 11,1 / 2,7	27 Di	3 54 / 10 33 / 16 28 / 23 16	10,5 / 3,2 / 11,1 / 2,8
13 Di	5 30 / 12 05 / 17 55	11,2 / 2,5 / 11,8	28 Mi	5 05 / 11 45 / 17 32	11,5 / 2,4 / 12,2
14 Mi	0 31 / 6 19 / 12 57 / 18 41	2,1 / 11,8 / 1,9 / 12,4	29 Do	0 22 / 6 03 / 12 47 / 18 25	1,9 / 12,5 / 1,6 / 13,2
15 Do ○	1 21 / 7 03 / 13 45 / 19 22	1,6 / 12,2 / 1,6 / 12,7	30 Fr ●	1 21 / 6 55 / 13 44 / 19 15	1,2 / 13,4 / 1,0 / 14,0
			31 Sa	2 16 / 7 44 / 14 37 / 20 02	0,6 / 13,9 / 0,5 / 14,4

● Neumond   ☽ erstes Viertel   ○ Vollmond   ☾ letztes Viertel

UTC   Höhen sind auf SKN bezogen

147

Avonmouth 2019

Breite: 51° 30′ N, Länge: 2° 44′ W

Zeiten (Stunden und Minuten) und Höhen (Meter) der Hoch- und Niedrigwasser

September				October				November				Dezember			
Zeit	Höhe	Zeit	Höhe	Zeit	Höhe	Zeit	Höhe	Zeit	Höhe	Zeit	Höhe	Zeit	Höhe	Zeit	Höhe
1 So 3 06 / 8 30 / 15 23 / 20 47	0,3 / 14,2 / 0,3 / 14,5	**16** Mo 3 05 / 8 26 / 15 20 / 20 41	1,5 / 12,5 / 1,8 / 12,6	**1** Di 3 26 / 8 49 / 15 41 / 21 06	0,2 / 14,3 / 0,4 / 14,3	**16** Mi 3 06 / 8 27 / 15 16 / 20 42	1,8 / 12,5 / 2,1 / 12,5	**1** Fr 4 00 / 9 37 / 16 13 / 21 55	1,7 / 12,8 / 1,9 / 12,4	**16** Sa 3 29 / 9 08 / 15 43 / 21 32	2,0 / 12,5 / 2,2 / 12,2	**1** So 4 02 / 9 51 / 16 19 / 22 10	2,4 / 12,0 / 2,6 / 11,4	**16** Mo 3 59 / 9 43 / 16 21 / 22 11	1,9 / 12,6 / 2,1 / 12,3
2 Mo 3 49 / 9 13 / 16 04 / 21 30	0,3 / 14,1 / 0,4 / 14,3	**17** Di 3 34 / 8 55 / 15 41 / 21 09	1,9 / 12,3 / 2,2 / 12,3	**2** Mi 4 01 / 9 28 / 16 13 / 21 44	0,7 / 13,8 / 0,9 / 13,6	**17** Do 3 27 / 8 54 / 15 31 / 21 11	2,1 / 12,4 / 2,3 / 12,3	**2** Sa 4 19 / 10 10 / 16 35 / 22 28	2,4 / 11,9 / 2,6 / 11,4	**17** So 3 57 / 9 47 / 16 14 / 22 13	2,2 / 12,1 / 2,4 / 11,7	**2** Mo 4 25 / 10 25 / 16 48 / 22 45	2,9 / 11,3 / 3,0 / 10,7	**17** Di 4 36 / 10 28 / 17 01 / 22 58	2,1 / 12,3 / 2,3 / 11,8
3 Di 4 26 / 9 54 / 16 37 / 22 10	0,6 / 13,7 / 0,8 / 13,7	**18** Mi 3 51 / 9 21 / 15 50 / 21 34	2,2 / 12,1 / 2,3 / 12,1	**3** Do 4 28 / 10 03 / 16 38 / 22 20	1,4 / 13,0 / 1,7 / 12,6	**18** Fr 3 42 / 9 23 / 15 51 / 21 42	2,2 / 12,2 / 2,3 / 12,0	**3** So 4 42 / 10 44 / 17 05 / 23 04	3,0 / 11,0 / 3,2 / 10,3	**18** Mo 4 32 / 10 30 / 16 53 / 23 00	2,5 / 11,6 / 2,7 / 11,2	**3** Di 4 55 / 11 04 / 17 27 / 23 26	3,3 / 10,6 / 3,5 / 10,0	**18** Mi 5 19 / 11 18 / 17 48 / 23 51	2,5 / 11,8 / 2,6 / 11,3
4 Mi 4 56 / 10 32 / 17 05 / 22 48	1,2 / 13,0 / 1,5 / 12,8	**19** Do 4 04 / 9 47 / 16 11 / 22 02	2,2 / 11,9 / 2,3 / 11,8	**4** Fr 4 47 / 10 37 / 17 00 / 22 54	2,2 / 12,0 / 2,4 / 11,5	**19** Sa 4 07 / 9 57 / 16 21 / 22 20	2,3 / 11,9 / 2,4 / 11,5	**4** Mo 5 14 / 11 27 / 17 48 / 23 56 ☽	3,7 / 10,0 / 4,0 / 9,4	**19** Di 5 15 / 11 22 / 17 43 / 23 59 ☾	3,0 / 11,1 / 3,3 / 10,5	**4** Mi 5 36 / 11 56 / 18 19 ☽	3,8 / 9,9 / 3,9	**19** Do 6 11 / 12 17 / 18 46	2,9 / 11,4 / 3,0
5 Do 5 20 / 11 10 / 17 32 / 23 27	1,9 / 12,1 / 2,2 / 11,7	**20** Fr 4 28 / 10 18 / 16 40 / 22 38	2,3 / 11,6 / 2,5 / 11,4	**5** Sa 5 10 / 11 12 / 17 30 / 23 33 ☽	2,9 / 10,9 / 3,2 / 10,3	**20** So 4 39 / 10 38 / 16 57 / 23 06	2,5 / 11,3 / 2,8 / 10,8	**5** Di 6 02 / 12 50 / 18 56	4,4 / 9,3 / 4,5	**20** Mi 6 12 / 12 30 / 18 54	3,6 / 10,6 / 3,7	**5** Do 0 25 / 6 36 / 13 17 / 19 27	9,5 / 4,2 / 9,6 / 4,1	**20** Fr 0 55 / 7 16 / 13 30 / 20 01	10,9 / 3,2 / 11,1 / 3,2
6 Fr 5 47 / 11 50 / 18 05 ☽	2,7 / 11,0 / 3,1	**21** Sa 5 00 / 10 57 / 17 16 / 23 23	2,6 / 11,1 / 2,9 / 10,7	**6** So 5 44 / 12 01 / 18 16	3,7 / 9,8 / 4,1	**21** Mo 5 20 / 11 29 / 17 44 ☾	3,1 / 10,6 / 3,5	**6** Mi 1 49 / 7 26 / 14 34 / 20 25	9,0 / 4,8 / 9,5 / 4,5	**21** Do 1 19 / 7 40 / 14 01 / 20 47	10,2 / 3,8 / 10,6 / 3,6	**6** Fr 1 52 / 7 54 / 14 37 / 20 39	9,5 / 4,3 / 9,9 / 3,9	**21** Sa 2 13 / 8 40 / 14 48 / 21 26	10,8 / 3,2 / 11,2 / 3,0
7 Sa 0 15 / 6 24 / 12 49 / 18 55	10,5 / 3,5 / 10,0 / 3,9	**22** So 5 41 / 11 48 / 18 02 ☾	3,1 / 10,5 / 3,5	**7** Mo 0 42 / 6 38 / 13 52 / 19 34	9,2 / 4,5 / 9,2 / 4,7	**22** Di 0 06 / 6 15 / 12 39 / 18 54	10,1 / 3,8 / 10,1 / 4,1	**7** Do 3 07 / 9 10 / 15 36 / 21 58	9,5 / 4,4 / 10,2 / 3,7	**22** Fr 2 53 / 9 27 / 15 24 / 22 11	10,6 / 3,4 / 11,2 / 2,8	**7** Sa 3 06 / 9 13 / 15 37 / 21 51	9,9 / 4,0 / 10,4 / 3,4	**22** So 3 27 / 10 00 / 15 55 / 22 38	11,1 / 2,9 / 11,6 / 2,6
8 So 1 38 / 7 24 / 14 25 / 20 18	9,6 / 4,3 / 9,6 / 4,4	**23** Mo 0 23 / 6 36 / 12 58 / 19 12	10,0 / 3,8 / 9,9 / 4,2	**8** Di 2 40 / 8 18 / 15 14 / 21 45	9,1 / 4,9 / 9,6 / 4,4	**23** Mi 1 35 / 7 52 / 14 24 / 21 22	9,8 / 4,2 / 10,1 / 3,9	**8** Fr 4 03 / 10 33 / 16 28 / 22 59	10,3 / 3,5 / 11,0 / 2,8	**23** Sa 4 03 / 10 38 / 16 27 / 23 14	11,5 / 2,5 / 12,1 / 2,0	**8** So 4 03 / 10 25 / 16 29 / 22 56	10,6 / 3,3 / 11,1 / 2,7	**23** Mo 4 30 / 11 05 / 16 55 / 23 38	11,7 / 2,4 / 12,1 / 2,1
9 Mo 3 07 / 9 15 / 15 41 / 22 16	9,5 / 4,4 / 9,9 / 4,0	**24** Di 1 51 / 8 13 / 14 40 / 21 38	9,7 / 4,2 / 10,0 / 4,0	**9** Mi 3 47 / 10 22 / 16 14 / 22 52	9,8 / 4,0 / 10,5 / 3,3	**24** Do 3 22 / 10 01 / 15 53 / 22 45	10,4 / 3,5 / 11,1 / 2,8	**9** Sa 4 52 / 11 26 / 17 13 / 23 49	11,2 / 2,6 / 11,8 / 2,1	**24** So 5 00 / 11 37 / 17 22	12,4 / 1,7 / 12,9	**9** Mo 4 53 / 11 25 / 17 16 / 23 51	11,3 / 2,7 / 11,7 / 2,2	**24** Di 5 25 / 12 02 / 17 48	12,3 / 1,9 / 12,6
10 Di 4 14 / 10 48 / 16 42 / 23 19	10,1 / 3,6 / 10,7 / 3,0	**25** Mi 3 40 / 10 20 / 16 13 / 23 06	10,3 / 3,5 / 11,0 / 2,9	**10** Do 4 42 / 11 17 / 17 06 / 23 41	10,7 / 3,0 / 11,5 / 2,3	**25** Fr 4 32 / 11 10 / 16 55 / 23 45	11,6 / 2,4 / 12,3 / 1,7	**10** So 5 35 / 12 13 / 17 55	12,0 / 2,0 / 12,4	**25** Mo 0 09 / 5 50 / 12 31 / 18 11	1,4 / 13,1 / 1,2 / 13,5	**10** Di 5 38 / 12 15 / 18 00	12,0 / 2,2 / 12,2	**25** Mi 0 32 / 6 13 / 12 55 / 18 37	1,7 / 12,8 / 1,5 / 12,9
11 Mi 5 10 / 11 44 / 17 34	10,9 / 2,7 / 11,6	**26** Do 4 52 / 11 31 / 17 16	11,5 / 2,4 / 12,3	**11** Fr 5 29 / 12 05 / 17 50	11,6 / 2,1 / 12,3	**26** Sa 5 27 / 12 07 / 17 48	12,7 / 1,4 / 13,4	**11** Mo 0 35 / 6 14 / 12 58 / 18 33	1,6 / 12,5 / 1,7 / 12,7	**26** Di 1 00 / 6 36 / 13 21 / 18 57 ●	1,0 / 13,6 / 0,9 / 13,8	**11** Mi 0 40 / 6 20 / 13 03 / 18 42	1,8 / 12,5 / 1,9 / 12,6	**26** Do 1 22 / 6 59 / 13 44 / 19 22 ●	1,4 / 13,1 / 1,4 / 13,0
12 Do 0 09 / 5 58 / 12 34 / 18 19	2,1 / 11,7 / 1,9 / 12,4	**27** Fr 0 08 / 5 48 / 12 31 / 18 09	1,8 / 12,7 / 1,5 / 13,4	**12** Sa 0 28 / 6 10 / 12 51 / 18 29	1,6 / 12,3 / 1,6 / 12,8	**27** So 0 39 / 6 15 / 13 00 / 18 35	0,9 / 13,6 / 0,8 / 14,1	**12** Di 1 19 / 6 51 / 13 40 / 19 10 ○	1,4 / 12,8 / 1,7 / 12,8	**27** Mi 1 48 / 7 19 / 14 08 / 19 40	0,8 / 13,8 / 0,9 / 13,7	**12** Do 1 26 / 7 00 / 13 47 / 19 23 ○	1,6 / 12,8 / 1,8 / 12,8	**27** Fr 2 08 / 7 42 / 14 30 / 20 06	1,4 / 13,2 / 1,4 / 12,9
13 Fr 0 58 / 6 40 / 13 21 / 18 59	1,5 / 12,3 / 1,5 / 12,8	**28** Sa 1 04 / 6 37 / 13 26 / 18 57 ●	0,9 / 13,6 / 0,8 / 14,2	**13** So 1 13 / 6 48 / 13 35 / 19 06 ○	1,3 / 12,7 / 1,4 / 12,9	**28** Mo 1 30 / 7 00 / 13 49 / 19 19 ●	0,5 / 14,1 / 0,4 / 14,4	**13** Mi 2 00 / 7 27 / 14 18 / 19 46	1,5 / 12,8 / 1,8 / 12,8	**28** Do 2 31 / 8 00 / 14 50 / 20 22	1,0 / 13,7 / 1,1 / 13,4	**13** Fr 2 08 / 7 40 / 14 29 / 20 04	1,6 / 13,0 / 1,8 / 12,8	**28** Sa 2 50 / 8 23 / 15 11 / 20 46	1,6 / 13,0 / 1,7 / 12,6
14 Sa 1 44 / 7 18 / 14 06 / 19 36 ○	1,3 / 12,6 / 1,4 / 12,9	**29** So 1 56 / 7 24 / 14 16 / 19 42	0,4 / 14,2 / 0,3 / 14,6	**14** Mo 1 56 / 7 23 / 14 16 / 19 41	1,2 / 12,8 / 1,5 / 12,9	**29** Di 2 16 / 7 43 / 14 35 / 20 02	0,3 / 14,3 / 0,4 / 14,4	**14** Do 2 35 / 8 01 / 14 50 / 20 20	1,7 / 12,8 / 1,9 / 12,7	**29** Fr 3 09 / 8 40 / 15 26 / 21 01	1,4 / 13,3 / 1,5 / 12,9	**14** Sa 2 47 / 8 20 / 15 08 / 20 45	1,6 / 13,0 / 1,8 / 12,7	**29** So 3 26 / 9 01 / 15 44 / 21 22	1,9 / 12,7 / 2,0 / 12,2
15 So 2 27 / 7 54 / 14 46 / 20 10	1,3 / 12,6 / 1,5 / 12,8	**30** Mo 2 44 / 8 08 / 15 02 / 20 26	0,1 / 14,4 / 0,2 / 14,6	**15** Di 2 35 / 7 56 / 14 51 / 20 13	1,4 / 12,7 / 1,8 / 12,7	**30** Mi 2 58 / 8 24 / 15 15 / 20 43	0,5 / 14,0 / 0,7 / 14,0	**15** Fr 3 04 / 8 34 / 15 17 / 20 55	1,9 / 12,7 / 2,1 / 12,5	**30** Sa 3 39 / 9 17 / 15 55 / 21 37	1,9 / 12,7 / 2,1 / 12,2	**15** So 3 24 / 9 01 / 15 44 / 21 27	1,7 / 12,9 / 1,9 / 12,6	**30** Mo 3 53 / 9 36 / 16 10 / 21 55	2,3 / 12,2 / 2,4 / 11,8
						31 Do 3 34 / 9 02 / 15 48 / 21 20	1,0 / 13,6 / 1,2 / 13,3							**31** Di 4 14 / 10 09 / 16 36 / 22 26	2,6 / 11,7 / 2,6 / 11,3

● Neumond　　☽ erstes Viertel　　○ Vollmond　　☾ letztes Viertel

UTC　　Höhen sind auf SKN bezogen

Mittlere Tidenkurven | 149

Avonmouth

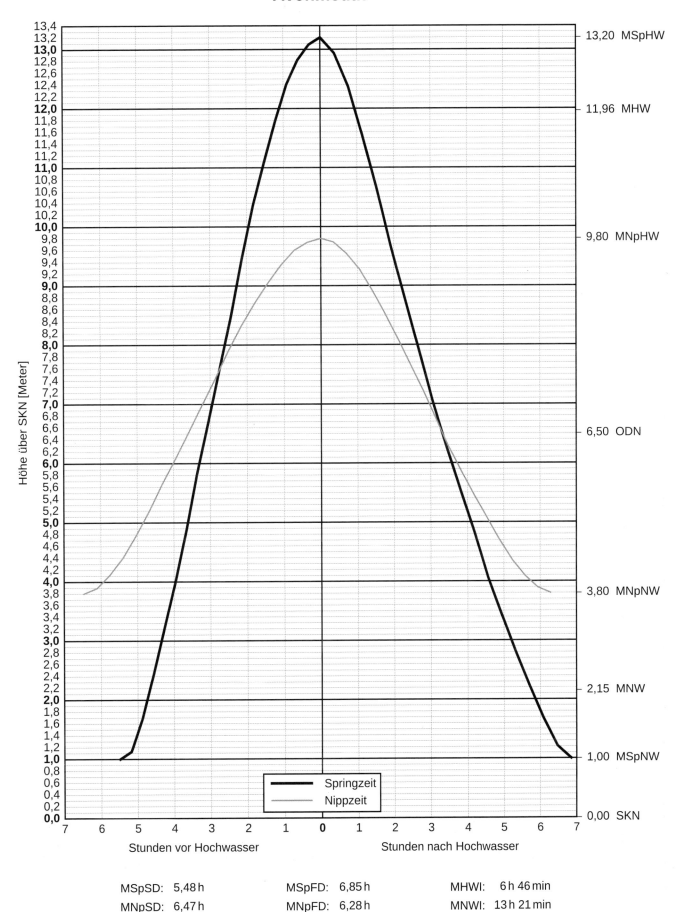

MSpSD: 5,48 h	MSpFD: 6,85 h	MHWI: 6 h 46 min	
MNpSD: 6,47 h	MNpFD: 6,28 h	MNWI: 13 h 21 min	

Stand Tidenkurven: 1955
Stand Gezeitengrundwerte: 2019

Cobh 2019

Breite: 51° 51' N, Länge: 8° 18' W

Zeiten (Stunden und Minuten) und Höhen (Meter) der Hoch- und Niedrigwasser

Januar

	Zeit	Höhe		Zeit	Höhe
1 Di	1 11 7 55 13 49 20 28	3,5 1,0 3,6 1,0	**16** Mi	0 06 6 54 12 44 19 27	3,5 1,3 3,5 1,3
2 Mi	2 17 8 59 14 50 21 27	3,6 1,0 3,7 0,9	**17** Do	1 15 8 02 13 51 20 33	3,5 1,2 3,6 1,2
3 Do	3 17 9 56 15 44 22 19	3,7 0,9 3,8 0,8	**18** Fr	2 23 9 07 14 56 21 34	3,7 1,0 3,7 0,9
4 Fr	4 09 10 45 16 31 23 04	3,9 0,8 3,9 0,8	**19** Sa	3 27 10 08 15 56 22 31	3,8 0,8 3,9 0,7
5 Sa	4 54 11 27 17 13 23 42	4,0 0,8 3,9 0,7	**20** So	4 25 11 02 16 51 23 22	4,1 0,6 4,1 0,5
6 So ●	5 34 12 02 17 50	4,1 0,8 4,0	**21** Mo ○	5 18 11 52 17 41	4,2 0,4 4,2
7 Mo	0 16 6 10 12 34 18 22	0,7 4,1 0,8 4,0	**22** Di	0 09 6 06 12 39 18 27	0,3 4,3 0,3 4,3
8 Di	0 48 6 44 13 04 18 54	0,7 4,1 0,9 3,9	**23** Mi	0 56 6 53 13 25 19 14	0,2 4,4 0,2 4,2
9 Mi	1 19 7 17 13 36 19 26	0,8 4,0 0,9 3,9	**24** Do	1 42 7 40 14 11 20 00	0,2 4,3 0,3 4,2
10 Do	1 51 7 51 14 11 20 00	0,9 3,9 1,0 3,8	**25** Fr	2 29 8 27 14 58 20 46	0,3 4,2 0,4 4,0
11 Fr	2 27 8 28 14 49 20 37	1,0 3,9 1,1 3,8	**26** Sa	3 17 9 14 15 46 21 34	0,4 4,0 0,6 3,9
12 Sa	3 07 9 07 15 32 21 19	1,1 3,8 1,2 3,7	**27** So ☾	4 06 10 03 16 36 22 23	0,6 3,8 0,8 3,7
13 So	3 52 9 51 16 19 22 07	1,2 3,7 1,3 3,6	**28** Mo	5 00 10 56 17 32 23 19	0,8 3,6 1,0 3,5
14 Mo ☽	4 45 10 41 17 14 23 02	1,3 3,6 1,4 3,5	**29** Di	6 01 11 57 18 37	1,0 3,4 1,2
15 Di	5 46 11 39 18 19	1,4 3,5 1,4	**30** Mi	0 26 7 10 13 08 19 48	3,4 1,1 3,3 1,2
			31 Do	1 40 8 24 14 18 20 57	3,4 1,2 3,4 1,1

Februar

	Zeit	Höhe		Zeit	Höhe
1 Fr	2 49 9 33 15 20 21 58	3,5 1,1 3,5 1,0	**16** Sa	1 51 8 40 14 31 21 10	3,5 1,1 3,5 1,0
2 Sa	3 47 10 28 16 12 22 48	3,7 0,9 3,7 0,8	**17** So	3 06 9 49 15 39 22 13	3,7 0,8 3,7 0,7
3 So	4 36 11 12 16 56 23 28	3,8 0,8 3,8 0,7	**18** Mo	4 10 10 47 16 37 23 07	4,0 0,5 4,0 0,4
4 Mo ●	5 17 11 48 17 34	4,0 0,7 3,9	**19** Di	5 04 11 38 17 27 23 55	4,2 0,2 4,2 0,2
5 Di	0 01 5 54 12 18 18 08	0,7 4,1 0,7 4,0	**20** Mi	5 52 12 24 18 13	4,3 0,1 4,3
6 Mi	0 31 6 27 12 45 18 38	0,6 4,1 0,7 4,0	**21** Do	0 40 6 38 13 09 18 57	0,0 4,4 0,0 4,3
7 Do	0 58 6 59 13 14 19 08	0,7 4,0 0,8 3,9	**22** Fr	1 24 7 20 13 52 19 39	0,0 4,3 0,1 4,2
8 Fr	1 28 7 29 13 47 19 38	0,7 4,0 0,8 3,9	**23** Sa	2 08 8 04 14 35 20 22	0,1 4,2 0,2 4,1
9 Sa	2 01 8 01 14 21 20 11	0,8 3,9 0,9 3,8	**24** So	2 52 8 46 15 18 21 04	0,3 4,0 0,4 3,9
10 So	2 37 8 36 14 58 20 48	0,9 3,9 1,0 3,8	**25** Mo	3 37 9 30 16 03 21 48	0,5 3,8 0,7 3,7
11 Mo	3 17 9 15 15 38 21 29	1,0 3,8 1,1 3,7	**26** Di ☾	4 24 10 16 16 52 22 37	0,7 3,6 0,9 3,5
12 Di	4 02 9 59 16 24 22 18	1,1 3,7 1,2 3,6	**27** Mi	5 18 11 10 17 51 23 39	1,0 3,3 1,2 3,2
13 Mi	4 57 10 53 17 24 23 19	1,3 3,5 1,3 3,5	**28** Do	6 23 12 22 19 03	1,2 3,1 1,3
14 Do	6 06 11 59 18 41	1,3 3,4 1,4			
15 Fr	0 32 7 24 13 15 19 59	3,4 1,3 3,4 1,3			

März

	Zeit	Höhe		Zeit	Höhe
1 Fr	1 02 7 42 13 46 20 23	3,2 1,3 3,1 1,3	**16** Sa	0 01 6 53 12 48 19 30	3,3 1,3 3,3 1,2
2 Sa	2 22 9 05 14 56 21 35	3,3 1,2 3,3 1,1	**17** So	1 28 8 16 14 11 20 48	3,4 1,1 3,4 1,0
3 So	3 24 10 07 15 51 22 28	3,5 1,0 3,5 0,9	**18** Mo	2 49 9 29 15 23 21 54	3,6 0,8 3,7 0,6
4 Mo	4 14 10 53 16 36 23 09	3,7 0,8 3,7 0,7	**19** Di	3 53 10 29 16 20 22 49	3,9 0,4 3,9 0,3
5 Di	4 56 11 28 17 15 23 42	3,9 0,7 3,9 0,6	**20** Mi	4 46 11 20 17 10 23 37	4,1 0,2 4,2 0,1
6 Mi ●	5 33 11 57 17 49	4,0 0,6 3,9	**21** Do ○	5 33 12 05 17 54	4,3 0,0 4,3
7 Do	0 09 6 05 12 23 18 18	0,5 4,0 0,6 3,9	**22** Fr	0 21 6 16 12 48 18 36	0,0 4,4 0,0 4,3
8 Fr	0 35 6 35 12 50 18 46	0,5 4,0 0,6 3,9	**23** Sa	1 04 6 57 13 29 19 16	0,0 4,3 0,0 4,2
9 Sa	1 03 7 03 13 21 19 14	0,6 4,0 0,6 3,9	**24** So	1 45 7 38 14 10 19 55	0,0 4,2 0,2 4,1
10 So	1 34 7 32 13 54 19 44	0,6 4,0 0,7 3,9	**25** Mo	2 26 8 17 14 50 20 35	0,2 4,0 0,4 3,9
11 Mo	2 10 8 05 14 29 20 19	0,7 3,9 0,8 3,9	**26** Di	3 08 8 57 15 32 21 15	0,5 3,8 0,6 3,7
12 Di	2 48 8 43 15 06 20 58	0,8 3,8 0,9 3,8	**27** Mi	3 52 9 39 16 18 22 00	0,7 3,5 0,9 3,4
13 Mi	3 31 9 26 15 50 21 45	1,0 3,7 1,1 3,6	**28** Do ☾	4 43 10 28 17 14 22 58	1,0 3,2 1,2 3,2
14 Do ☽	4 24 10 19 16 47 22 45	1,1 3,5 1,2 3,5	**29** Fr	5 44 11 35 18 24	1,2 3,0 1,3
15 Fr	5 32 11 27 18 04	1,3 3,3 1,3	**30** Sa	0 22 7 00 13 10 19 44	3,0 1,3 3,0 1,3
			31 So	1 51 8 24 14 27 21 00	3,1 1,2 3,1 1,1

April

	Zeit	Höhe		Zeit	Höhe
1 Mo	2 55 9 32 15 23 21 57	3,4 1,0 3,4 0,9	**16** Di	2 31 9 08 15 03 21 33	3,6 0,7 3,7 0,6
2 Di	3 45 10 20 16 09 22 39	3,6 0,8 3,6 0,7	**17** Mi	3 33 10 07 16 00 22 29	3,9 0,4 3,9 0,3
3 Mi	4 27 10 57 16 48 23 13	3,8 0,6 3,8 0,6	**18** Do	4 25 10 58 16 49 23 17	4,1 0,2 4,1 0,1
4 Do	5 04 11 27 17 22 23 41	3,9 0,6 3,9 0,5	**19** Fr ○	5 11 11 43 17 33	4,2 0,0 4,2
5 Fr ●	5 37 11 54 17 52	4,0 0,5 3,9	**20** Sa	0 01 5 54 12 26 18 14	0,0 4,3 0,0 4,2
6 Sa	0 07 6 06 12 23 18 20	0,5 4,0 0,5 3,9	**21** So	0 42 6 34 13 06 18 53	0,0 4,2 0,1 4,2
7 So	0 37 6 35 12 55 18 49	0,5 4,0 0,5 3,9	**22** Mo	1 23 7 12 13 46 19 30	0,2 4,1 0,2 4,1
8 Mo	1 10 7 06 13 29 19 21	0,5 4,0 0,6 3,9	**23** Di	2 02 7 50 14 26 20 08	0,3 3,9 0,4 3,9
9 Di	1 46 7 40 14 05 19 56	0,6 3,9 0,7 3,9	**24** Mi	2 43 8 28 15 07 20 48	0,5 3,7 0,7 3,7
10 Mi	2 27 8 20 14 45 20 37	0,7 3,8 0,8 3,8	**25** Do	3 25 9 08 15 51 21 31	0,8 3,5 0,9 3,5
11 Do	3 12 9 05 15 32 21 26	0,9 3,7 1,0 3,6	**26** Fr ☾	4 13 9 54 16 43 22 24	1,0 3,2 1,1 3,2
12 Fr	4 06 10 00 16 31 22 27	1,1 3,5 1,1 3,5	**27** Sa	5 10 10 52 17 48 23 37	1,2 3,0 1,3 3,1
13 Sa	5 14 11 09 17 45 23 44	1,1 3,3 1,2 3,3	**28** So	6 20 12 17 19 01	1,3 3,0 1,3
14 So	6 34 12 30 19 09	1,2 3,2 1,1	**29** Mo	1 06 7 32 13 42 20 11	3,1 1,3 3,1 1,2
15 Mo	1 11 7 56 13 53 20 27	3,4 1,0 3,4 0,9	**30** Di	2 14 8 38 14 42 21 08	3,3 1,1 3,3 1,0

● Neumond ☽ erstes Viertel ○ Vollmond ☾ letztes Viertel

UTC   Höhen sind auf SKN bezogen

Gezeitenvorausberechnungen

Cobh 2019

Breite: 51° 51' N, Länge: 8° 18' W

Zeiten (Stunden und Minuten) und Höhen (Meter) der Hoch- und Niedrigwasser

Mai

	Zeit	Höhe		Zeit	Höhe
1 Mi	3 06 / 9 30 / 15 30 / 21 54	3,5 / 0,9 / 3,5 / 0,8	**16** Do	3 09 / 9 43 / 15 35 / 22 06	3,8 / 0,5 / 3,9 / 0,4
2 Do	3 50 / 10 12 / 16 10 / 22 33	3,7 / 0,7 / 3,7 / 0,7	**17** Fr	4 02 / 10 34 / 16 25 / 22 56	4,0 / 0,3 / 4,0 / 0,3
3 Fr	4 28 / 10 48 / 16 47 / 23 06	3,8 / 0,6 / 3,8 / 0,6	**18** Sa ○	4 49 / 11 21 / 17 11 / 23 40	4,1 / 0,2 / 4,1 / 0,2
4 Sa ●	5 03 / 11 22 / 17 20 / 23 38	3,9 / 0,5 / 3,9 / 0,5	**19** So	5 33 / 12 04 / 17 53	4,1 / 0,2 / 4,1
5 So	5 36 / 11 56 / 17 53	3,9 / 0,5 / 3,9	**20** Mo	0 22 / 6 12 / 12 45 / 18 31	0,3 / 4,0 / 0,3 / 4,1
6 Mo	0 13 / 6 09 / 12 33 / 18 26	0,5 / 4,0 / 0,5 / 4,0	**21** Di	1 01 / 6 50 / 13 24 / 19 09	0,4 / 4,0 / 0,4 / 4,0
7 Di	0 50 / 6 45 / 13 11 / 19 03	0,5 / 4,0 / 0,5 / 4,0	**22** Mi	1 40 / 7 27 / 14 03 / 19 46	0,5 / 3,8 / 0,6 / 3,9
8 Mi	1 30 / 7 24 / 13 51 / 19 43	0,5 / 3,9 / 0,6 / 3,9	**23** Do	2 18 / 8 03 / 14 43 / 20 25	0,7 / 3,7 / 0,7 / 3,7
9 Do	2 14 / 8 07 / 14 36 / 20 28	0,6 / 3,8 / 0,7 / 3,8	**24** Fr	2 59 / 8 42 / 15 25 / 21 07	0,9 / 3,5 / 0,9 / 3,5
10 Fr	3 03 / 8 57 / 15 26 / 21 20	0,7 / 3,7 / 0,8 / 3,7	**25** Sa	3 44 / 9 26 / 16 13 / 21 55	1,0 / 3,4 / 1,1 / 3,4
11 Sa	3 59 / 9 53 / 16 25 / 22 21	0,9 / 3,5 / 1,0 / 3,5	**26** So ☾	4 36 / 10 17 / 17 09 / 22 53	1,2 / 3,2 / 1,2 / 3,2
12 So ☽	5 04 / 10 59 / 17 35 / 23 34	1,0 / 3,4 / 1,0 / 3,4	**27** Mo	5 36 / 11 19 / 18 13	1,3 / 3,1 / 1,3
13 Mo	6 19 / 12 14 / 18 52	1,0 / 3,3 / 1,0	**28** Di	0 04 / 6 40 / 12 35 / 19 16	3,2 / 1,3 / 3,1 / 1,2
14 Di	0 55 / 7 35 / 13 31 / 20 05	3,5 / 0,9 / 3,5 / 0,8	**29** Mi	1 16 / 7 41 / 13 42 / 20 13	3,3 / 1,2 / 3,3 / 1,1
15 Mi	2 08 / 8 44 / 14 38 / 21 10	3,6 / 0,7 / 3,7 / 0,6	**30** Do	2 14 / 8 35 / 14 37 / 21 03	3,4 / 1,0 / 3,4 / 0,9
			31 Fr	3 02 / 9 24 / 15 24 / 21 49	3,6 / 0,9 / 3,6 / 0,8

Juni

	Zeit	Höhe		Zeit	Höhe
1 Sa	3 46 / 10 09 / 16 07 / 22 31	3,7 / 0,7 / 3,8 / 0,6	**16** So	4 27 / 11 00 / 16 50 / 23 22	3,9 / 0,5 / 4,0 / 0,5
2 So	4 27 / 10 52 / 16 48 / 23 13	3,8 / 0,6 / 3,9 / 0,5	**17** Mo ○	5 13 / 11 45 / 17 34	3,9 / 0,5 / 4,0
3 Mo ●	5 08 / 11 34 / 17 29 / 23 54	3,9 / 0,5 / 4,0 / 0,5	**18** Di	0 03 / 5 53 / 12 26 / 18 13	0,5 / 3,9 / 0,5 / 4,0
4 Di	5 48 / 12 15 / 18 09	4,0 / 0,5 / 4,0	**19** Mi	0 42 / 6 31 / 13 04 / 18 50	0,6 / 3,9 / 0,6 / 3,9
5 Mi	0 36 / 6 30 / 12 58 / 18 51	0,4 / 4,0 / 0,5 / 4,0	**20** Do	1 18 / 7 06 / 13 41 / 19 27	0,7 / 3,8 / 0,7 / 3,9
6 Do	1 20 / 7 14 / 13 43 / 19 36	0,5 / 3,9 / 0,5 / 4,0	**21** Fr	1 53 / 7 42 / 14 18 / 20 04	0,8 / 3,7 / 0,8 / 3,8
7 Fr	2 07 / 8 01 / 14 31 / 20 24	0,5 / 3,9 / 0,6 / 3,9	**22** Sa	2 31 / 8 19 / 14 56 / 20 43	0,9 / 3,6 / 0,9 / 3,7
8 Sa	2 58 / 8 53 / 15 22 / 21 17	0,6 / 3,8 / 0,7 / 3,8	**23** So	3 12 / 8 59 / 15 38 / 21 26	1,0 / 3,5 / 1,0 / 3,5
9 So	3 53 / 9 48 / 16 19 / 22 16	0,7 / 3,6 / 0,7 / 3,7	**24** Mo	3 57 / 9 44 / 16 24 / 22 13	1,1 / 3,4 / 1,1 / 3,4
10 Mo ☽	4 54 / 10 48 / 17 22 / 23 21	0,8 / 3,5 / 0,8 / 3,6	**25** Di ☾	4 48 / 10 34 / 17 18 / 23 06	1,2 / 3,3 / 1,2 / 3,4
11 Di	6 01 / 11 54 / 18 31	0,9 / 3,5 / 0,8	**26** Mi	5 46 / 11 31 / 18 18	1,2 / 3,3 / 1,2
12 Mi	0 31 / 7 11 / 13 03 / 19 40	3,6 / 0,8 / 3,5 / 0,8	**27** Do	0 07 / 6 46 / 12 35 / 19 18	3,4 / 1,2 / 3,3 / 1,2
13 Do	1 39 / 8 17 / 14 08 / 20 45	3,6 / 0,7 / 3,6 / 0,7	**28** Fr	1 10 / 7 45 / 13 38 / 20 15	3,4 / 1,1 / 3,4 / 1,1
14 Fr	2 41 / 9 17 / 15 07 / 21 43	3,7 / 0,6 / 3,8 / 0,6	**29** Sa	2 08 / 8 41 / 14 36 / 21 09	3,5 / 1,0 / 3,5 / 0,9
15 Sa	3 37 / 10 11 / 16 01 / 22 35	3,8 / 0,5 / 3,9 / 0,5	**30** So	3 03 / 9 29 / 15 30 / 22 02	3,7 / 0,9 / 3,7 / 0,8

Juli

	Zeit	Höhe		Zeit	Höhe
1 Mo	3 55 / 10 26 / 16 21 / 22 51	3,8 / 0,7 / 3,9 / 0,6	**16** Di ○	4 55 / 11 29 / 17 17 / 23 48	3,8 / 0,6 / 3,9 / 0,6
2 Di ●	4 44 / 11 15 / 17 09 / 23 39	3,9 / 0,6 / 4,0 / 0,5	**17** Mi	5 36 / 12 08 / 17 57	3,8 / 0,6 / 3,9
3 Mi	5 32 / 12 01 / 17 56	4,0 / 0,4 / 4,1	**18** Do	0 23 / 6 13 / 12 44 / 18 33	0,7 / 3,8 / 0,6 / 3,9
4 Do	0 25 / 6 18 / 12 47 / 18 41	0,4 / 4,0 / 0,4 / 4,1	**19** Fr	0 55 / 6 48 / 13 17 / 19 07	0,7 / 3,8 / 0,7 / 3,9
5 Fr	1 11 / 7 05 / 13 34 / 19 28	0,3 / 4,0 / 0,3 / 4,1	**20** Sa	1 27 / 7 21 / 13 50 / 19 41	0,8 / 3,8 / 0,7 / 3,8
6 Sa	1 59 / 7 53 / 14 22 / 20 17	0,4 / 4,0 / 0,4 / 4,0	**21** So	2 01 / 7 55 / 14 23 / 20 16	0,8 / 3,7 / 0,8 / 3,8
7 So	2 49 / 8 43 / 15 11 / 21 08	0,4 / 3,9 / 0,4 / 3,9	**22** Mo	2 37 / 8 31 / 14 59 / 20 54	0,9 / 3,6 / 0,9 / 3,7
8 Mo	3 40 / 9 34 / 16 04 / 22 01	0,5 / 3,8 / 0,6 / 3,8	**23** Di	3 17 / 9 10 / 15 39 / 21 34	1,0 / 3,6 / 1,0 / 3,6
9 Di ☽	4 35 / 10 28 / 17 00 / 22 57	0,7 / 3,7 / 0,7 / 3,7	**24** Mi	4 01 / 9 53 / 16 24 / 22 19	1,1 / 3,5 / 1,1 / 3,6
10 Mi	5 35 / 11 26 / 18 02 / 23 11	0,8 / 3,6 / 0,8 / 3,5	**25** Do	4 51 / 10 42 / 17 18 / 23 11	1,2 / 3,4 / 1,2 / 3,5
11 Do	0 00 / 6 39 / 12 30 / 19 08	3,6 / 0,9 / 3,5 / 0,9	**26** Fr	5 50 / 11 40 / 18 22	1,3 / 3,4 / 1,2
12 Fr	1 07 / 7 46 / 13 37 / 20 16	3,5 / 0,9 / 3,5 / 0,9	**27** Sa	0 13 / 6 56 / 12 46 / 19 30	3,4 / 1,3 / 3,4 / 1,2
13 Sa	2 12 / 8 50 / 14 41 / 21 20	3,5 / 0,8 / 3,6 / 0,8	**28** So	1 20 / 8 02 / 13 54 / 20 35	3,4 / 1,2 / 3,5 / 1,1
14 So	3 12 / 9 50 / 15 40 / 22 18	3,6 / 0,8 / 3,8 / 0,7	**29** Mo	2 26 / 9 05 / 14 59 / 21 37	3,5 / 1,0 / 3,6 / 0,9
15 Mo	4 07 / 10 43 / 16 32 / 23 06	3,7 / 0,7 / 3,8 / 0,7	**30** Di	3 28 / 10 04 / 15 58 / 22 33	3,7 / 0,8 / 3,8 / 0,6
			31 Mi	4 25 / 10 57 / 16 52 / 23 24	3,9 / 0,5 / 4,0 / 0,4

August

	Zeit	Höhe		Zeit	Höhe
1 Do ●	5 16 / 11 46 / 17 41	4,0 / 0,3 / 4,2	**16** Fr	0 04 / 5 54 / 12 23 / 18 13	0,7 / 3,9 / 0,6 / 4,0
2 Fr	0 11 / 6 04 / 12 33 / 18 28	0,3 / 4,1 / 0,2 / 4,2	**17** Sa	0 32 / 6 27 / 12 51 / 18 45	0,7 / 3,9 / 0,6 / 4,0
3 Sa	0 58 / 6 51 / 13 19 / 19 14	0,2 / 4,1 / 0,2 / 4,2	**18** So	0 59 / 6 57 / 13 18 / 19 15	0,7 / 3,8 / 0,7 / 3,9
4 So	1 44 / 7 38 / 14 05 / 20 01	0,2 / 4,1 / 0,2 / 4,2	**19** Mo	1 29 / 7 27 / 13 48 / 19 46	0,8 / 3,8 / 0,8 / 3,9
5 Mo	2 31 / 8 25 / 14 52 / 20 48	0,3 / 4,0 / 0,3 / 4,0	**20** Di	2 03 / 7 59 / 14 21 / 20 19	0,8 / 3,7 / 0,8 / 3,8
6 Di	3 19 / 9 12 / 15 40 / 21 36	0,4 / 3,9 / 0,4 / 3,9	**21** Mi	2 40 / 8 35 / 14 58 / 20 55	0,9 / 3,7 / 0,9 / 3,8
7 Mi ☽	4 08 / 10 01 / 16 30 / 22 26	0,6 / 3,7 / 0,6 / 3,7	**22** Do	3 19 / 9 14 / 15 40 / 21 36	1,0 / 3,6 / 1,1 / 3,7
8 Do	5 02 / 10 53 / 17 26 / 23 23	0,8 / 3,6 / 0,8 / 3,5	**23** Fr ☾	4 02 / 9 59 / 16 29 / 22 26	1,2 / 3,5 / 1,2 / 3,5
9 Fr	6 03 / 11 54 / 18 32	1,0 / 3,4 / 1,0	**24** Sa	4 57 / 10 55 / 17 31 / 23 27	1,3 / 3,4 / 1,3 / 3,4
10 Sa	0 31 / 7 12 / 13 06 / 19 45	3,3 / 1,1 / 3,3 / 1,1	**25** So	6 08 / 12 03 / 18 49	1,3 / 3,3 / 1,3
11 So	1 44 / 8 25 / 14 19 / 21 00	3,3 / 1,1 / 3,4 / 1,0	**26** Mo	0 40 / 7 27 / 13 21 / 20 06	3,3 / 1,3 / 3,4 / 1,2
12 Mo	2 52 / 9 32 / 15 22 / 22 03	3,4 / 0,9 / 3,5 / 0,9	**27** Di	1 57 / 8 39 / 14 36 / 21 15	3,4 / 1,1 / 3,6 / 0,9
13 Di	3 49 / 10 29 / 16 15 / 22 53	3,5 / 0,8 / 3,7 / 0,8	**28** Mi	3 08 / 9 43 / 15 41 / 22 15	3,6 / 0,8 / 3,8 / 0,6
14 Mi	4 37 / 11 14 / 17 00 / 23 32	3,7 / 0,7 / 3,9 / 0,7	**29** Do	4 08 / 10 39 / 16 36 / 23 07	3,9 / 0,5 / 4,1 / 0,3
15 Do ○	5 19 / 11 51 / 17 39	3,8 / 0,6 / 4,0	**30** Fr ●	4 59 / 11 28 / 17 24 / 23 54	4,1 / 0,3 / 4,3 / 0,2
			31 Sa	5 47 / 12 14 / 18 10	4,2 / 0,1 / 4,3

● Neumond ☽ erstes Viertel ○ Vollmond ☾ letztes Viertel

UTC   Höhen sind auf SKN bezogen

Cobh 2019

Breite: 51° 51' N, Länge: 8° 18' W

Zeiten (Stunden und Minuten) und Höhen (Meter) der Hoch- und Niedrigwasser

September

Tag	Zeit	Höhe	Tag	Zeit	Höhe
1 So	0 39 / 6 31 / 12 59 / 18 53	0,1 / 4,3 / 0,0 / 4,3	16 Mo	0 30 / 6 30 / 12 47 / 18 46	0,7 / 3,9 / 0,6 / 4,0
2 Mo	1 23 / 7 16 / 13 43 / 19 37	0,1 / 4,2 / 0,1 / 4,2	17 Di	0 59 / 6 58 / 13 16 / 19 14	0,7 / 3,9 / 0,7 / 3,9
3 Di	2 07 / 8 00 / 14 27 / 20 21	0,2 / 4,1 / 0,2 / 4,1	18 Mi	1 31 / 7 28 / 13 49 / 19 44	0,8 / 3,8 / 0,8 / 3,9
4 Mi	2 52 / 8 44 / 15 12 / 21 05	0,4 / 3,9 / 0,4 / 3,9	19 Do	2 06 / 8 01 / 14 25 / 20 19	0,9 / 3,8 / 0,9 / 3,8
5 Do	3 38 / 9 29 / 15 59 / 21 51	0,6 / 3,7 / 0,7 / 3,6	20 Fr	2 44 / 8 38 / 15 06 / 21 00	1,0 / 3,7 / 1,0 / 3,7
6 Fr)	4 28 / 10 19 / 16 51 / 22 44	0,8 / 3,5 / 0,9 / 3,4	21 Sa	3 26 / 9 23 / 15 54 / 21 50	1,1 / 3,6 / 1,2 / 3,6
7 Sa	5 26 / 11 19 / 17 54 / 23 53	1,1 / 3,3 / 1,2 / 3,2	22 So ☾	4 21 / 10 20 / 16 57 / 22 53	1,3 / 3,4 / 1,3 / 3,4
8 So	6 38 / 12 38 / 19 14	1,2 / 3,2 / 1,3	23 Mo	5 34 / 11 32 / 18 18	1,4 / 3,3 / 1,4
9 Mo	1 18 / 8 00 / 13 59 / 20 41	3,1 / 1,2 / 3,2 / 1,2	24 Di	0 11 / 6 58 / 12 57 / 19 41	3,3 / 1,3 / 3,4 / 1,2
10 Di	2 33 / 9 15 / 15 04 / 21 47	3,3 / 1,1 / 3,4 / 1,0	25 Mi	1 36 / 8 16 / 14 18 / 20 55	3,4 / 1,1 / 3,6 / 0,9
11 Mi	3 30 / 10 11 / 15 55 / 22 35	3,5 / 0,8 / 3,7 / 0,8	26 Do	2 50 / 9 23 / 15 23 / 21 56	3,6 / 0,8 / 3,9 / 0,6
12 Do	4 17 / 10 54 / 16 38 / 23 12	3,7 / 0,7 / 3,9 / 0,7	27 Fr	3 49 / 10 19 / 16 17 / 22 47	3,9 / 0,4 / 4,1 / 0,3
13 Fr	4 57 / 11 29 / 17 16 / 23 41	3,8 / 0,6 / 4,0 / 0,7	28 Sa ●	4 40 / 11 08 / 17 04 / 23 34	4,2 / 0,2 / 4,3 / 0,1
14 Sa ○	5 32 / 11 57 / 17 49	3,9 / 0,6 / 4,0	29 So	5 26 / 11 53 / 17 49	4,3 / 0,0 / 4,4
15 So	0 05 / 6 02 / 12 22 / 18 18	0,6 / 3,9 / 0,6 / 4,0	30 Mo	0 17 / 6 09 / 12 37 / 18 30	0,0 / 4,3 / 0,0 / 4,4

Oktober

Tag	Zeit	Höhe	Tag	Zeit	Höhe
1 Di	1 00 / 6 52 / 13 20 / 19 12	0,1 / 4,3 / 0,1 / 4,3	16 Mi	0 31 / 6 31 / 12 49 / 18 45	0,7 / 4,0 / 0,7 / 4,0
2 Mi	1 42 / 7 34 / 14 02 / 19 53	0,2 / 4,2 / 0,3 / 4,1	17 Do	1 04 / 7 01 / 13 23 / 19 17	0,8 / 3,9 / 0,8 / 4,0
3 Do	2 25 / 8 16 / 14 45 / 20 34	0,4 / 4,0 / 0,5 / 3,9	18 Fr	1 40 / 7 35 / 14 02 / 19 53	0,8 / 3,9 / 0,9 / 3,9
4 Fr	3 10 / 8 59 / 15 31 / 21 18	0,6 / 3,8 / 0,8 / 3,6	19 Sa	2 20 / 8 15 / 14 45 / 20 36	1,0 / 3,8 / 1,0 / 3,8
5 Sa)	3 58 / 9 47 / 16 21 / 22 07	0,9 / 3,5 / 1,1 / 3,3	20 So	3 05 / 9 02 / 15 36 / 21 28	1,1 / 3,7 / 1,2 / 3,6
6 So	4 55 / 10 45 / 17 22 / 23 13	1,2 / 3,3 / 1,3 / 3,1	21 Mo ☾	4 02 / 10 01 / 16 40 / 22 33	1,3 / 3,5 / 1,3 / 3,4
7 Mo	6 06 / 12 08 / 18 41	1,3 / 3,1 / 1,4	22 Di	5 14 / 11 14 / 17 58 / 23 52	1,4 / 3,4 / 1,4 / 3,3
8 Di	0 48 / 7 30 / 13 35 / 20 10	3,0 / 1,3 / 3,2 / 1,3	23 Mi	6 37 / 12 39 / 19 21	1,3 / 3,4 / 1,2
9 Mi	2 08 / 8 47 / 14 39 / 21 17	3,2 / 1,2 / 3,4 / 1,1	24 Do	1 16 / 7 55 / 13 59 / 20 34	3,4 / 1,1 / 3,7 / 0,9
10 Do	3 05 / 9 42 / 15 28 / 22 04	3,4 / 0,9 / 3,7 / 0,9	25 Fr	2 29 / 9 01 / 15 03 / 21 34	3,7 / 0,8 / 3,9 / 0,6
11 Fr	3 50 / 10 25 / 16 11 / 22 41	3,7 / 0,8 / 3,9 / 0,8	26 Sa	3 28 / 9 58 / 15 56 / 22 26	4,0 / 0,5 / 4,2 / 0,4
12 Sa	4 29 / 10 59 / 16 48 / 23 10	3,8 / 0,7 / 4,0 / 0,7	27 So	4 19 / 10 48 / 16 43 / 23 13	4,2 / 0,3 / 4,3 / 0,2
13 So ○	5 04 / 11 27 / 17 21 / 23 34	3,9 / 0,6 / 4,1 / 0,7	28 Mo ●	5 05 / 11 34 / 17 27 / 23 56	4,3 / 0,2 / 4,4 / 0,2
14 Mo	5 35 / 11 52 / 17 50	4,0 / 0,6 / 4,1	29 Di	5 48 / 12 17 / 18 09	4,4 / 0,2 / 4,4
15 Di	0 01 / 6 02 / 12 19 / 18 16	0,7 / 4,0 / 0,7 / 4,0	30 Mi	0 38 / 6 30 / 12 59 / 18 49	0,2 / 4,3 / 0,3 / 4,2
			31 Do	1 20 / 7 10 / 13 41 / 19 28	0,3 / 4,2 / 0,4 / 4,1

November

Tag	Zeit	Höhe	Tag	Zeit	Höhe
1 Fr	2 02 / 7 51 / 14 23 / 20 07	0,5 / 4,0 / 0,7 / 3,8	16 Sa	1 25 / 7 21 / 13 49 / 19 39	0,8 / 4,0 / 0,9 / 3,9
2 Sa	2 45 / 8 33 / 15 06 / 20 48	0,8 / 3,8 / 0,9 / 3,6	17 So	2 08 / 8 04 / 14 36 / 20 25	0,9 / 3,9 / 1,0 / 3,8
3 So	3 32 / 9 19 / 15 54 / 21 34	1,0 / 3,6 / 1,2 / 3,4	18 Mo	2 57 / 8 54 / 15 28 / 21 19	1,0 / 3,8 / 1,1 / 3,6
4 Mo)	4 26 / 10 14 / 16 52 / 22 32	1,2 / 3,3 / 1,4 / 3,2	19 Di ☾	3 54 / 9 53 / 16 30 / 22 22	1,2 / 3,6 / 1,2 / 3,5
5 Di	5 32 / 11 27 / 18 02 / 23 56	1,4 / 3,2 / 1,5 / 3,1	20 Mi	5 01 / 11 02 / 17 42 / 23 35	1,2 / 3,6 / 1,3 / 3,4
6 Mi	6 48 / 12 53 / 19 21	1,4 / 3,2 / 1,5	21 Do	6 16 / 12 19 / 18 59	1,2 / 3,6 / 1,2
7 Do	1 25 / 8 00 / 14 00 / 20 27	3,2 / 1,3 / 3,4 / 1,3	22 Fr	0 52 / 7 31 / 13 34 / 20 10	3,5 / 1,0 / 3,7 / 1,0
8 Fr	2 26 / 8 57 / 14 51 / 21 18	3,4 / 1,1 / 3,6 / 1,1	23 Sa	2 03 / 8 38 / 14 38 / 21 11	3,7 / 0,8 / 3,9 / 0,7
9 Sa	3 14 / 9 43 / 15 35 / 21 58	3,6 / 0,9 / 3,8 / 0,9	24 So	3 03 / 9 37 / 15 33 / 22 04	3,9 / 0,6 / 4,1 / 0,5
10 So	3 54 / 10 21 / 16 14 / 22 32	3,8 / 0,8 / 3,9 / 0,8	25 Mo	3 57 / 10 29 / 16 22 / 22 53	4,1 / 0,5 / 4,2 / 0,4
11 Mo	4 31 / 10 53 / 16 48 / 23 04	3,9 / 0,7 / 4,0 / 0,7	26 Di ●	4 45 / 11 16 / 17 08 / 23 38	4,3 / 0,4 / 4,3 / 0,4
12 Di ○	5 04 / 11 24 / 17 20 / 23 35	4,0 / 0,7 / 4,1 / 0,7	27 Mi	5 30 / 12 00 / 17 51	4,3 / 0,4 / 4,2
13 Mi	5 36 / 11 56 / 17 51	4,0 / 0,7 / 4,1	28 Do	0 20 / 6 12 / 12 42 / 18 30	0,4 / 4,3 / 0,5 / 4,1
14 Do	0 09 / 6 08 / 12 30 / 18 23	0,7 / 4,1 / 0,6 / 4,1	29 Fr	1 01 / 6 52 / 13 23 / 19 08	0,5 / 4,2 / 0,6 / 4,0
15 Fr	0 46 / 6 43 / 13 08 / 18 59	0,7 / 4,0 / 0,8 / 4,0	30 Sa	1 42 / 7 31 / 14 03 / 19 45	0,7 / 4,0 / 0,8 / 3,8

Dezember

Tag	Zeit	Höhe	Tag	Zeit	Höhe
1 So	2 23 / 8 12 / 14 44 / 20 24	0,8 / 3,9 / 1,0 / 3,7	16 Mo	2 02 / 8 00 / 14 31 / 20 20	0,7 / 4,0 / 0,8 / 3,9
2 Mo	3 07 / 8 56 / 15 28 / 21 06	1,0 / 3,7 / 1,2 / 3,5	17 Di	2 51 / 8 50 / 15 22 / 21 13	0,8 / 3,9 / 0,9 / 3,8
3 Di	3 55 / 9 44 / 16 18 / 21 56	1,2 / 3,5 / 1,4 / 3,3	18 Mi	3 45 / 9 45 / 16 18 / 22 10	0,9 / 3,8 / 1,0 / 3,7
4 Mi)	4 52 / 10 41 / 17 17 / 22 56	1,4 / 3,4 / 1,5 / 3,2	19 Do ☾	4 44 / 10 46 / 17 21 / 23 13	1,0 / 3,7 / 1,1 / 3,6
5 Do	5 56 / 11 49 / 18 22	1,4 / 3,3 / 1,5	20 Fr	5 51 / 11 52 / 18 31	1,1 / 3,7 / 1,1
6 Fr	0 11 / 7 01 / 13 01 / 19 26	3,2 / 1,4 / 3,4 / 1,4	21 Sa	0 21 / 7 02 / 13 02 / 19 41	3,6 / 1,0 / 3,7 / 1,0
7 Sa	1 24 / 8 00 / 14 00 / 20 22	3,3 / 1,3 / 3,5 / 1,3	22 So	1 31 / 8 11 / 14 08 / 20 45	3,7 / 0,9 / 3,8 / 0,9
8 So	2 22 / 8 52 / 14 50 / 21 11	3,5 / 1,1 / 3,7 / 1,1	23 Mo	2 36 / 9 14 / 15 09 / 21 43	3,8 / 0,8 / 3,9 / 0,8
9 Mo	3 10 / 9 38 / 15 34 / 21 55	3,7 / 1,0 / 3,8 / 1,0	24 Di	3 35 / 10 12 / 16 03 / 22 36	3,9 / 0,7 / 4,0 / 0,7
10 Di	3 54 / 10 20 / 16 15 / 22 36	3,8 / 0,9 / 3,9 / 0,9	25 Mi	4 28 / 11 02 / 16 52 / 23 23	4,1 / 0,6 / 4,0 / 0,6
11 Mi	4 35 / 11 00 / 16 53 / 23 15	4,0 / 0,8 / 4,0 / 0,7	26 Do ●	5 16 / 11 48 / 17 36	4,2 / 0,6 / 4,1
12 Do ○	5 14 / 11 39 / 17 31 / 23 54	4,1 / 0,7 / 4,1 / 0,7	27 Fr	0 05 / 5 58 / 12 29 / 18 15	0,6 / 4,2 / 0,6 / 4,0
13 Fr	5 53 / 12 19 / 18 09	4,1 / 0,7 / 4,1	28 Sa	0 45 / 6 38 / 13 07 / 18 52	0,6 / 4,1 / 0,7 / 4,0
14 Sa	0 34 / 6 32 / 13 00 / 18 49	0,7 / 4,1 / 0,7 / 4,1	29 So	1 23 / 7 16 / 13 43 / 19 27	0,7 / 4,1 / 0,8 / 3,9
15 So	1 17 / 7 14 / 13 44 / 19 33	0,7 / 4,1 / 0,8 / 4,0	30 Mo	2 01 / 7 53 / 14 20 / 20 02	0,8 / 3,9 / 1,0 / 3,8
			31 Di	2 39 / 8 32 / 14 58 / 20 40	0,9 / 3,8 / 1,1 / 3,7

● Neumond   ) erstes Viertel   ○ Vollmond   ☾ letztes Viertel

UTC   Höhen sind auf SKN bezogen

Mittlere Tidenkurven | 153

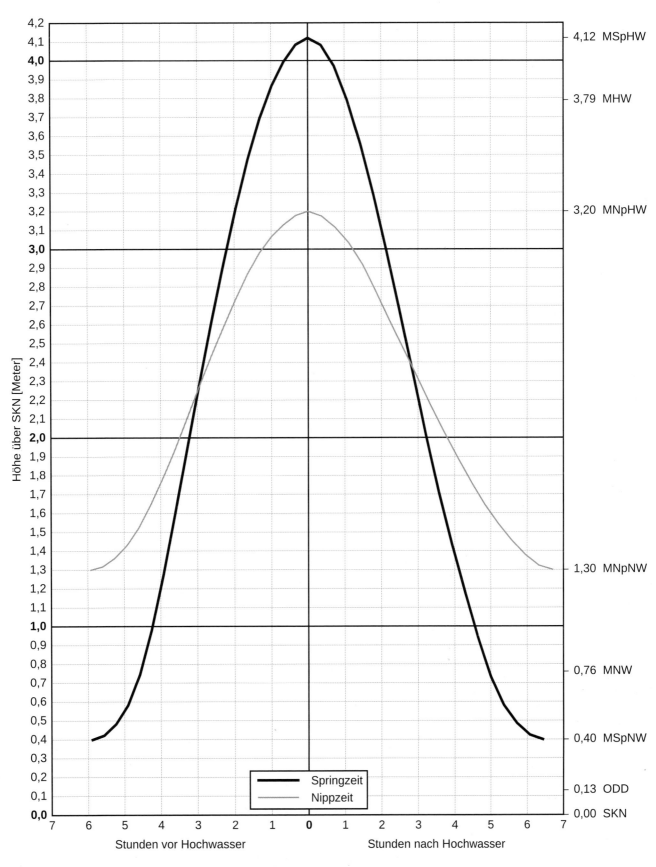

Cobh

MSpSD: 5,88 h	MSpFD: 6,43 h
MNpSD: 5,92 h	MNpFD: 6,70 h

MHWI: 5 h 03 min
MNWI: 11 h 35 min

Stand Tidenkurven: 1955
Stand Gezeitengrundwerte: 2019

Pointe de Grave 2019

Breite: 45° 34' N, Länge: 1° 04' W

Zeiten (Stunden und Minuten) und Höhen (Meter) der Hoch- und Niedrigwasser

Januar

Tag	Zeit	Höhe	Tag	Zeit	Höhe
1 Di	1 33 / 7 08 / 14 03 / 19 46	4,6 / 1,9 / 4,7 / 1,8	16 Mi	0 21 / 6 10 / 12 50 / 18 43	4,3 / 2,2 / 4,4 / 2,1
2 Mi	2 29 / 8 12 / 14 59 / 20 43	4,7 / 1,8 / 4,8 / 1,7	17 Do	1 29 / 7 16 / 13 59 / 19 47	4,5 / 2,0 / 4,6 / 1,9
3 Do	3 17 / 9 07 / 15 45 / 21 32	4,8 / 1,7 / 4,8 / 1,6	18 Fr	2 30 / 8 18 / 15 01 / 20 45	4,7 / 1,8 / 4,9 / 1,6
4 Fr	3 59 / 9 54 / 16 25 / 22 14	5,0 / 1,6 / 4,9 / 1,5	19 Sa	3 23 / 9 17 / 15 55 / 21 40	5,0 / 1,5 / 5,1 / 1,4
5 Sa	4 37 / 10 36 / 17 02 / 22 53	5,1 / 1,5 / 4,9 / 1,5	20 So	4 14 / 10 12 / 16 45 / 22 32	5,3 / 1,2 / 5,3 / 1,1
6 So ●	5 14 / 11 14 / 17 37 / 23 29	5,2 / 1,4 / 5,0 / 1,5	21 Mo ○	5 03 / 11 04 / 17 33 / 23 22	5,5 / 1,0 / 5,5 / 1,0
7 Mo	5 49 / 11 50 / 18 11	5,2 / 1,4 / 4,9	22 Di	5 51 / 11 53 / 18 20	5,7 / 0,8 / 5,5
8 Di	0 04 / 6 23 / 12 24 / 18 43	1,5 / 5,2 / 1,4 / 4,9	23 Mi	0 10 / 6 40 / 12 41 / 19 08	0,9 / 5,7 / 0,8 / 5,5
9 Mi	0 38 / 6 57 / 12 59 / 19 14	1,5 / 5,1 / 1,5 / 4,8	24 Do	0 56 / 7 29 / 13 27 / 19 56	0,9 / 5,6 / 0,8 / 5,3
10 Do	1 13 / 7 31 / 13 33 / 19 47	1,6 / 5,0 / 1,6 / 4,7	25 Fr	1 42 / 8 18 / 14 13 / 20 45	1,0 / 5,5 / 1,0 / 5,1
11 Fr	1 48 / 8 07 / 14 08 / 20 24	1,7 / 4,9 / 1,7 / 4,5	26 Sa	2 28 / 9 09 / 15 00 / 21 37	1,2 / 5,2 / 1,3 / 4,8
12 Sa	2 25 / 8 47 / 14 47 / 21 08	1,9 / 4,7 / 1,9 / 4,4	27 So ☾	3 18 / 10 05 / 15 51 / 22 36	1,4 / 4,9 / 1,6 / 4,6
13 So	3 07 / 9 34 / 15 32 / 22 03	2,0 / 4,6 / 2,0 / 4,3	28 Mo	4 14 / 11 09 / 16 51 / 23 45	1,7 / 4,6 / 1,9 / 4,4
14 Mo ☽	3 57 / 10 31 / 16 28 / 23 10	2,2 / 4,4 / 2,1 / 4,2	29 Di	5 20 / 12 23 / 18 01	1,9 / 4,4 / 2,0
15 Di	5 00 / 11 38 / 17 35	2,2 / 4,4 / 2,2	30 Mi	1 00 / 6 35 / 13 39 / 19 16	4,4 / 2,1 / 4,4 / 2,1
			31 Do	2 07 / 7 48 / 14 43 / 20 22	4,5 / 2,0 / 4,4 / 2,0

Februar

Tag	Zeit	Höhe	Tag	Zeit	Höhe
1 Fr	3 01 / 8 50 / 15 34 / 21 15	4,6 / 1,9 / 4,6 / 1,8	16 Sa	2 06 / 7 54 / 14 43 / 20 23	4,6 / 1,9 / 4,7 / 1,8
2 Sa	3 45 / 9 39 / 16 14 / 22 00	4,8 / 1,7 / 4,7 / 1,6	17 So	3 07 / 9 01 / 15 40 / 21 25	4,9 / 1,5 / 5,0 / 1,4
3 So	4 23 / 10 22 / 16 50 / 22 39	5,0 / 1,6 / 4,8 / 1,5	18 Mo	4 00 / 10 00 / 16 31 / 22 20	5,3 / 1,2 / 5,3 / 1,1
4 Mo ●	4 58 / 10 59 / 17 23 / 23 14	5,1 / 1,4 / 4,9 / 1,4	19 Di ○	4 50 / 10 52 / 17 19 / 23 10	5,5 / 0,9 / 5,5 / 0,9
5 Di	5 32 / 11 33 / 17 53 / 23 48	5,2 / 1,3 / 5,0 / 1,4	20 Mi	5 38 / 11 40 / 18 05 / 23 57	5,7 / 0,7 / 5,6 / 0,7
6 Mi	6 03 / 12 06 / 18 22	5,2 / 1,3 / 5,0	21 Do	6 25 / 12 26 / 18 50	5,8 / 0,6 / 5,6
7 Do	0 20 / 6 35 / 12 38 / 18 51	1,4 / 5,2 / 1,4 / 4,9	22 Fr	0 41 / 7 10 / 13 09 / 19 33	0,7 / 5,7 / 0,7 / 5,4
8 Fr	0 52 / 7 06 / 13 09 / 19 21	1,4 / 5,1 / 1,4 / 4,9	23 Sa	1 23 / 7 55 / 13 50 / 20 16	0,8 / 5,5 / 0,9 / 5,2
9 Sa	1 23 / 7 38 / 13 41 / 19 52	1,5 / 5,0 / 1,5 / 4,8	24 So	2 06 / 8 39 / 14 32 / 20 59	1,0 / 5,2 / 1,2 / 4,9
10 So	1 55 / 8 13 / 14 14 / 20 28	1,6 / 4,9 / 1,6 / 4,6	25 Mo	2 50 / 9 25 / 15 17 / 21 47	1,3 / 4,8 / 1,6 / 4,6
11 Mo	2 31 / 8 53 / 14 52 / 21 13	1,7 / 4,7 / 1,8 / 4,5	26 Di ☾	3 40 / 10 20 / 16 10 / 22 51	1,7 / 4,5 / 1,9 / 4,3
12 Di ☽	3 13 / 9 44 / 15 38 / 22 11	1,9 / 4,5 / 2,0 / 4,3	27 Mi	4 41 / 11 37 / 17 20	2,0 / 4,2 / 2,2
13 Mi	4 07 / 10 48 / 16 40 / 23 25	2,1 / 4,4 / 2,1 / 4,3	28 Do	0 17 / 6 00 / 13 10 / 18 44	4,2 / 2,2 / 4,1 / 2,3
14 Do	5 19 / 12 08 / 17 57	2,2 / 4,3 / 2,2			
15 Fr	0 50 / 6 39 / 13 32 / 19 14	4,3 / 2,1 / 4,4 / 2,0			

März

Tag	Zeit	Höhe	Tag	Zeit	Höhe
1 Fr	1 39 / 7 23 / 14 25 / 19 59	4,2 / 2,2 / 4,2 / 2,2	16 Sa	0 20 / 6 13 / 13 17 / 18 49	4,3 / 2,1 / 4,4 / 2,1
2 Sa	2 39 / 8 29 / 15 17 / 20 56	4,4 / 2,0 / 4,4 / 1,9	17 So	1 46 / 7 37 / 14 27 / 20 06	4,6 / 1,8 / 4,7 / 1,8
3 So	3 26 / 9 20 / 15 58 / 21 41	4,6 / 1,8 / 4,6 / 1,7	18 Mo	2 51 / 8 47 / 15 24 / 21 10	4,9 / 1,5 / 5,0 / 1,5
4 Mo	4 03 / 10 01 / 16 31 / 22 19	4,8 / 1,6 / 4,8 / 1,6	19 Di	3 45 / 9 45 / 16 14 / 22 04	5,3 / 1,1 / 5,3 / 1,1
5 Di	4 37 / 10 37 / 17 01 / 22 53	5,0 / 1,4 / 4,9 / 1,4	20 Mi	4 34 / 10 35 / 17 00 / 22 53	5,6 / 0,8 / 5,5 / 0,9
6 Mi ●	5 09 / 11 11 / 17 29 / 23 26	5,1 / 1,3 / 5,0 / 1,3	21 Do ○	5 20 / 11 21 / 17 44 / 23 38	5,7 / 0,7 / 5,6 / 0,7
7 Do	5 39 / 11 42 / 17 57 / 23 57	5,2 / 1,2 / 5,1 / 1,3	22 Fr	6 04 / 12 04 / 18 26	5,8 / 0,6 / 5,6
8 Fr	6 09 / 12 13 / 18 25	5,3 / 1,3 / 5,1	23 Sa	0 21 / 6 47 / 12 45 / 19 06	0,7 / 5,7 / 0,8 / 5,4
9 Sa	0 28 / 6 39 / 12 43 / 18 54	1,3 / 5,2 / 1,3 / 5,0	24 So	1 01 / 7 27 / 13 24 / 19 44	0,8 / 5,4 / 1,0 / 5,2
10 So	0 58 / 7 10 / 13 13 / 19 23	1,3 / 5,1 / 1,3 / 5,0	25 Mo	1 40 / 8 06 / 14 02 / 20 19	1,0 / 5,1 / 1,3 / 4,9
11 Mo	1 29 / 7 44 / 13 45 / 19 57	1,4 / 5,0 / 1,5 / 4,8	26 Di	2 21 / 8 45 / 14 43 / 21 04	1,3 / 4,7 / 1,6 / 4,6
12 Di	2 02 / 8 23 / 14 20 / 20 39	1,5 / 4,8 / 1,6 / 4,6	27 Mi	3 06 / 9 33 / 15 31 / 21 59	1,7 / 4,4 / 2,0 / 4,3
13 Mi	2 42 / 9 11 / 15 04 / 21 33	1,7 / 4,6 / 1,8 / 4,4	28 Do ☾	4 02 / 10 45 / 16 36 / 23 21	2,0 / 4,0 / 2,3 / 4,1
14 Do ☽	3 33 / 10 15 / 16 02 / 22 46	1,9 / 4,3 / 2,1 / 4,3	29 Fr	5 19 / 12 29 / 18 04	2,3 / 3,9 / 2,4
15 Fr	4 44 / 11 40 / 17 22	2,1 / 4,3 / 2,2	30 Sa	0 54 / 6 47 / 13 53 / 19 26	4,1 / 2,3 / 4,1 / 2,3
			31 So	2 04 / 7 58 / 14 48 / 20 25	4,3 / 2,1 / 4,3 / 2,1

April

Tag	Zeit	Höhe	Tag	Zeit	Höhe
1 Mo	2 54 / 8 49 / 15 29 / 21 11	4,5 / 1,9 / 4,5 / 1,8	16 Di	2 32 / 8 28 / 15 04 / 20 50	4,9 / 1,4 / 5,0 / 1,5
2 Di	3 34 / 9 31 / 16 02 / 21 50	4,7 / 1,7 / 4,7 / 1,6	17 Mi	3 26 / 9 24 / 15 53 / 21 44	5,2 / 1,1 / 5,3 / 1,2
3 Mi	4 08 / 10 07 / 16 31 / 22 25	4,9 / 1,5 / 4,9 / 1,5	18 Do	4 14 / 10 13 / 16 37 / 22 32	5,5 / 0,9 / 5,4 / 0,9
4 Do	4 40 / 10 41 / 17 00 / 22 58	5,1 / 1,3 / 5,0 / 1,3	19 Fr ○	4 59 / 10 58 / 17 20 / 23 16	5,6 / 0,8 / 5,5 / 0,8
5 Fr ●	5 11 / 11 13 / 17 29 / 23 30	5,2 / 1,3 / 5,1 / 1,2	20 Sa	5 41 / 11 39 / 18 00 / 23 57	5,6 / 0,8 / 5,5 / 0,8
6 Sa	5 42 / 11 45 / 17 58	5,3 / 1,2 / 5,2	21 So	6 21 / 12 19 / 18 38	5,5 / 0,9 / 5,4
7 So	0 02 / 6 14 / 12 16 / 18 28	1,2 / 5,3 / 1,2 / 5,2	22 Mo	0 37 / 6 59 / 12 56 / 19 15	0,9 / 5,3 / 1,1 / 5,2
8 Mo	0 33 / 6 47 / 12 47 / 19 00	1,2 / 5,2 / 1,3 / 5,1	23 Di	1 15 / 7 36 / 13 33 / 19 51	1,1 / 5,0 / 1,4 / 4,9
9 Di	1 06 / 7 22 / 13 21 / 19 35	1,3 / 5,0 / 1,4 / 5,0	24 Mi	1 53 / 8 13 / 14 12 / 20 31	1,4 / 4,6 / 1,7 / 4,7
10 Mi	1 42 / 8 03 / 13 58 / 20 19	1,4 / 4,9 / 1,5 / 4,8	25 Do	2 35 / 8 56 / 14 56 / 21 21	1,7 / 4,3 / 2,0 / 4,4
11 Do	2 23 / 8 54 / 14 44 / 21 15	1,6 / 4,6 / 1,8 / 4,6	26 Fr ☾	3 26 / 9 59 / 15 54 / 22 30	2,0 / 4,1 / 2,3 / 4,2
12 Fr ☽	3 15 / 10 00 / 15 43 / 22 27	1,8 / 4,4 / 2,0 / 4,4	27 Sa	4 32 / 11 30 / 17 14 / 23 54	2,2 / 3,9 / 2,4 / 4,1
13 Sa	4 27 / 11 27 / 17 02 / 23 21	2,0 / 4,3 / 2,1 / 4,1	28 So	5 54 / 12 58 / 18 34	2,3 / 4,0 / 2,4
14 So	0 02 / 5 56 / 13 01 / 18 29	4,4 / 2,0 / 4,4 / 2,1	29 Mo	1 08 / 7 08 / 14 01 / 19 38	4,2 / 2,2 / 4,2 / 2,2
15 Mo	1 28 / 7 20 / 14 08 / 19 47	4,6 / 1,8 / 4,7 / 1,8	30 Di	2 07 / 8 04 / 14 46 / 20 28	4,4 / 2,0 / 4,4 / 2,0

● Neumond   ☽ erstes Viertel   ○ Vollmond   ☾ letztes Viertel

UTC+ 1h00min (MEZ)   Höhen sind auf SKN bezogen

Pointe de Grave 2019

Breite: 45° 34' N, Länge: 1° 04' W

Zeiten (Stunden und Minuten) und Höhen (Meter) der Hoch- und Niedrigwasser

Mai

Tag	Zeit	Höhe	Tag	Zeit	Höhe
1 Mi	2 52 / 8 50 / 15 22 / 21 10	4,6 / 1,8 / 4,6 / 1,7	16 Do	3 04 / 8 59 / 15 29 / 21 19	5,1 / 1,2 / 5,1 / 1,3
2 Do	3 31 / 9 29 / 15 54 / 21 48	4,8 / 1,6 / 4,8 / 1,6	17 Fr	3 52 / 9 48 / 16 13 / 22 08	5,2 / 1,1 / 5,2 / 1,1
3 Fr	4 07 / 10 05 / 16 26 / 22 24	5,0 / 1,4 / 5,0 / 1,4	18 Sa ○	4 37 / 10 32 / 16 55 / 22 52	5,3 / 1,0 / 5,3 / 1,0
4 Sa ●	4 41 / 10 40 / 16 59 / 23 00	5,1 / 1,3 / 5,1 / 1,3	19 So	5 18 / 11 14 / 17 35 / 23 34	5,3 / 1,0 / 5,3 / 1,0
5 So	5 16 / 11 15 / 17 32 / 23 35	5,2 / 1,2 / 5,2 / 1,2	20 Mo	5 58 / 11 53 / 18 13	5,2 / 1,1 / 5,2
6 Mo	5 52 / 11 50 / 18 06	5,2 / 1,2 / 5,2	21 Di	0 13 / 6 36 / 12 30 / 18 51	1,1 / 5,0 / 1,3 / 5,1
7 Di	0 11 / 6 29 / 12 25 / 18 43	1,2 / 5,2 / 1,2 / 5,1	22 Mi	0 51 / 7 12 / 13 07 / 19 28	1,2 / 4,8 / 1,4 / 4,9
8 Mi	0 49 / 7 09 / 13 03 / 19 24	1,2 / 5,0 / 1,3 / 5,0	23 Do	1 29 / 7 48 / 13 45 / 20 07	1,4 / 4,6 / 1,7 / 4,7
9 Do	1 29 / 7 55 / 13 45 / 20 12	1,3 / 4,9 / 1,5 / 4,9	24 Fr	2 09 / 8 29 / 14 27 / 20 52	1,6 / 4,4 / 1,9 / 4,5
10 Fr	2 15 / 8 48 / 14 34 / 21 09	1,5 / 4,7 / 1,7 / 4,7	25 Sa	2 54 / 9 21 / 15 17 / 21 48	1,9 / 4,2 / 2,1 / 4,3
11 Sa	3 10 / 9 54 / 15 34 / 22 21	1,7 / 4,5 / 1,9 / 4,6	26 So ☾	3 48 / 10 30 / 16 21 / 22 54	2,1 / 4,0 / 2,3 / 4,2
12 So ☽	4 19 / 11 18 / 16 49 / 23 48	1,8 / 4,4 / 2,0 / 4,5	27 Mo	4 55 / 11 45 / 17 32	2,2 / 4,0 / 2,3
13 Mo	5 39 / 12 40 / 18 08	1,8 / 4,5 / 1,9	28 Di	0 02 / 6 04 / 12 53 / 18 38	4,2 / 2,2 / 4,1 / 2,2
14 Di	1 05 / 6 56 / 13 45 / 19 22	4,7 / 1,7 / 4,7 / 1,7	29 Mi	1 05 / 7 05 / 13 49 / 19 34	4,3 / 2,0 / 4,3 / 2,1
15 Mi	2 09 / 8 03 / 14 41 / 20 25	4,9 / 1,5 / 4,9 / 1,5	30 Do	2 00 / 7 59 / 14 34 / 20 23	4,5 / 1,9 / 4,5 / 1,9
			31 Fr	2 48 / 8 45 / 15 14 / 21 07	4,7 / 1,7 / 4,7 / 1,7

Juni

Tag	Zeit	Höhe	Tag	Zeit	Höhe
1 Sa	3 31 / 9 27 / 15 52 / 21 49	4,8 / 1,5 / 4,9 / 1,5	16 So	4 18 / 10 10 / 16 34 / 22 31	5,0 / 1,3 / 5,1 / 1,2
2 So	4 12 / 10 07 / 16 30 / 22 30	5,0 / 1,3 / 5,1 / 1,3	17 Mo ○	5 00 / 10 52 / 17 15 / 23 14	5,0 / 1,3 / 5,1 / 1,2
3 Mo ●	4 53 / 10 47 / 17 09 / 23 12	5,1 / 1,2 / 5,2 / 1,2	18 Di	5 40 / 11 32 / 17 53 / 23 54	4,9 / 1,3 / 5,1 / 1,2
4 Di	5 34 / 11 27 / 17 49 / 23 54	5,2 / 1,2 / 5,2 / 1,1	19 Mi	6 17 / 12 09 / 18 31	4,9 / 1,4 / 5,0
5 Mi	6 17 / 12 09 / 18 32	5,1 / 1,2 / 5,2	20 Do	0 31 / 6 53 / 12 46 / 19 07	1,3 / 4,7 / 1,5 / 4,9
6 Do	0 37 / 7 02 / 12 52 / 19 19	1,1 / 5,1 / 1,2 / 5,1	21 Fr	1 08 / 7 27 / 13 23 / 19 44	1,4 / 4,6 / 1,6 / 4,8
7 Fr	1 22 / 7 50 / 13 38 / 20 10	1,2 / 4,9 / 1,3 / 5,0	22 Sa	1 46 / 8 04 / 14 02 / 20 24	1,5 / 4,5 / 1,7 / 4,7
8 Sa	2 11 / 8 44 / 14 28 / 21 07	1,3 / 4,8 / 1,5 / 4,9	23 So	2 25 / 8 45 / 14 44 / 21 09	1,7 / 4,3 / 1,9 / 4,5
9 So	3 05 / 9 47 / 15 26 / 22 14	1,4 / 4,6 / 1,7 / 4,7	24 Mo	3 09 / 9 35 / 15 32 / 22 01	1,9 / 4,2 / 2,1 / 4,4
10 Mo ☽	4 07 / 11 01 / 16 32 / 23 28	1,6 / 4,5 / 1,8 / 4,7	25 Di ☾	4 00 / 10 36 / 16 30 / 23 00	2,0 / 4,1 / 2,2 / 4,3
11 Di	5 15 / 12 14 / 17 43	1,6 / 4,5 / 1,8	26 Mi	5 00 / 11 41 / 17 34	2,1 / 4,1 / 2,2
12 Mi	0 39 / 6 26 / 13 18 / 18 53	4,7 / 1,6 / 4,6 / 1,7	27 Do	0 02 / 6 04 / 12 45 / 18 36	4,3 / 2,1 / 4,2 / 2,1
13 Do	1 43 / 7 33 / 14 15 / 19 58	4,8 / 1,6 / 4,7 / 1,6	28 Fr	1 04 / 7 04 / 13 43 / 19 33	4,3 / 2,0 / 4,4 / 2,0
14 Fr	2 41 / 8 32 / 15 06 / 20 55	4,8 / 1,4 / 4,9 / 1,4	29 Sa	2 02 / 8 00 / 14 34 / 20 26	4,5 / 1,8 / 4,6 / 1,8
15 Sa	3 32 / 9 23 / 15 52 / 21 46	4,9 / 1,3 / 5,0 / 1,3	30 So	2 57 / 8 50 / 15 21 / 21 17	4,7 / 1,6 / 4,8 / 1,5

Juli

Tag	Zeit	Höhe	Tag	Zeit	Höhe
1 Mo	3 46 / 9 38 / 16 06 / 22 05	4,8 / 1,4 / 5,0 / 1,3	16 Di	4 47 / 10 37 / 16 58 / 22 59	4,7 / 1,4 / 5,0 / 1,3
2 Di ●	4 33 / 10 24 / 16 51 / 22 53	5,0 / 1,2 / 5,2 / 1,1	17 Mi	5 25 / 11 16 / 17 36 / 23 38	4,8 / 1,4 / 5,0 / 1,3
3 Mi	5 20 / 11 11 / 17 37 / 23 41	5,1 / 1,1 / 5,3 / 1,0	18 Do	6 00 / 11 53 / 18 11	4,8 / 1,4 / 5,0
4 Do	6 07 / 11 57 / 18 24	5,2 / 1,1 / 5,3	19 Fr	0 14 / 6 33 / 12 28 / 18 45	1,3 / 4,8 / 1,4 / 5,0
5 Fr	0 28 / 6 54 / 12 43 / 19 13	0,9 / 5,2 / 1,1 / 5,3	20 Sa	0 48 / 7 04 / 13 02 / 19 18	1,4 / 4,7 / 1,5 / 4,9
6 Sa	1 15 / 7 43 / 13 30 / 20 04	0,9 / 5,1 / 1,1 / 5,2	21 So	1 22 / 7 35 / 13 36 / 19 53	1,4 / 4,6 / 1,6 / 4,8
7 So	2 03 / 8 35 / 14 19 / 20 58	1,0 / 4,9 / 1,2 / 5,1	22 Mo	1 57 / 8 09 / 14 11 / 20 31	1,5 / 4,5 / 1,7 / 4,7
8 Mo	2 53 / 9 31 / 15 11 / 21 57	1,2 / 4,8 / 1,4 / 4,9	23 Di	2 32 / 8 48 / 14 49 / 21 13	1,7 / 4,4 / 1,8 / 4,5
9 Di ☽	3 47 / 10 33 / 16 09 / 23 02	1,4 / 4,6 / 1,6 / 4,7	24 Mi	3 12 / 9 35 / 15 34 / 22 04	1,8 / 4,2 / 2,0 / 4,4
10 Mi ☾	4 47 / 11 42 / 17 15	1,6 / 4,5 / 1,7	25 Do	4 00 / 10 33 / 16 30 / 23 04	2,0 / 4,1 / 2,2 / 4,3
11 Do	0 11 / 5 54 / 12 49 / 18 24	4,6 / 1,7 / 4,5 / 1,8	26 Fr	5 00 / 11 41 / 17 38	2,1 / 4,1 / 2,2
12 Fr	1 18 / 7 03 / 13 52 / 19 33	4,5 / 1,7 / 4,5 / 1,7	27 Sa	0 12 / 6 09 / 12 54 / 18 47	4,2 / 2,1 / 4,2 / 2,1
13 Sa	2 22 / 8 08 / 14 48 / 20 35	4,5 / 1,7 / 4,6 / 1,6	28 So	1 23 / 7 16 / 13 55 / 19 51	4,3 / 2,0 / 4,4 / 1,9
14 So	3 17 / 9 05 / 15 36 / 21 29	4,6 / 1,6 / 4,8 / 1,5	29 Mo	2 29 / 8 17 / 14 56 / 20 51	4,5 / 1,7 / 4,7 / 1,6
15 Mo	4 05 / 9 53 / 16 19 / 22 17	4,7 / 1,5 / 4,9 / 1,4	30 Di	3 27 / 9 14 / 15 47 / 21 47	4,8 / 1,5 / 5,0 / 1,3
			31 Mi	4 19 / 10 07 / 16 36 / 22 40	5,0 / 1,3 / 5,2 / 1,1

August

Tag	Zeit	Höhe	Tag	Zeit	Höhe
1 Do ●	5 07 / 10 57 / 17 25 / 23 29	5,2 / 1,1 / 5,4 / 0,9	16 Fr	5 39 / 11 35 / 17 48 / 23 54	4,9 / 1,4 / 5,1 / 1,3
2 Fr	5 54 / 11 46 / 18 13	5,3 / 0,9 / 5,5	17 Sa	6 08 / 12 07 / 18 19	4,9 / 1,3 / 5,1
3 Sa	0 17 / 6 41 / 12 32 / 19 01	0,8 / 5,3 / 0,9 / 5,5	18 So	0 25 / 6 37 / 12 38 / 18 50	1,3 / 4,8 / 1,4 / 5,1
4 So	1 03 / 7 28 / 13 17 / 19 50	0,8 / 5,3 / 0,9 / 5,4	19 Mo	0 56 / 7 05 / 13 09 / 19 21	1,4 / 4,8 / 1,5 / 5,0
5 Mo	1 48 / 8 16 / 14 03 / 20 39	0,9 / 5,1 / 1,0 / 5,2	20 Di	1 27 / 7 34 / 13 40 / 19 54	1,4 / 4,7 / 1,6 / 4,8
6 Di	2 33 / 9 05 / 14 50 / 21 32	1,1 / 4,9 / 1,2 / 5,0	21 Mi	1 57 / 8 07 / 14 12 / 20 31	1,6 / 4,6 / 1,7 / 4,7
7 Mi ☽	3 21 / 10 00 / 15 43 / 22 31	1,3 / 4,6 / 1,5 / 4,7	22 Do	2 32 / 8 46 / 14 50 / 21 17	1,7 / 4,4 / 1,9 / 4,5
8 Do	4 16 / 11 05 / 16 44 / 23 41	1,6 / 4,4 / 1,7 / 4,4	23 Fr ☾	3 13 / 9 38 / 15 38 / 22 16	1,9 / 4,3 / 2,0 / 4,3
9 Fr	5 21 / 12 20 / 17 57	1,9 / 4,3 / 1,9	24 Sa	4 06 / 10 48 / 16 45 / 23 31	2,1 / 4,2 / 2,2 / 4,2
10 Sa	0 57 / 6 36 / 13 33 / 19 14	4,3 / 2,0 / 4,4 / 1,9	25 So	5 19 / 12 11 / 18 08	2,2 / 4,2 / 2,2
11 So	2 10 / 7 50 / 14 34 / 20 22	4,4 / 1,9 / 4,5 / 1,8	26 Mo	0 55 / 6 39 / 13 33 / 19 25	4,3 / 2,1 / 4,4 / 2,0
12 Mo	3 09 / 8 51 / 15 24 / 21 17	4,4 / 1,8 / 4,7 / 1,7	27 Di	2 12 / 7 52 / 14 38 / 20 33	4,5 / 1,9 / 4,7 / 1,6
13 Di	3 55 / 9 40 / 16 05 / 22 04	4,5 / 1,6 / 4,8 / 1,5	28 Mi	3 11 / 8 56 / 15 32 / 21 32	4,8 / 1,6 / 5,1 / 1,3
14 Mi	4 34 / 10 23 / 16 42 / 22 44	4,7 / 1,5 / 5,0 / 1,4	29 Do	4 03 / 9 52 / 16 22 / 22 25	5,1 / 1,3 / 5,4 / 1,0
15 Do ○	5 08 / 11 00 / 17 16 / 23 20	4,8 / 1,4 / 5,1 / 1,3	30 Fr	4 51 / 10 43 / 17 09 / 23 14	5,3 / 1,0 / 5,6 / 0,7
			31 Sa	5 38 / 11 31 / 17 56	5,5 / 0,8 / 5,7

● Neumond ☽ erstes Viertel ○ Vollmond ☾ letztes Viertel

UTC+ 1h00min (MEZ)   **Höhen sind auf SKN bezogen**

Pointe de Grave 2019

Breite: 45° 34' N, Länge: 1° 04' W

Zeiten (Stunden und Minuten) und Höhen (Meter) der Hoch- und Niedrigwasser

September

Tag	Zeit	Höhe	Tag	Zeit	Höhe
1 So	0 00 6 22 12 16 18 42	0,6 5,5 0,7 5,7	**16** Mo	6 07 12 12 18 21	5,0 1,3 5,2
2 Mo	0 44 7 07 12 59 19 28	0,7 5,4 0,8 5,6	**17** Di	0 27 6 35 12 41 18 51	1,3 5,0 1,4 5,1
3 Di	1 27 7 50 13 42 20 14	0,8 5,2 1,0 5,3	**18** Mi	0 56 7 03 13 11 19 22	1,4 4,9 1,5 4,9
4 Mi	2 08 8 35 14 26 21 01	1,1 5,0 1,2 4,9	**19** Do	1 26 7 34 13 42 19 58	1,5 4,8 1,6 4,8
5 Do	2 53 9 24 15 14 21 56	1,4 4,7 1,5 4,5	**20** Fr	1 59 8 11 14 19 20 43	1,7 4,6 1,8 4,5
6 Fr ☽	3 43 10 26 16 13 23 10	1,8 4,4 1,9 4,2	**21** Sa	2 39 9 01 15 05 21 44	1,9 4,4 2,0 4,3
7 Sa	4 47 11 49 17 29	2,1 4,2 2,1	**22** So ☾	3 31 10 11 16 09 23 05	2,1 4,3 2,2 4,2
8 So	0 40 6 10 13 14 18 55	4,1 2,2 4,3 2,1	**23** Mo	4 44 11 42 17 40	2,3 4,2 2,2
9 Mo	1 59 7 32 14 19 20 07	4,2 2,2 4,4 2,0	**24** Di	0 39 6 13 13 14 19 07	4,3 2,2 4,5 2,0
10 Di	2 57 8 34 15 08 21 01	4,4 2,0 4,6 1,8	**25** Mi	1 56 7 32 14 21 20 17	4,6 2,0 4,8 1,6
11 Mi	3 40 9 22 15 47 21 44	4,5 1,7 4,8 1,6	**26** Do	2 54 8 39 15 16 21 16	4,9 1,6 5,2 1,3
12 Do	4 15 10 03 16 20 22 22	4,7 1,6 5,0 1,4	**27** Fr	3 44 9 35 16 05 22 07	5,2 1,3 5,5 0,9
13 Fr	4 45 10 39 16 52 22 56	4,9 1,4 5,1 1,3	**28** Sa ●	4 31 10 25 16 51 22 54	5,5 1,0 5,7 0,7
14 Sa ○	5 13 11 11 17 22 23 28	4,9 1,4 5,2 1,3	**29** So	5 16 11 12 17 36 23 39	5,6 0,8 5,8 0,7
15 So	5 40 11 42 17 51 23 58	5,0 1,3 5,2 1,3	**30** Mo	5 59 11 56 18 20	5,6 0,7 5,8

Oktober

Tag	Zeit	Höhe	Tag	Zeit	Höhe
1 Di	0 21 6 41 12 38 19 03	0,7 5,5 0,8 5,6	**16** Mi	6 08 12 15 18 26	5,1 1,4 5,2
2 Mi	1 01 7 23 13 18 19 46	0,9 5,3 1,0 5,2	**17** Do	0 29 6 37 12 47 18 59	1,4 5,1 1,5 5,0
3 Do	1 41 8 04 14 00 20 30	1,2 5,0 1,3 4,9	**18** Fr	1 00 7 11 13 21 19 37	1,5 4,9 1,6 4,8
4 Fr	2 23 8 49 14 46 21 22	1,6 4,7 1,6 4,5	**19** Sa	1 36 7 51 13 59 20 25	1,7 4,8 1,8 4,6
5 Sa ☽	3 11 9 47 15 42 22 37	1,9 4,4 2,0 4,1	**20** So	2 18 8 43 14 47 21 29	1,9 4,6 2,0 4,4
6 So	4 13 11 11 16 58	2,3 4,2 2,3	**21** Mo ☾	3 11 9 53 15 53 22 52	2,1 4,4 2,2 4,3
7 Mo	0 15 5 39 12 41 18 28	4,0 2,4 4,2 2,3	**22** Di	4 25 11 25 17 22	2,3 4,4 2,2
8 Di	1 36 7 04 13 50 19 41	4,1 2,3 4,4 2,1	**23** Mi	0 28 5 53 12 56 18 48	4,4 2,2 4,6 2,0
9 Mi	2 32 8 07 14 41 20 34	4,4 2,1 4,6 1,9	**24** Do	1 37 7 11 14 02 19 56	4,7 2,0 4,9 1,6
10 Do	3 13 8 54 15 20 21 16	4,6 1,9 4,8 1,7	**25** Fr	2 34 8 17 14 56 20 54	5,0 1,6 5,3 1,3
11 Fr	3 46 9 34 15 53 21 52	4,8 1,7 5,0 1,5	**26** Sa	3 23 9 13 15 45 21 44	5,3 1,3 5,5 1,0
12 Sa	4 15 10 09 16 24 22 26	4,9 1,5 5,2 1,4	**27** So	4 09 10 03 16 31 22 30	5,5 1,0 5,7 0,9
13 So ○	4 43 10 40 16 54 22 57	5,0 1,4 5,2 1,3	**28** Mo ●	4 53 10 48 17 15 23 14	5,6 0,9 5,7 0,8
14 Mo	5 11 11 11 17 24 23 28	5,1 1,4 5,3 1,3	**29** Di	5 36 11 31 17 58 23 56	5,6 0,8 5,7 0,9
15 Di	5 39 11 44 17 55 23 58	5,2 1,3 5,3 1,3	**30** Mi	6 17 12 15 18 39	5,5 0,9 5,4
31 Do	0 36 6 57 12 55 19 21	1,1 5,3 1,1 5,1			

November

Tag	Zeit	Höhe	Tag	Zeit	Höhe
1 Fr	1 15 7 38 13 36 20 03	1,4 5,1 1,4 4,8	**16** Sa	0 43 7 00 13 08 19 29	1,5 5,1 1,5 4,9
2 Sa	1 56 8 21 14 20 20 51	1,7 4,8 1,7 4,4	**17** So	1 22 7 45 13 51 20 20	1,6 4,9 1,7 4,7
3 So	2 42 9 14 15 11 21 58	2,0 4,5 2,0 4,2	**18** Mo	2 08 8 39 14 42 21 22	1,8 4,8 1,8 4,5
4 Mo ☽	3 39 10 24 16 18 23 27	2,3 4,3 2,3 4,0	**19** Di ☾	3 03 9 46 15 46 22 41	2,0 4,6 2,0 4,4
5 Di	4 56 11 47 17 41	2,5 4,3 2,4	**20** Mi	4 13 11 10 17 04	2,1 4,6 2,0
6 Mi	0 49 6 17 13 01 18 55	4,1 2,4 4,3 2,2	**21** Do	0 06 5 31 12 32 18 21	4,5 2,1 4,7 1,9
7 Do	1 50 7 23 13 58 19 52	4,3 2,3 4,5 2,0	**22** Fr	1 13 6 45 13 38 19 29	4,7 1,9 5,0 1,6
8 Fr	2 34 8 14 14 42 20 37	4,5 2,0 4,7 1,8	**23** Sa	2 10 7 51 14 35 20 28	5,0 1,7 5,2 1,4
9 Sa	3 09 8 57 15 19 21 16	4,7 1,8 4,9 1,7	**24** So	3 01 8 49 15 25 21 20	5,2 1,4 5,4 1,2
10 So	3 41 9 34 15 53 21 51	4,9 1,7 5,1 1,5	**25** Mo	3 47 9 40 16 12 22 07	5,4 1,2 5,5 1,1
11 Mo	4 11 10 09 16 27 22 24	5,1 1,5 5,2 1,4	**26** Di ●	4 32 10 28 16 56 22 51	5,5 1,1 5,5 1,1
12 Di	4 42 10 44 17 00 22 58	5,2 1,4 5,2 1,4	**27** Mi	5 15 11 12 17 39 23 33	5,5 1,0 5,4 1,2
13 Mi	5 14 11 18 17 34 23 32	5,2 1,4 5,2 1,4	**28** Do	5 56 11 55 18 21	5,4 1,1 5,3
14 Do	5 46 11 53 18 09	5,2 1,4 5,2	**29** Fr	0 13 6 36 12 36 19 01	1,3 5,3 1,2 5,0
15 Fr	0 06 6 21 12 29 18 46	1,4 5,2 1,4 5,1	**30** Sa	0 53 7 17 13 16 19 41	1,5 5,1 1,4 4,8

Dezember

Tag	Zeit	Höhe	Tag	Zeit	Höhe
1 So	1 33 7 59 13 58 20 24	1,7 4,9 1,7 4,5	**16** Mo	1 16 7 43 13 47 20 16	1,5 4,9 1,4 4,9
2 Mo	2 16 8 44 14 43 21 16	1,9 4,7 1,9 4,3	**17** Di	2 03 8 37 14 38 21 14	1,6 5,0 1,6 4,7
3 Di	3 06 9 39 15 37 22 23	2,2 4,5 2,1 4,1	**18** Mi	2 56 9 38 15 34 22 22	1,7 4,9 1,7 4,6
4 Mi ☽	4 06 10 44 16 42 23 36	2,3 4,3 2,3 4,1	**19** Do ☾	3 57 10 49 16 40 23 36	1,9 4,8 1,8 4,6
5 Do	5 15 11 53 17 51	2,4 4,3 2,3	**20** Fr	5 05 12 04 17 50	1,9 4,8 1,8
6 Fr	0 44 6 22 12 58 18 54	4,2 2,4 4,4 2,2	**21** Sa	0 45 6 16 13 12 18 59	4,7 1,9 4,8 1,7
7 Sa	1 41 7 20 13 54 19 48	4,4 2,2 4,5 2,0	**22** So	1 46 7 24 14 14 20 02	4,8 1,7 5,0 1,6
8 So	2 26 8 11 14 41 20 33	4,6 2,0 4,7 1,9	**23** Mo	2 41 8 26 15 09 20 58	5,0 1,6 5,1 1,5
9 Mo	3 04 8 55 15 22 21 14	4,8 1,8 4,9 1,7	**24** Di	3 30 9 21 15 58 21 48	5,1 1,4 5,1 1,4
10 Di	3 41 9 36 16 01 21 53	4,9 1,7 5,0 1,5	**25** Mi	4 16 10 11 16 44 22 34	5,2 1,3 5,2 1,3
11 Mi	4 17 10 16 16 39 22 31	5,1 1,5 5,1 1,4	**26** Do ●	4 59 10 57 17 26 23 16	5,3 1,2 5,2 1,3
12 Do	4 54 10 56 17 18 23 10	5,2 1,4 5,2 1,3	**27** Fr	5 41 11 40 18 07 23 57	5,3 1,2 5,1 1,3
13 Fr	5 32 11 36 17 58 23 50	5,3 1,3 5,2 1,3	**28** Sa	6 21 12 20 18 45	5,3 1,3 5,0
14 Sa	6 12 12 18 18 40	5,3 1,3 5,1	**29** So	0 36 6 59 12 59 19 21	1,4 5,2 1,4 4,8
15 So	0 32 6 56 13 01 19 26	1,4 5,2 1,3 5,0	**30** Mo	1 14 7 36 13 37 19 57	1,6 5,0 1,5 4,7
31 Di	1 52 8 14 14 16 20 35	1,7 4,9 1,7 4,5			

● Neumond   ☽ erstes Viertel   ○ Vollmond   ☾ letztes Viertel

UTC+ 1h00min (MEZ)   Höhen sind auf SKN bezogen

Mittlere Tidenkurven | 157

Pointe de Grave

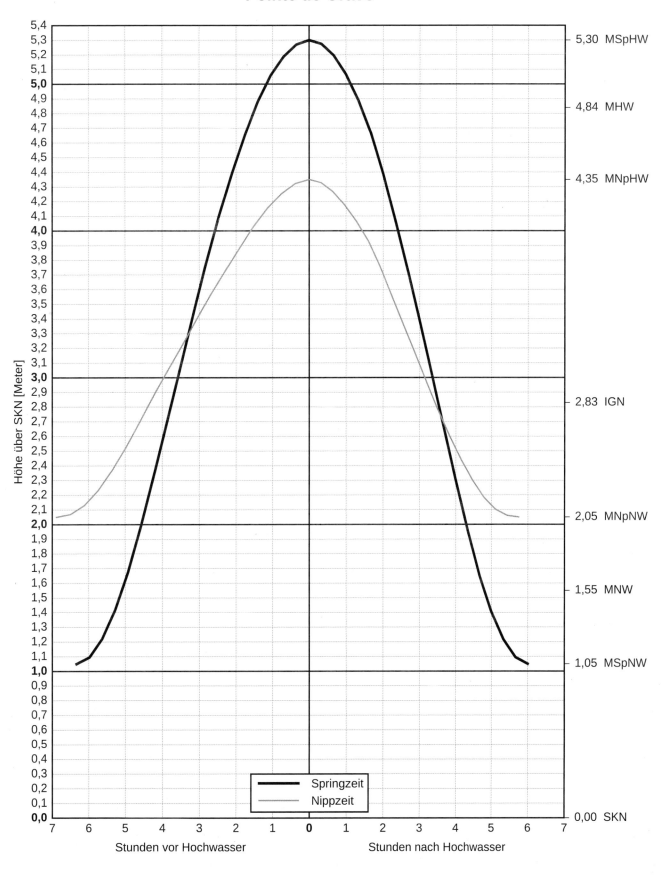

| MSpSD: | 6,33 h | MSpFD: | 6,00 h | MHWI: | 3 h 57 min |
| MNpSD: | 6,88 h | MNpFD: | 5,75 h | MNWI: | 9 h 51 min |

Stand Tidenkurven: 1955
Stand Gezeitengrundwerte: 2012

Bilbao, Santurtzi 2019

Breite: 43° 21' N, Länge: 3° 03' W

Zeiten (Stunden und Minuten) und Höhen (Meter) der Hoch- und Niedrigwasser

Januar

Tag	Zeit	Höhe	Tag	Zeit	Höhe
1 Di	0 50 / 5 45 / 12 18 / 18 23	3,5 / 1,4 / 3,6 / 1,3	**16** Mi	4 45 / 11 08 / 17 18 / 23 46	1,6 / 3,4 / 1,5 / 3,4
2 Mi	0 48 / 6 46 / 13 15 / 19 16	3,7 / 1,3 / 3,7 / 1,2	**17** Do	5 54 / 12 14 / 18 21	1,5 / 3,5 / 1,3
3 Do	1 37 / 7 38 / 14 02 / 20 01	3,8 / 1,2 / 3,8 / 1,1	**18** Fr	0 45 / 6 54 / 13 13 / 19 16	3,6 / 1,2 / 3,7 / 1,1
4 Fr	2 20 / 8 23 / 14 44 / 20 41	3,9 / 1,0 / 3,8 / 1,0	**19** Sa	1 38 / 7 48 / 14 06 / 20 07	3,9 / 0,9 / 4,0 / 0,8
5 Sa	2 58 / 9 04 / 15 21 / 21 19	4,0 / 1,0 / 3,9 / 1,0	**20** So	2 27 / 8 38 / 14 55 / 20 55	4,2 / 0,6 / 4,2 / 0,6
6 So ●	3 34 / 9 42 / 15 55 / 21 55	4,1 / 0,9 / 3,9 / 0,9	**21** Mo ○	3 15 / 9 27 / 15 43 / 21 42	4,4 / 0,4 / 4,3 / 0,5
7 Mo	4 08 / 10 18 / 16 28 / 22 29	4,1 / 0,9 / 3,9 / 1,0	**22** Di	4 02 / 10 14 / 16 31 / 22 28	4,6 / 0,2 / 4,4 / 0,4
8 Di	4 41 / 10 53 / 17 00 / 23 03	4,1 / 0,9 / 3,8 / 1,0	**23** Mi	4 49 / 11 02 / 17 19 / 23 16	4,6 / 0,2 / 4,4 / 0,4
9 Mi	5 14 / 11 27 / 17 33 / 23 37	4,0 / 1,0 / 3,7 / 1,1	**24** Do	5 37 / 11 50 / 18 07	4,6 / 0,3 / 4,2
10 Do	5 49 / 12 02 / 18 07	3,9 / 1,1 / 3,6	**25** Fr	0 04 / 6 27 / 12 39 / 18 57	0,5 / 4,4 / 0,5 / 4,0
11 Fr	0 13 / 6 26 / 12 39 / 18 45	1,2 / 3,8 / 1,2 / 3,5	**26** Sa	0 54 / 7 18 / 13 31 / 19 50	0,7 / 4,2 / 0,8 / 3,8
12 Sa	0 51 / 7 06 / 13 19 / 19 28	1,3 / 3,7 / 1,3 / 3,4	**27** So ☾	1 47 / 8 14 / 14 27 / 20 49	1,0 / 3,9 / 1,1 / 3,5
13 So	1 35 / 7 53 / 14 07 / 20 21	1,5 / 3,5 / 1,5 / 3,3	**28** Mo	2 47 / 9 18 / 15 30 / 21 58	1,2 / 3,6 / 1,3 / 3,4
14 Mo ☽	2 28 / 8 49 / 15 03 / 21 25	1,6 / 3,4 / 1,6 / 3,2	**29** Di	3 56 / 10 33 / 16 42 / 23 13	1,4 / 3,4 / 1,5 / 3,3
15 Di	3 33 / 9 56 / 16 09 / 22 37	1,7 / 3,4 / 1,6 / 3,3	**30** Mi	5 12 / 11 51 / 17 55	1,5 / 3,3 / 1,5
			31 Do	0 22 / 6 25 / 12 58 / 18 57	3,4 / 1,5 / 3,4 / 1,4

Februar

Tag	Zeit	Höhe	Tag	Zeit	Höhe
1 Fr	1 20 / 7 25 / 13 51 / 19 46	3,5 / 1,3 / 3,5 / 1,3	**16** Sa	0 19 / 6 32 / 12 55 / 18 56	3,5 / 1,3 / 3,6 / 1,2
2 Sa	2 06 / 8 12 / 14 33 / 20 28	3,7 / 1,2 / 3,6 / 1,1	**17** So	1 21 / 7 33 / 13 53 / 19 52	3,8 / 0,9 / 3,9 / 0,9
3 So	2 45 / 8 52 / 15 08 / 21 05	3,8 / 1,0 / 3,7 / 1,0	**18** Mo	2 14 / 8 25 / 14 44 / 20 42	4,1 / 0,6 / 4,2 / 0,6
4 Mo ●	3 19 / 9 28 / 15 40 / 21 39	4,0 / 0,9 / 3,8 / 0,9	**19** Di	3 02 / 9 14 / 15 31 / 21 28	4,4 / 0,3 / 4,4 / 0,3
5 Di	3 51 / 10 01 / 16 10 / 22 11	4,0 / 0,8 / 3,8 / 0,9	**20** Mi	3 49 / 10 00 / 16 16 / 22 14	4,6 / 0,1 / 4,5 / 0,2
6 Mi	4 22 / 10 33 / 16 39 / 22 43	4,1 / 0,8 / 3,9 / 0,8	**21** Do	4 34 / 10 46 / 17 00 / 22 58	4,7 / 0,0 / 4,5 / 0,2
7 Do	4 53 / 11 03 / 17 09 / 23 14	4,1 / 0,8 / 3,8 / 0,9	**22** Fr	5 19 / 11 29 / 17 44 / 23 43	4,7 / 0,1 / 4,4 / 0,3
8 Fr	5 25 / 11 34 / 17 40 / 23 45	4,0 / 0,8 / 3,8 / 1,0	**23** Sa	6 04 / 12 14 / 18 28	4,5 / 0,4 / 4,1
9 Sa	5 58 / 12 07 / 18 13	4,0 / 0,9 / 3,7	**24** So	0 29 / 6 50 / 12 59 / 19 14	0,6 / 4,2 / 0,7 / 3,9
10 So	0 19 / 6 33 / 12 42 / 18 49	1,1 / 3,8 / 1,1 / 3,6	**25** Mo	1 16 / 7 39 / 13 48 / 20 06	0,9 / 3,8 / 1,1 / 3,6
11 Mo	0 57 / 7 13 / 13 22 / 19 32	1,2 / 3,7 / 1,2 / 3,4	**26** Di ☾	2 10 / 8 35 / 14 45 / 21 09	1,2 / 3,5 / 1,4 / 3,3
12 Di	1 42 / 8 01 / 14 10 / 20 27	1,4 / 3,5 / 1,4 / 3,3	**27** Mi	3 15 / 9 48 / 15 57 / 22 29	1,5 / 3,2 / 1,6 / 3,2
13 Mi	2 40 / 9 02 / 15 13 / 21 39	1,5 / 3,3 / 1,5 / 3,2	**28** Do	4 37 / 11 19 / 17 21 / 23 51	1,6 / 3,1 / 1,7 / 3,2
14 Do	3 54 / 10 22 / 16 30 / 23 03	1,6 / 3,3 / 1,6 / 3,3			
15 Fr	5 17 / 11 45 / 17 50	1,5 / 3,4 / 1,4			

März

Tag	Zeit	Höhe	Tag	Zeit	Höhe
1 Fr	6 01 / 12 38 / 18 34	1,6 / 3,1 / 1,6	**16** Sa	4 53 / 11 26 / 17 27 / 23 58	1,5 / 3,3 / 1,5 / 3,5
2 Sa	0 57 / 7 07 / 13 34 / 19 28	3,4 / 1,4 / 3,3 / 1,4	**17** So	6 15 / 12 41 / 18 39	1,2 / 3,6 / 1,2
3 So	1 46 / 7 55 / 14 15 / 20 10	3,5 / 1,2 / 3,5 / 1,2	**18** Mo	1 04 / 7 18 / 13 39 / 19 36	3,8 / 0,9 / 3,9 / 0,9
4 Mo	2 25 / 8 33 / 14 48 / 20 45	3,7 / 1,0 / 3,6 / 1,0	**19** Di	1 58 / 8 10 / 14 29 / 20 25	4,1 / 0,5 / 4,2 / 0,6
5 Di	2 58 / 9 07 / 15 18 / 21 18	3,9 / 0,9 / 3,8 / 0,8	**20** Mi	2 46 / 8 56 / 15 14 / 21 11	4,4 / 0,2 / 4,4 / 0,3
6 Mi ●	3 29 / 9 37 / 15 47 / 21 48	4,0 / 0,8 / 3,9 / 0,8	**21** Do ○	3 31 / 9 41 / 15 56 / 21 54	4,6 / 0,1 / 4,5 / 0,2
7 Do	3 59 / 10 07 / 16 15 / 22 18	4,1 / 0,7 / 3,9 / 0,7	**22** Fr	4 14 / 10 23 / 16 37 / 22 37	4,7 / 0,1 / 4,5 / 0,2
8 Fr	4 28 / 10 36 / 16 43 / 22 48	4,2 / 0,7 / 4,0 / 0,7	**23** Sa	4 57 / 11 04 / 17 18 / 23 20	4,6 / 0,2 / 4,4 / 0,3
9 Sa	4 59 / 11 05 / 17 12 / 23 19	4,1 / 0,7 / 4,0 / 0,8	**24** So	5 39 / 11 45 / 17 58	4,4 / 0,5 / 4,2
10 So	5 31 / 11 36 / 17 43 / 23 52	4,1 / 0,8 / 3,9 / 0,9	**25** Mo	0 03 / 6 21 / 12 27 / 18 40	0,6 / 4,1 / 0,8 / 3,9
11 Mo	6 04 / 12 10 / 18 18	3,9 / 0,9 / 3,8	**26** Di	0 47 / 7 05 / 13 12 / 19 27	0,9 / 3,7 / 1,1 / 3,6
12 Di	0 28 / 6 42 / 12 48 / 18 58	1,0 / 3,8 / 1,1 / 3,6	**27** Mi	1 37 / 7 55 / 14 03 / 20 24	1,2 / 3,4 / 1,5 / 3,3
13 Mi	1 12 / 7 28 / 13 34 / 19 49	1,2 / 3,6 / 1,3 / 3,4	**28** Do ☾	2 38 / 9 03 / 15 12 / 21 40	1,5 / 3,1 / 1,7 / 3,2
14 Do ☽	2 07 / 8 28 / 14 35 / 21 00	1,4 / 3,3 / 1,5 / 3,3	**29** Fr	3 58 / 10 37 / 16 39 / 23 09	1,7 / 3,0 / 1,8 / 3,1
15 Fr	3 22 / 9 53 / 15 57 / 22 32	1,5 / 3,2 / 1,6 / 3,3	**30** Sa	5 26 / 12 05 / 18 01	1,7 / 3,0 / 1,7
			31 So	0 21 / 6 36 / 13 03 / 18 58	3,3 / 1,5 / 3,2 / 1,5

April

Tag	Zeit	Höhe	Tag	Zeit	Höhe
1 Mo	1 13 / 7 26 / 13 45 / 19 41	3,5 / 1,3 / 3,4 / 1,3	**16** Di	0 46 / 6 59 / 13 21 / 19 17	3,9 / 0,9 / 3,9 / 0,9
2 Di	1 54 / 8 04 / 14 19 / 20 17	3,7 / 1,1 / 3,6 / 1,1	**17** Mi	1 39 / 7 50 / 14 09 / 20 05	4,2 / 0,6 / 4,2 / 0,6
3 Mi	2 28 / 8 37 / 14 49 / 20 50	3,9 / 0,9 / 3,8 / 0,9	**18** Do	2 27 / 8 35 / 14 52 / 20 50	4,4 / 0,4 / 4,4 / 0,4
4 Do	3 00 / 9 07 / 15 18 / 21 20	4,0 / 0,8 / 3,9 / 0,8	**19** Fr ○	3 11 / 9 18 / 15 33 / 21 33	4,5 / 0,3 / 4,5 / 0,3
5 Fr ●	3 31 / 9 37 / 15 46 / 21 51	4,1 / 0,7 / 4,0 / 0,7	**20** Sa	3 53 / 9 59 / 16 13 / 22 15	4,6 / 0,3 / 4,5 / 0,3
6 Sa	4 01 / 10 06 / 16 15 / 22 21	4,2 / 0,7 / 4,1 / 0,7	**21** So	4 34 / 10 38 / 16 52 / 22 57	4,5 / 0,4 / 4,4 / 0,5
7 So	4 33 / 10 36 / 16 46 / 22 54	4,2 / 0,7 / 4,1 / 0,7	**22** Mo	5 14 / 11 17 / 17 31 / 23 39	4,3 / 0,6 / 4,2 / 0,7
8 Mo	5 06 / 11 09 / 17 18 / 23 29	4,1 / 0,8 / 4,0 / 0,8	**23** Di	5 54 / 11 58 / 18 11	4,0 / 0,9 / 4,0
9 Di	5 41 / 11 44 / 17 55	4,0 / 0,9 / 3,9	**24** Mi	0 22 / 6 36 / 12 41 / 18 55	0,9 / 3,7 / 1,2 / 3,7
10 Mi	0 08 / 6 22 / 12 24 / 18 37	0,9 / 3,8 / 1,1 / 3,8	**25** Do	1 10 / 7 23 / 13 29 / 19 47	1,2 / 3,4 / 1,5 / 3,4
11 Do	0 54 / 7 10 / 13 13 / 19 30	1,1 / 3,6 / 1,3 / 3,6	**26** Fr ☾	2 06 / 8 23 / 14 31 / 20 54	1,5 / 3,1 / 1,7 / 3,2
12 Fr	1 52 / 8 15 / 14 16 / 20 43	1,3 / 3,4 / 1,5 / 3,4	**27** Sa	3 16 / 9 44 / 15 51 / 22 14	1,7 / 3,0 / 1,8 / 3,2
13 Sa	3 08 / 9 41 / 15 40 / 22 15	1,4 / 3,3 / 1,6 / 3,4	**28** So	4 37 / 11 11 / 17 11 / 23 29	1,7 / 3,0 / 1,8 / 3,2
14 So	4 38 / 11 12 / 17 09 / 23 40	1,4 / 3,3 / 1,5 / 3,6	**29** Mo	5 49 / 12 15 / 18 14	1,6 / 3,2 / 1,6
15 Mo	5 57 / 12 25 / 18 20	1,2 / 3,6 / 1,2	**30** Di	0 27 / 6 42 / 13 02 / 19 02	3,4 / 1,4 / 3,4 / 1,4

● Neumond ☽ erstes Viertel ○ Vollmond ☾ letztes Viertel

UTC+ 1h00min (MEZ)   Höhen sind auf SKN bezogen

Gezeitenvorausberechnungen

Bilbao, Santurtzi 2019

Breite: 43° 21' N, Länge: 3° 03' W

Zeiten (Stunden und Minuten) und Höhen (Meter) der Hoch- und Niedrigwasser

Mai

Tag	Zeit	Höhe	Tag	Zeit	Höhe
1 Mi	1 13 / 7 24 / 13 40 / 19 41	3,6 / 1,2 / 3,6 / 1,2	**16** Do	1 18 / 7 27 / 13 47 / 19 44	4,1 / 0,7 / 4,1 / 0,8
2 Do	1 51 / 8 00 / 14 13 / 20 16	3,8 / 1,0 / 3,8 / 1,0	**17** Fr	2 07 / 8 13 / 14 30 / 20 29	4,2 / 0,6 / 4,2 / 0,6
3 Fr	2 26 / 8 33 / 14 45 / 20 49	4,0 / 0,9 / 4,0 / 0,9	**18** Sa ○	2 51 / 8 55 / 15 11 / 21 13	4,3 / 0,5 / 4,3 / 0,5
4 Sa ●	3 00 / 9 04 / 15 16 / 21 22	4,1 / 0,8 / 4,1 / 0,8	**19** So	3 33 / 9 36 / 15 51 / 21 55	4,3 / 0,6 / 4,3 / 0,6
5 So	3 33 / 9 37 / 15 49 / 21 56	4,2 / 0,7 / 4,2 / 0,7	**20** Mo	4 13 / 10 15 / 16 29 / 22 37	4,2 / 0,7 / 4,3 / 0,6
6 Mo	4 08 / 10 10 / 16 23 / 22 32	4,2 / 0,7 / 4,2 / 0,7	**21** Di	4 52 / 10 54 / 17 07 / 23 18	4,1 / 0,8 / 4,1 / 0,8
7 Di	4 46 / 10 46 / 16 59 / 23 12	4,2 / 0,8 / 4,2 / 0,7	**22** Mi	5 31 / 11 34 / 17 47	3,9 / 1,0 / 4,0
8 Mi	5 26 / 11 26 / 17 40 / 23 56	4,0 / 0,9 / 4,1 / 0,9	**23** Do	0 01 / 6 12 / 12 15 / 18 29	1,0 / 3,6 / 1,2 / 3,8
9 Do	6 11 / 12 11 / 18 28	3,9 / 1,0 / 3,9	**24** Fr	0 46 / 6 56 / 13 01 / 19 16	1,2 / 3,4 / 1,5 / 3,6
10 Fr	0 47 / 7 05 / 13 04 / 19 26	1,0 / 3,7 / 1,2 / 3,7	**25** Sa	1 35 / 7 47 / 13 54 / 20 12	1,4 / 3,2 / 1,6 / 3,4
11 Sa	1 48 / 8 12 / 14 09 / 20 38	1,2 / 3,5 / 1,4 / 3,6	**26** So ☾	2 34 / 8 51 / 14 59 / 21 17	1,6 / 3,1 / 1,8 / 3,3
12 So ☽	3 01 / 9 33 / 15 27 / 22 01	1,3 / 3,4 / 1,5 / 3,6	**27** Mo	3 40 / 10 04 / 16 11 / 22 27	1,6 / 3,1 / 1,8 / 3,3
13 Mo	4 22 / 10 54 / 16 48 / 23 18	1,3 / 3,5 / 1,4 / 3,7	**28** Di	4 48 / 11 12 / 17 17 / 23 30	1,6 / 3,2 / 1,7 / 3,4
14 Di	5 35 / 12 02 / 17 57	1,1 / 3,7 / 1,2	**29** Mi	5 47 / 12 08 / 18 12	1,5 / 3,3 / 1,5
15 Mi	0 23 / 6 35 / 12 58 / 18 54	3,9 / 0,9 / 3,9 / 1,0	**30** Do	0 23 / 6 36 / 12 53 / 18 58	3,5 / 1,4 / 3,5 / 1,4
			31 Fr	1 09 / 7 18 / 13 33 / 19 39	3,7 / 1,2 / 3,7 / 1,2

Juni

Tag	Zeit	Höhe	Tag	Zeit	Höhe
1 Sa	1 50 / 7 56 / 14 11 / 20 17	3,8 / 1,0 / 3,9 / 1,0	**16** So	2 35 / 8 35 / 14 53 / 20 57	4,0 / 0,8 / 4,1 / 0,8
2 So	2 29 / 8 33 / 14 47 / 20 55	4,0 / 0,9 / 4,1 / 0,8	**17** Mo ○	3 17 / 9 17 / 15 33 / 21 40	4,0 / 0,8 / 4,2 / 0,8
3 Mo ●	3 08 / 9 10 / 15 25 / 21 35	4,1 / 0,8 / 4,2 / 0,7	**18** Di	3 57 / 9 56 / 16 11 / 22 21	4,0 / 0,9 / 4,1 / 0,8
4 Di	3 48 / 9 49 / 16 04 / 22 16	4,2 / 0,7 / 4,3 / 0,6	**19** Mi	4 35 / 10 35 / 16 49 / 23 01	3,9 / 0,9 / 4,1 / 0,9
5 Mi	4 31 / 10 30 / 16 46 / 23 01	4,2 / 0,7 / 4,2 / 0,7	**20** Do	5 12 / 11 14 / 17 26 / 23 41	3,8 / 1,0 / 4,0 / 1,0
6 Do	5 16 / 11 14 / 17 33 / 23 49	4,1 / 0,8 / 4,2 / 0,7	**21** Fr	5 49 / 11 53 / 18 05	3,7 / 1,2 / 3,8
7 Fr	6 06 / 12 03 / 18 24	3,9 / 0,9 / 4,1	**22** Sa	0 21 / 6 28 / 12 34 / 18 46	1,1 / 3,5 / 1,3 / 3,7
8 Sa	0 42 / 7 02 / 12 58 / 19 23	0,8 / 3,8 / 1,1 / 3,9	**23** So	1 03 / 7 11 / 13 18 / 19 32	1,3 / 3,4 / 1,5 / 3,5
9 So	1 42 / 8 05 / 14 00 / 20 29	1,0 / 3,6 / 1,2 / 3,8	**24** Mo	1 50 / 8 01 / 14 09 / 20 25	1,4 / 3,2 / 1,6 / 3,4
10 Mo ☽	2 48 / 9 16 / 15 10 / 21 41	1,1 / 3,5 / 1,3 / 3,7	**25** Di ☾	2 43 / 8 59 / 15 07 / 21 24	1,5 / 3,2 / 1,7 / 3,3
11 Di	3 59 / 10 28 / 16 22 / 22 53	1,2 / 3,5 / 1,3 / 3,7	**26** Mi	3 43 / 10 04 / 16 12 / 22 28	1,6 / 3,2 / 1,7 / 3,3
12 Mi	5 08 / 11 35 / 17 30 / 23 59	1,1 / 3,6 / 1,2 / 3,8	**27** Do	4 45 / 11 07 / 17 15 / 23 30	1,6 / 3,2 / 1,6 / 3,4
13 Do	6 10 / 12 34 / 18 30	1,1 / 3,8 / 1,1	**28** Fr	5 43 / 12 04 / 18 12	1,5 / 3,4 / 1,5
14 Fr	0 58 / 7 04 / 13 25 / 19 24	3,9 / 1,0 / 3,9 / 1,0	**29** Sa	0 26 / 6 34 / 12 54 / 19 02	3,5 / 1,3 / 3,6 / 1,3
15 Sa	1 49 / 7 52 / 14 11 / 20 12	4,0 / 0,9 / 4,0 / 0,9	**30** So	1 16 / 7 21 / 13 39 / 19 48	3,7 / 1,2 / 3,8 / 1,1

Juli

Tag	Zeit	Höhe	Tag	Zeit	Höhe
1 Mo	2 02 / 8 05 / 14 23 / 20 33	3,9 / 1,0 / 4,0 / 0,9	**16** Di ○	3 06 / 9 02 / 15 19 / 21 28	3,8 / 1,0 / 4,0 / 0,9
2 Di ●	2 48 / 8 48 / 15 06 / 21 18	4,0 / 0,8 / 4,2 / 0,7	**17** Mi	3 44 / 9 41 / 15 56 / 22 06	3,8 / 0,9 / 4,1 / 0,8
3 Mi	3 33 / 9 32 / 15 51 / 22 04	4,1 / 0,7 / 4,3 / 0,5	**18** Do	4 19 / 10 17 / 16 31 / 22 43	3,8 / 0,9 / 4,1 / 0,8
4 Do	4 20 / 10 17 / 16 36 / 22 51	4,2 / 0,6 / 4,4 / 0,5	**19** Fr	4 52 / 10 53 / 17 05 / 23 18	3,8 / 1,0 / 4,0 / 0,9
5 Fr	5 08 / 11 05 / 17 25 / 23 40	4,2 / 0,6 / 4,4 / 0,5	**20** Sa	5 25 / 11 28 / 17 39 / 23 53	3,7 / 1,0 / 3,9 / 1,0
6 Sa	5 58 / 11 54 / 18 16	4,1 / 0,7 / 4,3	**21** So	5 59 / 12 04 / 18 15	3,6 / 1,1 / 3,8
7 So	0 32 / 6 51 / 12 47 / 19 11	0,6 / 4,0 / 0,8 / 4,1	**22** Mo	0 29 / 6 35 / 12 41 / 18 54	1,1 / 3,5 / 1,3 / 3,7
8 Mo	1 26 / 7 48 / 13 43 / 20 10	0,7 / 3,8 / 1,0 / 3,9	**23** Di	1 07 / 7 15 / 13 22 / 19 37	1,2 / 3,4 / 1,4 / 3,5
9 Di	2 26 / 8 50 / 14 45 / 21 15 ☽	0,9 / 3,6 / 1,2 / 3,8	**24** Mi	1 50 / 8 01 / 14 10 / 20 27	1,4 / 3,3 / 1,5 / 3,4
10 Mi	3 30 / 9 57 / 15 52 / 22 25	1,1 / 3,5 / 1,3 / 3,6	**25** Do ☾	2 40 / 8 58 / 15 08 / 21 28	1,5 / 3,2 / 1,6 / 3,3
11 Do	4 37 / 11 06 / 17 02 / 23 36	1,2 / 3,5 / 1,3 / 3,6	**26** Fr	3 40 / 10 06 / 16 16 / 22 37	1,6 / 3,2 / 1,6 / 3,3
12 Fr	5 43 / 12 10 / 18 09	1,3 / 3,6 / 1,3	**27** Sa	4 47 / 11 15 / 17 26 / 23 46	1,6 / 3,3 / 1,6 / 3,4
13 Sa	0 41 / 6 43 / 13 07 / 19 09	3,6 / 1,2 / 3,7 / 1,2	**28** So	5 53 / 12 18 / 18 30	1,5 / 3,5 / 1,4
14 So	1 37 / 7 35 / 13 57 / 20 01	3,7 / 1,1 / 3,8 / 1,1	**29** Mo	0 48 / 6 51 / 13 14 / 19 25	3,5 / 1,3 / 3,7 / 1,1
15 Mo	2 24 / 8 21 / 14 40 / 20 46	3,7 / 1,1 / 3,9 / 0,9	**30** Di	1 42 / 7 43 / 14 04 / 20 16	3,8 / 1,1 / 4,0 / 0,8
			31 Mi	2 32 / 8 31 / 14 51 / 21 04	4,0 / 0,8 / 4,2 / 0,6

August

Tag	Zeit	Höhe	Tag	Zeit	Höhe
1 Do ●	3 20 / 9 18 / 15 37 / 21 51	4,2 / 0,6 / 4,4 / 0,3	**16** Fr	3 58 / 9 57 / 16 10 / 22 20	3,8 / 0,9 / 4,1 / 0,8
2 Fr	4 07 / 10 04 / 16 24 / 22 38	4,3 / 0,5 / 4,6 / 0,2	**17** Sa	4 28 / 10 30 / 16 40 / 22 51	3,8 / 0,9 / 4,1 / 0,8
3 Sa	4 54 / 10 51 / 17 11 / 23 25	4,3 / 0,4 / 4,6 / 0,2	**18** So	4 57 / 11 01 / 17 11 / 23 22	3,8 / 0,9 / 4,0 / 0,9
4 So	5 41 / 11 38 / 18 00	4,3 / 0,5 / 4,5	**19** Mo	5 27 / 11 33 / 17 43 / 23 53	3,8 / 1,0 / 4,0 / 1,0
5 Mo	0 13 / 6 30 / 12 27 / 18 50	0,4 / 4,1 / 0,6 / 4,3	**20** Di	5 59 / 12 05 / 18 17	3,7 / 1,1 / 3,8
6 Di	1 03 / 7 21 / 13 19 / 19 44	0,6 / 3,9 / 0,8 / 4,0	**21** Mi	0 26 / 6 33 / 12 41 / 18 55	1,1 / 3,6 / 1,2 / 3,7
7 Mi ☽	1 56 / 8 18 / 14 16 / 20 44	0,9 / 3,7 / 1,1 / 3,7	**22** Do	1 04 / 7 13 / 13 23 / 19 40	1,3 / 3,5 / 1,4 / 3,5
8 Do	2 56 / 9 22 / 15 21 / 21 55	1,2 / 3,5 / 1,3 / 3,5	**23** Fr ☾	1 48 / 8 03 / 14 16 / 20 36	1,4 / 3,3 / 1,6 / 3,3
9 Fr	4 04 / 10 36 / 16 36 / 23 14	1,4 / 3,4 / 1,5 / 3,3	**24** Sa	2 45 / 9 10 / 15 25 / 21 51	1,6 / 3,2 / 1,7 / 3,2
10 Sa	5 19 / 11 49 / 17 53	1,5 / 3,4 / 1,4	**25** So	3 59 / 10 32 / 16 49 / 23 16	1,7 / 3,3 / 1,6 / 3,3
11 So	0 29 / 6 27 / 12 53 / 19 00	3,3 / 1,4 / 3,5 / 1,3	**26** Mo	5 20 / 11 50 / 18 06	1,6 / 3,4 / 1,4
12 Mo	1 28 / 7 23 / 13 45 / 19 52	3,4 / 1,3 / 3,7 / 1,2	**27** Di	0 28 / 6 29 / 12 54 / 19 08	3,5 / 1,4 / 3,7 / 1,1
13 Di	2 15 / 8 09 / 14 28 / 20 35	3,6 / 1,2 / 3,8 / 1,0	**28** Mi	1 27 / 7 26 / 13 47 / 20 00	3,7 / 1,1 / 4,0 / 0,8
14 Mi	2 54 / 8 48 / 15 05 / 21 13	3,7 / 1,0 / 4,0 / 0,9	**29** Do	2 18 / 8 16 / 14 36 / 20 48	4,0 / 0,8 / 4,3 / 0,4
15 Do ○	3 28 / 9 24 / 15 38 / 21 47	3,8 / 0,9 / 4,0 / 0,8	**30** Fr ●	3 05 / 9 04 / 15 21 / 21 34	4,3 / 0,5 / 4,6 / 0,2
			31 Sa	3 50 / 9 47 / 16 07 / 22 19	4,5 / 0,3 / 4,7 / 0,1

● Neumond ☽ erstes Viertel ○ Vollmond ☾ letztes Viertel

UTC+ 1h00min (MEZ) Höhen sind auf SKN bezogen

Bilbao, Santurtzi 2019

Breite: 43° 21' N, Länge: 3° 03' W

Zeiten (Stunden und Minuten) und Höhen (Meter) der Hoch- und Niedrigwasser

September

Tag	Zeit	Höhe	Tag	Zeit	Höhe
1 So	4 34 / 10 32 / 16 52 / 23 03	4,5 / 0,2 / 4,7 / 0,1	16 Mo	4 27 / 10 32 / 16 42 / 22 50	4,0 / 0,8 / 4,2 / 0,8
2 Mo	5 18 / 11 17 / 17 37 / 23 48	4,5 / 0,3 / 4,6 / 0,3	17 Di	4 56 / 11 02 / 17 13 / 23 19	4,0 / 0,9 / 4,1 / 0,9
3 Di	6 03 / 12 03 / 18 24	4,3 / 0,5 / 4,3	18 Mi	5 25 / 11 34 / 17 45 / 23 51	3,9 / 1,0 / 4,0 / 1,1
4 Mi	0 34 / 6 50 / 12 52 / 19 14	0,6 / 4,0 / 0,8 / 4,0	19 Do	5 58 / 12 09 / 18 21	3,8 / 1,2 / 3,8
5 Do	1 23 / 7 43 / 13 46 / 20 11	1,0 / 3,7 / 1,1 / 3,6	20 Fr	0 26 / 6 36 / 12 49 / 19 04	1,2 / 3,6 / 1,3 / 3,6
6 Fr ☾	2 19 / 8 46 / 14 50 / 21 24	1,3 / 3,5 / 1,4 / 3,3	21 Sa	1 09 / 7 23 / 13 41 / 20 00	1,4 / 3,5 / 1,5 / 3,4
7 Sa	3 29 / 10 04 / 16 11 / 22 54	1,6 / 3,3 / 1,6 / 3,2	22 So ☽	2 06 / 8 30 / 14 52 / 21 21	1,6 / 3,3 / 1,7 / 3,2
8 So	4 53 / 11 27 / 17 38	1,7 / 3,3 / 1,6	23 Mo	3 24 / 10 01 / 16 24 / 22 56	1,7 / 3,3 / 1,7 / 3,3
9 Mo	0 16 / 6 11 / 12 36 / 18 48	3,2 / 1,6 / 3,5 / 1,5	24 Di	4 56 / 11 29 / 17 47	1,7 / 3,4 / 1,4
10 Di	1 16 / 7 08 / 13 28 / 19 38	3,4 / 1,4 / 3,6 / 1,3	25 Mi	0 13 / 6 11 / 12 36 / 18 51	3,5 / 1,4 / 3,8 / 1,1
11 Mi	1 59 / 7 52 / 14 09 / 20 18	3,5 / 1,3 / 3,8 / 1,1	26 Do	1 12 / 7 09 / 13 30 / 19 43	3,8 / 1,1 / 4,1 / 0,7
12 Do	2 34 / 8 29 / 14 43 / 20 52	3,7 / 1,1 / 4,0 / 0,9	27 Fr	2 01 / 7 58 / 14 18 / 20 29	4,1 / 0,7 / 4,4 / 0,4
13 Fr	3 05 / 9 02 / 15 14 / 21 23	3,8 / 0,9 / 4,1 / 0,8	28 Sa ●	2 46 / 8 43 / 15 03 / 21 13	4,4 / 0,5 / 4,7 / 0,2
14 Sa ○	3 33 / 9 33 / 15 44 / 21 52	3,9 / 0,9 / 4,2 / 0,8	29 So	3 29 / 9 27 / 15 46 / 21 56	4,6 / 0,3 / 4,8 / 0,1
15 So	4 00 / 10 01 / 16 13 / 22 21	4,0 / 0,8 / 4,2 / 0,8	30 Mo	4 11 / 10 11 / 16 30 / 22 39	4,6 / 0,2 / 4,8 / 0,2

Oktober

Tag	Zeit	Höhe	Tag	Zeit	Höhe
1 Di	4 53 / 10 54 / 17 13 / 23 21	4,6 / 0,3 / 4,6 / 0,4	16 Mi	4 27 / 10 36 / 16 46 / 22 49	4,1 / 0,9 / 4,2 / 0,9
2 Mi	5 35 / 11 39 / 17 58	4,4 / 0,5 / 4,3	17 Do	4 58 / 11 09 / 17 20 / 23 22	4,1 / 1,0 / 4,0 / 1,0
3 Do	0 04 / 6 19 / 12 26 / 18 45	0,8 / 4,1 / 0,9 / 3,9	18 Fr	5 32 / 11 45 / 17 58	4,0 / 1,1 / 3,9
4 Fr	0 51 / 7 08 / 13 18 / 19 39	1,1 / 3,8 / 1,2 / 3,5	19 Sa	0 00 / 6 11 / 12 29 / 18 43	1,2 / 3,8 / 1,3 / 3,6
5 Sa ☾	1 44 / 8 08 / 14 21 / 20 50	1,5 / 3,5 / 1,5 / 3,2	20 So	0 45 / 7 01 / 13 23 / 19 43	1,4 / 3,6 / 1,5 / 3,4
6 So	2 53 / 9 27 / 15 42 / 22 25	1,8 / 3,3 / 1,7 / 3,1	21 Mo ☽	1 44 / 8 11 / 14 36 / 21 07	1,6 / 3,4 / 1,6 / 3,3
7 Mo	4 21 / 10 55 / 17 12 / 23 52	1,9 / 3,3 / 1,7 / 3,2	22 Di	3 04 / 9 41 / 16 06 / 22 40	1,8 / 3,4 / 1,6 / 3,3
8 Di	5 44 / 12 07 / 18 23	1,8 / 3,4 / 1,5	23 Mi	4 35 / 11 08 / 17 27 / 23 55	1,7 / 3,6 / 1,4 / 3,6
9 Mi	0 51 / 6 42 / 13 00 / 19 12	3,3 / 1,6 / 3,6 / 1,4	24 Do	5 50 / 12 15 / 18 30	1,4 / 3,9 / 1,1
10 Do	1 33 / 7 26 / 13 41 / 19 50	3,5 / 1,4 / 3,8 / 1,2	25 Fr	0 53 / 6 48 / 13 10 / 19 22	3,9 / 1,1 / 4,2 / 0,7
11 Fr	2 06 / 8 02 / 14 15 / 20 23	3,7 / 1,2 / 3,9 / 1,0	26 Sa	1 41 / 7 37 / 13 58 / 20 08	4,2 / 0,8 / 4,5 / 0,5
12 Sa	2 36 / 8 35 / 14 45 / 20 53	3,9 / 1,0 / 4,1 / 0,8	27 So	2 25 / 8 23 / 14 43 / 20 51	4,4 / 0,5 / 4,6 / 0,3
13 So ○	3 03 / 9 05 / 15 15 / 21 22	4,0 / 0,9 / 4,2 / 0,8	28 Mo ●	3 07 / 9 07 / 15 26 / 21 33	4,6 / 0,4 / 4,7 / 0,3
14 Mo	3 31 / 9 35 / 15 44 / 21 50	4,1 / 0,9 / 4,2 / 0,8	29 Di	3 48 / 9 50 / 16 09 / 22 15	4,6 / 0,4 / 4,6 / 0,4
15 Di	3 58 / 10 05 / 16 15 / 22 19	4,1 / 0,8 / 4,2 / 0,8	30 Mi	4 29 / 10 33 / 16 52 / 22 56	4,6 / 0,5 / 4,5 / 0,6
			31 Do	5 10 / 11 18 / 17 34 / 23 38	4,4 / 0,7 / 4,2 / 0,9

November

Tag	Zeit	Höhe	Tag	Zeit	Höhe
1 Fr	5 53 / 12 03 / 18 19	4,1 / 0,9 / 3,8	16 Sa	5 16 / 11 32 / 17 45 / 23 44	4,1 / 1,0 / 3,9 / 1,2
2 Sa	0 22 / 6 39 / 12 53 / 19 09	1,2 / 3,9 / 1,2 / 3,5	17 So	6 00 / 12 19 / 18 35	4,0 / 1,2 / 3,7
3 So	1 13 / 7 34 / 13 52 / 20 13	1,5 / 3,6 / 1,5 / 3,2	18 Mo	0 33 / 6 53 / 13 16 / 19 37	1,3 / 3,8 / 1,3 / 3,5
4 Mo ☾	2 16 / 8 43 / 15 04 / 21 37	1,8 / 3,4 / 1,7 / 3,1	19 Di ☽	1 34 / 8 01 / 14 25 / 20 54	1,5 / 3,6 / 1,4 / 3,4
5 Di	3 36 / 10 05 / 16 26 / 23 04	1,9 / 3,3 / 1,7 / 3,1	20 Mi	2 48 / 9 22 / 15 45 / 22 18	1,6 / 3,6 / 1,4 / 3,5
6 Mi	4 58 / 11 20 / 17 38	1,8 / 3,4 / 1,6	21 Do	4 10 / 10 42 / 17 01 / 23 30	1,6 / 3,7 / 1,3 / 3,6
7 Do	0 07 / 6 01 / 12 17 / 18 32	3,3 / 1,7 / 3,5 / 1,5	22 Fr	5 23 / 11 51 / 18 05	1,4 / 3,9 / 1,1
8 Fr	0 53 / 6 49 / 13 02 / 19 13	3,5 / 1,5 / 3,7 / 1,3	23 Sa	0 29 / 6 24 / 12 48 / 18 59	3,9 / 1,1 / 4,1 / 0,9
9 Sa	1 30 / 7 29 / 13 39 / 19 48	3,6 / 1,3 / 3,9 / 1,2	24 So	1 19 / 7 16 / 13 39 / 19 47	4,1 / 0,9 / 4,3 / 0,7
10 So	2 02 / 8 04 / 14 13 / 20 20	3,8 / 1,2 / 4,0 / 1,0	25 Mo	2 05 / 8 04 / 14 26 / 20 31	4,3 / 0,7 / 4,4 / 0,6
11 Mo	2 32 / 8 36 / 14 45 / 20 51	4,0 / 1,0 / 4,1 / 0,9	26 Di ●	2 48 / 8 50 / 15 10 / 21 13	4,4 / 0,6 / 4,5 / 0,6
12 Di ○	3 02 / 9 08 / 15 18 / 21 21	4,1 / 0,9 / 4,2 / 0,9	27 Mi	3 29 / 9 34 / 15 53 / 21 55	4,5 / 0,6 / 4,4 / 0,7
13 Mi	3 32 / 9 40 / 15 51 / 21 53	4,2 / 0,9 / 4,2 / 0,9	28 Do	4 10 / 10 17 / 16 34 / 22 36	4,4 / 0,6 / 4,2 / 0,9
14 Do	4 04 / 10 14 / 16 26 / 22 26	4,2 / 0,9 / 4,2 / 0,9	29 Fr	4 51 / 11 01 / 17 16 / 23 17	4,3 / 0,8 / 4,0 / 1,0
15 Fr	4 39 / 10 50 / 17 03 / 23 03	4,1 / 0,9 / 4,1 / 1,0	30 Sa	5 32 / 11 45 / 17 58 / 23 59	4,1 / 1,0 / 3,8 / 1,2

Dezember

Tag	Zeit	Höhe	Tag	Zeit	Höhe
1 So	6 15 / 12 31 / 18 42	3,9 / 1,2 / 3,5	16 Mo	5 56 / 12 13 / 18 30	4,1 / 0,9 / 3,9
2 Mo	0 45 / 7 02 / 13 21 / 19 34	1,4 / 3,7 / 1,4 / 3,3	17 Di	0 27 / 6 48 / 13 08 / 19 28	1,1 / 4,0 / 1,0 / 3,7
3 Di	1 38 / 7 58 / 14 19 / 20 36	1,6 / 3,5 / 1,6 / 3,2	18 Mi	1 23 / 7 49 / 14 09 / 20 34	1,2 / 3,9 / 1,1 / 3,6
4 Mi ☾	2 41 / 9 02 / 15 25 / 21 51	1,8 / 3,4 / 1,7 / 3,1	19 Do ☽	2 28 / 8 58 / 15 18 / 21 47	1,4 / 3,8 / 1,2 / 3,5
5 Do	3 53 / 10 13 / 16 35 / 23 02	1,8 / 3,3 / 1,7 / 3,2	20 Fr	3 40 / 10 12 / 16 29 / 22 58	1,4 / 3,7 / 1,2 / 3,6
6 Fr	5 03 / 11 18 / 17 36 / 23 59	1,8 / 3,4 / 1,6 / 3,3	21 Sa	4 53 / 11 23 / 17 37	1,4 / 3,8 / 1,2
7 Sa	6 00 / 12 13 / 18 27	1,7 / 3,5 / 1,5	22 So	0 03 / 5 59 / 12 28 / 18 36	3,7 / 1,2 / 3,9 / 1,1
8 So	0 45 / 6 48 / 12 59 / 19 09	3,5 / 1,5 / 3,7 / 1,3	23 Mo	0 59 / 6 58 / 13 24 / 19 28	3,9 / 1,1 / 4,0 / 1,0
9 Mo	1 24 / 7 29 / 13 39 / 19 46	3,7 / 1,3 / 3,8 / 1,2	24 Di	1 49 / 7 50 / 14 14 / 20 16	4,1 / 0,9 / 4,1 / 0,9
10 Di	2 01 / 8 07 / 14 17 / 20 21	3,9 / 1,2 / 4,0 / 1,0	25 Mi	2 35 / 8 38 / 15 00 / 20 59	4,2 / 0,8 / 4,1 / 0,8
11 Mi	2 36 / 8 44 / 14 54 / 20 56	4,0 / 1,0 / 4,1 / 0,9	26 Do ●	3 17 / 9 23 / 15 42 / 21 40	4,3 / 0,7 / 4,1 / 0,8
12 Do ○	3 11 / 9 21 / 15 32 / 21 32	4,2 / 0,9 / 4,1 / 0,9	27 Fr	3 57 / 10 06 / 16 22 / 22 20	4,3 / 0,7 / 4,0 / 0,9
13 Fr	3 48 / 9 59 / 16 12 / 22 10	4,2 / 0,8 / 4,1 / 0,9	28 Sa	4 36 / 10 47 / 17 00 / 22 59	4,2 / 0,8 / 3,9 / 0,9
14 Sa	4 27 / 10 40 / 16 54 / 22 51	4,3 / 0,8 / 4,1 / 0,9	29 So	5 14 / 11 27 / 17 37 / 23 39	4,1 / 0,9 / 3,8 / 1,1
15 So	5 09 / 11 25 / 17 39 / 23 37	4,2 / 0,8 / 4,0 / 1,0	30 Mo	5 52 / 12 07 / 18 15	4,0 / 1,0 / 3,6
			31 Di	0 19 / 6 32 / 12 48 / 18 55	1,2 / 3,8 / 1,2 / 3,5

● Neumond ☾ erstes Viertel ○ Vollmond ☽ letztes Viertel

UTC+ 1h00min (MEZ)   Höhen sind auf SKN bezogen

Mittlere Tidenkurven | 161

Bilbao, Santurtzi

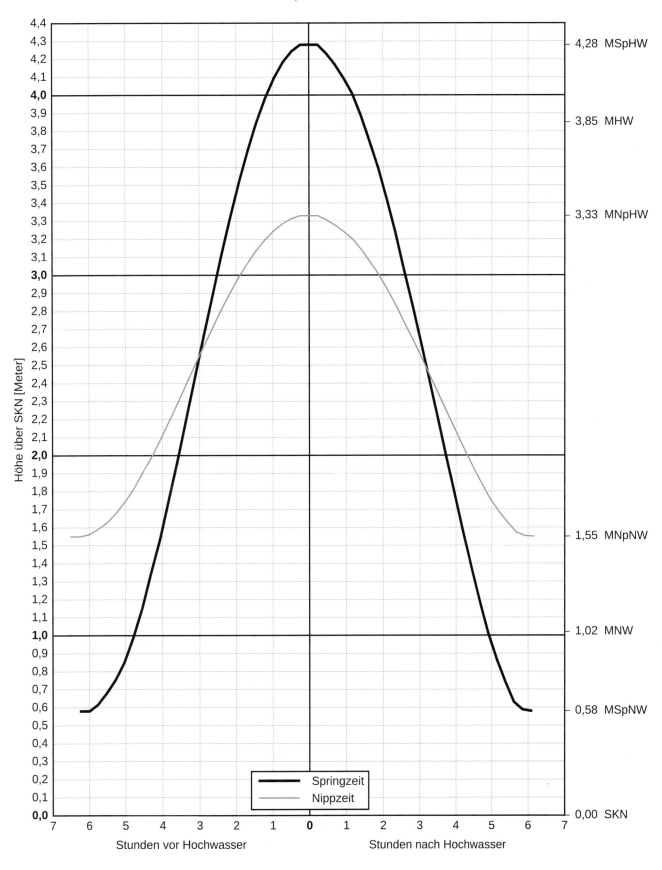

MSpSD: 6,23 h	MSpFD: 6,08 h	MHWI: 3 h 15 min
MNpSD: 6,50 h	MNpFD: 6,15 h	MNWI: 9 h 21 min

Stand Tidenkurven: 2016
Stand Gezeitengrundwerte: 2017

Lissabon, Marinewerft 2019

Breite: 38° 43' N, Länge: 9° 08' W

Zeiten (Stunden und Minuten) und Höhen (Meter) der Hoch- und Niedrigwasser

	Januar					Februar					März					April			
	Zeit	Höhe		Zeit	Höhe		Zeit	Höhe		Zeit	Höhe		Zeit	Höhe		Zeit	Höhe		Zeit	Höhe
1 Di	5 17 11 50 17 50	1,2 3,2 1,1	**16** Mi	4 13 10 44 16 47 23 26	1,4 3,0 1,2 3,1	**1** Fr	0 55 6 59 13 23 19 14	3,2 1,1 3,1 1,1	**16** Sa	0 03 6 07 12 40 18 32	3,2 1,1 3,2 1,0	**1** Fr	5 41 12 10 18 04	1,4 2,8 1,4	**16** Sa	4 32 11 12 17 05 23 44	1,3 3,0 1,3 3,2	**1** Mo	0 54 7 00 13 23 19 11	3,2 1,2 3,1 1,2	**16** Di	0 30 6 35 13 06 18 54	3,5 0,8 3,5 0,8
2 Mi	0 23 6 18 12 48 18 43	3,3 1,1 3,3 1,0	**17** Do	5 23 11 54 17 51	1,3 3,1 1,1	**2** Sa	1 43 7 46 14 08 19 56	3,3 1,0 3,2 1,0	**17** So	1 08 7 10 13 41 19 29	3,4 0,8 3,4 0,8	**2** Sa	0 34 6 44 13 07 18 57	3,1 1,3 3,0 1,3	**17** So	5 52 12 27 18 17	1,1 3,2 1,1	**2** Di	1 35 7 37 14 00 19 47	3,3 1,0 3,3 1,0	**17** Mi	1 26 7 26 13 56 19 43	3,8 0,6 3,8 0,6
3 Do	1 14 7 11 13 38 19 29	3,4 1,0 3,3 1,0	**18** Fr	0 28 6 26 12 56 18 49	3,3 1,0 3,3 0,9	**3** So	2 25 8 25 14 47 20 33	3,5 0,9 3,3 0,9	**18** Mo	2 03 8 04 14 34 20 20	3,7 0,5 3,7 0,5	**3** So	1 24 7 30 13 51 19 39	3,2 1,1 3,1 1,1	**18** Mo	0 51 6 56 13 26 19 14	3,5 0,8 3,5 0,8	**3** Mi	2 11 8 09 14 33 20 19	3,5 0,9 3,4 0,9	**18** Do	2 15 8 12 14 41 20 28	4,0 0,4 3,9 0,4
4 Fr	1 59 7 56 14 22 20 10	3,5 0,9 3,4 0,9	**19** Sa	1 25 7 23 13 53 19 42	3,5 0,8 3,5 0,7	**4** Mo ●	3 02 9 00 15 23 21 07	3,5 0,9 3,3 0,8	**19** Di ○	2 54 8 53 15 22 21 08	4,0 0,3 3,8 0,4	**4** Mo	2 05 8 07 14 28 20 15	3,4 0,9 3,3 0,9	**19** Di	1 47 7 48 14 17 20 04	3,8 0,5 3,7 0,6	**4** Do	2 45 8 39 15 04 20 50	3,6 0,8 3,5 0,8	**19** Fr ○	3 01 8 54 15 24 21 11	4,1 0,3 4,0 0,4
5 Sa	2 40 8 37 15 02 20 47	3,6 0,9 3,4 0,9	**20** So	2 17 8 16 14 46 20 33	3,7 0,6 3,6 0,6	**5** Di	3 37 9 33 15 55 21 40	3,6 0,7 3,4 0,8	**20** Mi	3 42 9 38 16 08 21 52	4,1 0,2 3,9 0,3	**5** Di	2 41 8 39 15 02 20 47	3,5 0,8 3,4 0,8	**20** Mi	2 37 8 35 15 04 20 50	4,0 0,3 3,9 0,4	**5** Fr ●	3 18 9 09 15 36 21 21	3,7 0,7 3,6 0,7	**20** Sa	3 45 9 34 16 05 21 52	4,1 0,4 4,0 0,4
6 So ●	3 18 9 14 15 39 21 23	3,6 0,8 3,4 0,9	**21** Mo	3 08 9 05 15 36 21 21	3,9 0,4 3,8 0,5	**6** Mi	4 09 10 04 16 27 22 11	3,6 0,7 3,4 0,8	**21** Do	4 27 10 22 16 52 22 35	4,2 0,2 3,9 0,3	**6** Mi ●	3 14 9 10 15 33 21 18	3,6 0,7 3,5 0,8	**21** Do	3 23 9 21 15 48 21 33	4,2 0,2 4,0 0,3	**6** Sa	3 50 9 39 16 08 21 53	3,7 0,6 3,7 0,7	**21** So	4 26 10 13 16 45 22 32	4,0 0,5 3,9 0,5
7 Mo	3 53 9 50 16 13 21 56	3,6 0,8 3,4 0,9	**22** Di	3 56 9 53 16 23 22 07	4,0 0,3 3,8 0,4	**7** Do	4 40 10 34 16 57 22 41	3,6 0,7 3,4 0,8	**22** Fr	5 12 11 04 17 35 23 18	4,1 0,3 3,8 0,4	**7** Do	3 46 9 39 16 03 21 48	3,7 0,7 3,5 0,7	**22** Fr	4 07 10 02 16 30 22 14	4,2 0,2 4,0 0,3	**7** So	4 23 10 10 16 40 22 25	3,7 0,6 3,7 0,7	**22** Mo	5 06 10 51 17 23 23 11	3,8 0,7 3,7 0,7
8 Di	4 26 10 23 16 45 22 29	3,6 0,8 3,3 0,9	**23** Mi	4 43 10 39 17 10 22 52	4,1 0,3 3,8 0,4	**8** Fr	5 11 11 04 17 28 23 12	3,6 0,8 3,3 0,9	**23** Sa	5 55 11 46 18 18	4,0 0,5 3,7	**8** Fr	4 17 10 08 16 34 22 18	3,7 0,6 3,5 0,7	**23** Sa	4 50 10 39 17 10 22 55	4,1 0,3 3,9 0,4	**8** Mo	4 58 10 42 17 15 23 00	3,7 0,7 3,6 0,8	**23** Di	5 44 11 28 18 00 23 52	3,5 0,9 3,5 0,9
9 Mi	4 59 10 57 17 17 23 02	3,5 0,9 3,3 1,0	**24** Do	5 29 11 25 17 56 23 38	4,1 0,3 3,7 0,5	**9** Sa	5 42 11 36 18 01 23 45	3,5 0,8 3,3 1,0	**24** So	0 01 6 39 12 29 19 02	0,6 3,7 0,7 3,4	**9** Sa	4 48 10 37 17 04 22 48	3,7 0,7 3,5 0,7	**24** So	5 31 11 19 17 50 23 36	3,9 0,5 3,7 0,6	**9** Di	5 34 11 16 17 51 23 38	3,5 0,8 3,5 0,9	**24** Mi	6 23 12 07 18 39	3,3 1,1 3,3
10 Do	5 31 11 30 17 51 23 36	3,5 0,9 3,2 1,1	**25** Fr	6 16 12 11 18 43	3,9 0,5 3,5	**10** So	6 17 12 09 18 37	3,4 0,9 3,2	**25** Mo	0 47 7 26 13 16 19 52	0,9 3,4 1,0 3,2	**10** So	5 20 11 07 17 36 23 20	3,6 0,7 3,4 0,8	**25** Mo	6 11 11 58 18 30	3,7 0,8 3,5	**10** Mi	6 13 11 55 18 32	3,4 1,0 3,3	**25** Do	0 38 7 06 12 53 19 26	1,2 3,0 1,4 3,1
11 Fr	6 05 12 05 18 27	3,4 1,0 3,1	**26** Sa	0 26 7 04 13 00 19 34	0,7 3,7 0,7 3,3	**11** Mo	0 22 6 55 12 49 19 20	1,1 3,2 1,1 3,0	**26** Di ☾	1 41 8 20 14 13 20 53	1,1 3,1 1,3 3,0	**11** Mo	5 53 11 40 18 11 23 56	3,5 0,8 3,3 0,9	**26** Di	0 18 6 53 12 40 19 13	0,9 3,3 1,1 3,2	**11** Do	0 23 7 00 12 44 19 23	1,0 3,2 1,2 3,2	**26** Fr ☾	1 36 8 03 13 57 20 31	1,4 2,8 1,6 2,9
12 Sa	0 14 6 43 12 45 19 09	1,2 3,2 1,1 3,0	**27** So ☾	1 17 7 57 13 54 20 31	0,9 3,4 1,0 3,2	**12** Di	1 07 7 42 13 38 20 14	1,2 3,1 1,2 2,9	**27** Mi	2 50 9 31 15 28 22 11	1,4 2,8 1,5 2,9	**12** Di	6 30 12 17 18 51	3,3 1,0 3,2	**27** Mi	1 07 7 41 13 30 20 07	1,2 3,0 1,4 3,0	**12** Fr ☾	1 23 8 02 13 50 20 33	1,2 3,0 1,4 3,1	**27** Sa	2 53 9 28 15 22 21 56	1,5 2,7 1,7 2,8
13 So	0 57 7 28 13 31 20 01	1,3 3,1 1,2 2,9	**28** Mo	2 17 8 59 14 57 21 38	1,1 3,2 1,2 3,0	**13** Mi	2 07 8 44 14 45 21 26	1,3 2,9 1,3 2,9	**28** Do	4 17 10 56 16 53 23 30	1,5 2,8 1,5 2,9	**13** Mi	0 39 7 15 13 04 19 41	1,1 3,1 1,2 3,0	**28** Do ☾	2 11 8 48 14 42 21 24	1,4 2,8 1,6 2,8	**13** Sa	2 44 9 27 15 19 22 01	1,3 2,9 1,5 3,1	**28** So	4 17 10 55 16 43 23 13	1,5 2,7 1,6 2,9
14 Mo ☾	1 51 8 23 14 29 21 05	1,4 3,0 1,3 2,9	**29** Di	3 29 10 10 16 10 22 50	1,3 3,0 1,3 3,0	**14** Do	3 27 10 04 16 06 22 48	1,4 2,9 1,3 3,0				**14** Do ☾	1 36 8 15 14 08 20 51	1,3 3,0 1,4 3,0	**29** Fr	3 39 10 20 16 14 22 52	1,5 2,7 1,6 2,8	**14** So	4 16 10 57 16 46 23 24	1,3 2,9 1,3 3,3	**29** Mo	5 25 11 58 17 44	1,4 2,9 1,5
15 Di	2 59 9 30 15 38 22 17	1,5 3,0 1,3 2,9	**30** Mi	4 48 11 24 17 22 23 58	1,3 3,0 1,3 3,1	**15** Fr	4 52 11 28 17 24	1,3 3,0 1,2				**15** Fr	2 57 9 39 15 37 22 20	1,4 2,9 1,4 3,0	**30** Sa	5 09 11 42 17 33	1,5 2,8 1,5	**15** Mo	5 33 12 09 17 57	1,1 3,3 1,1	**30** Di	0 10 6 16 12 44 18 31	3,1 1,3 3,1 1,3
			31 Do	6 01 12 29 18 24	1,3 3,0 1,2							**31** So	0 03 6 14 12 40 18 29	3,0 1,4 2,9 1,4						

● Neumond   ☽ erstes Viertel   ○ Vollmond   ☾ letztes Viertel

UTC   Höhen sind auf SKN bezogen

Gezeitenvorausberechnungen

Lissabon, Marinewerft 2019

Breite: 38° 43' N, Länge: 9° 08' W

Zeiten (Stunden und Minuten) und Höhen (Meter) der Hoch- und Niedrigwasser

Mai

Tag	Zeit	Höhe	Tag	Zeit	Höhe
1 Mi	0 54 / 6 55 / 13 22 / 19 09	3,3 / 1,1 / 3,3 / 1,1	**16** Do	1 01 / 7 00 / 13 31 / 19 20	3,7 / 0,7 / 3,7 / 0,7
2 Do	1 33 / 7 30 / 13 57 / 19 44	3,4 / 0,9 / 3,4 / 1,0	**17** Fr	1 52 / 7 47 / 14 17 / 20 06	3,8 / 0,6 / 3,8 / 0,6
3 Fr	2 10 / 8 03 / 14 31 / 20 19	3,5 / 0,8 / 3,6 / 0,8	**18** Sa ○	2 38 / 8 29 / 15 00 / 20 49	3,9 / 0,5 / 3,9 / 0,5
4 Sa ●	2 46 / 8 36 / 15 06 / 20 53	3,6 / 0,7 / 3,7 / 0,7	**19** So	3 22 / 9 10 / 15 42 / 21 31	3,8 / 0,6 / 3,9 / 0,6
5 So	3 23 / 9 10 / 15 41 / 21 29	3,7 / 0,7 / 3,7 / 0,7	**20** Mo	4 03 / 9 48 / 16 21 / 22 11	3,7 / 0,7 / 3,8 / 0,7
6 Mo	4 00 / 9 45 / 16 18 / 22 06	3,7 / 0,7 / 3,7 / 0,7	**21** Di	4 42 / 10 25 / 16 58 / 22 50	3,6 / 0,8 / 3,7 / 0,8
7 Di	4 39 / 10 21 / 16 57 / 22 45	3,7 / 0,7 / 3,7 / 0,7	**22** Mi	5 19 / 11 02 / 17 34 / 23 30	3,4 / 1,0 / 3,5 / 1,0
8 Mi	5 19 / 11 00 / 17 37 / 23 28	3,5 / 0,8 / 3,6 / 0,8	**23** Do	5 56 / 11 40 / 18 11	3,2 / 1,1 / 3,3
9 Do	6 03 / 11 44 / 18 22	3,4 / 1,0 / 3,5	**24** Fr	0 13 / 6 35 / 12 23 / 18 53	1,1 / 3,0 / 1,3 / 3,2
10 Fr	0 18 / 6 54 / 12 36 / 19 16	1,0 / 3,2 / 1,2 / 3,3	**25** Sa	1 02 / 7 23 / 13 16 / 19 44	1,3 / 2,9 / 1,5 / 3,0
11 Sa	1 19 / 7 57 / 13 43 / 20 24	1,1 / 3,1 / 1,3 / 3,2	**26** So ☾	2 03 / 8 28 / 14 24 / 20 51	1,4 / 2,7 / 1,6 / 2,9
12 So ☽	2 35 / 9 16 / 15 03 / 21 44	1,2 / 3,0 / 1,4 / 3,2	**27** Mo	3 13 / 9 47 / 15 39 / 22 05	1,5 / 2,7 / 1,6 / 2,9
13 Mo	3 56 / 10 36 / 16 23 / 23 00	1,2 / 3,1 / 1,3 / 3,3	**28** Di	4 21 / 10 56 / 16 45 / 23 10	1,4 / 2,8 / 1,5 / 3,0
14 Di	5 08 / 11 44 / 17 31	1,0 / 3,3 / 1,1	**29** Mi	5 18 / 11 51 / 17 39	1,3 / 3,0 / 1,4
15 Mi	0 05 / 6 09 / 12 41 / 18 29	3,5 / 0,8 / 3,5 / 0,9	**30** Do	0 03 / 6 05 / 12 35 / 18 25	3,1 / 1,2 / 3,2 / 1,2
			31 Fr	0 49 / 6 46 / 13 16 / 19 07	3,3 / 1,0 / 3,3 / 1,0

Juni

Tag	Zeit	Höhe	Tag	Zeit	Höhe
1 Sa	1 32 / 7 25 / 13 56 / 19 47	3,4 / 0,9 / 3,5 / 0,9	**16** So	2 18 / 8 07 / 14 39 / 20 32	3,6 / 0,8 / 3,7 / 0,7
2 So	2 14 / 8 04 / 14 37 / 20 28	3,5 / 0,8 / 3,6 / 0,8	**17** Mo ○	3 02 / 8 48 / 15 21 / 21 14	3,6 / 0,8 / 3,7 / 0,7
3 Mo ●	2 57 / 8 44 / 15 18 / 21 09	3,6 / 0,7 / 3,7 / 0,7	**18** Di	3 43 / 9 27 / 16 00 / 21 54	3,5 / 0,8 / 3,7 / 0,8
4 Di	3 40 / 9 24 / 16 00 / 21 52	3,7 / 0,7 / 3,8 / 0,6	**19** Mi	4 22 / 10 04 / 16 37 / 22 32	3,4 / 0,9 / 3,6 / 0,8
5 Mi	4 24 / 10 06 / 16 43 / 22 36	3,6 / 0,7 / 3,8 / 0,6	**20** Do	4 58 / 10 41 / 17 12 / 23 10	3,3 / 0,9 / 3,5 / 0,9
6 Do	5 09 / 10 50 / 17 28 / 23 23	3,6 / 0,8 / 3,7 / 0,7	**21** Fr	5 33 / 11 17 / 17 47 / 23 48	3,2 / 1,1 / 3,4 / 1,0
7 Fr	5 57 / 11 38 / 18 17	3,5 / 0,9 / 3,6	**22** Sa	6 09 / 11 56 / 18 24	3,1 / 1,2 / 3,3
8 Sa	0 15 / 6 49 / 12 31 / 19 11	0,8 / 3,3 / 1,0 / 3,5	**23** So	0 29 / 6 49 / 12 39 / 19 06	1,2 / 3,0 / 1,3 / 3,2
9 So	1 13 / 7 49 / 13 32 / 20 13	0,9 / 3,2 / 1,2 / 3,4	**24** Mo	1 15 / 7 37 / 13 30 / 19 56	1,3 / 2,9 / 1,5 / 3,0
10 Mo ☽	2 18 / 8 57 / 14 42 / 21 22	1,0 / 3,1 / 1,2 / 3,3	**25** Di ☾	2 10 / 8 36 / 14 31 / 20 57	1,4 / 2,8 / 1,5 / 3,0
11 Di	3 29 / 10 08 / 15 55 / 22 33	1,1 / 3,2 / 1,2 / 3,3	**26** Mi	3 11 / 9 43 / 15 38 / 22 03	1,4 / 2,8 / 1,5 / 3,0
12 Mi	4 38 / 11 15 / 17 03 / 23 39	1,0 / 3,3 / 1,1 / 3,4	**27** Do	4 13 / 10 48 / 16 42 / 23 07	1,4 / 2,9 / 1,4 / 3,0
13 Do	5 41 / 12 14 / 18 05	0,9 / 3,4 / 1,0	**28** Fr	5 11 / 11 45 / 17 39	1,3 / 3,1 / 1,3
14 Fr	0 37 / 6 35 / 13 07 / 18 59	3,5 / 0,9 / 3,5 / 0,9	**29** Sa	0 04 / 6 03 / 12 36 / 18 31	3,1 / 1,1 / 3,3 / 1,1
15 Sa	1 30 / 7 23 / 13 55 / 19 47	3,6 / 0,8 / 3,6 / 0,8	**30** So	0 57 / 6 51 / 13 24 / 19 20	3,3 / 0,9 / 3,4 / 0,9

Juli

Tag	Zeit	Höhe	Tag	Zeit	Höhe
1 Mo	1 48 / 7 38 / 14 12 / 20 07	3,4 / 0,8 / 3,6 / 0,8	**16** Di ○	2 47 / 8 33 / 15 04 / 21 01	3,4 / 0,9 / 3,6 / 0,8
2 Di ●	2 37 / 8 24 / 14 59 / 20 54	3,5 / 0,7 / 3,7 / 0,6	**17** Mi	3 27 / 9 11 / 15 43 / 21 39	3,4 / 0,9 / 3,6 / 0,8
3 Mi	3 25 / 9 10 / 15 46 / 21 41	3,6 / 0,6 / 3,8 / 0,5	**18** Do	4 04 / 9 47 / 16 18 / 22 14	3,4 / 0,9 / 3,6 / 0,8
4 Do	4 12 / 9 56 / 16 32 / 22 28	3,7 / 0,6 / 3,9 / 0,5	**19** Fr	4 38 / 10 21 / 16 52 / 22 48	3,4 / 0,9 / 3,6 / 0,9
5 Fr	5 00 / 10 42 / 17 19 / 23 15	3,7 / 0,6 / 3,9 / 0,5	**20** Sa	5 11 / 10 55 / 17 24 / 23 21	3,3 / 1,0 / 3,5 / 0,9
6 Sa	5 48 / 11 29 / 18 07	3,6 / 0,7 / 3,8	**21** So	5 43 / 11 28 / 17 57 / 23 55	3,2 / 1,0 / 3,4 / 1,0
7 So	0 04 / 6 37 / 12 19 / 18 58	0,6 / 3,5 / 0,8 / 3,7	**22** Mo	6 17 / 12 04 / 18 33	3,1 / 1,2 / 3,3
8 Mo	0 57 / 7 31 / 13 14 / 19 54	0,8 / 3,4 / 1,0 / 3,5	**23** Di	0 32 / 6 56 / 12 44 / 19 13	1,1 / 3,0 / 1,3 / 3,2
9 Di ☽	1 54 / 8 31 / 14 16 / 20 56	0,9 / 3,3 / 1,1 / 3,4	**24** Mi	1 14 / 7 41 / 13 32 / 20 03	1,3 / 3,0 / 1,4 / 3,0
10 Mi	2 58 / 9 37 / 15 25 / 22 04	1,1 / 3,2 / 1,2 / 3,3	**25** Do ☾	2 06 / 8 38 / 14 34 / 21 04	1,4 / 2,9 / 1,5 / 3,0
11 Do	4 07 / 10 45 / 16 37 / 23 13	1,1 / 3,2 / 1,2 / 3,2	**26** Fr	3 10 / 9 46 / 15 46 / 22 15	1,4 / 2,9 / 1,5 / 2,9
12 Fr	5 14 / 11 49 / 17 44	1,1 / 3,3 / 1,1	**27** Sa	4 19 / 10 56 / 16 57 / 23 26	1,4 / 3,0 / 1,4 / 3,0
13 Sa	0 17 / 6 14 / 12 46 / 18 44	3,3 / 1,1 / 3,4 / 1,0	**28** So	5 25 / 12 00 / 18 02	1,3 / 3,2 / 1,2
14 So	1 13 / 7 06 / 13 37 / 19 35	3,3 / 1,0 / 3,5 / 0,9	**29** Mo	0 30 / 6 24 / 12 59 / 18 59	3,2 / 1,1 / 3,4 / 1,0
15 Mo	2 03 / 7 51 / 14 23 / 20 20	3,4 / 0,9 / 3,6 / 0,8	**30** Di	1 28 / 7 18 / 13 52 / 19 52	3,4 / 0,9 / 3,6 / 0,8
31 Mi	2 22 / 8 09 / 14 43 / 20 42	3,5 / 0,7 / 3,8 / 0,6			

August

Tag	Zeit	Höhe	Tag	Zeit	Höhe
1 Do ●	3 12 / 8 57 / 15 32 / 21 29	3,7 / 0,6 / 4,0 / 0,4	**16** Fr	3 44 / 9 27 / 15 57 / 21 52	3,5 / 0,9 / 3,7 / 0,8
2 Fr	4 00 / 9 43 / 16 19 / 22 15	3,8 / 0,5 / 4,1 / 0,3	**17** Sa	4 16 / 9 59 / 16 28 / 22 22	3,5 / 0,9 / 3,7 / 0,8
3 Sa	4 46 / 10 29 / 17 06 / 23 00	3,8 / 0,5 / 4,1 / 0,4	**18** So	4 46 / 10 29 / 16 59 / 22 51	3,5 / 0,9 / 3,6 / 0,8
4 So	5 32 / 11 14 / 17 52 / 23 46	3,8 / 0,5 / 4,0 / 0,5	**19** Mo	5 16 / 11 00 / 17 29 / 23 21	3,4 / 0,9 / 3,5 / 0,9
5 Mo	6 18 / 12 00 / 18 39	3,7 / 0,7 / 3,8	**20** Di	5 47 / 11 31 / 18 02 / 23 53	3,3 / 1,0 / 3,4 / 0,9
6 Di	0 33 / 7 07 / 12 50 / 19 30	0,7 / 3,5 / 0,9 / 3,6	**21** Mi	6 21 / 12 06 / 18 38	3,2 / 1,2 / 3,3
7 Mi	1 24 / 8 00 / 13 46 / 20 28	0,9 / 3,3 / 1,1 / 3,4	**22** Do ☽	0 29 / 7 00 / 12 47 / 19 21	1,2 / 3,1 / 1,3 / 3,1
8 Do	2 24 / 9 03 / 14 54 / 21 36	1,2 / 3,2 / 1,3 / 3,2	**23** Fr ☾	1 14 / 7 49 / 13 42 / 20 18	1,3 / 3,0 / 1,5 / 3,0
9 Fr	3 34 / 10 14 / 16 13 / 22 51	1,3 / 3,1 / 1,4 / 3,0	**24** Sa	2 15 / 8 55 / 14 57 / 21 33	1,5 / 2,9 / 1,5 / 2,9
10 Sa	4 50 / 11 26 / 17 31	1,4 / 3,1 / 1,3	**25** So	3 35 / 10 15 / 16 24 / 22 57	1,5 / 3,0 / 1,5 / 3,0
11 So	0 02 / 5 58 / 12 30 / 18 36	3,1 / 1,3 / 3,3 / 1,2	**26** Mo	4 56 / 11 33 / 17 40	1,4 / 3,1 / 1,3
12 Mo	1 02 / 6 54 / 13 23 / 19 27	3,2 / 1,2 / 3,4 / 1,1	**27** Di	0 12 / 6 05 / 12 39 / 18 44	3,2 / 1,2 / 3,4 / 1,0
13 Di	1 51 / 7 39 / 14 08 / 20 09	3,3 / 1,1 / 3,5 / 1,0	**28** Mi	1 14 / 7 03 / 13 36 / 19 38	3,4 / 1,0 / 3,7 / 0,7
14 Mi	2 32 / 8 19 / 14 48 / 20 46	3,3 / 1,0 / 3,6 / 0,9	**29** Do	2 07 / 7 54 / 14 27 / 20 27	3,6 / 0,7 / 3,9 / 0,5
15 Do ○	3 10 / 8 54 / 15 24 / 21 20	3,4 / 0,9 / 3,7 / 0,8	**30** Fr ●	2 56 / 8 42 / 15 15 / 21 13	3,8 / 0,5 / 4,1 / 0,3
			31 Sa	3 42 / 9 27 / 16 02 / 21 56	4,0 / 0,4 / 4,3 / 0,3

● Neumond ☽ erstes Viertel ○ Vollmond ☾ letztes Viertel

UTC   Höhen sind auf SKN bezogen

Lissabon, Marinewerft 2019

Breite: 38° 43' N, Länge: 9° 08' W

Zeiten (Stunden und Minuten) und Höhen (Meter) der Hoch- und Niedrigwasser

September

Tag	Zeit	Höhe		Zeit	Höhe
1 So	4 27 / 10 10 / 16 47 / 22 39	4,0 / 0,4 / 4,3 / 0,3	16 Mo	4 18 / 10 02 / 16 31 / 22 20	3,6 / 0,8 / 3,7 / 0,8
2 Mo	5 10 / 10 54 / 17 31 / 23 22	4,0 / 0,4 / 4,1 / 0,5	17 Di	4 47 / 10 32 / 17 02 / 22 49	3,6 / 0,9 / 3,7 / 0,9
3 Di	5 54 / 11 37 / 18 16	3,8 / 0,6 / 3,9	18 Mi	5 18 / 11 02 / 17 34 / 23 20	3,5 / 1,0 / 3,5 / 1,0
4 Mi	0 05 / 6 39 / 12 24 / 19 03	0,7 / 3,6 / 0,8 / 3,6	19 Do	5 51 / 11 36 / 18 10 / 23 54	3,4 / 1,1 / 3,4 / 1,1
5 Do	0 52 / 7 28 / 13 16 / 19 57	1,0 / 3,4 / 1,1 / 3,3	20 Fr	6 28 / 12 15 / 18 51	3,3 / 1,3 / 3,2
6 Fr ☽	1 47 / 8 27 / 14 23 / 21 06	1,3 / 3,2 / 1,4 / 3,0	21 Sa	0 36 / 7 15 / 13 07 / 19 46	1,3 / 3,1 / 1,4 / 3,0
7 Sa	3 00 / 9 42 / 15 50 / 22 30	1,5 / 3,0 / 1,5 / 2,9	22 So ☾	1 35 / 8 18 / 14 24 / 21 05	1,5 / 3,0 / 1,5 / 2,9
8 So	4 27 / 11 04 / 17 18 / 23 48	1,6 / 3,0 / 1,5 / 3,0	23 Mo	3 01 / 9 44 / 16 00 / 22 39	1,6 / 3,0 / 1,5 / 3,0
9 Mo	5 43 / 12 12 / 18 24	1,5 / 3,2 / 1,3	24 Di	4 34 / 11 11 / 17 23 / 23 57	1,5 / 3,2 / 1,3 / 3,2
10 Di	0 48 / 6 39 / 13 05 / 19 12	3,1 / 1,4 / 3,3 / 1,2	25 Mi	5 47 / 12 20 / 18 27	1,3 / 3,5 / 1,0
11 Mi	1 34 / 7 23 / 13 48 / 19 51	3,3 / 1,2 / 3,5 / 1,0	26 Do	0 57 / 6 45 / 13 17 / 19 20	3,5 / 1,0 / 3,8 / 0,7
12 Do	2 13 / 7 59 / 14 26 / 20 24	3,4 / 1,0 / 3,6 / 0,9	27 Fr	1 49 / 7 36 / 14 08 / 20 07	3,8 / 0,7 / 4,0 / 0,5
13 Fr	2 47 / 8 32 / 14 59 / 20 55	3,5 / 0,9 / 3,7 / 0,8	28 Sa ●	2 36 / 8 22 / 14 55 / 20 51	4,0 / 0,5 / 4,2 / 0,3
14 Sa ○	3 19 / 9 03 / 15 31 / 21 24	3,6 / 0,9 / 3,8 / 0,8	29 So	3 21 / 9 06 / 15 41 / 21 33	4,1 / 0,4 / 4,3 / 0,3
15 So	3 49 / 9 33 / 16 01 / 21 52	3,6 / 0,8 / 3,8 / 0,8	30 Mo	4 04 / 9 49 / 16 25 / 22 14	4,2 / 0,3 / 4,3 / 0,4

Oktober

Tag	Zeit	Höhe		Zeit	Höhe
1 Di	4 46 / 10 31 / 17 07 / 22 55	4,1 / 0,4 / 4,1 / 0,6	16 Mi	4 20 / 10 06 / 16 37 / 22 21	3,7 / 0,9 / 3,7 / 0,9
2 Mi	5 27 / 11 13 / 17 50 / 23 36	3,9 / 0,6 / 3,8 / 0,8	17 Do	4 53 / 10 39 / 17 12 / 22 54	3,7 / 0,9 / 3,6 / 1,0
3 Do	6 10 / 11 58 / 18 35	3,7 / 0,9 / 3,5	18 Fr	5 28 / 11 15 / 17 49 / 23 30	3,6 / 1,0 / 3,4 / 1,1
4 Fr	0 19 / 6 55 / 12 48 / 19 25	1,1 / 3,4 / 1,2 / 3,2	19 Sa	6 07 / 11 57 / 18 33	3,4 / 1,2 / 3,2
5 Sa ☽	1 10 / 7 50 / 13 52 / 20 32	1,4 / 3,2 / 1,5 / 2,9	20 So	0 14 / 6 54 / 12 51 / 19 29	1,3 / 3,3 / 1,4 / 3,1
6 So	2 22 / 9 05 / 14 07 / 22 01	1,7 / 3,0 / 1,6 / 2,8	21 Mo ☾	1 14 / 7 57 / 14 07 / 20 49	1,5 / 3,1 / 1,5 / 3,0
7 Mo	3 55 / 10 32 / 16 51 / 23 24	1,7 / 3,0 / 1,6 / 2,9	22 Di	2 40 / 9 22 / 15 39 / 22 21	1,6 / 3,1 / 1,4 / 3,0
8 Di	5 15 / 11 44 / 17 58	1,6 / 3,1 / 1,4	23 Mi	4 11 / 10 48 / 17 00 / 23 36	1,5 / 3,3 / 1,2 / 3,3
9 Mi	0 24 / 6 13 / 12 38 / 18 45	3,1 / 1,5 / 3,3 / 1,3	24 Do	5 24 / 11 57 / 18 03	1,3 / 3,5 / 1,0
10 Do	1 08 / 6 56 / 13 20 / 19 22	3,3 / 1,3 / 3,5 / 1,1	25 Fr	0 35 / 6 23 / 12 54 / 18 56	3,5 / 1,0 / 3,8 / 0,7
11 Fr	1 45 / 7 32 / 13 56 / 19 54	3,4 / 1,1 / 3,6 / 1,0	26 Sa	1 26 / 7 14 / 13 45 / 19 43	3,8 / 0,7 / 4,0 / 0,5
12 Sa	2 17 / 8 04 / 14 29 / 20 23	3,5 / 1,0 / 3,6 / 0,9	27 So	2 13 / 8 01 / 14 33 / 20 27	4,0 / 0,5 / 4,2 / 0,4
13 So ○	2 48 / 8 35 / 15 01 / 20 52	3,7 / 0,9 / 3,8 / 0,8	28 Mo ●	2 57 / 8 45 / 15 18 / 21 09	4,1 / 0,4 / 4,2 / 0,4
14 Mo	3 19 / 9 05 / 15 32 / 21 21	3,7 / 0,8 / 3,8 / 0,8	29 Di	3 40 / 9 28 / 16 02 / 21 50	4,1 / 0,4 / 4,1 / 0,5
15 Di	3 49 / 9 35 / 16 04 / 21 51	3,7 / 0,8 / 3,8 / 0,8	30 Mi	4 22 / 10 10 / 16 44 / 22 29	4,1 / 0,5 / 4,0 / 0,7
31 Do	5 02 / 10 51 / 17 26 / 23 09	3,9 / 0,7 / 3,7 / 0,9			

November

Tag	Zeit	Höhe		Zeit	Höhe
1 Fr	5 43 / 11 35 / 18 08 / 23 50	3,7 / 0,9 / 3,4 / 1,2	16 Sa	5 13 / 11 04 / 17 37 / 23 17	3,7 / 0,9 / 3,4 / 1,1
2 Sa	6 25 / 12 22 / 18 54	3,5 / 1,2 / 3,1	17 So	5 55 / 11 50 / 18 24	3,5 / 1,0 / 3,3
3 So	0 37 / 7 13 / 13 20 / 19 53	1,4 / 3,2 / 1,4 / 2,9	18 Mo	0 04 / 6 44 / 12 45 / 19 22	1,2 / 3,4 / 1,2 / 3,1
4 Mo ☽	1 40 / 8 19 / 14 37 / 21 15	1,6 / 3,0 / 1,6 / 2,8	19 Di ☾	1 04 / 7 46 / 13 55 / 20 36	1,4 / 3,3 / 1,3 / 3,0
5 Di	3 04 / 9 42 / 16 01 / 22 40	1,8 / 3,0 / 1,6 / 2,8	20 Mi	2 21 / 9 02 / 15 15 / 21 57	1,5 / 3,3 / 1,3 / 3,1
6 Mi	4 27 / 10 57 / 17 10 / 23 43	1,7 / 3,0 / 1,5 / 3,0	21 Do	3 43 / 10 21 / 16 30 / 23 09	1,4 / 3,3 / 1,1 / 3,3
7 Do	5 30 / 11 55 / 18 02	1,6 / 3,2 / 1,3	22 Fr	4 56 / 11 30 / 17 35	1,2 / 3,5 / 1,0
8 Fr	0 30 / 6 18 / 12 40 / 18 42	3,2 / 1,4 / 3,3 / 1,2	23 Sa	0 09 / 5 57 / 12 30 / 18 30	3,5 / 1,0 / 3,7 / 0,8
9 Sa	1 08 / 6 57 / 13 19 / 19 16	3,3 / 1,2 / 3,5 / 1,0	24 So	1 02 / 6 51 / 13 23 / 19 19	3,7 / 0,8 / 3,8 / 0,6
10 So	1 42 / 7 31 / 13 54 / 19 48	3,5 / 1,1 / 3,6 / 0,9	25 Mo	1 50 / 7 40 / 14 12 / 20 04	3,9 / 0,6 / 3,9 / 0,6
11 Mo	2 15 / 8 04 / 14 29 / 20 19	3,6 / 0,9 / 3,7 / 0,8	26 Di ●	2 35 / 8 26 / 14 58 / 20 47	4,0 / 0,6 / 3,9 / 0,6
12 Di ○	2 48 / 8 37 / 15 04 / 20 52	3,7 / 0,9 / 3,7 / 0,8	27 Mi	3 19 / 9 10 / 15 42 / 21 28	4,0 / 0,6 / 3,8 / 0,6
13 Mi	3 22 / 9 11 / 15 40 / 21 25	3,8 / 0,8 / 3,7 / 0,8	28 Do	4 01 / 9 52 / 16 24 / 22 07	3,9 / 0,6 / 3,7 / 0,8
14 Do	3 57 / 9 46 / 16 17 / 21 59	3,8 / 0,8 / 3,7 / 0,8	29 Fr	4 41 / 10 34 / 17 05 / 22 46	3,8 / 0,7 / 3,5 / 0,9
15 Fr	4 34 / 10 24 / 16 56 / 22 36	3,7 / 0,8 / 3,6 / 0,9	30 Sa	5 20 / 11 16 / 17 44 / 23 26	3,7 / 0,9 / 3,3 / 1,1

Dezember

Tag	Zeit	Höhe		Zeit	Höhe
1 So	5 59 / 12 00 / 18 25	3,5 / 1,1 / 3,1	16 Mo	5 49 / 11 46 / 18 19 / 23 59	3,7 / 0,8 / 3,4 / 1,0
2 Mo	0 09 / 6 42 / 12 48 / 19 13	1,3 / 3,3 / 1,3 / 2,9	17 Di	6 38 / 12 38 / 19 13	3,6 / 0,9 / 3,3
3 Di	1 00 / 7 32 / 13 46 / 20 14	1,5 / 3,1 / 1,4 / 2,8	18 Mi	0 54 / 7 34 / 13 38 / 20 16	1,1 / 3,5 / 1,0 / 3,2
4 Mi ☽	2 04 / 8 35 / 14 53 / 21 30	1,6 / 3,0 / 1,5 / 2,8	19 Do ☾	1 59 / 8 40 / 14 46 / 21 26	1,2 / 3,4 / 1,1 / 3,1
5 Do	3 19 / 9 48 / 16 03 / 22 41	1,7 / 3,0 / 1,5 / 2,8	20 Fr	3 11 / 9 51 / 15 57 / 22 37	1,3 / 3,3 / 1,1 / 3,2
6 Fr	4 29 / 10 54 / 17 03 / 23 37	1,6 / 3,0 / 1,4 / 3,0	21 Sa	4 24 / 11 01 / 17 05 / 23 41	1,2 / 3,4 / 1,0 / 3,3
7 Sa	5 26 / 11 49 / 17 52	1,5 / 3,1 / 1,3	22 So	5 32 / 12 06 / 18 05	1,1 / 3,5 / 0,9
8 So	0 23 / 6 14 / 12 35 / 18 33	3,2 / 1,3 / 3,2 / 1,1	23 Mo	0 38 / 5 57 / 13 03 / 18 58	3,5 / 0,9 / 3,5 / 0,8
9 Mo	1 03 / 6 55 / 13 17 / 19 11	3,3 / 1,2 / 3,4 / 1,0	24 Di	1 30 / 7 25 / 13 55 / 19 46	3,6 / 0,8 / 3,6 / 0,8
10 Di	1 41 / 7 34 / 13 58 / 19 49	3,5 / 1,0 / 3,5 / 0,9	25 Mi	2 18 / 8 13 / 14 43 / 20 30	3,7 / 0,7 / 3,6 / 0,7
11 Mi	2 20 / 8 13 / 14 39 / 20 27	3,6 / 0,9 / 3,5 / 0,8	26 Do ●	3 03 / 8 58 / 15 27 / 21 12	3,8 / 0,7 / 3,6 / 0,8
12 Do ○	2 59 / 8 52 / 15 20 / 21 05	3,7 / 0,8 / 3,6 / 0,8	27 Fr	3 45 / 9 40 / 16 08 / 21 51	3,8 / 0,7 / 3,5 / 0,8
13 Fr	3 39 / 9 33 / 16 02 / 21 45	3,7 / 0,7 / 3,6 / 0,8	28 Sa	4 24 / 10 20 / 16 47 / 22 29	3,7 / 0,7 / 3,4 / 0,9
14 Sa	4 21 / 10 15 / 16 46 / 22 27	3,7 / 0,7 / 3,6 / 0,8	29 So	5 02 / 10 59 / 17 24 / 23 06	3,7 / 0,8 / 3,3 / 1,0
15 So	5 03 / 10 59 / 17 31 / 23 11	3,6 / 0,7 / 3,5 / 0,9	30 Mo	5 37 / 11 37 / 17 59 / 23 43	3,5 / 0,9 / 3,2 / 1,1
31 Di	6 13 / 12 16 / 18 37	3,4 / 1,1 / 3,0			

● Neumond ☽ erstes Viertel ○ Vollmond ☾ letztes Viertel

UTC   Höhen sind auf SKN bezogen

Mittlere Tidenkurven | 165

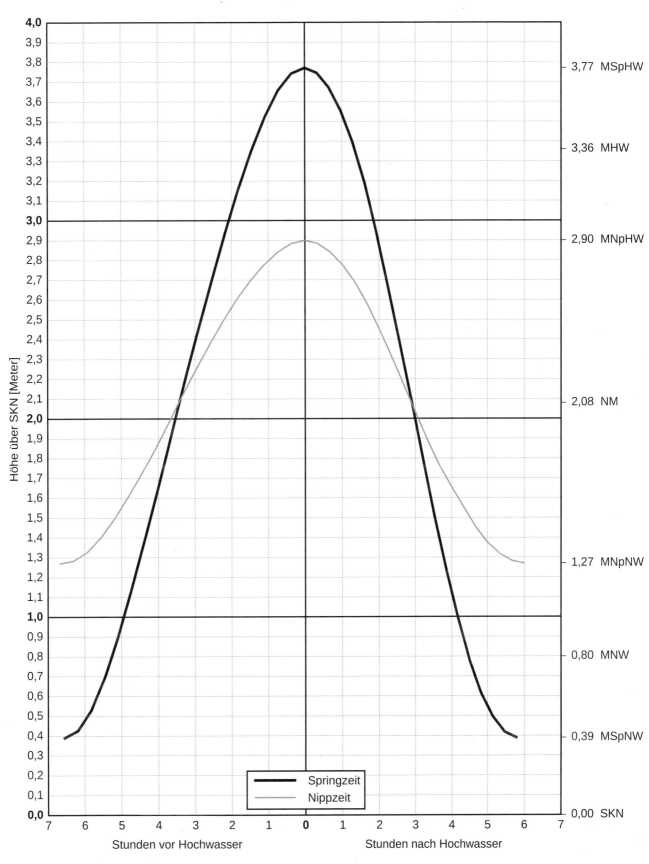

Lissabon, Marinewerft

- 3,77 MSpHW
- 3,36 MHW
- 2,90 MNpHW
- 2,08 NM
- 1,27 MNpNW
- 0,80 MNW
- 0,39 MSpNW
- 0,00 SKN

Höhe über SKN [Meter]

Stunden vor Hochwasser — Stunden nach Hochwasser

— Springzeit
— Nippzeit

| MSpSD: | 6,55 h | MSpFD: | 5,78 h | MHWI: | 3 h 01 min |
| MNpSD: | 6,67 h | MNpFD: | 6,00 h | MNWI: | 8 h 52 min |

Stand Tidenkurven: 1955
Stand Gezeitengrundwerte: 2015

Gibraltar 2019

Breite: 36° 08' N, Länge: 5° 21' W

Zeiten (Stunden und Minuten) und Höhen (Meter) der Hoch- und Niedrigwasser

Januar

Tag	Zeit	Höhe		Tag	Zeit	Höhe
1 Di	5 19 / 11 52 / 17 55	0,3 / 0,8 / 0,2		16 Mi	4 23 / 10 47 / 17 01 / 23 32	0,3 / 0,7 / 0,2 / 0,7
2 Mi	0 25 / 6 14 / 12 45 / 18 44	0,8 / 0,2 / 0,9 / 0,2		17 Do	5 31 / 11 53 / 18 02	0,2 / 0,8 / 0,2
3 Do	1 17 / 6 59 / 13 32 / 19 27	0,8 / 0,2 / 0,9 / 0,1		18 Fr	0 35 / 6 23 / 12 50 / 18 53	0,8 / 0,2 / 0,8 / 0,1
4 Fr	2 02 / 7 39 / 14 15 / 20 06	0,8 / 0,2 / 0,9 / 0,1		19 Sa	1 29 / 7 10 / 13 42 / 19 40	0,8 / 0,1 / 0,9 / 0,0
5 Sa	2 43 / 8 16 / 14 56 / 20 44	0,9 / 0,1 / 0,9 / 0,1		20 So	2 18 / 7 57 / 14 33 / 20 26	0,9 / 0,1 / 1,0 / 0,0
6 So ●	3 21 / 8 53 / 15 35 / 21 20	0,9 / 0,1 / 0,9 / 0,1		21 Mo	3 07 / 8 43 / 15 23 / 21 13	1,0 / 0,0 / 1,0 / 0,0
7 Mo	3 56 / 9 28 / 16 11 / 21 54	0,9 / 0,1 / 0,9 / 0,1		22 Di	3 54 / 9 31 / 16 12 / 21 58	1,0 / 0,0 / 1,0 / 0,0
8 Di	4 30 / 10 03 / 16 46 / 22 28	0,9 / 0,1 / 0,8 / 0,1		23 Mi	4 40 / 10 18 / 16 59 / 22 42	1,0 / 0,0 / 1,0 / 0,0
9 Mi	5 02 / 10 37 / 17 21 / 23 00	0,8 / 0,2 / 0,8 / 0,1		24 Do	5 26 / 11 05 / 17 47 / 23 26	1,0 / 0,0 / 1,0 / 0,0
10 Do	5 35 / 11 12 / 17 55 / 23 33	0,8 / 0,2 / 0,8 / 0,2		25 Fr	6 15 / 11 54 / 18 37	1,0 / 0,1 / 0,9
11 Fr	6 11 / 11 48 / 18 32	0,8 / 0,2 / 0,8		26 Sa	0 12 / 7 06 / 12 47 / 19 29	0,1 / 0,9 / 0,1 / 0,8
12 Sa	0 08 / 6 52 / 12 31 / 19 15	0,2 / 0,8 / 0,2 / 0,7		27 So ☾	1 03 / 8 01 / 13 47 / 20 26	0,1 / 0,9 / 0,2 / 0,8
13 So	0 51 / 7 39 / 13 23 / 20 05	0,2 / 0,7 / 0,3 / 0,7		28 Mo	2 03 / 9 02 / 14 55 / 21 29	0,2 / 0,8 / 0,2 / 0,7
14 Mo ☽	1 48 / 8 34 / 14 29 / 21 04	0,3 / 0,7 / 0,3 / 0,7		29 Di	3 18 / 10 10 / 16 19 / 22 46	0,3 / 0,8 / 0,3 / 0,7
15 Di	3 01 / 9 37 / 15 45 / 22 16	0,3 / 0,7 / 0,3 / 0,7		30 Mi	4 48 / 11 24 / 17 39	0,3 / 0,8 / 0,2
				31 Do	0 04 / 6 00 / 12 30 / 18 35	0,7 / 0,3 / 0,8 / 0,2

Februar

Tag	Zeit	Höhe		Tag	Zeit	Höhe
1 Fr	1 06 / 6 50 / 13 22 / 19 19	0,7 / 0,2 / 0,8 / 0,2		16 Sa	0 15 / 6 12 / 12 34 / 18 46	0,7 / 0,2 / 0,8 / 0,1
2 Sa	1 54 / 7 31 / 14 07 / 19 58	0,8 / 0,2 / 0,8 / 0,1		17 So	1 15 / 7 03 / 13 31 / 19 34	0,8 / 0,1 / 0,9 / 0,0
3 So	2 35 / 8 07 / 14 47 / 20 34	0,8 / 0,1 / 0,8 / 0,1		18 Mo	2 07 / 7 51 / 14 23 / 20 20	0,9 / 0,0 / 0,9 / 0,0
4 Mo ●	3 10 / 8 43 / 15 24 / 21 08	0,8 / 0,1 / 0,8 / 0,1		19 Di ○	2 55 / 8 38 / 15 13 / 21 05	0,9 / 0,0 / 1,0 / -0,1
5 Di	3 43 / 9 16 / 15 58 / 21 41	0,8 / 0,1 / 0,9 / 0,1		20 Mi	3 41 / 9 24 / 16 00 / 21 48	1,0 / -0,1 / 1,0 / -0,1
6 Mi	4 13 / 9 49 / 16 30 / 22 11	0,9 / 0,1 / 0,9 / 0,1		21 Do	4 26 / 10 08 / 16 46 / 22 28	1,0 / -0,1 / 1,0 / -0,1
7 Do	4 42 / 10 20 / 17 01 / 22 40	0,9 / 0,1 / 0,8 / 0,1		22 Fr	5 10 / 10 51 / 17 32 / 23 08	1,0 / -0,1 / 1,0 / 0,0
8 Fr	5 12 / 10 50 / 17 32 / 23 09	0,9 / 0,1 / 0,8 / 0,1		23 Sa	5 55 / 11 34 / 18 18 / 23 48	1,0 / 0,0 / 0,9 / 0,0
9 Sa	5 43 / 11 22 / 18 05 / 23 39	0,9 / 0,1 / 0,8 / 0,1		24 So	6 41 / 12 18 / 19 06	0,9 / 0,1 / 0,8
10 So	6 19 / 11 56 / 18 43	0,8 / 0,2 / 0,8		25 Mo	0 30 / 7 31 / 13 09 / 19 57	0,1 / 0,8 / 0,1 / 0,8
11 Mo	0 12 / 7 00 / 12 38 / 19 27	0,2 / 0,8 / 0,2 / 0,7		26 Di ☽	1 20 / 8 27 / 14 09 / 20 55	0,2 / 0,8 / 0,2 / 0,7
12 Di ☾	0 55 / 7 50 / 13 32 / 20 23	0,2 / 0,7 / 0,2 / 0,7		27 Mi	2 26 / 9 32 / 15 35 / 22 07	0,3 / 0,7 / 0,3 / 0,6
13 Mi	1 55 / 8 51 / 14 47 / 21 31	0,3 / 0,7 / 0,2 / 0,6		28 Do	4 11 / 10 54 / 17 18 / 23 38	0,3 / 0,7 / 0,3 / 0,6
14 Do	3 26 / 10 05 / 16 27 / 22 56	0,3 / 0,7 / 0,2 / 0,6				
15 Fr	5 05 / 11 26 / 17 49	0,2 / 0,7 / 0,2				

März

Tag	Zeit	Höhe		Tag	Zeit	Höhe
1 Fr	5 48 / 12 13 / 18 22	0,3 / 0,7 / 0,2		16 Sa	4 50 / 11 06 / 17 38 / 23 57	0,3 / 0,7 / 0,2 / 0,7
2 Sa	0 50 / 6 40 / 13 10 / 19 05	0,7 / 0,2 / 0,7 / 0,2		17 So	6 03 / 12 22 / 18 36	0,2 / 0,8 / 0,1
3 So	1 39 / 7 18 / 13 54 / 19 41	0,7 / 0,2 / 0,8 / 0,1		18 Mo	1 00 / 6 55 / 13 20 / 19 23	0,8 / 0,1 / 0,8 / 0,0
4 Mo	2 17 / 7 53 / 14 31 / 20 15	0,8 / 0,1 / 0,8 / 0,1		19 Di	1 52 / 7 42 / 14 11 / 20 07	0,9 / 0,0 / 0,9 / 0,0
5 Di	2 50 / 8 25 / 15 05 / 20 48	0,8 / 0,1 / 0,8 / 0,1		20 Mi	2 38 / 8 26 / 14 58 / 20 49	1,0 / 0,0 / 1,0 / -0,1
6 Mi ●	3 20 / 8 57 / 15 37 / 21 18	0,9 / 0,1 / 0,9 / 0,1		21 Do ○	3 23 / 9 10 / 15 44 / 21 29	1,0 / -0,1 / 1,0 / -0,1
7 Do	3 48 / 9 28 / 16 08 / 21 48	0,9 / 0,1 / 0,9 / 0,1		22 Fr	4 06 / 9 51 / 16 28 / 22 07	1,0 / -0,1 / 1,0 / -0,1
8 Fr	4 17 / 9 58 / 16 38 / 22 16	0,9 / 0,1 / 0,9 / 0,1		23 Sa	4 49 / 10 31 / 17 11 / 22 44	1,0 / -0,1 / 1,0 / 0,0
9 Sa	4 46 / 10 27 / 17 09 / 22 44	0,9 / 0,1 / 0,9 / 0,1		24 So	5 31 / 11 10 / 17 55 / 23 21	1,0 / 0,0 / 0,9 / 0,0
10 So	5 18 / 10 57 / 17 42 / 23 13	0,9 / 0,1 / 0,8 / 0,1		25 Mo	6 15 / 11 50 / 18 41 / 23 59	0,9 / 0,1 / 0,8 / 0,1
11 Mo	5 52 / 11 29 / 18 19 / 23 45	0,9 / 0,1 / 0,8 / 0,1		26 Di	7 01 / 12 33 / 19 30	0,8 / 0,2 / 0,8
12 Di	6 31 / 12 07 / 19 03	0,8 / 0,1 / 0,8		27 Mi	0 43 / 7 53 / 13 26 / 20 24	0,2 / 0,7 / 0,2 / 0,7
13 Mi	0 24 / 7 19 / 12 56 / 19 57	0,2 / 0,8 / 0,2 / 0,7		28 Do	1 42 / 8 55 / 14 46 / 21 28	0,3 / 0,7 / 0,3 / 0,7
14 Do ☽	1 20 / 8 20 / 14 10 / 21 05	0,3 / 0,7 / 0,3 / 0,7		29 Fr	3 21 / 10 15 / 16 37 / 22 55	0,3 / 0,6 / 0,3 / 0,6
15 Fr	2 52 / 9 36 / 16 05 / 22 31	0,3 / 0,7 / 0,3 / 0,7		30 Sa	5 20 / 11 44 / 17 50	0,3 / 0,7 / 0,3
				31 So	0 15 / 6 16 / 12 45 / 18 35	0,7 / 0,3 / 0,7 / 0,2

April

Tag	Zeit	Höhe		Tag	Zeit	Höhe
1 Mo	1 06 / 6 54 / 13 28 / 19 11	0,7 / 0,2 / 0,8 / 0,2		16 Di	0 39 / 6 39 / 13 04 / 19 02	0,8 / 0,1 / 0,8 / 0,1
2 Di	1 43 / 7 27 / 14 04 / 19 45	0,8 / 0,2 / 0,8 / 0,1		17 Mi	1 30 / 7 25 / 13 53 / 19 44	0,9 / 0,0 / 0,9 / 0,0
3 Mi	2 16 / 7 59 / 14 37 / 20 17	0,8 / 0,1 / 0,9 / 0,1		18 Do	2 16 / 8 08 / 14 38 / 20 25	1,0 / 0,0 / 1,0 / 0,0
4 Do	2 47 / 8 30 / 15 09 / 20 48	0,9 / 0,1 / 0,9 / 0,1		19 Fr ○	3 00 / 8 50 / 15 23 / 21 04	1,0 / 0,0 / 1,0 / 0,0
5 Fr ●	3 17 / 9 01 / 15 41 / 21 18	0,9 / 0,1 / 0,9 / 0,1		20 Sa	3 42 / 9 30 / 16 06 / 21 42	1,0 / 0,0 / 1,0 / 0,0
6 Sa	3 48 / 9 32 / 16 13 / 21 48	0,9 / 0,1 / 0,9 / 0,1		21 So	4 24 / 10 08 / 16 49 / 22 18	1,0 / 0,0 / 0,9 / 0,0
7 So	4 20 / 10 03 / 16 46 / 22 18	0,9 / 0,1 / 0,9 / 0,1		22 Mo	5 05 / 10 46 / 17 31 / 22 55	0,9 / 0,1 / 0,9 / 0,1
8 Mo	4 54 / 10 34 / 17 21 / 22 50	0,9 / 0,1 / 0,9 / 0,1		23 Di	5 48 / 11 23 / 18 15 / 23 32	0,9 / 0,1 / 0,8 / 0,2
9 Di	5 30 / 11 08 / 18 00 / 23 25	0,9 / 0,1 / 0,9 / 0,2		24 Mi	6 32 / 12 03 / 19 03	0,8 / 0,2 / 0,8
10 Mi	6 11 / 11 47 / 18 46	0,8 / 0,2 / 0,8		25 Do	0 14 / 7 22 / 12 52 / 19 54	0,2 / 0,7 / 0,2 / 0,7
11 Do	0 07 / 6 59 / 12 37 / 19 42	0,2 / 0,8 / 0,2 / 0,7		26 Fr ☽	1 09 / 8 20 / 14 02 / 20 53	0,3 / 0,7 / 0,3 / 0,7
12 Fr	1 06 / 8 01 / 13 53 / 20 50	0,3 / 0,7 / 0,3 / 0,7		27 Sa	2 31 / 9 29 / 15 36 / 22 02	0,4 / 0,6 / 0,3 / 0,7
13 Sa	2 41 / 9 18 / 15 48 / 22 13	0,3 / 0,7 / 0,3 / 0,7		28 So	4 18 / 10 52 / 16 57 / 23 18	0,4 / 0,6 / 0,3 / 0,7
14 So	4 32 / 10 49 / 17 18 / 23 37	0,3 / 0,7 / 0,2 / 0,8		29 Mo	5 31 / 12 01 / 17 50	0,3 / 0,7 / 0,3
15 Mo	5 47 / 12 06 / 18 16	0,2 / 0,8 / 0,1		30 Di	0 15 / 6 15 / 12 49 / 18 30	0,7 / 0,3 / 0,7 / 0,2

● Neumond ☽ erstes Viertel ○ Vollmond ☾ letztes Viertel

UTC+ 1h00min (MEZ)   Höhen sind auf SKN bezogen

Gezeitenvorausberechnungen

Gibraltar 2019

Breite: 36° 08' N, Länge: 5° 21' W

Zeiten (Stunden und Minuten) und Höhen (Meter) der Hoch- und Niedrigwasser

	Mai					Juni					Juli					August			
	Zeit	Höhe		Zeit	Höhe		Zeit	Höhe		Zeit	Höhe		Zeit	Höhe		Zeit	Höhe		Zeit	Höhe
1 Mi	0 57 / 6 52 / 13 27 / 19 06	0,8 / 0,2 / 0,8 / 0,2	**16** Do	1 04 / 7 03 / 13 30 / 19 17	0,9 / 0,1 / 0,9 / 0,1	**1** Sa	1 26 / 7 23 / 14 01 / 19 36	0,9 / 0,1 / 0,9 / 0,2	**16** So	2 11 / 8 09 / 14 41 / 20 16	0,9 / 0,1 / 0,9 / 0,1	**1** Mo	1 37 / 7 35 / 14 16 / 19 49	0,9 / 0,1 / 0,9 / 0,2	**16** Di ○	2 40 / 8 34 / 15 10 / 20 40	0,9 / 0,1 / 0,9 / 0,2	**1** Do ●	2 57 / 8 48 / 15 31 / 21 07	1,0 / 0,0 / 1,0 / 0,1	**16** Fr	3 40 / 9 21 / 15 58 / 21 32	0,9 / 0,1 / 0,9 / 0,1
2 Do	1 33 / 7 25 / 14 02 / 19 39	0,8 / 0,2 / 0,8 / 0,2	**17** Fr	1 50 / 7 47 / 14 16 / 19 58	0,9 / 0,0 / 0,9 / 0,1	**2** So	2 07 / 8 00 / 14 41 / 20 13	0,9 / 0,1 / 0,9 / 0,2	**17** Mo ○	2 55 / 8 49 / 15 25 / 20 56	0,9 / 0,1 / 0,9 / 0,1	**2** Di ●	2 24 / 8 18 / 15 01 / 20 34	0,9 / 0,1 / 0,9 / 0,1	**17** Mi	3 22 / 9 10 / 15 49 / 21 18	0,9 / 0,1 / 0,9 / 0,2	**2** Fr	3 46 / 9 33 / 16 17 / 21 54	1,0 / 0,0 / 1,1 / 0,1	**17** Sa	4 13 / 9 52 / 16 28 / 22 04	0,9 / 0,1 / 0,9 / 0,1
3 Fr	2 07 / 7 58 / 14 36 / 20 12	0,9 / 0,1 / 0,9 / 0,1	**18** Sa ○	2 34 / 8 28 / 15 00 / 20 37	1,0 / 0,0 / 0,9 / 0,1	**3** Mo ●	2 48 / 8 39 / 15 22 / 20 52	1,0 / 0,1 / 0,9 / 0,1	**18** Di	3 39 / 9 28 / 16 07 / 21 35	0,9 / 0,1 / 0,9 / 0,1	**3** Mi	3 12 / 9 02 / 15 47 / 21 19	1,0 / 0,1 / 1,0 / 0,1	**18** Do	4 02 / 9 46 / 16 25 / 21 55	0,9 / 0,1 / 0,9 / 0,2	**3** Sa	4 33 / 10 16 / 17 02 / 22 41	1,1 / 0,0 / 1,1 / 0,1	**18** So	4 43 / 10 22 / 16 56 / 22 35	0,9 / 0,1 / 0,9 / 0,2
4 Sa ●	2 42 / 8 31 / 15 11 / 20 45	0,9 / 0,1 / 0,9 / 0,1	**19** So	3 17 / 9 08 / 15 44 / 21 16	1,0 / 0,0 / 0,9 / 0,1	**4** Di	3 31 / 9 18 / 16 04 / 21 33	1,0 / 0,1 / 1,0 / 0,1	**19** Mi	4 20 / 10 05 / 16 47 / 22 13	0,9 / 0,1 / 0,9 / 0,2	**4** Do	4 00 / 9 46 / 16 33 / 22 06	1,0 / 0,1 / 1,0 / 0,1	**19** Fr	4 38 / 10 19 / 16 59 / 22 30	0,9 / 0,1 / 0,9 / 0,2	**4** So	5 21 / 11 00 / 17 49 / 23 27	1,0 / 0,1 / 1,1 / 0,1	**19** Mo	5 14 / 10 51 / 17 26 / 23 06	0,9 / 0,2 / 0,9 / 0,2
5 So	3 18 / 9 05 / 15 47 / 21 19	1,0 / 0,1 / 0,9 / 0,1	**20** Mo	3 59 / 9 46 / 16 26 / 21 54	0,9 / 0,0 / 0,9 / 0,1	**5** Mi	4 14 / 9 59 / 16 48 / 22 16	1,0 / 0,1 / 1,0 / 0,1	**20** Do	5 01 / 10 41 / 17 26 / 22 51	0,9 / 0,1 / 0,8 / 0,2	**5** Fr	4 47 / 10 31 / 17 20 / 22 54	1,0 / 0,1 / 1,0 / 0,1	**20** Sa	5 14 / 10 52 / 17 32 / 23 04	0,9 / 0,1 / 0,9 / 0,2	**5** Mo	6 09 / 11 44 / 18 37	1,0 / 0,1 / 1,0	**20** Di	5 45 / 11 21 / 17 58 / 23 38	0,9 / 0,2 / 0,9 / 0,2
6 Mo	3 54 / 9 39 / 16 24 / 21 54	1,0 / 0,1 / 0,9 / 0,1	**21** Di	4 41 / 10 24 / 17 08 / 22 32	0,9 / 0,1 / 0,9 / 0,1	**6** Do	4 59 / 10 42 / 17 33 / 23 02	1,0 / 0,1 / 0,9 / 0,2	**21** Fr	5 41 / 11 17 / 18 06 / 23 29	0,8 / 0,2 / 0,8 / 0,2	**6** Sa	5 36 / 11 17 / 18 08 / 23 44	1,0 / 0,1 / 1,0 / 0,1	**21** So	5 48 / 11 24 / 18 05 / 23 39	0,8 / 0,2 / 0,8 / 0,2	**6** Di	0 16 / 7 01 / 12 33 / 19 29	0,1 / 0,9 / 0,2 / 1,0	**21** Mi	6 21 / 11 53 / 18 35	0,8 / 0,2 / 0,8
7 Di	4 32 / 10 15 / 17 03 / 22 31	1,0 / 0,1 / 0,9 / 0,2	**22** Mi	5 23 / 11 00 / 17 51 / 23 10	0,9 / 0,1 / 0,8 / 0,2	**7** Fr	5 47 / 11 28 / 18 23 / 23 54	0,9 / 0,1 / 0,9 / 0,2	**22** Sa	6 22 / 11 56 / 18 47	0,8 / 0,2 / 0,8	**7** So	6 27 / 12 07 / 19 01	0,9 / 0,1 / 1,0	**22** Mo	6 25 / 11 59 / 18 42	0,8 / 0,2 / 0,8	**7** Mi ☽	1 10 / 7 57 / 13 27 / 20 25	0,2 / 0,9 / 0,2 / 0,9	**22** Do	0 14 / 7 03 / 12 31 / 19 19	0,2 / 0,8 / 0,3 / 0,8
8 Mi	5 13 / 10 53 / 17 46 / 23 11	0,9 / 0,1 / 0,9 / 0,2	**23** Do	6 06 / 11 39 / 18 35 / 23 51	0,8 / 0,2 / 0,8 / 0,2	**8** Sa	6 39 / 12 22 / 19 19	0,9 / 0,2 / 0,9	**23** So	0 11 / 7 06 / 12 41 / 19 31	0,3 / 0,7 / 0,2 / 0,8	**8** Mo	0 39 / 7 23 / 13 03 / 19 57	0,2 / 0,9 / 0,2 / 0,9	**23** Di	0 17 / 7 04 / 12 38 / 19 22	0,2 / 0,8 / 0,3 / 0,8	**8** Do	2 12 / 8 59 / 14 33 / 21 28	0,3 / 0,8 / 0,3 / 0,8	**23** Fr ☾	1 00 / 7 57 / 13 24 / 20 14	0,3 / 0,7 / 0,3 / 0,8
9 Do	5 57 / 11 35 / 18 35 / 23 59	0,9 / 0,2 / 0,9 / 0,2	**24** Fr	6 53 / 12 24 / 19 24	0,7 / 0,2 / 0,7	**9** So	0 56 / 7 39 / 13 29 / 20 21	0,2 / 0,8 / 0,2 / 0,9	**24** Mo	1 01 / 7 55 / 13 34 / 20 18	0,3 / 0,7 / 0,3 / 0,7	**9** Di ☽	1 42 / 8 23 / 14 07 / 20 58	0,2 / 0,8 / 0,2 / 0,9	**24** Mi	1 01 / 7 51 / 13 25 / 20 09	0,3 / 0,7 / 0,3 / 0,8	**9** Fr	3 29 / 10 10 / 15 57 / 22 41	0,3 / 0,8 / 0,3 / 0,8	**24** Sa	2 04 / 9 03 / 14 45 / 21 20	0,3 / 0,7 / 0,4 / 0,8
10 Fr	6 48 / 12 29 / 19 32	0,8 / 0,2 / 0,8	**25** Sa	0 41 / 7 45 / 13 22 / 20 15	0,3 / 0,7 / 0,3 / 0,7	**10** Mo ☽	2 10 / 8 46 / 14 46 / 21 27	0,3 / 0,8 / 0,2 / 0,8	**25** Di ☾	1 59 / 8 48 / 14 36 / 21 08	0,3 / 0,7 / 0,3 / 0,7	**10** Mi	2 51 / 9 29 / 15 17 / 22 03	0,2 / 0,8 / 0,3 / 0,8	**25** Do ☾	1 55 / 8 46 / 14 26 / 21 04	0,3 / 0,7 / 0,3 / 0,8	**10** Sa	5 03 / 11 30 / 17 24 / 23 55	0,3 / 0,8 / 0,3 / 0,8	**25** So	3 38 / 10 24 / 16 26 / 22 40	0,3 / 0,7 / 0,4 / 0,8
11 Sa	1 02 / 7 50 / 13 46 / 20 37	0,3 / 0,8 / 0,3 / 0,8	**26** So ☾	1 46 / 8 43 / 14 36 / 21 11	0,3 / 0,7 / 0,3 / 0,7	**11** Di	3 28 / 9 59 / 16 01 / 22 37	0,3 / 0,8 / 0,2 / 0,8	**26** Mi	3 03 / 9 47 / 15 42 / 22 05	0,3 / 0,7 / 0,3 / 0,7	**11** Do	4 07 / 10 41 / 16 32 / 23 11	0,2 / 0,8 / 0,3 / 0,8	**26** Fr	3 01 / 9 51 / 15 41 / 22 07	0,3 / 0,7 / 0,3 / 0,8	**11** So	6 13 / 12 38 / 18 24	0,3 / 0,8 / 0,3	**26** Mo	5 15 / 11 45 / 17 40 / 23 57	0,3 / 0,8 / 0,3 / 0,8
12 So ☽	2 31 / 9 03 / 15 21 / 21 53	0,3 / 0,7 / 0,3 / 0,8	**27** Mo	3 04 / 9 48 / 15 50 / 22 11	0,3 / 0,7 / 0,3 / 0,7	**12** Mi	4 45 / 11 13 / 17 09 / 23 42	0,2 / 0,8 / 0,2 / 0,9	**27** Do	4 12 / 10 53 / 16 45 / 23 04	0,3 / 0,7 / 0,3 / 0,8	**12** Fr	5 24 / 11 51 / 17 41	0,2 / 0,8 / 0,3	**27** Sa	4 22 / 11 05 / 16 57 / 23 16	0,3 / 0,7 / 0,3 / 0,8	**12** Mo	0 56 / 7 00 / 13 32 / 19 09	0,8 / 0,2 / 0,8 / 0,3	**27** Di	6 17 / 12 47 / 18 35	0,2 / 0,9 / 0,2
13 Mo	4 04 / 10 27 / 16 43 / 23 10	0,3 / 0,7 / 0,2 / 0,8	**28** Di	4 22 / 10 58 / 16 53 / 23 11	0,3 / 0,7 / 0,3 / 0,7	**13** Do	5 50 / 12 15 / 18 05	0,2 / 0,8 / 0,3	**28** Fr	5 17 / 11 53 / 17 39 / 23 59	0,3 / 0,7 / 0,3 / 0,8	**13** Sa	0 13 / 6 24 / 12 51 / 18 35	0,8 / 0,2 / 0,8 / 0,2	**28** So	5 36 / 12 11 / 17 58	0,2 / 0,8 / 0,3	**13** Di	1 45 / 7 39 / 14 15 / 19 47	0,9 / 0,2 / 0,9 / 0,2	**28** Mi	0 59 / 7 04 / 13 39 / 19 22	0,9 / 0,1 / 1,0 / 0,1
14 Di	5 20 / 11 43 / 17 45	0,2 / 0,8 / 0,2	**29** Mi	5 23 / 11 56 / 17 42	0,3 / 0,7 / 0,3	**14** Fr	0 36 / 6 41 / 13 08 / 18 52	0,9 / 0,1 / 0,8 / 0,2	**29** Sa	6 09 / 12 44 / 18 25	0,2 / 0,8 / 0,2	**14** So	1 07 / 7 13 / 13 42 / 19 20	0,9 / 0,1 / 0,9 / 0,2	**29** Mo	0 19 / 6 30 / 13 06 / 18 47	0,8 / 0,2 / 0,9 / 0,2	**14** Mi	2 28 / 8 15 / 14 53 / 20 23	0,9 / 0,2 / 0,9 / 0,2	**29** Do	1 52 / 7 48 / 14 27 / 20 07	1,0 / 0,1 / 1,0 / 0,1
15 Mi	0 12 / 6 16 / 12 41 / 18 34	0,9 / 0,1 / 0,8 / 0,1	**30** Do	0 02 / 6 08 / 12 42 / 18 23	0,8 / 0,2 / 0,8 / 0,2	**15** Sa	1 25 / 7 27 / 13 55 / 19 35	0,9 / 0,1 / 0,9 / 0,1	**30** So	0 49 / 6 53 / 13 30 / 19 07	0,9 / 0,2 / 0,8 / 0,2	**15** Mo	1 55 / 7 55 / 14 28 / 20 01	0,9 / 0,1 / 0,9 / 0,1	**30** Di	1 15 / 7 17 / 13 56 / 19 34	0,9 / 0,1 / 0,9 / 0,2	**15** Do ○	3 06 / 8 49 / 15 27 / 20 58	0,9 / 0,1 / 0,9 / 0,2	**30** Fr ●	2 42 / 8 32 / 15 13 / 20 53	1,0 / 0,0 / 1,1 / 0,0
			31 Fr	0 46 / 6 47 / 13 22 / 19 00	0,8 / 0,2 / 0,8 / 0,2							**31** Mi	2 06 / 8 03 / 14 44 / 20 20	1,0 / 0,1 / 1,0 / 0,1							**31** Sa	3 30 / 9 14 / 15 57 / 21 38	1,1 / 0,0 / 1,1 / 0,0

● Neumond ☽ erstes Viertel ○ Vollmond ☾ letztes Viertel

UTC+ 1h00min (MEZ)   **Höhen sind auf SKN bezogen**

Gibraltar 2019

Breite: 36° 08' N, Länge: 5° 21' W

Zeiten (Stunden und Minuten) und Höhen (Meter) der Hoch- und Niedrigwasser

September

Tag	Zeit	Höhe	Tag	Zeit	Höhe
1 So	4 16 / 9 56 / 16 41 / 22 22	1,1 / 0,0 / 1,1 / 0,0	**16** Mo	4 12 / 9 51 / 16 23 / 22 05	1,0 / 0,2 / 1,0 / 0,2
2 Mo	5 01 / 10 37 / 17 25 / 23 04	1,1 / 0,1 / 1,1 / 0,1	**17** Di	4 41 / 10 19 / 16 52 / 22 35	1,0 / 0,2 / 1,0 / 0,2
3 Di	5 47 / 11 17 / 18 10 / 23 48	1,0 / 0,1 / 1,1 / 0,1	**18** Mi	5 12 / 10 48 / 17 24 / 23 05	1,0 / 0,2 / 1,0 / 0,2
4 Mi	6 35 / 12 00 / 18 58	1,0 / 0,2 / 1,0	**19** Do	5 47 / 11 19 / 18 00 / 23 39	0,9 / 0,3 / 0,9 / 0,2
5 Do	0 35 / 7 27 / 12 48 / 19 51	0,2 / 0,9 / 0,3 / 0,9	**20** Fr	6 29 / 11 55 / 18 44	0,9 / 0,3 / 0,9
6 Fr ☽	1 31 / 8 27 / 13 50 / 20 53	0,3 / 0,8 / 0,4 / 0,8	**21** Sa	0 21 / 7 23 / 12 45 / 19 38	0,3 / 0,8 / 0,4 / 0,8
7 Sa	2 48 / 9 38 / 15 20 / 22 11	0,4 / 0,8 / 0,4 / 0,8	**22** So ☾	1 22 / 8 30 / 14 09 / 20 48	0,4 / 0,8 / 0,4 / 0,8
8 So	4 39 / 11 07 / 17 08 / 23 40	0,4 / 0,8 / 0,4 / 0,8	**23** Mo	3 10 / 9 53 / 16 06 / 22 14	0,4 / 0,8 / 0,4 / 0,8
9 Mo	5 56 / 12 23 / 18 11	0,3 / 0,8 / 0,4	**24** Di	5 01 / 11 23 / 17 26 / 23 42	0,3 / 0,8 / 0,3 / 0,8
10 Di	0 45 / 6 41 / 13 15 / 18 52	0,8 / 0,3 / 0,9 / 0,3	**25** Mi	6 02 / 12 29 / 18 20	0,2 / 0,9 / 0,2
11 Mi	1 32 / 7 17 / 13 54 / 19 27	0,9 / 0,2 / 0,9 / 0,3	**26** Do	0 45 / 6 48 / 13 20 / 19 06	0,9 / 0,2 / 1,0 / 0,1
12 Do	2 09 / 7 50 / 14 27 / 20 00	0,9 / 0,2 / 0,9 / 0,2	**27** Fr	1 37 / 7 30 / 14 06 / 19 50	1,0 / 0,1 / 1,1 / 0,1
13 Fr	2 42 / 8 21 / 14 58 / 20 32	0,9 / 0,2 / 1,0 / 0,2	**28** Sa ●	2 24 / 8 11 / 14 50 / 20 34	1,1 / 0,1 / 1,1 / 0,1
14 Sa ○	3 13 / 8 52 / 15 26 / 21 04	1,0 / 0,2 / 1,0 / 0,2	**29** So	3 10 / 8 53 / 15 34 / 21 17	1,1 / 0,1 / 1,2 / 0,0
15 So	3 43 / 9 22 / 15 54 / 21 35	1,0 / 0,1 / 1,0 / 0,1	**30** Mo	3 54 / 9 32 / 16 17 / 21 58	1,1 / 0,1 / 1,2 / 0,0

Oktober

Tag	Zeit	Höhe	Tag	Zeit	Höhe
1 Di	4 38 / 10 11 / 16 59 / 22 38	1,1 / 0,1 / 1,1 / 0,1	**16** Mi	4 14 / 9 50 / 16 25 / 22 07	1,0 / 0,2 / 1,0 / 0,2
2 Mi	5 21 / 10 49 / 17 42 / 23 18	1,1 / 0,1 / 1,1 / 0,1	**17** Do	4 47 / 10 21 / 16 59 / 22 39	1,0 / 0,2 / 1,0 / 0,2
3 Do	6 07 / 11 28 / 18 27	1,0 / 0,2 / 1,0	**18** Fr	5 23 / 10 54 / 17 36 / 23 14	1,0 / 0,3 / 1,0 / 0,2
4 Fr	0 00 / 6 56 / 12 13 / 19 18	0,2 / 0,9 / 0,3 / 0,9	**19** Sa	6 06 / 11 33 / 18 21 / 23 56	0,9 / 0,3 / 0,9 / 0,3
5 Sa ☽	0 51 / 7 54 / 13 10 / 20 19	0,3 / 0,8 / 0,4 / 0,8	**20** So	7 00 / 12 24 / 19 17	0,9 / 0,4 / 0,8
6 So	2 04 / 9 02 / 14 42 / 21 36	0,4 / 0,8 / 0,5 / 0,7	**21** Mo ☾	0 57 / 8 08 / 13 54 / 20 27	0,4 / 0,8 / 0,4 / 0,8
7 Mo	3 59 / 10 30 / 16 37 / 23 14	0,4 / 0,8 / 0,5 / 0,8	**22** Di	2 53 / 9 29 / 15 48 / 21 54	0,4 / 0,8 / 0,4 / 0,8
8 Di	5 24 / 11 52 / 17 43	0,4 / 0,8 / 0,4	**23** Mi	4 39 / 10 58 / 17 06 / 23 24	0,3 / 0,8 / 0,3 / 0,8
9 Mi	0 23 / 6 11 / 12 44 / 18 24	0,8 / 0,3 / 0,9 / 0,3	**24** Do	5 41 / 12 06 / 18 01	0,3 / 0,9 / 0,2
10 Do	1 07 / 6 46 / 13 21 / 18 58	0,9 / 0,3 / 0,9 / 0,3	**25** Fr	0 28 / 6 27 / 12 57 / 18 47	0,9 / 0,2 / 1,0 / 0,1
11 Fr	1 42 / 7 19 / 13 53 / 19 30	0,9 / 0,2 / 1,0 / 0,2	**26** Sa	1 19 / 7 09 / 13 42 / 19 30	1,0 / 0,1 / 1,1 / 0,1
12 Sa	2 13 / 7 50 / 14 22 / 20 02	1,0 / 0,2 / 1,0 / 0,2	**27** So	2 04 / 7 48 / 14 26 / 20 12	1,1 / 0,1 / 1,1 / 0,0
13 So ○	2 43 / 8 20 / 14 51 / 20 34	1,0 / 0,2 / 1,1 / 0,2	**28** Mo ●	2 48 / 8 27 / 15 09 / 20 54	1,1 / 0,1 / 1,1 / 0,1
14 Mo	3 12 / 8 50 / 15 21 / 21 05	1,0 / 0,2 / 1,1 / 0,2	**29** Di	3 31 / 9 06 / 15 51 / 21 34	1,1 / 0,1 / 1,1 / 0,0
15 Di	3 42 / 9 20 / 15 52 / 21 36	1,0 / 0,2 / 1,0 / 0,2	**30** Mi	4 14 / 9 45 / 16 34 / 22 13	1,1 / 0,1 / 1,1 / 0,1
31 Do	4 56 / 10 23 / 17 16 / 22 52	1,0 / 0,2 / 1,0 / 0,2			

November

Tag	Zeit	Höhe	Tag	Zeit	Höhe
1 Fr	5 40 / 11 02 / 18 00 / 23 32	1,0 / 0,2 / 0,9 / 0,2	**16** Sa	5 08 / 10 38 / 17 23 / 22 59	1,0 / 0,3 / 1,0 / 0,2
2 Sa	6 27 / 11 45 / 18 49	0,9 / 0,3 / 0,8	**17** So	5 53 / 11 22 / 18 09 / 23 45	0,9 / 0,3 / 0,9 / 0,3
3 So	0 18 / 7 21 / 12 40 / 19 47	0,3 / 0,8 / 0,4 / 0,8	**18** Mo	6 47 / 12 19 / 19 06	0,9 / 0,3 / 0,9
4 Mo ☽	1 24 / 8 25 / 14 03 / 20 56	0,4 / 0,8 / 0,4 / 0,7	**19** Di ☾	0 48 / 7 51 / 13 44 / 20 13	0,3 / 0,8 / 0,4 / 0,8
5 Di	3 04 / 9 39 / 15 44 / 22 22	0,4 / 0,8 / 0,4 / 0,7	**20** Mi	2 28 / 9 07 / 15 20 / 21 33	0,4 / 0,8 / 0,4 / 0,8
6 Mi	4 32 / 10 59 / 16 58 / 23 40	0,4 / 0,8 / 0,4 / 0,8	**21** Do	4 03 / 10 28 / 16 37 / 22 58	0,3 / 0,8 / 0,3 / 0,8
7 Do	5 29 / 11 57 / 17 46	0,3 / 0,8 / 0,3	**22** Fr	5 11 / 11 37 / 17 37	0,3 / 0,9 / 0,2
8 Fr	0 30 / 6 10 / 12 39 / 18 24	0,8 / 0,3 / 0,9 / 0,3	**23** Sa	0 05 / 6 02 / 12 32 / 18 26	0,9 / 0,2 / 1,0 / 0,1
9 Sa	1 08 / 6 45 / 13 13 / 18 59	0,9 / 0,3 / 0,9 / 0,2	**24** So	0 58 / 6 46 / 13 18 / 19 11	0,9 / 0,1 / 1,0 / 0,1
10 So	1 40 / 7 18 / 13 45 / 19 32	0,9 / 0,2 / 1,0 / 0,2	**25** Mo	1 44 / 7 27 / 14 03 / 19 54	1,0 / 0,1 / 1,0 / 0,1
11 Mo	2 12 / 7 49 / 14 18 / 20 04	1,0 / 0,2 / 1,0 / 0,2	**26** Di ●	2 28 / 8 07 / 14 46 / 20 35	1,0 / 0,1 / 1,0 / 0,1
12 Di ○	2 44 / 8 20 / 14 52 / 20 37	1,0 / 0,2 / 1,0 / 0,1	**27** Mi	3 11 / 8 46 / 15 30 / 21 16	1,0 / 0,1 / 1,0 / 0,1
13 Mi	3 17 / 8 52 / 15 27 / 21 11	1,0 / 0,2 / 1,0 / 0,1	**28** Do	3 54 / 9 26 / 16 13 / 21 55	1,0 / 0,1 / 1,0 / 0,1
14 Do	3 52 / 9 26 / 16 04 / 21 45	1,0 / 0,2 / 1,0 / 0,1	**29** Fr	4 36 / 10 05 / 16 56 / 22 33	1,0 / 0,2 / 0,9 / 0,2
15 Fr	4 28 / 10 01 / 16 42 / 22 21	1,0 / 0,2 / 1,0 / 0,2	**30** Sa	5 18 / 10 45 / 17 39 / 23 12	0,9 / 0,2 / 0,9 / 0,2

Dezember

Tag	Zeit	Höhe	Tag	Zeit	Höhe
1 So	6 03 / 11 27 / 18 25 / 23 56	0,9 / 0,3 / 0,8 / 0,3	**16** Mo	5 45 / 11 19 / 18 04 / 23 42	0,9 / 0,2 / 0,9 / 0,2
2 Mo	6 52 / 12 17 / 19 17	0,8 / 0,3 / 0,8	**17** Di	6 37 / 12 16 / 18 57	0,9 / 0,3 / 0,9
3 Di	0 50 / 7 46 / 13 23 / 20 14	0,3 / 0,8 / 0,4 / 0,7	**18** Mi	0 40 / 7 36 / 13 28 / 19 58	0,2 / 0,9 / 0,3 / 0,8
4 Mi ☽	2 04 / 8 46 / 14 43 / 21 18	0,4 / 0,7 / 0,4 / 0,7	**19** Do ☾	1 55 / 8 42 / 14 47 / 21 08	0,3 / 0,8 / 0,3 / 0,8
5 Do	3 25 / 9 51 / 15 58 / 22 32	0,4 / 0,7 / 0,4 / 0,7	**20** Fr	3 17 / 9 55 / 16 03 / 22 25	0,3 / 0,8 / 0,2 / 0,8
6 Fr	4 35 / 10 55 / 16 59 / 23 38	0,3 / 0,8 / 0,3 / 0,7	**21** Sa	4 33 / 11 06 / 17 12 / 23 38	0,3 / 0,9 / 0,2 / 0,8
7 Sa	5 28 / 11 48 / 17 47	0,3 / 0,8 / 0,3	**22** So	5 36 / 12 06 / 18 09	0,2 / 0,9 / 0,1
8 So	0 26 / 6 10 / 12 31 / 18 27	0,8 / 0,3 / 0,9 / 0,2	**23** Mo	0 38 / 6 27 / 12 59 / 18 58	0,8 / 0,2 / 0,9 / 0,1
9 Mo	1 06 / 6 47 / 13 10 / 19 04	0,8 / 0,2 / 0,9 / 0,2	**24** Di	1 28 / 7 12 / 13 46 / 19 43	0,9 / 0,1 / 0,9 / 0,1
10 Di	1 42 / 7 21 / 13 48 / 19 40	0,9 / 0,2 / 0,9 / 0,1	**25** Mi	2 15 / 7 54 / 14 32 / 20 25	0,9 / 0,1 / 0,9 / 0,1
11 Mi	2 19 / 7 55 / 14 27 / 20 16	0,9 / 0,2 / 0,9 / 0,1	**26** Do ●	3 00 / 8 35 / 15 16 / 21 06	0,9 / 0,1 / 0,9 / 0,1
12 Do ○	2 57 / 8 31 / 15 07 / 20 53	1,0 / 0,2 / 1,0 / 0,1	**27** Fr	3 42 / 9 15 / 16 00 / 21 45	0,9 / 0,1 / 0,9 / 0,1
13 Fr	3 36 / 9 09 / 15 49 / 21 32	1,0 / 0,2 / 1,0 / 0,1	**28** Sa	4 23 / 9 54 / 16 42 / 22 22	0,9 / 0,1 / 0,9 / 0,1
14 Sa	4 17 / 9 49 / 16 32 / 22 12	1,0 / 0,2 / 1,0 / 0,1	**29** So	5 03 / 10 33 / 17 23 / 22 59	0,9 / 0,2 / 0,8 / 0,2
15 So	4 59 / 10 32 / 17 16 / 22 54	1,0 / 0,2 / 1,0 / 0,2	**30** Mo	5 42 / 11 12 / 18 04 / 23 37	0,8 / 0,2 / 0,8 / 0,2
31 Di	6 23 / 11 54 / 18 46	0,8 / 0,2 / 0,8			

● Neumond ☽ erstes Viertel ○ Vollmond ☾ letztes Viertel

UTC+ 1h00min (MEZ)   Höhen sind auf SKN bezogen

Mittlere Tidenkurven

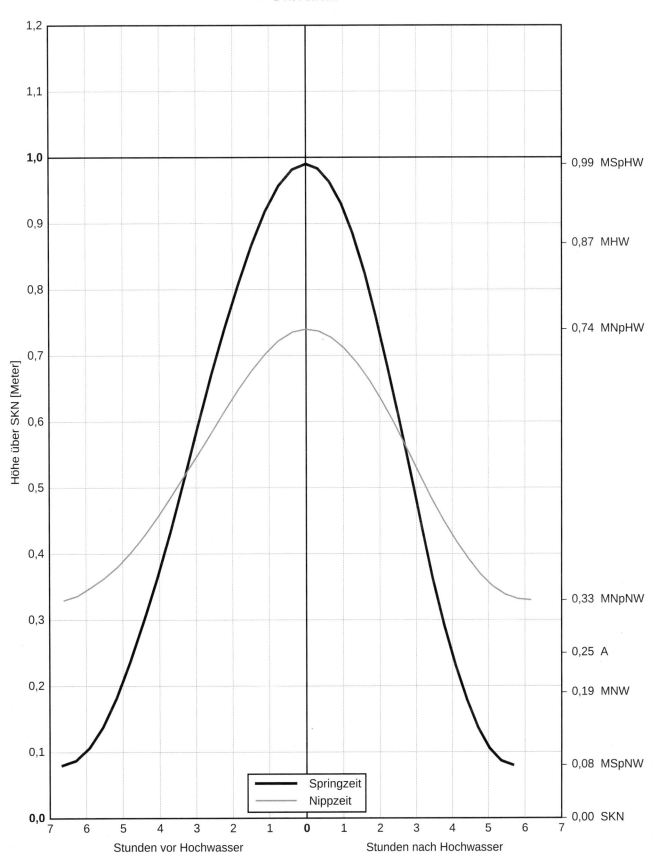

Teil II: Gezeitenunterschiede für die europäischen Anschlussorte

          Seite

Irmingersee
Grönland 172
Island 172, 173

Grönlandsee
Grönland 172
Island 172
Spitzbergen 173

Barentssee
Russische Föderation 173, 174
Norwegen 175

Norwegische See
Norwegen 175

Weißes Meer
Russische Föderation 174

Nordsee
Norwegen 177
Dänemark 178
Deutschland 179
Niederlande 183
Belgien 184
Frankreich 185
Großbritannien 188

Skagerrak
Norwegen 178
Schweden 178
Dänemark 178

Der Kanal
Frankreich 185, 186
Großbritannien 186, 187

          Seite

Nordatlantischer Ozean
Großbritannien 190
Irland 194
Spanien 196, 197
Portugal 196
Azoren 197
Madeira, Kanaren 198

Schottische See
Großbritannien 190, 194
Irland 194

Irische See
Großbritannien 191, 193
Irland 193

Keltische See
Großbritannien 192, 193
Irland 193
Frankreich 195

Bristol Channel
Großbritannien 192

Golf von Biskaya
Frankreich 195
Spanien 196

Mittelmeer
Marokko 197

Gezeitenunterschiede

Nr.	Ort		Geographische Lage		mittlere Zeitunterschiede		mittlere Höhenunterschiede			
			Breite	Länge	HW	NW	HW	NW		
			° '	° '	h min Tf.5	h min Tf.5	m	m	m	m
							\multicolumn{4}{c}{Mittlere Höhen des Bezugsortes}			
	Bezugsort:						SpHW	NpHW	SpNW	NpNW
1639	**Cobh (Seite 150-152)**		51°51'N	8°18'W			4,1	3,2	0,4	1,3
	UTC - 3 h 00min		N	W						
	Irmingersee									
	Grönland									
1	Nanortalik	DK	60 08	45 15	+ 0 37	+ 0 17	-1,4	-1,3	-0,3	-0,5
2	Frederiksdal		60 00	44 40	- 0 03	*	*	*	*	*
4	Finnsbu		63 24	41 17	- 1 09	- 1 18	*	*	*	*
5	Angmagssalik - Insel, Tasiilaq	DK	65 37	37 37	- 1 11	- 1 30	-0,8	-0,7	-0,1	-0,1
	Grönlandsee									
	Scoresby - Sund									
6	Scoresbysund	DK	70 28	21 58	+ 5 20	+ 4 50	-3,0	-2,3	-0,1	-0,8
7	Dänemark - Insel	DK	70 27	26 12	+ 5 22	+ 5 03	-2,9	-2,3	-0,3	-0,9
8	Kong Oscar Fjord, Nyhavn	DK	72 14	23 55	+ 4 30	+ 3 59	-2,6	-2,1	-0,2	-0,8
10	Kleine Finsch - Insel	DK	73 59	21 08	+ 4 16	+ 3 57	-2,6	-2,1	-0,2	-0,7
11	Young Sund, Zackenberg	DK	74 27	20 45	+ 4 22	+ 3 56	-2,5	-2,0	-0,2	-0,7
15	Danmark Havn	DK	76 46	18 46	+ 3 46	+ 3 37	-2,5	-2,0	-0,2	-0,8
	UTC									
	Irmingersee									
	Island									
	Faxaflói									
24	Keflavik		64 00	22 33	+ 1 14	+ 0 56	-0,3	-0,3	-0,2	0,0
26	Reykjavik	IS	64 09	21 56	+ 1 16	+ 0 58	-0,2	-0,2	-0,2	0,0
30	Akranes		64 19	22 06	+ 1 17	+ 0 59	-0,2	-0,2	-0,2	0,0
	Breida Fjördur									
35	Stykkishólmur		65 05	22 42	+ 1 46	+ 1 28	+0,2	+0,1	-0,1	+0,2
40	Flatey		65 23	22 54	+ 1 58	+ 1 40	0,0	-0,1	-0,3	0,0
41	Patreks Fjördur, Vatneyri		65 35	24 00	+ 2 37	+ 2 28	-0,9	-0,9	-0,1	-0,3
45	Arnarfjördur, Bíldudalur		65 41	23 36	+ 2 50	+ 2 41	-1,1	-1,0	-0,2	-0,4
	Önundar Fjördur									
47	Flateyri		66 02	23 31	+ 3 05	+ 2 56	-1,7	-1,4	-0,2	-0,5
	Isa Fjardardjúp									
50	Isafjördur	IS	66 04	23 07	+ 3 13	+ 3 04	-1,9	-1,6	-0,2	-0,6
51	Alfta Fjördur, Sudavík		66 01	23 00	+ 3 04	+ 2 55	-1,9	-1,6	-0,2	-0,6
	Grönlandsee									
58	Húnaflói, Hólmavik		65 42	21 43	+ 5 00	+ 4 31	-2,7	-2,1	-0,3	-0,8
	Skaga Fjördur									
62	Saudárkrókur		65 45	19 40	+ 5 33	+ 5 04	-2,9	-2,2	-0,3	-0,9
65	Siglufjördur	IS	66 09	18 54	+ 5 42	+ 5 13	-2,9	-2,2	-0,3	-0,9
68	Eyjafjördur, Akureyri		65 41	18 05	+ 5 53	+ 5 24	-2,8	-2,2	-0,3	-0,8
69	Skjálfandi, Húsavik		66 02	17 21	+ 6 32	+ 6 03	-2,9	-2,2	-0,3	-0,9
71	Raufarhöfn		66 27	15 56	+ 6 43	+ 6 14	-2,8	-2,2	-0,3	-0,9
75	Vopnafjördur		65 45	14 50	- 4 54	- 5 11	-2,6	-2,1	-0,2	-0,8
79	Seydisfjördur, Búdareyri		65 16	13 59	- 3 58	- 4 15	-2,4	-2,0	-0,1	-0,7

*   Keine Angaben

DK   ausführliche Vorausberechnungen in dänischen Gezeitentafeln

IS   ausführliche Vorausberechnungen in isländischen Gezeitentafeln

Gezeitenunterschiede

Nr.	Ort		Geographische Lage		mittlere Zeitunterschiede		mittlere Höhenunterschiede			
			Breite	Länge	HW	NW	HW		NW	
			° '	° '	h min Tf.5	h min Tf.5	m	m	m	m
							Mittlere Höhen des Bezugsortes			
	Bezugsort:						SpHW	NpHW	SpNW	NpNW
1639	**Cobh (Seite 150-152)**		51°51'N	8°18'W			4,1	3,2	0,4	1,3
	UTC									
			N	W						
85	Reydarfjördur, Eskifjördur		65 04	14 01	- 2 45	- 3 02	-2,2	-1,8	-0,1	-0,6
	Irmingersee									
90	Berufjördur, Djúpivogur	IS	64 40	14 17	- 1 42	- 1 59	-1,9	-1,6	-0,1	-0,5
93	Hornafjördur, Höfn		64 15	15 12	+ 1 08	+ 0 51	-2,9	-2,3	-0,2	-0,9
98	Vestmannaeyjar, Heimaey		63 27	20 13	+ 0 33	+ 0 15	-1,5	-1,2	-0,2	-0,4
102	Grindavik		63 50	22 26	+ 0 48	+ 0 30	-0,9	-0,7	-0,2	-0,3
	UTC - 1 h 00min									
	Norwegische See									
	Jan Mayen									
104	Maria Muschbukt		71 00	8 30	+ 5 51	+ 5 33	-3,1	-2,3	-0,3	-1,0
							Mittlere Höhen des Bezugsortes			
	Bezugsort:						SpHW	NpHW	SpNW	NpNW
316	**Ekaterininskaja (Seite 2-4)**		69°12'N	33°28'E			3,7	3,0	0,5	1,3
	UTC + 1 h 00min									
			N	E						
	Svalbard									
	Bäreninsel (Björnöya)									
106	Austervåg		74 29	19 12	+ 5 59	+ 5 49	-2,6	-2,2	-0,3	-0,8
	Grönlandsee									
	Spitzbergen									
107	Sveanor		79 56	18 18	- 4 20	- 4 30	-2,7	-2,3	-0,3	-0,8
	Sorgfjord									
108	Treurenberg - Bucht		79 55	16 51	- 4 00	- 4 10	-2,9	-2,5	-0,5	-1,1
109	Mossel - Bucht		79 53	16 04	- 4 20	- 4 30	-2,7	-2,3	-0,5	-1,1
111	Danskegattet, Virgo - Hafen		79 43	10 56	- 5 40	- 5 50	-2,6	-2,1	-0,5	-1,0
113	Magdalene - Fjord, Trinity - Hafen		79 33	11 04	- 5 05 I2	- 5 50 D1	-2,7	-2,3	-0,5	-1,2
115	Kongs Fjord, Ny-Ålesund		78 56	11 57	+ 6 04	+ 5 54	-2,1	-1,8	-0,2	-0,6
	Is - Fjord									
116	Longyearbyen	NO	78 13	15 38	+ 5 49	+ 5 39	-1,9	-1,7	-0,2	-0,5
118	Grön Fjord, Barentsburg		78 04	14 15	+ 5 50	+ 5 40	-2,1	-1,8	-0,3	-0,8
121	Hornsund		77 00	15 37	+ 5 40	+ 5 30	-2,3	-1,9	-0,4	-0,9
122	Kvalvagen		77 30	18 12	+ 4 45	+ 4 35	-2,5	-2,2	-0,3	-0,7
	UTC + 3 h 00min									
	Barentssee									
	Russische Förderation									
	Franz - Joseph - Land									
	Kronprinz - Rudolf - Land									
125	Teplitz - Bucht		81 47	57 56	- 2 13	- 2 12	-3,2	-2,6	-0,4	-1,1

IS ausführliche Vorausberechnungen in isländischen Gezeitentafeln
NO ausführliche Vorausberechnungen in norwegischen Gezeitentafeln

Gezeitenunterschiede

Nr.	Ort	Geographische Lage		mittlere Zeitunterschiede		mittlere Höhenunterschiede			
		Breite	Länge	HW	NW	HW		NW	
		° '	° '	h min Tf.5	h min Tf.5	m	m	m	m
						Mittlere Höhen des Bezugsortes			
	Bezugsort:					SpHW	NpHW	SpNW	NpNW
316	**Ekaterininskaja (Seite 2-4)**	69°12'N	33°28'E			3,7	3,0	0,5	1,3
	UTC + 3 h 00min								
		N	E						
	Hooker - Insel								
126	Tichaja - Bucht	80 20	52 48	+ 0 45	*	-3,4	-2,8	-0,4	-1,1
	Northbrook - Insel								
127	Kap Flora	79 57	50 05	+ 1 53	+ 1 46	-3,2	-2,7	-0,4	-1,1
	Novaja Zemlja								
	Matočkin Šar								
131	Osteinfahrt	73 14	56 24	- 6 10	- 6 20	-3,1	-2,5	-0,3	-1,0
141	Westeinfahrt, Seryebryany	73 21	54 04	+ 1 40	+ 1 25	-3,0	-2,4	-0,4	-1,1
	Karastraße (Proliv Karskie Vorota)								
149	Ostrov Vajgač, Guba Dolgaja	70 15	58 43	- 4 52	- 6 56	-3,2	-2,6	-0,4	-1,1
	Jugorstraße (Proliv Jugorskij Sar)								
151	Ostrov Sokolij	69 50	60 44	- 4 30	- 4 40	-2,9	-2,4	-0,3	-1,0
152	Chabarovo	69 39	60 25	- 3 30	- 3 40	-3,1	-2,5	-0,4	-1,1
153	Buchta Varneka	69 42	60 04	- 2 13	- 2 24	-2,9	-2,4	-0,3	-1,0
155	Varandej	68 49	58 00	- 3 29	*	-2,7	-2,2	-0,3	-0,9
	Pechorskaya Guba								
156	Reka Pečora, Barre	68 23	54 26	- 1 56	- 2 08	-2,8	-2,3	-0,3	-0,9
	Weißes Meer								
166	Mys Kanin Nos	68 40	43 17	+ 3 10	+ 2 58	-0,6	-0,5	-0,1	-0,2
170	Mezenskij Zaliv, Mys Konušin	67 11	43 47	+ 6 02	+ 5 53	+3,5	+2,9	+0,5	+1,2
	Gorlo								
181	Mys Voronov	66 31	42 14	+ 3 49	*	+3,1	+2,6	+0,4	+1,1
186	Mys Incy	65 58	40 42	+ 4 04	+ 3 34	-1,4	-1,2	0,0	-0,4
	Dvinskij Zaliv (Dvina - Bucht)								
195	Reka Dvina, Mündung, Mud'jugskij	64 51	40 17	- 2 21	- 1 48	-2,6	-2,1	-0,4	-1,0
198	Archangel'sk	64 32	40 29	- 0 19	- 0 11	-2,4	-1,8	+0,2	-0,5
200	Severodvinsk	64 35	39 47	- 1 49	*	-2,5	-2,0	-0,3	-0,9
	Onežskij Zaliv								
204	Ostrov Žižginskij	65 12	36 49	- 2 25	- 2 28	-2,3	-1,9	-0,3	-0,8
209	Mys Letnij Orlov	64 56	36 27	- 1 40	*	-2,3	-1,8	-0,2	-0,8
210	Guba Pušlachta	64 49	36 32	+ 0 45	*	-2,5	-2,0	-0,3	-0,9
214	Reka Onega, Mündung	63 56	38 02	+ 3 53	+ 5 10	-0,8	-0,3	+1,2	+0,6
233	Ostrov Rabočeostrovsk, Port Kem' ...... GB	64 59	34 47	- 2 08	- 1 46	-1,8	-1,4	-0,1	-0,7
234	Ostrova Rombaki	65 02	35 02	- 2 09	- 1 59	-1,8	-1,4	-0,1	-0,7
239	Guba Pon'goma, Mys Pon'gom - Navolok ...	65 20	34 32	- 2 30	*	-1,9	-1,5	-0,1	-0,7
	Barentssee								
304	Ostrov Kil'din, Mys Mogil'nyj	69 19	34 20	+ 0 17	+ 0 17	+0,3	+0,2	0,0	+0,1
	Kol'skij Zaliv								
309	Guba Sajda	69 15	33 15	+ 0 03	+ 0 03	0,0	0,0	0,0	0,0
311	Mys Velikij	69 05	33 17	+ 0 01	+ 0 01	0,0	0,0	0,0	0,0
315	Murmansk	68 58	33 03	+ 0 16	+ 0 05	-0,4	-0,2	+0,3	+0,1

* Keine Angaben

GB ausführliche Vorausberechnungen in britischen Gezeitentafeln

Gezeitenunterschiede 175

Nr.	Ort		Geographische Lage		mittlere Zeitunterschiede		mittlere Höhenunterschiede			
			Breite	Länge	HW	NW	HW		NW	
			° '	° '	h min Tf.5	h min Tf.5	m	m	m	m
							\multicolumn{4}{c}{Mittlere Höhen des Bezugsortes}			
	Bezugsort:						SpHW	NpHW	SpNW	NpNW
316	**Ekaterininskaja (Seite 2-4)**		69°12'N	33°28'E			3,7	3,0	0,5	1,3
	UTC + 3 h 00min		N	E						
	Poluostrov Rybacij									
333	Guba Bol'šaja Korabel'naja		69 41	33 06	- 0 05	- 0 05	0,0	0,0	0,0	0,0
339	Guba Pechenga, Linakhamari		69 39	31 22	- 0 30	- 0 35	-0,4	-0,2	+0,1	-0,1
	UTC + 1 h 00min									
	Norwegen									
	Varangerfjord									
345	Grense - Jacobselv		69 47	30 47	- 2 26	- 2 30	-0,3	-0,2	+0,1	0,0
346	Kirkenes	NO	69 44	30 02	- 2 29	- 2 31 **B1**	-0,3	-0,2	+0,1	0,0
349	Karlbotn		70 07	28 36	- 2 26	- 2 30	-0,2	-0,1	+0,1	0,0
350	Vadsø		70 04	29 45	- 2 26	- 2 30	-0,3	-0,2	+0,1	0,0
351	Vardø	NO	70 22	31 06	- 2 41	- 2 45 **B1**	-0,5	-0,4	+0,1	-0,1
354	Berlevåg		70 52	29 06	- 3 26	- 3 30	-0,9	-0,7	0,0	-0,2
	Tanafjord									
356	Smalfjord		70 26	28 04	- 3 27	- 3 36	-0,8	-0,7	0,0	-0,2
357	Skjånes		70 48	28 07	- 3 27	- 3 36	-0,8	-0,7	0,0	-0,2
358	Mehamn		71 02	27 51	- 3 52	- 4 01	-0,9	-0,8	0,0	-0,2
359	Kjøllefjord		70 57	27 21	- 4 12	- 4 21	-0,9	-0,8	0,0	-0,2
							\multicolumn{4}{c}{Mittlere Höhen des Bezugsortes}			
	Bezugsort:						SpHW	NpHW	SpNW	NpNW
416	**Narvik (Seite 6-8)**		68°26'N	17°26'E			3,2	2,5	0,5	1,2
	Porsangen									
362	Hamnbukt		70 06	25 05	+ 2 49	+ 2 35	-0,1	0,0	+0,1	-0,1
	Magerøy									
364	Honningsvåg	NO	70 59	25 58	+ 2 44	+ 2 30 **B1**	-0,4	-0,2	0,0	-0,2
365	Gjesvär		71 06	25 23	+ 2 10	+ 2 01	-0,4	-0,3	0,0	-0,2
	Norwegische See									
366	Havøysund		71 00	24 40	+ 2 00	+ 1 51	-0,4	-0,3	0,0	-0,2
367	Ingøy, Finnes		71 05	24 03	+ 1 45	+ 1 36	-0,4	-0,3	0,0	-0,2
369	Sørøysund, Hammerfest	NO	70 40	23 41	+ 1 30	+ 1 21	-0,3	-0,2	0,0	-0,1
370	Kvalsund		70 30	23 59	+ 1 40	+ 1 31	-0,4	-0,2	0,0	-0,1
371	Sørøys, Kårhamn		70 33	23 09	+ 1 25	+ 1 16	-0,3	-0,2	0,0	-0,1
372	Neverfjord		70 27	23 47	+ 1 25	+ 1 16	-0,2	-0,1	+0,1	-0,1
373	Altafjord, Alta		69 59	23 08	+ 1 05	+ 0 56	-0,2	-0,1	+0,1	-0,1
375	Søvar		70 38	21 59	+ 1 05	+ 0 56	-0,3	-0,2	0,0	-0,1
377	Bergsfjord		70 15	21 47	+ 1 05	+ 0 56	-0,3	-0,2	0,0	-0,1
	Kvänangen Fjord									
378	Badderen		69 51	22 01	+ 0 57	+ 0 43	-0,2	-0,1	+0,1	0,0
379	Skjervøy		70 02	20 58	+ 0 52	+ 0 38	-0,3	-0,1	+0,1	-0,1
380	Vannøy, Torsvåg		70 14	19 31	+ 0 42	+ 0 28	-0,4	-0,3	0,0	-0,1
382	Lyngenfjord, Lyngseidet		69 35	20 13	+ 0 42	+ 0 28	-0,2	-0,1	+0,1	0,0
383 a	Dåfjord		69 59	19 24	+ 0 42	+ 0 28	-0,4	-0,2	0,0	-0,1
384	Grøtsund, Finnkroken		69 50	19 26	+ 0 47	+ 0 33	-0,3	-0,1	+0,1	-0,1
386	Tromsø	NO	69 39	18 58	+ 0 52	+ 0 38 **B1**	-0,5	-0,3	0,0	-0,1
388	Rystraumen		69 33	18 46	+ 0 37	+ 0 23	-0,6	-0,4	0,0	-0,2
392	Finnsnes		69 14	17 59	+ 0 22	+ 0 08	-0,9	-0,6	-0,1	-0,3

NO   ausführliche Vorausberechnungen in norwegischen Gezeitentafeln

Nr.	Ort	Geographische Lage		mittlere Zeitunterschiede		mittlere Höhenunterschiede			
		Breite	Länge	HW	NW	HW		NW	
		° '	° '	h min Tf.5	h min Tf.5	m	m	m	m
						Mittlere Höhen des Bezugsortes			
	Bezugsort:					SpHW	NpHW	SpNW	NpNW
416	**Narvik (Seite 6-8)**	**68°26'N**	**17°26'E**			**3,2**	**2,5**	**0,5**	**1,2**
	UTC + 1 h 00min	N	E						
393	Gryllefjord	69 22	17 04	+ 0 17	+ 0 03	-1,1	-0,8	-0,1	-0,4
393 a	Andenes	69 19	16 09	+ 0 06	+ 0 03	-1,1	-0,8	-0,1	-0,4
394	Skrolsvik	69 04	16 49	+ 0 22	+ 0 08	-1,0	-0,7	-0,1	-0,3
395	Sjøvegan	68 52	17 50	+ 0 22	+ 0 08	-0,9	-0,6	-0,1	-0,3
398	Harstad	68 48	16 33	+ 0 22	+ 0 08	-0,9	-0,7	-0,1	-0,3
402	Prestfjord, Myre	68 55	15 04	+ 0 04	- 0 01	-1,0	-0,8	-0,1	-0,4
	Børøysund								
403	Hadseløy, Stokmarknes	68 34	14 56	+ 0 04	- 0 01	-1,0	-0,8	-0,1	-0,4
404	Sortlandsund, Sortland	68 42	15 26	+ 0 04	- 0 01	-1,0	-0,8	-0,1	-0,4
405	Flakstad, Ramberg	68 05	13 14	+ 0 04	- 0 01	-1,0	-0,7	-0,1	-0,3
406	Moskenesø, Sørvågen	67 53	13 02	- 0 01	- 0 06	-0,4	-0,3	0,0	-0,1
	Vestvågø								
409	Ballstad	68 04	13 32	- 0 01	- 0 06	-0,2	-0,2	0,0	-0,1
410	Helnessund	67 44	14 46	- 0 01	- 0 06	-0,2	-0,2	0,0	-0,1
411	Austvågoy, Kabelvåg	68 13	14 30	- 0 01	- 0 06	-0,2	-0,1	0,0	0,0
	Tjeldsund								
412	Lødingen	68 25	16 00	0 00	0 00	-0,1	-0,1	0,0	0,0
412 a	Ulvik	68 33	16 19	+ 0 05	+ 0 05	-0,3	-0,2	0,0	-0,1
	Ofotfjord								
413	Ramsund	68 30	16 31	0 00	0 00	0,0	0,0	0,0	0,0
415	Bogen	68 31	17 00	0 00	0 00	0,0	0,0	0,0	0,0
425	Røst, Røstøy	67 30	12 05	- 0 06	- 0 11	-0,7	-0,5	0,0	-0,2
426	Bodø NO	67 17	14 23	- 0 11	- 0 16	-0,4	-0,3	0,0	-0,1
429	Saltstraumen, Tuv	67 13	14 38	+ 0 49	+ 0 44	-1,5	-1,1	-0,2	-0,5
430	Saltdalsfjord, Rognan	67 06	15 24	+ 0 59	+ 0 54	-1,4	-1,1	-0,2	-0,5
432	Støtt	66 55	13 27	- 0 16	- 0 21	-0,4	-0,3	0,0	-0,1
433	Glomfjord	66 49	13 59	- 0 16	- 0 21	-0,4	-0,3	0,0	-0,1
434	Myken	66 46	12 29	- 0 21	- 0 26	-0,5	-0,4	0,0	-0,2
435	Tränen	66 30	12 07	- 0 27	- 0 35	-0,6	-0,5	0,0	-0,2
435 a	Sleneset	66 22	12 37	- 0 27	- 0 35	-0,5	-0,4	0,0	-0,2
436	Nesna	66 12	13 01	- 0 32	- 0 40	-0,5	-0,4	0,0	-0,1
437	Nordranen, Mo i Rana NO	66 19	14 09	- 0 32	- 0 40	-0,4	-0,2	0,0	-0,1
438	Alstfjord, Sandnessjøen	66 01	12 38	- 0 32	- 0 40	-0,5	-0,3	0,0	-0,1
439	Igerøy	65 41	12 08	- 0 42	- 0 50	-0,5	-0,3	0,0	-0,1
440	Tjøtta	65 49	12 25	- 0 37	- 0 45	-0,4	-0,3	0,0	-0,1
441	Vefsenfjord, Mosjøen	65 51	13 12	- 0 32	- 0 40	-0,4	-0,3	0,0	-0,1
442	Brønnøysund	65 28	12 12	- 0 42	- 0 50	-0,5	-0,3	0,0	-0,1
443	Velfjord, Hommelstø	65 25	12 34	- 0 42	- 0 50	-0,4	-0,3	0,0	-0,1
444	Tosenfjord, Borkamoa (Tosbotn)	65 20	12 57	- 0 47	- 0 55	-0,4	-0,3	0,0	-0,1
444 a	Leka	65 05	11 43	- 0 52	- 1 00	-0,5	-0,4	0,0	-0,1
445	Nærøsund, Rørvik NO	64 52	11 14	- 0 57	- 1 05	-0,6	-0,5	0,0	-0,2
	Folla								
445 b	Abelvär	64 44	11 11	- 1 02	- 1 10	-0,6	-0,5	0,0	-0,2
445 c	Kolvereid	64 52	11 37	- 0 52	- 1 00	-0,6	-0,4	0,0	-0,2
446	Kongsmoen	64 53	12 27	- 0 47	- 0 55	-0,4	-0,3	0,0	-0,1
447	Namsenfjord, Namsos	64 28	11 30	- 1 07	- 1 15	-0,7	-0,5	0,0	-0,2
448 a	Halten, Leuchtfeuer	64 11	9 25	- 1 07	- 1 15	-0,7	-0,5	-0,1	-0,2

NO   ausführliche Vorausberechnungen in norwegischen Gezeitentafeln

Gezeitenunterschiede

Nr.	Ort	Geographische Lage		mittlere Zeitunterschiede		mittlere Höhenunterschiede			
		Breite	Länge	HW	NW	HW		NW	
		° '	° '	h min Tf.5	h min Tf.5	m	m	m	m
						Mittlere Höhen des Bezugsortes			
	Bezugsort:					**SpHW**	**NpHW**	**SpNW**	**NpNW**
416	**Narvik (Seite 6-8)**	68°26'N	17°26'E			**3,2**	**2,5**	**0,5**	**1,2**
	UTC + 1 h 00min	N	E						
	Fröya								
451	Sistranda	63 44	8 50	- 1 17	- 1 23	-0,7	-0,5	0,0	-0,2
452	Titran	63 40	8 19	- 1 27	- 1 33	-0,9	-0,7	-0,1	-0,3
453	Hemnefjord, Kyrkseterøra	63 17	9 05	- 1 12	- 1 18	-0,7	-0,5	0,0	-0,2
454	Trondheimsleia, Brekstad	63 41	9 40	- 1 02	- 1 08	-0,4	-0,3	0,0	-0,1
	Trondheimfjord								
457	Orkanger	63 19	9 52	- 0 54	- 1 01	-0,4	-0,3	-0,1	-0,2
460	Trondheim .... NO	63 26	10 24	- 0 59	- 1 06	-0,3	-0,2	-0,1	-0,1
463	Levanger	63 45	11 18	- 0 59	- 1 06	-0,2	-0,1	-0,1	-0,1
464	Stenkjär	64 01	11 28	- 0 59	- 1 06	-0,1	-0,1	-0,1	-0,1
466	Torvikbukt	62 58	7 52	- 1 32	- 1 38	-0,9	-0,7	-0,1	-0,3
468	Kristiansund Nord ..... NO	63 07	7 44	- 1 27	- 1 33	-1,0	-0,7	-0,1	-0,3
469	Bøvra	62 59	8 39	- 1 27	- 1 33	-0,9	-0,7	-0,1	-0,3
470	Sundalsfjord, Sunndalsøra	62 41	8 33	- 1 32	- 1 38	-0,9	-0,7	-0,1	-0,3
471	Bud	62 54	6 55	- 1 32	- 1 38	-1,1	-0,8	-0,1	-0,4
472	Moldefjord, Molde	62 44	7 10	- 1 37	- 1 43	-1,1	-0,8	-0,1	-0,4
473	Romsdalfjord, Andalsnes	62 34	7 41	- 1 37	- 1 43	-1,1	-0,8	-0,1	-0,4
474	Ålesund	62 28	6 09	- 1 37	- 1 43	-1,2	-0,9	-0,1	-0,4
475	Storfjord, Stranda	62 19	6 57	- 1 47	- 1 53	-1,2	-0,9	-0,1	-0,4
476	Voldafjord, Volda	62 09	6 04	- 1 37	- 1 43	-1,2	-0,9	-0,1	-0,4
						Mittlere Höhen des Bezugsortes			
	Bezugsort:					**SpHW**	**NpHW**	**SpNW**	**NpNW**
504	**Bergen (Seite 10-12)**	60°24'N	5°19'E			**1,5**	**1,2**	**0,3**	**0,6**
480	Maløysund, Maløy	61 56	5 07	+ 0 05	+ 0 05	+0,4	+0,3	+0,1	+0,2
	Nordfjord								
482	Eidsfjord, Nordfjordeid	61 54	5 59	+ 0 05	+ 0 05	+0,4	+0,3	+0,1	+0,2
484	Florø	61 36	5 02	0 00	0 00	+0,2	+0,2	+0,1	+0,1
485	Førdefjord, Førde	61 28	5 50	0 00	0 00	+0,2	+0,2	0,0	+0,1
486	Granesund, Askvoll	61 21	5 04	- 0 10	- 0 10	+0,2	+0,1	0,0	+0,1
	Nordsee								
	Sognefjord								
487	Høyanger	61 13	6 04	- 0 10	- 0 10	+0,2	+0,1	0,0	+0,1
489	Ardalsfjord, Ardalstangen	61 14	7 42	- 0 10	- 0 10	+0,2	+0,2	0,0	+0,1
492	Aurlandsfjord, Flåm	60 52	7 07	- 0 10	- 0 10	+0,2	+0,2	0,0	+0,1
495	Fensfjord, Mongstad	60 49	5 02	- 0 10	- 0 10	+0,1	+0,1	0,0	0,0
497	Masfjord, Matre	60 53	5 35	- 0 10	- 0 10	+0,1	+0,1	0,0	0,0
499	Salhusfjord, Knarvik	60 33	5 17	0 00	0 00	0,0	0,0	0,0	0,0
500	Sørfjord, Stamneshella	60 40	5 45	0 00	0 00	0,0	0,0	0,0	0,0
502	Blomøy, Blomvåg	60 32	4 53	- 0 15	- 0 15	-0,1	-0,1	0,0	-0,1
505	Osøyro	60 11	5 28	- 0 15	- 0 15	-0,3	-0,2	-0,1	-0,1
	Hardangerfjord								
509	Norheimsund, Norheim	60 22	6 09	+ 0 20	+ 0 20	-0,1	-0,1	0,0	-0,1
510	Eidfjord, Eidfjord	60 28	7 04	+ 0 20	+ 0 20	-0,1	-0,1	0,0	-0,1
511	Sørfjord, Odda	60 04	6 33	+ 0 25	+ 0 25	-0,1	-0,1	0,0	0,0
513	Leirvik	59 47	5 30	+ 0 10	+ 0 10	-0,4	-0,3	-0,1	-0,1
515	Ølen	59 36	5 48	+ 0 10	+ 0 10	-0,3	-0,3	-0,1	-0,1
517	Haugesund	59 25	5 16	- 0 20	- 0 20	-0,7	-0,5	-0,1	-0,3

NO   ausführliche Vorausberechnungen in norwegischen Gezeitentafeln

Gezeitenunterschiede

Nr.	Ort		Geographische Lage		mittlere Zeitunterschiede		mittlere Höhenunterschiede			
			Breite	Länge	HW	NW	HW		NW	
			° '	° '	h min Tf.5	h min Tf.5	m	m	m	m
							Mittlere Höhen des Bezugsortes			
504	**Bezugsort:** **Bergen (Seite 10-12)**		60°24'N	5°19'E			**SpHW** **1,5**	**NpHW** **1,2**	**SpNW** **0,3**	**NpNW** **0,6**
	UTC + 1 h 00min		N	E						
519	Kopervik		59 17	5 19	- 0 33	- 0 32	-0,7	-0,5	+0,1	-0,1
520	Karmöy, Skudeneshavn		59 09	5 15	- 0 33	- 0 32	-0,7	-0,5	+0,1	-0,1
521	Saudafjord, Sauda		59 39	6 22	- 0 28	- 0 27	-0,6	-0,4	+0,1	-0,1
522	Jøsenfjord, Hjelmeland		59 14	6 11	- 0 28	- 0 27	-0,7	-0,5	+0,1	-0,1
522 a	Högsfjord, Forsand		58 54	6 05	- 0 33	- 0 32	-0,6	-0,4	+0,2	0,0
523	Lysebotn		59 03	6 39	- 0 28	- 0 27	-0,6	-0,4	+0,2	0,0
524	Stavanger	NO	58 58	5 44	- 0 33	- 0 32	-0,6	-0,4	+0,1	-0,1
524 a	Sandnes		58 52	5 45	- 0 33	- 0 32	-0,6	-0,4	+0,1	-0,1
	Skagerrak									
526	Farsund		58 05	6 48	- 6 13	- 6 35	-1,1	-0,8	0,0	-0,3
527	Mandal (Tregde)		58 01	7 27	- 6 08	- 6 30	-1,0	-0,7	0,0	-0,3
528	Kristiansand Süd		58 08	8 00	- 6 08	- 6 30	-1,0	-0,7	0,0	-0,3
530	Lillesand		58 14	8 22	- 6 03	- 6 25	-0,9	-0,7	0,0	-0,2
531	Arendal		58 27	8 46	- 5 53	- 6 15	-0,9	-0,7	0,0	-0,2
533	Risør		58 43	9 14	- 5 53	- 6 15	-0,9	-0,6	+0,1	-0,2
534	Helgeroa	NO	59 00	9 51	- 5 53 F5	- 6 15 D9	-0,9	-0,6	+0,1	-0,2
536	Brevik		59 03	9 42	- 5 53	- 6 15	-0,9	-0,6	+0,1	-0,2
539	Sandefjord		59 08	10 14	- 5 53	- 6 15	-0,9	-0,6	+0,1	-0,2
	Oslofjord									
541	Horten		59 26	10 29	- 5 33	- 5 55	-0,8	-0,6	+0,1	-0,2
542	Oscarsborg		59 41	10 37	- 5 03	- 5 37	-0,7	-0,5	+0,2	-0,1
543	Oslo	NO	59 55	10 44	- 4 58 F2	- 5 32 D7	-0,7	-0,4	+0,2	-0,1
	Schweden									
551	Strömstad		58 56	11 10	- 5 47	- 6 09	*	*	*	*
552	Smögen		58 21	11 14	- 5 39	- 6 01	*	*	*	*
553	Gøteborg		57 42	11 55	- 5 11	- 5 33	*	*	*	*
	Dänemark									
	Jütland									
580	Frederikshavn	DK	57 26	10 34	- 4 55	- 5 09	-1,3	-1,1	-0,4	-0,7
583	Hirtshals	DK	57 36	9 58	- 6 09	- 6 27	-1,2	-0,9	-0,3	-0,6
	Nordsee									
583 a	Hanstholm	DK	57 08	8 36	- 6 53	- 6 48	-1,2	-0,9	-0,3	-0,6
585	Thyborøn - Hafen	DK	56 42	8 13	- 7 07	- 6 40	-1,1	-0,8	-0,3	-0,6
587	Thorsminde	DK	56 22	8 07	- 7 55	- 8 13	-0,9	-0,6	-0,2	-0,5
589	Hvide Sande	DK	56 00	8 07	- 8 27	- 8 58	-0,7	-0,5	-0,3	-0,5
594	Esbjerg	DK	55 28	8 27	- 8 29	- 8 35	+0,1	+0,2	-0,3	-0,4
	Römö									
598	Havneby, Römö Havn	DK	55 05	8 34	- 8 49	- 8 49	+0,3	+0,5	-0,4	-0,3
613 C	Höjer, Schleuse		54 58	8 40	+ 3 57	+ 5 29	+0,5	+0,6	+0,2	-0,6

* Keine Angaben

DK ausführliche Vorausberechnungen in dänischen Gezeitentafeln

NO ausführliche Vorausberechnungen in norwegischen Gezeitentafeln

Gezeitenunterschiede

Nr.	Ort	Geographische Lage Breite ° '	Länge ° '	mittlere Zeitunterschiede HW h min Tf.5	NW h min Tf.5	mittlere Höhenunterschiede HW m		NW m	m
						Mittlere Höhen des Bezugsortes			
	Bezugsort:					**SpHW**	**NpHW**	**SpNW**	**NpNW**
509 A	**Helgoland (Seite 15-17)**	54°11'N	7°53'E			**3,1**	**2,8**	**0,4**	**0,8**
	UTC + 1 h 00min	N	E						
	Bundesrepublik Deutschland								
	Deutsche Bucht								
608	Elbe, Tonne	54 00	8 07	+ 0 12	*	*	*	*	*
609	Weser3/Jade2, Tonne	53 52	7 47	− 0 10	*	*	*	*	*
611	Borkumriff, Tonne	53 47	6 22	− 2 08	*	*	*	*	*
	Nordfriesische Inseln und Küste								
615	Lister Tief, Tonne	55 05	8 17	+ 1 36	*	*	*	*	*
	Sylt								
616	List, West	55 03	8 24	+ 1 26	+ 1 23	−0,8	−0,6	0,0	−0,1
617	List, Hafen	55 01	8 26	+ 2 52	+ 2 13	−0,7	−0,6	0,0	−0,2
618	Munkmarsch	54 55	8 22	+ 3 02	*	−0,6	−0,5	*	*
620	Westerland	54 55	8 16	+ 0 54 H1	+ 1 06	−0,6	−0,6	0,0	−0,2
624 A	Hörnum, West	54 45	8 16	+ 0 43	+ 0 54	−0,4	−0,4	0,0	−0,1
	Vortrapptief								
621 A	Vortrapptief, Tonne	54 35	8 14	+ 0 47	*	*	*	*	*
622	Amrum Odde, Amrum	54 42	8 20	+ 1 19	+ 1 22	−0,4	−0,3	−0,1	−0,2
624	Hörnum, Sylt, Hafen	54 45	8 18	+ 2 16	+ 1 37	−0,4	−0,3	0,0	−0,2
	Hörnumtief								
623 A	Rantumdamm, Sylt .... p)	54 52	8 19	+ 2 35	+ 3 00	−0,4	−0,3	0,0	−0,3
628 A	Osterley	54 52	8 34	+ 2 34	+ 2 49	+0,1	+0,2	+0,1	−0,1
629 B	Föhrer Ley, Nord	54 48	8 34	+ 2 31	+ 2 40	0,0	+0,1	+0,1	−0,1
	Norderaue								
630	Rütergat, Tonne	54 28	8 14	+ 0 32	*	*	*	*	*
631	Wittdün, Amrum, Hafen	54 38	8 23	+ 1 30	+ 1 26	+0,3	+0,3	0,0	0,0
632	Wyk, Föhr	54 42	8 35	+ 2 05	+ 1 49	+0,5	+0,5	0,0	0,0
635	Dagebüll	54 44	8 41	+ 2 20	+ 2 15	+0,7	+0,7	+0,1	+0,1
	Süderaue								
632 D	Langeness, Hilligenley	54 37	8 33	+ 1 30	+ 1 31	+0,4	+0,4	0,0	−0,1
636 F	Hooge, Anleger	54 35	8 33	+ 1 32	+ 1 31	+0,5	+0,5	+0,1	0,0
637	Gröde, Anleger	54 38	8 44	+ 1 53	*	+0,9	+0,8	*	*
638	Schlüttsiel	54 41	8 45	+ 2 01	+ 2 08 I1	+0,9	+0,8	0,0	0,0
642 E	Pellworm, Hoogerfähre .... p)	54 32	8 36	+ 1 29	+ 1 38 I1	+0,6	+0,6	+0,4	+0,2
						Mittlere Höhen des Bezugsortes			
	Bezugsort:					**SpHW**	**NpHW**	**SpNW**	**NpNW**
510	**Husum (Seite 20-22)**	54°28'N	9°01'E			**4,4**	**3,9**	**0,5**	**0,9**
643	Hever, Tonne	54 20	8 19	− 1 46	*	*	*	*	*
642 C	Rummelloch, West	54 29	8 32	− 0 41	− 0 16 D2	−0,8	−0,7	0,0	−0,1
	Norderhever								
645	Süderoogsand	54 25	8 30	− 0 50	− 0 32 D2	−0,7	−0,6	0,0	0,0
647 A	Pellworm, Anleger	54 30	8 42	− 0 19	− 0 24 D2	−0,3	−0,3	0,0	0,0
649	Strucklahnungshörn, Nordstrand, AP	54 30	8 48	− 0 17	− 0 26 D1	−0,1	−0,1	0,0	+0,1
649 B	Holmer Siel	54 32	8 52	− 0 12	− 0 07 D1	−0,1	−0,1	0,0	0,0
637 A	Strand, Hamburger Hallig	54 37	8 47	− 0 02	0 00 D1	−0,2	−0,1	0,0	0,0
	Heverstrom								
653	Südfall, Fahrwasserkante	54 27	8 45	− 0 25	− 0 27 D1	−0,3	−0,2	0,0	+0,1

*   Keine Angaben

p)   Niedrigwasser teilweise trockenfallend.

Gezeitenunterschiede

Nr.	Ort	Geographische Lage Breite ° '	Länge ° '	mittlere Zeitunterschiede HW h min Tf.5	NW h min Tf.5	mittlere Höhenunterschiede HW m		NW m	
						\multicolumn{4}{c}{Mittlere Höhen des Bezugsortes}
	Bezugsort:					SpHW	NpHW	SpNW	NpNW
505	**Büsum (Seite 25-27)**	54°07'N	8°52'E			**4,0**	**3,6**	**0,5**	**0,9**
	UTC + 1 h 00min	N	E						
656	Eider, Tonne	54 16	8 29	− 0 17	*	*	*	*	*
	Eider								
664	Eider-Sperrwerk, Außenpegel	54 16	8 51	+ 0 28	+ 1 11	−0,2	−0,3	0,0	−0,2
666	Blauort, Norderpiep	54 10	8 40	− 0 09	− 0 02 **E1**	−0,1	−0,1	+0,1	+0,1
	Meldorfer Bucht								
667 B	Meldorf, Sperrwerk, Außenpegel	54 06	8 57	0 00	0 00	0,0	0,0	−0,1	−0,1
	Süderpiep								
670	Süderpiep, Tonne	54 06	8 26	− 0 36	*	*	*	*	*
	Norderelbe								
672	Norderelbe, Tonne	54 03	8 25	− 0 30	*	*	*	*	*
673	Trischen, West	54 04	8 38	− 0 15	+ 0 07 **E1**	−0,2	−0,3	−0,1	−0,1
675	Friedrichskoog, Hafen, Außenpegel ..... o)	54 00	8 53	+ 0 26	+ 2 36 **A2**	−0,3	−0,2	+1,7	+1,3
						\multicolumn{4}{c}{Mittlere Höhen des Bezugsortes}
	Bezugsort:					SpHW	NpHW	SpNW	NpNW
506	**Cuxhaven (Seite 30-32)**	53°52'N	8°43'E			**3,7**	**3,3**	**0,4**	**0,8**
	Elbegebiet								
677 C	Scharhörnriff, Bake A	53 59	8 19	− 1 05	− 1 16	0,0	0,0	+0,1	+0,1
677	Scharhörn, Bake C	53 58	8 28	− 0 51	− 1 00	+0,1	+0,1	0,0	+0,1
676	Zehnerloch	53 57	8 40	− 0 24	− 0 27	+0,1	+0,1	+0,1	+0,1
678 W	Neuwerk, Anleger	53 55	8 29	− 0 30	*	+0,1	+0,1	*	*
681	Otterndorf	53 50	8 52	+ 0 27	+ 0 32	0,0	0,0	+0,1	0,0
682	Osteriff	53 51	9 02	+ 0 48	+ 0 59	−0,1	−0,1	+0,1	0,0
	Oste								
683	Belum	53 49	9 02	+ 0 57	+ 1 20	−0,1	−0,1	+0,2	0,0
685	Hechthausen	53 38	9 15	+ 2 49	+ 3 54	*	*	*	*
687	Bremervörde	53 29	9 09	+ 5 21	+ 6 23 **C1**	*	*	*	*
688	Brokdorf	53 52	9 19	+ 1 41	+ 1 46	−0,1	0,0	+0,1	−0,1
	Stör								
690	Stör-Sperrwerk, Außenpegel	53 50	9 24	+ 2 05	+ 2 07	−0,1	0,0	+0,1	0,0
692 A	Itzehoe, Hafen	53 55	9 30	+ 3 05	+ 3 51	*	*	*	*
693	Breitenberg	53 56	9 38	+ 3 53	+ 4 50	*	*	*	*
695	Glückstadt	53 47	9 25	+ 2 06	+ 2 08	0,0	+0,1	+0,1	−0,1
697	Krautsand	53 45	9 23	+ 2 08	+ 2 13	−0,1	0,0	+0,1	−0,1
698	Kollmar, Kamperreihe	53 44	9 28	+ 2 17	+ 2 24	0,0	+0,1	+0,1	−0,1
	Krückau								
700 R	Krückau-Sperrwerk, Binnenpegel	53 43	9 32	+ 2 27	+ 2 41	*	*	*	*
702 A	Elmshorn, Hafen	53 45	9 39	+ 2 50	+ 4 00	*	*	*	*
703	Grauerort	53 41	9 30	+ 2 26	+ 2 38	+0,1	+0,2	0,0	−0,1
	Pinnau								
704 R	Pinnau-Sperrwerk, Binnenpegel	53 40	9 33	+ 2 35	+ 2 53	*	*	*	*
706	Uetersen	53 41	9 41	+ 3 07	+ 4 03	*	*	*	*
707	Pinneberg	53 40	9 47	+ 4 07	+ 6 27	*	*	*	*
	Schwinge								
709	Stadersand	53 38	9 32	+ 2 40	+ 2 51	+0,1	+0,2	0,0	−0,2
710	Stade	53 36	9 29	+ 2 44	+ 3 08	*	*	*	*

*   Keine Angaben

o)   Niedrigwasser durch eine vorgelagerte Barre stark beeinflusst.

Gezeitenunterschiede 181

Nr.	Ort		Geographische Lage Breite	Länge	mittlere Zeitunterschiede HW	NW	mittlere Höhenunterschiede HW		NW	
			° '	° '	h min Tf.5	h min Tf.5	m	m	m	m
							\multicolumn{4}{l}{Mittlere Höhen des Bezugsortes}			
	Bezugsort:						**SpHW**	**NpHW**	**SpNW**	**NpNW**
508	**Hamburg (Seite 40-42)**		53°33'N	9°58'E			4,2	3,8	0,1	0,3
	UTC + 1 h 00min		N	E						
711	Hetlingen		53 37	9 35	- 0 45	- 0 54	-0,3	-0,3	+0,3	+0,3
712	Lühort, Lühe		53 34	9 38	- 0 36	- 0 43	-0,3	-0,2	+0,2	+0,2
714	Schulau		53 34	9 42	- 0 27	- 0 35	-0,2	-0,2	+0,2	+0,2
715	Blankenese, Unterfeuer		53 33	9 48	- 0 16	- 0 26	-0,1	-0,1	+0,1	+0,1
	Este									
717	Cranz, Este-Sperrwerk, Außenpegel		53 32	9 48	- 0 18	- 0 11	-0,1	-0,1	+0,1	+0,1
718	Buxtehude		53 29	9 42	+ 0 29	+ 1 25	*	*	*	*
719	Hamburg, Teufelsbrück		53 33	9 52	- 0 10	- 0 17	-0,1	-0,1	+0,1	+0,1
720	Hamburg, Seemannshöft		53 32	9 53	- 0 08	- 0 14	-0,1	0,0	+0,1	+0,1
724	Hamburg, Harburg, Schleuse		53 28	10 00	+ 0 09	+ 0 11	+0,1	+0,1	0,0	0,0
726 A	Hamburg, Peute		53 32	10 02	+ 0 07	+ 0 14	+0,1	+0,1	+0,1	+0,1
	Dove - Elbe									
727	Hamburg, Dove-Elbe, Einfahrt		53 31	10 04	+ 0 13	+ 0 24	+0,1	+0,1	+0,1	+0,1
728	Tatenberger Schleuse		53 30	10 05	+ 0 14	+ 0 27	*	*	*	*
729	Bunthaus		53 28	10 04	+ 0 24	+ 0 44	+0,2	+0,2	+0,5	+0,4
730	Over		53 26	10 06	+ 0 29	+ 1 00	+0,1	+0,1	+0,6	+0,4
731	Zollenspieker	n)	53 24	10 11	+ 0 48	+ 1 31	-0,3	-0,4	+0,6	+0,4
732 A	Altengamme	n)	53 26	10 18	+ 0 59	+ 2 05	-0,5	-0,6	+0,6	+0,4
732 D	Geesthacht, Wehr, Unterpegel	n)	53 25	10 20	+ 1 03	+ 2 16	-0,5	-0,5	+0,8	+0,6
							\multicolumn{4}{l}{Mittlere Höhen des Bezugsortes}			
	Bezugsort:						**SpHW**	**NpHW**	**SpNW**	**NpNW**
103	**Bremerhaven (Seite 45-47)**		53°33'N	8°34'E			4,7	4,2	0,5	1,0
	Wesergebiet									
734	Alte Weser, Leuchtturm		53 52	8 08	- 1 14	- 0 56 D1	-1,0	-0,9	0,0	0,0
735 A	Spieka Neufeld		53 47	8 33	- 0 35	*	-0,4	-0,4	*	*
737	Dwarsgat, Unterfeuer		53 43	8 18	- 0 42	- 0 35	-0,5	-0,5	0,0	0,0
737 S	Robbensüdsteert		53 38	8 27	- 0 20	- 0 15	-0,3	-0,3	0,0	0,0
738	Fedderwardersiel, Fedderwarder Priel		53 36	8 21	- 0 23	*	-0,3	-0,3	*	*
741 A	Nordenham, Unterfeuer		53 28	8 29	+ 0 21	+ 0 19	+0,1	+0,1	-0,1	-0,1
741 B	Rechtenfleth		53 23	8 30	+ 0 37	+ 0 46	0,0	0,0	-0,1	-0,2
743	Brake		53 19	8 29	+ 0 47	+ 1 04	0,0	-0,1	-0,2	-0,3
744	Elsfleth		53 16	8 29	+ 1 01	+ 1 23	-0,1	-0,1	-0,1	-0,3
	Hunte									
744 A	Elsfleth Ohrt		53 13	8 28	+ 1 10	+ 1 39	-0,1	-0,1	-0,1	-0,3
745	Huntebrück		53 12	8 27	+ 1 22	+ 1 57	-0,6	-0,5	-0,2	-0,5
747	Reithörne		53 10	8 19	+ 2 17	+ 3 03	-1,5	-1,5	-0,2	-0,6
748	Oldenburg, Drielake		53 08	8 14	+ 2 27	+ 3 31	-1,4	-1,4	-0,2	-0,7
							\multicolumn{4}{l}{Mittlere Höhen des Bezugsortes}			
	Bezugsort:						**SpHW**	**NpHW**	**SpNW**	**NpNW**
502	**Bremen (Seite 50-52)**		53°07'N	8°43'E			4,8	4,3	0,3	0,6
749	Farge		53 12	8 31	- 0 24	- 0 44	-0,3	-0,2	+0,1	+0,1
750	Vegesack		53 10	8 37	- 0 09	- 0 20	-0,2	-0,1	+0,1	+0,1
750 G	Ochtum, Sperrwerk		53 07	8 39	+ 0 01	+ 1 41	-0,1	-0,1	+1,7	+1,5
	Bremen									
751	Wilhelm-Kaisen-Brücke		53 04	8 48	+ 0 06	+ 0 19	+0,1	+0,1	0,0	0,0
752	Weserwehr	n)	53 04	8 51	+ 0 08	+ 0 28	+0,1	+0,1	+0,1	+0,1

*   Keine Angaben

n)   Die Höhen sind durch unterschiedliche Oberwassermengen stark beeinflusst.

Gezeitenunterschiede

Nr.	Ort	Geographische Lage		mittlere Zeitunterschiede		mittlere Höhenunterschiede			
		Breite	Länge	HW	NW	HW		NW	
		° '	° '	h min Tf.5	h min Tf.5	m	m	m	m
						\multicolumn{4}{c}{Mittlere Höhen des Bezugsortes}			
	Bezugsort:					SpHW	NpHW	SpNW	NpNW
512	**Wilhelmshaven (Seite 55-57)**	53°31'N	8°09'E			4,8	4,3	0,5	1,1
	UTC + 1 h 00min	N	E						
	Jadegebiet								
754	Wangerooge, Langes Riff, Nord	53 48	7 56	- 1 07	- 0 37	-1,1	-1,0	-0,1	-0,2
756	Wangerooge, Ost	53 46	7 59	- 0 52	- 0 29	-1,0	-0,9	-0,1	-0,1
760	Mellumplate, Leuchtturm	53 46	8 06	- 0 43	- 0 18	-0,9	-0,8	0,0	-0,1
761	Schillig	53 42	8 03	- 0 30	- 0 13	-0,6	-0,6	0,0	-0,1
764 B	Hooksielplate	53 40	8 09	- 0 18	- 0 07	-0,5	-0,4	0,0	0,0
765	Hooksiel	53 39	8 05	- 0 21	- 0 08	-0,5	-0,4	0,0	-0,1
766	Voslapp	53 37	8 07	- 0 16	- 0 06	-0,4	-0,4	-0,1	-0,1
769	Wilhelmshaven, Ölpier	53 34	8 10	- 0 08	- 0 04	-0,1	0,0	0,0	0,0
770	Wilhelmshaven, Neuer Vorhafen	53 32	8 10	- 0 04	- 0 02	-0,1	-0,1	0,0	0,0
	Jadebusen								
771	Eckwarderhörne	53 31	8 14	+ 0 01	+ 0 02	*	*	*	*
773	Arngast, Leuchtturm	53 29	8 12	+ 0 02	+ 0 01	0,0	+0,1	0,0	0,0
776	Vareler Schleuse	53 25	8 11	+ 0 13	*	-0,2	-0,2	*	*
	Bezugsort:					SpHW	NpHW	SpNW	NpNW
111	**Norderney (Seite 60-62)**	53°42'N	7°09'E			3,2	2,9	0,4	0,8
	Ostfriesische Inseln und Küste								
777	Wangerooge, Hafen	53 47	7 52	+ 0 27	+ 0 36	+0,5	+0,4	+0,1	+0,1
778	Harlesiel .... r)	53 42	7 49	+ 0 29	+ 1 32	+0,4	+0,4	+0,4	+0,2
780 A	Otzumer Balje, Tonne	53 48	7 38	- 0 04	*	*	*	*	*
779	Spiekeroog, ehem. Landungsbrücke	53 45	7 41	+ 0 24	+ 0 28	+0,3	+0,2	+0,1	+0,1
780	Neuharlingersiel	53 42	7 42	+ 0 22	+ 0 28	+0,4	+0,4	+0,1	+0,1
781 A	Accumer Ee, Tonne	53 47	7 25	- 0 11	*	*	*	*	*
781	Langeoog, Hafeneinfahrt	53 43	7 30	+ 0 19	+ 0 15	+0,2	+0,2	0,0	0,0
782	Bensersiel	53 40	7 35	+ 0 22	+ 0 19	+0,4	+0,3	0,0	+0,1
783	Dornumer-Accumersiel	53 41	7 29	+ 0 19	+ 0 16	+0,4	+0,3	+0,1	+0,1
784	Baltrum, Westende	53 43	7 22	- 0 03	+ 0 14	+0,2	+0,1	+0,2	+0,2
785	Neßmersiel	53 41	7 22	+ 0 23	*	+0,3	+0,2	*	*
788	Norderney, Seeseite	53 44	7 15	- 0 12	- 0 13	0,0	0,0	*	*
789	Schluchter, Tonne	53 45	7 02	- 0 22	*	*	*	*	*
790 A	Norddeich, Westerriede	53 39	7 09	- 0 04	+ 0 10	+0,1	+0,1	+0,1	+0,1
	Juist								
793	Juist, Seeseite	53 41	7 00	- 0 32	- 0 33	0,0	0,0	*	*
794	Juist, Hafen	53 40	7 00	0 00	- 0 05	0,0	0,0	0,0	0,0
796 C	Leyhörn, Leybucht	53 33	7 02	+ 0 04	+ 0 07	+0,1	+0,2	+0,2	0,0
	Bezugsort:					SpHW	NpHW	SpNW	NpNW
101	**Borkum (Seite 65-67)**	53°33'N	6°45'E			3,1	2,8	0,4	0,8
797	Osterems, Tonne	53 42	6 36	- 0 35	*	*	*	*	*
798	Borkum, Südstrand	53 35	6 40	- 0 16	- 0 10	-0,1	-0,1	0,0	0,0
	Emsgebiet								
799	Emshörn	53 30	6 50	+ 0 12	+ 0 20	+0,2	+0,2	0,0	0,0
799 G	Dukegat	53 26	6 56	+ 0 29	+ 0 36	+0,3	+0,3	0,0	0,0

*   Keine Angaben

r)   Niedrigwasser durch Sielbetrieb stark beeinflusst.

Gezeitenunterschiede

Nr.	Ort		Geographische Lage Breite ° '	Länge ° '	mittlere Zeitunterschiede HW h min Tf.5	NW h min Tf.5	mittlere Höhenunterschiede HW m	m	NW m	m
							Mittlere Höhen des Bezugsortes			
	Bezugsort:						SpHW	NpHW	SpNW	NpNW
507	**Emden (Seite 70-72)**		53°20'N	7°11'E			4,0	3,7	0,4	0,8
	UTC + 1 h 00min		N	E						
	Ems									
802	Knock		53 20	7 02	- 0 21	- 0 15	-0,2	-0,2	+0,1	0,0
803	Pogum		53 19	7 16	+ 0 09	+ 0 18	+0,1	+0,1	0,0	0,0
804	Oldersum, Schleuse		53 19	7 20	+ 0 17	+ 0 39	*	*	*	*
805	Terborg		53 18	7 24	+ 0 20	+ 0 59	+0,2	+0,2	0,0	-0,1
806	Leerort		53 13	7 26	+ 0 21	+ 1 39	+0,2	+0,1	0,0	-0,2
	Leda									
808	Leer, Schleuse		53 13	7 27	+ 0 31	+ 1 51	*	*	*	*
808 A	Leda-Sperrwerk, Unterpegel		53 13	7 28	+ 0 35	+ 2 00	*	*	*	*
810 B	Detern, Jümme		53 12	7 40	+ 2 25	+ 3 50 C1	*	*	*	*
810	Westringaburg		53 12	7 34	+ 1 23	+ 2 58	*	*	*	*
812	Dreyschloot		53 11	7 40	+ 2 37	+ 4 00 C1	*	*	*	*
813	Weener		53 10	7 22	+ 0 12 C1	+ 2 07	+0,2	+0,2	-0,1	-0,3
814	Papenburg	n)	53 07	7 22	+ 0 06 C1	+ 2 34	+0,3	+0,2	0,0	-0,2
816	Herbrum, Hafendamm	n)	53 03	7 19	+ 0 12 C2	+ 3 34	-0,5	-0,6	-0,3	-0,6
	Niederlande									
	Emsgebiet									
818	Nieuwe Statenzijl		53 14	7 13	+ 0 11	*	+0,2	+0,2	*	*
820	Delfzijl	NL	53 20	6 56	- 0 29	- 0 13	-0,2	-0,2	0,0	0,0
821	Eemshaven	NL	53 27	6 50	- 1 17	- 0 53	-0,7	-0,7	0,0	-0,1
							Mittlere Höhen des Bezugsortes			
	Bezugsort:						SpHW	NpHW	SpNW	NpNW
835	**West-Terschelling (Seite 74-76)**		53°22'N	5°13'E			2,4	2,2	0,3	0,6
	Westfriesische Inseln und Küste									
	Friesche Zeegat									
823	Huibertgat	NL	53 34	6 24	+ 0 52	+ 1 00	+0,4	+0,4	0,0	+0,1
824	Wierumer Gronden		53 31	5 58	+ 0 14	+ 0 23	+0,2	+0,1	0,0	0,0
825	Schiermonnikoog		53 28	6 12	+ 1 16	+ 0 58	+0,4	+0,4	0,0	0,0
827	Lauwersoog	NL	53 25	6 12	+ 1 10	+ 1 03	+0,5	+0,5	0,0	+0,1
831	Ameland, Nes		53 26	5 46	+ 0 55	+ 0 48	+0,5	+0,4	+0,1	+0,1
	Zeegat van Terschelling									
836	Vlieland, Hafen		53 18	5 06	- 0 32	- 0 27	0,0	0,0	0,0	0,0
842	Harlingen	NL	53 10	5 25	+ 0 15	+ 1 25	0,0	0,0	0,0	-0,2
	Holland									
	Zeegat van Texel									
845	Den Helder	b),NL	52 58	4 45	- 2 06	- 1 42	-0,5	-0,4	0,0	-0,1
846	Texel, Oudeschild	b)	53 02	4 51	- 1 02	- 1 08	-0,6	-0,5	0,0	-0,1
848	Den Oever	b)	52 56	5 08	- 0 44	- 0 18	-0,5	-0,4	0,0	-0,1
849	Kornwerderzand	NL	53 04	5 20	- 0 05	+ 0 35	-0,2	-0,2	0,0	-0,2

*   Keine Angaben

NL   ausführliche Vorausberechnungen in niederländischen Gezeitentafeln

b)   doppeltes Hochwasser, die Gezeitenunterschiede des Hochwassers ergeben das 2. HW

n)   Die Höhen sind durch unterschiedliche Oberwassermengen stark beeinflusst.

Gezeitenunterschiede

Nr.	Ort	Geographische Lage		mittlere Zeitunterschiede		mittlere Höhenunterschiede			
		Breite	Länge	HW	NW	HW		NW	
		° '	° '	h min Tf.5	h min Tf.5	m	m	m	m
						Mittlere Höhen des Bezugsortes			
	Bezugsort:					SpHW	NpHW	SpNW	NpNW
917	**Vlissingen (Seite 82-84)**	51°27'N	3°36'E			**5,0**	**4,1**	**0,6**	**1,1**
	UTC + 1 h 00min								
		N	E						
853	IJmuiden . . . . c),NL	52 28	4 35	+ 1 41	+ 3 13	-2,8	-2,3	-0,2	-0,7
855	Scheveningen . . . . d),NL	52 06	4 15	+ 1 02	+ 2 38	-2,7	-2,3	-0,2	-0,7
856	Haringvlietsluizen . . . . c),NL	51 50	4 02	+ 0 17	+ 0 05	-2,0	-1,9	-0,3	-0,7
857	Brouwershavensche Gat	51 45	3 49	+ 0 01	- 0 16	-1,7	-1,5	-0,2	-0,5
	Rhein - Mündungen								
	Rotterdamsche Waterweg								
859	Maassluis . . . . d)	51 55	4 15	+ 1 40	+ 2 56	-2,9	-2,3	-0,3	-0,8
	Nieuwe Maas								
860	Vlaardingen . . . . d)	51 54	4 21	+ 1 41	+ 3 21	-2,9	-2,3	-0,3	-0,8
861	Rotterdam . . . . d),NL	51 55	4 30	+ 1 49	+ 3 29	-2,8	-2,3	-0,3	-0,8
	Lek								
862	Krimpen . . . . d)	51 53	4 38	+ 2 17	+ 4 11	-3,3	-2,7	-0,3	-0,9
864	Schoonhoven	51 57	4 51	+ 4 09	+ 5 44	-3,2	-2,5	0,0	-0,6
	Oude Maas								
869	Spijkenisse . . . . d)	51 52	4 20	+ 1 38	+ 3 00	-3,1	-2,5	-0,3	-0,9
871	Goidschalxoord	51 50	4 27	+ 1 56	+ 3 23	-3,5	-2,9	-0,3	-0,9
874	Dordrecht . . . . e),NL	51 49	4 40	+ 2 17	+ 4 49	-3,9	-3,2	-0,3	-0,9
875	Werkendamm, Außen	51 49	4 53	+ 4 43	+ 6 50	-4,2	-3,4	-0,1	-0,7
876	Vuren	51 49	5 01	+ 5 28	+ 7 40	-4,0	-3,2	+0,2	-0,4
878	Moerdijk	51 42	4 36	+ 5 33	+ 6 10	-4,4	-3,6	-0,3	-0,9
880	Volkerakslzuizen, Rak noord	51 42	4 25	+ 5 48	+ 7 10	-4,4	-3,6	-0,2	-0,9
	Oosterschelde								
897 a	Krammersluizen West . . . . b)	51 39	4 09	+ 1 56	+ 1 11	-1,3	-0,9	-0,2	-0,5
900	Roompot, Außen . . . . NL	51 37	3 40	- 0 05	- 0 08	-1,4	-1,1	-0,2	-0,4
900 a	Roompot, Binnen	51 38	3 42	+ 1 23	+ 0 59	-1,9	-1,5	-0,2	-0,6
904	Keeten, Stavenisse . . . . NL	51 36	4 01	+ 1 42	+ 1 10	-1,4	-1,0	-0,2	-0,5
	Westerschelde								
914	Oostgat, Westkapelle	51 31	3 26	- 0 20	- 0 17	-0,6	-0,6	-0,1	-0,2
915	Kadzand	51 23	3 23	- 0 29	- 0 23	-0,2	-0,2	0,0	0,0
921	Terneuzen . . . . NL	51 20	3 50	+ 0 19	+ 0 26	+0,4	+0,3	0,0	0,0
923	Hansweert . . . . NL	51 27	4 00	+ 0 57	+ 0 52	+0,6	+0,7	0,0	0,0
926	Bath . . . . NL	51 24	4 13	+ 1 20	+ 1 25	+1,1	+1,0	0,0	0,0
	Belgien								
	Westerschelde								
928	Prosperpolder . . . . BE	51 21	4 14	+ 1 30	+ 1 33	+1,3	+1,1	0,0	0,0
931	Antwerpen . . . . BE	51 14	4 24	+ 1 50	+ 2 17	+1,6	+1,5	0,0	+0,1
932	Zeebrugge . . . . BE	51 21	3 12	- 0 25	- 0 33	-0,1	-0,1	-0,1	+0,1
934	Oostende . . . . BE	51 14	2 55	- 0 50	- 0 40	+0,3	+0,3	0,0	+0,2
935	Nieuwpoort . . . . BE	51 09	2 44	- 1 01	- 0 41	+0,6	+0,5	0,0	+0,3
937	West Hinder - Feuerschiff	51 23	2 26	- 1 01	- 1 01	*	*	*	*

*   Keine Angaben
BE   ausführliche Vorausberechnungen in belgischen Gezeitentafeln
NL   ausführliche Vorausberechnungen in niederländischen Gezeitentafeln
b)   doppeltes Hochwasser, die Gezeitenunterschiede des Hochwassers ergeben das 2. HW
c)   doppeltes Niedrigwasser, die Gezeitenunterschiede des Niedrigwassers ergeben das 1. NW
d)   doppeltes Niedrigwasser, die Gezeitenunterschiede des Niedrigwassers ergeben das 2. NW
e)   doppeltes Hoch- und Niedrigwasser, die Gezeitenunterschiede ergeben das 1. HW und das 2. NW

Gezeitenunterschiede 185

Nr.	Ort		Geographische Lage		mittlere Zeitunterschiede		mittlere Höhenunterschiede			
			Breite	Länge	HW	NW	HW		NW	
			° '	° '	h min Tf.5	h min Tf.5	m	m	m	m
							Mittlere Höhen des Bezugsortes			
	Bezugsort:						SpHW	NpHW	SpNW	NpNW
1802	**Brest (Seite 94-96)**		48°23'N	4°30'W			7,1	5,5	1,2	2,7
	UTC + 1 h 00min		N	E						
	Frankreich									
941	Dunkerque	FR	51 03	2 22	- 4 27 **A1**	- 3 53	-1,0	-0,5	-0,5	-1,2
942	Dunkerque, Port Quert		51 01	2 11	- 4 40	- 4 01	-0,6	-0,2	-0,5	-1,1
943	Calais	FR	50 58	1 52	- 4 55	- 4 05	+0,3	+0,6	-0,3	-0,6
	Der Kanal									
947	Boulogne	FR	50 44	1 35	- 5 20	- 4 26 G1	+1,8	+1,7	0,0	-0,1
	Somme - Mündung									
950	Le Tonne AT-SO		50 14	1 28	- 5 33	- 4 49	+3,0	+2,4	+0,1	+0,2
951	Saint Valery - sur - Somme		50 11	1 37	- 5 05	*	+3,2	+2,7	*	*
953	Le Tréport		50 04	1 22	- 5 32	- 4 54	+2,6	+2,1	-0,2	-0,1
954	Dieppe	FR	49 56	1 05	- 5 35	- 5 04 G1	+2,3	+1,9	-0,3	-0,1
956	Fécamp	FR	49 46	0 22	- 5 50	- 5 43 G1	+1,5	+1,5	+0,1	+0,2
							Mittlere Höhen des Bezugsortes			
	Bezugsort:						SpHW	NpHW	SpNW	NpNW
956 a	**Le Havre (Seite 86-88)**		49°29'N	0°07'E			8,0	6,7	1,3	3,0
	Seine Bucht									
959	Port du Havre - Antifer		49 39	0 09	+ 0 20	0 00	+0,1	+0,1	+0,1	0,0
	Seine									
960	Honfleur .... j)	Sp	49 25	0 14	- 1 50 / + 1 15	+ 0 45	+0,1	*	+0,4	*
		Np			- 1 35 / + 1 10	+ 0 25	*	+0,1	*	+0,1
961	Tancarville .... j)	Sp	49 28	0 28	- 1 35 / + 1 35	+ 1 45	+0,1	*	+1,0	*
		Np			- 1 20 / + 1 25	+ 0 30	*	+0,1	*	+0,3
963	Caudebec - en - Caux .... j)	Sp	49 32	0 44	- 0 05 / + 2 25	+ 3 00	-0,1	*	+2,4	*
		Np			- 0 30 / + 2 35	+ 2 20	*	0,0	*	+1,0
964	Duclair .... j)	Sp	49 29	0 53	+ 2 10 / + 3 40	+ 4 10	-0,1	*	+3,2	*
		Np			+ 1 45 / + 3 55	+ 3 50	*	+0,1	*	+1,5
964 a	Petitt-Couronne .... j)	Sp	49 23	1 00	+ 2 50 / + 4 35	+ 5 05	-0,1	*	+3,4	*
		Np			+ 2 25 / + 4 45	+ 4 50	*	+0,1	*	+1,6
965	Rouen .... j)	Sp	49 27	1 04	+ 3 05 / + 4 40	+ 5 15	0,0	*	+3,4	*
		Np			+ 2 40 / + 5 00	+ 5 05	*	+0,3	*	+1,6
966	Trouville - Deauville		49 22	0 05	- 0 35	+ 0 03	+0,4	+0,3	+0,1	+0,3

*   Keine Angaben
FR   ausführliche Vorausberechnungen in französischen Gezeitentafeln
j)   Hochwasserstillstand. Hochwasser-Höhenunterschiede für den höchsten Wasserstand. Hochwasser-Zeitunterschiede für Anfang und Ende des Hochwassers, Höhen etwa 20 cm unter dem höchsten Wasserstand.

Gezeitenunterschiede

Nr.	Ort		Geographische Lage		mittlere Zeitunterschiede		mittlere Höhenunterschiede			
			Breite	Länge	HW	NW	HW		NW	
			° '	° '	h min Tf.5	h min Tf.5	m	m	m	m
							Mittlere Höhen des Bezugsortes			
	Bezugsort:						**SpHW**	**NpHW**	**SpNW**	**NpNW**
956 a	**Le Havre (Seite 86-88)**		49°29'N	0°07'E			8,0	6,7	1,3	3,0
	UTC + 1 h 00min		N	W						
	Seine Bucht									
967	Ouistreham		49 17	0 15	− 0 28	− 0 03	−0,3	−0,3	−0,2	−0,2
968	Courseulles		49 20	0 27	− 0 33	− 0 20	−0,6	−0,5	−0,1	−0,3
969	Port - en - Bessin		49 21	0 45	− 0 43	− 0 33	−0,6	−0,6	−0,1	−0,2
							Mittlere Höhen des Bezugsortes			
	Bezugsort:						**SpHW**	**NpHW**	**SpNW**	**NpNW**
1802	**Brest (Seite 94-96)**		48°23'N	4°30'W			7,1	5,5	1,2	2,7
978	Cherbourg	FR	49 39	1 38	+ 3 54	+ 4 21	−0,6	−0,4	0,0	−0,1
							Mittlere Höhen des Bezugsortes			
	Bezugsort:						**SpHW**	**NpHW**	**SpNW**	**NpNW**
1004	**Saint-Malo (Seite 90-92)**		48°38'N	2°02'W			12,2	9,3	1,5	4,3
	UTC									
	Grossbritannien									
	England									
	Kanalinseln									
982	Alderney, Braye	GB	49 43	2 12	− 0 02	− 0 16 **I3**	−6,0	−4,6	−0,6	−1,7
984	Guernsey, St. Peter Port	GB	49 27	2 32	− 0 33	− 0 54	−2,9	−2,3	−0,1	−0,6
989	Jersey, St. Hélier	GB	49 11	2 07	− 0 39	− 0 51	−1,2	−1,2	−0,1	−0,2
	UTC + 1 h 00min									
	Frankreich									
996	Carteret		49 22	1 47	+ 0 25	+ 0 23	−1,5	−1,2	−0,1	−0,5
1000	Îles Chausey, Grande Île		48 52	1 49	+ 0 05	+ 0 15	+0,8	+0,7	+0,5	+0,6
1010	Baie de St. Brieuc, Le Légué, Tonne		48 34	2 41	− 0 08	− 0 18	−0,7	−0,5	0,0	−0,2
							Mittlere Höhen des Bezugsortes			
	Bezugsort:						**SpHW**	**NpHW**	**SpNW**	**NpNW**
1802	**Brest (Seite 94-96)**		48°23'N	4°30'W			7,1	5,5	1,2	2,7
1015	Paimpol	FR	48 47	2 57	+ 1 58 **G1**	+ 2 05 **G1**	+3,8	+2,9	+0,3	+1,2
1016	Île de Bréhat, Port Clos		48 50	3 00	+ 1 55	+ 2 00	+3,5	+2,7	+0,2	+1,1
	Rivière de Pontrieux									
1018	Lézardrieux		48 47	3 06	+ 1 48	+ 1 45	+3,5	+2,6	+0,2	+1,1
	Rivière de Tréguier									
1020	La Corne		48 51	3 10	+ 1 45	+ 1 37	+2,8	+2,2	+0,3	+0,9
1022	Tréguier		48 47	3 13	+ 1 45	+ 1 42	+2,9	+2,3	+0,2	+0,9
	Rivière de Morlaix									
1028	Château du Taureau		48 41	3 53	+ 1 03	+ 1 07	+1,9	+1,7	+0,2	+0,7
1030	Roscoff	FR	48 43	3 58	+ 1 03	+ 1 07	+1,9	+1,6	+0,2	+0,7
1033	L' Aber Wrac'h		48 36	4 34	+ 0 33	+ 0 39	+0,8	+0,7	−0,1	+0,1
1034	L' Aber Benoit		48 35	4 37	+ 0 25	+ 0 29	+1,0	+0,9	+0,1	+0,4

FR   ausführliche Vorausberechnungen in französischen Gezeitentafeln
GB   ausführliche Vorausberechnungen in britischen Gezeitentafeln

Gezeitenunterschiede | 187

Nr.	Ort		Geographische Lage		mittlere Zeitunterschiede		mittlere Höhenunterschiede			
			Breite	Länge	HW	NW	HW		NW	
			° '	° '	h min Tf.5	h min Tf.5	m	m	m	m
	Bezugsort:						Mittlere Höhen des Bezugsortes			
							SpHW	NpHW	SpNW	NpNW
1054	**Plymouth (Seite 98-100)**		50°22'N	4°11'W			5,5	4,4	0,8	2,2
	UTC		N	W						
	Grossbritannien									
	England									
1043	Lizard Point		49 58	5 12	- 0 53	- 0 30	-0,2	-0,2	-0,2	-0,3
1045	Helford River, Mündung		50 05	5 05	- 0 33	- 0 13	-0,2	-0,2	-0,2	-0,3
1046	Falmouth Bay, Falmouth	GB	50 09	5 03	- 0 29	- 0 09	-0,4	-0,3	-0,3	-0,4
1048 a	Par		50 21	4 42	- 0 13	- 0 08	-0,4	-0,4	-0,2	-0,4
1049	Fowey	GB	50 20	4 38	- 0 13	- 0 08	-0,1	-0,1	-0,2	-0,2
1053	Bovisand Pier		50 20	4 08	- 0 10	- 0 09	-0,1	0,0	+0,2	+0,2
1056	River Tamar, Saltash		50 24	4 12	+ 0 05	- 0 03	+0,1	+0,1	+0,1	+0,1
1063	Salcombe River, Salcombe		50 13	3 47	+ 0 05	0 00	-0,2	-0,3	-0,1	-0,1
1066	River Dart, Dartmouth	GB	50 21	3 35	+ 0 21	- 0 04	-0,5	-0,6	-0,2	-0,2
1068	Tor Bay, Torquay	GB	50 28	3 32	+ 0 33	+ 0 05	-0,5	-0,5	+0,1	0,0
1070	River Exe, Exmouth Dock		50 37	3 25	+ 0 45 **G1**	+ 0 35 **B2**	-1,5	-1,6	-0,5	-0,9
1075	Portland	c),GB	50 34	2 26	+ 0 53	- 0 11	-3,4	-3,0	-0,7	-1,4
	Bezugsort:						Mittlere Höhen des Bezugsortes			
							SpHW	NpHW	SpNW	NpNW
1095	**Portsmouth (Seite 106-108)**		50°48'N	1°07'W			4,7	3,8	0,8	1,9
	Poole Harbour									
1080	Einfahrt	h)	50 41	1 57	*	- 0 32	-2,5	-2,0	-0,2	-0,7
1081	Kai	h),GB	50 43	1 59	*	- 0 14	-2,5	-2,0	-0,2	-0,7
1086	Hurst Point	h)	50 42	1 33	- 0 40 **G6**	- 0 28	-2,0	-1,5	-0,1	-0,5
	Bezugsort:						Mittlere Höhen des Bezugsortes			
							SpHW	NpHW	SpNW	NpNW
1091	**Southampton (Seite 102-104)**		50°53'N	1°24'W			4,5	3,7	0,5	1,8
1092	Southampton Water, Calshot Castle	g)	50 49	1 18	+ 0 13 **M1**	0 00	0,0	0,0	+0,3	+0,2
	Bezugsort:						Mittlere Höhen des Bezugsortes			
							SpHW	NpHW	SpNW	NpNW
1095	**Portsmouth (Seite 106-108)**		50°48'N	1°07'W			4,7	3,8	0,8	1,9
	Isle of Wight									
1102	Ryde	g)	50 44	1 10	- 0 10	- 0 05	-0,1	0,0	0,0	0,0
1103	River Medina, Cowes	g),GB	50 46	1 18	- 0 12	- 0 06	-0,5	-0,3	0,0	-0,1
1104	Nab Tower		50 40	0 57	+ 0 08	+ 0 15	-0,2	0,0	0,0	+0,2
1105	Chichester Harbour, Einfahrt	GB	50 47	0 56	+ 0 02	+ 0 05	+0,2	+0,2	+0,1	0,0
1108	Littlehampton, Einfahrt		50 48	0 33	- 0 10	+ 0 29	+1,2	+0,6	-0,4	-0,2
1110	Shoreham	GB	50 50	0 15	- 0 15	+ 0 37	+1,6	+1,0	-0,2	0,0
			N	E						
1112	Newhaven	GB	50 47	0 04	- 0 24	+ 0 38	+2,1	+1,4	0,0	+0,2

*   Keine Angaben

GB   ausführliche Vorausberechnungen in britischen Gezeitentafeln

c)   doppeltes Niedrigwasser, die Gezeitenunterschiede des Niedrigwassers ergeben das 1. NW

g)   Wegen des komplizierten Tidenverlaufs ergeben sich mit den angegebenen Zeit- und Höhenunterschieden nur ungefähre Vorausberechnungen.

h)   doppeltes HW zur Spring- und Mittzeit, Hochwasserunterschiede ergeben ungefähr das jeweils höhere HW. Vergleiche mittlere Tidenkurven von Southampton S.105 und britische Gezeitentafeln.

Gezeitenunterschiede

Nr.	Ort		Geographische Lage Breite ° '	Länge ° '	mittlere Zeitunterschiede HW h min Tf.5	NW h min Tf.5	mittlere Höhenunterschiede HW m		NW m	
							Mittlere Höhen des Bezugsortes			
	Bezugsort:						SpHW	NpHW	SpNW	NpNW
1121	**Dover (Seite 110-112)**		51°07'N	1°19'E			6,8	5,3	0,8	2,1
	UTC		N	E						
1119	Dungeness		50 55	0 58	- 0 13	- 0 15	+1,0	+0,6	+0,1	+0,4
	Nordsee									
1124	Ramsgate	GB	51 20	1 25	+ 0 29	+ 0 05	-1,6	-1,3	-0,2	-0,7
1128	Margate	GB	51 23	1 23	+ 0 58	- 0 05	-2,0	-1,4	-0,3	-0,7
							Mittlere Höhen des Bezugsortes			
	Bezugsort:						SpHW	NpHW	SpNW	NpNW
1198	**Immingham (Seite 118-120)**		53°38'N	0°11'W			7,3	5,8	0,9	2,6
1131	Shivering Sand Tower		51 30	1 05	+ 6 26	+ 6 22 **I1**	-2,1	-1,7	-0,4	-1,2
	River Medway									
1132	Sheerness	GB	51 27	0 45	+ 6 48	+ 6 39	-1,5	-1,1	-0,3	-1,1
1132 a	Darnett Ness	GB	51 24	0 36	+ 6 51	+ 6 44	-1,3	-1,0	-0,4	-1,1
1133	Chatham, Schleuse		51 24	0 33	+ 6 59	+ 6 54	-1,2	-1,0	-0,5	-1,2
							Mittlere Höhen des Bezugsortes			
	Bezugsort:						SpHW	NpHW	SpNW	NpNW
1140	**London Bridge (Seite 114-116)**		51°30'N	0°05'W			7,1	5,9	0,5	1,3
	River Thames									
1134	Southend-on-Sea		51 31	0 43	- 1 21	- 1 39	-1,2	-1,2	0,0	+0,1
1136	Tilbury	GB	51 27	0 22	- 0 47	- 1 02	-0,7	-0,5	0,0	+0,1
1138	Woolwich, North	GB	51 30	0 05	- 0 19	- 0 30	+0,1	0,0	+0,1	+0,3
			N	W						
1142	Albert Bridge		51 29	0 10	+ 0 23	+ 1 08	-0,9	-0,8	-0,4	-0,7
1144	Richmond Lock		51 28	0 19	+ 1 00	+ 3 15 **E1**	-2,2	-2,7	-0,5	-0,9
							Mittlere Höhen des Bezugsortes			
	Bezugsort:						SpHW	NpHW	SpNW	NpNW
1198	**Immingham (Seite 118-120)**		53°38'N	0°11'W			7,3	5,8	0,9	2,6
			N	E						
	River Crouch									
1146	Holliwell Point		51 38	0 56	+ 6 32	+ 6 35 **M1**	-2,0	-1,5	-0,4	-1,2
1147	Burnham-on-Crouch	GB	51 37	0 48	+ 6 42	+ 6 38 **M1**	-2,1	-1,6	-0,7	-1,6
	River Blackwater									
1149	Bradwell, Wasserseite		51 45	0 54	+ 6 25	+ 6 12 **M3**	-2,1	-1,6	-0,5	-1,3
1152	Sunk Head		51 47	1 30	+ 5 57	+ 5 46	-3,4	-2,7	-0,6	-1,6
1153	River Colne, Brightlingsea		51 48	1 00	+ 6 19	+ 6 11 **M3**	-2,3	-2,0	-0,5	-1,4
1158	River Stour, Harwich	GB	51 57	1 17	+ 6 05	+ 5 39	-3,3	-2,4	-0,5	-1,5
1162	River Orwell, Ipswich		52 03	1 10	+ 6 25	+ 5 44	-3,1	-2,4	-0,6	-1,6
1163	River Deben, Woodbridge Haven .		51 59	1 24	+ 5 53	+ 5 23	-3,6	-2,9	-0,4	-1,6
1169	Orford Ness		52 05	1 35	+ 5 17	+ 4 58	-4,5	-3,1	-0,4	-1,7
1172	Lowestoft	GB	52 28	1 45	+ 3 42	+ 3 28	-4,9	-3,7	-0,4	-1,6
1174	Great Yarmouth, Gorleston-on-Sea .... g),GB		52 34	1 44	+ 3 20	+ 3 05	-4,9	-3,7	-0,4	-1,6
1195 a	Inner Dowsing Light Tower		53 19	0 35	0 00	+ 0 10	-0,9	-0,7	+0,3	-0,1
	River Humber									
1195 b	Spurn Head	GB	53 35	0 07	- 0 25	- 0 29	-0,4	-0,3	+0,3	+0,1
			N	W						
1197	Humber Sea Terminal	GB	53 40	0 14	+ 0 05	+ 0 06	-0,1	-0,1	+0,2	0,0
1199	Hull, King George Dock	GB	53 44	0 16	+ 0 12	+ 0 20	+0,3	+0,2	-0,2	-0,1

GB ausführliche Vorausberechnungen in britischen Gezeitentafeln

g) Wegen des komplizierten Tidenverlaufs ergeben sich mit den angegebenen Zeit- und Höhenunterschieden nur ungefähre Vorausberechnungen.

Gezeitenunterschiede | 189

Nr.	Ort		Geographische Lage		mittlere Zeitunterschiede		mittlere Höhenunterschiede			
			Breite	Länge	HW	NW	HW	NW		
			° '	° '	h min Tf.5	h min Tf.5	m	m	m	m
							Mittlere Höhen des Bezugsortes			
	Bezugsort:						**SpHW**	**NpHW**	**SpNW**	**NpNW**
1198	**Immingham (Seite 118-120)**		53°38'N	0°11'W			**7,3**	**5,8**	**0,9**	**2,6**
	UTC		N	W						
	River Humber									
1200	Humber Brücke		53 43	0 27	+ 0 25	+ 0 44	-0,1	-0,4	-0,6	-0,7
	River Ouse									
1201	Blacktoft		53 42	0 43	+ 0 58	+ 3 10 **B2**	-1,6	-1,8	-1,1	-2,2
1202	Goole	GB	53 42	0 52	+ 1 22	+ 3 15	-1,6	-2,1	-0,6	-1,9
							Mittlere Höhen des Bezugsortes			
	Bezugsort:						**SpHW**	**NpHW**	**SpNW**	**NpNW**
1252	**Aberdeen (Seite 126-128)**		57°09'N	2°04'W			**4,3**	**3,4**	**0,6**	**1,6**
	River Tees									
1208	Tees - Mündung	GB	54 38	1 09	+ 2 22	+ 2 40	+1,2	+0,9	+0,3	+0,4
1209	Middlesbrough		54 35	1 13	+ 2 23	+ 2 38	+1,3	+1,1	+0,2	+0,5
1212	Hartlepool		54 42	1 12	+ 2 18	+ 2 34	+1,1	+0,8	+0,2	+0,2
1214	Sunderland	GB	53 55	1 22	+ 2 01	+ 2 18	+1,0	+0,8	+0,3	+0,4
	River Tyne									
1216	North Shields	GB	55 00	1 26	+ 2 05	+ 2 23	+0,7	+0,5	+0,1	+0,2
1217	Newcastle - upon - Tyne		54 58	1 36	+ 2 08	+ 2 31	+1,0	+0,7	+0,2	+0,3
1219	Blyth	GB	55 07	1 29	+ 1 57	+ 2 13	+0,7	+0,5	+0,2	+0,1
							Mittlere Höhen des Bezugsortes			
	Bezugsort:						**SpHW**	**NpHW**	**SpNW**	**NpNW**
1233	**Leith (Seite 122-124)**		55°59'N	3°11'W			**5,6**	**4,4**	**0,8**	**2,0**
	Schottland									
	Firth of Forth									
1234	Methil		56 11	3 00	- 0 03	- 0 01	-0,1	-0,1	-0,1	-0,1
1235	Burntisland		56 03	3 14	+ 0 09	+ 0 03	+0,1	0,0	+0,2	+0,1
	River Forth									
1236	Rosyth	GB	56 01	3 27	+ 0 08	- 0 05	+0,2	+0,3	0,0	+0,2
1237	Grangemouth	GB	56 02	3 41	+ 0 23	- 0 14 **K3**	+0,2	+0,2	-0,2	0,0
							Mittlere Höhen des Bezugsortes			
	Bezugsort:						**SpHW**	**NpHW**	**SpNW**	**NpNW**
1252	**Aberdeen (Seite 126-128)**		57°09'N	2°04'W			**4,3**	**3,4**	**0,6**	**1,6**
	Tay - Mündung									
1245	Tay - Barre		56 28	2 38	+ 1 00	+ 1 00 **H1**	+0,9	+0,8	+0,1	+0,3
1247	Dundee	GB	56 27	2 58	+ 1 27 **A1**	+ 1 27 **H4**	+1,2	+1,0	+0,4	+0,5
1250	Montrose	GB	56 42	2 27	+ 0 47	+ 0 31	+0,6	+0,4	+0,2	+0,3
1253	Peterhead	GB	57 30	1 46	- 0 30	- 0 34	-0,3	-0,2	+0,1	0,0
1254	Fraserburgh	GB	57 41	2 00	- 1 21	- 1 15	-0,5	-0,4	+0,2	-0,1
	Moray Firth									
1259 a	McDermott Base	GB	57 36	4 00	- 1 29 **A1**	- 1 32	-0,1	-0,1	+0,3	+0,1
1261	Inverness Firth, Inverness		57 30	4 14	- 1 16	- 1 07	+0,3	+0,1	+0,2	+0,1
	Cromarty Firth									
1262	Cromarty		57 42	4 03	- 1 32	- 1 23	0,0	-0,1	+0,1	0,0
1263	Invergordon	GB	57 41	4 10	- 1 29	- 1 20	0,0	-0,1	+0,1	0,0
1269	Wick	GB	58 26	3 05	- 2 11	- 2 15	-0,8	-0,6	+0,1	-0,2
1270	Duncansby Head		58 39	3 02	- 3 26	- 3 25	-1,2	-1,0	*	*
1273	Scrabster	GB	58 37	3 33	- 4 48 **F2**	- 4 39	+0,7	+0,6	+0,4	+0,6

* Keine Angaben

GB ausführliche Vorausberechnungen in britischen Gezeitentafeln

Gezeitenunterschiede

Nr.	Ort		Geographische Lage		mittlere Zeitunterschiede		mittlere Höhenunterschiede			
			Breite	Länge	HW	NW	HW		NW	
			° '	° '	h min Tf.5	h min Tf.5	m	m	m	m
	Bezugsort:						Mittlere Höhen des Bezugsortes			
							SpHW	NpHW	SpNW	NpNW
1252	**Aberdeen (Seite 126-128)**		57°09'N	2°04'W			4,3	3,4	0,6	1,6
	UTC		N	W						
	Nordatlantischer Ozean									
	Orkney Islands									
1292	Kirkwall	GB	58 59	2 58	- 3 02	- 2 58	-1,3	-1,0	0,0	-0,3
1295	Pierowall		59 19	2 59	- 4 01	- 4 00	-0,6	-0,6	0,0	-0,2
1298	Stromness		58 58	3 18	- 4 11 F4	- 4 20	-0,7	-0,7	+0,1	-0,2
	Shetland Islands									
1303	Sumburgh		59 53	1 17	- 2 26	- 2 26	-2,4	-2,0	-0,2	-0,9
1305	Lerwick	GB	60 09	1 08	- 2 33	- 2 27	-2,1	-1,7	-0,1	-0,7
1307 a	Toft Pier		60 28	1 12	- 3 36	- 3 47	-1,9	-1,6	-0,2	-0,8
1308 a	Mid Yell		60 36	1 03	- 2 58	- 2 57	-1,8	-1,5	0,0	-0,5
1309	Balta Sound, Pier		60 45	0 50	- 3 16	- 3 10	-1,8	-1,5	-0,1	-0,6
1311	Bluemull Sound, Culli Voe		60 42	1 00	- 4 08	- 4 22	-1,6	-1,5	-0,1	-0,6
1312	Sullom Voe	GB	60 27	1 18	- 4 00	- 3 49	-2,0	-1,6	-0,2	-0,7
1314	Scalloway		60 08	1 16	- 4 23	- 4 17	-2,6	-2,1	-0,1	-1,0
	Bezugsort:						Mittlere Höhen des Bezugsortes			
							SpHW	NpHW	SpNW	NpNW
1639	**Cobh (Seite 150-152)**		51°51'N	8°18'W			4,1	3,2	0,4	1,3
	Färöer									
	Syderø									
1320	Våg - Fjord, Våg	DK	61 28	6 48	+ 1 26	+ 1 29	-3,2	-2,6	-0,3	-1,0
1322	Trangisvåg	DK	61 33	6 49	+ 1 56	+ 1 36	-2,6	-2,1	-0,2	-0,7
1324	Sandø, Sand	DK	61 50	6 48	+ 1 30	+ 1 21	-2,5	-2,0	-0,2	-0,7
	Strømø									
1329	Kirkebø	DK	61 57	6 48	+ 0 56	+ 2 18	-2,9	-2,3	-0,2	-0,8
1330	Vestmanhavn		62 09	7 10	+ 3 01	+ 2 41	-1,9	-1,5	-0,2	-0,5
1331	Thorshavn	DK	62 00	6 46	+ 1 13	+ 2 24	-3,7	-2,9	-0,4	-1,2
1332	Leirvik	DK	62 13	6 42	+ 4 24	+ 4 21	-2,7	-2,1	-0,2	-0,8
1334	Bordø, Klaksvig	DK	62 15	6 35	+ 4 07	+ 4 30	-2,9	-2,2	-0,1	-0,8
1335	Østerø, Eide	DK	62 18	7 08	+ 3 33	+ 3 28	-2,1	-1,5	0,0	-0,5
	Bezugsort:						Mittlere Höhen des Bezugsortes			
							SpHW	NpHW	SpNW	NpNW
1375	**Ullapool (Seite 130-132)**		57°54'N	5°09'W			5,2	3,9	0,7	2,1
	Schottische See									
	Hebrides									
1348	Sound of Harris, Leverburgh		57 46	7 02	- 0 37 B1	- 0 28	-0,6	-0,4	-0,1	-0,4
1350	Benbecula		57 29	7 23	- 0 46 B4	- 0 46	-1,1	-0,8	-0,2	-0,7
	Barra Island									
1353	Vatersay Sound, Castle Bay		56 57	7 29	- 1 04 B2	- 1 01	-0,9	-0,8	-0,1	-0,5
1356	Loch Boisdale		57 09	7 16	- 0 49 B1	- 0 38 K1	-1,1	-0,9	-0,2	-0,5
1362	East Loch Tarbert		57 54	6 48	- 0 24	- 0 23	-0,2	-0,2	+0,1	-0,1
1365	Stornoway	GB	58 12	6 23	- 0 06	- 0 08	-0,4	-0,2	0,0	-0,2
	Schottland									
1370	Loch Bervie, Kinlochbervie		58 27	5 03	+ 0 19	+ 0 15	-0,4	-0,2	+0,1	-0,1

DK ausführliche Vorausberechnungen in dänischen Gezeitentafeln
GB ausführliche Vorausberechnungen in britischen Gezeitentafeln

Gezeitenunterschiede

Nr.	Ort		Geographische Lage		mittlere Zeitunterschiede		mittlere Höhenunterschiede			
			Breite	Länge	HW	NW	HW		NW	
			° '	° '	h min Tf.5	h min Tf.5	m	m	m	m
							Mittlere Höhen des Bezugsortes			
	Bezugsort:						**SpHW**	**NpHW**	**SpNW**	**NpNW**
1375	**Ullapool (Seite 130-132)**		57°54'N	5°09'W			**5,2**	**3,9**	**0,7**	**2,1**
	UTC		N	W						
1373	Loch Inver		58 09	5 18	- 0 05	- 0 05	-0,2	0,0	+0,1	0,0
1385	Raasay Sound, Portree		57 24	6 11	- 0 25	- 0 25	+0,1	-0,2	0,0	-0,2
1391	Loch Alsh, Kyle of Lochalsh		57 17	5 43	- 0 30 **A1**	- 0 15 **K1**	+0,1	0,0	-0,1	0,0
1393	Kyle Rhea, Glenelg Bay		57 13	5 38	- 0 50 **A2**	- 0 45 **K1**	-0,4	-0,4	-0,1	-0,9
							Mittlere Höhen des Bezugsortes			
	Bezugsort:						**SpHW**	**NpHW**	**SpNW**	**NpNW**
1425	**Oban (Seite 134-136)**		56°25'N	5°29'W			**4,0**	**2,9**	**0,7**	**1,8**
1397	Mallaig		57 00	5 50	+ 0 17	+ 0 27	+1,0	+0,7	+0,1	+0,3
	Sound of Mull									
1411	Tobermory		56 37	6 04	+ 0 18	+ 0 20	+0,5	+0,6	+0,2	+0,1
1414	Craignure		56 28	5 42	+ 0 18 **B1**	+ 0 13	0,0	+0,1	-0,1	-0,1
	Loch Linnhe									
1416	Corran		56 43	5 14	+ 0 07	+ 0 04	+0,4	+0,4	0,0	-0,1
1417	Corpach		56 51	5 07	+ 0 10 **H1**	+ 0 20 **B3**	0,0	0,0	-0,2	-0,2
	Islay									
1433	Port Askaig	g)	55 51	6 06	- 0 50 **H3**	- 0 20	-1,9	-1,4	-0,3	-0,8
1437	Port Ellen	g)	55 38	6 11	- 3 10 **H16**	- 3 08 **B16**	-3,1	-2,1	-0,4	-1,3
							Mittlere Höhen des Bezugsortes			
	Bezugsort:						**SpHW**	**NpHW**	**SpNW**	**NpNW**
1458	**Greenock (Seite 138-140)**		55°57'N	4°46'W			**3,4**	**2,8**	**0,3**	**1,0**
1443	Campbeltown	GB	55 25	5 36	- 0 17 **G1**	- 0 04 **G1**	-0,5	-0,3	+0,2	+0,1
1447	Loch Fyne, East Loch Tarbert		55 52	5 24	- 0 05	- 0 03	+0,2	+0,1	0,0	0,0
	Firth of Clyde									
1451	Rothesay Bay		55 50	5 03	- 0 18	- 0 06	+0,2	+0,2	+0,2	+0,2
1452	Wemyss Bay		55 53	4 53	- 0 05	- 0 05	0,0	0,0	+0,1	+0,1
1456	Gare Loch, Faslane		56 04	4 49	+ 0 03	+ 0 03	+1,0	+0,1	0,0	+0,1
	River Clyde									
1457	Helensburgh		56 00	4 44	0 00	0 00	0,0	0,0	0,0	0,0
1459	Port Glasgow		55 56	4 41	+ 0 08	+ 0 15	+0,2	+0,1	0,0	0,0
1461	Bowling		55 56	4 29	+ 0 15	+ 0 43 **G1**	+0,6	+0,5	+0,1	+0,3
1462	Rothesay Dock		55 54	4 24	+ 0 20	+ 0 48 **G1**	+1,1	+0,9	+0,3	+0,6
1463	Glasgow		55 51	4 16	+ 0 21	+ 0 45 **G2**	+1,4	+1,1	+0,4	+0,8
1464	Millport	GB	55 45	4 56	- 0 10 **A1**	- 0 04 **G1**	0,0	-0,1	+0,1	0,0
1465	Ardrossan		55 38	4 49	- 0 15	- 0 10	-0,2	-0,2	+0,1	+0,1
1467	Troon		55 33	4 41	- 0 25	- 0 20	-0,2	-0,2	0,0	0,0
1468	Ayr		55 28	4 39	- 0 25	- 0 23	-0,4	-0,3	+0,1	+0,1
1469	Loch Ryan, Stranraer	GB	54 55	5 02	- 0 23	- 0 08	-0,2	-0,1	+0,1	0,0
							Mittlere Höhen des Bezugsortes			
	Bezugsort:						**SpHW**	**NpHW**	**SpNW**	**NpNW**
1509	**Liverpool (Seite 142-144)**		53°27'N	3°01'W			**9,4**	**7,5**	**1,1**	**3,2**
	Irische See									
	Insel Man									
1475	Calf Sound		54 04	4 48	+ 0 10	- 0 25	-3,3	-2,7	-0,5	-1,2
1477	Douglas	GB	54 09	4 28	+ 0 20	- 0 03	-2,5	-2,1	-0,3	-0,8

GB   ausführliche Vorausberechnungen in britischen Gezeitentafeln

g)   Wegen des komplizierten Tidenverlaufs ergeben sich mit den angegebenen Zeit- und Höhenunterschieden nur ungefähre Vorausberechnungen.

Gezeitenunterschiede

Nr.	Ort		Geographische Lage		mittlere Zeitunterschiede		mittlere Höhenunterschiede			
			Breite ° '	Länge ° '	HW h min Tf.5	NW h min Tf.5	HW m	NpHW m	SpNW m	NpNW m
							\multicolumn{4}{l	}{Mittlere Höhen des Bezugsortes}
1509	**Bezugsort:** **Liverpool (Seite 142-144)**		53°27'N	3°01'W			**SpHW** 9,4	**NpHW** 7,5	**SpNW** 1,1	**NpNW** 3,2
	UTC		N	W						
1478	Ramsey		54 19	4 21	+ 0 15	- 0 15	-2,0	-1,6	-0,2	-0,9
	England Solway Firth									
1495	Workington		54 39	3 34	+ 0 28	+ 0 09	-1,1	-1,1	-0,1	-0,5
1496	Whitehaven		54 33	3 36	+ 0 15	+ 0 03	-1,4	-1,2	-0,1	-0,8
	Morecambe Bay									
1499	Barrow-in-Furness, Ramsden Dock	GB	54 06	3 13	+ 0 18	+ 0 13	-0,1	-0,4	0,0	-0,2
1501	Heysham Harbour		54 02	2 55	+ 0 13	- 0 01	+0,2	-0,1	+0,1	-0,1
	River Wyre									
1503	Fleetwood		53 56	3 00	- 0 04	- 0 06	0,0	-0,2	+0,1	-0,1
1504	Wyre, Alter Leuchtturm		53 57	3 02	- 0 05	- 0 03	-0,2	-0,2	*	*
1506	River Ribble, Preston	i)	53 45	2 45	+ 0 15	+ 3 18 **C1**	-4,1	-4,2	-1,0	-3,1
	Liverpool Bay									
1508	Formby		53 32	3 07	- 0 08	- 0 25	-0,4	-0,2	-0,1	-0,3
1511	River Mersey, Eastham	GB	53 19	2 57	+ 0 18	+ 0 05	+0,2	0,0	-0,5	-0,4
	Wales									
1519	River Dee, Mostyn Docks	GB	53 19	3 16	- 0 13	- 0 04	-0,5	-0,5	0,0	-0,3
1527	Trwyn Dinmor		53 19	4 03	- 0 24	- 0 41	-1,9	-1,6	-0,2	-0,7
	Menai Strait									
1529	Beaumaris		53 16	4 05	- 0 26 **M1**	- 0 39 **E1**	-1,8	-1,5	-0,3	-0,7
1530	Menai Bridge		53 13	4 10	- 0 24 **M1**	- 0 36 **E1**	-2,1	-1,7	-0,4	-0,9
1532	Port Dinorwic		53 11	4 13	- 1 04	- 1 09 **E2**	-3,8	-3,1	-0,3	-1,2
1533	Caernarvon		53 09	4 16	- 1 14	- 1 19 **E1**	-4,2	-3,5	-0,5	-1,3
1534	Fort Belan		53 07	4 20	- 1 12 **F1**	- 1 39 **L1**	-4,8	-4,0	-0,5	-1,4
1535	Llanddwyn Island		53 08	4 25	- 1 49 **F1**	- 1 49	-4,5	-3,6	-0,4	-1,3
1538	Holyhead	GB	53 19	4 37	- 0 44	- 1 24	-3,8	-3,1	-0,4	-1,2
1557	Cardigan Bay, Fishguard	GB	52 01	4 59	- 3 52	- 4 04 **B1**	-4,6	-4,1	-0,3	-1,2
	Keltische See									
1562	River Cleddau, Milford Haven	GB	51 42	5 03	- 5 04	- 5 33	-2,4	-2,3	-0,4	-0,7
	Bristol Channel									
1563	Neyland	GB	51 42	4 57	- 4 56	- 5 32	-2,4	-2,3	-0,4	-0,7
1579	Swansea	GB	51 37	3 55	- 4 58	- 5 42	+0,1	-0,3	-0,2	-0,1
1581	Port Talbot	GB	51 35	3 49	- 4 58	- 5 42	+0,3	-0,2	0,0	+0,3
							\multicolumn{4}{l	}{Mittlere Höhen des Bezugsortes}
1597 a	**Bezugsort:** **Avonmouth (Seite 146-148)**		51°30'N	2°44'W			**SpHW** 13,2	**NpHW** 9,8	**SpNW** 1,0	**NpNW** 3,8
1584	Barry		51 23	3 16	- 0 25	- 1 08 **I3**	-1,5	-1,1	+0,2	0,0
1586	Cardiff	GB	51 27	3 10	- 0 11	- 0 34 **I2**	-0,9	-0,7	+0,2	+0,2
1588	Newport	GB	51 33	2 59	- 0 05	- 0 16 **D1**	-0,9	-0,9	-0,2	-0,2

*   Keine Angaben

GB   ausführliche Vorausberechnungen in britischen Gezeitentafeln

i)   Die Niedrigwasserzeitunterschiede geben das Ende des Niedrigwasserstandes an.

Gezeitenunterschiede | 193

Nr.	Ort		Geographische Lage		mittlere Zeitunterschiede		mittlere Höhenunterschiede			
			Breite	Länge	HW	NW	HW		NW	
			° '	° '	h min Tf.5	h min Tf.5	m	m	m	m
							\multicolumn{4}{l}{Mittlere Höhen des Bezugsortes}
	Bezugsort:						SpHW	NpHW	SpNW	NpNW
1597 a	**Avonmouth (Seite 146-148)**		51°30'N	2°44'W			13,2	9,8	1,0	3,8
	UTC		N	W						
	England									
	River Severn									
1591	Beachley		51 36	2 38	+ 0 13	+ 0 33	-0,2	-0,2	-0,3	-0,5
1593	Sharpness Dock	GB	51 43	2 29	+ 0 43	+ 2 55 **A1**	-3,9	-4,2	-0,5	-3,2
1596	English and Welsh Grounds		51 28	2 59	- 0 08	- 0 30	-0,5	-0,8	0,0	-0,3
	River Avon									
1597	Bristol, Cumberland Basin		51 27	2 37	+ 0 11	*	-2,9	-3,0	*	*
1610	River Taw, Yelland Marsh		51 04	4 10	- 1 08	- 0 47 **H6**	-6,0	-5,0	-0,9	-2,5
	Keltische See									
1618	River Camel, Padstow		50 33	4 56	- 1 48	- 1 55	-5,9	-4,2	-0,2	-1,2
							\multicolumn{4}{l}{Mittlere Höhen des Bezugsortes}
	Bezugsort:						SpHW	NpHW	SpNW	NpNW
1639	**Cobh (Seite 150-152)**		51°51'N	8°18'W			4,1	3,2	0,4	1,3
	Irland									
1631	Skull		51 31	9 32	- 0 28 **M1**	- 0 43 **F4**	-0,9	-0,6	0,0	-0,2
1634	Castle Townsend		51 32	9 10	- 0 25	- 0 35 **F2**	-0,4	-0,2	+0,3	+0,1
1637	Kinsale		51 42	8 31	- 0 12	- 0 16	-0,2	0,0	+0,2	+0,1
	Cork Harbour									
1637 a	Ringaskiddy		51 50	8 19	+ 0 13	+ 0 10	+0,1	+0,1	+0,1	+0,1
1638	Marino Point		51 53	8 20	+ 0 05	+ 0 05	+0,1	+0,1	0,0	0,0
1640	Cork City		51 54	8 27	+ 0 08	+ 0 15	+0,4	+0,4	+0,2	+0,3
	Waterford Harbour									
1644	Dunmore East		52 09	6 59	+ 0 06	0 00	+0,1	0,0	+0,2	+0,1
1645	Kilmokea Point	GB	52 17	7 00	+ 0 23	+ 0 20	+0,2	+0,1	+0,1	+0,1
1646	Waterford		52 16	7 06	+ 0 43 **F1**	+ 0 38 **M3**	+0,6	+0,6	+0,2	+0,4
	Irische See									
1651	Carnsore Point		52 10	6 22	+ 0 21	- 0 18 **M2**	-1,1	-1,0	*	*
1652	Rosslare Europort	GB	52 15	6 20	+ 0 37	- 0 16 **F1**	-1,8	-1,4	+0,3	-0,2
1654	Wexford Harbour		52 20	6 27	+ 1 12	+ 0 54 **M1**	-2,2	-1,8	+0,1	-0,4
1660	Arklow	GB	52 48	6 08	+ 3 45 **C6**	+ 4 04	-2,7	-2,0	+0,2	-0,4
1663	Wicklow		52 59	6 02	+ 6 11	+ 5 18	-1,4	-0,9	+0,3	-0,2
1666	Dun Laoghaire	GB	53 18	6 08	+ 6 32	+ 5 42	0,0	+0,3	+0,3	+0,2
1667	Dublin Bar		53 21	6 09	+ 6 26	+ 5 40	0,0	+0,2	+0,4	+0,2
1668	Dublin, North Wall	GB	53 21	6 13	+ 6 30	+ 5 43	0,0	+0,2	+0,3	+0,2
1669	Howth		53 23	6 04	+ 6 24	+ 5 46	0,0	+0,1	+0,1	0,0
1670	Malahide		53 27	6 09	+ 6 33	+ 5 52	+0,1	0,0	+0,1	-0,2
1675	Boyne River, Einfahrt		53 43	6 14	+ 6 18	+ 5 45	+0,9	+0,8	+0,4	+0,4
	Grossbritannien									
	Nordirland									
	Carlingford Lough									
1682	Cranfield Point		54 01	6 04	+ 6 11 **C1**	+ 5 40	+0,7	+1,1	+0,5	+0,5
1683	Warren Point	GB	54 06	6 15	+ 6 10	+ 6 11	+1,0	+0,9	+0,3	+0,4

*   Keine Angaben

GB   ausführliche Vorausberechnungen in britischen Gezeitentafeln

Gezeitenunterschiede

Nr.	Ort		Geographische Lage		mittlere Zeitunterschiede		mittlere Höhenunterschiede			
			Breite	Länge	HW	NW	HW		NW	
			° '	° '	h min Tf.5	h min Tf.5	m	m	m	m
							Mittlere Höhen des Bezugsortes			
	Bezugsort:						SpHW	NpHW	SpNW	NpNW
1639	**Cobh (Seite 150-152)**		**51°51'N**	**8°18'W**			**4,1**	**3,2**	**0,4**	**1,3**
	UTC		N	W						
	Strangford Lough									
1687	Killard Point		54 19	5 31	+ 6 08	+ 5 41 **M1**	+0,4	+0,6	+0,1	-0,1
1688	Strangford		54 22	5 33	+ 7 44	+ 7 24 **M1**	-0,5	-0,1	0,0	-0,4
	Schottische See									
1692	Belfast	GB	54 36	5 55	+ 5 52	+ 5 26	-0,6	-0,2	0,0	-0,2
1694	Lough Larne, Larne	GB	54 51	5 48	+ 5 54	+ 5 29	-1,3	-0,7	0,0	-0,5
	Lough Foyle									
1704	Warren, Leuchtturm		55 13	6 57	+ 1 32 **E1**	+ 0 48 **K3**	-1,8	-1,3	*	*
1705 a	River Foyle, Lisahally	GB	55 03	7 16	+ 2 37	+ 2 24	-1,5	-1,3	0,0	-0,4
1706	Londonderry		55 00	7 19	+ 3 11	+ 2 56	-1,4	-1,1	+0,2	-0,1
	Irland									
1715	Lough Swilly, Fanad Head		55 17	7 38	+ 0 51 **C2**	+ 0 39	-0,1	-0,2	+0,1	+0,2
	Mulroy Bay									
1716	Mulroy - Barre		55 15	7 46	+ 0 53 **C1**	+ 0 26 **H1**	-0,2	-0,3	*	*
1719	Cranford Bay		55 09	7 42	+ 3 14 **C1**	+ 3 15 **H1**	-2,7	-2,1	*	*
1720	Sheephaven, Downies Bay		55 11	7 50	+ 0 43	+ 0 16	-0,1	-0,2	*	*
1722	Inishbofin Bay		55 10	8 10	+ 0 26	- 0 05	-0,2	-0,2	*	*
	Nordatlantischer Ozean									
1725	Burtonport		54 59	8 26	+ 0 42	+ 0 21 **M1**	-0,2	-0,3	+0,1	+0,1
	Donegal Bay									
1728	Killybegs	GB	54 38	8 26	+ 0 36	+ 0 02 **M1**	0,0	-0,2	+0,2	+0,2
1729	Donegal Harbour		54 38	8 12	+ 0 37	+ 0 14	-0,2	-0,2	*	*
1731	Sligo Bay, Sligo Harbour		54 18	8 34	+ 0 42	+ 0 04	0,0	-0,2	+0,1	+0,2
1737	Blacksod Bay, Inishbiggle		54 00	9 53	+ 0 51	+ 0 34	-0,3	-0,2	+0,2	+0,2
1752	Galway	GB	53 16	9 03	- 0 07	- 0 44	+1,0	+0,7	+0,4	+0,7
	Shannon									
1757	Carrigaholt		52 36	9 42	- 0 11	- 0 35	+0,8	+0,5	+0,3	+0,6
1758	Kilrush		52 38	9 30	+ 0 14	- 0 10	+0,9	+0,5	+0,1	+0,4
1759	Tarbert Island	GB	52 35	9 21	+ 0 24	- 0 05	+0,9	+0,6	+0,1	+0,4
1760	Foynes Island	GB	52 37	9 07	+ 0 51	+ 0 14	+1,1	+0,8	-0,1	+0,5
1766	Limerick Dock		52 40	8 38	+ 1 32	+ 1 20 **G6**	+2,0	+1,4	0,0	-0,1
1767	Tralee Bay, Fenit Pier		52 16	9 52	- 0 37 **M3**	- 0 49 **F3**	+0,5	+0,2	+0,1	+0,3
	Dingle Bay									
1771	Castlemaine Harbour, Cromane Point		52 08	9 54	- 0 16 **M1**	- 0 27 **F1**	+0,4	+0,2	+0,2	+0,4
1772	Valentia Harbour, Knights Town		51 56	10 18	- 0 58 **M3**	- 1 16 **F3**	-0,6	-0,4	0,0	-0,1
1781	Bantry Bay, Bantry	GB	51 41	9 28	- 0 37 **M1**	- 0 54 **F1**	-0,7	-0,6	+0,1	-0,2

*   Keine Angaben

GB   ausführliche Vorausberechnungen in britischen Gezeitentafeln

Gezeitenunterschiede

Nr.	Ort		Geographische Lage		mittlere Zeitunterschiede		mittlere Höhenunterschiede			
			Breite	Länge	HW	NW	HW		NW	
			° '	° '	h min Tf.5	h min Tf.5	m	m	m	m
							\multicolumn{4}{l}{Mittlere Höhen des Bezugsortes}			
	Bezugsort:						**SpHW**	**NpHW**	**SpNW**	**NpNW**
1802	**Brest (Seite 94-96)**		48°23'N	4°30'W			7,1	5,5	1,2	2,7
	UTC + 1 h 00min		N	W						
	Keltische See									
	Frankreich									
1801	Le Conquet		48 22	4 47	0 00	+ 0 05	-0,2	-0,1	0,0	-0,1
	L' Iroise									
1803 a	Morgat		48 13	4 30	- 0 08	- 0 15	-0,4	-0,3	-0,1	-0,1
1804	Douarnenez		48 06	4 19	- 0 10	- 0 15	-0,4	-0,4	-0,1	-0,2
1806	Audierne		48 01	4 33	- 0 30	- 0 32	-1,7	-1,3	-0,2	-0,6
	Golf von Biskaya									
1808	Le Guilvinec		47 48	4 17	- 0 14	- 0 19	-1,8	-1,4	-0,1	-0,6
1810	Anse de Bénodet, Bénodet		47 53	4 07	- 0 14	- 0 24	-1,7	-1,3	-0,1	-0,6
1813	Concarneau	FR	47 52	3 54	- 0 17	- 0 24	-1,9	-1,5	-0,2	-0,7
1815	Ile de Groix, Port Tudy	FR	47 39	3 27	- 0 18	- 0 25	-1,8	-1,3	-0,2	-0,6
1817	Lorient, Arsenal		47 45	3 21	- 0 13	- 0 20	-1,8	-1,3	-0,3	-0,6
1818	Le Blavet, Hennebont		47 48	3 17	- 0 05	0 00	-1,9	-1,4	-0,3	-0,8
	Quiberon									
1819 a	Port Maria		47 29	3 08	- 0 13	- 0 25	-1,7	-1,2	-0,2	-0,6
1820	Port - Haliguen		47 29	3 06	- 0 12	- 0 12	-1,7	-1,2	-0,4	-0,7
1821	Belle - Île, Le Palais		47 21	3 09	- 0 19	- 0 20	-1,8	-1,3	-0,3	-0,7
	Baie de Quiberon									
1823	Port - Navalo	FR	47 33	2 55	+ 0 06 **A1**	- 0 07	-2,0	-1,5	-0,4	-0,8
1823 a	Port du Crouesty		47 32	2 54	- 0 12	- 0 12	-1,6	-1,2	-0,3	-0,6
1825	Golfe du Morbihan, Arradon		47 37	2 50	+ 1 39	+ 1 36	-4,1	-3,2	-0,9	-2,1
							\multicolumn{4}{l}{Mittlere Höhen des Bezugsortes}			
	Bezugsort:						**SpHW**	**NpHW**	**SpNW**	**NpNW**
1861 a	**Pointe de Grave (Seite 154-156)**		45°34'N	1°04'W			5,3	4,4	1,1	2,1
	Loire - Mündung									
1836	Saint - Nazaire	FR	47 16	2 12	- 0 37 **A1**	+ 0 03	+0,6	+0,3	-0,2	+0,2
1837	Donges		47 18	2 05	- 0 34	+ 0 16	+0,7	+0,4	-0,4	+0,1
1838	Cordemais		47 17	1 54	- 0 12	+ 0 58	+0,9	+0,6	-0,4	-0,1
1840	Nantes, Chantenay		47 12	1 35	+ 0 38	+ 2 01	+1,1	+0,8	-0,1	-0,2
1847	Île d' Yeu, Port-Joinville		46 44	2 21	- 0 34	- 0 16	-0,2	-0,2	-0,3	0,0
1849	Les Sables - d' Olonne	FR	46 30	1 48	- 0 29 **A1**	- 0 19	-0,1	-0,1	-0,3	0,0
1851	La Rochelle - Pallice	FR	46 10	1 13	- 0 23 **A2**	- 0 13	+0,8	+0,6	-0,1	+0,4
1853	Île d' Aix		46 01	1 10	- 0 28	- 0 18	+0,8	+0,6	-0,1	+0,4
1857	La Charente, Rochefort		45 57	0 58	- 0 05	+ 1 07	+1,2	+1,0	-0,2	+0,2
1858	Coureau d' Oléron, Pointe de Gatseau		45 48	1 14	+ 0 10	- 0 18	+0,1	+0,1	+0,1	+0,3
	Gironde									
1865	Le Verdon-sur-Mer		45 33	1 02	0 00	0 00	+0,1	+0,1	0,0	0,0
1866	Pauillac		45 12	0 45	+ 0 59	+ 2 01	+0,3	+0,1	-0,5	-0,9
1867	La Reuille		45 03	0 36	+ 1 39	+ 2 59	0,0	-0,2	-0,7	-1,2
	Garonne									
1869	Le Marquis		45 00	0 33	+ 1 47	+ 3 14	-0,1	-0,3	-0,9	-1,4
1871	Bordeaux	FR	44 52	0 33	+ 2 12 **G2**	+ 3 59 **A3**	+0,1	-0,1	-1,0	-1,6
1874	Dordogne, Libourne		44 55	0 15	+ 2 57	+ 5 44	-0,6	-0,8	-0,4	-1,9
1876	Arcachon	FR	44 40	1 10	+ 0 15	+ 0 23	-0,9	-0,9	-0,6	-0,7
1878	Boucau-Bayonne	FR	43 31	1 31	- 0 35	- 0 27 **G2**	-1,0	-1,0	-0,3	-0,3
1880	Saint Jean de Luz	FR	43 23	1 40	- 0 43	- 0 30 **G1**	-0,9	-0,9	-0,4	-0,4

FR ausführliche Vorausberechnungen in französischen Gezeitentafeln

Gezeitenunterschiede

Nr.	Ort		Geographische Lage		mittlere Zeitunterschiede		mittlere Höhenunterschiede			
			Breite	Länge	HW	NW	HW		NW	
			° '	° '	h min Tf.5	h min Tf.5	m	m	m	m
							Mittlere Höhen des Bezugsortes			
	Bezugsort:						**SpHW**	**NpHW**	**SpNW**	**NpNW**
1905	**Bilbao, Santurtzi (Seite 158-160)**		43°21'N	3°03'W			4,3	3,3	0,6	1,6
	UTC + 1 h 00min		N	W						
	Spanien									
1887	Pasajes	ES	43 20	1 56	+ 0 06	+ 0 06	0,0	0,0	0,0	0,0
1909	Santander	ES	43 28	3 47	0 00	+ 0 01	0,0	0,0	0,0	0,0
1920	Gijón	ES	43 34	5 42	- 0 03	- 0 02	-0,1	-0,1	0,0	0,0
1922	Avilés	ES	43 36	5 56	- 0 02	0 00	-0,4	-0,3	0,0	-0,1
1932	Puerto de Alúmina Española	ES	43 43	7 28	- 0 06	- 0 05	-0,4	-0,3	-0,1	-0,1
1934	Ria de Vivero, Cillero	ES	43 41	7 36	- 0 10	- 0 08	-0,5	-0,4	-0,1	-0,2
	Nordatlantischer Ozean									
1942	Ferrol	ES	43 29	8 15	- 0 11	- 0 09	-0,3	-0,3	-0,1	-0,1
1945	La Coruña	ES	43 21	8 23	- 0 14	- 0 12	-0,4	-0,3	-0,1	-0,2
							Mittlere Höhen des Bezugsortes			
	Bezugsort:						**SpHW**	**NpHW**	**SpNW**	**NpNW**
1978	**Lissabon (Seite 162-164)**		38°43'N	9°08'W			3,8	2,9	0,4	1,3
1955	Vilagarcía	ES	42 36	8 46	+ 0 44	+ 1 02	-0,1	0,0	+0,1	+0,1
1959	Ria de Pontevedra, Marín	ES	42 25	8 41	+ 0 42	+ 1 00	-0,2	-0,1	+0,1	0,0
1960	Ria de Vigo, Vigo	ES	42 14	8 44	+ 0 41	+ 0 59	-0,2	-0,1	+0,1	0,0
	UTC									
	Portugal									
1963	Viana do Castelo	PT	41 41	8 50	- 0 24	- 0 03	-0,2	-0,2	+0,1	0,0
1964	Esposende		41 32	8 47	- 0 18	+ 0 32 K2	-0,3	-0,2	+0,6	+0,3
1965	Povoa de Varzim		41 22	8 46	- 0 22	- 0 02	-0,2	-0,2	+0,1	0,0
1966	Vila do Conde		41 20	8 45	- 0 25	0 00	-0,4	-0,3	+0,1	0,0
1967	Porto de Leixoes	PT	41 11	8 42	- 0 22	- 0 03	-0,2	-0,2	+0,1	0,0
	Rio Douro									
1968	Barre		41 09	8 40	- 0 25	+ 0 06 K2	-0,3	-0,2	+0,2	0,0
1969	Ponte D. Luis		41 08	8 37	- 0 06	+ 0 34	-0,1	-0,1	+0,4	+0,2
1970	Porto de Aveiro	PT	40 39	8 45	- 0 05	- 0 03	-0,4	-0,2	+0,2	+0,1
1971	Torreira		40 46	8 42	+ 1 27	+ 2 46 K2	-0,6	-0,2	+1,3	+0,5
1973	Figueira da Foz	PT	40 09	8 51	- 0 23	- 0 08	-0,3	-0,2	+0,1	0,0
1974	Nazaré		39 35	9 04	- 0 40	- 0 19	-0,2	-0,1	+0,2	+0,1
1975	S. Marthinho do Porto		39 31	9 08	- 0 15	0 00	-0,1	-0,1	+0,1	+0,1
1976	Peniche	PT	39 21	9 22	- 0 35	- 0 16	-0,3	-0,2	+0,1	0,0
1977	Cascais	PT	38 42	9 25	- 0 46	- 0 28 K1	-0,2	-0,1	+0,2	+0,2
1980	Porto de Setúbal	PT	38 30	8 54	- 0 23	- 0 05	-0,3	-0,2	+0,1	0,0
1981	Porto de Sines	PT	37 57	8 53	- 0 48	- 0 30	-0,3	-0,2	+0,2	+0,1
1983	Vila Nova de Milfontes		37 43	8 47	- 0 35	*	-0,1	0,0	+0,3	+0,2
1984	Enseada da Arrifana		37 17	8 52	- 0 25	*	-0,1	+0,1	+0,3	+0,1
1986	Lagos, Hafen	PT	37 06	8 40	- 0 56	- 0 40	-0,3	-0,2	+0,1	+0,1
1988	Portimão		37 08	8 32	- 0 56	- 0 40	-0,3	-0,2	+0,1	+0,1
1990	Enseada de Albufeira		37 05	8 15	- 0 31	- 0 15	0,0	0,0	+0,2	+0,2
1991	Cabo de Santa Maria	PT	36 59	7 52	- 0 42	- 0 36	-0,3	-0,2	+0,1	+0,1
1992	Faro		37 00	7 55	- 0 19	- 0 31	-0,3	-0,2	+0,1	0,0

*   Keine Angaben
ES   ausführliche Vorausberechnungen in spanischen Gezeitentafeln
PT   ausführliche Vorausberechnungen in portugiesischen Gezeitentafeln

Gezeitenunterschiede 197

Nr.	Ort		Geographische Lage		mittlere Zeitunterschiede		mittlere Höhenunterschiede			
			Breite	Länge	HW	NW	HW		NW	
			° '	° '	h min Tf.5	h min Tf.5	m	m	m	m
							Mittlere Höhen des Bezugsortes			
	Bezugsort:						**SpHW**	**NpHW**	**SpNW**	**NpNW**
1978	**Lissabon (Seite 162-164)**		38°43'N	9°08'W			**3,8**	**2,9**	**0,4**	**1,3**
	UTC									
			N	W						
	Rio Guadiana									
1994	Vila Real de Santo António	PT	37 11	7 25	- 0 44	- 0 20	-0,3	-0,2	+0,2	+0,1
	UTC + 1 h 00min									
	Spanien									
1995	Ayamonte	ES	37 13	7 24	+ 0 17	+ 0 38	-0,6	-0,5	0,0	-0,2
1999	Huelva, Mazagón	ES	37 08	6 50	+ 0 03	+ 0 13	-0,3	-0,2	+0,1	0,0
	Río Guadalquivir									
2001	Barre (Chipiona)	ES	36 45	6 26	0 00	+ 0 13	-0,5	-0,3	+0,1	0,0
2003	Bonanza	ES	36 48	6 20	+ 0 11	+ 0 52	-0,9	-0,8	-0,1	-0,4
2008	Sevilla	ES	37 20	6 00	+ 3 55	+ 4 44	-1,5	-1,0	-0,1	-0,8
2009	Rota	ES	36 37	6 20	- 0 03	+ 0 11	-0,4	-0,3	+0,1	0,0
2010	Santa María	ES	36 36	6 14	- 0 05	+ 0 08	-0,4	-0,3	+0,1	0,0
2011	Cádiz	ES	36 32	6 17	+ 0 12	+ 0 30	-0,4	-0,3	+0,1	0,0
2012	La Carraca	ES	36 30	6 11	+ 0 02	+ 0 09	-0,2	-0,2	+0,1	+0,1
2015	Barbate	ES	36 11	5 56	- 0 15	- 0 04	-1,4	-1,1	-0,1	-0,4
							Mittlere Höhen des Bezugsortes			
	Bezugsort:						**SpHW**	**NpHW**	**SpNW**	**NpNW**
2023	**Gibraltar (Seite 166-168)**		36°08'N	5°21'W			**1,0**	**0,7**	**0,1**	**0,3**
	Mittelmeer									
2021	Tarifa	ES	36 00	5 36	- 0 26	- 0 33	+0,5	+0,4	+0,2	+0,3
2022	Algeciras	ES	36 11	5 24	- 0 07	- 0 05	+0,1	+0,1	+0,1	+0,1
2025	Malaga		36 43	4 25	+ 0 05	- 0 05	-0,3	-0,1	+0,1	0,0
	UTC									
	Marokko									
2196	Ceuta	ES	35 54	5 19	- 1 02	- 1 13	+0,1	+0,1	+0,1	+0,1
2197	Tanger	ES	35 47	5 48	- 0 40	- 0 23	+0,9	+0,9	+0,1	+0,2
	UTC - 1h 00min									
	Nordatlantischer Ozean									
	Inseln im Nordatlantischen Ozean									
	Azoren									
2202	Flores, Santa Cruz	PT	39 27	31 07	- 1 53	- 1 25	+0,6	+0,5	+0,4	+0,4
2203	Terceira, Praia da Vitória		38 44	27 03	- 1 33	- 1 05	+0,8	+0,7	+0,3	+0,5
2204	Terceira, Angra do Heroísmo	PT	38 39	27 13	- 1 44	- 1 16	+0,7	+0,6	+0,3	+0,4
2206	São Jorge, Baia das Velas		38 41	28 12	- 1 49	- 1 21	+0,8	+0,6	+0,3	+0,5
2207	Faial, Horta	PT	38 32	28 37	- 1 56	- 1 28	+0,6	+0,5	+0,3	+0,4
2207 a	Pico, Madalena		38 32	28 32	- 1 58	- 1 25	+0,7	+0,6	+0,3	+0,4
2208	São Miguel, Ponta Delgada	PT	37 44	25 40	- 1 48	- 1 21	+0,7	+0,6	+0,2	+0,3
2209	Santa María, Baia da Vila do Porto	PT	36 57	25 09	- 1 46	- 1 20	+0,8	+0,6	+0,2	+0,3

ES ausführliche Vorausberechnungen in spanischen Gezeitentafeln
PT ausführliche Vorausberechnungen in portugiesischen Gezeitentafeln

Gezeitenunterschiede

Nr.	Ort		Geographische Lage		mittlere Zeitunterschiede		mittlere Höhenunterschiede			
			Breite	Länge	HW	NW	HW		NW	
			° '	° '	h min Tf.5	h min Tf.5	m	m	m	m
							Mittlere Höhen des Bezugsortes			
	Bezugsort:						SpHW	NpHW	SpNW	NpNW
1978	**Lissabon (Seite 162-164)**		38°42'N	9°08'W			**3,8**	**2,9**	**0,6**	**1,5**
	UTC		N	W						
	Madeira									
2213	Porto do Funchal	PT	32 39	16 55	- 1 24	- 1 07	-1,3	-1,1	-0,2	-0,5
	Ilha de Porto Santo									
2215	Baia de Porto Santo		33 03	16 19	- 1 20	- 0 59	-1,2	-1,0	-0,2	-0,5
	Kanarische Inseln									
2218	Las Palmas, Santa Cruz de la Palma	ES	28 41	17 46	- 1 56	- 1 39	-1,6	-1,3	-0,3	-0,6
	Teneriffa									
2221	Santa Cruz de Tenerife	ES	28 29	16 15	- 1 58	- 1 43	-1,4	-1,1	-0,3	-0,6
2221 a	Los Cristianos	ES	28 03	16 43	- 2 21	- 2 04	-1,7	-1,5	-0,3	-0,7
2222	Gran Canaria, Puerto de la Luz	ES	28 09	15 25	- 1 59	- 1 44	-1,3	-1,0	-0,3	-0,5
2223	Fuerteventura, Puerto Rosario	ES	28 30	13 52	- 1 51	- 1 37	-1,1	-0,9	-0,2	-0,4
2224	Lanzarote, Puerto de Arrecife	ES	28 58	13 32	- 1 46	- 1 32	-1,0	-0,8	-0,2	-0,4

ES ausführliche Vorausberechnungen in spanischen Gezeitentafeln
PT ausführliche Vorausberechnungen in portugiesischen Gezeitentafeln

Teil III: Mittlere Hoch- und Niedrigwasserwerte der deutschen Orte

Seite

Nordfriesische Inseln und Küste 200

Elbegebiet 201

Wesergebiet 202

Jadegebiet 202

Ostfriesische Inseln und Küste 203

Emsgebiet. 203

Mittleres Hoch- und Niedrigwasser

Nr.	Ort	Breite Nord ° '	Länge Ost ° '	MHW ü. NHN m	MHW ü. SKN m	MTH m	MNW ü. NHN m	MNW ü. SKN m
	Nordfriesische Inseln und Küste							
509 A	**Helgoland, Binnenhafen**	**54 11**	**7 53**	**1,17**	**2,97**	**2,41**	**-1,24**	**0,56**
	Sylt							
617	List, Hafen	55 01	8 26	0,86	2,31	1,81	-0,95	0,50
618	Munkmarsch	54 55	8 22	0,91	2,42	*	*	*
620	Westerland	54 55	8 16	0,86	2,36	1,86	-1,00	0,50
624 A	Hörnum, West	54 45	8 16	0,99	2,58	2,05	-1,06	0,53
	Vortrapptief							
622	Amrum Odde, Amrum	54 42	8 20	1,02	2,59	2,14	-1,12	0,45
624	Hörnum, Sylt, Hafen	54 45	8 18	1,01	2,58	2,07	-1,06	0,51
	Hörnumtief							
623 A	Rantumdamm, Sylt	54 52	8 19	1,15	2,60	2,16	-1,01	0,44
628 A	Osterley	54 52	8 34	1,34	3,09	2,57	-1,23	0,52
629 B	Föhrer Ley, Nord	54 48	8 34	1,23	3,03	2,44	-1,21	0,59
	Norderaue							
631	Wittdün, Amrum, Hafen	54 38	8 23	1,23	3,23	2,68	-1,45	0,55
632	Wyk, Föhr	54 42	8 35	1,32	3,47	2,89	-1,57	0,58
635	Dagebüll	54 44	8 41	1,41	3,68	3,05	-1,64	0,63
	Süderaue							
636 F	Hooge, Anleger	54 35	8 33	1,37	3,50	2,85	-1,48	0,65
637	Gröde, Anleger	54 38	8 44	1,61	3,81	*	*	*
638	Schlüttsiel	54 41	8 45	1,61	3,86	3,28	-1,67	0,58
642 E	Pellworm, Hoogerfähre	54 32	8 36	1,44	3,57	2,74	-1,30	0,83
642 C	Rummelloch, West	54 29	8 32	1,37	3,42	2,79	-1,42	0,63
	Norderhever							
645	Süderoogsand	54 25	8 30	1,41	3,56	2,87	-1,46	0,69
647 A	Pellworm, Anleger	54 30	8 42	1,52	3,89	3,26	-1,74	0,63
649	Strucklahnungshörn, Nordstrand, AP	54 30	8 48	1,55	4,05	3,35	-1,80	0,70
649 B	Holmer Siel	54 32	8 52	1,58	4,05	3,43	-1,85	0,62
637 A	Strand, Hamburger Hallig	54 37	8 47	1,54	4,00	3,36	-1,82	0,64
	Heverstrom							
653	Südfall, Fahrwasserkante	54 27	8 45	1,56	3,93	3,26	-1,70	0,67
510	**Husum**	**54 28**	**9 01**	**1,72**	**4,18**	**3,53**	**-1,81**	**0,65**
	Eider							
664	Eider-Sperrwerk, Außenpegel	54 16	8 51	1,59	3,59	3,07	-1,48	0,52
666	Blauort, Norderpiep	54 10	8 40	1,58	3,73	3,01	-1,43	0,72
505	**Büsum**	**54 07**	**8 52**	**1,63**	**3,83**	**3,20**	**-1,57**	**0,63**
	Meldorfer Bucht							
667 B	Meldorf, Sperrwerk, Außenpegel	54 06	8 57	1,63	3,83	3,28	-1,65	0,55

* Werte unbekannt

Mittleres Hoch- und Niedrigwasser

Nr.	Ort	Breite Nord ° '	Länge Ost ° '	**MHW** ü. NHN m	**MHW** ü. SKN m	**MTH** m	**MNW** ü. NHN m	**MNW** ü. SKN m
	Norderelbe							
673	Trischen, West	54 04	8 38	1,50	3,60	3,04	-1,54	0,56
675	Friedrichskoog, Hafen, Außenpegel	54 00	8 53	1,53	3,57	1,39	0,14	2,18
	Elbegebiet							
677 C	Scharhörnriff, Bake A	53 59	8 19	1,46	3,56	2,89	-1,43	0,67
677	Scharhörn, Bake C	53 58	8 28	1,48	3,58	3,00	-1,52	0,58
676	Zehnerloch	53 57	8 40	1,50	3,60	2,95	-1,45	0,65
678 W	Neuwerk, Anleger	53 55	8 29	1,53	3,63	*	*	*
506	**Cuxhaven, Steubenhöft**	**53 52**	**8 43**	**1,52**	**3,52**	**2,95**	**-1,43**	**0,57**
681	Otterndorf	53 50	8 52	1,52	3,47	2,83	-1,31	0,64
682	Osteriff	53 51	9 02	1,52	3,42	2,84	-1,32	0,58
	Oste							
683	Belum	53 49	9 02	1,49	3,39	2,68	-1,19	0,71
685	Hechthausen	53 38	9 15	1,30	1,30	1,71	-0,41	-0,41
687	Bremervörde	53 29	9 09	1,17	1,17	0,92	0,25	0,25
504 A	**Brunsbüttel, Mole 1**	**53 53**	**9 09**	**1,48**	**3,38**	**2,84**	**-1,36**	**0,54**
688	Brokdorf	53 52	9 19	1,53	3,43	2,82	-1,29	0,61
	Stör							
690	Stör-Sperrwerk, Außenpegel	53 50	9 24	1,55	3,45	2,81	-1,26	0,64
692	Itzehoe, Hafen	53 55	9 30	1,62	1,62	2,34	-0,72	-0,72
693	Breitenberg	53 56	9 38	1,66	1,66	2,00	-0,34	-0,34
695	Glückstadt	53 47	9 25	1,61	3,51	2,89	-1,28	0,62
697	Krautsand	53 45	9 23	1,59	3,49	2,92	-1,33	0,57
698	Kollmar, Kamperreihe	53 44	9 28	1,68	3,58	2,99	-1,31	0,59
	Krückau							
700 R	Krückau-Sperrwerk, Binnenpegel	53 43	9 32	1,66	1,66	3,03	-1,37	-1,37
702 A	Elmshorn, Hafen	53 45	9 39	1,82	1,82	1,59	0,23	0,23
703	Grauerort	53 41	9 30	1,74	3,64	3,08	-1,34	0,56
	Pinnau							
704 R	Pinnau-Sperrwerk, Binnenpegel	53 40	9 33	1,69	1,69	3,06	-1,37	-1,37
706	Uetersen	53 41	9 41	1,71	1,71	2,25	-0,54	-0,54
707	Pinneberg	53 40	9 47	1,69	1,69	0,95	0,74	0,74
	Schwinge							
709	Stadersand	53 38	9 32	1,78	3,68	3,17	-1,39	0,51
710	Stade	53 36	9 29	1,76	1,76	3,15	-1,39	-1,39
711	Hetlingen	53 37	9 35	1,84	3,74	3,22	-1,38	0,52
712	Lühort, Lühe	53 34	9 38	1,88	3,78	3,37	-1,49	0,41
714	Schulau	53 34	9 42	1,92	3,82	3,41	-1,49	0,41
715	Blankenese, Unterfeuer	53 33	9 48	2,01	3,91	3,56	-1,55	0,35

* Werte unbekannt

Mittleres Hoch- und Niedrigwasser

Nr.	Ort	Breite Nord ° '	Länge Ost ° '	MHW ü. NHN m	MHW ü. SKN m	MTH m	MNW ü. NHN m	MNW ü. SKN m
	Este							
717	Cranz, Este-Sperrwerk, Außenpegel............	53 32	9 48	2,00	3,90	3,55	-1,55	0,35
718	Buxtehude.....................	53 29	9 42	2,10	2,10	2,46	-0,36	-0,36
720	Hamburg, Seemannshöft......................	53 32	9 53	2,07	3,97	3,68	-1,61	0,29
508	**Hamburg, St. Pauli**	**53 33**	**9 58**	**2,12**	**4,02**	**3,79**	**-1,67**	**0,23**
724	Hamburg, Harburg, Schleuse..................	53 28	10 00	2,19	4,09	3,84	-1,65	0,25
726 A	Hamburg, Peute.......................	53 32	10 02	2,19	4,09	3,78	-1,59	0,31
727	Hamburg, Dove-Elbe, Einfahrt.................	53 31	10 04	2,21	4,11	3,77	-1,56	0,34
729	Bunthaus......................	53 28	10 04	2,29	4,19	3,53	-1,24	0,66
730	Over......................	53 26	10 06	2,39	4,10	3,35	-0,96	0,75
731	Zollenspieker....................	53 24	10 11	2,48	3,69	2,98	-0,50	0,71
732 A	Altengamme....................	53 26	10 18	2,63	3,47	2,71	-0,08	0,76
732 D	Geesthacht, Wehr, Unterpegel..................	53 25	10 20	2,76	3,55	2,63	0,13	0,92
	Wesergebiet							
734	Alte Weser, Leuchtturm.....................	53 52	8 08	1,45	3,54	2,89	-1,44	0,65
735 A	Spieka Neufeld................	53 47	8 33	1,67	4,07	*	*	*
737	Dwarsgat, Unterfeuer........................	53 43	8 18	1,61	4,02	3,38	-1,77	0,64
737 S	Robbensüdsteert....................	53 38	8 27	1,73	4,22	3,61	-1,88	0,61
738	Fedderwardersiel, Fedderwarder Priel............	53 36	8 21	1,72	4,22	*	*	*
103	**Bremerhaven, Alter Leuchtturm**	**53 33**	**8 34**	**1,86**	**4,49**	**3,83**	**-1,97**	**0,66**
741 A	Nordenham, Unterfeuer.......................	53 28	8 29	1,97	4,57	4,02	-2,05	0,55
741 B	Rechtenfleth..................	53 23	8 30	2,06	4,50	4,01	-1,95	0,49
743	Brake....................	53 19	8 29	2,11	4,43	3,99	-1,88	0,44
744	Elsfleth.................	53 16	8 29	2,20	4,42	3,94	-1,74	0,48
	Hunte							
744 A	Elsfleth Ohrt............	53 13	8 28	2,22	4,37	3,92	-1,70	0,45
745	Huntebrück................	53 12	8 27	2,17	3,92	3,54	-1,37	0,38
747	Reithörne.................	53 10	8 19	2,13	2,98	2,68	-0,55	0,30
748	Oldenburg, Drielake...................	53 08	8 14	2,22	3,07	2,79	-0,57	0,28
749	Farge.....................	53 12	8 31	2,26	4,36	3,90	-1,64	0,46
750	Vegesack...................	53 10	8 37	2,36	4,46	4,00	-1,64	0,46
750 G	Ochtum, Sperrwerk.......................	53 07	8 39	2,36	4,46	2,47	-0,11	1,99
	Bremen							
502	**Bremen, Oslebshausen**	**53 07**	**8 43**	**2,50**	**4,60**	**4,22**	**-1,72**	**0,38**
751	Wilhelm-Kaisen-Brücke....................	53 04	8 48	2,57	4,67	4,26	-1,69	0,41
752	Weserwehr.......................	53 04	8 51	2,61	4,72	4,19	-1,58	0,53
	Jadegebiet							
754	Wangerooge, Langes Riff, Nord.................	53 48	7 56	1,40	3,47	2,87	-1,47	0,60
756	Wangerooge, Ost.....................	53 46	7 59	1,48	3,59	2,98	-1,50	0,61

* Werte unbekannt

Mittleres Hoch- und Niedrigwasser

Nr.	Ort	Breite Nord ° '	Länge Ost ° '	MHW ü. NHN m	MHW ü. SKN m	MTH m	MNW ü. NHN m	MNW ü. SKN m
760	Mellumplate, Leuchtturm	53 46	8 06	1,47	3,70	3,05	-1,58	0,65
761	Schillig	53 42	8 03	1,58	3,92	3,25	-1,67	0,67
764 B	Hooksielplate	53 40	8 09	1,61	4,08	3,38	-1,77	0,70
765	Hooksiel	53 39	8 05	1,58	4,08	3,43	-1,85	0,65
766	Voslapp	53 37	8 07	1,70	4,16	3,52	-1,82	0,64
769	Wilhelmshaven, Ölpier	53 34	8 10	1,77	4,49	3,78	-2,01	0,71
770	Wilhelmshaven, Neuer Vorhafen	53 32	8 10	1,78	4,44	3,74	-1,96	0,70
512	**Wilhelmshaven, Alter Vorhafen**	**53 31**	**8 09**	**1,84**	**4,55**	**3,83**	**-1,99**	**0,72**
773	Arngast, Leuchtturm	53 29	8 12	1,89	4,58	3,86	-1,97	0,72
776	Vareler Schleuse	53 25	8 11	1,89	4,39	*	*	*
	Ostfriesische Inseln und Küste							
777	Wangerooge, Hafen	53 47	7 52	1,49	3,55	2,91	-1,42	0,64
778	Harlesiel	53 42	7 49	1,48	3,48	2,63	-1,15	0,85
779	Spiekeroog, ehem. Landungsbrücke	53 45	7 41	1,44	3,36	2,73	-1,29	0,63
780	Neuharlingersiel	53 42	7 42	1,48	3,48	2,85	-1,37	0,63
781	Langeoog, Hafeneinfahrt	53 43	7 30	1,41	3,27	2,70	-1,29	0,57
782	Bensersiel	53 40	7 35	1,45	3,40	2,80	-1,35	0,60
783	Dornumer-Accumersiel	53 41	7 29	1,39	3,39	2,77	-1,38	0,62
784	Baltrum, Westende	53 43	7 22	1,34	3,24	2,50	-1,16	0,74
111	**Norderney, Riffgat**	**53 42**	**7 09**	**1,24**	**3,07**	**2,51**	**-1,27**	**0,56**
790 A	Norddeich, Westerriede	53 39	7 09	1,29	3,18	2,52	-1,23	0,66
794	Juist, Hafen	53 40	7 00	1,24	3,09	2,56	-1,32	0,53
796 C	Leyhörn, Leybucht	53 33	7 02	1,36	3,21	2,53	-1,17	0,68
798	Borkum, Südstrand	53 35	6 40	1,07	2,84	2,33	-1,26	0,51
101	**Borkum, Fischerbalje**	**53 33**	**6 45**	**1,16**	**2,97**	**2,42**	**-1,26**	**0,55**
	Emsgebiet							
799	Emshörn	53 30	6 50	1,25	3,17	2,61	-1,36	0,56
799 G	Dukegat	53 26	6 56	1,29	3,31	2,74	-1,45	0,57
802	Knock	53 20	7 02	1,42	3,62	3,04	-1,62	0,58
507	**Emden, Große Seeschleuse**	**53 20**	**7 11**	**1,48**	**3,86**	**3,32**	**-1,84**	**0,54**
	Ems							
803	Pogum	53 19	7 16	1,56	3,96	3,41	-1,85	0,55
805	Terborg	53 18	7 24	1,71	4,03	3,53	-1,82	0,50
806	Leerort	53 13	7 26	1,78	4,03	3,62	-1,84	0,41
	Leda							
808 A	Leda-Sperrwerk, Unterpegel	53 13	7 28	1,80	3,75	3,40	-1,60	0,35
810 B	Detern, Jümme	53 12	7 40	1,21	1,21	1,03	0,18	0,18
810	Westringaburg	53 12	7 34	1,51	1,51	1,95	-0,44	-0,44
812	Dreyschloot	53 11	7 40	1,24	1,24	1,02	0,22	0,22
813	Weener	53 10	7 22	1,82	4,07	3,68	-1,86	0,39

*   Werte unbekannt

Nr.	Ort	Breite Nord ° '	Länge Ost ° '	MHW ü. NHN m	MHW ü. SKN m	MTH m	MNW ü. NHN m	MNW ü. SKN m
814	Papenburg	53 07	7 22	1,88	4,13	3,71	-1,83	0,42
816	Herbrum, Hafendamm	53 03	7 19	1,99	3,32	3,19	-1,20	0,13

* Werte unbekannt

Teil IV: Hilfstafeln, Grafik und Flusspläne

Seite

Tafel 1	Gezeitengrundwerte europäischer Bezugsorte. 2019	206
Tafel 2	Spring-, Mitt- und Nippzeiten. 2019	207
Tafel 3	Mondphasen. 2019	207
Tafel 4	Zeit des Durchgangs des Mondes durch den Nullmeridian. 2019	208
Tafel 5	Tafeln zur Verbesserung der Hoch- und Niedrigwasserzeiten wegen halbmonatlicher Ungleichheit	209
Elbeplan	Hoch- und Niedrigwasser-Zeitenunterschiede gegen Cuxhaven. 2019	210
Weserplan	Hoch- und Niedrigwasser-Zeitenunterschiede gegen Bremerhaven. 2019	211
Emsplan	Hoch- und Niedrigwasser-Zeitenunterschiede gegen Emden. 2019	212
Grafik	Jahreswerte deutscher Bezugsorte. 2019	213

Tafel 1
Gezeitengrundwerte europäischer Bezugsorte. 2019

Seite	Bezugsort	Sprung-ver-spätung		Mittlere Steig-dauer		Mittlere Fall-dauer		MSpHW	MNpHW	MSpNW	MNpNW	Art der Voraus-berechnung	Voraus-berechnung durch
		d	h	h	min	h	min	m	m	m	m		
2	Ekaterinskaja	1	10	06	04	06	21	3,68	3,03	0,53	1,28	H.V.	DE
6	Narvik	1	03	05	59	06	26	3,20	2,49	0,49	1,20	H.V.	NO
10	Bergen	1	00	06	20	06	05	1,52	1,19	0,29	0,62	H.V.	NO
14	Helgoland	1	09	05	41	06	44	3,12	2,77	0,42	0,80	N.V.	DE
19	Husum	1	09	06	06	06	19	4,35	3,91	0,47	0,91	N.V.	DE
24	Büsum	1	09	06	08	06	17	4,01	3,60	0,45	0,91	N.V.	DE
29	Cuxhaven	1	10	05	39	06	46	3,69	3,28	0,42	0,80	N.V.	DE
34	Brunsbüttel	1	09	05	24	07	01	3,53	3,16	0,43	0,68	N.V.	DE
39	Hamburg	1	12	05	16	07	09	4,18	3,81	0,13	0,34	N.V.	DE
44	Bremerhaven	1	09	06	11	06	14	4,67	4,24	0,46	0,97	N.V.	DE
49	Bremen	1	12	05	22	07	03	4,83	4,29	0,26	0,56	N.V.	DE
54	Wilhelmshaven	1	09	06	19	06	06	4,75	4,26	0,51	1,05	N.V.	DE
59	Norderney	1	08	06	05	06	20	3,21	2,87	0,39	0,80	N.V.	DE
64	Borkum	1	06	06	07	06	18	3,10	2,80	0,40	0,78	N.V.	DE
69	Emden	1	06	06	21	06	04	4,01	3,67	0,36	0,81	N.V.	DE
74	West-Terschelling	1	07	06	08	06	17	2,42	2,17	0,34	0,64	H.V.	NL
78	Hoek van Holland	1	21	06	42	05	43	2,24	1,82	0,29	0,37	H.V.	NL
82	Vlissingen	1	19	05	57	06	28	5,00	4,11	0,55	1,12	H.V.	NL
86	Le Havre	1	07	05	24	07	01	8,00	6,70	1,25	2,95	H.V.	FR
90	Saint Malo	1	14	05	33	06	52	12,20	9,30	1,50	4,25	H.V.	FR
94	Brest	1	07	06	02	06	23	7,05	5,50	1,15	2,70	H.V.	FR
98	Plymouth	1	04	06	08	06	17	5,50	4,40	0,80	2,20	H.V.	GB
102	Southampton	1	01	06	23	06	02	4,50	3,70	0,50	1,80	H.V.	GB
106	Portsmouth	1	01	07	03	05	22	4,70	3,80	0,80	1,90	H.V.	GB
110	Dover	1	07	05	07	07	18	6,80	5,30	0,80	2,10	H.V.	GB
114	London Bridge	1	17	05	56	06	29	7,10	5,90	0,50	1,30	H.V.	GB
118	Immingham	1	08	06	05	06	20	7,30	5,80	0,90	2,60	H.V.	GB
122	Leith	1	10	06	30	05	55	5,60	4,40	0,80	2,00	H.V.	GB
126	Aberdeen	1	03	06	21	06	04	4,30	3,40	0,60	1,60	H.V.	GB
130	Ullapool	0	17	06	06	06	19	5,20	3,90	0,70	2,12	H.V.	GB
134	Oban	0	23	06	01	06	24	4,00	2,90	0,73	1,80	H.V.	GB
138	Greenock	1	21	06	48	05	37	3,40	2,80	0,30	1,00	H.V.	GB
142	Liverpool	1	00	05	36	06	49	9,40	7,50	1,10	3,20	H.V.	GB
146	Avonmouth	1	04	05	50	06	35	13,20	9,80	1,00	3,80	H.V.	GB
150	Cobh	1	06	05	53	06	32	4,12	3,20	0,40	1,30	H.V.	GB
154	Pointe de Grave	1	00	06	31	05	54	5,30	4,35	1,05	2,05	H.V.	FR
158	Bilbao	1	05	06	19	06	06	4,28	3,33	0,58	1,55	H.V.	ES
162	Lissabon	0	20	06	34	05	51	3,77	2,90	0,39	1,27	H.V.	PT
166	Gibraltar	1	00	06	39	05	46	0,99	0,74	0,08	0,33	H.V.	GB

Abkürzungen:

N.V. = Nonharmonisches Verfahren
H.V. = Harmonisches Verfahren

DE = Bundesamt für Seeschifffahrt und Hydrographie, Hamburg
NL = Rijkswaterstaat, Lelystad
FR = Service Hydrographique et Océanographique de la Marine, Brest
GB = United Kingdom Hydrographic Office, Taunton Somerset
NO = Statens Kartverk Sjø, Stavanger
ES = Instituto Hidrográficode la Marina, Madrid
PT = Marinha Instituto Hidrográfico, Lissabon

Tafel 2
Spring (Sp)-, Mitt (M)- und Nipp (Np)-Zeiten. 2019

Tag	Jan	Feb	Mrz	Apr	Mai	Jun	Jul	Aug	Sep	Okt	Nov	Dez	Tag
1	Np	M	Np	M	M	M	M	Sp	Sp	Sp	M	M	1
2	M	M	M	M	M	M	Sp	Sp	Sp	M	M	M	2
3	M	M	M	M	M	Sp	Sp	Sp	M	M	M	M	3
4	M	Sp	M	M	Sp	Sp	Sp	Sp	M	M	Np	Np	4
5	M	Sp	M	Sp	Sp	Sp	Sp	M	M	Np	Np	Np	5
6	Sp	Sp	Sp	Sp	Sp	Sp	M	M	Np	Np	Np	Np	6
7	Sp	Sp	Sp	Sp	Sp	M	M	Np	Np	Np	Np	Np	7
8	Sp	M	Sp	Sp	M	M	M	Np	Np	Np	M	M	8
9	Sp	M	Sp	M	M	M	Np	Np	Np	M	M	M	9
10	M	M	M	M	M	Np	Np	Np	M	M	M	M	10
11	M	M	M	M	M	Np	Np	M	M	M	M	M	11
12	M	Np	M	Np	Np	Np	Np	M	M	M	Sp	Sp	12
13	M	Np	M	Np	Np	Np	M	M	M	Sp	Sp	Sp	13
14	Np	Np	Np	Np	Np	M	M	M	Sp	Sp	Sp	Sp	14
15	Np	Np	Np	Np	Np	M	M	Sp	Sp	Sp	Sp	Sp	15
16	Np	M	Np	M	M	M	M	Sp	Sp	Sp	M	M	16
17	Np	M	Np	M	M	Sp	Sp	Sp	Sp	M	M	M	17
18	M	M	M	M	Sp	Sp	Sp	Sp	M	M	M	M	18
19	M	Sp	M	Sp	Sp	Sp	Sp	M	M	M	Np	Np	19
20	M	Sp	M	Sp	Sp	Sp	Sp	M	M	M	Np	Np	20
21	Sp	Sp	Sp	Sp	Sp	M	M	M	M	Np	Np	Np	21
22	Sp	Sp	Sp	Sp	M	M	M	M	Np	Np	Np	Np	22
23	Sp	M	Sp	M	M	M	M	Np	Np	Np	M	M	23
24	Sp	M	Sp	M	M	M	M	Np	Np	Np	M	M	24
25	M	M	M	M	M	Np	Np	Np	Np	M	M	M	25
26	M	Np	M	Np	Np	Np	Np	Np	M	M	Sp	Sp	26
27	Np	Np	M	Np	Np	Np	Np	M	M	M	Sp	Sp	27
28	Np	Np	Np	Np	Np	Np	Np	M	Sp	Sp	Sp	Sp	28
29	Np		Np	Np	Np	M	M	M	Sp	Sp	Sp	Sp	29
30	Np		Np	M	M	M	M	Sp	Sp	Sp	M	M	30
31	M		Np		M		M	Sp		Sp		M	31

Die Springverspätung ist bereits berücksichtigt worden.

Tafel 3
Mondphasen. 2019

	Neumond		Erstes Viertel		Vollmond		Letztes Viertel		Neumond	
	Tag	Zeit	Tag	Zeit	Tag	Zeit	Tag	Zeit	Tag	Zeit
Januar	6	1 28	14	6 45	21	5 16	27	21 10		
Februar	4	21 04	12	22 26	19	15 54	26	11 28		
März	6	16 04	14	10 27	21	1 43	28	4 10		
April	5	8 50	12	19 06	19	11 12	26	22 18		
Mai	4	22 45	12	1 12	18	21 11	26	16 34		
Juni	3	10 02	10	5 59	17	8 31	25	9 46		
Juli	2	19 16	9	10 55	16	21 38	25	1 18		
August	1	3 12	7	17 31	15	12 29	23	14 56	30	10 37
September			6	3 10	14	4 33	22	2 41	28	18 26
Oktober			5	16 47	13	21 08	21	12 39	28	3 38
November			4	10 23	12	13 34	19	21 11	26	15 06
Dezember			4	6 58	12	5 12	19	4 57	26	5 13

UTC

Tafel 4
Zeit des Durchgangs des Mondes durch den Nullmeridian. 2019

Tag	Jan Zeit	Feb Zeit	Mrz Zeit	Apr Zeit	Mai Zeit	Jun Zeit	Jul Zeit	Aug Zeit	Sep Zeit	Okt Zeit	Nov Zeit	Dez Zeit	Tag
1	8:21 20:45	9:34 21:58	8:20 20:44	9:24 21:46	9:30 21:51	10:21 22:45	10:47 23:16	0:01 12:31	1:34 14:01	1:58 14:25	3:21 15:49	3:48 16:13	1
2	9:09 21:33	10:23 22:48	9:09 21:33	10:08 22:30	10:12 22:34	11:11 23:37	11:46	1:01 13:30	2:27 14:53	2:52 15:18	4:16 16:42	4:38 17:01	2
3	9:58 22:22	11:12 23:36	9:56 22:20	10:51 23:12	10:56 23:18	12:04	0:16 12:47	1:59 14:27	3:19 15:45	3:45 16:12	5:08 17:33	5:24 17:46	3
4	10:47 23:12	11:59	10:42 23:05	11:34 23:55	11:41	0:32 13:01	1:17 13:48	2:54 15:21	4:11 16:37	4:39 17:06	5:58 18:22	6:07 18:29	4
5	11:37	0:22 12:45	11:27 23:49	12:16	0:05 12:29	1:30 14:00	2:18 14:47	3:47 16:12	5:03 17:29	5:33 17:59	6:45 19:07	6:49 19:10	5
6	0:02 12:27	1:07 13:29	12:11	0:38 13:00	0:54 13:20	2:30 15:00	3:15 15:43	4:37 17:02	5:55 18:21	6:25 18:50	7:29 19:51	7:31 19:51	6
7	0:51 13:15	1:51 14:12	0:32 12:53	1:23 13:46	1:46 14:14	3:30 15:59	4:10 16:36	5:27 17:52	6:47 19:13	7:15 19:39	8:12 20:33	8:12 20:33	7
8	1:39 14:02	2:33 14:54	1:14 13:36	2:10 14:34	2:42 15:10	4:27 16:55	5:02 17:27	6:17 18:43	7:39 20:04	8:03 20:26	8:54 21:14	8:54 21:16	8
9	2:25 14:48	3:15 15:37	1:57 14:18	2:59 15:25	3:39 16:08	5:22 17:49	5:52 18:17	7:08 19:34	8:30 20:54	8:49 21:11	9:35 21:56	9:38 22:01	9
10	3:10 15:31	3:58 16:19	2:40 15:02	3:51 16:19	4:37 17:06	6:14 18:40	6:41 19:06	7:59 20:25	9:19 21:42	9:32 21:54	10:17 22:38	10:25 22:50	10
11	3:53 16:14	4:41 17:04	3:25 15:48	4:47 17:15	5:35 18:03	7:05 19:30	7:30 19:55	8:51 21:17	10:06 22:28	10:15 22:36	11:00 23:22	11:15 23:42	11
12	4:35 16:56	5:27 17:51	4:12 16:37	5:44 18:13	6:31 18:58	7:54 20:19	8:20 20:45	9:42 22:08	10:51 23:13	10:56 23:17	11:45	12:09	12
13	5:17 17:39	6:16 18:42	5:02 17:28	6:42 19:11	7:25 19:51	8:43 21:08	9:11 21:37	10:33 22:57	11:34 23:55	11:38 23:58	0:09 12:33	0:37 13:06	13
14	6:01 18:23	7:08 19:36	5:55 18:23	7:40 20:08	8:17 20:43	9:33 21:58	10:03 22:29	11:21 23:45	12:16	12:20	0:58 13:24	1:35 14:04	14
15	6:46 19:10	8:05 20:34	6:52 19:21	8:36 21:04	9:08 21:33	10:24 22:50	10:55 23:21	12:08	0:37 12:57	0:41 13:03	1:51 14:18	2:33 15:02	15
16	7:34 20:00	9:05 21:36	7:51 20:21	9:31 21:58	9:58 22:23	11:16 23:42	11:46	0:30 12:53	1:18 13:39	1:26 13:49	2:46 15:14	3:30 15:58	16
17	8:27 20:54	10:07 22:38	8:51 21:21	10:24 22:50	10:49 23:14	12:09	0:12 12:37	1:14 13:35	2:00 14:21	2:12 14:37	3:42 16:11	4:26 16:52	17
18	9:23 21:53	11:09 23:39	9:50 22:20	11:16 23:42	11:40	0:35 13:02	1:01 13:25	1:56 14:17	2:42 15:05	3:02 15:28	4:39 17:07	5:19 17:44	18
19	10:23 22:55	12:09	10:48 23:16	12:08	0:06 12:33	1:28 13:53	1:48 14:11	2:38 14:58	3:27 15:51	3:55 16:22	5:35 18:02	6:10 18:35	19
20	11:26 23:58	0:39 13:07	11:44	0:34 13:00	0:59 13:26	2:18 14:43	2:33 14:55	3:19 15:40	4:15 16:40	4:50 17:18	6:29 18:55	6:59 19:24	20
21	12:30	1:35 14:02	0:11 12:38	1:26 13:53	1:52 14:19	3:07 15:30	3:17 15:38	4:01 16:22	5:05 17:32	5:46 18:15	7:21 19:47	7:49 20:14	21
22	1:01 13:31	2:29 14:55	1:05 13:31	2:19 14:45	2:45 15:11	3:53 16:16	3:58 16:19	4:44 17:07	6:00 18:28	6:43 19:12	8:13 20:38	8:39 21:05	22
23	2:01 14:29	3:20 15:46	1:57 14:23	3:12 15:38	3:37 16:02	4:38 16:59	4:40 17:00	5:31 17:55	6:56 19:26	7:40 20:08	9:04 21:29	9:31 21:58	23
24	2:57 15:24	4:11 16:36	2:49 15:14	4:04 16:30	4:26 16:50	5:20 17:41	5:21 17:43	6:20 18:46	7:55 20:24	8:35 21:02	9:55 22:21	10:25 22:53	24
25	3:50 16:16	5:01 17:25	3:40 16:06	4:56 17:21	5:14 17:37	6:02 18:23	6:04 18:27	7:13 19:41	8:54 21:23	9:29 21:56	10:48 23:15	11:20 23:48	25
26	4:41 17:06	5:50 18:15	4:32 16:57	5:46 18:10	5:59 18:21	6:44 19:05	6:50 19:14	8:10 20:40	9:52 22:21	10:22 22:49	11:42	12:16	26
27	5:30 17:54	6:40 19:05	5:23 17:49	6:34 18:57	6:42 19:04	7:27 19:49	7:38 20:04	9:10 21:41	10:49 23:16	11:15 23:42	0:10 12:38	0:43 13:11	27
28	6:18 18:42	7:30 19:55	6:14 18:39	7:20 19:42	7:25 19:46	8:12 20:35	8:31 20:59	10:11 22:42	11:44	12:08	1:06 13:34	1:37 14:03	28
29	7:06 19:31		7:04 19:28	8:04 20:26	8:07 20:28	8:59 21:25	9:28 21:58	11:12 23:41	0:11 12:38	0:35 13:03	2:02 14:29	2:28 14:53	29
30	7:55 20:20		7:52 20:16	8:47 21:09	8:50 21:12	9:51 22:18	10:28 22:59	12:10	1:05 13:31	1:30 13:58	2:56 15:23	3:16 15:39	30
31	8:44 21:09		8:39 21:02		9:34 21:57		11:30	0:39 13:06		2:26 14:54		4:01 16:23	31

UTC

Tafel 5

Tafel zur Verbesserung der Hoch- und Niedrigwasserzeiten

	Zeit	Zeit	Zeit	Zeit	Zeit	Zeit	Zeit	Zeit	Zeit	Zeit	Zeit	Zeit
A	0 12	1 13	2 14	3 15	4 16	5 17	6 18	7 19	8 20	9 21	10 22	11 23
												12 0
B	1 13	2 14	3 15	4 16	5 17	6 18	7 19	8 20	9 21	10 22	11 23	12 0
												13 1
C	2 14	3 15	4 16	5 17	6 18	7 19	8 20	9 21	10 22	11 23	12 0	13 1
												14 2
D	3 15	4 16	5 17	6 18	7 19	8 20	9 21	10 22	11 23	12 0	13 1	14 2
												15 3
E	4 16	5 17	6 18	7 19	8 20	9 21	10 22	11 23	12 0	13 1	14 2	15 3
												16 4
F	5 17	6 18	7 19	8 20	9 21	10 22	11 23	12 0	13 1	14 2	15 3	16 4
												17 5
G	6 18	7 19	8 20	9 21	10 22	11 23	12 0	13 1	14 2	15 3	16 4	17 5
												18 6
H	7 19	8 20	9 21	10 22	11 23	12 0	13 1	14 2	15 3	16 4	17 5	18 6
												19 7
I	8 20	9 21	10 22	11 23	12 0	13 1	14 2	15 3	16 4	17 5	18 6	19 7
												20 8
K	9 21	10 22	11 23	12 0	13 1	14 2	15 3	16 4	17 5	18 6	19 7	20 8
												21 9
L	10 22	11 23	12 0	13 1	14 2	15 3	16 4	17 5	18 6	19 7	20 8	21 9
												22 10
M	11 23	12 0	13 1	14 2	15 3	16 4	17 5	18 6	19 7	20 8	21 9	22 10
												23 11

wegen halbmonatlicher Ungleichheit

	h min	h min	h min	h min	h min	h min	h min	h min	h min	h min	h min	h min
1	0 10 0 10	0 09 0 07	0 05 0 03	0 00 -0 03	-0 05 -0 07	-0 09 -0 10	-0 10 -0 10	-0 09 -0 07	-0 05 -0 03	0 00 0 03	0 05 0 07	0 10 0 10
2	0 15 0 14	0 13 0 11	0 08 0 04	0 00 -0 04	-0 08 -0 11	-0 13 -0 14	-0 15 -0 14	-0 13 -0 11	-0 08 -0 04	0 00 0 04	0 08 0 11	0 15 0 14
3	0 20 0 19	0 17 0 14	0 10 0 05	0 00 -0 05	-0 10 -0 14	-0 17 -0 19	-0 20 -0 19	-0 17 -0 14	-0 10 -0 05	0 00 0 05	0 10 0 14	0 20 0 19
4	0 25 0 24	0 22 0 18	0 13 0 06	0 00 -0 06	-0 13 -0 18	-0 22 -0 24	-0 25 -0 24	-0 22 -0 18	-0 13 -0 06	0 00 0 06	0 13 0 18	0 25 0 24
5	0 30 0 29	0 26 0 21	0 15 0 08	0 00 -0 08	-0 15 -0 21	-0 26 -0 29	-0 30 -0 29	-0 26 -0 21	-0 15 -0 08	0 00 0 08	0 15 0 21	0 30 0 29
6	0 35 0 34	0 30 0 25	0 18 0 09	0 00 -0 09	-0 18 -0 25	-0 30 -0 34	-0 35 -0 34	-0 30 -0 25	-0 18 -0 09	0 00 0 09	0 18 0 25	0 35 0 34
7	0 40 0 39	0 35 0 28	0 20 0 10	0 00 -0 10	-0 20 -0 28	-0 35 -0 39	-0 40 -0 39	-0 35 -0 28	-0 20 -0 10	0 00 0 10	0 20 0 28	0 40 0 39
8	0 45 0 43	0 39 0 32	0 23 0 12	0 00 -0 12	-0 23 -0 32	-0 39 -0 43	-0 45 -0 43	-0 39 -0 32	-0 23 -0 12	0 00 0 12	0 23 0 32	0 45 0 43
9	0 50 0 48	0 43 0 35	0 25 0 13	0 00 -0 13	-0 25 -0 35	-0 43 -0 48	-0 50 -0 48	-0 43 -0 35	-0 25 -0 13	0 00 0 13	0 25 0 35	0 50 0 48
10	0 55 0 53	0 48 0 39	0 28 0 14	0 00 -0 14	-0 28 -0 39	-0 48 -0 53	-0 55 -0 53	-0 48 -0 39	-0 28 -0 14	0 00 0 14	0 28 0 39	0 55 0 53
11	1 10 1 08	1 01 0 49	0 35 0 18	0 00 -0 18	-0 35 -0 49	-1 01 -1 08	-1 10 -1 08	-1 01 -0 49	-0 35 -0 18	0 00 0 18	0 35 0 49	1 10 1 08
12	1 15 1 12	1 05 0 53	0 38 0 19	0 00 -0 19	-0 38 -0 53	-1 05 -1 12	-1 15 -1 12	-1 05 -0 53	-0 38 -0 19	0 00 0 19	0 38 0 53	1 15 1 12
13	1 20 1 17	1 09 0 57	0 40 0 21	0 00 -0 21	-0 40 -0 57	-1 09 -1 17	-1 20 -1 17	-1 09 -0 57	-0 40 -0 21	0 00 0 21	0 40 0 57	1 20 1 17
14	1 30 1 27	1 18 1 04	0 45 0 23	0 00 -0 23	-0 45 -1 04	-1 18 -1 27	-1 30 -1 27	-1 18 -1 04	-0 45 -0 23	0 00 0 23	0 45 1 04	1 30 1 27
15	1 45 1 41	1 31 1 14	0 53 0 27	0 00 -0 27	-0 53 -1 14	-1 31 -1 41	-1 45 -1 41	-1 31 -1 14	-0 53 -0 27	0 00 0 27	0 53 1 14	1 45 1 41
16	2 20 2 15	2 01 1 39	1 10 0 36	0 00 -0 36	-1 10 -1 39	-2 01 -2 15	-2 20 -2 15	-2 01 -1 39	-1 10 -0 36	0 00 0 36	1 10 1 39	2 20 2 15

Zur Entnahme der Verbesserung mit der Hoch- oder Niedrigwasserzeit des Bezugsortes eingehen!

Elbeplan

Hoch- und Niedrigwasser-Zeitunterschiede gegen Cuxhaven. 2019

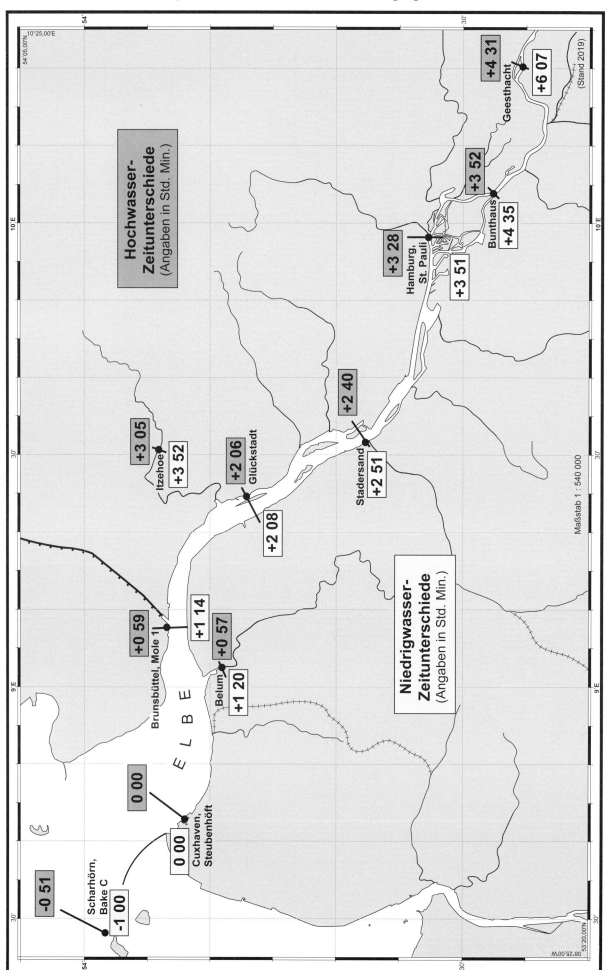

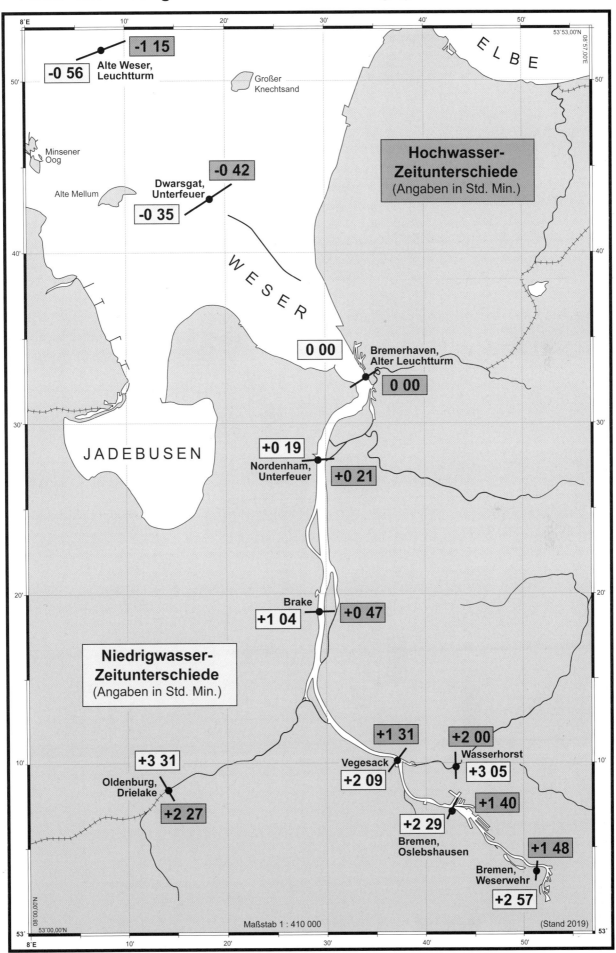

Hoch- und Niedrigwasser-Zeitunterschiede gegen Emden. 2019

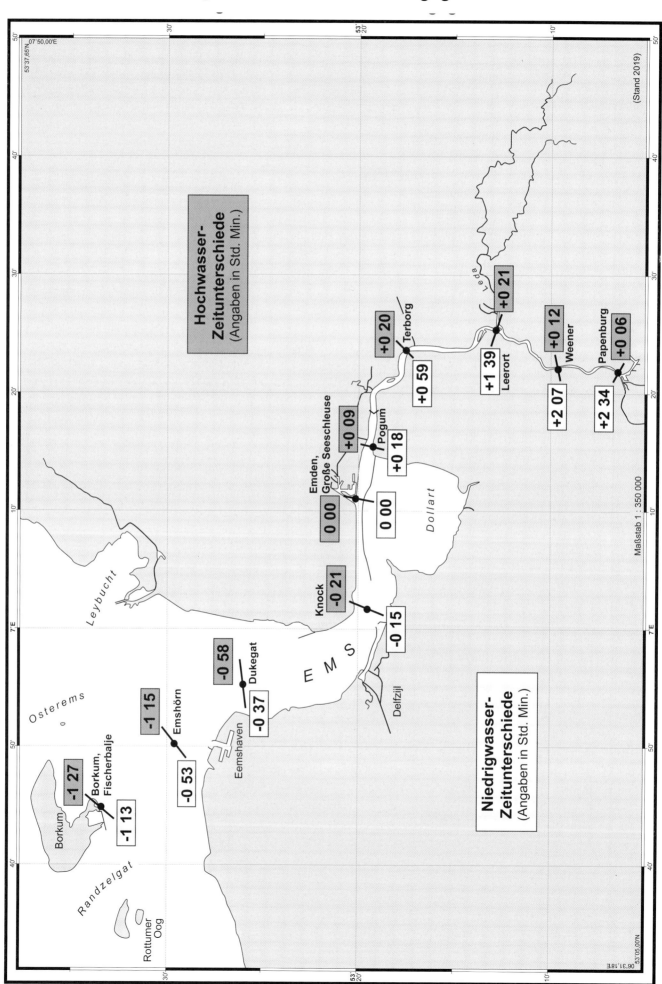

Jahreswerte deutscher Bezugsorte. 2019

Mittlere Springtidenhübe (MSpTH)

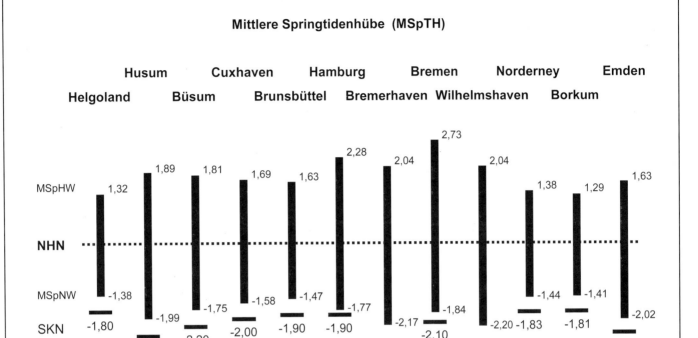

Mittlere Nipptidenhübe (MNpTH)

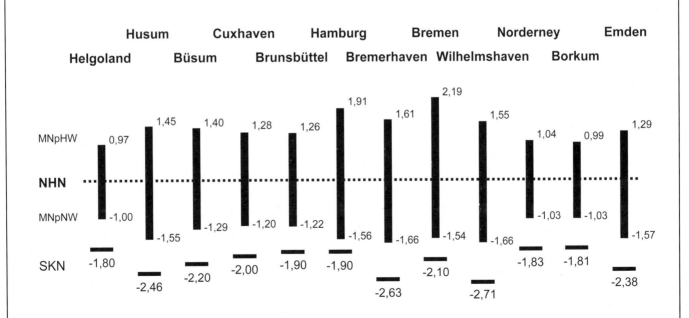

Die Höhen (Meter) sind auf NHN bezogen

Teil V: Gezeitenkarten

Seite

Gezeitenkarten der Nordsee südlich von 58° N:

Karte 1 Linien gleichen mittleren Hochwasserzeitunterschiedes gegen den Durchgang des
Mondes durch den Nullmeridian 216

Karte 2 Linien gleichen mittleren Niedrigwasserzeitunterschiedes gegen den Durchgang des
Mondes durch den Nullmeridian 217

Karte 3 Linien gleichen mittleren Springtidenhubs 218

Karte 4 Linien gleichen mittleren Nipptidenhubs 219

Gezeitenkarten der Nordsee, des Kanals und der britischen und irischen Gewässer:

Karte 5 Linien gleichen mittleren Hochwasserzeitunterschiedes gegen den Durchgang des
Mondes durch den Nullmeridian 220

Karte 6 Linien gleichen mittleren Springtidenhubs 221

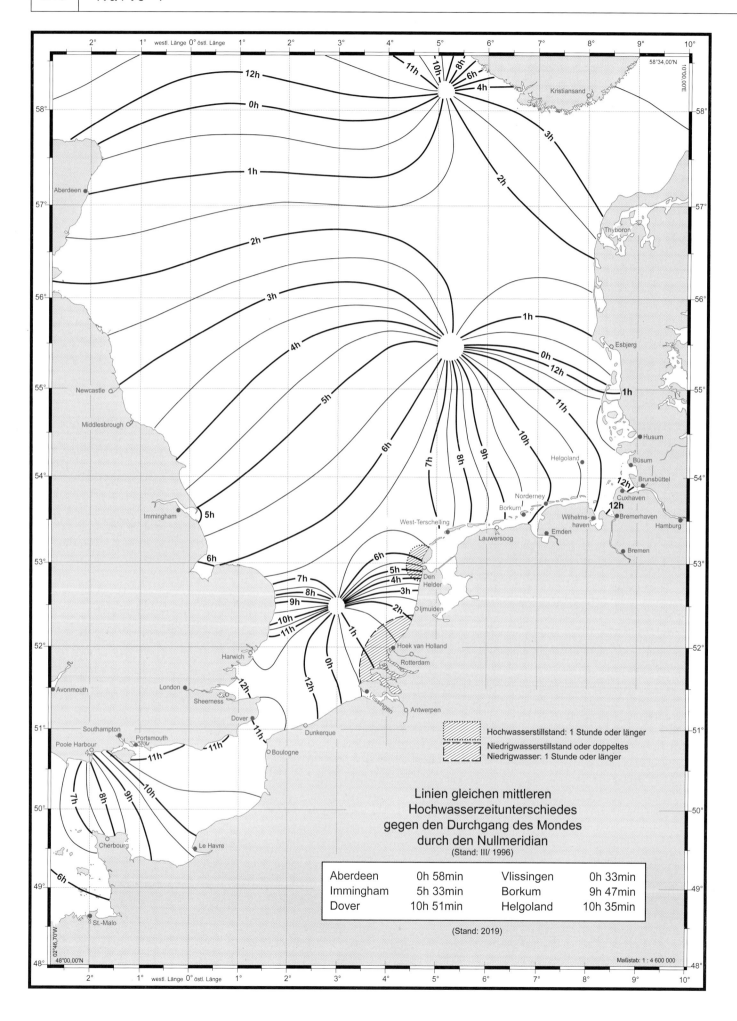

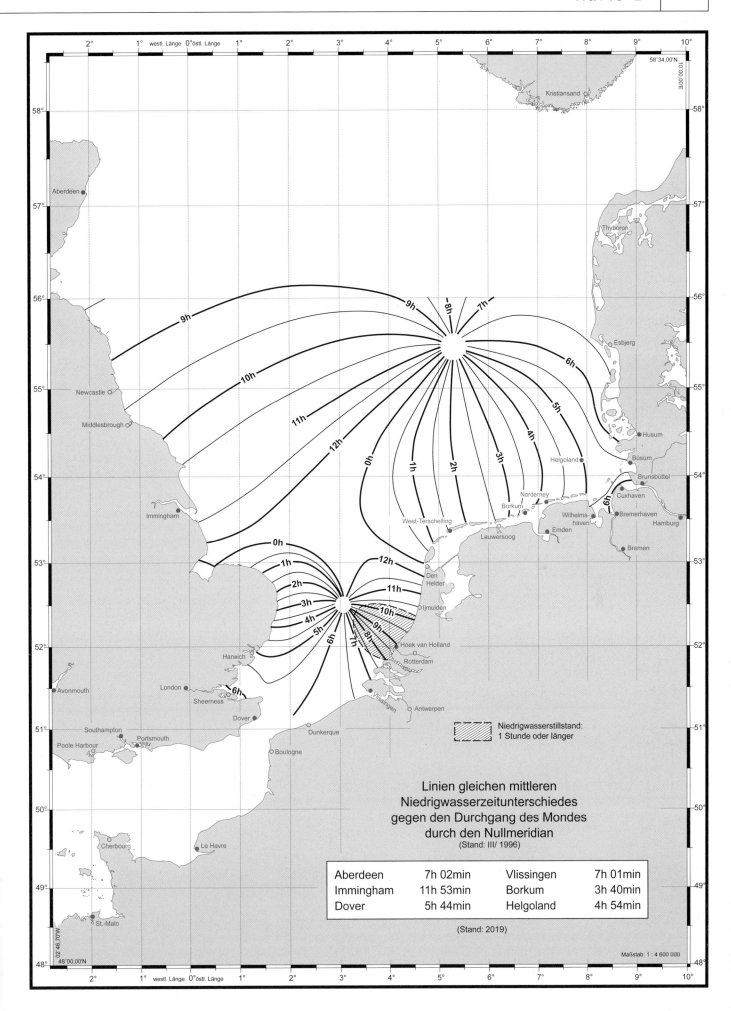

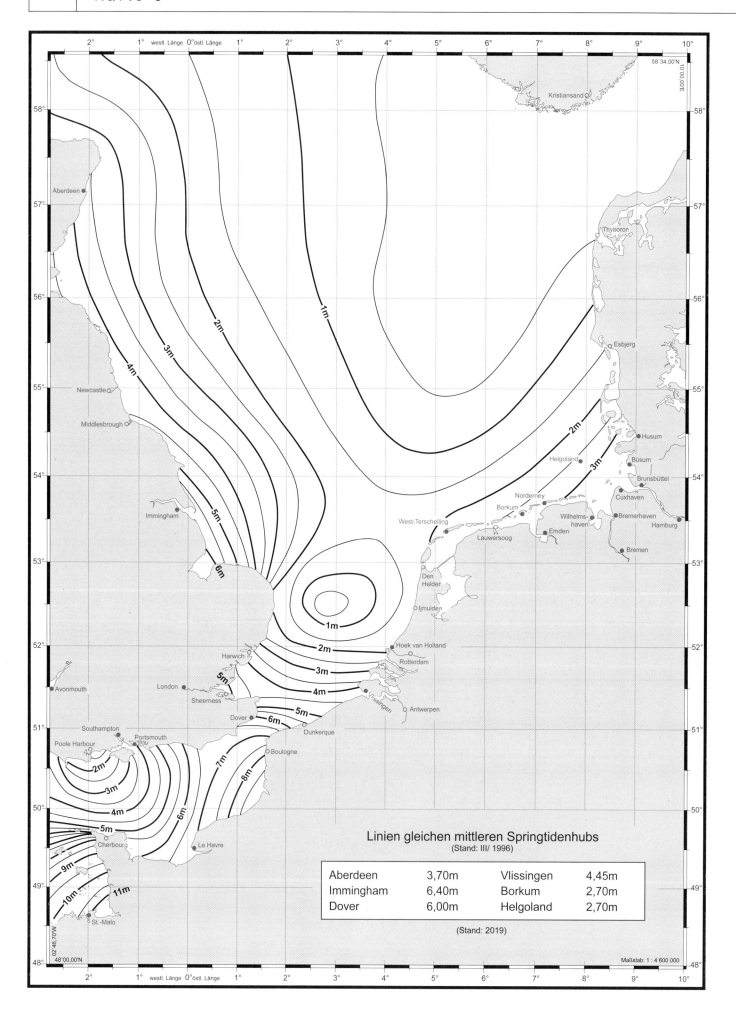

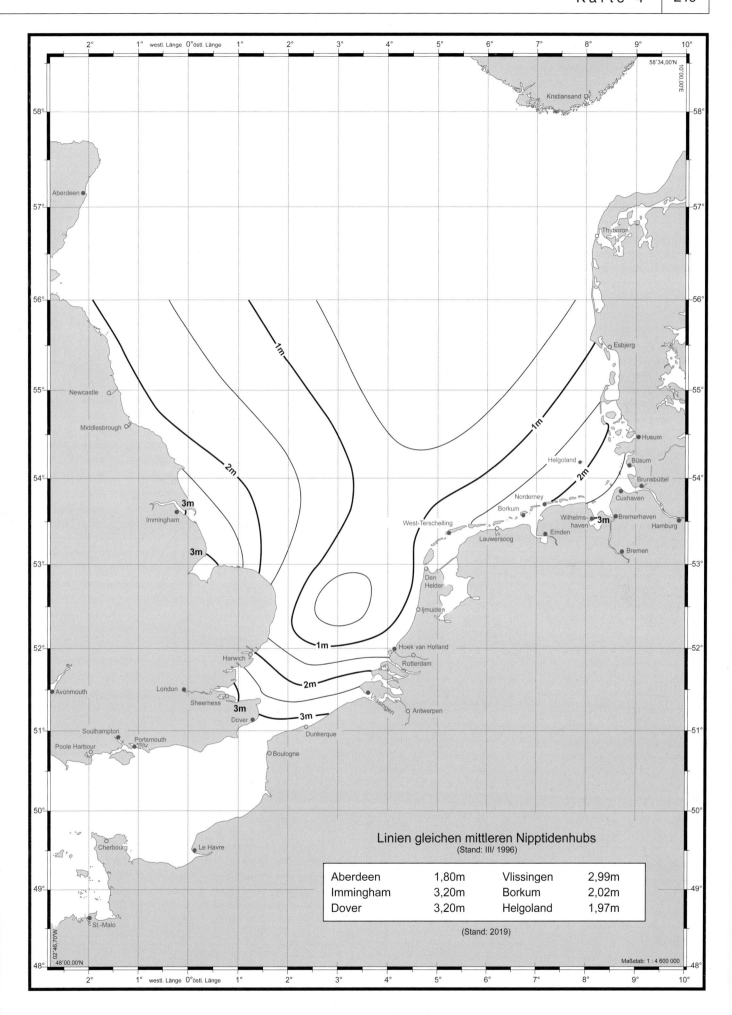

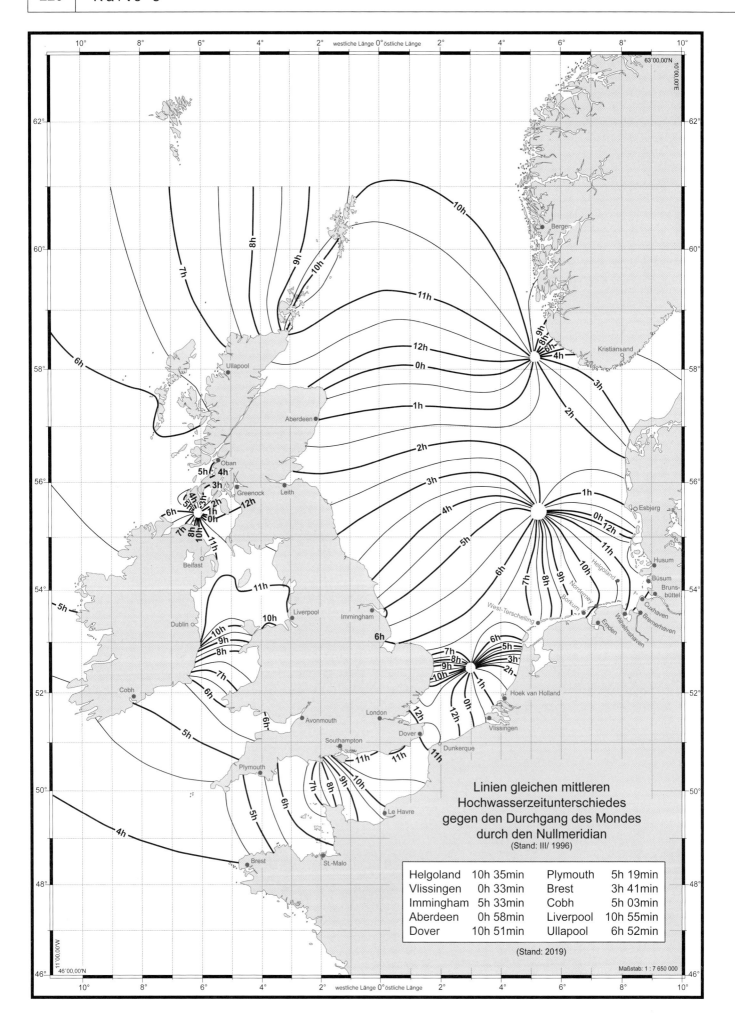

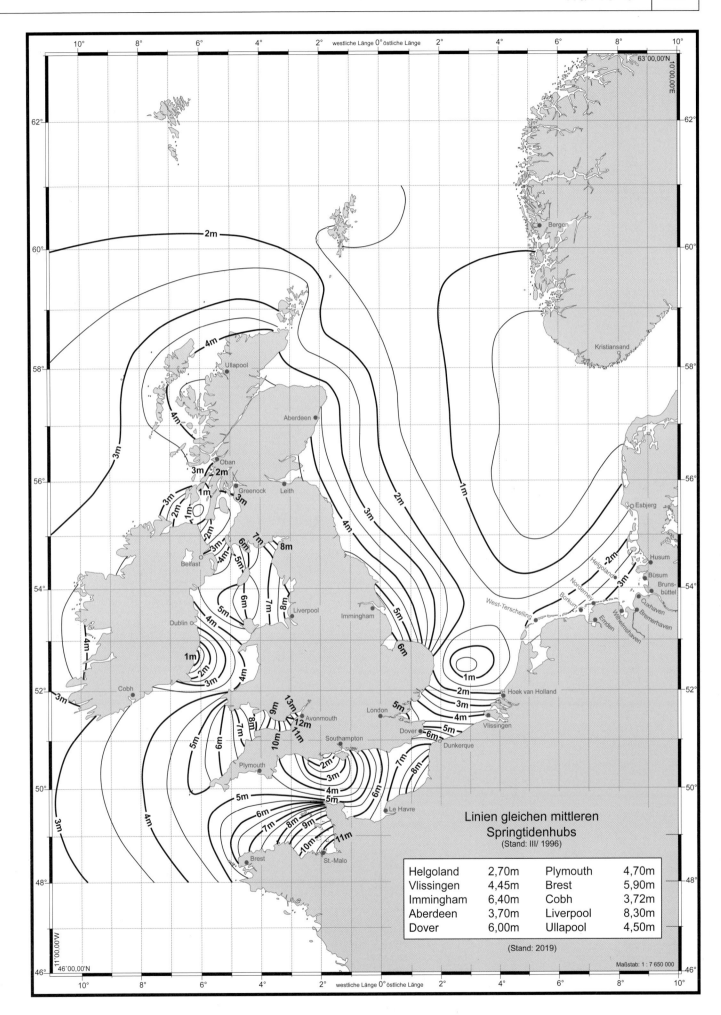

Ortsverzeichnis

Das Verzeichnis verweist auf die Nummern, unter denen die Orte im Teil II dieses Buches aufgeführt sind. Bei den Bezugsorten sind die Seitenzahlen der Gezeitenvorausberechnungen mit angegeben.

Nr.

A

Abelvär	445b
Aber Benoit, L' –	1034
Aberdeen (Seite 126–128)	**1252**
Aber Ildut, L' –	1035
Aber Wrac'h, L' –	1033
Accumer Ee, Tonne	781A
Aix, Île d' –	1853
Akranes	30
Akureyri	68
Albufeira, Enseada de –	1990
Alderney, Braye	982
Ålesund	474
Ålesund, Ny –	115
Alfta Fjördur	51
Algeciras	2022
Alsh, Loch –	1391
Alstfjord	438
Alta	373
Altafjord	373
Alte – , siehe Eigennamen	
Altengamme	732A
Alúmina Española, Puerto de –	1932
Amarfjördur	45
Ameland	831
Amrum	631
Amrum Odde	622
Andalsnes	473
Andenes	393a
Angmagssalik – Insel	5
Angra do Heroísmo	2204
Anse de – , siehe Eigennamen	
Antifer, Port du Havre - –	959
Antwerpen	931
Arcachon	1876
Archangel'sk	198
Ardalsfjord	489
Ardalstangen	489
Ardrossan	1465
Arendal	531
Arklow	1660
Arngast, Leuchtturm	773
Arradon	1825
Arrecife, Puerto de –	2224
Arrifana, Enseada da –	1984
Askaig, Port –	1433
Askvoll	486
Audierne	1806
Aurlandsfjord	492
Austervåg	106
Austvågoy, Kabelvåg	441
Aveiro, Porto de –	1970

Nr.

Avilés	1922
Avon, River	1597
Avonmouth (Seite 146–148)	**1597a**
Ayamonte	1995
Ayr	1468
Azoren	2202–2209

B

Badderen	378
Båreninsel	106
Baia da – , siehe Eigennamen	
Baie de – , siehe Eigennamen	
Ballstad	409
Balta Sound	1309
Baltrum, Westende	784
Bantry	1781
Bantry Bay	1781
Barbate	2015
Barentsburg	118
Barentssee	125–156, 304–365
Barra Island	1353
Barrow-in-Furness	1499
Barry	1584
Bath	926
Beachley	1591
Beaumaris	1529
Belan, Fort	1534
Belfast	1692
Belgien	931–937
Belle – Île	1821
Belum	683
Benbecula	1350
Bénodet	1810
Bénodet, Anse de –	1810
Bensersiel	782
Bergen (Seite 10–12)	**504**
Bergsfjord	377
Berlevåg	354
Berufjördur	90
Bervie, Loch –	1370
Bessin, Port-en- –	969
Bilbao, Santurtzi (Seite 158–160)	**1905**
Bíldudalur	45
Biskaya, Golf von –	1807–1934
Björnöya	106
Blacksod Bay	1735
Blacktoft	1201
Blackwater, River –	1149
Blankenese, Unterfeuer	715
Blavet, Le –	1817
Blauort	666

	Nr.
Blomøy	502
Blomvåg	502
Bluemull Sound	1311
Blyth	1219
Bodø	426
Bogen	415
Boisdale, Loch –	1356
Bonanza	2003
Bordeaux	1871
Bordø	1334
Borkamoa	444
Borkum, Fischerbalje (Seite 64–67)	
Borkum, Südstrand	798
Borkumriff Tonne	611
Børøysund	403
Boucau – Bayonne	1878
Boulogne	947
Bovisand Pier	1053
Bøvra	469
Bowling	1461
Boyne River, Einfahrt	1675
Bradwell	1149
Brake	743
Braye	982
Bréhat, Île de –, Port Clos	1016
Breida Fjördur	35–41
Breitenberg	693
Brekstad	454
Bremen	751, 752
Bremen, Oslebshausen (Seite 49–52)	
Bremen, Wilhelm-Kaiser-Brücke	751
Bremen, Weserwehr	752
Bremerhaven, Alter Leuchtturm (Seite 44–47)	
Bremervörde	687
Brest, Reede (Seite 94–96)	**1802**
Brevik	536
Brieuc, Baie de St. –	1010
Brightlingsea	1153
Bristol, Cumberland Basin	1597
Bristol Channel	1563–1610
Brønnøysund	442
Brokdorf	688
Brouwershavensche Gat	857
Brunsbüttel (Seite 34–37)	
Buchta – , siehe Eigennamen	
Bud	471
Búðareyri	79
Büsum (Seite 24–27)	
Bunthaus	729
Burnham-on-Crouch	1147
Burntisland	1235
Burtonport	1725
Buxtehude	718

C

	Nr.
Cabo – , siehe Eigennamen	
Cádiz	2011
Caernarvon	1533
Calais	943
Calf Sound	1475
Calshot Castle	1092
Camel, River –	1618
Campbeltown	1443
Cap – , siehe Eigennamen	
Cardiff	1586
Cardigan Bay	1557
Carlingford Lough	1682, 1683
Carnsore Point	1651
Carraca, La –	2012
Carrigaholt	1757
Carteret	996
Cascais	1977
Castle Bay	1353
Castlemaine Harbour	1771
Castle Townsend	1634
Caudebec-en-Caux	963
Cayenne, La –	1860
Ceuta	2196
Chabarovo	152
Chantenay	1840
Charente, La –	1857
Château du Taureau	1028
Chatham	1133
Chausey, Îles –	1000
Chelsea Bridge	1142
Cherbourg	978
Chipiona	2001
Chichester Harbour	1105
Cillero	1934
Cleddau, River –	1562
Clos, Port –	1016
Clyde, Firth of –	1451–1468
Clyde, River –	1457–1463
Cobh (Seite 150–152)	**1639**
Colne, River –	1153
Concarneau	1813
Conde, Vila do –	1966
Conquet, Le –	1801
Cordemais	1838
Cork City	1640
Cork Harbour	1637a–1640
Corne, La –	1020
Corpach	1417
Corran	1416
Coruña, La –	1945
Coureau d' Oléron	1858
Courseulles	968
Courtown	1658
Cowes	1103
Craignure	1414
Cranfield Point	1682
Cranford Bay	1719
Cranz, Este-Sperrwerk, Außenpegel	717
Cristianos, Los –	2221a
Cromane Point	1771

	Nr.
Cromarty	1262
Cromarty Firth	1262–1264
Crouch, River –	1146–1147
Crouesty, Port du –	1823a
Cruz, Santa –, Flores	2202
Cruz, Santa –, La Palma	2218
Cruz, Santa –, Teneriffe	2221
Culli Voe	1311
Cuxhaven, Steubenhöft (Seite 29–32)	

D

	Nr.
Dänemark	580–598
Dänemark – Insel	7
Dåfjord	383a
Dagebüll	635
Danmark Havn	15
Danskegattet	111
Darnett Ness	1132a
Dartmouth	1066
Dart, River –	1066
Deauville	966
Deben, River –	1163
Dee, River –	1519
Delfzijl	820
Delgada, Ponta –	2208
Den – , siehe Eigennamen	
Der – , siehe Eigennamen	
Deutsche Bucht	608–611
Deutschland	608–816
Dieppe	954
Dingle Bay	1771
Dinorwic, Port –	1532
Djúpivogur	90
Dolgaja, Guba –	149
Donegal Bay	1728, 1729
Donegal Harbour	1729
Donges	1837
Dønnesfjord	373
Dordogne	1874
Dordrecht	874
Dornumer – Accumersiel	783
Douarnenez	1804
Douglas	1477
Douro, Rio –	1968, 1969
Dove-Elbe	727, 728
Dove-Elbe, Einfahrt	727
Dover (Seite 110–112)	**1121**
Downies Bay	1720
Dreyschloot	812
Drielake	748
Dublin	1667, 1668
Duclair	964
Dukegat	799G
Duncansby Head	1270
Dundee	1247
Dungeness	1119

	Nr.
Dunkerque	941, 942
Dun Laoghaire	1666
Dunmore East	1644
Dvina-Bucht	195–200
Dvina, Mündung, Reka –	195
Dvinskij Zaliv	195–200
Dwarsgat Unterfeuer	737

E

	Nr.
Eastham	1511
East Loch Tarbert, Hebrides	1362
East Loch Tarbert, Loch Fyne	1447
Eckwarderhörne	771
Eemshaven	821
Eide	1335
Eider	664
Eider-Sperrwerk, Außenpegel	664
Eider Tonne	656
Eidfjord	510
Eidsfjord	482
Ekaterininskaja (Seite 2–4)	**316**
Elbe Tonne	608
Elbegebiet	676A–731A
Ellen, Port –	1437
Elmshorn, Hafen	702A
Elsfleth	744
Elsfleth Ohrt	744A
Emden, Große Seeschleuse (Seite 69–72)	
Ems	802–816
Emsgebiet	799–821
Emshörn	799
England, Kanal-Inseln	982–989
England, Ostküste	1124–1219
England, Südküste	1043–1119
England, Westküste	1495–1511, 1591–1618
English and Welsh Grounds	1596
Enseada – , siehe Eigennamen	
Esbjerg	594
Eskifjördur	85
Esposende	1964
Este	717, 718
Este-Sperrwerk, Außenpegel	717
Exe, River –	1070
Exmouth Dock	1070
Eyjafjördur	68

F

	Nr.
Faial	2207
Falmouth	1046
Falmouth Bay	1046
Fana Head	1715
Farge	749
Faro	1992
Färöer	1320–1335

	Nr.
Farsund	526
Faslane	1456
Faxaflói	24–30
Fécamp	956
Fedderwarder Priel	738
Fedderwardersiel	738
Fenit Pier	1767
Fensfjord	495
Ferrol	1942
Figueira da Foz	1973
Finnes	367
Finnkroken	384
Finnsbu	4
Finnsnes	392
Finsch-Insel, Kleine –	10
Firth of – , siehe Eigennamen	
Fishguard	1557
Flakstad	405
Flåm	492
Flatey	40
Flateyri	47
Fleetwood	1503
Flora, Kap –	127
Flores	2202
Florø	484
Föhr	632
Föhrer Ley, Nord	629B
Folla	445b–447
Førde	485
Førdefjord	485
Formby	1508
Forsand	522a
Fort – , siehe Eigennamen	
Forth, Firth of –	1234–1235
Forth, River –	1236–1237
Fowey	1049
Foyle, Lough –	1704–1706
Foyle, River –	1705a
Foynes Island	1760
Frankreich, Nordküste	941–978, 996–1034
Frankreich, Westküste	1801–1880
Franz – Joseph – Land	125–127
Fraserburgh	1254
Frederiksdal	2
Frederikshavn	580
Friedrichskoog, Hafen, Außenpegel	675
Friesche Zeegat	823–827
Fröyo	451, 452
Fuerteventura	2223
Funchal, Porto do –	2213
Fyne, Loch –	1447

G

	Nr.
Galway	1752
Gare Loch	1456
Garonne	1869–1871
Gatseau, Pointe de –	1858
Geesthacht, Wehr Unterpegel	732D
Gibraltar (Seite 166–168)	**2023**
Gijón	1920
Gironde	1865–1874
Gjesingbogen	451
Gjesvär	365
Glasgow	1463
Glasgow, Port –	1459
Glenelg Bay	1393
Glomfjord	433
Glückstadt	695
Goidschaloord	871
Golf von – , siehe Eigennamen	
Goole	1202
Gorleston-on-Sea	1174
Gorlo	181–186
Göteborg	553
Gran Canaria	2222
Granesund	486
Grangemouth	1237
Grauerort	703
Gravelines	942
Grave, Pointe de – (Seite 154–156)	**1861a**
Great Yarmouth	1174
Greenock (Seite 138–140)	**1458**
Grense-Jacobselv	345
Grindavik	102
Gröde, Anleger	637
Grön Fjord	118
Grönland, Ostküste	1–15
Grönlandsee	6–15, 58–85, 107–122
Groix, Ile de –	1815
Grøtsund	384
Gryllefjord	393
Guadalquivir, Río –	2001–2008
Guadiana, Rio –	1994, 1995
Guba – , siehe Eigennamen	
Guernsey	984
Guilvinec, Le –	1808

H

	Nr.
Hadseløy	403
Hafnarfjördur	25
Halden	548
Haliguen, Port - –	1820
Halten	448a
Hamburg, St. Pauli (Seite 39–42)	
Hamburg	719–728
Hamburg, Teufelsbrück	719
Hamburg, Seemannshöft	720
Hamburg, Harburg, Schleuse	724
Hamburg, Peute	726A
Hamburg, Dover-Elbe	727

	Nr.
Hammerfest	369
Hamnbukt	362
Hanstholm	583a
Hansweert	923
Harburg, Schleuse	724
Hardangerfjord	509–511
Haringvlietsluizen	856
Harlesiel	778
Harlingen	842
Harris, Sound of –	1348
Harstad	398
Hartlepool	1212
Harwich	1158
Haugesund	517
Havneby	598
Havøysund	366
Havre, Le – (Seite 86–88)	**956a**
Hebrides	1348–1365
Hechthausen	685
Heimaey	98
Helder, Den –	845
Helensburgh	1457
Helford River	1045
Helgeroa	534
Helgoland, Binnenhafen (Seite 14–17)	
Hélier, St. –	989
Helnessund	410
Hemnefjord	453
Hennebont	1818
Herbrum, Hafendamm	816
Heroísmo, Angra do –	2204
Hetlingen	711
Heverstrom	653
Hever Tonne	643
Heysham Harbour	1501
Hirtshals	583
Hjelmeland	522
Höfn	93
Högsfjord	522a
Höjer, Schleuse	613c
Hoek van Holland (Seite 78–80)	**858**
Holmer Siel	649B
Hörnum, Hafen	624
Hörnum, West	624A
Hörnumtief	623A, 628–629B
Holland	842–857
Holliwell Point	1146
Hólmavik	58
Holyhead	1538
Hommelstø	443
Honfleur	960
Honningsvåg	364
Hooge, Anleger	636
Hooker-Insel	126
Hooksiel	765
Hooksielplate	764B
Hornafjördur	93
Hornsund	121

	Nr.
Horta	2207
Horten	541
Hourn, Loch –	1395
Howth	1669
Høyanger	487
Huelva	1999
Huibertgat	823
Hull	1199
Humber Brücke	1200
Humber, River –	1195b–1200
Humber Sea Terminal	1197
Húnaflói	58
Hunte	744A–748
Huntebrück	745
Hurst Point	1086
Húsavik	69
Husum (Seite 19–22)	
Hvide Sande	589

I

	Nr.
Igerøy	439
Ijmuiden	853
Ile – , siehe Eigennamen	
Iles – , siehe Eigennamen	
Ilha de – , siehe Eigennamen	
Immingham (Seite 118–120)	**1198**
Incy, Mys –	186
Ingøy	367
Inishbiggle	1737
Inishbofin Bay	1722
Inner Dowsing Light Tower	1195a
Inver, Loch –	1373
Invergordon	1263
Inverness	1261
Inverness Firth	1260, 1261
Ipswich	1162
Irische See	1475–1557, 1651–1688
Irland	1631–1675, 1715–1781
Irmingersee	1–5, 24–51, 90–102
Iroise, L' –	1803a–1804
Isa Fjardardjúp	50, 51
Isafjördur	50
Is-Fjord	116, 118
Island	58–102
Islay	1433–1437
Itzehoe, Hafen	692

J

	Nr.
Jadebusen	771–776
Jadegebiet	754–776
Jan Mayen	104
Jean de Luz, Saint –	1880
Jersey	989
Joinville, Port –	1847

	Nr.
Jorge, São –	2206
Jøsenfjord	522
Jütland	580–599
Jugorskij Sar, Proliv –	151–153
Jugorstraße	151–153
Juist	793, 794
Juist, Hafen	794
Juist, Seeseite	793
Jümme	810B

K

	Nr.
Kabelvåg	411
Kadzand	915
Kamperreihe	698
Kanal, Der –	947–1119
Kanalinsel	982–989
Kanarische Inseln	2218–2224
Kanin Nos, Mys –	166
Kap – , siehe Eigennamen	
Karastraße	149
Kårhamn	371
Karlbotn	349
Karmöy	520
Karskie Vorota, Proliv –	149
Kasenort	691R
Keeten	904
Keflavik	24
Keltische See	1562, 1618, 1800
Kem', Port –	233
Kil'din, Ostrov –	304
Killard Point	1687
Killybegs	1728
Kilmokea Point	1645
Kilrush	1758
Kingston upon Hull	1199
Kinlochbervie	1370
Kinsale	1637
Kirkebø	1329
Kirkenes	346
Kirkwall	1292
Kjøllefjord	359
Klaksvig	1334
Kleine – , siehe Eigennamen	
Knarvik	499
Knights Town	1772
Knock	802
Kollmar, Kamperreihe	698
Kol'skij Zaliv	309–315
Kolvereit	445c
Kong Oscar Fjord	8
Kongs Fjord	115
Kongsmoen	446
Konušin, Mys –	170
Kopervik	519
Korabel'naja, Guba Bol'šaja –	333

	Nr.
Kornwerderzand	849
Krammersluizen West	897a
Krautsand	697
Krimpen	862
Kristiansand Süd	528
Kristiansund Nord	468
Kronprinz-Rudolf-Land	125
Krückau	700R–702A
Krückau-Sperrwerk, Binnenpegel	700R
Kvalvagen	112
Kvalsund	370
Kvänangen Fjord	378, 379
Kyle – , siehe Eigennamen	
Kyrkseterøra	453

L

	Nr.
L' – , siehe Eigennamen	
La – , siehe Eigennamen	
Lagernyj, Mys –	142
Lagos	1986
Langeness, Hilligenley	632D
Langeoog, Hafeneinfahrt	781
Lanzarote	2224
Larne	1694
Larne, Lough –	1694
Las Palmas	2218
Lauwersoog	827
Le – , siehe Eigennamen	
Leda	808–812
Leda-Sperrwerk, Unterpegel	808A
Leer, Schleuse	808
Leerort	806
Le Havre (Seite 86–88)	**956a**
Leirvik	513
Leirvik	1332
Leith (Seite 122–124)	**1233**
Leixoes, Porto de –	1967
Lek	862–864
Leka	444a
Lerwick	1305
Les – , siehe Eigennamen	
Letnij Orlov, Mys –	209
Levanger	463
Leverburgh	1348
Leybucht	796C
Leyhörn	796C
Lézardrieux	1018
Libourne	1874
Lillesand	530
Limerick Dock	1766
Linakhamari	339
Linnhe, Loch –	1416–1417
Lisahally	1705a
Lissabon (Seite 162–164)	**1978**
List, Hafen	617

	Nr.
List, West	616
Lister Tief	615–618R
Lister Tief, Tonne	615
Littlehampton	1108
Liverpool (Seite 142–144)	**1509**
Liverpool Bay	1507–1522
Lizard Point	1043
Llanddwyn Island	1535
Llandudno	1526
Loch – , siehe Eigennamen	
Lochalsh, Kyle of –	1391
Loch Carron	1389
Lødingen	412
Loire-Mündung	1836–1840
London Bridge (Seite 114–116)	**1140**
Londonderry	1706
Longyearbyen	116
Lorient	1817
Los – , siehe Eigennamen	
Lough – , siehe Eigennamen	
Lowestoft	1172
Lühe	712
Lühort	712
Luis, Ponte D. –	1969
Luz, Puerto de la –	2222
Lyngenfjord	382
Lyngseidet	382
Lysebotn	523

M

	Nr.
Maas, Nieuwe –	860, 861
Maas, Oude –	869–880
Maassluis	859
Madalena	2207a
Madeira	2213–2215
Magdalene-Fjord	113
Magerøy	364, 365
Malaga	2025
Malahide	1670
Mallaig	1397
Malo, Saint – (Seite 90–92)	**1004**
Maløy	480
Maløysund	480
Man, Insel	1475–1478
Mandal	527
Margate	1128
Maria, Cabo de Santa –	1991
Maria Muschbukt	104
Maria, Port- –	1819a
Maria, Santa –	2010
Maria, Santa – , Azoren	2209
Marin	1959
Marino, Point	1638
Marokko, Nordküste	2196–2197
Marquis, Le –	1869

	Nr.
Marthinho do Porto, S. –	1975
Masfjord	497
Matočkin Šar	141
Matre	497
Mazagón	1999
McDermott Base	1259a
Medina, River –	1103
Medway, River –	1132–1133
Mehamn	358
Meldorfer Bucht	667B
Meldorf Sperrwerk, Außenpegel	667B
Mellumplate, Leuchtturm	760
Menai Bridge	1530
Menai Strait	1529–1535
Mersey, River –	1511
Methil	1234
Mezenskij, Zaliv –	170
Middlesbrough	1209
Mid Yell	1308a
Miguel, São –	2208
Milfontes, Vila Nova de –	1983
Milford Haven	1562
Millport	1464
Mittelmeer	2021–2025
Moerdijk	878
Mogil'nyj, Mys –	304
Mo i Rana	437
Molde	472
Moldefjord	472
Mongstad	495
Montrose	1250
Moray Firth	1259a–1263
Morbihan, Golfe du –	1825
Morecambe Bay	1499–1504
Morgat	1803a
Morlaix, Rivière de –	1028
Mosjøen	441
Moskenesø	406
Mossel-Bucht	109
Mostyn Docks	1519
Mud'jugskij	195
Mull, Sound of –	1411–1414
Mulroy – Barre	1716
Mulroy Bay	1716–1719
Munkmarsch	618
Murmansk	315
Myken	434
Myre	402
Mys – , siehe Eigennamen	

N

	Nr.
Nab Tower	1104
Nærøsund	445
Namsenfjord	447
Namsos	447

Ortsverzeichnis

	Nr.
Nanortalik	1
Nantes	1840
Narvik (Seite 6–8)	**416**
Navalo, Port – –	1823
Nazaire, Saint – –	1836
Nazaré	1974
Nes, Ameland	831
Nesna	436
Neßmersiel	785
Neuharlingersiel	780
Neuwerk, Anleger	678W
Neverfjord	372
Newcastle-upon-Tyne	1217
Newhaven	1112
Newport, Bristol-Kanal	1588
Neyland	1563
Niederlande	818–926
Nieuwe – , siehe Eigennamen	
Nieuwpoort	935
Nordatlantischer Ozean	1292, 1725, 1942, 2202
Norddeich, Westerriede	790A
Nordenham, Unterfeuer	741
Norderaue	630–635
Norderelbe	672–675
Norderelbe Tonne	672
Norderhever	637A, 645–649B
Norderney, Riffgat (Seite 59–62)	
Norderney, Seeseite	788
Norderpiep	666
Nordfjord	482
Nordfjordeid	482
Nordfriesische Inseln und Küste	615–675
Nordirland	1682–1706
Nordranen, Moi i Rana	437
Nordsee	487–524a, 583a–943, 1124–1273
Nordstrand, Strucklahnungshörn	649
Norheim	509
Norheimsund	509
Northbrook-Insel	127
North Shields	1216
Norwegen	345–543
Norwegische See	104–106, 366–486
Novaja Zemlja	131, 141
Ny Ålesund	115
Nyhavn	8

O

	Nr.
Oban (Seite 134–136)	**1425**
Ochtum Sperrwerk	750G
Odda	511
Ølen	515
Önundar Fjördur	47
Østvågø	410, 411
Oever, Den –	848
Ofotfjord	413–415
Oldenburg, Drielake	748
Oldersum, Schleuse	804
Onega, Mündung, Reka –	214
Onežskij Zaliv	204–234
Oostende	934
Oosterschelde	900–904
Oostgat	914
Orford Ness	1169
Orkanger	457
Orkney Islands	1292–1298
Orwell, River –	1162
Oscarsborg	542
Osea Island	1149
Oslo	543
Oslofjord	541–543
Osøyro	505
Oste	683–687
Osterems Tonne	797
Osteriff	682
Osterley	628A
Østerø	1335
Ostfriesische Inseln und Küste	777–798
Ostrov – , siehe Eigennamen	
Ostrova – , siehe Eigennamen	
Otterndorf	681
Otzumer Balje, Tonne	780A
Oude – , siehe Eigennamen	
Oudeschild	846
Ouistreham	967
Ouse, River –	1201, 1202
Over	730

P

	Nr.
Padstow	1618
Paimpol	1015
Palais, Le –	1821
Pallice, La Rochelle –	1851
Papenburg	814
Par	1048a
Pasajes	1887
Patreks Fjördur	41
Pauillac	1866
Pechorskaya Guba	156, 166
Pechenga, Guba –	339
Pečora, Barre, Reka –	156
Pellworm	642E, 647A
Peniche	1976
Peterhead	1253
Peter Port, St. –	984
Petit-Couronne	964a
Peute	726A
Pico	2207a
Pierowall	1295
Pinnau	704R–707
Pinnau-Sperrwerk, Binnenpegel	704R

	Nr.
Pinneberg	707
Plymouth (Seite 98–100)	**1054**
Pogum	803
Pointe – , siehe Eigennamen	
Pointe de Grave (Seite 154–156)	**1861a**
Poluostrov – , siehe Eigennamen	
Pon'goma, Guba –	239
Pon'gom – Navolok, Mys –	239
Ponta – , siehe Eigennamen	
Ponte – , siehe Eigennamen	
Pontevedra, Ria de –	1959
Pontrieux, Rivière de –	1018
Poole Harbour	1080–1081
Porsangen	362
Port – , siehe Eigennamen	
Portimão	1988
Portland	1075
Porto – , siehe Eigennamen	
Portree	1385
Portsmouth (Seite 106–108)	**1095**
Portugal	1963–1994
Povoa de Varzim	1965
Praia da Vitória	2203
Prestfjord	402
Preston	1506
Proliv – , siehe Eigennamen	
Prosperpolder	928
Puerto – , siehe Eigennamen	
Pušlachta, Guba –	210

Q

Quiberon, Baie de –	1823–1823a
Quiberon	1819a–1820

R

Raasay Sound	1385
Rabočeostrovsk, Ostrov –	233
Ramberg	405
Ramsden Dock	1499
Ramsey	1478
Ramsgate	1124
Ramsund	413
Rana	437
Rantumdamm	623A
Raufarhöfn	71
Real de Santo António, Vila –	1994
Rechtenfleth	741B
Reithörne	747
Reka – , siehe Eigennamen	
Reuille, La –	1867
Reydarfjördur	85
Reykjavik	26

	Nr.
Rhea, Kyle –	1393
Rhein-Mündungen	859–897a
Ribble, River –	1506
Richmond Lock	1144
Ringaskiddy	1637a
Rio – , siehe Eigennamen	
Risør	533
River – , siehe Eigennamen	
Rivière de – , siehe Eigenname	
Robbensüdsteert	737S
Rochefort	1857
Rochelle-Pallice, La –	1851
Römö Havn	598
Romsdalfjord	473
Rørvik	445
Rosario, Puerto –	2223
Røst	425
Røstøy	425
Rognan	430
Rombaki, Ostrova –	234
Roompot – Außen	900
Roompot – Binnen	900a
Roscoff	1030
Rosslare Europort	1652
Rosyth	1236
Rota	2009
Rothesay Dock	1462
Rotterdam	861
Rotterdamsche Waterweg	859
Rouen	965
Rummelloch, West	642C
Russische Föderation	125–339
Rütergat Tonne	630
Ryan, Loch –	1469
Rybacij, Poluostrov –	333
Rystraumen	388

S

Sables-d' Olonne, Les –	1849
Sajda, Guba –	309
Saint – , siehe Eigennamen	
Saint – Malo (Seite 90–92)	**1004**
Salcombe	1063
Salcombe River	1063
Salhusfjord	499
Saltash	1056
Saltdalsfjord	430
Saltstraumen	429
Sand	1324
Sandefjord	539
Sandnes	524a
Sandnessjøen	438
Sandø	1324
Santa – , siehe Eigennamen	
Santander	1909

Ortsverzeichnis

	Nr.
Santo, Ilha de Porto –	2215
Santurtzi	1905
São – , siehe Eigennamen	
Sauda	521
Saudafjord	521
Saudárkrókur	62
Scalloway	1314
Scharhörn, Bake C	677
Scharhörnriff, Bake A	677C
Schelde	900–931
Scheveningen	855
Schiermonnikoog	825
Schillig	761
Schluchter Tonne	789
Schlüttsiel	638
Schoonhoven	864
Schottische See	1348–1469, 1692–1722
Schottland	1234–1273, 1370–1487
Schulau	714
Schweden	551–553
Schwinge	709, 710
Scoresby – Sund	5
Scrabster	1273
Seemannshöft	720
Seine	960–965
Seine Bucht	959–969
Seryebryany	141
Setúbal, Porto de –	1980
Seudre	1860
Severn, River –	1591–1593
Severodvinsk	200
Sevilla	2008
Seydisfjördur	79
Shannon	1757–1766
Sharpness Dock	1593
Sheephaven	1720
Sheerness	1132
Shetland Islands	1303–1314
Shivering Sand Tower	1131
Shoreham	1110
Siglufjördur	65
Sines, Porto de –	1981
Sistranda	451
Sjøvegan	395
Skaga Fjördur	62–65
Skagerrak	526–583
Skjånes	357
Skjálfandi	69
Skjervøy	379
Skrolsvik	394
Skudeneshaven	520
Skull	1631
Skutuls Fjördur	50
Slenest	435a
Sligo Bay	1731
Sligo Harbour	1731
Smalfjord	356
Smögen	552
Smyrna	2141
Sognefjord	487–492
Sokolij, Ostrov –	151
Solway Firth	1495–1496
Somme-Mündung	950, 951
Sørfjord	500, 511
Sorgfjord	108
Sortland	404
Sortlandsund	404
Sørøys	371
Sørøysund	369
Sørvågen	406
Sound of – , siehe Eigennamen	
Southampton (Seite 102–104)	**1091**
Southampton Water	1092
Southend-on-Sea	1134
Søvar	375
Spanien	1887–1960, 1995–2025
Spieka Neufeld	735A
Spiekeroog, ehem. Landungsbrücke	779
Spijkenisse	869
Spitzbergen	107–120
Spurn Head	1195b
St. – , siehe Eigennamen	
Stade	710
Stadersand	709
Stamneshella	500
Statenzijl, Nieuwe –	818
Stavanger	524
Stavenisse	904
Stenkjär	464
Stör	690–693
Stör-Sperrwerk, Außenpegel	690
Støtt	432
Stokmarknes	403
Storfjord	475
Stornoway	1365
Stour, River –	1158
Stranda	475
Strand	637A
Strangford	1688
Strangford Lough	1687, 1688
Stranraer	1469
Strømø	1329–1331
Strömstad	551
Stromness	1298
Strucklahnungshörn	649
Stykkishólmur	35
Sudavík	51
Süderaue	632D–638
Süderoogsand	645
Süderpiep	670
Süderpiep Tonne	670
Südfall	653
Sullom Voe	1312
Sumburgh	1303
Sundalsfjord	470
Sunderland	1214

	Nr.
Sunk Head	1152
Sunndalsøra	470
Svalbard	106–122
Sveanor	107
Swanage	1079
Swilly, Lough –	1715
Syderø	1320, 1322
Sylt	616–624

T

	Nr.
Talbot, Port –	1581
Tamar, River –	1056
Tanafjord	356, 357
Tancarville	961
Tanger	2197
Tarbert Island	1759
Tarifa	2021
Tasiilaq	5
Tatenberger Schleuse	728
Taw, River –	1610
Tay-Barre	1245
Tay-Mündung	1245–1247
Tees, River –	1208–1209
Tees-Mündung	1208
Teneriffa	2221–2221a
Teplitz-Bucht	125
Terborg	805
Terceira	2203, 2204
Terneuzen	921
Terschelling, West – (Seite 74–76)	**835**
Terschelling, Zeegat van –	836–842
Teufelsbrück	719
Texel	846
Texel, Zeegat van –	845–849
Thames, River –	1134–1144
Thorshavn	1331
Thorsminde	587
Thyborøn-Hafen	585
Tichaja-Bucht	126
Tilbury	1136
Titran	452
Tjeldsund	412, 412a
Tjøtta	440
Tobermory	1411
Toft Pier	1307a
Tonne AT–SO	950
Tonne Weser3/Jade2	609
Tor Bay	1068
Torquay	1068
Torreira	1971
Torsvåg	380
Torvikbukt	466
Tosbotn	444
Tosenfjord	444
Tränen	435
Tralee Bay	1767

	Nr.
Trangisvåg	1322
Tregde	527
Tréguier	1022
Tréguier, Rivière de –	1020, 1022
Tréport, Le –	953
Treurenberg-Bucht	108
Trinity-Hafen	113
Trischen, West	673
Tromsø	386
Trondheim	460
Trondheimfjord	457–464
Trondheimsleia	454
Troon	1467
Trouville	966
Trwyn Dinmor	1527
Tudy, Port –	1815
Tuv	429
Tyne, River –	1215–1217

U

	Nr.
Uetersen	706
Ullapool (Seite 130–132)	**1375**
Ulvik	412a

V

	Nr.
Våg	1320
Våg-Fjord	1320
Vadsø	350
Vajgač, Ostrov –	149
Valentia Harbour	1772
Valery-sur-Somme, St. –	951
Vannøy	380
Varandej, Ostrov –	155
Vardø	351
Vareler Schleuse	776
Varneka, Buchta –	153
Vatersay Sound	1353
Vatneyri	41
Vefsenfjord	441
Vegesack	750
Velas, Baia das –	2206
Velfjord	443
Velikij, Mys –	311
Verdon-sur-Mer, Le –	1865
Vestmanhavn	1330
Vestmannaeyjar	98
Vestvågø	409, 410
Viana do Castelo	1963
Vigo	1960
Vigo, Ria de –	1960
Vila do Porto, Baia da –	2209
Vila – , siehe Eigennamen	
Villagarcía	1955
Virgo-Hafen	111

	Nr.
Vitória, Praia da –	2203
Vivero, Ria de –	1934
Vlaardingen	860
Vlieland, Hafen	836
Vlissingen (Seite 82–84)	**917**
Volda	476
Voldafjord	476
Volkeraksluizen, Rak noord	880
Vopnafjördur	75
Voronov, Mys –	181
Vortrapptief	621A–624
Vortrapptief Tonne	621A
Voslapp	766
Vuren	876

W

	Nr.
Wales	1519–1588
Wangerooge, Lange Riff	754
Wangerooge, Ost	756
Wangerooge, Hafen	777
Warren Point	1683
Warren, Lough Foyle	1704
Waterford	1646
Waterford Harbour	1644–1646
Weener	813
Weißes Meer	166–239
Wemyss Bay	1452
Werkendamm – Außen	875
Weser 3/Jade 2 Tonne	609
Wesergebiet	734–752
Weser, Leuchtturm, Alte –	734
Weserwehr	752
Westerland	620
Westerriede	790A
Westerschelde	914–931
Westfriesische Inseln und Küste	823–849

	Nr.
West Hinder – Feuerschiff	937
Westkapelle	914
Westringaburg	810
West–Terschelling (Seite 74–76)	**835**
Wexford Harbour	1654
Whitehaven	1496
Wick	1269
Wicklow	1663
Wierumer Gronden	824
Wight, Isle of –	1102–1103
Wilhelm-Kaisen-Brücke	751
Wilhelmshaven, Alter Vorhafen (Seite 54–57)	
Wilhelmshaven, Neuer Vorhafen	770
Wilhelmshaven, Ölpier	769
Wittdün, Hafen	631
Woodbridge Haven	1163
Woolwich, North	1138
Workington	1495
Wyk	632
Wyre, River –	1503–1504
Wyre, Alter Leuchtturm	1504

Y

	Nr.
Yelland Marsh	1610
Yeu, Île d' –	1847
Young Sund	11

Z

	Nr.
Zackenberg	11
Zaliv – , siehe Eigennamen	
Zeebrugge	932
Zeegat van – , siehe Eigennamen	
Zehnerloch	676
Žižginskij, Ostrov –	204
Zollenspieker	731